Thomas Eger, Jochen Bigus, Claus Ott,
Georg von Wangenheim (Eds.)

Internationalisierung des Rechts und seine ökonomische Analyse

Internationalization of the Law and its Economic Analysis

GABLER EDITION WISSENSCHAFT

Thomas Eger, Jochen Bigus, Claus Ott,
Georg von Wangenheim (Eds.)

Internationalisierung des Rechts und seine ökonomische Analyse

Internationalization of the Law and its Economic Analysis

Festschrift für Hans-Bernd Schäfer
zum 65. Geburtstag

GABLER EDITION WISSENSCHAFT

Bibliographic information published by the Deutsche Nationalbibliothek
The Deutsche Nationalbibliothek lists this publication in the Deutsche Nationalbibliografie; detailed bibliographic data are available in the Internet at http://dnb.d-nb.de.

1st Edition 2008

Editorial Office: Claudia Jeske

Gabler is part of the specialist publishing group Springer Science+Business Media.
www.gabler.de

Cover design: Regine Zimmer, Dipl.-Designerin, Frankfurt/Main
Printed on acid-free paper
Printed in Germany

ISBN 978-3-8350-0877-9

Hans-Bernd Schäfer

INHALTSVERZEICHNIS/CONTENTS

III.

Haftung und Versicherung/Liability and Insurance

IV.

Verträge/Contracts

V.

Harmonisierung des Europäischen Rechts/Harmonisation of European Law

VI.

Öffentliche Regulierung/Public Regulation

VII.

Wettbewerb/Competition

VIII.

Unternehmen/Enterprises

IX.

Finanzierung, Banken, Insolvenz/Financing, Banking, Insolvency

X.

Verfassung/Constitution

XI.

Recht und wirtschaftliche Entwicklung/Law and Economic Development

EINLEITUNG

Am 25. Mai 2008 vollendet Hans-Bernd Schäfer sein 65. Lebensjahr. Damit endet nach 32 Jahren seine aktive Zeit an der Universität Hamburg. In diesen 32 Jahren hat Hans-Bernd Schäfer in einer beispiellosen Kraftanstrengung die Entwicklung der „ökonomischen Analyse des Rechts" – einer Forschungsrichtung, die sich Anfang der siebziger Jahre in den USA entwickelt hat – in Europa vorangetrieben und in den Köpfen einer zunehmenden Anzahl von Juristen und Ökonomen verankert.

In dem 1986 zusammen mit Claus Ott in erster Auflage verfassten „Lehrbuch der ökonomischen Analyse des Zivilrechts" wird der Ansatz der ökonomischen Analyse des Rechts, der ursprünglich anhand des angelsächsischen „common law" entwickelt wurde, erstmals systematisch auf das kontinentaleuropäische „civil law" angewendet. Das große Interesse an diesem Buch im In- und Ausland wird dadurch eindrucksvoll belegt, dass die deutsche Ausgabe in der vierten Auflage vorliegt und dass inzwischen eine englische, eine spanische und eine chinesische Ausgabe zur Verfügung stehen. Hans-Bernd Schäfer hat sein Interesse an der ökonomischen Analyse des Rechts nicht nur durch eine Vielzahl von Veröffentlichungen zu den unterschiedlichsten rechtspolitischen Problemen in angesehenen juristischen und ökonomischen Fachzeitschriften sowie durch die Herausgabe zahlreicher Konferenzbände dokumentiert. Als gelernter Ökonom hat er systematisch den Dialog mit den juristischen Fachkollegen gesucht und gemeinsam mit diesen immer wieder interdisziplinäre Lehrveranstaltungen angeboten. Gemeinsam mit Claus Ott hat er vor etwa zwanzig Jahren das alle zwei Jahre stattfindende Travemünder Symposium zur ökonomischen Analyse des Rechts ins Leben gerufen. Hier diskutieren Juristen und Ökonomen gemeinsam über aktuelle Rechtsfragen. Fast schon legendär sind die regelmäßig stattfindenden Mittagessen mit dem ehemaligen Direktor des Max-Planck-Instituts für ausländisches und internationales Privatrecht, Hein Kötz, aus denen letztlich 2003 das gemeinsame Buch „Judex oeconomicus" hervorgegangen ist, in dem zwölf höchstrichterliche Entscheidungen aus ökonomischer Sicht kommentiert werden. Seit einigen Jahren widmet sich Hans-Bernd Schäfer mit großem Engagement der Frage, wie die ökonomische Analyse des Rechts für die Erklärung und Bekämpfung der Armut in den Entwicklungsländern nutzbar gemacht werden kann. Gemeinsam mit Robert Cooter (Berkeley) ist ein Buch mit dem Titel „Law and the Poverty of Nations" in Vorbereitung, von dem eine vorläufige Version bereits im Internet verfügbar ist.

Hans-Bernd Schäfer ist ein durch und durch international orientierter Wissenschaftler, der es immer wieder verstanden hat, mit Kreativität und Willensstärke internationale Kontakte aufzubauen und für die Verbreitung der ökonomischen Analyse des Rechts nutzbar zu machen. Hiervon zeugen zahlreiche internationale Forschungs- und Lehraufenthalte, beispielsweise bei der Weltbank in Washington, der Delhi School of Economics, der Universität Hyderabad, der Universität von Kalifornien in Berkeley, der New York University School of

Law, der National Law School of India in Bangalore und dem Indira Gandhi Institut of Development Research in Mumbai. In den Jahren 1994/95 war er als Research Fellow der Norwegischen Akademie der Wissenschaften in Oslo tätig. Seit mehreren Jahren ist er regelmäßig Visiting Professor an der George Mason University in Arlington/Virginia.

Die hohe Anerkennung, die Hans-Bernd Schäfers wissenschaftliche und organisatorische Fähigkeiten im In- und Ausland genießen, zeigt sich auch an den zahlreichen ehrenvollen Positionen, die ihm angetragen wurden. So war er beispielsweise von 1991 bis 1995 Vorsitzender des Ausschusses Entwicklungsländer des Vereins für Socialpolitik, ist seit 1995 Mitherausgeber des „International Review of Law and Economics", ist seit 2004 Direktor des „European Master in Law and Economics" Programms, das von der Europäischen Kommission als „Erasmus Mundus" Programm gefördert wird, und war schließlich von 2004 bis 2007 Präsident der „European Association of Law and Economics". Darüber hinaus ist Hans-Bernd Schäfer seit 1998 Sprecher des von der Deutschen Forschungsgemeinschaft finanzierten Graduiertenkollegs für Recht und Ökonomik an der Universität Hamburg, das er über drei Generationen zu einem beispiellosen Erfolg führte. Von den etwa 30 Kollegiaten, die in den ersten sechs Jahren gefördert wurden, sind inzwischen zehn als Professoren oder Postdocs im akademischen Bereich tätig und tragen dort aktiv zur Verbreitung der ökonomischen Analyse des Rechts bei.

Die große Anzahl der Autoren aus aller Welt, die als Freunde, Kollegen, Schüler oder einfach als Bewunderer einen Beitrag für diese Festschrift zu verschiedenen Aspekten der ökonomischen Analyse des Rechts geleistet haben, zeigt eindrucksvoll die große Anerkennung, die Hans-Bernd Schäfers Arbeit im Laufe der Jahre im In- und Ausland gefunden hat.

Im ersten Teil der Arbeit werden grundlegende Aspekte der ökonomischen Analyse des Rechts behandelt. *Eli Salzberger* (Haifa) gibt einen Überblick über die Anfänge und die weitere Entwicklung der ökonomischen Analyse des Rechts, untersucht die rechtsökonomische Methodik und die der Rechtsökonomik zugrunde liegenden Annahmen sowie ihre Defizite. Darüber hinaus erörtert er die Folgerungen, die sich aus der technologischen Revolution der letzten drei Jahrzehnte und aus dem globalen Wandel für eine Anpassung der ökonomischen Analyse des Rechts ergeben. Eine methodische Brücke zwischen Rechtswissenschaft und Ökonomik im Bereich des Wirtschaftsrechts zu schlagen unternimmt *Christian Kirchner* (Berlin). Er knüpft an das Wechselspiel von Legislative und Judikative bei der Rechtsetzung an und stellt die teleologische Methode für die Interpretation wirtschaftsrechtlicher Regelungen in Frage. Als Alternative wird ein auf Wirkungsanalysen aufbauender konsequentialistischer Ansatz der Interpretation ohne Ausrichtung am Ziel der Allokationseffizienz untersucht. *Nuno Garoupa* (Urbana-Champaign) vertritt in seinem Beitrag die These, dass durch die zunehmende Verrechtlichung des öffentlichen Lebens in Zivilrechtsländern eine völlig neue Situation für die Richterschaft entstanden ist. Er empfiehlt den Richtern, sich in stärkerem Maße des rechtsökonomischen Ansatzes zu bedienen, um die Qualität des materiellen und des

Verfahrensrechts sowie der Organisation des Justizwesens zu verbessern. Mit dem Verständnis von Recht und Rechtsetzung in den Schriften Machiavellis setzt sich *Manfred Holler* (Hamburg) in seinem Beitrag auseinander. Er knüpft an Heinrich von Kleists Drama „Prinz von Homburg“ um die bedingungslose Geltung des Rechts an und untersucht die Grundlagen und Grundprinzipien der Rechtstheorie Machiavellis in ihrer Ableitung aus dessen Verständnis von Staat und Politik. *Thomas Ulen* (Urbana-Champaign) widmet sich schließlich in seinem Beitrag der Frage nach der Relevanz einer Rechtstatsachenforschung für die Rechtsfolgenanalyse und untersucht besonders die Verknüpfung von Legal Empiricism mit der ökonomischen Analyse des Rechts und die sich daraus ergebende Nachfrage nach Studien der Rechtstatsachenforschung. Er führt Beispiele empirischer Untersuchungen zur Überprüfung rechtsökonomischer Hypothesen an und verweist auf die zunehmende Bedeutung, die solche Projekte inzwischen in Forschung und Lehre erlangt haben.

Der zweite Teil behandelt Fragen des Eigentums, wobei der Schwerpunkt auf intellektuellen Eigentumsrechten liegt. Der Aufsatz von *Gerald Spindler* (Göttingen) untersucht die Frage, weshalb intellektuelles Eigentum, etwa Betriebssysteme und fachwissenschaftliche Arbeiten, im Internet seit Jahren kostenlos zur Verfügung gestellt werden. Vor dem Hintergrund der Institutionenökonomik werden insbesondere Reputationseffekte als treibende Kraft ausgemacht. *Luigi Alberto Franzoni* (Bologna) beleuchtet die Funktion von Patenten, anders als Geschäftsgeheimnisse zur Wissensausbreitung beizutragen und zieht hierzu eine vertragstheoretische Perspektive, aber auch historische Befunde heran. Der Beitrag von *Andrew Griffiths* (Manchester) beschäftigt sich mit den Fragen, wie Markenrechte die Unternehmensorganisation beeinflussen und worin der besondere Informations- und Reputationsnutzen von Marken für Kunden liegt. *Holger Fleischer* (Bonn) untersucht, weshalb Sachenrechte im Bürgerlichen Gesetzbuch abschliessend definiert werden und gibt hierzu zunächst rechtsdogmatische, rechtshistorische rechtsphilosophische Argumentationsmuster wieder. Auf Basis seiner rechtsökonomischen Analyse scheint eine Begrenzung der Sachenrechte jedoch nicht zwingend sinnvoll zu sein.

Im dritten Teil werden Fragen der Haftung und der Versicherung aus rechtsökonomischer Sicht diskutiert. Der Beitrag von *Eberhard Feess* (Aachen) beschäftigt sich mit der Haftung für reine Vermögensschäden an Kapitalmärkten, die etwa bei unsorgfältiger Prüfung von Jahresabschlüssen eintreten können. Er untersucht in einem ökonomischen Modell die von Hans-Bernd Schäfer mit verschiedenen Koautoren aufgestellte Hypothese, dass die bei einem Schadensfall eintretenden Vermögensumverteilungseffekte an Sekundärmärkten grösser als an Primärmärkten seien und daher bei ersteren ein niedrigeres Fahrlässigkeitsniveau rechtfertigten. *Patrick Leyens* (Hamburg) greift die aktuelle Diskussion um die Gatekeeper-Stellung von Informationsintermediären auf den Kapitalmärkten auf. Danach reicht der drohende Reputationsverlust bei Fehlverhalten nicht hin, um Informationsintermediären hinreichende Kontrollanreize zu geben. Leyens skizziert einige Anforderungen an ein modernes Haftungsrecht der Informationsintermediäre, um deren Kontrollanreize und damit auch die Corporate Governance der Kapitalgesellschaften zu verbessern. *Claus Ott* (Hamburg) beleuchtet die Haftung der Wirtschaftsprüfer gegenüber Kapitalmarktanlegern und plädiert wegen der Existenz reiner Vermögensschäden für eine Haftungsbegrenzung. Er fordert aber, den Kausalitätsnachweis für Anleger zu erleichtern, um die Sorgfaltsanreize der Wirtschaftsprüfer zu verbessern. *Gerhard Wagner* (Bonn) untersucht die Vorzüge und Nachteile der Proportionalhaftung gegenüber der gesamtschuldnerischen Haftung bei der Existenz mehrerer Schädiger. Unterschiede ergeben sich dann, wenn ein Regress nicht möglich ist, etwa weil ein schädigendes Unternehmen sich auflöst oder insolvent wird. Im Falle der gesamtschuldnerischen Haftung tragen die anderen Schädiger die negativen Konsequenzen, im Fall der Proportionalhaftung der Geschädigte selbst. *Mark F. Grady* (Los Angeles) untersucht das Paradox, dass technologische Verbesserungen zwar die Schadensvermeidung erleichtern, aber oftmals auch den Sorgfaltsstandard heraufsetzen und somit per Saldo mehr Fahrlässigkeitsfälle auftreten können. Er unterscheidet zwischen technisch unvermeidbaren Schadensfällen (*unavoidable accident*) und menschlichen Fehlern, die Schadensfälle auslösen (*inevitable accident*). Technologische Verbesserungen verringern die Gefahr des ersten Fehlers, erhöhen aber die Wahrscheinlichkeit des zweiten Fehlers. *Fernando Gomez* und *Jose Penalva* (Barcelona)untersuchen den Fall, indem der Geschädigte Ansprüche aus einem Versicherungssystem hat, aber auch einen Schadenersatzanspruch gegenüber dem Schädiger. Sie untersuchen drei verschiedene Systeme zur Koordination der beiden Ansprüche und analysieren insbesondere ihre Wirkung auf die Sorgfaltsanreize des Schädigers. *Bernhard Hirsch* und *Martin Nell* (Hamburg) diskutieren verschiedene Mechanismen, um den Ausbruch von Seuchen in der landwirtschaftlichen Tierhaltung zu verhindern, etwa Versicherungen, öffentliche Subventionen und verschiedene präventiv wirkende Maßnahmen.

Der vierte Teil behandelt verschiedene Aspekte von Verträgen aus rechtsökonomischer Sicht. *Francisco Cabrillo* (Madrid) diskutiert die Hypothese, das Prinzip der Vertragsfreiheit entwickle sich in Common Law Systemen besser als in Civil Law Systemen, aus empirisch-historischer Perspektive. Er arbeitet in seiner Betrachtung des US-amerikanischen und verschiedener westeuropäischer Rechtssysteme heraus, dass beide Rechtssysteme am Ende des 19. Jahrhunderts das Prinzip der Vertragsfreiheit hochhielten und förderten, im Laufe des ersten Drittels des 20. Jahrhunderts aber Beschränkungen der Vertragsfreiheit durch die Parlamente eingeführten, was von den Gerichten auch akzeptiert wurde. *Urs Schweizer* (Bonn) beschäftigt sich mit der Vorschrift des § 340 Abs. 2 BGB, welche vorsieht, dass vereinbarte Vertragsstrafen den Schadensersatz wegen Nichterfüllung eines Vertrages nur nach unten, nicht aber nach oben begrenzen, soweit der Gläubiger einen höheren Schaden nachweist. In einem Modell, welches auf Differenzialrechnung verzichtet, zeigt Schweizer, dass dadurch zu hohe Investitionen des Gläubigers im Vertrauen auf die Erfüllung des Vertrages hervorgerufen werden, selbst wenn man Nachverhandlungen nach dem Vertragsbruch zulässt. *Johannes Köndgen* (Bonn) untersucht die in § 275 BGB angelegten Abgrenzungen der Unmöglichkeit auf ihre ökonomische Stichhaltigkeit. In wenigstens teilweiser

Ablehnung der juristischen Versuche, ohne Kenntnisnahme der ökonomischen Analyse des Rechts Abgrenzungen aus dem Begriff des Missverhältnisses zu ziehen, entwickelt er ein neues, auf dem ökonomischen Konzept des vollständigen Vertrages aufbauendes System der Abgrenzung der Unmöglichkeit von Leistungserschwernissen, die der Schuldner zu tragen hat. *Göran Skogh* (Linköping) arbeitet den Unterschied zwischen Versicherungsverträgen und gegenseitiger Risikoteilung heraus. Er zeigt, dass erstere nur geeignet sind, zu einer Pareto-Verbesserung zu führen, wenn die Schadenseintrittswahrscheinlichkeiten bekannt sind, während letztere nur voraussetzen, dass die Beteiligten ihre Risiken gegenseitig als etwa gleich einschätzen. Damit kann gegenseitige Risikoteilung auch unbekannte Risiken umfassen. Deshalb erweitert Skogh seine Analyse auf die extreme Form von gegenseitiger Risikoteilung: staatliche Unterstützung bei Katastrophen. *Hendrik Lando* (Kopenhagen) stellt eine Begründung für die Existenz von Verjährungsfristen für Gewährleistungsansprüche im Kaufrecht dar. Der zentrale Grund sei, dass die Kosten aus reduzierten Anreizen, gute Qualität zu liefern, bei immer längeren Verjährungsfristen irgendwann langsamer sinken als die Kosten, die aufgewendet werden müssen, um die Begründetheit einer Gewährleistungsforderung zu klären. Lando stellt dabei insbesondere auf die Kosten der außergerichtlichen Klärung ab, die auch nicht durch klarere Beweislastregeln gesenkt werden können, denn diese werden außerhalb des Gerichtswesens nur sehr ungenau wahrgenommen. *Antony Dnes* (Hull) setzt sich mit den verschiedenen Möglichkeiten auseinander, eheliche und eheähnliche Vermögensgemeinschaften zu regeln. Ausgehend vom praktisch ausschließlich von der Rechtsprechung geschaffenen englischen Recht stellt er fest, dass die mit dieser Rechtsquelle zumindest im konkreten Fall verbundene Unsicherheit über die Vermögens- und Versorgungsverteilung im Falle einer Scheidung im Interesse weder der Ehepartner noch der Gesellschaft als ganzer sein kann. Er schlägt deshalb eine klare, aber zumindest vor der Eheschließung dispositive gesetzliche Festlegung auf eine bestimmte Regelung der Vermögens- und Versorgungsverteilung vor, wobei er die Zugewinngemeinschaft favorisiert. *Winand Emons* (Bern) vergleicht in seinem Beitrag zwei Möglichkeiten der erfolgsabhängiger Entlohnung von Anwälten: das bedingte Honorar, welches in gegebener Höhe gezahlt wird, wenn der Fall gewonnen wird, und das Erfolgshonorar, welches dem Anwalt einen Bruchteil der erstrittenen Summe zuspricht. Er untersucht, unter welcher Kenntnisstand über den konkreten Fall gegeben sein muss, damit bedingte Honorare freiwillig vereinbart werden, und wie sich die beiden Honorarsysteme auf die Anreize der Anwälte auswirken wenn Mandanten risikoneutral oder risikoavers sind.

Ausgewählte Fragen der Harmonisierung des Europäischen Rechts sind Gegenstand des fünften Teils. *Emanuela Carbonara* (Bologna) und *Francesco Parisi* (Minneapolis und Bologna) weisen auf drei bisher wenig beachtete Begründungen für die geringe Geschwindigkeit der Harmonisierung des Europäischen Rechts hin: strategisch motivierte Verteuerungen der Rechtsanpassung durch einzelne Staaten, geringer Anpassungsdruck auf die Staaten wegen besonders liberalen Rechtswahlregeln sowie die Komplexität und Verwobenheit der nationalen Rechtssysteme, welche einen auf einzelne Regelungen bezogenen

Wettbewerb praktisch unmöglich macht. *Eva-Maria Kieninger* (Würzburg) begründet in ihrem Beitrag, dass – entgegen vier wichtigen Argumenten der rechtsökonomischen Forschung – deutlich mehr Vereinheitlichung der europäischen Zivilrechte wünschenswert wäre. So sei der wirtschaftliche Bedarf nach einem einheitlichen Zivilrecht empirisch durchaus belegt, und die Idee unterschiedlicher nationaler Präferenzen stehe in grundsätzlichem Widerspruch zum methodologischen Individualismus. Schließlich lehnt sie die Existenz eines funktionsfähigen Wettbewerbs um Zivilrechtsordnungen ab und sieht auch nur geringe Kosten der Vereinheitlichung, solange man den Beteiligten genügend Zeit und Möglichkeiten gibt, sich an das neue, einheitliche Recht zu gewöhnen. *Peter Mankowski* (Hamburg) vergleicht unterschiedliche Möglichkeiten, in internationalen Verträgen Rechtswahl- und Gerichtsstandsvereinbarungen zu treffen. In Anlehnung an spieltheoretische Konzepte arbeitet er heraus, dass viele scheinbar auf Kompromisse ausgerichtete Angebote in diesbezüglichen Verhandlungen doch nur versteckte Versuche sind, eigene Interessen durchzusetzen, und dadurch auch noch besonders hohe Transaktionskosten entstehen.

Der sechste Teil behandelt aktuelle Probleme der Regulierung wirtschaftlicher Aktivitäten. *Roger Van den Bergh* (Rotterdam) stellt empirische Erkenntnisse über die Wirkung der Deregulierung des Notariats in den Niederlanden und in England und Wales dar und vergleicht sie mit theoretischen Überlegungen. Er kommt dabei bezüglich von Preisen und Qualität zu teils mehrdeutigen, teils eindeutig negativen Wohlfahrtseffekten. Als Lösung schlägt er ein Modell der Selbstregulierung mehrerer miteinander konkurrierender Notarsvereinigungen vor, die unter der Aufsicht eines einheitlichen Gremiums stehen, in welchem praktizierende Juristen höchstens eine Minderheit stellen dürfen. *Wolfgang Weigel* (Wien) greift die Diskussion über die Deregulierung des Notariats auf theoretischer Grundlage auf. Er zeigt, dass durchaus eine Nachfrage nach regulierten und damit beweiskräftigen Notarsdienstleistungen besteht, weil diese Dienstleistungen Eigenschaften eines Vertrauensgutes aufweisen und die Bedingungen für die marktliche Bereitstellung solcher Güter im Bereich des Notariats nicht gegeben sind. *Dominique Demougin* (Oestrich-Winkel) begründet in einem Modell mit Informationsasymmetrien, dass bei heterogenen Arbeitnehmern entgegen häufig vorgebrachter Argumente sowohl das optimale Arbeitslosengeld als auch die optimale Verhandlungsmacht der Arbeitnehmer streng positiv sind. Institutionen, welche die Verhandlungsmacht optimal steuern, können sogar die aus der Informationsasymmetrie folgende Ineffizienz vollständig ausgleichen. Die in vielen Ländern zu beobachtenden Arbeitsmarktreformen der letzten Jahre zu Lasten der Arbeitnehmer haben also nicht unbedingt effizienzsteigernd gewirkt. *Robert Cooter* (Berkeley) beschäftigt sich in seinem Beitrag mit der Regel, dass Genehmigungen nur mit Auflagen verbunden werden dürfen, die sachbezogen sind, also in unmittelbarem Zusammenhang mit der genehmigten Handlung stehen. Cooter zeigt zunächst, dass diese Einschränkung des Verwaltungshandelns dazu dient, die Ausbeutung der Antragsteller durch die Verwaltung zu vermeiden. Er stellt dann aber auch dar, dass Fälle vorkommen, in denen eine sachfremde Handlung sowohl aus Sicht der Öffentlichkeit als auch aus Sicht des

Antragstellers gegenüber allen zulässigen Auflagen vorzugswürdig ist. Damit diese sachfremde Handlung nun trotz des grundsätzlichen Verbots sachfremder Auflagen anstelle eben dieser durchgeführt werden kann, schlägt Cooter vor, dass die Verwaltung nur die Auflage allein durchsetzen können soll, aber daneben sich mit dem Antragsteller einigen können soll, dass die Auflage durch das sachfremde Handeln ersetzt wird. *Alfred Endres* (Hagen) vergleicht drei unterschiedliche Verfahren zur Reduktion von Umweltemissionen: *command-and-control* Regulierung, Umweltabgaben und handelbare Emissionszertifikate im Hinblick auf ihre Anreize zu emissionsreduzierenden technologischen Innovationen. Er zeigt, dass die drei Ansätze zwar gleich gut sind, wenn alle beteiligten einschließlich der Regulierungsbehörde vollständig informiert sind über die marginalen Kostenstrukturen aller Unternehmen, aber allein Emissionszertifikate, für die nicht nur ein Spot-Markt besteht sondern auch ein Futures-Markt, effiziente Anreize setzen können, wenn aktuelle individuelle und künftige aggregierte Kostenstrukturen private Information sind. *Roland Kirstein* (Magdeburg) zeigt, dass Verbote des internationalen Müllhandels ökonomisch vernünftig sein können, selbst wenn die Abfallentsorgung im potentiellen Importland mit geringeren volkswirtschaftlichen Kosten verbunden ist als im Exportland. Konkret ist dies der Fall, wenn im Importland wegen schlechter ausgestaltetem oder schlechter durchgesetztem Recht ein (deutlich) geringerer Teil der tatsächlich entstehenden Kosten dem Betreiber der Abfallentsorgungsanlage angelastet wird als im Exportland. Fallen darüber hinaus die im Importland nicht beim Betreiber der Abfallentsorgungsanlage internalisierten Kosten technologisch oder politisch auf das Exportland zurück, ist es im Interesse des Exportlandes, den Müllexport zu verbieten.

Im siebten Teil werden ökonomische Aspekte des Wettbewerbsrechts diskutiert. *Peter Behrens* (Hamburg) setzt sich in seinem Beitrag mit der Modernisierung des europäischen Kartellrechts auseinander, die sich in einer Dezentralisierung und Privatisierung sowie in einer Ökonomisierung der Rechtsanwendung äußert. Dabei kommt er letztlich zu dem Ergebnis, dass es besser ist, die Institution zu schützen, die effiziente Ergebnisse garantiert, als konkrete Verhaltensweisen einer Effizienzkontrolle zu unterwerfen. Auch *Dieter Schmidtchen* (Saarbrücken) diskutiert in seinem Beitrag die Ökonomisierung der Rechtsanwendung im europäischen Kartellrecht. Ob eine traditionelle („form-based“) oder eine moderne („effects-based“) Wettbewerbspolitik bevorzugungswürdig ist, sollte – so Schmidtchen – daran gemessen werden, bei welchem Typ von Wettbewerbspolitik die erwarteten sozialen Kosten aus Fehlern 1. und 2. Ordnung geringer sind. *Wolfgang Kerber* (Marburg) untersucht den Zusammenhang zwischen der Diskussion über „rules versus standards“ und der Abwendung der Wettbewerbsgerichte von „per se“-Regeln. Er zeigt, dass sowohl „rules“ als auch „standards“ ein bestimmtes Verhalten an sich („per se“) verbieten, aber auch differenziertere Regelungen beinhalten können, die das Verhalten nur unter bestimmten, beliebig komplex miteinander kombinierbaren Bedingungen beschränken. Es handelt sich also nicht um parallele oder gar synonyme Konzepte, sondern um zwei verschiedene Dimensionen der Delegation von rechtlicher Entscheidungsmacht an Gerichte, Bürokratien oder auch privaten Institutionen.

Jürgen Basedow (Hamburg) setzt sich in seinem Beitrag mit den aktuellen Bestrebungen der Europäischen Kommission auseinander, die Bedeutung privater Schadensersatzklagen wegen Verletzungen des EU-Wettbewerbsrechts zu stärken. Im Mittelpunkt der Analyse der Klageanreize stehen dabei defensive oder offensive Klagemotive, die Berechnung des Schadensersatzes, die Dissipation der Schäden und die pass-on defence sowie verschiedene Methoden der Bündelung der Ansprüche seitens der betroffenen Endkonsumenten. *Thomas Eger* (Hamburg) und *Peter Weise* (Kassel) äußern sich eher skeptisch zu den Aussichten, durch eine Stärkung der Bedeutung privater Schadensersatzklagen eine Verbesserung der Abschreckung von Verletzungen des Kartellverbots und einen fairen Ausgleich der durch die Opfer von Preiskartellen erlittenen Schäden zu erreichen. *Pierre Garello* (Aix-Marseille) untersucht in seinem Beitrag die Implikationen der neo-österreichischen Schule und der Neoklassik für die Wettbewerbspolitik. Am Beispiel des Monopols wird deutlich gemacht, dass die Rechtfertigung für wettbewerbspolitisch motivierte Staatsinterventionen letztlich mit dem Grad an Dynamik variiert, die das analytische Instrumentarium berücksichtigt.

Einige aktuelle Fragen des Unternehmensrechts sind Gegenstand des achten Teils. *Stefano Lombardo* (Bozen) befasst sich in seinem Beitrag mit der Funktionsweise dieser Optionen bei Initial Public Offerings (IPO) in Abhängigkeit von der rechtlichen Ausgestaltung des Angebotsverfahrens und dem Zeitpunkt der Bindung der Anleger und untersucht die Unterschiede zwischen US-amerikanischen und deutschem Recht im Hinblick auf die Funktionalität der Optionen. *Alexander Schall* (Hamburg) untersucht in seinem Beitrag die Möglichkeiten kleiner Unternehmen, den in die Krise geraten Geschäftsbetrieb in einer neuen Gesellschaft im Wege der „kalten Liquidation" unter Zurücklassung des alten Unternehmensträgers und der Schuldner fortzuführen. Die Spielräume hierfür nach geltendem US-amerikanischen, englischen und deutschen Recht werden auf ihre ökonomische Effizienz hin überprüft. Der Zurechnung von Wissen beim Unternehmenskauf geht *Heike Schweitzer* (Florenz) nach. Einer Entscheidung des Delaware Court of Chancery aus dem Jahre 2006 zur Haftung des Verkäufers eines Unternehmens für vorsätzliche Fehlinformationen des Käufers durch die Zielgesellschaft stellt sie die Lösungsansätze nach deutschem Recht gegenüber und gelangt unter Heranziehung der ökonomischen Analyse zu dem Ergebnis, dass das Informationsrisiko in der Ausgangsverteilung dem Verkäufer zuzuweisen ist

Dem Themenbereich Finanzierung, Banken und Insolvenz widmet sich der neunte Teil. *Jochen Bigus* und *Lisa Schachner* (Bern) stellen in ihrem Beitrag empirische Befunde zu den direkten und indirekten Insolvenzkosten US-amerikanischer und schwedischer Insolvenzverfahren dar und untersuchen in einem theoretischen Modell die Auswirkungen der Höhe der Insolvenzkosten auf die Risikoanreize für Unternehmen und Gläubiger. *Reinhard Bork* (Hamburg) befasst sich in seinem Beitrag mit der Frage nach der Effizienz des Anfechtungsrechts im Hinblick auf den Gleichbehandlungsgrundsatz (par condicio creditorum) und dessen Vorverlegung zur bestmöglichen Gläubigerbefriedigung. Dabei legt er die Defizite dar, sich aus der fehlenden präventiven Wirkung der Anfechtung und aus der fehlenden Einbeziehung absonderungsberechtigter Gläubiger ergeben und untersucht das Spannungsverhältnis, das sich aus dem Vertrauensschutz für den Anfechtungsgegner ergibt. *Heribert Hirte* (Hamburg) greift in seinem Beitrag die Diskussion um Alternativen zu der von ihm unter dem Gesichtspunkt einer effizienten Bestimmung und Durchsetzung der Insolvenzgrenze als in hohem Maße verfehlt angesehenen und nach seiner Ansicht auf Scheinauslandsgesellschaften auch nicht anwendbaren Insolvenzantragspflicht des geltenden Rechts auf und legt die Vorzüge einer Ersetzung durch ein vereinfachtes Gläubigerantragsrecht dar. Warum Banken als Finanzintermediäre existieren, untersucht *Bruno Deffains* (Paris) in seinem Beitrag und knüpft dazu an die unterschiedliche Rolle der rechtlichen Institutionen und insbesondere der Rechtsprechung in Ländern des Common Law und des Civil Law in Bezug auf unvollständige Verträge und die Anpassung des Rechts an neue Situationen an. Er verweist auf die zentrale Rolle des Rechts für das Bestehen eines effizienten Finanzsystems und der Flexibilität der Richter für die Entwicklung der dazu erforderlichen Regeln und setzt sich mit der These auseinander, wonach ein in diesem Sinne schwaches Rechtssystem den Banken eine gegenüber den Finanzmärkten vergleichsweise starke Stellung verschafft. Einer Finanzierungsform zwischen Eigenkapital und Fremdkapital geht *Kai-Michael Hingst* (Hamburg) in seinem Beitrag nach. Untersucht werden Funktion, Vorteile, Einsatzbereiche sowie typische Ausgestaltungen des Mezzanine-Kapitals in der Systematik der Finanzierungsinstrumente, mittels dessen das Rating des finanzierten Unternehmens verbessert und der Handlungsspielraum erweitert werden kann.

Rechtsökonomische Aspekte der Verfassung werden im zehnten Teil erörtert. *Anne van Aaken* (St. Gallen) zeigt in ihrem Beitrag anhand des Verfassungsrechts, dass es durchaus möglich ist, deontologisches und konsequentialistisches Denken miteinander zu verbinden, indem man Verfassungsprinzipien als Ziele akzeptiert und die Ökonomik als Verhaltenswissenschaft mit Prognosefähigkeit nutzt. *Stefan Voigt* (Marburg) sucht in seinem Beitrag nach Gründen dafür, dass sich Verfassungen in ihrer Länge dramatisch unterscheiden. Es wird deutlich, dass Verfassungen von Ländern, die der Gewohnheitsrechtstradition angehören, überdurchschnittlich lang sind, während überwiegend muslimische Länder signifikant kürzere Verfassungen haben. *Bernhard Nagel* (Kassel) stellt in seinem Beitrag fest, dass trotz der Rechtsprechung des Bundesverfassungsgerichts zum Recht auf Bildung (inkl. Weiterbildung) und zum Sozialstaatsprinzip der Staat in diesem Bereich bisher weitgehend untätig geblieben ist. Insbesondere die Länder stehen hier seit der Föderalismusreform I stärker in der Pflicht. *Georg von Wangenheim* (Kassel) setzt sich in seinem Beitrag mit der Frage auseinander, wie der optimale Grad der Dezentralisierung in einem föderalen System bestimmt werden kann. In Ergänzung zu der bestehenden Diskussion wirft er ein bisher vernachlässigtes Argument zugunsten einer stärkeren Zentralisierung in die Waagschale: Instabilitäten bei der Durchsetzung kooperativen Verhaltens in Gefangenendilemma-Situationen lassen sich leichter vermeiden, wenn die entsprechenden Politikfelder zentralisiert sind.

Im elften und letzten Teil wird die ökonomische Analyse des Rechts schließlich auf Probleme der Entwicklungsländer angewendet. *Boudewijn Bouckaert* (Gent) zeigt in seinem Beitrag am Beispiel Somalias, dass ein staatsloser Zustand nicht notwenig zu einem Hobbes'schen Naturzustand des „bellum omnium contra omnes" führt, sondern durchaus mit einer Ordnung vereinbar sein kann, die Märkte und Zivilgesellschaft unterstützt und letztlich mit besseren wirtschaftlichen Ergebnissen verbunden ist als manch totalitäres staatliches Regime. *Anthony Ogus* (Manchester) untersucht in seinem Beitrag die Frage, wie die spezifischen Bedingungen in Entwicklungsländern die institutionelle Ausgestaltung der Regulierung beeinflussen und inwiefern diese Bedingungen beim Design des Regulierungsregimes berücksichtigt werden sollten. Es zeigt sich, dass Unterschiede in der Kultur und der Ressourcenausstattung zwischen Industrie- und Entwicklungsländern ein Hindernis für die Übernahme westlicher Regulierungsregime seitens der Entwicklungsländer darstellen. Der Beitrag von *Michael Faure* (Maastricht) macht deutlich, dass umweltpolitische Instrumente, die sich in entwickelten Ländern als erfolgreich erwiesen haben mögen, nicht unbedingt den Entwicklungsländern zur Nachahmung empfohlen werden sollten. Insbesondere in Ländern mit einem Mangel an (juristischem) Humankapital und starken Korruptionsproblemen sollte stärker auf präzise Rechtsvorschriften und transparente Prozeduren als auf vage Standards und komplexe marktorientierte Lösungen zurückgegriffen werden. *Angara Raja* (Hyderabad) untersucht in seinem Beitrag den Zusammenhang zwischen (den zahlreichen) Verfassungsänderungen und Wirtschaftsreformen in Indien. Im Mittelpunkt stehen dabei die Enteignung von Grund und Boden sowie – in neuerer Zeit – die Etablierung wirtschaftlicher Sonderzonen.

Bei der Erstellung dieser Festschrift haben wir viel Unterstützung erfahren. Unser besonderer Dank gilt zunächst Herrn Gabor Gottlieb, Herrn Martin Smagon und Frau Katherine Walker für die umfangreiche Unterstützung bei der Fertigstellung der endgültigen Fassung. Für Korrekturlesen und weitere Unterstützung bei der endgültigen Formatierung danken wir Petra Ebermann, Soenke Häseler, Katharina Kramer, Frank Müller-Langer, Sophia Waldvogel und Stephanie Wolfrum. Für die vertrauensvolle Zusammenarbeit sind wir auch Frau Claudia Jeske und Frau Ute Wrasmann vom Gabler Verlag zu Dank verpflichtet. Für die großzügige finanzielle Unterstützung möchten wir uns ganz herzlich bei der Deutschen Bundesbank, Hauptverwaltung Hamburg, bei White & Case LLP, Hamburg, sowie bei der Handelskammer Hamburg bedanken.

INTRODUCTION

The 25th May 2008 marks Hans-Bernd Schäfer's 65th birthday, and also the end of his 32 years spent at the University of Hamburg. In these 32 years Hans-Bernd Schäfer has, in an unprecedented effort, promoted the development of Law and Economics – a school of thought developed in the US in the early seventies – in Europe, and embedded it in the minds of an ever increasing number of lawyers and economists.

In the textbook 'Economic Analysis of Civil Law', which was written together with Claus Ott and was first published in 1986, the economic analysis of law, its original development based on Anglo-Saxon common law, was, for the first time, systematically applied to continental European civil law. The great interest in this book, at home as well as abroad, is impressively documented by the fact that the German edition of this book is now in its fourth issue, as well as by the fact that English, Spanish and Chinese versions are now available. Hans-Bernd Schäfer has not merely documented his interest in Law and Economics through numerous publications on various legal policy issues in renowned legal and economic journals as well as through the publication of several conference volumes. As an economist he has always systematically sought to converse with colleagues from a legal background and on many occasions, together with said colleagues, offered interdisciplinary courses. Twenty years ago he, together with Claus Ott, launched the bi-annual 'Travemünder Symposium' on Law and Economics, where lawyers and economists discuss current legal issues. Almost legendary are his regular lunches with the former director of the Max Planck Institute for Comparative and International Private Law, Hein Kötz, which resulted in the publication of the book 'Judex oeconomicus' in 2003, in which the economic perspective is used in commenting on twelve high court decisions. In recent years Hans-Bernd Schäfer has shown great dedication towards the issue as to how the economic analysis of law can be used for explaining and fighting poverty in developing countries. Together with Robert Cooter (Berkeley) he is preparing a book titled 'Law and the Poverty of Nations'; a preliminary version can already be accessed online.

Hans-Bernd Schäfer is a thoroughly internationally-orientated scholar who is highly proficient in using his creativity and willpower towards forging international contacts and spreading Law and Economics. A testimony to this is the numerous invitations from abroad to act as a Visiting Scholar or Lecturer, for example from the World Bank in Washington, the Delhi School of Economics, the University of Hyderabad, the University of California at Berkeley, the New York University School of Law, the National Law School of India in Bangalore and the Indira Gandhi Institute of Development Research in Mumbai. In 1994 and 1995 he acted as Research Fellow at the Norwegian Academy of Science and Letters in Oslo. For many years now he has regularly been invited to act as Visiting Professor at the George Mason University in Arlington, Virginia.

The high recognition which Hans-Bernd Schäfer's scholarly and organisational abilities enjoy domestically as well as internationally is also marked by the many distinguished positions which he has been offered. Just to name a few, he was Head of the Committee on Developing Countries for the 'Verein für Socialpolitik' (1991 to 1995), has been joint editor of the 'International Review of Law and Economics' (since 1995), has been Director of the 'European Master Programme in Law and Economics', which is supported by the European Commission as an 'Erasmus Mundus' Programme (since 2004), and was President of the 'European Association of Law and Economics' (2004 to 2007). Moreover, since 1998 Hans-Bernd Schäfer has been the Head of the Doctoral Programme in Law and Economics at the University of Hamburg which is financed by the German Research Foundation, and which he has led to unparalleled success. Of the approximately thirty doctoral students which were sponsored in the first six years, ten are now professors or hold post-doctoral positions in academia and thus actively contribute towards the proliferation of Law and Economics.

The great number of authors from all around the world who, as friends, colleagues, students or simply as admirers, have provided contributions on various aspects of Law and Economics towards this *Festschrift* impressively bears testimony to the great recognition that Hans-Bernd Schäfer's work has attracted over the years – in Germany as well as abroad.

In the first section of the volume fundamental aspects of Law and Economics are examined. *Eli Salzberger* (Haifa) provides an overview of the beginnings and further development of Law and Economics, examining the methodology of Law and Economics and the latter's fundamental assumptions as well as its shortcomings. Moreover he discusses the implications which the technological revolution of the last three decades as well as global change has for Law and Economics. *Christian Kirchner* (Berlin) builds a methodological bridge between economics and the law in the field of business law. By using the interplay of the legislature and the judiciary when devising laws as a starting point he questions the teleological method for interpreting business law regulations. As an alternative he examines a consequentialist approach based upon effect analysis, which does not take into consideration allocative efficiency. In his contribution *Nuno Garoupa* (Urbana-Champaign) provides arguments for the case that due to increasing regulation of public life in civil law countries a completely new situation has emerged for judges. He recommends that judges take greater advantage of the Law and Economics approach, in order to improve the quality of substantive and procedural law as well as the organisation of the judicial system. *Manfred Holler* (Hamburg) discusses Machiavelli's understanding of law and law-making, as conveyed in his writings. By using Heinrich von Kleist's drama 'The Prince of Homburg' with respect to the unconditional validity of the law as a starting point, he examines the foundations and basic principles underlying Machiavelli's legal theory, as determined by the latter's perspective on state and politics. In his contribution *Thomas Ulen* (Urbana-Champaign) deals with the question regarding the relevance of empirical legal scholarship for analysing legal consequence and, in particular, examines the relationship between legal empiricism and Law and Economics and the thus resulting demand for empirical legal studies. He provides examples of empirical studies for verifying Law and Economics hypotheses and refers to the increasing importance which such projects have already attained for research and teaching.

The second section deals with property issues, the emphasis resting on intellectual property rights. The contribution by *Gerard Spindler* (Göttingen) examines the question as to why intellectual property, for example system software and scientific writings, has been freely available online for years. Considered against the background of institutional economics, it is reputational effects in particular that are found to be the driving force behind this. *Luigi Alberto Franzoni* (Bologna) reviews the function of patents which, in contrast to trade secrets, contribute towards spreading knowledge. This is examined not only by using the contract theory perspective, but also by analysing historical findings. The contribution by *Andrew Griffiths* (Manchester) deals with questions as to how trade marks influence the organisation of businesses and as to which special informational and reputational benefits through trade marks are acquired by clients. *Holger Fleischer* (Bonn) examines as to why property rights are exhaustively defined in the German Civil Code and provides models of legal-dogmatic, legal-historical and legal-philosophical reasoning. On the basis of the economic analysis of law this limitation of property rights does not, however, necessarily appear to be reasonable.

In the third section issues regarding liability and insurance are discussed from a Law and Economics perspective. The contribution by *Eberhard Feess* (Aachen) deals with liability for pure economic losses in capital markets which can, for example, be brought about by negligence in compiling annual financial reports. In an economic model he examines an hypothesis made by Hans-Bernd Schäfer (and his various co-authors) as to whether the wealth distribution effects which occur in the event of damage are greater in secondary, as opposed to primary, markets, and thus whether this justifies a lower duty of care in the former. *Patrick Leyens* (Hamburg) writes on the current discussion on the gatekeeper position of information intermediaries in capital markets. It is said that the threatened loss of reputation in cases of misconduct is not sufficient in providing control incentives for information intermediaries. Leyens outlines some requirements for contemporary liability law regarding information intermediaries, in order to improve their control incentives and thus also corporate governance in corporations. *Claus Ott* (Hamburg) looks at the liability of auditors with respect to investors and advocates, as all loss is pure economic loss, for a limitation of liability. However, he also calls for easing the investors' burden of proving causality, in order to improve the auditors' incentives for exercising due care. *Gerhard Wagner* (Bonn) examines the advantages and disadvantages of proportional liability in relation to joint liability in cases where there are multiple tortfeasors. Differences arise when a damages claim is not possible, for example because the harmful firm has been dissolved or has become insolvent. Under joint liability the other tortfeasors carry the negative consequences, under proportional liability these are carried by the victim. *Mark F. Grady* (Los Angeles) examines the paradox by which technological improvements may help to avoid harm, yet also raise the level of care, and thus overall produce more cases of negligence. He distinguishes between unavoidable accidents and human errors which lead to inevitable accidents. Technological improvements lower the risk of the former case, while increasing the probability of the latter. *Fernando Gomez* and *Jose Penalva* (Barcelona) examine the case in which the victim can make a claim under an insurance scheme, but also has a right to damages against the tortfeasor. They examine three different systems for coordinating these two claims and analyse in particular their effects on the incentives of the tortfeasor for taking due care. *Bernhard Hirsch* and *Martin Nell* (Hamburg) discuss various mechanisms for preventing the outbreak of epidemic livestock diseases; these include insurance schemes, public subsidies and several preventive measures.

The fourth section looks at different contractual aspects from a Law and Economics perspective. *Francisco Cabrillo* (Madrid) discusses the hypothesis that, from an empirical-historical perspective, the development of the principle of freedom of contract has been superior in common law systems to that in civil law systems. Looking at the US legal system and several western European legal systems he finds that by the end of the 19th century both common law and civil law systems upheld and supported the principle of freedom of contract, yet through parliament introduced limits to the freedom of contract in the first thirty years of the 20th century, which were accepted by the courts. *Urs Schweizer* (Bonn) discusses the rule contained in § 340 Abs. 2 BGB, which states that stipulated clauses for breach of contract due to non-fulfilment of obligations are only limited in terms of minimum, rather than maximum damages to be paid, as long as the creditor can show a greater loss. In a model which abstains from using differential calculus Schweizer demonstrates that the result will be overinvestment by the creditor, due to the latter's expectation that the contract will be fulfilled; this result will occur even if one were to allow for renegotiations after the breach. *Johannes Köndgen* (Bonn) examines the economic validity behind the restrictions of the concept of impossibility, as enshrined in § 275 BGB. By at least partially rejecting the attempts of lawyers with no recognition of Law and Economics to make classifications by use of the concept of disproportionality, he develops a new system for classifying the impossibility of performance borne by the defaulter, which is based upon the economic concept of the complete contract. *Göran Skogh* (Linköping) demonstrates the difference between insurance contracts and mutually beneficial risk-sharing. He shows that the former will only lead to a Pareto improvement if the probability of the damage occurring is known, whereas the latter merely assumes that the parties involved consider their mutual risk to be approximately the same; hence, mutually beneficial risk-sharing may also include unknown risks. Skogh therefore expands his analysis in order to include the extreme form of mutually beneficial risk-sharing: state aid in the event of catastrophes. *Henrik Lando* (Kopenhagen) provides an explanation for the existence of limitation periods for warranty claims in sales law. The main reason for these is that the costs of delivering high quality brought about by reduced incentives decrease at a lower rate when faced with ever more increasing limitation periods than the costs that must be borne in order to determine the validity of a warranty claim. In particular Lando emphasises the costs of out-of-court settlements which, even through clearer rules regarding the burden of proof, cannot be decreased, as those outside of the judicial system are for the most part unaware of their existence. *Anthony Dnes* (Hull) looks into the various possibilities for regulating wealth and property acquired during the course of a marriage or through cohabitation. Taking English law, which here consists almost entirely of case law, as a starting point he finds that this legal source cannot be – considering the inherent uncertainty of the concrete scenario regarding wealth and income distribution as a result of a divorce – in the interest of either the married or cohabiting partners, or of society as a whole. He therefore suggests a clear, ex ante legal ruling (applicable where no marriage has yet been entered into) for dealing with the regulation of wealth and income distribution, his preference being the 'community of surplus' regime. In his contribution *Winand Emons* (Bern) compares two options for success-based attorney remuneration: the conditional fee, by which the attorney is paid the agreed amount on winning the case, and the contingent fee, by which the attorney is allocated a fraction of the sum he wins for his client. Emons examines what the level of information about the case at hand must be in order to be able to voluntarily agree upon a conditional fee, and as to how both fee systems affect the incentives of attorneys when clients are risk neutral or risk averse.

Selected questions on the harmonisation of European law are the subject of the fifth section. *Emanuela Carbonara* (Bologna) and *Francesco Parisi* (Minneapolis and Bologna) point to three hitherto hardly observed reasons for the slow pace in harmonising European law: the strategically motivated costliness of legal harmonisation brought about by some states; little pressure on states to conform due to very liberal choice-of-law provisions; and the complexity and intertwining of national legal systems which make legal competition with regards to specific legal rules practically impossible. In her contribution *Eva-Maria Kieninger* (Würzburg) justifies as to why, contrary to four important arguments from the Law and Economics school of thought, a significantly greater standardisation of European civil law would be desirable. According to her, the economic need for standardised civil law is empirically proven, and the idea of differing national preferences fundamentally contradicts the concept of methodological individuality. Thus, she objects to the existence of workable competition in civil law orders and finds the costs of standardisation to be minimal, as long as the involved states are given enough time and opportunity to get used to the new uniform law. *Peter Mankowski* (Hamburg) compares various possibilities for making choices regarding legal rules and jurisdictions in international contracts. Through the use of game theoretical concepts, he finds that many proposals in negotiations which appear to be geared towards compromise are merely disguised attempts to further personal interests – moreover, they result in particularly high transaction costs.

The sixth section examines current issues in regulating economic activity. *Roger van den Bergh* (Rotterdam) presents empirical findings on the effects of deregulating the legal rofession in the Netherlands as well as in England and Wales, and compares these with theoretical considerations. With respect to price and quality he finds sometimes ambiguous, sometimes unambiguous negative social welfare effects. As a solution he suggests a model of competing self-regulatory bodies that become active in the different segments of the broad legal services market. *Wolfgang Weigel* (Vienna) participates in the discussion on deregulating the notaries from a theoretical perspective. He shows that in fact there is a demand for regulated and thus conclusive notary services, as these services possess the characteristics of credence goods; hence the conditions to provide such goods in a market for notaries are not met. *Dominique Demougin* (Oestrich-Winkel) reasons, by use of a model which incorporates inefficiencies caused by informational asymmetries, that optimal unemployment benefits as well as the optimal bargaining power for the employee are – in contrast with commonly asserted arguments – strictly positive in the case of heterogeneous employees. Institutions which can perfectly control this bargaining power may even be able to completely balance out the inefficiencies resulting from informational asymmetries. One cannot therefore claim that labour market reforms which have taken place in many countries over the last years – to the detriment of the employee – have increased efficiency. In his contribution *Robert Cooter* (Berkeley) deals with the rule that permits can only be granted together with conditions that are factually relevant, that is, they possess the required 'causal nexus' to the act for which the permit is granted. Cooter shows at first that this restriction on administrative authorities is intended to prevent the exploitation of the petitioner at the hands of the authorities. However, he also presents cases whereby factually non-relevant conditions would be in the greater interest of the general public, as well as of the petitioner, compared to those with the required causal nexus. In order to be able to pursue this interest, despite the general prohibition of factually non-relevant conditions, Cooter suggests that the authorities should have the power to enforce their conditions, yet should also be able to reach an agreement with the petitioner as to whether the condition be replaced by a factually non-relevant requirement. *Alfred Endres* (Hagen) compares three differing procedures for reducing emissions: command-and-control regulation, effluent charges and transferable discharge permits with respect to their incentives for the innovation of future abatement technology. He demonstrates that all three approaches are more or less equally promising when all parties, including the regulatory authority, possess perfect information on the marginal cost structure of all firms; however, it is solely transferable discharge permits, for which not only a spot market but also a future market exists, that can provide efficient incentives when current individual and future aggregated cost structures are treated as private information. *Roland Kirstein* (Magdeburg) shows that prohibitions in international waste trade can be economically reasonable even when the waste disposal in the potentially importing country carries lower economic costs than it does in the exporting country. More precisely, this is the case when the actual costs borne by the operator of the waste management plant are (significantly) less, due to poor enforcement of laws, than those incurred in the exporting country. Moreover, if the costs which are not internalised by the operator of the waste management plant fall back, technologically or politically speaking, on the exporting country, it is in the interest of the exporting country to prohibit the export of waste.

In the seventh section economic aspects of competition law are discussed. In his contribution *Peter Behrens* (Hamburg) deals with the modernisation of European antitrust law, which is manifested through decentralisation and privatisation as well as an economisation of the application of law. He reaches the conclusion that it is better to protect the institutions which guarantee efficient results than to force specific conduct to be monitored for efficiency. *Dieter Schmidtchen* (Saarbrücken) also discusses the economisation of the application of law in European antitrust law. The determination as to whether traditional form-based or modern effects-based competition policy is preferable should, according to Schmidtchen, depend on the type of competition policy which produces less social costs stemming from type 1 and type 2 errors. *Wolfgang Kerber* (Marburg) investigates the correlation between the discussion on 'rules vs. standards' and the avoidance of competition law courts to apply 'per se' rules. He demonstrates that rules as well as standards prohibit certain types of behaviour per se, but can also contain differentiated rules that restrict the behaviour under defined conditions which can be set at any level of complexity. Therefore these are not parallel or even interchangeable concepts, but rather two different dimensions for delegating decision power to courts, bureaucrats or other private institutions. In his contribution *Jürgen Basedow* (Hamburg) examines the current attempts undertaken by the European Commission to strengthen the importance of private claims for damages which result from violations of EU antitrust rules. Defensive or offensive reasons for suing, the calculation of damages, the dissipation of damage and the passing-on defence, as well as various methods for the affected end consumers to combine these claims, are the focus of the analysis on incentives for bringing legal action. *Thomas Eger* (Hamburg) and *Peter Weise* (Kassel) are more sceptical of the opinion that strengthening the importance of private claims for damages effectuates an improvement in deterring violations of cartel prohibitions, or whether it will result in fair compensation for the victims of price cartels. In his contribution *Pierre Garello* (Aix-Marseille) examines the implications of the neo-Austrian school and the neo-classical school for competition policy. Using monopolies as an example he demonstrates that the case for state invention motivated by competition policy considerations varies, depending on the degree to which dynamic efficiency considerartions are taken into account.

Some current issues regarding corporation law are the subject of the eighth section. In his contribution *Stefano Lombardo* (Bozen) examines the way in which options in Initial Public Offerings (IPO) function, depending on the legal structuring of the offering's procedure, as well as on the timing of the investors' commitment. He looks at the differences in the functionality which these options possess under US and German law. In his contribution *Alexander Schall* (Marburg) examines the possibilities for small companies to resume slumping business operations in a new corporation by way of 'cold liquidation', leaving behind the old business owners and principals. The scope of these possibilities is assessed under applicable

US, German and English law for economic efficiency. *Heike Schweitzer* (Florence) follows up on the attribution of information when purchasing companies. She provides solutions, as would be applicable subject to German law, to a decision by the Delaware Court of Chancery (2006) on liability for intentional misinformation of a seller of a company and, through the application of Law and Economics, comes to the conclusion that the informational risk is originally attributable to the seller.

Section Nine is dedicated to finance, banking and bankruptcy. In their contribution *Jochen Bigus* and *Lisa Schachner* (Bern) present empirical findings on direct and indirect costs of bankruptcy in US and Swedish bankruptcy procedures. In a theoretical model they examine the effect the level of insolvency costs has on the risk incentives of companies and creditors. *Reinhard Bork* (Hamburg) deals with the issue of efficiency regarding the right of appeal and its interaction with the principle of equal treatment (par condicio creditorum) with respect to the latter's priority of providing the best settlement for the creditor. He thus demonstrates the shortcomings caused by an appeal's lack of preventive effect and by the omission to include secured creditors. He also examines the tension which arises through the respondent's right to the protection of his legitimate expectations. In his contribution *Heribert Hirte* (Hamburg) contributes to the discussion on alternatives to the legal duty to file for bankruptcy – which, to a large extent, he deems to be mistaken under the viewpoint of efficient determination and enforcement of the bankruptcy threshold. He also regards this duty as non-applicable to companies appearing to be registered abroad, and hence presents the advantages for replacing it with a simplified regime for creditor satisfaction. Why banks act as financial intermediaries is the subject of *Bruno Deffains's* (Paris) contribution. He assesses the different roles of the legal institutions and especially that of jurisprudence in common law and civil law countries with regard to incomplete contracts and the adaptation of the law to new scenarios. He refers to the central role the law, as well as the flexibility of judges for developing the necessary rules, plays in establishing an efficient financial system and discusses the idea as to how a legal system which can be pronounced as weak under the abovementioned points can put banks in a comparatively strong position. In his contribution *Kai-Michael Hingst* (Hamburg) follows up on the form of financing between equity capital and outside capital. He examines the function, advantages, area of application as well as the typical form of mezzanine capital within the financial instrument system; this is used for improving the ratings of financed companies and for expanding their scope of action.

Law and Economics aspects of constitutions are dealt with in the tenth section. In her contribution *Anne van Aaken* (St. Gallen) demonstrates by means of constitutional law that it is quite possible to combine deontological and consequentialist thinking by accepting constitutional principles as objectives and by employing behavioural economics as a predictive science. *Stefan Voigt* (Marburg) searches for reasons for the dramatic differences in the length of constitutions. It becomes apparent that the constitutions of countries whose legal tradition includes customary law possess an above-average length, whereas predominantly Muslim countries have significantly shorter constitutions. In his contribution *Bernhard Nagel* (Kassel) finds that the German state has, despite the jurisprudence of the German constitutional court on the right to education (including further education) and on the principle of the welfare state, for the most part remained inactive in this area. Especially since the Federalism Reform I it is the individual German *Länder* which must fulfil their duty. *Georg von Wangenheim* (Kassel) deals with the question of how the optimal degree of decentralisation can be assessed in a federal system. Supplementing the existing debate, he brings forth a previously neglected argument in favour of stronger centralisation: When the respective policy areas are centralised it is easier to avoid instabilities which occur when enforcing cooperative behaviour in prisoner's dilemma scenarios.

In the eleventh and final section the economic analysis of law is applied to the problems of developing countries. Using Somalia as an example *Boudewijn Bouckaert* (Ghent) shows that a stateless existence will not necessarily bring about a Hobbesian state of nature ('bellum omnium contra omnes'), but can also bring forth a regime that supports markets and civil society, and which in the end can be associated with better economic results than some totalitarian state regimes. In his contribution *Anthony Ogus* (Manchester) examines the question as to which specific conditions in developing countries influence the institutional framework of regulation and to which extent these conditions are to be considered when devising a regulatory regime. It appears that differences in culture and resource availability between industrial and developing countries pose as obstacles to developing countries wishing to adopt Western regulatory regimes. *Michael Faure's* (Maastricht) contribution demonstrates that environmental policy instruments which have been proven successful in developed countries should not necessarily be recommended for developing countries. Particularly countries with a lack of (legal) human capital and strong problems with corruption should make stronger use of precise legal rules and transparent procedures, rather than applying vague standards and complex market-orientated solutions. In his contribution *Angara Raja* (Hyderabad) examines the connection between the (many) constitutional changes and economic reforms in India. The focus lies on the expropriation of land as well as, more recently, the establishment of special economic zones.

We have received much support whilst compiling this volume. Our special thanks go first of all to Mr. Gabor Gottlieb, Mr. Martin Smagon and Ms. Katherine Walker for their substantial support in completing the final version. We also wish to thank Petra Ebermann, Sönke Häseler, Katharina Kramer, Frank Müller-Langer, Sophia Waldvogel and Stephanie Wolfrum for proof-reading and their assistance in completing the final format. Our gratitude for excellent collaboration also goes to Ms. Claudia Jeske and Ms. Ute Wrasmann of the Gabler Verlag. For their generous financial support we especially wish to thank the Deutsche Bundesbank, Hauptverwaltung Hamburg, the law firm White & Case LLP, Hamburg, as well as the Hamburg Chamber of Commerce.

I.
Grundlegendes/Foundations

LAW AND ECONOMICS IN THE 21ST CENTURY

Eli M Salzberger[*]

A. Law and Economics – historical roots and definition

Legal research and the methodology employed to analyze and evaluate the law are conducted within a paradigmatic thinking. The term "paradigm shift" was coined by Thomas Kuhn when he put forward a theory about the development of the natural sciences.[1] Kuhn disputed the modernistic description of Frances Bacon who presented scientific inquiry as one of constant and accumulative progress, like a building, which is constructed stone after stone. Kuhn argued that science develops in leaps. Regular scientific research is conducted within a set of boundaries that are based on presuppositions left unquestioned by the contemporary scientific community. These boundaries were dubbed by Kuhn "a paradigm". Scientists in their research (and in their research agenda) are trying to complete a jigsaw puzzle, where the framework of the puzzle is pre-determined by the paradigm. However, in the course of scientific research it turns out that not all pieces fit their spots, and some pieces tend to cross the set boundaries. Scientists try to force the pieces into the slots they think are meant for them. But at one focal point the framework collapses. Doubts bring about rethinking of the pre-set presuppositions. The paradigm shifts; a new paradigm is constructed, which sets new presuppositions and a new research agenda. Regular scientific research continues within the new paradigm, until that too is ripe for replacement.

---

* Dean and Professor of Law, Faculty of Law, University of Haifa.

1 Thomas S. Kuhn, *The Structure of Scientific Revolutions* (1962).

Kuhn's analysis can be applied to our thinking about the law and the methodology of legal research.[2] Law and Economics is the current dominant paradigm for legal research.[3] This statement does not only reflect the increasing share of Law and Economics papers in law journals and other journals, but also the fact the Law and Economic jargon and thinking is present in many other law articles and books, which are not strictly speaking Law and Economics works.[4] The economic analysis of law affects also those legal researchers who do not belong the Law and Economics crowd and it infiltrates also to judicial decision-making and to modes of thinking and reasoning of policy makers.

Natural Law dominated legal thinking until the paradigm shift of the 18th century Enlightenment. Natural Law identified between the questions what is law and what law ought to be, between positive analysis of law and normative analysis of law. Legal Positivism that emerged in the 18th century separated the two levels of analysis – law is not necessarily what we desire the law to be – and has attempted to create a science of positive law. Legal positivism became the dominant paradigm in the context of broader changes - meta-paradigmatic shift - and coincided with the emergence of an alternative moral theory – Utilitarianism - and with the emergence of the social sciences, among them the science of economics. Legal Positivism developed independent methodology and doctrines to analyze law and legal institutions. Thus, for example, explanation and evaluation of the Common Law under the hegemony of Natural Law was distinctly different from the description and analysis of Common Law in the framework of legal Positivism (which is yet distinct from the way Common Law is portrayed and evaluated by Law and Economics). During the 19th century the formalist approach towards law, which was based on legal positivism, prospered. It portrayed the law as a set of coherent rules, which are clear-cut, predictable or foreseeable and readily available. Facts were perceived as something that can be verified objectively. Law was perceived as a closed science and legal research was conducted in the framework of "pure" legal doctrines. The approach to law and legal research became dogmatic and normative analysis of law was pushed out from law schools.

The American Legal Realism of the mid 20th century (alongside the Scandinavian Legal Realism) tried to show that this ideal picture of law is not true, that courts decisions are not a mechanistic application of legislation, that the law and legal rulings are influenced by

---

2 One qualification might be in place – that in the social sciences and the law different paradigms can coexist in parallel. However, one could argue that this is the case also with regard to the natural sciences, and therefore no real difference vis-à-vis the development of knowledge exists between the different spheres of human inquiry.

3 Oren Gazal-Ayal's argument according to which an important impetus for Law and Economics was the significant amounts of funds offered to research in the field, for example, by the Olin foundation, can be presented as falling in line with Kuhn's analysis regarding the development of science. However, its not the funding which brought about the dominance of Law and Economics, but the other way around - research funding reflects the dominant paradigm of the day. See O. Gazal-Ayal, "Remarks on the Past and Future of economic Analysis", *Mechkarei Mishpat* (forthcoming in Hebrew).

4 See, for example, W. M. Landes, R. A. Posner, "The Influence of Economics on Law: A Quantitative Study", 36 *J.L. & ECON.* 385, (1993). The authors find that the number of citations of Law and Economics papers in law journal grew from 283 in 1976-1980, to 2227 in 1986-1990 (p. 398).

the identity, ideology and politics of those who administer them – legislatures, politicians and judges. Legal Realism coincided with a crisis of legal Positivism in the Europe brought about in the aftermath of the Second World War and the Holocaust. The Realists advocated a much more pragmatic approach towards the law. But with this grand insight the Realists stopped. They pointed at the gap between the ideal formalist description of law and the reality, without a systematic attempt to explain the sources of this gap. One of the important footprints of Legal Realism was a call to the social science to come to the assistant of legal scholars in order to study the law and legal institutions. The Critical Legal Studies (CLS) and the Law and Society movements emerged in the last quarter of the 20th century in purpose to fill the Realists chasm and explain the source of the gaps between the ideal description of the law and legal realities. One of their main insights portrays the law as a tool for control of dominant groups over other groups in society and as a tool of Western Liberalism to maintain its ideological, economic and political hegemony.

The Law and Economics movement is another offspring of Legal Realism. Indeed, it can be seen as a direct response to the Realists calls for help of the social science in analyzing the law and legal institutions. It emerged as a parallel response to the Realist challenge and is perceived, at least in the American academic context, as a rival response to the CLS. While the CLS challenges the Liberal foundations of law, the Law and Economics movement operates within these foundations. While the CLS is associated with the political left, Law and Economics is associated with the political right. In many American Law Schools these two movements became a source for academic and political rivalry. As will be elaborated later, I do not share this political categorization. Law and Economics as a methodology is not necessarily a right wing movement and I believe that there are many common insights of the two movements, certainly when compared to traditional "black letter" doctrine and formalist legal thinking. Indeed, in the European context, Law and Economics is not automatically associated with the political right, which is both a consequence and a source for the kind of European Law and Economics scholarship.

Most students of law are familiar with various Law and Economics theorems, arguments and insight, such as the Coase theorem, efficient breach, rent seeking etc, but will encounter a difficulty in defining Law and Economics and drawing its boundaries. The same, in fact, applies to definition of Economics. In order to understand what is Law and Economics is all about it is important first to define the science of economics. I think that this definition itself has been influenced by the Law and Economics movement. When "economics" is mentioned our intuitive thoughts are about markets, prices, demand, supply, inflation, unemployment etc. In fact, the 18th century founder of the science of economics, Adam Smith, dealt with much broader issues. His analysis of the economic world intertwined with insights on politics and culture, on political theory and moral philosophy. Only subsequently, did economists - first the Classical theorists and than the Neo-Classicists - narrow down their interests and focused only on pure economic markets. This was partly the result of the development of more rigorous methodology and graphical models, especially by the Neo-Classicists in the 19th century, adding advanced mathematics in the 20th century.

However, in the last decades we are witnessing the re-broadening of economics to include analyses of areas, which are outside of the traditional economic markets. Politics, international relations and other types of collective decision-making, are some of these new frontiers. This imperialism of economics has also reached the law - with the Law and Economics movement. In this sense, Law and Economics has an interesting common feature with Critical Legal Studies. This rival movement can also be seen as part of a broader context of the Deconstruction and Post-modern paradigms originating from the Humanities. Law and Economics and CLS are fresh attempts to return to a grand theory, abolishing the 19th century emergence of the social sciences, their division to sub-field, each with its distinct object of research and scientific methodology, and the general division between the social sciences, the humanities and even the exact sciences.[5] Law is one of the fields in which theses two grand theories collide.

The expansive course of economics can be demonstrated by its changing definitions by key economics scholars. The famous Neo-classic economist, Alfred Marshall, who invented the demand and supply curves, defined economics as "A study of man's action in the ordinary business of life; it inquires how he gets his income and how he uses it".[6] This definition is narrow and focus on the traditional economic market, but already in 1932 economics was defined more broadly by the Lionel Robbins as: "the science which studies human behavior as the relationship between ends and scare means which have alternative uses".[7] This definition broaden economics to deal with every human or social choice in conditions of scarcity, and indeed in recent years we view as part of economics fields such as game theory and public and social choice, which focus not necessarily only on human behavior in traditional economic markets. According to Robbins, every human activity has an economic aspect.[8] But maybe even Robbins' definition is not wide enough to include all that is being done today under the roof of economics. In a sense Law and Economics does not only believe that every human activity has an economic aspects, but that the economic aspects (broadly defined) can be presented as the sole or exclusive aspects of human activity.

A possible broader and more accurate modern definition of economics focuses not on the subject matter of economics, but on its scientific methodology.[9] According to this

---

5 *The Return of Grand Theory in Human Sciences* (Quentin Skinner ed. 1985).

6 Alfred Marshall, *Principles of Economics 2* (1890). A similar definition is ofered by contemporary economist, George Stigler, The Theory of Price (1952) p.1.

7 Linoel C. Robbins, *Essay on the Nature and Significance of Economic Science* (1932) p. 15.

8 Ibid, p.16.

9 In this direction see also Ronald Coase citing John Maynard Keynes: "Theory of economics ... is a method rather than a doctrine, an apparatus of the mind, a technique of thinking which helps its possessor to draw correct conclusions" in Ronald Coase, The New Intuitional Economics, 88 *The American economic review*

suggested definition economics studies human behavior in a set situation by 1) transforming the complex reality to simplified reality, using simplifying assumptions, 2) operating a rigorous (mathematical of graphical) model on this simplified reality, 3) deriving conclusions as to the variables of the model, and the causal connections between them, and 4) transforming these "laboratory" results into statements and policies concerning the real world.[10]

The soft points of this methodology are the first and last stages - the assumptions stage and the real world policy conclusions. One of the major points of criticism against the economic approach, in general, and against the economic approach towards law, in particular, is that the economic models never represent reality loyally. This criticism is not justified because the economic models do not pretend to represent reality as it is. Having said that, a question remains (on which I will elaborate later) whether the Canon models of the Economic Analysis of Law focus on the important aspects of human behavior vis-à-vis the law, or weather the choice of the simplifying assumptions by Law and Economics mainstream literature are neutral or biased.

The advantage of economic models dealing with traditional economic markets is that their underlying assumptions are less controversial or are more faithful to reality, as it is being transformed to the model. One of the key assumptions, which characterize most economic models, is rational behavior. The homo-economicus behaves rationally when his decisions are geared to maximize his welfare (or utility or well being). He has a set order of preferences and on the basis of information he makes his choices. The rationality and self-maximization assumptions are less controversial when we analyze activity within pure economic market, for example, the individual decision-making with regard to methods of investing his money. When we operate in the stock market we usually aim to make more money. Rationality is thus transgressed to maximization of wealth. But when we leave the core economic sphere this assumption, or at least its application to particular modes of decisions, becomes more controversial. How can we translate rational behavior in the context of a decision whether to get married, to enlarge ones family, whether to commit a crime, to vote in the elections etc. Unlike the stock market example, here we will not necessarily assume that well being or utility maximization equals wealth maximization, although we can still assume that the decision maker is operating in order to satisfy his or her order of preferences.

It ought to be noted that according to the broad definition of economics the rationality assumption is not an integral and indispensable part of economic analysis. It is still dominating the work being done within this field, but the new sub-branch of economics – behavioral economics – focuses on relaxing the pure, or narrow, rationality assumption, and, in theory, economic models can offer analyses based on the assumption that individuals are not rational

---

(1998) 72 (Papers and proceedings of the hundred and tenth annual meeting of the American economic association), p. 73.

10 See also Robert D. Cooter, "Law and the Imperialism of Economics: An Introduction to the Economic Analysis of Law and a Review of the Major Books", 29 *UCLA L. Rev.* (1982) 1260.

or are only partly rational, or that their operation is motivated by deontological moral perceptions.[11]

What are the advantages of the economic methodology? One main advantage of this methodology is that it is scientifically evolutionary - one can construct a simple model based on far reaching simplifying assumptions, and develop this model gradually by relaxing or complicating some of these assumptions. After the construction of a simple model of supply and demand and market equilibrium, we can further enrich our insights by examining what happens if there is no full information, if there is uncertainty, what happens if the decision-making itself is costly etc. In this sense the Chicago school of the Law and Economics movement, which uses the basic microeconomics market model and applies it to law, can be perceived as a first generation, while neo-institutional analysis or behavioral law and economics can be perceived as third or fourth generation. The other advantage of economic thinking is that such a methodology provides us with a common language for discussion, and the debates regarding the subject matter of the analysis can focus on the model and its mathematical validity, on the policy conclusions from the model regarding the real world, and indeed on the simplifying assumptions. As a result from this debate we can improve the assumptions or the mathematical modeling or the policy conclusions regarding the real world. Other scientific approaches used in legal discourse and research also have common language. However, the terms of the economic science are much more precise and agreed upon. Thus, wealth, or transitivity or rent or monopolistic and competitive price have a broader common understanding, even among non-economists, than reasonableness or good faith (vis-à-vis black letter or doctrinal analysis), or hegemony, or socialization (vis-à-vis sociological discourse).

Furthermore, an advantage of the economic methodology when applied to legal questions is that it easily crosses geographical borders and different legal systems and cultures. Thus, when using doctrinal analysis the scholar is usually bound to her legal system or legal family; an economic analysis is more detached from the local specifics and thus enables an easier import and export of ideas and a real global discussion of various legal issues. This advantage itself is an explanatory factor for the success of Law and Economics, as it makes it easier for scholars to publish internationally.[12] It is a significant advantage in the European context where various scholars from different legal systems and cultures have to discuss EU legislation, harmonization or just understand each other's law. Economics, therefore, offers us not only a better tool for deliberation (we can agree on what are the exact points we disagree about), it is also an evolutionary study - the models can be constantly improved and become

---

11 For a concise overview of concept of rationality and rational behavior see Amartya Sen. "Rational Behaviour" in *The New Palgrave Dictionary of Economics* (Eatwell, Milgate and Newman eds. 1995).

12 Oren Gazal-Ayal mentions this factor as one of the reasons for the Law and Economics success, connected also to the easier path of Law and Economics scholars to obtain research grants, which, according to Gazal-Ayal is a prime motivation for scholars to specialize in the field. See O. Gazal-Ayal, *supra note 4.*

more sophisticated. This methodology, however, creates specific problems when applied to legal research, on which I will elaborate in the section 2.

Similarly to the definition of economics, the definition of the economic approach towards law is not agreed upon. The diversity of the definitions reflects, among other factors, also an ideological stance. As with regard to the definition of the science of economics, I prefer the broad methodological definition, according to which the Law and Economic movement is a specific way to deal with legal questions, a way that emphasizes particular methodology. The Law and Economics movement is engaged in two different projects – normative analysis and positive analysis. Positive Economics is the major branch of economics, which is seeking with the assistance of mathematical models and empirical tools to provide us with explanation as to the causal connections between various variables, as well as predictions as to the effect of changes in one variable on others. These theoretical causal connections can be tested empirically with the usage of other branch of economics - econometrics. In the realm of law what Law and Economics scholars are mainly interested at, on the level of positive analysis, is the effect of different legal rules on various phenomena which the law is set to deal with, as well as the effect different institutional factors on legal and judicial decision-making. For example, positive economic analysis of law can deal with the influence of different methods of punishment and enforcement on the level of crime, or the influence of alternative liability rules on the rate of accidents, or the influence of various intellectual property laws on the level of innovation, or the influence of different procedures of judicial appointments on the degree of judicial independence and on the outcome of judicial decision-making.

Normative economic analysis is applied to rank alternative solutions, or to tell us what is the desirable legal or institutional arrangements. In other words, normative analysis tells us not what is the legal rule, not why it exists or what are its effects, but whether it is a good rule and what is the desirable legal or constitutional arrangement or judicial outcome. In the examples we mentioned of criminal law, torts, IP laws and constitutional law positive analysis can provide us with insights about the correlations between various variables – the effect of different rules on actual behavior and social outcomes. Normative analysis, on the bases of this positive analysis, will point to the best rule. If criminal law aims only to minimize the level of crime (or the costs of crime which include costs encountered from criminal activities and the costs of avoidance of crime and enforcement), than on the bases of the positive analysis we can detect the best punishment guidelines, as well as the substantive principles of criminal law. If the only aim in regulating liability for car accidents is the minimization of social costs, positive analysis can tell us that the desirable rule is strict liability, rather than negligence. Similarly, if the goal of IP laws is to maximize social welfare, on the bases of positive analysis we can prescribe the optimal legal rules - creating property rights for limited periods.

To perform a normative analysis one has to define a normative objective, the source of which is outside the scope of the science of economics. In this sense, and in the framework of our broad definition of "economics", the normative goal can be considered as one of the simplifying assumptions within the economic methodology. The leading normative goal of most economic analysis literature is efficiency. However there are several competing definitions of efficiency - maximization of utility, maximization of wealth, Pareto optimality[13] - and competing views as to the goal of efficiency as the primary normative goal, as advocated by Posner,[14] or as a second best to utility maximization, which cannot be achieved because of measurement problems, as advocated by Welfare Economics. In addition, efficiency is not necessarily an exclusive normative goal. Any teleological principle, including distributional principles (e,g. Rawls theory of justice), can be set as the normative goal of economic analysis. A major share of constitutional law and economics relates to a different normative goal (which coincides with one specific notion of efficiency), emerging from different historical roots – consensus or Pareto optimality, which evolves from the Social Contract theories of the state. In principle, also non-teleological normative principles can serve as normative goals for normative economic analysis.

One can describe the Law and Economics movement as comprising three generations, which can be perceived as separate sub-paradigms of sorts: the traditional Chicago school, alongside the Yale school of Law and Economics, transaction cost economic analysis of law, and Neo-institutional law and economics.[15] I use the term "generation" because it reflects the chronological history of the movement and indeed its evolutionary nature. However, by this I certainly don't mean to imply that the early generations are gone. The first generation - the Chicago school sub-paradigm - is very much alive. In fact, significant work in Law and Economics is being carried out in this framework. These sub-paradigms reflect a specific attitude towards the nature of the simplifying assumptions of each model, but also different normative goals, a fact which is sometimes overlooked.

In recent years Law and Economics has been looking into a new directions. The traditional theories has been put to empirical tests, and one of the results are the incorporation of studies and insights from the field of psychology and sociology regarding, among other factors, the rationality assumption,[16] behavior under risk,[17] path dependence in decision-making and the endowment effect.[18] New Emphasis is put to the role and function of social norms.[19] The recent emergence of Behavioral Law and economics, which focuses on the relaxation of

---

13 For the definition of these criteria and the connection between them see Jules L. Coleman, *Markets, Morals and the Law* (1988), Ch. 4.

14 Richard A. Posner, "Utilitarianism, Economics and Legal Theory", 8 *J. Legal Stud.* (1979) 103.

15 For a slightly different description see: Francesco Parisi, "Positive, Normative and Functional Schools in Law and Economics", 18 *Eur. J.L. & Econ.* (2004) 259.

16 One of the pioneering work is Herbert A. Simon, *Models of Man* (1957), But the great impetus to the field were the works of Daniel Kahenman (Economics Nobel laureate) and Amos Tversky.

17 E.g. Daniel Kahenman and Amos Tversky, Prospect Theory: An Analysis of Decision Under Risk, 47 *Econometrica* (1979) 263.

18 Daniel Kahenman, Jack Knettsch and Richard Thaler, Anomalies: The Endowment Effect, Loss Aversion and Status Que Bias, 5 *Journal of Economics Perspectives* (1991) 193.

19 See, for example, Robert Ellickson, *Order Without Law: How Neighbors Settle Disputes* (1991) Eric Posner, *Law and Social Norms* (2000).

the pure rationality assumption, and blends empirical findings from the field of psychology, is bound to complicate economic analysis and shift its policy recommendation further apart from those of the Chicago school. A fourth generation of Law and Economics is thus emerging.

B. Shortcomings and Challenges of the Economic analysis of law

Many points of criticism were raised against the Law and Economics movement, in general, and, particularly, against the Chicago school, which is still its main sub-paradigm. In this short framework I will not be able to cover the wide range of critical literature and I will focus on several points, which relate mainly to the methodology of the whole project of Law and Economics and especially on the challenges it faces in light of the changing world of the 21st century.

I. The Overemphasis on Normative Analysis and the internal Fallacy of Law and Economics

The methodology of the science of economics is positivist in nature. As explained above, the normative goal of economic analysis is exogenous to the methodology of economics. Indeed, most of the work within economics itself is on a positive level of analysis, aiming to provide improved bases for policy makers to make their choices according to their normative considerations. This was also the nature of the writings of one of the Law and Economics pioneers – Ronald Coase. Coase enlightened, in a revolutionary way, what should be the considerations for law-makers and judges in the field of private law, but did not point to one specific desirable legal arrangement or one specific normative goal. But lawyers attribute greater importance to normative analysis, which is the direct consequence of the nature of their occupation and discipline. When economics was imported to legal research by law professors, therefore, the emphasis was shifted to normative analysis and the normative goal was presented as endogenous to economic analysis. This was the way in which Posner, for example, interpreted and applied the Coase's theorem.[20]

Within the varied normative criteria offered or employed by the economics methodology wealth maximization emerged as the dominant one in Law and Economics. There are at least two main reasons for this – internal and external. The internal explanation is that wealth maximization is the simplest normative criterion to work with or to model. In this sense, although, in theory, economics (as broadly defined above) is neutral vis-à-vis the normative goal of law, in practice it is biased towards particular ideology as the result of its easier application. Adopting wealth maximization as the prime normative goal results with preference of

---

[20] Ronald Coase, "Coase on Posner on Coase", 149 *J. Institutional & Theoretical Econ.* (1993) 196; Ronald Coase, "Law and Economics at Chicago", 36 *J.L. & Econ.* (1993) 239; Richard A. Posner, "The New Institutional Economics Meets Law and Economics", 149 *J. Institutional & Theoretical Econ.* (1993) 73; Oliver E. Williamson, "Transaction Cost Economics Meets Posnerian Law and Economics" 149 *J. Institutional & Theoretical Econ.* (1993) 99.

markets to legal ordering, privatization to government intervention and total wealth to distributional justice. The external explanation is rooted in the political-ideological dominance of the political Right, which coincided with the great rise of Law and Economics in the 1980s. Wealth maximization was embraced by the Reagan and Thatcher regimes in the US and in the UK, and the influence of their socio-economic ideology left its significant marks on the post Reagan-Thatcher era. Thus, Labour (in the UK), Democrats (in the US) and social democracy platforms worldwide have shifted to the right in the course of the last decades and become very different, in comparison to the ideologies of pre Regan-Thatcher political left and center. Wealth maximization has remained an important segment of politics and socio-economic policy. It was thus an easy path for Law and Economics scholars to adopt and entrench it.[21] It is difficult to establish the exact nature of the causal relations between the ideological hegemony in the political world and the success of Law and Economics and particularly that of the Chicago school, but I believe that this causal connection is not one sided (i.e. the influence of Law and Economics on politics) and at least it operates in both directions, as can be derived from the appointments of two of the leading scholars of Law and Economics – Frank Easterbrook and Richard Posner to senior judicial posts in the US.

The founders of the Law and Economics movement had debated the normative goals and were aware of the critics against wealth maximization, as well as of the fact that the normative goal is exogenous to the economic methodology.[22] It seems that the young generation of Law and Economics scholars who grew into the paradigm are much less aware of these normative debates and thus wealth maximization has become one of the pre-suppositions of the paradigm. The vast majority of Law and Economics writing today, using high degree of modeling and mathematical techniques is grounded on the unquestioned assumption that the normative goal of their analyses is wealth maximization. If it is not the mathematics that makes this literature less accessible to the wider legal community, it is this presupposition that makes much of these writings of little relevance for the legal world and also for the efficacy and contribution to legal research. It is noteworthy that the technological revolution of the last decades and the rapid development of behavioral law and economics may bring about improved abilities in the future to measure and compare utilities – the prime original normative goal of the science of economics, and thus the need to resort to wealth maximization for those who perceive it as a second best, would weakened.

The shift of emphasis from positive to normative analysis with wealth maximization as the dominant collective normative goal is connected to an overlooked in-built fallacy of the Law and Economics approach with regard to the inner equilibrium between normative and positive analyses. This distinction is crucial in law and economics, because both positive and normative analyses are founded upon specific assumptions as to human behavior, and what is

---

21 Ugo Mattei, "The Rise and Fall of Law and Economics: An Essay For Judge Guido Calabresi", *64 Md. L. Rev.* (2005) 220.

22 See, for example, the attitude of Posner and the criticism of Ronald Dworkin and Jules Coleman in the "Symposium: Efficiency as a Legal Concern", 8 *Hofstra L. Rev.* (1980) 485.

the use of constructing a normative theory if the same assumptions which are in its bases direct us to predict that the recommended solutions do not stand a chance to be selected. In other words, an inbuilt incoherence of the Law and Economics project as a whole is that, based on the rigid pre-suppositions of the paradigm, its positive analysis cannot predict the adoption of its normative recommendations. This generates a lack of inner equilibrium between normative and positive analysis. In this sense there is a major difference between free and fully competitive economic markets and the political markets. Within the former the conduct of individuals, each of which is lead by self-interested goal to maximize his or her preferences or utility, is expected to lead to efficient equilibrium, i.e. to utility maximization, creating equilibrium between positive and normative analyses. In the latter, self-interested conduct by politicians, bureaucrats and judges, which is the consequence of the very same pre-suppositions that are the bedrock of the normative goals of mainstream Law and Economics, does not necessarily lead to such efficient or utility maximizing collective choices.

II. The Assumptions of rationality and exogenous preferences

In a similar way to wealth maximization becoming an unquestionable component of the Law and Economics paradigm, the rigid assumptions of exogenous preferences and rational behavior is implicit in the majority of the specialized writings of Law and Economic scholars, in such away that it became part of the paradigmatic thinking. The latter usually boils down to assuming that human behavior is directed to maximize self-wealth. Here too, the major reason for pre-assuming individual self-wealth maximizing behavior is the simplicity of modeling and applying advanced techniques of analysis, combined with the ideological belief in wealth maximization as the desirable prime collective goal. When wealth maximization is assumed to motivate individual conduct, the path to collective goal of wealth maximization is straightforward (though not lacking logical and philosophical difficulties). Mainstream Law and Economics ignores the deficiencies of the shift from assuming self-maximization of utility to assuming self-maximization of wealth, such as ignoring the decreasing marginal utility of wealth, or the endowment effect. The insistence of most scholars to continue the Chicago path in this realm too, therefore, makes their work of little contribution to the real world of law.

Likewise, the assumption of exogenous preferences, used by most Law and Economics writings, is reductionist and unrealistic, given that a number of our more important social institutions, including the law itself, are designed largely to alter preferences, not merely to structure their aggregation.[23] The assumption of exogenous preferences is used by most Law and Economics writings not only because it is more straightforward to handle and model, but also because it is an essential component in advocating wealth maximization as the desirable normative goal. Once one expands economic models to include the possibility of preference

---

23 Kenneth G. Dau-Schmidt, "An Economic Analysis of the Criminal Law as a Preference-Shaping Policy", *Duke L. J.* (1990) 1.

changes resulting from, among others, legal rules, and takes those preference changes into account in any overall normative assessment, the justification for the use of wealth maximization criterion weakens considerably. To apply the criterion, and once central intervention by the law is justified, one must first choose whether to measure the willingness-to-pay consequences of a policy on the basis of the affected persons' pre-policy or post-policy preferences.[24] Recognizing that post policy preferences might be different from pre-policy preferences undermines the coherence of wealth maximization as deriving strict recommendation as to the desirable rule or legal decision, and makes wealth maximization dependent on the order of decisions. This may be one of the reasons that so far the attempts to relax the exogenous preferences assumption, as well as the rigid rationality assumption, for example by the behavioral scholars, remain peripheral to the core and the number of contributions by the Law and Economics scholars.

III. The Adaptation of Law and Economics to the Changing Global Environment

While the two previous sections dealt primarily with deficiencies that characterize Law and Economics from its very beginning, this section addresses the need for adapting Law and Economics to contemporary global changes. The Law and Economics movement was born and established itself before the technological revolution of the last three decades and the accelerated globalization process. It has not adapted yet to the new realities. Several points can be emphasized in this context. The first relates to the role of technology within the economic models and legal theory.

Traditional economic models pre-assume the state of technology to be fixed or exogenous to their analysis. Take, for example, the path-breaking Coase theorem, which predicts that in a world with no transaction cost the choice of legal rule would not matter, since the market will bypass any inefficient legal rule and will stabilize on efficient equilibrium. The technologies relevant to the actual examples given by Coase in his 1960 article were not likely to change significantly as a result of the choice of legal rules. This is not the case today when technologies are constantly evolving and the results of Coasian analysis may be different with each and different technological advancement. The pace of technological change today is disputable and there are many ways to measure it. Some believe that the speed of the chip, which doubles every two years, is a good measure of technological change. A common assumption in the high-tech environment is that technology reinvents itself every six to twelve months. This very brief timeframe and the elasticity of technology, call for different treatment of technology within economic analysis. The crucial shortcoming of the transaction cost analysis when applied, for example, to the Internet is that it takes technological development as static. It overlooks the interdependency and reciprocity between technological

[24] Gregory S. Crespi, "Does the Chicago School Need to Expand Its Curriculum?", 22 *Law & Soc. Inquiry* (1997) 149.

developments and legal rules. This multi-layered relationship between law and technology is a key factor for understanding technological innovation in the information environment. Thus, an analysis that takes the state of technology as an exogenous component suffers from a serious shortcoming when applied to an environment with rapid technological advances and innovations. The analysis fails to consider the effect of legal rules on technological progress.[25] These phenomena have been overlooked so far by the mainstream Law and Economic literature. A possible explanation for this is that recognizing technology as an endogenous factor, in a similar way to the attitude towards individual preferences, shakes up the leading Law and Economics normative goal of wealth maximization.

A second feature characterizing the new world is globalization. It is itself related to the current technological revolution and the fact that markets today – both economic and political – cross traditional geographical borders and undermine the traditional structure and powers of a world divided to independent and sovereign states. As with regard to technology, the traditional Law and Economics models view as exogenous crucial factors, like the existence of states, the borders between them, their central governments, their enforcement powers and the correspondence of markets and states. Public Choice theory attempted to remedy part of this deficiency of traditional micro-economic theory by analyzing the emergence of the public sphere, the state, public law and collective decision-making processes.

Neo-Institutional theory is the broadest framework of economic analysis insofar as it attempts to incorporate Public Choice analysis with the traditional microeconomics or welfare economics. However, if one takes on board the rapidly growing economic and political market activity that takes place in Cyberspace and its influence on traditional markets, even the complex Neo-institutional sub-paradigm premises do not seem to be sufficient. Cyberspace is neither a conventional territorial entity with central government, nor a traditional economic market or nexus of markets. We thus have to examine the simultaneous effects of constitutional law, public law and the political features of Cyberspace with its private law characteristics. Then we must assess whether the Law and Economics project as a whole can be sustained in the emerging, rapidly changing and technological-driven world. The implication of the borderless nature of Cyberspace on economic analysis is highly significant. One can no longer take the state as the relevant framework for market activities, for decision-making calculus or for institutional analysis. This change is significant in both the normative and positive domains. Thus, while traditional normative law and economics analysis take the state as the basic maximization unit, a factor, which has implications on the definition of externalities and the analysis of other market failures, this cannot be the case in the networked information environment and in our traditional physical environment influenced by the Internet. In a similar way of the discussion above, relaxing this assumption makes wealth maximization an

---

25 See Niva Elkin Koren and Eli M. Salzberger, *Law, Economics and cyberspace* (2005), Ch. 8.

incoherent normative criterion. Likewise, positive economic analysis is trickier because the identification of markets is less straightforward than in the old world.

C. Conclusion

Law and Economics emerged as a dominant contemporary paradigm for the analysis of law. One cannot hide the fact that one of its driving forces is publication.[26] Legal scholars find it easier to publish Law and Economics papers because the criteria for their evaluation are more objective and they are more abstract, less contingent upon local law or specific legal system and thus they appeal to broader readership and cross easily geographical and language borders. At first hand this might not seem to be a justified reason for the success of Law and Economics or for its methodological dominance in the research and study of the law, but at a second look, this phenomenon ought to be welcomed. It allows better communication between legal scholars worldwide and a real advancement of the science of law and the methodology for legal research. In this sense, the explanation for the paradigmatic contemporary dominance of Law and Economics is not very different from the explanation for the dominance of previous paradigms in legal studies, which are too rooted in developments outside the immediate realm of the law.

The current dominance of Law and Economics is manifested also by its influence on non-law and economic discourse, thinking and theorizing of law. Indeed, formalist, comparative, law and society and critical scholars have a fruitful dialogue with Law and Economics and incorporate Law and Economics insights, way of thinking, reasoning and discourse into their writings, some of which are the background of new angles of critics which are the source for innovative non Law and Economics insights about law. This phenomenon contributes to legal scholarship and to better understanding and evaluation of the law.

It is time, however, that mainstream scholarship of Law and Economics, which originated from pragmatist approach towards the law and transformed with the years to dogmatic thinking will turn around back to pragmatism. Relaxing the rigid assumptions of the Chicago school, shifting the emphasis from normative to positive analysis and broadening the normative sources of Law and Economics, taking more seriously insights and methodologies from other social sciences, as well as from the humanities, and conducting more empirical work, are some of the avenues that ought to be strengthened in order to achieve this task and avoid the increasing lack of relevance and constructiveness of most contemporary writings within Law and Economics. This could be a good agenda for European Law and Economics, which has been benefited so much from Hans-Bernd Schaefer's activities.

---

26 Steven G. Medema, *Law and Economics and the Values of Imperial Science* http://economix.u-paris10.fr/pdf/seminaires/H2S/Medema.pdf (2006).

ZUR KONSEQUENTIALISTISCHEN INTERPRETATIONSMETHODE

DER BEITRAG DER RECHTSWISSENSCHAFT ZUR REZIPROKEN METHODISCHEN ANNÄHERUNG VON ÖKONOMIK UND RECHTSWISSENSCHAFT

Christian Kirchner

A. Einführung

Die Ökonomik hat in den letzten fünfzig Jahren ihren Gegenstandsbereich über die,Wirtschaft' hinaus ausgedehnt.[1] Unter anderem hat sie begonnen, rechtliche Regelungen ökonomisch zu analysieren.[2] Diese Expansion und die damit einhergehende Behandlung neuer Fragestellungen haben zu einer intensiven Methodendiskussion geführt. Gegenstand der Auseinandersetzungen waren unter anderem die Verhaltensannahmen der Ökonomik[3] und das normative Kriterium der Allokationseffizienz.[4]

Auch die Rechtswissenschaft hat einen Wandel durchgemacht. Ein auslösender Faktor war die vermehrte Verwendung rechtlicher Regelungen zur Realisierung ökonomischer Ziele. Dies kennzeichnet modernes Wirtschaftsrecht.[5] Der Einsatz wirtschaftsrechtlicher Regelungen als Bausteine der Wirtschaftspolitik führt zu methodischen Problemen für die legislative Rechtsetzung, aber auch für die judikative Rechtsfortbildung. Bei dieser geht es um juristische Interpretationsmethoden.[6]

Reziproke Annäherungen der Ökonomik an das Recht und der Rechtswissenschaft an die Ökonomik sollten methodische Annäherungen beider Disziplinen zur Folge haben.[7] Von

---

1 Vgl. Brenner (1980); Frey (1990); Hirshleifer (1985); Kirchgässner (1988a, b); Radnitzky/Bernholz 1987); Robbins (1932).

2 Für viele: Aaken (2003); Assmann/Kirchner/Schanze (1993); Behrens (1986); Cooter/Ulen (2004); Kirchner (1997b); Miceli (1997); Polinsky (2003); Posner (2007); Schäfer/Ott (2005); Shavell (2004).

3 Für viele: Kirchgässner (1988b).

4 Vgl. Aaken (2003), S: 210 - 230; Eidenmüller (2005a); Kirchner (1997a, b).

5 Vgl. Mertens/Kirchner/Schanze (1982); Mestmäcker (1990); Steindorff (1985); Raiser, Ludwig (1979); Wieteholter (1972).

6 Zu juristischen Interpretationsmethoden als Kern der juristischen Methodik: Bydlinski (1982); Larenz/Canaris (1995).

7 Vgl. Behrens (1988); Kirchner (1988).

rechtswissenschaftlicher Seite war in Deutschland lange Zeit eher Zurückhaltung und Skepsis an der Tagesordnung.[8] Insbesondere das Ziel der Allokationseffizienz war (und ist) hier umstritten.[9] Allerdings steigt auch hier die Bereitschaft, die eigene Methodik zu hinterfragen und gegenüber der Ökonomik zu öffnen.[10] Diese Öffnung soll hier konsequent fortgesetzt werden, und zwar mit Blick auf Methodenprobleme der judikativen Rechtsfortbildung auf dem Gebiet des Wirtschaftsrechts. Damit soll an Diskussionen angeknüpft werden, die ich nun seit über zwanzig Jahren mit Hans-Bernd Schäfer führe. Der ihm gewidmete Beitrag soll mögliche weitere Annäherungen austesten.

In der Diskussion um ‚Wirtschaftsrecht' betonte eine der Positionen konsequent den funktionalen Charakter wirtschaftsrechtlicher Regelungen,[11] die eingesetzt würden, um vorgegebene wirtschaftspolitische Ziele zu erreichen. Bei einem solchen funktionalen Ansatz liegt es nahe, auf das Optimierungskalkül des Zweck-Mittel-Paradigmas zuzugreifen.[12] Dann sind die rechtlichen Regelungen zur Erreichung des vorgegebenen Zwecks einzusetzen, von denen angenommen wird, dass der Mitteleinsatz minimiert wird. Die rechtswissenschaftliche Unterdisziplin, die sich mit diesem Optimierungskalkül zu befassen hat, ist anscheinend die Gesetzgebungslehre,[13] nicht aber die juristische Interpretationslehre. Konzentriert sich die herkömmliche rechtswissenschaftliche Methodik auf die Norminterpretation,[14] bleibt sie von der Herausforderung durch ein funktionales Verständnis von Wirtschaftsrecht anscheinend unberührt. Doch der Schein trügt dann, wenn neben der legislativen Rechtsetzung auch die judikative Rechtsfortbildung in den Blick genommen wird. Dann kann die rechtswissenschaftliche Methodendiskussion nur geführt werden, wenn zuvor das Zusammenspiel legislativer Rechtsetzung und judikativer Rechtsfortbildung geklärt worden ist.

B. Legislative Rechtsetzung und judikative Rechtsfortbildung

Arbeitet man mit der Annahme, dass die für den legislativen Rechtsetzungsprozeß zur Verfügung stehende Information systematisch unvollständig ist und dass Informationssuche und –verarbeitung mit Kosten verbunden sind, folgt daraus die These, dass die legislative Rechtsetzung ihrerseits systematisch unvollständig ist. Dann muß entschieden werden, wer mit der Rechtsfortbildung betraut werden soll und wie diese erfolgen soll. Historische Versuche, die Rechtsfortbildung ausschließlich der Legislative zu übertragen, waren nicht von Erfolg gekrönt.[15] Hinter diesem Scheitern steckt ein systematisches Problem, nämlich der Versuch, Rechtsanwendung und Rechtsfortbildung trennscharf zu unterscheiden. Dies ist nicht möglich: Sollen abstrakt-generelle Regelungen auf konkrete Fälle angewendet werden, ist eine

---

[8] Fezer (1986, 1988); Taupitz (1996); kritisch zur Kritik: Ott/Schäfer (1988); vgl. auch Kirchner (1991).
[9] Vgl. Aaken (2003), S. 210 – 230; Eidenmüller (2005a); Kirchner (1997b); Schäfer/Ott (2005), S. 24 – 40.
[10] Aaken (2003); Behrens (1986, 1988); Eidenmüller (2005b); Kirchner (1988, 2006); Kirchner/Koch (1989).
[11] Vgl. Steindorff (1985); Mertens/Kirchner/Schanze (1982).
[12] Vgl. Homann (1980) und weitere Fundstellen in Fn. 26.
[13] Vgl. Noll (1973, 1982); Karpen (2006).
[14] So Bydlinski (1982); Larenz/Canraris (1995).
[15] Meder (2005), S. 258.

fallbezogene Konkretisierung dieser Regelungen erforderlich. Diese als ‚Subsumtion‘ bezeichnete Konkretisierung setzt eine Wertung voraus.[16] Die Konkretisierung wirkt auf die angewandte Regelung dergestalt zurück, dass künftig Regelungsadressaten bei ihren Prognosen über die Rechtsanwendung frühere Rechtsanwendungen in ihr Kalkül einbeziehen werden. Dies bedeutet, dass Rechtsanwendung, die derart zurückwirkt, gleichzeitig Rechtsfortbildung ist. Von einer solchen Rückwirkung ist bei Entscheidungen oberinstanzlicher Gerichte auszugehen. Versuche, die Aufgabe der Gerichte auf die Rechtsanwendung zu beschränken und Probleme der judikativen Rechtsfortbildung auszublenden, müssen scheitern.

Wenn die Judikative unabhängig davon, ob ihr Rechtsfortbildungskompetenz explizit eingeräumt wird oder nicht, jedenfalls faktisch Rechtsfortbildung betreibt, ist es Sache des legislativen Rechtsetzers zu entscheiden, ob er den Rechtsfortbildungsspielraum der Judikative einzuengen sucht. Dies kann etwa durch Verwendung einer klaren Begrifflichkeit, durch konsistente Zielvorgaben oder auch durch eine zeitlich befristete Rechtsetzung mit anschließender Neuregelung durch die Legislative geschehen. All diese Vorkehrungen haben aber nur begrenzte Wirkung. So ändern sich sprachliche Begriffe allein schon durch eine Entwicklung des Kontextes, in den sie eingebettet sind (Porosität der Sprache).[17] Auch Ziele können sich verändern, sind sie selbst in einen sich entwickelnden Rahmen von Oberzielen eingebettet.

Stellt man darauf ab, dass es in einer modernen Legislative nicht den Gesetzgeber als homogene Rechtsetzungsinstanz gibt, sondern dass unterschiedliche Positionen zusammengeführt werden, um dann in abstrakt-generelle Regelungen zu münden, kann nicht unterstellt werden, dass der legislative Rechtsetzer tatsächlich immer daran interessiert ist, den Rechtsfortbildungsspielraum der Judikative zu minimieren. So werden ausfüllungsbedürftige Begriffe eingesetzt, um Spielräume der Auslegung zu eröffnen.[18] Dies läßt sich als Übertragung von Rechtsetzungsbefugnis mit Hilfe von ‚Delegationsnormen‘ bezeichnen. Auch die Formulierung von Zielkatalogen muß keineswegs auf Konsistenz zielen. In inkonsistenten Zielkatalogen lassen sich solche divergenten Positionen abbilden, über die keine Einigung erzielt werden kann.

Betrachtet man Rechtsetzung auf der Zeitachse,[19] wird der Prozeß in seinen verschiedenen Phasen besser sichtbar: Der legislative Rechtsetzungsakt folgt einer Phase, in der ein Regelungsproblem definiert wird und in der Informationen über die Wirkungsweise alternativer Problemlösungen gesammelt und aufbereitet werden. Mit dem legislativen Akt selbst beginnt die Durchsetzung und Anwendung der betreffenden rechtlichen Regelungen. Jetzt kommt die Judikative ins Spiel. Rechtsanwendung verbindet sich mit Rechtsfortbildung. Der legislative Rechtsetzer kann in diesen Rechtsfortbildungsprozeß eingreifen, etwa durch eine Novellierung der betreffenden Regelungen. Doch stehen ihm dafür nur begrenzte Ressourcen

---

16 Rüthers/Birk (2005), S. 446 Rdnr. 695 und S. 478, Rdnr. 765.
17 Vgl. Rüthers/Birk (2005), S.137 – 141, Rdnrn. 172 – 176.
18 Vgl. Rüthers/Birk (2005), S. 141, Rdnr. 177S. 443, Rdnr. 689.
19 Kirchner (1999), S. 159 – 172.

zur Verfügung. Dies hat zur Folge, dass die Legislative nur dort tätig werden wird, wo eine Gegensteuerung hohe politische Priorität genießt.

Rechtsetzung im Wechselspiel zwischen Legislative und Judikative ist ein Prozeß, in dem die Handlungsmöglichkeiten der Akteure durch Metaregelungen definiert werden. Für den legislativen Rechtsetzer betreffen solche Metaregelungen die Legitimation des Rechtsetzers, die Rechtsetzungskompetenz und das Verfahren der Rechtsetzung. Für die judikative Rechtsfortbildung betreffen solche Metaregelungen vornehmlich die Bindung an die Entscheidungen des legislativen Rechtsetzers in Gestalt von Interpretationsmethoden.[20] Während die für den legislativen Rechtsetzer maßgeblichen Metaregelungen solche auf Verfassungsebene sind, sind die Metaregelungen für die Judikative - in einem verfassungsrechtlich vorgegebenen Rahmen - von dieser selbst geschaffen.[21] So sind die Gerichte in Deutschland nach Art. 20 Abs. 3 Grundgesetz an ‚Gesetz und Recht' gebunden, ohne dass ausgeführt wird, in welchem Spannungsverhältnis Gesetz und Recht zueinander stehen. Es ist Aufgabe der Rechtswissenschaft, die Methodik der Bindung der Judikative an die Legislative in Gestalt von Interpretationsmethoden zu entwickeln. Diese Methodik soll hier in Bezug auf zweckorientiert eingesetzte wirtschaftsrechtliche Regelungen erörtert werden.

C. Probleme der Interpretationsmethode im Wirtschaftsrecht

Orientiert sich die legislative Rechtsetzung bei wirtschaftsrechtlichen Regelungen methodisch am Zweck-Mittel-Paradigma, so sollte es nahe liegen, dieses Paradigma ebenfalls für die judikative Rechtsfortbildung fruchtbar zu machen. Das Zweck-Mittel-Paradigma bezogen auf die judikative Rechtsfortbildung wäre dann wie folgt zu formulieren: Bei der Interpretation wirtschaftsrechtlicher Normen ist von mehreren Interpretationsvarianten diejenige zu wählen, bei der zu erwarten ist, dass das Ziel der Regelung am besten realisiert wird. Diese am Ziel (telos) der zu interpretierenden Regelung ausgerichtete Interpretationsmethode wird als teleologische Interpretationsmethode bezeichnet. Sie zählt heute zum anerkannten Methodenkanon der Rechtswissenschaft und nimmt dort einen zentralen Platz ein.[22] Damit könnte die Diskussion eigentlich beendet werden. Wenn man nämlich unterstellt, dass die Zielausrichtung einer (wirtschafts-)rechtlichen Regelung nicht nur für die legislative, sondern auch für die judikative Rechtsetzung maßgeblich ist, kann anscheinend sicher gestellt werden, dass der Einsatz rechtlicher Regelungen im Rahmen wirtschaftspolitischer Zweckprogramme auf beiden Ebenen der Rechtsetzung gelingt, auf der Ebene der judikativen Rechtsfortbildung mit Hilfe der teleologischen Interpretationsmethode.

---

20 Vgl. Rüthers/Birk (2005), S.455 – 459, Rdnrn. 705 – 709.

21 Vgl. Rüthers/Birk (2005), S.454 – 457, Rdnrn. 704 – 709.

22 Vgl. Röhl (2001), S. 600 – 603; Bydlinski (1982), S. 435 – 463; Koch/Rüßmann (1982), S. 222 – 227; Rüthers/Birk (2005), S. 461 – 466; BVerfGE 11, 130; BVerGE 49, 158, 159.

Diese allzu glatte Argumentation wird in der rechtswissenschaftlichen Methodendiskussion kritisiert.[23] Soweit es um die vom historischen Gesetzgeber gesetzten Ziele als Leitschnur der Interpretation geht, wird darauf verwiesen, dass diese in einem sich ändernden Umfeld nicht auf Dauer bindend sein könne. Es sei nicht auf die Zielsetzung des historischen Gesetzgebers abzustellen, sondern auf den,Zweck des Gesetzes'. Dies führt zur Forderung, an die Stelle einer historischen oder subjektiv-teleologischen die objektiv-teleologische Interpretationsmethode zu setzen.[24] Waren bereits bei der ,historischen' oder ,subjektiv-teleologischen' Interpretationsmethode Probleme dann aufgetaucht, wenn der legislative Gesetzgeber entweder inkonsistente Zielbündel verwendet hat oder wenn er mit Delegationsnormen gearbeitet hat, so wird der Boden noch schwankender, wenn nicht auf die vom konkreten Gesetzgeber gesetzten Zwecke abgestellt wird, sondern auf die eines ,objektiven' Gesetzgebers. Es eröffnen sich für die Judikative Möglichkeiten, die Ziele der auszulegenden Regelungen autonom zu definieren.[25] Werden dann in Bezug auf diese Ziele die betreffenden Regelungen ausgelegt, führt dies – gewollt oder ungewollt – zu Zirkelschlüssen. Die Zielsetzung der auszulegenden Regelungen kann im Lichte der gewünschten Auslegung definiert werden. Dann bestimmt nicht das Ziel der Regelung die Auslegung, sondern umgekehrt die Auslegung das Ziel. Damit eröffnen sich für die Judikative, die auf einem solchen methodischen Fundament arbeitet, erhebliche Freiräume der Rechtsfortbildung, die zur autonomen Rechtsetzung wird. Der legislative Rechtsetzer kann zwar korrigierend eingreifen. Aber angesichts der erwähnten beschränkten Ressourcen wird das die Ausnahme sein und nicht die Regel.

Man könnte den Freiraum der Judikative für judikative Rechtsfortbildung auf dem Fundament der objektiv-teleologischen Interpretationsmethode unter dem Hinweis akzeptieren, dass nunmehr an die Stelle der Zielbestimmung wirtschaftsrechtlicher Regelungen durch den legislativen Gesetzgeber eine Konkurrenz zwischen legislativer und judikativer Zielsetzung trete. Der judikative Rechtsetzer werde in die Lage versetzt, den legislativen Rechtsetzer zu korrigieren. Diesem bliebe aber die – theoretische - Möglichkeit der Rückkorrektur. Akzeptierte man ein solches Wechselspiel zweier Rechtsetzer, hätte dies erhebliche Auswirkungen auf die Möglichkeit, wirtschaftsrechtliche Regelungen zum Zweck der Verfolgung wirtschaftspolitischer Ziele einzusetzen. Erschwerend käme das Legitimationsproblem hinzu. Für die Legislative gibt es eine demokratische Rückkoppelung, nicht aber für den judikativen Rechtsetzer. Der Hinweis, dass die Legislative an der Bestellung von Mitgliedern der obersten Bundesgerichte beteiligt sei, kann dieses Problem nicht lösen.

Bleibt man auf der Stufe dieser - bekannten - Methodenkritik stehen und schiebt das Legitimationsproblem als nicht erheblich beiseite, kann man immerhin zwei Einsichten gewinnen: (1) Eine realistische Analyse des tatsächlichen Wechselspiels zwischen legislativer und judikativer Rechtsetzung, (2) eine in sich schlüssige Erklärung für die Entscheidung der Judikative zugunsten der objektiv-teleologischen Interpretationsmethode. Auf

23 Vgl. für viele Koch/Rüßmann (1982); Müller /Christensen (2005).

24 So explizit das Bundesverfassungsgericht: BVerfG 11, 130; in der Literatur schon Radbruch (1950), S. 210 f.

der anderen Seite verfehlt man aber das grundlegende Problem wirtschaftsrechtlicher Rechtsetzung auf der legislativen und der judikativen Ebene. Der Grund dafür ist, dass das Zweck-Mittel-Paradigma als solches für beide Ebenen der Rechtsetzung akzeptiert wird, ohne dessen Defizite in den Blick zu nehmen.

Das Zweck-Mittel-Paradigma[26] verdankt seine scheinbare Unangreifbarkeit zwei Argumentationen. (1) Zielgerichtetes Handeln setze voraus, dass der Handelnde die für die Realisierung eines gewünschten Zieles einzusetzenden Mittel rational aussuche. Dies ist die Zweckrationalität im Sinne Max Webers.[27] Sie wird nicht selten als Rationalität schlechthin betrachtet. (2) Definiert sich die Ökonomik als wissenschaftliche Disziplin normativ durch das sogenannte ökonomische Prinzip (Vermeidung von Ressourcenvergeudung), so fließt das Zweck-Mittel-Paradigma aus eben dieser Definition. Das Zweck-Mittel-Paradigma kann auf zwei Weisen definiert werden, nämlich entweder als Suche nach dem größten Output bei gegebenen Mitteln oder als Suche nach dem geringsten Mitteleinsatz bei gegebenem Output. So gesehen ist es nichts als eine genauere Umschreibung des Ziels, die Ressourcenknappheit zu überwinden oder zu reduzieren. Insoweit kann es mit breiter Zustimmung rechnen. Sein methodisches Fundament ist aber angreifbar. Es basiert auf der Annahme, dass beim Einsatz von Mitteln zur Erreichung eines gegebenen Ziels (intentionales Handeln) nur Wirkungen in Bezug auf dieses Ziel eintreten. Es wird also unterstellt, dass die Kausalität eins zu eins der Intentionalität entspricht. Diese Unterstellung ist nicht haltbar. Denn es werden die nicht beabsichtigen Folgen, die so genannten Nebenfolgen, intentionalen Handelns ausgeblendet. In der Ökonomik ist von den nicht intendierten Folgen intentionalen Tuns die Rede.[28] Stellt man nun diese Nebenfolgen in Rechnung, ist eine eindeutige Zuordnung von Mitteln und Zwecken nicht mehr möglich. Es gibt Wechselwirkungen zwischen Mitteln und Zwecken. Es kommt zu Zirkularitäten. Das Optimierungskalkül des Zweck-Mittel-Paradigmas scheitert. In der Ökonomik, besonders auf dem Feld der Volkswirtschaftspolitik, wird dies oft nicht beachtet. So verwundert es nicht, dass die Rechtswissenschaft ebenfalls auf das Zweck-Mittel-Paradigma zurückgreift, wenn sie rechtliche Regelungen zweckorientiert einsetzen will. Sie hat aber auf einem angreifbaren Fundament gebaut. Das hat Auswirkungen sowohl für die legislative Rechtsetzung wie für die judikative Rechtsfortbildung. Den Gesetzgebungsproblemen soll hier nicht im einzelnen nachgegangen werden. Es sei auf die Diskussion zur Rechtsfolgenabschätzung in der Gesetzgebungslehre verwiesen.[29] Das Problem auf der Ebene der judikativen Rechtsfortbildung liegt im Zentrum der Methodendiskussion, die auf die juristische Interpretationsmethode fokussiert ist.

---

25 Kritisch aus methodischer Sicht auch: Müller/Christensen (2004), S. 86 f.
26 Dazu neben Homannn (1980): Mertens/Kirchner/Schanze (1982), S. 46 f.; Streit (2005), S. 270.
27 Weber (1990), S. 13.
28 Hayek (1969).
29 Vgl. zur Folgenorientierung: Deckert (1995); Kirchner (2001a); Wälde (1979).

Erweist sich die Brauchbarkeit des Zweck-Mittel-Paradigmas für die Interpretation wirtschaftsrechtlicher Regelungen als fragwürdig, wäre die teleologische Interpretationsmethode selbst dann defizitär, wenn bezüglich des Regelungsziels Einigkeit erzielt werden könnte. Unterstellt man dies einmal, so kann für diesen Fall untersucht werden, welche Interpretationsmethode an die Stelle der teleologischen zu setzen wäre.

Geht man davon aus, dass die betreffenden rechtlichen Regelungen bezogen auf das Ziel Wirkungen und Nebenwirkungen haben, ist auf die tatsächlichen Wirkungen und nicht auf die intendierten Wirkungen unterschiedlicher Auslegungsvarianten der zu interpretierenden Regelungen abzustellen. Erforderlich sind dann vergleichende Wirkungsanalysen.[30] Es ist nicht auf die Interpretation als solche abzustellen, sondern auf die Konsequenzen unterschiedlicher Arten der Interpretation. Dies ist ein konsequentialistischer Ansatz.[31] Erforderlich sind realwissenschaftliche Analysen, die Hypothesen bezüglich der zu erwartenden Folgen verschiedener Interpretationsvarianten produzieren. Solche Hypothesen sind nur dann gehaltvoll, wenn sie in solch einer Weise formuliert werden, dass sie falsifiziert werden können. Will die Rechtswissenschaft mit diesem Instrument arbeiten, muß sie methodisches Neuland betreten. Sie muß realwissenschaftliche Bausteine verwenden. Zu trennen ist zwischen der Handlungsebene und der Ebene der Handlungsbedingungen.[32] Rechtliche Regelungen sind der Ebene der Handlungsbedingungen zuzurechnen. Sie setzen Anreize und Restriktionen für Akte auf der Handlungsebene. Eine Wirkungsanalyse muß Angaben darüber machen, wie die Regelungsadressaten auf eine Veränderung dieser Anreize und Restriktionen reagieren. Dies setzt Verhaltensannahmen voraus. Es sind generelle Aussagen darüber erforderlich, wie Regelungsadressaten bei gegebenen Präferenzen auf Regeländerungen reagieren. Entscheidend ist nicht, wie ein einzelner Akteur, sondern wie der durchschnittliche Akteur reagieren wird. In sozialwissenschaftlichen Disziplinen, in denen allgemeine Verhaltensannahmen erforderlich sind, haben sich heute Rational-Choice-Ansätze - in verschiedenen Ausprägungen - weitgehend durchgesetzt.[33] Diesen Ansätzen zufolge werden sich die betreffenden Akteure bei ihren Entscheidungen an der Mehrung oder Wahrung ihres subjektiven Nutzens orientieren.[34] Diese Annahme eigennutzorientierten Rationalverhaltens hat sich – trotz einzelner ernst zu nehmender Kritikpunkte – insofern als robust erwiesen, als ihre heuristische Eignung für die Aufstellung von Hypothesen über die Wirkung von Änderungen von Anreizen und Restriktionen auf das Verhalten von Regelungsadressaten konkurrierenden Ansätzen gegenüber deutlich überlegen ist.[35] Dies ist der maßgebliche Grund, warum zum einen die Ökonomik, die den Rational-Choice-Ansatz verwendet, als Interaktionswissenschaft in Gegenstandsbereiche vorstößt,

---

30 Zur Notwendigkeit von Wirkungsanalysen alternativer rechtlicher Regelungen: Aaken (2003), S. 18; Kirchner/Koch (1989); Kirchner (2001a); Kirchner (2006). S- 33 – 44; Kirchner (2007), S. 192 – 194; Schäfer/Ott (2005), S. 16 – 19.

31 Vgl. schon Kirchner (2006), S. 33 – 44; Kirchner (2007), S. 192 – 194.

32 Homann/Suchanek (2005), S. 37 – 40.

33 Ausführlich: Aaken (2003).

34 Vgl. Aaken (2003), S. 194 – 204; Homann/Suchanek (2005), S. 26 – 29, 346 – 386.

35 Aaken (2003); Frey (1990); Homann/Suchanek (2005), S. 346 – 386.

die bislang das Feld anderer Sozialwissenschaften waren, und zum anderen, warum andere Sozialwissenschaften zunehmend den Rational-Choice-Ansatz übernehmen.

Für einen konsequentialistischen Ansatz bei der Interpretation wirtschaftsrechtlicher Regelungen (konsequentialistische Interpretationsmethode) bedeutet das zuvor Gesagte, dass die Integration realwissenschaftlicher Elemente auf der Grundlage des Rational-Choice-Ansatzes verspricht, Wirkungsanalysen von rechtlichen Regelungen in unterschiedlichen Interpretationsvarianten durchführen zu können. Diese Wirkungsanalysen können als solche das Problem, welcher der in Frage kommenden Interpretationsvarianten der Vorzug zu geben ist, nicht lösen. Es ist erforderlich, die Ergebnisse der Wirkungsanalysen auf die Ziele der Regelungen zu beziehen (Wertungsproblem). Dann stellt sich die Frage, ob auf die Ziele, wie sie der legislative Rechtsetzer definiert hat, abzustellen ist. Geht man davon aus, dass der legislative Rechtsetzer mit den betreffenden Regelungen ein wirtschaftliches Zweckprogramm realisieren möchte, gibt es keinen Grund für die judikative Rechtsfortbildung, die betreffenden Ziele durch solche ‚des Gesetzes' zu ersetzen. Es ist eine Frage der Gewaltentrennung, welcher Instanz das Recht zustehen soll, die betreffenden Ziele neu festzulegen. In einem System der Gewaltentrennung, in dem der legislative Rechtsetzer demokratisch legitimiert ist und der Judikative in erster Linie die Aufgabe der Rechtsdurchsetzung zukommt, gibt es eine Vermutung zu Gunsten des legislativen Rechtsetzers. Delegiert dieser seine Kompetenz an die Judikative, etwa durch inkonsistente Zielkataloge und/oder die Verwendung von Delegationsnormen, kann die Judikative kraft abgeleiteter Delegation entscheiden. Es stellt sich dann aber auch hier die Frage, wieweit solche Delegationen mit dem Prinzip der Gewaltentrennung vereinbar sind.

Die wertende Aufgabe der Judikative im Interpretationsprozeß läßt sich bei einer an den Konsequenzen unterschiedlicher Interpretationsvarianten orientierten Interpretationsmethode als eine Wahlentscheidung begreifen. An die Stelle des methodisch defizitären Optimierungskalküls des Zweck-Mittel-Paradigmas tritt ein wertender Vergleich der erwarteten Wirkungen der auszulegenden Regelungen, bezogen auf die Zielsetzung dieser Regelungen. Dabei sind neben den intendierten Wirkungen der betreffenden Regelungen auch die nicht-intendierten Nebenwirkungen in Rechnung zu stellen. Kernstück dieses Vorgehens ist die positive Wirkungsanalyse unterschiedlicher Normvarianten.

Während für die Analyse von Marktprozessen die Annahme eigennutzorientierten Rationalverhaltens gut vertretbar ist,[36] fragt es sich, ob diese Annahme dann zu modifizieren ist, wenn es darum geht, wie Regelungsadressaten auf Regeländerungen reagieren. So hat die Neue Instutionenökonomik die Rationalitätsannahme dahingehend modifiziert, dass von beschränkter Rationalität ausgegangen wird.[37] Eine solche Modifizierung bietet sich auch für die Rationalitätsannahme im Rahmen einer konsequentialistischen Interpretationsmethode an. Sie trägt der Tatsache Rechnung, dass von der verhaltenswissenschaftlichen Forschung

---

36 Homann/Suchanek (2005), S. 367 – 375.

37 Für viele: Voigt (2002), S. 29 f.

nachgewiesene Rationalitätsanomalien[38] ein Festhalten an der Annahme unbeschränkter Rationalität nicht geraten erscheinen lassen. Überall dort, wo solche Anomalien eine Rolle spielen, ist von der Annahme beschränkter Rationalität auszugehen.[39]

Zwei Dinge sollten nicht miteinander vermengt werden, nämlich der Verzicht auf die Annahme vollständiger Information und die Annahme beschränkter Rationalität. Soweit nämlich die Entscheidungen von Akteuren bei unvollständiger Information von denen bei vollständiger Information abweichen, betrifft dies nicht die Rationalitätsannahme. Sie können sehr wohl im Rahmen der gegebenen Restriktionen rational in Sinne der Suche nach der für sie besten Lösung entscheiden. Ob dann eine – unter gegebenen Restriktionen – optimale oder ob statt dessen eine satisfizierende Lösung (satisfycing solution) gesucht wird,[40] ist im Grunde eine Frage der Kosten der Informationssuche und –verarbeitung sowie der Entscheidungskosten.

Ernst zu nehmen ist der Einwand gegen die Aufgabe der Rationalitätsannahme, der darauf abstellt, dass Akteure in Dilemmastrukturen – wie sie etwa Märkte darstellen – zum Rationalverhalten gezwungen sind.[41] Kann davon ausgegangen werden, sollte die Rationalitätsannahme aus heuristischen Gründen durchgehalten und nicht modifiziert werden. Es lassen sich zwei Gegeneinwände gegen diese Kritik an der Annahme beschränkter Rationalität formulieren: (1) Sind Verhaltensanomalien nachgewiesen und spielen diese für das konkrete Problem eine Rolle, wäre es auch aus heuristischen Gründen nicht geraten, an der Annahme vollständiger Rationalität festzuhalten. (2) Es ist fraglich, ob die Marktrationalität, die aus den Dilemmastrukturen von Märkten abgeleitet wird, sich bruchlos auf Wirkungsanalysen von Handlungsbedingungen außerhalb von Märkten übertragen lassen.

Im Ergebnis läßt sich festhalten, dass für Wirkungsanalysen im Rahmen der Interpretation wirtschaftsrechtlicher Regelungen von der Annahme unvollständiger Information und beschränkter Rationalität auszugehen ist. Beschränkungen der Rationalität sind insbesondere dort in Rechnung zu stellen, wo Rationalitätsanomalien im konkreten Fall eine Rolle spielen. Allerdings ist darauf zu verweisen, dass nicht alles, was in der Literatur unter ‚Rationalitätsanomalie' gefaßt wird, auch tatsächlich eine solche darstellt. Auch hier ist zuerst die Frage zu stellen, ob die Abweichungen des Verhaltens von einem als rational unterstellten Verhalten auf Informationsprobleme zurückzuführen ist.

---

38 Vgl. Aaken (2003), S. 98 – 103; Conslik (1996); Homann/Suchanek (2005), S. 364 – 367; Jolls/Sunstein/Thaler (1998); Kahnemann (1994); Kahnemann/Tversky (1979); Kirchner (1994); Sunstein(2000).

39 Kirchner (1994).

40 Vgl. Voigt (2002), S. 205.

41 Homann/Suchanek (2005), S. 367- 375.

D. Verzicht auf die Ausrichtung der Interpretation wirtschaftsrechtlicher Regelungen am Ziel der Allokationseffizienz

Die Überlegungen zur konsequentialistischen Interpretationsmethode konzentrierten sich schwerpunktmäßig auf die Einführung positiver Wirkungsanalysen rechtlicher Regelungen in unterschiedlichen Interpretationsvarianten. Die normative Aussage in Bezug auf die Bindung an die Zielvorgaben des legislativen Rechtsetzers wurde aus dem Prinzip der Gewaltentrennung abgeleitet. Unterstellt man unvollständige Information und beschränkte Rationalität auch bei den Akteuren, die für die Legislative handeln, und konstatiert man zudem Abweichungen der Entscheidungen dieser Akteure von den Präferenzen der Prinzipale, also der Bürger, als Folge von Agenturkosten, ist es durchaus denkbar, dass sowohl die Zielvorgaben der Legislative als auch die gewählten rechtlichen Instrumente sich nicht am Ziel der Allokationseffizienz ausrichten. Abweichungen von diesem Ziel sind eher wahrscheinlich. Dies wäre insbesondere dann der Fall, wenn für die Formulierung dieses Zieles von der Annahme vollständiger Information und unbeschränkter Rationalität ausgegangen wird. Es stellt sich dann die Frage, ob es die Aufgabe judikativer Rechtsfortbildung sein sollte, die Lücke zwischen dem dann von der Judikative zu formulierenden Ziel der Allokationseffizienz und dem legislativen Zweckprogramm durch entsprechende Interpretation der Regelungen zu schließen. Dies wäre die Konsequenz, forderte man die Ausrichtung jeglicher Art von Rechtsetzung – also legislativer wie judikativer – am Ziel der Allokationseffizienz. Die Folge eines solchen Vorgehens wäre eine Verschiebung im System der Gewaltentrennung und führte zu einem Legitimationsproblem. Die Judikative hätte dann die Aufgabe, den Willen eines hypothetischen Gesetzgebers zu erforschen, eines Gesetzgebers, der sich am Ziel der Allokationseffizienz (unter der Bedingung vollständiger Information) ausrichtet. Die Parallele zum Ansatz der objektiv-teleologischen Interpretationsmethode ist verblüffend. Die gegen diese Methode vorgebrachte Kritik greift auch hier.

Allerdings sollte eine klare Trennung gemacht werden zwischen der Diskussion um die für die Auslegung wirtschaftsrechtlicher Regelungen adäquate Interpretationsmethode und einer Diskussion, die Effizienzdefizite in der legislativen und judikativen Rechtsetzung aufdecken soll. Nimmt man einmal an, es sei möglich, festzustellen, wie rechtliche Regelungen auszulegen sind, um das Ziel der Allokationseffizienz zu realisieren, und stellt man fest, dass die Auslegung mit Hilfe konventioneller Interpretationsmethoden (oder auch mit Hilfe der hier entwickelten konsequentialistischen Interpretationsmethode) dieses Ziel verfehlt, so kann das Aufdecken dieser Effizienzlücke als normatives Argument ins Feld geführt werden, entweder die legislative oder die judikative Rechtsetzung zu ändern. Es handelt sich bei einem solchen Vorgehen um eine ökonomische Kritik an existierender legislativer und judikativer Rechtsetzung.

E. Ergebnis und weiterführende Überlegungen

Die Verwendung herkömmlicher Interpretationsmethoden für die Auslegung wirtschaftsrechtlicher Regelungen ist methodisch aus verschiedenen Gründen angreifbar. Es wird auf dem methodisch defizitären Zweck-Mittel-Paradigma aufgebaut. Das Abstellen auf den ‚Willen des Gesetzes', also den eines hypothetischen Gesetzgebers, verschiebt die Gewichte zwischen Legislative und Judikative im System der Gewaltentrennung. Es wird hier vorgeschlagen, an die Stelle der objektiv-teleologischen die konsequentialistische Interpretationsmethode zu setzen. Der Schwerpunkt liegt auf einer vergleichenden Wirkungsanalyse der auszulegenden Regelungen in verschiedenen Interpretationsvarianten. Der Interpret bleibt dabei an die Zielvorgaben des historischen Gesetzgebers gebunden. Eine Änderung dieser Ziele ist im System der Gewaltentrennung Sache des legislativen Rechtsetzers. Es ist nicht Aufgabe der judikativen Rechtsfortbildung, um das Ziel der Allokationseffizienz zu erreichen, korrigierend in die legislative Rechtsetzung einzugreifen. Das schließt nicht aus, dass von ökonomischer Seite Analysen judikativer Rechtsfortbildung mit dem Ziel durchgeführt werden, existierende Effizienzlücken nachzuweisen.

Das methodische Instrumentarium der hier vorgeschlagenen konsequentialistischen Interpretationsmethode fügt sich bruchlos in die Methodik der Neuen Institutionenökonomik ein.[42] Damit läßt sich methodisch eine Brücke zwischen der Rechtswissenschaft und der Ökonomik schlagen.

Literaturverzeichnis

Aaken, Anne van (2003), „Rational Choice" in der Rechtswissenschaft. Zum Stellenwert der ökonomischen Theorie im Recht, Baden-Baden

Assmann, Heinz-Dieter/Kirchner, Christian/Schanze, Erich (1993), Ökonomische Analyse des Rechts, 2. Aufl., Tübingen

Behrens, Peter (1986), Die ökonomischen Grundlagen des Rechts, Tübingen

Behrens, Peter (1988), Über das Verhältnis der Rechtswissenschaft zur Nationalökonomie: Die ökonomischen Grundlagen des Rechts, in: Böttcher, Erik/Herder-Dorneich, Philipp/Schenk, Karl-Ernst (Hrsg.), Jahrbuch für Neue Politische Ökonomie, Tübingen, Bd. 7, S. 209 - 228

Brenner, Reuven (1980), Economics – An Imperialist Science?, in: *The Journal of Legal Studies,* Bd. 9, S. 179 - 188

Bydlinski, Franz (1982), Juristische Methodenlehre und Rechtsbegriff, 2. Aufl.

Conslik, John (1996), Why bounded rationality? in: *Journal of Economic Literature*, Bd. 34, S. 669 - 700

Cooter, Robert/Ulen, Thomas (2004), Law and Economics, 4. Aufl., Boston

Deckert, Martina Renate (1995), Folgenorientierung in der Rechtsanwendung, München

Eidenmüller, Horst (2005a), Effizienz als Rechtsprinzip: Möglichkeiten und Grenzen der ökonomischen Analyse des Rechts, 3. Aufl., Tübingen

Eidenmüller, Horst (2005b), Der homo oeconomicus und das Schuldrecht: Herausforderungen durch Behavioral Law and Economics, in: *Juristenzeitung,* Bd. 60, S. 216 - 224

[42] Vgl. Kirchner (2006, 2007).

Fezer, Karl-Heinz (1986), Aspekte einer Rechtskritik an der economic analysis of law und am property rights approach, in: *Juristenzeitung,* Bd. 41, S. 817 - 824

Fezer, Karl-Heinz (1988), Nochmals: Kritik an der ökonomischen Analyse des Rechts, in: *Juristenzeitung,* Bd. 43, S. 223 - 228

Frey, Bruno (1990), Ökonomie ist Sozialwissenschaft, die Anwendung der Ökonomie auf neue Gebiete, München

Hayek, Friedrich August von (1969), Die Ergebnisse menschlichen Handelns aber nicht menschlichen Entwurfs, in: ders., Freiburger Studien, Tübingen, S. 97 - 107

Hirshleifer, Jack (1985), The Expanding Domain of Economics, in: *American Economic Review,* Bd. 75, S. 53 - 68

Homann, Karl (1980), Die Interdependenz von Zielen und Mitteln, Tübingen

Homann, Karl/Suchanek, Andreas (2005), Ökonomik. Eine Einführung, 2. Aufl., Tübingen

Jolls, Christine/Sunstein, Cass R./Thaler, Richard H. (1998), A Behavorial Approach to Law and Economics, in: *Stanford Law Review,* Bd. 50, S. 1471 - 1548

Kahnemann, David A. (1994), New Challenges to the Rationality Assumption, in: *Journal of Institutional and Theoretical Economics,* Bd. 150, S. 18 - 36

Kahneman, David /Tversky, Amos (1979), Prospect Theory: An Analysis of Decision under Risk, in: Econometrica, Bd. XVLII, S. 263 - 291

Karpen, Ulrich (2006), Gesetzgebungslehre – neu evaluiert, Baden-Baden

Kirchgässner, Gebhard (1988a), Die neue Welt der Ökonomie, in: Analyse und Kritik 10, S. 107 - 137

Kirchgässner, Gebhard (1988b), Ökonomie als imperial(istisch)e Wissenschaft, Zur Anwendung des ökonomischen Verhaltensmodells in den benachbarten Sozialwissenschaften, in: Jahrbuch für Neue Politische Ökonomie 7, S. 128 - 145.

Kirchner, Christian (1988), Über das Verhältnis der Rechtswissenschaft zur Nationalökonomie, in: Böttcher, Erik/Herder-Dorneich, Philipp/Schenk, Karl-Ernst (Hrsg.), Jahrbuch für Neue Politische Ökonomie, Tübingen, Bd. 7, S. 192 - 209

Kirchner, Christian (1991), The Difficult Reception of Law and Economics in Germany, *International Review of Law and Economics, Bd. 11*, S. 277 - 292

Kirchner, Christian (1994), Comment on „New Challenges to the Rationality Assumption" by Daniel Kahnemann, in: *Journal of Institutional and Theoretical Economics, Bd. 150*, S. 37 - 41

Kirchner, Christian (1997a), Ökonomische Theorie des Rechts, Berlin

Kirchner, Christian (1997b) Effizienz als Rechtsprinzip? in: Effiziente Verhaltenssteuerung und Kooperation im Zivilrecht, Beiträge zum V. Travemünder Symposium zur ökonomischen Analyse des Rechts (27. - 20. März 1996), hrsg. von Claus Ott u. Hans-Bernd Schäfer, S. 44 - 48

Kirchner, Christian (1999), Formen innerstaatlicher Interaktionsregeln für wirtschaftliche Prozesse, in: Korff, Wilhelm u.a. (Hrsg.), Handbuch der Wirtschaftsethik, Bd. 2, Gütersloh, S.127 - 185

Kirchner, Christian (2001a) Folgenberücksichtigung bei judikativer Rechtsfortbildung und ökonomische Theorie des Rechts, in: Wirkungsforschung zum Recht III, hrsg. von Hagen Hof u. Martin Schulte, Interdisziplinäre Studien zu Recht und Staat 17, Baden-Baden, S. 33 - 43

Kirchner, Christian (2001b), Rationality Assumption in Law and Economics. A Reciprocal Learning Process, in: Haft, Fritjof/Hof, Hagen/Wesche, Steffen (Hrsg.), Bausteine zu einer Verhaltenstheorie des Rechts, Baden-Baden, S. 445 - 448

Kirchner, Christian (2006), Die ökonomische Theorie (§ 4), in: Riesenhuber, Karl (Hrsg.), Europäische Methodenlehre. Grundfragen der Methoden des Europäischen Privatrechts, Berlin, S. 23 - 48.

Kirchner, Christian (2007), Ökonomische Theorie des Rechts, beschränkte Rationalität und französischer Kündigungsschutz, in: Kritische Vierteljahresschrift für Gesetzgebung und Rechtswissenschaft, Bd. 90, S. 185 - 194

Kirchner, Christian/Koch, Stefan (1989), Norminterpretation und ökonomische Analyse des Rechts, in: Analyse & Kritik, Zeitschrift für Sozialwissenschaften, Bd. 11, S. 111 - 133

Koch, Hans-Joachim/Rüßmann, Helmut (1982), Juristische Begründungslehre, München

Larenz, Karl/Canaris, Claus-Wilhelm (1995), Methodenlehre der Rechtswissenschaft, 3. Aufl. Berlin u.a.

Meder, Stephan (2005), Rechtsgeschichte, 2. Aufl., Köln u.a.

Mertens, Hans-Joachim/Kirchner, Christian/Schanze, Erich (1982), Wirtschaftsrecht, Opladen, 2. Aufl.

Mestmäcker, Wirtschaftsrecht (1990), in: *RabelsZ*, Bd.54, S. 409 - 430

Miceli, Thomas (1997), Economics of the Law, Oxford

Müller, Friedrich/Christensen, Ralph (2004), Juristische Methodik, Bd. 1, 9. Aufl., Berlin

Noll, Peter (1973), Gesetzgebungslehre, Reinbek bei Hamburg

Noll, Peter (1982), Die Berücksichtigung der Effektivität der Gesetze bei ihrer Schaffung, in: Öhlinger, Theo (Hrsg.), Methodik der Gesetzgebung, Wien u.a., S. 131 - 146

Ott, Claus/Schäfer, Hans-Bernd (1988), Die ökonomische Analyse des Rechts – Irrweg oder Chance wissenschaftlicher Erkenntnis? in: *Juristenzeitung*, Bd. 43, S. 213 - 223

Polinsky, A. Mitchell (2003), An Introduction to Law and Economics, 3. Aufl., New York

Posner, Richard (2007), Economic Analysis of Law, 7. Aufl., Amsterdam

Radbruch, Gustav (1950), Rechtsphilosophie, 4. Aufl., Stuttgart

Radnitzky, Gerard/Bernholz, Peter (Hrsg.), (1987), Economic Imperialism, New York

Raiser, Ludwig (1979), Der Gegenstand des Wirtschaftsrechts, in: *Zeitschrift für das gesamte Handels- und Wirtschaftsrecht* (ZHR), S. 338 - 345

Robbins, Lionel (1932), An Essay on the Nature and Significance of Economic Science, London

Röhl, Klaus F. (2001), Allgemeine Rechtslehre, 2. Aufl., Berlin u.a.

Rüthers, Bernd/Birk, Axel (2005), Rechtstheorie, München, 2. Aufl.

Schäfer, Hans-Bernd/Ott, Claus (2005), Lehrbuch der ökonomischen Analyse des Zivilrechts, 4. Aufl., Berlin u.a.

Shavell, Steven (2004), Foundations of Economic Analysis of Law, Cambridge, Mass., London

Steindorff, Ernst (1985), Wirtschaftsrecht, 2. Aufl., Darmstadt

Streit, Manfred E. (2005), Theorie der Wirtschaftspolitik, 6. Aufl., Stuttgart

Sunstein, Cass R. (Hrsg.) (2000), *Behavioral Law & Economics*, New York u.a.

Taupitz, Jochen (1996), Ökonomische Analyse und Haftungsrecht – Eine Zwischenbilanz, in: *Archiv für civilistische Praxis* (AcP) Bd. 196, S. 114 - 167

Wälde, Thomas W. (1979), Juristische Folgenorientierung, Königstein

Weber, Max, Wirtschaft und Gesellschaft (1990), Grundriß der verstehenden Soziologie, 5. Aufl., Tübingen (1. Aufl. 1921)

Wiethölter, Rudolf (1972), *Wirtschaftsrecht im Handlexikon zur Rechtswissenschaft*, hrsg. von Axel Görlitz, Darmstadt, S. 531 - 539

LAW AND ECONOMICS AND THE INDEPENDENCE OF THE JUDICIARY

Nuno Garoupa

A. Introduction

It is a personal honor and a great pleasure to write an article for this commemorative volume paying tribute to my good friend and colleague, Hans-Bernd Schäfer. The first time I met Bernd was back in 1995, in Bern, at the first EALE conference I attended while still a PhD student writing my dissertation on the economics of law enforcement under the supervision of Hugh Gravelle. Since then we have met at many different conferences and seminars where we have appreciated each other's work through the years.

When Bernd decided to run for President of the European Association of Law and Economics (EALE) in the summer of 2004, we were both Visiting Professors at George Mason. We had many conversations about his vision for the association and, more generally, the expansion of law and economics in Europe. He got my sincere endorsement since it was so obvious to me that he was the man for the job. When he invited me to join his ticket as Vice-President I accepted immediately because I was sure that his leadership would be extremely positive for the association. Now, three years later and when a new board has been just elected, I can only honestly say that my predictions were accurate. I have worked closely with Bernd these three years; it has been a privilege and a fine honor to serve the association under his leadership.

One of the issues that always attracted our attention is the importance of law and economics for the judiciary in Europe. Under his leadership, the association organized a workshop with the ECJ to establish contacts between law and economics scholars and European judges (November 2006). Similar initiatives have been pursued by colleagues across Europe with their national judiciaries. The idea that law and economics is only relevant and important for common law judges has always sounded strange and awkward to both of us. The popular version of this thesis argues that the common law is reasonably undertheorized, thus the judges need some theoretical framework to guide them. Law and economics is the guide that common law judges need. In civil law, the codes are sufficient to provide the necessary theoretical framework for the law. Civil law judges need no law and economics, so they say.

More sophisticated versions of this thesis put emphasis on formalist judiciary (civil law but also England and Wales) versus realist judiciary (in the USA). Apparently, the interest for law and economics is directly related to the degree of boldness of the judiciary, that is, law and economics is only relevant when judicial review is performed by activist judges who understand the economic and social consequences of the law. The importance of law and economics would therefore be proportional to judicial activism.

My main thesis in this article is that the increasing judicialization of public life in many civil law countries has placed the judiciary in a completely new situation that makes law and economics more relevant for the judiciary. Simply relying on pure formalism and rejecting law and economics is not only ill-advised under these new conditions, but also detrimental to the judiciary. Law and economics is not only important as a source of theorizing for the judges when judicialization becomes a major issue. Law and economics is an instrument of legal policy that assures judicial independence and protects the judiciary from excessive politicization, in my view. In a world of increasingly judicialized public policies, to ignore economic and social contexts is not only denying reality, but also irresponsible. By no means am I making a normative argument in favor of judicialization – I am simply making a positive statement. Judicialization is taking place, and the judiciary operating in this new framework needs to recognize that pure formalism is no longer a solution. It seems to me extremely myopic to insist that, in civil law, the role of law and economics is merely that of a legislative tool, and that until the legislator introduces it explicitly into the law, the judiciary has no competence to use it.

Law and economics is not a monolithic perspective but a general methodology. Different schools of thought co-exist within law and economics. They share the method, but not necessarily the propositions and the conclusions (either positive or normative). Law and economics is a set of different perspectives that applies the economic methodology to different legal institutions. It is an eminently consequentialist methodology, true, but we can only explain the almost vertiginous expansion of law and economics in the last twenty years by virtue of the rich divergences and quarrels inside the field.

Law and economics is thus a methodology, not an ideology. Obviously we cannot ignore the normative questions that might require or ask for a specific vision of the world, but it seems to me that for the judiciary the basic contribution is essentially positive. In this sense, law and economics is merely instrumental. I argue in this essay that law and economics is instrumental in enhancing the independence of the judiciary.

The process of judicialization of public life is complex. It certainly generates threats to the independence of the judiciary, if nothing else because it reminds the executive and the legislative powers that their influence is necessarily limited by the judiciary. Clearly politicians will be tempted to eliminate these limitations by intervening, directly or indirectly, with the judiciary (who in turn interfere with the execution of public policies). In my view, the use of law and economics can be an effective remedy to these temptations.

B. Independence

In my argument I consider three levels of independence of the judiciary. I start with the conventional substantive independence of the judiciary (including personal independence of each judge, and collective independence as part of the rule of law), but I also consider procedural independence (that is, the autonomy the judiciary enjoys to choose and adjust procedural rules to the appropriate good functioning of justice) and administrative independence (in managing the available resources and organizing the administration of the judiciary by means of a judicial council).

I. Substantive Independence

Purely formalist considerations concerning the role of the judiciary must be balanced by a certain amount of pragmatism when courts are asked to interfere with public life in a systematic way. We should not overestimate, but also not underestimate, the capacity of the judiciary to make law, to influence the law and public policies, that is, to have a significant impact in the economic and social life of a community. The traditional rhetoric on the interpretation of the law and the formalist approach to solving gaps in the law conceal the real impact of judicial decisions in the life of a community. We know that the content of many of these judicial decisions, procedural or substantive, is socially and economically important, and should require at least some careful thinking.

A consequentialist analysis is even more important when the judiciary might operate not only by filling gaps, but also by making use of complicated and confusing procedural mechanisms that empower the judge to influence the application of substantive laws. In many civil law countries, we should also add the fact that governments and parliaments have systematically over-legislated; we have a schizophrenic legislator who wants to legislate about everything in a battle against time that is destined to be lost. This legislative disorder can all but allocate residual decision rights to the judiciary.

The interpretation and application of the law today is done in the context of a market economy. One might like or dislike it, but in a market economy, judicial decisions have serious economic and social consequences that generate costs and benefits which are distributed asymmetrically. A consequentialist approach is therefore an important and useful methodology to avoid mistaken and myopic analyses. A typical example is the use of the legal system to correct social injustice, for example, by always protecting the weakest party in contractual litigation. Favoring an individual or a certain party in one specific case might hurt the entire class, thus increasing social and economic inequality in the long-run. This is not about efficiency, but about social justice. A casuistic approach to favoring certain parties for the sake of social justice and equity might generate the opposite results. Allowing poor people to easily renege on their contractual obligations will only make life more difficult for the poor in the long-run, since others will prefer not to contract with them.

The insistence on formalism and legal dogmatics and the refusal of a consequentialist analysis configure, in my view, a potential problem for the independence of the judiciary. A pure formalist approach to the role of the judiciary generates a very serious gap between the judicature and the community. Such a gap creates a misperception by the community that the judiciary is unable to deliver justice and fill a socially useful role. Whatever we think about the merits and demerits of judicialization, the reality is that legal methodologies that refuse to see beyond teleological justifications can but only aggravate the gap between what the community expects from the judiciary and what the judiciary effectively delivers. Once the gap is there and gets wider, politicians have serious arguments (even if populists) to intervene. It usually starts with the observation that the judiciary has no democratic legitimacy (because they were not elected by the community). After that all sorts of assaults on the independence of the judiciary can take place. It is my argument that the use of Law and Economics as a consequentialist methodology can considerably narrow the gap between what the community expects from the judiciary and the performance of that same judiciary.

II. Procedural Independence

The current situation of the courts in many civil law countries is of serious congestion, with absolutely horrendous average delays. We all know that a congested court system does not deliver justice. We therefore have a serious maladjustment between the demand for civil, criminal and administrative justice and the response that congested courts can provide. The procedural aspects not only seriously contribute in a significant way to the congestion, but in many cases they end up dominating over substantive law. The average citizen, who is not a lawyer or a jurist, and who has to go to court for whatever reason, has a distant contact with the judge which is essentially regulated by the procedural aspects of the legal system. At the same time, the average citizen who has not been to court has an extremely remote relation with the judiciary. S/he evaluates the judiciary through the perceptions that are fabricated by the media. Unfortunately the media typically give a disproportional attention to procedural aspects that seem irrational or unfair. Bottom line: in my own view, the general perceptions that the community has on the judiciary are very much determined by procedural law.

The problem is that there exists an important gap between the perceived and actual responsibility of judiciary over court congestion. Procedural inefficacy in general is perceived across society to be due to the judges, whereas in fact they lack an effective capacity to reform, remodel or simply adjust so many procedural aspects. This serious inconsistency between the effective responsibility and the nominal responsibility (in the eyes of the community) of the judiciary has serious political implications.

Most of the time the legislator has the monopoly on the decision-making concerning the implementation of procedural reforms. However the judiciary gets blamed. Therefore, in my view, the judiciary should and must exercise influence over the choice of procedural rules in many and varied forms. As a minimum, the judiciary should be able to have important initiatives for achieving procedural reforms.

A formalist approach will necessarily undermine any judicial activism in procedural reforms. Law and Economics could fill the gap. Law and Economics is about instrumental choices and procedural law is instrumental in itself. It seems to me that Law and Economics is an excellent mechanism of analysis for procedural reforms. Experiences of successful and failed reforms in Europe and in the United States demonstrate exactly that. Many recent procedural reforms have been profoundly discussed and assessed in Law and Economics, for example, payments to courts (introduced in England and Wales in 1997 in the aftermath of Lord Wolf's reforms) or plea bargaining in France and Italy. The Law and Economics scholarship shows that these reforms are far from simple and call attention to serious problems, e.g. that they may go to the point of not solving congestion problems as presupposed by their proponents. Reality has confirmed later that the counter-intuitive predictions of legal economists were quite often correct.

It will be of extreme advantage if the judiciary were able to use Law and Economics as an instrument to produce important considerations for the much needed procedural reforms. Law and Economics can only enrich the understanding of reforms, as it will be able in many occasions to promote them more effectively or restrain ill-advised reformist impetuses.

III. Administrative Independence

The situation of court congestion in so many civil law countries has recently introduced serious disagreements over how to improve justice when the available resources are scarce. In this context, the reorganization of courts and of the judiciary becomes a hot political issue. These interventions can be mainly micro (narrow and quick reforms in given specific areas of the law) or macro (judicial governance). Macro reforms are far-reaching and might hide serious assaults at judicial independence.

In a context of scarce resources and little effectiveness of courts, just to ask for more budget resources or to endow the courts with more resources normally does not take the judiciary very far. Law and Economics could be a good instrument for the judiciary in order to identify which administrative reforms could make a difference and generate more benefits in the medium run, which would largely compensate costs in the short run. I am convinced that a judiciary that can claim more resources and administrative reforms on the basis of sound economic arguments will be in a much better position to negotiate with the government than the traditional rosary of complaints.

In this specific context, I have in mind the use of quantitative techniques. For example, in a discussion on the extent to which specialized courts for family law should be created or generalized, an informed and convincing judiciary should be able to produce a report based on average delays, costs and benefits. That would be the role of a pro-active judicial council.

In order to achieve this level of complex analysis and go beyond the mere traditional complaints, the judicial council should have the competence and ability to produce and develop court statistics, and the capacity to introduce sophisticated analyses (cost-benefit analysis would be just a part of that). In my view, such powerful tools in the hands of a judicial council could contribute decisively towards the administrative independence of the judiciary.

C. Final remarks

For me, it is clear that Law and Economics is an important instrument for assuring independence of judiciary as well as making the judges more accountable to the community. Law and Economics is an instrumental methodology, it is not a substitute for existing legislation or laws, but it can and it must help the judiciary to fill a new role when judicialization is here to stay. I am sure my good friend Bernd Schaefer would agree with me.

The interest the civil law judiciary might have for Law and Economics in the future might be purely strategic. It can derive from serious media pressure or from political outrageous interventions. Evidently we would prefer that their interest comes from a genuine mature reflection by the judiciary in the search of new ways to face judicialization. But whichever the reason, Law and Economics is an instrumental methodology that helps an independent and strong judiciary in a democratic political system, in a market economy, and in a media driven society.

THE PRINCE AND THE LAW

Manfred J. Holler[*]

"Wär ich ein Tyrann,
Dein Wort, das fühl ich lebhaft, hätte mir
Das Herz schon in der erznen Brust geschmelzt,
Dich aber frag' ich selbst: darf ich den Spruch,
Den das Gericht gefällt, wohl unterdrücken? –
Was würde doch davon die Folge sein?"
(Heinrich von Kleist, Prinz von Homburg)

"...poverty and hunger make men industrious, and...the law makes men good"
(Machiavelli, Discourses on the First Ten Books of Titus Livius)

Abstract: This paper emphasizes the importance of the law and lawgiving in Machiavelli's writings. It extracts legal principles from Il Principe and the Discorsi and places them in the context of Machiavelli's political and historical theory.

A. Introduction

The introductory quote, taken from Heinrich von Kleist's "Prinz von Homburg", illustrates a key problem that Machiavelli brings to light in favor of a republic: how a prince can bind himself to honor the law. "For a people that governs and is well regulated by laws will be stable, prudent, and grateful, as much so, and even more, according to my opinion, than a prince, although he be esteemed wise; and, on the other hand, a prince, freed from the restraints of the law, will be more ungrateful, inconstant, and imprudent than a people similarly situated. The difference in their conduct is not due to any difference in their nature (for that is the same, and if there be any difference for good, it is on the side of the people); but to the

* Institute of SocioEconomics, University of Hamburg, holler@econ.uni-hamburg.de, Von-Melle-Park 5, D-20146 Hamburg,. Sections of this paper derive from Holler (2007a, b, c). The author would like to thank Matthew Braham, Vikas Kumar and the editors of this volume for helpful comments.

greater or less respect they have for the laws under which they respectively live" (Discourses, p. 216).

In general, the respect that a prince has for the law is not due to the existence of opponents, rivals, and competitors. Rather it depends on his insight that in the long-run it might be beneficial (and honorable) to submit one's action to given rules, especially if these rules represent popular ideas of justice. But it seems even more difficult for a prince to follow the law if the consequences seem to contradict such ideas as in the case of the Prinz von Homburg. In the Battle of Fehrbellin (1675), von Homburg attacked the Swedish troops and won an extraordinary victory. His action, however, violated the explicit command of his commander in chief, the Elector Friedrich Wilhelm von Brandenburg, who ordered that the Prinz should be tried by a military court and sentenced to death. When his niece Natalie von Oranien begged him to pardon the Prinz, the Elector answered with the famous quote above, saying that if he were a tyrant, he would be moved by his niece's words. But he asks her whether he should suppress the decision of the court – and what would be the consequence of it? He would like to know if the Prinz assumes that it does not matter to the Vaterland whether it is governed by despotism or the law.

When the Elector learns that the Prinz is possessed by the fear of death and begs for pardon he seems to change his attitude. He writes a note to the Prinz saying that he will pardon him if he declares that the decision of the court is unjust. This note convinces the Prinz that he had done wrong, and he says so. Obviously, the note and its acceptance gives a new twist to the legal dimension of the play as the Prinz honors the sentence as justified while the Elector seems prepared to deviate from the narrow path of enforcing the law. He thereby gives the Prinz a chance not only to win a battle but to become a hero. In the end, the hero will be pardoned.

It is widely agreed today that the Prinz von Homburg story is fiction. It was King Frederick II of Prussia, known as Frederick the Great and great grandson of the historical Elector Friedrich Wilhelm, who elaborated on it in his "Memoires pour server à l'histoire de la maison de Brandenbourg," published in 1751. Earlier, when he was crown prince, Friedrich had written an "Anti-Machiavell" text, strongly supported and perhaps indoctrinated in this project by Voltaire. The core of this treatise is that a prince should build his government on reason and justice, and not merely strive for power as proposed, with some qualifications, by Machiavelli. After he became king, Fredrick wanted to suppress the publication of his text.

This development illustrates perhaps another problem why Machiavelli believes the people, when governed by law, to be more reliable than a prince. As "...regards prudence and stability," Machiavelli maintains, "people are more prudent and stable, and have better judgment than a prince; and it is not without good reason that it is said, 'The voice of the people is the voice of God'" (Discourses, p. 217).

In this paper, I will not analyze whether Machiavelli is right about this judgment concerning truth, which is in fact a minor issue to him, and I will not discuss the arguments which support his opinion,[1] but rather focus on what we can learn from his writing about the creation, implementation, and enforcement of law. In the Discorsi, Machiavelli gives an interesting, perhaps not always reliable interpretation of the law of the Roman republic, tainted with the ideas and principles of his time. Perhaps even more exiting are his arguments from which he derives his interpretations and principles. Some of these arguments show up in his Il Principe and repeat themselves in the History of Florence. The underlying rationale demonstrates that Machiavelli is an extremely modern thinker: He relates actions to objectives and means, and emphasizes the importance of incentives and regulations in order to define and evaluate their results, and to get an understanding of the institutional framework and to propose suitable reforms. This is what scholars of Law and Economics do today.

In the following section, I will discuss some aspects of the creation and enforcement of law as found in Machiavelli's writings. Section 3 deals with the crises of the state and the reform of its law, exemplified by the rise and fall of Appius Claudius. In Section 4, a series of legal principles will be outlined and briefly discussed which seem to be of importance to Machiavelli's theorizing. Section 5 elaborates on Machiavelli's concept of history which is the soil from which his legal theory derives.

It is said that Machiavelli was the first author who clearly stated the dominance of politics over all facets and branches of human life. Politics also dominates the law; for Machiavelli, law does not exist without the state and state means power. His theory of law is therefore interwoven with his theory of politics and the law is only of interest to him inasmuch as it is of relevance for politics. However, this short paper will demonstrate that both the presence and the absence of law shapes politics and the fate of those, actively or passively, involved.

B. The Creation and Enforcement of Law

Machiavelli presents, without distinction, historical and mythical cases of the creation of law and relates them to the political and legal chaos which surrounded him. His focus on ancient Rome and contemporary Italy seems straightforward, which makes Romulus, mythic founder of Rome, and Cesare Borgia, son of Pope Alexander VI and conqueror of the Romagna, his key figures to discuss the creation of law.

Romulus killed his brother Remus in order to avoid sharing power in this early phase of Rome. He also "consented to the death of Titus Tatius, who had been elected to share the royal authority with him" (Discourses, p. 120). In the interpretation of Machiavelli, these murders guaranteed that one (and only one) person will define the common good.

It is important to note that, for Machiavelli, Cesare Borgia's cruelties and Romulus' fratricide were violations of moral norms. The period of cruelties and "destructive purification" was meant to be followed, in the case of both Rome and the unified Italy, by peace and

---

1 See Holler and Leroch (2007) for details.

order that presupposed protection from external enemies and the reign of the law. Machiavelli concludes that "Romulus deserves to be excused for the death of his brother and that of his associate, and that what he had done was for the general good, and not for the gratification of his own ambition, is proved by the fact that he immediately instituted a Senate with which to consult, and according to the opinions of which he might form his resolutions. And on carefully considering the authority which Romulus reserved for himself, we see that all he kept was the command of the army in case of war, and the power of convoking the Senate" (Discourses, p. 121).

Machiavelli argues "...although one man alone should organize a government, yet it will not endure long if the administration of it remains on the shoulders of a single individual; it is well, then, to confide this to the charge of many, for thus it will be sustained by the many" (Discourses, p. 121). This is why Romulus should have shared his power: It is for the sake of glory which derives from the implementation of a stable and secure government.

As there is no guarantee that the will of the founding hero to perform the public good carries over to the successor, the creation of an appropriate law is one way to implement the pursuance of the public good for future generations. The "lawgiver should...be sufficiently wise and virtuous not to leave this authority which he has assumed either to his heirs or to any one else; for mankind, being more prone to evil than to good, his successor might employ for evil purposes the power which he had used only for good ends" (Discourses, p. 121).

However, it took still several generations and the courage of a Brutus (Lucius Junius) to expel a king before the Roman republic finally prevailed. But Machiavelli suggests that Romulus had already created the institutions that assured the successful installation of the republic. "This was seen when Rome became free, after the expulsion of the Tarquins, when there was no other innovation made upon the existing order of things than the substitution of two Consuls, appointed annually, in place of an hereditary king; which proves clearly that all the original institutions of that city were more in conformity with the requirements of a free and civil society than with an absolute and tyrannical government" (Discourses, p. 121).

It could be conjectured that Machiavelli hoped that a Borgia Italy would finally transform into a republic, had it become reality and matured the way Rome did. But in the case of Cesare Borgia, the project ended with the early death of his papal father. Cesare's power base became too weak to continue the project of transforming the Papal State into a Borgia State and of extending the Borgia State to incorporate all of Italy so that it had enough power to keep foreign governments and foreign troops at bay.

Of course, the cases of Romulus and Cesare Borgia are not the only models of creating law. Some states "have had at the very beginning, or soon after, a legislator, who, like Lycurgus with the Lacedæmonians, gave them by a single act all the laws they needed. Others have owed theirs to chance and to events, and have received their laws at different times, as Rome did. It is a great good fortune for a republic to have a legislator sufficiently wise to give her laws so regulated that, without the necessity of correcting them, they afford security to those who live under them" (Discourses, p. 98f).

Machiavelli reminds us that "Sparta observed her laws for more than eight hundred years without altering them and without experiencing a single dangerous disturbance" (Discourses, p. 99), whereas the history of the Roman republic can be told by the legal conflicts and crises and corresponding reforms. Why this difference? Machiavelli suggests that we "must bear in mind…that there is nothing more difficult and dangerous, or more doubtful of success, than an attempt to introduce a new order of things in any state. For the innovator has for enemies all those who derived advantages from the old order of things, whilst those who expect to be benefited by the new institutions will be but lukewarm defenders. This indifference arises in part from fear of their adversaries who were favored by the existing laws, and partly from the incredulity of men who have no faith in anything new that is not the result of well-established experience. Hence it is that, whenever the opponents of the new order of things have the opportunity to attack it, they will do it with the zeal of partisans, whilst the others defend it but feebly, so that it is dangerous to rely upon the latter" (Prince, p. 20).

Machiavelli concludes that "Neither Moses, Cyrus, Theseus, nor Romulus would have been able to make their laws and institutions observed for any length of time, if they had not been prepared to enforce them with arms" (Prince, p. 20). The underlying assumption is that all men are bad: "All those who have written upon civil institutions demonstrate (and history is full of examples to support them) that whoever desires to found a state and give it laws, must start with assuming that all men are bad and ever ready to display their vicious nature, whenever they may find occasion for it. If their evil disposition remains concealed for a time, it must be attributed to some unknown reason; and we must assume that it lacked occasion to show itself; but time, which has been said to be the father of all truth, does not fail to bring it to light" (Discourses, p. 104). But let us note: It is only an assumption that all men are bad.

Machiavelli repeatedly referred to religion which helped to enforce the law and, what amounts to the same, to prevent the people from corruption. The Roman republic made extensive use of religion, and when it did not, it often failed. Given these observations, Machiavelli favored changes that bring a society back "to their original principles" (Discourses, p. 319). And, in the Roman republic, the religion of the forebears was part of these principles. However, to be sure, for Machiavelli religion served only as a means to enforce the law, i.e., to increase the power of the state.

Although he suggested honoring the religion and the law of the fathers, Machiavelli also saw the need for reform as the Roman republic expanded, although this could trigger crises and the danger of tyranny as we will see below. Interestingly, the Roman republic had created an incentive scheme which produced legal reforms. Young men could try to distinguish themselves by some remarkable action which consisted "either by proposing some law that was for the general good, or by preferring charges against some powerful citizen as a transgressor of the laws; or by some similar and novel act that would cause them to be talked about" (Discourses, p. 407). This does not only assure the reform of law but also its enforcement. Not surprisingly, however, more often than not, the legal system seemed to suffer from an oversupply of propositions, and the numerous charges against powerful citizens, sometimes of high merits and social esteem, paralyzed public life.

The described incentive structure could be rather damaging to a society and, in fact, it caused substantial irritations. However, Machiavelli reports of even more damaging incentives in the production of law. Before Cesare Borgia had crushed the petty tyrants that ruled the Romagna, "these princes, being poor, yet wishing to live in luxury like the rich," resorted "to every variety of robbery. And amongst other dishonest means which they employed was the making of laws prohibiting one thing or another; and immediately after, they were themselves the first to encourage their non-observance, leaving such transgressions unpunished until a great number of persons had been guilty of it, and then suddenly they turned to prosecute the transgressors; not from any zeal for the law, but solely from cupidity, in the expectation of obtaining money for commuting the punishment" (Discourses, p. 395f). These "infamous" manipulations of the law and its enforcement "caused many evils; the worst of them was that the people became impoverished without being corrected, and that then the stronger amongst them endeavored to make good their losses by plundering the weaker" (Discourses, p. 396).

C. Crisis of the State and Reform of Its Law

"Those republics…that started without having even a perfect constitution, but made a fair beginning, and are capable of improvement, - such republics, I say, may perfect themselves by the aid of events. It is very true, however, that such reforms are never effected without danger, for the majority of men never willingly adopt any new law tending to change the constitution of the state, unless the necessity of the change is clearly demonstrated; and as such a necessity cannot make itself felt without being accompanied with danger, the republic may easily be destroyed before having perfected its constitution" (Discourses, p. 99). This statement by Machiavelli, pointing to the conflict of law and constitution, summarized the problem that the Roman republic faced with the installation of the decemviri (from 451 to 449 BC).

In 451 BC, the Decemvirs were established as a result of a severe conflict between the people and the nobility. More and more the people were inclined to think that the ongoing wars with Rome's neighbours were a plot by the nobility to discipline and suppress them. As consuls were the head of the various armies, the people started to hate this institution. The election of tribunes with the function of consuls seemed to be a way out of the dilemma, but this solution was unacceptable to the nobility. After some time the institution and name of consul was re-established and the conflict became more severe than ever.

A new constitution seemed to be the only way to solve this conflict, but there was no institution that was authorized and considered as sufficiently neutral to accomplish the necessary reform. "After many contentions between the people and the nobles respecting the adoption of new laws in Rome, by which the liberty of the state should be firmly established, it was agreed to send Spurius Posthumus with two other citizens to Athens for copies of the laws which Solon had given to that city, so that they might model the new Roman laws upon those. After their return to Rome a commission had to be appointed for the examination and preparation of the new laws, and for this purpose ten citizens were chosen for one year, amongst whom was Appius Claudius, a sagacious but turbulent man. And in order that these might make such laws irrespective of any other authority, they suppressed all the other magistracies in Rome, and particularly the Tribunes and the Consuls; the appeal to the people was also suppressed, so that this new magistracy of ten became absolute masters of Rome" (Discourses, p. 182), and Appius Claudius succeeded to become the master of these masters. When the Sabines and the Volscians declared war on Rome, two armies under the command of several Decemvirs left the city. Appius, however, remained in order to govern the city. "It was then that he (Appius) became enamored of Virginia, and on his attempting to carry her off by force, her father Virginius killed her to save her from her ravisher. This provoked violent disturbances in Rome and in the army, who, having been joined by the people of Rome, marched to the Mons Sacer, where they remained until the Decemvirs abdicated their magistracy, and the Consuls and Tribunes were re-established, and Rome was restored to its ancient liberty and form of government" (Discourses, p. 184f).

What happened to Appius Claudius? Virginius cited Appius before the people to defend his cause, which was meant to do justice for the misfortune of his daughter. In what followed, Appius was incarcerated, "and before the day of judgment came he committed suicide" (Discourses, p. 190).

The incidence of the Decemvirs demonstrates that the law could be corrupted by the biased interests of various groups or of prominent members of the community. In principle, this problem is, by and large, solved through adequate political institutions (and religion). "...under their republican constitution," the Romans "had one assembly controlled by the nobility, another by the common people, with the consent of each being required for any proposal to become law. Each group admittedly tended to produce proposals designed merely to further its own interests. But each was prevented by the other from imposing its own interests as laws. The result was that only such proposals as favored no faction could ever hope to succeed. The laws relating to the constitution thus served to ensure that the common good was promoted at all times".[2] However, bargaining can fail and, as we have seen, lead to disagreement that cannot be solved by the given political and legal institutions – with the possible consequence of tyranny.

---

[2] This is how Skinner (1984, p. 246) summarizes Machiavelli's description of the law making institutions of the Roman republic.

Given a well-established republic, tyranny does not seem to be the necessary result of an evolutionary process or the possible outcome of chance, but rather the result of severe political errors. Machiavelli discusses the case of Appius Claudius in order to show to future generations the consequences of these errors and to teach them what has to be avoided in order to protect their freedom. "Both the Senate and the people of Rome committed the greatest errors in the creation of the Decemvirate; and although we have maintained...that only self-constituted authorities, and never those created by the people, are dangerous to liberty, yet when the people do create a magistracy, they should do it in such a way that the magistrates should have some hesitation before they abuse their powers" (Discourses, p. 186).

D. Principles and Basic Assumptions

In this section I will reproduce material selected from Il Principe and the Discorsi which represent basic concepts in the legal framework of Machiavelli's work. I will leave it to the competent reader to identify these principles and assumptions with what can be found in contemporary law books and books of legal philosophy. The terms which I have chosen here are only provisionally used to classify the "scenes."

Free will and responsibility: Machiavelli implicitly assumes that people have a free will when it comes to obeying or violating the law or to punish those who violated it and are therefore responsible of what they choose. He explicitly emphasizes that "God will not do everything, for that would deprive us of our free will, and of that share of glory which belongs to us" (Prince, p. 86). "I am well aware that many have held and still hold the opinion, that the affairs of this world are so controlled by Fortune and by the Divine Power that human wisdom and foresight cannot modify them; that, in fact, there is no remedy against the decrees of fate, and that therefore it is not worthwhile to make any effort, but to yield unconditionally to the power of Fortune. This opinion has been generally accepted in our times, because of the great changes that have taken place, and are still being witnessed every day, and are beyond all human conjecture. In reflecting upon this at times, I am myself in some measure inclined to that belief; nevertheless, as our free will is not entirely destroyed, I judge that it may be assumed as true that Fortune to the extent of one half is the arbiter of our actions, but that she permits us to direct the other half, or perhaps a little less, ourselves" (Prince, p. 81f).

The vicious nature of man: To repeat the corresponding quote: "All those who have written upon civil institutions demonstrate (and history is full of examples to support them) that whoever desires to found a state and give it laws, must start with assuming that all men are bad and ever ready to display their vicious nature, whenever they may find occasion for it" (Discourses, p. 104). It is not obvious from this quote whether Machiavelli considers the vicious nature of man an assumption, an empirical observation, or an iron law. Of course, Machiavelli's writings give substantial empirical evidence that men are bad, but he also reports on cases that cannot be subsumed under this assumption and, when it comes to politics, describe failures. It seems that to Machiavelli the Gonfalonier Pietro Soderini belonged to the latter category. Pietro Soderini "thought, and several times acknowledged it to his friends, that boldly to strike down his adversaries and all opposition would oblige him to assume extraordinary authority, and even legally to destroy civil equality; and that, even if he should not afterwards use this power tyrannically, this course would so alarm the masses that after his death they would never again consent to the election of another Gonfalonier for life, which he deemed essential for the strengthening and maintaining of the government. This respect for the laws was most praiseworthy and wise on the part of Soderini. Still one should never allow an evil to run on out of respect for the law, especially when the law itself might easily be destroyed by the evil; and he should have borne in mind, that as his acts and motives would have to be judged by the result, in case he had been fortunate enough to succeed and live, everybody would have attested that what he had done was for the good of his country, and not for the advancement of any ambitious purposes of his own...So that by failing to imitate Brutus he lost at the same time his country, his state, and his reputation" (Discourses, p. 325f).[3]

The principle of legality is based on Machiavelli's observation that "nothing ... renders a republic more firm and stable, than to organize it in such a way that the excitement of the illhumors that agitate a state may have a way prescribed by law for venting itself." Machiavelli continues: "This can be demonstrated by many examples, and particularly by that of Coriolanus, which Titus Livius mentions, where he says that the Roman nobility was much irritated against the people, because they believed that the people had obtained too much authority by the creation of the Tribunes who defended them; and as Rome at the time was suffering greatly from want of provisions, and the Senate had sent to Sicily for supplies of grain, Coriolanus, who was a declared enemy of the popular faction, suggested to the Senate that it afforded a favorable opportunity for them to chastise the people, and to deprive them of the authority they had acquired and assumed to the prejudice of the nobility, by not distributing the grain, and thus keeping the people in a famished condition. When this proposition came to the ears of the people, it excited so great an indignation against Coriolanus, that, on coming out of the Senate, he would have been killed in a tumultuary manner, if the Tribunes had not summoned him to appear before them and defend his cause" (Discourses, p. 114f).

Machiavelli concludes that "this occurrence shows...how useful and necessary it is for a republic to have laws that afford to the masses the opportunity of giving vent to the hatred they may have conceived against any citizen; for if there exist no legal means for this, they will resort to illegal ones, which beyond doubt produce much worse effects" (Discourses, p. 115). People accept legal means, even when the results are not always favorable to them: "For ordinarily when a citizen is oppressed, and even if an injustice is committed against him, it rarely causes any disturbance in the republic" (Discourses, p. 115).

Machiavelli emphasizes a special obligation to obey the law by those institutions that are responsible for it. In 1494, Savonarola determined the fate of Florence and its law. There

---

3 Brutus (Lucius Junius) ousted king Tarquinius Superbus and installed the Roman republic with him as one of the two consuls.

was hope that citizens can be more secure under his rule. In fact, "a law had been made which permitted an appeal to the people from the decisions which the Council of Eight and the Signoria might render in cases affecting the state..." (Discourses, p. 191). "It happened that shortly after its confirmation five citizens were condemned to death by the Signoria on account of crimes against the state; and when these men wished to appeal to the people, they were not allowed to do so, in manifest disregard of the law. This occurrence did more than anything else to diminish the influence of Savonarola; for if the appeal was useful, then the law should have been observed, and if it was not useful, then it should never have been made" (Discourses, p. 191).

Non-additvity of justice says that "...no well-ordered republic should ever cancel the crimes of its citizens by their merits" (Discourses, p. 153). Machiavelli illustrates this principle with the case of Horatius who, "by his bravery" had conquered the Curatii, but committed the crime of killing his sister who was contracted in marriage to one of the Curatii, slain by Horatius and his comrades, and lamented his death. The Romans were so outraged by this murder that he was put upon trial for his life, notwithstanding his recent great services to the state.[4] Machiavelli argues that, "in looking at this matter superficially, it may seem like an instance of popular ingratitude; but a more careful examination, and reflection as to what the laws of a republic ought to be, will show that the people were to blame rather for the acquittal of Horatius than for having him tried" (Discourses, p. 153). Machiavelli reasons that a state that cancels the crimes of its citizens by their merits "will speedily come to ruin. For if a citizen who has rendered some eminent service to the state should add to the reputation and influence which he has thereby acquired the confident audacity of being able to commit any wrong without fear of punishment, he will in a little while become so insolent and overbearing as to put an end to all power of the law" (Discourses, p. 153).

Manlius Capitolinus, "having saved the Capitol from the Gauls who were besieging it, he received from each of those who had been shut up in it with him a small measure of flour, which (according to the current prices of things in those days in Rome) was a reward of considerable value and importance. But when Manlius afterwards, inspired by envy or his evil nature, attempted to stir up a rebellion, and sought to gain the people over to himself, he was, regardless of his former services, precipitated from that very Capitol which it had been his previous glory to have saved" (Discourses, p. 154).

Obviously, the principle of non-additvity of justice has often been violated and still is. Often the results were most damaging to those who granted the laurel. Of course, it is somewhat peculiar first to crown a head with wreath of laurel and then to cut it off. However, according to Machiavelli, this is necessary if society wants to avoid corruption.

The principle of carrot and stick: Machiavelli proposes that both punishment and rewards should be used to regulate society by law. To consider rewards is no trivial insight. For

---

4 From a short observation by Machiavelli we can conclude that, in the end, Horatius was pardoned but "not so much on account of his own merit as on account of the prayers of his father" (*Discourses*, p. 150).

instance, early Hindu political theory focuses on punishment. In the Sukraniti we can read that "the primary functions of the king are protection of subjects and constant punishment of offenders..." and "...through fear of the punishment meted out by the king each man gets into the habit of following his own Dharma or duty" (Brown 1968[1953]), p. 67).[5] Machiavelli however argues that "...to preserve a wholesome fear of punishment for evil deeds, it is necessary not to omit rewarding good ones; as has been seen was done by Rome. And although a republic may be poor and able to give but little, yet she should not abstain from giving that little; for even the smallest reward for a good action - no matter how important the service to the state - will always be esteemed by the recipient as most honorable" (Discourses, p. 153f).

Even in a republic, the rewarding of good deeds is not self-evident: "We read in the ancient history of the Venetian republic, that, on one occasion when their galleys returned to the city, a quarrel occurred between the sailors and the people, which increased to a tumult and a resort to arms. Neither the public force, nor the respect for the principal citizens, nor the fear of the magistrates, could quell this disturbance; but the sudden appearance of a gentleman who the year before had commanded these mariners, and had won their affection, caused them to desist from the fight and to depart. The prompt submission of the sailors to this gentleman excited the suspicions of the Senate to that degree, that they deemed it well to assure themselves of him by imprisonment and death" (Discourses, p. 385). This is how the Serenissima paid Admiral Pietro Loredan for his service. However, it has to be accepted, as Machiavelli commented this act of ingratitude, that "in a republic, the exclusive devotion of the army to its chief does not accord with the other institutions, which oblige him to observe the laws and obey the civil magistrates" (Discourses, p. 385).

Both changing the constitution and retrospective laws can do a lot of damage to a republic, as Machiavelli points out. However, both can be necessary to react to the changes in the environment, including the dynamics of norms and institutions. Often this creates conflicts – conflicts that can hardly be avoided. In general, "...to attempt to eradicate an abuse that has grown up in a republic by the enactment of retrospective laws is a most inconsiderate proceeding, and...only serves to accelerate the fatal results which the abuse tends to bring about; but by temporizing, the end will either be delayed, or the evil will exhaust itself before it attains that end" (Discourses, p. 177). This conclusion refers to the agrarian law, which finally led to civil war and to the destruction of the Roman republic. "There were two principal points in this law; one provided that no citizen could possess more than a certain number of acres of land, and the other that all the lands taken from their enemies should be divided amongst the Roman people. This affected the nobles disadvantageously in two ways; for those who had more land than the law allowed (which was the case with the greater part of the nobles) had to be deprived of it; and by dividing amongst the people the lands taken from the

[5] This book, as referred to by Brown, was compiled in the thirteenth century and contains materials from as late as the sixteenth or seventeenth century. Because of the striking similarities, Brown (1968[1953]), p. 50f) discusses whether, directly or indirectly, Machiavelli knew about the writings of Hindu political theory.

enemy, it took from the nobles the chance of enriching themselves thereby, as they had previously done" (Discourses, p. 175).

Of course, this law raised outcries and resistance by the disadvantaged group of nobles who had become extremely rich due to the success of the Roman army and the ways in which conquered land had been divided. However, as Machiavelli notes, "as in well-regulated republics the state ought to be rich and the citizens poor, it was evident that the agrarian law was in some respects defective; it was either in the beginning so made that it required constant modifications; or the changes in it had been so long deferred that it became most obnoxious because it was retrospective in its action; or perhaps it had been good in the beginning, and had afterwards become corrupted in its application. But whichever it may have been, this law could never be discussed in Rome without causing the most violent excitement in the city (Discourses, p. 175).

References to the law of nations come somewhat as a surprise when reading Machiavelli. It is perhaps even more surprising to see it applied, with substantial consequences, to the Roman republic. History tells us that the Fabii were sent by the Romans to the Gauls to make them stop attacking the Etruscans (i.e., Tuscans) who were the allies of Rome. But when it came to war between the Gauls and the Etruscans, the Fabii took the first line to fight the Gauls. The Gauls felt cheated by this behavior of the Roman envoys and turned their wrath from the Etruscans to the Romans and "demanded as a reparation therefore(e) that the three Fabii should be delivered up to them" (Discourses, p. 305).

It is interesting to note that not only the Gauls thought the behavior of the three envoys an outrageous offense that needed to be punished, but Machiavelli explicitly classified it as a violation of the law of nations. He also notes that the Romans "...not only did not deprive the three Fabii of their rank for having, 'contrary to the law of nations,' fought against the Gauls, but actually raised them to the dignity of Tribunes" (Discourses, p. 319). "When the Gauls saw the very men who should have been chastised thus rewarded with honors, they regarded it as an intentional insult and disgrace to themselves; and, exasperated by anger and indignation, they attacked Rome and captured the whole city, excepting only the Capitol" (Discourses, p. 305f).

The conquest of Rome by the Gauls, which left only the Capitol to its inhabitants, is well known and so is its rescue by Camillus. Machiavelli argued that it needed "...this blow from without to revive the observance of all the institutions of the state, and to show to the Roman people, not only the necessity of maintaining religion and justice, but also of honoring their good citizens, and making more account of their virtue than of the ease and indulgence of which their energy and valor seemed to deprive them. This admonition succeeded completely; for no sooner was Rome retaken from the Gauls than they renewed all their religious institutions, punished the Fabii for having fought the Gauls contrary to the law of nations" (Discourses, p. 320).

Enforcement of the law is not a trivial problem as we have just seen. Is there an obligation by the state not only submit itself to its legal rules but to punish its citizens if they deviate from it? Or, is it at the discretion of the state whether to enforce the law or not? The affair with the Gauls demonstrates "how dangerous it is for a republic not to avenge a public or a private injury" (Discourses, p. 305). Here, of course, the Gauls are the injured party.

E. Learning from History

Machiavelli emphasizes the dominance of the political sector over all other areas of social life. Law, economy, religion, and art are only accessories, ready to be exploited in the race for power. This perspective, of course, is based on Machiavelli's observation and his profound studies of history. It does not derive from a moral judgment. However, what justifies learning from history?

In general, this question is difficult to answer. However, in the case of Machiavelli we can derive an answer from his cyclical view of history: There is growth and prosperity followed by destruction, chaos and possible reconstruction; princely government is followed by tyranny, revolution, oligarchy, again revolution, popular state, and finally the republic which in the end collapses into anarchy waiting for the prince or tyrant to reinstall order (see Discourses, p. 101). In his History of Florence we can read: "The general course of changes that occur in states is from condition of order to one of disorder, and from the latter they pass again to one of order. For as it is not the fate of mundane affairs to remain stationary, so when they have attained their highest state of perfection, beyond which they cannot go, they of necessity decline. And thus again, when they have descended to the lowest, and by their disorders have reached the very depth of debasement, they must of necessity rise again, inasmuch as they cannot go lower" (History, p. 218).

Machiavelli concludes: "Such is the circle which all republics[6] are destined to run through. Seldom, however, do they come back to the original form of government, which results from the fact that their duration is not sufficiently long to be able to undergo these repeated changes and preserve their existence. But it may well happen that a republic lacking strength and good counsel in its difficulties becomes subject after a while to some neighboring state, that is better organized than itself; and if such is not the case, then they will be apt to revolve indefinitely in the circle of revolutions" (Discourses, p. 101f). This quote indicates that the "circle" is no "law of nature" although the image is borrowed from nature. There are substantial variations in the development of the systems of governance and there are no guarantees that the circle will close again. Obviously, there is room for political action and constitutional design that has a substantial impact on the course of the political affairs. For instance, Machiavelli concludes that "...if Rome had not prolonged the magistracies and the military commands, she might not so soon have attained the zenith of her power; but if she had been

[6] The German translation is „die Regierungen aller Staaten" (Machiavelli, 1977, p. 15), i.e. "the governments of all states", which is perhaps more adequate than to address the republic only.

slower in her conquests, she would have also preserved her liberties the longer" (Discourses, p. 388). Thus, despite his cyclical world view, Machiavelli considered political action and constitutional design as highly relevant for the course of history and also for what happens today and tomorrow. However, the cyclical view allows us to learn from history and to apply what we learned today and in the future.

References

Brown, D. Mackenzie (1968[1953]), The White Umbrella: Indian Political Thought from Manu to Ghandi, Berkeley and Los Angeles: University of California Press

Holler, Manfred J. (2007a), "Niccolò Machiavelli on Power", in: Leonidas Donskis (ed.), Niccolo Machiavelli: History, Power, and Virtue, Vilnius: Versus Aureus (in English and Lithuanian)

Holler, Manfred J. (2007b), "The Machiavelli Program and the Dirty Hands Problem," in: P. Baake and R. Borck (eds.), Public Economics and Public Choice: Contributions in Honor of Charles B. Blankart, Berlin et al.: Springer

Holler, Manfred J. (2007c), "On Machiavelli's Conspiracy Paradoxes," Paper presented at Kaunas, October 2-3, 2007

Holler, Manfred J. and Martin Leroch (2007), "Impartial Spectator, Moral Community and Some Legal Consequences," *Journal of the History of Economic Thought* (forthcoming)

Machiavelli, Niccolò (1882), The Prince, in: The Historical, Political, and Diplomatic Writings of Niccolò Machiavelli, translated from the Italian by Christian E. Detmold, in Four Volumes, Boston: James R. Osgood and Co. (quoted as Prince)

Machiavelli, Niccolò (1882), Discourses on the First Ten Books of Titus Livius, in: The Historical, Political, and Diplomatic Writings of Niccolò Machiavelli, translated from the Italian by Christian E. Detmold, in Four Volumes, Boston: James R. Osgood and Co. (quoted as Discourses)

Machiavelli, Niccolò (1882), History of Florence, in: The Historical, Political, and Diplomatic Writings of Niccolò Machiavelli, translated from the Italian by Christian E. Detmold, in Four Volumes, Boston: James R. Osgood and Co. (quoted as History)

Machiavelli, Niccolò (1977), Discorsi. Gedanken über Politik und Staatsauffassung, translated and edited by Rudolf Zorn, 2. ed., Stuttgart: Alfred Kroener Verlag.

Skinner, Quentin (1984), "The Paradoxes of Political Liberty", The Tanner Lectures on Human Values. Delivered at Harvard University, October 24 and 25

von Kleist, Heinrich (1957 [1821]), Prinz Friedrich von Homburg. Ein Schauspiel, Stuttgart: Reclam

THE APPEAL OF LEGAL EMPIRICISM

Thomas S. Ulen[*]

An Essay in Honor of
Hans-Bernd Schäfer

Professor Hans-Bernd Schäfer of the University of Hamburg Faculty of Law has done as much as anyone alive to spread the learning of law and economics across Europe. His devotion to that task has been tireless. And his successes, both scholarly and administratively – most recently the designation of the Law and Economics Program as an Erasmus Mundus Program by the European Union – have been many. The occasion of Bernd's moving to the next phase of his career seems an apt one to celebrate his contributions to legal scholarship generally and to law and economics particularly.

A. Prologue

Wine is one of the great pleasures of life. As a result, a great deal of time and effort goes into measuring its quality. Until relatively recently, discerning that quality was a job for experts or those with a great deal of experience. There was a great deal of mystery involved, so much so

---

* Swanlund Chair, University of Illinois at Urbana-Champaign; Professor of Law, University of Illinois College of Law; and Director of the Illinois Program in Law and Economics. I would like to thank Prof. Dr. Thomas Eger for his invitation to honor Hans-Bernd Schäfer. Let me also thank Amber Evans and Brian Doxey of the University of Illinois College of Law Classes of 2008 and 2009 for their marvelous research assistance.

that those with reputations as connoisseurs of wine quality sometimes cultivated a haughtiness for their abilities and a disdain for those who differed with them.[1]

So, when a Princeton economics professor, Orley Ashenfelter, claimed to be able to predict the quality of Bordeaux wine using regression analysis, the experts treated the claim, at first, with polite curiosity. Professor Ashenfelter, a distinguished economist and a close student of wine, sought to discover the statistically significant factors that caused some vintages of Bordeaux to be considered great and others acceptable. To do so, he took as the dependent variable consensus opinions about the quality of a particular vintage of Bordeaux and then regressed many independent factors, such as those having to do with climate, onto the vintage-quality. Ashenfelter discovered that there were two factors that were most significant in explaining a great vintage: "low levels of harvest rain and high average summer temperatures."[2] Using these results, Ashenfelter was (and is) able to predict, shortly after the harvest, the quality of the wine to come.[3]

Those who make their living advising the rest of us on the quality of wine did not think much of Ashenfelter's results. One New York wine merchant described the critics' reactions as "somewhere between violent and hysterical." Robert Parker, publisher of The Wine Advocate and perhaps the leading traditional wine critic, called Ashenfelter an "absolute total sham."[4]

Of course, the test of Ashenfelter's model would be to see if it could accurately predict the quality of upcoming vintages and whether the model would do a better job than the "swish and spit" method of assessment. While the 1989 harvest was just three months in the cask, Ashenfelter predicted that it would the "wine of the century." "[I]f the great 1961 Bordeaux were 100 [on Ashenfelter's scale], then the 1989 Bordeaux were a whopping 149. [Ashenfelter] brazenly predicted that they would 'sell for as high a price as any wine made in the last

---

1 This story is marvelously told in Ian Ayres, Super-Crunchers: Why Thinking-by-Numbers is the New Way to Be Smart 1 – 7 (2007). For background, see Ashenfelter, David Ashmore, & Robert LaLonde, *Bordeaux Wine Vintage Quality and the Weather*, 8 Chance 7 (1995), and Ashenfelter & Richard B. Quandt, *Analyzing a Wine Tasting Statistically*, 12 Chance – (1999). See also www.liquidasset.com.

2 Here is a theory to explain this result. "Bordeaux are best when the grapes are ripe and their juice is concentrated. In years when the summer is particularly hot, grapes get ripe which lowers their acidity. And, in years when there is below-average rainfall, the fruit gets concentrated. So it's in the hot and dry years that you tend to get the legendary vintages. Ripe grapes make supple (low-acid) wines. Concentrated grapes make full-bodied wines." The equation that Ashenfelter estimated is this: *wine quality* = 12.145+ 0.00117 *winter rainfall* +0.0614 *average growing season temperature* – 0.00386 *harvest rainfall.* Ayres, supra n. 2, at 2. The dependent variable (*wine quality*) is measured as the "logarithm of average vintage price relative to 1961." As will later be noted, at the time that Ashenfelter did the regressions, the 1961 Bordeaux vintage was thought to have been the greatest of the 20th century.

An extremely important part of Ashenfelter's demonstration of the superiority of his method of predicting vintage wine prices is his showing that early prices for a vintage – those prevailing just after the harvest – are generally not a good predictor of the vintage wine's price at maturity. See Ashenfelter, et al. (1995), supra n. 2.

3 Bordeaux and Burgundy wines typically spend between 18 months and two years in oak casks before being further aged in bottles. So, the ability to predict the quality of the vintage shortly after the harvest and years before the wine is sold at retail is, if accurate, extremely valuable.

4 Yres, supra n. 2, at 3.

thirty-five years."[5] The traditional wine critics attacked him. And then after the 1990 harvest, Ashenfelter predicted that that vintage would be even better than 1989's. He turned out to be correct on both vintages.[6]

In this essay I want to explain why I think that the next great push in legal scholarship and in law and economics will be empirical legal studies. I shall first explain what I mean by empirical legal studies and cite some evidence that, in the United States at least, interest in empirical legal studies is expanding. Then I shall give some examples of the power of legal empiricism to throw light on important legal issues. I briefly outline the factors determining the supply of and demand for empirical legal scholarship, noting the special role that theoretical law and economics has played. I then very briefly comment on the power of empirical results to elicit an interest in theoretical analysis.

B. What Is Legal Empiricism?

By the phrase "legal empiricism" I mean the use of empirical methods – both qualitative and quantitative – to explore legal issues. Qualitative legal empiricism encompasses such practices as surveying contractual parties (as was done in Stewart Macaulay's famous study of actual business contracts[7]) to better understand their motivations and expectations of the contractual relationship and pursuing a representative case study of a contract to glean lessons about contractual relationships more generally. It also includes the use of sampling and of carefully designed laboratory experiments which have produced such interesting results in the study of psychology and, now, some legal issues.[8]

Quantitative legal empiricism ranges from simple data gathering – for example, counting the number of contracts formed in a jurisdiction in a given time period and the number of those contracts subsequently disputed – to sophisticated inferential statistics about those data, such as comparisons across jurisdictions of the rates at which contracts are disputed, and on to elaborate multiple regression studies – for instance, taking as the dependent variable the likelihood that a contract will be performed and exploring the extent to which a set of independent factors (the ages and experience of the contracting parties, the strength of contract remedies, whether the economy is growing or retrenching) can explain variations in the likelihood of performance.

---

5 Id. at 5.

6 Ashenfelter had also been correct about the quality of the 1986 vintage. Parker and others had predicted that it was one of the great vintages of the late 20th century. Ashenfelter, following his model's prediction, said that it wouldbe mediocre, and he was right.

7 Macaulay, *Non-Contractual Relations in Business: A Preliminary Study*, 28 Am. Soc. Rev. 55 (1963).

8 See, for example, Richard H. McAdams & Janice Nadler, *Testing the Focal Point Theory of Legal Compliance: The Effect of Third-Party Compliance in an Experimental Hawk-Dove Game*, 2 J. Emp. Legal Stud. 87 (2005).

There are many reasons for performing these empirical legal studies but prominent among them must be these two: first, to discover whether and how the law affects the decisions of those whom the law, and second, to discover why lawmakers enact and enforce the particular laws that they do.

My contention is that these concerns about law are relatively new. I stress the word "relatively" because I recognize that there has long been some concern with the actual effects of law. Most of that concern was on the part of very practical men and women who grappled with legal matters on a routine – often, daily –basis and were therefore very aware of how the law worked and did not work.

In the United States these people greatly influenced lawmaking from at least the early part of the 20th century. In 1908 Louis Brandeis, then in private practice and later to become an Associate Justice of the United States Supreme Court, represented the State of Oregon in Muller v. Oregon before the U.S. Supreme Court.[9] That case concerned the constitutionality of Oregon's having limited the maximum number of hours that women could work per time period in commercial laundries. The famous "Brandeis brief," presented to the court in that case, surveyed studies about the desirable effects of these limitations on such things as women's health and their children's well-being. The brief also surveyed similar hours-limiting legislation in other states and countries.[10]

Another example is the famous footnote 11 in the opinion in Brown v. Board of Education – the 1954 United States Supreme Court case that found public school segregation by race to be unconstitutional.[11] That footnote was a reference to psychological studies of the harmful effects of racial segregation on the educational achievement of black students.

I distinguish these empirical inquiries from philosophical and doctrinal inquiries that have characterized much of legal scholarship prior to the surge of interdisciplinary inquiry of the last twenty-five years. The view, for instance, that compensation for tortious injury is to be investigated on the ground of corrective justice is a fruitful and powerful one. Similarly, the moral rightness or wrongness of the death penalty is a profoundly important question. And the procedural and substantive doctrinal issues regarding what constitutes "substantial performance" of a contractual promise are also significant. The only criticism that I have with any of these views is the contention – made by almost no one – that these views are the "correct" or only meaningful ways of examining legal issues. They are all valid, and their worth is to be judged only by the extent to which they help us understand and resolve legal issues.

As important as those philosophical and doctrinal perspectives were and are, they almost never generated empirical inquiry. The reasons for this lack of empirical interest (and a notable exception) are varied and complex. Philosophy has generally been completely uninterested in empirical work (save in the recent movement toward "naturalized" philosophical

9 208 U.S. 412 (1908).

10 Brandeis devoted two pages of his brief to the specific legal arguments in the case and over 100 pages to surveying the sociological and other non-legal evidence on the effects of long working hours.

11 347 U.S. 483 (1954).

inquiry[12]). Doctrinal inquiry generally has been deeply concerned with explication of doctrine in particular areas of the law and with coherence in doctrine across different legal areas (as in showing the coherence in theories of remedies as between, say, contract, tort, and property).

In principle, there is no reason why doctrinalists should not have been interested in empirical studies of doctrine. But the empirical fact is that generally they were not interested then and have not become much interested since then. The great exception to this generalization was the American legal realist movement of the 1920s and 1930s. That movement paid deep attention to the actual effects of laws on the social problems at which those laws were addressed. The empirical tools that were used to perform these empirical investigations were unsophisticated and anecdotal. Nonetheless, those doctrinalists were eager to focus on finding a means of measuring law's effectiveness at hitting its targets and would have probably found better methods of measurement if their movement had continued uninterruptedly.[13]

In contrast to the situation with regard to empirical work and doctrinal and philosophical perspectives, the situation between empirical work and other theoretical perspectives is somewhat more complex. Let me distinguish, painting with a very broad brush, two different types of theoretical perspectives on legal issues – the economic perspective and everything else. "Everything else" theoretical perspectives came chronologically before the economic perspective.

The most prominent example of the "everything else" theoretical category is scholarship that gave rise to the Law and Society movement in the 1960s and 1970s. The scholars who pioneered that work – James Willard Hurst, Stewart Macaulay, Lawrence Friedman, and others, most of them at the University of Wisconsin School of Law – investigated the relationship between such things as law and the economic development of the timber industry in Wisconsin[14] and the uses that businessmen had for contract law.[15] They paid attention to legal doctrine, but they innovatively also gathered data about what effects the laws were actually having. Some of that data was historical; some was the result of interviews with legal actors and decision-makers; and some was the result of systematic surveys of non-specialists in law who, nonetheless, acted within the ambit of the law. All of these uses of empirical evidence to examine legal issues were valuable and new. The interests in finding out what effects the law

12 See, for example, John M. Doris, Lack of Character: Personality and Moral Behavior (2002).

13 See John Henry Schlegel, American Legal Realism and Empirical Social Science (1995). Although the empirical interest of the early American legal realists did not extend into the 1950s and 1960s, it left a profound imprint on American legal thinking. Those who followed the realists may not have done empirical research, but they all worried about the extent to which the law was being effective. That is, they moved beyond a concern with mere doctrinal coherence. As I shall argue in Section IV below, it took the law and economics revolution of the 1980s and 1990s to provide new tools for those interested in empirical legal research.

14 James Willard Hurst, Law and Economic Growth: The Legal History of the Lumber Industry in Wisconsin, 1836-1915 (reprint, 1984). See also Hurst, Law and the Conditions of Freedom in the Nineteenth Century United States (1964).

15 See Macaulay, supra n. 8.

was actually having harked back, of course, to the concerns of the American legal realists. But the empirical techniques of the law and society scholars were superior.[16]

I labeled the other theoretical viewpoint on legal matters to be "economic." I want to draw a distinction between this theoretical perspective and all others for one central reason: that the theoretical innovations of law and economics carried with them a strong compulsion to do follow-on empirical research. I am not persuaded that the current and future interest in empirical legal scholarship would have developed from the "everything thing else" theoretical category. In some important ways that other category was a set of interesting empirical results in search of unifying theory. Surely there are examples of scientific advances that come about in this way – that is, with a welter of initial empirical results giving rise to theoretical unification. But typically, the theoretical cart comes before the empirical horse: a theory generates hypotheses that can only be refuted by empirical work. If that empirical work finds anomalies in the predictions of the theory or hypothesis, that fact induces theoretical innovation to explain the anomalies, and then further empirical work to check the new theory, and further theoretical refinements, and so on.[17] In Section IV below, I shall explain the role that economic theories of legal issues have had in spurring empirical work.

C. Evidence on the Rise of Empirical Legal Studies

In the late 1990s Professor Robert Ellickson of Yale Law School published a study of trends in legal scholarship that found increases in empirical legal scholarship to be the most discernible trend in recent legal scholarship.[18] Ellickson found that during the period 1994 to 1996 there were six times more references to empiric! than to post-modern!, which he takes to be a proxy for skepticism about empirical work. Although his indices of empirical and quantitative work were constant from 1982 to 1996, the indices for the terms statistic! and significant! doubled over the same time period. He concludes: "The data [] thus hint that law professors and students have become more inclined to produce (although not to consume) quantitative analyses [over the 1982 to 1996 period]."[19]

There is also anecdotal evidence that empirical legal studies are on the rise: Although some general interest law reviews and such specialty journals as the Journal of Legal Studies

---

16 The law and society movement, as it developed then and since, has paid particular attention to the social justice aspects of law. For instance, some scholars investigated the extent to which the law did not do a good job of serving the legal interests of the poor but rather seemed to serve the interests of the well-to-do. See Marc Galanter, *Why the 'Haves' Come Out Ahead: Speculations on the Limits of Legal Change*, 9 Law & Soc. Rev. 95 (1974). It is worth noting that Professor Galanter was, at the time, at the State University of New York at Buffalo but moved shortly thereafter to the University of Wisconsin School of Law. Professor Galanter has continued to produce some of the most insightful empirical work in legal scholarship, one recent example of which I discuss in Section III.

17 See Karl Popper, The Logic of Scientific Discovery (1959) and Thomas S. Kuhn, The Structure of Scientific Revolutions (3d ed. 1996).

18 See Robert C. Ellickson, *Trends in Legal Scholarship: A Statistical Study*, 29 J. Legal Stud. 517 (2000). In particular, see Table 4, at 528-29. Ellickson did a search on Westlaw of all documents containing certain key phrases meant to indicate the style of scholarship that the piece represented.

19 Id. at 528. For further evidence, see Tracey E. George, *An Empirical Study of Empirical Legal Scholarship: The Top Law Schools*, 81 Ind. L.J. 141 (2006).

and the Journal of Law and Economics have long published empirical work, there is now a first-rate journal devoted expressly to the topic – the Journal of Empirical Legal Studies, which is edited by a distinguished group of law professors at Cornell.[20] There is now an annual Empirical Legal Studies conference that attracts, by law-school conference standards, a large number of participants. The Social Science Research Network – SSRN, the online scholarly publishing outlet where an increasing number of scholars first post their writing – has a subject-area working-paper series in empirical legal studies, edited by Professor Jennifer Arlen of New York University Law School. The Faculty of Law at the University of Amsterdam has recently advertised a position in "empirical legal studies."

Approximately 35 law schools are teaching courses that might plausibly be called an "empirical methods" course. For example, Jennifer Robbennolt, Robert Lawless, and I have taught a course at the University of Illinois College of Law for the past two years entitled "Empirical Methods in Law." We are writing an introductory text to accompany that course. The evidence is that empirical legal studies are becoming an increasing fixture in the legal academy, both in teaching and scholarship – in the United States, at least, although the anecdotal evidence from Amsterdam seems to indicate that the interest may be broader.

D. Some Examples of Legal Empiricism

The ultimate test of empirical legal scholarship – like the ultimate test of Ashenfelter's regression analysis of vintage wines – is whether it throws illuminating light on legal topics. To illustrate my contention that it does, let me briefly consider three examples.

I. Predicting Supreme Court Decisions

Law professors "seldom meet together, even for merriment and diversion, but the conversation" soon turns to a discussion of how the Supreme Court will rule on some pressing issue of the day. The topic consumes law professors. And many of them make a handsome living predicting how the Court will rule on important cases and commenting on the opinions that the Court issues. Like the traditional methods of assessing vintage wine, law professors who study the Court sniff at the thought that a regression model could do a better job at predicting Court decisions than they can.

In 2005 Andrew Martin and Kevin Quinn, both of whom are professors of political science, published an article in which they examined 628 cases previously decided by the U.S. Supreme Court and used six factors – (1) the circuit court of origin; (2) the issue area of the case; (3) the type of petitioner (for example, the United States, an employer, etc.); (4) the type of respondent; (5) the ideological direction (liberal or conservative) of the circuit court

---

[20] One of the editors, Ted Eisenberg, has been a notable autodidactic pioneer in empirical studies of legal topics. For an example, see James A. Henderson, Jr., & Theodore Eisenberg, *The Quiet Revolution in Products Liability: An Empirical Study of Legal Change*, 37 UCLA L. Rev. 479 (1990).

opinion; and (6) whether the petitioner argued that a law or practice is unconstitutional.[21] Using flowcharts, Martin and Quinn were able to explain almost all of the votes in the cases by individual justices.[22]

Professor Theodore Ruger of the University of Pennsylvania Law School was intrigued by, but skeptical of, the predictive power of the Martin and Quinn study. So he organized a group of law professors to participate in a contest in which the Martin-Quinn model would be pitted against 83 constitutional law experts to predict whether the nine justices of the Supreme Court would affirm or reverse every case in the Court's 2002 term.[23]

"The experts lost. For every argued case during the 2002 term, the model predicted 75 percent of the court's affirm-reverse results correctly, while the legal experts collectively got only 59.1 percent right. The computer was particularly effective at predicting the crucial swing votes of Justices O'Connor and Anthony Kennedy. The model predicted O'Connor's vote correctly 70 percent of the time while the experts' success rate was only 61 percent."[24]

II. Fair Pricing

Economists have long hypothesized that racial, gender, price, and most other forms of discrimination cannot survive a competitive market environment.[25] To test this hypothesis, Ian Ayres sent testers to 90 automobile dealerships in the Chicago area to conduct more than 180 independent negotiations for the purchase of a car. The testers used a uniform negotiation strategy.[26]

The result was that there was significant racial and gender discrimination in the retail market. White males received significantly lower prices than blacks and women. "White women had to pay forty percent higher markups than white men; black men had to pay more than twice the markup [of white men], and black women had to pay more than three times the markup of white male testers." Additionally, the retail automobile dealers all systematically tried to steer the student testers to salespeople of their own race and gender. But this racial and gender pairing did not reduce the discrimination.

---

21 Andrew Martin & Kevin Quinn, *The Median Justice of the United States Supreme Court*, 83 N.C. L. Rev. 1275 (2005).

22 To give an example of the complicated nature of the explanation, "they predicted that if a lower court decision was considered 'liberal,' Justice Sandra Day O'Connor would vote to reverse it. If the decision was deemed 'conservative,' on the other hand, and came from the Second, Third, or [District of Columbia] Circuit Courts or the Federal Circuit, she would vote to affirm." Ayres, "How Computers Routed the Experts," *Financial Times*, August 31, 2007.

23 Theodore Ruger, Pauline T. Kim, Andrew D. Martin, & Kevin M. Quinn, *The Supreme Court Forecasting-Project: Legal and Political Science Approaches to Predicting Supreme Court Decisionmaking*, 104 Colum. L. Rev. 1150 (2004).

24 Ayres, supra n. 2 at 107-08.

25 Competitive markets in housing, employment, and public accommodation may be more discriminatory than competitive product or service markets.

26 See Ian Ayres, *Fair Driving: Gender and Race Discrimination in Retail Car Negotiations*, 104 Harv. L. Rev. 817 (1991). See also Ian Ayres, Pervasive Prejudice: Unconventional Evidence of Race and Gender Discrimination (2001).

III. Litigation[27]

The United States has a reputation as a highly litigious society, even among Americans, not just among non-Americans. We are thought to resort to litigation quickly and to seek to resolve almost any social problem, not just private disputes, in the courts. Given this widespread perception of the prevalence of litigation, it may be somewhat surprising to learn that litigation is relatively rare. As we have seen, the best estimate is that something less five percent of legal disputes are resolved by trial, so that the vast majority of legal disputes are either dropped, settled, or resolved in some other manner.

There is an additional surprise about litigation in the United States – not only is it relatively rare, but it has been becoming increasingly rare over the last 40 years. That is the heart of an important recent article by Professor Marc Galanter.[28] Galanter shows that even though between 1962 and 2002 the total number of dispositions of disputes has increased by fivefold, the number of civil trials in all courts in the U.S. in 2002 was more than 20 percent lower than in 1962. Not lower per capita – relative to the number of people in the U.S. – but lower in absolute numbers. Disposition of disputes in 2002 "was less than one-sixth of what it was in 1962—1.8 percent [] as opposed to 11.5 percent in 1962."

Galanter shows that this decline in trials has not been slow and steady over the course of the 40 year-period. Rather, it has been recent and steep. In fact, the number of trials in federal courts increased from 1962 to 1985 and then dropped by more than 40 percent from 1985 to 2002.[29] At the same time as the number of civil trials has been falling, the percentage of trials that are before juries, rather than bench trials, has been increasing. By 2002 two-thirds of all civil trials were jury trials.[30] Since 1962, the number of bench trials has fallen by almost 50 percent, and the number of jury trials has increased by almost 9 percent.

The pattern of change with respect to categories of litigation has also been significant. For instance, in 1962 tort cases made up 55 percent of all trials and 81 percent of all jury trials. By 2002 torts had dropped to just 23.4 percent of all trials and 26 percent of all jury trials. By contrast, in 1962 contract disputes made up almost 20 percent of all trials. Almost 75 percent of those trials were bench trials. In 2002 contracts counted for about 15 percent of all trials with 53 percent of them tried to a jury. In the 1980s there were more contract than tort cases filed in the federal courts. Taken together, contract plus tort trials fell from being 74 percent of all trials in 1962 to being 38 percent in 2002. What trials took their place?

In 1962 civil rights trials accounted for less than one percent of all civil trials. In 2002 they accounted for 33 percent of all trials and for 41 percent of all jury trials. Among other

---

27 This section uses material from Robert D. Cooter & Thomas S. Ulen, Law and Economics (5th ed. 2007).

28 Marc Galanter, *The Vanishing Trial: An Examination of Trials and Related Matters in Federal and State Courts*, 1 J. Empirical Legal Stud. 459 (2004). That issue of the *Journal* also contained responses to Galanter's article by a distinguished group of legal scholars.

29 Galanter says that the trends in state courts, where, recall, almost 98 percent of all litigation takes place, reflect those in the federal courts.

30 It is not clear that these same trends with respect to bench and jury trials are true for the reduced number of state court trials over the 1962-2002 period.

controversies, the two categories that stand out are labor cases and IP cases. The same overall trends apply to them – namely, a rise and then a recent fall in the number of trials; an ever-decreasing percentage of dispositions by trial; and a shift from a small to a substantial portion of jury trials.

The same trends apply to criminal trials. Criminal caseload has risen but modestly, from 33,110 in 1962 to 76, 827 in 2002, at about half the rate of increase on the civil side. Today there is a smaller percentage of criminal dispositions by trial – under 5 percent in 2002 compared with 15 percent in 1962. The absolute number of criminal trials has diminished by 30 percent between 1962 and 2002.

One possible explanation for the decline in criminal trials is the implementation of determinate sentencing in the federal courts. The sentencing guidelines offer an incentive to avoid trial in the form of a criminal offense level reduction for "acceptance of responsibility." Since implementation of the guidelines in November, 1987, the number of criminal trials has declined. From 1962 to 1991 the percentage of trials in criminal cases was relatively steady between 13 and 15 percent. However, since 1991 the percentage of trials in criminal cases has steadily decreased (with the exception of a 0.06 percent increase in 2001) from 12.6 percent in 1991 to less than 4.7 percent in 2002. As we shall see in Chapter 12, this decline is consistent with the significant decline in the number of crimes in the United States that began in the early 1990s.

Why has there been this dramatic decline in the number of civil and criminal trials? Galanter canvases a wide variety of possible explanations. For example, he rejects the possibilities that there has been some significant change in procedural law, that class actions have replaced individual causes of action, and that there is a dearth of judges to hear cases.[31]

There are three related explanations for the phenomenon that deserve further study. Firstly, the relative cost of trials may have increased significantly (perhaps because controversies have become more complex, requiring more lawyering, more specialized lawyers, more expert witnesses, more jury consultants, and so on).

Secondly, this increase in relative costs might induce disputants to substitute away from trials and toward alternative methods of dispute resolution. In Web note 10.4 we have shown that one of the attractions of arbitration and mediation is that it is much cheaper and less time-consuming than litigation. Even so, there is some casual evidence to suggest that the rise in ADR has not been sufficient to replace the large number of "vanished trials." We know that ADR has increased significantly in the 1990s but probably not by enough to account for the 300,000 contracts cases that have "disappeared" from the federal courts since the 1980s. As late as 1992 arbitration accounted for only 1.7 percent of contract dispositions and 3.5 percent of tort dispositions in the state courts in the nation's 75 largest counties.

Thirdly, it might be the case that there are fewer trials because there are fewer disputes and that there are fewer disputes because there is better lawyering today that was the case in

---

[31] See our website for more information on Galanter's article.

the past. If lawyers, acting as transaction cost engineers, have grown increasingly sophisticated at anticipating problems and either providing for their peaceful resolution ex ante or more successfully negotiating problems, then lawyers deserve some credit for the vanishing trial. There is some casual evidence against this proposition. Recall that dispositions increased fivefold between 1962 and 2002. The population of the U.S. increased from approximately 187 million in 1962 to 290 million in 2002. So, disputes per capita increased significantly over the period. But that could have been due to the increasing complexity of individual and economic life. There needs to be much more empirical work on this possible explanation before we dismiss the possibility that better lawyering is responsible for the vanishing trial.

E. The Demand for and Supply of Legal Empiricism

I now want to turn to a consideration of the demand- and supply-side factors that might explain this rise and its future.

I. The Demand for Empirical Legal Studies

With respect to the demand for empirical legal scholarship my central claim is that the clearest answer is that this demand is an inevitable outgrowth of the rise and success of law and economics. The connection between law and economics and empirical legal studies arises from two sources – firstly, the internal logic and values that economics has brought to the study of law, and secondly, the desire to find some solid evidence to distinguish economic claims about law from claims made by other methods of looking at law.

To see the first of these connections, recall the recent history of law and economics, which I discussed briefly in Section II. For its first ten or twenty years in the legal academy, law and economics focused on getting its theoretical analyses of law to be coherent and persuasive.

Once these theoretical analyses were complete, as they largely are, two things have happened. Firstly, there has been, from within those conversant with law and economics, numerous attempts to confront these theories with data to see the extent to which the data bear out the theories. Those follow-on empirical studies are simply the natural next step that any economic theory would have excited among economists. I am suggesting that law and economics has brought to the study of law the same scholarly practices – theory explication followed by empirical and experimental confirmation or denial – that have long characterized many of the natural, physical, biological, behavioral, and social sciences.[32]

A second factor helping to explain the increased demand for empirical legal scholarship – one not entirely independent from the first factor – is the desire to resolve tensions and

---

[32] I elaborate on this theme in Ulen, *A Nobel Prize in Legal Science: Theory, Empirical Work, and the Scientific Method in the Study of Law*, 2002 U. Ill. L. Rev. 791, and Ulen, *The Unexpected Guest: Law and Economics, Law, and Other Cognate Disciplines, and the Future of Legal Scholarship*, 79 Chi.-Kent L. Rev. 403 (2004).

disagreements between the economic analysis of law and other ways of looking at the law. The economic analysis of crime and punishment is famously different from the concerns of doctrinal students of criminal law and from the beliefs of many sociological and other social scientific students of crime. To put the matter bluntly, the economic analysis suggests that sanctions are deterring, while other students of crime are skeptical of the deterrence argument. There is a limit to the extent to which non-empirical colloquy can resolve this disagreement. Indeed, I think that the only hope for finding out the extent to which crime can be deterred by sanctions (there being, I take it, little doubt any longer that it is so deterred) is by ever-more-careful empirical work.[33]

II. The Supply of Empirical Legal Studies

What about supply-side factors? Who are these scholars who are performing empirical work on legal topics? Are there any impediments to an increase in the supply of empirical legal studies?

There are two prominent supply-side factors that might limit the reach of empirical legal scholarship. Firstly, there are currently a limited number of faculty, students, and practitioners of law who are comfortable enough with empirical techniques to be avid, knowledgeable, and constant consumers of that research. Closely related, there is also a relatively small number of legal scholars who are trained in and therefore committed to or interested in doing empirical research. Secondly, there is a paucity of data with which to perform empirical legal scholarship. Let me take these matters up in order. I do not believe that ultimately either of these factors is going to stand in the way of more empirical legal research. But they do raise enough concerns to be worth thinking about.

The typical legal education does not include formal training in empirical techniques. So, law students do not routinely receive training either as prudent consumers or producers of empirical work. But this fact does not mean that such training will not appear. Indeed, it will, as long as the benefits of being skillful in reading and doing empirical work become sufficiently evident. There is reason to believe that that will occur. It has happened, after all, with respect to economics. Twenty years ago most U.S. law students entered law school knowing very little microeconomics and left in the same blissful state. Now that is virtually impossible to do – nearly every U.S. law student gets a passing knowledge of economics in the course of her legal education.

An impediment to this happening (and a sign of how far we have to go in making empirical techniques a routine part of every lawyer's education) is that there is currently no text on empirical techniques available for lawyers and law students.[34] I suspect that such texts are

33 It is interesting to observe that this appeal to empirical work to resolve theoretical disputes is new within the legal academy.

34 A possible exception to my statement is Louis Kaplow, Steven Shavell, Howell Jackson, W. Kip Viscusi, & David Cope, Analytical Methods for Lawyers (2003). However, the book contains only a brief treatment of

on the horizon. My strong sense is that there is an aspect of incorporating empirical techniques into legal education that bears particular watching. That is the "legalization" of the teaching of empirical and experimental techniques. By "legalization" I mean making the material particularly relevant and accessible to law school audiences. That will involve, for instance, focusing only on those statistical techniques that are of use in addressing legal issues, using legal examples as illustrations, and describing the sources of data that are or ought to be available to perform empirical legal studies.

It is likely to be the case that over time, as empirical studies become more common in legal scholarship and education about empirical techniques comes to form a routine part of the law school curriculum, the law will develop its own techniques and language designed to address specifically legal matters.[35] This has happened in every scholarly discipline that has decided to adopt empirical techniques as a central part of its scholarly activities. And every time that a discipline has done so, it has modified or created the empirical techniques that have best served the scholarly inquiry within that discipline. So, for example, economics invented the field of econometrics in the 1950s and 1960s; finance pioneered the event study; biomedical scholars developed empirical techniques designed to best test propositions about medical data; and so on. No doubt, law will do the same.

The second factor that will initially limit the supply of empirical legal scholars is the paucity of data with which to conduct those studies. Until relatively recently, there has not been much data about legal matters. But that is changing. Again, law and economics may play a crucial role in the development of data. Part of the reason is that that field focuses not so much on disputes – although, as the Galanter evidence suggests, that is certainly of interest – but rather on the ability of law, ex ante, to influence behavior so that a dispute is unlikely.

One can say three final points about the paucity of data. Firstly, extremely clever scholars are very good at finding unusual methods and out-of-the-way data to test propositions when conventional methods or obvious data are lacking. Consider this example from work in law and economic development. Christopher Clague, Philip Keefer, Stephen Knack, and Mancur Olson wanted to see if they could measure the extent to which ordinary citizens in developing countries put faith in the legal system – faith that property interests would be protected, that contracts would be honored, that litigation would be done according to neutral principles and not status, and so on. To make that determination, they proposed measuring what they styled "contract-intensive money," the percentage of wealth held in the form of bank deposits. Their hypothesis was that the greater the percentage of wealth that was kept in banks, the greater must be the faith of the citizenry in their legal system.[36] They used this

statistics and regression analysis. As I mentioned in Section III, Jen Robbennolt, Bob Lawless, and I are preparing a text on empirical methods.

35 Until that happens, law will certainly borrow techniques, texts, and examples from contiguous disciplines.

36 *Contract-Intensive Money: Contract Enforcement, Property Rights, and Economic Performance*, 4 J. Econ. Growth 185 (1999).

measure of faith in a legal system to then test for whether there is a positive, causal connection between faith in a legal system and economic growth.

Secondly, if the data are not available and no creative method of testing propositions suggests itself, then one can always perform carefully designed experiments.[37]

Thirdly, and finally, in an important sense the demand for data creates its own supply. When, for instance, someone asks, "How often and to what extent do governments exercise the power of eminent domain?", it becomes obvious that we simply do not know. Having been heretofore concerned only with the doctrine –that is, with explicating the appropriate circumstances in which to exercise the power, we have not asked whether it is a rare or routine occurrence, whether it differs by region of the country or over time, and other such factual inquires.[38] Now that our attention has shifted or broadened to include a concern for the actual facts regarding the use of eminent domain, we recognize the need to produce the relevant data. And certainly those data exist or can be compiled.

This phenomenon of a demand for data giving rise to the supply of that data is a characteristic of many scholarly disciplines. When economists decided in the 1930s, 1940s, and 1950s that they needed to do empirical work in order to evaluate the hypotheses that theoretical economists were generating, they set about collecting data from the recent past and setting up national bureaus to continue the collection of that data from the present forward.[39]

F. The Power of Empirical Legal Studies

I hope that the examples of empirical legal scholarship that I have cited in this tribute to Bernd Schäfer have been arresting and enlightening. I want to close with an observation that presumes that empirical results have the power to grab one's attention.

I have been teaching and writing about law and economics for over 27 years. One of the remarkable and gratifying things that have happened during that time has been the extent to which law and economics has prospered within the United States' legal academy and the great strides it has made in attracting devotees in other countries. The principal tool that Bernd, I, and others have been using to persuade a skeptical audience to pay close attention to law and economics is theoretical argumentation. We have shown that the appropriate way to analyze remedies for breach of contract is by distinguishing efficient breach from efficient performance. We have argued that the appropriate goal for tort law to serve is the minimization of the social costs of accidents, that the law should use liability standards to encourage efficient precaution, and that negligence and strict liability are efficient, respectively, in settings of bilateral and unilateral precaution. We have argued that the individual's decision to

---

[37] See, for example, Randal C. Picker, *Simlaw 2011*, 2002 U. Ill. L. Rev. 1019, and Vernon L. Smith, "Constructivist and Ecological Rationality in Economics," (Nobel Prize Lecture, December 8, 2002).

[38] A marvelous exception to this is William Fischel, Regulatory Takings: Law, Economics, and Politics (1998).

[39] See Theodore M. Porter, Trust in Numbers (1995); Porter, The Rise of Statistical Thinking, 1820-1900 (1986); and I. Bernard Cohen, The Triumph of Numbers: How Counting Shaped Modern Life (2005).

commit a crime may be premised not on his or her socioeconomic status or context but rather on a comparison of the expected benefits and costs of committing the crime.

To an astonishing degree, these arguments have created converts. But the process has not been easy. There has been, and still is, significant resistance to law and economics since its inception. Perhaps that is how it should be: no intellectual revolution should be too easy lest we believe that it is not, after all, that important. And the resistance to intellectual change often has the salutary effect of bringing out better reasons for making the change. Nonetheless, trying to induce those learned in an academic discipline to jettison familiar ways of thinking, such as doctrinalism, in favor of an alternative theoretical perspective is challenging.

I have noticed in the past several years that my ability to persuade skeptical audiences to pay attention to the theoretical arguments of law and economics is greatly enhanced if I can also show them some powerful empirical results. It is one thing to argue that "deterrence works" as a crime-fighting theory – that potential criminals are sensitive to the increased expected costs of crime and are likely to respond by committing less crime. Many skeptics will feel that perhaps this is so and perhaps not. But it is another to demonstrate through a compelling empirical study that when California increased the sentencing for certain crimes, the number of those crimes fell almost immediately (even before anyone was sentenced at the higher rate). That grabs and holds people's attention and makes them more inclined to pay attention to the theoretical arguments.

G. Conclusion

That is the point on which I want to close. I have argued in this essay in honor of Hans-Bernd Schäfer that empirical work is the next great phase in legal scholarship, that the most recent impulse toward empirical legal scholarship came from law and economics, and that empirical results are typically a more compelling means of interesting traditional scholars in interdisciplinary ways of looking at the law than are theoretical arguments.

II.
Eigentum/Property

ANREIZE ZUM VERSCHENKEN – OPEN SOURCE, OPEN ACCESS, CREATIVE COMMONS UND WIKIPEDIA ALS PHÄNOMENE NEUER GESCHÄFTS- UND INFORMATIONSMODELLE ERSTE ANNÄHERUNGEN

Gerald Spindler

A. Einleitung[1]

Die institutionenökonomische Analyse ist inzwischen in einer Vielzahl von Rechtsgebieten nicht mehr aus dem methodologischen Arsenal wegzudenken. Inzwischen kann keine ernst-zunehmende größere wissenschaftliche Arbeit im Gesellschafts- oder Kapitalmarktrecht auf wenigstens einen rechtsökonomischen Seitenblick verzichten – nicht zuletzt dank auch der zahlreichen Arbeiten[2] und dem fundamentalen Lehrbuch der Ökonomischen Analyse des Zivilrechts des verehrten Jubilars (zusammen mit Claus Ott).[3] Dieser Befund gilt leider (noch) nicht für das Urheber- und Immaterialgüterrecht: Zwar kann man sich über einen Mangel an rechtsökonomischen Arbeiten US-amerikanischer Provenienz nicht beklagen;[4] doch erfolgt

---

1 Der Beitrag beruht auf Vorüberlegungen aus „Is Open Content Victim of ist own success?" Paper prepared for the Koninglike Nederlands Academic Colloquium on "Open Content: New Models for Licensing and Accessing Knowledge", Amsterdam 27th/28th. of April 2006, erscheint demnächst.

2 Zuvor bereits die wohl erste Rezeption der Economic Analysis of Law bei *Assmann/Kirchner/Schanze*, Ökonomische Analyse des Rechts, 1978.

3 *Schäfer/Ott*, Lehrbuch der Ökonomischen Analyse des Zivilrechts, 4. Aufl. 2005.

4 S. etwa die Arbeiten von *Landes/Posner*, The Political Economy of Intellectual Property Law, 2004; *dies.*, The Economic Structure of Intellectual Property Law, 2003; dies., Undifinetly Renewable Copyright, U Chicago Law & Economics, Olin Working Paper No. 154; *dies.*, An Economic Analysis of Copyright Law, Journal of Legal Studies, Vol. 18, No. 2 (Jun.,1989), 325 ff.; ebenso wie *Shavell/van Ypersele,* Rewards versus intellectual Property Rights, The Journal of Law and Economics 44 (2), 2001, 525; *Maskus*, Intellectual Property Rights in the Global Economy, 2000; *McKaay*, Legal Hybrids: Beyond Property and Monopoly?, Colum. L. Rev., 2630; ferner *McKaay*, Economic Analysis of Intellectual Property Rights, erscheint demnächst.

die Rezeption in Kontinentaleuropa bislang noch eher zögerlich,[5] was möglicherweise auch an den gegenüber den USA unterschiedlichen, persönlichkeitsrechtlich geprägten Wurzeln liegen mag. Hält man sich diesen Befund vor Augen, ist es nicht verwunderlich, dass auf deutscher, aber auch auf europäischer Ebene die Befassung mit dem Phänomen von Open Source, Open Content, Creative Commons und Wikipedia aus institutionenökonomischer Sicht noch in den Kinderschuhen steckt. Während die urheberrechtliche Analyse sich inzwischen den neuen Lizenzformen angenommen hat,[6] sind ökonomische Untersuchungen eher selten anzutreffen. Dies ist umso erstaunlicher, als die neuen Formen der „verschenkten" Produkte und Inhalte offenbar zu einer erheblichen Umwälzung zahlreicher Märkte führen und die klassischen Annahmen der Produktion „geistigen Eigentums" scheinbar auf den Kopf stellen; denn warum sollte sich ein Programmierer oder ein Autor der Mühe unterziehen, komplexe Inhalte zu entwickeln und seine Freizeit hierfür zu opfern, ohne entsprechende Kompensationen zu erlangen?

Open Source Software hat sich inzwischen auf den Softwaremärkten als ernstzunehmende Konkurrenz von proprietärer Software entwickelt, sowohl was Betriebssysteme (Linux) als auch Software für Server anbelangt, wobei gerade bei letzteren etwa die unter der Apache-Lizenz stehende Software inzwischen den größten Marktanteil inne haben dürfte.[7] Distributoren von Open Source Software wie Red Hat als auch SuSE können inzwischen auf erfolgreiche Geschäftsmodelle verweisen, große Hardwareanbieter wie IBM oder Cisco, aber auch Softwareschmieden wie Novell setzen ebenso wie viele kleinere Geräteanbieter auf Software, die unter Open Source-Lizenzen steht.

Während diese Entwicklung bereits fast zwei Jahrzehnte andauert, erleben die Märkte für Publikationen erst jetzt einen Umbruch, der gewisse Parallelen, aber auch Unterschiede zu Open Source-Märkten aufweist: So sind auf der einen Seite erhebliche Preissteigerungsraten und Konzentrationstendenzen auf Märkten gerade für Fachpublikationen zu verzeichnen, die nicht mehr allein mit Kostensteigerungen zu erklären sind.[8] Auf der anderen Seite haben diese Tendenzen eine Art Gegenbewegung hervorgerufen, die durchaus von dem Erfolg der Open

---

5 Hervorzuheben sind etwa die Arbeiten von *Dreier*, Kompensation und Prävention; 2002; *Bechtold*, The Present and Future of Digital Rights Management, in: Becker, Digital Rights Management, 2003, S. 597; sowie der Sammelband von *Hilty/Peukert* (Hrsg.), Interessenausgleich im Urheberrecht, 2004 und hier die Beiträge von *Peukert*, Der Schutzbereich des Urheberrechts und das Werk als öffentliches Gut – Insobesondere: Die urheberrechtliche Relevanz des privaten Werkgenusses, S. 11 ff.; *Heide*, Making Law and Economics Workfor Copyright, S. 87 ff.

6 Für Open Source s. *Spindler*, Rechtsfragen bei Open Source, 2004, Kap. C, 21 ff. S. 38; *Jaeger./Metzger*, Open Source, 2. Aufl. 2006, S. 82 ff.; für Open Access: *Spindler* (Hrsg.), Rechtliche Rahmenbedingungen für Open-Access Publikationen, 2006, S. 55 ff. und S. 105 ff.; zu Creative Commons s. *Kuhlen/Brüning*, Creative Commons, IWP Information – Wissenschaft und Praxis 55 (2004), 449 ff.; zu Wikipedia finden sich indesbislang nur wenige spezielle Untersuchungen.

7 *Grassmuck*, Freie Software, 2. Aufl. 2004, S. 271; *Grützmacher*, ITRB 2006, 108.

8 S. den Überblick über die Entwicklung der Preissteigerungen im US-Markt bei *Dingley*,U.S.Periodical Pices, 2005 http://www.ala.org/ala/alctscontent/alctspubsbucket/alctsresources/general/periodicalsindex/05USPPI.pdf. Neuere Zahlen bei *Van Orsdel/Born*, Journals in the time of Google, Library Journal, 4/15/2006, abrufbar unter: http://www.libraryjournal.com/article/CA6321722.html.

Source-Geschäftsmodelle inspiriert worden ist und sich den Gedanken des offenen Zugangs zu Inhalten zunutze macht. Vor allem in der akademischen Welt, aber auch jenseits der Universitäten verbreitet sich immer mehr der Gedanke, in Form von Gemeinschaften Inhalte und Ideen weiterzuentwickeln und diese jedermann zugänglich zu machen; ein bekanntes Beispiel für diese Form der gemeinsamen Entwicklung ist die Online-Enzyklopädie Wikipedia. Ob diese Gegenbewegung von ähnlichem Erfolg gekrönt sein wird wie diejenige der Open Source-Modelle, ist derzeit noch nicht auszumachen und hängt von etlichen Faktoren ab, die hier in einer ersten Annäherung beleuchtet werden sollen.

Diese Fragen sind keinewegs nur einer Mikroperspektive eines kleinen, eng umgegrenzten Marktsegments gewidmet, sondern berühren die Grundlagen unserer Informationsgesellschaft und der Kreation von Wissen. Urheberrecht als wesentliche rechtliche Rahmenbedingung, mitunter als *der* wesentliche ökonomische Motor und Anreiz für die Schaffung von Wissen bezeichnet, spielt hier erkennbar eine völlig neue Rolle. Das Verständnis der

Open-Märkte ist daher essentiell für die Fortentwicklung des Urheberrechts ebenso wie der Informationsgesellschaft.

Im Folgenden wird daher zunächst ein Blick auf die bisherige Forschung zur Open Source-Software Ökonomie geworfen (II.1 und II.2), um sich dann deren Übertragung auf Open Access und Creative Commons-Produkten, aber auch ihrer Modifizierungen zuzuwenden (II.3). Dabei wird besonderes Augenmerk auch den Lizenzen als entscheidende Transaktionsfaktoren zu schenken sein.

B. Open Source und Institutionenökonomie

I. Sekundär- und Reputationsmärkte als Erfolgsgeheimnis für Open Source

Der Erfolg der Open Source-Bewegung ist auf den ersten Blick mit Hilfe ökonomischer Theorien kaum zu erklären, da eine Maximierung des eigenen Nutzens als grundlegende Verhaltensannahme des Individuums sich anscheinend kaum in Einklang mit der zu beobachtenden Haltung von Open Source-Entwicklern bringen lässt, die ihre Produkte freiwillig an andere zu verschenken scheinen. Entwickler geben offenbar ohne Zwang ihre Ausschließlichkeits- und Eigentumsrechte auf, indem sie meistens die GPL-Lizenz wählen,[9] die sowohl die Offenlegung des Quellcodes vorsieht als auch die unentgeltliche Gewährung von Bearbeitungs- und Weiterverbreitungsrechten.[10]

Offensichtlich versagt hier der Preismechanismus als Instrument der effizienten Allokation von Ressourcen, so dass Open Source Märkte offenbar in höchstem Maße ineffizient

---

9 General Public License, näher dazu *Spindler*, Rechtsfragen bei Open Source, 2004, Kap. B Rn. 1 ff. S. 9ff; *Jaeger/Metzger*, Open Source, 2. Aufl. 2006, S. 20 ff.

10 Ob allerdings und in welcher Höhe eine Gebühr für die Open Source Software verlangt warden darf, ist heftig umstritten, insbesondere etwa für besondere Download-Gebühren näher dazu *Spindler*, Rechtsfragen bei Open Source, 2004, Kap. A Rn. 3 ff. S. 5 ff. einerseits, *Jaeger/Metzger*, Open Source 2. Aufl. 2006, S. 136 f., s. andererseits *Schiffner*, Open Source Software, 2003, S. 232 ff. *Sester*, CR 2000, 797, 800.

sein müssen, da bei ihnen die klassischen Mechanismen von Angebot und Nachfrage scheinbar außer Kraft gesetzt sind.[11] Eine solche Betrachtung wäre jedoch viel zu kurz gegriffen, wie schon der kurze Blick auf boomende Märkte und erfolgreiche Unternehmen im Markt, wie etwa der Distributor Red Hat, oder die erheblichen Investitionen von Novell, Sun oder IBM in Open Source Software zeigen. Würde es sich hier breitflächig um Marktversagen handeln, ist es schon verwunderlich, dass dieses Marktversagen inzwischen über mehr als 20 Jahre anhält und Global Players in den Bann zieht.

Der Schlüssel für eine ökonomische Erklärung der Produktionsformen von Open Source Software liegt daher offenbar nicht allein in den unmittelbaren materiellen Gewinnen, die ein Entwickler von Open Source Software damit erzielen kann. Vor allem *Lerner/Tirole*[12] dürften als erste[13] gezeigt haben, dass Signalling Mechanismen und Reputationsmärkte zu einem großen Teil die Anreizmechanismen zu erklären vermögen, die Open Source-Software Entwickler zu ihrem Verhalten bewegen. Stark vereinfacht lässt sich der Gedankengang von *Lerner/Tirole* dahingehend zusammenfassen, dass nicht die Märkte für Open Source Software die entscheidende Rolle spielen, sondern die Arbeitsmärkte für Softwareentwickler. Indem einer großen Öffentlichkeit der Zugang zu ihren Codes offen steht, ist es ihnen möglich, potentiellen neuen Arbeitgebern ihre Fähigkeiten zu demonstrieren und sie damit für die Entwickler zu interessieren, indem der Code von jedermann benutzt und evaluiert werden kann. Der Erfolg der Weiterverwendung eines Codes – wie eine Art Citation Index der Wissenschaft – signalisiert damit die Reputation und die Fähigkeiten der jeweiligen Softwareentwickler. Je mehr ihr Code bei anderen Entwicklern verwandt und auch weiterentwickelt wird, desto größer ist ihr Erfolg, desto attraktiver werden sie für mögliche Arbeitgeber oder Kunden. Je höher die Qualität ihres Produktes – des Codes – ist, desto größer wird generell ihre Chance sein, ein höheres Einkommen zu erzielen.

Allerdings setzt dieser Ansatz einige Annahmen voraus, in erster Linie funktionierende Märkte für Reputationen. Es liegt auf der Hand, dass auf engen Märkten für Softwareentwickler oder in engen communities der Reputationsmechanismus am ehesten wirkt,

---

11 Zu diesem Argument näher *Kooths/Langenfurth/ Kalwey,* Open-Source Software - An Economic Assessment, MICE Economic Research Studies 4. Muenster Institute for Computational Economics, Westfälische Wilhelms-Universität Münster 2003, abrufbar unter: http://mice.uni-muenster.de/mers/mers4-OpenSource.pdf .

12 *Lerner/Tirole*, Some Simple Economics of Open Source, 50 J. INDUS. ECON. 197 (2002); s. dazu auch ihr letztes Paper, *Lerner/Tirole*, The Economics of Technology Sharing: Open Source and beyond, National Bureau of Economic Research, Working Papers No. 10956, Nov. 2004, abrufbar unter: http://www.nber.org/papers/w10956.

13 S. dazu allgemein *Johnson*, Economics of Open Source Software, abrufbar unter: http://opensource.mit.edu/papers/johnsonopensource.pdf (May 17, 2001); *Bessen*, Open Source Software: Free Provision of Complex Public Goods, Research on Innovation, abrufbar unter: http://www.researchoninnovation.org/opensrc.pdf; *Evans*, Is Free Software the Wave of the Future?, THEMILKEN INST. REV., Fourth Quarter 2002, 32; *Harhoff et al.*, Profiting from Voluntary Information Spillovers: How Users Benefit by Freely Revealing Their Innovations (July 2000, revised May 2002) (Arbeitspapier), abrufbar unter: http://web.mit.edu/evhippel/www/FreeRevealWP.pdf; weitere Arbeitspapiere können unter http://opensource.mit.edu abgerufen werden.

andererseits bei sehr großen communities sich der Wirkungsmechanismus zunehmend abschwächt. Wie dargelegt, kommt es dabei nicht auf Märkte für Produkte an, so dass etwa Betriebssysteme von jedermann eingesetzt werden können, ohne dass diese in der Lage sein müssen, die Qualität eines Codes zu bewerten. Vielmehr kommt es auf die „peers" in den Entwickler"gemeinden" an, die die Qualität und Reputation von Entwicklern beurteilen, so dass diese ihre Attraktivität für potentielle Arbeitgeber steigern können. Wo die kritische Größe solcher Reputationsmärkte und welche Randbedingungen für die Wirksamkeit von Signallingmechanismen für derartige Open Source-Produkte gelten, ist noch weitgehend offen; empirische Absicherungen für die Thesen von *Lerner/Tirole* fehlen noch weitgehend.[14]

Zudem erfasst der Ansatz von *Lerner/Tirole* noch nicht den in der Praxis von Open Source-Software beherrschenden Geschäftsansatz, nämlich die Trennung von Produkt und Dienstleistung (Support): Da Software typischerweise ein komplexes Produkt ist, das schon durch Änderungen anderer Produkte und der Hardware-Umgebung einer stetigen Anpassung und Prüfung bedarf (einschließlich geänderter Sicherheitsbedingungen), werden zumindest im B2B-Bereich kaum Verträge abgeschlossen, die eine reine Softwareüberlassung betreffen, sondern fast immer auch die Softwarepflege als Dauerschuldverhältnis umfassen. Deutlich wird dies etwa an so bedeutenden Softwarehäusern wie SAP, deren Gewinne und Umsätze überwiegend aus Pflege, Schulung und sonstigen Dienstleistungen rund um das Softwareprodukt stammen. Selbst im B2C-Bereich des Softwaremassengeschäfts, wie es etwa Microsoft oder Adobe bedienen, wird man laufend Updates und Patches vorfinden, zu denen die Softwarehäuser im Prinzip (produkthaftungs-) rechtlich nicht unbedingt verpflichtet wären.[15]

Open Source trennt nun scharf zwischen dem eigentlichen Produkt, für das es praktisch als geschenktes Produkt keine Gewährleistung gibt, und dazu erhältlichen Dienstleistungen, seien es Schulungen, Gebrauchsanleitungen, Zusammenstellungen oder laufender Support. Natürlich kann sich der einzelne Softwarenutzer auch der „community" bedienen – was allerdings gerade für den IT-Laien zeitaufwendig sein kann. Wie nun indes diese offenbar gut funktionierenden Märkte der Bereitstellung von Dienstleistungen verzahnt sind mit den eigentlichen Reputationsmärkten für Softwareentwickler, ist bislang noch weitgehend ungeklärt; insbesondere empirische Untersuchungen über die Zusammensetzung der jeweiligen Kreise von IT-Fachkräften und deren Verhalten fehlen bislang, um nähere Rückschlüsse auf die ökonomischen Wirkungsmechanismen zu gewinnen.

Jedenfalls kann schon heute festgehalten werden, dass der Ansatz von *Lerner/Tirole* einiger Ergänzungen bedarf.

---

14 S. etwa *Hars/Ou,* Working for Free? Motivations of Participating in Open Source Projects, Proceedings of the 34th Hawaii International Conference on System Sciences, 2001, abrufbar unter: http://csdl.computer.org/comp/proceedings/hicss/2001/0981/07/09817014.pdf.

15 S. dazu näher *Spindler*, NJW 2004, 3145, 3150; *Spindler*, Verantwortlichkeit von IT-Herstellern, Nutzern und Intermediären, 2007, Rn. 141, abrufbar unter: http://www.bsi.bund.de/literat/studien/recht/IT-Recht.pdf.

II. Alternative Erklärungsansätze

Die bereits angesprochene weitgehend noch fehlende empirische Verifizierung ist auch dafür verantwortlich, dass zunehmend alternative Erklärungsansätze diskutiert werden: So ist zumindest auf den ersten Blick das Modell der Reputationsanreize nicht völlig kompatibel mit den in der Realität zu beobachtenden Prozessen, bei denen im wesentlichen große Software oder IT-Häuser wie IBM, Novell, Sun oder Cisco die Weiterentwicklung von Open Source Software vorantreiben und hierfür entsprechende Softwareentwickler beschäftigen.[16] Näher liegen hier Erklärungen, dass Open Source-Software eingesetzt wird, um Marktzutrittsbarrieren, die aufgrund positiver Netzwerkeffekte und faktischer Standardsetzung geschaffen wurden, zu überwinden. Ob und wie nach erfolgreicher Auflösung faktischer Monopole die Open Source-Politik fortgesetzt würde, erscheint keineswegs ausgemacht.

Ferner trägt zu den außerhalb der Reputationsanreizen wirkenden Effekten auch bei, dass Entwickler verhindern wollen, dass ihre Codes von anderen entgeltlich verwendet werden können. Denn der Softwaremarkt ist durch eine Vielzahl von Softwareprodukten für alle möglichen Zwecke geprägt, ebenso durch die spezifischen Produktionsbedingungen, die wegen der hohen Anfangskosten für ein Produkt ein ausgefeiltes Lizenzsystem und Gebühren erfordern. Damit werden aber zahlreiche Entwicklungen außerordentlich riskant, so dass etliche Entwickler vor der Wahl stehen, die Software unentgeltlich oder aber überhaupt nicht zu veröffentlichen. Open Source, die zwar im Prinzip eine unentgeltliche Veröffentlichung ermöglicht, andererseits aber auch Ausschließlichkeitsrechte gegenüber „Trittbettfahrern" vorsieht, ist daher eine optimale Alternative gerade für solche Softwareprodukte, die von kleinen Softwareentwicklern ohne ausgefeilten Vertriebsapparat und in einem niedrigpreisigen Marktsegment hergestellt werden.[17]

Zu diesen mehr aus der "industrial organization" Sichtweise gespeisten Zweifeln gesellen sich Bedenken, die aus dem tatsächlich zu beobachtenden altruistischen Verhalten resultieren. So legen empirische Studien tatsächlich nahe, dass der Beitrag zu "communities" oder schlicht der Spiel- und Lerntrieb[18] wichtiger sind als monetäre Anreize, mögen diese auch mittelbar über Arbeits- bzw. Reputationsmärkte wirken.[19] Zwar sind auch in der

---

16 S. aber *Lerner/Tirole*, The Economics of Technology Sharing: Open Source and beyond, National Bureau of Economic Research, Working Papers No. 10956, Nov. 2004, abrufbar unter: http://www.nber.org/papers/w10956, die darin keinen Widerspruch sehen.

17 S. auch *Zimmerman*, Authorship Without Ownership: Reconsidering Incentives in a Digital Age, 52 DePaul L. Rev. 1121, 1137-1143 (2003). Laut *Zimmerman* beschäftigt Autoren was sie als „ungerechtfertigte Bereicherung" and ihren Werken ansehen evtl. mehr als Fragen der Kompensationen. Dieselbe Argumentation findet sich bei *Möller*, Freiheit mit Fallstricken: Creative-Commons-NC-Lizenzen und ihre Folgen, in: Lutterbeck, Open Source Jahrbuch, 2006.

18 Die Hauptmotivation der Wikipedia-Autoren scheint vom Prinzip des „learning by doing" zur rühren, s. *Jaeger et.al.*, Wikipedia: Motivation for voluntary engagement in an open webbased encylopedia. 4th Meeting of the Section 'Work, Industrial and Organizational Psychology of the German Psychological Association; s. auch *Lawler*, Wikipedia als Lerngemeinschaft: Inhalt, Probleme und das 'Wohl der Allgemeinheit', in: Lutterbeck, Bernd (Hrsg.): Open Source Jahrbuch 2006.

19 *Deci./Koestner / Ryan*, Meta-Analytic Review of Experiments: Examining the Effects of Extrinsic Rewards on Intrinsic Motivation, Psych. Bull. 125 (3) 1999, 627–668; *Veltman*, On the Links between Open Source

Institutionenökonomie derartige Verhaltensweisen nicht unbekannt, die man etwa in Gestalt der "gift economics"[20] vorfinden kann;[21] doch kann nicht behauptet werden, dass diese Ansätze so ausgereift wären wie in anderen Bereichen.

In diese Richtung deutet auch eine andere, oftmals dominante Motivation von Open Source-Entwicklern, die in einer Art „grass root" Ideologie das Quasi-Monopol von Microsoft durchbrechen wollen (oder im Zusammenhang mit Open Content, einen Antipol zur Massenkultur bilden wollen[22]) – ein Phänomen, das in den verschiedensten Kulturen beobachtet werden kann, etwa am Granger Movement im ausgehenden 19. Jahrhundert in den USA gegen die Bildung von Trusts und Monopolen.[23] Auch diese grundlegende kultur-/politische Haltung spielt eine nicht zu unterschätzende Rolle im Rahmen der Open Source-Bewegung, die wenig mit monetären Anreizen zu tun hat, wohl aber auch auf Reputationseffekten aufbaut.[24]

Insgesamt dürften Open Source-Software Märkte daher eher durch ein Bündel von Motiven und Anreizen gekennzeichnet sein als durch ein überwiegendes Moment. So haben *Osterloh et al* gezeigt, wie das delikate Gleichgewicht zwischen intrinsischen und extrinsischen Motiven entscheidend für den Erfolg eines Open Source-Projektes sein kann.[25]

III. Übertragung auf Open Access

Auf den ersten Blick liegt eine Übertragung des *Lerner/Tirole*-Modells auf Inhalte, die unter einer Open Access- und Creative Commons-Lizenz stehen, nahe. Allerdings bestehen bei genauerer Betrachtung erhebliche Unterschiede, die schon bei den Lizenzen selbst beginnen: So enthält eine Open Access-Lizenz keineswegs die für Open Source-Software charakteristische Befugnis zur weiteren Bearbeitung und Entwicklung, sondern nur die ohne Lizenzgebühren mögliche Nutzung eines Werkes. Die weitere Bearbeitung von Werken wird dagegen nur mit bestimmten Lizenzen ermöglicht, die im Grundtypus der Creative Commons-Lizenz[26]

---

and Culture, (2002), abrufbar unter: http://erste.oekonuxkonferenz.de/dokumentation/texte/veltman.html; *Luthiger*, Alles aus Spaß? Zur Motivation von Open-Source-Entwicklern, in: Gehring/Lutterbeck (Hrsg.), Open Source Jahrbuch 2004, Zwischen Softwareentwicklung und Gesellschaftsmodell, 2004, S. 107 ff.; *Osterloh/ Rota/ Kuster*, Open-Source- Softwareproduktion: Ein neues Innovationsmodell?, ebd., S. 135 ff.

20 S. zur "gift economy": *Barbrook*, The Hi-Tech Gift Economy, abrufbar unter: http://subsol.c3.hu/subsol_2/contributors3/barbrooktext2.html; O'Connel/Zeldes, Dynamic efficiency in the gifts economy,nber working paper 4318, abrufbar unter http://www.nber.org/papers/w4318.pdf; *Yang*, The Gift Economy and State Power in China, Comparative Studies in Society and History, Vol. 31, No. 1 (Jan., 1989), S. 25-54 ff.; *Zeitlyn*, Gift economies in the development of open source software: anthropological reflections, Research Policy, 2003, vol. 32, S. 1287-1291.

21 *Elkin-Koren*, Creative Commons: A Skeptical View of a Worthy Pursuit, in: Hugenholtz/Guibault (Hrsg.), The Future of the public domain,abrufbar unter http://ssrn.com/abstract=885466, bei Fn. 43.

22 *Elkin-Koren*, aaO. (Fn. 21).

23 Zum Granger-Movement vgl. *Corey,* The house of morgan - a social biography of the masters of money, New York 1930, S. 162 ff.; *Thorelli,* The Federal Antitrust Policy - Origins of an American Tradition, London 1954, S. 164; *Friedman*, A History of American Law, New York 1985, S. 447 ff.

24 *Weber*, The Political Economy of Open Source Software, abrufbar unter: http://economy.berkeley.edu/publications/wp/wp140.pdf .; *Eric*, The Cathedral and the bazaar, 1999.

25 *Osterloh/Rota/Kunert*, aaO. (Fn. 19).

26 S. http://de.creativecommons.org/.

entsprechen.[27] Andererseits dürfte das Bearbeitungsrecht im Bereich der Wissensproduktion kaum die gleiche Rolle spielen wie im Softwarebereich, da selten die gleichen Versatzstücke in einer neuen Idee verwandt werden – was allerdings sehr von der jeweiligen Branche und dem betroffenen Rechtsgebiet abhängt, da etwa im patentrechtlichen Bereich die Verwendung von Verfahren in weiterentwickelten Erfindungen durchaus der Bearbeitung und Weiterentwicklung von Code entsprechen kann.

Sieht man von diesen Unterschieden ab, sollten von den grundlegenden Anreizen her jedoch große Ähnlichkeiten zwischen Open Source-Märkten und der Wissensproduktion in akademischen Bereichen zu erwarten sein: Denn wenn Reputationsanreize und Arbeitsmärkte für Softwareentwickler die dominante Rolle spielen, um neuen Code zu entwickeln, gilt dies umso mehr für Wissenschaftler und Autoren in diesem Sektor, da Reputation, Häufigkeit der Zitate und Verwendung der Ergebnisse in anderen Wissensproduktionen eine noch wesentlich größere Rolle spielen. Jeder Hochschullehrer kennt die Situation, dass die Zitierhäufigkeit in hoch gerankten Zeitschriften eine entscheidende Rolle bei der Vergabe neuer Stellen, aber auch anderer Aufträge spielt.

Tatsächlich spielt Open Access oder Creative Commons bislang nur eine untergeordnete oder allenfalls zwiespältige Rolle in den Publikationsgewohnheiten und in der Wissensproduktion; eine einfache Übertragung der Open Source Modelle verbietet sich daher.[28] Die Gründe hierfür sind vielfältig: Zunächst sind die Arbeitsmärkte für Wissenschaftler und Produzenten neuen Wissens keineswegs homogen wie für Softwareentwickler,[29] sondern sind branchenabhängig, darüber hinaus häufig national spezifisch. Reputationsmärkte können je nach Wissensbranche international eng vernetzt sein, aber auch häufig völlig voneinander divergieren. Entwicklungen wie in der Open Source-Community sind daher eher dort zu erwarten, wo auf internationaler Ebene kleinere „communities“ mit etablierten peer-Systemen bestehen, die zudem auf relativ homogenen Arbeitsmärkten und Auswahlverfahren beruhen, wie dies etwa häufig für viele natur- und medizinwissenschaftliche Bereiche vorzufinden ist. Gerade hier sind in der Tat eher frei zugängliche Vorab-Veröffentlichungen anzutreffen – andererseits aber auch die stärksten Konzentrations- und Gatekeepertendenzen im Verlagssektor. Zudem bestehen in diesen Sektoren weitaus längere Traditionen der engen Zusammenarbeit und des Austausches, also der „Weiterentwicklung“ von Wissen wie im Bereich des Open Source, als in den geisteswissenschaftlichen Bereichen. Diese zeichnen sich eher durch individuelle Arbeitsergebnisse und in manchen Sektoren auch durch nur schwach

---

27 *Jaeger/Metzger*, MMR 2003, 431, 433 f.; *Mantz*, in: Spindler (Hrsg.), Rechtliche Rahmenbedingungen von Open-Access Publikationen, 2006, S. 63.

28 S. auch zu den wechselseitigen Beziehungen zwischen Open Source und Open Science: *Dalle/David/Ghosh/Steinmueller*, Advancing Economic Research on the Free and Open Source Software Mode of Production, in: Wynants/Cornelis (Hrsg.), How Open is the Future? - Economic, Social & Cultural Scenarios inspired by Free & Open-Source Software, Vrjie Universiteit Brussels (VUB) Press, Brussels 2005, S. 395 ff.

29 Auch wenn bei Softwareentwicklern zwischen den verschiedenen Marktsegmenten durchaus erhebliche Unterschiede bestehen können, etwa Betriebssystemen, Applikationen, Datenbanken, Office-Systemen etc.

ausgeprägte peer-review-Verfahren aus; erfahrungsgemäß fällt der „Widerstand“ von Geisteswissenschaftlern gegenüber Open Access-Publikationen auch wesentlich stärker als in den Naturwissenschaften aus.

Ungeachtet dieser Unterschiede bleibt das Phänomen, dass die Wissensproduktion trotz sogar erheblich verstärkter Reputationsanreize auf Sekundärmärkten nur in recht schwachem Maße von dem Open Source-Gedanken Gebrauch macht. Einer der wesentlichen Gründe hierfür dürfte nicht in den unterschiedlichen Anreizmechanismen liegen, sondern darin, dass für die Reputationsmechanismen eine Art „lock-in“-Effekt besteht: Solange in Berufungsverfahren ebenso wie der Drittmittelvergabe die Zahl von Publikationen in einer renommierten Zeitschrift, die aber von einem Verlag unter einer klassischen „proprietären“ Lizenz herausgegeben wird, das entscheidende Kriterium bildet, solange wird jeder Wissensproduzent Anreize besitzen, eher in dieser Zeitschrift zu publizieren als in einem Open Access-Journal. Zum einen ist es der unterschiedliche Charakter des Produktes „Wissen“ gegenüber einem Software-Code, indem das Wissen an sich nicht geschützt ist, dementsprechend in engerem Sinne auch kein Recht zur Weiter“bearbeitung“ verliehen werden kann, zum anderen die Pfadabhängigkeit/der „lock-in“-Effekt, der Wissensproduzenten davon abhalten kann, vermehrt unter Open Access-Bedingungen zu publizieren. Anders formuliert, sind gerade die Verlage mit ihrer Organisation des peer-review-Verfahrens der Herrscher über die Reputationsmechanismen und der „Gatekeeper“, an dem kein Wissensproduzent vorbei kommt – alternative Reputationsmechanismen können sich solange nicht etablieren, bis marktmächtige neue „Spieler“ den Markt betreten und Wissensproduzenten mit anderen Kriterien der Reputation nachfragen, die ihrerseits – vergleichbar IBM, Novell oder Cisco – in einen Markt eindringen wollen. Derartige Änderungen der Reputationsmechanismen können aber nur eintreten, wenn die Kriterien für die Vergabe von Lehrstühlen oder Drittmittelprojekten geändert werden – und dies im internationalen Gleichschritt geschähe, wofür wenig Anlass besteht.

Auch wenn daher die Zahl an Zitaten bei Open Access-Publikationen wesentlich höher sein dürfte als bei proprietären Publikationen,[30] ist der „impact“ letzterer nach wie vor wesentlich höher. Ausschlaggebend dürfte nach wie vor der unterschiedliche Peer-Prozess sein, der im Zusammenhang mit „lock-in“-Effekten dafür sorgt, dass Open Access-Publikationen nach wie vor nicht den gleichen „impact“ besitzen wie Publikationen unter proprietären Lizenzen. Offen bleibt die sich daraus ergebende Frage, warum in Open Source-Märkten ein anderer Peer-Prozess entstanden ist und offensichtlich in ähnlicher Weise effizient wirkt wie die traditionellen, durch einen Gatekeeper organisierten Peer-Prozesse in Wissensmärkten.[31]

---

[30] In diesem Zusammenhang: Die Untersuchung von *Hajjem/Harnad /Gingras* zeigt, dass Open Access Artikel zwischen 25% und 250% häufiger zitiert werden als nicht-OA-Artikel in der gleichen Zeitschrift, s. Ten-Year Cross-Disciplinary Comparison of the Growth of Open Access and How it Increases Research Citation Impact (2005), IEEE Data Engineering Bulletin 28(4) pp. 39-47, abrufbar unter: http://eprints.ecs. soton. ac.uk/ 11688/.

[31] Allerdings enthielt das “Directory of Open Access Journals (DOAJ)” mehr als 2000 peer-reviewed OA journals - ein Zuwachs von 600 Journals in einem Jahr, s. *Van Orsdel/Born*, Journals in the time of Google,

Solange jedenfalls die traditionellen Peer-Prozesse dominieren, bestehen positive Netzexternalitäten für Zeitschriften und Verlage und umgekehrt nur wenig Anreize für Wissensproduzenten, auf Open Access Publikationen umzuschwenken; die Reputationsmärkte werden hier von Marketmakern (Verlagen) organisiert und wahrgenommen. Ob und wie hier staatliche Institutionen eingreifen können, etwa durch zwangsweise eingreifende gesetzliche Schranken oder Lizenzen, womit der Bogen zur juristischen und rechtspolitischen Analyse geschlagen wird, ist eine völlig offene ökonomische und rechtspolitische Frage, die in Zukunft noch intensiverer Untersuchung bedarf.

IV. Lizenzmodelle als Transaktionskosten

Diese Unterschiede in den jeweiligen Märkten reflektieren sich interessanterweise auch in unterschiedlichen Lizenzmodellen sowie deren Variationsbreite sowie ihrem Verbreitungsgrad.

1. Open Source Lizenzen

Für den Open Source Software Markt kann klar die GPL als diejenige Lizenz identifiziert werden, die den Markt dominiert, mittlerweile in der dritten Version (GPL v.3) vorliegend.[32] Es werden mehr als 75% der Open Source Softwareprodukte nach der GPL lizenziert.[33] Auch wenn daher noch einige, in einzelnen Segmenten durchaus wichtige Lizenzen bestehen, wie etwa im Server-Bereich die Apache-Lizenz oder sonst die BSD-Lizenz, die eine größere Flexibilität als die GPL aufweisen,[34] kann die GPL inzwischen als die Lizenz schlechthin für den Open Source Markt bezeichnet werden, nicht zuletzt, weil das Linux-Betriebssystem GPL-lizenziert ist.

2. Open Access und Creative Commons Lizenzen

Im Gegensatz zur Open Source Szene fehlt es nach wir vor an einem ähnlich stark dominierenden Lizenzmodell im Bereich der Publikationen und Wissensproduktion. Zwar stellt die

---

Library Journal, 4/15/2006, abrufbar unter: http://www.libraryjournal.com/article/CA6321722.html - was indes noch nichts über die Qualität der Peers und deren Reputation besagt.

32 Dazu http://www.fsf.org/news/gplv3, released 16 years after the second version of the license. The launch of the GPL v3; allerdings stieß die Version 3 auf prominente Kritik, etwa von Linus Torvalds der Version 2 nach wie vor als die bessere Lizenz bezeichnet, s. http://kerneltrap.org/node/8369.

33 Ein Marktanteilsvergleich (durchgeführt am 5.11.07) auf dem vielgenutzten Dienst sourceforge.net ergibt einen Marktanteil von etwa 75% für die GPL. Vgl. auch UNU-MERIT study on the: Economic impact of open source software on innovation and the competitiveness of the Information and Communication Technologies (ICT) sector in the EU (20/11/2006), abrufbar von: http://ec.europa.eu/enterprise/ict/policy/doc/2006-11-20-flossimpact.pdf,S.86, oder http://freshmeat.net/ stats/#license (11/2/2007) zitiert. Die UNU-MERIT Statistik ist aber wohl noch zu konservativ angesetzt, denn viele der Lizenzen, die in dieser Statistik den Marktanteil der GPL verringern sind tatsächlich keine Open Source Lizenzen.

34 *Jaeger/Metzger*, Open Source, 2. Aufl. 2006, S. 61; *Spindler*, Rechtsfragen bei Open Source, 2004, Kap. B Rn. 3, S. 10.

Creative Commons License, die von *Lawrence Lessig*[35] und entsprechenden nationalen Korrespondenten[36] entwickelt bzw. angepasst wurde, auf den ersten Blick ein vergleichbares Modell zur Verfügung. Doch erlaubt schon die Creative Commons Lizenz zahlreiche Variationen, z.B. Erlaubnis zum gewerblichen Gebrauch, Erlaubnis zu Modifikationen etc. – im Gegensatz zur GPL, die solche Wahlmöglichkeiten nicht kennt. Zudem wurden für bestimmte spezifische Inhalte wie Musik oder nationale Bedürfnisse[37] Abweichungen entwickelt, darüberhinaus noch besondere nationale Lizenzen, die außerhalb des Systems der CC-Lizenzen stehen, wie die deutsche DPPL[38], die British FML[39] oder die französische LAL[40]. Natürlich kann es aufgrund des Territorialitätsprinzips im Urheberrecht keine international global wirksame Lizenz geben; dennoch zeigt das Beispiel der GPL, dass es durchaus (wenn auch mit Abstrichen) international durchsetzbare und wirksame Lizenzen geben kann. Auch hier erhebt sich die Frage, warum die GPL offenbar eine erheblich höhere internationale Durchsetzungskraft entwickelt hat als die Creative Commons-Lizenzen; allein die Notwendigkeit der horizontalen, grenzüberschreitenden Zusammenarbeit kann hierfür kaum ausschlaggebend sein, da die rechtlichen Besonderheiten für beide Bereiche bestehen.

3. Lizenzen als Netzwerke (und positive Externalitäten)

Die Unterschiede in den Lizenzmodellen spiegeln sich in entsprechenden Transaktionskosten wieder: Die GPL, die wie Allgemeine Geschäftsbedingungen zu betrachten sind, wirken wie Standards, die Netzwerkexternalitäten produzieren. Denn die GPL bietet einen generellen, international anerkannten Rechtsrahmen, der einfach übernommen werden kann, ohne dass Modifizierungen möglich wären. Wie der Verbreitungsgrad der GPL zeigt, wirkt dies in der Tat wie ein Standard, der durch die Klausel, dass die GPL bei Weiterbearbeitungen vereinbart werden muss, sich entsprechend verstärkt. Allerdings ist aus der Ökonomie der Standards bekannt, dass diese oftmals zu "lock-in"-Effekten führen und im Laufe der Zeit zu ineffizienten Lösungen führen.[41]

Andererseits darf nicht verkannt werden, dass die GPL andere (und mehr) Funktionen als eine klassische Allgemeine Geschäftsbedingung erfüllt: Denn im Gegensatz zu vielen

---

35 Inzwischen ist der Vorsitz auf Joichi Ito übergegangen.

36 S. dazu www.creativecommons.org . Näher dazu *Kuhlen/Brüning*, Creative Commons (CC) - für informationelle Selbstbestimmung, gegen den Trend des Urheberrechts/Copyright als Handelsrecht; oder: Chancen für einen innovativen Drei-Stufen-Test? IWP, 2004, 449, abrufbar unter: http://www.inf-wiss.uni-konstanz.de/People/RK/Publikationen2004/CC_fuer_IWP-rk+jb2291004_final.pdf.

37 Z.B. ist die Creative Commons Niederlande (CC-NL) eine Gemeinschaftsunternehmung zwischen Nederland Kennisland (Netherlands Knowledgeland), der Waag Society und dem Institut für Informationsrecht. Weitere Informationen unter: http://www.ivir.nl/creativecommons/index-en.html.

38 Digital Peer Publishing License, abrufbar unter: http://www.dipp.nrw.de/lizenzen/dppl/.

39 Free Music License, abrufbar unter: http://www.ethymonics.co.uk/fml.html.

40 Licence Art Libre, abrufbar unter: http://artlibre.org/.

41 S. die zahlreichen Studien und Diskussionen rund um die Tastaturbelegungsstandard QWERTY: *Rohmert*, Forschungsbericht zur ergonomische Gestaltung von Schreibmaschinentastaturen. 1982, Bundesministerium für Forschung und Technologie: Forschungsbericht / DV / 82,1-; 82,3, 116 ff.; *Liebowitz/Margolis*, The Fable of the Keys, abrufbar unter: http://www.utdallas.edu/~liebowit/keys1.html.

anderen traditionellen Produktionsformen wird Software in Open Source-Communities in einer Art horizontalen, kaum organisierten Umgebung oder vertikal durch sukzessive Bearbeitungen hergestellt und weiter entwickelt. Gerade bei der vertikalen Produktion kennt ein Entwickler seine Vorgänger und deren Beiträge in der Regel nicht; aber auch bei der horizontalen Produktion muss dies nicht der Fall sein. Derartige virtuelle Produktionsorganisationen setzen aber voraus, dass alle, die zum Produkt beitragen, sich auf einen einheitlichen rechtlichen Rahmen verlassen können, namentlich die GPL als allgemeine Geschäftsbedingung, die als Ersatz für die Unternehmung fungiert, in der sich sonst als „nexus of contracts" alle Verträge fokussieren würden; die GPL bildet so quasi den Ersatz für alle Austauschbeziehungen innerhalb einer Unternehmung[42] – auch wenn einige Klauseln der GPL (etwa zu "derivative works") nach wie vor für Rechtsunsicherheiten sorgen.[43]

Demgegenüber zeichnen sich Wissensproduktionen und Publikationen durch andere Produktionsstrukturen aus. Werke wie Bücher, Aufsätze, aber auch Musik[44] werden in der Regel nicht gemeinsam hergestellt, sondern meist durch einen einzelnen (oder nur wenige) Autoren oder Urheber. Selbst bei umfangreicheren gemeinschaftlichen Produktionen wie Orchesteraufführungen oder Kinofilmen kennen die einzelnen Urheber einander potentiell, so dass sie im Prinzip die Lizenzvereinbarung aushandeln könnten. Erst recht ist die vertikale Produktion von Werken durch direkte Weiterbearbeitung eher unüblich für Wissensproduktionen – außer im patentrechtlich geregelten Bereich.

Dementsprechend sind die Anreize, einheitliche Geschäfts- bzw. Produktionsbedingungen zu verwenden, wesentlich geringer als im Rahmen der Open Source-Software. Denn – wie bereits dargelegt – unterscheidet sich Software hinsichtlich der Weiterentwicklung durchaus von anderen Wissensproduktionen. Open Access-Lizenzen des einfachen Typus (also nicht wie Creative Commons-Lizenzen mit Weiterbearbeitungsrechten) sind auch eher mit der sog. „Freeware" vergleichbar, die zwar eine freie Nutzung ermöglicht, nicht aber eine Weiterbearbeitung oder gar eine Offenlegung des Quellcodes. Daraus folgt, dass die Marktanreize, standardisierte Lizenzen zu verwenden, aufgrund der andersartigen Produktionsbedingungen wesentlich geringer sind als für Open Source Software-Produkte; umgekehrt sollte man wesentlich mehr individualisierte oder teils der proprietären Welt angenäherte Lizenzen erwarten. Eine größere Vielfalt an Lizenzen bedingt aber auch wesentlich höhere Transaktionskosten – und daraus folgend wiederum eine abnehmende Bereitschaft, sich selbst auch auf derartige Lizenzen einzulassen, da stets im Einzelfall genau geprüft werden muss, ob und unter welchen Bedingungen Werke weiter bearbeitet oder weiter verbreitet werden dürfen. Im Gegensatz ist bei „proprietären" Lizenzen oftmals der Befund einfach, dass nur bei

---

42 S. dazu *Benkler*, Coase's Penguin, or, Linux and the Nature of the Firm, Yale Law J. 112 (2002); *Benkler*, Sharing nicely: On shareable goods and the emergence of sharing as a modality of economic production, Yale Law Journal 114 (2004), 273.

43 Näher dazu *Spindler*, Rechtsfragen bei Open Source, 2004, Kap. C Rn. 22, S. 135 ff.

44 Allerdings wird Musik inzwischen auch mehr und mehr durch Sampling und Weiterführung von vorher bekannten Musikelementen hergestellt.

entsprechender Sub-Lizenzierung die weitere Bearbeitung oder weitere Verbreitung zulässig ist. Fast genauso wichtig ist der ebenfalls daraus resultierende Effekt, dass keine Anreize bestehen, die jeweilige Lizenz weiterzuverbreiten – der sog. „viral effect" der GPL fehlt. Die reine "Open Access" Lizenz enthält diese Anreize nicht, da sie keine Weiterverarbeitungsrechte beinhaltet. Die positiven Netzwerkexternalitäten einer GPL-Lizenz fehlen hier, so dass es nicht verwundert, dass die Welt der Open Access-Lizenzen durch eine hohe Vielfalt gekennzeichnet ist. Aber auch die Creative Commons-Lizenzen weisen eine hohe Varianz auf, die es mitunter für die Anwender schwierig macht, ihre genaue Reichweite zu erkennen; hier wird es noch empirischer Untersuchungen bedürfen, um zu klären, wie Nutzer die verschiedenen Akronyme der Creative Commons tatsächlich einschätzen und welche Schlussfolgerungen sie hieraus ziehen.

4. Open Content als Opfer des eigenen Erfolgs?

Diese größere Varianz der Open Access-Lizenzen (im weiteren Sinne) wurde bereits als potentielle Ursache dafür ausgemacht, dass gerade der Erfolg von Open Access der Anfang vom Ende sein könne – von niemanden geringeren als dem „Vater" der Bewegung der Creative Commons Lizenzen, *Lawrence Lessig,*[45] aber auch von anderen, wie *Niva Elkin-Koren.*[46] Einer der Gründe hierfür liegt darin, dass Inhalte unter zwei verschiedenen Content Lizenzen nicht miteinander verbunden oder zusammen verarbeitet werden können, da sie unausweichlich in Konflikt geraten.[47] Derzeit versucht die Creative Commons Bewegung[48] dieses Problem dadurch zu überwinden, dass Interoperabiltiätsklauseln in den Lizenzen aufgenommen werden.[49]

Allerdings darf hierbei nicht vergessen werden, dass auch bei proprietäre Lizenzen oftmals genau untersucht werden muss, welche Rechte sie konkret einräumen. Auch im Hinblick auf die gesetzlichen Schranken muss der Nutzer oftmals die Lizenz und ihre Reichweite genauestens erfassen, da zahlreiche Gesetzgeber erhebliche Unterschiede (im Gefolge der InfoSoc-Richtlinie) hinsichtlich der digitalisierten, online-zugänglich gemachten und technologisch geschützten Inhalte und der „normalen" Inhalte treffen[50]. Dieses Maß an Rechtsunsicherheit gilt im gewissen Rahmen auch für Open Source-Softwarelizenzen, die aufgrund der

45 S. *Lessig*, CC in Review: Lawrence Lessig on Compatibility, http://lists.ibiblio.org/pipermail/cc-lessigletter/2005/000007.html und *Lessig*, CC's Future, http://lists.ibiblio.org/pipermail/cc-lessigletter/2006/000019.html. S. auch *Fitzgerald*, Copyleft Hits a Snag, Technology Review, 21.12.2005.

46 *Elkin-Koren*, Exploring creative commons: a skeptical view of a worthy pursuit, in: The future of the public domain, Kluwer Law International, forthcoming 2006, Fn. 25.

47 Namentlich die Creative Commons und die FDL.

48 Creative Commons ist eine in Massachusetts eingetragene karitative Gesellschaft.

49 Vgl. Fn. 45.

50 Zu derartigen Auswirkungen s. *Hilty*, Das Urheberrecht und der Wissenschaftler, GRURInt 2006, 179, 180 und *Samuelson*, Anticircumvention Rules: Threat to Science, 293 Science 2028 (14. September 2001).

Erfassung der „derivative works"[51] den Anwender oftmals im Ungewissen darüber lassen, welche Werke, die im Zusammenhang mit einer unter der GPL stehenden Software geschaffen wurden, konkret noch unter der GPL stehen.

C. Zusammenfassung

Insgesamt kann die unterschiedliche Lizenzsituation nicht allein dafür verantwortlich gemacht werden, dass Open Access und Creative Commons bislang nicht dieselbe Rolle spielen wie Open Source in der Softwarebranche. Vielmehr dürften eher die unterschiedlichen „Produktions"strukturen der Wissensgesellschaft ausschlaggebend sein, erst recht die verschiedenen Reputationsmechanismen in den jeweiligen Märkten, die offenbar in Wissensmärkten eher auf „lock-in" Situationen treffen und auf etablierte „Gatekeeper" als in Softwaremärkten, die bislang proprietäre Lizenzen ohne Reputationsmechanismen einsetzen (können). Erst wenn dieser Zirkel der Reputation in Wissensmärkten verändert oder durchbrochen wird, werden die Rahmenbedingungen für ähnliche Entwicklungen wie in Softwaremärkten geschaffen sein.

---

[51] In der GPL v.3. ist dieser Terminus ersetzt durch „modified version" oder „work based on" und knüpft dynamisch an das jeweils geltende Urheberrecht an, womit die Rechtsunsicherheit bestehen bleibt, vgl. GPL v.3., sec.0, Definitions.

THE CONTRACT THEORY OF PATENTS IN PERSPECTIVE

*Luigi Alberto Franzoni**

A. Introduction

If there is legal concept that has never ceased to be controversial, it is the concept of property. In recent times, the debate has centred on the concept of intellectual property (IP). This is not surprising: intangible assets have become the cornerstone from which most advanced firms develop their business and survive global competition in times of ever increasing mobility of capital and labour services.

Not surprisingly, therefore, IP protection has been at the centre of the policy agenda over the last 20 years. The 80s and 90s have witnessed a progressive escalation in the "demand for protection" from influential business sectors that has culminated in significant reforms (e.g. the The Bayh-Dole Act of 1980, the Digital Millennium Copyright Act of 1998, the EU Directive on the enforcement of intellectual property rights of 2004), international treaties (TRIPS, 1998), and formal policy statements (Lisbon Agenda of 2000). This trend has had its origination in the most technologically advanced nation (the US), and has been followed more or less enthusiastically by the international community.[1]

New industries have gained access to the patent system. Especially in the US, the subject matter has been substantially broadened: things which were not patentable as little as 10 years ago are patentable today (business methods, software, pharmaceutical formulas with no direct applications, plant varieties). The EU has been more cautious with software patents, but has taken the lead on protecting compilation work (Database Directive 1996). Copyright protection also has been strengthened, thanks to a combination of legal reforms (the

---

* Professor of Public Economics at the Faculty of Economics, Università di Bologna, Italy. I am grateful to Frank Fagan for helpful comments

1 On the political economy of patent reform in the US, see Landes and Posner (2004) and Scherer (2007).

Millennium Act) and advancement in anti-decryption technology, to such an extent to lead an eminent scholar to state that "We are [...] entering a time when copyright is more effectively protected than at any time since Gutenberg"[2].

This vigorous strong policy movement toward strong IP protection has not failed to generate sharp criticism in both the academic world and the general public. It is sufficient to recall the public's reaction to the Microsoft antitrust case (1998) and the Pretoria case on AIDS retroviral drugs (2001), or to the patentability of DNA sequences (Human Genome project), where public research seemed to be put into a corner. A new anti-IP movement has thus emerged as a reaction to an established policy trend, with multiform prongs taking the name of copyleft, open source movement, creative commons, no-logo, and so on. The anti-IP movement appears to be largely imbued of a strong criticism of the world's "market forces," and it often blurs into open "anti-globalization" attitudes.

It is interesting then, to go back to the origin of patent law and place the reaction into historical perspective.

B. In perspective

The environment in which the patent institution was conceived and developed in the early Renaissance was not one with perfectly competitive markets. To the contrary, the 16th and 17th century economies were characterized by closed business communities, organized in tight craft guilds and trades. This was a time when the "competitive advantage" of local districts was based, on top of privileged political treatment, on exclusive know-how and manufacturing technology. The "mysteries" of the trade were jealously protected: every member of the guild was bound to secrecy. Disclosure was usually condemned with life (see, for instance, Belfanti 2004).

The *privilege* granted by the political power to the patent holder was therefore not "a monopolistic island in a sea of competition," but rather a monopoly in a sea of corporative industries. Patent served the purpose of inducing skilled artisan to set-up new production lines in the local jurisdiction and to train domestic craftsman (David 1993). Remarkably, the patent privilege was often granted to people who had ferreted out technological knowledge from foreign trade, either by betrayal or espionage.[3] Thus, to a large extent early patents served as tools to promote technology transfers across states, not to hamper them.[4]

---

2 Lawrence Lessig, Code and Other Laws of Cyberspace, 1999, Basic Books, New York.

3 Not all patent systems were the same: "while the patents granted in the Netherlands were designed as incentives to invent, most of the patents granted in England (by the Tudor and Stuart Kings) served protectionist, autarkic and fiscal purposes, if they were not downright misappropriations and handouts." In England, the system of privileges was brought into order by the Statute of Monopolies in 1624, which stated that patents could only be granted to the "true and first inventor" of new manufactures. But again, inventors could just be importers of foreign skills and know-how: "whether they learned by travel or by study, it is the same thing" declared an English court in 1693 (Machlup 1968).

4 In the pre-industrial age, the diffusion of technological knowledge was mostly driven by the mobility of human capital: moving workers and craftsmen taking with them knowledge and experience. Fleeing poverty or oppression, they were often lured by the promise of special privileges in the hosting country. See, for instance, Cipolla (1972).

In the middle of the 19th century, at a time when the guild system had been superseded by the modern factory system, the mood towards "patent", and public monopolies in general, had completely changed.[5] With free trade ideology reaching its peak, a strong movement for the abolition of patent systems arose. Unlike much of today's anti-patent movements, the first anti-patent movement was pro-globalization, if I can say so. In fact, one should not forget that patents are primarily a "protectionist" – "interventionist" tool, a tool which hampers the free forces of imitation and competition. Building on the momentum of the anti-patent movement, some counties went so far as to abolish their patent system: the Netherlands, for instance, repealed its patent system in 1869 and reintroduced it 1912.[6] In 1870, when the Great Depression hit the Western economies, free-trade ideology fell into disgrace and patents became acceptable, if not welcome, table guests again.

Still in the 50s, however, the question was not completely settled and the beneficial properties of the patent system were still in doubt.[7] Fritz Machlup, one of the most eminent patent scholars, summarized his views on the patent system in a remarkable way: "If we did not have a patent system it would be irresponsible, on the basis of our present knowledge of its economic consequences, to recommend instituting one. But since we have had a patent system for a long time, it would be irresponsible, on the basis of our present knowledge, to recommend abolishing it" Machlup (1958).

This statement, which makes a strong case for a "path dependent" development of legal institutions, clearly highlights the ambivalence of the economists' disposition towards the patent system.

To date, proper scope and strength of IP rights – if not their outright existence – remain a matter of vivacious contention.

C. The case for exclusive rights

In order to put the contemporary debate into perspective, one should consider the main reasons that have been put forward to motivate – or justify – the existence of the modern patent system. Several theories have been advanced. The main ones are the following:

I. The reward theory

This is probably the most important justification for the patent system. It is supported by no less a proponent than the American constitution: patents are necessary to "promote the

5 Already at the end of the eighteenth century, "the spread of codified knowledge and the diffusion of know-how made possible by the efficient functioning of the guild/patent system seemed to have revealed every secret of traditional manufacture. Competition came to center on the product itself [...]. Belfanti (2004), at 589.

6 See Shiff (1971). During the patent "black out" period, the innovation rate experienced by the Netherlands was very high, possibly thanks to easy imitation of foreign technology. It must be admitted, however, that up to the 19th century, patents had a predominantly national character: foreign inventors enjoyed little protection anyway (Moser 2005).

7 Vocal criticism of the patent system was raised, among others, by influential economist Arnold Plant: "If the theoretical basis of the patent system is indeed as uncertain as this analysis suggests, the actual provisions of patent legislation cannot but be arbitrary." Plant (1934).

advancement of science." The basic idea is that without legal protection, innovations would be quickly imitated and the innovator would not be able to recoup its research expenses. Thus, a legally enforced temporary monopoly is considered necessary to fence off imitation for some time and to restore the incentive to innovate.

II. The contract theory

Under this theory, the patent represents a "contract" between the state and the innovator: the state offers a temporary monopoly in exchange for the disclosure of the innovation. As opposed to the reward theory, the contract theory takes that in the absence of a patent system innovation would not cease to exist, but rather that it would be kept secret.

III. The prospect theory

Developed by Chicago Professor Edmund Kitch, this theory draws an analogy to mineral resource development, and claims that patents are necessary for the efficient development of basic innovations. Without patents we would have wasteful duplication of effort, as if two different companies were to prospect the same piece of land in search for oil.[8] Thus, the patent defines the border of exclusivity where the innovator is allowed to prospect for the commercial development of basic ideas.

IV. The natural law theory

Under this theory, the inventor has a natural right in the fruits of its inventive genius. The French Constitutive Assembly of 1791 proclaimed the inventor's property right in his idea to be one of the "rights of man". This theory is by and large superseded, due to the decline of the natural law philosophy. Under this optimistic theory, patents do not come out as inefficient monopolies granted by a protectionist state, but rather as tools to promote liberty and to prevent the theft of ideas.

V. The signalling theory

This theory posits that one of the main functions of the patent system is to provide credible information to the market about research prospects and knowledge capital of firms. Patents therefore, serve the function of reducing information asymmetries with respect to variables that are central to the proper assessment and financing of innovative firms (see Long 2002).[9]

Each theory has strengths and weaknesses. In this essay, I would like to focus the attention on the merits of the contract theory and to check whether it provides a (minimal) argument in favour of the patent system.[10]

---

8 This theory was based on the Shumpeterian hypothesis that research is optimally carried out by a single firm. A recent reformulation of this theory is due to Alexander and Grady (1992).

9 Other theories underscore that patents, as opposed to secrets, facilitate technological transfers and promote efficiency in the manufacturing process (Landes and Posner 2003).

10 My reflections stem from joint work done with Vincenzo Denicolò.

The contract theory is deeply rooted in legal doctrine and case law. In the landmark case *Universal Oil Products v. Globe Oil & Refining* (1944), for instance, the US Supreme Court couched the view that: "As a reward for inventions and to encourage their disclosure, the United States offers a 17-year monopoly to an inventor who refrains from keeping his invention a trade secret. But the *quid pro quo* is disclosure of a process or device in sufficient detail to enable one skilled in the art to practice the invention once the period of the monopoly has expired; and the same precision of disclosure is likewise essential to warn the industry concerned of the precise scope of the monopoly asserted." In addition to demarking the land on which the innovator can claim possession, patent applications should provide enough information to enable the scientific community to replicate the innovation (the so called "teaching function").[11] This principle is accepted by all patent systems and is explicitly mandated by the TRIPS, art. 29.

Despite it deep roots in legal doctrine, the contract theory has been constantly neglected by formal economic theory. This is most surprising, not only because this theory is continually evoked by the courts, but also because large amounts of evidence point to the importance of trade secrecy as a powerful alternative to patent protection. In a recent contribution to this strand of empirical research, Cohen, Nelson and Walsh (2002) show that US firms generally regard trade secrecy and lead time as the best tools to protect innovative research, especially with respect to process innovations. Important exceptions are represented by the pharmaceutical and chemical industries, where patents are regarded as more important.

D. Economic analysis

In order to test the strength of the contract theory from an economic perspective, one should try to assess the content of the deal between the state and the inventor in its proper terms. Is this contract a good deal from the point of view of society at large? In other words, is the state really standing to gain from the disclosure of the innovation? More precisely, is the "teaching content" of the patent application worth the price of temporary monopoly?

In order to get a prima facie understanding of the issue, let us rely on simple economic diagrams. Consider the case of a new product, that has just been discovered (a similar analysis would apply with respect to radical process innovations). If the innovation is patented, the innovator will be able to charge monopoly prices, p_M, for the statutory duration of the patent (T years). Alternatively, if the innovator relies on trade secrecy, it bears the risk of independent duplication by rivals. The actual chances of duplication will depend both on technical factors (the ease by with the innovation can be replicated) and legal factors (the strength of trade secrets law).

[11] In the US, the patent applicant should also specify the "best mode" for such replication. See Carlson and Scamborova (2005).

Let us say that, in expected terms, after S years, the innovation is duplicated by one rival. From that time on, both the innovator and the duplicator earn π_d per period. For simplicity, we consider the case where no other firm can further duplicate the innovation.

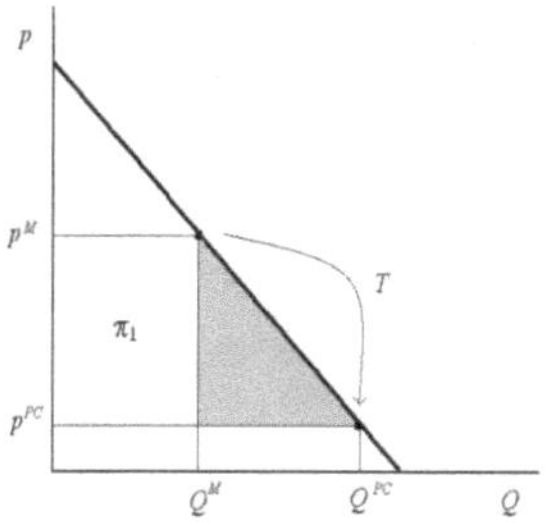

Figure 1

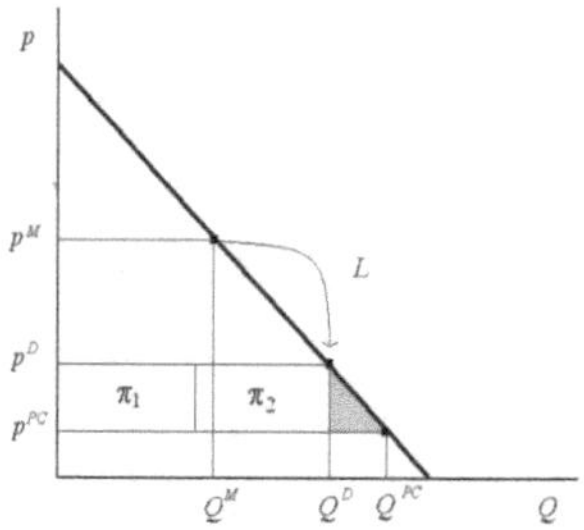

Figure 2

The price dynamics under patent protection is illustrated in Figure 1. After T years, thanks to disclosure from the innovator, any person skilled in the art can replicate the innovation at which point the price drops to its competitive level (p_{PC}). The social cost of the patent is measured by the deadweight loss, the shaded area in Figure 1, which lasts for T years.

If the firm opts for trade secrecy, the loss per period is monopoly deadweight loss for *L* years ("lead time"), duopoly deadweight loss thereafter (see Figure 2). In addition to these, social costs of trade secrets also include duplication costs *DC*. For the time being, we do not take them into account.

A comparison between the social costs attendant to the two protection modes can only be made with reference to individual innovations, for each of which lead time has a different duration.

It is interesting to calculate, however, the social cost associated with each unit of profit for the innovator. This will allow us to evaluate if society at large is better off under secrecy or patenting when the innovator earns the same amount of profits under both options.

In this special case, the duopoly profits earned by the innovator upon duplication, plus the monopoly profits earned in the lead time, are the same as the monopoly profits that the innovator can earn under patenting. If we compare the deadweight losses in this special case, we realize that the actual comparison is between duopoly deadweight loss under secrecy and monopoly deadweight loss after expiration of the lead time, for a period long enough – say E - to yield to the patent holder an amount of discounted profits equal to the profits she makes in a perpetual duopoly.[12]

[12] Prior to *L*, society bears monopoly deadweight loss under both regimes.

If d is the discounted value of a stream of 1 dollar from now to infinity, let e be the discounted value of a stream of 1 dollar from now until date E (clearly: $e<d$). Then, in order to have the same amount of profits in the two regimes, we must have:

$$e\ \pi_m = d\ \pi_d\text{, or } e = d\ \pi_d/\pi_m.$$

We will say that patenting entails a lower social cost than trade secrecy if the discounted value of monopoly deadweight loss for E year is less than duopoly deadweight loss forever: $e\ \Delta_m < d\ \Delta_d$.

Using the previous equation, the latter inequality simplifies to: $d\ \pi_d/\pi_m\ \Delta_m < d\ \Delta_d$, that is

$$\textit{Condition C:} \qquad \Delta_d/\pi_d > \Delta_m/\pi_m$$

Condition C (where the C stands for Contract theory) tells us that patent protection entails lower social costs than trade secrecy if the ratio between deadweight loss and innovator's profits is greater under duopoly than under monopoly. This inequality applies on the assumption that the innovator's profit is the same under patenting and trade secrecy.

In fact, Condition C is based on a very simple intuition: for a given level of expected profits, patents are better than trade secrets if monopoly entails a lower social cost per unit of profit than duopoly (or oligopoly, if we have more than one duplicator).

When is Condition C likely to be met? By looking at Figure 2, one can notice that the deadweight loss to profit ratio increases more than proportionally as duopoly price increases. With a linear demand function, the duopoly ratio is greater than the monopoly ratio if duopoly price is greater than Cournot duopoly price. In other words, patents are preferable if competition in the product market upon duplication does not reduce prices substantially. Note further, that if we also account for duplication costs borne under TS, then patents become preferable under an even milder condition.

How can we use this piece of information to assess the contract theory of patents? The bargain that the state proposes to innovators takes the shape of a "standard form" contract: the terms of the deal are fixed and cannot be tailored to different features of the innovation disclosed. Thus, the state offers the same conditions to all innovators: a fixed protection length in exchange for disclosure. We should expect some innovators to find this deal profitable, others not. Thus, the offer will be accepted only by those innovators who expect to net a larger profit by disclosing the innovation and benefiting from patent protection than by relying on trade secrecy. Therefore, we should expect the deal to be accepted by those innovators who: i) cannot effectively rely on trade secrecy and ii) trust the efficacy of patent protection.

Given a certain level of patent protection - in terms of patent duration or breadth – some innovators will accept the deal and others will reject it. If patent protection is enhanced, the set of the innovators who accept the deal will increase. And here we can test the consistency of the contract theory: is disclosure a good enough reason to offer patent protection? In other words, does the contract motive have any bite if we abstract away the reward motive and assume an ex-post perspective, in which innovations are already created (and thus do not need to be incentivized)?

The answer is in the affirmative, as far as Condition C is met (see Denicolò and Franzoni 2003). Let us consider the consequences of an increase in the level of patent protection. There are two effects:

a) those innovators who have already decided to rely on the patent system earn some additional rent. This comes at an increase in the social cost for society;

b) some additional innovators are induced to disclose their innovation. For these marginal innovators, the profit under both protection systems is roughly the same. Under Condition C, this implies that the social cost to society decreases.

In general, the optimal (ex-post) determination of patent protection should balance effects a) and b). Note, however, that effect a) depends on the size of the set of innovators who decide to rely on the patent system. If the level of patent protection offered is very small, this set also is very small. Hence, effect a) becomes negligible and only effect b) remains. This proves that at least a tiny amount of patent protection should be offered by the state, so as to induce disclosure at least of the weakest innovations.

In general, the optimal amount of patent protection should strike a balance between the need to contain the deadweight loss associated with excessive protection for inframarginal innovations and the benefit of inducing disclosure for marginal innovations. In view of Condition C, patent protection should be stronger if price competition in the final market is weaker.

Let us take the extreme case where firms collude on the product market. In this case, duplication does not bring about any benefit for society (while it comes with costs), since duopoly deadweight loss is the same as monopoly deadweight loss. Here, it is clearly in the interest of the state to induce disclosure: by awarding a temporary monopoly, the state is able to prevent a monopoly of deadweight loss of infinite duration. This observation explains the strength of patent protection as a tool for the diffusion of innovation in a world of monopolized industries (the guild system): by concentrating the reward on a unique individual (the innovator or the "betrayer" of the mystery) in exchange for disclosure, the patent system is able to spread the knowledge and reduce the rents netted by the industry.

We have proved that, under some mild conditions, the disclosure motive alone suffices to justify a minimum degree of patent protection. This result has some implications that go beyond the theoretical foundations of the contract theory. It shows that in the optimal design of the patent system (or of IP in general) the policy makers should take into account ex-post features of the innovative industry that are otherwise neglected: barriers to entry (other than the patent itself) in the final market served by the innovator; the intensity of competition generally prevailing in that market; the size of the duplication costs for potential rivals (which can be easily related to the strength of trade secrets legislation).

All these factors serve no role in the reward theory of patents: if one assumes that patenting is inevitable, all the features of the final market ("what would have happened if the innovator had not disclosed its innovation") become irrelevant.

E. Discussion

The contract theory is not immune from criticism. On a basic level, scepticism has been raised on the opportunity for the state to offer a deal without knowing whether the innovator has a real choice to keep his innovation secret. In 1862, at the peak of the pro-trade ideology, at the meeting of the prestigious Statistical Society of London, Oxford, economist J. Rogers vocally argued against the contract theory:

"...the bargain of the inventor with the public, is thoroughly one-sided. If it be his interest to keep his secret, he infallibly does so, not so much from the cause that a patent is expensive, as because it is his interest. [...] It is perfectly true, indeed it is insisted on by the advocates of the rights of invention, that nothing can compel him to disclose his discovery. Does he ever do so except on the ground that the profits of the monopoly would be more valuable than the profits of the secret?" (Rogers (1863: 127) [13]

This kind of criticism highlights one of the greatest weaknesses of the patent system, namely that it cannot be tailored to specific features of different industries and innovations ("one-size-fit-all").[14] However, the structural inability of the patent system to differentiate across innovations does not make it valueless. In fact, the critical observation advanced by Rogers can be levelled at all types of contract proposals subject to adverse selection problems (along the lines of Groucho Marx's famous jest: "I would not join any club that would have someone like me for a member.") As optimal contract theory has shown, adverse selection does not bite at the top of the distribution (where agents have no chance to net an informational rent). Thus, the optimal proposal should always induce acceptance at least of the marginal types. In our framework, this implies that the optimal proposal by the state should always induce at least a minimal amount of disclosure. The optimal level of disclosure to be induced remains a policy decision that can be addressed only on the basis of specific empirical evidence.

A different type of criticism relates to the "teaching function" effectively served by patent specifications. In spite of statutory enablement requirements, actual disclosure may be inadequate and incomplete. Some would argue, therefore, that actual practice disproves the contract theory at its foundation (Anonymous 2005). While I share the view that disclosure is not always satisfactory, I do not accept the thesis that disclosure is useless. Empirical evidence collected in several countries consistently depicts patents as an important vehicle for the diffusion of technological information (see Leveque and Meniere 2006 for an overview of

13 For a criticism along similar lines, see Boldrin and Levine (2004).

14 See, however, Burk and Lemley (2003), who identify several dimensions on which the "size" of patent protection can be fitted to different industries.

the evidence).[15] In a recent OECD survey of 105 firms located in Europe and the US, for instance, more that 85% of the respondents reported that patents are a useful source of information for their R&D strategy. There are marked differences across countries: ostensibly, the informative value of patents appears to be stronger in Japan than in other countries, while it seemed to be the weakest in the US (before the introduction of the 18-month disclosure obligation in 1999).[16]

Finally, one could argue that, in many cases, patents do not constitute true alternatives to trade secrecy, as they represent too weak a protection tool: on one side, patent infringement may be hard to detect (Anonymous 2005); on the other, patents can be legally circumvented by relying on variations of the protected technology (patenting-around).

While this argument might be true for some technologies, it does not easily extend to the entire set of the patentable innovations. Evidence collected by Cohen et alt (2002) shows that patented technology is imitated (or circumvented) more slowly than non-patented technology. Thus, the legal protection offered by the state has some bite. Still, one could argue that the effective patent protection – roughly 3 to 5 years in average – is very far from the statutory length of legal monopoly (10 or 20 years in Europe, 20 years in the US). This observation, however, does not constitute a problem for the contract theory of patents (at least not more than for the other theories): patent protection is inevitably imperfect. What matters for the sake of the contract theory is that *some* protection is granted in exchange for *some* disclosure.

F. Conclusions

This essay puts the contract theory of patents into perspective. Highlights of the origin of the patent institution indicate that patents did not grow as monopolistic alternatives to free markets, but rather as monopolies in a world of closed trades. As such, they represented a means to diffuse technological know-how jealously held by corporations and to enlarge the public storehouse of knowledge. It comes as no surprise that the patent length (14 years) was originally meant to match the time that the innovation could be kept secret: seven years was the term of service of an apprentice. So the protection afforded was to last for two generation of trainees.

The contract theory underscores the teaching function of patent specification, which is a statutory requisite in all patent systems. Despite the vocal scepticism for the patent system raised by many discontents, on the specific goal of "dissemination of knowledge", the patent system seems still to make sense.

---

15 Historial evidence on four early World Fairs (from 1851 to 1915) recently collected by Moser (2007) shows how the increase in the patenting rate encouraged the diffusion of technical knowledge and weakend the localization of innovations.

16 An early discussion of the reasons for such differences can be found in Ordover (1991). In a recent empirical paper, Cohen et alt, 2002, report that in Japan patents are the most important channel of R&D information flow, scoring over 30% higher than the next most highly-ranked (publications). In the U.S., patents are ranked third behind "publications" and "informal information exchange." The value of disclosure also seems to vary substantially across industries, scoring very badly in the software industry (see FTC 2003 and National Research Coucil 2004).

It must be recognized, however, that the teaching function is not always properly absolved: in many instances, patent disclosure is partial and deliberately obscure. In yet other cases, specific legal provisions provide incentives that run afoul of the information dissemination purpose – like the wilful infringement rule in the US, which allows for trebling of the damages in cases where the infringer is aware of the infringed patent (Anonymous 2005).

Even if the role of patents has drastically changed over time, disclosure remains an important – though probably not the primary- objective of the patent system. As Prof. Schaefer has often reminded us, if a legal construct is able to survive for centuries, we can hardly dismiss it as an historical mistake.

References

Anonymous, 2005, "The Disclosure Function of the Patent System (or Lack Thereof)", *Harvard Law Review* 118, 2007-2028

Belfanti, C, 2004, "Guilds, Patents, and the Circulation of Technical Knowledge: Northern Italy during the Early Modern Age, Technology and Culture", 45/3, July 2004, 569-589

Boldrin M. and D. Levine, 2004, "Rent-seeking and innovation", *Journal of Monetary Economics* 51, 127-160.

Carlson, D., and P. Scamborova, 2005, "Patent Linchpin for the 21st Century? - Best Mode Revisited", *Journal of the Patent & Trademark Office Society*, February 2005, Volume 87, No. 2, pages 89-112.

Cipolla, C.M., 1972, "The Diffusion of Innovations in Early Modern Europe," *Comparative Studies in Society and History* 14, 46-52.

Cohen W., Nelson, R., Walsh J., 2000, "Protecting Their Intellectual Assets: Appropriability Conditions and Why U.S. Manufacturing Firms Patent (or Not)", NBER Working Paper W7552

Cohen, W. M., A. Goto, A. Nagata, R. R. Nelson, and J. P. Walsh (2002), "R&D Spillovers, Patents and the Incentive to Innovate in Japan and the United States", Research Policy 31, 1349-1367.

David, P., 1993, "Intellectual property institutions and the Panda's thumb: patents, copyrights, and trade secrets in economic theory and history" in: Wallerstein, M., Mogee. M.E., Schoen R. (Eds.), Global dimensions of intellectual property rights in science and technology. National Academy Press, Washington D.C.

Denicolò, V., Franzoni L.A., 2003. "The contract theory of patents" *International Review of Law and Economics* 23, 365-380

F.T.C., 2003, "To Promote Innovation: The Proper Balance of Competition and Patent Law and Policy: A Report by the Federal Trade Commission", October 2003

Landes W. And R. Posner, 2004, "The political economy of intellectual property reform", AEI-Brookings Joint Center for Regulatory Studies, Washington.

Landes, W. and R. Posner, 2003, *The Economic Structure of Intellectual Property Law*, Harvard University Press, Cambridge.

Lemley, M. and D. Burk, 2003, "Policy Levers in Patent Law", *Virginia Law Review*, Vol. 89

Leveque, F. and Y. Ménière, 2006, "Patents and Innovation: Friends or Foes?" mimeo. Available at SSRN.

Long, C. 2002, "Patent Signals," University of Chicago Law Review, Vol. 69, No. 2

Machlup, F., 1968. "Patents," in International Encyclopaedia of the Social Sciences, Collier-MacMillan, London.

Machlup, F., Penrose, E., 1950, "The patent controversy in the Nineteenth century", *The Journal of Economic History* 10/1, 1-29

Moser, P., 2005, "How Do Patent Laws Influence Innovation? Evidence from Nineteenth Century World Fairs", *The American Economic Review,* Volume 95, Number 4, September 2005, 1214-1236(23).

Moser, P., 2007, "Do Patents Diffuse Localized Knowledge Spillovers? Evidence from the Geography of Innovations at Four World's Fairs, 1851-1915." Available at SSRN.

National Research Council. 2004, "A Patent System for the 21st Century", S. Merrill, R. Levin, and M. Myers, editors, Committee on Intellectual Property Rights in the Knowledge-Based Economy, National Academies Press.

Ordover, J., 1991, A Patent System for Both Diffusion and Exclusion,, *The Journal of Economic Perspectives*, 5/1, 43-60.

Plant, A., 1934, "The Economic Theory Concerning Patents for Inventions," *Economica*, Vol. 1/1, 30-51

Rogers, J.E.T., 1863, "On the rational and working of the patent laws." *Journal of the Statistical Society of London* 26, 125

Scherer, M., 2007, "The Political Economy of Patent Policy Reform in the United States", AEI-Brookings Joint Center for Regulatory Studies, Washington.

Shiff E., 1971, Industrialization without national patents, Princeton University Press, 1971

TRADE MARKS AND BUSINESS ORGANISATION

Andrew Griffiths

A. Introduction

Firms use trade marks to distinguish their goods or services from rival products on the market. When a firm registers a particular sign as its trade mark,[1] it acquires the exclusive right to use it in order to identify products of the designated kind within the territory of registration.[2] A trade mark gives products a distinctive identity, under its owner's exclusive control, and can provide a convenient identifier and reference point for acquiring and conveying information about these products and for entering transactions. Such an identity roughly equates to the marketing concept of a "brand" and provides a focus for "goodwill".[3] Moreover, this identity, and thus the goodwill focused upon it, need not be tied to a particular firm or to any fixed set of production arrangements.

Trade mark law has much to offer scholars of Law and Economics as a field of inquiry,[4] particularly scholars in the European Union. There are two broad reasons for this. The first is the pivotal economic role that trade marks can play in the organisation of the production and distribution of goods and the provision of services. Trade marks define the subject-matter of many market transactions and are often the principal reference points for consumers in their decision-making. The European Court of Justice ("the ECJ") has portrayed them as an "essential element of the system of undistorted competition" that the EC Treaty aims to establish and maintain.[5] The second reason is the uncertainty as to how the law will develop on

---

1 Trade marks need not be registered, but the legal protection for unregistered trade marks is much weaker. This chapter will focus on registered trade marks.

2 A trade mark must be registered for a designated kind (or kinds) of goods or services for which it is (or is intended to be) used, these being classified in accordance with the "Nice" scheme. There are now 45 classes of products, 34 for goods and 11 for services. This designation can affect both the acceptability of a signfor registration as a trade mark and the scope of the exclusive rights that the owner acquires.

3 In English law, "goodwill" is a general term used to refer to "the attractive force" that brings in custom to an established business whatever the economic reason for this attraction: see, for example, the judgment of Lord Macnaghten in *Commissioners of Inland Revenue* v. *Muller & Co.'s Margarine* [1901] AC 217 (HL) at 223-224.

4 For general surveys of the economic analysis of trade marks and trade mark law, see Pickering (1998) and Ramello (2006).

5 See, for example, *SA Cnl-Sucal* v. *Hag* (Case C-10/89) ("*Hag II*") [1990] 3 CMLR 571 at para. 13.

several key issues.[6] In part, this reflects the general process of globalisation, which is associated with an increased emphasis on intangible output and the evolution of more fluid and mutable organisational structures and arrangements.[7] But it is also due to the harmonisation of the law in Europe, pursuant to a Directive of 1989 ("the Directive"),[8] and the ECJ's ongoing clarification and elaboration of this law. This has led to uncertainty, giving trade mark owners the scope to seek to extend their property rights and achieve a broad monopoly over any commercial exploitation of the signs they have registered as trade marks.[9]

This chapter will consider two broad aspects of trade mark law of likely interest to Law and Economics scholars. First, it will explain the nature and role of trade marks as structuring devices in business organisation. It has, for example, been argued that trade marks were crucial to the viability of production and distribution on a large scale and the evolution of the modern corporation.[10] And trade marks provide a legal platform for arrangements such as sub-contracting and franchising, which have come to be associated with globalisation.[11] Secondly, this chapter will briefly survey the possible reasons for the appeal of trade marks to consumers, and thus of their selling power, since this underpins their role in business organisation and underlies the pressure to extend the property rights of their owners. It will consider the economic significance of this selling power and show how economic analysis has a contribution to make in calibrating the property rights of trade mark owners to achieve an optimal balance of protection.

B. The Role of Trade Marks in Business Organisation

It is arguable that the law of trade marks is as much a part of the law of business organisation as of the law of intellectual property. The role of a trade mark in business organisation is based on the exclusive right that its owner enjoys to use it to identify (and thus to confer a distinctive identity upon) products of the kind for which it has been registered and on the fact that this identity can acquire selling power and attract consumers to the marked products.[12] The Directive refers to a trade mark's function as one of "distinguishing the goods or services of one undertaking from those of other undertakings".[13] The trade mark's versatile role in business organisation is due to the lack of any prescription or limitation as to what makes certain products those "of one undertaking".

---

6 See, for example, the questions that the Court of Appeal of England and Wales has referred to the ECJ in *O2 Holdings* v. *Hutchison 3G*: [2006] EWCA Civ 1656; [2007] ETMR 264 and *Intel Corp.* V. *CPM* [2007] EWCA Civ 431; [2007] ETMR 939.

7 See, for example, Bauman (2000) and Sennett (2006).

8 First Council Directive of 21 December 1988 to approximate the laws of the Member States relating to trade marks (89/104/EEC).

9 See, for example, *Hölterhoff* v. *Freiesleben* (Case C-2/00) [2002] ETMR 917 and *Adam Opel* v. *Autec* (Case C- 48/05) [2007] ETMR 500. See generally Griffiths (2007).

10 See Wilkins (1992).

11 See, for example, Klein (2000).

12 A trade mark is registered on the basis that it is being used or that its owner has a *bona fide* intention of using it for the goods or services designated in the registration.

13 The Directive, Art. 2.

Although trade mark law has traditionally portrayed the function of a trade mark as being to indicate and guarantee the "source" or "origin" of a product and to enable consumers or end-users to distinguish products on this basis "without any possibility of confusion",[14] such terminology can be misleading and does not bring out the flexibility and versatility of a trade mark's nature as a business structuring device.[15] The ECJ revealed the nature and economic significance of the actual legal guarantee that a trade mark provides by explaining how trade marks contribute to achieving a system of undistorted competition:

> "In such a system enterprises must be able to gain customers by the quality of their products or services, which can be done only by virtue of the existence of distinctive signs permitting identification of those products and services. For a trade mark to be able to play this part, it must constitute a guarantee that all products bearing it have been manufactured under the control of a single enterprise to which responsibility for their quality may be attributed".[16]

The next section of this chapter will consider the various reasons why such a signification of responsibility might be a source of a competitive advantage. The point of interest here is that a trade mark merely signifies that a single enterprise (or undertaking), which may be anonymous, but which has control over the condition of marked products at the point of marketing, has assumed commercial responsibility for this condition. The law does not prescribe the basis on which a trade mark's owner should have the requisite power of control or how it should exercise this power.[17]

The "condition" of products may cover not only their consistency and quality as generic products, but also any idiosyncratic characteristics and attributes. The legal guarantee that a trade mark provides does not relate to the actual condition of the marked products,[18] though it may provide an "economic guarantee" in this respect through acquiring a reputation for identifying products that have a particular quality or other characteristics.[19] As a matter of law, a trade mark only guarantees that its owner has authorised the marketing of the marked

---

14 The ECJ referred to the "essential function" of a trade mark in these terms before the Directive came into force: *Hoffmann-la-Roche* v. *Centrafarm* (Case C-102/77) [1978] 3 CMLR 217 at para. 7. It has continued to use this depiction in its judgments on the Directive, for example in *Arsenal FC* v. *Matthew Reed* (Case C-206/01) [2003] ETMR 227 at para. 48. See also the tenth recital to the Directive.

15 Frank Schechter noted the danger of this terminology in his 1925 survey of the history of trade marks: "The Courts, in their desire to preserve historical definitions intact whilst keeping pace with the exigencies of the modern mechanism of trade, have been compelled to strain to the utmost their interpretations of 'origin and ownership'". See Schechter (1925) at 147-149.

16 See *Hag II* (Case C-10/89) [1990] 3 CMLR 571 at para. 13.

17 In the United Kingdom, legislation was at first much more prescriptive. The Trade Marks Act 1905, which first put trade marks on their current footing as property rights obtainable through registration, stated their purpose as being to indicate that marked goods "are the goods of the proprietor … by virtue of manufacture, selection, certification, dealing with, or offering for sale" (section 3).

18 See *IHT Internationale Heiztechnik* v. *Ideal-Standard* (Case C-9/93) [1994] 3 CMLR 857 at paras. 37-39.

products. If the owner has not done so, then products cannot legitimately be marketed under the trade mark even if they are of the same quality as "genuine" marked products or superior to them and even if the same firm has manufactured them to exactly the same specification.[20]

Provided that a trade mark does not mislead consumers about the quality or other characteristics of the products it identifies, its owner is free to determine the basis on which it will authorise certain products to share this identity and exclude others. A trade mark may therefore come to acquire additional secondary meanings for consumers and, as will be seen, these may explain some of the selling power it may enjoy. A firm may, for example, use a trade mark to identify and distinguish a "brand" of products in terms of their quality, characteristics or market positioning.

A firm may also use a trade mark to reveal or, as the case may be, to conceal its own identity in the brands or product identities it controls and to reveal or conceal the connection between these identities. The degree of cross-referencing may influence the market positioning of the marked products and the nature of the goodwill focused on the trade mark. And there is scope for varying the prominence of the firm's identity in a particular brand.[21] The capacity to indicate that the identity it signifies has a particular economic context (such as a link to another trade mark or to a particular firm, or to a wider undertaking of some kind) in fact amounts to an additional legal function that a trade mark can perform.[22]

A trade mark's owner must have the legal power to determine the condition with which marked products enter the market, but it may exercise this power either directly through its own internal governance structure or indirectly through licences or other contractual arrangements with other firms.[23] Further, as long as there is at any one time one undertaking with this power of control, it does not matter if its identity or the arrangements through which it exercises control change over time. The owner need not even be a single firm, but can be a collaborating group of firms: in such a case, the arrangements governing their collaboration define the "undertaking" and determine how they are to exercise the requisite

---

19 See the comments of AG Jacobs on the economic nature of a trade mark's "guarantee" of quality in his Opinions to the ECJ in *Hag II* and *Parfums Christian Dior*: (Case C-10/89) [1990] 3 CMLR 571 at 583 and (Case C-337/95) [1997] ETMR 323 at para. 41.

20 See, for example, *Major Bros.* v. *Franklin* [1908] 1 KB 712, *Primark* v. *Lollypop Clothing* [2001] ETMR 334 and *Zino Davidoff* v. *A & G Imports* and *Levi Strauss* v. *Tesco Stores* and *Levi Strauss* v. *Costco UK* (Joined Cases C-414/99 to C-416/99) [2002] ETMR 109.

21 In marketing, the degrees of connection have been termed "corporate dominant", "corporate equal" and "corporate subordinate": see, for example, Perry and Wisnom (2003). Where there is no allusion to the controlling undertaking, this has been termed "corporate invisible".

22 The ECJ has ensured that the property rights of trade mark owners protect a trade mark's capacity to indicate an economic context as well as its capacity to guarantee origin: see, for example, *Lloyd Schuhfabrik Meyer* v. *Klijsen Handel* (Case C-342/97) [2000] FSR 77 at para. 17 and *Arsenal FC* v. *Matthew Reed* (Case C-206/01) [2003] ETMR 227 at para. 56 (in determining the scope of the grounds of infringement) and *BMW* v. *Deenik* (Case C-63/97) [1999] ETMR 286 at para. 51 and *Gillette* v. *LA-Laboratories* (Case C-228/03) [2005] ETMR 825 at para. 42 (in qualifying the defences available to third parties).

23 See *IHT Internationale Heiztechnik* v. *Ideal-Standard* (Case C-9/93) [1994] 3 CMLR 857.

unitary control.[24] This is consistent with the collective use of trade marks in such arrangements as franchising and joint ventures.

The fact that a trade mark's owner is entitled to license otherwise unconnected firms to produce marked products and to assign ownership of the mark to another firm reveals the artificial and illusory nature of the identity that the trade mark signifies. However, most firms are in any event artificial, appearing to persist over time as a constant entity despite fundamental changes in their personnel and the arrangements through which they conduct their activities.[25] A trade mark simply provides a further mask that gives a brand of product (or products) an apparently constant identity over time, but which in reality can obscure a complex and fluctuating set of business structures and arrangements and conceal extensive changes in these structures and arrangements.

The one constant feature underlying a trade mark, which underpins its role as a structuring device, is the fact that it is under the control of a single (or unitary) governance structure of some kind and thus behaves as if it were a self-interested entity. Thus, at any one time, there is one undertaking with the exclusive right to authorise the trade mark's use as a means of identification, and this undertaking has both the incentive to maximise the return from the trade mark's use for this purpose and the practical capacity to ensure that this return is maximised. This alignment of interest and control underlies the trade mark's selling power. The lightness and mutability of this core has given the trade mark flexibility and versatility as a structuring device, facilitating the evolution of complex arrangements based on networks of sub-contractors, franchisees and other kinds of licensees and the reorganisation of production and distribution arrangements to achieve greater economies of scale and scope.

The role of the trade mark in facilitating the development of complex organisational structures and the evolution of established businesses can be related to the economic analysis of the firm and forms of contracting.[26] This analysis has shown how the unitary hierarchical firm should not be viewed as the only alternative to the market as a forum for transactions, but as lying towards one end of a spectrum of possibilities that includes long-term relational contracts and shorter-term joint ventures. From this perspective, the flexibility and versatility of the trade mark as a structuring device means that goodwill, though being focused upon a trade mark, can be generated and deployed in a wide range of organisational possibilities.

C. The Selling Power of Trade Marks

Law and Economics has a contribution to make on the case for expanding the property rights of trade mark owners beyond the minimum that is necessary to ensure that their trade marks can at least perform their basic function of identifying and differentiating products on the

---

24 See *Viho Europe* v. *EC. Commission* (Case C-73/95P) [1996] ECR I-5457 at para. 50 and *Scandecor Development* v. *Scandecor Marketing* [2001] ETMR 800 (HL) at paras. 51- 53.

25 See, for example, *Elizabeth Florence Emanuel* v. *Continental Shelf* (Case C-259/04) [2006] ETMR 750 at paras. 44-51.

26 See, for example, Macneil (1978).

basis of "origin". To secure this function, and the related function of signifying an economic context, a trade mark's owner must be entitled to prohibit unauthorised third parties from using the same sign (or a sign that has enough components in common or is otherwise similar enough to mislead or confuse the relevant public) in such a way as to imply falsely that unauthorised products have the origin that the trade mark signifies or an economic connection of some other kind with the trade mark. Beyond this minimum, however, an unauthorised third party might still be able to derive an advantage from (or inflict damage upon) a trade mark's selling power without making any false representation about origin or an economic connection.

Whether it would improve economic efficiency to expand the property rights of trade mark owners to entitle them to prohibit such activity depends in part on identifying the basis of a trade mark's selling power and considering how far this makes a contribution, if any, to improving social welfare. The challenge for economic analysis in this respect is to help determine how far a trade mark's selling power entails a use of the sign that is competitive or "rivalrous", thus requiring exclusive rights to be efficient, and is one that operates in the public interest. And, insofar as a trade mark's selling power has a "non-rivalrous" aspect, economic analysis can help determine whether there is still a case for exclusivity to encourage investment in developing this selling power.

The trade mark system enables a firm to appropriate an intangible resource, namely a sign, from the public domain so that it can use it exclusively for the purpose of conferring a distinctive identity upon products of a designated kind. In enabling this exclusive appropriation, the law facilitates and protects a use of the intangible resource that is rivalrous since, if two or more unrelated firms could use the same sign as a trade mark for the same kind of product, the sign would not signify an identity under the exclusive control of one undertaking.[27]

However, once registered, a trade mark acquires a specific meaning as an indicator of origin and, as such, provides a convenient means of identifying or referring to marked products. And a trade mark may also provide a convenient means of indicating any secondary meanings that it acquires.[28] When used in this way, and assuming there is no false representation about origin, economic context or any acquired secondary meaning, the use of the trade mark is non-rivalrous. A key issue underlying much of the uncertainty in the development of trade mark law is how far there is an economic case for extending the property rights of trade mark owners to restrict the non-rivalrous use or exploitation of trade marks.[29]

---

27 The situation is less straightforward where a firm uses two or more trade marks to signify a particular identity or uses additional features to distinguish an identity from others: see, for example, the comments of AG Co-lomer in his Opinion to the ECJ in *Arsenal FC plc* v. *Matthew Reed* (Case C-206/01) [2002] ETMR 975 at para. 33, footnote 22.

28 See, for example, *BMW* v. *Deenik* (Case C-63/97) [1999] ETMR 286 and *Hölterhoff* v. *Freiesleben* (Case C-2/00)[2002] ETMR 917.

29 See, for example, the questions concerning the use of a rival's trade mark in comparative advertising that the Court of Appeal has referred to the ECJ in *O2 Holdings* v. *Hutchison 3G*: [2006] EWCA Civ 1656; [2007] ETMR 264 at para. 32.

A trade mark's capacity to play the economic role described in the previous section is based on its selling power, reflected in the premium prices that marked products command on the market. In principle, there are at least three possible reasons for this selling power, which are not mutually exclusive. The first is that the trade mark provides information that reduces transaction costs. The second is that the trade mark adds to the utility that consumers derive from the products. The third is that the trade mark influences or distorts the behaviour of consumers in some other way, causing them to pay more for marked products even though they do not derive any greater utility from them or benefit from any offsetting reduction in transaction costs.

The first explanation is consistent with the ECJ's view on the role of trade marks as contributing to the achievement of a system of undistorted competition between firms and reflects the traditional view of goodwill as a reputation for meeting the expectations of consumers. Economic analysts of trade marks have argued that this capacity is of particular importance in combating "search costs".[30] These arise when consumers cannot readily discern the quality or other key characteristics (positive and negative) of products offered for sale, and their impact can be dynamic as well as static.[31] Even where search costs, and the associated uncertainty and risk of disappointment, are not significant, trade marks can provide a convenient means of referring to a particular combination of attributes in a product, thereby reducing transaction costs.[32]

The first explanation is also consistent with the historical evolution of the modern trade mark system alongside the rise of the industrial economy, which increased the problem of search costs for consumers. Thus, manufactured goods became more complex and large-scale production increased the distance between producers and consumers.[33] From this perspective, trade marks facilitated the achievement of economies of scale and scope through providing a substitute for the kind of trust available in transactions based upon personal relationships.[34] The goodwill focused on a trade mark is an asset that its owner can offer to consumers as a stake against the risk of disappointment. It can also be staked in new markets, depending on its strength, where high search costs would otherwise represent a significant entry cost or barrier. This helps explain the trend whereby some brands have become broad and corporate in nature.[35]

However, it is hard to accept a capacity for reducing search costs as the sole explanation of the very high premium prices that some trade marks command on the market. It does not explain, for example, why some firms are willing to invest substantial time and resources in choosing their trade marks, which implies that some signs have the potential to achieve

30 See Landes and Posner (1987), Economides (1988) and Landes and Posner (2003).
31 See Akerlof (1970).
32 See Wilkins (1992).
33 See Wilkins (1992).
34 See Klein and Leffler (1981) and Tadelis (1999).
35 See Lury (2004) at 28.

much greater value than others or to do so more easily.[36] It is on this question that analysis has tended to be much more speculative, contributing to the tension and uncertainty in the development of the law. Clear analysis requires certain distinct issues to be separated and addressed, namely whether a trade mark's enhanced selling power needs additional legal protection to survive and, if so, whether protecting it would improve economic efficiency or otherwise serve the public interest.

For certain kinds of product, it appears that some consumers attach a disproportionate value to superficial differences and that the selling power of certain trade marks reflects their contribution to such differentiation.[37] Where this is the case, the trade mark's selling power depends, at least in part, on the degree of its difference from the trade marks and features of rival products.[38] This capacity to achieve differentiation goes beyond the trade mark's capacity to enable consumers to differentiate products on the basis of origin (and economic context) and renders its selling power vulnerable to signs that do not necessarily confuse consumers about origin.[39]

In marketing, the power of some trade marks to catch the attention of consumers and attract them to products has been termed "salience".[40] The appeal of such a mark reflects its prominence in consumers' minds (its "cognitive availability") along with an attractive image, which may be due to advertising as much as the good reputation of marked products. A trade mark's salience is therefore vulnerable to unauthorised signs that do not necessarily mislead consumers about origin or economic context, but it is arguable that where this is the case, the enhanced selling power is merely an example of the "availability heuristic".[41] In that case, protecting the trade mark's enhanced selling power would weaken the impact of competition and reduce economic efficiency.

However, the appeal of some salient trade marks to consumers may be based on much more than just cognitive availability and reflect an engagement with consumers at the emotional or psychological level.[42] From this perspective, the enhanced selling power of certain trade marks derives from a capacity to add distinct emotional or psychological attributes to marked products based on secondary meanings that the marks' owners have cultivated for them. Thus, certain consumers may perceive a particular trade mark as signifying a certain social status,[43] or as a means of self-expression, or as a means of declaring their allegiance to

36 See Carter (1990).

37 See Sennett (2006) at 142-151. See also the comments of Lewison J on competition in the market for mobile phones in *O2 Holdings* v. *Hutchison 3G* [2006] EWHC 534 at para. 5.

38 See Beebe (2004).

39 See Beebe (2005) and Ramello (2006).

40 See Ehrenberg, Barnard and Scriven (1997) and Ramello (2006) at 556-559.

41 See, for example, Jolls, Sunstein and Thaler (1998) and Gilovich, Griffin and Kahneman (2002).

42 See Aaker and Joachimsthaler (2000) at 48-49 and Swann, Aaker and Reback (2001) at 796-797.

43 This reflects Thorstein Veblen's theory of "conspicuous consumption": Veblen (1899). See also Becker and Murphy with Glaeser (2000) at 97-98.

a set of values, or even as enabling them to enjoy a sense of community with an attractive social grouping.[44]

The secondary meanings that give a trade mark the capacity to add such emotional or psychological attributes to marked products may be vulnerable to damage from unauthorised signs that evoke or allude to them without actually misleading consumers about origin or economic context. And exclusivity (or at least a perceived restriction or control of access to the trade mark's secondary meanings) may be an essential ingredient of its emotional or psychological appeal. Here, there is a stronger case for protecting a trade mark's enhanced selling power as if it were a form of valuable intangible output in its own right. Even so, a careful calibration of the property rights of the trade mark's owner is necessary to ensure that an optimal balance is struck and that depriving unauthorised traders of access to a useful communicative tool does not entail a net social loss.

D. Conclusion

This chapter has aimed to provide a brief survey of the economic significance of trade marks in business organisation and of the contribution that Law and Economics can make to the development of trade mark law in the European Union. It has been shown how a trade mark is a structuring device that can act as a discrete and versatile focus of goodwill, relating this to the evolution of the modern corporation and to organisational developments in the globalised economy. It has also explored the basis of a trade mark's selling power, relating this to the pressure to expand the property rights of trade mark owners. There is a danger of over-expansion in response to this pressure and the challenge for Law and Economics is to help avert this danger through providing guidance on the economic impact of extended property rights and on striking an optimal balance.

References

D. Aaker and E. Joachimsthaler, Brand Leadership: The Next Level of the Brand Revolution (New York: The Free Press, 2000)

G. Akerlof, "The Market for 'Lemons': Quality Uncertainty and the Market Mechanism" (1970) 84 *Quarterly Journal of Economics* 488-500

Z. Bauman, Liquid Modernity (Cambridge: Polity Press, 2000)

G. Becker and K. Murphy with E. Glaeser "Social Markets and the Escalation of Quality: The World of Veblen Revisited" in G. Becker and K. Murphy (eds.), Social Economics: Market Behaviour in a Social Environment (Cambridge, MA: the Belknap Press, 2000)

B. Beebe, "The Semiotic Analysis of Trademark Law" (2004) 51 *U.C.L.A. Law Review* 621-704

B. Beebe, "Search and Persuasion in Trademark Law" (2005) 103 *Michigan Law Review* 2020-2072

S. Carter, "The Trouble with Trademark" (1990) 99 *Yale Law.Journal* 759-800

---

44 See Drescher (1992).

T. Drescher, "The Transformation and Evolution of Trademarks: From Signals to Symbols to Myth" (1992) 82 *Trademark Reporter* 301-340

N. Economides, "The Economics of Trademarks" (1988) 78 *Trademark Reporter* 523-539

A. Ehrenberg, N. Barnard and J. Scriven, "Differentiation or Salience" (1997) 37 *Journal of Advertising Research* 7-14

T. Gilovich, D. Griffin and D. Kahneman (eds.), *Heuristics and Biases: The Psychology of Intuitive Judgment* (Cambridge: Cambridge University Press, 2002)

A. Griffiths, "The Trade Mark Monopoly" [2007] *Intellectual Property Quarterly* 312-349.

C. Jolls, C. Sunstein and R. Thaler, "A Behavioural Approach to Law and Economics" (1998) 50 *Stanford Law Review* 1471-1550

B. Klein and K. Leffler, "The Role of Market Forces in Assuring Contractual Performance" (1981) 89 *Journal of Political Economy* 615-641

N. Klein, *No Logo* (London: Flamingo, 2000)

W. Landes and R. Posner, "Trademark Law: An Economic Perspective" (1987) 30 *Journal of Law & Economics* 265-309

W. Landes and R. Posner, The Economic Structure of Intellectual Property Law (Cambridge, MA: The Belknap Press, 2003)

C. Lury (2004), Brands: the Logos of the Global Economy (Oxford: Routledge)

I. Macneil, "Contracts: Adjustments of Long-Term Economic Relations under Classical, Neo-classical and Relational Contract Law" (1978) 72 *Northwestern University Law Review* 854-905

A. Perry and D. Wisnom III, Before the Brand (New York: McGraw-Hill, 2003)

C. Pickering, Trade Marks in Theory & Practice (Oxford: Hart Publishing, 1998)

G. Ramello, "What's In a Sign? Trademark Law and Economic Theory" (2006) 20 *Journal of Economic Surveys* 547-565

F. Schechter, The Historical Foundations of the Law Relating to Trade-Marks (New York: Columbia University Press, 1925) (republished: Union, New Jersey: The Lawbook Exchange, 1999)

R. Sennett, The Culture of the New Capitalism (New Haven, MA: Yale University Press, 2006)

J. Swann, D. Aaker and M. Reback, "Trademarks and Marketing" (2001) 91 *Trademark Reporter* 787-832

S. Tadelis, "What's in a Name? Reputation as a Tradeable Asset" (1999) 89 *American Economic Review* 548-563

T. Veblen, *The Theory of the Leisure Class: An Economic Study of Institutions* (London: Unwin Books, 1899), reprinted (New York: Dover Publications, 1994)

M. Wilkins, "The Neglected Intangible Asset: The Influence of the Trade Mark on the Rise of the Modern Corporation" (1992) 34 *Business History* 66-95

DER *NUMERUS CLAUSUS* DER SACHENRECHTE IM SPIEGEL DER RECHTSÖKONOMIE

Holger Fleischer

Hans-Bernd Schäfer gehört zu den Wegbereitern der rechtsökonomischen Forschung in Deutschland. Gegen heftigen Widerstand in der Zivilrechtswissenschaft hat er die *economic analysis of law* hierzulande (mit)eingeführt und für die Fallanwendung fruchtbar gemacht. Besonders verdienstvoll ist sein Bestreben, ihren häufig auf U.S.-amerikanische Verhältnisse verengten Blickwinkel zu erweitern und rechtsökonomische Begründungselemente an die deutsche Zivilrechtsdogmatik heranzutragen. Davon zeugen vor allem das zusammen mit *Claus Ott* geschriebene Lehrbuch zur ökonomischen Analyse des Zivilrechts[1] und der gemeinsam mit *Hein Kötz* verfaßte Sammelband ökonomischer Anmerkungen zu ausgewählten Entscheidungen des Bundesgerichtshofs.[2] Unter der Überschrift „Property Rights“ werden in dem vorerwähnten Lehrbuch (auch) sachenrechtliche Fragen abgehandelt.[3] Ich hoffe daher auf das Interesse des Jubilars, wenn im folgenden zu seinen Ehren ein altehrwürdiger Grundsatz des Sachenrechts unter die rechtsökonomische Lupe genommen wird.

---

1 *Schäfer/Ott*, Lehrbuch der ökonomischen Analyse des Zivilrechts, 4. Aufl. (2005).

2 *Kötz/Schäfer*, Judex oeconomicus (2003).

3 Vgl. *Schäfer/Ott* (Fn. 1), S. 549 ff.

A. Einführung

„Den Betheiligten kann es daher nicht freistehen, jedem beliebigen Rechte, welches sich auf eine Sache bezieht, den Charakter des dinglichen zu verleihen. Der Grundsatz der Vertragsfreiheit, welcher das Obligationenrecht beherrscht, hat für das Sachenrecht keine Geltung. Hier gilt der umgekehrte Grundsatz: die Betheiligten können nur solche Rechte begründen, deren Begründung das Gesetz zuläßt. Die Zahl der dinglichen Rechte ist daher nothwendig eine geschlossene."[4] Mit diesen Worten umschreiben die Motive zum BGB einen Grundsatz, der zu den Eckpfeilern des deutschen Zivilrechts gehört[5] und für den sich die Bezeichnung *numerus clausus* der Sachenrechte eingebürgert hat.[6] Ebenso wie die anderen Sachenrechtsprinzipien wird er im Gesetz zwar nicht gesondert erwähnt, doch kommt er mittelbar in den Bestimmungen über die einzelnen dinglichen Rechte zum Ausdruck (z.B. § 1018 BGB: „kann" [nur]).[7] Seine Geltung ist heute in Rechtsprechung[8] und Rechtslehre[9] nahezu unbestritten[10], und auch *de lege ferenda* wird seine Existenznotwendigkeit nur ganz vereinzelt in Zweifel gezogen.[11] In der Sache besagt das *numerus clausus*-Prinzip zum einen, dass die dinglichen Rechte nach Zahl und Art im BGB und seinen Nebengesetzen erschöpfend geregelt sind (sog. *Typenzwang*).[12] Zum anderen entnimmt man ihm, dass der Inhalt der sonach

---

4 Motive zu dem Entwurfe eines Bürgerlichen Gesetzbuches für das Deutsche Reich, Bd. III (1888), S. 3.

5 Prägnant in diesem Sinne *Seiler*, in: Staudinger, Eckpfeiler des Zivilrechts (2005), S. 888; von einer „axiomatischen Grundlage unserer Rechtsordnung" spricht *Wiegand*, Festschrift Kroeschell (1987), S. 623.

6 Vgl. statt aller MünchKommBGB/*Rinne*, 4. Aufl. (2004), Einl. SachenR Rn. 11.

7 So bereits *Heck*, Grundriß des Sachenrechts (1930), S. 87: „Der maßgebende Grundsatz ergibt sich durch das argumentum e contrario: was nicht erlaubt ist, wird verboten, ist für das Recht unmöglich."; gleichsinnig Jauernig/*Jauernig*, 12. Aufl. (2007), Vorbem. SachenR Rn. 4: „Was man nicht ‚kann', ist rechtlich unmöglich."; ferner Staudinger/*Seiler* (2000), Einl. SachenR Rn. 38; *Wilhelm*, Sachenrecht, 3. Aufl. (2007), Rn. 13.

8 Vgl. beiläufig BGHZ 134, 182, 186; besonders klar KG DNotZ 2006, 470, 471: „Während aber im Schuldrecht der Grundsatz der Vertragsfreiheit gilt, wird das Sachenrecht von den Grundsätzen des Typenzwangs und der Typenfixierung beherrscht."; sowie BayObLG NJW 1967, 1373: „Im BGB gilt auf dem Gebiet des Sachenrechts der Grundsatz der Geschlossenheit der dinglichen Rechte."

9 Aus der Lehrbuchliteratur *Baur/Stürner*, Sachenrecht, 17. Aufl. (1999), § 1 Rn. 7 ff.; *Brehm/Berger*, Sachenrecht, 2. Aufl. (2006), Rn. 37 ff.; *Heck* (Fn. 7), S. 87 ff.; *Schwab/Prütting*, 32. Aufl. (2006), Rn. 17; *Vieweg/Werner*, Sachenrecht, 2. Aufl. (2005), § 1 Rn. 5; *Westermann/Westermann*, Sachenrecht, 7. Aufl. (1998), S. 3; *Wilhelm* (Fn. 7), Rn. 13 ff.; *Wolf*, Sachenrecht, 22. Aufl. (2006), Rn. 22 ff.; *Wolff/Raiser*, Sachenrecht, 10. Aufl. (1957), S. 9 f.; aus der Kommentarliteratur Erman/*A. Lorenz*, 11. Aufl. (2004), Einl. § 854 BGB Rn. 10; Soergel/*Stadler*, 13. Aufl. (2002), Einl. SachenR Rn. 41; Staudinger/*Seiler* (Fn. 7), Rn. 38 ff.

10 Ablehnend für Mobilien unter Berufung auf § 1007 BGB allein *Wieling*, Sachenrecht, Bd. 1, 2. Aufl. (2006), S. 25 f.; *ders.*, Festschrift Hattenhauer (2003), S. 557, 559 ff.; gegen die Tragfähigkeit dieses Arguments aber *Brehm/Berger* (Fn. 9), Rn. 38; sowie *Bydlinski*, System und Prinzipien des Privatrechts (1996), S. 322 ff.; Fundamentalkritik am Typenzwang zuletzt bei *Füller*, Eigenständiges Sachenrecht? (2006), S. 370 ff.

11 Kritisch aber *Heck* (Fn. 7), S. 91: „Auch für das Sachenrecht verdient m.E. die Typenfreiheit den Vorzug. Das System des BGB gleicht einem Panzer, der so viele Lücken aufweist, daß er seine Aufgabe nicht mehr erfüllt, der aber doch gelegentlich drückt und reibt."; detaillierte Vorschläge zur Neuordnung *de lege ferenda* bei *Füller* (Fn. 10), S. 558 ff.

12 Vgl. KG DNotZ 2006, 470, 471; *Baur/Stürner* (Fn. 9), Rn. 7; Palandt/*Bassenge*, 66. Aufl. (2007), Einl. SachenR, Rn. 3; *Wolf* (Fn. 9), Rn. 22.

möglichen Berechtigungen mindestens in seinen Umrissen zwingend durch das Gesetz festgelegt wird (sog. *Typenfixierung*).[13]

Aus dem *numerus clausus*-Prinzip folgt, dass die Parteien keine neuartigen dinglichen Rechte schaffen können.[14] Infolgedessen fehlen hierzulande manche Sachenrechtstypen, die man in früheren oder fremden Rechten als nützlich empfunden hat.[15] Nicht vereinbaren kann man etwa das historisch bekannte *ius ad rem*, also die Ausstattung eines Forderungsrechts auf eine Sache mit gewissen dinglichen Elementen.[16] Unwirksam wären auch die Vereinbarung eines Nutzpfandrechts an einem Grundstück (Antichrese)[17] oder die Begründung eines forderungslosen Pfandrechts.[18] Nicht möglich ist ferner die Schaffung eines zeitlich begrenzten Eigentumsrechts mehrerer Personen an einer Sache[19], also gleichsam die vierte Dimension des Eigentums.[20]

Die pflichtschuldige Erwähnung des *numerus clausus*-Prinzips in der Kommentar- und Lehrbuchliteratur steht in erstaunlichem Gegensatz zu seiner oft nur apodiktischen Begründung. Es hat den Anschein, als sei die geschlossene Anzahl dinglicher Rechte so fest im juristischen Bewusstsein verankert, dass sie keiner materiellen Legitimation mehr bedarf.[21] Hier setzt der vorliegende Beitrag an. Er stellt zunächst die traditionellen Rechtfertigungen des *numerus clausus*-Prinzips vor und wendet sich sodann dessen modernen Begründungsmustern in der Rechtslehre zu. Auf dieser Grundlage werden anschließend mögliche rechtsökonomische (Alternativ-)Erklärungen gewürdigt, von denen man hierzulande bisher kaum Notiz genommen hat.[22]

B. Traditionelle Rechtfertigungen

I. Rechtsdogmatik: Autonomie des Sachenrechts

In dogmatischer Hinsicht kehren die Gesetzesmaterialien die Selbständigkeit des Sachenrechts hervor und betonen den Gegensatz zwischen persönlichen und dinglichen Rechten.[23]

---

13 Vgl. KG DNotZ 2006, 470, 471; *Baur/Stürner* (Fn. 9), Rn. 7; Palandt/*Bassenge* (Fn. 12), Rn. 3; *Wolf* (Fn. 9), Rn. 22.

14 Vgl. BayObLG NJW 1967, 1373, 1374; *Brehm/Berger* (Fn. 9), Rn. 37; *Vieweg/Werner* (Fn. 9), § 1 Rn. 5.

15 So ausdrücklich *Wolff/Raiser* (Fn. 9), S. 9.

16 Vgl. *Wilhelm* (Fn. 7), Rn. 15; *Wolf* (Fn. 9), Rn. 22.

17 Vgl. *Baur/Stürner* (Fn. 9), Rn. 7; *Brehm/Berger* (Fn. 9), Rn. 37.

18 Vgl. *Wilhelm* (Fn. 7), Rn. 15.

19 Vgl. Erman/*A. Lorenz* (Fn. 9), Rn. 10.

20 Anschaulich der Aufsatztitel von *Dubord*, Time-Share Condominiums: Property's Fourth Dimension, 32 Me. L. Rev. 181 (1980).

21 Treffend *Wiegand* (Fn. 5), S. 623.

22 Kritisch zu einer solchen Annäherung *Füller* (Fn. 10), S. 25: „Auch wenn sich das Recht als Steuerungs- und Ordnungsinstrument durch ökonomische Überlegungen abbilden läßt, entbindet dies nicht von der Notwendigkeit, im Einzelfall der Frage nachzugehen, ob ökonomische Erwägungen angebracht und in das System einpaßbar sind. Gegenüber einer vorschnellen Ökonomisierung ist daher Zurückhaltung geboten." Aufgeschlossener *Wiegand* (Fn. 5), S. 623, 642 mit Fn. 66, wonach die Berücksichtigung ökonomischer Sichtweisen zu den positiven Folgen der Rezeption amerikanischen Rechts gehört.

23 Vgl. Motive (Fn. 4), S. 1; vorbereitet durch *Johow*, in: Schubert (Hrsg.), Die Vorlagen der Redaktoren für die erste Kommission zur Ausarbeitung des Entwurfs eines Bürgerlichen Gesetzbuchs (1980), der sich

Danach liegt das „Wesen der Dinglichkeit" in der „unmittelbaren Macht der Person über die Sache"[24]. Ausdrücklich verworfen wird die liberale Grundhaltung des Preußischen Allgemeinen Landrechts, dem die Motive vorhalten, es habe mit seinem sog. Gewereprinzip[25] zu einer Verdunkelung der Grenzen zwischen den Gebieten des Sachenrechts und des Rechts der Schuldverhältnisse geführt.[26] Das Sachenrecht des BGB müsse, um seine Selbständigkeit zu wahren, den Erwerb dinglicher Rechte nach Gesichtspunkten ordnen, „die auf seinem Gebiete liegen"[27].

II. Rechtsgeschichte: Verhinderung feudaler Eigentumsstrukturen

Im rechtsgeschichtlichen Entwicklungszusammenhang hat sich der BGB-Gesetzgeber für einen stark formalisierten Eigentumsbegriff entschieden, der sich durch ein umfassendes und unbeschränktes Eigentumsverständnis auszeichnet.[28] Auf diese Weise sollte namentlich die überkommene Aufteilung in Obereigentum (*dominium directum*) und Untereigentum (*dominium utile*) überwunden werden[29], wie sie sich vor allem in den lehns- und dienstrechtlichen Verhältnissen des Mittelalters ausgebildet hatte.[30] Dingliche Rechte an fremden Sachen werden nach der Konzeption des BGB als vorübergehende Belastungen betrachtet, nach deren Wegfall sich das Eigentum wieder „auffüllt".[31] Vor diesem Hintergrund bedürfen alle beschränkt dinglichen Rechte an fremden Sachen als Ausnahmezustände einer besonderen Begründung und somit auch der Typisierung.[32]

III. Rechtsphilosophie: Freiheitsschutz des Einzelnen

Aus rechtsphilosophischer Sicht wird vor allem der Freiheitsschutz zugunsten eines *numerus clausus* der Sachenrechte ins Feld geführt[33]: Weil dingliche Rechte von jedermann zu respektieren sind, dürften sie von der Rechtsordnung nur dann gewährt werden, wenn ein echtes

---

seinerseits auf die von *Savigny*, System des heutigen römischen Rechts (1840), Bd. I, Zweites Buch, S. 371 ff., entwickelte Grundkonzeption stützt.

24 Motive (Fn. 4), S. 3.

25 Danach konnte jedes persönliche Recht, das sich auf eine bestimmte Sache bezieht, dadurch dinglich werden, dass die Sache dem Berechtigten übergeben bzw. das Recht in das Hypothekenbuch eingetragen wird. Näher zur Gewere als Grundlage des älteren deutschen Sachenrechts *Kroeschell*, Festschrift Thieme (1977), S. 34, 49 ff.

26 Vgl. Motive (Fn. 4), S. 3.

27 Motive (Fn. 4), S. 3.

28 Näher *Füller* (Fn. 10), S. 376 ff.; Soergel/*Stadler* (Fn. 9), Rn. 41; *Wiegand*, AcP 190 (1990) 112, 117.

29 Vgl. Motive (Fn. 4), S. 262: „Deshalb läßt sich das Eigenthum auch nicht so teilen, daß dem Einen und dem Anderen eine Reihe bestimmter im Eigenthume liegender Befugnisse zugewiesen wird und dem beiderseitigen Rechte der Karakter des Eigenthums beigemessen wird."; aus dem Schrifttum *Brehm/Berger* (Fn. 9), Rn. 38; *Füller* (Fn. 10), S. 378; Soergel/*Stadler* (Fn. 9), Rn. 41; *Wiegand* (Fn. 5), S. 623, 628.

30 Vgl. *Strauch*, Festschrift H. Hübner (1984), S. 273, 275 ff.; zusammenfassend *Ebel/Thielmann*, Rechtsgeschichte, 3. Aufl. (2003), S. 185 ff.

31 Vgl. *Wiegand* (Fn. 5), S. 623, 629; zustimmend *Stadler*, Gestaltungsfreiheit und Verkehrsschutz durch Abstraktion (1996), S. 111.

32 Näher *Wiegand* (Fn. 5), S. 623, 629; ferner *Stadler* (Fn. 31), S. 111.

33 Grundlegend bereits *Heck* (Fn. 7), S. 87.

Bedürfnis für sie vorhanden sei.[34] So gesehen mag man von dem freiheitswahrenden Charakter des sachenrechtlichen *numerus clausus* sprechen und darin Spurenelemente des *Kantianischen*[35] oder *Hegelschen*[36] Rechtsdenkens erblicken. Vor allem *Hegel* hat in seiner Rechtsphilosophie die Lehre vom Eigentum in den größeren Zusammenhang der bürgerlichen Freiheitslehre gestellt.[37]

IV. Zwischenbefund

Die rechtsdogmatischen, rechtsgeschichtlichen und rechtsphilosophischen Rechtfertigungen beleuchten jeweils nur Teilaspekte des *numerus clausus*, ohne seinen Geltungsgrund umfassend und vollends schlüssig erklären zu können. Anders als die Motive zum BGB glauben machen, besteht namentlich keine zwingende Verknüpfung zwischen der Autonomie des Sachenrechts und einer geschlossenen Anzahl dinglicher Rechte.[38] Auch ist die scharfe Scheidung persönlicher und dinglicher Rechte keineswegs unanfechtbar, wenn man das Eigentum als ein Bündel bipolarer Rechtsverhältnisse begreift, wie dies gelegentlich in der Rechtstheorie unter dem Begriff „bundle of rights“ geschieht.[39] Darüber hinaus dürfen dogmengeschichtliche Einordnungen nicht den Blick für rechtspolitische Erklärungskräfte und ökonomische Wirkungszusammenhänge verstellen: „It is revolting to have no better reason for a rule of law than that so it was laid down in the time of Henry IV.“[40]

C. Moderne Begründungsmuster

I. Verkehrsinteressen und Verkehrsschutz

Die Unzulänglichkeiten der traditionellen Erklärungsansätze haben neuere Deutungen des *numerus clausus*-Prinzips auf den Plan gerufen, die einen stärker institutionellen oder ordnungspolitischen Einschlag haben. Noch plastischer könnte man von einem *makrojuristischen Begründungsmodell* sprechen.[41] Seine Anhänger bedienen sich vor allem der Argumentationsfigur der Sicherheit und Leichtigkeit des Rechtsverkehrs.[42] Im Interesse der Zirkulationsfähigkeit von Mobilien und Immobilien müsse der Gesetzgeber „klare Verhältnisse“[43]

---

34 In diesem Sinne im Anschluss an *Heck* etwa *Baur/Stürner* (Fn. 9), § 1 Rn. 10.

35 Vgl. im Zusammenhang mit der restriktiven Interpretation absoluter Rechte bei § 823 Abs. 1 BGB *Larenz/Canaris*, Lehrbuch des Schuldrechts, Bd. II, Halbbd. 2, Besonderer Teil, 13. Aufl. (1994), § 75 I 1, S. 350; auf *Kant* und *Austin* hinweisend im vorliegende Zusammenhang *Rudden*, in: Eekelaar/Bell (eds.), Oxford Essays in Jurisprudence, Third Series (1987), S. 239, 249 f.

36 Auf *Hegel* stützt sich *Rudden* (Fn. 35), S. 239, 250.

37 Vgl. *Hegel*, Vorlesungen über Rechtsphilosophie, Dritter Bd., Philosophie des Rechts, §§ 41 - 46: Theorie des Privateigentums.

38 Kritisch bereits *Heck* (Fn. 7), S. 86.

39 Grundlegend *Hohfeld*, 23 Yale L.J. 16 (1913/14); aus neuerer Zeit *Penner*, The „Bundle of Rights“ Picture of Property, 43 UCLA L. Rev. 711 (1996); s. auch *Röhl*, Allgemeine Rechtslehre, 2. Aufl. (2001), S. 338.

40 *Holmes*, 10 Harv. L. Rev. 457, 469 (1897).

41 Begriff und Theorie bei *Fleischer*, Informationsasymmetrie im Vertragsrecht (2001), S. 178 ff.

42 Vgl. etwa *Baur/Stürner* (Fn. 9), § 1 Rn. 9; ferner *Schapp/Schur*, Sachenrecht, 3. Aufl. (2002), Rn. 7: „Gedanke des Verkehrsschutzes“; allgemein zu dieser Figur und den Funktionsbedingungen von Verkehrssystemen *Leenen*, in: Behrends u.a. (Hrsg.), Rechtsdogmatik und praktische Vernunft (1990), S. 108.

43 *Schellhammer*, Sachenrecht, 2. Aufl. (2001), Rn. 1445.

schaffen.[44] Dritte sollen sich beim Erwerb darauf verlassen dürfen, dass nur die gesetzlich geregelten Beschränkungen dem Erwerb entgegenstehen oder die erworbene Sache belasten.[45] Dem Schutz des Rechtsverkehrs komme gerade bei dinglichen Rechten eine besondere Bedeutung zu, weil die rechtsgeschäftliche Gestaltung der dinglichen Rechtslage auch gegen Dritte wirke und in der Regel ohne zeitliche Beschränkungen fortbestehe.[46] Indem der Gesetzgeber die privatautonome Schaffung beliebiger dinglicher Rechte verbiete, sorge er für Rechtssicherheit, Rechtsklarheit und Rechtsvereinfachung.[47] Manche sprechen insofern von „Gemeinwohlzwecken"[48] und sehen in ihnen einen Beleg gegen ein rein individualistisch konzipiertes Privatrecht.

II. Vorzüge und Erklärungsdefizite

Die Hinwendung zu einem makrojuristischen Begründungsmodell hebt die Legitimationsdebatte auf eine höhere Ebene und fördert das Verständnis der sachenrechtlichen Gesamtzusammenhänge. Sie hat sich in ganz ähnlicher Weise beim Trennungs- und Abstraktionsprinzip vollzogen, das sich bei *Savigny* noch als Konstrukt begrifflicher Logik dargestellt hatte[49], bevor es mit Verkehrsschutzerwägungen angereichert wurde. Schon die Motive zum BGB nennen die „Leichtigkeit und Sicherheit des Rechtsverkehrs"[50] als zentralen Begründungsgesichtspunkt des Abstraktionsprinzips und haben damit in der heutigen Literatur weithin Zuspruch gefunden.[51] Auch die Vorschriften zum gutgläubigen Erwerb werden im rechtsdogmatischen[52] und rechtsökonomischen[53] Schrifttum mit Gewinn unter Verkehrsschutzgesichtspunkten gewürdigt. Gleichwohl bleibt dieser Begründungstopos im vorliegenden Zusammenhang etwas farblos, weil seine Befürworter nicht im Einzelnen ausbuchstabieren, welche (Kosten-)Vorteile sich daraus für den einzelnen Marktteilnehmer und die Rechtsgemeinschaft ergeben. Zudem vermisst man einen Hinweis darauf, dass Typenzwang und Typenfixierung ihrerseits (Frustrations-)Kosten verursachen, weil die Parteien manche Gestaltungswünsche nicht oder nur mit beträchtlichem kautelarjuristischem Aufwand verwirklichen können. Schließlich wird häufig übersehen, dass der *numerus clausus* der Sachenrechte juristische Innovationen unterbindet und damit womöglich die Anpassungsfähigkeit der Rechtsordnung beeinträchtigt.[54] Eine rechtsökonomische *trade-off*-Analyse könnte dazu

---

44 Näher *Wiegand* (Fn. 5), S. 623, 637 ff.; zustimmend *Bydlinski* (Fn. 10), S. 316 mit Fn. 342.
45 Vgl. *Wiegand* (Fn. 5), S. 623, 638.
46 Vgl. *Brehm/Berger* (Fn. 9), Rn. 38.
47 Zu dieser Zieltrias Staudinger/*Seiler* (Rn. 7), Rn. 38.
48 *Bydlinski* (Fn. 10), S. 316 mit Fn. 342.
49 Eingehend jüngst *Huber*, Festschrift Canaris (2007), Bd. I, S. 471, 482 ff.
50 Motive (Fn. 4), S. 7.
51 Vgl. *Flume*, Allgemeiner Teil des Bürgerlichen Rechts, Zweiter Bd., Das Rechtsgeschäft, 4. Aufl. (1992), § 12 III 3, S. 176; *Füller* (Fn. 10), S. 127 ff.; *Grigoleit*, AcP 199 (1999) 379, 384; *Stadler* (Fn. 31), S. 125 ff.
52 Vgl. *Hager*, Verkehrsschutz durch redlichen Erwerb (1990), S. 88 ff., insbesondere S. 98.
53 Vgl. *Schäfer/Ott* (Fn. 1), S. 571 ff.
54 Davor warnend aber bereits *Gierke*, Personengemeinschaften und Vermögensinbegriffe in dem Entwurfe eines Bürgerlichen Gesetzbuches (1889), S. 70: „Das undeutsche Dogma des Entwurfs, daß in der Welt des

beitragen, das Bewusstsein für diese gegenläufigen Teileffekte des sachenrechtlichen Typenzwangs zu schärfen.

D. Rechtsökonomische Erklärungen

Hierzulande bislang kaum bemerkt, hat sich international eine lebhafte Diskussion zur rechtsökonomischen Sinnhaftigkeit des *numerus clausus* der Sachenrechte entsponnen.[55] Sie verdankt ihre länderübergreifende Bedeutung dem Umstand, dass dieses Ordnungsprinzip mit Unterschieden im Einzelnen auch in Frankreich[56] und Italien[57] sowie im Vereinigten Königreich[58] und den Vereinigten Staaten[59] bekannt ist.

I. Standardisierung von Sachenrechten zur Senkung der Informationskosten

1. Optimale Standardisierung im Sachenrecht (*Merrill/Smith*)

Einen umfassenden Begründungsansatz zum *numerus clausus*-Prinzip im Sachenrecht haben in jüngerer Zeit *Merrill* und *Smith* vorgelegt.[60] Ausgangspunkt ihrer Überlegungen ist das Informationsproblem der Erwerbsinteressenten. Diese erkundigten sich vor dem Erwerb eines dinglichen Rechts nach dessen physischer und rechtlicher Beschaffenheit und setzten ihre Nachforschungen so lange fort, bis die Grenzkosten der Informationssuche den Grenznutzen der zusätzlichen Information erreichten. Wenn nun eine Rechtsordnung beliebige dingliche Rechte anerkenne, so führe deren privatautonome Vereinbarung zu einer informationsbezogenen Externalität.[61] Die Schaffung eines neuartigen und womöglich besonders ungewöhnlichen Sachenrechts treibe die Informationskosten für den gesamten Rechtsverkehr in die Höhe. Jeder Marktteilnehmer, nicht nur der Vertragspartner des Veräußerers, müsse sich fortan vergewissern, ob die zu erwerbende Sache mit diesem neuartigen Sachenrecht belastet sei. Zudem

---

Sachenrechts für schöpferische Thaten der beteiligten Volkskreise kein Raum ist, muß fallen! Es unterbindet die Lebensadern der künftigen Rechtsentwicklung und bedroht uns mit Verknöcherung und Erstarrung!"; relativierend *Wiegand* (Fn. 5), S. 623, 640 f.

55 Die Pionierstudie unter dem Titel „Economic Theory v. Property Law: The Numerus Clausus Problem" stammt von *Rudden* (Fn. 35), S. 239 ff.; für eine bündige Zusammenfassung zuletzt *Shavell*, Foundations of Economic Analysis of Law (2004), S. 27 ff.

56 Vgl. nur *Terré/Simler*, Les biens, 7° éd. (2006), Rn. 52 m.w.N.

57 Vgl. etwa *Trabucchi*, Istituzioni di Diritto Civile, 36° ed. (1995), § 66, S. 407: „La categoria dei diritti reali è costituita da un numero chiuso."; ferner *Alpa/Bessone*, Elementi di diritto civile (1990), 223: „Ragioni storiche e politiche [...] circoscrivono i diritti reali in un numero chiuso"; außerdem *Merryman*, Policy, Autonomy, and the Numerus Clausus in Italian and American Property Law, 12 Am. J. Comp. L. 224 (1963).

58 Vgl. etwa *Bridge*, European Review of Private Law 4 (2002), 483, 486: „Given the absence of a code or statute defining the range of permissible security interests, it should come as some surprise to discover that English law is committed to the idea of a close list or *numerus clausus* of true security interests."

59 Vgl. *Merrill/Smith*, 110 Yale L.J. 1, 24 (2000): „Perhaps the best characterization of the status of the numerus clausus in American common law is that it is simply a fact about the way in which the system of property rights operates. The fact is so patent and obvious, so deeply entrenched, that it is rarely commented upon." Für einen frühen Beleg aber *Johnson v. Whiton*, 34 N.E. 542 (Mass. 1893) (per *O.W. Holmes*).

60 Vgl. *Merrill/Smith*, Optimal Standardization in the Law of Property: The Numerus Clausus Principle, 110 Yale L.J. 1 (2000).

61 Näher *Merrill/Smith*, 110 Yale L.J. 1, 26 ff. (2000).

stiegen die (Präventions-)Kosten Dritter zur Vermeidung von Verstößen gegen das neuartige dingliche Recht.[62] Auf diese Weise entstehe eine Art *common-pool*-Problem: Der Begründer des neuartigen Sachenrechts könne dessen gesamten Nutzen vereinnahmen, trage aber nur einen Bruchteil der entstehenden Kosten.[63] Eine Möglichkeit für den Gesetzgeber, die Informationskosten des Rechtsverkehrs zu reduzieren, liege in der zwingenden Standardisierung der Sachenrechte. Mit anderen als den gesetzlich anerkannten dinglichen Rechten müssten Erwerbsinteressenten dann nicht rechnen, so dass ihr vorvertraglicher Prüfaufwand sinke.[64] Auch die Präventionskosten außenstehender Dritter gingen zurück.

In einem zweiten Gedankenschritt erläutern *Merrill* und *Smith*, dass die Standardisierung der Sachenrechte ihren Preis habe: Zwingende Regeln durchkreuzten die Gestaltungswünsche der Parteien oder führten zu teuren Umgehungsstrategien. Mithin befinde sich der Gesetzgeber bei der Festlegung der zulässigen Sachenrechte in einem Zielkonflikt zwischen den Informationskosten des Rechtsverkehrs und den Frustrationskosten der Parteien durch Einschränkung ihrer Gestaltungsfreiheit.[65] Aus gesamtgesellschaftlicher Sicht müsse es darum gehen, die Summe aus Informations-, Frustrations- und Administrationskosten zu minimieren. Das *numerus clausus*-Prinzip schaffe insoweit einen ungefähren Ausgleich zwischen den Extremen vollständiger Reglementierung und grenzenloser Gestaltungsfreiheit. Es nähere die Sachenrechtsordnung damit dem optimalen Grad an Standardisierung an, ohne ihn freilich zu erreichen.[66]

2. Kritische Würdigung

Dass die Standardisierung von Sachenrechten zur Senkung der Informationskosten beiträgt, ist auch im deutschen Schrifttum nicht unbemerkt geblieben[67] und im Ansatz zutreffend. Dennoch bleibt die Tragfähigkeit des vorgestellten Erklärungskonzepts aus verschiedenen Gründen zweifelhaft. *Erstens* lässt sich einwenden, dass die Informationskosten der Erwerber jedenfalls im Grundstücksverkehr überschaubar sind, wenn eine Rechtsordnung – wie die deutsche – über ein leistungsfähiges Grundbuchsystem verfügt. Privatautonome Abweichungen von gesetzlich anerkannten Sachenrechten könnten dann im Grundbuch vermerkt und von den Erwerbswilligen eingesehen werden.[68] Fehlt es an einer Eintragung, kommen dem

---

62 Vgl. *Merrill/Smith*, 110 Yale L.J. 1, 32 (2000): „An indefinite set of types of rights will raise the cost of preventing violations through investigation of rights."

63 Vgl. *Merrill/Smith*, 110 Yale L.J. 1, 32 f. (2000); zum Preisabschlag bei einer späteren Veräußerung weiter unten im Text zu Fn. 92 - 93.

64 Vgl. *Merrill/Smith*, 110 Yale L.J. 1, 33 (2000).

65 Vgl. *Merrill/Smith*, 110 Yale L.J. 1, 35 ff. (2000).

66 Vgl. *Merrill/Smith*, 110 Yale L.J. 1, 40 (2000): „We do not argue that any particular number of property forms is in fact optimal."

67 Deutlich etwa AK-BGB/*Dubischar* (1983), Rn. 29: „Das entspricht dem allgemeinen (sich bei Veräußerungen namentlich als ‚Erwerbsinteresse' dokumentierenden) Interesse an möglichst standardisierten eigentumsbeschränkenden Rechten."

68 So bereits *Ehrlich*, Das zwingende und nichtzwingende Recht im Bürgerlichen Gesetzbuch für das Deutsche Reich (1899), S. 107; dem folgend *Schön*, Der Nießbrauch an Sachen (1992), S. 244; und *Füller*

Erwerber die Vorschriften über den gutgläubigen lastenfreien Erwerb nach §§ 892, 893 BGB zugute.[69] *Zweitens* leuchtet nicht recht ein, warum die Bereitschaft einer Rechtsordnung, auch *ungewöhnliche* dingliche Rechte anzuerkennen, die große Mehrzahl *gewöhnlicher* Grundstückstransaktionen erschweren soll.[70] Wenn die Parteien z.B. eine Hypothek oder einen Nießbrauch an einem Grundstück bestellen wollen und gesetzliche Aktstypen für diese Standardgeschäfte zur Verfügung stehen[71], erübrigt sich für sie jeder weitere Informationsaufwand hinsichtlich des neuartigen dinglichen Rechts. *Drittens* dürften die Präventionskosten außenstehender Dritter im Hinblick auf neuartige Rechte kaum ins Gewicht fallen. Diese wissen ohnehin, dass sie bei rechtswidrigen Übergriffen zumindest dem Eigentümer zur Ersatzleistung (§ 823 Abs. 1 BGB) oder Unterlassung (§ 1004 Abs. 1 BGB) verpflichtet sind – die konkrete Ausgestaltung der dinglichen Rechte an der Sache betrifft aus ihrer Sicht nur die Aufteilung der Anspruchsberechtigung zwischen den verschiedenen Sachberechtigten.[72]

II. Verhinderung einer übermäßigen Fragmentierung des Eigentums

1. Das Trauerspiel der „Anticommons" (*Heller*)

Von einer anderen Perspektive nähert sich *Michael Heller* dem *numerus clausus*-Prinzip. Er erblickt eine Hauptaufgabe des Sachenrechts darin, einer übermäßigen Aufspaltung der Eigentumsrechte entgegenzuwirken. In Anlehnung an das bekannte Trauerspiel der Allmende[73], bei dem die Gefahr einer *Übernutzung des Gemeineigentums* besteht, spricht er von einer „Tragedy of the Anticommons"[74], die zu einer *Unternutzung des Privateigentums* führen kann.[75] Wenn zu viele Berechtigte ein Mitspracherecht an einem knappen Gut hätten, so sein Kerngedanke, werde es schwierig oder gar unmöglich, dieses Gut seiner produktivsten Verwendung zuzuführen. Der *numerus clausus* der Sachenrechte, ergänzt *Heller* in einem weiteren Beitrag, sei ein Mittel, um dieses „Anticommons"-Problem zu entschärfen und eine übermäßige Fragmentierung des Eigentums zu verhindern.[76]

(Fn. 10), S. 384; aus US-amerikanischer Perspektive *Epstein*, 55 S. Cal. L. Rev. 1353, 1354 ff. (1982); *Shavell* (Fn. 54), S. 32 mit Fn. 6; aus englischer Sicht *Rudden* (Fn. 35), S. 239, 246.

69 Vgl. *Schön* (Fn. 68), S. 244 f.; für Mobilien unter Berufung auf § 936 BGB auch *Füller* (Fn. 10), S. 559, der dem Gesetzgeber vorhält, im Zusammenhang mit der verkehrsschützenden Funktion des Typenzwangs die Vorschriften über den gutgläubigen Erwerb nicht hinreichend verarbeitet zu haben.

70 So auch *Hansmann/Kraakman*, 31 J. Legal Stud. 373, 380 - 381 (2002).

71 Zur Aufgabe des Gesetzgebers, zur Senkung von Transaktionskosten „off-the-rack property entitlements" zur Verfügung zu stellen, *Rose*, in: Mercuro/Samuels (eds.), The Fundamental Interrelationships between Government and Property (1999), S. 209, 213.

72 Überzeugend *Schön* (Fn. 68), S. 245.

73 Der Begriff geht zurück auf *Hardin*, The Tragedy of the Commons, 162 Science 1243 (1968); eingehend dazu *Richter/Furubotn*, Neue Institutionenökonomik, 3. Aufl. (2003), S. 119 ff.; *Schäfer/Ott* (Fn. 1), S. 554 ff.

74 So der Aufsatztitel von *Heller*, 111 Harv. L. Rev. 621 (1998): The Tragedy of the Anticommons: Property in the Transition from Marx to Markets.

75 Vgl. *Heller*, 111 Harv. L. Rev. 621, 624 (1998).

76 Vgl. *Heller*, The Boundaries of Property, 108 Yale L.J. 1163, 1168 ff. (1999).

2. Kritische Würdigung

Dass eine übermäßige Aufspaltung des Eigentums wohlfahrtsmindernd wirken kann, hat man auch in Deutschland verschiedentlich herausgearbeitet. Die vom BGB anerkannten dinglichen Rechte seien „durch das gesellschaftliche Kollektivbedürfnis zurechtgehämmert worden“[77], hieß es schon sehr früh, und jüngere Stimmen ergänzen, dass der Gesetzgeber den Inhalt dinglicher Rechte von subjektiven Einzelregelungen freihalten wollte, die einer optimalen Nutzung der belasteten Sache entgegenstehen könnten.[78] Auch befürchtet man, dass der Erfindungsreichtum eines Grundeigentümers bei der Gestaltung dinglicher Rechte das Grundstück für alle Zeiten entwerten könne, weil eine „rechtliche Mißgeburt“ entstanden sei.[79] Hinzufügen ließe sich, dass mit der wachsenden Zahl der Sachberechtigten auch die Wahrscheinlichkeit von Binnenkonflikten zwischen ihnen steigt. Außerdem könnten durch die Aufspaltung Vorteile verloren gehen, die nur durch eine koordinierte Rechtsausübung zu gewinnen sind.[80]

Gleichwohl bestehen Zweifel, ob sich das *numerus clausus*-Prinzip mit der gesetzgeberischen Vorsorge für das „Anticommons“-Problem überzeugend erklären lässt. Ein erster Einwand geht dahin, dass man dieses Problem *grundsätzlich* durch Verhandlungen lösen kann: Wenn das unbelastete Eigentum in der Hand einer einzigen Person tatsächlich wertvoller ist als seine Aufspaltung in verschiedene „Eigentumssplitter“, dann lohnt es sich für den Eigentümer oder einen anderen Marktteilnehmer, die Aufspaltung durch bilaterale Verhandlungen rückgängig zu machen.[81] Eine solche privatautonome Konsolidierung scheitert nur dann, wenn dem *im Einzelfall* hohe Transaktionskosten, unvollständige Information oder das strategische Verhalten eines Mitberechtigten entgegenstehen.[82] Nicht minder gewichtig ist ein zweites Gegenargument: Zwar mag das *numerus clausus*-Prinzip bis zu einem gewissen Grad eine übermäßige Aufspaltung der Eigentumsrechte verhindern, doch liegt hierin schwerlich seine regulative Leitidee. Dies zeigt sich etwa darin, dass der BGB-Gesetzgeber eine Fragmentierung der Eigentümerrechte an anderer Stelle hinnimmt, indem er die Zahl der Miteigentümer im Rahmen der §§ 1008 ff. BGB nicht begrenzt.[83] Ebensowenig unterbindet er eine kleinteilige Parzellierung von Grundstücken[84], obwohl gerade von ihr ein beträchtliches Konfliktpotential ausgehen kann. Drittens gilt es zu bedenken, dass man das „Anticommons“-Problem nicht nur präventiv, sondern auch postventiv entschärfen kann. Diesen Weg

---

77 *Ehrlich* (Fn. 68), S. 105.

78 Vgl. *Schön* (Fn. 68), S. 248.

79 Vgl. *Brehm/Berger* (Fn. 9), Rn. 38.

80 Näher dazu *Shavell* (Fn. 55), S. 29.

81 In diesem Sinne *Shavell* (Fn. 55), S. 32 mit Fn. 7; ähnlich *Rudden* (Fn. 35), S. 239, 259: „Any singular successor could buy his way out.“

82 Dies konzedierend auch *Heller*, 111 Harv. L. Rev. 621, 676 (1998); allgemein zu den Umständen, die zu *Holdouts* und *Free Riding* führen können, *Cohen*, 20 J. Legal Stud. 351, 356 (1991).

83 Ähnlich aus U.S.-amerikanischer Sicht *Merrill/Smith*, 110 Yale L.J. 1, 52 (2000); ferner *Hansmann/Kraakman*, 31 J. Legal Stud. 373, 418 (2002).

84 Zum früheren Erfordernis einer *öffentlich-rechtlichen* Genehmigung der Grundstücksteilung nach §§ 19 ff. BauGB zur Sicherung der Bauleitplanung und zur heutigen Rechtslage *Battis/Krautzberger/Löhr*, BauGB, 10. Aufl. (2007), § 19 Rn. 1, 3 und 7.

beschreitet der BGB-Gesetzgeber etwa, wenn er jedem Miteigentümer gemäß § 1008 i.V.m. § 749 Abs. 1 BGB einen Anspruch auf Aufhebung der Gemeinschaft einräumt oder wenn er bei Beendigung eines beschränkt dinglichen Rechts die aus diesem Recht fließenden Befugnisse regelmäßig wieder an den Eigentümer zurückfallen lässt (Konsolidation).[85]

III. Verringerung der Systemkosten

1. Sicherung der Leistungsfähigkeit des Grundbuchs (*Wolff/Raiser*)

Gemünzt auf das deutsche Liegenschafts- und Grundbuchrecht[86] machen *Wolff/Raiser* in ihrem großen Sachenrechtslehrbuch geltend, dass das Grundbuchsystem nur leistungsfähig bleibe, wenn die Zahl der eintragungsfähigen Rechte begrenzt und ihr Inhalt gesetzlich festgelegt sei.[87] Auch andere Stimmen betonen das allgemeine Interesse an der Übersichtlichkeit und Klarheit der Grundbücher[88] und warnen vor ihrer Überlastung.[89] Zusammenfassend formuliert das BayObLG in einer Entscheidung aus dem Jahre 1967, dass „das Grundbuch seine Aufgabe, den Rechtsverkehr sicher, zuverlässig und erschöpfend über die Rechtsverhältnisse am Grundstück zu unterrichten, nicht nachkommen“[90] könnte, wenn es keinen *numerus clausus* der Sachenrechte gäbe.

2. Kritische Würdigung

Richtig daran ist, dass mit der Anerkennung beliebiger Sachenrechte der administrative Aufwand stiege und die Übersichtlichkeit der Grundbucheintragungen abnähme. Soweit der erhöhte Aufwand bei den Grundbuchämtern anfiele, ließe sich dies allerdings durch eine entsprechende Kostenregelung auffangen. Hinsichtlich der befürchteten Komplizierung ist weiter zu bedenken, dass den Beteiligten durch den im Bodenverkehr zwingend eingeschalteten Notar ein sachkundiger Informationsintermediär zur Verfügung steht. Darüber hinaus sollte die Gefahr, dass Neukreationen von Sachenrechten bei einer Abschaffung des *numerus clausus* wie Pilze aus dem Boden schießen, aus verschiedenen Gründen nicht überschätzt werden: Zum einen dürften auch im Sachenrecht Netzwerkeffekte zu einer weitgehenden Standardisierung der dinglichen Rechte beitragen.[91] Zum zweiten wird jeder Eigentümer aus Gründen ökonomischer Vernunft sorgfältig überlegen, ob er sein Vollrecht in neuartige Teilrechte

---

85 Zu diesem Grundsatz und seinen Ausnahmen (vor allem § 889 BGB) *Schwab/Prütting* (Fn. 9), Rn. 18.

86 Zum abweichenden System des „conveyancing“ und den „Title Insurance Companies“ in England und den Vereinigten Staaten *Zweigert/Kötz*, Einführung in die Rechtsvergleichung, 3. Aufl. (1996), § 3 III, S. 38; für einen rechtsökonomischen Vergleich unterschiedlicher „Land Title“-Systeme *Janczyk*, 6 J. Legal Stud. 213 (1977).

87 Vgl. *Wolff/Raiser* (Fn. 9), S. 9.

88 Vgl. *Eichler*, Institutionen des Sachenrechts, Erster Bd. (1954), S. 54.

89 Vgl. AK-BGB/*Dubischar* (Fn. 67), vor §§ 854 ff. Rn. 29; Staudinger/*Seiler* (Fn. 7), Einl. SachenR Rn. 38; *Wilhelm* (Fn. 7), Rn. 14.

90 BayObLG NJW 1967, 1373, 1374.

91 Zur Parallelfrage im Gesellschaftsrecht *Fleischer*, AcP 204 (2004) 502, 509; grundlegend *Klausner*, 81 Va. L. Rev. 757 (1995); *Kahan/Klausner*, 74 Wash. U. L. Q. 347 (1996).

aufspaltet: Er wird dafür nämlich bei einer späteren Veräußerung seines (belasteten) Eigentums einen Preisabschlag hinnehmen müssen[92], der um so höher ausfällt, je ungewöhnlicher das neugeschaffene Teilrecht ist.[93] Zum dritten mag man daran denken, dem Begründer neuartiger Sachenrechte die erhöhten (Informations-)Kosten des Rechtsverkehrs, wenn sie denn tatsächlich bestehen, durch eine entsprechende Gebühr aufzubürden[94]; sie wäre dann der „Preis“ für seine Gestaltungsfreiheit.

IV. Der sachenrechtliche *numerus clausus* zwischen Theorie und Praxis

1. Sachenrechtstypen als Verifikationsregeln (*Hansmann/Kraakman*)

Eine weitere Deutung des *numerus clausus*-Problems haben in jüngerer Zeit *Hansmann* und *Kraakman* unternommen.[95] Sie begreifen sachenrechtliche Vorschriften als Verifikationsregeln, die es einem Gericht ermöglichen, den ursprünglichen Parteiwillen zu ermitteln, wenn es nachträglich zum Streit über den Inhalt eines dinglichen Rechts kommt.[96] Zur Erreichung dieses Ziels bedarf es nach ihrer Ansicht keines strengen *numerus clausus*[97], der in der U.S.-amerikanischen Rechtspraxis auch nicht anzutreffen sei. Vielmehr stelle das Recht den Marktteilnehmern bestimmte Sachenrechtstypen zur Verfügung und eröffne ihnen für deren Einzelausgestaltung einen mehr oder minder großen Spielraum.[98] Die privatautonome Vereinbarung weiterer dinglicher Rechte sei daneben nicht ausgeschlossen, solange sich diese vor Gericht verifizieren ließen; ihre Nichtdurchsetzung würde nur den nachträglichen Opportunismus einer Partei befördern, ohne die Systemkosten oder die Informationskosten anderer Marktteilnehmer zu senken.[99] Dass die Rechtsordnung lediglich die Begründung ausgewählter Sachenrechtstypen aktiv fördere, sei auf den oft geringen Nutzen beschränkt dinglicher Rechte und die hohen Kosten ihrer Verifizierung zurückzuführen.[100] Vor dem Hintergrund dieser Analyse melden *Hansmann* und *Kraakman* Zweifel daran an, ob das *numerus clausus*-Prinzip

---

92 So auch *Rudden* (Fn. 35), S. 239, 253; *Shavell* (Fn. 55), S. 32 mit Fn. 7; zuvor bereits *Epstein*, 55 S. Cal. L. Rev. 1353, 1360 (1982): „If a seller insists that a personal covenant bind the land [...] he will have to accept a reduction in price.“

93 Für ein Parallelphänomen bei der Schaffung neuartiger Wertpapiere *Allen/Gale*, Financial Innovation and Risk Sharing (1994), S. 123 („information costs of trading unfamiliar securities“), S. 312 („security design in a model of incomplete markets“).

94 In diese Richtung *Shavell* (Fn. 55), S. 32 mit Fn. 7: „This problem can be alleviated by two types of legal rules: (...) (b) A rule under which a division of property rights is not enforced unless the division has been entered into a registry, and possibly a fee has been paid for doing so (to induce those who obtain the rights to take into account the cost that others will bear in checking the registry).“; ähnlich bereits zuvor *Rudden* (Fn. 35), S. 239, 246: „If there is a functioning Landbook, should not a fancy be registered and enforced, with its creator paying all recording costs.“

95 Vgl. *Hansmann/Kraakman*, Property, Contract and Verification: The Numerus Clausus Problem and the Divisibility of Rights, 31 J. Legal Stud. 373 (2002).

96 Näher *Hansmann/Kraakman*, 31 J. Legal Stud. 373, 374, 383 (2002).

97 Pointiert *Hansmann/Kraakman*, 31 J. Legal Stud. 373, 417 (2002): „Strict adherence to that doctrine seems counterproductive.“

98 Vgl. *Hansmann/Kraakman*, 31 J. Legal Stud. 373, 382 (2002).

99 Vgl. *Hansmann/Kraakman*, 31 J. Legal Stud. 373, 417 (2002).

100 Dazu *Hansmann/Kraakman*, 31 J. Legal Stud. 373, 375 (2002).

in der Rechtspraxis der *civil law*-Jurisdiktionen tatsächlich so streng gehandhabt wird, wie es seinem theoretischem Grundkonzept entspricht.[101]

2. Kritische Würdigung

Was das deutsche Recht anbelangt, liegen *Hansmann* und *Kraakman* mit ihrer Vermutung, dass der *numerus clausus* in der Praxis aufgeweicht werde, nicht ganz falsch. Ähnlich wie in den Vereinigten Staaten gibt es auch hierzulande Möglichkeiten eines *contracting around*. So lässt sich das nicht zulässige Nutzpfandrecht an Grundstücken (Antichrese)[102] im Ergebnis dadurch erreichen, dass der Schuldner seinem Gläubiger einen Nießbrauch (§ 1030 BGB) bestellt und das Grundstück zugleich mit einer Hypothek (§ 1113 BGB) belastet.[103] Auch für die gesetzlich so nicht vorgesehene dingliche Einrichtung anteiliger Dauerwohnrechte (*Time-sharing* durch Sachenrecht)[104] stehen Ersatzkonstruktionen bereit. Der BGH hat die Bestellung eines in Rechtsgemeinschaft mehrerer Beteiligter stehenden Dauerwohnrechts (§§ 31 ff. WEG) mit einer dinglich wirkenden Nutzungsordnung (§ 33 Abs. 4 WEG) gebilligt, welche die Nutzung unter die Anteilsberechtigten zeitanteilig verteilt.[105] Darüber hinaus räumt das BGB den Parteien beim Nießbrauch schon von seiner Grundanlage eine beträchtliche Gestaltungsfreiheit ein (§ 1030 Abs. 2 BGB).[106] Liberal zeigt sich die Spruchpraxis ferner, wenn sie es den Erbbauberechtigten mehrerer aneinander grenzender Hausgrundstücke ohne weiteres ermöglicht, für ihr Verhältnis eine Gemeinschaftsordnung nach der Regelung des WEG zu vereinbaren.[107] Die Liste ließe sich verlängern. Über ihre rechtspolitische Beurteilung gehen die Auffassungen auseinander. Manche halten die Schaffung von Gestaltungsspielräumen im Rahmen der gesetzlich vorgeprägten Sachenrechtstypen für systemimmanent begründbar und geboten, weil das „Prinzip des strengen Rechts von numerus clausus und Typenzwang“ nicht „um seiner selbst willen exerziert“[108] werden dürfe; andere sehen darin eine „Doppelzüngigkeit im Umgang mit dem Typenzwang“[109] und bezeichnen ihn als eine „doktrinäre Überhöhung“[110].

---

101 Vgl. *Hansmann/Kraakman*, 31 J. Legal Stud. 373, 417 (2002).
102 Vgl. den Text zu Fn. 17.
103 Vgl. *Brehm/Berger* (Fn. 9), Rn. 37.
104 Vgl. den Text zu Fn. 19.
105 Vgl. BGH JZ 1996, 368, 370: „Daß das Wohnrecht wie bei dem hier vorliegenden Time-Sharing-Modell in 52 Anteile aufgeteilt und verschiedenen Berechtigten für je eine Woche zugewiesen wird, ändert nichts an dem Charakter des Rechts als Dauerwohnrecht.“; dazu *Preuß*, JZ 1996, 371.
106 Ausführlich dazu *Füller* (Fn. 10), S. 416 ff.; *Schön* (Fn. 68), S. 260 ff.
107 Vgl. BGH NJW 2005, 2622.
108 *Wilhelm* (Fn. 7), Rn. 39.; mit etwas anderer Akzentsetzung auch *Schapp/Schur* (Fn. 42), Rn. 7, wonach die im BGB herrschende Vertragsfreiheit in einem materiellen Sinne durch den sachenrechtlichen Typenzwang kaum eingeschränkt sei: „Die beschränkten dinglichen Rechte sind das Ergebnis einer langen geschichtlichen Entwicklung, so daß man davon ausgehen kann, daß sich in ihnen alle wesentlichen Bedürfnisse des Wirtschaftsverkehrs artikuliert haben. Zudem wird der Bereich der Anwendung durch die Möglichkeit der Kombination dieser Rechte noch vergrößert.“
109 *Füller* (Fn. 10), S. 560.
110 *Säcker*, Festschrift Boguslavskij (2004), S. 805, 811.

E. Schlussbetrachtung

Zwingende rechtsökonomische Gründe für das *numerus clausus*-Prinzip lassen sich jedenfalls im *Liegenschaftsrecht* nicht finden. Unabweisbar ist nur, dass der Gesetzgeber zur Senkung von Transaktionskosten eine hinreichende Anzahl sachenrechtlicher Aktstypen bereithält, die den gewöhnlichen Bedürfnissen des Rechtsverkehrs Rechnung tragen. Entgegen mancher Befürchtungen käme der Bodenverkehr keineswegs zum Erliegen[111], wenn das BGB darüber hinaus die Neukreation von Sachenrechten zuließe und ihre Anerkennung an eine Grundbucheintragung knüpfte: Jeder Grundstückserwerber nimmt über den Notar ohnehin Grundbucheinsicht, der mühelos feststellen könnte, welche dinglichen Rechte etwa in einer neuen Abteilung IV eingetragen sind. Wer das nicht glauben mag, der sei daran erinnert, dass über die nach Artt. 55 ff. EGBGB weiter geltenden landesgesetzlichen Vorschriften schon gegenwärtig Mühlen- und Flötzrechte, Regalien, Bannrechte und Realgewerbeberechtigungen, Berg- und Abbaurechte sowie Deich- und Sielrechte zulässig sind, ohne dass dies die Informations- und Präventionskosten des Rechtsverkehrs nennenswert erhöht.

Im *Fahrnisrecht* haben die Bedürfnisse des Lebens und Wirtschaftens längst eine Erosion des *numerus clausus* erzwungen: Sicherungsübereignung und Anwartschaftsrecht lassen zwar sein äußeres Gehäuse intakt, wenn man sie als zulässige Rechtsfortbildung einordnet[112], doch sind sie der Sache nach juristische Neuschöpfungen.[113] Sie werfen die rechtsökonomisch überaus reizvolle Frage auf, wer den Wandel der Sachenrechtsinstitutionen besser steuern kann: die Gerichte oder der Gesetzgeber?[114] Angesprochen sind damit Grundfragen der Anpassungseffizienz[115] einer Rechtsordnung, die hier aus Raumgründen nicht weiter verfolgt werden können.

---

111 So aber AK-BGB/*Dubischar* (Fn. 67), Rn. 29.

112 Vgl. *Canaris*, Festschrift Flume (1978), S. 371, 376, wonach das *numerus clausus*-Prinzip kein Verbot der Rechtsfortbildung zur Folge habe, da es sich nur an die Parteien und nicht an den Rechtsanwender richte; ferner *Schwab/Prütting* (Fn. 9), Rn. 17; *Wolf* (Fn. 9), Rn. 23; ausführlich auch *Bydlinski* (Fn. 10), S. 320 ff.

113 Ähnlich MünchKommBGB/*Rinne* (Fn. 6), Rn. 15.

114 Weiterführend *Merrill/Smith*, 110 Yale L.J. 1, 59 ff. (2000); allgemein zum Problem der Institutionenwahl *Komesar*, Imperfect Alternatives: Choosing Institutions in Law, Economics and Public Policy (1994).

115 Begriff: *North*, Institutions, Institutional Change and Economic Performance (1990), S. 80, der mit Blick auf die dynamische Entwicklung der Wirtschaft ausführt: "Adaptive efficiency [...] is concerned with the kinds of rules that shape the way an economy evolves through time. It is also concerned with the willingness of a society to acquire knowledge and learning, to induce innovation, to undertake risk and creative activity of all sorts, as well as to resolve problems and bottlenecks of the society through time."

III.
Haftung und Versicherung/Liability and Insurance

EINIGE ÜBERLEGUNGEN ZUR HAFTUNG BEI REINEN VERMÖGENSSCHÄDEN

Eberhard Feess

A. Einleitung

Zu den Gebieten, auf denen Hans-Bernd Schäfer sehr wesentlich zum aktuellen Stand der Forschung beigetragen hat, gehört die Haftung für reine Vermögensschäden im allgemeinen und für fehlerhafte Testate von Wirtschaftsprüfern im speziellen.[1] Den Anlass der hier vorliegenden Festschrift möchten wir nutzen, um einige der unseres Erachtens sehr wichtigen Argumente und Schlussfolgerungen von Schäfer und Koautoren[2] zu diskutieren. Vermögensschäden zeichnen sich dadurch aus, dass (mindestens) ein Teil des privaten Schadens einer Partei ein reiner Umverteilungsschaden ist, weil dem Schaden gleichzeitig ein Gewinn anderer Parteien gegenübersteht. Muss beispielsweise durch unsachgemäße Baggerarbeiten eine Pizzeria für eine Woche geschlossen werden, und geht der Pizzeria dadurch ein Verlust an Deckungsbeitrag von 3000 Euro verloren, so steht diesem Verlust vermutlich eine Zunahme der Deckungsbeiträge anderer Pizzerien (oder Restaurants) in der näheren Umgehung gegenüber.[3] Zwar wird dieser Zuwachs in vielen Fällen geringer sein, beispielsweise weil Kunden eine Präferenz für ihr Stammlokal haben, aber dies ändert nichts am Kern des Problems. Beträgt der zusätzliche Deckungsbeitrag 2000 Euro, so ist der soziale Schaden nur $3000 - 2000 = 1000$ Euro und somit geringer als der private Schaden von 3000 Euro.[4]

---

1 Wir beziehen uns auf die Arbeiten Schäfer (2004a), Schäfer (2004b), Dari-Mattiacci und Schäfer (2007a), Dari-Mattiacci und Schäfer (2007b) sowie Bigus und Schäfer (2007).

2 Der Einfachheit halber sprechen wir im folgenden immer lediglich von Schäfer.

3 Eine sehr hilfreiche Taxonomie unterschiedlicher Beispeile findet sich in Schäfer und Dari-Mattiacci (2007a), 6f.

4 Genau genommen müsste für den sozialen Schaden nicht die Differenz der beiden Deckungsbeiträge, sondern die Differenz der beiden Summen aus Konsumenten- und Produzentenrente bestimmt werden. Dies ist für die hier vorzubringenden Argumente aber eher nebensächlich.

Noch offensichtlicher zeigt sich die Differenz zwischen privatem und sozialem Schaden am Beispiel falscher Einschätzungen des Werts börsennotierter Unternehmen durch Wirtschaftsprüfungsgesellschaften oder Ratingagenturen: Wird der Marktwert eines Unternehmens auf Grund eines Testats überschätzt, so dass der Aktienkurs zu hoch ist, so profitiert der Verkäufer einer Aktie in der gleichen Weise wie der Käufer verliert. Im Extremfall kann ein hoher privater Schaden einem sozialen Schaden von Null gegenüberstehen. Dies gilt selbstverständlich nur, sofern durch die fehlerhafte Einschätzung des Firmenwerts keine ineffizienten Investitionsentscheidungen entstanden sind, denn diese würden eine reale Fehlallokation von Ressourcen und keine reine Umverteilung darstellen. Ferner können negative Sekundäreffekte wie etwa ein ineffizient niedriges Vertrauen in den Aktienmarkt entstehen, doch ändern diese Relativierungen nichts am grundsätzlich bestehenden Problem, dass es sich bei dem Schaden teilweise um eine Umverteilung handelt.

Aus ökonomischer Sicht ist das Grundproblem von Vermögensschäden demnach schnell formuliert: Aus Sicht der ökonomischen Analyse des Rechts dienen Haftungsregeln primär dem Zwecke, optimale Sorgfaltsanreize zu implementieren, welche erreicht sind, sofern die marginale Abnahme des Schadenserwartungswerts durch die Sorgfalt den Grenzkosten der Sorgfalt selbst entspricht.[5] Dazu ist eine Ersetzung des sozialen Schadens wünschenswert. Wird stattdessen der über den sozialen Schaden hinausgehende private Schaden ersetzt, so besteht das Risiko der Übersorgfalt;[6] kommt es dagegen zu gar keinem Schadensersatz, so muss mit Untersorgfalt gerechnet werden. Dies ist der ökonomische Kern des Problems der Haftung für Vermögensschäden.

In den genannten Aufsätzen erläutert Schäfer ausführlich die Haftungssituation in verschiedenen Ländern und setzt sich dabei sowohl mit rechtsdogmatischen als auch mit konsequentialistischen Argumentationsmustern auseinander. Da er aber deutlich betont, dass seine eigene Argumentation konsequentialistischer Natur sei, werden auch wir uns auf diese Perspektive beschränken und demnach stets die Implementierung eines sozial (second best-) optimalen Sorgfaltsniveaus als Kriterium zur Beurteilung einer Haftungsregel heranziehen. Verteilungsfragen und rechtsdogmatische Fragen bleiben dabei ebenso unerörtert wie eine Auseinandersetzung mit der existierenden Haftungssituation, weil wir keine über die Arbeiten Schäfers hinausgehenden Anmerkungen einbringen können.

Die in unserem Zusammenhang wichtigsten Resultate der Untersuchungen Schäfers lassen sich unseres Erachtens folgendermaßen zusammenfassen:

1. Viele Vermögensschäden zeichnen sich dadurch aus, dass der soziale Schaden zwar kleiner als der private Schaden, aber keinesfalls Null ist. Insofern führt ein völliger rechtlicher Verzicht auf die Ersetzung von Vermögensschäden zu einem ineffizient niedrigen Sorgfaltsniveau. Die komplette Ersetzung des privaten Schadens würde bei einer

---

[5] Siehe hierzu jedes einschlägige Lehrbuch der ökonomischen Analyse des Rechts; z.B. Shavell (2004) oder Schäfer und Ott (2005).

[6] Siehe z.B. Bishop (1986).

Gefährdungshaftung[7] dagegen zu einer ineffizient hohen Sorgfalt führen, da der potenzielle Schädiger den privaten Schaden in seinem Kalkül berücksichtigen würde. Eine Verschuldenshaftung, bei der das von der Haftung befreiende Sorgfaltsniveau genau dem sozial effizienten entspricht, würde dagegen zur optimalen Sorgfalt führen - zwar wüsste der potenzielle Schädiger, dass er im Falle der Haftung mehr als den sozialen Schaden bezahlt, aber da er mit Sicherheit weiß, dass ihn der effiziente Sorgfaltsstandard von der Haftung befreit, hat er keinen Anlass diesen zu überschreiten. In der Realität existiert eine derart *perfekte Verschuldenshaftung* meist aber nicht, weil das wirklich gewählte Sorgfaltsniveau nicht vollständig beobachtbar und rekonstruierbar ist oder weil Gerichte sich bemühen, das jeweilige Sorgfaltsniveau an die Umstände eines spezifischen Falles anzupassen. Daher ist die Annahme realistisch, dass der potenzielle Schädiger nur Wahrscheinlichkeiten bilden kann, mit denen er bei einem gewählten Sorgfaltsniveau haften muss (*vage Verschuldenshaftung*).[8] Da bei dieser vagen Verschuldenshaftung somit auch beim effizienten Sorgfaltsniveau eine positive Haftungswahrscheinlichkeit besteht, hängt die gewählte Sorgfalt nun - ganz ähnlich wie bei der Gefährdungshaftung - von der Schadenshöhe ab. Daher muss damit gerechnet werden, dass die Ersetzung des privaten Schadens zur Übersorgfalt führt.

2. Schäfer schlägt nun vor, dem Problem der Übersorgfalt dadurch entgegen zu wirken, dass bei Vermögensschäden (sofern es sich dabei wirklich zu einem erheblichen Teil um reine Umverteilungsschäden ohne realen Ressourcenverzehr handelt) durch eine *grobe Fahrlässigkeitsregel*, d.h. durch eine Verschuldenshaftung mit einem relativ niedrig definierten, für den Haftungsausschluss hinreichenden Sorgfaltsniveau zu begegnen. Diese würde zwar bei präzise definierten Verschuldensstandards zu einer suboptimal niedrigen Sorgfalt führen, weil hier wie erläutert lediglich das Sorgfaltsniveau selbst, aber nicht die Schadenshöhe für das (maximal) gewählte Sorgfaltsniveau entscheidend ist. Geht man aber realistischerweise erneut von einer vagen Verschuldenshaftung aus, so reduziert die grobe Fahrlässigkeitshaftung das Haftungsrisiko und unter (nicht selbstverständlichen, aber durchaus vernünftigen) Modellannahmen auch den Grenznutzen der Sorgfalt. Die Beschränkung der Haftung auf grobe Fahrlässigkeit ist damit ein geeignetes „Gegengift“ gegen die Gefahr der Übersorgfalt durch zu hohe Schäden. Dabei begründet er auch, warum eine grobe Fahrlässigkeitshaftung der beste Weg sein dürfte. Insbesondere weist sie zwei Vorteile gegenüber einer Beschränkung auf den sozialen Schaden auf: Zum einen dürfte die Schadensbestimmung in vielen Fällen ausgesprochen schwierig sein, und zum anderen ist die Anzahl der Prozesse geringer, weil im Vorfeld bereits erkennbar ist, dass grobe Fahrlässigkeit nicht nachgewiesen werden kann. Unter Vernachlässigung von Verteilungswirkungen und bei gegebener Sorgfalt ist eine Verminderung der Anzahl der Prozesse

7 Zur Gefährdungshaftung äußert sich Schäfer unseres Wissens (vermutlich wegen ihrer rechtlichen Irrelevanz in diesem Bereich) nicht, wir sprechen diese aber aus Strukturierungsgründen kurz an.

8 Siehe hierzu Schwartz (1998).

aber eindeutig wünschenswert, da der Abschreckungseffekt bei den Auswirkungen auf die Sorgfalt ja bereits berücksichtigt wird.

3. Weitere Überlegungen Schäfers in den genannten Arbeiten kreisen vor allem um die Frage, unter welchen Umständen es sich bei häufig diskutierten Vermögensschäden tatsächlich um Umverteilungsschäden ohne oder mit nur geringem realen Ressourcenverzehr handelt, so dass eine grobe Fahrlässigkeitshaftung das richtige Instrument scheint. Die Arbeiten Schäfer (2004a), Schäfer (2004b) sowie Bigus und Schäfer (2007) beziehen sich dabei auf den Kapitalmarkt und insbesondere auf die Unterscheidung zwischen Sekundärmarkt und Primärmarkt. Dabei kommt Schäfer zu dem Resultat, dass am Sekundärmarkt ein niedrigeres Sorgfaltsniveau als am Primärmarkt wünschenswert sei, so dass er sich für grobe Fahrlässigkeit als Haftungsgrundlage am Sekundärmarkt und für gewöhnliche Fahrlässigkeit als Haftungsgrundlage am Primärmarkt ausspricht. Dies wird vor allem damit begründet, dass sich Überbewertungen von Unternehmen für Anleger am Sekundärmarkt als Nullsummenspiel erweisen, sofern damit keine unternehmerischen Fehlentscheidungen verbunden sind, weil Anleger sowohl als Käufer als auch als Verkäufer fungieren. Am Primärmarkt sind die Anleger dagegen definitionsgemäß nur Käufer, so dass sie ein größeres Interesse an der Vermeidung von Überbewertungen haben.

4. Die hier diskutierten Arbeiten Dari-Mattiacci und Schäfer (2007a) und Dari-Mattiacci und Schäfer (2007b) beziehen sich auf die Bedeutung von Ersatzkapazitäten für die Analyse von Vermögensschäden. Das zentrale Argument ist, dass die Bereitstellung von Ersatzkapazitäten für den Schadensfall einen ökonomischen Ressourcenverzehr darstellt, welcher dem Schädiger über Haftungsregeln zugerechnet werden muss. Dies führt zu dem Ergebnis, dass in deartigen Fällen nicht nur bei grober, sondern auch bei gewöhnlicher Fahrlässigkeit gehaftet werden solle.

Im vorliegenden Beitrag möchten wir die unseres Erachtens auch unter praktischen Gesichtspunkten sehr wichtigen Schlussfolgerungen Schäfers untersuchen, um damit den erforderlichen Diskussionsprozess weiter voran zu treiben. Die ersten beiden oben genannten Punkte scheinen uns unkritisch - ein völliger Verzicht auf die Haftung würde zur Untersorgfalt führen und die grobe Fahrlässigkeitshaftung ist ein kluges Instrument, um der durch die Differenz aus privatem und sozialem Schaden bestehenden Gefahr der Übersorgfalt entgegen zu wirken.

Weniger selbstverständlich scheinen uns dagegen die dritte und die vierte Schlussfolgerung zu sein, die wir daher betont kritisch (und daher möglicherweise überpointiert) beleuchten möchten. Bezüglich des dritten Punktes vertreten wir die Auffassung, dass kein grundsätzlicher Unterschied zwischen dem Sekundärmarkt und dem Primärmarkt besteht. Vielmehr scheinen es uns in diesem Punkt doch Verteilungswirkungen zu sein, die Schäfer von seiner eigentlich konsequentialistischen Perspektive ablenken. Dabei ist es auch auffallend, dass die Argumente über den Sekundärmarkt von Schäfer formal radikal hergeleitet werden, dies beim Primärmarkt aber gerade nicht der Fall ist.

Auch der vierte Punkt scheint uns nicht unmittelbar einleuchtend: Zwar kommen auch wir zu dem Ergebnis, dass die Aufwendungen für Ersatzkapazitäten bei der ökonomischen Analyse berücksichtigt werden müssen (und es ist wichtig und verdienstvoll, darauf hingewiesen zu haben), doch teilen wir die Schlussfolgerung nicht, dass es sich deshalb in den entsprechenden Fällen nicht zumindest teilweise um reine Vermögensschäden handelt.

Im zweiten Kapitel präsentieren wir zunächst einen an die genannten Arbeiten angelehnten Modellrahmen zur Analyse der auf den Kapitalmarkt bezogenen Punkte. Das dritte Kapitel untersucht den Sekundär- und das vierte Kapitel den Primärmarkt. Das fünfte Kapitel widmet sich der Bedeutung von Ersatzkapazitäten, ehe das sechste Kapitel einige zusammenfassende Schlussfolgerungen zieht.

B. Modellrahmen zur Kapitalmarktanalyse[9]

In geringfügiger, inhaltlich nicht entscheidender Variation des von Schäfer verschiedentlich verwendeten Modellrahmens für die Haftung von Wirtschaftsprüfern nehmen wir an, dass der Wert einer Firma bei Weiterführung drei Ausprägungen annehmen kann: Mit Wahrscheinlichkeit α ist der Firmenwert hoch (a_H), mit Wahrscheinlichkeit β mittel ($a_M > 0$) und mit γ sei der Firmenwert bei Weiterführung Null ($a_L = 0$). Wird die Firma allerdings liquidiert, so ist der Wert immerhin noch r, wobei $0 < r < a_M$ gilt.

Wenn wir annehmen, dass ex ante seine lediglich die Wahrscheinlichkeiten für die drei Zustände bekannt sind und die Entscheidung über die Weiterführung der Firma unter Unsicherheit getroffen werden muss, so ist der Firmenwert demnach[10]

$$\overline{\Pi}_1 = \alpha a_H + \beta a_M + \gamma \cdot 0 > 0 \tag{1}$$

wobei die Annahme $\overline{\Pi}_1 > 0$ erforderlich ist, weil Liquidierung sonst die ex ante effiziente Entscheidung wäre. Ferner unterstellen wir ohne Beschränkung der Allgemeinheit $\overline{\Pi}_1 > a_M$, d.h., der Erwartungswert liegt über dem „mittleren" Firmenwert a_M.

Werden die Zustände dagegen *vor* der Entscheidung über die Weiterführung der Firma bekannt und kommt es im schlechten Zustand mit dem Firmenwert von Null tatsächlich zur Liquidierung, so ist der erwartete Firmenwert

$$\overline{\Pi}_2 = \alpha a_H + \beta a_M + \gamma \cdot r, \tag{2}$$

so dass der *erwartete* soziale Nutzen der Information über den wirklichen Zustand der Firma $\overline{\Pi}_2 - \overline{\Pi}_1 = \gamma r$ ist.

Hinsichtlich des Wirtschaftsprüfers nehmen wir an, dass dieser den wirklichen Wert der Firma mit Wahrscheinlichkeit $p(x)$ herausfindet; mit Wahrscheinlichkeit $1 - p(x)$

9 In diesem Kapitel beziehen wir uns vor allem auf Schäfer (2004a), Schäfer (2004b) und Bigus und Schäfer (2007).

10 Die Beschränkung auf eine Periode ändert nichts an den Ergebnissen gegenüber dem Modell Schäfers.

erfährt er nichts.[11] Dabei sind x seine Sorgfaltskosten und es gelten die üblichen Annahmen über $p(x)$, welche die Existenz eines sozial optimalen Sorgfaltsniveaus x^f garantieren.

In einer isomorphen Modellstruktur vergleicht Schäfer in den genannten Aufsätzen nun die sozial optimale Sorgfalt x^f mit der Sorgfalt, die der Wirtschaftsprüfer bei verschiedenen Haftungsregeln wählen wird. Entscheidend ist dabei für ihn die Unterscheidung zwischen Testaten am Sekundärmarkt und am Primärmarkt.

C. Sekundärmarkt

I. Privater und sozialer Schaden

Am Sekundärmarkt wird davon ausgegangen, dass die Firma bereits am Markt tätig ist. Da sowohl für a_H als auch für a_L die Weiterführung der Firma sozial optimal ist, ist die erwartete soziale Wohlfahrt durch das Audit bei jeweils optimaler ex post-Entscheidung

$$SW = p(x)\gamma r - x. \tag{3}$$

Mit Wahrscheinlichkeit γ wäre Liquidierung optimal, was den Ertrag r statt 0 liefert. Dieses r ist der Mehrwert, sofern der Wirtschaftsprüfer den wahren Zustand erkennt (dies geschieht mit Wahrscheinlichkeit $p(x)$) und der Zustand tatsächlich schlecht ist. Abgezogen werden müssen die Sorgfaltskosten x. Demnach ist die Entdeckung des wirklichen Firmenwerts nur nützlich, sofern sie eine (De)*Investitionsentscheidung der Firma nach sich zieht*, so dass die optimale Sorgfalt x^f implizit durch

$$\frac{dp}{dx}\gamma r = 1 \tag{4}$$

gegeben ist, wobei $\frac{dp}{dx}\gamma r$ auch als marginale Verringerung des Schadenserwartungswerts interpretiert werden kann.

Überlegen wir nun, welche Schäden verschiedenen Parteien dadurch entstehen, dass ein Wirtschaftsprüfer den wirklichen Firmenwert *nicht* herausfindet und demnach als Firmenwert $\overline{\Pi}$ testiert. Dabei gehen wir mit Schäfer davon aus, dass der wirkliche Firmenwert noch bekannt wird, aber - sofern der Wirtschaftsprüfer nichts entdeckt - erst *nachdem* die Firma im schlechten Zustand nicht liquidiert wurde.

Situation 1: Ein Aktionär behält seine Aktien. Sofern der Firmenwert a_H oder a_M ist, entsteht kein Schaden durch die Unkenntnis über den wirklichen Firmenwert. Zwar ist $a_M < \overline{\Pi}$, so dass der Wert der Firma in diesem Fall kleiner ist als vom Wirtschaftsprüfer angegeben, aber dies hätte der Wirtschaftsprüfer nicht ändern können.[12] Lediglich für den Fall, dass der Wert der Firma bei Weiterführung Null ist, entsteht der Schaden r. Demnach sind in diesem Fall *der private und der soziale Schaden identisch.*

---

[11] Das Modell führt zu keinen anderen Schlussfolgerungen, wenn stattdessen angenommen wird, dass der Wirtschaftsprüfer nur „bad news" (also Zustände mit einem Firmenwert unter $\overline{\Pi}$) entdeckt und bekannt gibt; auch eine Verstetigung des Firmenwerts und ein stetiges Signal ändern qualitativ nichts.

[12] Darauf kann sich der Wirtschaftsprüfer auch bei der Höhe des Schadensersatzes berufen; siehe Schäfer (2004a), 9.

Situation 2: Der Wirtschaftsprüfer entdeckt den wahren Zustand der Firma erneut nicht, und es kommt zum Verkauf der Aktien zum Preis $\overline{\Pi}$. Sofern der wirkliche Firmenwert a_M ist, ist der Schaden des Käufers $\overline{\Pi} - a_M$, aber der Nutzen des Verkäufers ebenfalls $\overline{\Pi} - a_M$, so dass sich ein sozialer Schaden von Null ergibt. Ein wirklicher Firmenwert von a_M ist daher genau die Situation, in der es sich beim privaten Schaden des Käufers um einen reinen Vermögensschaden handelt. Die Ersetzung des Schadens $\overline{\Pi} - a_M$ kann also potenziell zur Übersorgfalt führen (bei Gefährdungshaftung würde sie dies definitiv tun), während keinerlei Haftung *in diesem speziellen Fall nicht* zur Untersorgfalt führen kann (sofern man nur eine Verminderung des Firmenwerts auf a_M in Betracht zieht, ist die optimale Sorgfalt Null).

Sofern der wirkliche Firmenwert allerdings Null ist, ist der Schaden des Käufers $\overline{\Pi}-0$, der Nutzen des Verkäufers aber nur $\overline{\Pi}-r$, weil die Firma hätte liquidiert werden können, sofern der Wirtschaftsprüfer den wirklichen Firmenwert rechtzeitig herausgefunden hätte. Es bleibt demnach ein sozialer Schaden von $\overline{\Pi}-0-\left(\overline{\Pi}-r\right)=r$, der durch die fehlerhafte Entscheidung zustande kam und daher einen Ressourcenverzehr darstellt. Nun besteht also die Gefahr der *Über- und der Untersorgfalt*: Wird der private Schaden $\overline{\Pi}$ ersetzt, so liegt dieser über dem sozialen Schaden von r, wird der Schaden gar nicht ersetzt, so liegt er unter dem sozialen Schaden von r. Der von Schäfer entwickelte Modellrahmen ist also bestens zur Analyse des Problems geeignet.

II. Effizienz von Haftungsregeln

Wir können nun leicht die in der Einleitung genannten Punkte 1 und 2 von Schäfer rekapitulieren. Da der private Schaden über dem sozialen Schaden liegt, weil ein privater Schaden auch für einen nicht-entdeckten Unternehmenswert von a_M, ein sozialer Schaden dagegen lediglich für einen wahren Unternehmenswert von Null vorliegt (nur in diesem Fall kommt es zu einer falschen Entscheidung und damit zu einem realen Ressourcenverzehr), besteht bei Haftung die Gefahr der Übersorgfalt. Eine Gefährdungshaftung müsste demnach auf r beschränkt werden, damit sie sozial effizient ist; und beim völligen Haftungsverzicht käme es zur ineffizient niedrigen Sorgfalt von Null. Wie einleitend erwähnt, führt die Verschuldenshaftung zum Optimum, sofern der von der Haftung befreiende Verschuldensstandard exakt vorgegeben und überprüft werden kann und dem effizienten Standard x^f entspricht. Obwohl der erwartete zu ersetzende private Schaden über dem sozialen Schaden liegt, hat der Wirtschaftsprüfer trotz der zu hohen Zahlungen im Falle einer Haftung keinen Grund, über x^f zu gehen, da er ja sowieso nicht haftet.

Ob eine vage Verschuldenshaftung zur Über- oder Untersorgfalt führt, kann allgemein nicht gesagt werden, denn dies hängt davon ab, wie sich die *marginale* Haftungswahrscheinlichkeit bei einer Erhöhung der Sorgfalt verändert. In einer ökonomisch naheliegenden Modellierung sollte man allerdings davon ausgehen, dass der Regulator bzw. die Gerichte auch im Rahmen der vagen Verschuldenshaftung optimieren, d.h. darum bemüht sind, die soziale Wohlfahrt zu optimieren. Dann besteht eine naheliegende Modellierung der vagen Verschuldenshaftung darin, dass die Gerichte lediglich ein stochastisches Signal über die wirkliche Sorgfalt x erhalten, und dass durch dieses unpräzise Signal die positive Wahrscheinlichkeit dafür entsteht, dass der Wirtschaftsprüfer auch bei Einhaltung der vom Gericht angestrebten Sorgfalt haftet. Auf dieser Grundlage lassen sich zwei Ergebnisse herleiten:

1) Sofern keine asymmetrische Information über den stochastischen Zusammenhang zwischen dem wirklichen Sorgfaltsniveau x und der Verteilungsfunktion über das Signal besteht, kann das Gericht dann die optimale Sorgfalt implementieren, indem es ein entsprechendes Sorgfaltsniveau vorgibt. Trotz der Unsicherheit und der damit verbundenen gerichtlichen Fehlurteile kann man mit der vagen Verschuldenshaftung demnach das sozial effiziente Sorgfaltsniveau implementieren, sofern lediglich asymmetrische Information über die *wirklich* gewählte Sorgfalt, aber keine asymmetrische Information über den stochastischen Zusammenhang zwischen wirklicher Sorgfalt und Signal besteht.[13]

2) Eine solch effiziente vage Verschuldenshaftung erfordert allerdings, dass der Schadensersatz entweder auf den sozialen Schaden beschränkt wird, oder aber dass die Gerichte bei der Festlegung des haftungsbefreienden Sorgfaltsniveaus berücksichtigen, dass der private Schaden größer ist als der soziale Schaden, indem sie ein *niedrigeres* Niveau verlangen. Genau dies entspricht aber der Argumentation von Schäfer, auch wenn seine uns bekannten Modelle in diesem Punkt ein wenig implizit argumentieren: Das Sorgfaltsniveau, welches im Rahmen einer vagen Verschuldenshaftung das sozial optimale Sorgfaltsniveau induziert, ist strikt sinkend in der Differenz zwischen privatem und sozialem Schaden. Wir halten daher fest, dass die ersten beiden Punkte von Schäfer wohl begründet sind, und dass eine grobe Fahrlässigkeitsregel in der Tat sehr gut geeignet scheint, dem Problem von Vermögensschäden entgegen zu wirken. Selbstverständlich gilt dies nicht nur für das betrachtete Kapitalmarktbeispiel; vielmehr lässt sich das Resultat analog auf alle Vermögensschäden übertragen.

Hervorheben möchten wir allerdings schon hier, dass Schäfer dieses Resultat *nicht nur konsequentialistisch* damit begründet, dass die grobe Fahrlässigkeitsregel zur Erreichung der optimalen Sorgfalt erforderlich ist, um im Rahmen einer vagen Verschuldenshaftung eine drohende Übersorgfalt zu verhindern. Vielmehr begründet er dies *zusätzlich* damit, dass Anleger auch gar kein Interesse an einem Sorgfaltsniveau haben, welches über das sozial effiziente und somit implizit durch Gleichung (4) hinausgehende haben. Denn weil Anleger diversifizierte Portfolios halten, sind sie ex ante mit der gleichen Wahrscheinlichkeit Käufer und Verkäufer, so dass sich der beim wirklichen Firmenwert a_M ergebende private Schaden nicht nur volkswirtschaftlich mit entsprechenden Gewinnen ausgleicht, sondern auch privatwirtschaftlich im *Erwartungswert.* Dieser Punkt scheint Schäfer aus verschiedenen Gründen für die Auseinandersetzung mit rechtlichen

13 Siehe dazu ausführlicher Feess, Mühlheußer und Wohlschlegel (2007).

Argumentationsmustern, und dabei insbesondere für das Verhältnis von Vertrags- und Deliktrecht sowie für die Rekonstruktion eines vollständigen Vertrages wichtig zu sein, er ist aber gerade nicht mehr konsequentialistisch. Im nächsten Abschnitt möchten wir zeigen, dass dies zu Schlussfolgerungen beim Vergleich von Sekundär- und Primärmarkt führt, die gegensätzlich zu der konsequentialistischen Perspektive sind.

D. Primärmarkt

Wie gezeigt beruht das Votum Schäfers für die grobe Fahrlässigkeitsregel für die Haftung von Wirtschaftsprüfern am Sekundärmarkt auf zwei Argumenten: Erstens auf dem konsequentialistischen Argument, dass dadurch angesichts der Differenz von privatem und sozialem Schaden einer drohenden Übersorgfalt entgegengesteuert werden kann, wobei der Vorteil gegenüber einer „richtigen" Schadensbestimmung in niedrigeren Transaktionskosten und in einer geringen Prozesshäufigkeit besteht. Diese Argumentation ist unseres Erachtens absolut schlüssig und vollkommen hinreichend. Zweitens wird argumentiert, dass Anleger keine Zahlungsbereitschaft für eine höhere Sorgfalt haben, weil sie ex ante nicht wissen, ob sie von einem fehlerhaften Testat profitieren oder nicht. Auch dies ist unseres Erachtens eindeutig richtig, wenn auch nicht zusätzlich erforderlich.

Im Unterschied zum Sekundärmarkt gibt es am Primärmarkt, d.h. bei initial public offerings (IPO), in der eine Firma erstmals an die Börse gebracht wird, nur Käufer, aber keine Verkäufer. Überraschenderweise findet sich in den uns bekannten Arbeiten Schäfers kein wirklich ausgearbeitetes formales Modell zum Primärmarkt, so dass die konsequentialistische Perspektive zwar noch verbal, aber nicht mehr systematisch eingenommen wird. Stattdessen wird die Tatsache, dass es keine Verkäufer gibt, ganz in den Mittelpunkt der Argumentation gestellt, während diese Perspektive für den Sekundärmarkt (wo es eben gerade Käufer *und* Verkäufer gibt) unseres Erachtens eher den Charakter eines *Zusatz*arguments hatte. Nun ist das Argument wie folgt: Vom Nicht-Auffinden negativer Informationen können Anleger niemals profitieren, weil dies erfordern würde, dass sie bereits im Besitz der Firmenanteile sind und sie diese zu überhöhten Preisen verkaufen. Da dies nicht möglich ist, findet auch kein Ausgleich privater Verluste mit privaten Gewinnen statt, „Anleger sind auf der Käuferseite und können bei einem fehlerhaften Testat nur verlieren, nicht aber gewinnen."[14] Daraus wird gefolgert, dass am Primärmarkt keine grobe Fahrlässigkeitshaftung, sondern eine gewöhnliche Fahrlässigkeitshaftung angemessen sei.

Wie erwähnt wird diese Schlussfolgerung im Unterschied zu der klaren Analyse des Sekundärmarktes aber nicht formal, sondern mit dem Konzept eines impliziten Kontraktes begründet: Die privaten Anleger hätten nun eine hohe Zahlungsbereitschaft für die Sorgfalt des Wirtschaftsprüfers (eben weil sie von fehlerhaften Testaten nicht profitieren können), und aus rechtssystematischen Argumenten (beispielsweise dem Konzept des Vertrags mit der Schutzwirkung für Dritte) wird dann begründet, dass dieses

[14] Bigus und Schäfer (2007), 8.

Sorgfaltsniveau durch geeignete Haftungsregeln implementiert werden solle. Betrachtet man diese Schlussfolgerungen aus der konsequentialistischen Perspektive, so möchten wir sie allerdings aus folgendem Grund nochmals zur Diskussion stellen: Uns ist nicht unmittelbar einsichtig, warum die im Modell hergeleitete Diskrepanz zwischen privatem und sozialem Schaden nicht unabhängig davon sein sollte, ob wir den Sekundär- oder den Primärmarkt betrachten. In beiden Fällen gilt: Ist der wirkliche Wert a_M und erfährt dies der Wirtschaftsprüfer nicht, so entsteht kein sozialer Schaden, weil der Börsengang weiterhin sozial effizient ist. Nur wenn der wirkliche Wert Null ist, wenn also der Börsengang sozial unsinnig ist (dies scheint uns äquivalent zum Fall der Liquidierung am Sekundärmarkt), so entsteht durch die Unkenntnis des Wirtschaftsprüfers der Schaden r. Folgerichtig ist auch das sozial effiziente Sorgfaltsniveau unabhängig davon, ob es sich um den Primär- oder den Sekundärmarkt handelt, implizit durch Gleichung (4), also durch $\frac{dp}{dx}\gamma r = 1$ gegeben. Der entscheidende Punkt im Rahmen der auch von Schäfer betonten konsequentialistischen Perspektive ist, dass *der erwartete soziale Schaden völlig unabhängig davon ist, ob es sich um den Sekundär- oder den Primärmarkt handelt*: Der soziale Schaden der Nicht-Aufdeckung des wirklichen Firmenwerts ergibt sich in allen Fällen daraus, dass eine ökonomisch fehlerhafte Entscheidung getroffen wird, und dies ist der Verzicht auf Liquidierung für den Fall, dass der wirkliche Firmenwert Null beträgt. Dies gilt unabhängig von der Frage, ob Anleger von fehlerhaften Testaten profitieren können oder nicht.

Allerdings ist Schäfers Argument, dass die Anleger durch die fehlende Sorgfalt des Wirtschaftsprüfers nur verlieren können, völlig richtig. Wenn sie nur Käufer sind, und wenn fehlerhafte Testate den Firmenwert immer nur *über*schätzen, so scheint daraus unmittelbar zu folgen, dass die Anleger am Primärmarkt ein höheres Interesse haben als am Sekundärmarkt. Wie ist dieses Interesse an eine höheren Sorgfalt nun aber mit unserem Argument vereinbar, dass der soziale Schaden in beiden Fällen der gleiche ist, weil er immer nur eintritt, wenn der Firmenwert unter $r$liegt und nicht liquidiert (bzw. die Aktie an den Markt gebracht) wird? Unseres Erachtens führt die Rekonstruktion des vollständigen Vertrages gerade *nicht* zu einem höheren Sorgfaltsniveau am Primärmarkt. Sofern unsere Überlegungen stimmen, dass der soziale Schaden der gleiche ist, folgt aus dem Coase Theorem, dass die Anleger kein höheres Sorgfaltsniveau wünschen, sondern sich dafür, dass sie von fehlerhaften Testaten nicht profitieren könnten, ex ante über Fixzahlungen kompensieren lassen würden. Schäfer schreibt richtig, dass das aus Sicht der Käufer gewünschte Sorgfaltsniveau am Primärmarkt die marginalen Sorgfaltskosten mit ihren marginalen erwarteten Verlusten durch fehlerhafte Testate ausgleicht,[15] aber dies ist eben gerade *nicht* das sozial effiziente Sorgfaltsniveau. Die Anleger könnten ihre Vermögensposition demnach verbessern, sofern sie das niedrigere, weiterhin sozial effiziente und implizit durch $\frac{dp}{dx}\gamma r = 1$ gegebene Niveau vorschlagen und sich dafür kompensieren lassen.

[15] Schäfer (2004b), 20.

Gegen dieses Argument mag man kritisch einwenden, dass eine ex ante Kompensation von (potenziellen!) Anlegern bei IPO's durch Wirtschaftsprüfer realitätsfern und inpraktikabel sei. Dies ist absolut richtig, trifft aber nicht den Punkt, weil das Anliegen Schäfers der groben Fahrlässigkeitshaftung zumindest in unserer Leseart gerade nicht im Vergleich „gerechter" Verteilungen und Vermögenspositionen besteht, sondern in der Implementierung des sozial effizienten Sorgfaltsniveaus. Folgt man aber dieser konsequentialistischen Perspektive, so ergibt sich für den Primärmarkt aus exakt den gleichen Gründen wie für den Sekundärmarkt die Notwendigkeit einer groben Fahrlässigkeitshaftung, um der Differenz aus privatem und sozialem Schaden entgegen zu wirken. Der Sachverhalt, dass die Anleger dann im Erwartungswert verlieren, mag die Einschätzung ändern, er ändert aber nichts am sozial optimalen Sorgfaltsniveau.

E. Vermögensschäden und die Bereitstellung von Ersatzkapazitäten[16]

I. Das Problem

Die von Schäfer u.a. vorgebrachten Argumente für eine grobe Fahrlässigkeitshaftung für Testate von Wirtschaftsprüfern für Schäden am Sekundärmarkt lassen sich in gleicher Weise auf alle Schäden übertragen, bei denen der private Schaden größer ist als der soziale. Die nächste, von Schäfer konsequenterweise angegangene Frage lautet demnach, wann bei Vermögensschäden tatsächlich davon ausgegangen werden kann, dass eine (erhebliche) Differenz zwischen privatem und sozialem Schaden besteht. Dabei setzt er sich kritisch mit Argumenten in der Literatur auseinander, die bei einer Ressourcen*zerstörung* eine Haftung bejahen, bei einer temporären Unmöglichkeit zur Ressourcen*nutzung* diese aber vor allem dann ablehnen, wenn auf die Nutzung einer *anderen* Ressource ausgewichen werden kann. Unseres Erachtens völlig zurecht weist Schäfer darauf hin, dass die Unterscheidung von Ressourcenzerstörung einerseits und temporärer Unmöglichkeit zur Ressourcennutzung andererseits nicht weit führt, da sich das erste als Grenzfall des zweiten interpretieren lässt - beide Fälle müssen daher einer gemeinsamen Logik folgen.[17]

Da sich (reine) Vermögensschäden schwerlich eindeutig definieren lassen und es sehr unterschiedliche Definitionen gibt, wird in den Arbeiten Dari-Mattiacci und Schäfer (2007a) sowie Dari-Mattiacci und Schäfer (2007b) zunächst eine Typologie gebildet, mit der sich verschiedene Aspekte auseinander halten lassen. Obwohl diese Typologie zum Verständnis der wesentlichen Sachverhalte sehr hilfreich ist, möchten wir an dieser Stelle nicht ins Detail gehen, sondern uns auf den Aspekt beschränken, der in der theoretischen Analyse der genannten Arbeiten im Vordergrund steht.

Dieser Aspekt betrifft Situationen, in denen bei Vermögensschäden tatsächlich auf ein Substitut zurückgegriffen werden kann, aber für dieses Substitut Kapazitäten bereit gestellt werden müssen. Da diese Kapazitäten genau deshalb bereit gestellt werden, damit

---

[16] In diesem Kapitel beziehen wir uns vor allem auf Dari-Mattiacci und Schäfer (2007a) und Dari-Mattiacci und Schäfer (2007b).

[17] Dari-Mattiacci und Schäfer (2007a), 9.

sie im Schadensfall als Ersatz fungieren können, handelt es sich um einen *realen* Ressourcenverzehr, der bei reinen Vermögensschäden gerade nicht vorliegt. Es handelt sich also um Sitautionen, in denen ein Unternehmen B Kapazitäten produziert, um im Falle eines von Dritten verursachten Schadens, der die Nutzung der Kapazitäten in Unternehmen A zeitlich befristet unmöglich macht, das Geschäft für diesen Zeitraum übernehmen zu können. Die Autoren argumentieren, dass die Berücksichtigung der Kapazitäten als Ressourcenverzehr zu dem Resultat führen, dass für die Schäden in Unternehmen A nicht mit der groben Fahrlässigkeitsregel wie am Sekundärmarkt, sondern mit der „gewöhnlichen" Verschuldenshaftung gehaftet werden solle. Das Argument ist also letztlich, dass die Berücksichtigung der Ersatzkapazitäten den Unterschied zwischen privaten und sozialen Schäden zum Verschwinden bringt.

Unseres Erachtens ist der Hinweise der Autoren, dass Ersatzkapazitäten für die Bestimmung der Differenz aus privatem und sozialem Schaden berücksichtigt werden müssen, ausgesprochen wichtig und hilfreich. Allerdings scheinen uns die Schlussfolgerungen zu weit zu gehen, weil auch unter Berücksichtigung dieser Aufwendungen durchaus noch eine Differenz zwischen privatem und sozialem Schaden besteht, die eine Verwendung der groben Fahrlässigkeitshaftung (mit den von Schäfer vorgebrachten Argumenten) vorteilhaft erscheinen lässt. Dies möchten wir in einem sehr einfachen Modellrahmen begründen.

II. Ein einfacher Modellrahmen

Um den von Schäfer und Dari-Mattiacci angesprochenen Fall etwas genauer unter die Lupe nehmen zu können, betrachten wir folgende Sitaution mit drei Spielern:

- Ein Unternehmen A produziert Kapazitäten x mit Kosten von $c(x)$. Sofern es zu keinem Schaden kommt, kann damit ein Umsatz $u(x)$ erwirtschaftet werden. Variable Produktionskosten werden ohne Einschränkung der Allgemeinheit vernachlässigt. Um Komplikationen zu vermeiden, die jenseits der von Schäfer untersuchten Frage liegen, nehmen wir an, dass $u(x)$ gleichzeitig auch den sozialen (Brutto)Nutzen, also die Zahlungsbereitschaft der Konsumenten misst. Unternehmen A kann demnach die gesamte Zahlungsbereitschaft abschöpfen, beispielsweise durch geeignete Rabattsysteme.

- Der Schaden wird von einem Dritten (also beispielsweise einem Baggerfahrer, der die Elektrik einer Pizzeria für einige Tage lahm legt) mit Wahrscheinlichkeit $p(e)$ erzeugt; e misst die Kosten der Sorgfalt. Wie in Kapitel 2 garantieren Standardannahmen eine innere Lösung für das sozial optimale Sorgfaltsniveau e^f.

- Ein zweites Unternehmen B, welches aus hier nicht genau zu untersuchenden Gründen nur *im Falle eines Ausfalls von Unternehmen A an die Konsumenten verkaufen kann,* erzeugt Kapazitäten y mit Kosten $k(y)$. y sind also Kapazitäten, die sich im Nicht-Schadensfalle als reiner Ressourcenverzehr ohne Nutzen erweisen. Im

Schadensfalle kann mit y ein Umsatz von $\alpha v(y)$ erwirtschaftet werden; dieser Umsatz entspricht erneut der aggregierten Zahlungsbereitschaft der Konsumenten. Wir nehmen an, dass die Funktionen $u(x)$ und $v(y)$ sowie die Funktionen $c(x)$ und $k(y)$ identisch sind, aber die Zahlungsbereitschaft der Konsumenten für das Substitut ist geringer ($\alpha < 1$). Dies erfasst beispielsweise den Fall von Konsumenten, die von einem Restaurant zum nächsten wechseln.[18]

Unter diesen Bedingungen lässt sich die (erwartete) soziale Wohlfahrt auf dem Markt schreiben als

$$SW = (1 - p(e))\, u(x) - c(x) + p(e)\, \alpha v(y) - k(y) - e: \qquad (5)$$

Sofern kein Schaden eintritt (also mit $(1 - p(e))$) entsteht der Nutzen $u(x)$, die Kosten $c(x)$ entstehen aber mit Sicherheit. Dies dürfte in angemessener Weise die Idee mit vorgehaltenen Kapazitäten erfassen. Variable Produktionskosten haben wir ohne Beschränkung der Allgemeinheit zu Null normiert. Kommt es zu einem Schaden (dies geschieht mit Wahrscheinlichkeit $p(e)$), so entsteht immer noch der Nutzen $\alpha v(y)$, und schließlich fallen die alternativen Kapazitätskosten $c(y)$ ebenso mit Sicherheit an wie die Sorgfaltskosten e.

Es ergeben sich die folgenden intuitiven Bedingungen erster Ordnung:

- Für die *sozial optimale Sorgfalt* gilt $-p'(e)\left(u\left(x^f\right) - \alpha v\left(y^f\right)\right) = 1$, wobei $u\left(x^f\right) - \alpha v\left(y^f\right)$ den Schadenserwartungswert misst. Dieser entspricht also weder dem privaten Schaden $u(x)$ noch ist er Null, sondern er misst die Differenz aus dem Umsatz der direkt betroffenen Pizzeria und der als Ersatz einspringenden Pizzeria. Dies setzt voraus, dass beide Pizzerien die Konsumentenrenten vollständig abschöpfen können, aber eine Berücksichtigung dieses zusätzlichen Problems ändert nichts an der Qualität der Argumentation. Je geringer die Differenz zwischen den optimalen Kapazitäten der Unternehmen A und B, desto geringer ist auch die optimale Sorgfalt. Dies zeigt, dass die Differenz zwischen dem privaten und dem sozialen Schaden weiterhin eine wichtige Rolle spielt; die Kapazitätskosten von Unternehmen B bestimmen indirekt (über das optimale y^f) die optimale Sorgfalt.

- Für die optimalen Investitionen x^f des potenziell geschädigten Unternehmens A gilt $\left(1 - p\left(e^f\right)\right) u'(x) = c'(x)$, d.h., die Grenzkosten der Investitionen auf der rechten Seite $(c'(x))$ müssen dem mit der Wahrscheinlichkeit *keines* Schadens $\left(\left(1 - p\left(e^f\right)\right)\right)$ gewichteten Grenznutzen $(u'(x))$ entsprechen. Unternehmen A muss also einkalkulieren, dass die Kapazitäten mit Wahrscheinlichkeit $p(e^f)$ nutzlos sind.

- Schließlich gilt für die optimalen Ersatzinvestitionen des Unternehmens B die Gleichung $p\left(e^f\right) \alpha u'(y) = c'(y)$ mit analogen Interpretationen, wobei allerdings zu

[18] $v(y)$ ist also lediglich die *zusätzliche* von Restaurant B vorgehaltene Kapazität, aber die Vernachlässigung der eigenen Kunden ist ohne Beschränkung der Allgemeinheit.

beachten ist, dass der Grenznutzen nun mit der Wahrscheinlichkeit dafür gewichtet werden muss, dass *ein Schaden eintritt.*

Aus diesen einfachen Bedingungen lassen sich einige nicht ganz unwichtige Schlussfolgerungen ziehen:

1. Die Tatsache, dass die Bereitstellung eines Substitutes einen Ressourcenverzehr darstellt und somit reale soziale Kosten in Höhe von $v(y)$ verursacht, bedeutet nicht, dass der soziale und der private Schaden identisch sind. In unserem Fall ist der private Schaden $u\left(x^f\right)$ und der soziale Schaden $u\left(x^f\right) - \alpha v\left(y^f\right)$. Genau wie im Falle des Sekundärmarktes gibt es also einen sozialen Schaden, aber es besteht erneut kein Grund zu der Anname, dass dieser Schaden identisch mit dem privaten Schaden sein sollte.

2. Daraus folgt unmittelbar, dass eine Ersetzung des privaten Schadens nach wie vor die Gefahr der Übersorgfalt birgt, während die generelle Ablehnung von Haftungsansprüchen erneut *definitiv* zur Untersorgfalt führen würde, sofern $u\left(x^f\right) > \alpha v\left(y^f\right)$ gilt. Die Existenz eines positiven sozialen Schadens ist aber offenkundig der relevante Fall: Selbst wenn $\alpha = 1$ wäre, so dass sowohl die Umsatz- als auch die Kostentechnologien der Unternehmen A und B identisch sind, ergibt sich $u\left(x^f\right) > v\left(y^f\right)$ immer dann, wenn die Schadenswahrscheinlichkeit im Optimum (also $p(e^f)$) kleiner als $1/2$ ist (dies folgt unmittelbar aus dem Vergleich der Bedingungen erster Ordnung für x^f und y^f). Mit anderen Worten: Von dem privaten Schaden $u(x)$ ist $\alpha v(y)$ ein reiner Vermögensschaden, während $u(x) - \alpha v(y)$ der soziale Schaden ist, der demnach ersetzt werden sollte.

3. Die nächste Frage wäre nun, wie der soziale Schaden $u(x) - \alpha v(y)$ im Gericht zu berechnen wäre, sofern man zunächst von der idealen Annahme ausgeht, dass die Gerichte über vollständige Information verfügen. Wichtig ist dann, dass der optimale Schadensersatz sich nicht an den *wirklichen* Kapazitätsinvestitionen x, sondern lediglich an den *optimalen* Investitionen, also an $u\left(x^f\right) - \alpha v\left(y^f\right)$ orientieren darf. Bemisst sich der Schadensersatz nämlich an $u(x) - \alpha v(y)$, so lautet die Gewinnfunktion des potenziell geschädigten Unternehmens A

$$\begin{aligned} A(x) &= (1 - p(e))\, u(x) + p(e)\, (u(x) - \alpha v(y)) - c(x) = \\ &\quad u(x) - p(e)\, \alpha v(y) - c(x) \end{aligned}$$

mit der Bedingung erster Ordnung $u'(x) = c'(x)$, d.h. das Unternehmen würde den Nutzen $u(x)$, der sozial nur im Nicht-Schadensfall und demnach mit der Wahrscheinlichkeit $1 - p(e)$ anfällt, privat mit der Wahrscheinlichkeit Eins gewichten, weil es im Schadensfall vollständig kompensiert wird. Dies würde zur Überinvestition führen, wobei es sich um ein Phänomen handelt, welches aus der Analyse der Vertragshaftung wohl bekannt ist: Bei Ersetzung des positiven Interesses sollten nur die „notwendigen" Investitionen ersetzt werden, nicht aber die Investitionen, bei denen die auch im Optimum bestehende Wahrscheinlichkeit dafür, dass die Einhaltung des Vertrags sozial ineffizient ist, nicht berücksichtigt wird. Sofern ein Unternehmen für den vollständigen Schaden kompensiert wird, der bei einem *gegebenen* Investitionsniveau eintritt, hat das betreffende Unternehmen keinen Grund mehr, in seinem Verhalten das Risiko zu berücksichtigen, dass sich die Investition als nutzlos erweist.

4. Sofern der private Schaden dagegen gar nicht ersetzt wird, kommt es nicht nur zur Wahl des ineffizient niedrigen Sorgfaltsniveaus $e = 0$, sondern darüber hinaus auch zu ineffizient niedrigen Investitionen des primär betroffenen Unternehmens: Die Zielfunktion lautet nun $U(x) = (1 - p(0))\, u(x) - c(x)$, und da $p(0) > p(e^f)$, ergibt sich gemessen am sozialen Optimum ein zu geringer Investitionsanreiz.[19] Entsprechend sind die Ersatzkapazitäten des Unternehmens gemessen am sozialen Optimum zu hoch, weil der Schaden mit einer zu hohen Wahrscheinlichkeit eintritt.

5. Bei einer perfekt definierten Verschuldenshaftung mit dem Fahrlässigkeitsstandard e^f würde sich auch bei Ersatz des gesamten privaten Vermögensschadens ein globales Optimum ergeben, weil - in direkte Analogie zur analysierten Haftung für Wirtschaftsprüfer - für den potenziellen Schädiger trotz des zu großen Schadensersatzes kein Anreiz zur Übersorgfalt besteht, da e^f ohnehin von der Sorgfalt befreit. Die Zielfunktion des betroffenen Unternehmens wäre $U(x) = \left(1 - p\left(e^f\right)\right) u(x) - c(x)$, so dass es zum optimalen x^f kommt, und auch Unternehmen B hat optimale Anreize, weil die Zielfunktion $U(y) = p(e)\, \alpha v(y) - c(y)$ dem auf das Unternehmen entfallenden Teil der sozialen Wohlfahrtsfunktion entspricht.

Zusammenfassend stehen unsere Resultate in folgender Beziehung zu den Ergebnissen in den diskutierten Aufsätzen von Dari-Mattiacci und Schäfer: Erstens bestätigt sich das zentrale Argument, dass es sich bei der betrachteten Fallgruppe in der Tat um einen realen Ressourcenverzehr handelt, so dass die Ablehnung von Schadensersatzansprüchen definitiv zur Untersorgfalt führt. Zweitens erweist es sich aber auch, dass dieser reale Ressourcenverzehr durch die Existens von Ersatzkapazitäten gemildert wird - diese Ersatzkapazitäten können als zusätzliche „Schadensvermeidungstechnologie" interpretiert werden, welche die sozialen Schäden und damit auch die optimale Sorgfalt reduziert. Die sozialen Schäden entsprechen der Differenz des Nutzens aus der Produktion des direkt betroffenen Unternehmens A und des einspringenden Unternehmens B. Zu beachten ist, dass in die Bestimmung des sozialen Schadens die Produktionskosten des substituierenden Unternehmens wie von Schäfer hervorgehoben durchaus eingehen, weil die optimalerweise vorgehaltenen Ersatzkapazitäten (y^f) in den Produktionskosten, vor allem aber auch im Sorgfaltsniveau des potenziellen Schadensverursachers sinken (je kleiner die Schadenswahrscheinlichkeit $p(e)$, desto kleiner ist y^f). Drittens ergibt sich, dass in der betrachteten Fallgruppe der soziale Schaden stets größer ist als der private Schaden, so dass die von Schäfer für eine grobe Fahrlässigkeitshaftung hervorgebrachten Argumente bestehen bleiben. Die Tatsache, dass vorgehaltene Ersatzkapzitäten Kosten verursachen, rechtfertigt

19 Gemessen an dem für $p(0)$ gegebenen Schadensrisiko sind die Investitionen allerdings (second best) optimal.

daher unseres Erachtens nicht die vollständige Ersetzung des privaten Schadens nach der „gewöhnlichen“ Verschuldenshaftung.

F. Schlussfolgerungen

In verschiedenen wichtigen und erhellenden Arbeiten hat sich Schäfer mit verschiedenen Koautoren mit der Frage effizienter Haftungsregeln für Vermögensschäden aueinandergesetzt. Unsere möglichst eng an seine Modellierungen anknüpfenden Überlegungen haben wesentliche Argumente bestätigt: Erstens bestätigt sich, dass für fehlerhafte Testate von Wirtschaftsprüfern am Sekundärmarkt eine Divergenz zwischen privatem und sozialem Schaden besteht, so dass eine gewöhnliche Verschuldenshaftung für den privaten Schaden die Gefahr einer Übersorgfalt impliziert, sofern realistischer Weise nicht von einer „perfekten“, sondern von einer „vagen“ Verschuldenshaftung ausgegangen wird. Zweitens scheint die vorgeschlagene grobe Fahrlässigkeitshaftung in der Tat sehr gut geeignet, um das Problem abzuschwächen. Drittens hat sich bestätigt, dass die Berücksichtigung der Existenz von Ersatzkapazitäten nicht bedeutet, dass Ausfälle an Deckungsbeiträgen von Unternehmen als reine Vermögensschäden interpretiert werden können; auch hier bestätigen unsere Überlegungen die Argumentation Schäfers.

In zwei Punkten allerdings kommen wir zu unterschiedlichen Schlussfolgerungen: Erstens sehen wir unter dem Gesichtspunkt des sozial optimalen Sorgfaltsniveaus keinen Unterschied zwischen primärem und sekundärem Kapitalmarkt, weil in beiden Fällen ein sozialer Schaden genau dann anfällt, wenn es zu fehlerhaften Investitionsentscheidungen kommt. Zwar ist es richtig, dass Anleger (unter Ausschluss der lediglich theoretisch reizvollen Möglichkeit von ex ante Kompensationen) am Primärmarkt ein Interesse an einem höheren Sorgfaltsniveau haben, weil sie von zu hohen Wertangaben nicht profitieren können, doch handelt es sich dabei um ein Verteilungs- und nicht um ein Effizienzargument. Zweitens kommen wir nicht zu der Schlussfolgerung, dass die Bereitstellung von Ersatzkapazitäten zur Gleichheit von sozialem und privatem Schaden führt; vielmehr bleibt immer noch eine Differenz bestehen, welche die Vorteilhaftigkeit der groben Fahrlässigkeitsregel bestätigt. Einschränkend bezüglich des letzten Punktes möchten wir allerdings selbstkritisch hervorheben, dass wir das Ergebnis in einem sehr einfachen *partialanalytischen* Modellrahmen hergeleitet haben, und ein solcher partialanalytischer Modellrahmen führt leicht zu irreführenden Ergebnissen, wenn es um die alternative Verwendung von Ressourcen geht. Es ist daher nicht auszuschließen, dass sich die Intuition Schäfers in einem totalanalytischen Rahmen mit vollständiger Konkurrenz bestätigt, weil der Unterschied zwischen sozialen und privaten Kosten verschwindet, wenn davon ausgegangen wird, dass alle Preise auf die marginalen Opportunitätskosten sinken.

Literaturverzeichnis

Bigus, Jochen und Schäfer, Hans-Bernd (2007): Die Haftung des Wirtschaftsprüfers am Primär- und Sekundärmarkt - eine rechtsökonomische Analyse, in: *Zeitschrift für Betriebswirtschaft (ZfB), 77*, S. 19–49.

Bishop, William (1986): Economic Loss: Economic Theory and Emerging Doctrine, in: Furmston, M. [Hrsg.]: *The Law of Tort, Policies and Trends in Liability for Damage to Property and Economic Loss*, London.

Dari-Mattiacci, Giuseppe und Schäfer, Hans-Bernd (2007a): The Core of Pure Economic Loss, A Law and Economic Perspective, in: *International Review of Law and Economics, 27*, S. 8–28.

Dari-Mattiacci, Giuseppe und Schäfer, Hans-Bernd (2007b): Kernfragen reiner Vermögensschäden, in: Eger, T. und Schäfer, H.-B. [Hrsg.]: *Ökonomische Analyse der europäischen Zivilrechtsentwicklung, Beiträge zum X. Travemünder Symposium zur ökonomischen Analyse des Rechts,* Mohr Siebeck, Tübingen, S. 516–549

Feess, Eberhard, Mühlheußer, Gerd und Wohlschlegel, Ansgar (2007): *Environmental Liability with Uncertain Causation,* working paper.

Schäfer, Hans-Bernd (2004a): Efficient Third Party Liability of Auditors in Tort Law and Contract Law, in: *Supreme Court Economic Review*, 12, S. 181–209.

Schäfer, Hans-Bernd (2004b): Die Dritthaftung des Wirtschaftsprüfers für Vermögensschäden auf Primär- und Sekundärmarkten, eine ökonomische Analyse, in: Hopt, K. J. und Voigt, H.-C. [Hrg.]: *Prospekt- und Kapitalmarktinformationshaftung*, Mohr Siebeck, Tübingen, S. 161-/186.

Schäfer, Hans-Bernd und Ott, Claus (2005): *Lehrbuch der ökonomischen Analyse des Zivilrechts*, 4. Auflage, Berlin und Heidelberg.

Shavell, Steven (2004): *Foundations of Economic Analysis of Law*, Harvard University Press, Cambridge (Mass.).

Schwartz, Rachel (1998). Auditors' liability, vague due care, and auditing standards, in: *Review of Quantitative Finance and Accounting*, 11, S. 183/-207.

INFORMATIONSINTERMEDIÄRE ALS GATEKEEPER: RECHTSÖKONOMISCHE ÜBERLEGUNGEN ZU EINER MODERNEN INTERMEDIÄRHAFTUNG

Patrick C. Leyens

A. Einführung

Gatekeeping – dabei handelt es sich um einen Begriff, der seinen Ursprung in der stark ökonomisch geprägten U.S.-amerikanischen Literatur findet. Im Kern beutet Gatekeeping, dass Anbietern über einen Dritten der Zugang zu einem Markt verschafft oder versagt wird. Die Phänomenologie ist vielfältig. So ist mit der Verschreibungs- oder Apothekenpflichtigkeit bestimmter Medikamente eine Gatekeeper-Funktion von Arzt oder Apotheker verbunden. Komplexere Funktionen zeigen sich im Bankgeschäft. Aktuell wirft die internationale Bankenkrise (subprime crisis) die Frage auf, welche Prüfungspflichten Kreditinstituten vor der Einbeziehung von Darlehensforderungen in moderne Finanzprodukte zukommen sollten. Mit dem Zusammenbruch des zweitgrößten U.S.-Energieversorgers Enron in 2001 ist die hier zu beleuchtende Gatekeeper-Stellung von Informationsintermediären auf den Kapitalmärkten ins Zentrum der Aufmerksamkeit gerückt.

Kapitalmärkte sind Informationsmärkte. Kaum eine Transaktion kommt ohne die Mitwirkung von Informationsintermediären zustande. Wirtschaftsprüfer, Rating-Agenturen und Finanzanalysten vermitteln dem Markt Informationen, die für die Wahl der Rechtsform der Aktiengesellschaft, die Börsenzulassung und – nicht zuletzt – für die Aktienkurse entscheidend sind. Informationsintermediäre nehmen erheblichen Einfluss darauf, wie sich das Kosten/Nutzen-Verhältnis des Kapitalmarktzugangs für das einzelne Unternehmen darstellt. Kapitalmarktinformation bedingt Prüfung und – einen Schritt weiter – auch Haftung. Die Rechtsprechung zur Expertenhaftung pendelt zwischen der Fahrlässigkeitshaftung aus Vertrag mit Schutzwirkung zugunsten Dritter und der deliktischen Vorsatzhaftung aus § 826 BGB. Die Diskussion um die Haftung von Rating-Agenturen und Finanzanalysten befindet sich noch im Fluss. Etwa die Anhebung der Haftungsobergrenzen für Wirtschaftsprüfer wird aber bereits über die nationalen Grenzen hinaus diskutiert. Die fortschreitende Harmonisierung in Einzelfragen der Informationshaftung, wie etwa im Bereich der Prospekthaftung, legt nahe, dass auf kurz oder lang auch die Haftung der Informationsintermediäre nicht nur in den nationalen, sondern auch in den europäischen Reformfokus geraten kann.

Hans-Bernd Schäfer hat sich in seinem umfangreichen Werk rechtsökonomisch mit den für die Intermediärhaftung wesentlichen Fragen auseinandergesetzt und seine Antworten einem in- und ausländischen Publikum zugänglich gemacht. Aus seinen Arbeiten zur Haftung für reine Vermögensschäden,[1] zur Experten-[2] und speziell zur Wirtschaftsprüferhaftung[3] ist zu schöpfen. Dies gilt besonders für rechtsökonomische Überlegungen zu einem modernen Recht der Haftung von Informationsintermediären.

B. Informationsintermediation und Gatekeeping

In der europäischen Diskussion werden Informationsintermediäre erst neuerdings in den Diskussionsrahmen der Corporate Governance einbezogen.[4] Demgegenüber hat man sich in den U.S.A. schon früh mit der Gatekeeper-Stellung von Intermediären befasst.[5] Charakteristisch für die dort im Nachgang zu Enron neu aufflammende Debatte ist die Offenheit, mit der der vorhandene Rechtsrahmen auf Schwächen im Funktionsverständnis für sämtliche hier angesprochenen Informationsintermediäre untersucht wird.[6]

I. Funktionsweise der Informationsintermediation

Eine erste Annäherung an die Funktionsweise der Informationsintermediation gelingt mit einfachen Mitteln der Informationsökonomik.[7] Zwischen Unternehmen und Anlegern besteht ein Informationsungleichgewicht, das durch die Veröffentlichung von Unternehmensdaten

---

1 *Schäfer/Dari-Mattiacci,* in: Schäfer, Eger, Hrsg., Ökonomische Analyse der europäischen Zivilrechtsentwicklung, Tübingen 2007, S. 516-550. *Dies.,* 27 Int.'l Rev. L. & Econ. 1 (2007). Siehe auch *Schäfer,* German Discussion Papers of Law and Economics, no. 5/2000, www.bepress.com.

2 *Schäfer,* AcP 202 (2002) 808; *ders.,*3 Theoretical Inq. L. 453 (2002).

3 *Schäfer,* in: Hopt, Voigt, Hrsg, Prospekt- und Kapitalmarktinformationshaftung, Tübingen 2004, S. 161, *ders.,* 12 Supr. Ct. Econ. Rev. 181 (2004). Zuletzt *ders./Bigus,* ZfB 2007, 19.

4 Zum Stand *Leyens,* JZ 2007, 1061, 1071. Zur europäischen und internationalen Debatte *ders.* 4 Kyoto J. L. Pol. 17, 29 (2008) sowie die Beiträge in *Hopt, Wymeersch, Kanda, Baum,* eds., Corporate Governance in Context, Oxford 2005, p. 479.

5 Grundlegend *Gilson/Kraakman,* 70 V. L. Rev. 549 (1984); *Kraakman,* 2 J. L. Econ & Organ. 53 (1986).

6 *Coffee,* Gatekeepers, Oxford 2006, p. 103-316.

7 Näher *Hamdani,* 77 South. Cal. L. Rev. 53, 63 (2003); *Partnoy,* 79 Wash. Univ. L. Q. 491, 501 (2001).

ausgeglichen werden soll. Die Unternehmenspublizität in all ihren Formen von Jahres- über Zwischen- zu Ad hoc-Berichterstattung vermag jedoch nicht die Richtigkeit der Information zu belegen. Die Informationsaufdeckung der Unternehmen (signalling) versagt also ohne zusätzliche Richtigkeitsgewähr. Gleichzeitig ist die Fähigkeit der Anleger zur Informationsbeschaffung bzw. -auswertung (screening) begrenzt, denn Preisbildung und Diskontieren möglicher Betrugsrisiken ist nicht zu vertretbaren Kosten möglich. Der Gefahr eines Marktversagens im Sinne des Akerlof'schen lemon market (adverse selection) tritt die Zertifizierung der Publizität durch Informationsintermediäre entgegen. Greifbares Beispiel ist der Bestätigungsvermerk zum Jahresabschluss durch den Abschlussprüfer nach § 322 HGB.

Mit der Agenturtheorie ist die Funktionsweise weiter fassbar zu machen. Im Kern besteht das durch die Intermediation angegangene Problem in der Gefahr opportunistischen Verhaltens des Managements bei der Offenlegung von Unternehmensdaten. Zu der zwischen Anlegern (principal) und Management (agent) bereits bestehenden Agenturbeziehung tritt durch den Intermediär ein weiterer Agent hinzu. Es kommt zu einer Mehr-Agenten-Beziehung wie sie unternehmensintern von der Einrichtung des Aufsichtsrats neben dem Vorstand bekannt ist.[8] Spezialisierte Informationsintermediäre wie Wirtschaftsprüfer, Rating-Agenturen und Analysten vermögen es, Fehlverhalten zu detektieren. Sie reihen sich damit als unternehmensexterne Kontrolleure in die unternehmensintern bereits angelegte ressourcenschonende Kombination von Human- und Eigenkapital ein.

Ökonomischer Erklärungsschlüssel zu den Kontrollanreizen der Intermediäre ist ihre Reputation.[9] Wenn der Reputationsverlust für den Intermediär größer ist als der Gewinn aus einem Fehlverhalten, ist von einem Überwiegen seiner Kontrollanreize auszugehen. Reputationskapital weist die Besonderheit auf, dass es nur durch wiederholtes Verhalten aufgebaut werden kann. Theoretisch ist Fehlverhalten für Agenten ab einem bestimmten Ressourceneinsatz zum Reputationsaufbau deshalb irrational, so dass sich eine ausreichende Verhaltenssteuerung allein durch den Markt ergibt (self-enforcing mechanism). Hierauf aufbauend ist zunächst überlegt worden, ob sich für größere und langjährig tätige Intermediäre (auch ohne besondere Haftung) hinreichend Anreize zu ordnungsgemäßem Verhalten bestehen.

II. Gatekeeping als Regelungsstrategie

Der Gatekeeping-Ansatz baut die Rolle des Intermediärs gezielt aus, einerseits indem Unternehmen die Pflicht auferlegt wird, eine Zertifizierungsleistungen in Anspruch zu nehmen, und andererseits, indem spezifische Anforderungen an die Organisation und das Verhalten des Intermediärs gestellt werden. Die häufig als selbstverständlich hingenommene Inpflichtnahme des Intermediärs im Rahmen der Gatekeeper-Haftung erweist sich insofern als

---

8 *Leyens,* Information des Aufsichtsrats, Tübingen 2006, S. 19. Zu Mehragentenmodellen *Kräkel,* Organisation und Management, 2. Aufl., Tübingen 2004, S. 89, 273 m.w.N.

9 *Kraakman,* 2 J. L. Econ & Organ. 53, 93 (1986). Aus jüngerer Zeit *Coffee,* in: Hopt et al., eds., loc. cit., supra n. 4, p. 599, 605. Näher noch unten S. 164.

die Inanspruchnahme eines Dritten (Intermediär) zur Erreichung eines Regelungserfolgs bei einem anderen Regelungssubjekt (Unternehmen).

Nach der modernen Gatekeeper-Theorie bezieht die Inpflichtnahme Dritter ihre regulatorische Rechtfertigung aus den Grenzen der Primärdurchsetzung, also den Schwächen der Inpflichtnahme des primär für die Ordnungsmäßigkeit der Unternehmenspublizität verantwortlichen Managements. Anreizschwächen bestehen bei der freiwilligen Weitergabe ordnungsgemäßer Informationen.[10] Spieltheoretisch ist zu begründen, dass die Anreize zur Vermittlung fehlerhafter Information in Endspielsituationen wie bei Unternehmenskrisen oder Fundamentaltransaktionen überwiegen können.[11]

Nach dem Stand der Diskussion, der auch hierzulande Beachtung gefunden hat,[12] soll eine Gatekeeper-Strategie unter vier Voraussetzungen zu rechtfertigen sein:[13] (1) Gefahr ernsthaften Fehlverhaltens, dass durch unmittelbare Abschreckung der Primärverantwortlichen (direct deterrence) nicht hinreichend beeinflusst werden kann, (2) mangelnde Anreize zu privatem Selbst- oder Fremdschutz, (3) Möglichkeit des Dritten, durch die Versagung seiner beruflichen oder geschäftlichen Leistung das Fehlverhalten zu verhindern oder erheblich zu erschweren, (4) die Kosten der Inpflichtnahme des Dritten stehen in vernünftigem Verhältnis zum Ziel und dem Grad der potenziellen Zielereichung.

Unter Berücksichtigung dieser Vorgaben kann sich der Ansatz des Gatekeeping alternativen Regelungsstrategien als überlegen erweisen. Aufgearbeitet worden ist dies unter anderem für die Alternative einer Verpflichtung von Angestellten zur Offenlegung von Fehlverhalten des Managements (whistle blowing), bei der die Gefahr irrtümlicher oder bewusst falscher Verdächtigungen besteht und es zu Schadensersatzprozessen mit insgesamt höheren Kosten kommen kann.[14]

III. Versagen des Gatekeeping

Bilanzskandale wie der um Enron sind letztlich nur erklärbar, wenn die Ursachen nicht allein bei unternehmensinternen Kontrollinstanzen wie dem board of directors gesucht werden. Auszugehen ist vielmehr von einem Versagen auch sämtlicher unternehmensexterner Kontrollmechanismen wie insbesondere der Informationsintermediation.[15] Intermediärleistungen werden typischerweise durch Organisationen erbracht, die ihrerseits internen Agenturproblemen ausgesetzt sind.[16] Die Anreize zu ordnungsgemäßem Verhalten können bei Intermediär (principal) und dessen jeweils handelnden Mitarbeiter (agent) auseinanderfallen. Grundsätzliche Unterschiede der Zeithorizonte und Risikopräferenzen sind für das Verhältnis

10 *Merkt,* Unternehmenspublizität, Tübingen 2001, S. 220 m.w.N.

11 *Leyens,* a.a.O., oben Fn. 8, S. 40 m.w.N.

12 Siehe bereits *Hopt,* Die Verantwortlichkeit der Banken bei Emissionen, München 1991, S. 34.

13 *Kraakman,* 2 J. L. Econ & Organ. 53, 61 (1986).

14 *Kraakman,* 2 J. L. Econ & Organ. 53, 58 (1986); *Hopt,* a.a.O., oben Fn. 12, S. 34.

15 *Hopt,* in: Armour, McCahery, eds., After Enron, Oxford 2006, p. 417, 447. Monographisch *Coffee,* loc. cit., supra n. 6, p. 15.

16 *Partnoy,* 79 Wash. Univ. L. Q. 491, 499 (2001).

von Anteilseignern und Management erforscht.[17] Übertragen auf das hier interessierende Agenturverhältnis kann es sich für den Handelnden durchaus lohnen, das Reputationskapital des Intermediärs zu riskieren. Wie die intensiv geführte Diskussion um die Managementvergütung zeigt, können die eigentlich zur Steigerung der Anreizkompatibilität gedachten Prämiensysteme außerdem zu kurzsichtigem Handeln führen, also langfristig einsetzbare Ressourcen zu lediglich einmaligen Gewinnen verbrauchen (Myopia-Problem).[18] Zudem können aus der Kombination verschiedener Dienstleistungen, wie etwa von wenig profitabler Abschlussprüfung und hoch gewinnträchtiger Beratung (Full-Service-Konzept), Anreize folgen, auf Wunsch des geprüften Managements bilanzielle Ermessensspielräume auszuschöpfen und auch zu überschreiten.[19] Vergleichbare Interessenkonflikte ergeben sich bei der Finanzanalyse durch Investmentbanken, die Emissionen begleiten oder die analysierten Finanzprodukte zugleich vertreiben.[20]

Zu den möglichen marktbedingten, also externen Ursachen für das Intermediärversagen zählt die Gefahr eines Absinkens der Sorgfaltslevel in konzentrierten Märkten wie etwa dem der top vier Wirtschaftsprüfungen oder dem noch engeren Markt der beiden großen Rating-Agenturen.[21] Gehen die Marktteilnehmer davon aus, dass sich ihre Konkurrenten ähnlich verhalten, also die Wahrscheinlichkeit und Kosten der Aufdeckung von Fehlverhalten gleich verteilt sind, können sie ihre Sorgfaltslevel theoretisch bis zu einer Grenze absenken, ab der die Aufdeckung von Fehlverhalten eine Existenzbedrohung bedeuten würde. Eine Nachfrage niedriger Prüfungsqualität ist insbesondere bei Marktblasen zu vermuten, bei denen der Informationswert von Zertifizierungsleistungen wegen der systematischen Überbewertung zeitweilig gegen Null konvergieren kann. Insofern schließt sich der Kreis zu den Problemen erfolgsabhängiger Vergütung, die die Anreize zum Mitlaufen bei der Marktblase bis zu ihrem Zerplatzen stärken.

Eine allein auf Reputation setzende Regulierung ist also im Ergebnis nicht tragfähig. Dies führt zu der Frage, ob und wie Haftungsregeln zur Gewährleistung größerer Verlässlichkeit der Leistung von Intermediären beitragen können.

C. Verhaltenssteuerung durch Haftung

Der ökonomisch im Vordergrund stehende Aspekt der Verhaltenssteuerung ist dem Schadensersatzrecht seit je her nicht fremd und findet zunehmend Beachtung.[22] Besonderes Gewicht

---

17 *Leyens,* a.a.O., oben Fn. 8, S. 29.

18 *Ruffner,* Die ökonomischen Grundlagen eines Rechts der Publikumsgesellschaft, Zürich 2000, S. 383.

19 Näher *Bigus/Zimmermann,* in: Schäfer, Eger, Hrsg., a.a.O., oben Fn. 1, S. 554; *Moore, Tetlock, Tanu,* 31 Acad. Management Rev. 1, 7 (2006). Monographisch *Marx,* Unabhängige Abschlussprüfung und Beratung, Baden-Baden 2002.

20 Näher zu Konflikten von Finanzintermediären *Kumpan/Leyens,* ECFR 2008, 72. Siehe auch Max Planck Institute Working Group *(Kumpan, Leyens),* "Market Intermediary Management of Conflicts that Arise in Securities Offerings, Comments on the Consultation Report by the IOSCO of February 2007", Internet: http://www.mpipriv.de, 25.05.2007, p. 34.

21 Vor allem *Coffee,* in: Hopt et al., eds., loc. cit., supra n. 4, p. 599, 605, 615.

22 *Wagner,* Gutachten A, 66. Deutscher Juristentag, München 2006, S. A 14.

erlangt die ökonomische Sichtweise dort, wo die Vermögensmassen regelmäßig nicht ausreichen, um Verluste bei einer Vielzahl von Geschädigten zu kompensieren, wie es auch für die Intermediärhaftung als typisch erachtet werden kann. Da der Intermediär im Vergleich zum Unternehmen mit der Fehlzertifizierung zudem eine geringere Gewinnerwartung verknüpft, kann sich die Haftung als besonders leistungsstarkes Steuerungsinstrument erweisen.[23]

I. Haftung für reine Vermögensschäden

Wie vom *Jubilar* für die denkbaren Fälle aufgefächert, schlagen sich Fehlzertifizierungen regelmäßig in einer Über- oder Unterbewertung von Börsenkursen nieder.[24] Verluste resultieren dann für Anleger aus einem zu teuren Erwerb der Unternehmensanteile oder für die Unternehmen aus zu niedrigen Preisen und den damit verbundenen höheren Finanzierungskosten. Bei den genannten Schäden handelt es sich – zumindest auf den ersten Blick – um reine Vermögensschäden, deren Kompensation zu einer bloßen Verlagerung von Ressourcen von einer Person auf eine andere führt und deshalb nicht effizienzsteigernd wirken kann.[25] Anders als bei einer Ressourcenvernichtung wie bei einer Sachbeschädigung ist keine unmittelbare volkswirtschaftliche Einbuße zu verzeichnen. Deshalb steht die Rechtsökonomik dem Ersatz reiner Vermögensschäden außerhalb des Vertragsrechts eher kritisch gegenüber. Die Zivilrechtsdogmatik teilt diese Zurückhaltung, wie etwa das Deliktsrecht mit der auf absolute Rechtsgüter beschränkten Fahrlässigkeitshaftung nach § 823 Abs. 1 BGB zeigt.

Der *Jubilar* hat der traditionellen Sichtweise entgegen nachgewiesen, dass kapitalmarktliche Vermögensschäden nicht nur häufig, sondern sogar in der Regel Ressourcenschäden zur Folge haben.[26] So führt die Investition in ein überbewertetes Unternehmen zu einer negativen Differenz zwischen dem möglichen Ressourcenertrag bei optimaler und tatsächlicher Nutzung.[27] Dieser suboptimale Nutzungsertrag lässt sich durchaus auch innerhalb bestehender Überzeugungen als Ressourcenschaden qualifizieren. Untersuchungen zu den Auswirkungen von Bilanzbetrug auf die Produktmärkte stützen die Ergebnisse.[28]

II. Dritthaftung

Zu den umstrittensten Problemen der Intermediärhaftung zählt der Kreis der Anspruchsberechtigten. Im deutschen Recht sind spezialgesetzliche Haftungstatbestände wie die Abschlussprüferhaftung nach § 323 Abs. 1 Satz 3 HGB als Binnenhaftung ausgestaltet. Es finden sich jedoch durchaus Ansätze zur Haftung von Informationsintermediären gegenüber den Aktionären (Dritthaftung) in der Rechtssprechung speziell zur Abschlussprüferhaftung

---

23 *Coffee,* in: Hopt et al., eds., loc. cit., supra n. 4, p. 599, 605.
24 *Schäfer,* in: Hopt, Voigt, Hrsg., a.a.O., oben Fn. 3, S. 161, 166.
25 Näher *Schäfer/Ott,* Lehrbuch der ökonomischen Analyse des Zivilrechts, 4. Aufl., Berlin u.a. 2005, S. 300.
26 Detailierte Fallgruppen bei *Dari-Mattiacci/Schäfer,* in: Schäfer, Eger, Hrsg., a.a.O., oben. Fn. 1, S. 516, 522. Zu früheren Versuchen der Gruppenbildung siehe *Bishop,* 2 Oxford J Legal Studies 1, 4 (1982).
27 *Schäfer,* AcP 202 (2002) 808, 814.
28 Am Beispiel von Worldcom *Sadka,* 8 Am. L. & Econ. Rev. 439, 469 (2006).

nach den Grundsätzen des Vertrags mit Schutzwirkung für Dritte,[29] und allgemein zur Gutachterhaftung auch nach § 826 BGB.[30] Die ökonomische Betrachtung vermag den Nutzen einer solchen Haftung zunächst mit dem Zugewinn an Anreizen zu einer akkuraten Bewertungsleistung zu begründen, denn – wie der *Jubilar* feststellt[31] – aus dem Auftragsverhältnis zum bewerteten Unternehmen resultiert eine natürliche Tendenz des Gutachters zur Überbewertung zugunsten des Auftraggebers.

Der klassische Einwand besteht indessen darin, dass mit der Dritthaftung eine Unvorhersehbarkeit möglicher Schäden verbunden sein soll. Dies hat der *Jubilar* allgemein für die Wertgutachterhaftung zu relativieren vermocht.[32] So beeinflusst die Ausweitung des Kreises potentieller Geschädigter das Haftungsrisiko für den Intermediär nicht, wenn der beim Dritten eingetretene Schaden allein bei diesem und nicht beim Auftraggeber eintritt. Mit der Einbeziehung des Dritten in den Kreis der Anspruchsberechtigten können sodann Zufälligkeiten ausgeschlossen werden, ein Ansatz der sich gerade in Bezug auf moderne Finanzierungsmethoden als zukunftsträchtig erweisen kann. So ist nicht einzusehen, dass zwar dem eigenfinanzierenden Besteller eines Gutachtens ein Schadensersatzanspruch zustehen soll, nicht aber einer fremdfinanzierenden Bank, die einen Schaden in derselben Höhe erleidet. Voraussetzung der Haftung ist allerdings, dass die Einstandspflicht gegenüber einem Dritten nicht höher ist als gegenüber dem Besteller.

Schwieriger zu erkennen ist, warum auch bei erhöhten Haftungsrisiken eine Dritthaftung geboten erscheinen kann.[33] Eine Zertifizierung wie etwa der Vermerk in einem Verkaufsprospekt kann bei Fehlerhaftigkeit sowohl dem Verkäufer als auch dem Käufer schaden. Der beauftragende Verkäufer ist aber lediglich bereit, den um die Haftungsgefahr des Intermediärs erhöhten Zertifizierungspreis zu zahlen. Seine Interessen an einer Erhöhung des Haftungsumfangs zugunsten Dritter sind also gegenläufig zu denen des Käufers. Haftete der Intermediär aber nur für die aus Sicht seines Bestellers nachteilige Unterbewertung, würde dadurch ein kollusives Zusammenwirken von Besteller und Intermediär begünstigt. Ineffizienzen wären zu erwarten, weil den Erwerber zusätzliche (und vermeidbare) Informationsbeschaffungskosten träfen.

Im Ergebnis sind deshalb die (rechtlich schwierigen) Zuordnungen zu quasivertraglicher oder rein deliktischer Pflichtenstellung zunächst nachrangig für die aus ökonomischer Sicht grundsätzlich zu bejahende Frage des „Ob" der Dritthaftung von Informationsintermediären.

29 Jüngst zur Wirtschaftsprüfer-Prospekthaftung BGH WM 2007, 2507 und BGH WM 2004, 1869. Zur vertraglichen Haftung *Canaris,* JZ 1998, 603.
30 BGH NJW 1987, 1758 (Steuerberatertestat). Zur nicht-vertraglichen Haftung *Hopt,* AcP 183 (1983) 608.
31 *Schäfer,* AcP 202 (2002) 808, 829.
32 *Schäfer,* AcP 202 (2002) 808, 819, 826.
33 *Schäfer,* AcP 202 (2002) 808, 828.

III. Kosten der Dritthaftung

Aus ökonomischer Sicht sind die Kosten und ihre Verteilung für die Bewertung von Haftungsregeln entscheidend. In der rechtspolitischen Debatte wird häufig ausgeblendet, dass die aus Haftungsgefahren resultierenden Mehrkosten vom Intermediär eingepreist, also an das beauftragende Unternehmen (insbesondere Abschlussprüfung, Rating) oder die Auftraggeber anderer Dienstleistungen (insbesondere Finanzanalyse durch Banken) weitergereicht werden. Die Dritthaftung führt auf einem Wettbewerbsmarkt zu einer Erhöhung des Preises für die Zertifizierung und zwar um die Höhe des Schadens multipliziert mit der Schadenswahrscheinlichkeit (Schadenserwartungswert) und unter Einschluss der durch die schärfere Haftungsandrohung zusätzlich generierten Sorgfaltskosten.[34] Ins Zentrum der Aufmerksamkeit gerät damit die Frage, ob und inwieweit die letztlich mit den Haftungskosten belasteten Anleger bereit sind oder sein sollten, sich durch die Haftung des Intermediärs quasi zu versichern.[35] Dies hängt nicht zuletzt von den rechtlichen Möglichkeiten der Ausgestaltung der Haftungsnorm ab und leitet über zu drei Modellen der Intermediärhaftung.

D. Haftungsmodelle

Ausgangspunkt ist die Coase'sche Sichtweise, nach der eine optimale Ressourcenallokation bei Ausblendung der Transaktionskosten allein durch vertragliche Regeln herzustellen ist.[36] Haftungsregeln bleiben danach ohne Auswirkung, wenn es den Beteiligten gelingt, die Verluste dem Primärverantwortlichen zuzuweisen. Mit anderen Worten: Wenn die Kosten für die Dritthaftung weitergegeben werden, lohnt sich Fehlverhalten schon für den Emittenten nicht.[37] Entgegen der Coase'schen Sicht ist die Ex post-Haftungsabwälzung aber gerade in den problematischen Fällen von Unternehmenskrisen nicht kostenneutral, weil entweder der Emittent nicht über hinreichende Mittel verfügt oder weil das Fehlverhalten nicht aufzudecken ist. Demzufolge ist eine Ex ante-Lösung über Haftungsregeln im gewohnten Sinne angezeigt.

I. Verschuldensunabhängige Haftung

Der aus ökonomischer mit größerer Leichtigkeit als aus juristischer Sicht erwogenen verschuldensunabhängigen Haftung werden zwei Vorteile zugeschrieben:[38] Erstens sollen optimale Sorgfaltsanreize zur Einhaltung gesetzlicher Vorgaben vermittelt und die irrtumsanfällige gerichtliche Bestimmung der Sorgfaltsstandards vermieden werden („Wie" der Prüfung). Zweitens wird ein optimales Aktivitätsniveau erwartet, also vom Unterbleiben überflüssiger Handlungen ausgegangen („Ob" zusätzlicher Prüfungshandlungen). Die

---

[34] *Schäfer*, in: Hopt, Voigt, Hrsg., a.a.O., oben Fn. 3, S. 161, 167.
[35] Zum Versicherungsgedanken *Ronen*, 8 Stan. J. L. Bus. & Fin. 39 (2007). Fortentwickelt von *Cunningham*, 52 UCLA L. Rev. 413, 427 (2004).
[36] Näher *Schäfer/Ott*, Lehrbuch der ökonomischen Analyse des Zivilrechts, 4. Aufl., Berlin 2005, S. 100.
[37] *Hamdani*, 77 South. Cal. L. Rev. 53, 67 (2003).
[38] *Shavell*, Economic Analysis of Accident Law, Cambridge Mass. 1987, p. 5.

Wahrscheinlichkeit eines Fehlverhaltens des Managements ist im vorhinein jedoch kaum abzuschätzen.[39] Es wäre also davon auszugehen, dass die Risikoprämien für *alle* zertifizierungspflichtigen oder -willigen Unternehmen steigen müssten und die Gesamtkosten nicht dem durch *einzelne* Unternehmen verursachten potentiellen sozialen Schaden entsprechen könnten (free riding). Durch die verschuldensunabhängige Haftung ist folglich nicht zu erreichen, dass allein sozial wünschenswerte Emittenten am Markt teilnehmen. Im Gegenteil könnte die Folge sein, dass nur schlechte Emittenten auf den Markt kommen und gute vom Markt verschwinden (adverse selection). Leicht erkennbar ist, dass es besonders neuen Emittenten schwerfallen wird, ihre Qualität zu signalisieren oder auf Reputationseffekte zu setzen. Unausgewogene Haftung kann folglich zu neuen und problematischen Markteintrittsbarrieren führen.

II. Haftungshöchstgrenzen

Die jetzt auch europäisch für die Abschlussprüfung in die Reformdiskussion geratenen Haftungshöchstgrenzen[40] setzen bei den Grundproblemen an. Zu diesen gehört das angesprochene free riding schlechter Emittenten sowie das Problem, dass die Haftung des Intermediärs den sozialen Gesamtschaden überschreiten kann (Übermaßhaftung).[41] Im Zeichen eines liberalen Regelungsansatzes steht der Vorschlag, den Beteiligten die Bestimmung der Haftungsgrenze oberhalb eines gesetzlichen Minimalbetrags zu überlassen. Intermediäre könnten danach verpflichtet werden, einen Prozentsatz des Gesamtschadens zu übernehmen.[42] Bei oligopoler Preisgestaltung, wie sie in den stark konzentrierten Wirtschaftsprüfungs- und Rating-Märkten theoretisch möglich ist, sind hohe Haftungsvereinbarungen jedoch nicht mit Sicherheit zu erwarten.[43] Die kritische Untergrenze könnte insbesondere, und zwar systematisch, unterschritten werden, wenn aufgrund einer Marktblase die Kauf- und Verkaufentscheidungen nicht mehr auf der Grundlage der Zertifizierung getroffen werden. Ein zweiter Vorschlag zielt deshalb auf eine gesetzlich vorgegebene Bestimmung der Haftungsgrenze anhand eines Multiplikators der Gebühren ab.[44] Die Verknüpfung von Gewinn und potentieller Haftung kann nicht zuletzt die Versicherbarkeit erleichtern und damit die Insolvenzwahrscheinlichkeit der wenigen Teilnehmer einzelner Intermediärmärkte absenken. Versicherbarkeit und der Schutz von Minderheitsinteressen dürften jedoch auch durch eine auf den Markt setzende

39 *Hamdani,* 77 South. Cal. L. Rev. 53, 72 (2003).

40 Europäische Kommission, Konsultationen zu den Haftungsregelungen für Abschlussprüfer und ihre Auswirkungen auf die Europäischen Kapitalmärkte, Brüssel, Januar 2007. Vorbereitend die von *London Economics* und *Ewert* vorgelegte Study on the Economic Impact of Auditors' Liability Regimes (MARKT/2005/24/F), 2006.

41 *Bigus,* zfbf 2007, 61 zur Begründung von Höchstgrenzen bei der Haftung des Abschlussprüfers.

42 *Partnoy,* 79 Wash. Univ. L. Q. 491, 492 (2001).

43 *Cox,* in: Armour, McCahery, eds., loc. cit., supra n. 15, p. 295, mit dem programmatischen Titel „The Oligopolistic Gatekeeper".

44 *Coffee,* in: Hopt et al., eds., loc. cit., supra n. 4, p. 599, 644, 648.

vertragliche Vereinbarung mit Zustimmung der Hauptversammlung gelingen können.[45] Im Rahmen der europäischen Reform-Debatte hat das Hamburger Max-Planck-Institut deshalb vorgeschlagen, in Anlehnung an den 2007 neugefassten englischen Companies Act die gerichtliche Kassation für den Fall vorzusehen, dass die vertragliche Haftungsgrenze erheblich unterhalb eines angemessenen und vernünftigen Maßes zurückbleibt.[46]

Unabhängig von Haftungshöchstgrenzen mag der vollständige Verzicht auf das Verschuldenserfordernis zwar den Vorteil haben, dass Aufwendungen unterbleiben, die allein dem Schutz vor Haftung aber nicht einer Verbesserung der Zertifizierung dienen (deadweight costs). Ohne die Einräumung einer Verteidigungsmöglichkeit (Nichtwissen oder vernünftigerweise Verlassen-Dürfen) haftet der Intermediär jedoch für Fehlverhalten, dass er nicht detektieren kann oder für dessen Aufdeckung er aus Kosten-Nutzen-Erwägungen des arbeitsteiligen Zusammenwirkens nicht verantwortlich sein sollte.[47]

III. Verschuldenshaftung

Die damit ins Blickfeld geratende Verschuldenshaftung ringt mit dem Problem, dass ein optimales Abschreckungsniveau nur bei präzisen Sorgfaltsstandards zu erreichen ist. Haftungshöchstgrenzen können sich zur Vermeidung einer Überabschreckung als nützlich erweisen. Hinsichtlich der Unterabschreckung ist der Einwand prinzipieller Ungenauigkeit und Fehleranfälligkeit der richterlichen Sorgfaltsbestimmung schon wegen der „Lernfähigkeit" der Gerichte nur von eingeschränkter Durchschlagskraft. Wie in praktisch allen Bereichen der Berufshaftung bilden sich Sorgfaltsstandards zudem nicht nur ex post, sondern auch ex ante durch spezifische Pflichtenkataloge heraus.[48] Das gilt in besonderem Maße für die Informationsintermediation, also etwa die Rechnungslegungsgrundsätze, Due-Diligence-Prozeduren bei der Prüfung rechtlicher Risiken und für jüngste Forderungen nach transparenten Rating-Methoden.[49]

Die letztlich entscheidende Abwägung findet demnach statt zwischen den Vorteilen des arbeitsteiligen Zusammenwirkens, also der Verantwortungsabwehr über den Einwand des vernünftigerweise in Anspruch genommenen Vertrauens, gegenüber den Nachteilen für die Anreize zu intensivierter Nachprüfung in Fällen, wo Fehlverhalten vom Intermediär aufzudecken wäre. Diese Abwägung ist jedoch nicht allein durch Haftungsrecht, sondern – in Ermangelung rechtlicher oder ökonomisch zwingender Erkenntnisse – primär durch eine genauere Ausformulierung der Gatekeeper-Verantwortung zu bestimmen. Regulatorische

45 *Choi*, 1 Berkley Bus. L. J. 45, 81 (2004) zur Überlegenheit der Marktlösung. *Ders.*, 92 Northw. Univ. L. Rev. 916, 951 (1998).

46 Max Planck Institute Working Group *(Doralt, Hellgardt, Hopt, Leyens, Roth and Zimmermann)*, "Auditor's Liability and its Impact on the European Financial Markets, Comments on the European Commission Staff Working Paper of January 2007", Internet: http://www.mpipriv.de, 15.03.2007, 67 Cambridge L. J. 62 (2008).

47 *Kraakman*, 2 J. L. Econ & Organ. 53, 76 (1986).

48 *Hopt*, AcP 183 (1983) 608, 715.

49 Siehe bereits *Kraakman*, 2 J. L. Econ. & Organ. 53, 83 (1986).

Verantwortung beginnt in diesem Zusammenhang erst dort, wo selbstregulative oder richterliche Auseinandersetzung scheitert.

Für die Haftung rückt damit die vom *Jubilar* mehrfach – zuletzt gemeinsam mit *Bigus* – aufgearbeitete Frage in den Vordergrund, ob und wenn ja, auf welcher Grundlage gesetzgeberische Differenzierungen der Mindestsorgfalt angezeigt sind.[50] Die für die Abschlussprüfung vorgeschlagene Unterscheidung nach dem Unsicherheitsniveau der Anleger auf Primärmärkten (hoch, deshalb einfache Fahrlässigkeit) und Sekundärmärkten (niedriger, deshalb grobe Fahrlässigkeit) ist gedacht, die Haftungssummen dem Ressourcenschaden anzunähern. Sie eröffnet damit für die juristische Diskussion wertvolle neue Diskussionsebenen – auch für die Haftung bei anderen Formen der Informationsintermediation.

E. Ausblick in Thesen

1. Die Überlegungen zu einem modernen Haftungsrecht der Informationsintermediäre haben gezeigt, dass weitere Schritte einer konsistenten Theorie der Funktionsweise der Informationsintermediation bedürfen. Von der U.S.-amerikanischen Debatte ist zu lernen, dass die vergleichbaren Problemstellungen nicht isoliert für die einzelnen Intermediäre angegangen werden sollten. Die Diskussion der Intermediärhaftung muss auf eine vorgelagerte Klärung zu Kosten und Nutzen von Gatekeeper-Verantwortlichkeiten aufbauen.

2. Marktliche Innovation wird durch den nur schwachen Wettbewerb, insbesondere bei Wirtschaftsprüfung und Rating, eingeschränkt. Das gilt sowohl bei den Sorgfaltsstandards als auch bei der aktuell diskutierten Herausbildung privatautonomer Haftungshöchstgrenzen. Versuche einer Senkung von Markteintrittsbarrieren, wie etwa die Beschleunigung der Zulassung von Rating-Agenturen wie jüngst in den U.S.A.,[51] sind weiterzuverfolgen.

3. Ein immerwährendes Problem der Intermediation sind Interessenkonflikte, die nicht ohne haftungsrechtliche Folgen bleiben dürfen. Prozessual können sie bis zum Anscheinsbeweis fehlerhafter Zertifizierung oder der Beweislastumkehr angegangen werden. Auf präventiver Ebene bilden sich bereits durch die europäische Rechtssetzung Unabhängigkeitsstandards heraus, mit denen etwa den Konflikten aus dem Full-Service-Konzept von Wirtschaftsprüfungsgesellschaften,[52] den Gefahren aus der Verknüpfung von Bankgeschäft und Finanzanalyse[53] entgegengetreten und das Wohlverhalten von Rating-Agenturen[54] gestützt wird.

---

50 *Schäfer,* in: Hopt, Voigt, Hrsg., a.a.O., oben Fn. 3, S. 161, 172, 175, 177; *Schäfer/Bigus,* ZfB 2007, 21, 39.

51 Credit Rating Agency Reform Act 2006, H.R. 3850, 109th Cong., 2nd Sess. (Pub. L. 109-291, 120 Stat.1327).

52 Empfehlung der Europäischen Kommission, Abl. L 191/22 vom 16.5.2002, mit nachfolgenden Reformen. Übersicht zu den wichtigsten Änderungen des HGB bei *Hopt/Merkt,* in: Baumbach/Hopt, HGB, 33. Aufl., München 2008, Vor § 316 Rn. 1.

53 Zum Stand: Europäische Kommission, Mitteilung der Kommission an den Rat und das Europäische Parlament, KOM (2006) 789 endg., Brüssel, 12.12.2006.

54 Zum Stand: Europäische Kommission, Mitteilung der Kommission über Rating-Agenturen, Abl. EU C 59/2 vom 11.3.2006.

4. In konsequenter Fortführung der vom *Jubilar* angestoßenen Unterscheidung zwischen Schutzbedürfnissen in verschiedenen Marktphasen sollten die Neuschaffung und der Ausbau der Gatekeeper-Pflichten bei marktlich verfestigten Intermediärleistungen ansetzen. Dazu kann auch die Einführung gesetzlicher Zertifizierungspflichten von Transaktionsanwälten auf die Ordnungsmäßigkeit der Rechtsrisikoprüfung (due diligence) gehören. Die weitere Aufarbeitung der Gemeinsamkeiten mit der Beurteilung von Insolvenzrisiken durch Rating-Agenturen oder der Ordnungsmäßigkeit der Rechnungslegung durch den Abschlussprüfer kann die Entwicklungslinien auch haftungsrechtlich für die verschiedenen Intermediäre zusammenführen.

5. Vorfrage einer gesetzlichen Ausformung der Intermediärhaftung ist die Typisierung von Anlegererwartung und -kostenbereitschaft. Dazu gilt es, die Annahme rationalen Anlegerverhaltens an den Erkenntnissen der Verhaltensforschung zu irrationalem Investitionsverhalten zu messen, also etwa auch zu prüfen, ob das Haftungsrecht von einer Mindestdiversifikation des Einzelnen ausgehen sollte. Das wachsende Bedürfnis nach privater Altersvorsorge über die Kapitalmärkte legt ein größeres Maß an Eigenverantwortung nahe. Zur Ausfüllung kann auch optionales Haftungsrecht wie eine vertragliche Festlegung von Haftungshöchstgrenzen dienen, bei eingeschränktem Wettbewerb allerdings nur mit gerichtlicher Kontrollmöglichkeit.

DIE HAFTUNG VON WIRTSCHAFTSPRÜFERN GEGENÜBER ANLEGERN AM KAPITALMARKT

*Claus Ott**

A. Einleitung

Der nachfolgende Beitrag betrifft Fragen aus dem Bereich der Dritthaftung für Vermögensschäden, mit dem sich Hans-Bernd Schäfer intensiv befasst und dabei grundlegende Erkenntnisse entwickelt hat, insbesondere auch im Hinblick auf die Haftung von Wirtschaftsprüfern gegenüber Anlegern am Kapitalmarkt.[1]

Der Schutz der Anleger am Kapitalmarkt durch Herstellung von Transparenz und durch Publizität aller kursrelevanten Informationen über das Unternehmen ist Gegenstand umfassender Regelungen der „Großbaustelle Kapitalmarkt"[2], die fortlaufend durch EU-Richtlinien und nationale Gesetze weiterentwickelt wurden und werden, um den Schutz der Anleger gegen die schon bekannten und gegen neu erkannte Gefahren zu gewährleisten und die

---

* Universitätsprofessor (emer.), Juristische Fakultät, Institut für Recht und Ökonomik der Universität Hamburg.

[1] Schäfer, Haftung für fehlerhafte Wertgutachten in wirtschaftswissenschaftlicher Perspektive. AcP 2002 (202), S. 809- 840; ders., Efficient Third Party Liability of Auditors in Tort Law and Contract Law, in: Supreme Court Economic Review, 2004, Vol. 12, S. 181-208; Bigus/Schäfer, Die Haftung des Wirtschaftsprüfers am Primär- und am Sekundärmarkt – eine rechtsökonomische Analyse, ZfB 2007, 19 ff.

[2] Assmann, in Assmann/Schütze, Handbuch des Kapitalanlagerechts, 3. Aufl., 2007, § 1 RdNr. 21.

Funktionsfähigkeit des Kapitalmarktes zu sichern.[3] Eine wichtige Funktion im System der Kontrolle der Unternehmensleitung kommt hierbei den Wirtschaftsprüfern bzw. den Abschlussprüfern zu, denen die Rolle des „watchdog“ zugeschrieben wird. In einer langen Reihe von Unternehmenskrisen und –zusammenbrüchen hat sich das System der Kontrolle des Management immer wieder als lückenhaft erwiesen, gerade auch im Hinblick auf die Kontrollfunktion der Abschlussprüfer und zu einer „Vertrauenskrise der Wirtschaftsprüfer“ geführt.[4] Bilanzfälschungsskandale in Deutschland – u.a. EM.TV, ComROAD, Infomatec, Refugium, Holzmann, Berliner Bank, Flowtex, Phoenix, Balsam, Sachsenring, IKB[5] - und in anderen Ländern – Parmalat in Italien – haben die Notwendigkeit verdeutlicht, die Haftung der Abschlussprüfer zu reformieren. Die „accounting scandals“ in den Vereinigten Staaten im Jahre 2002 – u.a. Enron, WorldCom -, in deren Verlauf führende Wirtschaftsprüfungsgesellschaften, darunter die vier größten in den USA, beschuldigt wurden, ihre Pflicht zur Aufdeckung und Verhinderung gefälschter Bilanzen von Unternehmen, für die sie tätig waren, vernachlässigt zu haben, haben zu den einschneidenden gesetzlichen Eingriffen des Sarbanes-Oxley-Act[6] geführt, die u.a. die Unabhängigkeit der Wirtschaftsprüfer von ihren Auftraggeber sicherstellen sollen. In Deutschland sind ebenfalls gesetzliche Vorkehrungen zur Sicherung der Unabhängigkeit der Abschlussprüfer[7] (§§ 319, 319a HGB) und zur Verbesserung der Kontrolle von Unternehmensabschlüssen[8] sowie zur Beaufsichtigung der Wirtschaftsprüfer[9] getroffen worden. Die persönliche Haftung der Abschlussprüfer gegenüber den durch fehlerhafte Abschlusstestate geschädigten Anlegern wird darüber hinaus in Parallelität zur persönlichen Außenhaftung der Organmitglieder als notwendig angesehen zur Wiederherstellung des Vertrauens der Anleger in den Kapitalmarkt angesehen.[10]

In einem jüngst erschienenen Aufsatz haben Hans-Bernd Schäfer und Jochen Bigus[11] aus rechtsökonomischer Sicht die Anforderungen an eine effiziente Haftung der Wirtschaftsprüfer gegenüber den Anlegern untersucht, ausgehend von der rechtsökonomischen Unterscheidung zwischen Ressourcenschäden, die einem Wohlfahrtsverlust entsprechen, und Umverteilungsschäden, bei denen kein Wohlfahrtsverlust entsteht.[12] Sie haben dabei nachgewiesen, dass die Haftung gegenüber Anlegern auf dem Sekundärmarkt, wenn eine zu Ineffizienz führende Übermaßhaftung vermieden werden soll, auf Ressourcenschäden zu

3 Dazu im einzelnen Assmann (Fn 2), § 1 RdNr. 22 ff.; Kübler/Assmann, Gesellschaftsrecht, 6. Aufl., 2006, § 32 V, 36 III.

4 Kübler/Assmann (Fn. 3) § 19 I 6, S. 303.

5 Weitere Beispiele bei Heppe, Nach dem Vertrauensverlust – Ist es an der Zeit, die Dritthaftung deutscher Abschlussprüfer zu verschärfen?, WM 2003, 714.

6 aS. dazu BB 2004, 2399.

7 Bilanzrechtsreformgesetz (BilReG) v.4.12.2004 BGBl. I, 3166.

8 Bilanzkontrollgesetz (BilKoG) v.15.12.2004, BGBl. I, 3408.

9 Abschlussprüferaufsichtsgesetz (APAG) v. 27.12.2004, BGBl. I, 3486.

10 Baums/Fischer, in Richter/Schüler/Schwetzler, Hrsg., Festschrift für Drukarczyk, 2003, S. 37 ff., 49; Baetge/Lutter (Hrsg.), Abschlussprüfung und Corporate Governance. Bericht des Arbeitskreises „Abschlussprüfung und Corporate Governance“, 2003, S. 25 ff.

11 Bigus/Schäfer (Fn. 1), S. 19 ff.

12 AaO. (Fn. 1), S. 21.

beschränken ist, während Umverteilungsschäden, bei denen Verlusten eines Teils der Anleger entsprechende Profite anderer Anleger gegenüberstehen, nicht berücksichtigt werden sollten. Der Untersuchung differenziert hinsichtlich der Haftung zwischen Primär- und Sekundärmarkt und entwickelt für letzteren alternative Haftungskonzepte. Dem soll im folgenden weiter nachgegangen werden. Dabei sollen zunächst die allgemeinen Rechtsgrundlagen der Informationshaftung und die rechtlichen und ökonomischen Aspekte einer Einbeziehung Dritter und der Begrenzung des Haftungsumfangs auf dem Sekundärmarkt untersucht werden (u. 2). Hieran anschließend wird für die Haftung der Abschlussprüfer, aber auch der Wirtschaftsprüfer, die an Maßnahmen der freiwilligen Publizität von Unternehmen mitwirken, der Frage nach der Wirksamkeit des Haftungsregimes insbesondere in Bezug auf die Probleme des Kausalitätsbeweises und der Diskussion um die Reichweite der Theorie der Kapitalmarkteffizienz und ihrer rechtlichen Relevanz nachgegangen (u. 3). Hieraus werden Konsequenzen für die Effizienz der Informationshaftung am Kapitalmarkt de lege ferenda abgeleitet (u. 4). Eine kurze Schlussbemerkung schließt den Beitrag ab (u. 5).

B. Die Einbeziehung Dritter in die Informationshaftung für Vermögensschäden

I. Rechtsgrundlagen der allgemeinen Informationshaftung

Aus dem Grundsatz der Privatautonomie folgt, dass jeder Marktteilnehmer die für seine Entscheidungen relevanten Informationen auf eigene Kosten beschafft und das Risiko, auf Grund von falschen oder unzureichenden Informationen nachteilige Vermögensdispositionen zu treffen, selbst zu tragen hat. Die Weitergabe von Fehlinformationen verpflichtet demgemäß allein nicht zum Ersatz des Schadens, wie sich aus § 675 Abs. 2 BGB ergibt. Die Haftung für Fehlinformationen setzt vielmehr erst dann ein, wenn durch die Lieferung von Fehlinformationen vertragliche oder besondere gesetzliche Pflichten verletzt worden sind oder wenn durch Fehlinformationen deliktsrechtliche Tatbestände erfüllt worden sind (§ 823 Abs. 2 BGB iVm. § 263 StGB, § 826 BGB).

Die Beschaffung von Informationen erfolgt teils durch Transaktionsgeschäfte am Markt für Informationen im Rahmen von Leistungsaustauschverträgen, teils durch Rückgriff auf allgemein zugängliche Quellen. Für Verträge, die die Beschaffung von Informationen zum Gegenstand haben, ergibt sich die Haftung für fehlerhafte Informationen aus den allgemeinen Bestimmungen über Nichterfüllung oder Schlechterfüllung vertraglicher Leistungspflichten. Die Haftung umfasst im Falle schuldhafter Pflichtverletzungen auch den Ersatz aller unmittelbarer oder mittelbarer Nachteile des schädigenden Verhaltens (vgl. § 280 Abs. 1 BGB). Umfasst werden insbesondere Folgeschäden aufgrund von Vermögensdispositionen des Geschädigten, sofern sie im Schutzbereich der verletzten Pflicht liegen. Die Haftung setzt danach voraus, dass sich im Folgeschaden ein Risiko verwirklicht hat, das durch die vertraglich übernommene Informationsbeschaffungspflicht verhindert werden sollte. Bei Kapitalanlagen folgt daraus, dass jemand, dem Anlageinteressenten nur hinsichtlich eines bestimmten für das Vorhaben bedeutsamen Einzelpunktes Aufklärung schuldet, im Falle eines Fehlers lediglich für die Risiken einzustehen braucht, für deren Einschätzung die geschuldete Aufklärung maßgeblich war.[13] Informationspflichten ergeben sich auch als vertragliche Nebenpflichten oder als vorvertragliche Pflichten im Rahmen von Vertragsverhandlungen aus den Grundsätzen der Vertrauenshaftung.[14] Außerhalb dieser besonderen Beziehungen besteht keine generelle Informationshaftung. Wer Fehlinformationen in den Verkehr bringt, die andere zu Vermögensdispositionen veranlassen, haftet grundsätzlich nicht für daraus folgende Vermögensschäden. Wer solche Informationen verwertet, tut dies auf eigene Gefahr. Deliktsrechtlich kommt eine Haftung für Fehlinformationen und dadurch verursachte Vermögensschäden nur unter den Voraussetzungen des Verstoßes gegen ein Schutzgesetz (§ 823 Abs. 2 BGB iVm. u.a. § 263 StGB, §§ 400, 403 AktG) sowie in den Fällen einer vorsätzlichen sittenwidrigen Schädigung Dritter (§ 826 BGB). Primäre Vermögensschäden werden im übrigen deliktsrechtlich nicht erfasst.[15]

Eine Einbeziehung der Vermögensschäden von Personen, die selbst nicht Vertrags- oder Verhandlungspartner sind, in die Informationshaftung wird - insbesondere von der Rechtsprechung – von einem vertraglichen Konsens nach Maßgabe des Vertrags mit Schutzwirkung für Dritte abhängig gemacht.[16] Andere Begründungen stützen die Erweiterung der Haftung auf das Prinzip des Vertrauensschutzes, das zu einem gesetzlichen Schuldverhältnis führt, wenn der Dritte – hier der Sachwalter - in besonderem Maße Vertrauen für sich in Anspruch nimmt (§ 311 Abs. 3 Satz 2 BGB).[17] Hieraus ist weiterführend eine Berufs- und Sachwalterhaftung entwickelt worden, die teils als zwischen Vertrag und Delikt angesiedelte eigenständige Haftung[18], teils als auf dem Vertrauensprinzip beruhende gesetzliche Haftung[19], die sich auf die Haftung für culpa in contrahendo stützt und diese konkretisiert[20], angesehen wird. Eine solche Sachwalter- bzw. Berufshaftung für unrichtige Auskünfte und Gutachten gegenüber Personen, die nicht ihre Vertragspartner sind, wird für Angehörige bestimmter Berufe, denen aufgrund ihrer Ausbildung ein besonderes Vertrauen entgegengebracht wird, zu denen insbesondere Sachverständige gehören, die über eine besondere, vom Staat aufgrund von Prüfungen anerkannte Sachkunde verfügen, aus culpa in contrahendo abgeleitet[21] und

---

13 BGH NJW-RR 2003, 1035; *BGHZ* 116, 209, 213 = NJW 1992, 555; *BGH*, NJW 1998, 982 983; NJW 2001, 962 = WM 2001, 297 298; NJW 2002, 2459 = WM 2002, 1440, 1441.

14 Dazu näher aus rechtsökonomischer Sicht Schäfer/Ott, Lehrbuch der ökonomischen Analyse des Zivilrechts, 4. Aufl., 2005, S. 523 ff.; krit. zur vertrauenstheoretischen Begründung Fleischer, Informationsasymmetrie im Vertragsrecht: eine rechtsvergleichende und interdisziplinäre Abhandlung zu Reichweite und Grenzen vertragsschlussbezogener Aufklärungspflichten, 2001, S. 416 ff.

15 S. dazu näher MünchKommBGB-Wagner, 4. Aufl., 2004, § 823 RdNr. 176 ff.

16 Zur Haftung von Wirtschaftsprüfern BGHZ 167, 155 =NJW 2006, 1975; BGHZ 138, 257, BGHZ 145, 187, 197; BGH BB 2006, 770; allgemein zu den Voraussetzungen des Vertrags mit Schutzwirkung für Dritte BGHZ 127, 378; BGH NJW 2004, 3035.

17 S. dazu im einzelnen MünchKommBGB-Emmerich, 5. Aufl., 2007, § 311 RdNr. 253 ff.

18 MünchKommBGB-Wagner § 823 Rn. 217, 245.

19 Canaris, FS Larenz 1983, S. 27, 93.

20 Baumbach/Hopt, HGB, 32. Aufl.,2006, § 347 Rn. 22; ders., AcP 183, 608, 657; MünchKommBGB-Emmerich § 311 Rn. 254. Eingehend zu den unterschiedlichen Erklärungsansätzen Hirte, Berufshaftung, 1996, S. 386 ff.

21 MünchKommBGB-Emmerich § 311 Rn. 253 f.

zudem auf die Dritthaftung gem. § 311 Abs. 3 BGB gestützt.[22] Über die Voraussetzungen, unter denen eine Verpflichtung Dritter neben den Parteien des Vertragsverhältnisses in Betracht kommt, besagt § 311 Abs. 3 BGB bei Lichte besehen nichts.[23] Die Rechtsprechung hält demgegenüber daran fest, die Fälle der Sachwalter- und Berufshaftung für unrichtige Auskünfte mittels des Rechtsinstituts des Vertrags mit Schutzwirkung für Dritte zu lösen.[24] Dies gilt insbesondere auch für die Haftung von Abschlussprüfern gegenüber Anlegern.[25] Die von der Rechtsprechung vorgenommene Begrenzung der Dritthaftung nach Konsenskriterien verdient den Vorzug vor einer Abgrenzung nach Kriterien der Vertrauenshaftung und einer darauf gestützten Berufshaftung.[26] Entscheidend dafür ist die Kalkulierbarkeit der Risikoerweiterung durch den Prüfer. Dies entspricht auch der Intention des Gesetzgebers.[27]

Die Einbeziehung eines Dritten in den Schutzbereich eines Vertrags setzt einen rechtsgeschäftlichen Willen der Vertragsparteien zur Einbeziehung des Dritten voraus.[28] Ob ein Dritter in den Schutzbereich des Vertrags einbezogen werden soll, ist durch Vertragsauslegung zu ermitteln. Die Rechtsprechung hat einen dahingehenden Willen angenommen, wenn ein Gutachten erstellt wird, das erkennbar zum Gebrauch gegenüber Dritten bestimmt ist und diesen als Grundlage für Vermögensdispositionen dienen soll.[29] Weist der Vertrag insofern eine Regelungslücke auf, so ist der Schutzbereich im Wege der ergänzenden Vertragsauslegung zu bestimmen, wobei darauf abgestellt wird, ob der Gläubiger am Schutz des Dritten ein besonderes Interesse hatte und der Vertrag nach Inhalt und Zweck erkennen lässt, dass diesem Interesse Rechnung getragen werden sollte.[30] Einschränkend betont die Rechtsprechung, dass regelmäßig nicht angenommen werden kann, dass der Schuldner ein so weites Haftungsrisiko übernehmen will, wie es sich aus der Einbeziehung einer unbekannten Vielzahl von Gläubigern in den Schutzbereich ergäbe.[31] Den tragenden Grund für die Beschränkung des Kreises der einbezogenen Dritten sieht die Rechtsprechung darin, dass das Haftungsrisiko für den Schuldner kalkulierbar gehalten werden muss und ihm nicht zugemutet werden kann, sich ohne zusätzliche Vergütung auf das Risiko einer erweiterten Haftung einzulassen.[32] Dies entspricht dem Prinzip der Privatautonomie. Eine Verkehrssicherungspflicht gegenüber jedermann die Verbreitung von Informationen ist dem Haftungsrecht fremd. Auch die besondere Sachkunde eines Experten begründet keine solche Pflicht, weil sich die

---

22 MünchKommBGB-Emmerich § 311 Rn. 259; Canaris JZ 2001, 499, 520; Finn NJW 2004, 3752; Koch AcP 204 (2004) 59, 70; Schumacher/Lada ZGS 2002, 450, 455; Teichmann JuS 2001, 1485.

23 MünchKommBGB-Emmerich § 311 Rn. 232; Kilian NZV 2004,489, 494

24 BGHZ 159,1,4 = NJW 2004, 335; BGH NJW 2004, 3420; BGH WM 2006,424; BGH AG 2006, 197; s.w. MünchkommBGB-Gottwald, 5. Aufl., 2007, § 328 Rn. 151, 162; Palandt-Grüneberg § 328 Rn. 13 ff.

25 BGHZ 138, 257; BGH NJW-RR 2006, 611; BGH NJW 2002, 3625; Lettl NJW 2006, 2817.

26 Kindler/Otto BB 2006, 1443; Zugehör NJW 2000, 1601; Brors ZGS 2005, 142; Palandt-Grüneberg § 311 Rn. 60, § 328 Rn. 34.

27 BGH NJW 2006, 1975 Pre-IPO Investor = BB 2006, 1441 m.Anm. Kindler/Otto; MünchKommBGB-Emmerich § 311 Rn. 232; Palandt-Grüneberg § 328 Rn. 34.

28 BGH NJW 2004, 3035, 3036

29 BGH NJW 2004, 3035, 3036.

30 BGH NJW 2004, 3035, 3036; BGHZ 138, 257, 261= NJW 1998 1948.

31 BGH NJW 2006, 611, 612.

32 GH NJW 2004, 3035, 3038; BGHZ 51, 91, 96.

besondere Qualifikation in einer Erhöhung der Sorgfaltspflichten, also in pflichtenverstärkender, nicht in pflichtenbegründender Weise auswirkt.[33] Um eine eigenständige dogmatische Kategorie handelt es sich bei der Berufshaftung folglich nicht.[34] Ohne primäre Verkehrspflicht kann es auch bei Berufsausübung keine Haftung aus Verkehrspflichtverletzung geben.

II. Kosten der Einbeziehung Dritter

Die Kosten der Informationsbeschaffung trägt der Besteller in Höhe des vertraglich vereinbarten Entgelts. Diese Kosten erhöhen sich nicht dadurch, dass Dritte die Informationen durch den Besteller erhalten und sie dadurch nutzen können. Das kann im Interesse des Bestellers liegen. Es ist dann seine Sache, ob er die Informationen entgeltlich oder unentgeltlich weitergibt. Müssen die Informationen kraft gesetzlicher Publizitätspflichten offen gelegt werden, so werden sie zu einem öffentlichen Gut, von dessen Nutzung niemand ausgeschlossen werden kann. Auch in diesem Fall erhöhen sich die Kosten der Informationsbeschaffung nicht. Anders verhält es sich den Kosten des Haftungsrisikos. Diese erhöhen sich mit jedem Dritten, der in den Schutzbereich des Vertrags einbezogen wird, sofern sich dadurch das Haftungsrisiko erweitert, d.h. die Zahl der potentiellen Haftungsgläubiger und das Volumen möglicher Schadensersatzansprüche zunimmt, wie das der Fall ist, wenn Anleger durch Vermögensdispositionen aufgrund von fehlerhaften Informationen Vermögensschäden erleiden. Soweit die Dritten die Informationen nicht durch Transaktionsgeschäfte erhalten, besteht keine Möglichkeit, ihnen Risikoprämien als Teil des Kaufpreises aufzuerlegen. Die Dritten erhalten hier Vermögensvorteile durch unentgeltliche Informationen, die sie zum eigenen Vorteil nutzen können bzw. durch eine prämienfreie Absicherung des Risikos fehlerhafter Informationen. Kann der Gutachter die Haftungskosten nicht auf den Besteller abwälzen, wird eine Jedermannshaftung dazu führen, dass solche Gutachten aus dem Markt herausgepreist werden.[35] Anders als bei einer vertraglichen Einbeziehung Dritter in die Informationshaftung haben bei einer Jedermannshaftung weder der Gutachter noch der Besteller die Möglichkeit, den Kreis der im Falle einer Fehlinformation anspruchsberechtigten Dritten zu begrenzen und das Haftungsrisiko dadurch kalkulierbar zu halten.

III. Jedermannshaftung für Fehlinformationen

Außerhalb vertraglicher bzw. quasi-vertraglicher Beziehungen ist die Haftung für Fehlinformationen an die Tatbestände des Deliktsrechts gebunden und dementsprechend eingeschränkt. Eine Haftung gegenüber Anlegern am Kapitalmarkt kommt nur in Betracht, wenn gegen besondere gesetzliche Pflichten verstoßen worden ist, die gerade auch den Schutz der Anleger bezwecken (§ 823 Abs. 2 BGB)[36], oder im Falle einer vorsätzlichen sittenwidrigen Schädigung (§ 826 BGB). Eine uferlose Einbeziehung Dritter mit der Folge eines unkalkulierbaren

33 Larenz/Canaris, Schuldrecht, Band II, 13. Aufl., 1993, § 76 III 3b, S. 409; BeckOK-Spindler § 823 Rn. 232; krit. MünchKommBGB-Wagner § 823 Rn. 247.
34 ünchKommBGB-Wagner § 823 Rn. 245; BeckOK-Spindler § 823 Rn. 231.
35 Schäfer, Wertgutachten (Fn. 1), S. 839.
36 Schutzgesetz ist hinsichtlich der Aktionäre § 400 Abs. 1 Nr. 1 AktG; BGH NJW 2004, 2664.

Haftungsrisikos droht bei der deliktsrechtlichen Jedermannshaftung demgemäß nicht. Die durch eine vorsätzliche sittenwidrige Schädigung Dritter verursachten Haftungskosten haben ihren Grund nicht in dem einer Informationsbeschaffung immanenten Fehlerrisiko, sondern in einem dem Gutachter bewussten Mangel, bei dem er die Schädigung Dritter zumindest billigend in Kauf genommen hat. Für den Schaden des Dritten muss der Gutachter in diesem Fall selbst aufkommen; hierfür besteht weder Versicherungsschutz (§ 152 VVG) noch können die Haftungskosten auf den Besteller abgewälzt werden können (§ 242 BGB).

Allerdings sind die Haftungsvoraussetzungen des § 826 BGB durch die Rechtsprechung in Bezug auf die Informationshaftung deutlich abgemildert worden. Das wirft die Frage auf, inwieweit sich die Haftung aus § 826 BGB dadurch einer Verkehrssicherungspflicht für Vermögensinteressen Dritter angenähert hat. Die Haftung gem. § 826 BGB für fehlerhafte Testate von Abschlussprüfern greift nach den von der Rechtsprechung des BGH entwickelten Kriterien ein bei einem grob leichtfertigen, gewissenlosen Verhalten. Darunter fallen Konstellationen, in denen der Verstoß gegen die üblichen beruflichen Methoden so schwer ausfällt, dass der Täter sich der nahe liegenden Gefahr der Unrichtigkeit seines Testats klar bewusst ist.[37] Der Tatbestand des § 826 BGB ist auch erfüllt, wenn der Schädiger eine gewissenlose Rücksichtslosigkeit an den Tag gelegt hat, indem er aus eigennützigem Vorteilsstreben ohne Rücksicht auf die Belange Dritter handelt, etwa indem er sich über Bedenken hinwegsetzt oder gegenüber den Folgen des eigenen leichtfertigen Verhaltens gleichgültig eingestellt ist.[38] Die Haftung setzt mehr als grobe Fahrlässigkeit voraus.[39] Gewissenloses und grob leichtfertiges Verhalten erfüllt den Tatbestand der Sittenwidrigkeit, ersetzt aber nicht den Schädigungsvorsatz, der weiterhin zusätzlich zu prüfen ist und trotz Leichtfertigkeit fehlen kann.[40] Trotz dieser Unterscheidung zieht die Rechtsprechung aus der Art des Sittenverstoßes einen Rückschluss auf das Vorliegen eines Vorsatzes in Betracht[41]. Die Grenze zur Haftung wegen grober Fahrlässigkeit verschwimmt zusehends, wenn bereits das besonders leichtfertige Verhalten den bedingten Vorsatz indizieren soll.[42] Gleichwohl setzt aber die Haftung aus § 826 BGB eine besondere subjektive Vorwerfbarkeit des Verstoßes voraus.[43] Maßgeblich ist, ob der Täter aktuelle Kenntnis von der Möglichkeit des Schadenseintritts hatte.[44] Dies kommt dem Tatbestand des dolus eventualis zumindest nahe.[45] Die Haftung von Abschlussprüfern ist demgemäß bejaht worden bei der Erstellung von Gefälligkeitsgutachten, in Fällen nachlässiger Ermittlung der Tatsachenbasis[46] und des Zugrundelegens ungeprüfter Angaben Dritter[47]

---

[37] BGH NJW 1991, 3282; Staud.-Oechsler § 826 Rn. 213.

[38] BGH NJW 1991, 3282.

[39] BGH NJW 1962, 1766; BeckOK-Spindler § 826 Rn. 11

[40] BGH NJW 1991, 3282.

[41] BGHZ 129, 136, 177 = NJW 1995, 1739; BGH WM 1975, 559, 560. Krit. Hopt AcP 183 (1983) 608, 633: „Denaturierung der Vorsatzhaftung". Zweifelnd Fleischer in Assmann/Schütze, Handbuch des Kapitalanlagerechts, 3. Aufl., 2007, § 7 RdNr. 24.

[42] BeckOK-Spindler § 826 Rn. 11.

[43] BGHZ 160, 149, 158 – besondere Verwerflichkeit des Verhaltens; Edelmann BB 2004, 2031, 2032.

[44] MünchKommBGB-Wagner § 826 RdNr. 26.

[45] Vgl. BGHZ 160, 149, 154; Edelmann BB 2004, 2031, 2032.

[46] BGH NJW 1991, 3283.

sowie bei der Unterzeichnung eines Gutachtens ohne Prüfung seiner Richtigkeit[48] und bei Angaben ins Blaue hinein[49].

IV. Der Umfang des Schadensersatzes aus rechtsökonomischer Sicht

Wer Schadensersatz zu leisten hat, hat grundsätzlich den gesamten durch die Pflichtverletzung verursachten Schaden zu ersetzen und den Geschädigten so zu stellen, wie er ohne das schädigende Ereignis stehen würde. Eine Einschränkung der Schadenszurechnung nach der haftungsausfüllenden Kausalität kommt hinsichtlich solcher Schäden in Betracht, die vom Schutzzweck der Norm nicht erfasst werden, sowie hinsichtlich der Schäden, deren Eintrittswahrscheinlichkeit durch das Schadensereignis nur generell nicht erheblich erhöht worden ist.[50] Eine Differenzierung nach Art der eingetretenen Schäden findet nicht statt; zu ersetzen sind Substanzschäden und Vermögensschäden. Eine Anrechnung von Vorteilen kommt nur hinsichtlich solcher Vorteile in Betracht, die dem Geschädigten selbst zugeflossen sind, adäquat verursacht durch das Schadensereignis.[51] Außer Betracht verbleiben Vorteile, die Dritten zugeflossen sind und dem Geschädigten auch nicht mittelbar zugute kommen. Dem Umstand, dass dem Verlust eines Anlegers auf dem Sekundärmarkt, der aufgrund fehlerhafter Informationen über kursrelevante Umstände bestimmte Wertpapiere gekauft oder abgestoßen hat, ein entsprechender Gewinn anderer Anleger gegenübersteht, kommt haftungsrechtlich keine Bedeutung zu.

Aus rechtsökonomischer Sicht ergibt sich eine andere Beurteilung, wie Hans-Bernd Schäfer und Jochen Bigus in einer neueren Untersuchung nachgewiesen haben.[52] Um Anreize für ein effizientes Sorgfaltsniveau zu setzen, muss die Haftung am Erwartungswert des drohenden Schadens ausgerichtet sein, andernfalls wird ein zu niedriges oder – im Falle einer Übermaßhaftung - ein zu hohes Sorgfaltsniveau erreicht mit der Folge entweder zu hoher Schäden oder eines zu hohen Schadensvermeidungsaufwands.[53] In Bezug auf die Informationshaftung für Vermögensschäden am Kapitalmarkt ist zwischen Primärmarkt und Sekundärmarkt zu unterscheiden.[54] Die Haftung des Abschlussprüfers für Vermögensschäden der Anleger wirft bei Dispositionen auf dem Primärmarkt in Bezug auf die Schadensbemessung keine grundsätzlichen Probleme auf. Erwirbt ein Anleger Wertpapiere aus einer Neu-Emission zu einem Ausgabekurs, der auf einer fehlerhaften Überbewertung des Unternehmens beruht, erleidet er in Höhe der Differenz zwischen seinem Einstandskurs und dem Kurs, der sich bei richtiger Unternehmensbewertung ergibt, einen Vermögensschaden. Die

47 BGH NJW 1986, 180.

48 BGH WM 1962, 579.

49 BGH NJW 1991, 3283.

50 BGHZ 3, 266; BGH NJW 1972, 195. S. dazu Schäfer/Ott (Fn. 14) S. 264 f.

51 Auf den Streit um die maßgeblichen Zurechnungskriterien kommt es hier nicht an, s. dazu Palandt-Heinrichs vor § 249 RdNr. 120 ff. sowie Staudinger-Schiemann, 2005, § 249 RdNr. 138 ff.

52 Bigus/Schäfer (Fn. 1) S. 19 ff.

53 Dazu näher Schäfer/Ott (Fn. 14) S. 152 f.

54 Im ökonomischen Schrifttum ist diese Unterscheidung erstmals von Bigus/Schäfer vorgenommen worden. Zu Differenzierung im rechtswissenschaftlichen Schrifttum Baums/Fischer (Fn. 10), S. 40 ff., 47 ff.

Summe der Anlegerschäden entspricht dem gesamtgesellschaftlichen Schaden. Es handelt sich um einen reinen Ressourcenschaden. Der Emittent erzielt zwar einen Gewinn in Höhe der Zuvielzahlung der Anleger, der aber an den Anleger im Wege der Kondiktion oder des Schadensersatzes auszukehren und – soweit realisierbar – den Schaden des Anlegers mindert. Anders stellt sich die Situation auf dem Sekundärmarkt dar. Erwirbt ein Anleger an der Börse Wertpapiere zu einem wegen Fehlinformationen überhöhten Kurs, der nach Aufdeckung der Fehlbewertung sinkt, steht seinem Verlust ein entsprechender Gewinn des Verkäufers entgegen. Hierbei handelt es sich um Umverteilungsschäden, die die gesamtgesellschaftliche Schadensbilanz nicht tangieren. Insoweit handelt es sich um ein Nullsummenspiel. Ausgleichsansprüche zwischen Veräußerer und Erwerber der Wertpapiere kommen nicht in Betracht, sofern die Transaktion über die Börse und nicht durch direkten Kontakt stattgefunden hat und wären auch in letzterem Falle nicht begründet, da den Verkäufer keine Gewährleistung für den Kurswert der Wertpapiere trifft.[55] Ein Ressourcenschaden kann sich ergeben, wenn der Geschädigte im Vertrauen auf die Richtigkeit der Information Aufwendungen getätigt hat, die sich nach Aufdeckung der Fehlinformation als wertlos erweisen.[56] Das sind im Falle eines Anlegers, der auf dem Sekundärmarkt Wertpapiere erwirbt, die Erwerbskosten ggf. einschließlich der Kosten einer Kreditaufnahme. Gesamtwirtschaftliche Verluste ergeben sich aus der Fehlleitung von Kapital in das überbewertete Unternehmen sowie aus dem Vertrauensverlust in die Informationseffizienz von Aktienmärkten[57], weiter auch daraus, dass unredliche Unternehmen Ressourcen zur Verschleierung des wahren Sachverhalts und redliche Unternehmen Ressourcen zur Wiedergewinnung verlorenen Anlegervertrauens aufwenden.[58] Diese Kosten sind geringer als die Verluste der Anleger und zudem ist es schwierig, sie zu quantifizieren.[59]

V. Begrenzung des Haftungsumfangs auf dem Sekundärmarkt durch Ausschluss von Umverteilungsschäden

Aus rechtsökonomischer Sicht ist es zur Vermeidung einer Übermaßhaftung am Sekundärmarkt geboten, die Haftung für Fehlinformationen auf die Nettoschäden zu begrenzen. Dazu müssen die Umverteilungsschäden aus den von den Geschädigten geltend gemachten Schäden herausgenommen werden. Die Begrenzung der Schadensersatzansprüche auf Ressourcenschäden der Anleger[60] stößt jedoch schon auf die praktische Schwierigkeit, dass die Gerichte möglicherweise nicht die erforderlichen Informationen erlangen können, um die beiden

55 Nicht zur Beschaffenheit iSd. § 434 BGB gehört der Wert oder Marktpreis. Dieser hängt zwar auch von der Beschaffenheit ab, wird aber durch außerhalb der Sache liegende Marktkräfte gebildet, BeckOK-Faust, § 434 BGB Rn. 23.

56 Schäfer. Wertgutachten (Fn. 1) S. 814.

57 Schäfer ebd.

58 Fleischer, Gutachten 64. DJT, 2002, S. F 7 ff., F 100; ders., Informationsasymmetrie (Fn. 14) S. 124 f., 263 f.; Posner, Economic Analysis of Law, 5th ed. 1998, § 15.8, S. 489.

59 Posner (Fn. 58) § 15.8, S. 489.

60 Israel Gilead, Tort Law and Internalization: The Gap Between Private Loss and Social Cost, International Review of Law and Economics 17 (1997) 589, 604 ff.

Schadenskomponenten zu ermitteln bzw. zu schätzen.[61] Davon abgesehen wäre eine solche Lösung mit dem geltenden Haftungsrecht nicht ohne weiteres vereinbar. Der dem Anleger aufgrund einer Fehlinformation entstandene Schaden, der auf der Pflichtverletzung eines Wirtschaftsprüfers beruht, umfasst den gesamten individuellen Vermögensschaden einschließlich des entgangenen Gewinns (§§ 249 Abs. 1, 252 BGB). Vorteile, die als Folge des schädigenden Ereignisses anderen zugeflossen sind, mindern – wie dargelegt – den Schaden des Anlegers nicht und bleiben insoweit außer Ansatz. Ihm den Ersatz der Schadensanteile, die sich ökonomisch als Umverteilungsschäden darstellen, zu verweigern, liefe darauf hinaus, dass dem Geschädigten trotz der im Grundsatz bejahten Haftung des Prüfers die Verluste, die in der Regel den wesentlichen Teil seines Schadens ausmachen werden, nicht ersetzt werden. Damit wird die Haftung des Abschlussprüfers gegenstandslos, es sei denn, es liegen nicht marginale Ressourcenschäden vor.

Ein anderer Vorschlag zur Vermeidung einer Übermaßhaftung geht dahin, den Ersatz reiner Vermögensschäden generell auszuschließen.[62] Dies führt unter der Voraussetzung zu einer Bemessung der Haftung am gesamtgesellschaftlichen Nettoschaden, dass sich die reinen Vermögensschäden mit den Umverteilungsschäden decken. Soweit Vermögensschäden dagegen auch nicht nur marginale Ressourcenschäden umfassen, würde der generelle Ausschluss von Vermögensschäden einen Teil der Nettoschäden unberücksichtigt lassen und damit Anreize für ein zu geringes Sorgfaltsniveau setzen. Ressourcenschäden als reine Vermögensschäden kommen in Betracht, wenn die Fehlinformation zum Verlust der eingesetzten Ressource führt, ohne dass dem ein entsprechender Gewinn an anderer Stelle entgegensteht. Das ist der Fall, wenn aufgrund einer falschen Unternehmensbewertung Geld in ein insolvenzreifes Unternehmen investiert wird und über das Unternehmen kurz danach das Insolvenzverfahren eröffnet wird. Diese Konstellation ist jedoch auf Investitionen am Primärmarkt beschränkt. Bei Transaktionen am Sekundärmarkt fließt dem Unternehmen kein Geld zu. Hier korrespondiert der Verlust dessen, der Aktien eines fehlbewerteten, in Wirklichkeit insolvenzreifen Unternehmens kauft, mit den Kursgewinnen des Verkäufers. Der Nichtersatz reiner Vermögensschäden schließt folglich eine Übermaßhaftung zuverlässig aus. Ob dies zu einem zu geringen Sorgfaltsniveau führt, hängt davon ab, ob bei Transaktionen am Sekundärmarkt in nennenswertem Umfang mit Ressourcenschäden als Folge von Fehlinformationen zu rechnen ist.

Differenzierte Lösungsvorschläge zur Vermeidung einer Übermaßhaftung auf dem Sekundärmarkt haben Bigus/Schäfer entwickelt.[63] Zum einen betrifft dies die Begrenzung der Haftung der Wirtschaftsprüfer auf den Betrag, der der Anlegergemeinschaft per Saldo als Schaden entstanden ist, entweder durch eine reine Binnenhaftung gegenüber dem Unternehmen oder durch eine betragsmäßige Begrenzung der Dritthaftung. Alternativ plädieren sie für die Zulassung der Dritthaftung in vollem Umfang mit einer Herabsetzung des

---

[61] Schäfer, Wertgutachten (Fn. 1), S. 835.
[62] W. Bishop, Economic Loss in Tort, Oxford Journal of Legal Studies, 2, S. 1 ff (1982).
[63] Bigus/Schäfer (Fn. 1) S. 35 f., 39f.

Haftungsmaßstabs auf grobe Fahrlässigkeit, wenn der Wirtschaftsprüfer nachweist, dass die geltend gemachten Schäden der Anleger ein Vielfacher jener Schäden betragen, die er durch sein Verhalten dem Unternehmen bzw. der Eigentümergemeinschaft insgesamt zugefügt hat. Eine Begrenzung der Haftung auf den durch Fehlinformationen verursachten Nettoschaden ließe sich mit voller Konsequenz freilich nur in einem Verfahren der Anlegergemeinschaft erreichen, was voraussetzen würde, dass die Anlegergemeinschaft kollektiv die Schäden der Anleger geltend macht, eine Voraussetzung, die offensichtlich nicht erfüllbar ist. Stattdessen könnte eine anstelle der Dritthaftung eine Binnenhaftung des Prüfers gegenüber dem Unternehmen in Betracht gezogen werden. Bigus/Schäfer weisen jedoch zutreffend auf die Schwierigkeit hin, den Schaden des Unternehmens zu bemessen.[64] Davon abgesehen kann nicht ausgeschlossen werden, dass es Schadensersatzansprüche aufgrund von Absprachen zwischen Management und Wirtschaftsprüfer nicht durchgesetzt werden.[65] Die weitere Überlegung, die Haftung betragsmäßig auf den Schaden zu begrenzen, der der uninformierten Anlegergemeinschaft per Saldo entsteht, stößt wiederum auf die Schwierigkeit, den Nettoschaden zu erfassen, und auf den grundsätzlichen Einwand, dass eine Beschränkung des Schadensersatzes auf einen Teil der dem Anleger entstandenen Vermögensschäden mit den Grundprinzipien des geltenden Schadensersatzrechts kaum vereinbar ist, wenn eine Dritthaftung überhaupt bejaht wird. Eine Reduzierung des Haftungsmaßstabs der Dritthaftung gegenüber Anlegern auf grobe Fahrlässigkeit zur Vermeidung einer Übermaßhaftung ist dagegen rechtlich nicht nur möglich, sondern entspricht auch der geltenden Rechtslage. Eine vertragliche Dritthaftung der Wirtschaftsprüfer, die auch bei einfacher Fahrlässigkeit eingreift, kommt nach der Rechtsprechung nur im Konsens mit dem Prüfer in Betracht und scheidet daher als Anspruchsgrundlage für eine generelle Haftung gegenüber geschädigten Anlegern aus. Für die „Jedermannshaftung" nach § 826 BGB gilt dagegen ein gegenüber grober Fahrlässigkeit noch verschärfter Haftungsmaßstab.

Bei einer allein auf § 826 BGB gegründeten Dritthaftung gegenüber Anlegern wird eine Übermaßhaftung insofern zuverlässig vermieden, als die Wirtschaftsprüfer die Tatbestandsvoraussetzungen der Haftung und die daraus sich ergebenden Sorgfaltsanforderungen sicher erkennen und einhalten können. Ob damit auch das Ziel erreicht werden kann, Umverteilungsschäden auszuklammern und die Haftung auf Ressourcenschäden zu beschränken, erscheint aber fraglich, weil die Haftungsbeschränkung nicht an die Kategorien der Umverteilungs- bzw. Ressourcenschäden anknüpft. Vielmehr wird bei dieser Variante die Dritthaftung vollen Umfangs zugelassen, worauf Bigus/Schäfer ausdrücklich hinweisen.[66] Eine Ausrichtung der Haftung an den durch Fehlinformationen verursachten Nettoschäden mag durch die erschwerten Anspruchsvoraussetzungen und die dadurch reduzierte Zahl der Haftungsfälle im praktischen Ergebnis näherungsweise erreicht werden, ist aber nicht systematisch gesichert.

---

64 Bigus/Schäfer (Fn. 1), S. 21,Fn. 43.
65 Bigus/Schäfer (Fn. 1), S. 21, 30.
66 Bigus/Schäfer (Fn. 1) S. 36.

VI. Einschränkung der Jedermannshaftung für Vermögensschäden

Wie bereits dargelegt ist innerhalb des Vermögensschadens, den ein Anleger durch schuldhafte Fehlinformationen seitens eines Wirtschaftsprüfers erlitten hat, eine haftungsrechtliche Differenzierung nach Umverteilungsschäden und Ressourcenschäden rechtlich nicht zulässig. Wenn aber bei Wertpapiergeschäften auf dem Sekundärmarkt Ressourcenschäden im ganzen nur eine marginale Bedeutung zukommt, dann erscheint es konsequent, Vermögensschäden auf dem Sekundärmarkt grundsätzlich nicht zu ersetzen. Das ist mit dem geltenden Recht vereinbar und entspricht auch seiner Tendenz. Reine Vermögensschäden außerhalb vertraglicher Schuldverhältnisse werden haftungsrechtlich nur ausnahmsweise in gesetzlich normierten Sonderfällen (§ 823 Abs. 2 BGB) und im übrigen nur unter den engen Voraussetzungen des § 826 BGB erfasst. Die Rechtsprechung hat gerade auch in Informationshaftungsfällen allen Bestrebungen widerstanden, die Fluttore des Haftungsrechts zu öffnen und eine Jedermannshaftung für Vermögensschäden zuzulassen. Der Tatbestand des § 826 BGB erfasst im wesentlichen nur extreme und in verwerflicher Gesinnung begangene Pflichtverletzungen, dient aber nicht einem umfassenden Anlegerschutz. Umverteilungsschäden werden nur in einem dem beschränkten Anwendungsbereich der Norm entsprechenden Umfang ersetzt. Dies kann deshalb aus rechtsökonomischer Sicht in Kauf genommen werden. Zu einer Übermaßhaftung führt der an sich zu hohe Schadensersatz hier nicht, weil Wirtschaftsprüfer eine Haftung aus § 826 BGB leicht vermeiden können. Unter diesen eingeschränkten Voraussetzungen ist eine Haftung für Vermögensschäden unter Effizienzgesichtspunkten unbedenklich. Ihr kommt auch eine wichtige Präventivfunktion in Bezug auf die Einhaltung beruflicher Mindeststandards zu.

C. Dritthaftung der Abschlussprüfer im Rahmen der Unternehmenspublizität

I. Primärmarkt

Hinsichtlich der Emission von Wertpapieren kommt eine börsengesetzliche Prospekthaftung der Abschlussprüfer gem. §§ 44, 45 BörsG grundsätzlich nicht in Betracht. Dies gilt auch für die im Prospekt genannten Wirtschaftsprüfer. Auch die Bereitstellung unrichtigen Materials für den Prospekt begründet keine Haftung nach diesen Bestimmungen. Die Prospekthaftung gem. §§ 44, 45 BörsG erfasst vielmehr nach h.M. nur die Personen, von denen der Prospekt ausgeht und die Gesamtverantwortung für den Prospekt tragen.[67] Hierdurch wird eine Haftung der Abschlussprüfer gegenüber Anlegern von der gesetzlichen Prospekthaftung ausgenommen, obwohl gerade die testierten Zahlen von wesentlicher Bedeutung für die Aussagekraft des Prospekts sind.

[67] Fleischer, Gutachten (Fn. 58) S. F 66 ff.; Assmann in Assmann/Schütze, Handbuch des Kapitalanlagerechts, 3. Aufl., 2007, § 7 RdNr. 224; ders., AG 2004, 436 m.w.Nachw. Dag. Baumbach/Hopt, HGB, 32. Aufl., 2006, BörsG § 44 RdNr. 3: Haftung der Wirtschaftsprüfer für den von ihnen verantworteten Teil. Für fehlerhafte Verkaufsprospekte für Wertpapiere, die nicht an einer inländischen Börse zugelassen sind, gelten §§ 44, 45 BörsG entsprechend, §§ 1, 13 VerkProspG.

Der Adressatenkreis der zivilrechtlichen Prospekthaftung bestimmt sich nach den gleichen Kriterien, wie sie auch für die gesetzliche Prospekthaftung gelten.[68] Haftbar sind danach Personen, die entweder den Prospekt herausgeben und für die Prospektherausgabe verantwortlich sind oder hinter der Gesellschaft stehen, in ihr besonderen Einfluss ausüben und daher für die Prospektherausgabe mitverantwortlich sind oder wenn sie in den Prospektinhalt einbezogen sind, nach außen in Erscheinung treten und dadurch einen Vertrauenstatbestand (Garantenstellung) begründen.[69]

Die Dritthaftung des Abschlussprüfers wird, soweit sie die Pflichtprüfung betrifft, durch § 323 Abs. 1 Satz 3 HGB ausgeschlossen. Der Ausschluss vertraglicher Ansprüche Dritter für den Fall fehlerhafter Pflichtprüfungen soll verhindern, dass das Unternehmen die Haftungsmasse, die es beim Abschlussprüfer als Schadensersatz erhält, teilen muss.[70] Die Rechtsprechung lässt dagegen eine Dritthaftung des Abschlussprüfers auch im Rahmen der Pflichtprüfung zu, wenn die Prüfung auch im Interesse eines bestimmten Dritten durchgeführt wird und das Ergebnis dem Dritten als Entscheidungshilfe dienen soll, betont aber die Notwendigkeit einer restriktiven Anwendung von Grundsätzen der vertraglichen Dritthaftung.[71] Der Ausschluss der Dritthaftung hat auch Bedeutung für den Interessenkonflikt zwischen Anlegern, Gesellschaftern und Gläubigern. Es soll dadurch ein sachgerechtes Verfahren der Abwicklung erreicht und ein „Windhund-Rennen“ verhindert werden, bei dem die Anleger, die als erste am Zug sind, die bei den Abschlussprüfern verfügbare Haftungsmasse an sich ziehen.[72]

Die Dritthaftung außerhalb des § 323 HGB bleibt unberührt; dies gilt z.B. für die Ankündigung eines unrichtigen Testats als Entscheidungshilfe für Dritte ebenso wie für die Einbeziehung Dritter in den Schutzbereich des Prüfvertrags über die Pflichtprüfung.[73] Eine analoge Anwendung des § 323 Abs. 1 Satz 3 HGB wird allgemein abgelehnt.[74] Jedoch wird die Haftung des Abschlussprüfers außerhalb des Geltungsbereichs des § 323 HGB durch hohe Anforderungen an die Einbeziehung Dritter in den Schutzbereich des Vertrags stark eingeschränkt und auf Sonderfälle begrenzt wird, in denen es zu einem persönlichen Kontakt des Dritten mit dem Prüfer kommt und vom Prüfer eine besondere Leistung im Drittinteresse erwartet wird.[75] In Betracht kommt ferner eine deliktsrechtliche Haftung des Abschlussprüfers gegenüber Anlegern gem. § 826 BGB.

---

68 Kümpel, Bank- und Kapitalmarktrecht, 3. Aufl., 2004, Rn. 9.400.

69 BGHZ 167, 155= NJW 2006, 1975- Pre IPO Investoren; BGHZ 158, 110, 115=NJW 2004, 1732; BGH NJW-RR 2006, 611; BGHZ 115, 213, 217: BGHZ 145, 121, 127.

70 Wiedemann in Ebenroth/Boujong(Joost, HGB, 1. Aufl., 2001, § 323 Rn. 16

71 BGH WpG 1998, 647; BGH NJW 2006, 1975 – Pre-IPO Investoren.

72 MünchKommHGB-Ebke § 323 Rn. 126; Feddersen WM 1999, 105, 113.

73 BGH/ 167, 155= NJW 2006, 1975 – Pre IPO Investoren; BGHZ 138, 257, 260 = BB 2006, 770.

74 BGHZ 138, 257, 259 f.; Baumbach/Hopt (Fn. 20) HGB § 316 Rn. 8.

75 BGHZ 167, 155= NJW 2006, 1975 – Pre-IPO Investoren.

II. Sekundärmarkt

Eine Haftung des Abschlussprüfers kommt in Betracht in Bezug auf seine Mitwirkung im Rahmen der Regelpublizität. Dies betrifft die Mitwirkung bei der Erstellung des Jahresabschlusses und des Lageberichts (§§ 242 Abs. 2, 289 Abs. 1 HGB) und die Erteilung des Testats, weiter die Mitwirkung an Zwischenberichten (§§ 316-324 HGB, §§ 6-10 PublG). Gegenstand und Umfang der Prüfung ergeben sich aus § 317 HGB. Die Prüfung des Lageberichts bezieht sich u.a. darauf, ob der Bericht eine zutreffende Vorstellung von der Lage und den Risiken der zukünftigen Entwicklung der Gesellschaft vermittelt (§ 317 Abs. 2 HGB). Bei einer börsennotierten AG bezieht sich die Prüfung auch darauf, ob der Vorstand die ihm nach § 91 Abs. 2 AktG obliegenden Maßnahmen der Früherkennung von Risiken für den Fortbestand der Gesellschaft getroffen hat und ob das Überwachungssystem geeignet ist, seine diesbezüglichen Aufgaben zu erfüllen (§ 317 Abs. 4 HGB). Die Prüfung des Jahresabschlusses und des Lageberichts hat zum Ziel, dass Unrichtigkeiten und Rechtsverstöße, die sich auf die Darstellung der Vermögens-, Finanz- und Ertragslage der Gesellschaft wesentlich auswirken, erkannt werden.[76] Die Haftung des Abschlussprüfers ergibt sich aus § 323 Abs. 1 HGB; sie ist auf eine Haftung gegenüber der Gesellschaft beschränkt (§ 323 Abs. 1 Satz 3 HGB). Dieser Haftungsausschluss gilt jedoch nach Rechtsprechung und h.M. nicht im Falle der vertraglichen Einbeziehung Dritter in den Schutzbereich des Prüfungsvertrags und nicht für die deliktische Haftung des Abschlussprüfers.[77]

Bei fehlerhaften Ad-hoc-Mitteilungen sowie bei der Veröffentlichung unwahrer Insiderinformationen greift die Haftung der Gesellschaft gem. §§ 37b, 37c, 15 Abs. 6 WpHG ein. Schadensersatzansprüche, die auf anderen Rechtsgrundlagen beruhen, bleiben unberührt (§ 15 Abs. 6 Satz 2 WpHG). Dies betrifft die persönliche Außenhaftung der Organmitglieder, die nach geltendem Recht nur gem. § 826 BGB in Betracht kommt.[78] Für den an einer fehlerhaften Ad-hoc-Mitteilung beteiligten Wirtschaftsprüfer kommt eine Haftung gegenüber Anlegern nur nach den allgemeinen Bestimmungen, d.h. aufgrund eines Vertrags mit Schutzwirkung für Dritte bzw. gem. § 826 BGB, in Betracht. Die Behandlung von Ad-hoc-Mitteilungen als Prospekte und ihre Unterwerfung unter die allgemeinen zivilrechtliche Prospekthaftung ist durch § 15 Abs. 6 WpHG ausgeschlossen.[79]

III. Kausalitätsprobleme der Informationshaftung

Die Verlagerung eines vom Anleger erlittenen Vermögensschaden auf den Abschlussprüfer setzt voraus, dass eine vom Prüfer zu verantwortende Fehlinformation für den Schaden des Anlegers ursächlich war. Die Darlegungs- und Beweislast hierfür trägt grundsätzlich der

---

76 BGH NJW-RR 2006, 611, 614; Baumbach/Hopt/Merkt (Fn. 20) HGB § 317 RdNr. 3.

77 BGHZ 138, 257, 260 f. =NJW 1998, 1948.

78 BGH BB 2004, 1814; BGH BB 2004, 1816; Edelmann BB 2004, 2031; Kort AG 2005, 21; Kübler/Assmann, Gesellschaftsrecht (Fn. 3) § 32 V S. 490.

79 Kübler/Assmann, Gesellschaftsrecht (Fn. 3) S. 505; Krause ZGR 2002, 799, 827; ebenso BGH NJW 2004, 2664 – Infomatec – zu § 15 Abs. 1 WpHG a.F.

Anleger. Für die Prospekthaftung auf dem Primärmarkt gilt die Sonderregelung gem. § 44 Abs. 1 BörsG, wonach der Anleger im Falle eines unrichtigen Börsenprospekts die Übernahme des Wertpapiers gegen Erstattung des Erwerbspreises und der mit dem Erwerb verbundenen Kosten verlangen kann, wenn das Erwerbsgeschäft innerhalb von sechs Monaten nach Einführung der Wertpapiere abgeschlossen wurde.

Im Übrigen hält die Rechtsprechung für die Informationsdeliktshaftung nach § 826 BGB im Sekundärmarkt daran fest, dass der Anleger, wenn er Schadensersatz wegen einer fehlerhaften Kapitalmarktinformation verlangt, den vollen Nachweis für die Schadensursächlichkeit der Fehlinformation erbringen muss. Verlangt er Schadensersatz im Wege der Naturalrestitution, so muss er darlegen und beweisen, dass er das fragliche Geschäft aufgrund der Fehlinformation getätigt hat.[80] Gleiches gilt nach Rechtsprechung und h.M., wenn der Anleger den Differenzschaden in Form des Unterschiedsbetrags zwischen dem tatsächlich gezahlten Transaktionspreis und dem Preis, der sich bei pflichtgemäßem Publizitätsverhalten gebildet hätte, geltend macht.[81] Die Anforderungen der Rechtsprechung sind dabei strikt. Verlangt wird der Nachweis einer konkreten Kausalität zwischen dem haftungsrelevanten Fehlverhalten des Beklagten und den Aktienkäufen des Klägers.[82] Der Anleger muss demgemäß beweisen, dass die falschen Angaben für seine Willensentschließung kausal waren. Dies setzt zunächst schon den Nachweis voraus, dass er die fraglichen Angaben selbst konkret zur Kenntnis genommen hat. Weiter bezieht sich der Nachweis der konkreten haftungsbegründenden Kausalität auch darauf, dass der Anleger die Kursrelevanz der Angaben erkennen konnte und erkannt hat.[83] Die Beweiserleichterung des Anscheinsbeweises kommt dem Anleger hinsichtlich der Kausalität der falschen Mitteilung für seine Disposition nicht zugute, da es sich bei der Anlageentscheidung um eine individuelle Willensentscheidung handelt, für die zudem unterschiedliche Faktoren rationaler und irrationaler Art in unterschiedlicher Gewichtung relevant sein können.[84]

Für den Anleger wird es in der Regel nahezu unmöglich sein, den Beweis der Ursächlichkeit einer Fehlinformation für seinen Kauf- bzw. Verkaufentschluss zu führen. Dies

---

80 BGH BKR 2005, 411 EM.TV

81 BGH NJW 2005, 2450 – EM.TV; BGH WM 2007, 684=ZIP 2007, 679; Fleischer in Assmann/Schütze (Fn. 41) § 7 RdNr. 36. Der hypothetische Preis soll mit den Mitteln der modernen Kapitalmarkttheorie und der Finanzwissenschaften zu ermitteln sein, wobei als Hilfsgröße die Kursentwicklung bei Aufdeckung der Fehlinformation herangezogen wird. And. Baums, Haftung wegen Falschinformation des Sekundärmarktes, ZHR 167 (2003) 139 ff.,185: Anspruch auf Ersatz der Differenz zwischen gezahltem bzw. erzielten Preis und wahrem Wert der Anlage, wenn der Anleger nicht im Vertrauen auf die Falschmeldung investiert, sondern zu teuer gekauft bzw. zu billig verkauft hat. Auch die Differenzhaftung setzt jedoch Kausalität der Falschmeldung voraus.

82 BGH BB 2007, 1806 =WM 2007, 1557 – ComROAD IV; BGH WM 2007, 1560 – ComROAD V;

83 Zu einem solchen Fall BGH WM 2007, 1557, 1559 – ComROAD IV; LG Bonn AG 2001, 484, 487 (Nachweis spezieller Analysekenntnisse); AG München WM 2002, 594, 596; OLG München ZIP 2002, 1727; OLG München ZIP 2002, 1989.

84 BGH NJW 2004, 2664, 2667; NJW 2004, 2668, 267 - Infomatec; s.w. BGHZ 100, 214, 216 = NJW 1987, 1944; BGHZ 104, 256, 259 = NJW 1988, 2040; Baumbach/Hartmann, ZPO, 64. Aufl., 2006, Anh. § 286 RdNr. 25; BeckOK-Schubert § 249 Rn. 167; zu denkbaren Ausnahmen BGHZ 123, 311, 316 f. = NJW 1993, 3259.

erkennt auch der BGH an.[85] Gleichwohl hat es der BGH aber abgelehnt, generell zugunsten des geschädigten Anlegers eine durch Fehlinformationen am Kapitalmarkt erzeugte „Anlagestimmung" als Grundlage für einen Anscheinsbeweis zu berücksichtigen und die durch Falschmitteilungen erzeugte allgemeine Marktsituation für den konkreten Kausalitätsnachweis genügen zu lassen und verweist dazu auf die vielfältigen kursbeeinflussenden Faktoren des Kapitalmarkts und die Uneinheitlichkeit der individuellen Willensentscheidungen der einzelnen Marktteilnehmer.[86] Auch extrem unseriöse Kapitalmarktinformation reicht als Kausalitätsbeweis nicht aus.[87] Ebenso wenig vermag die Berufung auf eine durch eine Fehlinformation beeinflusste „Haltestimmung" den Nachweis durch den Anleger zu ersetzen, dass er von einem geplanten Verkauf wegen der Fehlinformation Abstand genommen habe.[88] Eine Anlagestimmung als Grundlage eines Anscheinsbeweises ist nicht völlig ausgeschlossen, sie kommt nur ausnahmsweise im Einzelfall unter besonderen Voraussetzungen in Betracht.[89] Der BGH lehnt es auch ausdrücklich ab, entsprechend der Fraud-on-the-market-Theorie des US-amerikanischen Kapitalmarktrechts auf den konkreten Nachweis der Kausalität der Fehlinformation für die Anlageentscheidung zu verzichten.[90] An das enttäuschte allgemeine Anlegervertrauen in die Integrität der Marktpreisbildung anzuknüpfen würde – so der BGH in der Entscheidung ComROAD IV – zu einer uferlosen Ausweitung des ohnehin offenen Haftungstatbestandes der vorsätzlichen und sittenwidrigen Schädigung führen.[91]

Die Informationsdeliktshaftung kommt danach nur Anlegern zugute, die Geschäfte am Wertpapiermarkt aufgrund eigener Analysen tätigen und dies auch beweiskräftig dokumentieren können.[92] Das Erfordernis des konkreten Kausalitätsnachweises entspricht jedoch nicht der Informationsstruktur am Kapitalmarkt. Vielfach folgen Anleger – insbesondere private Anleger – bei ihren Dispositionen den Empfehlungen von Intermediären (Banken, Anlageberatern, Rating-Agenturen) oder Bewertungen von Unternehmen und entsprechenden Empfehlungen in den Medien. Inwieweit hierbei bestimmte Informationen bzw. Fehlinformationen eine für den Entschluss des Anlegers ausschlaggebende Rolle spielen oder aber zusammen mit anderen Faktoren in eine Gesamtbewertung eingehen, hängt von den Umständen des einzelnen Geschäfts und insbesondere vom relativen Gewicht einer bestimmten Fehlinformation

---

85 BGH NJW 2004, 2664, 2666 – Infomatec.

86 BGH NJW 2004, 2664, 2666 – Infomatec; BGH WM 2007, 1557 – ComROAD IV, BGH WM 2007, 1560 – ComROAD V, jeweils in Bezug auf Ad-hoc-Mitteilungen; BGH WM 2005, 1358 – EM.TV; BGH WM 2007, 683 – ComROAD I; BGH WM 2007, 684 = ZIP 2007, 679 – ComROAD II; BGH WM 2007, 487 – ComROAD III.

87 BGH WM 2007, 1557, 1558 – ComROAD IV; and. die Vorinstanzen OLG München NZG 2005, 518; LG München I, 2.9.2004 – 5 HKO 14438/04.

88 OLG Stuttgart ZIP 2006, 511= AG 2006, 383.

89 BGH WM 2007, 1557, 1558 – ComROAD IV; BGH WM 2007, 684.

90 BGHZ 160, 134 = WM 2004, 1731 – Infomatec; BGH WM 2007, 1557, 1559 – ComROAD IV; BGH WM 2007,1560 – ComROAD V; ebenso die beiden Nichtzulassungsbeschlüsse BGH WM 2007, 683 und WM 2007, 684.

91 BGH WM 2007,1557, 1559 – ComROAD IV; BGH WM 2007, 1560 – ComROAD V.

92 Vgl. BGH WM 2007, 1557, 1559: der Kl. hatte vorgetragen, er habe seine Investitionsentscheidungen an den regelmäßigen falschen Ad-hoc-Mitteilungen zeitnah überprüft und ständig die Ad-hoc-Mitteilungen studiert, morgens aus der Zeitung und aus dem Internet im Büro und abends auch noch. Zudem hat er einen Teil der Aktien am Tag der Bekanntgabe der Ad-hoc-Mitteilungen bzw. nur wenige Tage danach gekauft.

im Kontext der Erwägungen ab. Auch dabei kommt es entscheidend darauf an, ob dem Anleger die Fehlinformation konkret zur Kenntnis gebracht wurde und zu seinem Entschluss geführt hat.[93] Soweit die Fehlinformation in einer Gemengelage mit anderen Informationen, Einschätzungen und Bewertungen in den Markt einfließt und den Anleger nicht konkret erreicht, fehlt es an der haftungsbegründenden Kausalität.[94] Dies dürfte aber dem typischen Vorgang bei Wertpapiergeschäften nicht-professioneller Anleger entsprechen.[95]

IV. Informationseffizienz des Kapitalmarktes und fraud on the market

Die deliktische Haftung für falsche Kapitalmarktinformationen auf die Enttäuschung des allgemeinen Anlegervertrauen in die Integrität der Marktpreisbildung zu stützen („fraud on the market"), setzt voraus, dass sich kursrelevante Informationen alsbald im Marktpreis niederschlagen und andere kursbeeinflussende bzw. den Entschluss des Anlegers beeinflussende Faktoren im Zusammenhang mit der Fehlinformation und der individuellen Anlageentscheidung ausgeschlossen werden können. Über die Fraud-on-the-market-Theorie wird die Voraussetzung des Vertrauens in die Integrität der Information durch das Vertrauen in die Integrität des Marktpreises substituiert.[96] Die Investoren vertrauen auf den Markt, anstatt eigene Analysen vorzunehmen. Es muss aber nachgewiesen werden, dass die falsche Information den Marktpreis künstlich erhöht hat.[97] Nach der Hypothese der Informationseffizienz von Kapitalmärkten (efficient capital market hypothesis) ergibt sich dies aus der Fähigkeit von Kapitalmärkten, alle öffentlich verfügbaren Informationen sofort zu verarbeiten. Diese Hypothese, die der Entscheidung des US- Supreme Court zur Haftung für die Manipulation von Wertpapierkursen in einem leading case[98] zugrunde lag, beruht auf Annahmen, die als weithin gesichert galten.[99] Sie wird aber zunehmend in Frage gestellt, zum einen im Hinblick auf die Kriterien zur Abgrenzung effizienter Kapitalmärkte, zum andern durch Erkenntnisse der Verhaltensökonomie.[100] Die Voraussetzungen der Informationseffizienz der Kapitalmärkte werden nicht schon dadurch erfüllt, dass Wertpapiere täglich und in größerem Umfang an einer Börse wie der NYSE gehandelt werden. Dies gilt vielmehr nur als ein Indikator unter

93 Vgl. BGH NZG 2007, 660, 662 – Filmfonds Vif: das Vertrauen des Anlegers in die Kompetenz des Vermittlers reicht für die haftungsbegründende Kausalität aus.

94 Auch eine Mitursächlichkeit der Fehlinformation, die an sich für die Haftungsbegründung ausreicht (dazu OLG Frankfurt ZIP 2005, 710; OLG München ZIP 2005, 298) liegt hier konkret nicht vor.

95 Fleischer, Gutachten (Fn. 58) S. F 44 mwNachw.

96 Jannis Bischof, Zur Fraud-on-the-market-Theorie im US-amerikanischen informationellen Kapitalmarktrecht: Theoretische Grundlagen, Rechtsprechungsentwicklung und Materialien; Mannheim, SFB 504, No. 05-13, Februar 2005, u. II 4.

97 „The only relevant inquiry is whether the market price is artificially high or low because the market has been somehow misled", Fischel, Daniel, Use of Modern Finance Theory in Securities Fraud Cases, Bus. Law 38 (1982) S. 10.

98 Basic, Inc.v. Levinson, 485 U.S. 224, 226 (1988).

99 „There is no other proposition in economics which has more solid empirical evidence supporting it than the Efficient Market Hypothesis", Jensen, M.C., Some Anomalous Evidence Regarding Efficiency, in: J.F.E., 6 (1978) 95, zit. nach Bischof (Fn. 96).

100 Dazu Kübler, D./Kübler F., KritVJ 2007, 94 ff.,; Bigus KritVJ 2007, 195 ff.; grundlegend Shleifer, Inefficient Markets. An Introduction to Behavioral Finance, 2000, S. 10 ff.

anderen.[101] Demgemäß hat der US Supreme Court in einer Entscheidung vom 19. April 2005 die Anforderungen an den Nachweis der Kausalität in fraud on the market cases erheblich verschärft.[102] Die Behauptung, dass falsche Darstellungen kursrelevanter Umstände eines Unternehmens zu einem überhöhten Erwerbspreis geführt haben, wird als nicht ausreichend angesehen, um einen Verlust des Anlegers und dessen Verursachung durch die falsche Information (loss causation) zu begründen. Der Supreme Court lässt das Vertrauen auf die Integrität des Marktes nicht als ursächliche Verknüpfung von Fehlinformation und erlittenem Schaden genügen. Die Hypothese der Kapitalmarkteffizienz ist außerdem fragwürdig geworden durch Befunde, die darauf hinweisen, dass das Verhalten der Anleger systematisch vom Modell des rationalen Verhaltens abweicht.[103]

Treten irrationale Erwartungen und Einstellungen von Anlegern am Kapitalmarkt nicht nur sporadisch auf, kann nicht davon ausgegangen werden, dass sie vom Markt ausgeglichen werden. In diesem Fall ist vielmehr die Annahme erschüttert, dass sich die Börsenkurse nur auf Grund einer rationalen Auswertung der verfügbaren Informationen über die Lage des Unternehmens bilden. Wenn nicht ausgeschlossen werden kann, dass ein „noisy market“ vorliegt, an dem auch andere Faktoren die Kursbildung beeinflussen, dann kann eine Vermutung für einen Kausalzusammenhang zwischen der falschen Information und dem Kaufentschluss des Anlegers nicht auf einen typischen Geschehensablauf gegründet werden. Anleger können unter dieser Voraussetzung nicht ohne weiteres auf die „Integrität der Marktpreisbildung“ vertrauen. Die Berufung auf eine Anlagestimmung bzw. auf die fraud on the market-Theorie kann danach für den Beweis der haftungsbegründenden Kausalität von vorneherein nur in Betracht gezogen werden, wenn die Informationseffizienz des entsprechenden Marktes zur Überzeugung des Gerichts feststeht. Die Berufung auf die allgemeine Effizienzhypothese reicht dafür nicht nach Lage der Dinge nicht aus. Der Beweis wird vielmehr nur durch eine fallbezogene empirische Untersuchung des jeweiligen Marktes erbracht werden können. Diesen Beweis zu führen wird für den Anleger ebenso unmöglich sein wie die Führung des Beweises für die konkrete Kausalität der Fehlinformationen für seine Willensentschließung.

---

101 Diese Entwicklung zeigt sich auch in der Rechtsprechung des US Supreme Court. Während dieser in Basic, Inc.v. Levinson, 485 U.S. 224, 226 (1988) davon ausging, dass „stock traded on the NYSE per se trade in an efficient capital market“, finden sich in einer neueren Entscheidung deutliche Einschränkungen; Dura Pharmaceuticals Inc. et al.v. Broudo et al., 544 U.S. 336, 125 S.Ct. 1627 (2005).

102 Dura Pharmaceuticals, Inc., et al. v. Broudo, 544 U.S. 336,125 S.Ct.1627 (2005); dazu Ribstein, Larry, Fraud on a Noisy Market, Illinois Law & Economics Working Paper Series, No. LE 05-022 (2006), abrufbar unter http://papers.ssrn.com/pape.tar?abstract id=.

103 Grundlegend hierzu die Prospect Theory, Kahnemann/Tversky, Prospect Theory. An Analysis of Decision under Risk, Econometrica, 47 (1979) 263-291; dazu Bigus KritV 2007, 195, 202 ff. S. zu neueren Untersuchungen zur Kapitalmarkteffizienz Gilson, Ronald and Reinier Kraakman, The Mechanisms of Market Efficiency, 70 Va.L.Rev. 549 (1984); Stout, Lynn, The Mechanisms of Market Inefficiency, Law & Economics Research Paper Series, University of California, Los Angeles, Research Paper No. 04,8 (2003); abrufbar unter http://ssrn.com/abstract=523747; Ribstein (Fn. 102); Dunbar, Frederick and Dana Heller, Fraud on the Market Meets Behavioral Science, 2003; abrufbar unter http://www.law.columbia.edu/null/Dunbar.

D. Konsequenzen für die Effizienz der Informationshaftung

Da die Rechtsprechung am Erfordernis des Nachweises der konkreten Kausalität der Fehlinformation für Dispositionen des Anlegers festhält und grundsätzlich keine Beweiserleichterungen zulässt, sind die Aussichten eines Anlegers, von der Sonderregelung des § 44 Abs. 1 Satz 1 BörsG für die Prospekthaftung abgesehen, Schadensersatzansprüche wegen falscher Informationen durchzusetzen, gering. Der in Verfolgung des 10-Punkte-Programms der Bundesregierung 25.2.2003[104] vorgelegte, inzwischen aber wieder zurückgezogene Entwurf eines Kapitalmarktinformations-haftungsgesetzes idF. vom 7. 10.2004[105] sah für die Haftung von Organmitglieder des Emittenten § 37a Abs. 4 RegE KapInHaG sowie von Wirtschaftsprüfern und anderen Experten, die an der Erstellung eines Prospekts mitgewirkt haben, eine an § 44 Abs. 1 Satz 1 BörsG angelehnte Regelung vor, für letztere jedoch nur bei ausdrücklicher Übernahme der Verantwortung (§ 44a RegE KapInHaG).[106] Im übrigen, insbesondere für die Haftung auf dem Sekundärmarkt, waren keine Regelungen zur Erleichterung der Beweislast vorgesehen. Dies gilt auch andere Vorschläge zur Ausgestaltung der Haftung der Abschluss- bzw. Wirtschaftsprüfer de lege ferenda.[107] Diese Vorschläge sehen Haftungsbeschränkungen auf einen Höchstbetrag vor.[108]

Die Haftung des Abschluss- bzw. Wirtschaftsprüfers gegenüber Anlegern auf dem Sekundärmarkt ist danach de lege lata faktisch nur von sehr beschränkter Bedeutung, zum einen schon wegen der restriktiven Haftungsvoraussetzungen des § 826 BGB, zum andern wegen der von einem Anleger kaum zu bewältigenden Anforderungen an den Beweis der Ursächlichkeit von Fehlinformationen für seine Dispositionen am Kapitalmarkt. Dies beeinträchtigt den Schutz der Anleger auch für den Fall manipulativer Kursbeeinflussungen durch Prüfer, die den Tatbestand des § 826 BGB erfüllen.[109] Effizienzverluste sind damit jedoch nur insoweit verbunden, als dadurch Ressourcenschäden nicht erfasst werden und insoweit ein zu geringer Sorgfaltsaufwand induziert wird. Da diese Schäden am Sekundärmarkt jedoch in der Regel wesentlich geringer sind als Umverteilungsschäden, fällt dem damit verbundene Verlust an Haftungseffizienz weniger ins Gewicht als die Ineffizienz einer Umverteilungsschäden in großem Umfang einbeziehende Informationshaftung. Obwohl die Restriktionen des Haftungsrechts nicht an diese Schadenskategorien anknüpfen, betreffen sie faktisch in verhältnismäßig größerem Umfang Umverteilungsschäden und bewirken dadurch eine – wenn auch

---

104 Abrufbar unter www.bmj.de; dazu Seibert BB 2003, 693.

105 Abgedruckt in NZG 2004, 1042; dazu krit. Spindler WM 2004, 2089, 2093.

106 Damit hinsichtlich der Rechtsfolge übereinstimmend der Vorschlag von Baums/Fischer (Fn. 10) S. 51 ff.; ebenso Fleischer, Gutachten (Fn. 58) S. F 66 ff.

107 S. vor. Fn.

108 So § 44a RegE KapInHaG: 4 Mio EUR pro Prospekt; ohne Betragsangabe Baums/Fischer (Fn. 10), S. 51 ff. - Entw. §§ 37d, 37c Abs. 4.

109 S. dazu die ComROAD-Entscheidungen des BGH: auch bei extrem unseriösen Kapitalmarktinformationen – von den durch Ad-hoc-Mitteilungen angegebenen Umsätzen wurden nur 1.4% tatsächlich erzielt – ist der Nachweis einer konkreten Kausalzusammenhangs erforderlich; BGH WM 2007 1557 – Comroad IV; BGH WM 2007, 1560 – ComROAD V.

nicht systematische – Annäherung des Schadensersatzes an die gesellschaftlichen Nettoschäden.

Problematisch ist die bestehende Rechtslage in anderer Hinsicht. Zum wird die tatbestandlich eingeschränkte Informationsdeliktshaftung dem Schutz der individuellen Anleger am Sekundärmarkt nicht gerecht, die durch manipulierte Informationen Verluste erlitten haben. Sie gehen vielmehr, soweit nicht gesetzliche Sondervorschriften eingreifen (§§ 37b, 37c BörsG, 15 Abs. 6 Satz 1 WpHG), weitgehend leer aus. Zum andern werden Wirtschafts- und Abschlussprüfer, die diesen Sondervorschriften nicht unterliegen, aber für manipulative Fehlinformationen auch gröbster Art verantwortlich sind, von einer Haftung gegenüber geschädigten Anlegern weitgehend verschont. Beides ist geeignet, das Vertrauen in die Funktionsfähigkeit des Kapitalmarktes zu beeinträchtigen und damit zu Effizienzverlusten zu führen. Eine Abhilfe, die die für Fehlinformationen verantwortlichen bzw. mitverantwortlichen Wirtschaftsprüfer wirksamen Haftungssanktionen unterwirft, zugleich aber eine Übermaßhaftung durch Sorgfaltsanforderungen, die auch Umverteilungsschäden einbeziehen, vermeidet, ist im Rahmen des geltenden Haftungsrechts nicht zu erreichen. Sie erscheint möglich nur de lege ferenda durch eine gesetzliche Regelung, welche Beweiserleichterungen für Anleger schafft und Haftungsbegrenzungen durch knappe Schadenspauschalen vorsieht, ohne jedoch die Haftungsvoraussetzungen im übrigen abzusenken.[110] Ohne Beweiserleichterungen sind Ansprüche der Anleger im Rahmen der Informationsdeliktshaftung nicht durchsetzbar (s.o. unter 3.3). Ein voller Ausgleich der individuellen Anlegerschäden ist andererseits nicht gerechtfertigt, weil dies weit über den gesellschaftlichen Schaden hinausgehen würde.[111]

E. Schlussbemerkungen

Die Haftung von Wirtschaftsprüfern gegenüber Anlegern am Kapitalmarkt wirft grundsätzliche Fragen nach den Voraussetzungen und dem Umfang der Dritthaftung für Vermögensschäden auf, die durch kursrelevante Fehlinformationen verursacht worden sind. Für die effiziente Ausgestaltung dieser Haftung sind die Untersuchungen von Hans-Bernd Schäfer von grundlegender Bedeutung. Als zentrales Problem hat sich dabei eine auf dem Sekundärmarkt drohende Übermaßhaftung der Wirtschaftsprüfer als Folge der Einbeziehung der Umverteilungsschäden ergeben. Dieses Problem lässt sich durch eine Beschränkung von Schadensersatzansprüchen auf Ressourcenschäden der Anleger unter Ausklammerung von Umverteilungsschäden auf der Grundlage des geltenden Haftungsrechts nicht lösen. Eine Reduzierung des Haftungsmaßstabs nach Maßgabe des § 826 BGB erweist sich als sachgerecht, um eine Übermaßhaftung der Wirtschaftsprüfer im Rahmen der Jedermannshaftung

110 Dem entspricht der Vorschlag de lege ferenda von Baums/Fischer (Fn. 106) zur Regelung der Haftung der Abschlussprüfer (Änderung bzw. Neufassung der §§ 37c-g WpHG).

111 So auch Fleischer, Gutachten (Fn. 58), S. F 105 mwNachw.; Bigus/Schäfer (Fn. 1) S. 36; Baums (Fn. 81) S. 176. Die Regierungskommission Corporate Governance und der Deutsche Juristentag haben in Bezug auf die Außenhaftung der Organmitglieder eine Haftungshöchstgrenze empfohlen, um eine Überabschreckung zu vermeiden, Bericht der Regierungskommission Corporate Governance, 2001, S. 201, Beschlüsse des 64. DJT, 2002, Abteilung Wirtschaftsrecht, Ziff. e, 1.12.

gegenüber Anlegern zu vermeiden, bewirkt aber nicht eine systematische Haftungsbeschränkung auf Ressourcenschäden. Vielmehr erfasst die Haftung, sofern die haftungsbegründenden Voraussetzungen erfüllt sind, den gesamten, dem Anleger entstandenen individuellen Schaden einschließlich des Umverteilungsschadens. Die Anleger vermögen jedoch Schadensersatzansprüche gegen Wirtschaftsprüfer in der Praxis wegen der Anforderungen an den Kausalitätsnachweis kaum durchzusetzen. Statt des Nachweises der konkreten Kausalität einer Fehlinformation für eine Disposition des Anlegers auf das Vertrauen des Anlegers auf die Integrität des Kapitalmarktes abzustellen, hat sich in der Rechtsprechung in Deutschland nicht durchsetzen können und stößt zunehmend auch in rechtsökonomischen Untersuchungen auf Bedenken. Das hat zur Folge, dass Wirtschaftsprüfer nur in Ausnahmefällen einer Sanktion durch Haftung gegenüber Anlegern ausgesetzt sind. Eine Lösung des Dilemmas zwischen Übermaßhaftung und weitgehendem Haftungsausfall erscheint nur möglich durch eine gesetzliche Regelung, die Beweiserleichterungen mit einer Pauschalierung des ersatzfähigen Schadens verbindet.

PROPORTIONALHAFTUNG BEI MEHREREN MÖGLICHEN SCHADENSURSACHEN

Gerhard Wagner

A. Einleitung

Ein Schwerpunkt des wissenschaftlichen Wirkens von Hans-Bernd Schäfer ist die ökonomische Analyse des Schadensersatzrechts. Dabei ist es Schäfer hervorragend gelungen, die Darstellung der ökonomischen Grundlagen dieses Gebiets mit Forschungen zu aktuellen Sachproblemen zu verbinden, wie beispielsweise der Haftung für reine Vermögensschäden[1] und für Umweltschäden[2]. Ein besonders schwieriges Feld des Schadensersatzrechts sind die Kausalitätsprobleme bei Langzeitschäden; eine Fallgruppe, die in der heutigen Zeit ständig an Bedeutung gewinnt. Vor diesem Hintergrund erstaunt es nicht, wenn sich auch im Lehrbuch von *Schäfer/Ott* ein einschlägiges Kapitel findet[3]. Dort wird vorgeschlagen, die Fälle unaufklärbarer Multikausalität mit Hilfe des Konzepts der Proportional- oder Wahrscheinlichkeitshaftung zu lösen[4]. Danach haftet jeder der möglichen Schädiger auf einen Teil des Schadens, dessen Umfang der Schadenswahrscheinlichkeit des von ihm zu verantwortenden Verursachungsbeitrags im Verhältnis zu allen Verursachungswahrscheinlichkeiten entspricht.

---

1 *Schäfer*, Haftung für fehlerhafte Wertgutachten aus wirtschaftswissenschaftlicher Perspektive, AcP 202 (2002), 808; *Bigus/Schäfer*, Die Haftung des Wirtschaftsprüfers am Primär- und am Sekundärmarkt – eine rechtsökonomische Analyse, ZfB 2007, 19 ff.; *Schäfer/Ott*, Lehrbuch der ökonomischen Analyse des Zivilrechts, 4. Aufl. 2005, S. 296 ff.

2 *Schäfer/Ott*, Unternehmenspublizität, Umweltschadensbilanz und Haftung für Umweltschäden, in: *Claus Ott/Hans-Bernd Schäfer* (Hrsg.), Ökonomische Analyse des Unternehmensrechts, 1992, S. 217 ff.; *Schäfer/Ott* (Fn. 1), S. 358 ff.

3 *Schäfer/Ott* (Fn. 1), S. 270 ff.

4 *Schäfer/Ott* (Fn. 1), S. 271, bezeichnen als Wahrscheinlichkeitshaftung die Anteilshaftung bei unsicherer Kausalität des Verhaltens *eines* möglichen Schädigers, als Proportionalhaftung hingegen das Haftungsregime bei *mehreren* möglichen Schädigern. Im vorliegenden Beitrag werden beide Fallgruppen als Proportionalhaftung angesprochen.

Die deutschen Gerichte haben sich mit der Proportionalhaftung bisher nicht auseinandergesetzt, und auch in der dogmatisch-juristischen Literatur ist das Konzept bisher kaum auf Resonanz gestoßen. Immerhin wurde versucht, diesen Zustand mit dem Gutachten zum 66. Deutschen Juristentag zu ändern, wenn auch nicht für die Fälle unaufklärbarer Multikausalität, sondern mit Blick auf die Parallelproblematik bei ungeklärter Verursachung des Schadens durch einen einzigen Verursacher[5]. Konkret ging es um die Haftung für ärztliche Behandlungsfehler, in denen sich die Ursächlichkeit der Falschbehandlung für den eingetretenen Gesundheitsschaden regelmäßig nicht zur Überzeugung des Gerichts feststellen lässt. Die deutschen Gerichte halten in diesen Fällen am Alles-oder-Nichts-Prinzip fest und steuern die Wahl zwischen Alles und Nichts mit Hilfe des Instituts des groben Behandlungsfehlers: Wiegt der Behandlungsfehler schwer, wird die Beweislast für die Kausalität zwischen Fehler und Gesundheitsschaden zu Lasten des Arztes umgekehrt (Alles), während bei leichten Behandlungsfehlern der Patient beweisbelastet bleibt und in der Folge den Prozess verliert (Nichts)[6]. Eine Proportionalhaftung für ärztliche Behandlungsfehler würde den Beklagten hingegen für jedweden Behandlungsfehler verantwortlich machen – gleich ob leicht oder schwer – den Umfang der Haftung jedoch auf eine Quote beschränken, die der Wahrscheinlichkeit eines schadensfreien Verlaufs bei sorgfaltsgemäßer Behandlung entspricht[7]. Diese Variante der Proportionalhaftung bei nur einem möglichen Verursacher führt im Einzelfall zwar zu einer Übermaßhaftung, doch dieses Übermaß ist vertretbar. Auch bei einer Proportionalhaftung in Höhe der vereitelten Heilungschance ist nicht damit zu rechnen, dass die Ärzte insgesamt – über sämtliche Fälle hinweg – mit überhöhten Schadensersatzforderungen konfrontiert werden, weil der Anreiz zur Klage bei einer bloß quotalen Haftung reduziert ist[8].

Der Deutsche Juristentag konnte sich mit der Proportionalhaftung für ärztliche Behandlungsfehler nicht anfreunden, sondern hat sie mit großer Mehrheit zurückgewiesen[9]. Diese Diskussion soll hier nicht weiter geführt werden. Vielmehr ist eine andere Fallgruppe in den Blick zu nehmen, die ebenfalls Gegenstand der Überlegungen von *Schäfer/Ott* war, nämlich die Proportionalhaftung bei mehreren möglichen Verursachern[10].

B. Die Regelungsalternativen

Die Diskussion um das richtige Haftungsregime bei ungeklärter Verursachung mehrerer kreist in Deutschland um die Vorschrift des § 830 Abs. 1 S. 2 BGB. Gemäß § 830 Abs. 1 S. 1, Abs. 2, § 840 Abs. 1, §§ 421 ff. BGB haften Mittäter, Anstifter und Gehilfen im strafrechtlichen

---

5 *Wagner*, Neue Perspektiven im Schadensersatzrecht – Kommerzialisierung, Strafschadensersatz, Kollektivschaden, in: Verhandlungen des 66. Deutschen Juristentags, Bd. 1, 2006, S. A 58 ff.

6 BGHZ 85, 212, 214 ff.; 138, 1, 6; vgl. auch *Wagner*, in: Münchener Kommentar zum BGB, 4. Aufl. 2004, § 823 Rdnr. 732 ff.

7 *Wagner*, DJT-Gutachten (Fn. 5), S. 59.

8 Eingehend *Wagner*, Schadensersatz – Zwecke, Inhalte, Grenzen, in: Egon Lorenz (Hrsg.), Karlsruher Forum 2006, 2006, S. 80 ff., 89 f.; *ders.*, Proportionalhaftung de lege lata, FS Hirsch, 2008, S. 453 ff.

9 Verhandlungen des 66. Deutschen Juristentags, Bd. II/1, 2006, S. L 90.

10 *Schäfer/Ott* (Fn. 1), S. 277 ff.

Sinne, die gemeinsam eine unerlaubte Handlung begehen bzw. daran beteiligt sind, für den verursachten Schaden als Gesamtschuldner. Nach § 830 Abs. 1 S. 2 BGB soll „das Gleiche" gelten, „wenn sich nicht ermitteln lässt, wer von mehreren Beteiligten den Schaden durch seine Handlung verursacht hat". Die gesamtschuldnerische Haftung mehrerer Beteiligter greift insbesondere bei sog. alternativer Kausalität ein, wenn also sicher ist, dass der Schaden durch ein deliktisches Verhalten von dem einen oder anderen Beteiligten verursacht worden ist, sich aber nicht aufklären lässt, von wem[11]. Schulfall ist der getötete oder verletzte Jagdgast, auf den zwei Jäger geschossen haben, wobei sich nicht feststellen lässt, aus wessen Lauf die tödliche Kugel stammt[12].

Rechtsfolge des § 830 Abs. 1 S. 2 BGB ist nicht etwa die Haftung der Beteiligten nach Kopfteilen oder auch die Haftung jedes einzelnen auf eine Quote, die die Wahrscheinlichkeit reflektiert, dass gerade sein Verursachungsbeitrag für den Schaden kausal geworden ist, sondern die Gesamtschuld. Jeder Beteiligte hat für den vollen Schaden einzustehen, doch erhält der Geschädigte den Ersatzbetrag nur ein einziges Mal, § 421 BGB. Hat einer der Gesamtschuldner die Ersatzforderung erfüllt, kann er von den übrigen Beteiligten gemäß § 426 BGB einen Ausgleich verlangen, und zwar, „soweit nicht ein anderes bestimmt ist", in Höhe der Kopfteile. Nach ständiger Rechtsprechung bestimmt bei Schadensersatzansprüchen § 254 BGB etwas anderes im Sinne des § 426 Abs. 1 S. 1 BGB, so dass sich der Ausgleich unter mehreren Mitschädigern nach den Verursachungs- und Verschuldensanteilen richtet. Die Gesamtschuld im Außenverhältnis verwandelt sich so in eine Teilschuld im Innenverhältnis[13]. Pointiert ausgedrückt, bewältigt das BGB die Fälle ungeklärter Verursachung mit Hilfe eines zweistufigen Modells: Im Außenverhältnis zum Geschädigten gilt das Alles-oder-Nichts-Prinzip, d.h. die Beteiligten haften entweder als Gesamtschuldner auf den vollen Schaden oder sie haften gar nicht. Im Innenverhältnis unter den Schädigern gilt dagegen eine Proportionalhaftung, nach der jeder Schädiger je nach dem Gewicht seines Verantwortungsanteils relativ zu allen übrigen Verantwortungsanteilen zum Ausgleich verpflichtet ist.

Die Alternative zu diesem System ist eine Proportionalhaftung gegenüber dem Geschädigten. Bei dieser haften die Mitschädiger nicht erst im Innenverhältnis untereinander nach Anteilen, sondern bereits im Außenverhältnis zum Ersatzberechtigten. In dem oben erwähnten, klassischen Beispiel der Schüsse im Wald hätte eine Proportionalhaftung zur Folge, dass der geschädigte Jagdgast bzw. seine Hinterbliebenen (§§ 844 ff. BGB) die beiden Jäger nicht jeweils auf Ersatz des gesamten Schadens in Anspruch nehmen können, sondern nur in Höhe eines Anteils, dessen Höhe die Wahrscheinlichkeit der Verursachung reflektiert. In Ermangelung besonderer Umstände würden die beiden Jäger also jeweils nur für 50% des Schadens des Jagdgastes aufzukommen haben.

---

11 MünchKommBGB-*Wagner* (Fn. 6), § 830 Rdnr. 44.

12 RGZ 98, 58, 60 f.; BGH, VersR 1962, 430; MünchKommBGB-*Wagner* (Fn. 6), § 830 Rdnr. 44 a.E.; aus den USA *Summers v. Tice*, 199 P.2d 1 (1948).

13 RGZ 92, 143, 146; 142, 264, 267; BGHZ 6, 3, 25; aA *Bydlinski*, in: Münchener Kommentar zum BGB, 5. Aufl. 2007, § 426 Rdnr. 30.

C. Ökonomische Begründung der Proportionalhaftung

Eine ausführliche Darstellung der ökonomischen Theorie des Haftungsrechts erscheint an dieser Stelle entbehrlich[14]. Bei der Verschuldenshaftung stellen sich effiziente Ergebnisse ein, wenn derjenige haftbar gemacht wird, der Sorgfaltsmaßnahmen unterlassen hat, deren Kosten geringer waren als der Erwartungswert der dadurch vermiedenen Schäden. Der Schädiger hat dann einen Anreiz Schäden zu vermeiden, die durch kosteneffiziente Sorgfaltsmaßnahmen vermieden werden können. Gleiches gilt im Ergebnis auch für die Gefährdungshaftung, die den zusätzlichen Vorzug hat, dass sie nicht nur das Sorgfaltsniveau, sondern auch das Aktivitätsniveau des Schädigers zu steuern vermag, allerdings der Ergänzung durch eine Mitverschuldensregel bedarf.

Die erhofften Steuerungswirkungen der Haftung stellen sich nur dann ein, wenn der Schädiger damit rechnen muss, tatsächlich mit den von ihm zu verantwortenden Schadenskosten konfrontiert zu werden und nicht mit mehr oder weniger. Dieses Postulat gilt für die Verschuldens- wie für die Gefährdungshaftung, wenn auch letztere viel sensibler auf Fehler bei der Berechnung und Anlastung von Schäden reagiert[15]. Es kommt deshalb u.a. darauf an, dass sich der Schädiger überhaupt ermitteln, also diejenige Partei identifizieren lässt, die den Schaden durch ihr Verhalten verursacht hat. Gelingt dies nicht, und ist es dem jeweiligen Akteur ex ante erkennbar, dass dies nicht gelingen wird, entfallen Anreize zu sorgfältigem Verhalten. Wer davon ausgehen kann, zum Ersatz eines Schadens ohnehin nicht herangezogen zu werden, hat keinen Anreiz, kostspielige Sorgfaltsmaßnahmen zu ergreifen, um die Verursachung des Schadens zu vermeiden. Umgekehrt liegt es auf der Hand, dass es im Interesse der Verhaltenssteuerung sinnlos ist, eine Partei für einen Schaden haftbar zu machen, den sie gar nicht verursacht hat, denn dann hat der angebliche Schädiger keinerlei Möglichkeit, den Eintritt zukünftiger Schäden durch Sorgfaltsmaßnahmen zu vermeiden. Die Haftungskosten wirken dann wie eine Steuer auf die vermeintlich schädigende Aktivität[16].

Lassen sich die Ursache/Wirkungs-Beziehungen nicht aufklären, erweist sich die Haftung nach dem Prinzip des Alles-oder-Nichts als ineffizient[17]. In den Vereinigten Staaten, wo in Zivilprozessen das Beweismaß des „preponderance of the evidence" gilt, haftet der Beklagte immer, wenn die Wahrscheinlichkeit der Verursachung durch sein Verhalten größer ist als 50%, andernfalls haftet er gar nicht[18]. Das deutsche Recht legt in § 286 Abs. 1 ZPO das Beweismaß der vollen richterlichen Überzeugung zugrunde, was herkömmlich so verstanden wird, dass die streitige Tatsache – hier also die Verursachung des Schadens durch das

---

14 Vgl. dafür *Schäfer/Ott* (Fn. 1), S. 121 ff.; *Kötz/Wagner*, Deliktsrecht, 10. Aufl. 2006, Rdnr. 59 ff.

15 Bei der Verschuldenshaftung liegen die Dinge recht kompliziert; eingehend *Shavell*, Foundations of Economic Analysis of Law, 2004, S. 252.

16 Vgl. *Shavell* (Fn. 15), S. 251. *Shavell* sagt darüber hinaus voraus (S. 250 f.), der zu Unrecht in Anspruch genommene Beklagte werde übermäßig in Vermeidungsaufwendungen investieren. Das ist wohl nur dann richtig, wenn er – irrtümlich - annimmt, er werde zu Recht in Anspruch genommen, denn: Was man nicht verursacht hat, das kann man nicht vermeiden (jedenfalls nicht in dem von *Shavell* gewählten Beispiel, in dem die Natur den Schaden verursacht hat).

17 *Shavell*, 28 Journal of Law and Economics, 587 (1985); *Shavell* (Fn. 15), S. 255.

18 Vgl. dazu *Dobbs*, The Law of Torts, 2000, S. 421 f.

Verhalten des Beklagten – zur Überzeugung des Gerichts, also mit einer Wahrscheinlichkeit von nahezu 100% feststehen muss[19].

Unabhängig davon, wo die für den Kausalitätsnachweis relevante Schwelle angesetzt wird, kann das Alles-oder-Nichts-Prinzip aus ökonomischer Sicht nicht befriedigen. In den Vereinigten Staaten entfallen Sorgfaltsanreize für sämtliche möglichen Schädiger, deren Verursachungswahrscheinlichkeit kleiner ist als 50%, während die übrigen einer Übermaßhaftung unterworfen werden, weil beispielsweise eine Verursachungswahrscheinlichkeit von 51% eine Haftung im Umfang von 100% auslöst[20]. In Deutschland hingegen läuft die Haftung leer, wenn es an der richterlichen Überzeugung fehlt, so dass zu schwache Sorgfaltsanreize generiert werden. Zwar ist davon auszugehen, dass die deutschen Richter sich ihre Überzeugung nicht mit Hilfe eines Taschenrechners bilden und deshalb mitunter die Kausalität bejahen, auch wenn die Wahrscheinlichkeit der Verursachung erheblich unter 100% liegt[21]. Damit wird zwar der Leerlauf der Haftung vermieden, doch nur um den Preis einer partiellen Übermaßhaftung, wie sie aus den USA geläufig ist.

Im Interesse der Anreize zu effizienter Sorgfalt und effizientem Aktivitätsniveau vorzugswürdig wäre deshalb eine Haftungsregel, die den Ersatzumfang in Abhängigkeit von der Wahrscheinlichkeit der Verursachung setzt, kurz eine Proportionalhaftung[22]. Danach haftet bei Unaufklärbarkeit der Verursachung jeder mögliche Schädiger auf einen Anteil, der die Wahrscheinlichkeit reflektiert, dass gerade sein Verhalten den Schaden verursacht hat. Zur Ermittlung der Haftungsquote ist die Wahrscheinlichkeit, dass das Verhalten eines einzelnen Schädigers ursächlich geworden ist, durch die Gesamtwahrscheinlichkeit zu dividieren, mit der alle Beteiligten ursächlich für den Schaden geworden sind[23].

Ein berühmtes Beispiel für die praktische Anwendung der Proportionalhaftung sind die sog. DES-Fälle, in denen es um Gesundheitsschäden ging, die viele Jahre nach der Einnahme eines fehlerhaften Medikaments bei den Töchtern der Patientinnen eintraten. Wegen der langen Latenzzeit war es den Geschädigten unmöglich nachzuweisen, durch welches Präparat welches Herstellers sie jeweils geschädigt worden waren. Der Supreme Court von Kalifornien machte jeden Hersteller in Höhe desjenigen Anteils haftbar, der dem Marktanteil der jeweiligen Marke zum Zeitpunkt der Einnahme des Arzneimittels entsprach, sog. *market share liability*[24]. Der Marktanteil funktioniert hier als Maßstab für die Wahrscheinlichkeit, mit der das Produkt eines einzelnen Herstellers kausal für den Gesundheitsschaden geworden ist, den eine individuelle Patientin erlitten hat.

---

19 BGHZ 53, 245, 256; BGH, NJW 2000, 953, 954; 2003, 1116, 1117; 2004, 777, 778.

20 *Shavell* (Fn. 15), S. 255.

21 Zur Begründung dieser Praxis *Gottwald*, Schadenszurechnung und Schadensschätzung, 1979, S. 200 ff.

22 Grundlegend *Shavell*, 28 Journal of Law and Economics, 587 (1985); *Shavell* (Fn. 15), S. 255 f.

23 *Schäfer/Ott* (Fn. 1), S. 281.

24 *Sindell v. Abbott Laboratories*, 607 P.2 d 924, 936 f. (Cal. 1980); vgl. dazu *Richard Epstein*, Torts, 1999, S. 227 ff.; *Gert Brüggemeier*, Prinzipien des Haftungsrechts, 1999, 160 f.

D. Die Wahl zwischen Gesamtschuld und Proportionalhaftung

Auf den ersten Blick könnte es scheinen, als sei die Wahl zwischen Gesamtschuld und Proportionalhaftung eine juristisch-dogmatische Finesse: Ob die mehreren möglichen Schädiger im Außenverhältnis auf das Ganze und im Innenverhältnis auf den Anteil haften, wie es der Kombination aus Gesamtschuld und Regress gemäß § 426 BGB entspricht, oder ob sich bereits die Verpflichtung im Außenverhältnis auf eine Quote beschränkt, läuft auf dasselbe wirtschaftlich Ergebnis hinaus. Aus ökonomischer Sicht ließe sich allenfalls darauf hinweisen, dass die Proportionalhaftung weniger Transaktionsaufwand verursacht, denn während die Kombination aus Gesamtschuld und Binnenregress zwei Schritte braucht, um zur endgültigen Verteilung der Schadenskosten zu kommen, benötigt die Proportionalhaftung bloß einen einzigen.

Es wäre ein folgenschwerer Irrtum, die Wahl zwischen Gesamtschuld und Proportionalhaftung in dieser Weise zu verniedlichen. In Wahrheit steht einiges auf dem Spiel, und zwar sowohl für die Parteien als auch für das Haftungsrecht und die Steuerungsanreize, die von ihm erwartet werden. Die Bedeutung der Entscheidung zwischen Gesamtschuld und Proportionalhaftung beruht darauf, dass der Regress im Innenverhältnis eine zwar theoretisch einfache, in der Praxis aber äußert voraussetzungsvolle Angelegenheit ist.

In der Realität funktioniert der Binnenregress nur dann, wenn der Mitschädiger noch existiert, ausfindig gemacht werden kann, der ggf. anzustrengende Regressprozess gegen ihn von Erfolg gekrönt ist und sich der Urteilsschuldner schließlich als solvent erweist, weil er über ausreichende pfändbare Mittel verfügt, um den Ausgleichsanspruch zu befriedigen. Fehlt es an einer dieser Voraussetzungen – zu denken ist insbesondere an die mangelnde Solvenz des Regressschuldners, aber auch an dessen juristischen Tod durch gesellschaftsrechtliche Liquidation – steht der Regress nur auf dem Papier. Der vom Geschädigten auf vollen Schadensersatz in Anspruch genommene Schädiger findet dann ggf. niemanden, auf den er einen Anteil der Schadenskosten abwälzen kann, der die Wahrscheinlichkeit reflektiert, mit der dieser Dritte den Schaden verursacht hat. Die auch aus ökonomischer Sicht scheinbar so perfekte Kombination aus Gesamtschuld und Binnenregress wandelt sich unter der Hand in eine Übermaßhaftung; der Binnenregress ist die Achillesverse der Gesamtschuld.

E. Die Proportionalhaftung im Praxistest: Asbestschäden in England

Dem – in der forensischen Praxis schmalen – Repertoire an Beispielsfällen haben die englischen Gerichte in der jüngsten Vergangenheit eine spektakuläre Fallgruppe hinzugefügt, nämlich die Asbestschäden. Asbeststaub kann verschiedene Krankheiten verursachen, unter anderem Asbestose und Mesotheliome, eine besonders schwere Form des Brustfellkrebses (Pleurakarzinom). Während die Asbestose infolge der Akkumulation von Asbeststaub in der Lunge entsteht, wird das Mesotheliom durch wenige Asbestfasern – möglicherweise sogar durch eine einzige Faser – verursacht. Die Latenzzeit ist lang; zwischen dem Einatmen der „tödlichen" Faser und der Manifestation des Tumors können 20 bis 40 Jahre liegen.

Diejenigen Personen, die heute an Mesotheliomen leiden, haben den dafür ursächlichen Asbeststaub vor Jahrzehnten eingeatmet, und zwar in aller Regel am Arbeitsplatz. Sofern der Geschädigte nicht sein ganzes Leben bei dem selben Arbeitgeber arbeitete oder nur bei einem einzigen seiner Arbeitgeber mit Asbeststaub in Berührung kam, ist es praktisch unmöglich festzustellen, bei welchem Arbeitgeber die für den Tumor verantwortliche Asbestfaser oder die mehreren Fasern eingeatmet wurden. In einer solchen Situation wären Schadensersatzklagen gegen einzelne Arbeitgeber abzuweisen, weil der Nachweis der Kausalität nicht gelingen kann.

Das englische House of Lords ist im Jahre 2002 erstmals mit einem Mesotheliom-Fall konfrontiert worden. Der ursprüngliche Kläger *Fairchild* war bei seinen Tätigkeiten für verschiedene Arbeitgeber hohen Konzentrationen von Asbeststaub ausgesetzt worden und im Alter von 60 Jahren verstorben[25]. Der Nachweis, welche Tätigkeit bei welchem Arbeitgeber für sein Mesotheliom ursächlich geworden war, ließ sich nicht führen. Das Gericht sah die „Ungerechtigkeit“, die es bedeutete, wenn jeder Arbeitgeber für den vollen Schaden des Arbeitnehmers verantwortlich gemacht würde, genauso aber auch die Härte, die darin läge, dem Arbeitnehmer, der sich an seinem Arbeitsplatz eine tödliche Krankheit zugezogen hat, jede Entschädigung zu verweigern[26]. Diesem zuletzt genannten Gesichtspunkt gab das House of Lords den Vorrang, optierte zugunsten der Gesamtschuld und unterwarf jeden einzelnen Arbeitgeber einer Haftung auf den vollen Schaden.

Vier Jahre später lag dem House of Lords ein weiterer einschlägiger Fall zur Entscheidung vor, der allerdings die Besonderheit aufwies, dass der Geschädigte nicht nur bei zwei verschiedenen Arbeitgebern mit Asbeststaub in Berührung gekommen war, sondern auch während mehrerer Perioden, in denen er dieselben gefährlichen Arbeiten auf eigene Rechnung, als Selbständiger, ausführte[27]. Das House of Lords nahm diese Besonderheit zum Anlass, sich in *Barker v. Corus* von der gesamtschuldnerischen Haftung aller Arbeitgeber zu verabschieden und stattdessen eine Proportionalhaftung aus der Taufe zu heben: Jeder Arbeitgeber hafte nur auf eine Quote, die den Anteil des einzelnen Arbeitgebers am Gesamt-Schadensrisiko reflektiere[28].

Den vorläufigen Schlusspunkt unter die englischen Mesotheliom-Fälle setzte das britische Parlament, indem es mit dem Compensation Act 2006 die gesamtschuldnerische Haftung nach Maßgabe von *Fairchild* wiederherstellte und die Aufteilung des Schadens nach Maßgabe des wahrscheinlichen Verursachungsbeitrags in das Innenverhältnis der mehreren Schädiger verwies[29].

---

25 *Fairchild v. Glenhaven Funeral Services Ltd.*, [2003] 1 A.C. 32, 40 (H.L. 2002); dazu *Jens Scherpe*, ZEuP 2004, 165.

26 *Fairchild v. Glenhaven Funeral Services Ltd.*, [2003] 1 A.C. 32, 67 f. (H.L. 2002).

27 *Barker v Corus UK Ltd,* [2006] 2 A. C. 572, 580 (H.L. 2006); dazu *Wagner*, ZEuP 2007, 1122.

28 *Barker v Corus UK Ltd,* [2006] 2 A. C. 572, 587 (H.L. 2006).

29 Compensation Act 2006, Section 3: Mesothelioma: Damages(1) This section applies where—(a) a person (“the responsible person”) has negligently or in breach of statutory duty caused or permitted another person (“the victim”) to be exposed to asbestos,(b) the victim has contracted mesothelioma as a result of exposure to asbestos,(c) because of the nature of mesothelioma and the state of medical science, it is not possible to

F. Die Risikoverteilung bei Langzeitschäden

Pointiert ausgedrückt, ist die Proportionalhaftung bei mehreren möglichen Verursachern in England grandios gescheitert. Zwar hat dieses Konzept die Richter des House of Lords zumindest im zweiten Anlauf zu überzeugen vermocht, doch das britische Parlament sah sich zu dem äußerst ungewöhnlichen Schritt veranlasst, eine Entscheidung des obersten Gerichtshofs durch ein zeitnah erlassenes Sondergesetz zu korrigieren. Damit drängt sich die Frage auf, welche Gründe den Ausschlag für eine solche Maßnahme gegeben haben.

Die Antwort fällt nicht schwer, denn sie ist im Kern von *Lord Bingham* in seiner Rede in *Fairchild* bereits gegeben worden:

> *„I am of opinion that such injustice as may be involved in imposing liability on a duty-breaking employer in these circumstances is heavily outweighed by the injustice of denying redress to a victim."*[30]

Darüber hinaus berief er sich auf *Lord Wilberforce*, der in einem ähnlichen Fall (arbeitsbedingte Dermatitis) ausgesprochen hatte:

> *„the employers should be liable for an injury, squarely within the risk which they created and […] they, not the pursuer, should suffer the consequence of the impossibility, foreseeable inherent in the nature of his injury, of segregating the precise consequence of their default."*[31]

In der Tat: Bei Langzeitschäden mit langen Latenzperioden zwischen der schädigenden Handlung und der Manifestation der Verletzung stehen die Mithaftung der übrigen Schädiger ebenso wie der Regress im Innenverhältnis regelmäßig nur auf dem Papier, weil die ausgleichspflichtigen Mitschädiger entweder nicht mehr existieren oder nicht hinreichend solvent sind, um ihren Anteil zu übernehmen. Liegen zwischen der Setzung der möglichen Ursachen und der Manifestation des Schadens Jahrzehnte, hat die Wahl zwischen Solidar- oder Anteilshaftung somit zentrale Bedeutung für die Entschädigung des Opfers und den Umfang der wirtschaftlichen Belastung des potentiellen Mitschädigers.

Diese Interessenlage wird in den englischen Asbest-Fällen überdeutlich. Diese sind dadurch gekennzeichnet, dass von mehreren Arbeitgebern, bei denen der Geschädigte

determine with certainty whether it was the exposure mentioned in paragraph (a) or another exposure which caused the victim to become ill, and(d) the responsible person is liable in tort, by virtue of the exposure mentioned in paragraph (a), in connection with damage caused to the victim by the disease (whether by reason of having materially increased a risk or for any other reason).(2) The responsible person shall be liable—(a) in respect of the whole of the damage caused to the victim by the disease (irrespective of whether the victim was also exposed to asbestos—(i) other than by the responsible person, whether or not in circumstances in which another person has liability in tort, or (ii) by the responsible person in circumstances in which he has no liability in tort), and (b) jointly and severally with any other responsible person.

30 *Fairchild v. Glenhaven Funeral Services Ltd.*, [2003] 1 A.C. 32, 67 (H.L. 2002).

31 *McGhee v. National Coal Board*, [1973] 1 W.L.R. 1, 7 (H.L. 1972).

gearbeitet hat, nur noch ein einziger als Klagegegner in Betracht kommt, weil alle übrigen liquidiert wurden, in die Insolvenz gefallen sind oder ohne nennenswerte Mittel und ohne Haftpflichtversicherungsschutz dastehen. In einer solchen Konstellation wird die Wahl zwischen Gesamtschuld und Proportionalhaftung zu einer schicksalhaften Frage. Unter dem Regime gesamtschuldnerischer Haftung liefe der im Zeitpunkt der Klageerhebung noch existente und solvente Arbeitgeber Gefahr, zur Zielscheibe der Schadensersatzklagen sämtlicher Geschädigter zu werden, die einmal bei diesem Unternehmen tätig waren. Eine realistische Chance, die daraus resultierenden Haftungskosten zumindest partiell auf andere Unternehmen abzuwälzen, die den Geschädigten ebenfalls in riskanter Weise beschäftigt haben, besteht nicht.

Die exorbitante Größenordnung des daraus resultierenden Haftungsrisikos wird sofort deutlich, wenn man einen Blick auf die sog. „Asbestos-Litigation" in den Vereinigten Staaten wirft[32]. Die vor allem wegen Mesotheliomen erhobenen Schadensersatzklagen haben zu Zahlungen der Beklagten in Höhe von vielen Milliarden Dollar geführt und mindestens 85 Unternehmensinsolvenzen verursacht[33]. Die gesamte amerikanische Asbestindustrie ist ausgelöscht oder in Insolvenzverfahren reorganisiert worden, allen voran der ehemalige Marktführer, die Johns Manville Corporation[34]. Der vor kurzem in den USA gescheiterte Versuch, die noch nicht erledigten Schadensersatzansprüche einem Fonds zu überweisen, hätte die Bereitstellung weiterer Mittel im Umfang von $140 Milliarden erfordert[35].

Allein die Schilderung der faktischen Verhältnisse in den Vereinigten Staaten macht verständlich, dass sich die englische Versicherungswirtschaft mit Händen, Füßen und allen Tricks gegen eine gesamtschuldnerische Haftung für Asbestschäden zur Wehr setzte, wie sie durch *Fairchild* aus der Taufe gehoben und durch den Compensation Act 2006 wiederhergestellt wurde[36].

Wenn die wirtschaftlichen Folgen der Gesamtschuld aber so verheerend sind, warum hat sie das britische Parlament dann durchgesetzt? – Die Antwort lautet, dass sich Gesamtschuld und Proportionalhaftung komplementär zueinander verhalten, denn was die Gesamtschuld dem Schädiger zumutet, das weist die Proportionalhaftung dem Geschädigten zu. Der Umstand, dass die meisten Arbeitgeber, die ihre Arbeitnehmer Asbeststaub ausgesetzt haben, nicht mehr existieren oder nicht solvent sind, vereitelt eben nicht nur mögliche Regressansprüche des einzig noch existenten und solventen Arbeitgebers, sondern genauso auch die Entschädigung des Arbeitnehmers. Wer die gesamtschuldnerische Haftung des einzelnen Arbeitgebers ablehnt, nimmt sehenden Auges in Kauf, dass der geschädigte Arbeitnehmer

32 Vgl. dazu den Überblick bei *Hensler*, 12 Conn. Ins. L.J. 255 (2006); ausführlich *Carroll/Hensler*, Asbestos Litigation, 2005.

33 *Behrens/Goldberg*, 12 Conn. Ins. L.J. 477, 484 (2006).

34 *Johns-Manville Corp. v. Asbestos Litig. Group (In re Johns-Manville Corp.)*, 26 B.R. 420 (Bankr. S.D.N.Y. 1983); 40 B.R. 219 (S.D.N.Y. 1984); *MacArthur Co. v. Johns-Manville Corp. (In re Johns-Manville Corp.)*, 837 F.2d 89 (2nd Cir.).

35 Eingehend *Hanlon*, 12 Conn. Ins. L.J. 517 (2006).

36 Dazu *Ken Oliphant*, England and Wales, in: *Koziol/Steininger*, European Tort Law 2002, 2003, 148 f.

von dem einzig noch existenten und solventen Arbeitgeber mit einer Quote „abgespeist" wird, die den erlittenen Schaden nicht annähernd ausgleicht. Die Schadensberechnung im Fall *Barker* macht diese Konsequenzen deutlich, wobei die Dauer der Beschäftigung unter Asbeststaubexposition hier die Funktion des Maßstabs für die individuelle Verursachungswahrscheinlichkeit übernimmt.

Asbest Exposition	**Dauer: Insgesamt 50 Wochen**	**Haftung Insgesamt 100%**
Arbeitgeber 1: Im Jahre 1958 für 6 Wochen	6/50 oder 3/25	12%
Arbeitgeber 2 (Beklagte Corus Ltd): Im Jahre 1962 für 6 Monate (24 Wochen)	24/50 oder 12/25	48%
Selbständig: 5 Monate in den Jahren 1968 – 75 (20 Wochen) (geschätzt)	20/50 oder 10/25	./.

In diesem Fall erhält der Geschädigte unter einem Regime der Proportionalhaftung lediglich 48% seines Schadens ersetzt. Noch bescheidener fiele das Ergebnis aus, wenn Arbeitgeber 2 liquidiert worden oder in Konkurs gefallen wäre, so dass sich der Geschädigte allein an Arbeitgeber 1 hätte halten können. Die Haftungsquote in diesem Fall betrüge lediglich 12%. So enttäuschend diese Ergebnisse auch sind, so darf doch nicht aus dem Auge verloren werden, dass die Gesamtschuld das Problem nur verlagert, weil sie in dem zuletzt genannten Beispiel dazu führte, dass Arbeitgeber 1 für den gesamten Schaden des Opfers aufzukommen hätte, obwohl er ihn lediglich mit einer Wahrscheinlichkeit von 12% verursacht hat.

Damit zeigt sich: Aus der haftungsrechtlichen Zwickmühle bei Langzeitschäden mit unaufklärbaren Ursachen führt kein Weg heraus, der nicht zu kollektiven Versicherungslösungen führte, auf die später noch zurückgekommen wird[37]. Im Kontext des Privatrechts bleibt keine andere Wahl als die Entscheidung zwischen einer Übermaßhaftung zu Lasten des im Zeitpunkt der Schadensmanifestation noch existenten und solventen Schädigers und dem partiellen Leerlauf der Haftung zu Lasten des Geschädigten. In dieser Situation sprechen schlagende Gründe für die Proportionalhaftung, denn für eine Art von „surviving enterprise liability", die das überlebende Unternehmen mit den gesamten Schadenskosten belastet, fehlt ein überzeugender normativer Grund. Eine solche ex-post Haftung für fremde Verursachungsbeiträge generiert keinerlei Sorgfaltsanreize ex ante und ist auch zur Steuerung des

[37] Unten, H.

Aktivitätsniveaus ungeeignet, weil die Schadenszurechnung nicht periodengerecht erfolgt und weil sie im Umfang weit über das gebotene Maß hinausgeht.

G. Rahmenbedingungen der Proportionalhaftung

Die praktische Umsetzung der Proportionalhaftung wirft eine Reihe von Fragen auf. Bei ihrer Lösung ist darauf zu achten, die schwierige Situation des Geschädigten nicht noch zu verschlimmern. Die Durchsetzung quotaler Ersatzansprüche sollte so einfach wie möglich gestaltet werden.

I. Kein Zwang zur Inanspruchnahme einer "substantiellen Gruppe"

Zunächst ist es entgegen der Entscheidung des kalifornischen Supreme Court im DES-Fall nicht erforderlich, dass der Geschädigte den Großteil der potentiellen Schädiger bzw. einen „substantiellen Teil" von ihnen verklagt[38]. Ein solches Erfordernis wäre nur angemessen, wenn die Beklagten zusammen für den vollen Schaden aufzukommen hätten. Eben diese Rechtsfolge ist jedoch abzulehnen, weil sie den Grundgedanken der Proportionalhaftung – Haftung nach dem Grad der Verursachungswahrscheinlichkeit – aufgibt und zu einer Übermaßhaftung der Beklagten führt. Richtigerweise ist es dem Geschädigten freizustellen, ob er einen potentiellen Verursacher oder mehrere gleichzeitig in Anspruch nimmt. Jeder einzelne von ihnen haftet lediglich in Höhe derjenigen Quote, die der Wahrscheinlichkeit entspricht, dass sein eigenes Verhalten für den Schaden ursächlich geworden ist.

II. Kein Zwang zur Spezifizierung der Einzelquoten

Gemäß § 253 Abs. 1 ZPO ist der Geschädigte gehalten, sein Begehren in der Klageschrift zu spezifizieren und Zahlungsansprüche zu beziffern. Folgerichtig müsste der Kläger, der Schadensersatzansprüche gegen eine Mehrzahl von Beklagten in Höhe ihrer Wahrscheinlichkeitsanteile geltend macht, für jeden Beklagten anzugeben, für welche Quote er haftbar gemacht werden soll. Da die Ansprüche gegen mehrere, anteilig haftende Schädiger jeweils eigene Streitgegenstände bilden, wäre über jeden Einzelanspruch für sich zu entscheiden. Stellte sich heraus, dass die von einem Schädiger geforderte Quote zu hoch ist, wäre die Klage insoweit abzuweisen und der Geschädigte hätte einen Teil der Kosten zu tragen, § 92 Abs. 1 ZPO. Im umgekehrten Fall, wenn der Geschädigte die Haftungsquote eines Schädigers zu niedrig geschätzt hat, wäre das Gericht wegen des Grundsatzes des *ne ultra petita* (§ 308 Abs. 1 S. 1 ZPO) daran gehindert, eine erhöhte Haftungsquote anzusetzen. Eine solche Situation ist für den Geschädigten untragbar, weil jedweder Fehler bei der Einschätzung der Haftungsquoten zu seinen Lasten geht. Dies sei an einem Beispiel verdeutlicht:

Angenommen, der Geschädigte hat 4 Personen verklagt. Die Haftungsquote von Schädiger 1 (S1) gibt er mit 60% an, diejenige von Schädiger 2 (S2) mit 20% und diejenigen von

[38] So aber *Sindell v. Abbott Laboratories*, 607 P.2d 924, 937 (Cal. 1980); relativierend *Brown v. Superior Court (Abbott Laboratories)*, 751 P.2d 470, 485 (Cal. 1988).

S3 und S4 mit jeweils 10%. Schätzt das Gericht die Haftungsquote von S1 lediglich auf 50%, diejenige von S4 hingegen auf 20%, müsste es an sich die Klage gegen S1 teilweise – in Höhe des Betrags, der einen Haftungsanteil von 50% übersteigt – kostenpflichtig abweisen. Auf der anderen Seite wäre es daran gehindert, S4 zum Ersatz von mehr als 10% des Schadens zu verurteilen.

Die Proportionalhaftung ist für die Praxis nur akzeptabel, wenn der Geschädigte aus der eben beschriebenen Zwickmühle befreit wird. Ein solcher Befreiungsschlag ist möglich, denn das Gebot zur Bezifferung des Klageantrags bzw. der Klageanträge gilt nicht absolut, sondern kennt Ausnahmen. Unbezifferte Klageanträge sind dort zulässig, wo die Bemessung der geschuldeten Geldsumme dem billigen Ermessen des Gerichts anheim gegeben ist, wie dies auf Schadensersatzansprüche gemäß § 287 ZPO durchweg zutrifft[39]. Diese Rechtsprechung gilt nicht nur für Ansprüche auf Ersatz immateriellen Schadens (Schmerzensgeld), sondern auch für Vermögensschäden[40]. Hier reicht es für die Bestimmtheit des Klageantrags aus, wenn der Kläger die für die Schätzung notwendigen tatsächlichen Grundlagen vorträgt[41]. Die Angabe einer Größenordnung ist entbehrlich[42], nicht aber die Nennung eines Mindestbetrags, der jedenfalls gefordert wird[43]. Auf den vom Kläger genannten Mindestbetrag kommt es für die Kostenverteilung und die Zulässigkeit von Rechtsmitteln an. Ein Teilunterliegen iSd § 92 ZPO liegt erst vor, wenn der vom Kläger genannte Mindestbetrag unterschritten ist[44], und genauso ist die Beschwer durch Vergleich des ausgeurteilten Betrags mit dem vom Kläger genannten Mindestbetrag zu ermitteln[45]. Erweist sich der Mindestbetrag hingegen als zu bescheiden, ist das Gericht nicht daran gehindert, dem Kläger mehr zuzusprechen[46].

Die für die Proportionalhaftung entscheidende Haftungsquote, die der Wahrscheinlichkeit der Verursachung entspricht, lässt sich nur durch Schätzung des Gerichts auf der Grundlage von § 287 ZPO ermitteln, so dass die eben dargestellten Grundsätze sinngemäße Anwendung finden müssen. Praktisch hat dies zur Folge, dass der Geschädigte lediglich die zur Bestimmung der Haftungsquoten erforderlichen Schätzgrundlagen vortragen und Mindestquoten angeben muss, die er jedenfalls von den Beklagten verlangt. Unterschreitet das Gericht in seinem Urteil die für einen bestimmten Beklagten genannte Mindestquote, bedeutet dies ein Teilunterliegen des Geschädigten mit der Folge, dass er die Kosten teilweise zu tragen hat, aber auch ein Rechtsmittel gegen diese Entscheidung statthaft ist[47]. Im umgekehrten Fall, dass sich die vom Geschädigten geforderte Mindestquote als zu niedrig erweist, ist das

---

39 BGHZ 4, 138, 142; 45, 91, 93; Zöller-*Greger*, ZPO, 26. Aufl. 2007, § 253 Rdnr. 14; *Rosenberg/Schwab/Gottwald*, Zivilprozessrecht, 16. Aufl. 2004, § 94 Rdnr. 39.
40 Vgl. BGHZ 4, 138, 142 (Verdienstausfall).
41 BGH, NJW 2002, 3769.
42 *von Gerlach*, VersR 2000, 525, 527; anders noch BGH, NJW 1984, 1808, 1809.
43 BGH, NJW 2002, 3769; *Rosenberg/Schwab/Gottwald* (Fn. 39) § 94 Rdnr. 39; *von Gerlach*, VersR 2000, 525, 527.
44 BGHZ 45, 91, 93 (Schmerzensgeld); *von Gerlach*, VersR 2000, 525, 527 f.
45 BGHZ 140, 335, 340 f.; BGH, NJW 2002, 212, 213.
46 BGHZ 132, 341, 350 f.; 140, 335, 341; BGH, NJW 2002, 3769.
47 BGHZ 132, 341, 351 f.; BGH, NJW-RR 2004, 863.

Gericht jedoch nicht daran gehindert, darüber hinaus zu gehen und die Haftung des jeweiligen Beklagten in erweitertem Umfang zu bejahen.

Schließlich wäre daran zu denken, über diese bereits etablierten Grundsätze noch hinauszugehen und dem Geschädigten zu gestatten, im Fall des Vorgehens gegen mehrere Schädiger lediglich eine Gesamt-Haftungsquote für sämtliche Beklagten anzugeben und die Aufteilung unter ihnen dem Ermessen des Gerichts anheim zu geben. Ein Teilunterliegen im Sinne des Kosten- und Rechtsmittelrechts ist dann nur zu bejahen, wenn das Gericht die aggregierte Haftungsquote unterschreitet, während es auf die Verteilung unter mehreren Schädiger nicht ankommt.

H. Sozialversicherungsrechtliche Lösung

In Deutschland sind Schadensersatzklagen wegen Mesotheliomen unbekannt. Dies liegt nicht daran, dass hierzulande Asbest nicht eingesetzt worden wäre oder dass es keine Mesotheliom-Erkrankungen geben würde. Tatsächlich treten in Deutschland pro Jahr um die 1000 Fälle auf, doch sie beschäftigen nicht die Zivilgerichte, sondern die Berufsgenossenschaften als Träger der gesetzlichen Unfallversicherung. Das Mesotheliom ist eine anerkannte Berufskrankheit, so dass der Geschädigte in den Genuss der – verhältnismäßig großzügigen –Versicherungsleistungen nach dem SGB VII kommt[48]. Insbesondere stehen dem erkrankten Arbeitnehmer Ansprüche auf Heilbehandlung und auf Lohnersatz (Verletztenrente) zu, und seine Hinterbliebenen werden ebenfalls durch Rentenzahlungen versorgt[49]. Finanziert werden diese Leistungen in vollem Umfang von den Unternehmen der betreffenden Branche, deren Jahresbeitrag von der Lohnsumme und der Gefahrenklasse des jeweiligen Betriebs abhängt. Im Gegenzug ist die Individualhaftung der in den Berufsgenossenschaften zusammengeschlossenen Unternehmen gemäß §§ 104 ff. SGB VII ausgeschlossen[50].

Aus haftungsrechtlicher Sicht ist die gesetzliche Unfallversicherung nichts anderes als eine Kombination aus Unfallversicherung der Arbeitnehmer und Zwangs-Haftpflichtversicherung der Arbeitgeber einer bestimmten Branche[51]. Die Wahl zwischen Gesamtschuld und Proportionalhaftung wird damit obsolet. In den hier interessierenden Fällen unaufklärbarer Verursachung von Langzeitschäden entspricht die gesetzliche Unfallversicherung einer gesamtschuldnerischen Haftung sämtlicher potentiell kausaler Arbeitgeber, die zudem einer öffentlich-rechtlichen Verpflichtung zur Deckungsvorsorge in Gestalt einer Quasi-Haftpflichtversicherung unterliegen. Auf diesem Wege wird die Entschädigung der Opfer von Berufskrankheiten sichergestellt, ohne dass der einzelne Arbeitgeber mit übermäßigen Haftungskosten belastet wird. Für die Haftung einer Berufsgenossenschaft ist es gleichgültig, ob der geschädigte Arbeitnehmer bei einem oder bei mehreren Unternehmen der betreffenden

48 Berufskrankheiten-Verordnung v. 31.10.1997, BGBl. I, S. 2623, idF der Verordnung v. 5.9.2002, BGBl. I, S. 3541, Anlage, Nr. 4105.

49 *Kötz/Wagner* (Fn. 14), Rdnr. 594 ff.; *Waltermann*, Sozialrecht, 6. Aufl. 2006, Rdnr. 295 ff.

50 *Kötz/Wagner* (Fn. 14), Rdnr. 600 ff.

51 *Kötz/Wagner* (Fn. 14), Rdnr. 578; *Waltermann* (Fn. 49), Rdnr. 250.

Branche gearbeitet hat. Das Entschädigungsbegehren des Arbeitnehmers hat bereits dann Erfolg, wenn er nachweisen kann, dass er sich das Leiden während der Tätigkeit für irgendein Unternehmen zugezogen hat. Das Risiko, dass ein Teil der Arbeitgeber liquidiert wird und als Schuldner nicht mehr zur Verfügung steht, entfällt ebenso wie das auf Einzelunternehmen bezogene Insolvenzrisiko. Auch die zahlreichen Streitigkeiten um die Definition des Versicherungsfalls, Deckungslimits und Ausschlüsse in den Betriebs-Haftpflichtversicherungen, wie sie in den USA in der Folge der Asbestschäden ausgetragen wurden[52], werden durch die gesetzliche Unfallversicherung erledigt, weil letztere quasi nach dem *claims-made*-System funktioniert[53]. Die zuständige Berufsgenossenschaft in ihrer heutigen Gestalt hat nach Maßgabe der aktuellen gesetzlichen Bestimmungen für die Schäden aufzukommen, die von Unternehmen der betroffenen Branche in der Vergangenheit verursacht worden sind.

Es bleibt die Frage, ob die öffentlich-rechtliche Zwangsversicherung nicht die durch das Haftungsrecht generierten Anreize zur Prävention zunichte macht, denn offenbar haben die durch §§ 104 ff. SGB VII vor der Anlastung von Schadenskosten geschützten Arbeitgeber keinerlei Anlass, in kostspielige Maßnahmen des Arbeitsschutzes zu investieren. Tatsächlich hat jede Versicherung mit dem moralischen Risiko zu kämpfen, doch den Berufsgenossenschaften ist es offenbar gelungen, es durch Prämienbemessung nach Gefahrklassen und durch ein Bonus/Malus-System in den Griff zu bekommen[54]. Den empirischen Nachweis dafür, dass diese Maßnahmen funktionieren, verdanken wir einer Untersuchung von *Hein Kötz* und *Hans-Bernd Schäfer*[55].

---

52 Eingehend *Stempel*, 12 Conn. Ins. L.J. 349, 363 ff. (2006).

53 Dazu *Wagner*, Versicherungsfragen der Umwelthaftung, in: Simon/Ahrens (Hrsg.), Umwelthaftung, Risikosteuerung und Versicherung, 1996, S. 97, 129 f.

54 *Kötz/Wagner* (Fn. 14), Rdnr. 599; *Wagner*, Kollektives Umwelthaftungsrecht auf genossenschaftlicher Grundlage, 1990, S. 90 f., 208 f.

55 *Kötz/Schäfer*, AcP 189 (1989), 501.

THE PARADOX OF THE NEGLIGENCE RULE

Mark F. Grady[*]

A. Introduction

The negligence rule contains a paradox in that the more advanced safety technology becomes, the more negligence liability there is. In order to see what drives this paradox, we need to examine two key negligence ideas: "unavoidable accident" and a related concept that I will call "inevitable accident." "Unavoidable accident" is the expected harm (per unit of time) that remains when an actor has installed all reasonable safety appliances, has made all reasonable precaution plans, and has perfectly followed through on these reasonable precaution plans. The other concept, "inevitable accident,"[1] is the expected value of accidents (over the same unit of time) that an actor would create if he or she made a reasonable number of errors in following through on reasonable precaution plans. It is of course possible that an actor's

* Professor of Law and Director of the Center for Law and Economics, UCLA School of Law. I dedicate this work to Hans-Bernd Schäfer, who has contributed so much to our understanding of the law and economics of tort.

1 I draw the name of "inevitable accident" from the old English case of Weaver v. Ward, (1616) 80 Eng. Rep. 284 (K.B.), where the defendant accidentally shot the plaintiff. The defendant then specially pleaded that the accident happened when the two parties were engaged in a military field exercise with their. muskets and that, accidentally and unfortunately and against the defendant's will, the defendant's own musket discharged a round into the plaintiff. The plaintiff demurred to this special plea, and the court held that the defendant's special plea (defense) was indeed bad (that these facts, if proved, would fail to exculpate the defendant). The court said that "no man shall be excused of a trespass... except it may be judged utterly without his fault." This was an "inevitable accident," under the concept developed below, because the defendant possessed a reasonable plan (to engage in the military exercise), but committed a compliance error (his trigger finger slipped). Courts and commentators subsequently called the failed defense "inevitable accident." Hence, a negligent actor is liable even for "inevitable accident" (in the sense of *Weaver v. Ward* and subsequent cases) but is immune for "unavoidable accident." Although these terms are admittedly confusing, they are at least terms that common law courts have used for the same concepts. I am retaining these terms because, interpreted in the way that I suggest, they decode a difficult common law history, as well as modern negligence doctrine. It is a close call, however, because the old meaning of "inevitable accident" has been practically lost in modern times, even when liability for compliance error (the failure to follow through on a reasonable plan) remains fairly strict in modern times, just as the old English court decided in *Weaver v. Ward*. The rule has outlasted the terminology. What gives me a few doubts about this terminology is that some modern courts use the term "inevitable accident" as a synonym for "unavoidable accident." This is unfortunate because two distinct concepts are still needed to provide an accurate model of the modern negligence rule.

inevitable accident will be zero, but for various reasons it is instead likely to be positive. These "compliance errors" are the main source of negligence in the real world.

Both unavoidable accident and inevitable accident possess different economic determinants, which vary across accident types. When we can estimate inevitable accident relative to unavoidable accident, we get a theory of when courts will impose liability, especially in a common class of cases in which the evidence about the defendant's actual level of precaution was poor or nonexistent.

I. Unavoidable Accident

The horizontal axis measures units of precaution, and the vertical axis measures some unit of value. The TC_P curve shows the total cost of precaution at each level, and the TR curve shows total expected harm from accidents – the probability of harm times the magnitude of harm when it occurs – also at each level of precaution. This curve is marked TR because it is conventional in legal circles to call expected harm "risk," and it is a good short name, though of course expected harm is not "risk" in the sense that financial economists use the term. Social cost is the sum of total precaution cost and total risk, which is minimized at P*, the due care level of precaution. At that point, the downward slope of the TR curve (in absolute terms) equals the upward slope of the TC_P curve. Social cost is minimized at that point because beyond P* further units of precaution add more to total precaution cost than they subtract from total risk. That is why to the right of P* the TC_P curve's slope is greater (again in absolute terms) than the slope of the TR curve.

Figure 1

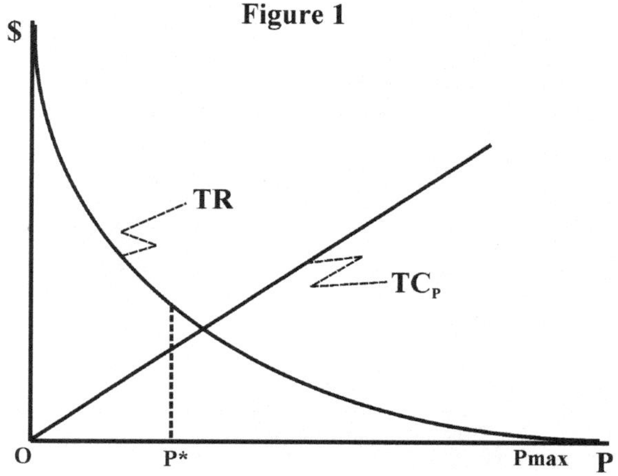

The relationship between the two curves on figure 1 reflects diminishing marginal returns to precaution, which is of course realistic. If we think of auto safety, when we make sure that the steering wheel is securely bolted to the steering assembly, that unit of precaution produces a huge reduction in risk (that is, expected harm). When we then add brakes to the car, which perhaps costs about the same, we then subtract another large amount of risk. Ultimately, however, the good opportunities for precaution diminish, so that when we add the tenth air bag, the cost may be about the same as for prior standardized units of precaution, but the risk reduction is much smaller. Before this point, all of the good opportunities for precaution have been exhausted. That is why the downward slope of the TR curve is relatively flat at high levels of precaution.

A less conventional but more useful way to see the negligence problem is on figure 2. The R curve represents the *marginal* (reduction in) risk (that is, marginal reduction in expected harm), and the C_P curve represents the *marginal* cost of precaution. Each marginal curve measures at different units of precaution the slope of the corresponding total curve. Hence, the C_P curve is flat because the TC_P curve on figure 1 has a constant slope, and the R curve declines because the slope of the TR curve becomes less negative at increasing levels of precaution. The areas under the curves between two precaution points equal, respectively, the increase in precaution cost (under the C_P curve) and the decrease in expected harm (under the R curve) occasioned by moving from the lower level of precaution to the higher, that is, the total change over the interval. Hence, the total risk (expected harm) that would be reduced by moving from zero precaution to P* is the area OABP*. The area of unavoidable accident is P*BPmax.[2]

Figure 2

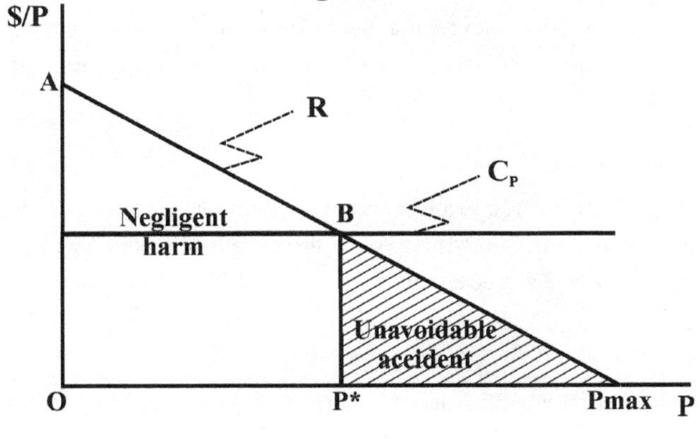

As figure 2 indicates, "unavoidable accident" really *is* avoidable—by having better safety appliances or better precaution plans than due care (P*) entails. The counterpart of

2 This area could understate by a bit the amount of unavoidable accident to the extent that some nugget of totally unavoidable harm could exist even after maximum precaution is used. For purposes here, we will not lose much generality if we assume that the set of precautions that reduces accidents is capable of reducing these accidents to zero, even though the last risk reductions are uneconomic to obtain because the marginal cost exceeds the marginal (reduction in) risk.

unavoidable accident is "negligent harm," which comprises accidents that due care would have prevented. Under strict liability, an injurer is liable for both negligent harm and unavoidable accident; under negligence, the injurer is liable only for negligent harm.

Perhaps because of the courts' confusing terminology – unavoidable accident really *is* avoidable – some economists have assumed that if an injurer has been negligent, that injurer is liable for unavoidable accident in addition to negligent harm, and some of them have even based their theories on the resulting discontinuity.[3] This is incorrect. Even when an injurer has used less precaution than P* and has thus committed a breach of duty, it will still be an issue whether reasonable precaution would have *prevented* the accident. If not, a concededly negligent actor will escape liability.[4]

Courts must therefore sort accidents between the two zones depicted on figure 2. Again, just to stress the point, courts sort injuries between the zones even when they know the defendant has used less precaution than P*. Often a "cause signature" – some trace of the accident or other evidence of what zone it belongs to – makes the court's task easy. Suppose that the defendant's levee overflowed after a storm, and the plaintiffs (whose lands were flooded) proved under the Learned Hand formula that the defendant's levee walls should have been 16 feet high when in fact they were only 10 feet high. Nevertheless, if the evidence also indicated that the flood was so large that only a 26-foot-high levee would have prevented it, the court can sort the injury to unavoidable accident (the area under the R curve beyond P*), and will hold the defendant immune, even though the defendant committed a breach of duty.[5] In this hypothetical case the cause signature was the size of the flood, which would allow a court to determine whether a levee of a given size would have saved the day. A cause signature can also inculpate a defendant, as when the evidence shows that the flood was only 11 feet high.

II. Inevitable Accident

Implicit in negligence law is a second concept of harms uneconomic to avoid. Assume that an actor has used all reasonable precautions and therefore is at a point like P*. We now need to clarify what we mean by precaution. Suppose we think of precaution as either a durable

---

3 The discontinuity supposedly exists because at a precaution level infinitesimally less than P* the injurer, according to some economists at least, is liable for an infinitesimal amount of negligent harm plus unavoidable accident, and then when the injurer moves to P* the liability for unavoidable accident discontinuously disappears. This conception of the negligence rule leaves out the cause-in-fact limitation and makes it too easy for game-theoretic models to yield equilibria in which injurers and victims all choose their respective P*-precaution levels.

4 *See, e.g.*, New York Central R.R. v. Grimstad, 264 F. 334 (2d Cir. 1920) (defendant was negligent in failing to have life rings aboard its barge, but they would not have saved plaintiff's deceased in the actual event because he did not stay afloat long enough to catch one).

5 The example comes from City of Piqua v. Morris, 120 N.E. 300, 303 (Ohio 1918), in which the court said: If a river levee had been maintained at the height of 10 feet, and the custodians of the levee had been warned that flood waters might require a levee 16 feet in height, and they neglected to so increase the height of the levee, and an unprecedented flood should ensue, during which it should appear that a levee 26 feet in height would not have held the flood waters, the parties responsible for the levee would not be liable for negligence in failing to maintain a 16-foot levee, when a 26-foot levee would have been unavailing.

precaution that lasts over the time period relevant to figure 2 or a plan to use some nondurable precaution over that same period of time. Thus, P* on figure 2 may include both an installed fire escape and a plan to inspect that fire escape every month over its working life to make sure that it remains in good order. Figure 3 shows a marginal risk curve (R) that is drawn on the assumption that all reasonable durable precautions have been installed – that is, the fire escape is there. That is why the risk curve on figure 3 is lower than the corresponding risk curve on figure 2. Assume that the relevant time period for figure 3 is the same as for figure 2 (the working life of a fire escape in both instances).

Figure 3

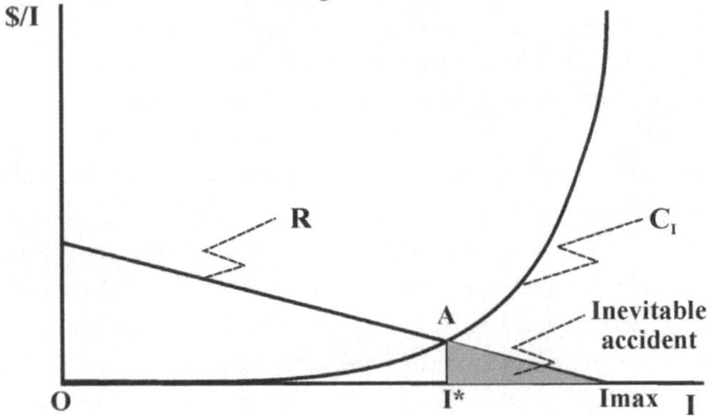

Now, the only safety question is whether the actor will inspect the fire escape according to the reasonable plan – once every month. Courts tend to require 100% compliance, so every expected harm under the R curve on figure 3 can potentially lead to liability.[6] The horizontal axis (I) measures the rate of compliance with the actor's plan of nondurable precaution. Thus, as we move from the left to the right, the actor's compliance becomes better, moving for example from zero compliance to 100% compliance. At low levels of I, the actor never inspects the fire escape and at Imax the actor always complies with the reasonable plan, that is, invariably inspects the fire escape each month. The marginal cost of compliance (C_I) rises sharply as the actor get closer to maximum compliance. Inevitably, some inspections will be cheaper to do than others in terms of foregone benefits. Being perfect in one's inspections ensures that some extremely valuable opportunities will be foregone. Perfect consistency probably also imposes its own special cost because most people must make special sacrifices in order to achieve it.

6 Courts may sometimes allow juries to forgive compliance errors (inadvertent failures to follow a reasonable plan), but courts do not always allow juries to forgive them, and the juries themselves, when given the opportunity to forgive, do not always exercise the option. Think of a building owner who has forgotten to inspect a fire escape one month and through bad luck it fell into disrepair just at that time and a fire started. If

Let us be clear that maximum compliance (Imax) is *not* inspecting the fire escape constantly; instead, Imax is perfectly following the reasonable plan, that is, inspecting the fire escape each month without fail. Since figure 3 assumes that the fire escape is installed, the R curve now measures the reduction in risk (expected harm) from increasing compliance rates in nondurable precaution. The actor probably will choose some level of compliance below the maximum rate (Imax) – certainly it would be efficient for him to do so, because after I* increasing compliance rates cost more than the reduction in expected liability, even if everyone sues (the area under the R curve).

III. The Paradox

Suppose that courts tend to make actors liable for compliance errors (all failures to observe perfectly a reasonable plan for the use of nondurable precaution), but that actors choose I*. There will be negligence liability equal to the shaded area on figure 3 labelled "inevitable accident."

Suppose further (as is also true) that courts exculpate defendants for unavoidable accident. That is, a court will exculpate a defendant when it turns out that only a perfect fire escape (or inspection every minute, not every month) would have saved the day and that merely reasonable precaution would have yielded the same unfortunate result that occurred. Thus, the area labelled "unavoidable accident" on figure 2 will be an area of negligence immunity. If we can estimate for a given accident the ratio between unavoidable accident (immunity) and inevitable accident (liability), we can say something about the probability that actionable negligence occurred even if we do not know much or anything about the actor's actual precaution level. This result follows mainly from the assumption that the actor was probably not complying perfectly with a reasonable precaution plan but was instead at some point like I* on figure 3. Economic optimizers will not comply perfectly with even a reasonable precaution plan.

What will make unavoidable accident large relative to inevitable accident (and thus yield a low rate of actionable negligence)? Rudimentary safety technology seems to be the main answer.

Suppose a nineteenth-century doctor operated on a patient for appendicitis, and the patient died. Unavoidable accident was large because many such patients died even when the doctors and nurses perfectly implemented the most reasonable plans that existed. The safety technology, moreover, was simple so that precaution plans were probably also simple and relatively easy to comply with. Inevitable accident would have been small. With unavoidable accident high and inevitable accident low, in the nineteenth century there were probably few successful claims for negligent appendectomies.

Now, in a modern hospital, a similar patient presents with appendicitis, and the doctors again operate with the same unfortunate result – death on the operating table. Unavoidable

---

the occupants could not get out because of the compliance error, it could be unwise for the building owner to rely on the jury's clemency.

accident is now small because almost all patients can be saved if the far more advanced reasonable precaution plans of today are perfectly followed. Nevertheless, again because of the advanced nature of these plans, they will be demanding of human compliance efforts. A whole medical team will have to watch the patient constantly, and use perhaps hundreds of nondurable precautions, if the patient is to be safe. Nevertheless, if this highly demanding and now reasonable plan is perfectly followed, it will be rare for a patient to die (unavoidable accident will be small). Because of the high demands of this modern reasonable plan, many compliance errors will predictably occur, and inevitable accident will thus be large relative to unavoidable accident.

Paradoxically, claims for negligent appendectomies will be stronger in the twenty-first century than they were in the nineteenth century, even when safety technology is better today and today's overall safety investments are larger than they were in the nineteenth century. The better safety technology itself causes increased rates of negligent behaviour.

B. Conclusion

Advances in safety technology tend to make negligence claims stronger and increase the rate of negligence liability. Everything else the same, unavoidable accident will be smaller, and therefore negligence cases stronger, as safety technology advances. Inevitable accident (for which parties are liable) will be larger, all else the same, the more demanding of nondurable precaution reasonable precaution plans become. Hence, the greater the number of required nondurable precautions, the greater their required rates, the more exacting their schedules, and the greater their complexity, the more likely it is that compliance errors will occur. Generally speaking, advancing safety technology simultaneously reduces the rate of unavoidable accident and increases the rate of inevitable accident.[7] For instance, on the flight deck of a modern airliner compliance responsibilities, in terms of nondurable precautions, will be very great. The same safety technology has reduced the rate of unavoidable accident and simultaneously increased the rate of inevitable accident. When a modern airplane crashes, even in bad weather, odds are that the cause was negligence on the part of someone or even several people at the same time.

7 An exception to this pattern is new safety technology expressly designed to reduce the productivity of nondurable precaution, such as a plastic string that is attached to a surgical sponge and which hangs onto the operating room floor during the surgery. The string reminds the surgeon and surgical nurses that the sponge must be removed before the patient is closed. This exceptional type of advanced safety technology reduces the productivity of a nondurable precaution (counting the sponges) and thus should also reduce the number of compliance errors and therefore the rate of negligence.

INSURANCE AND TORT: COORDINATION SYSTEMS AND IMPERFECT LIABILITY RULES

*Fernando Gomez and Jose Penalva**

Abstract: Three methods compete, both across and within different legal systems, for coordinating insurance or like benefits (social security, employer provided benefits, etc.) and Tort liability awards: *Collateral Source Rule* (cumulation), collateral benefits offset (deduction), and subrogation of insurer or provider. It is known in the economics literature that the optimal insurance contract contains subrogatory provisions (Shavell 1987, Sykes 2001). In the presence of a liability system, however, it has been overlooked that subrogation and its alternatives, however, make sense only in a world in which liability rules don't operate perfectly. Under an imperfect strict liability regime, solely subrogation can induce optimal incentives for risk coverage. In addition, collateral offset reduces, compared to the other two alternative regimes, injurer's incentives to take care. Under an uncertain negligence rule incorporating causation subrogation still outperforms the other regimes, and especially the benefits deduction rule. Finally, the paper also discusses in informal terms the apparently strong advantage in terms of administrative costs of the collateral offset over subrogation, and points out at several factors that might seriously undermine this opinion. The paper casts doubts upon the trend favoring the elimination of the Collateral Source Rule and adoption of deduction systems, which has already been shown empirically to reduce deterrence (Rubin and Shepherd 2007).

* We are thankful to Benito Arruñada, Michael Faure, Carlos Ocaña, Anthony Ogus, Santos Pastor, Alicia Real, Göran Skogh, and participants at Seminars at Carlos III, Ghent, and Pompeu Fabra Universities, for helpful comments and suggestions, to the Spanish Ministry of Education and Science (F. Gomez: SEJ2004-05059/JUR SEJ2005-10041, J. Penalva: SEJ2005-03924) and the Generalitat de Catalunya (SGR2005-00470) for financial support, and to Mireia Artigot and Maria Camí for able research assistance.

A. Introduction

Risk-averse individuals facing the possibility of an adverse event that will determine losses in their wealth or income would definitely prefer to be reimbursed for their losses – at least these pecuniary – if the accident prospect materializes. If insurance is readily available, either through the market or under a social insurance scheme, these individuals would be willing to transfer the risk to the insurer and thus obtain indemnity from a private or social insurer if the feared event takes place, against the payment of insurance *premia* or social security contributions.

At the same time, the legal system provides redress to the victims of some of these events through the tort awards that the law determines if an injurer is held legally liable for the damage caused. The question arising out of the co-existence of these two different institutional structures is how to coordinate the insurance benefits the insured will have received, had the accident taken place, with tort liability awards if there is a liable injurer. To achieve this coordination, three main options seem plausible. In fact, the three of them have been adopted by different legal systems in various fields and to various degrees.

The first one is to allow the insurer to seek reimbursement of the benefits paid to the insured from a liable injurer. This can be implemented technically in a variety of ways: allowing a direct cause of action of the private or social insurer against the injurer;[1] subrogating the insurer in the tort claim of the victim;[2] or compelling the insured to transfer her tort claim to the insurer, or, in some cases, assuming that that has been the case;[3] other methods, such as a lien in favor of the insurer on the victim's tort award, or allowing his participation, side by side with the victim, in the civil liability claim. Throughout the paper we will refer to this option as insurance subrogation, but there are no substantial reasons why it would not equally apply to any other of the mentioned schemes. Even with respect to the strict subrogation, there are certain complexities that will be ignored, such as the sharing rules of insured and insurer in their actions against the responsible party. These rules are relevant when the liable injurer has only limited assets, a problem that will not be addressed here.

The second type of solution lets the victim of an accident who has received insurance or similar benefits collect full damages from a liable injurer: In the computation of the damage award no reduction is made because of the benefits that have partially or to-

1 This is the case in the Spanish legal system concerning the medical expenses covered under Workers' Compensation or Social Security schemes: art. 127.3 *Ley General de la Seguridad Social*.

2 This is probably the most widely used procedure across different systems: Par. 67 of the German *Versicherungsvertragsgesetz*, artt. 43 and 82 of the Spanish *Ley de Contrato de Seguro*; in the U.S., see Keeton & Widiss (1988, p. 219); in the U.K., see Birds (1988, p. 243).

3 This is common in Germany when an employer provides coverage of medical expenses and lost wages resulting from a personal injury, apart from the cases in which this coverage is mandatory (as under Par. 1 of the *Lohnfortzahlungsgesetz*): see Larenz (1981, p. 537). The assignment of the cause of action against the injurer is also possible in Anglo-American Law, but is voluntary: Birds (1988, p. 249).

tally eliminated the accident loss. This rule is traditionally called in the Anglo-American legal world *Collateral Source Rule*, because insurance or similar benefits are considered "collateral" with respect to the tort award.

The third type is precisely the opposite of the one just exposed: The amount of the insurance or like benefits is deducted from the damage payment the injurer is liable for. We can call this option deduction, or collateral benefits set-off rule, following the American legal jargon. In continental Europe there is no widely accepted precise term for it, but it is usually considered under the heading of *compensatio lucri cum damno* in the calculation of damages.

It might be observed that the first option and the other two are not mutually exclusive in strictly logical terms. We could imagine the insurer being reimbursed for his payments and, at the same time, the victim being entitled to the full damage award payment. Or the insurer subrogated in the tort claim to the amount of the benefits paid, while the victim will retain her own claim but face the collateral benefits offset. As for the first situation, even if theoretically possible, it is inconceivable in a legal system committed to the idea of avoiding liability in excess of damages. The second one is very much real: The question is that, in order to prevent double liability of the injurer, insurance subrogation must necessarily entail either (i) a bar of any tort claim by the victim herself if insurance coverage was full and thus, she was made whole or; (ii) a reduction of the award if coverage was only partial. And this implies that the collateral source offset is, as such, an essential part of the insurance subrogation scheme, and that the former only acquires existence and distinctiveness as an independent rule precisely when it contradicts the latter, that is, when the benefits are deducted from the damage award and subrogation is at the same time excluded.

In this paper we will examine the effects of the three legal options just mentioned, both on the levels of insurance coverage to be purchased by potential victims and the amount of care or safety to be adopted by potential injurers.[4] As Danzon pointed out and Shavell demonstrated, it is in the best interest of potential victims to subscribe insurance policies containing subrogation provisions for their insurers, and that it leads to the Pareto-optimal outcome including the liability question into the problem.[5] Shavell, however, didn't examine in full the effects of the three different options under alternative liability regimes (as a matter of fact, he addressed the issue of liability in this respect only in passing), both on the decision to buy insurance and to take care. Consequently, he did not recognize the fact that the problem of insurance subrogation and its alternatives for coordinating tort liability and insurance benefits appears as meaningless in a world in which liability rules operate ideally (as it is assumed in the basic standard economic modeling of accidents and accident law).

4 See Levmore (1982, pp. 771-824) for an informal discussion of the same issues.

5 Danzon (1984, pp. 517-532), Shavell (1987, pp. 235-255).

Take as given a certain type of harmful event. With a complete and perfect strict liability rule, this being in itself substantially equivalent, in this ideal world, to an insurance policy, potential victims will not pay the price of insurance in the market when they can enjoy it for free through the legal system. In cases governed by the negligence rule, there is, of course, plenty of room for the purchase of accident insurance by potential victims. But when this rule operates optimally as is assumed in the standard models, in equilibrium injurers always take optimal care and, consequently, are never held liable, and as a result, a victim or her insurer cannot expect to recover anything from injurers and therefore subrogation clauses or the other default options are not an issue.

The adequate framework in which to analyze the problem of connecting liability awards and insurance benefits is one where liability rules do not operate ideally, i. e. imperfect liability rules. We will use, however, the simplest possible imperfections under each rule, to allow the best grasp of the intuitions of the working of the three alternative regimes under imperfect functioning of liability.

Recently, Sykes (2001) has independently presented a related model intended to illuminate the issue of injurer's insolvency and how the optimal insurance contract containing subrogation provisions would allocate the reimbursement of insured and victim against the limitedly solvent injurer.[6] Sykes concentrates on optimal insurance subrogation clauses, allowing for non-pecuniary losses, unfair premiums and moral hazard of the insured, complications not considered in our model. His paper does not consider, however, the various liability rules in force nor the incentives for the injurer to take care.

There is also a policy concern behind this paper. Since the mid-seventies there has been a trend against the traditional Collateral Source Rule.[7] In the US, for instance, half the states have either abolished or modified, totally or partially, the existing rule in favor of the opposite regime of collateral benefits off-set under various forms. In the academic literature, proposals have been advanced that advocate the elimination of subrogation rights in medical malpractice,[8] in the workers compensation field,[9] or, more generally, in mandatory and social insurance.[10] The UK Law Commission even considered adopting the abolition of the right of subrogation as default rule in insurance contracts, although provisionally refrained from it, judging the step too radical – though not unsound. In general, these suggestions respond to the high administrative costs that subrogation entails, not only the certainly substantial, both private and publicly incurred, costs of the tort process, but also the greater costs of liability insurance – which many potential

6 Sykes (2001, p. 383).

7 See Weiler (1991, p. 32 and notes). For the UK, see Law Commission, Consultation Paper No 147, Collateral Benefits (1997), and Lewis (1999, pp. 43-46).

8 Weiler (1991, pp. 51-54).

9 Epstein (1977, pp. 464-466); Epstein (1982, pp. 775-807); Larson (1982, pp. 483-540); Weiler (1989, pp. 825-847); Viscusi (1991, p. 186), disagrees absent conclusive evidence about the reform not affecting significantly incentives for safety.

10 Danzon (1984); Harper, James & Gray (1986, p. 671).

injurers might choose to purchase facing the prospect of considerable tort awards – over the ones of first-party accident insurance.

The paper will be organized as follows: Section B will present the basic model and the well-known Pareto optimality conditions. Section C will consider the three alternatives with a risk-neutral injurer facing imperfect strict liability. Section D examines a negligence rule with uncertainty in this same setting, and Section E briefly addresses the issue of administrative costs.

B. The Model

The basic assumptions of the model are as follows. Further assumptions will be made in later sections, but these will be held throughout the paper.

1.) A risk averse potential victim and a potential injurer face a positive ($0 < p < 1$) probability of an accident.
2.) The accident will determine a fixed loss $L > 0$ to the victim. The loss is monetary (we can think of a purely proprietary injury loss of a good owned by the victim, or, alternatively, of a personal injury that determines only loss of wages or medical expenses with exclusion of nonpecuniary damages).
3.) The accident is unilateral, i.e. the probability (p) of its occurrence depends exclusively on the variable x, which represents the amount of care taken by the potential injurer. Additional units of care reduce the probability of the accident, but with diminishing effectiveness: p_x is decreasing and strictly convex.
4.) The victim has a *Von Neumann-Morgenstern* utility function of wealth, v, which is increasing and strictly concave. The injurer has also a *VN-M* utility function of wealth, u.[11] Initial wealth for both agents is normalized to zero.
5.) There is fair insurance available, that is, with no overhead costs. Let P be the price per unit of coverage and a the total premium paid. So, the total premium, a, will exactly equal the expected cost for the insurer: $a \equiv P \times C = p_x C$, where C is the nominal amount the victim receives in case of accident and is referred to as the level of coverage.

We will now briefly present a reminder of the well-known Diamond-Shavell optimality conditions for the insurance and liability problem.

Let us first consider the levels of insurance coverage and care that will be optimal from a social viewpoint. We will therefore make abstraction of the liability rules. These results are useful as a benchmark so that we can analyze how insurance subrogation and

[11] We do not need to make at this point any further assumptions on the injurer's utility of wealth, because we will hold his wealth constant throughout this section.

its alternatives in the setting of imperfect liability rules fall short of achieving fully socially efficient outcomes.[12]

The social welfare function is:

$$W = (1 - p_x)\, v\,(-a) + p_x v\,(C - L - a) + u\,(-x)$$

with the insurer's break even condition

$$a = p_x C.$$

If we plug this expression for a in W we get:

$$W = (1 - p_x)\, v\,(-p_x C) + p_x v\,(C - L - p_x C) + u\,(-x)$$

I. Pareto efficient level of insurance compensation

The socially optimal choice of insurance compensation is obtained from maximizing W with respect to C. Let $v'(y) = \partial v(y)/\partial y$. Then the F.O.C. on the social welfare function for C is:

$$\begin{aligned} 0 &= -(1 - p_x)\, v'\,(-a)\, p_x + p_x v'\,(C - L - a)\,(1 - p_x) \\ &\Rightarrow v'\,(-a) = v'\,(C - L - a) \end{aligned}$$

Not surprisingly, because potential victims are risk averse and an accident will affect their marginal utility of income, an optimal insurance scheme will guarantee that they enjoy identical marginal utility of income in the absence or in the presence of an accident. Given this condition, and given that v is strictly concave, $v'' < 0$, the only possible way in which the condition is satisfied, is the following one

$$C = L$$

The socially optimal level of coverage equals the level of losses, that is, optimality requires full coverage.

II. Pareto efficient level of care

To get the optimal level of care, we maximize W with respect to x. The F.O.C. for x where $a = p_x L$ and letting $p'_x = \partial p_x/\partial x$ is:

$$\begin{aligned} 0 = &- p'_x\,[v\,(-a) - v\,(C - L - a)] \\ &- p'_x L\,[(1 - p_x)\, v'\,(-a) + p_x v'\,(C - L - a)] \\ &- u'\,(-x) \end{aligned}$$

---

[12] See Shavell (1982, p. 120), Shavell (1987, p. 215) and, on the insurance issue, Diamond (1977, p. 67).

Using $C = L$ this simplifies to

$$\frac{u'(-x)}{v'(-a)} = -p'_x L$$

The left hand side is the marginal cost of taking care and the right hand side is the marginal benefit. But the cost is stated in terms of the quotient of the marginal utilities of injurer and victim. So, the higher the marginal utility of income of the injurer relative to the victim's, the lower the optimal level of care, and vice versa.

This condition implies entangling the problem of optimal care levels with income redistribution from low marginal utility of income individuals to high marginal utility individuals, through higher or lower levels of care and lower or higher accident probability and hence, insurance premiums.

We abstract from the redistribution dimension. We can assume that injurer and victim are drawn from populations of identical individuals, and that they share equally the sum of costs of coverage and insurance premia.[13]

Under this additional assumption we get the following optimality condition:

$$-p'_x L = 1$$

as expected, because we had implicitly assumed that the cost of each unit of care was 1 (of course, if unit costs of care were higher or lower, the condition would correspondingly change).

C. Strict liability regime

We will examine how the different options concerning subrogation affect the incentives for risk coverage by the potential victim and precaution taken by the potential risk-neutral injurer. As has been mentioned above, an ideal strict liability regime would make accident insurance superfluous: why should anyone want to pay premiums for coverage against losses caused by an external agent when this coverage is available for free through the legal system? The issue of subrogation of the insurer in the tort claim of the insured party would, therefore, not arise in this world.

But what would happen if the strict liability regime didn't work as the theory ordinarily assumes (i.e. perfectly). There is a variety of grounds that might cause the operation of the strict liability rule to be imperfect. By this we mean the possibility of the victim suffering a loss without complete repair payment by the injurer. Among these we can cite: (i) insufficient law enforcement so that some injurers are not identified and brought before court (let's think of hit and run-type situations); (ii) difficulties in proving

13 Needless to say, this does not mean that we believe that distributional matters are not at stake in the accident setting, nor even that liability rules should not be policy instruments to pursue distributional goals – although this is highly debatable. It simply means that we try to focus on the strict efficiency consequences, without addressing the question of distribution.

the causal linkage between the injurer's action and the victim's loss;[14] (iii) insufficient assets on the part of the injurer to make the victim whole if the accident occurs;[15] (iv) the damage payment does not amount to the actual losses incurred by the victim, either due to factual underestimation of damages by the court or to the existence of a statutory cap on damages.

For the remainder of the paper we will make the following simplifying assumption: Whatever the substantive reasons for the imperfection in the strict liability system, this imperfection will materialize as an exogenous probability q, $0 < q < 1$ that, given the occurrence of an accident, the injurer will face no damage payment and consequently, the victim will receive zero compensation through the tort system.[16] Given this eventuality of uncompensated loss, it is rational for a risk-averse potential victim to buy—at least some positive amount of—accident insurance. As the probability of receiving a tort award if the accident materializes is positive, the issue of subrogation and its alternatives arises.

We will also assume throughout this and the following sections that the injurer is risk-neutral, i.e. $u(y) = y$.

I. Collateral Source Rule

i) Faced with the prospect of an imperfect strict liability rule and the collateral source rule in the computation of damages, the situation for the victim if she suffers an accident is:

- With probability q, the insurance company compensates her directly: the victim receives C.
- With probability $1-q$, the insurance company pays compensation C and the injured party receives the tort damage payment D from the injurer, which will be equal to L, assuming that the damage payment will be determined by the courts to exactly mirror the amount of losses suffered by the victim (that is the way in which the tort system ideally operates).

The potential victim will have the following expected utility:

$$E[v] = (1 - p_x)\, v\,(-a) + q p_x v\,(C - L - a) + (1 - q)\, p_x v\,(D + C - L - a)$$

14 This proof is harder to provide, among others, the longer the time gap between harmful event and trial, and the larger the number of other possible intervening causes of the loss apart from the injurer's action. For instance, conclusive evidence of causation is much more difficult to establish in a pollution case, such as the presence of fish-killing pollutants in a river running in the vicinity of several chemical factories and a handful of domestic and industrial waste disposal sites, than in an ordinary automobile-pedestrian collision.

15 From an economic perspective, see Shavell (1986, p. 45), and more recently, Ganuza and Gomez (2008, forthcoming).

16 More complex ways of modeling the imperfection, for instance, introducing a random variable of law enforcement, or allowing for a variable loss, would not substantially alter the results, so we opt for the simplest path.

If we want to determine the (privately) optimal coverage for the potential victim, we maximize this expected utility over the variable C (coverage), using $a = PC$ to obtain the demand for coverage as a function of the price, and then we calculate the optimal demand using fair pricing, i.e. solving for C when $P = p_x$.

Substituting for a in $E[v]$, and after some cancelations and rearrangements, we get the following first order condition (where we also substitute for $P = p_x$):

$$\begin{aligned} 0 = &- p_x (1 - p_x) v' (-a) + q p_x (1 - p_x) v' (C - L - a) \\ &+ (1 - q) p_x (1 - p_x) v' (D + C - L - a) \ . \end{aligned}$$

Using $D = L$, canceling the $p_x(1 - p_x)$ term and rearranging the resulting equation we obtain

$$v'(-a) = qv'(C - L - a) + (1 - q) v'(C - a) \ .$$

So she equates her marginal utility in the no-accident state with a lottery of the possible marginal utilities in the accident state. She is facing a gamble. The optimal amount of compensation will be partial compensation $0 < C^* < L$. The way to see this is to consider the gamble as a simple average: let $V_0' = v'(-a)$, $V_1' = v'(C - L - a)$ and $V_2' = v'(C - a)$. The first order condition says that $V_0' = qV_1' + (1 - q)V_2'$, i.e. the LHS is the average of V_1' and V_2'.

If $C = L$ then $V_1' = V_0'$ but $V_2' < V_1'$ (as $L - a > -a$) so that the equality cannot hold (the RHS, $qV_0' + (1 - q)V_2'$, is smaller than the LHS, V_0'). Similarly, if we let $C = 0$ then $V_0' = V_2'$ but $V_1' > V_0'$ (as $-L - a < -a$) so that the RHS is greater than the LHS. The solution is a C^* that lies somewhere in between $C = 0$ and $C = L$.

The intuitive explanation for less than full insurance coverage lies on the possibility of overcompensation for the victim if the injurer actually pays damages and the corresponding willingness to transfer some of her wealth to the no-accident state through savings in the insurance premium.

ii) There is also the problem of the injurer's incentives to take care. In the presence of both the imperfect strict liability and the collateral source rules, the potential injurer faces a tort damage payment D with probability $p_x (1 - q)$. If she behaves rationally, she will minimize over x her costs of care plus expected liability costs $(x + p_x (1 - q) D)$.

The injurer's incentives to take care are obtained by differentiating his direct cost of care plus the expected tort payment and setting it equal to zero with $D = L$. The resulting condition is:

$$\begin{aligned} 0 &= 1 + p_x' (1 - q) L \\ 1 &= -p_x' (1 - q) L \end{aligned}$$

And this, given that $p_x' < 0$ and $p_x'' > 0$, implies that x^* will be below the socially optimal level of care. This dilution in the incentives to take precautionary measures, of course, comes as no surprise under the assumption of the reduced likelihood for the injurer of being hold liable, and therefore, to pay for the losses if the accident takes place. Nevertheless, in an imperfect world where q is the probability that the injurer cannot be identified, this solution would be the best possible one, the imperfect society's optimum.

II. Collateral benefits offset

i) If the courts use as their damage computation rule the opposite of the collateral rule, that is, a rule of insurance benefits offset, the potential victim faces the following:

- With probability q, the insurance company compensates her directly: The victim receives C.
- With probability $1-q$, the insurance company pays compensation C and the injured party receives a tort damage payment from the injurer D which is her loss net of the insurance compensation she receives from the insurer, i.e. $D = L - C$ (assuming the policy is not affected by the benefit offset rule per se, just by the non-subrogation that it entails).

The expected utility of the injured party is

$$\begin{aligned} E[v] &= (1-p_x)\,v(-a) + qp_x v(C-L-a) + (1-q)\,p_x v(C-L-a+(L-C)) \\ &= (1-p_x)\,v(-a) + qp_x v(C-L-a) + (1-q)\,p_x v(-a) \\ &= (1-qp_x)\,v(-a) + qp_x v(C-L-a)\ . \end{aligned}$$

Maximizing $E[v]$ over C and substituting in for the price of insurance $P = p_x$ we get the condition for the victim's (privately) optimal coverage. Keeping in mind that D=L−C, after some cancelations and rearrangements we get

$$\begin{aligned} 0 &= -p_x(1-qp_x)\,v'(-a) + qp_x(1-p_x)\,v'(C-L-a) \\ v'(-a) &= \frac{q(1-p_x)}{1-qp_x} v'(C-L-a)\ . \end{aligned}$$

Let C^*, solve this equation. Because the factor multiplying $v'(C-L-a)$, $\frac{q-qp_x}{1-qp_x}$, is less than one, we then have $v'(-a) < v'(C^*-L-a)$, so that $C^* < L$ (as $v'' < 0$).

Intuitively, the victim is paying actuarially fair insurance for an event that occurs with probability p_x while she receives an effective payment with probability qp_x. This is because when the injurer is found liable, the victim will always receive a total payment equal to L independently of her insurance coverage. Thus, from the point of view of the victim, she is paying insurance for coverage when the injurer is not found liable, while the price covers payments both when the injurer is not found liable and when he is. The resulting price is unfair and hence she buys less than she would if the price were fair, that is, less than full coverage. As the effectiveness of the judicial system improves (the probability of the injurer being found liable increases), the probability of receiving an *effective* payment from the insurance company falls while the price of insurance stays the same, so that the victim's incentives to buy insurance fall. In the limit, as the effectiveness of the judicial system becomes perfect, the incentives to buy insurance disappear.

It is clear, anyhow, that the collateral offset rule induces a (socially) sub-optimal result. The reason for this lies in the fact that the benefits of buying more coverage don't accrue solely to the victim but also to the injurer, due to the benefit offset rule, although the costs are borne, through the payment of the premiums, exclusively by the insured.

ii) Given C^*, the potential injurer faces liability costs of $(L - C^*)$ with probability $p_x(1-q)$, so she will minimize: $x + p_x(1-q)(L-C^*)$, which results in the condition

$$0 = 1 + p'_x(1-q)(L-C^*)$$
$$1 = -p'_x(1-q)(L-C^*) \ ,$$

which, in turn, implies a lower level of care, not only lower than the socially optimal but also than the (already reduced) imperfect society's optimal level induced by the collateral source rule.

III. Insurance benefits subrogation

i) Even if the insurance contract that links the potential victim with her insurer does not contain any insurance subrogation clauses, courts might be able to create a rule or to apply one imposed by legislation, allowing insurers to recover from a liable defendant precisely those amounts which they had already paid to accident victims under the policies.

Assuming that both parties can anticipate this outcome, they will take it into account in the calculus of insurance premiums and potential victims will include it in the expected utility maximization program. If insurers can, accordingly, costlessly obtain reimbursement of the insurance payments made, the risk they are actually assuming through the policy is not p_xC but $a = p_xC - (1-q)p_xC = qp_xC$ so that $P = qp_x$.

The situation faced by the potential victim is:

- With probability q, the insurance company compensates her directly: the victim receives C.
- With probability $1-q$, the insurance company pays compensation C, the injured party receives a tort damage payment net of insurance compensation from the injurer of $D = L - C$ and the insurance company can recover from the injurer the compensation paid to the insured, which is equal to C.

The expected utility of the injured party is

$$E[v] = (1-p_x)v(-a) + qp_xv(C-L-a) + (1-q)p_xv(C-L-a+(L-C))$$
$$= (1-qp_x)v(-a) + qp_xv(C-L-a) \ .$$

In other words, the situation in which the insurer pays the insured whenever the accident takes place and then recovers this amount from the injurer in the case the latter is found liable is very similar to the situation in which the insurer pays the sum covered only when the victim cannot get a tort payment from the injurer.[17] Then, the optimal compensation is

$$\begin{aligned} 0 &= -qp_x (1 - qp_x) v'(-a) \\ &\quad + qp_x (1 - qp_x) v'(C - L - a) \\ v'(-a) &= v'(C - L - a) \ . \end{aligned}$$

The optimal amount of compensation is the socially optimal level, full insurance: $C = L$. The intuition behind this result is very similar to that for the collateral benefits rule: The insurance payments are effective only when the injurer is not found liable. The main difference is that the price of insurance only includes payments made when the injurer is not found liable so that from the point of view of the victim the insurance contract is fairly priced and the optimal insurance coverage is full coverage.

Subrogation induces potential victims to purchase coverage to make them whole if the accident occurs and the judicial system fails. The combination of insurance and tort achieves the socially optimal insurance coverage.

ii) As for the injurers incentives to take care, given the previous result $C = L$, and that there is no difference for the injurer - defendant in paying $D = L = C$ to the victim or to her insurer, the problem just duplicates that in section C.I:

$$1 = -p'_x (1 - q) L$$

To summarize the findings in this section: Given the (standard) restrictive assumptions of the model, under an imperfect strict liability regime—which in any case determines a lower level of care than the socially optimal—both the collateral source and the collateral benefits offset rules induce inefficient bearing of risk on the part of the victim. Given the social limitations to make the injurer liable, only the collateral benefits offset rule induces the potential injurer to take a suboptimal level of care. Insurance subrogation, on the contrary, induces optimal insurance coverage, even though it is incapable of overcoming the dilution of incentives to take care caused by the imperfect functioning of the strict liability regime.

D. Negligence regime

As has been already shown in Section A, an ideal negligence rule makes it unnecessary to address the matter of insurance subrogation. But there is also a variety of reasons that allow for imperfections in the operation of the negligence regime, and hence, for actual findings of negligence against injurers. In this modified set of circumstances the decision

[17] This idea was first expressed by Shavell (1987, p. 255).

about the coordination between insurance or insurance-like benefits perceivable by the victim and the damage award payable by the injurer has a role to play.

We will not discuss the multiplicity of factors that can explain why in fact some people are found negligent. These range from differences in costs of care or effectiveness of precautions across potential injurers—given that the standard of care is unique for all individuals—to court errors in setting the level of due care, to potential injurers' misconceptions about what is the legally required standard of precaution, or to injurer's optimistic beliefs about law enforcement, and so forth.[18]

In the following exposition we will solely undertake the treatment of one of these potential sources of imperfection of the negligence rule: the courts' inadequate ability to monitor and ascertain the level of care actually adopted by the injurer-defendant, x, and thus, to compare it with the level of due care, (x^d); we will further assume that courts are capable of unmistakably fixing the legally required amount of care and do so at the socially optimal level, x^d, where x^d solves $1 = -p'_{x^d}L$.

More specifically, let's imagine the imperfection in the negligence system as consisting in the fact that courts always make mistakes while assessing the degree of precaution. These mistakes can be represented by a non-trivial random variable M with mean zero. That is, mistakes can be either negative (courts will perceive injurers' care as lower than it in fact was), or positive (courts will evaluate injurers' care higher than it really was), and errors are symmetrically distributed.

We will also assume that the greater the level of precaution chosen by the injurer, the smaller the imperfection in the assessment of the actual level of care will be, and correspondingly, the lower the uncertainty over liability. In particular, we assume that the uncertainty is inversely proportional to the degree of care. More specifically, given the chosen level of care x, M has a distribution on the interval $[-k, k]$, where $k > 0$, with a single-peaked, symmetric density function $f(m)$, $m \in [-k, k]$, and the courts observe $x + \frac{M}{x}$.

Consequently, the probability of the injurer being found negligent is

$$Pr\{x + M/x < x^d\} = \begin{cases} 0 & \text{if} \quad x(x^d - x) \leq -k \\ \int_{-k}^{x(x^d-x)} f(m)dm & \text{if} \quad x(x^d - x) \in [-k, k] \\ 1 & \text{if} \quad x(x^d - x) \geq k\,. \end{cases}$$

Let $\pi_x = Pr\{x + M/x < x^d\}$ denote this probability.

Before we go into the effects of our three opposite rules, however, we must decide the question of which analytical model of the negligence rule will be used.

Two alternative approaches compete in the law and economics literature. One could be labeled "standard"[19] and conceives negligence as stating that, whenever the injurer's

18 See Grady (1988, p. 293).

19 This approach is also dominant among the models introducing uncertainty within the negligence

level of care—mistakenly perceived by the courts, in our imperfect setting—falls short of due level of care, the entire amount of the loss suffered by the victim is shifted to the injurer. In the particular case under examination, this means that the injurer's expected liability would be

$$\pi_x p_x L \, .$$

The second has been advocated mainly by Grady and Kahan,[20] and diverges from the previous conception in that the injurer is held liable not for the whole extension of the loss incurred by the victim, but just for the damages that would not have occurred had the injurer's level of precaution not been lower than the legal standard of care. This implies that the victim, despite the injurer's negligence, would have to bear the expected loss evaluated at the due care level, $p_{x^d}L$—which by assumption is the optimal quantity of accident costs.[21] In our case of interest, the injurer faces an expected liability of

$$\pi_x p_x \left(L - p_{x^d} L\right) \, .$$

In this section we will use the second understanding of the negligence rule and let $L^d = L - p_{x^d}L$ denote the maximum damage payment that the injurer is liable for. A thorough justification of this choice is much beyond the scope of this paper. Nevertheless, it seems possible to find, at least tentatively, several grounds for this choice.

The modified version of the negligence model appears to incorporate the minimum of legal notions and requirements of causation that are common features of both Anglo-American and Roman-German systems.[22] Moreover, the standard model reduces the negligence rule to a mere combination of the no liability and strict liability rules. The standard of care, in this view, exhausts its function in operating as a threshold, a switch from absence of liability to strict liability, without a normative substance of its own. The most important reason, however, is pragmatic. In this setting, incorporating causal requirements in the negligence rule improves the effectiveness of the analysis, given that without those conditions, the results regarding the choice of the level of coverage under an imperfect negligence regime would exactly mirror those under the imperfect strict liability regime. The modified negligence rule, although not substantially inducing divergent outcomes, provokes a significant qualitative difference.

The results with the standard approach to negligence, however, will be briefly summarized at the end of the section.

---

system: Calfee & Craswell (1984, pp. 965-974), Craswell & Calfee (1986, p. 279), Shavell (1987, p. 86).

20 Grady (1983); Kahan (1989, p. 427).

21 Of course, the fraction the victim bears is zero when $p_{x^d}L = 0$. In this case, both versions of the negligence rule become totally undistinguishable.

22 This minimum causal inquiry is based on the *but for* test, necessary condition or *conditio sine qua non*, as is more familiar to the continental legal tradition. Needless to say, this test doesn't exhaust the causal requirements for tort liability, but it can be considered as the lowest common denominator regarding causation in the major legal systems.

I. Collateral source rule

i) In the presence of both an imperfect negligence regime as already described and the collateral source rule, the situation for the victim when she suffers an accident is:

- With probability $1-\pi_x$, the insurance company compensates her directly: the victim receives C.
- With probability π_x, the insurance company pays compensation C and the injured party receives a tort damage payment from the injurer of $D\left(=L^d=L-p_{x^d}L\right)$.

The potential victim will have the following expected utility:

$$E[v]=(1-p_x)\,v\,(-a)+(1-\pi_x)\,p_x v\,(C-L-a)+\pi_x p_x v\left(L^d+C-L-a\right).$$

As $L^d=L(1-p_{x^d})$,

$$E[v]=(1-p_x)\,v\,(-a)+(1-\pi_x)\,p_x v\,(C-L-a)+\pi_x p_x v\,(C-p_{x^d}L-a)\,.$$

Maximizing with respect to C and substituting in for $P=p_x$, we obtain

$$\begin{aligned}0=&-p_x\,(1-p_x)\,v'\,(-a)+(1-\pi_x)\,p_x\,(1-p_x)\,v'\,(C-L-a)\\&+\pi_x p_x\,(1-p_x)\,v'\,(C-p_{x^d}L-a)\,,\end{aligned}$$

which simplifies to

$$v'\,(-a)=(1-\pi_x)\,v'\,(C-L-a)+\pi_x v'\,(C-p_{x^d}L-a)\,.$$

As in the strict liability case, this shows that the victim is facing a gamble because of the possibility of cumulating the insurance benefit and the damage award, only in the negligence regime, the damage award is limited so there is always a residual loss that can be protected using insurance coverage. Thus, she will purchase partial insurance but more than in the strict liability case: $p_{x^d}L<C^*<L$.

ii) The injurer is confronted with the following costs:

$$x+p_x\pi_x L^d$$

Minimizing over x yields the condition

$$0=1+p_x'\pi_x L^d+p_x\pi_x' L^d\,.$$

From this condition one can see that there are several effects that enter into the injurer's problem. The liability rule puts an upper limit on tort payments below the total victim's loss. This lowers the penalty from low care and enhances the incentives for reducing the level of care. Then, the imperfections in the judicial application of the law have two effects: First, the possibility that the injurer is found to have exercised the appropriate level of care (even if it is not true) enhances the effect of the liability rule of reducing the incentives for care; but second, the effect of increased care in reducing the probability of being found negligent enhances the incentives for care possibly even beyond the optimal level. The net effect could lead to over- or underprovision of care.

To see how these two forces interact, consider the choice of $x = x^d$. Recall that x^d is assumed to have been set at the socially optimal level, i.e. using the condition

$$-p'_{x^d} L = 1\,.$$

If we consider $x = x^d$, then the RHS would be equal to

$$1 - \pi_x \frac{L^d}{L} + p_x \pi'_x L^d\,.$$

The forces that lead to underprovision of care enter into the second term, $\pi_x L^d/L$. In the optimal welfare problem this term is equal to one. The two forces are: one, the liability rule that lowers tort payments $\left(L^d/L < 1\right)$ and two, the possibility of not being found liable even if exercising too little care ($\pi_x < 1$). The third term reflects the effect of increased care in reducing the probability of being found liable. To analyze this further recall the definition of π_x and take the derivative with respect to x:

$$\frac{\partial}{\partial x}\pi_x = \frac{\partial}{\partial x}\int_{-k}^{x(x^d-x)} f(m)dm = f(x(x^d - x))(x^d - 2x)$$

As $f(m) \geq 0$, the sign of π'_x is negative (it is positive only if $2x < x^d$), i.e. at $x = x^d$ more care always reduces the probability of being found liable because too little care was taken (this is because the judicial system makes both positive and negative errors when establishing the level of care taken). The net effect depends on the relative values of the parameters ($f(m)$, L^d, etc).

II. Collateral benefits offset

i) In this case the situation for the victim when she suffers an accident is:

- With probability $1 - \pi_x$, the insurance company pays C.
- With probability π_x, the insurance company pays C and the injured party receives a tort damage payment from the injurer of D, which is equal to L^d net of insurance payments C. Note that $D \geq 0$ so that if $C \geq L^d$ then the injurer does not have to pay anything: $D = \max\left\{0, L^d - C\right\}$.

The potential victim will have the following expected utility:

$$E[v] = (1 - p_x)\, v\,(-a) + (1 - \pi_x)\, p_x v\,(C - L - a) + \pi_x p_x v\,(D + C - L - a)\,.$$

This can also be expressed as

$$E[v] = \begin{cases} (1-p_x)\,v(-a) + (1-\pi_x)\,p_x v(C-L-a) + \pi_x p_x v(C-L-a) & \text{if} \quad C \geq L^d \\ (1-p_x)\,v(-a) + (1-\pi_x)\,p_x v(C-L-a) + \pi_x p_x v(-p_{x^d} L - a) & \text{if} \quad C \leq L^d \,. \end{cases}$$

In order to maximize over C, we obtain the following derivative of $E[v]$ (after substituting for $P = p_x$ and dividing by p_x)

$$\begin{cases} -(1-p_x)\,v'(-a) + (1-p_x)\,v'(C-L-a) & \text{if} \quad C \geq L^d \\ -[(1-p_x)\,v'(-a) + \pi_x p_x v'(-p_{x^d} L - a)] + (1-\pi_x)(1-p_x)\,v'(C-L-a) & \text{if} \quad C \leq L^d \,. \end{cases} \tag{1}$$

We know that there is a value of C such that the first condition is equal to zero, namely $C = L$. As for the second condition, as $C \leq L^d$ we know that

$$v'(-a) < v'(-p_{x^d} L - a) \leq v'(C - L - a) \,.$$

We can look at the upper bound for the value of the term in square brackets on the second line of Expression (1) above:

$$\begin{aligned} (1-p_x)\,v'(-a) &+ \pi_x p_x v'(-p_{x^d} L - a) \\ &< (1-p_x)\,v'(-p_{x^d} L - a) + \pi_x p_x v'(-p_{x^d} L - a) \\ &= ((1-\pi_x)(1-p_x) + \pi_x)\,v'(-p_{x^d} L - a) \end{aligned}$$

This bound is above the minimum value of $(1-\pi_x)(1-p_x)\,v'(C-L-a)$, which is attained when $C = L^d$ and is equal to $(1-\pi_x)(1-p_x)\,v'(-p_{x^d} L - a)$. Thus, it could be that a second solution is possible, one such that $C \in (0, L^d)$. Nevertheless, if such a solution exists, it will be a local maximum as the utility obtained from $C = L$ is necessarily higher (by the concavity of v).

In conclusion, the potential victim will buy full insurance. Recall from the discussion of the collateral benefits offset regime in case of strict liability that the victim is *de facto* subsidizing the injurer's tort payments. The reduced tort payments implied by the current liability rules exacerbate this effect at low levels of coverage: The victim is subsidizing the injurer and on top of that she is left with a residual risk. At high levels of coverage the reduced tort payments combined with the collateral offset rule imply that the victim receives no payments from the injurer. Thus she must rely exclusively on insurance. As insurance has an actuarially fair premium it is optimal to buy full coverage.

ii) Given that the victim is purchasing full insurance, the injurer faces no *de facto* liabilities and hence he must minimize the direct costs, i.e. x. Thus it is optimal for the potential injurer to take no care at all.

III. Insurance benefits subrogation

i) This case is similar to that of collateral benefits offset, only now the insurance company can recover insurance payments from a liable defendant and this affects the insurance premium. The victim when she suffers an accident faces:

- With probability $1-\pi_x$, the insurance company compensates her directly: The victim receives C.
- With probability π_x, the insurance company pays compensation C and the injured party receives tort damage payment from injurer of D, which is equal to L^d net of insurance payments C. Note that $D \geq 0$ so that if $C \geq L^d$ then the injurer does not have to pay anything: $D = \max\{0, L^d - C\}$.

The insurance company can recover C if $C \leq L^d$ and L^d if $C > L^d$ from the injurer.

The potential victim will have the same expected utility as in the collateral benefits offset regime, only the risk premium a varies, i.e.:

$$E[v] = (1-p_x)\, v(-a) + (1-\pi_x)\, p_x v(C-L-a) + \pi_x p_x v(D+C-L-a)\,.$$

This can also be expressed as

$$E[v] = \begin{cases} (1-p_x)\, v(-a) + (1-\pi_x)\, p_x v(C-L-a) + \pi_x p_x v(C-L-a) & if \quad C \geq L^d \\ (1-p_x)\, v(-a) + (1-\pi_x)\, p_x v(C-L-a) + \pi_x p_x v(-p_{x^d} L - a) & if \quad C \leq L^d\,. \end{cases}$$

In this regime, the fair insurance premium is not $p_x C$. If $C \geq L^d$, the insurer will pay C in case of accident and recover L^d if the injurer is found liable which has probability π_x, so that

$$\begin{aligned} a &= p_x\left(C - \pi_x L^d\right) \\ &= p_x\left(C - \pi_x(L - p_{x^d} L)\right) \\ &= p_x\left(C - \pi_x(1 - p_{x^d})L\right) \end{aligned}$$

On the other hand, if $C \leq L^d$, the insurer will pay C in case of an accident and recover C from the injurer if he is found liable, so that

$$\begin{aligned} a &= p_x\left(C - \pi_x C\right) \\ &= p_x\left(1 - \pi_x\right) C \end{aligned}$$

The effect of this change is best seen by solving for C as a function of P and postponing the substitution of the fair premium $P = a/C$ in the insured's problem until later. The optimal C as a function of P is obtained from the F.O.C. described by the two conditions:

$$\begin{cases} -P(1-p_x)\, v'(-a) + (1-P)\, p_x v'(C-L-a) & \text{if} \quad C \geq L^d \\ -P(1-p_x)\, v'(-a) + p_x(1-\pi_x)(1-P)\, v'(C-L-a) \\ \qquad -p_x P v'(-p_x L - a) & \text{if} \quad C \leq L^d\,. \end{cases}$$

The first condition implies

$$v'(-a) = \frac{p_x}{1-p_x}\frac{1-P}{P} v'(C-L-a)$$

The fair risk premium is $P = p_x \left(C - \pi_x L^d\right)/C$, which implies that the agent wants to overinsure. To see this note the following: $(1-\gamma p)/p\gamma$ is decreasing in γ, so that for all value of γ between 0 and 1, $(1-\gamma p)/p\gamma > (1-p)/p$. As $\left(C - \pi_x L^d\right)/C < 1$ then

$$\frac{p_x}{1-p_x}\frac{1-P}{P} > 1.$$

Note also that v' is decreasing and that $C - L - a \leq -a$ for $C \leq L$, so that $v'(-a) < v'(C-L-a)$. Putting this two together implies that for all $C \in [L^d, L]$ the RHS is (strictly) greater than the LHS in the F.O.C. which implies the victim's desire to overinsure. This is very intuitive as the victim is buying insurance coverage that is subsidized by the injurer.

The second condition can also be simplified to:

$$-P\left[(1-p_x)\,v'(-a) + \pi_x p_x v'(-p_x L - a)\right] + (1-P)(1-\pi_x)\,p_x v'(C-L-a)$$

Again we look for an upper bound for the term in square brackets in the expression above:

$$\begin{aligned}(1-p_x)\,v'(-a) &+ \pi_x p_x v'(-p_x L - a)\\ &< (1-p_x)\,v'(-p_x L - a) + \pi_x p_x v'(-p_x L - a)\\ &= (1-(1-\pi_x)\,p_x)\,v'(-p_x L - a)\ .\end{aligned}$$

As $v'(-p_x L - a)$ is the lower bound for $v'(C - L - a)$ for $C \in \left[0, L^d\right]$ then

$$(1-P)(1-\pi_x)\,p_x v'(C-L-a) \geq (1-P)(1-\pi_x)\,p_x v'(-p_x L - a)\ ,$$

so that the F.O.C. is always strictly positive–the victim wants to increase his insurance above L^d and there is no optimal C in $\left[0, L^d\right]$. The victim's insurance coverage will then be set by the restriction that he cannot overinsure and $C = L$. The logic is very similar to that for the collateral benefits offset regime, only in the current regime the insurance company recovers part of its costs from the injurer, which is reflected in lower insurance premia, which in turn increases the incentives of the potential victim to buy insurance. The natural conclusion that follows from this is that the potential victim buys full coverage and would like to overinsure if allowed to.

ii) As the injurer-defendant pays the insurance company but his liability is limited, his problem is to minimize

$$x + \pi_x p_x L^d\,,$$

which is the same problem as in the collateral source rule regime with identical conclusions.

A necessary qualification of these results is that they depend on the use of the causation-incorporating negligence rule.

Suppose that we use the standard liability rule instead of a liability rule which sets a maximum tort payment of L^d. Then the outcomes with the use of the standard negligence model can be sketched in the following way: (i) The incentives for insurance coverage would be identical to the imperfect strict liability case examined in Section C. This comes as no surprise, as from the point of view of potential victims, a standard negligence regime with findings of negligence is equivalent to an imperfect strict liability rule.[23] (ii) The effects on the choice of level of care by the potential injurer are indeterminate: She might take too little or too much care with respect to the social optimum, although it is plausible, as previous studies on uncertainty have shown, that the injurer would tend to choose an excessive level of care in both the collateral source rule and the insurance benefits subrogation regimes.[24] However, under insurance benefits offset, the level of care would be zero and the probability of accidents is maximized.

E. Administrative costs

The choice among the three alternative regimes of coordinating insurance and similar kinds of benefits on the one hand and tort awards on the other is not just a matter of theory, but requires to balance, in the actual functioning of legal systems, the benefits and costs of the options involved. In the previous sections, deterrence and insurance effects have been considered, and now we will turn to administration costs. As we are not aware of any defense of the traditional collateral source rule over insurance subrogation on administrative costs grounds, we will concentrate the discussion in this section on the choice between a subrogation rule and a collateral benefits off-set rule, both as default rules in contractual settings, and as mandatory rules in non-contractual ones such as workers' compensation or social security systems.

Insurance subrogation (either as contractual provision or as default rule), is criticized as entailing substantial transaction and administrative costs. It is obvious that the processing of subrogation rights by insurance companies is costly. Moreover, the claims against liable injurers or their liability insurers (more on these in a while), might well end up in court, entailing costs both to the litigating parties and to the public.

The apparent stronghold of collateral benefits offset lies, on the contrary, in the so-proclaimed significant savings in transaction and administrative costs. It can be argued that the cost-reducing properties of this rule would be twofold. First, it eliminates the costs connected with the dealing of claims by insurers. Second, as the expected judgement against a liable injurer or liability insurer is reduced by the amount of any insurance benefits received by the victim, the incentive to sue, other things being equal, diminishes and, correspondingly, so do the costs associated with trial.[25] When the benefits paid to the victim equal the loss incurred by her, the expected damage award is zero and the possibility of going to court disappears.

23 Shavell (1987, p. 84), stresses the strict liability component of the findings of negligence.

24 See Craswell & Calfee (1986, p. 282), and Shavell (1987, pp. 94-96).

25 Danzon (1986, pp. 57-72), presents evidence about the effects of the offset rule as inducing reductions in the frequency and amount of claims in the medical malpractice area.

The results presented in the previous sections of this paper raise doubts about the weight of these arguments and may serve, to some extent, to undermine the faith in the administrative cost advantage of the collateral set-off rule, or, at least, the importance of this advantage. First, it is very unlikely that dispersed victims will be able to handle their rights to tort compensation more cost-effectively than insurance companies handle their subrogation rights: The latter are professional and repeated players, have internal counsel and can avoid duplication efforts with centralization. And given imperfect liability rules, a potential victim considering her optimal behavior under the rule of benefits off-set will often not opt for full insurance coverage. This implies that she would retain the expectation of a damage award against the injurer. So the number of cases in which the victim has a legal right to a damage award is no lower than the number of cases in which there is a subrogation claim under the insurance subrogation rule.

In areas of compulsory or social insurance, however, things might turn out to be more complicated. The state could impose a mandatory level of coverage which, theoretically, could be set at the socially optimal amount (i.e., perfect coverage). The combination of this and collateral benefits set-off provides both optimal bearing of risk and a dramatic reduction in transaction and litigation costs. The drawback, obviously, is represented by the dilution of incentives to take care by potential injurers.

The preference for this scheme purely in terms of its administrative convenience may be, however, more disputed than it appears. Even if we disregard the costs of regulatory standard-setting and enforcement, there are still notable obstacles to surmount. As far as litigation costs are concerned, the outcome appears relatively indeterminate. If, to cover the dilution of incentives for care, society needs to rely more on civil and criminal penalties instead of tort damages to the victim,[26] or payments to subrogated insurers, this simply shifts litigation and its related costs from private parties on both sides, to the government, on one side, and potential injurers violators of regulatory requirements, on the other. In other words, it simply substitutes administrative or criminal litigation for civil litigation. And to answer which one is more likely and/or costly, other things being equal, is very difficult on a theoretical basis and would require an empirical assessment of legal and factual data for the different jurisdictions.

A second property of benefits offset that is commonly underlined is that it does away with the tort system and courts as being the forum in which accident and liability insurers solve their differences. As it happens, however, the presence of liability insurers instead of liable injurers as addressees of subrogation claims serves arguably the goal of diminishing administration costs: Insurance companies are experienced negotiators and have continuous reciprocal relations, so they are better suited to dispose of claims in the

[26] This substitution raises the problem of inefficient risk-bearing on the part of risk-averse potential violators given that criminal penalties are not insurable, and civil ones might be only limitedly insurable.

most cost-effective way.[27] As a matter of fact, certain arrangements have emerged whose purpose consists precisely in dealing with subrogation claims without incurring high administration and litigation costs. We are referring to the so-called *Schadensteilungsabkommen* and *Regressverzichtabkommen* between German liability insurance companies on the one side and accident and medical insurers and social security bodies on the other. The former type of agreement implies that the party entitled to subrogation can obtain a specified share of the benefits paid to the victim (hence why they are called damage sharing agreements) from the liability insurer of the presumed injurer without detailed proof of causation or fault, provided only that the damage was consequence of the risk covered in the liability insurance policy. The latter type contains the *selling* for a lump sum to a liability insurer of all the subrogation rights that might arise against her within the contract period.

All the factors presented in this section lead to the impression that the presumed administration and transaction costs advantage favoring the collateral benefits offset rule are substantially less clear as might be generally supposed, and thus the main argument in support of the more or less general adoption of this rule is undermined. To this one should add the shortcomings of the set-off regime in terms of adequate risk coverage and, more importantly, in terms of deterrence. In fact, empirical studies (Rubin and Shepherd, 2007) seem to show that the move away from the Collateral Source Rule and the advances of various forms of set-off regimes have had a statistically significant effect on the number of non-motor vehicle accidental deaths, thus giving support to the dilution of incentives effect identified in this paper.

References

Birds, J. (1988), *Modern Insurance Law*, London.

Blinder, A. S. and Friedman, D. D. (1977), *Natural Resources, Uncertainty and General Equilibrium Systems. Essays in Memory of Rafael Lusky*, New York.

Bruck, E., and Möller, H. (1980), *Versicherungsvertragsgesetz, 8th ed.*, Berlin.

Calfee, J. E., and Craswell, R. (1984), Some Effects of Uncertainty in Compliance with Legal Standards, *Virginia Law Review, 70*, 965–974.

Craswell, R., and Calfee, J. E. (1986), Deterrence and Uncertain Legal Standards, *Journal of Law, Economics and Organization, 2*, 279–303.

Danzon, P. M. (1984), Tort Reform and the Role of Government in Private Insurance Markets, *Journal of Legal Studies, 13*, 517–532.

Danzon, P. M. (1986), The Frequency and Severity of Medical Malpractice Claims, *Law and Contemporary Problems, 49*, 57–72.

Diamond, P. (1977), Insurance Theoretic Aspects of Workers' Compensation, in Blinder, A.S. and Friedman, Ph. (eds.), *Natural resources, uncertainty and general equilibrium systems*, New York, 67–90.

Epstein, R. A. (1977), Coordination of Workers' Compensation Benefits with Tort Damage Awards, *Forum, 13*, 464–466.

Epstein, R. A. (1982), The Historical Origins and Economic Structure of Workers' Compensation Law, *Georgia Law Review, 16*, 775–807.

[27] Levmore (1982, p. 829).

Ganuza, J., and Gomez, F. (2008, forthcoming), Realistic Standards — Optimal Negligence with Limited Liability, *Journal of Legal Studies, 37.*

Geigel, R. (1990), *Der Haftpflichtprozess, 20th ed.*, München.

Grady, M. (1983), A New Positive Economic Theory of Negligence, *Yale Law Journal, 92*, 799–829.

Grady, M. (1988), Why Are People Negligent? Technology, Nondurable Precautions, and the Medical Malpractice Explosion, *Northwestern Law Review, 82*, 293–334

Harper, F., James, F. and Gray, O. (1986), *The Law of Torts, v.4, 2nd ed.*, Boston-Toronto.

Kahan, M. (1989), Causation and Incentives to Take Care Under the Negligence Rule, *Journal of Legal Studies, 18*, 427–447.

Keeton, R. and Widiss, A. (1988), *Insurance Law*, St. Paul, Minn.

Lange, H. (1990), *Schadensersatz, 2nd ed.*, München.

Larenz, K. (1981), *Lehrbuch des Schuldrecht, Vol. II.2.*, München.

Larson, K. (1982), Third Party Action Over Against Workers' Compensation Employer, *Duke Law Journal, 1989*, 483-540.

Levmore, S. (1982), Self-assessed Valuation Systems for Tort and Other Law, *Virginia Law Review 68*, 771-824.

Lewis, R. (1999), *Deducting Benefits from Damages for Personal Injury*, Oxford.

Rubin, P. H., and Shepherd, J. M. (2007), Tort Reform and Accidental Deaths, *Journal of Law & Economics, 50*, 221–238.

Shavell, S. (1982), On Liability and Insurance, *Bell Journal of Economics, 13*, 120–132.

Shavell, S. (1986), The Judgement Proof Problem, *International Review of Law and Economics 6*, 45–58.

Shavell, S. (1987), *Economic Analysis of Accident Law*, Cambridge (Mass.).

Sykes, A. O. (2001), Subrogation and Insolvency, *Journal of Legal Studies, 30*, 383–399.

Viscusi, W. K. (1991), *Reforming Products Liability*, Cambridge (Mass.).

Weiler, P. C. (1989), Workers' Compensation and Products Liability: The Interaction of a Tort and a Non-Tort Regime, *Ohio State Law Journal, 50*, 825-847.

Weiler, P. C. (1991), *Medical Malpractice on Trial*, Cambridge (Mass.).

THE LAW & ECONOMICS OF EPIDEMIC LIVESTOCK DISEASE RISK MANAGEMENT

Bernhard Hirsch and Martin Nell

A. Introduction

Animal disease risk has gained increasing significance in the recent past. Particularly the emergence of Avian Influenza attracts global attention, as a subtype of the virus can even cause illness in the human population. In a global economic context, animal disease risk is one of the most significant risks, affecting one of the world's most important industries. Hence livestock disease risk management efficiency, which is the focus of this article, strongly affects global welfare.

Farm management decisions are private in industrialised countries these days. Livestock disease risk management involves both private and public efforts, however. An imprecise, but nevertheless descriptive distinction between private and public responsibilities in epidemic livestock disease risk management refers to the timing of risk management activities: ex ante, i.e. before the outbreak of a disease, many risk management activities are undertaken by animal producers. These are mainly bio-security measures, e.g. fencing or maintaining proper on-farm hygienic conditions. Once an epidemic animal disease has broken out, public authorities carry out ex post risk management measures for disease containment and eradication, e.g. testing, instruction of culling and veterinary restrictions, executing slaughters, and rendering. Efficient risk management is characterised by a level of prevention and control that minimises the expected value of animal disease risk plus the costs of prevention and control measures. Public law is the basis for both public and individual livestock disease risk management decisions. Thorough economic analysis of public law and institutions dealing with animal disease risk management is therefore indispensable for examining and assessing livestock disease risk management efficiency.

We abstract from complex federal and international arrangements in animal health policy and define the *Veterinary Service* as the only organisation responsible for animal health on behalf of the government. Hence the Veterinary Service comprises of the "Veterinary Administration, the Veterinary Authorities and all persons authorised, registered or licensed by the Veterinary Statutory Body, and both the public and private components of national mechanisms for the control and prevention of animal diseases".[1] The analysis takes into account risk management activities of Veterinary Services and individual producers.

The analysis is arranged as follows: in Chapter 2 epidemic livestock disease risk management policy is shortly introduced. We focus on disease containment and eradication and on the role of compensation for efficient risk management. In Chapter 3 alternative institutional and funding arrangements of the compensation scheme and its effects on risk management efficiency of Veterinary Services and individual livestock producers are being examined. Final conclusions are given in Chapter 4.

B. Risk Management and Compensation

Risk management comprises all activities that reduce the probability or expected severity of an outbreak on a farm or in a region. Ex post risk management of epidemic animal disease outbreaks frequently starts with stamping out infected herds and animals that had been in direct or indirect contact with infected herds, in order to control and prevent a further spread of the disease. Stamping-out policy is accompanied by various veterinary restrictions. In a large area around the origin of the disease outbreak, the movement of animals or manure, breeding, or animal trading may be prohibited.[2] Stamping-out together with veterinary restrictions is the risk management program typically carried out in many countries, e.g. in the European Union, after a highly infectious livestock disease such as foot-and-mouth disease has broken out.

Although the Veterinary Service rules and coordinates the ex post program, its effectiveness and efficiency depends to a large extent on the behaviour of individual livestock producers. The later an outbreak is confirmed and stamping-out measures are commenced, the higher the total costs of an outbreak will be, because there have been more direct and indirect contacts and the disease may have spread to other herds, which would imply more culling and larger restriction zones.[3] As only individual farmers or farm employees are able to regularly check herds for disease symptoms, their immediate notification of the Veterinary Service in case of disease symptoms has to be encouraged by all means.

It is widely recognised that the compensation of costs and losses is a precondition for ensuring farmers' ex post risk management, i.e. disclosure of disease outbreaks and cooperation with veterinary restrictions for disease containment and eradication.[4] This is because neither early disclosure, nor the cooperation with veterinary restrictions, can be easily observed and verified by the Veterinary Service. Livestock producers anticipate costs and

---

1 Vallat et al. (2006), 390.

2 See European Union (2003) for the ex post risk management in case of an outbreak of the foot-and-mouth disease in the European Union.

3 According to the United Nations Food and Agricultural Organisation, the length of time it takes to confirm an outbreak is a major determinant of its total costs. See Gramig et al. (2006), 45.

4 World Bank (2006).

losses of disease containment and eradication measures. Without compensation, farmers could rather dispose of visibly diseased animals and continue production in the hope of a moderate impact of the disease on their herd than notifying the Veterinary Service and to risk losing the entire herd due to stamping out. This is obviously the worst that can happen from the viewpoint of risk management, since it increases the risk of a spread of the disease agent and more farms could be affected from emergency slaughter and restrictions once the outbreak becomes officially notified. Without compensation, farmers could also be tempted to violate veterinary restrictions, as restrictions are costly and the probability that the violation is detected and punished might be considerably low.

Ex post risk management behaviour of livestock producers obviously depends on the compensation rules. *Firstly*, these rules should be designed such that farmers disclose suspected outbreaks in a relatively early state of infection. Disclosure is a dominant strategy when the farmer's expected utility under disclosure exceeds his expected utility under non-disclosure (disclosure condition). Non-disclosure implies some losses to farmers: at least visibly diseased animals cannot be sold, lose in value and may have to be slaughtered to reduce a spread of the disease within the herd. Furthermore this option bears high risks for the farmer, as the delay in disease containment and eradication might increase duration and costs of future restrictions. That means a compensation scheme could provide less than complete coverage and still induce disclosure. After disclosure, the Veterinary Service has to carry out tests in order to confirm the outbreak. The informational asymmetry regarding the herd's health status is obviously resolved after disclosure. Additional incentives for early disclosure can therefore be provided through coupling the herd's disease status with compensation, i.e. by offering a prevalence-dependent compensation function. The intensity of compensation would be the higher, the lower a herd's disease prevalence is. This provides incentives for *early disclosure*, i.e. increases the farmer's awareness of animal health and induces him to check the herd's health status more frequently.

Secondly, compensation rules have to ensure the farmers' cooperation with ex post risk management measures. That requires including costs and losses of livestock producers with healthy herds, which happen to be affected by preventive culling or veterinary restrictions, under the compensation scheme's cover. If not, adverse incentives would be created, since farmers affected by veterinary restrictions would only be compensated when their herd is infected. This would obviously create quite the contrary to risk-minimising behaviour of livestock producers.

It has been widely examined that insurance reduces the insured's incentives for risk-reducing behaviour which is not observable and verifiable, a phenomena known as moral hazard. In order to constitute an efficient contract under moral hazard, compensation rules *thirdly* have to provide incentives for unobservable prevention activities, which are behavioural biosecurity measures affecting the probability of an infection. A deductible is the appropriate instrument for the provision of incentives for prevention.[5] The compensation function for farmers without infected herds must not feature a deductible, however, so that the incentive effect of the deductible is not weakened. That implies a rather complete compensation for those farmers.

The compensation guidelines outlined above constitute an incentive-based approach on the insurance of animal disease risk. The operation of a compensation scheme alters livestock producers' risk management activities and wealth in case of an animal disease outbreak. The compensation function has to be designed properly, so that livestock holders conduct in the desired risk management behaviour, i.e. carry out prevention measures, regularly check their animals' health, disclose disease symptoms early, and comply with disease containment and eradication measures. The incentive-based approach is necessary because the individual risk management activities in consideration are unobservable, hardly verifiable, and due to limited liability it may be the case that even controls and sanctions cannot ensure that socially desirable risk management activities are carried out.

Asymmetric information is only one aspect that needs to be taken into consideration in the economic analysis of animal disease risk management. In addition the externalities associated with risk management activities of livestock producers are a key concern. Individual ex post risk management measures cause large external benefits. Early disclosure for example may make the difference between a rapidly contained outbreak and a huge epidemic. Thus a compensation scheme is also an internalisation mechanism, which provides benefits to farmers which conduct in internally costly, but externally beneficial ex post risk management activities.

Hirsch and Nell (2007) contains a detailed analysis of the interdependencies between individual risk management incentives and compensation rules. The most significant results determining the compensation functions have been repeated so far and are summarised in the following table, which also provides an overview on what sort of cost and losses animal disease outbreaks cause on farms.

Incentive compatible compensation guidelines

Loss / Cost	**Farmer with infected herd**	**Farmer with healthy herd**
Loss of herd value due to emergency or preventive slaughter	Animal value less deductible Deduction in case of high disease prevalence	Animal value (if applicable)
Costs and losses of business interruption, veterinary restrictions and obligations	Full compensation	Full compensation
Loss of animal value due to welfare slaughter	Not applicable	Animal value (if applicable)

[5] See Winter (2000).

C. Arrangement and Funding of Compensation Schemes

It has been shown that the existence of a compensation scheme is a precondition for ensuring efficient individual ex post risk management behaviour, so that the disease containment and eradication measures of the Veterinary Services result in effective and efficient disease control. Compensation has to be paid for all kinds of losses that directly stem from disease control.

Our special interest now rests with the organisation of the scheme. Alternatives in the set-up, funding structure and institutional arrangement will be analysed according to their ability to support efficient animal disease risk management. When possible, references to existing compensation schemes will be made.

I. Ad hoc support versus systematic compensation

A primary question on the design of cost and loss compensation concerns the scheme's set-up. Ad hoc support means to implement a compensation mechanism on demand. This approach is frequently chosen for natural catastrophe loss compensation worldwide. Recent examples are the floods in Europe in August 2002, the Tsunami catastrophe in December 2004, and hurricane Katrina in August 2005. The modus operandi of ad hoc compensation is characterised by ex post specification of the support. Payments are specified not before the catastrophic event has occurred, when the total impact of the event can be roughly estimated. Private and public donations usually form a significant share of total compensation. Ad hoc support therefore aims at optimally distributing the funds available.

As a means of efficient animal disease risk management, compensation for the costs and losses of animal disease outbreaks is supposed to induce efficient risk management behaviour of livestock producers. It has been pointed out in Chapter 2 that the anticipation of compensation payments induces farmers to conduct in socially desirable risk management behaviour, i.e. early disclosure and cooperation with restrictions. Early disclosure decisions are made before disease outbreaks become officially notified. Decisions regarding the cooperation with veterinary restrictions are pending as soon as restrictions come into effect. Hence the desired incentive effects of compensation payments cannot materialise under ad hoc compensation, since compensation payments cannot be properly anticipated before they are specified.[6] Ad hoc support therefore cannot be a component of efficient animal disease risk management; a systematic approach is required.

Despite these shortcomings, Veterinary Services in the European Union Member States partially use ad hoc payments for compensation. In case of serious market disturbances due to veterinary restrictions, so-called market support measures can be granted to support farmers.[7] The necessity for exceptional and unsystematic compensation payments however comes from the fact that systematic compensation schemes in the European Union Member

6 Schwarze et al. (2002), 596.

States only cover so-called direct losses and exclude business interruption losses and extra costs of veterinary restrictions and obligations.[8] Farmers cannot rely on receiving market support for losses which are not included in the systematic compensation schemes. Hence the disclosure condition may not be fulfilled due to the incompleteness of systematic compensation. Furthermore ad hoc support even provides incentives for risk-increasing behaviour of those farmers mainly suffering from costs and losses that would be compensated through market support measures, as the probability of market support measures to be granted increases with the severity of an epidemic.

II. Risk financing

It is uncertain how many outbreaks of which diseases are going to occur in future periods, and what the amount of total costs and losses of these outbreaks will be. In other words, the sum of compensation that has to be paid out in order to induce efficient ex post risk management of livestock holders is stochastic. Risk financing aims at making sure that sufficient funds are available for compensation in any event. It will be shown that the structure and method of funding compensation payments have an effect on the efficiency of animal disease risk management.

1. Subsidisation versus private contributions

Principally two sources for the funding of compensation payments are conceivable: state subsidies and sector contributions. Subsidies induce changes in private decisions. This can be the intention of subsidies in some cases, but is often criticised by economists as the primary detriment in other situations.

With regards to animal disease risk management, another possible benefit of subsidisation can be identified. The objective of the Veterinary Service is to minimise animal disease risk under budgetary and personnel constraints. Given a disease outbreak, its performance is measured according to the epidemiological success of disease control. Carrying out ex post risk management reduces risk, but also causes costs and losses to farms, which have to be compensated as described in Chapter 2. If compensation payments are exclusively financed by sector contributions, the Veterinary Service may not take into account the compensation payments associated with eradication and containment measures. Compensation payments are external costs from the Veterinary Service's point of view, which implies that the intensity of disease containment and eradication is inefficiently high, e.g. too many veterinary restrictions are put into force for too long time periods. Public risk financing of a compensation scheme

---

7 European Union (2006), 19.

8 See Asseldonk et al. (2003) for detailed descriptions of costs and losses covered under compensation schemes in different European Union Member States.

may have a positive effect on the efficiency of public risk management decisions, as it implements the principle of connexity[9] into public animal health responsibilities.

Existing compensation schemes are financed through various combinations of sector contributions and subsidies. In Australia, the industry and the government contribute proportionally to fund compensation payments. The shares are fixed and range from 20 to 100% (government share), depending on the disease. Total private payments are limited through a percentage of the industry's gross value production.[10] In the European Union Member States, a subsidy of normally 50% of the systematic compensation payments comes from budgets of the European Union.[11] The rest is financed according to national arrangements.

Proportional subsidies seem to be a widespread method in funding compensation schemes. As argued above, subsidies can have positive effects on public risk management. It is questionable whether this argument applies to the 50% subsidy of compensation payments from the European Union, because ex post risk management measures are implemented through national Veterinary Services, while subsidies come from European Union budgets. This could rather have adverse instead of positive effects on public risk management efficiency in the European Union Member States.

Despite possible positive effects of subsidies on public risk management, the above mentioned distortions of private decisions emerge. Given the Veterinary Service efficiently manages risk, the scale and mode of animal production and on-farm risk management determines animal disease risk. If the livestock industry does not completely pay for the risk its business causes, parts of the costs of production decisions are externalised. The decisions made would therefore result in a scale and mode of livestock production that involves too much risk.[12]

Inefficiently risky livestock production structures can be seen in parts of Europe, e.g. extreme livestock density[13] in hog production in the southern part of the Netherlands[14]. Disease control under a stamping-out policy inevitably leads to high losses in regions with a high livestock density, because many animals are affected by emergency slaughters and restrictions. Proportional risk subsidisation prevents market forces from inducing efficient adjustments to risk in livestock production structures. In order to provide incentives for risk-efficient livestock production decisions, every farmer has to contribute to the funding of compensation payments according to the risk the farmer's business causes (see the following section).

9 The principle of connexity aims at matching the competencies for functions and related expenditures.
10 See Adams (2005), 11-13, 29-30.
11 European Union (1990).
12 The detriment resulting from proportional subsidisation on individual farm management decisions however depends on the interdependency of animal disease risk and individual production decisions. This could be a rationale for differentiating subsidies according to disease types. Gramig et al. (2005) mention that particu larly the risk of endemic diseases depends on farm management decisions.
13 Animal density is seen as one of the most important risk factors for a spread of epidemic animal diseases such as Classical Swine Fever and Foot-and-Mouth Disease. See Nissen (2001), 41-42.
14 See Meuwissen et al. (2003).

In years with relatively numerous or serious outbreaks, the sum of risk-adjusted contributions would not suffice to fund compensation payments. If the Veterinary Service takes over this part of risk in the form of stop loss insurance, the positive effects of risk subsidisation on the Veterinary Service's risk management efficiency can be obtained without inducing inefficient private livestock production decisions. An efficient funding structure therefore consists of risk-adjusted contributions and a state guarantee to absorb costs and losses in excess of the compensations scheme's solvency, i.e. funds available from actual contributions plus reserves accumulated from past contributions.

2. Determining private contributions to compensation schemes

Contributions to a compensation scheme can be used to induce efficient livestock production decisions with respect to risk-relevant production characteristics that can be observed and verified. Examples for observable risk characteristics are regional factors like livestock and farm density as well as farm characteristics, e.g. bio-security investments and production system features determining the amount of animal transports needed for production. Contributions would have to be adjusted according to risk characteristics such that contribution differences reflect differences in risk.

Observable and risk-relevant production decisions changing the probability of an infection do always involve externalities, since the probability for costs or losses to occur due to disease control restrictions on other farms in the same region consequently alters, too. In order to induce efficient livestock production structures, internal and external effects of risk-relevant production characteristics have to be taken into account when the premium structure is being determined. Such a premium structure makes sure that farmers have to bear the full, i.e. internal and external consequences of their farm management decisions. As it aims at forcing decision makers to consider external effects, the risk-adjusted contributions represent an *internalising premium structure*.[15] The determination of an internalising premium structure requires the cognition of the inter- and intra-farm interdependencies between risk characteristics and animal disease risk.

An internalising premium structure is based on the differences in the expected value of compensation payments for costs and losses of disease outbreaks that result from risk-changing farm management decisions. That makes clear that farmer contributions within a fully internalising premium structure have to amount to the expected value of compensation payments in total. Government support in the form of a state guarantee for losses exceeding the expected value would however not disturb the efficiency incentives of an internalising premium structure.

15 Hofmann (2007) provides a model of the internalisation of loss prevention externalities through an insurer.

III. Institutional arrangement of the compensation scheme

It has been shown that efficient animal disease risk management requires the operation of a sophisticated compensation scheme. The specific compensation rules do not make demands on the institutional arrangement of the scheme, but efficient risk financing does. The internalising premium structure, for example, requires insurers to grant premium reductions to farmers for an increase in on-farm bio-security standards that partially reflect a reduction in expected costs and losses on other farms. An insurer obviously would never voluntarily offer an internalising premium structure, unless the other farmers are his clients, too. An internalising premium structure therefore requires that the compensation scheme is operated by a monopolistic insurer.

Under an internalising premium structure, high-risk farmers would be forced to pay for expected costs and losses which would be externalised without the compensation scheme. Therefore the compensation scheme would have to be compulsory, which rules out private supply.[16] Thus the appropriate institutional arrangement of a compensation scheme for epidemic animal disease risk comprises of a public monopolistic insurer.

A public monopolistic insurer could involve several shortcomings. As there is no competition, an objection to monopolies in general is that there are no incentives to increase efficiency. Hence products or services of monopolistic suppliers would be produced at too many expenses and would not meet market demand. With regard to the cost of public monopolistic insurance, evidence shows the contrary. Ungern-Sternberg (2004) finds that public monopolistic building insurers in Switzerland are able to provide insurance coverage at less than half of the premium rates of private suppliers. One of the reasons for the predominance of public insurance is the internalisation of externalities coming from public prevention activities, which are directly carried out by public monopolistic insurers.[17] This supports the idea of establishing a monopolistic insurer for the implementation of efficient risk management standards. Other reasons for the cost-advantage of public over private insurers are lower administration costs and marketing expenses, factors that have also been confirmed by other studies.[18] The objection of poor product differentiation under monopolistic supply does not hold in animal disease insurance, since efficient animal disease risk management requires coverage of all costs and losses resulting from the control of epidemic animal diseases and a specific compensation function, so that there is little scope for product differentiation anyway.

The implementation of an internalising premium structure makes high demands on the rate-making skills of the compensation scheme. It firstly requires estimating the effects of regional and farm-specific risk characteristics on the farmer's risk of infection and expected losses. This is a routine task for property insurers, but it can be quite challenging when the availability of data is poor and risk is characterised by low loss probabilities. Secondly, the

---

16 Compulsory insurance with a monopolistic insurer is obviously unattractive from a welfare economic point of view.

17 See Ungern-Sternberg (2002), 121-130.

externalities have to be quantified, i.e. for every livestock producer, the expected value of costs and losses on other farms that result from an infection on the farm in consideration would have to be determined. This is the indirect risk a farmer imposes on others. In order to internalise externalities, every farmer would have to pay for these external costs. However farmers would not have to pay for expected losses on their farms caused by outbreaks on other farms, as this share of total losses is financed by the contributions of other farmers.

Epidemic animal disease risk is already covered through public organisations in many countries, e.g. through the Animal Health Fund and its Product Boards in the Netherlands. The institution does not apply an internalising premium structure, however. Contributions are charged on a per animal basis and differentiated according to animal types in the Netherlands, so that herd or flock value is the only risk characteristic applied. Furthermore contributions are used to re-finance previous outbreaks only.[19] In Germany, the so-called Tierseuchenkassen operate on the state territories. Thus regional risk differences are taken into consideration. In addition premiums can be differentiated according to various risk characteristics. The contributions do not aim at the internalisation of externalities explicitly, but set incentives for risk-reduction in many respects.[20]

D. Conclusions

Efficient animal disease risk management is a result of proper risk management activities of livestock producers and the Veterinary Service. A compensation scheme for the costs and losses of epidemic animal disease outbreaks plays an important role in animal disease risk management. On the one hand, compensation is necessary to ensure that farmers notify disease outbreaks to the Veterinary Service immediately and also comply with veterinary restrictions. Both are important for effective and efficient disease containment and eradication. On the other hand, the contributions to the compensation scheme can be determined such that farmers conduct in efficient prevention. A compulsory public monopolistic insurer can internalise the external effects of observable, verifiable and risk-relevant farm management decisions through an internalising premium structure and thus induce efficient livestock production structures.

Subsidies can have a positive effect on the efficiency of public risk management, because Veterinary Services may not feel responsible for the total costs of disease control, and would rather be set on the effectiveness, i.e. the epidemiological success of disease containment and eradication. Subsidies should not distort the internalising contribution structure, however. Hence a compensation scheme can be subsidised through a state guarantee in the form of stop loss insurance, which takes effect when funds from reserves and contributions are depleted.

---

18 See e.g. Epple et al. (1996) and Felder (1996).

19 European Commission (2006), 40-44.

20 European Commission (2006), 48-50.

References

Adams, Ross (2005), *Establishment of the Cost Sharing Agreement for Exotic Animal Diseases in Australia*

Asseldonk, Marcel A. P. M. van, Miranda P. M. Meuwissen and Ruud B. M. Huirne (2003), *A Risk Financing Model for Livestock Epidemics in the European Union*, Wageningen

Court of Auditors (2005), Special Report No. 8/2004 on the Commission's management and supervision of the measures to control foot-and-mouth disease and of the related expenditure, together with the Commission's replies, in: *Official Journal of the European Union* 2005/C 54/01, Brussels, 1-45

European Commission (2006), *Evaluation of the Community Animal Health Policy (CAHP) 1995-20004 and alternatives for the future – Final Report - Part II: Pre-feasibility study on options for harmonised cost-sharing schemes for epidemic livestock diseases*, Brussels.

European Union (2003), Council Directive 2003/85/EC of 29 September 2003 on Community measures for the control of foot-and-mouth disease repealing Directive 85/511/EEC and 91/665/EEC and amending Directive 92/46/EEC, in: *Official Journal of the European Union* L 306, Brussels, 1-87.

European Union (1990), Council Decision 1990/424/EEC of 26 June 1990 on expenditure in the veterinary field, in: *Official Journal of the European Union* L 224, Brussels, 19-28

Gramig, Ben M., Barry J. Barnett, Jerry R. Skees and J. Roy Black (2006), Incentive Compatibility in Risk Management of Contagious Livestock Diseases, in: S. R. Koontz, D. L. Hoag, D. D. Thilmany, J. W. Green and J. L. Grannis (eds.), *The Economics of Livestock Disease Insurance*, Oxfordshire, 39-52.

Gramig, Ben M., Richard Horan and Christopher Wolf (2005), *A model of incentive compatibility under Moral Hazard in Livestock Disease Outbreak Response*, Selected Paper prepared for presentation at the American Agricultural Economics Association Annual Meeting, Providence, Rhode Island.

Hirsch, Bernhard and Martin Nell (2007), Anreizkompatibilität von Entschädigungssystemen für Kosten und Verluste aus Tierseuchenausbrüchen in der Europäischen Union, in: *Schmollers Jahrbuch – Zeitschrift für Wirtschafts- und Sozialwissenschaften (forthcoming)*

Hofmann, Annette (2007), Internalizing Externalities of Loss-Prevention through Insurance Monopoly: An Analysis of Interdependent Consumer Risks, in: *The Geneva Risk and Insurance Review* 32, 91-111.

Meuwissen, Miranda P.M., Marcel A.P.M. van Asseldonk and Ruud B.M. Huirne (2003), Alternative risk financing instruments for swine epidemics, in: *Agricultural Systems* 75, 305-322.

Nissen, Bettina (2001), *Qualitative und quantitative Risikofaktoren für die Einschleppung und Verbreitung von Viruskrankheiten am Beispiel der Klassischen Schweinepest (KSP) und der Maul- und Klauenseuche (MKS)*, Inaugural-Dissertation zur Erlangung des Grades einer Doktorin der Veterinärmedizin (Dr. med. Vet.) durch die Tierärztliche Hochschule Hannover.

Schwarze, Reimund and Gert G. Wagner, Hochwasserkatastrophe in Deutschland: Über Soforthilfen hinausdenken, in: *Wochenbericht des DIW Berlin* Nr. 35/2002, 596-600.

Winter, Ralph (2000), Optimal Insurance under Moral Hazard, in: G. Dionne (ed.), *Handbook of Insurance*, Boston et. al.

World Bank (2006), *Enhancing Control of Highly Pathogenic Avian Influenza in Developing Countries through Compensation: Issues and Good Practice*, Washington.

IV.
Verträge/Contracts

THE RISE AND FALL OF FREEDOM OF CONTRACT IN WESTERN ECONOMIES: A COMMON EXPERIENCE

Francisco Cabrillo

A. The Principle of Freedom of Contract

Richard Epstein is right when he asserts that most of the law of contract is not about the principle of freedom of contract.[1] From a law and economic perspective the main function of contract law is to raise the efficiency of transactions, deterring people from behaving opportunistically towards their contracting parties.[2] Were opportunistic behaviour not discouraged by law, the number of transactions would be lower and their net benefits reduced, since many people would prefer to reject proposals for agreements they consider risky or, if they accept them, would use protective strategies that could be very costly.

But freedom of contract is important for economies to be efficient because limits to this principle distort peoples' economic plans and force them to accept rules that reduce the expected benefits of the contract. In principle, a free contract is a Pareto optimum because both parties benefit from it; if a party were to think that it would be in a worse position after performance, it would not sign a contract. Only if freedom of contract is guaranteed by law and in the courts can a free market economy exist. Only in this case can self-interest result in socially optimal effects and Smith's parable of the invisible hand work.

But we live in a world in which contracts are nowhere close to being completely free and restrictions are created by every legal system. The optimal level of regulation in a specific market is a much debated question. In 1875 Sir George Jessel presented – in what became a famous decision – the laissez-faire idea of what the limits of regulation in contracts should be, noting: "...there is no doubt public policy may say that a contract to commit a crime, or a contract to give a reward to another to commit a crime, is necessarily void. The decisions have gone further, and contracts to commit an immoral offence, or to give money or reward to another to commit an immoral offence, or to induce another to do something against the general rules of morality, though far more indefinite than the previous class, have always been held to be void. I should be very sorry to extend the doctrine much further."[3]

---

1 Epstein (1999), 29
2 Posner (1998), 103
3 *Printing and Numerical Registering Co. v Sampson*. Quoted by Epstein (1999), 58

In the last century, regulation of economic activities and the limits to freedom of contracts have, however, risen on a large scale. G. Gilmore published his book *The Death of Contract* in 1974; and some other studies have focused on the crisis of contract law in America.[4] More recently, however, it has been argued that the old principles of contract law are still alive and even that in the last two decades free bargaining principles have again grown in importance. The book edited in 1999 by F. H. Buckley titled *The Fall and Rise of Freedom of Contract* would be a good example of how these principles are again alive in legal theory.

There are many reasons why limits to freedom of contract exist today, but they can be arranged into four different categories. First we have those cases mentioned by Jessel in which crime is involved. It is not always clear if a specific transaction is a crime. A contract to commit murder has always been – and probably will always be – a crime. A contract to sell brandy, however, was a crime in the US some decades ago, but it is legal and enforceable today (and maybe we will say something similar of contracts to sell heroin some decades from now); it is a crime to buy the services of a prostitute in Sweden, but such a contract is legal (although not always enforceable) in other European countries.

The second category consists of those cases, also mentioned by Jessel, in which moral principles are involved. These prohibitions of contracts that run against morality or public order have been present in all regulations since the very origins of contract law. Can a contract to sell a kidney or to offer a child for adoption be enforced? The number of cases open to debate is rising since new technology began to create new, potential markets that previously have been substantially limited by legal systems. It is possible today to buy and sell blood and some human organs in some countries (although these transactions are forbidden in others); and contracts of surrogated motherhood would probably be quite common if most legal systems had not considered them unenforceable. Limiting some of these contracts is interesting because – if enforceable – they would be Pareto optimal, since both the buyer and the seller would be in a better position after performance. The main argument used for making such contracts non-enforceable is that they are so morally harmful to society as a whole that even being Pareto optimal would not be reason enough to accept them.[5] In a similar way most people today would consider contracts unacceptable if they include clauses that promote racial discrimination, although these contracts could also be beneficial for both parties; anti-discrimination laws often run contrary to the foundations of the principle of freedom contract.

A third category would include those restrictions that have their origin in market failures. The first theorem of welfare economics asserts that, if the conditions for perfect competition are fulfilled, competitive markets allocate resources in a society in the most efficient way. But markets may fail for different reasons and, in some cases, regulation can raise social welfare. To forbid a contract signed by two firms to raise prices or to share a market excluding competition from other companies certainly means limiting the principle of freedom of

---

4 Friedman (1965), Atiyah (1979)

5 These would be the problem of the so called "contested commodities". See Radin (1996)

contract. But the cost that such an agreement would have for society justifies such a legal restriction. Asymmetric information may also be a market failure and therefore another reason to limit freedom of contract. I cannot sell my services as a surgeon or as a pilot even if potential clients are ready to accept these contracts because it would be very costly for them to know how proficient I am in medicine or civil aviation and avoid the risks of hiring an incompetent professional.

Finally the fourth category deals with cases in which regulation is used to redistribute income from high income to low income groups. Governments can redistribute income in different ways. A possibility is to use taxation and public expenditure to force rich people to pay high taxes that finance public services consumed by poor people. Regulation can also be used to redistribute income. The idea is that the "weak" party in a contract should be protected from the "strong" party. The problem is, of course, how to define weakness and strength. Since the 19th century labor contracts have been considered agreements in which – without some special protection by the law – workers would be abused by bosses (this explains, for instance, why many agreements to raise prices that would be a crime under antitrust laws in the case of firms are considered legal if they are made by trade unions.). Many other examples can be mentioned, from rent controls to contracts of adhesion.

When we approach the problem from a comparative law perspective, categories three and four are the basic topics for debate. Section II of this paper discusses the evolution of freedom of contract in common law and civil law and shows how this principle lost importance as a basic principle of private law in 20th century.

B. Freedom of Contract in Common Law and Civil Law

Some literature in the law and economics tradition defends the idea of the superiority of common law based on the principle of efficiency. In this approach the doctrines developed in the different fields of the common law induce people to behave efficiently by creating property rights, and protecting them through remedies. W. M. Landes and R. Posner[6] have tried to illustrate the efficiency of common law in terms of a well-known concept of tort law, the Hand Formula. Accordingly, a person or company should be held liable for an accident if the cost of preventing it is less than the expected cost of the accident, that is, the product of the damage and the probability that an accident would result. This rule thus places liability on the party better able to prevent or minimize damage. Contract law would do the same in the case of unforeseen contingencies that make the performance of a specific contract impossible. The superiority of common law would therefore be based on its assumed superiority in finding efficient solutions to some of the main questions involved in the development of private law.

One of the features often put forward to support the view that common law is superior to civil law is the supposedly greater support it offers to the principle of autonomy of

6 Landes and Posner (1987)

contracting parties or, in other words, freedom of contract. To many continental law scholars, however, this view has always appeared somewhat surprising, given that the principle of freedom of contract served as a great inspiration for the wording of civil codes in Europe in the 19th century, beginning with the French Code civil in 1804. And this position is unmistakably manifest even in later codifications, such as the Spanish civil code of 1889, where article 1255 establishes with clarity the principle of liberty of contract, establishing that contracting parties may create their own agreements, clauses and conditions as the parties see fit, as long as they do not run counter to either the law, morals or public order.

It is certain that if one analyses the evolution of legislation post-codification, one can bare witness to how, on the one hand, the principle of contractual freedom has been losing importance, and how, on the other, legal scholars and judges have discredited it as a the basic principle of the legal system. In reference to the former, it makes sense to interpret a good part of the laws passed over the last century as a departure from the civil code and the principle of freedom of contract which inspired it. From laws that regulate labor relations to those that seriously limit freedom on many different contracts, new regulations have been introduced as a means of social redistribution in favour of certain social groups. Individual volition is thus, to a large extent, substituted by collective interest principles.

In reference to the second point, it is sufficient to look at some of the books studied by lawyers and judges. The extensive work by J. Castán, D*erecho Civil Español, Común y Foral* (*National and Regional Spanish Civil Law*), without doubt the most studied textbook on civil law ever in the history of Spain, may serve as an example. In his introduction to the analysis of contract law, Castán had no doubt in affirming "it must be confessed that civil law in many points concedes excessive respect to private conventions to the detriment of equality and moral demands."[7] Regarding what he considered to be the future of contractual agreements, he unsurprisingly suggested: "One must succeed the old individualist dogma of the autonomy of volition with the rule of the principle of intervention."[8] Moreover, Federico de Castro, surely a leading specialist in civil law in 20th century's Spain, argued that the principle of freedom of contract in the performance of services led to "scandalous extremes."[9] In his interpretation of the role played by the liberal Spanish jurists, dominant at the time of wording the civil code, he voiced the following: "The legal dogma that has been dominant up to now attempts to dry out legal precepts, depriving them of moral sap, putting them at the services of the calculative safety of traders and financiers."[10] This position was naturally compounded from the view that there is a need to abandon the individualist view of the law and substitute it with a version that favours the notion of "community".

One may make a similar evaluation of the decisions handed down by courts, which have recognized the loss in importance of contractual freedom. This can be seen, for example,

7 Castán (1967), 375
8 Castán (1967), 376
9 de Castro (1968), 58
10 de Castro (1968), 40

in a decision handed down by the Supreme Court in 1946: "If one reviews legislation since the passing of the civil code, one soon realises that legal evolution is commandingly moving down the path towards a greater infiltration of social and ethical elements, which in both a general and absolute manner discipline private law relations, imposing upon them a public character at the expense of the principle of freedom of contract.[11]

There can be little doubt therefore that civil law systems, of which the Spanish may be considered as representative, have been gradually moving away from the position where decisions taken within markets are the principal means for allocating productive resources in an economy. But is the historical experience of common law really different? According to Posner: "In setting the cost of voluntary transactions... common law doctrines create incentives for people to channel their... actions through the market."[12] But one can suggest that developments against the principle of freedom of contract occurred also in the common law system; and that the evolution of North American legal tradition in the past century was quite similar to the European experience, bar differences in institutional settings.

American law witnessed an important change regarding freedom of contract in the 20th century. For an extended period of time the Supreme Court struck down numerous economic and social laws on the grounds that they ran counter to freedoms constitutionally protected by the Fifth and Fourteenth Amendments. Later, however, the Supreme Court abandoned this process of revising statutes, which in turn led to a serious restriction in many economic activities based on the principle of contractual freedom. Moreover, local, state and federal authorities could now regulate economic activity without any restriction other than discrimination or arbitrariness. The most representative defence of freedom of contract by the U.S. Supreme Court in 20th century is probably the case Lochner *v.* New York (1905). The Supreme Court in Lochner ruled that it was contrary to the constitution to limit the maximum working hours in the bakery sector to sixty hours a week and ten hours a day. In the final decades of the 19th century, the Supreme Court accepted on various occasions the constitutionality of regulatory laws in economic activity. However, one could cite previous cases, for example Munn *v.* Illinois (1876), where a Chicago based firm that refused to apply for a state license as a warehouse owner and accept its regulation lost its case in the Supreme Court on the grounds that there was a public interest in the warehouse sector.

Thirty years later Lochner constituted a reaffirmation of the principles of classical jurisprudence from the 19th century and for this reason was harshly criticised by those who considered this position to be unsustainable, given existing economic conditions and the changes that the North American economy had been experiencing. Holmes' dissenting vote in Lochner, perhaps the most famous dissenting vote in North American legal history, would constitute an authentic manifesto for those in favour of what became known as the progressive approach to the problem. The liberty of the citizen to do as he likes, as long as he does

---

11 Spanish Supreme Court, Decision of April 2, 1946

12 Posner (1998), 272

not interfere with the liberty of others to do the same – wrote Holmes – is interfered with by many laws and regulations, from school laws to every state or municipal institution that takes his money whether he likes or not. Cutting down on the liberty of contract was, therefore, not a new principle. "The Fourteenth Amendment does not enact Mr. Herbert Spencer's Social Statics."[13]

Judges' and law professors' positions would very much go along the same lines. Only four years after Lochner, Roscoe Pound published his famous article "Liberty of Contract" (Pound 1909). In this article Pound attacked the application of the principle of contractual freedom in U.S. courts from two standpoints: firstbecause, in his opinion, this was not a traditional principle in U.S. law; second, because it assigned the false impression of equality between the parties in contractual relations. In his opinion, previous legal doctrine had exaggerated the relevance of the principle of freedom of contract and had, contrarily, downplayed the importance of public interest. Individualism should, accordingly, be surmounted by a more social vision of legal relations.

The specific circumstances and legal tradition were undisputedly different to those found in Spain and other civil law countries, but legal doctrines in both countries showed clear signs of convergence. Opposition to the principle of freedom of contract would accrue strength in the years following and the Supreme Court in the 1930s would further reel it in. In Nebbia *v.* New York (1934), for instance, the Supreme Court refused the right to sell some merchandise at the price agreed by buyer and seller, thus endorsing a law passed by the State of New York establishing a minimum price for milk, with the aim of helping farmers who had experienced a strong fall in the price of this product. And many other cases could be mentioned. In fact one can find in both systems an evolution in both law as well as legal theory towards the reduction of contractual free will in favour of regulatory ideas, represented as part of the path towards progress and modernity. Principles of freedom of contract fell subordinate to other principles based on ethics and moral values, thus reducing contractual freedom in favour of a redistribution of gains to the benefit of weaker contracting parties.

If contract law in civil law countries has been moving away in a general form from the principle of freedom of contract, there can be little doubt that labour relations specifically constitute one of the most highly regulated areas of economic activity. And in this area, one can furthermore observe significant similarities between both civil and common law systems, particularly with regard to growing regulation, as well as the timeframe regarding when these regulations transpired. The regulation of labour markets is very old and the 19th century was perhaps an interlude between the old regime guild regulations and 20th century social labour law. In Spain an 1813 law on freedom of establishment of factories and trades had as its main objective "to remove the obstacles which until now have hampered the progress of industry"; and in them were included the examinations for admittance to the industrial trades and the membership in guilds and corporations of craftsmen. Freedom of contract was introduced to

[13] O. W. Holmes, Dissenting vote in Lochner v. New York (1905), in Holmes (1992), 305-307.

contracts between employers and employees. The Spanish civil code at the time of its introduction included a section referring to the regulation of the labour market. It was limited to only five articles (Arts. 1583 to 1587). Of these, three regulated the relationship between master and servant and the other two were limited to prohibiting unfair dismissal in specific contracts before the termination of the work. All other factors were to be governed according to the aforementioned principle of liberty of contract.

Attempts to regulate specific aspects of labour relations, such as the duration of a working day, were the object of discussion, being criticised by exponents of the principle of contractual freedom. In this manner, a liberal economist, Laureano Figuerola, argued for free agreement of employers and employees in fixing the number of working hours and thought that an eight hours law would be the first step towards socialism.[14] But the tendency towards regulation began to assert itself with the passage of time. And what is more important, it was accepted that labour relations were of a unique nature, which demanded that they be regulated by specific laws, and could in no case be governed by the principle of freedom of contract as found in the civil code. This new regulation of the labour market outside of the basic civil law principles began less than 20 years after the civil code was sanctioned with the setting-up of special courts for labour conflicts, reductions in working hours in specific sectors and reinforcement of the right to strike and the role of the unions at large. Finally, in 1926 a labour code was sanctioned, based on the notion that labour contracts were something quite different to civil or commercial contracts.

Legal evolution in common law countries was not very different. The interpretation from the so-called progressive legal historians coincides in both sides of the Atlantic with the notion that the reduction of freedom in contracts was a necessary characteristic of a modern society, in which a "social" state is put in place of the old "liberal" state. From 1802 labour regulations were passed in Britain. At the beginning labour contracts were regulated in specific cases, such as those related to women or children. Later on, however, regulation would be extended to all labour contracts, which was a highly debated issue.

In the United States, as in Europe, labour relations constituted one of the most important arguments for attacking the principle of freedom of contract. The European idea that labour relations did not fit the same principles as the majority of contracts also made headway in the United States. In what has been called the Lochner era many companies sued unions for restricting their right to carry on their business without interference. Cases on strikes, boycotts and picketing often went to the American courts in the last years of the 19th and first decades of 20th century. Vegelahn v. Guntner is a good example. In 1896 the Supreme Court of Massachusetts had to decide on the legality of peaceful picketing in a case in which the employer was the plaintiff who charged the union on the grounds that strikers had "conspired to prevent the plaintiff from getting workmen". Holmes had refused to bar peaceful picketing even if this caused harm to the plaintiff's business. But the majority of the court overturned Holmes'

---

14 Figuerola (1991), 39

injunction on the grounds that intimidation is not limited to violence or physical injury.[15] The main problem in this and many other cases was to decide if harm caused to companies by unions could or could not be treated like a common law nuisance. And if not, union activities could be regulated outside the principles of common law.

And this is what happened. Following a tradition started in continental Europe, the National Labour Relations Board (NLRB) was created in 1934 with the objective of arbitrating in collective agreements related to working conditions. With the Wagner Act in 1935, the position of the labour unions was reinforced; being written in the framework of the commerce clause, this law gave power to the Federal Congress to regulate labour relations. In the case NLRB v. Jones and Loughlin Steel Corp. (1937) the Supreme Court accepted – in a five to four decision – that "manufacturing" was "commerce", so the powers of Federal Government were reinforced in this field.[16] In the words of a legal historian "Jones and Loughlin did far more than just validate the Wagner Act; it overturned the last stronghold of belief in laissez-faire as a philosophy of universal validity".[17] So what in the civil law countries was achieved through statutes passed by parliaments was made in the US through the substitution of common law by statutes with the help of the Supreme Court.

C. A brief conclusion: The Evolution of Legal Rules

When looking at the evolution of common law and civil law in 19th century it is not difficult to draw conclusion that both systems have acted efficiently, allowing for the development of prosperous economies on both sides of the Atlantic; and freedom of contract was considered a basic instrument for an economy to work in an efficient way. To wit, if the aim is to adapt contract law to socially changing economic realities, it is not easy to say which of the two systems is superior. In support of the common law one can argue that judges create law which permits a better adaptation of legal principle to new situations. One may, however, also argue that the application of the principle of "stare decisis" can have the opposite effect. In reference to the civil law system, the principle of respect for codes and statutes would appear to reduce the possibilities of adapting contract law to changing societies; in reality, however, a code or a statute can be modified without great difficulty in the majority of cases. As an aside, one should note that the widespread belief that within civil law systems a single word by the legislature can render entire law libraries useless appears to raise the problem of legal stability rather than the difficulty of adapting laws to new situations.

In civil law countries, the development of markets free from the strict regulation characteristic of the ancien régime was precisely one of the main aims of codification. It was considered that if the supremacy of the Code over local law and local judges could be affirmed, a double objective could be reached. On the one hand, an authentic national market could be

15 Horwitz (1992), p. 102

16 For a good analysis of the role of the Supreme Court in judicial review of social and economic legislation, see Siegan (1980)

17 Hughes (1977), p.169

created, a goal not easily reached without a general law superior to the local regulations which created distortions in the economic marketplace. On the other hand, a decisive advance could be made towards the principle of freedom of contract which had been hindered by the presence of local privileges of every type.

The different evolution of civil and common law systems is, therefore, more related to different historical realities than to different views of what should be the main objectives of the law. In fact it is not difficult to prove that the evolution of both models reflects a search for efficiency in institutional design. Both within the civil law as well as the common law system changes have been introduced in order to find solutions for situations not appropriately dealt with. Judges in common law countries and parliaments in civil law countries have often tried throughout history to reach similar goals.

The main thesis of this article is that most of the changes that took place in the legal systems both in the civil law countries and in the common law countries in the 20th century should be understood more as the expression of the *Zeitgeist* and the new system of values that gained strength during the course of the 19th and 20th centuries in the Western world. This explains why more similarities than differences in the evolution of contract law have been found. In contract law both systems were based on the principle of freedom of contract in the 19th century. Reforms in both systems were introduced in the 20th century as a means of achieving redistribution of income, whereby the principle of private interest was substituted by moral and common interest ideas.

References

Atiyah, P. S. (1979). *The Rise and Fall of Freedom of Contract*. New York: Oxford University Press

Buckley, F. H. (1999). *The Fall and Rise of Freedom of Contract*. Durham and London: Duke University Press

Castán, J. (1967). *Derecho civil español común y foral. III. Derecho de obligaciones*. Madrid: Reus

Castro, F. (1968). *Compendio de derecho civil*. Madrid: Reus

Figuerola, L. (1991). *Escritos económicos*. Madrid: Instituto de Estudios Fiscales.

Friedman, L. (1965). *Contract Law in America*. Wisconsin University Press.

Gilmore, G. (1974/1995)). *The Death of Contract*. Ohio State University Press

Holmes, O. W. (1992). *The Essential Holmes* (R. A. Posner, ed.). Chicago: University of Chicago Press

Horwitz, M. (1992). *The Transformation of American Law (1870-1960). The Crisis of Legal Orthodoxy*. New York: Oxford University Press

Hughes, J. R. T. (1977). *The Governmental Habit. Economic Controls from Colonial Times to the Present*. New York: Basic Books

Landes, W. M. and Posner, R. (1987). *The Economic Structure of Tort Law*. Cambridge (Mass): Harvard University Press

Posner, R. A. (1998). *Economic Analysis of Law* (Fifth Edition). New York: Aspen.

Pound, R. (1909). "Liberty of Contract". 18 *Yale Law Journal*, 454

Radin, M. (1996). *Contested Commodities*. Cambridge, MA: Harvard University Press

VERTRAGSSTRAFEN

Urs Schweizer[*]

A. Zusammenfassung

Der Ersatz des positiven Interesses schafft Anreize zu übermäßigen Vertrauensinvestitionen, sofern die Erfüllungsentscheidung binärer Natur ist. Als Ausweg bietet sich an, dass die Vertragsparteien die Höhe der bei Nichterfüllung fälligen Zahlung an den Gläubiger vertraglich festlegen. Auf diese Weise können sie effiziente Investitionsanreize generieren, die allerdings verloren gehen, wenn – wie in § 340 BGB vorgesehen – die Geltendmachung eines weitergehenden Schadens gewährt wird. Die vorliegende Arbeit erbringt den Nachweis für die verzerrende Wirkung dieser Bestimmung.

B. Einleitung

Vertragsparteien können vertraglich vereinbaren, dass der Schuldner für den Fall einer Pflichtverletzung eine bestimmte Geldsumme verspricht. Zum einen wird mit einer solchen Vertrags- oder Konventionalstrafe Druck auf den Schuldner ausgeübt, seiner Verpflichtung nachzukommen. Zum anderen braucht der Gläubiger seinen Schaden im Einzelnen nicht nachzuweisen.

Nach § 340 BGB ist der Anspruch auf Erfüllung ausgeschlossen, sofern der Gläubiger die Strafe vom Schuldner verlangt. Steht jedoch dem Gläubiger ein Schadensersatz wegen Nichterfüllung zu, so kann er die verwirkte Strafe als Mindestbetrag verlangen. Die Geltendmachung eines weiteren Schadens ist nicht ausgeschlossen. Es ist diese zuletzt genannte Bestimmung, welche in der vorliegenden Arbeit einer ökonomischen Analyse unterzogen werden soll.

---

* Universität Bonn, Wirtschaftspolitische Abteilung, schweizer@uni-bonn.de, Adenauerallee 24, 53113 Bonn. Die Forschungsaktivität des Verfassers wird aus Mitteln des SFB TR 15 unterstützt

Aus ökonomischer Sicht haben die Parteien insbesondere in der folgenden Situation den Bedarf, eine Konventionalstrafe vertraglich zu vereinbaren. Der Schuldner soll sich verpflichten, zu einem in der Zukunft liegenden Zeitpunkt eine Leistung zugunsten des Gläubigers zu erbringen. Im Vertrauen auf Erfüllung tätigt der Gläubiger vorbereitende Investitionen, die sich aber nur im Fall der tatsächlichen Erfüllung lohnen. Die Erfüllungsentscheidung des Schuldners sei binärer Natur. Die Kosten der Erfüllung seien ex ante, d.h. zum Zeitpunkt des Vertragsschlusses, ungewiss. Ex post kann sich deshalb die Erfüllung infolge hoher Kosten als ineffizient erweisen.

Greift bei Nichterfüllung der Rechtsbehelf des normalen Schadensersatzes (Ersatz des positiven Interesses), so bestehen Anreize zu übermäßigen Vertrauensinvestitionen, wie Shavell bereits 1980 gezeigt hat. Eine in geeigneter Höhe vereinbarte Vertragsstrafe vermeidet hingegen übermäßige Investitionsanreize, wie ebenfalls schon lange bekannt ist (vgl. Cooter and Eisenberg (1995) sowie Spier and Whinston (1995)). Verwirkt nämlich der Schuldner bei Nichterfülllung eine Vertragsstrafe in Höhe von „efficient expectation damages“, so erhält der Gläubiger effiziente Investitionsanreize und der Schuldner trifft die effiziente Erfüllungsentscheidung. Mit einer geeigneten Vertragsstrafe können also die Parteien nicht nur übermäßige Investitionsanreize vermeiden, sondern sogar die Referenzlösung („first best“) herbeiführen.

Vor diesem Hintergrund stellt sich allerdings die Geltendmachung eines weitergehenden Schadens gemäß § 340 BGB als problematisch heraus. Wir weisen nämlich nach, dass diese Bestimmung – unabhängig von der Höhe der vereinbarten Strafe – die Investitionsanreize des Gläubigers nach oben verzerrt. Aus ökonomischer Sicht bleibt somit der Sinn dieser Bestimmung fraglich.

Dass eine vertraglich vereinbarte Strafe, die lediglich eine untere Schranke für den ersatzfähigen Schaden bedeutet, eine ähnliche Anreizwirkung wie der Schadensersatz ohne untere Schranke entfaltet, mag intuitiv plausibel erscheinen. Aus formalen Gründen kann jedoch das Shavell'sche Überinvestitionsresultat nicht ohne zusätzliche Überlegungen übertragen werden. Die gesetzliche Bestimmung hat einen Knick in der Auszahlungsfunktion des Gläubigers zur Folge, so dass die Funktion an dieser Stelle nicht differenzierbar ist. Auch die sonst übliche Konvexitätsannahme mag verletzt sein. Deshalb kommt eine herkömmliche Beweisführung nicht in Frage. An ihrer Stelle gelangt eine Methode zur Anwendung, die auf Differenzialrechnung weitgehend verzichtet und die sich auch zur Lösung anderer Probleme der ökonomischen Analyse rechtlicher Institutionen als nützlich erweisen dürfte.

Die vorliegende Arbeit ist folgendermaßen aufgebaut. In Abschnitt C wird das Modell vorgestellt und seine Referenzlösung durch Rückwärtsinduktion errechnet. Abschnitt D reproduziert das wohlbekannte Resultat, wonach eine Vertragsstrafe in geeigneter Höhe die Referenzlösung herbeiführt, sofern Gerichte die Geltendmachung eines weitergehenden Schadens verweigern. Abschnitt E weist als Hauptresultat nach, dass die Gewährung eines weitergehenden Schadens im Sinne von § 340 BGB die Investitionsanreize in der Regel nach oben verzerrt. Abschnitt F enthält einige Schlussbemerkungen.

C. Das Modell und seine Referenzlösung

Es wird der folgende zeitliche Ablauf unterstellt: Zum Zeitpunkt $t=1$ entscheidet Gläubiger A über die Höhe seiner Vertrauensinvestitionen $r \in R \subset \mathbb{R}_+$ Diese Investitionen bestimmen die Höhe $v=v(r)$ des Gewinns (oder Nutzens), den der Gläubiger bei Erfüllung erfährt. Zum Zeitpunkt $t=2$ löst sich die Unsicherheit hinsichtlich der Kosten der Erfüllung auf, was wie üblich als Zufallszug $\omega \in \Omega$ der Natur modelliert wird. Die Kosten der Erfüllung, die der Schuldner zu tragen hat, betragen $c=c(\omega)$. Zum Zeitpunkt $t=3$ schließlich fällt der Schuldner B die binäre Erfüllungsentscheidung $q \in Q=\{0,1\}$. In Abhängigkeit der getroffenen Entscheidungen und des Zuges der Natur betragen die Auszahlungen von Gläubiger und Schuldner vor Anwendung von Vertrag und Gesetz

$$A: v(r)\cdot q - r \text{ und } B: -c(\omega)\cdot q.$$

Wir nehmen an, dass der Bruttogewinn des Gläubigers mit der Höhe seiner Investitionen steigt, d.h. aus $r<r'$ folgt $v(r)<v(r')$. Weitergehende Annahmen sind für die Hauptresultate nicht erforderlich.

In Abhängigkeit der getroffenen Entscheidungen und des Zuges der Natur beträgt der gemeinsame Bruttoüberschuss der Parteien

$$H = H(r,\omega,q) = [v(r)-c(\omega)]\cdot q$$

und der Nettoüberschuss beträgt $W=W(r,\omega,q)=H(r,\omega,q)-r$. Als Referenzlösung soll der erwartete Nettoüberschuss maximiert werden. Die Referenzlösung kann durch Rückwärtsinduktion wie folgt errechnet werden.

In Abhängigkeit der Investitionen und des Zuges der Natur lautet die *perfekte Erfüllungsentscheidung*

$$q_+ = q_+(r,\omega) \in \arg\max_{q\in Q} H(r,\omega,q) = \arg\max_{q\in Q} W(r,\omega,q).$$

Die *effizienten Vertrauensinvestitionen* betragen sodann

$$r^* \in \arg\max_{r\in R} E[W(r,\omega,q_+)].$$

Dabei bedeutet E den Erwartungswert hinsichtlich der exogen vorgegebenen Verteilung des Zufallszuges der Natur. Als *effiziente Erfüllungsentscheidung* $q^*=q^*(\omega)$ bezeichnen wir die perfekte Erfüllungsentscheidung nach effizienter Vertrauensinvestition, d.h. $q^*(\omega)=q_+(r^*,\omega)$. Offensichtlich gilt dann auch

$$r^* \in \arg\max_{r\in R} E[W(r,\omega,q^*)],$$

wie unmittelbar aus der Definition eines Optimums folgt.

Im nächsten Abschnitt soll gezeigt werden, dass diese Referenzlösung resultiert, sofern die Parteien eine Konventionalstrafe in Höhe von „efficient expectation damages“ vertraglich vereinbaren. Dies bedeutet, dass der Schuldner bei Nichterfüllung – unabhängig von den tatsächlichen Vertrauensinvestitionen – eine Konventionalstrafe in Höhe von $d = v(r^*)$ verwirkt.

D. Die Anreizwirkung einer Vertragsstrafe

Ex ante schließen die Parteien einen Vertrag $[T, d]$ ab, welcher den Schuldner B zur Erfüllung verpflichtet. Kommt er dieser Verpflichtung nicht nach, so hat der Gläubiger Anspruch auf eine Geldsumme in Höhe d. Außerdem entrichtet A den Preis T an B. Zur Vereinfachung der Notation unterstellen wir, dass der Preis T immer zu entrichten ist. Da jedoch die Gegenleistung bei Nichterfüllung entfällt, beträgt die Konventionalstrafe im eigentlichen Sinn lediglich $d - T$.

In Abhängigkeit der Erfüllungsentscheidung $q \in Q$ erzielt der Schuldner

$$B : T - c(\omega) \cdot q - d \cdot (1 - q) = T - d + [d - c(\omega)] \cdot q$$

und deshalb trifft er die Erfüllungsentscheidung

$$q_B = q_B(\omega, d) = \begin{cases} 0 & falls \quad d \leq c(\omega) \\ 1 & falls \quad c(\omega) < d \end{cases}.$$

Allerdings braucht diese Erfüllungsentscheidung nicht effizient zu sein, so dass Spielraum für einvernehmliche Nachverhandlungen entstehen kann. Der Verhandlungszugewinn aus einvernehmlichen Nachverhandlungen beträgt

$$H(r, \omega, q_+) - H(r, \omega, q_B) = (v - c) \cdot (q_+ - q_B).$$

Rationale Parteien werden sich diesen Verhandlungszugewinn nicht entgehen lassen. Wie üblich unterstellen wir, dass sie sich diesen Zugewinn – entsprechend ihrer Verhandlungsmacht – zu festen Anteilen $\alpha > 0$ und $\beta > 0$ aneignen $(\alpha + \beta = 1)$. Die Erfüllungsentscheidung q_B legt dabei den Drohpunkt fest, so dass die Auszahlung des Gläubigers unter Einbeziehung der Nachverhandlungen

$$\Phi^{NV} = \Phi^{NV}(\omega, d) = v(r) \cdot q_B + d \cdot (1 - q_B) - T - r + \alpha \cdot (v - c) \cdot (q_+ - q_B) =$$
$$\alpha \cdot W(r, \omega, q_+) + (1 - \alpha) \cdot W(r, \omega, q_B) + c \cdot q_B + d \cdot (1 - q_B) - T$$

beträgt.

Im Folgenden unterstellen wir, die Parteien hätten eine Konventionalstrafe in Höhe $d = d^* = v(r^*)$ vereinbart. Dann trifft B – unabhängig von der tatsächlichen Höhe der Vertrauensinvestitionen – die effiziente Erfüllungsentscheidung, denn es gilt offensichtlich $q_B(\omega, d^*) = q^*(\omega)$. Ferner hat A effiziente Investitionsanreize, wie die folgende Proposition zeigt.

Proposition 1.

Rationale Parteien vereinbaren eine Konventionalstrafe $d = d^* = v(r^*)$ *in Höhe von „efficient expectation damages". Dadurch erhält der Schuldner den Anreiz zur effizienten Erfüllungsentscheidung und der Gläubiger erhält effiziente Investitionsanreize, d.h. es gilt*

$$r^* \in \arg\max_{r \in R} E\left[\Phi^{NV}(r, \omega, d^*)\right].$$

Insgesamt resultiert daraus die Referenzlösung.

Beweis:

Offensichtlich bestehen Anreize zur effizienten Erfüllungsentscheidung $q_B = q^*$. Da aufgrund von Rückwärtsinduktion

$$r^* \in \arg\max_{r \in R} E\left[W(r, \omega, q_+)\right]$$

gilt, was $r^* \in \arg\max_{r \in R} E\left[W(r, \omega, q^*)\right]$ zur Folge hat, und da die übrigen Terme von Φ^{NV} nicht von r abhängen, bestehen tatsächlich effiziente Investitionsanreize.

q.e.d.

Bei der Herleitung der obigen Proposition haben wir unterstellt, dass der Gläubiger im Fall überhöhter Vertrauensinvestitionen einen gegenüber der vereinbarten Vertragsstrafe weitergehenden Schaden aus Nichterfüllung nicht geltend machen kann. Nach § 340 BGB kann er dies jedoch. Die Anreizwirkung dieser Bestimmung wird im folgenden Abschnitt untersucht. Es kommt zu Verzerrungen.

E. Geltendmachung eines weitergehenden Schadens

Wir unterstellen weiterhin, die Parteien hätten eine Konventionalstrafe in Höhe d für Nichterfüllung vereinbart. Tätigt der Gläubiger Vertrauensinvestitionen in Höhe $r \in R$ und verweigert B die Erfüllung, so hat A Anspruch auf Schadensersatz in Höhe von

$$D = D(r, d) = \max\left[v(r), d\right],$$

sofern die vereinbarte Konventionalstrafe nur eine untere Schranke darstellt und der Gläubiger einen darüber hinaus gehenden Schaden geltend machen kann. Unter dieser Bestimmung hat der Schuldner den Anreiz zur Erfüllungsentscheidung

$$q_B = q_B(r, \omega, d) = \begin{cases} 0 & \text{falls} \quad D(r, d) \le c(\omega) \\ 1 & \text{falls} \quad c(\omega) < D(r, d) \end{cases}.$$

Allerdings braucht diese Erfüllungsentscheidung wiederum nicht effizient zu sein, so dass erneut Spielraum für einvernehmliche Nachverhandlungen entstehen mag. Der Verhandlungszugewinn aus einvernehmlichen Nachverhandlungen beträgt wiederum

$$H(r,\omega,q_+) - H(r,\omega,q_B) = (v-c)\cdot(q_+ - q_B)$$

und rationale Parteien werden sich diesen Verhandlungszugewinn nach wie vor nicht entgehen lassen. Wir unterstellen wiederum, dass sie sich diesen Zugewinn – entsprechend ihrer Verhandlungsmacht – zu festen Anteilen $\alpha > 0$ und $\beta > 0$ aneignen. Die Erfüllungsentscheidung q_B legt dabei den Drohpunkt fest, so dass die Auszahlung von Gläubiger A unter Einbeziehung der Nachverhandlungen nunmehr

$$\Phi^{NV} = \Phi^{NV}(r,\omega,d) = v(r)\cdot q_B + D(r,d)\cdot(1-q_B) - T - r + \alpha\cdot(v-c)\cdot(q_+ - q_B)$$

beträgt. Der Gläubiger erhält den Anreiz zu Vertrauensinvestitionen

$$r_A = r_A(d) \in \arg\max_{r\in R} E\left[\Phi^{NV}(r,\omega,d)\right].$$

In welcher Höhe auch immer eine Konventionalstrafe vereinbart worden ist, die Geltendmachung eines weitergehenden Schadens führt zu übermäßigen Vertrauensinvestitionen, wie die folgende Proposition nachweist.

Proposition 2.

Welche Konventionalstafe auch immer vereinbart worden ist, der Gläubiger hat den Anreiz zu übermäßigen Vertrauensinvestitionen in dem Sinn, dass Investitionen im Bereich $r_A(d) \geq r^*$ *existieren, welche die Auszahlung* Φ^{NV} *des Gläubigers maximieren.*

Der Beweis dieser Proposition greift auf zwei Lemmata zurück. Bevor wir diese formulieren und beweisen, kommentieren wir die etwas sperrige Formulierung von Proposition 2. Der Leser sei daran erinnert, dass wir bisher als einzige Annahme unterstellt haben, der Bruttogewinn $v(r)$ des Gläubigers wachse mit der Höhe der Vertrauensinvestitionen. Diese wenig restriktive Annahme bringt es mit sich, dass beispielsweise die Höhe effizienter Vertrauensinvestitionen nicht eindeutig festzustehen braucht. Tut sie dies, so kann die Aussage von Proposition 2 dahingehend präzisiert werden, dass die aus Sicht des Gläubigers optimalen Investitionen zwingend im Bereich $r_A(d) \geq r^*$ liegen müssen.

In dem sonst üblichen Rahmen der Differenzierbarkeit lässt sich die Aussage von Proposition 2 in folgender Weise verschärfen: Sofern die effizienten Vertrauensinvestitionen eine innere Lösung darstellen, so liegen – unter weiteren noch zu präzisierenden Annahmen – die aus Sicht des Gläubigers optimalen Vertrauensinvestitionen im Bereich $r_A(d) > r^*$. Unter diesen Annahmen kommt es also zwingend zu Überinvestitionen, welche Vertragsstrafe auch immer vereinbart worden ist.

Lemma 1.

(i) Es gilt $q_+(r,\omega) \le q_B(r,\omega,d)$. *Falls* $d \le v(r)$, *so gilt sogar*

$$q_+(r,\omega) = q_B(r,\omega,d).$$

(ii) Falls $r < r'$, *dann gelten*

$$q_+(r,\omega) \le q_+(r',\omega) \text{ und } q_B(r,\omega,d) \le q_+(r',\omega,d).$$

Beweis:

Ad (i): Falls $d \le v(r)$, dann gilt $D = v(r)$ und folglich gilt auch $q_+(r,\omega) = q_B(r,\omega,d)$. Falls hingegen $v(r) < d$, dann gilt $D = d$. Um die verbleibende Behauptung zu beweisen, betrachten wir zunächst die Konstellation $q_+(r,\omega) = 1$. Es muss also $c \le v$ und damit $c < d = D$ gelten, was $q_B(r,\omega,d) = 1$ zur Folge hat. Ebenso betrachten wir die Konstellation $q_+(r,\omega,d) = 0$. Es gilt also $d = D \le c(\omega)$ und damit $v(r) < c(\omega)$, was $q_+(r,\omega) = 0$ zur Folge hat. Damit ist aber gezeigt, dass im Fall $v(r) < d$ immer $q_+(r,\omega) \le q_B(r,\omega,d)$ gelten muss. Behauptung (i) ist vollständig bewiesen.

Ad (ii): Diese Behauptung kann analog bewiesen werden, in dem der Reihe nach die folgenden Konstellationen betrachtet werden. Sei erstens $q_+(r,\omega) = 1$. Dann gilt $c(\omega) \le v(r) < v(r')$ und folglich $q_+(r',\omega) = 1$. Sei zweitens $q_+(r',\omega) = 0$. Dann gilt $v(r) < v(r') \le c(\omega)$ und folglich $q_+(r,\omega) = 0$. Damit ist aber die Behauptung $q_+(r,\omega) \le q_+(r',\omega)$ nachgewiesen. Die verbleibende Behauptung folgt analog.

q.e.d.

Lemma 1 erlaubt nun, das folgende Monotonieresultat zu beweisen, welches für den Beweis von Proposition 2 von zentraler Bedeutung sein wird:

Lemma 2.

Betrachte die Differenz $\Delta(r,\omega,d) = \Phi^{NV}(r,\omega,d) - W(r,\omega,q_+)$ *zwischen Auszahlung des Gläubigers und gesamtwirtschaftlichem Überschuss. Dann gilt für* $r < r'$ *immer* $\Delta = \Delta(r,\omega,d) \le \Delta' = \Delta(r',\omega,d)$, *d.h. die Differenz wächst monoton mit der Höhe der Vertrauensinvestitionen.*

Beweis:

Für die beiden Differenzen gilt nach elementarer Umformung und unter Verwendung vereinfachter, ihrer Bedeutung nach aber offensichtlicher Notation

$$\Delta = (1-\alpha)\cdot(v-c)\cdot(q_b - q_+) + D\cdot(1-q_B) + c\cdot q_B - T$$

und

$$\Delta' = (1-\alpha)\cdot(v'-c)\cdot(q'_b - q'_+) + D'\cdot(1-q'_B) + c\cdot q'_B - T.$$

Auch beim Beweis von Lemma 2 haben wir nacheinander verschiedene Konstellationen zu untersuchen.

(1) Es gelte $q'_B = q_B(r',\omega,d) = 0.$ Dann – so folgt aus Lemma 1 – muss auch $q_B = q_+ = q'_+ = 0$ gelten, sodass die Differenz der Differenzen $\Delta' - \Delta = D' - D$ beträgt und zumindest in dieser Konstellation nicht negativ sein kann.

(2) Es gelte $q_+ = q_+(r,\omega) = 1.$ Dann – so folgt aus Lemma 1 – muss auch $q_B = q'_+ = q'_B = 1$ gelten, sodass die Differenz der Differenzen $\Delta' - \Delta = 0$ beträgt.

(3) Es gelte $q_+ = 0 \text{ und } q'_B = 1.$ Für diese Konstellation gilt $v \le c$ und $c < D' = \max[v', d].$ Im Folgenden sind zwei Unterfälle zu unterscheiden.

(3a) Es gelte außerdem $q_B = q_B(r,\omega,d) = 0,$ d.h. $d \le D \le c$ und somit $d < \max[v',d],$ was $d < v'$ und somit $c < v',$ d.h. $q'_+ = 1$ zur Folge hat. In dieser Konstellation ergibt sich $\Delta' - \Delta = c - D \ge 0.$

(3b) Es gelte außerdem $q_B = q_B(r,\omega,d) = 1,$ d.h. $c < D.$ In dieser Konstellation vereinfacht sich die Berechnung der Differenzen zu

$$\Delta = (1-\alpha)\cdot(v-c) + c - T \text{ und } \Delta' = (1-\alpha)\cdot(v'-c)\cdot(1-q'_+) + c - T$$

und es folgt

$$\Delta' - \Delta = (1-\alpha)\cdot(v'-c) \ge 0,$$

falls $q'_+ = 0,$ bzw. $\Delta' - \Delta = -(1-\alpha)\cdot(v-c) \ge 0,$ falls $q'_+ = 1.$

Damit haben wir aber gezeigt, dass die Differenz der Differenzen bei keiner Konstellation negativ werden kann und Lemma 2 ist vollständig bewiesen.

q.e.d.

Lemma 2 kann jetzt verwendet werden, um Proposition 2 zu beweisen.

Beweis von Proposition 2:

Zum Beweis der Proposition zeigen wir, dass der Gläubiger mit effizienten Investitionen eine mindestens so hohe Auszahlung wie mit Investitionen im Bereich $r < r^*$ erzielt. In der Tat gilt aufgrund der in Lemma 2 nachgewiesenen Monotonie $\Delta(r,\omega,d) \le \Delta(r',\omega,d)$ und damit natürlich auch

$$E[\Delta(r,\omega,d)] \le E[\Delta(r',\omega,d)],$$

was

$$E\left[\Phi^{NV}(r,\omega,d)\right] \leq$$
$$E\left[\Phi^{NV}(r^*,\omega,d)\right] - E\left[W(r^*,w,q_+) - W(r,\omega,q_+\right] \leq E\left[\Phi^{NV}(r^*,\omega,d)\right]$$

zur Folge hat. Damit ist aber klar, dass aus Sicht von A optimale Investitionen im Bereich $r^* \leq r_A(d)$ existieren.

Sofern die Höhe der effizienten Vertrauensinvestitionen eindeutig ist, so gilt obige Ungleichung sogar strikt und die aus Sicht von A optimalen Investitionen müssen zwingend im Bereich $r^* \leq r_A(d)$ liegen.

q.e.d.

Abschließend wollen wir jetzt noch die Annahmen diskutieren, unter denen es – unabhängig von der Höhe der vereinbarten Konventionalstrafe – zur echten Überinvestition kommt.

Annahmen:

(1) Der Bruttogewinn $v(r)$ des Gläubigers ist eine differenzierbare Funktion der Investitionen $r \in R \subset \mathbb{R}_+$ und es gilt $v_r(r) > 0$.

(2) Die effizienten Investitionen stellen eine innere Lösung dar, d.h. $r^* > 0$.

(3) Falls $v(r^*) < d$, dann gilt $prob\{\omega \in \Omega : v(r^*) \leq c(\omega) < d\} > 0$. Diese Annahme ist erfüllt, sobald die Kosten der Erfüllung stetig verteilt sind und zwar mit einer Dichte, die zumindest in einer rechtsseitigen Umgebung von $v(r^*)$ positiv bleibt.

Unter diesen Annahmen hat der Gläubiger Anreize zu Investitionen, die zwingend höher als effiziente Investitionen sind, wie die folgende Proposition zeigt.

Proposition 3:

Die Annahmen (1) bis (3) seien erfüllt und die Verhandlungsmacht des Gläubigers sei nicht umfassend, d.h. $\alpha < 1$. Dann wählt der Gläubiger immer exzessive Investitionen, d.h. $r_A(d) > r^*$ gilt zwingend.

Beweis:

Wir unterscheiden zwei Fälle: $v(r^*) \geq d$ bzw. $v(r^*) < d$. (i) Es gelte $v(r^*) \geq d$. Für Investitionen im Bereich $r > r^*$ beträgt der Schadensersatz $D = \max[d, v(r)] = v(r)$ und somit gilt nach Lemma 1, dass $q_B = q_+$. Spielraum für einvernehmliche Nachverhandlungen gibt es also nicht und der Gläubiger erzielt sowohl bei Erfüllung als auch bei Nichterfüllung immer

$$\Phi^{NV}(r,\omega,d) = v(r) - T - r.$$

Aufgrund von Annahme (2) gilt $v_r(r^*)\cdot E[q^*(\omega)]=1$.

Aus Annahme (3) folgt insbesondere, dass $E[q^*(\omega)]<1$, woraus folgt, dass

$$v_r(r^*)>v_r(r^*)\cdot E[q^*(\omega)]=1.$$

Damit existieren aber in einer rechtsseitigen Umgebung von r^* Investitionen, die aus Sicht von A echt besser als r^* sind. Da es nach Proposition 2 keine solchen Investitionen im Bereich $r<r^*$ gibt, folgt daraus zwingend, dass Anreize zu Überinvestitionen bestehen.

(ii) Es gelte $v(r^*)<d$. Dann gilt in einer Umgebung von r^*, dass die Erfüllungsentscheidung $q_B=q_B(\omega,d)$ unabhängig von r ist. Unter Einbeziehung einvernehmlicher Nachverhandlungen beträgt die Auszahlung von A

$$\Phi^{NV}=\alpha\cdot W(r,\omega,q_+)+(1-\alpha)\cdot[v(r)\cdot q_B-r]+(...),$$

wobei der Term (...) von r unabhängig ist. Infolge der Annahmen (2) und (3) gilt dann

$$\frac{d}{dr}E\left[\Phi^{NV}\right]_{r=r^*}=(1-\alpha)\cdot\left(v_r(r^*)\cdot E[q_B]-1\right)>(1-\alpha)\cdot\left(v_r(r^*)\cdot E[q^*]-1\right)=0.$$

Auch in diesem Fall gibt es folglich exzessive Investitionen, die sich aus Sicht des Gläubigers lohnen. Damit aber ist Proposition 3 vollständig bewiesen.

q.e.d.

F. Schlussbemerkungen

Der Ersatz des positiven Interesses schafft Anreize zu übermäßigen Vertrauensinvestitionen, sofern die Erfüllungsentscheidung binärer Natur ist.[1] Als Ausweg bietet sich an, dass die Vertragsparteien die Höhe der bei Nichterfüllung fälligen Zahlung an den Gläubiger vertraglich festlegen. Auf diese Weise können sie effiziente Investitionsanreize generieren, die allerdings verloren gehen, wenn – wie in § 340 BGB vorgesehen – die Geltendmachung eines weitergehenden Schadens gewährt wird. Die vorliegende Arbeit erbringt den Nachweis für die verzerrende Wirkung dieser Bestimmung.

Die Auszahlungsfunktion des Gläubigers ist im Allgemeinen keine konkave Funktion der Investitionen. Dies liegt an den einvernehmlichen Nachverhandlungen, welche rationale Parteien führen, sobald ein positiver Verhandlungszugewinn lockt. Auch die Differenzierbarkeit der Auszahlungsfunktion geht an der Stelle verloren, bei der der tatsächliche Schaden mit der vereinbarten Vertragsstrafe übereinstimmt. Aus diesen Gründen muss das behauptete Überinvestitionsargument mit der nötigen Sorgfalt geführt werden.

Zu diesem Zweck haben wir die Differenz zwischen der Auszahlung des Gläubigers und des gesamtwirtschaftlichen Überschusses bei perfekter Erfüllungsentscheidung gebildet.

---

1 Edlin und Reichelstein (1996) weisen nach, dass bei einer kontinuierlichen Mengenentscheidung der Ersatz des positiven Interesses durchaus effiziente Investitionsanreize zu setzen vermag. Für eine weitergehende Diskussion dieses Punktes mag der Leser auch Schweizer (2005) konsultieren.

Insbesondere erweist sich diese Differenz als monoton wachsend mit der Höhe der Vertrauensinvestitionen. Daraus folgt, dass die aus Sicht des Gläubigers optimalen Vertrauensinvestitionen mindestens so hoch wie die effizienten Vertrauensinvestitionen sind. Damit der Gläubiger jedoch echt exzessive Vertrauensinvestitionen tätigt, sind zusätzliche Annahmen erforderlich. Dabei genügt es aufgrund der hier bewiesenen Ergebnisse jedoch, wenn aus Sicht des Gläubigers lokale Verbesserungen in einer Umgebung der effizienten Investitionen locken.

Aus ökonomischer Sicht bleibt jedenfalls der Sinn hinter der Bestimmung von § 340 BGB offen. Zwar gehört dieser Paragraph zum dispositiven Teil des deutschen Vertragsrechts. Wenn also die Parteien nicht nur eine Konventionalstrafe vertraglich vereinbaren, sondern darüber hinaus explizit auch die Geltendmachung eines weitergehenden Schadens ausschließen, so dürfte diese Vereinbarung vor Gericht Bestand haben. Aber die Vereinbarung einer Konventionalstrafe deutet doch bereits darauf hin, dass die Vertragsparteien die Höhe des im Falle der Nichterfüllung zu leistenden Ersatzes eigenständig festlegen wollten. Aus ökonomischer Sicht gibt es gute Gründe, warum sie dies tun sollten.

Ex post mag zwar ein Gläubiger, der übermäßige Vertrauensinvestitionen geleistet hat, versuchen, einen weitergehenden Schaden geltend zu machen. Die Gewährung eines solchen Anspruchs fördert aber opportunistisches Verhalten von Seiten des Gläubigers und sollte deshalb unterbleiben. Anders ausgedrückt, die vertragliche Vereinbarung einer Konventionalstrafe schafft die Möglichkeit, dass sich Vertragsparteien ex ante binden. Die Gewährung eines weitergehenden Schadens zerstört diese Bindungswirkung und erscheint deshalb aus ökonomischer Sicht unbegründet.

Literaturverzeichnis

Cooter, R. and M.A. Eisenberg (1985), “Damages for Breach of Contract”, *California Law Review* 73, 1432 – 1489

Edlin, A. and S. Reichelstein (1996), “Holdups, Standard Breach Remedies, and Optimal Investments”, *American Economic Review* 86, 478 – 501.

Schweizer, U. (2005), “Law and Economics of Obligations”, *International Review of Law and Economics* 25, 2005, 209 – 228.

Shavell, S. (1980), "Damage Measures for Breach of Contract”, *Bell Journal of Economics* 11, 466 – 490.

Spier, K.E. and M.D. Whinston (1995), “On the Efficiency of Privately Stipulated Damages for Breach of Contract: Entry Barriers, Reliance, and Renegotiation”, *RAND Journal of Economics* 26, 180 – 202.

DIE ENTLASTUNG DES SCHULDNERS WEGEN UNMÖGLICHKEIT DER LEISTUNG – VERSUCH EINER EHRENRETTUNG DES § 275 ABS. 2 BGB

Johannes Köndgen

A. Dogmatischer Fortschritt durch § 275 Abs. 2 BGB?

Impossibilium nulla est obligatio: Kaum eine andere Rechtsparömie, die in solch lakonischer Kürze so viel Gewissheit zu vermitteln scheint. Aber der Kern der Frage lautete schon seit Inkrafttreten des BGB: Wann ist eine Leistung unmöglich? Jedenfalls, so das hergebrachte Verständnis, bei physisch unmöglicher und bei rechtlich verbotener oder sonst rechtlich unmöglicher Leistung. Freilich konkurrierte mit diesem „gegenständlichen" immer schon ein „normativer" Unmöglichkeitsbegriff.[1] Und wer heute zu Lehrzwecken den Unmöglichkeitsbegriff in seinen ganzen Facetten darstellen will, braucht schon eine halbe Stunde, um auch nur die einzelnen Definitionen zu erläutern – von den unterschiedlichen Rechtsfolgen ganz zu schweigen. Neben die „Unmöglichkeit" und den – durchaus zweideutigen[2] – Begriff des „Unvermögens", neben die „physische" und die „rechtliche" sind seit längerem die „faktische" oder „praktische", die „wirtschaftliche" und die „psychische" Unmöglichkeit getreten. Damit nicht genug, wird der Unmöglichkeit gelegentlich die „Unerbringlichkeit" oder „Unerschwinglichkeit" der Leistung zugeschlagen. Umstritten blieb insbesondere die Abgrenzung

---

1 Immer noch vorbildlich zur Dogmengeschichte *H. H. Jakobs*, Unmöglichkeit und Nichterfüllung, 1969, 126 ff.; zur mit dem BGB 1900 nur vorübergehend vollzogenen „Abkehr vom normativen Unmöglichkeitsbegriff" jetzt auch HKK-*Schermaier,* vor §§ 275 BGB Rz. 71 f., und § 275 Rz. 17 ff. (Zitat), 37 ff. Eine ähnliche historische Entwicklung ist im Common Law festzustellen, wo zunächst nur „absolute" Unmöglichkeit (*absolutely impossible*) den Schuldner von der Leistungspflicht entlastete; vgl. noch die amerikanische Entscheidung *Stees v. Leonard*, 20 Minn. 449 (1874); das klassische englische Präjudiz war *Paradine v. Jane* 82 Eng. Rep. 897 (K. B. 1647).

2 Dies bemerkt mit Recht *U. Huber*, Leistungsstörungen Bd. II, 1999, 833 f. Es ist insofern kein Schaden, dass § 275 BGB jetzt auf diesen Begriff verzichtet – nicht durchweg hingegen die Literatur, vgl. nur *Staudinger/Löwisch,* § 275 Rz. 55.

von faktischer und wirtschaftlicher Unmöglichkeit. Diese Varianten wurden bis zur Schuldrechtsrevision 2002 irgendwo im dogmatischen Niemandsland zwischen § 275 BGB a. F. und Geschäftsgrundlagenstörung angesiedelt. Und wenn die Dogmatik an ihre Grenzen stieß, konnte man sich immer noch mit Philipp Hecks bildkräftiger Metapher von der „Opfergrenze" behelfen, die zu überschreiten einem Schuldner nicht angesonnen werden dürfe.[3]

Die Schuldrechtsnovelle war u.a. mit der Ambition angetreten, hypertrophe Dogmatiken wieder in den Gesetzeswortlaut einzufangen. Das war hinsichtlich des Unmöglichkeitstatbestandes ein von vornherein aussichtsloses Unterfangen, denn eine gefestigte Dogmatik, die einer solchen gesetzlichen „Positivierung" zugänglich gewesen wäre, existierte nicht. In dieser Situation wurde „der Gesetzgeber"[4] vom dogmatischen Ehrgeiz gepackt und hat uns in Gestalt des neuen § 275 Abs. 2 eine Regelung beschert, die in ihrer Komplexität und ihrer von unbestimmten Rechtsbegriffen und Generalklauseln geradezu triefenden Formulierung[5] alsbald für neuen Konfliktstoff sorgte.[6] Mittlerweile ist das Meinungsspektrum so ausgeufert, dass man schon wieder von einer neuen Unübersichtlichkeit sprechen kann. Das einzig Erfreuliche an diesem Befund ist, dass die Unbestimmtheit der neuen Regel die Vertragsparteien schneller an den (Nach-)Verhandlungstisch zwingen wird.[7]

All das ist Anlass genug, die Problematik einmal aus rechtsökonomischer Perspektive zu analysieren. Diese Analyse zehrt immer noch von Anregungen, die der Verfasser aus gemeinsamen Hamburger Seminaren mit Hans-Bernd Schäfer gewonnen hat. Allerdings ist die Perspektive des Juristen hier und heute nicht mehr ganz frei. Während die ökonomische Theorie der Nichterfüllung und ihrer Sanktionen grundsätzlich vom (Geld-)Ersatz des Erfüllungsinteresses als optimaler Sanktion ausgeht,[8] gebietet § 275 Abs. 2 nach wie vor die Naturalerfüllung bis zur Grenze des groben und „unzumutbaren" Missverhältnisses zwischen Leistungsaufwand und Gläubigerinteresse.[9] Dies erfordert zumindest zum Teil neue Überlegungen.

---

3 *Heck*, Grundriß des Schuldrechts, 1929, 93.

4 Hier verkörpert durch die „Kommission Leistungsstörungsrecht"; vgl. dazu, sozusagen aus der Mitte dieser Kommission, den Bericht von *Canaris*, JZ 2001, 499 ff.

5 Weniger redundant formuliert und nur auf „unverhältnismäßige Kosten" der Nacherfüllung durch den Verkäufer abstellend § 439 Abs. 3 BGB. Warum hier andere Maßstäbe gelten sollen als in § 275 Abs. 2 BGB, ist bisher von niemand (auch nicht vom Gesetzgeber, der offenbar bewusst eine unterschiedliche Formulierung gewählt hat) plausibel erklärt worden; ebenso wenig – trotz des Rettungsversuchs von *U. Huber*, in: FS Schlechtriem, 2003, 521, 543 ff. – welchen Sinn die ergänzende Geltung des § 275 Abs. 2 *neben* § 439 BGB ergeben soll. Das kann hier nicht vertieft werden; einstweilen wird man contra legem („cessante ratione...") mit *Ackermann*, JZ 2002, 378, 384 und *Bitter*, ZIP 2007, 1881, 1888 von einem einheitlichen Maßstab ausgehen müssen.

6 Mit harten Bandagen geführt die Kontroverse zwischen *Picker*, JZ 2003, 1035, und *Canaris*, JZ 2004, 214.

7 So bereits (freilich ohne jeden Sarkasmus) *Canaris*, JZ 2001, 499, 503.

8 Repräsentativ *Posner*, Economic Analysis of Law, 6. Aufl. 2003, 104 ff. ("contracts as insurance").

9 Die Entscheidung des Schuldrechts(reform)gesetzgebers verteidigt *U. Huber* (Fn. 5), 557. Diese Entscheidung wird im Folgenden als unabhängige Variable behandelt.

B. Das Regelungsproblem

§ 275 Abs. 2 versucht, auf das Regelungsproblem nachträglicher Leistungserschwerung (genauer: eines nachträglichen Anstiegs der Produktionskosten) eine Antwort zu finden. Dieses Problem lässt sich am besten an drei Grundfällen exemplifizieren. Zu relativer Prominenz gebracht[10] hat es bereits

Fall 1 – Das Cabrio in Murmansk. Händler V hat an K für 10.000 ein Oldtimer-Cabrio verkauft, welches V seinerseits für 8.000 (= Produktionskosten[11]) beschafft hat. K hat bereits für 20.000 an einen Liebhaber weiterverkauft. Trotz hinreichender Sicherungsmaßnahmen des V wird das Cabrio in der Nacht vor der Abholung entwendet, um drei Wochen später von der Polizei in Murmansk wieder aufgespürt zu werden. Der Rücktransport nach Deutschland und die Abwendung eines Gerichtsverfahrens in Russland mit unsicherem Ausgang würden 10.000 kosten.

Fall 2 – Erfrorene Kaffee-Ernte. Der Lebensmittelfilialist K hat beim Großhändler und Importeur V 100 Zentner erlesenen Hochlandkaffee aus dem mittelamerikanischen Land L für 100 pro Zentner gekauft. Die Beschaffungskosten beim Kauf vom Hersteller in L betragen derzeit 70 pro Zentner. In der Nacht nach dem Vertragsschluss erfrieren bei einem Jahrhundert-Nachtfrost 2/3 der Jahresernte in L. Der Beschaffungspreis für Hochlandkaffee aus L steigt darum auf 150. K würde jetzt aus dem Verkauf der Ware 170 pro Zentner (brutto[12] und bei einer unveränderten Gewinnspanne von 20) erlösen.

Fall 3 – Doppelverkauf eines Grundstücks.[13] V soll für den Makler K als Strohmann ein Grundstück zum Preise von 10.000 erwerben (Geschäftsbesorgungsvertrag). V verkauft das Grundstück vertragswidrig an den X und bestellt diesem eine Auflassungsvormerkung. Als X von dem Erstverkauf erfährt, ist er zum Verzicht auf die Vormerkung unter der Bedingung bereit, dass V ihm eine Ablöse in Höhe von 300.000 zahlt. Der BGH hielt dem V zugute, die Erfüllungshaftung sei hier „unverhältnismäßig“ und (!) „unzumutbar“; K müsse sich darum mit der Zahlung des positiven Interesses bescheiden.

In den drei Fällen ist die Steigerung der Produktionskosten des Verkäufers jeweils unterschiedlich relativ zum ausbedungenen Kaufpreis. Fall 1 wird dadurch kompliziert, dass nicht klar ist, ob das Leistungsinteresse des Gläubigers bereits bei Vertragsschluss 20.000 betrug. Beispiel 3 wirft die Frage auf, ob der Fall des vorsätzlichen Vertragsbruchs

---

10 Der Fall war streitgegenständlich für die Auseinandersetzung zwischen *Picker* und *Canaris* (Fn. 6); vgl ferner MünchKomm-*Ernst* § 275 Rz. 30a; *Staudinger/Löwisch*, § 275 Rz. 71.

11 In der Nichtberücksichtigung der gesamten Produktionskosten des V liegt der Grundfehler in der Lösung des Beispiels 1 durch *Canaris* ((Fn. 6), 215. Daran ändert sich nicht einmal dann etwas, wenn V – lebensfremderweise – den Pkw geschenkt bekommen oder geerbt hätte; auch dann entstünden dem V Opportunitätskosten, da er das Fahrzeug infolge des Verkaufs nicht mehr selbst nutzen kann. Siehe im Übrigen nachstehend IV 1 a).

12 Die eigenen (Vertriebs- und Lager-)Kosten des K werden zu Vereinfachungszwecken vernachlässigt.

13 Beispiel nach BGH NJW 1988, 799. Die Exemplarietät des Falles wird mit Recht gewürdigt von *U. Huber* (Fn. 5), 559 f.; ähnlich *ders.*, Leistungsstörungen, Bd. II, 814 f.

eine Sonderbehandlung erfordert. Sicher ist, dass sich die Dogmatik zu § 275 Abs. 2 mit allen drei Fällen schwer tut.

C. Die Dogmatik des § 275 Abs. 1 und 2 BGB im Überblick[14]

Im Gesetzgebungsverfahren 2001 wurde die Belassung und Erweiterung des alten Unmöglichkeitstatbestandes im Gesetz als notwendig angesehen, weil es einer besonderen Regel für die Befreiung des Schuldners von der primären Leistungspflicht bedürfe.[15] Zugleich wurde die Trennung zwischen den Rechtsfolgen der Leistungsbefreiung und der sekundären Schadensersatzhaftung, die im Wortlaut des § 275 Abs. 1 a.F. nicht zum Ausdruck gekommen war, verdeutlicht. Geblieben ist der Primat der physischen („naturgesetzlichen") und rechtlichen Unmöglichkeit – was schon darin zum Ausdruck kommt, dass § 275 Abs. 1 rechtsvernichtende Einwendung ist, während § 275 Abs. 2 und 3 als bloße Einreden ausgestaltet sind.

Die Verselbständigung der bloßen Leistungserschwerung in § 275 Abs. 2 mit einer flexiblen Befreiungsgrenze hat nicht zu der erhofften Rechtsklarheit geführt, sondern im Gegenteil neue Abgrenzungsfronten eröffnet. Die einen wollen die „praktische" oder „faktische" Unmöglichkeit – der bereits sprichwörtliche güldene Ring fiel ins Meer und ist nur noch unter Aufwendung des Zigfachen seines Wertes zu bergen – der physischen Unmöglichkeit gleichstellen;[16] andere sehen in der praktischen Unmöglichkeit geradezu den Kern des Regelungsbereichs von § 275 Abs. 2, der konsequenterweise auf „Extremfälle" beschränkt bleiben müsse.[17] Die typischen Fälle der „wirtschaftlichen" Unmöglichkeit (Hauptbeispiel die nachträgliche Erhöhung der Produktionskosten) sollen dann, obwohl vom Wortlaut des § 275 Abs. 2 durchaus noch erfasst,[18] in die Geschäftsgrundlagenstörung (§ 313) abgeschoben werden.[19] De facto besteht damit eine problematische Überlappung zwischen den beiden Tatbeständen, denn jedwede nachträgliche und von den Parteien nicht ins Auge gefasste Leistungserschwerung begründet auch eine „schwerwiegende Umstandsveränderung" im Sinne von § 313.[20]

---

14 Obwohl der Stand der Dogmatik zu § 275 sich bereits recht unübersichtlich präsentiert, muss hier ein knapper Überblick genügen; auf Einzelnachweise wird weitgehend verzichtet. Eine durchdachte Kommentierung mit umfassenden Schrifttumsnachweisen findet der Leser bei MünchKomm-*Ernst*, § 275 BGB. Die bisher eindringlichste dogmatische Analyse des § 275 Abs. 2 stammt aus der Feder von *U. Huber* (Fn. 5), 556 ff.

15 Vgl. die Begründung des Regierungsentwurfs zu § 275 BGB, abgedruckt bei *Canaris*, Schuldrechtsmodernisierung 2002, 656 f.

16 So etwa *Staudinger/Löwisch*, § 275 Rz. 19; mit Nachdruck auch *U. Huber* (Fn. 5), 560 Fn. 105.

17 So namentlich *Canaris*, JZ 2001, 499, 501; *ders.*, in: *E. Lorenz* (Hrsg.), Karlsruher Forum 2002: Schuldrechtsmodernisierung, 2003, 13 ff., 28. Diese enge Sicht ist bereits durch RGZ 57, 117, 119 legitimiert: Zur Befreiung des Schuldners müsse die Beschaffung „mit so außergewöhnlichen Schwierigkeiten verbunden sein, dass diese Schwierigkeiten nach der Auffassung des Verkehrs der Unmöglichkeit gleich geachtet werden."

18 Entgegen *Lorenz/Riehm*, Lehrbuch zum neuen Schuldrecht, 2002, 151. Für die engere Auslegung sprechen immerhin die Gesetzgebungsmaterialien (vgl. Begr RegE, bei *Canaris* [Fn. 15], 661), deren Gewicht allerdings bei einem unter höchstem Zeitdruck zusammengeschusterten Gesetz gegenüber dem Wortlaut und der objektiven Teleologie der Norm nicht allzu schwer ist.

19 Wiederum *Canaris* (Fn. 17), jeweils aaO.

20 Zutreffend MünchKomm-*Ernst*, § 275 Rz. 23, der dem § 275 Abs. 2 das Gebot eines „Kosten-Nutzen-Kalküls" entnimmt (aaO § 275 Rz. 69) und damit offenbar die wirtschaftliche Unmöglichkeit einschließt;

Der Boden dogmatischer Gewissheit wird endgültig verlassen, wenn es an die Definition des „groben Missverhältnisses" zwischen Leistungsaufwand und Gläubigerinteresse geht. Manche versuchen, diesen unbestimmten Rechtsbegriff durch andere und nicht weniger unbestimmte Termini zu ersetzen, indem sie fordern, das Missverhältnis müsse „ein besonderes krasses, nach Treu und Glauben völlig untragbares Ausmaß erreichen".[21] Manche sind bemüht, der judiziellen Praxis wenigstens mit einigen Daumenregeln in Gestalt gerundeter Prozentaufschläge auf das Gläubigerinteresse beizuspringen. So soll bei nicht zu vertretenden Leistungshindernissen ein Aufwand von 110% des Gläubigerinteresses die Grenze bilden, bei einfach fahrlässig verursachten Hindernissen ein solcher von 130% und bei Vorsatz des Schuldners ein solcher von 150%;[22] bei anderen Autoren[23] dürfen es aber auch einmal 200% sein – also in etwa die Wuchergrenze. Das ist in einem vordergründigen Sinne praxisnah, doch wird mitunter freimütig eingeräumt, dass diesen Setzungen „zwangsläufig etwas Willkürliches anhaftet".[24]

Eine jedenfalls im Ergebnis bestechend klare Gegenposition zu den letztlich willkürlichen oder tautologischen Annahmen der herrschenden Meinung(en) hat Ackermann bezogen.[25] Er versucht § 275 Abs. 2 allen Billigkeitsjargons zu entkleiden und postuliert als Obergrenze des vom Schuldner zu prästierenden Aufwandes den vereinbarten Kaufpreis. Mit anderen Worten: Dem Schuldner kann zwar sein erwarteter Gewinn genommen werden, aber er muss auch nichts opfern und kommt schlimmstenfalls mit Null heraus. Die Begründung für dieses Ergebnis mit einem scheinbar offenkundigen Wertungswiderspruch überzeugt jedenfalls intuitiv: Dem Verkäufer dürften bei zufälligen überwindlichen Leistungshindernissen (= § 275 Abs. 2) nicht höhere Kosten aufgebürdet werden als bei zufälligen unüberwindlichen Leistungshindernissen (= § 275 Abs. 1), wo der Verkäufer ebenfalls maximal des Kaufpreises verlustig geht (§ 326 Abs. 1 S.1).[26] Vom Gesetzeswortlaut ist diese Interpretation kaum noch gedeckt, da jener – wie wir sehen werden, aus gutem Grund - als Referenzgröße für das „Missverhältnis" das Gläubigerinteresse bestimmt; und dieses hat mit dem Kaufpreis allenfalls zufällig zu tun, denn es kann den Vertragspreis sowohl über- als auch unterschreiten. Doch liegt es nicht in der Absicht unserer Überlegungen, Weiteres zur dogmatischen Exegese

---

konsequent dann auch die Annahme, dass die Rechtsbehelfe aus § 275 Abs. 2 und § 313 konkurrieren, d.h. einander ergänzen; teilweise hiermit im Widerspruch m.E. *Ernst* aaO Rz. 95. Als geradezu „verwirrend" kritisiert die konzeptionell unklaren Abgrenzungen HKK-*Schermaier*, § 275 Rz. 42.

21 *Canaris*, JZ 2001, 499, 502. An (scheinbare) Evidenzen appelliert auch die Forderung von MünchKomm-*Ernst*, § 275 Rz. 90, die Erbringung der Leistung müsse angesichts der Kosten „evident und in hohem Maße unsinnig sein".

22 *Huber/Faust*, Schuldrechtsmodernisierung, 2002, 50.

23 So z. B. *Schultz*, in: Westermann (Hrsg.), Schuldrecht 2002, 17, 40 f.; ratlos und letztlich willkürlich auch die Prozentsätze bei *Maier-Reimer*, Die Unmöglichkeit aus der Sicht der Praxis, in: Dauner-Lieb/Konzen/Schmidt (Hrsg.), Das neue Schuldrecht in der Praxis, 2003, 291, 294.

24 *Huber/Faust* (Fn. 22), 50.

25 *Ackermann*, JZ 2002, 378, 383 f.

26 AaO, 383.

des § 275 Abs. 2 beizutragen. Zu diskutieren sein wird lediglich, ob die These Ackermanns einer ökonomischen Analyse standhält.[27]

D. § 275 Abs. 2 BGB im Lichte der Rechtsökonomie

I. Die „absolute" Grenze für die Befreiung des Schuldners

1. Unmöglichkeit und Schuldnerbefreiung – ökonomisch betrachtet

Die ökonomische Theorie der Schuldnerbefreiung muss sich augenscheinlich nicht um die diversen Ursachen für Leistungsunmöglichkeit oder Erschwerung kümmern, sondern darf sich auf die Frage beschränken, wann ein Festhalten des Schuldners an der Leistungspflicht ineffizient wäre. Richtschnur ist dabei - wie grundsätzlich bei sämtlichen Vertragstörungen - die Frage, wie voll informierte Parteien in einem „vollständigen Vertrag" das eingetretene Risiko geregelt hätten,[28] konkret: was sie bei Voraussicht der Leistungserschwerung vereinbart hätten. Das hierbei anzustellende Kalkül ist jeweils auf die Kenntnis von mindestens drei Schlüsselzahlen angewiesen: der Wert der versprochenen Leistung in der Hand des Gläubigers, der vertraglich bestimmte Preis sowie die für die Leistung aufzuwendenden Kosten.[29] Die meisten der in der juristischen Literatur behandelten Schulfälle geben diese Schlüsselgrößen nicht an bzw. ignorieren sie bewusst.[30] Sie verbauen sich so von vornherein den Zugang zu begründbaren Lösungen[31] und enden darum zumeist in redundanter Rhetorik.

a) Unter dem genannten Kriterium fällt eine allererste Antwort nicht sonderlich schwer: Ein Schuldvertrag wird unter informierten Parteien überhaupt nur zustande kommen, wenn die Summe aus dem erwarteten beiderseitigen Vertragsnutzen (= Kooperationsgewinn) positiv ist. Anders gewendet: Eine Leistung, die nur zu Kosten erbracht werden kann, die keinen Kooperationsgewinn mehr übrig lassen, würde sinnvollerweise nicht vereinbart und sollte jedenfalls unterbleiben, gleich viel, wo – in einem eventuellen zweiten Schritt - die Opfergrenze des Schuldners angesetzt wird.[32]

---

27 Vgl. noch den Text unten bei Fn. 35.

28 Soweit ersichtlich, unstreitig; vgl. im Detail *Shavell*, Foundations of Economic Analysis of Law, 2004, 291 ff.; ferner *Schäfer/Ott*, Lehrbuch der ökonomisch Analyse des Zivilrechts, 4. Aufl. 2005, 401 ff.; *Cooter/Ulen*, Law & Economics, 3. Aufl. 2000, 266; zuletzt der (im Übrigen unergiebige) Beitrag von *Grundmann/Hoerning*, in: Eger/Schäfer (Hrsg.), Ökonomische Analyse der europäischen Zivilrechtsentwicklung, 2007, 420, 423 ff. Der „vollständige Vertrag" ist letztlich eine – allerdings sehr viel präzisere und operationalisierbare - ökonomische Rekonstruktion der in der Rechtsdogmatik sog. „ergänzenden Vertragsauslegung". Im Ansatz durchaus richtig daher *Staudinger/Löwisch*, § 275 Rz. 72, sowie in monographischer Breite *Lobinger*, Die Grenzen rechtsgeschäftlicher Leistungspflichten, 2004, 170 ff.

29 Der Gewinn oder Verlust des Schuldners ergibt sich bereits aus der Differenz zwischen Vertragspreis und Kosten.

30 Letzteres gilt etwa für die Nichtberücksichtigung des vereinbarten Preises durch *Canaris*, JZ 2001, 499, 502. Ohne den Preis kann jedoch der für eine effiziente Befreiungsgrenze maßgebliche Gesamtnutzen des Vertrages nicht bestimmt werden; vgl. dazu die Rechenbeispiele im folgenden Text. Aus rechtsdogmatischer Sicht *Staudinger/Löwisch*, § 275 Rz. 86.

31 Vgl. bereits oben, Fn. 11; unvollständig insofern auch das Kalkül von *U. Huber* (Fn. 5), 561.

32 Der Grundsatz ist cum grano salis auch in der juristischen Literatur konsensfähig, vgl. etwa *Huber/Faust* (Fn. 24), 37 ff.; er wird dort jedoch nicht konsequent zu Ende gedacht, da man sich hieran durch die gesetz-

Bei einer ex-post-Betrachtung liegt im Beispiel 1 der Nutzen des Käufers K aus der Erfüllung (nk) in der Differenz zwischen dem erzielbaren Wiederverkaufspreis (pw) und dem an V zu entrichtenden Kaufpreis (pv = Produktionskosten des V), also nk = pw – pv, in absoluten Zahlen: 20.000 – 10.000 = 10.000.

Der Nutzen des Verkäufers V (nv) ist negativ, denn er erhält zwar von K den Kaufpreis (pv), muss für dessen Erhalt aber nicht nur seine ursprünglichen Beschaffungs- bzw. Produktionskosten (kb), sondern auch die Rückführungskosten (kr) aus Murmansk aufwenden, also nv = pv - kb - kr und absolut: 10.000 – 8.000 – 10.000 = – 8.000.

Der summierte Nutzen (ns) beträgt demzufolge ns = (pw – pv) + (pv – kb – kr) und absolut: 10.000 – 8.000 = 2.000.

Mithin gibt es bis zu einer Obergrenze der Rückführungskosten von 12.000 zwischen den Parteien noch einen Kooperationsgewinn. Umgekehrt: Es ist jedenfalls ineffizient, den Vertrag zu erfüllen, wenn die Rückführungskosten 12.000 übersteigen („absolute" Befreiungsgrenze), und zwar ohne Rücksicht auf die Ursache der Kostensteigerung. Bedingung für eine allenfalls noch effiziente Vertragserfüllung ist nach alledem

[(pw – pv) + (pv – kb – kr)] > 0.

Bereits in dieser einfachen Rechnung kommt der Unmöglichkeitsbegriff augenscheinlich nicht vor, da es irrelevant ist, ob die Erfüllungs-(Produktions-)kosten des V aus dem Untergang des Fahrzeugs und anschließender Neuerstellung oder auch aus der Wiederbeschaffung eines gleichartigen Kfz resultieren, oder ob sie – im Beispiel 3 - in der dem Zweitkäufer X zu zahlenden Ablöse liegen. Ohne Belang ist für diese „absolute" Grenze der Erfüllungspflicht auch das Vertretenmüssen des Schuldners. Selbst der bei zu vertretender Nichtleistung schadensersatzpflichtige Schuldner müsste dem Käufer nicht mehr als dessen Erfüllungsinteresse ersetzen. Schließlich: Die absolute Grenze ist unabhängig davon, ob die Kontrahenten risikoavers sind oder nicht.[33] Weder der Verkäufer und schon gar nicht der Käufer würden sich sinnvollerweise gegen eine das Erfüllungsinteresse des Käufers übersteigende Kostensteigerung versichern.

b) Das Bild wird etwas schärfer, aber ändert sich nur wenig, wenn man zu einer ex-ante Betrachtung übergeht und darauf abstellt, was die Parteien in einem vollständigen Vertrag für einen unterhalb der genannten absoluten Grenze – also die im Ausgangsfall beschriebene Kostensteigerung von 12.000 – vereinbart hätten. Hier hätte ein risikoaverser Käufer darauf gedrungen, dem Schuldner durch Erfüllungszwang oder auch[34] durch Stipulierung einer Haftung des Käufers auf das Erfüllungsinteresse (20.000 – 10.000 = 10.000) das Kostensteigerungsrisiko aufzuerlegen. Der Verkäufer hätte seinerseits die Kostensteigerung (von

---

liche Formulierung des „groben Missverhältnisses" gehindert sieht; vgl. besonders deutlich MünchKomm-*Ernst*, § 275 Rz. 69 einerseits, Rz. 90 andererseits.

33 *Shavell* (Fn. 28), 342.

34 Der Unterschied ist belanglos, solange das Erfüllungsinteresse vollkompensatorisch ist; vgl. dazu noch anschließend c).

10.000) mit deren Erwartungswert (bei einer - willkürlich gegriffenen - Wahrscheinlichkeit von 50%) in seiner Preiskalkulation berücksichtigt. Dann betragen seine Gesamtkosten 8.000 (anfängliche Beschaffungskosten) + 0,5 × 10.000 (erwartete Wiederbeschaffungskosten) = 13.000. V hätte also einen höheren Kaufpreis, nämlich 13.000 + x (x für die Gewinnspanne) gefordert. Der (erwartete) Kooperationsgewinn liegt dann zwar nur noch bei 5.000, das Gläubigerinteresse bei 5.000 – x. Es ändert sich aber nichts daran, dass informierte Parteien den Vertrag aus ex-ante-Sicht ohne Zweifel geschlossen hätten.[35] Immerhin zeigt die Rechnung, dass es hier sehr auf die Einzelheiten ankommt, und dass die schlichte Gleichung „krasses Missverhältnis" = „ineffizient" keineswegs aufgeht.[36]

2. Rückkehr zum einheitlichen Unmöglichkeitstatbestand?

Der Tatbestand der physischen und rechtlichen Unmöglichkeit verliert damit seine zentrale Bedeutung als sozusagen nicht hinterfragbarer Kern der Unmöglichkeitsdoktrin. Konsequenterweise wäre die eingangs gestellte einfache Frage: „Wann tritt Unmöglichkeit ein?" umzuformulieren in: „Bis zu welcher Grenze muss der Schuldner Steigerungen seiner Erfüllungskosten auffangen?", und „wann sollte er von weiterem Aufwand entlastet werden?". In der ökonomischen Logik hätte es mithin gelegen, für die Frage der Schuldnerbefreiung von einem einheitlichen Tatbestand der Leistungserschwerung auszugehen. Die einzige (aber ökonomisch bedeutungslose) Besonderheit bei der physischen und der rechtlichen (und d.h. jeweils: unbehebbaren) Unmöglichkeit liegt darin, dass die Kurve der Erfüllungskosten hier exponential verläuft, mit anderen Worten, die Erfüllungskosten streben jetzt gegen „unendlich". Eingeebnet wird andererseits auch der von der heute[37] h. L. für nahezu sakrosankt erklärte[38] Unterschied zwischen „faktischer" und „wirtschaftlicher" Unmöglichkeit. Es gibt keinen Grund, die Kosten für die Bergung des ins Meer gefallenen güldenen Rings grundsätzlich anders zu behandeln als die Preissteigerungen auf dem Kaffeemarkt in Beispiel 2.[39] Dieses Zwischenergebnis ist umso wichtiger, als die h. L. bekanntlich[40] an die Differenzierung zwischen faktischer und wirtschaftlicher Unmöglichkeit auch verschiedene Rechtsfolgen – einmal Unmöglichkeit, im anderen Fall Geschäftsgrundlagenstörung – knüpft.

---

35 Unvereinbar mit diesem Ergebnis die These von *Ackermann* (Text nach Fn. 25).

36 So aber *Looschelders*, Schuldrecht Allg. Teil, 5. Aufl. 2007, 192.

37 Im Jahre 1900 hat man dies noch durchaus anders gesehen; vgl. *Kisch*, Unmöglichkeit der Erfüllung bei gegenseitigen Verträgen, 1900, 12 f.: "Überall aber ist zu beachten, dass der Begriff der Unmöglichkeit durchaus *relativ* ist und sich von dem der bloßen Schwierigkeit nicht scharf abgrenzen lässt. Es handelt sich dabei lediglich um quantitative Unterschiede." Ähnlich mit umfangreicher Kasuistik *Tietze*, Die Unmöglichkeit der Leistung nach deutschem Bürgerlichem Recht, 1900, 2-9. Einebnung der Differenz zwischen Unvermögen und „bloßem" Leistungserschwernis auch bei *H. H.Jakobs* (Fn. 1), 150 ff.

38 Vgl. bereits oben, Text bei Fn. 17 f. Nach *Canaris*, JZ 2001, 499, 501 handelt es sich bei dieser Unterscheidung geradezu um die „entscheidende Pointe" des neuen Leistungsstörungsrechts.

39 Vorbehaltlich einiger, unten V 2 b darzustellender zusätzlicher Sachverhaltsannahmen.

40 Bereits oben, bei Fn. 17 f.; ferner *Looschelders* (Fn. 36), 191 f.; *Palandt-Heinrichs*, § 275 Rz. 21; gegenüber dieser Abgrenzung aufgrund des Wortlauts des § 275 Abs. 2 kritisch *Eidenmüller*, Jura 2001, 824, 832; *Zimmer*, NJW 2002, 1, 3 f.

Der von der ökonomischen Analyse nahegelegte einheitliche Tatbestand der Leistungserschwerung war bekanntlich der – von der Schuldrechtsrevision verworfene – Vorschlag der Schuldrechtsreformkommission 1992 gewesen.[41] Man muss die nunmehr Gesetz gewordene Fassung und deren Heraushebung des Unmöglichkeitstatbestandes durch § 275 Abs. 1 gleichwohl nicht als schlicht unsinnig schelten. Die Rechtfertigung kann sich zwar auf kein ökonomisches, aber immerhin auf eine anwendungspraktische Rationale stützen. Sowohl (nicht behebbare) physische als auch rechtliche Unmöglichkeit nehmen insofern eine Sonderstellung ein, als ihr Vorliegen vom Rechtsanwender und nicht zuletzt von den Kontrahenten selbst unschwer verifiziert und wegen der klaren Abgrenzung als per se wirkende rechtshindernde oder rechtsvernichtende Einwendung behandelt werden kann. Deshalb liegt die Bedeutung des § 275 Abs. 1 auch eher in einer an die Kontrahenten adressierten Klarstellung. Klagen auf Erfüllung einer Sach- oder Dienstleistung, gegen die der Schuldner sich mit dem Einwand physischer oder rechtlicher Unmöglichkeit verteidigt, sind nicht von ungefähr nach deutschem wie nach internationalem Recht extrem selten.[42]

3. Das Leistungsinteresse des Gläubigers, insbesondere das Affektionsinteresse

Das durch § 275 Abs. 2 als Referenzgröße eingeführte „Leistungsinteresse" des Gläubigers ist grundsätzlich identisch mit dem Erfüllungsinteresse (expectation damages). Erfüllungsinteresse ist zumindest der Marktwert (Wiederbeschaffungskosten) der Leistung, ggf. nicht unwesentlich erhöht um einen entgangenen Gewinn. Mehr braucht der Gläubiger normalerweise nicht. Das wird mittlerweile sogar in Teilen des rechtsdogmatischen Schrifttums so gesehen, wenn dort dem Schuldner als facultas alternativa zur erschwerten Erfüllung zugestanden wird, dem Käufer „den Gewinn aus dem Weiterverkauf" anzubieten.[43] Nur in einer einzigen Konstellation führt auch die Gewährung des Erfüllungsinteresses zu einem ineffizienten Ergebnis. Nehmen wir an, der Vertragspreis betrage 10.000 und V habe Kosten von 8.000. K hat jedoch übersehen, dass die Kaufsache nur einen Wert von 9.000 hat. Hier ist das Erfüllungsinteresse des K negativ (-1.000), während V einen Gewinn von 2.000 gegenrechnen kann. Der Vertragswert beträgt also 1.000, sodass es effizient ist zu erfüllen.

Allerdings sollen bei der unter § 275 Abs. 2 aufzumachenden Rechnung – wohl unstreitig – eventuelle Nichtvermögensschäden des Gläubigers hinzukommen[44] - typischerweise Affektionsinteressen beim Erwerb von Kunstgegenständen, Wohnimmobilien oder seltenen Sammlerstücken. Das provoziert die Frage, warum bei § 275 Abs. 2 plötzlich das

---

41 Vgl. dazu die Begründung des Regierungsentwurfs, zitiert nach *Canaris* (Fn. 15), 657.

42 Die Rechtsprechungsdatenbank zum Einheitlichen Kaufgesetz (CISG) weist kein einziges Verfahren zu diesen Rechtsfragen nach; vgl. *CLOUT Digest* zu Art. 46 CISG, S. 2. Zahlreich hingegen Erfüllungsklagen, gegen die *wirtschaftliche* Unmöglichkeit oder „Unzumutbarkeit" eingewendet wird; Nachweise bei *U. Huber* (Fn. 5), 544, 558 ff.

43 *Canaris*, JZ 2002, 503 f. Damit wohl im Widerspruch *Canaris*, JZ 2004, 221 (bei Fn. 75) mit dem Bemerken, dass der Aufwand zur Überwindung der Leistungserschwerung „grundsätzlich höher" als das Gläubigerinteresse sei.

immaterielle Interesse ins Spiel gebracht wird, welches für die Berechnung des Erfüllungsinteresses bei zu vertretender Unmöglichkeit (§ 280 Abs. 1 i.V.m. § 275 Abs. 1) anerkanntermaßen keine Berücksichtigung findet.[45] Dass hier entgegen dem ersten Anschein kein schlichter Wertungswiderspruch existiert, zeigt schon der Vergleich mit dem Common Law, welches bei Nichterfüllung keinen Erfüllungszwang, sondern nur die Haftung auf das Erfüllungsinteresse gewährt, ausnahmsweise jedoch die specific performance erzwingt, wenn typischerweise Affektionsinteressen im Spiel sind.[46] Was aber ist dann die Sachgesetzlichkeit hinter dieser Differenzierung?

Die Nichtberücksichtigung des Immaterialschadens bei der Berechnung des Erfüllungsinteresses beruht auf drei Gründen. Immaterialschäden sind, erstens, für den Richter kaum verifizierbar und, wenn einmal verifizierbar, dann jedenfalls schwer quantifizierbar. Darum besteht, zweitens, für den Schadensersatzgläubiger, ein starker Anreiz, die Existenz derartiger immaterieller Interessen schlicht vorzuschützen. Ein starkes Seriositätsindiz gegen den Verdacht solchen moral hazards wäre, wenn ein Gläubiger sich gegen drohende Immaterialschäden versicherte. Gerade das wird er jedoch, drittens, aus gutem Grunde nicht tun. Selbst für einen risikoaversen Gläubiger macht die Versicherung von Immaterialschäden keinen Sinn.[47] Während nämlich Vermögensschäden beim Geschädigten regelmäßig einen neuen und plötzlichen Geldbedarf (durch Reparatur, Wiederbeschaffung oder Deckungsgeschäft seitens des Haftungsgläubigers) auslösen, ist dies bei immateriellen Schäden, soweit keine Naturalrestitution möglich ist,[48] nicht der Fall. Da Versicherungen nicht zuletzt den Zweck haben, gegenwärtig vorhandene und weniger benötigte Geldmittel für einen zukünftigen Bedarf umzuschichten, bei dem der Grenznutzen der Geldmittel höher ist, ist eine Versicherung nicht empfehlenswert, wenn der Geschädigte einen solchen Zusatzbedarf nicht erwartet.

Andererseits: Auch immaterielle Interessen sind real und sollten rechtlichen Schutz erfahren, soweit sie weder richterliche Beurteilungsfehler noch moral hazard seitens des Gläubigers provozieren. Wie man aus diesem Dilemma herauskommt, zeigt wiederum das Common Law: durch den Anspruch auf Naturalerfüllung. Naturalerfüllung findet dann statt, gerade weil das immaterielle Interesse so schwer zu quantifizieren ist.[49] Dieser Weg steht auch unter § 275 Abs. 2 offen. Schwierig ist allein, wie man die immaterielle Komponente im Gesamtleistungsinteresse des Gläubigers unterbringt. Das juristische Schrifttum ist sich zwar über die Berücksichtigung immaterieller Interessen einig, konkretisiert jedoch nicht, in welcher Form jenes in die Vergleichsrechnung zur Feststellung des Missverhältnisses einfließen

---

44 Wiederum statt vieler und mit weiteren Nachw. MünchKomm-*Ernst*, § 275 Rz. 80.

45 Bis auf eine relativ periphere Ausnahme in § 253 Abs. 2.

46 Vgl. nur *Farnsworth*, Contracts Bd. 3, 1990, S. 158 ff.

47 Zum Folgenden eingehend *Adams*, Warum kein Ersatz von Nichtvermögensschäden?, in: Ott/Schäfer (Hrsg.), Allokationseffizienz in der Rechtsordnung, 1989, 210, 215 ff., in Anknüpfung an *Rea*, J. Leg. Stud.1982, 35 ff.

48 Naturalrestitution kommt typischerweise nur bei Verletzung der physischen Integrität in Frage, z.B. in Gestalt von kosmetischen Operationen.

49 So zutreffend bereits *Shavell* (Fn. 28), 312 f.

soll.[50] Die in der ökonomischen Theorie vorgeschlagene Methode, das immaterielle Interesse an einer entsprechenden Zahlungsbereitschaft des Geschädigten zu messen, beseitigt das moral hazard-Problem nicht und scheint im richterlichen Alltag nicht praktikabel.

Bleibt als pragmatischer Ausweg nur die Addition eines pauschalierten „Immaterialzuschlags". Das schließt jedenfalls richterliche Beurteilungsfehler aus und mag daher als second-best-Lösung akzeptabel sein. Freilich bedarf dieser Ansatz noch der Verfeinerung. Immaterialinteressen sind beim vertraglichen Leistungsaustausch nur höchst selten involviert. Es wäre darum gänzlich unangebracht, den Immaterialzuschlag zum Gläubigerinteresse in jedem Fall zuzusprechen. Der Zuschlag muss, wiederum typisierend, auf Leistungsgegenstände beschränkt werden, bei denen die Existenz eines immateriellen Gläubigerinteresses der Regelfall ist, also die bereits genannten Kunstgegenstände, Wohnimmobilien, die meisten Werkleistungen und andere Unikate.[51] Unterstellt man mithin im Ausgangsfall 1, dass das Cabrio ein seltener Oldtimer ist, dann hat K gleichwohl kein Anrecht auf den Immaterialzuschlag, denn er ist ein Zwischenhändler, der einzig seine Vermögensinteressen verfolgt. Anders wäre u.U. bei einem Endnutzer und Liebhaber zu entscheiden. Immer steht die Gewährung des Zuschlags unter dem Vorbehalt, dass der Seltenheitswert einer Kaufsache nicht schon im Marktpreis (Knappheitspreis), also im monetarisierbaren Gläubigerinteresse reflektiert ist. Ein darüber hinausgehendes Interesse signalisiert der Käufer, erkennbar für den Verkäufer, primär dadurch, dass er mehr als den Marktwert zu zahlen bereit ist. Gerade dann bedarf es aber keines Immaterialzuschlages, weil bereits der höhere Preis den Verkäufer in die Lage setzt, auch höhere Kostensteigerungen zu absorbieren.

II. Die „relativen" Grenzen der Erfüllungspflicht

Was immer der Gesetzgeber in § 275 Abs. 2 regeln wollte: Es ist jedenfalls nicht die im Vorigen beschriebene absolute Grenze des Leistungszwangs. In § 275 Abs. 2 geht es um (möglicherweise niedrigere) „relative" Schwellenwerte für das Freiwerden des Schuldners, mit anderen Worten um die Heck'sche „Opfergrenze". Am praktischen Fall illustriert: Muss die Opfergrenze etwa darauf Rücksicht nehmen, ob der Schuldner seinen Gewinn bzw. den Preis sehr knapp kalkuliert hat und darum infolge der Leistungserschwerung (Steigerung der Produktionskosten) in höhere Verluste läuft? Welchen Einfluss hat es, dass durch eine Absenkung der Opfergrenze unter die „absolute" Grenze u. U. der Anreiz zur Erfüllung geschwächt wird?

Das Gesetz schießt zur Definition der Opfergrenze sozusagen aus allen Billigkeitsrohren:[52] Es verlangt nicht nur (1) ein „grobes Missverhältnis" zwischen Erfüllungsaufwand

---

50 Beispielhaft MünchKomm-*Ernst*, § 275 Rz. 80.

51 So, mit untrüglichem praktischem Judiz, auch das Common Law; vgl. die bei *Farnsworth* (Fn, 46), Bd. 3, 170 ff., nachgewiesene Kasuistik.

52 Die Redundanz der Kriterien beklagt mit Recht schon *Lobinger*, Die Grenzen rechtsgeschäftlicher Leistungspflichten, 2004, 119.

und Gläubigerinteresse und (2) dessen Bewertung nach den „Geboten von Treu und Glauben", sondern auch (3) „Zumutbarkeit" der Schuldneranstrengungen sowie (4) eine Orientierung am „Vertretenmüssen" durch den Schuldner. Diese Kriterien sind nunmehr einzeln auf ihren ökonomischen Gehalt zu überprüfen. Dabei können wir die „Gebote von Treu und Glauben" und die „Zumutbarkeit" als bloße Praktikerformeln für den amtsrichterlichen Hausgebrauch getrost vernachlässigen.[53]

1. Abschied vom „groben Missverhältnis" und der „Äquivalenzstörung"

Die Versuche des juristischen Schrifttums, dem unbestimmten Rechtsbegriff „grobes Missverhältnis" definitorisch beizukommen,[54] enden, wie gezeigt, entweder in Willkür oder in Tautologien. Wenig weiterführend erscheint es auch, definitorisch zwischen „grobem Missverhältnis" und „grober Äquivalenzstörung" zu unterscheiden und das „Missverhältnis" wortlautgetreu bei § 275 Abs. 2 anzusiedeln, die Äquivalenzstörung hingegen dem Wegfall der Geschäftsgrundlage zuzuweisen.[55]

Um ein Äquivalenzproblem geht es auch dann nicht, wenn die Leistungserschwerung (Erhöhung der Produktionskosten) sozusagen im Gleichschritt zu einer Erhöhung des Gläubigerinteresses führt. Dies ist typischerweise bei Marktpreiserhöhungen der Fall, wo der gestiegene Preis auf dem Beschaffungsmarkt des Verkäufers in der Tat auch auf den Absatzmarkt des Käufers bzw. auf den Markt durchschlägt, auf dem der Käufer einen Deckungskauf tätigen muss.[56] Allein daher ist aber noch nicht die Rechtfertigung zu beziehen, diese Fälle nach anderen Kriterien als unter § 275 Abs. 2 zu behandeln. Selbstverständlich sind auch Preissteigerungen auf den Beschaffungs- oder Zuliefermärkten Produktionskosten des Verkäufers, und auch hier ist darauf zu achten, dass die Kosten den Gesamtnutzen des Vertrages nicht negativ werden lassen.[57] Am Ausgangsfall 2 illustriert: Die Kosten des V betragen nach dem Frost 150, sein Vertragsnutzen liegt damit bei –50. Der Vertragsnutzen des K steigt von

[53] In der Tendenz ähnlich MünchKomm-*Ernst*, § 275 Rz. 88.

[54] Dass die Versuche, eine Parallele zu § 251 Abs. 2 zu konstruieren oder gar die zu § 138 Abs. 2 entwickelten Maßstäbe zu übertragen, abwegig sind, hat bereits *Lobinger* (Fn. 52), 120 ff., 161 f. nachgewiesen und bedarf nicht erneuter Vertiefung

[55] Etwa MünchKomm-*Ernst*, § 275 Rz. 2: Bei Preissteigerungen auf dem Beschaffungsmarkt trete „ein grobes Missverhältnis iS des § 275 Abs. 2 nicht ein; wohl aber kann von einem bestimmten Grad der Kostensteigerung an eine Äquivalenzstörung eintreten, die zur Vertragsanpassung nach … § 313 Abs. 1 berechtigt"; zu den Folgerungen hieraus aaO Rz. 90. Die Unterscheidung ließe sich allenfalls hören, wenn man „Missverhältnis" und („In-)Äquivalenz" verschieden definierte, nämlich ersteres als Relation von Leistungswert (= Gläubigerinteresse) und *Leistungskosten*, letztere hingegen als Relation zwischen Leistungswert und *Preis*; dieser Äquivalenzbegriff gilt unstreitig unter § 138 Abs. 2. Diese Unterscheidung hält *Ernst* jedoch nicht mit letzter Konsequenz durch.

[56] Insofern zutreffend *Canaris* (Fn. 15), XII. Der von *Canaris* zur Illustration herangezogene Fall des Kalkulationsirrtums seitens des Verkäufers gehört allerdings nicht zum Problemkreis der Leistungserschwerung.

[57] Unrichtig ist es daher auch –jedenfalls für die Fälle nachträglicher Leistungserschwerung -, mit *Canaris*, JZ 2001, 499, 505.den Unterschied darin zu sehen, dass in § 275 Abs. 2 das Gläubigerinteresse, in § 313 hingegen den „Aufwand des Schuldners" (=Leistungskosten) den Primat genieße. Gerade wenn man mit *Canaris* zentral auf das Verhältnismäßigkeitsprinzip abstellt, darf man nicht mit isolierten Größen operieren,

ursprünglich 20 auf 170 – 100 = 70. Angesichts eines positiven Gesamtnutzens ist also die absolute Befreiungsgrenze noch nicht erreicht.

Die Fragestellung ist denn auch eine ganz andere: Soll V dem K tatsächlich eine Art Preisgarantie geben, damit dieser ohne eigenes Zutun seinen Gewinn nahezu verdreifachen kann? Oder weniger rhetorisch gefragt: Welchem der Kontrahenten hätte ein vollständiger Vertrag dieses Kostensteigerungsrisiko zugewiesen bzw. welche Risikoallokation hätten informierte Parteien gegebenenfalls vereinbart?

Mit dieser Frage öffnet sich eine weitere Bruchstelle zwischen ökonomischer Vertragstheorie und gesetzlicher Regelung. Nicht mehr auf die Inäquivalenz von Leistungsaufwand und Leistungslohn kommt es an, sondern darauf, wie in einem vollständigen Vertrag die Risiken (mit deren jeweiligem Erwartungswert) zugewiesen worden wären. Damit ist das „grobe Missverhältnis" nicht nur als Tatbestandsbegriff, sondern sogar als nützliche Denkfigur verabschiedet. Nach der Denkfigur des vollständigen Vertrages kann es nämlich zu irgendeinem Missverhältnis gar nicht erst kommen, da der vollständige Vertrag per definitionem alle möglichen Risiken unter der Maxime der Mehrung des gemeinsamen Vertragsnutzens sachgerecht zuweist, kalkuliert und im vereinbarten Preis berücksichtigt. Dieses Ergebnis muss eine dispositivrechtliche Regelung der Leistungserschwerung zu simulieren suchen.

2. Präzisierung der relativen Grenzen

Die (sehr hoch liegende[58]) absolute Grenze für den Erfüllungszwang löst das Problem, dass der Schuldner eines effektiven Anreizes zur Erfüllung bis zu der Höhe bedarf, in der die Erfüllung überhaupt noch effizient ist.[59] Der Gläubiger kann hier ausnahmslos mit dem Erfüllungsinteresse rechnen – und dies reicht, wie gezeigt,[60] in den allermeisten Fällen aus.[61]
Jede Reduzierung des durch die absolute Grenze definierten Anreizes zu erfüllen muss sich allerdings durch andere Gesichtspunkte rechtfertigen. Relative Grenzen des Erfüllungszwangs lassen sich ökonomisch mit der Theorie der optimalen Risikoallokation ermitteln.[62] Hier gilt es einmal mehr, sich von der „mechanistischen" impossibilia-Regel zu lösen. Damit nivelliert sich zugleich auch der Unterschied zwischen Gattungsschulden und Stückschulden, denn Beschaffungsrisiken können augenscheinlich ebenso wohl beim Stückkauf eingegangen werden.

---

sondern muss deren Relation in den Mittelpunkt stellen - und Zahlen lassen sich nun einmal nicht gewichten.

58 wenn auch keinesfalls auf „Extremfälle" beschränkte, vgl. Text oben bei Fn.17 ff.

59 *Cooter/Ulen* (Fn. 28), 190; *Shavell* (Fn. 28), 343 ff.

60 Oben, 1 c.

61 Hingegen wird die (vollkompensatorische) Zahlung des Erfüllungsinteresses in der deutschen Literatur immer noch als eine Art Privileg des Schuldners gesehen; vgl. nur die Formulierung von *U. Huber* (Fn. 5), 558 Fn. 97: „In § 275 Abs. 2 BGB geht es um die Unzumutbarkeit der Erfüllung in Natur in Fällen, *in denen es für den Schuldner einfacher ist, den Gläubiger in Geld zu entschädigen.*" (Hervorhebung vom Verf., J.K.). Auch BGH NJW 1988, 699, 700 hält offenbar die Gewährung des Erfüllungsinteresses für eine „Zumutung" an den Gläubiger.

Die in § 275 Abs. 2 anvisierte nachträgliche Steigerung der Produktionskosten des Schuldners ist nur eine der typischen Risikokonstellationen, denen ein vollständiger Vertrag sich stellen muss. Der Hervorhebung bedarf schließlich, dass die Rechnung für jeden einzelnen Vertrag individuell aufgemacht werden muss. Immerhin lassen sich dafür einige allgemeine Regeln formulieren. Richtschnur ist dabei der Grundsatz, dass die Parteien jene Gestaltung wählen werden, die den höchsten gemeinsamen Vertragsnutzen ergibt. Im Übrigen kann hier großenteils auf Bekanntes verwiesen werden.[63]

aa) Da unsere Überlegungen vorrangig der vom Schuldner nicht verschuldeten Leistungserschwerung gelten,[64] erübrigt sich die Frage, welche der Parteien die Leistungserschwerung mit geringerem Aufwand hätte verhindern können.[65] Die „richtige" Risikoverteilung hat hier nicht die Funktion, das optimale Sorgfaltsniveau des Schuldners zu steuern, sondern bildet den „Drohpunkt", bei dem die Parteien in effiziente Neuverhandlungen eintreten können.

bb) Risiken, deren Eintritt selbst durch Sorgfaltswaltung nicht gänzlich zu verhindern sind, würde ein vollständiger Vertrag nicht einfach dem „casum sentit dominus"-Prinzip überantworten, sondern dem superior risk bearer zuweisen, also jenem Kontrahenten, der das Risiko kostengünstiger absorbieren kann.[66] Diesem fällt dann die Aufgabe zu, die Gegenpartei zu „versichern" und dadurch den Schaden zu verringern.[67] Dabei ist keineswegs nur an den Abschluss von Versicherungsverträgen zu denken (third-party insurance), sondern an jedes Instrument, vermöge dessen ein Risiko auf Dritte abgewälzt, diversifiziert oder gehedget werden kann. Beispiel sind etwa die – vor allem bei Großschuldnern in Frage kommende – Eigenversicherung, der Abschluss von Termingeschäften oder das Hedging eines Geschäfts (oder mehrerer Geschäfte) durch den Kauf gegenläufiger Optionen. Ob demgemäß im Ausgangsfall 2 der Kaffeeimporteur V als besserer Risikoträger im Vergleich zu K gelten kann und darum das Marktpreisrisiko zu tragen hat, ist von einer Reihe zusätzlicher Annahmen abhängig, die an späterer Stelle zu klären sind.[68] Bereits jetzt ist allerdings festzuhalten: Das Versicherungsprinzip gebietet – in Abwesenheit immaterieller Interessen – grundsätzlich nur die Schadloshaltung durch Zahlung des positiven Interesses, nicht die Naturalerfüllung.

Das Kriterium der leichteren Risikoabsorption taucht – freilich eher in metaphorischer Form – auch in der Schuldrechtsdogmatik auf, etwa als „ruinöse" Belastung[69] oder „drohende Existenzvernichtung".[70] In der Konsequenz dieses Kriteriums scheint es zu liegen, auch bei unzumutbaren Leistungserschwerungen nochmals zwischen einzelnen Schuldnern je nach deren Absorptionsfähigkeit zu differenzieren und etwa einen Einzelkaufmann weniger streng zu

---

62 Im Grundsatz anerkannt; vgl. nur *Shavell* (Fn. 28), 342.; ferner *Schäfer/Ott* (Fn. 28), 404 ff.
63 Gute Darstellung des Diskussionsstandes bei *Shavell* (Fn. 28), 341 f.
64 Vgl. zum *Ausgangsfall 3* aber noch nachstehend cc).
65 Risikozuweisung an den „cheapest cost avoider".
66 Entgegen *Picker* (Fn. 10), 1038 ff. handelt es sich also gerade nicht um eine „Zufallshaftung".
67 Ausführlich *Posner* (Fn. 8), 104 ff.
68 Unten, V 1 b).
69 *Canaris*, Schuldrechtsreform 2002 (Fn. 17), XII.
70 MünchKomm-*Ernst*, § 275 Rz. 95.

behandeln als eine Aktiengesellschaft, bei der der Schaden auf deren Aktionäre diversifiziert wird.[71] Daran ist richtig, dass der individuelle Vermögensstatus des Schuldners unterschiedliche Risikoorientierungen (Risikoneutralität vs. Risikoaversion) im Gefolge haben kann – was wiederum auf seine Neigung, sich zu versichern oder nicht, ausstrahlt. Darüber hinaus ist aber die Erschöpfung der Geldmittel eine Situation, deren sich nicht das Schuldrecht, sondern, mit durchaus andersartigen ökonomischen Gesetzlichkeiten und juristischen Wertungen, das Insolvenzrecht annimmt. Nur wenn die Insolvenz nicht auf geschäftliches Missmanagement, sondern auf unvorhersehbare und unversicherbare Katastrophen zurückgeht, mag man bereits über die vertragliche Befreiungsgrenze des § 275 Abs. 2 abhelfen.[72]

cc) Eine vielgescholtene Neuerung des § 275 Abs. 2 war es, bei der Bestimmung der Befreiungsgrenze das Kriterium des Vertretenmüssens durch den Schuldner als modifizierenden und die „Opfergrenze" hinausschiebenden Faktor einzubauen. Damit ist auf die von § 276 Abs. 1 vorgegebenen drei Stufen des Vertretenmüssens - Risikohaftung (insbesondere bei Gattungsschulden), Fahrlässigkeit, Vorsatz – verwiesen.

(1) Für die Risikohaftung bewendet es bei den unter bb) entwickelten Gesichtspunkten: Der superior risk bearer „versichert" seinen Kontrahenten durch Zahlung des positiven Interesses.

(2) Auch bei fahrlässig herbeigeführten Leistungserschwerungen bleibt die Verpflichtung des Schuldners zum Ersatz des Erfüllungsinteresses; sie stützt sich jetzt allerdings auf den Gedanken, dass der Schuldner die Erschwerung mit einem Aufwand verhindern konnte, der unter dem Wert des bei Untätigkeit erwarteten Gläubigerinteresses liegt. Naturalrestitution in Form von Erfüllung (§ 275 Abs. 2) ist bei Vorhandensein immaterieller Gläubigerinteressen geschuldet.

(3) Beruht die Leistungserschwerung auf vorsätzlichem Vertragsbruch des Schuldners (der Doppelverkauf in Ausgangsfall 3), dann ändern sich die Dinge in zweifacher Hinsicht. Berücksichtigt man das Vertretenmüssen mit einem „Aufschlag" auf das Gläubigerinteresse,[73] so wird das Kompensationsmaß überschritten, d.h. im Klartext: es wird eine (Privat-)Strafe über den Schuldner verhängt. Das erscheint dem Schuldrechtsdogmatiker systemwidrig und kann in ökonomischer Perspektive zu Überprävention führen. Letzteres ist aber nicht notwendig der Fall. Bei Vorsatzhandlungen muss sich, wie schon an früherer Stelle nachgewiesen,[74] das effiziente Präventionsniveau nicht nur am erwarteten Schaden, sondern auch am erwarteten Gewinn des Schädigers orientieren. Das ist im Fall des Doppelverkaufs regelmäßig das (den vom Erstkäufer gebotenen Preis übersteigende) commodum ex negotiatione. In dieser Konstellation führt der „Strafzuschlag" zum Erfüllungsinteresse in Gestalt der

---

[71] Dies in der Tat der Vorschlag von *Sykes*, 19 J. Leg. Stud. 43 ff. (1990).

[72] Dies der Vorschlag von *Sykes*, Impossibility Doctrine in Contract Law, The New Palgrave Dictionary of Economics and the Law, 1998, Vol. II, 264, 267. In der Tendenz auch *Scott et al.*, Contract Law and Theory, 3. Aufl. 2003, 855: „Bankruptcy law, then, is a mandatory implied term in every contract".

[73] So konsequent *U. Huber* (Fn. 5), 544 f., 560 f.

[74] *Köndgen*, RabelsZ 56 (1992), 696, 727 ff.

Gewinnabschöpfung mithin keineswegs zur Überprävention, sondern im Gegenteil zu einem optimalen Präventionsniveau.

Die zweite Besonderheit beim Doppelverkauf liegt darin, dass sich hier das Problem der optimalen Befreiungsgrenze mit jenem des „effizienten Vertragsbruchs" kreuzt.[75] Insofern ist man mittlerweile einig, dass die Kaufsache dort landen muss, wo sie den größeren Nutzen stiftet – und dies ist beim Zweitkäufer. Der Verkäufer muss die Sache also nicht für den Erstkäufer zurückerwerben. Unter Verteilungsgesichtspunkten scheint es jedoch richtig, den Mehrgewinn aus dem Zweitverkauf nicht dem Verkäufer, sondern nach § 285 dem Erstkäufer, dem die Sache verbindlich versprochen war, zuzuweisen.[76]

(4) Aus der Berücksichtigung des Vertretenmüssens folgt noch ein Weiteres. Vertretenmüssen gemäß § 275 Abs. 2 erfordert (wenn überhaupt) lediglich Vorhersehbarkeit und Vermeidbarkeit des Erschwerungsereignisses. Zur Steuerung des optimalen Sorgfaltsniveaus und gegebenenfalls der Versicherungskosten muss der Schuldner hingegen auch die Höhe des Gläubigerinteresses möglichst zuverlässig einschätzen können. Zwar mag der Gläubiger seinerseits über diese Größe im Unsicheren sein. Dann ist das Mindeste, was man ihm abverlangen kann, den Schuldner bei Vertragsschluss auf die Gefahr eines exorbitant hohen Schadens aufmerksam zu machen. Dies ist bekanntlich die Lösung nach Common Law.[77] Es ist aber aus den besagten Gründen auch die für den Normalfall effiziente Regel. Sie kommt einer Art Mitverschuldensvorwurf an den Gläubiger gleich. Ineffizient ist die Regel nur, wenn der Wissenstransfer nur unter hohen Transaktionskosten stattfinden kann oder wenn sie den Gläubiger zwingt, dem Schuldner Informationen mitzuteilen, in deren Gewinnung der Gläubiger gezielt investiert hat. Dies käme einer Aufforderung an den Schuldner gleich, sich über den geforderten Preis an dem aus der Information erhofften Gewinn beteiligen zu lassen. Damit würden die Anreize zur Produktion wertvoller Information untergraben.

Lösung der Ausgangsfälle und Zusammenfassung in Thesen

1. Lösung der Ausgangsfälle

a) Nach den vorstehenden Überlegungen wissen wir zumindest eines: Fall 1 ist jedenfalls nicht „leicht zu lösen".[78] Es fehlt in dem von Picker und Canaris vorgegebenen Sachverhalt eine entscheidende Information, ohne die der Fall sinnvollerweise überhaupt nicht zu entwirren ist. Warum eigentlich gelingt es dem K, das Cabrio erstaunlicherweise zum Doppelten

---

[75] Zur Figur des effizienten Vertragsbruchs aus dem deutschen Schrifttum mit Nachweisen der umfangreichen amerikanischen Literatur bereits *Köndgen/v. Randow*, in: Ott/Schäfer (Fn. 47), 122, 130 ff. Der effiziente Vertragsbruch hat jetzt durch die Diskussion bei *U. Huber*, Leistungsstörungen (Fn. 2), Bd. I, 51 ff. sozusagen die höheren rechtsdogmatischen Weihen erhalten.

[76] Ebenfalls ausführlich schon *Köndgen* (Fn. 74), 741 f., in Anknüpfung an *Daniel Friedmann*, 18 J. Leg. Stud. 1 ff. (1989).

[77] Rule of *Hadley v. Baxendale*, dazu nur *Farnsworth* (Fn. 46), S. 241; aus rechtsökonomischer Sicht *Posner* (Fn. 8), 127 f.

seines Beschaffungspreises weiterzuveräußern? Entweder dem V ist mit dem geforderten Preis von 10.000,- eine (relativ zum Marktwert) krasse Fehlkalkulation unterlaufen und er hat sich von K über den Tisch ziehen lassen (nachfolgend aa). Oder K hat durch einen einzigartigen Zufall einen Freak gefunden, der bereit war, Liebhaberpreise weit über Marktwert zu zahlen (bb). Ein auf Effizienz seines Spruches bedachter Richter würde den V auch noch danach fragen, ob er sein völlig aus dem Rahmen fallendes Erfüllungsinteresse bei Vertragsschluss bereits kannte oder erst später von dem einzigartigen Zufall überrascht wurde. Spielen wir nun diese Sachverhaltsalternativen durch.

aa) Unter der Prämisse, dass K die Fehlkalkulation des V zwar erkannt, aber nicht durch Täuschung provoziert hat, bleibt es hier bei der bereits unter IV 1 dargestellten Lösung: V hat sich zwar verkalkuliert, aber auch seinerseits niedrige anfängliche Produktionskosten (8.000) gehabt. Deshalb liegt die absolute Grenze für die Ausübung von Erfüllungszwang unverändert bei einer Kostensteigerung (Rückführungsaufwand) von 12.000. Diese Grenze auf eine relative Opfergrenze abzusenken, besteht kein Anlass. V hätte zwar den Diebstahl nicht verhindern, aber die Kostensteigerung bei einer marktgerechten Preiskalkulation, die das Gläubigerinteresse von 20.000 einberechnet, ohne weiteres auffangen und für alle Fälle eine Diebstahlsversicherung eingehen können. Dieses Ergebnis ist auch bei Anlegung schulmäßiger Interpretationsmethoden mit § 275 Abs. 2 noch vereinbar.

bb) Die Sachverhaltsalternative (V verkauft zum Marktpreis von 10.000, aber K macht mit der Weiterveräußerung einen außergewöhnlichen „windfall profit") stellt sich, falls auch K erst nach Vertragsschluss von der Gewinnmöglichkeit überrascht wird, als Fall der beiderseitigen Unsicherheit sowohl über die Produktionskosten als auch über das Leistungsinteresse des Gläubigers dar.[79] Eine exakte Lösung müsste hier wiederum nach dem Erwartungswert des Gewinns (unterstellen wir: 10% Wahrscheinlichkeit) fragen und kann (angesichts der niedrigen Gewinnchance) wohl eine risikoneutrale Einstellung des K unterstellen. Um einen adäquaten Erfüllungsanreiz zu setzten, muss V also maximal den Marktwert plus den erwarteten Veräußerungsgewinn, also 10.000 + 0,1x10.000 = 11.000, netto (d.h. abzüglich des erhaltenen Kaufpreises) also weitere 1.000 aufwenden. Auch dieses Ergebnis scheint noch mit § 275 Abs. 2 vereinbar, obwohl § 252 die Addition eines Veräußerungsgewinns zum Erfüllungsinteresse erst erlaubt, wenn eine qualifizierte Wahrscheinlichkeit vorliegt. Deutschen Gerichten ist allerdings der Umgang mit Erwartungswerten noch weitgehend fremd, und ausweislich des § 252 hat der Gesetzgeber diese Skepsis sogar geteilt. Aber ein grob geschätzter Erwartungswert ist immer noch präziser zu bestimmen als was die „Gebote von Treu und Glauben" in diesem Fall erfordern könnten.

---

[78] So wohl etwas vorschnell *Canaris* (Fn. 6), 215.

[79] *Shavell* (Fn. 28), 349.

Die Dinge ändern sich, wenn wir zugrunde legen, dem K sei die exorbitante Gewinnchance bereits bei Vertragsschluss bekannt gewesen. Dann steht K vor einer schwierigen Entscheidung. Entweder er behält sein ungewöhnlich hohes Erfüllungsinteresse für sich. Dann kann er zwar als risikofreudiger Käufer darauf spekulieren, dass alles gut geht und er dann den vollen Gewinn von 10.000 – als verdienten „Lohn" für die Investition in die Aufspürung lukrativer Weiterverkäufe - vereinnahmt. Aber wenn das Cabrio doch in Murmansk landet, kann er von V, der das Erfüllungsinteresse des K zu Recht mit lediglich 10.000 taxiert hat, nicht die Aufwendung weiterer Kosten von 10.000 erwarten. Als Entscheidungsalternative bietet sich daher an: K würde sich (in einem vollständigen Vertrag) angesichts des für ihn problemlosen Gewinnes eher risikoavers verhalten und sich durch den Erfüllungsanspruch gegen V (bis zur absoluten Grenze) bzw. einen Anspruch auf das positive Interesse bei V gegen den Diebstahl „versichern"; dann müsste er allerdings auch einen Teil seines Gewinns an V als „Versicherungsprämie" abgeben. Unterstellen wir eine Wahrscheinlichkeit der Entführung des Cabrios nach Murmansk in Höhe von 20%, dann beträgt der Erwartungswert des Veräußerungsgewinns zwar nur noch 8.000,- aber diese Summe hat K wenigstens sicher, entweder weil V nun weitere 8.000 in die Wiederbeschaffung und Lieferung des Fahrzeugs investieren oder den K mit einem Erfüllungsinteresse von 8.000 kompensieren muss. Freilich wird K am Ende noch überlegen müssen, ob er durch die Offenlegung seiner hohen Gewinnchance nicht auch der Gier des V Vorschub leistet.

Zur rechtsdogmatischen Umsetzung dieses Ergebnisses unter § 275 Abs. 2 könnte man erwägen, es sei im Rahmen der Abwägung nach Abs. 1 S. 2 ein „Vertretenmüssen" des Schuldners nur anzunehmen, wenn dieser nicht lediglich die Leistungserschwerung, sondern auch den mögliche Schaden des Gläubigers vorhersehen konnte; alternativ könnte man die Verheimlichung dieses unverhältnismäßigen Schadens dem Gläubiger nach dem Rechtsgedanken des § 254 Abs. 1 S. 2 anlasten. Schließlich wäre noch zu fragen, ob die bei der richterlichen Abwägung zu beachtenden „Gebote von Treu und Glauben" nicht nur den in Schwierigkeiten geratenen Schuldner, sondern ebenso auch den Gläubiger treffen. Für einen methodenstrengen Interpreten des § 275 Abs. 2 sind all diese Konstruktionen indes wohl kaum akzeptabel. Im Gegensatz zum Common Law[80] ist es de lege lata eine Grundentscheidung des deutschen Haftungsrechts, dass zwar die Pflichtverletzung, nicht aber die Höhe des hierdurch verursachten Schadens für den Haftpflichtigen vorhersehbar gewesen sein muss.

b) Auch in Fall 2 würde V bei vertragsgemäßer Erfüllung ein Verlustgeschäft in Höhe von 5.000 machen, weil seine Produktionskosten von nunmehr 15.000 den versprochenen Kaufpreis um diesen Betrag übersteigen. Zugleich steigt das Leistungsinteresse des Gläubigers auf 17.000 (Kosten eines Deckungskaufs plus 2.000 Weiterveräußerungsgewinn). Damit bleibt immer noch ein positiver Vertragswert, d.h. die absolute Grenze für die Unerschwinglichkeit der Leistung ist nicht erreicht. Dass V in der besseren Position wäre, das

---

[80] Oben, Fn. 77.

Leistungshindernis durch erhöhte Sorgfalt zu verhindern, lässt sich im Angesicht einer Naturkatastrophe wohl kaum behaupten.

Anders liegt es bei der Versicherbarkeit des Risikos. Ist V risikoavers, würde er das Risiko von Marktpreisschwankungen auf K abzuwälzen versuchen und einen Preisanpassungsvorbehalt in den Vertrag schreiben. Dann heißt die dispositivrechtliche Lösung konsequenterweise: Anpassung an die geänderte Geschäftsgrundlage. Freilich ist diese nicht ganz problemlos, weil damit schnell die Grenzen der wirtschaftlichen Leistungsfähigkeit des Käufers erreicht sein können. Würde dem V der Rücktritt gestattet, dürfte sich im Endergebnis nicht viel ändern: Die Parteien würden über einen neuen Vertrag verhandeln, der die Kostensteigerungen für V im Kaufpreis angemessen berücksichtigt.

Ist andererseits (und typischerweise) V risikoneutral und K risikoavers, dann ist V grundsätzlich der bessere Versicherer gegen Leistungserschwerungen. Er ist in der Lage, sich gegen solche niemals ganz ausschließbaren Risiken zu niedrigeren Kosten zu versichern, weil er gegenüber einer großen Zahl von Abnehmern gleichartige Risiken eingeht. Das kann, auch wenn eine derartige Versicherungspolice auf dem Markt nicht angeboten ist, durch Selbstversicherung,[81] z.B. durch eine erweiterte Bevorratung, erfolgen; kostengünstiger und deshalb das Versicherungsinstrument der ersten Wahl wäre aber wohl der Abschluss von Termingeschäften.

Die Besonderheit des Falles liegt nun darin, dass sich das Gläubigerinteresse proportional zur Kostensteigerung für den Verkäufer entwickelt. Mit anderen Worten: Es ist keine Sachverhaltsvariante denkbar, bei der die „absolute" Grenze erreicht wird, und V scheint genötigt, Kostensteigerungen in gegebenenfalls unbeschränkter Höhe auf sich zu nehmen. Diese Konsequenz ist aber einzig dann angemessen, wenn V – ausnahmsweise – nicht nur die typischen Importeursrisiken wie kurzfristige Lieferengpässe, Transportgefahren oder Devisenverkehrsstörungen übernommen hat, sondern darüber hinaus noch das längerfristige Marktpreisrisiko auf den Beschaffungsmärkten. Auf die Bereitschaft des V, in einem vollständigen Vertrag den K derart weitgehend zu versichern, wird man nur schließen können, wenn V eine längerfristige Belieferungsverpflichtung mit Festpreisvereinbarung eingegangen ist und die „Versicherungsprämie" im Preis einkalkuliert hat.

c) Fall 3 fällt aus dem Rahmen, weil V den Vertrag vorsätzlich verletzt hat, womit das Tatbestandsmerkmal des „Vertretenmüssens" in § 275 Abs. 2 Satz 2 geradezu übererfüllt ist. Im Übrigen hätte der Tatrichter den Zweitkäufer X fragen müssen, wie dieser eigentlich die geforderte Ablösesumme in Höhe des 30-fachen des bisherigen (!) Marktwertes kalkuliert hat. Handelte es sich nur um eine erpresserische Fantasiesumme, die mit dem aktuellen Marktwert des Grundstücks nichts zu tun hat, dann ist bereits die absolute Grenze für Erfüllungszwang überschritten, weil sie das Erfüllungsinteresse des K offenbar – und selbst bei Addition eines

---

81 Zu den Bedingungen für eine Vorzugswürdigkeit der Selbstversicherung vgl. nur *Schäfer/Ott* (Fn. 28), 412.

immateriellen Interesses[82] - weit überschreitet. K muss sich dann in der Tat mit Schadensersatz bescheiden.

Hätte X die Ablöse hingegen im Hinblick darauf gefordert, dass die minderwertige Brache demnächst zu wertvollem Bauerwartungsland wird,[83] könnte diese Information mit ihrem Erwartungswert in den neuen Marktwert „eingepreist" sein, und die Frage ist dann nur, ob sich damit zugleich das Gläubigerinteresse des K erhöht. Die Antwort hierauf gibt die Figur des „effizienten Vertragsbruchs".[84] Es drängt sich förmlich auf,[85] dass V von X mehr als die von K versprochenen 10.000 geboten bekommen hat, denn andernfalls hätte er sich nicht sehenden Auges zu einem von K ohne weiteres beobachtbaren Vertragsbruch hinreißen lassen. V ist gleichwohl nicht gehalten, die Auflassungsvormerkung abzulösen, da das Grundstück dem X jedenfalls mehr wert ist als dem K.[86] Nach § 285 hat V aber den Mehrgewinn aus dem Zweitverkauf an K abzuführen (Gewinnabschöpfung).

2. Thesen

a) Die ökonomische Theorie geht von einem einheitlichen Tatbestand der Leistungserschwerung (= Steigerung der Produktionskosten) aus und stellt daher die Differenzierung zwischen § 275 Abs. 1 und Abs. 2 ebenso in Frage wie jene zwischen § 275 Abs. 2 und der Geschäftsgrundlagenstörung.

b) Die „absolute" Grenze für die nach § 275 Abs. 2 gestattete Ausübung von Erfüllungszwang gegen den Schuldner ist erreicht, wenn die Kosten der Erfüllung nachträglich das Interesse des Gläubigers am Erhalt der Leistung (= Erfüllungsinteresse) übersteigen.

c) Ein nicht monetarisierbares immaterielles Interesse ist dem Gläubigerinteresse nur dann hinzuzurechnen, wenn es sich um nicht substituierbare Leistungsgegenstände handelt und die Einzigartigkeit des Gegenstandes nicht bereits im Knappheitspreis reflektiert ist.

d) Alle Versuche, das vom Gesetz geforderte „grobe Missverhältnis" zwischen Erfüllungsaufwand und Gläubigerinteresse durch prozentuale Aufschläge auf den Marktwert zu definieren oder in scheinbaren Evidenzen auszudrücken, sind willkürlich und wissenschaftlich nicht begründbar.

e) „Relative" (d. h. unter der absoluten Grenze liegende) Opfergrenzen ergeben sich aus der ökonomischen Theorie optimaler Risikozuweisung. Sie stellt – abweichend von der Regelung des § 275 Abs. 2 - in erster Linie darauf ab, wer hinsichtlich des (mit vertretbaren Kosten nicht beeinflussbaren) Leistungshindernisses der „superior risk bearer" ist. Der Schuldner braucht den Gläubiger jedoch grundsätzlich nur bis zur Höhe des vorhersehbaren Schadens zu „versichern", d. h., der Gläubiger ist, soweit es nicht um die Realisierung

---

82 Welches allerdings nicht besteht, wenn K nur auf einen lukrativen Weiterverkauf spekuliert.

83 So die von *U. Huber* (Fn. 5), 559 Fn. 102 gebildete Fallhypothese.

84 Oben Text bei Fn. 75 f.

85 Der in der BGH-Entscheidung angegebene Sachverhalt schweigt hierzu erstaunlicherweise.

86 Beleg hierfür ist, dass K anscheinend seinerseits bereit war, das Grundstück an X weiterzuveräußern.

„informationsbasierter“ Gewinne geht, gehalten, ein exorbitantes Erfüllungsinteresse offen zu legen.

f) Führt ein Verkäufer die Leistungserschwerung durch vorsätzlichen Vertragsbruch (Veräußerung an einen Dritten) herbei, gelten ergänzend die Regeln über den „effizienten Vertragsbruch“. Der Verkäufer hat dem Käufer dann neben dem positiven Interesse zumindest das commodum ex negotiatione zu erstatten.

III. Schlussbemerkung

Dieser Beitrag konnte im gegebenen Rahmen nur einen kleinen Teil der durch § 275 aufgeworfenen Probleme einer Lösung näher bringen. Um dennoch ein Schlussfazit zu ziehen: Der eingangs angekündigte Versuch einer Ehrenrettung des § 275 Abs. 2 ist allenfalls teilweise gelungen. Wir warten also immer noch auf eine „Modernisierung“ des Leistungsstörungsrechts, die diesen Namen wirklich verdient. Und vor schnellen Vereinfachungen durch wohlfeile Billigkeitsrhetorik sei dringend gewarnt.

RISK-SHARING AND INSURANCE: CONTRACTS WITH DIFFERENT INSTITUTIONAL IMPLICATIONS

Göran Skogh[*]

Abstract

Insurance theory does not separate the two main products of the Property and Liability Insurance industry – insurance and risk-sharing. Insurance trades risk at a given premium, while risk-sharing does not require pricing *ex ante.* This difference helps to explain the emergence of the dual PLI industry structure with mutuals and insurance firms. The paper points out that sharing may be preferred at "new" development risks that are not predictable, and, thus, not possible to price. Insurance, which requires measurable risks, has a comparative advantage at "old" experienced risks, such as fire or traffic. Mutually beneficial sharing requires that the pool members are faced with equal risks. If the risks differ they may be unified or modified to simplify sharing. Public support to victims of unforeseen catastrophes can, under certain conditions, be motivated by efficiency rather then by fairness.

A. Introduction

Insurance and risk-sharing are different contracts with different informational and institutional impacts. The purpose of this article is to demonstrate the importance of a separation of the two types of contracts in the analysis of institutions and laws that handle risks.

Next *Section 2* presents a theory of risk-sharing compared to insurance. The analysis rests on "the restated diversification theorem" by Skogh and Wu (2005). The explanation is mainly by examples.

Insurance and risk-sharing are, in this theory, distinct types of contracts. *Insurance* is a contract where a premium is paid e*x ante,* with the promise to cover a certain future contingency. Risks are traded by insurance; from the (risk-averse) insured to the (risk-neutral) insurer. The trade may diversify risk, if the insurer has a mixed portfolio. If the portfolio

---

* Göran Skogh Professor of Economics, IEI, Linköping University SE 581 83 Linköping, Sweden. Phone: +46-13-28 27 10 Fax: +46-13-28 18 73,Email: *goran.skogh@liu.se*. I am grateful for comments by Hong Wu and Helen Forslind. Financial support from Statens Energimyndighet, STEM, is hereby acknowledged.

contains correlated risks insurance may, indeed, increase the risk exposure. *Risk-sharing* is different; (risk-averse) parties facing similar losses share negative outcomes. A characteristic of risk-sharing is that it does not require pricing *ex ante*; the pool members' contributions to the pool are realized *ex post* when the claims are settled.

Insurance and risk-sharing, and various combinations thereof, are common in the insurance industry; sharing is typical of the mutual, while the insurance dominates in the stock company. Re-insurance includes both sharing and insurance contracts.

Section 3 studies uncertainty and risk at various levels of knowledge. Distinctions are made between predictable, unpredictable and unforeseen risks. The central claim is that the choice of contractual and institutional form depends of the level of information about the risk. *Section 4* discusses criteria for public support in the case of catastrophic losses. *Section 5* concludes the article.

B. A theory of sharing

The restated diversification theorem

There is no established theory comparing insurance and risk-sharing contracts – the traditional theory is on insurance. The Expected Utility Theory assumes that probabilities of losses are estimated, or subjectively known. As will be seen later, this presumption is tantamount to neglecting any difference between insurance and risk-sharing by assumption. The theory below compares the two contractual forms. The explanation rests on differences in information on probabilities of losses.

Our starting point is the "Diversification Theorem" that says: "If a risk-averse individual has a choice between two assets with identical but random returns, the individual prefers to invest half of the endowment in each asset" (Rothschild and Stiglitz, 1971, p 83). This theorem is a basic in portfolio theory and in insurance economics; diversification is demanded by the policy holder and supplied by an insurer with a diversified portfolio.

However, the diversification theorem needs to be somewhat modified to explain risk-sharing. Risks are not priced in sharing, as it is done in insurance. We (Skogh and Wu, 2005) have restated it into a theorem about two individuals sharing their losses.[1] The "Restated Diversification Theorem" says: *Two identical risk-averse individuals, each having an asset with identical but random returns, gain by sharing their losses equally.*

It is easy to show that the restated theorem is true for *any* distribution of losses, as long as the risk is the *same* for both individuals. In other words, if both individuals are faced with an equal potential loss, V, and the loss occurs with a probability, p, which is the same for both, then both gain by sharing losses equally. The share of each is thus ½V, if a loss occurs. The sharing rule, ½, is Pareto optimal. The reason for the bilateral gain is that the variance in outcomes is reduced by pooling. Since this is true for all V and p, sharing partners need not

---

1 Instead of one individual splitting her portfolio we have two individuals with each one independent asset.

know p – it suffices that they trust that the counter-party takes the same risk. Equals may thus gain by sharing without knowing the probability of loss.

The farmers' example

To illustrate, assume that there are two risk-averse farmers with similar production. Both have half pigs and half cattle to diversify, in line with the Rothschild and Stiglitz diversification theorem.

The issue here is that farms may be totally destroyed by fire. The farmers fear the fires, but there is no insurance available in this ancient society. The actuarial science is simply not known. A fire is regarded an "Act of God".

However, the farms are similar in fire-relevant aspects. At least two of them regard each other equal enough to gain by sharing losses. They share, therefore, losses in a common pool in accordance with the "Restated Diversification Theorem". Others may hold that the probability of fire differs among farms, although they do not know in which way. The understanding of their innocence must not bother them if they accept a presumption of equal risk. The probability of fire, p, may thus be treated as the same for them. The farmers gain by sharing in this case, according to the restated theorem; the variance is reduced by having more farms in the same pool.

Note that if insurance was available at a fair premium, pV, it would be optimal for the farmers to insure their farms. The reason is that full insurance eliminates the variance in outcomes, while the expected cost (the premium) is the same with or without insurance. Sharing is inferior because it does not eliminate risk completely.

The equality assumption is not a necessary condition for beneficial bilateral sharing. Some differences in individuals and risks do not change the essence of the theorem. First, allowing individuals with different attitudes to risk in the model will not change the results substantially. Risk-lovers and risk-neutral individuals prefer, of course, to stay outside the pool.[2] Risk-averse pooling partners gain by equal sharing, although the outcome must not be optimal. The outcome depends in the model on the strength of risk aversion and bargaining power of the two individuals.

Second, different risks may be unified to encourage sharing. If, for instance, one farm is of poor quality, and thus riskier than the others, restoration may be required to make the quality and risk the same. Thereafter, sharing may be accepted.

Third, it suffices that the pooling partners accept a *presumption* of equal risk. The presumption may be acceptable to both, as long as they cannot observe, measure, or interpret differences. The farmers in our example understand fully that the two farms may differ in risk.

---

[2] Risk-lovers and risk-neutral agents may potentially act as insurer of the risk-averse. This option is, however, excluded here by assumption -- insurance requires a price set *ex ante*, which is arbitrary without actuarial information. As long as the marginal disutility of risk-taking varies among farmers there are potential gains by insurance among pool members. The model assumes that such side payments are excluded because of a lack of necessary information.

Nonetheless, as long as they cannot identify the impact of differences in life stock, flammable stuff, lightening etc. they may accept the presumption of equal risk. Note that more information must not simplify sharing. On the contrary, poorly-informed parties may accept the equality presumption more easy.

Fourth, so far we have assumed that the value (potential loss), V, is the same for both farms. What will happen if the value of the farms differs? The house of high value will gain in a pool of equal shares, while the house of low value may lose by pooling. All will be better off if the shares are modified in accordance with the size of the potential losses. A house of double value may thus motivate a double share in the pool.

The economies of scale in diversification give an argument for nation-wide risk-sharing. An argument in favour of central administration is distrust in private risk-sharing; the coercive power of the State, and the public supervision of the pool, is presumably important for the credibility of the pool. There may also be economies in the collection of shares for compensations to the victims. An income or property tax may be used instead of *ex post* collection of shares.

There are limits in the economies of scale in some pools. Associations of crafts, ship owners, farmers etc. often have their own benefits and costs, as well as history. Some of them have started as risk-sharing bodies. However, once the pool is established, there are incentives not only to pool risks of the profession, but also to provide services of various kinds, e.g. safety measures. The activities may also include anti-competitive actions. An employers association may, for instance, start as a monopsony with the purpose of keeping salaries down. Thereafter, the association adds risk-sharing and bargaining to cover losses due to strikes or lock-outs (Skogh, 1987). Similarly, a ship owners association may start by investing in a light house. Thereafter, it may seem favourable to starts an accident sharing pool to diversify the remaining risk of being wrecked.

C. Various knowledge on risks

Beyond subjective probabilities

In the traditional theory of risk, uncertainty and insurance the probability of losses is assumed to be given, statistically or subjectively. A point here is that the level of knowledge is important for the choice of the contractual forms: "insurance" or "risk-sharing". Subjective probabilities must not be used in situations without experience or technical data. For mutually-beneficial sharing it suffices that the risk is the same for the pool members. The equality of risks, modified and unified, can be identified by observables such as value, weight, distance etc.

Information on risk is below divided in three levels:

1. Predictable risks. It includes "actuarial" risks where the probability of losses can be estimated. The risks are "old" in the sense that they are experienced for some time. Technical and historical data are available. Examples of predictable and insurable risks are fires and traffic accidents.

Yet anyone may bet on a risk at a fixed premium without actuarial information. Statistical predictability is not a necessary prerequisite for insurance. Nevertheless, most insurers are unwilling to cover statistically unpredictable risks. It is by insuring a large number of similar risks that insurers obtain information on relations of claims, safety devices, levels of deductibles, and costs of claim settlement. This specialisation creates an informative advantage that forms the base for profits in the industry. It also explains why statistical predictability is regarded as fundamental by the insurance industry. Risks that are unpredictable are very costly to insure, if they are traded at all on the market.

2. Known but not predictable risks. These are risks that are known to exist, but not experienced enough to enable significant predictions. The risks may be "development risks", that is, new dangers typical of technical or environmental change. Such risks are usually not insurable, but may be sharable as shown in the farmers' example. The nuclear energy industry belongs to the development risks. There are sophisticated calculations made on the probabilities of accident, but the number of incidences and accidents is very small. Hence, the information on e.g. the effects of safety measures and the size of future claims is still missing. Nuclear accidents are in the industry, therefore, exempted from ordinary property and liability insurance.[3]

3. Unforeseen risks. The risk can be unknown or ignored. For instance, the terror attack on September 11th, 2001 was unforeseen. New pesticides, unknown diseases, natural disasters, meteors, or whatever may be ignored. Yet the risks are understood in the sense that all know that a meteor may drop in somebody´s head. Yet the probability of an accident is so small and uncertain that the risk is ignored. This may be due to bounded rationality; that is, there are so many possible but unbelievable dangers that cannot be treated by the overloaded human mind. Since there are thousands of such potential accidents that can occur it may seem "reasonable", both for the individual and society, to ignore them. Some guidelines on how to handle such catastrophes can, nevertheless, be outlined.

An evolutionary process

Before a new risk is realized into an accident it is not predictable. However, as soon as information becomes available it may be used to modify shares and to introduce safety measures.

---

3 A study of sharing in the nuclear industry, see Skogh (2007) "A European Nuclear Accident Pool". Working paper. IEI, Linköping University.

There is no simple rule saying that more information is better. Information may, indeed, split a pool. In the farmers´ society we may have the following scenario; first, the presumption of equality is accepted and all houses are in the pool. Thereafter, it becomes common knowledge that wooden houses burn more often than stone houses do. Simple historical data indicate that 25% of the fires are stone houses and 75% are wooden houses. Stone house owners realize that they may lose by accepting equal shares. That is, they believe that they do better in a separate pool, although the variances increase. A way out of the dilemma is to modify the shares so that wooden houses contribute more than stone houses do. But that would be at a cost for the owners of wooden houses. The wooden house owners may, therefore, claim that "solidarity" requires that the pool is not split. The finally settled sharing rule depends presumably, as in the model of Skogh and Wu (2005), on the bargaining power.

Information and experience also changes safety measures required. Before a predictable or unpredictable accident occurs there is some common practise that is understood and should be undertaken. Examples are dry and locked storages of explosives, instalment of relatively cheap alarms, etc. Such measures are observable and can be enforced. Similarly, after an accident there are known activities that reduce the consequences of the accidents. However, once a pool is established, there is a reduced private incentive to take precautions. For instance, rescuers may fail in their duty. Carelessness and fraudulent behaviour can, to some extent, be observed and punished in the claims adjustment process.

A definitive step toward insurance is taken when prepayments are introduced in a pool. One reason for prepayments and funding of reserves is that the trust among the pool members improves thereby. In addition, a period with relatively small claims creates a surplus that can be funded and used for the coverage of future deficits. Diversification over time is hereby introduced.

The mutual firm remains a mutual as long as the residual is split among the pool members. An insurer, according to our definition, purchases the risk, i.e. owns the residual. Yet a modern large mutual cooperation with a diversified portfolio may charge premiums without giving any residual rights or duties to the policy holders. In practice such firms are insurers. Nowadays, large mutuals originating in the 19th century or earlier are transformed into stock companies, whereby they become pure insurers according to our definition.

In sum, there is a process of learning in the pool. Safety measures, deductibles, duty of disclosure, claim settlement practices, prepayment, etc. develop in a pool as information improves. This information is also present in the insurance industry. Hence, there is a demand for services from the insurance industry. In the end, insurance may take over the old risks.

D. Public support at catastrophes

Individuals not only fear fires, but also unknown and unforeseen catastrophic dangers. It can be ants, meteors, dragons, or whatever. An interesting question is whether an efficient mutual sharing contract that covers risks such as meteors and dragons can be constructed. The risk of somebody being hit by a meteor is very small, and dragons do not exist, but does it matter? The benefit of covering ignored or unknown risks may exceed the administrative costs of a mutual agreement or social contract.

Assume that an unforeseen risk has turned into an accident. Victimised citizens ask for financial support from the State. The question is whether the damage should be compensated. Is the accident a catastrophe that should be compensated by public means? Which criteria should be applied?

First, to be labelled a catastrophe the loss should be large to the victim. Small losses below the bankruptcy level should not be compensated. Such losses can be diversified in various ways and may be regarded a deductible.

Second, predictable insurable risks are excluded from compensation. Otherwise, the national support undermines established pools set up by local communities, professionals, families, etc. For example, a ship owner can enter a risk-pooling association which shares marine hazards, life insurance included. A meteor hits the ship owner who dies. The widow receives no compensation because her husband had not signed up for a share. Should the meteor be covered by the national sharing pool? The answer is: no, because first party insurance or pooling by the profession covers unforeseeable events like this. Life insurance usually includes death due to any cause. Suicide may be an exception and treated as negligence or intentional damage.

Third, the accident should be unforeseen or reasonably ignored. Here the presumption of equal risk matters, not the actual (very small or unknown) probability. Sharing may be mutually beneficial *ex ante* and accepted by all citizens, whatever the probability, as long as they regard each other as equal risks. Indeed, the presumption of equal risk may be easier to accept when nobody knows what could happen. To qualify as "catastrophe" it should thus be a rare, unforeseen event.

Fourth, there may be thousands of possible catastrophes, each with a very small risk. The unknown benefit and cost of care gives a reason not to take extensive precautions *ex ante* to avoid and prevent each possible, but poorly understood, danger. The absence of care must therefore not disqualify for compensation. Note, however, that some precautions, such as careful storage of chemicals and efficient rescuing, are general and thus independent on the specific accident. Negligence in terms of general carelessness may, therefore, be a reason to deny compensation.

E. Concluding remarks

The insurance business uses two different contracts – insurance and risk-sharing. It is important to separate the two. Risk-sharing is used when risks are new and un-experienced. Indeed, completely unknown dangers can be shared collectively. Insurance requires, on the other hand, information that makes pricing possible.

The analysis rests on the Restated Diversification Theorem that says that sharing is mutually beneficial to risk-averse parties, as long as the parties are equal in matters of importance in the trade. If they differ they may unify or modify shares due to observables like value and weight. This enables mutually beneficial pooling of risk without information on probabilities.

Tentative evidence is given by examples e.g. on fires. Fires used to be one of the most feared civil risks. Fires also used to be a public affair, but today it is privatised. The example shows that sharing is feasible also without predictable risks. Already in the Middle Ages, there was public sharing of losses due to fires. Risk-sharing among farmers, ship owners and other professions took place long before actuarial science was established. That is, statistically predictable risks are not a necessary condition for sharing. However, risk-sharing in the local societies did not solve the problem of correlated risks. In villages and towns with closely gathered houses fires could become horrible disasters. Fire insurance stock companies appeared first in the 18th century. Important for this institutional change was presumably the pricing of risks that was possible due to the actuarial science.

The present approach differs from the established decision theory that assumes known probabilities also when there is no technical or empirical information. Here we elaborate with different levels of information on risks; (a) predictable risks that may be insurable, (b) known but not predictable risks that may be shareable and (c) unforeseen or neglected risks that may be labelled "catastrophe" and shared on state level.

Criteria for public support in case of an accident are: (i) the damage must be large in relation to the victim's assets, (ii) predictable (insurable) risks are excluded from compensation, (iii) unknown and unforeseen presumed equal risks qualify for compensation, (iv) careless behaviour by the victim may disqualify him.

The contractual approach presented here assumes free agreements by utility-maximizing parties. The risk-sharing is motivated by pure self-interest. Risk-sharing is redistributive to the extent that it compensates for losses among pool members; without the pool some would be victimised and others not. Hence, the distribution of wealth will be equalised with risk-sharing. Yet in contractual theory there is no charity in favour of the sick or the poor.

The approach here has some similarities with, but also differences to, the "difference principle" of John Rawls (1971). A hypothetical contract is used to motivate sharing of unforeseen risks. Forced redistribution by taxes is in Rawls´ social contract motivated by a "veil of ignorance", that is a situation where the individuals do not know their specific risks or future preferences. In our model the individuals know who they are as well as their self-interest. The hypothetical sharing is modified according to differences in observables, such as the values of houses and risks of e.g. stone and wood. This does not relate to an ethical standard of equal human value. The equality is rather due to the inability to discriminate differences. In philosophy, equal sharing could be a moral imperative, a duty to help victims because all humans are of equal value. However, moral protection of the victim appears weak, perhaps because there is no binding mutual commitment to rely on. The victim may try moral imperatives, such as "equal human value", "solidarity" etc. Moral imperatives may, however, be part of a rhetoric that seems to be of little importance *ex post* when losses are distributed and compensations paid. Indeed, realised compensations to victims of e.g. natural disasters are usually limited to rescue support and first aid. Long term support to victims of natural disasters and development risks is usually missing. Maybe mutual sharing agreements could improve for the victims – a reliance on *Homo Economicus* may support victims of accidents better than charity does.

References

Ahmad, Ali and Göran Skogh, (2006) Choices at Various Levels of Uncertainty. An Experimental Test of the Restated Diversification Theorem, *Journal of Risk and Uncertainty* 33, 183-196.

Faure, Michael and Göran Skogh, (2003) *The Economic Analysis of Environmental Policy and Law*, Edward Elgar.

Gron, A., and A.O. Sykes, (2002) A Role for Government? - Should the Government Provide Terrorism Insurance over the Short or Long Term? *Regulation* 25(4), 44-51.

Hansmann, Henry, (1985) "The Organisation of Insurance Companies: Mutuals versus Stock", *The Journal of Law, Economics and Organization* 1, 125-153.

Hägg, Göran, (1998) *An Institutional Analysis of Insurance Regulation: The Case of Sweden.* Lund Economic Studies: 75, Dissertation, Department of Economics, Lund University.

Lakdawalla, D. and G. Zanjani, (2005) Insurance, Self-protection, and the Economics of Terrorism, *Journal of Public Economics*, 89: 1891-1905.

Olson, M., (1971) *The Logic of Collective Action*, Cambridge, Harvard University Press.

Rawls, J. A., (1971) *Theory of Justice,* Cambridge, Clarendon.

Rothschild, Michael and Joseph E. Stiglitz, (1971) "Increasing Risk II: Its Economic Consequences", *Journal of Economic Theory* 3, 66-84.

Skogh, G., (1984) "Employers Associations in Sweden." Chapter 6 in Windmuller, J.P. and Gladstone, A. (editors), *Employers Associations and Industrial Relations*, Oxford University Press.

Skogh, G., (1998) Development Risks, Strict Liability, and the Insurability of Industrial Hazards", *The Geneva Papers on Risk and Insurance,* vol. 23, no. 87, 247-264.

Skogh, G., (1999) "Risk-Sharing Institutions of Unpredictable Losses" *Journal of Institutional and Theoretical Economics,* vol. 155, no. 3.

Skogh, G., and H. Wu. (2005) "The Diversification Theorem Restated: Risk-pooling Without Assignment of Probabilities" *Journal of Risk and Uncertainty* 31(1), 35-51.

Skogh, G., (2007) "A European Nuclear Accident Pool". Working paper. IEI, Linköping University SOU 2006:43 "Översyn av Atomansvaret". Swedish public investigation.

WHY CUT OFF BUYERS' CLAIMS BY A LIMITATION PERIOD?

Henrik Lando

In a sales contract the buyer's claim is cut off after the expiration of the limitation period unless the parties have specified a longer duration in their contract. This means that by default the buyer is prevented from seeking remedies although the good's dysfunction was due to a defect present at the time of purchase. Since the existence of limitation periods lowers the incentive for the seller to deliver goods that perform according to the reasonable expectations of the buyer, limitation periods have been the subject of controversy. This article argues that establishing a limitation period as a legal default can be rationalized by the ratio of transaction costs to deterrent effect falling over time. The ratio falls for two reasons. First, a good that has endured for some period of time is, in general, likely to be closer to adequate quality than a good which breaks down shortly after purchase, and so the importance of the deterrent effect of allowing an early claim is larger than that of allowing a later claim, even when both claims are valid. Second, a larger fraction of claims that arise later is likely to be unwarranted, since the number of breakdowns that cannot be considered defects increase over time, and buyers are likely to mistake some of these breakdowns for defects. It will be argued that if claims are allowed indefinitely, the transaction costs of handling claims will at some point more than outweigh the positive incentive effect. Some empirical evidence is provided in support of the rationale.

A. Introduction

Some years ago a Danish colleague of mine bought a car the doors of which turned out to be defective. There was no doubt that it was a fabrication error and my colleague felt confident that the cost would be picked up by the car company, which has a reputation for building solid, durable cars. But the limitation period had expired, there was no remedy, *he* had to pay for the repair. He thought this was wrong, and so does the Danish Consumer Organization, who has argued that sellers should not be allowed to set limitation periods at all when selling to consumers, since limitation periods are unfair and lower the incentive for the seller to deliver goods that perform worse than set out in the contract. It did not impress my colleague that producer and seller organizations have argued the contrary; that limitation periods are economically efficient and keep prices lower.

This article will, however, take side with the latter view: limitation periods exist, I will argue, for a reason that may not be apparent in the particular case of the defective door, but which is apparent in many other transactions. I will argue that a rationale can be given in terms of the following three considerations:

First, cutting off older claims will, on the whole, have less important consequences for deterrence than cutting off younger claims. It is a more serious matter for a washing machine to break down after two months than after three years. Second, the number of potential, unwarranted claims will generally increase over time, increasing the ratio of transaction costs to deterrence effect of allowing claims. And third, the limitation period should be seen in the context of the remedies available to the buyer; some of the remedies can only be justified if they operate over a limited span of time, and hence a trade-off exists between allowing the buyer a wider set of rights on the one hand and allowing the rights over a longer period of time on the other hand (given that remedies can only to a limited extent be made to vary over time).

Why is this subject worth the attention? For one thing, it is a topic of real economic importance; limitation periods cut off an important number of claims in reality, and the extension of the limitation period carried out in European countries has had a real impact on some markets, e.g. the market for used cars (as Professor Schäfer, who pointed out to me the at least initially disruptive effect on the German used car market). Also, the issue of the duration of claims is of importance to contract drafters; private parties may search in vain for economic analysis of the optimal duration of buyer's claims. Furthermore, the general issue of when claims are barred from adjudication, as e.g. tort claims involving pure economic loss (an issue which Professor Schäfer has recently explored in joint work with Professor Dari-Mattiacci [10]) seems an important one. Addressing the specific issue of why claims are cut off in sales law can be a step in the direction of understanding more generally when it is worthwhile for the legal system to allow one but not another category of claims. Finally, it seems appropriate to discuss an issue in the area of sales law in this *Festschrift* honoring Professor Schäfer, who has paid much attention to how regulation affects markets, and how regulation sometimes do so counterproductively. Thus, as will be further mentioned at the end of this article, if a rationale can be given for a limitation period, this means that a good argument must be provided for restricting the use of limitation periods in private sales contracts, as a recent EU directive has done for consumer sales (rendering invalid limitation periods of less than two years).

One potential misunderstanding should be addressed at the outset. The question of limitation periods is not identical to the question of the limited duration of warranties (see [2], [3] and [4]). The difference lies in the burden of proof for the cause of the dysfunction. While warranties tend to put it on the seller, who must prove wrong usage by the buyer, sales law generally puts it on the buyer. When the burden of proof is on the seller, and when it is possible for the buyer to use the good carelessly in a way that is unobservable to the court, the cost to the seller will tend to increase over time, and it is then clearly inefficient to extend the buyer's claim indefinitely. But the question posed in this article is why the legal system cuts off claims when the burden of proof is on the buyer, i.e. when the buyer must prove that the defect was originally present at the time of purchase?

In the following section, I will review the literature on limitation periods and argue in favor of the rationale mentioned above.

B. The Literature

With the exception of Miceli [10], little formal work has been done within law and economics concerning limitation periods.[1] Miceli provides a rationale for limitation periods in *tort law* based on a trade-off between incentives and litigation costs that differs from the one which I will suggest. His argument hinges on the fact that litigation costs far out in the future will be discounted back to the present and so will have a different impact on incentives than litigation costs incurred in the near future. This changes the trade-off over time between incentives and litigation costs. However, in the context of sales contracts, the effect of discounting on future litigation costs seems quite small, as the issue tends to be whether the limitation period should be one or two years. When many years pass before an accident may occur, as in product liability cases, the issue of discounting becomes of interest, but not generally for in sales law.

Informally, Landes and Posner [6] provide a general rationale for statutes of limitations. They emphasize that evidence deteriorates over time, and that trials occurring long after the event are therefore both more costly in terms of evidence production and more likely to result in error than are trials occurring more shortly after the event, when memory is fresher and more evidence is available. When error is more likely, higher litigation costs will be incurred that cannot be justified by their effect on deterrence. An attractive feature of their explanation is that it may account for the ubiquitousness of limitation periods in law (since many kinds of evidence deteriorate over time). However, if evidence deteriorates over time, the standard of proof for old claims could be raised instead of dismissing old claims entirely. Conceivably, one could cut off claims for which the evidence is likely to have deteriorated, instead of cutting off also claims of clear merit. However, differentiating the burden of proof may not be easy, and it may be that further study will confirm that the optimal response to deteriorating evidence actually is to cut off claims at a specific point in time. Yet for sales contracts, deteriorating evidence does not seem to be of paramount importance. In sales law, what must be proven is that the good did not meet reasonable expectations, and while the expectations are sometimes created by how the seller informs the buyer, and evidence in this regard can deteriorate, this is often not an important concern. However, the rationale of deteriorating evidence is worth further study.

---

1 In the legal literature one finds discussion; e.g. Martin [9] in the context of statutes of repose in product liability law.

Yet another explanation, noted e.g. by Martin [9], is that cutting off claims allows businesses (and consumers) to close their books, i.e. to forget events and to dispose of files going far back in time. However, in the case of sales, the argument does not seem very salient; specific details about the product are typically not needed to assess a dysfunction, and it is the buyer who must keep the receipt.

Finally, the argument is sometimes advanced that as long as a claim is alive, a risk is imposed on the party against whom the claim can be raised, and that this justifies limitation periods. But it is not clear why it is better to shift this risk to the creditor. The seller may be a large firm which can easily bear the risk why the buyer may be a consumer with few assets.

In the following section, I will provide a rationale based on the idea that transaction costs of handling claims at the shop level are likely to rise over time relative to the deterrent effect of allowing claims.

C. A rationale for limitation periods in sales law

The main rationale can be expressed in terms of the evolution over time of the incentive effect and the administrative costs of allowing claims. A further rationale concerning the increasing inefficiency of particular remedies will be addressed at the end of this section.

As for the evolution over time of the incentive effect of allowing claims, the important point is that the time of the breakdown of a good is indicative of the extent to which the good was dysfunctional. If a mobile phone turns out to be dysfunctional when first used, this is indicative of an important production error, while if it turns out to be dysfunctional three years after purchase, this can be due to intense use and does not evoke as clear an incentive issue. Perhaps it would be better (efficient) if the product would not become dysfunctional after three years, but this is dubious and it is in any case not as serious an incentive issue as when the product turns out to be dysfunctional shortly after purchase. Thus, the incentive effect of allowing claims will, for any given good, tend to diminish over time, at least from some point in time onwards.

As for the evolution of administrative costs through time, an important assumption is that buyers sometimes raise invalid claims. As the number of dysfunctions increase over time due to wear and tear, even a small probability of the raising of false claims will lead to non-negligible administrative costs. Thus, it is shown in Lando [7] that if the probability that a consumer will raise an invalid claim (when a good becomes dysfunctional) stays beyond some however small ε, then at one point it will be worth cutting off claims when the incentive effect diminishes over time.

As for the nature of the administrative costs, costs incurred at the shop level (or at the level of negotiations between two firms), when the buyer presents a claim to the seller, seem the more important. The number of such claims is simply an order of magnitude greater than the number of claims which reach the courts or other tribunals, and there is little doubt that the costs at the retail or business-to-business level are non-negligible. Sellers sometimes express how discussions with customers can be both time-consuming and unpleasant. Also, resources are spent in sorting out whether the dysfunction is due to a defect; this may involve costly investigations. Naturally, costs incurred when claims are taken to the next level, e.g. to an ADR tribunal, only increase transaction costs and therefore reinforce the rationale.

It may be argued that instead of cutting off older claims a court can choose to only enforce those older claims that have very clear merit, by adopting a stringent standard of proof concerning defectiveness for older claims. However, courts may not have much influence on the negotiations at the shop level, since consumers and retailers (or buyers and sellers more generally) often do not know about standards of proof, partly because standards are hard to communicate. What can be easily communicated, in contrast, is the limitation period.

Likewise, it is hardly possible for courts to substantially lower administrative costs by defining a defective good more narrowly. Most consumers and many retailers do not know how courts define defective or non-performing goods.

Thus, the argument is this: as time passes, more dysfunctions arise that cannot be ascribed to a defect, and when consumers can be wrong about the merits of such claims, or when they can raise claims for strategic reasons, there may be little the court can do to lower such costs. Increases over time in the standard of proof or stringent definitions of defectiveness are unlikely to alleviate these costs. Hence, the optimal response can be for the legal system to bar claims from some point in time onwards, which will more effectively bar the raising of claims with little or no merit.

The issue arises whether the raising of invalid claims is necessary for the suggested rationale. On the one hand, if no valid claims arise in equilibrium, there will be no claims at all in the absence of invalid claims, and hence no reason to cut off claims. This may seem a trite point, but it is theoretically important, for the producer of a good will under idealized conditions have an incentive to deliver goods of sufficient quality so as to escape liability. On the other hand, when valid claims do exist, a rationale for a limitation period can arise in the absence of invalid claims. For example, since liability for defective goods is strict, some claims will be raised that while legally valid would not be valid under a negligence rule. Such claims do not add to efficiency (in the absence of risk sharing concerns), and since their number is likely to increase over time, this provides a rationale for cutting off claims.

As mentioned, the increasing inefficiency of remedies over time belongs to the rationale. To give an example of a remedy which can become more costly over time, the right for the consumer to have a defective good replaced becomes increasingly advantageous for the consumer as time passes. Naturally, if one extends the limitation period, one might modify this rule, but this involves a trade-off. One might prefer to grant a high level of protection to the buyer for a short time rather than extend the limitation period.

D. Empirical Evidence

The extension of the limitation period from one to two years that occurred in Denmark in 2002 provided a natural experiment for testing possible rationales of the limitation period. Thus, Professor Peter Møgelvang-Hansen and I investigated the effect on the administrative costs and on incentives. Our results, presented in Møgelvang-Hansen and Lando, suggest that the number of unwarranted claims did increase in the view of retailers after the extension. A fraction of 29.6% of retailers responded that there has been either a large or a small increase in the number of claims after the extension of the limitation period from one to two years, while more than 36% responded that there has been either a large or small increase in the number of invalid claims. This is indicative of an increase in the number of unwarranted relative to warranted claims, suggesting that transaction costs increase relative to the positive incentive effect of a longer limitation period. This is of course not conclusive evidence, but we believe it carries some weight. It should be mentioned that we estimated the number of claims for durable goods to have increased by around 20% following the extension of the limitation period.

We also found that the extension of the mandatory minimum period seems to have had an impact, but not a major one, on the assortment of goods sold. Some low-quality goods were no longer sold, according to retailers, and it seems likely that some producers of some goods have sensed the need to extend the expected duration of their goods. On the whole, our empirical evidence was hence at least consistent with the proposed rationale.

E. Final remarks

One aspect that was left out of the analysis above is that the optimal default period must be set with a view to the fact that the length of the default period might influence the duration agreed on by private parties. Thus, warranties serve a signaling role, and the ability for a firm to signal high quality may have been impeded by the lengthening of the default period (and certainly by the lengthening of the mandatory minimum period for consumer sales). Whether decreasing the scope for signaling is good or bad depends on the circumstances; there may be too much signaling. In the absence of evidence, such effects are, however, speculative.

As for policy implications, the existence of a rationale for limitation periods suggests that there is reason to establish a default period (rather than enforce any claim in the absence of an agreement on duration), but also suggests the possibility that the recent extension of the mandatory minimum limitation period can have been inefficient, since the trade-off between incentives and transaction will be different for different goods. Whether a mandatory period is optimal or whether the extension of the mandatory period was optimal, depends, inter alia, on the strength of market forces in creating incentives for quality (through warranties as well as reputation mechanisms including trademarks), and on the size of transaction costs.

Limitation periods are, as mentioned, ubiquitous in law, and it would be desirable to have a general theory explaining the phenomenon. The present analysis would point to the decreasing ratio of incentive effect to administrative cost over time, which goes together well with the idea of deteriorating evidence over time. Deteriorating evidence is one factor that lowers the ratio over time. Perhaps the theory can be generalized further to explain the categories of claims that courts allow; when e.g. pure economic loss is not allowed in tort law, this is because the ratio is low for this category of claims as a whole (in part because causality is often difficult to establish, analogous to deteriorating evidence over time). But such generalizations are for future research.

References

Baker, M. and Miceli, T. (2000): Statutes of Limitations for Accident Cases: Theory and Evidence. *Research in Law and Economics*, 19, 47-67

Cooper, R and Ross, T.W. (1985): Product Warranties and Double Moral Hazard. *Rand Journal of Economics*, 16, 149-61.

Dari-Mattiacci, Giuseppe and Schäfer, Hans Bernd (2007): The Core of Pure Economic Loss, *International Review of Law and Economics*, vol 27

Dybvig, Philip H. and Lutz, Nancy A. (1993): Warranties, Durability, and Maintenance: Two-Sided Moral Hazard in a Continuous-Time Model. *Review of Economic Studies*, July, vol. 60, iss. 3, 575-97

Emond, W. (1989): On the Limitation of Warranty Duration. *Journal of Industrial Economics*, vol. 37, issue 3, 287-301

Epstein, R. (1986): Past and Future: The Temporal Dimension in the Law of Property, *Washington University Law Quarterly*, 64, 667-722.

Landes, W. and Posner, R. (1987): *The Economic Structure of Tort Law*. Cambridge, MA: Harvard University Press.

Lando, H. (2007): A Rationale for the Limitation Period in Sales Law, available at SSRN: http://ssrn.com/abstract=989362.

Lando, H. and Møgelvang-Hansen, P: New Rules on Consumer Sales, An empirical study, CBS Law School, http://ir.lib.cbs.dk/download/ISBN/8791759056.pdf

Martin M. (1982): A statute of repose for product liability claims. *Fordham Law Review*, 50, 745-780

Miceli, T. (2000): Deterrence, Litigation Costs, and the Statute of Limitations for Tort Suits. *International Review of Law and Economics*, vol. 20, iss. 3, 383-94

DISCRETIONARY VERSUS FORMULAIC APPROACHES TO FAMILY LAW

Antony W. Dnes

Hans-Bernd Schäfer's work is most associated with comparative law and economics, in which area he has used distinctions between civil-law and common-law jurisdictions to explore the efficiency of legal structures. In particular, he has cautioned against the wholesale transplant of legal structures and rules across jurisdictions with different histories and traditions. In this spirit, I explore below some recent themes in family law, using an Anglo-German comparison to contrast the discretionary approach of the English court, particularly in relation to family property rights, with the more formulaic approach followed in German law. I have in mind the settling of disputes between intimate cohabiters, who may be married or unmarried, and some recent suggestions in England to follow a continental example in creating obligations between unmarried cohabitants.[1] The welfare standard throughout the analysis is an assessment of what the parties to a dispute might be expected to have chosen, had they foreseen their eventual conflict.

A. Trends in England and Germany

Contemporary divorce law in England embodies a mixture of elements focusing on expectations, rehabilitation, and the needs of the spouses.[2] There is a dominant, statutory requirement to meet the needs of dependent children, but the law (Hoggett, et al 1996) is based on separate ownership of property within the marriage and gives considerable discretion to be exercised by the courts in dividing assets upon divorce. If intimate cohabiters are not married, then an extreme form of separate ownership exists, whereby, apart from some intervention under trust law or inheritance, shared property can only emerge for division if supported by explicit or implicit contracting between the cohabiters.

Successive governments have had many opportunities to move towards, in particular, a community-property system and to establish firm rules of property division, some of which

1 I am primarily concerned with heterosexual cohabitation. For a wider analysis encompassing other forms of cohabitation see Dnes (2007).
2 Family Law Act 1996 and the Matrimonial and Family Proceedings Act 1984.

could apply to unmarried cohabiters, but have not done so. Parliament opted instead, as Thorpe LJ noted, 'for a wide judicial discretion that would produce a bespoke solution to fit the infinite variety of individual cases'.[3] Characteristics of the law in practice are the trading of asset transfers within a settlement and the trading of assets for maintenance payments. The non-housing needs of children have come to be treated separately following the introduction of Child Support Acts, under which Child Support Payments are channelled from absent parents through a statutory agency.

Divorce law in England has never operated to enforce the material side of marital promises (Dnes, 1998). To do so would be to treat marriage contractually, ideally awarding expectation damages for breach of contract and denying payments to a breaching party. Even in the days of fault-based divorce, the cost to a husband of divorcing an adulterous wife would include making some support provision for her (Hoggett et al, 1996 at 295). Historically and for the most part, divorcing parties with means have not been permitted to leave divorced parties destitute. As in many countries, the twentieth-century liberalization of divorce law in England is associated with a move to no-fault divorce procedures, provision of legal aid for petitioners, development of the court's ability to transfer assets, and a focus on a mixture of expectations, needs, restitution, and rehabilitation standards of awards. No-fault divorce may still be somewhat equivalent to breach of contract, e.g. when a husband divorces his wife without her consent after abandoning her.[4]

Several reasons can be given for avoiding an expectation-damages standard when dividing marital assets on divorce. It would force a breaching party to compensate in a forward-looking way the expected benefits lost by the victim of breach. The approach is often held to be inconsistent with the modern development of divorce law that increasingly emphasizes the 'rehabilitation' and independence of abandoned spouses (although most of the problems that might be cited have really arisen in the context of life-time support obligations not based strictly on an expectation-damages approach). In Dnes (1998; 1999) I argued for fresh thought to be given to the use of an expectations standard that would penalize breach of contract, owing to its deterrence of opportunistic behaviour. In general, the impact of laws on behavioural incentives seems to be much overlooked in family law, and may explain some of the move away from marriage in modern society.

The main alternatives (other than need) to expectation damages are approaches based on restitution or reliance, which are often confused with each other. The reliance approach compensates an ex-spouse for the opportunities foregone in entering the failed marriage and has been criticized for being tough on poor women who married wealthy men (Trebilcock, 1993). Reliance is also difficult to calculate: the principle (as the *status quo ante*) was put forward by Gray (1977) but rejected by the Law Commission (1980) as requiring too much speculation about what might have happened in the distant past, although it has now entered

---

3 Dart v. Dart [1996] 2 FLR 286 (appraising the applicant's reasonable requirements in a high-value case).

4 Brinig and Crafton (1994) argue that marriage was viewed contractually in US jurisdictions prior to the introduction of no-fault divorce.

the Law Commission's (2007) recommendations for creating obligations between certain unmarried intimate cohabiters. In Dnes (1998) I show that reliance will generally be less than expectation damages and this difference can cause an incentive for opportunistic divorce: essentially, divorce may be too 'cheap' as the petitioner for divorce will not be required to compensate for lost promises.

In a restitution framework, divorcees are compensated, at market value, for investments made in the other party's career or business (Carbone and Brinig, 1991). The principle is one of the elements in the current discretionary basis to divorce law in England and Wales, as e.g. in the case of *Conran v. Conran.*[5] Restitution is only relevant where there is a market value to divide, it is difficult to calculate, and is not likely to be as high as expectation damages as it will not cover the entire expected benefits from the marriage (Dnes, 1998). Again, a restitution standard invites opportunistic behaviour as divorce may become cheap relative to meeting promises made earlier in the marriage. Furthermore, there may be the problem of negative restitution: the ex-spouse may have hindered the petitioner's career or business.[6]

A further approach, that of viewing marriage as a partnership analogously with the business partnership, potentially fits in with a community-property rather than separate-property regime. A point worth noting is that if partnership is the modern expectation in marriage, equal sharing could potentially give the same result as an expectation-damages standard for dividing marital assets, and therefore might fare better than most standards in deterring opportunism. EU jurisdictions with equal-sharing presumptions embedded in their family law codes typically make a rebuttable presumption in favour of equal division of the property acquired during marriage (the marital 'acquest'). This presumption reflects a form of (deferred) community property, even if it is sometimes referred to as a separate property regime. The principle of partnership has now entered into English case law, as a rebuttable presumption of equal sharing, widely held to be not rebuttable in the case of long-lived, big-money cases.[7]

Germany is an interesting example of such a partnership approach. The *Equality Act 1957* created a statutory marital property regime designated 'community of surplus'. This means that property acquired before or during the marriage remains separate property but that the management of the marital acquest, i.e., property acquired by either party during the marriage, requires the informed consent of the other spouse. In the event of divorce, the marital acquest is divided equally between the spouses. The statutory scheme is therefore representative of deferred community property, and looks to divide property accumulated rather than continuing earnings. Note that recent case-law developments in England do

---

5 Conran v. Conran [1997] 2 FLR No.5 (assessing reasonable requirements in relation to past contribution).

6 The Scottish Law Commission (1981) noted this problem.

7 White v. White, [2001] 1 AC 596 (Thorpe LJ changes his view on the desirability of equal division as a starting point, given current directions in social change), developed in Miller v. Miller [2005] EWCACiv. 984, [2006] UKHL 24, and in MacFarLane v. MacFarlane, [2004] EWCA Civ. 872, [2006] UKHL 24.

include recognition of one spouse's enhanced earning powers in setting out obligations following divorce.[8]

Couples in Germany have the option of avoiding the statutory property scheme by opting out and entering into enforceable pre-nuptial or postnuptial agreement. This might be used to establish separate property for the spouses, as is often the case for self-employed persons, and to limit spousal obligations to those of maintenance. Limits are applied by the state, in that certain choices are not permitted: one could not use a foreign-law regime, and nor could one avoid child maintenance obligations. The restrictions are consistent with those in other countries, where frequently one finds limits imposed on freedom of contract in marital or cohabitation matters. Unmarried intimate cohabiters are expected to enter enforceable cohabitation agreements.

Another German choice is a more conventional community-property regime, where income earned and assets acquired during marriage can become community property. In practice this will have little difference from the community of surplus. This is because income will either be spent or turned into assets. However, the community property option gives the opportunity to *exclude* assets from the community of property.

Thus, in general, couples in Germany have the benefit of a clear regime that has applied to new marriages from a specified point in time. In addition, they can tailor property rights to avoid the statutory scheme if it does not reflect the promises they wish to have enforced in the event of divorce. This is a system embodying a great deal of freedom of choice and one that is supportive of time consistency: it would be virtually impossible for spouses to make promises and then avoid them under the German regime.

In contrast, in the English system divorce could be either too 'cheap', if a needs-based award does not embody the full value of promises made, or too expensive if a high-proportion division occurs when it was never expected, perhaps under the newer rebuttable presumption of equal contributions. Spouses might easily end up behaving opportunistically in the English system. Marriage involves costly long-term promises and there is a real danger that failing to enforce earlier promises accurately will create an incentive for divorce among some people whenever they see a preferred relationship and realize that they need not fully meet their earlier financial obligations.[9] In Dnes (1998) I describe this as leading to a form of opportunistic behaviour most likely affecting wealthy men that I called the 'greener-grass' effect. An additional problem may be a chilling effect on marriage, or enterprise – or both – among wealthy men who realize that they may be singled out for equal division of the marital acquest as changes enter through case law.

Judicial discretion over asset division can create adverse incentives. There may be a divergence from a contractual ideal in which expectation damages would be awarded for breach of contract. It is difficult to see how the variety of marital expectations could be

8 MacFarlane, loc cit.

9 It would be efficient (wealth maximizing) for the divorce to go ahead if, having compensated the ex-spouse for lost expectation, the petitioner for divorce still wished to proceed.

enforced owing to problems of identification. Setting a statutory norm of, for example, equal shares, with a set date at which the rule would apply, together with an opportunity for the couple to indicate their expectation over assets if it differs from the norm (using a pre-nuptial agreement) would overcome the problem of identifying marital expectations. German couples currently enjoy greater certainty, which should reduce the scope for opportunistic behaviour by divorcing spouses. The English discretionary approach is capable of settling down for periods of time, as couples come to expect how the court will behave, but is currently characterized by a great deal of destabilizing uncertainty, plus a degree of retroactive application in which those marrying under one set of expectations find themselves subject to new and surprising rules.

B. The Importance of Pre-nuptial Agreements

Dividing the assets of a marriage at divorce is a question of defining property rights or possibly of resolving conflict over property rights. According to Calabresi and Melamed (1972) conflict over property rights can be solved by adopting either a 'property' or a 'liability' rule depending on the bargaining costs likely to arise between the parties. In a simple case of nuisance between two neighbouring landowners, a property rule may be followed because bargaining costs are likely to be low. The entitlement to create the nuisance can, as one possible solution, safely be given to the neighbour generating the nuisance. If the 'victim' values freedom from the nuisance more than the 'generating' neighbour values the entitlement to create the nuisance, money will change hands as the victim will compensate the generator to stop. Thus, the 'entitlement' will end up in the ownership of the hands of the neighbour who values it most highly.

It is equally efficient for the entitlement to be given to the victim, who would then obtain an injunction stopping the nuisance. If the generator of the nuisance is the highest valuing party, money will again change hands and the generator will effectively bribe the victim to condemn the injunction. With sufficiently low bargaining costs, it does not matter who has the entitlement (Coase, 1960) as bargaining will ensure that the entitlement goes to the highest valuing user. Therefore, the courts can avoid costly determination of issues in such cases by issuing or denying an injunction depending on their views of distributing benefits between the parties, secure in the knowledge that bargaining will take care of efficiency. It would be worth while for courts to follow a liability rule and become involved in valuing nuisance and imposing damages to create a deterrent to the nuisance where bargaining costs are high: typically when damages are diffused across populations.

In the case of divorce settlements, the problem is not nuisance but one of determining who owns what. Marriage is clearly a case where bargaining costs are low in that two people are involved who can be expected to communicate, at least in a technical sense. Thus, a property rule should be appropriate, as it should be possible to rely on couples forming their precise marital expectations based on the existence of that rule. It should not matter much what exactly the rule is, e.g. whether it is a rule of equal division, as the important point is simply to give some focus to bargaining.

One could as easily start from a presumption that divorcees will split marital assets equally as from a different assumption. Presumptions that assets might be split in other proportions would not cause problems. Knowing what the rebuttable presumption is (e.g. take an extreme case like 100 per cent to one party) a couple would negotiate a pre-nuptial agreement to produce the division (e.g. equal shares) they actually wanted. Negotiation would be straightforward: the parties would agree what would happen in the event of divorce. As long as the presumptive rule was well known in advance of marriage and people were free to negotiate enforceable contracts around it, bargaining should result in optimization for individual cases.

The proposal for a presumptive rule of equal shares coupled with enforceable pre-nuptial agreements can be seen as one application of a property rule. The proposal is likely to support the welfare of couples providing it results in a clear presumptive rule and given that the use of pre-nuptial agreements allows bargaining to occur. This line of reasoning would support the German, and in general continental approach, which is emerging in English case law. However, the rule should be forward looking and apply to new *marriages*, rather than *divorces*, from a certain date onwards. Such a forward-looking approach would allow couples to find their optimal asset plan knowing exactly what they must do to achieve this if they do not like the presumptive rule. There is therefore an argument for statutory introduction of the rule.

The literature on contract modifications is extremely pessimistic over the prospect of welfare gain from enforcing *mutually agreed and compensated* modifications (Jolls, 1997). This is because of the difficulty of distinguishing between genuinely beneficial revisions and those resulting from opportunistic behaviour, which can amount to duress. Consider the difficulty in marriage contracts in distinguishing between a genuine modification (because a party now has improved prospects) and the case where a party threatens to make their spouse's life hell unless certain terms are agreed. Thus, we might well wish to enforce highly flexible pre-nuptial agreements but generally not to enforce post-nuptial agreements.

The law could help in this process by indicating a range of possible forms of marriage and associated pre-nuptial agreements. Laying out several alternative contracts to capture changing or differing marital norms, from among which couples can choose, would help people to visualize the possibilities. This would seem to be a useful role for the state and it accords with the idea of enforcing pre-nuptial agreements. The argument is that it may be asking people to do a lot if we expect them to draft comprehensive marital contracts *ab initio*. It is probably more realistic to expect them to make a reasonable match when models are presented to them, covering at least the principal cases (e.g. traditional marriage, equal-shares partnership, and separation of property).

C. Should we Extend Marital Obligations to Cohabiters?

The English Law Commission (2007) provisionally proposes to extend laws of obligated cohabitation (a form of 'marriage lite') to long-term intimate cohabiters, on an opt-out basis. Such obligations have been in place on the continent, including in Germany, for some time. Does it make sense to make this extension of family law? In a sense, the immediate answer is yes, owing to a perception that the same long term issues affect married and unmarried cohabiters. In the English proposal, family law would be used to redistribute disadvantages incurred by a cohabiter that are linked to advantages retained by the other, or to redistribute benefits retained by one cohabiter only. Redistribution would be considered for benefits enjoyed, or disadvantages incurred by a cohabiter at separation. A major focus is on cohabiters who have given up opportunities outside of the relationship in order to raise children of the family.

Cohabitation *and* marriage both represent a joint investment of human and other capital with expected surplus for the parties. Each will feel better off in the relationship than outside of it, but this economic approach (Becker's work on families) does not distinguish marriage, or intimate cohabitation, from other forms of cohabitation such as living with elderly relatives. The life-profile theory of *marriage,* initiated by Cohen (2002), does distinguish marriage by reference to its role as a standard-form contract in protecting the late-life returns promised to traditional wives in exchange for early-life relationship-specific investments, principally concerned with homebuilding and raising children. In principle, the same protection is required for long-term investments in married or unmarried intimate cohabitation. A separate question is why the world seems to be moving toward unmarried cohabitation, but the welfare similarities are clear enough.

The underlying problem in settling up the affairs of separating unmarried cohabiters is the poor treatment by contract and trust law of human-capital inputs in cohabitation relationships. One way to remedy that problem would be to reform contract and trust, possibly using advances in measurement as a basis for a wider recognition of inputs. An analogy would be the evolution of recognizing psychological injury in tort, where advances in medical science have reduced the worries of opening floodgates of ill-defined litigation, and the law has increasingly recognized wider categories of mental-injury victims. Reform of the existing law of cohabiters' property has, however, been considered pessimistically in the Law Commission's (2005) paper *Sharing Homes*, mostly owing to difficulties of definition and the ability too easily to describe cases showing serious inconsistencies. Recent English case law has shown only hesitant attempts to widen the recognition of cohabiters' contributions.[10]

However, we need to worry about the issue of 'volunteers' – equity courts do not traditionally aid a volunteer and the disadvantaged long-term cohabiters are just that. Does the proposed extension of family law undermine individual autonomy? After all, some people

---

10 Beyond the contractual confines of *Lloyds Bank v. Rosset* (AC, 1991).

will wish to cohabit and one could end up imposing long-term obligations on those who really do not see themselves as mutually dependent. It is important in considering issues of autonomy and 'volunteers' to examine (i) how the growth in cohabitation may have come about, and (ii) the impact on incentives of any suggested redistribution of benefits and burdens at separation.

Regulation need not undermine autonomy if it represents (i) enforcing discernable promises, or is (ii) a response to changed constraints. Case (i) has already been considered: enforcing promises simply stops opportunistic behaviour, which would otherwise lead to unreliable relationships and destabilize cohabitation. The Law Commission's disadvantage-benefit approach is consistent with enforcing a form of expectations damages, which may be described as completing expectancy by compensating sunk cost *linked to* outstanding retained benefit, and dividing any remaining benefit.[11] Such an approach is consistent with encouraging the maximization of the benefits of the relationship, as seen by the parties themselves.

Case (ii) concerns the nature of choice, which is rarely unconstrained and may be associated with developments causing wider concern. Akerlof et al (1996) have suggested that the development of reliable contraception and other technical changes have moved women from an earlier state where intimacy with men would typically be conditioned on a promise of marriage to cover any resulting pregnancy, to one where women can no longer obtain a marriage guarantee. Specifically, after the technical change, sufficient numbers of women may feel the benefits of pre-marital intimacy to be high enough not to worry about obtaining a marriage guarantee. This competition from other women can result in difficulty for a large number of women in obtaining a marriage guarantee. The modern world that emerges would be characterized by couples drifting into cohabitation, possibly feeling it to be like marriage, and, of course, there would be much less marriage. The underlying reality would be their making choices under a different set of constraints compared with the 1950s.

The changed constraints may lead to many social changes that are not deemed acceptable among wider society, and this need not simply reflect meddlesome preferences. Legal intervention might be comparable to that over the regulation of child labour, where some parents might send children out to work in an unregulated environment, but the rest of us prevent that outcome as unacceptable owing to its diffused effects. Two diffused problems stand out in relation to cohabitation, given its apparently heightened instability compared with marriage: the effects on children, who may become fatherless and prone to antisocial behaviour; and the possible immiseration of significant numbers of women (Popenoe, 1996). Both of these could be a basis for regulatory intervention. Moving from non-obligated cohabitation to obligated cohabitation would prevent women from competing in an undesirable way with each other: they would be prevented from dropping the 'price' of cohabitation so low, in terms of future support obligations, that they could be at risk later of immiseration. If

[11] Compare the approach to breach of contract in *Hydraulic Engineering [QBD] 1878)* – 'expectancy includes reliance.'

regulation stabilized cohabitation by raising the exit costs for likely obligators, even if there were less cohabitation and parenting as a result, there could be a reduction in antisocial behaviour connected with fatherlessness. All societies face issues of deciding whose preferences are to count and which constraints are to be altered (Trebilcock, 1993), and the law is often the practical mechanism by which these questions are settled: consider the rule against perpetuities (dead folks' preferences will not count), the rule-of-four restriction of negative easements (no novel restrictions on land), and the relegation of children's preferences in family law (the current adult generation counts for more). In this sense, there is no automatic anti-individualism about restricting freedom of choice in cohabitation: we are in general individualistic and social animals. A problem remains of catering for those who genuinely do wish to avoid obligation and are not drifting into cohabitation, e.g. older people who may have been married and wish to keep their financial affairs separate, and this may be met by subjecting opt-out agreements to tests of reasonableness in all the circumstances.

It is difficult to predict the effect on marriage of introducing obligated cohabitation. The likely effect on cohabitation levels may be easier to discern, although here too ambiguities arise.

At present, we may reasonably assume the existence of some women who will not cohabit owing to its poor long-term support obligation, and of some men who are cohabiting because they know they have no long-term obligations. If we now simply enforce the sharing of the gains from cohabitation, some men would be deterred from cohabitation, and, although some women might be encouraged into cohabitation, the exit of men would dominate, as there would be no partners for the women. It seems likely that cohabitation could be 'chilled' just by enforcing very reasonable 'expectancy' settlements on separation, regardless of whether it is an opt-in or opt-out system.

The effect on marriage is harder to predict. It is possible that in any period of time there could be marriages planned that would still show a surplus to both parties if they became unmarried obligated cohabitations under legal reform. Specifically, the man's share of the surplus might rise, and the woman's might fall but stay positive. These effects could correspond with his arguing that the new law on cohabitation is 'good enough.' As in Akerlof et al (1996), there could be sufficient competition among women to make her accept a move to obligated cohabitation. We should predict a fall in marriage levels per time period, unless this were compensated by a number of cohabiting couples thinking they would move to marriage as the new law moved them close to it anyway. That compensating effect is hard to find by example: at least one party would need to be better off, without making the other worse off, by marrying, which they already decided not to do. Perhaps the compensating effect would arise, if settlements under obligated cohabitation and marriage were widely expected to be the same.

It is possible for any reduction of marriage and of cohabitation to be welfare enhancing, e.g. if the gains to movers to cohabitation outweighed the losses causing some people to remain single. We would have no way of assessing these welfare effects. Of course, if our welfare standard were simply to support marriage, such a change would be a bad thing. If the net result were to increase single living without reducing marriage, what would we make of that?

D. Conclusions

There are strong arguments, in the case of England, in favour of removing judicial discretion in favour of a continental-style presumptive rule of awarding equal shares of the marital acquest to divorcees. The presumption could be rebutted by the existence of a pre-nuptial agreement, and might indeed be expected to put parties on notice to state their expectations at an early stage. The presumptive rule would represent a move to community property and would require the scope of marital property to be carefully defined, and ideally to include items like human capital and pensions. The move is already beginning in a haphazard way in the English case law.

The presumption of equal shares is a property rule of the kind likely to be successful in solving conflict over property rights in small-numbers bargaining cases. The courts at present try to assign liability when this is not necessary and may well be a relatively costly approach. Given the small numbers (two-party bargaining) in a marriage, a clear statement of a default rule should be enough to drive people to tailoring pre-nuptial agreements to their marital expectations. These agreements would prevent opportunistic divorce, otherwise caused when promises can be avoided and divorce effectively becomes too cheap.

It does not matter too much exactly what the property rule is, so a presumption of equal shares, which may well accord with contemporary expectations, is probably good enough. The aim should really be to drive people into forming their own agreements. To this end, it could be useful for a range of standard models to be provided (e.g. traditional marriage, partnership marriage, and so forth) from which people could select an appropriate agreement. It seems inescapable that the world is moving toward the introduction of laws of obligated intimate cohabitation, as a form of 'marriage lite,' raising the question of whether 'lite' might be a better fit for modern relationships than traditional marriage. This move is consistent with greater female economic participation, and lesser dependency on males. Marriage lite could well have the unintended consequence of promoting separation, particularly if it were extended to all intimate cohabitation over two years' duration, which might cause a shaking out of cohabiters as the time limit was reached. As with traditional marriage, any new laws of obligation are best applied to relationships forming from a point in time, and not retroactively.

References

Akerlof, G.A., J.L. Yellen, and M.L. Katz, (1996) An analysis of out of wedlock childbearing in the United States, 111 *Quarterly Journal of Economics,* 277-317

Brinig, M. and S. Crafton, (1994) Marriage and Opportunism, 23 *J. Legal Studies,* 869-894

Calabresi, G. and A. Melamed, (1972) Property rules, liability rules and inalienability: one view of the cathedral, 85 *Harvard Law Rev.,* 1089-1128

Carbone, J. and M. Brinig, (1991) Rethinking marriage: feminist ideology, economic change, and divorce reform, 65 *Tulane Law Rev.,* 953-1010

Coase, R., (1960) The problem of social cost, 3 *J. Law & Econ,* 1-44

Dnes, A., (1995) The law and economics of contract modifications: the case of Williams v. Roffey, 15 *International Rev. Law & Econ.,* 225-240

Dnes, A., (1998) The division of marital assets following divorce, 25 *J. Law & Society*, 336-364

Dnes, A., (1999) Applicationss of economic analysis to marital law: concerning a proposal to reform the discretionary approach to the division of marital assets in England and Wales, 19 *International Review of Law and Economics*, 533-552

Dnes A., (2007) Marriage, cohabitation, and same-sex marriage, *25 Independent Review,* 85-99

Gray, K., (1977) *The Reallocation of Property on Divorce*, Abingdon: Professional Books.

Hoggett, B., D. Pearl, E. Cooke, and P. Bates, (1996) *The Family, Law and Society: Cases and Materials*, London: Butterworths

Jolls, C., (1997) Contracts as bilateral commitments: a new perspective on contract modification, *26 J. Legal Studies,* 203-238

Law Commission, (1980) *The Financial Consequences of Divorce: the Basic Policy*, Cmnd 8041, London: HMSO

Law Commission, (2005) *Sharing Homes*, London: HMSO

Law Commission, (2007) *Cohabitation: The Financial Consequences of Relationship Breakdown*, London: HMSO

Popenhoe, (1996) *Life Without Father*, New York: Free Press

Trebilcock, M., (1993) *The Limits of Freedom of Contract*, Cambridge, Mass: Harvard Univ. Press

CONDITIONAL AND CONTINGENT FEES: A SURVEY OF SOME RECENT RESULTS

Winand Emons

A. Introduction

In a typical tort case in the United States the plaintiff's attorney receives his compensation in form of a *contingent fee*. Under this payment scheme the attorney gets a share of the judgement if his client wins and nothing if his client loses. A common practice is to use a sliding scale: the attorney gets one-third if the case is settled without trial, 40% if the plaintiff wins at trial, and 50% if a judgement for the plaintiff is affirmed on appeal.

Contingent legal fees are widely used in the US. In a well-known empirical study, Kritzer (1990) observes that individual litigants tend to use contingent fees. In around 87% of all torts and 53 % of all contractual issues plaintiffs retain their lawyer on a contingency basis. In Europe contingent legal fees were strictly forbidden: *Pactum cuota litis* is not allowed by the ethical code of the European Association of Lawyers. Nevertheless, market pressure has led some countries to allow conditional fees. Under *conditional fees* the lawyer gets an upscale premium if the case is won and nothing if the case is lost. The upscale premium is not related to the adjudicated amount. The United Kingdom started introducing conditional fees in the nineties, followed by Belgium and the Netherlands; the latter is now considering to formally allow contingent fees. Spain, France, Italy, and Portugal are considering the introduction of conditional fees. Germany has also relaxed some restrictions by means of third party contingent contracts, though not to the extreme of accepting conditional fees; see Kirstein and Rickman (2004). In Greece contingent fees of up to 20% as well as conditional fees are permitted.[1]

---

[1] The conditional fee is usually nothing if no recovery is obtained. If the case is won, the solicitor gets his normal fees plus an uplift, or 'success fee', on top of the normal fees. There is a statutory limit of 100% on the uplift. Whether the uplift is actually related to the amount adjudicated in the United Kingdom is a matter of debate. The Law Society first recommended that the client's liability to the lawyer should be capped at 25% of any damages recovered; later it dropped the recommendation. See, e.g., Yarrow (2001). In class action suits yet another type of contract is used resembling conditional fees. Under the loadstar fee, contingent on class victory, the attorney receives a fair compensation for the time spent on the case multiplied by a

Accordingly, in quite a few countries contingent and conditional fees coexist. As mentioned before, in the US in torts 87% of individual plaintiffs retain their lawyer under contingent fees. By contrast, 88% of organizational litigants use hourly or flat fees, often with a bonus for performance, i.e., conditional fees (Kritzer 1990).[2]

Both contingent and conditional fees pay for performance by compensating the lawyer by a higher fee if the case is won. The main difference between contingent and conditional fees is that the former pays a percentage of the judgement whereas the latter pays a reward that is unrelated to the adjudicated amount.

In this paper we survey the literature analyzing the virtues of conditional and contingent views. After having reviewed the earlier literature, we then focus on three recent contributions to the subject.

B. Review of the earlier literature

Previous literature has mostly addressed the virtues of contingent legal fees, but has ignored the possibility of conditional legal fees. Contingent fees may be seen as a mechanism to finance cases when the plaintiff is liquidity constrained and capital markets are imperfect. Similarly, they may be used by the attorney and her client to share the risk generated by the case efficiently. See, e.g., Posner (1986).

Another explanation is related to the use of contingent legal fees in class-action litigation (Lynk, 1990, Klement and Neeman, 2004) and third-party involvement in litigation, such as insurance companies (Kirstein and Rickman, 2004).

The other explanations for contingent fees are all based on asymmetric information between the lawyer and his client. Contingent fees can be used to address a moral hazard problem: If the client cannot observe the attorney's effort, then tying the attorney's fees to the trial's outcome provides better incentives to exert efficient effort than hourly fees which tend to induce shirking (Danzon, 1983; Halpern and Turnbull, 1983; Gravelle and Waterson, 1993; Polinsky and Rubinfeld, 2003; Emons and Garoupa, 2006).

Rubinfeld and Scotchmer (1993) suppose that the attorney has better information about his ability and the plaintiff has better information about the merits of her case. A high-quality attorney will signal his ability by working for a high contingency percentage and a low fixed fee. A client who has a high-quality case will be willing to pay a high fixed fee and a low contingency percentage, while a client with a low-quality case will prefer a low fixed fee and a high contingency percentage.

factor reflecting the degree of risk and the quality of work. By contrast to the output-based contingency fees, the loadstar method is input-based.

2 In private correspondence Bert Kritzer was concerned to use the term contingency fees to refer to percentage fees and to use conditional fees to refer to U.K. style contingency fees: conditional fees are contingent on the outcome, and hence are contingency fees; the term conditional fee is rarely used in the U.S. for this type of contract. While we share his concerns, we nevertheless use the term conditional fee because it is well established in Europe.

Dana and Spier (1993) and Emons (2000) look at the role of the attorney as an expert. Clients do not know the merits of their case. The attorney as the expert finds out about these merits. In Dana and Spier (1993) the lawyer recommends whether to pursue or drop the case; they conclude that the optimal compensation scheme will pay the attorney a share of the plaintiff's award. In Emons (2000) the attorney recommends how much work to put into the case; he finds that paying the attorney by the hour is generally better than using contingent fees.

The economic literature on conditional fees (Maclean and Rickman, 1999; Gray et al, 1999, Rickman et al, 1999, Yarrow, 2001; Fenn, 2002) has been concerned with the impact on the outcome of legal cases and the effects on the demand and supply of legal aid. Before-the-event legal cost insurance has been stifled by the existence of legal aid. When the government withdrew legal aid for many types of cases, conditional fees have moved to the fore along with after-the-event insurance policies, purchased after an actionable event from legal cost insurers.

C. The client has private information about her case

In Emons (2007) we compare conditional and contingent fees in a set-up where the client has private information about her case.

We consider two scenarios. In the first scenario clients have cases with different expected adjudication but the same risk; as a shortcut we will use the term merit for the expected adjudication. In the second scenario all cases have the same merit but differ in risk. Clients hire an attorney to take their case to court. Attorneys engage in Bertrand competition. Clients know the characteristics of their cases whereas lawyers do not. The client might be better informed than her attorney about the facts of her case; see Rubinfeld and Scotchmer (1993).

We do not allow for contracts with payments from the attorney to the client. We thus rule out the possibility that the lawyer buys the case from the client and we do not allow for penalties the lawyer has to pay to the client if the case is lost. This restriction follows from the *champerty doctrine* in the US and the UK and the forbidden *pactum cuota litis* in continental Europe.

Attorneys strategically choose how much effort they put into a case. Therefore, contracts have to be high-powered to provide incentives for high effort. More precisely, contracts may not entail fixed wages; the lawyer gets nothing when the case is lost. Accordingly, in our setup a contingent fee is simply given by a share of the adjudicated amount the attorney gets when the case is won; a conditional fee is given by a fixed amount for the lawyer if the case is won. Under both contractual forms the lawyer gets nothing if the case is lost. With asymmetric information about the merits, only a conditional fee contract is offered in equilibrium. This contract induces high effort and lawyers just break even. To see this, suppose that a contingent and a conditional fee contract are offered simultaneously. Then clients with strong cases prefer the conditional fee because they need not share the residual returns. By contrast, clients with weak cases prefer contingency fees because the attorney's share is lower than the conditional fee. If a lawyer offers a contingent fee contract, he only attracts low merit cases; the lawyer thus gets a negative selection of all cases. The expected returns of this contract do not cover the attorney's cost of effort so that he will not offer it in the first place.

With identical merit and asymmetric information about risks, only a contingent fee contract is offered in equilibrium. This contract induces high effort and lawyers just break even. If a contingent and a conditional contract are offered simultaneously, high risk clients prefer the conditional fee and low risk clients prefer the contingent fee. To see this note that high risk cases have high stakes but a low probability to prevail. Under conditional fees the lawyer does not participate in the high stakes; he gets a fixed amount if the case is won. The expected returns of the attorney are, however, decreasing in risk. By contrast, under contingent fees the lawyer's expected share is constant and independent of risk. Since the lawyer gets a fraction of the outcome, under contingent fees he is compensated for a low probability to prevail by a high reward if the client wins. Low risk clients prefer contingent fees because for them a share of the outcome is less than the conditional fee that they are very likely to pay. If a lawyer offers a conditional fee contract, he attracts only high risk clients; the lawyer thus gets a negative selection of all cases. The expected returns of this contract do not cover the attorney's cost of effort so that he does better not offer it in the first place.

If we argue that when a plaintiff retains her lawyer, the probability to prevail and the amount at stake are unknown, we are in the scenario with asymmetric information about risk. We then explain the observation that in torts 87% of individual plaintiffs retain their lawyer under contingent fees. Insurance companies are mostly defendants. When the defendant retains her lawyer, a case is more developed; suppose the probability to win is known and only the amount at stake remains to be determined so that we are in the scenario with asymmetric information about merits. Then we explain the fact that 88% of organizational litigants, typically insurance companies, use hourly or flat fees, often with a bonus for performance, i.e., conditional fees.

Our results should become clearer once we draw the analogy between contingent and conditional fees (without fixed wage components) and equity contracts and standard debt contracts (without collateral) to finance risky projects. Our cases are risky projects as are the investment opportunities of entrepreneurs. Entrepreneurs need capital from investors; our clients need effort from lawyers. Capital/effort is lost when the project fails/when the case is lost.

Under equity finance the investor gets a share of the project's returns. So does the attorney under contingent fees. Under a standard debt contract the investor gets a fixed payment (interest plus principle) in non-bankruptcy states and nothing in bankruptcy states. Under conditional fees the attorney gets a fixed premium if the case is won and nothing when the case is lost. Accordingly, contingent and conditional fees generate the same payoff structure as do equity and standard debt finance.

Our results are thus related to the literature on adverse selection in credit markets, starting with Stiglitz and Weiss (1981). We derive an extended version of a result by De Meza and Webb (1987): they show that with asymmetric information about returns, investors prefer debt over equity; if there is asymmetric information about risk, investors prefer equity over debt.[3]

D. The attorney as the client's agent

In Emons and Garoupa (2006) we compare contingent and conditional fee arrangements in the following simple principal-agent set-up. A client hires a lawyer. After they have signed the contract, the lawyer learns the amount of adjudication if the case is won. Then the lawyer strategically decides how much effort she puts into the case: the more effort, the higher the probability of winning the case. Effort is not observed by the client. If, e.g., the lawyer were paid a fixed fee, he would provide no effort.

We find that both contingent and conditional fees give the lawyer an incentive to provide effort. Under conditional fees the upscale payment is not related to the adjudicated amount. Therefore, the lawyer's effort does not depend on the amount at stake. Under contingent fees the attorney gets a fraction of the judgment. He adjusts effort to the adjudicated amount: the higher the judgment, the more effort he puts into the case. Accordingly, under contingent fees the attorney uses his information about the amount at stake whereas under conditional fees he does not. Therefore, contingent fees are more efficient than conditional fees. This holds true independently of upfront payments to the lawyer being restricted to be non-negative or not.

Then we extend the model to the problem that under contingent but not under conditional fees the lawyer may have an incentive to drop the case once he learned the amount at stake. If upfront payments are non-restricted, the client gains from the option of dropping the case; when upfront fees are restricted to be non-negative, the lawyer gains and the client loses.

In this paper we analyze UK-style conditional and US-style contingent fees with respect to the incentives they give the attorney to work hard. Under contingent fees the attorney's effort is tied to the amount at stake; under conditional fees the effort choice is independent of the judgment. Because the attorney effectively uses his information about the adjudicated amount, contingent fees are more efficient than conditional fees. This holds true if upfront payments to the lawyer are restricted to be non-negative or not. To put it differently: Looking at incentives, contingent fees are clearly better because the agent with more information becomes the residual claimant.

Our model also suggests that conditional fees could also do better than hourly and flat fees in the corporate market by providing a compromise between risk-sharing and incentives, saving on the need for in-house counsel to monitor external lawyers and reduce moral

3 De Meza and Webb assume pooling. A collateral is not used to screen entrepreneurs. In our model pooling is endogenous. The attorney's choice of effort rules out fixed wage components and thus any possibility to

hazard.[4] Our conjectures, if correct, also indicate that if at some point contingent legal fees are allowed in Europe, they would replace conditional fees in personal litigation if providing incentives is the main issue. If, however, asymmetric information about the adjudicated amount is the major problem, conditional fees will be preferred over contingent fees as is the case if clients want lawyers to follow a safe litigation strategy (Emons 2006, 2007).

E. The risk-averse client seeks insurance

In Emons (2006) we compare conditional and contingent fee arrangements in a set-up where the attorney chooses the strategy on how the case is presented in the courtroom. There are two possible strategies, safe and risky, that affect the probability of winning as well as the amount adjudicated. A safe strategy provides a higher probability of winning with a lower adjudication. A risky strategy leads to a lower probability of winning with a higher adjudication. Overall, the expected judgement is higher for the risky strategy.

We show that the risk-neutral lawyer will play it safe with conditional fees, but will go for risk with contingent fees. Under conditional fees, the only contingencies of interest to the attorney is winning or losing, hence he has an incentive to maximize the probability of winning the case: conditional fees thus give the attorney the incentive to play it safe. Contingent fees condition not only on the events of winning or losing, but also on the amount of the judgment: the higher the judgment, the higher the attorney's share. The expected judgment is higher with the risky strategy, hence the lawyer plays it risky.

The client is risk-averse. She prefers the safe strategy if she receives the entire amount at stake, even though the expected judgement is lower. With this assumption we create a potential conflict of interest between the risk-averse plaintiff and her risk-neutral lawyer. The equilibrium contract maximizes the plaintiff's expected utility subject to the constraint that the lawyer gets his reservation utility. We are thus solving for the privately-optimal type of contract between the lawyer and client - that which maximizes the expected utility of the client, given the usual constraint that the lawyer needs to be paid his reservation utility.

The client chooses conditional fees when lawyer's reservation utility is low; this result follows immediately from our assumption that the client prefers to play it safe when she gets the entire judgement. When the lawyer's reservation utility is, however, high, the client prefers contingent fees. Now the insurance function of contingent fees kicks in: When the lawyer's reservation utility is high, his share of the judgement approaches one. The plaintiff is almost fully insured and no longer cares so much about the judgement risk; most of the judgement goes to the lawyer anyway.

In this paper we want to highlight two points. First, conditional fees give the lawyer an incentive to maximize the probability of winning the case. By contrast, under contingent fees

---

screen clients.

4 Such a result seems to be supported by the observation that in the US many large law firms do operate on the basis of flat fee plus bonus for performance, rather than contingent fees (Kritzer, 1990; Garoupa and Gomez, 2008).

the attorney maximizes the expected judgement. Second, if the plaintiff is risk averse, there may be a conflict of interest between the plaintiff and her lawyer. If the cost of hiring a lawyer is low, the plaintiff seeks insurance through conditional fees which induce the safe bet. If, by contrast, lawyers are expensive, the plaintiff prefers contingent fees, which shift most of the judgement risk to the lawyer.

We have solved for the privately-optimal type of contract between the lawyer and client - the contract which maximizes the expected utility of the client given the constraint that the lawyer is paid his reservation utility. In the socially optimal allocation which maximizes the sum of the client's and attorney's utilities, the attorney bears all the risk. He chooses high effort and the risky strategy. This outcome is attained if the attorney buys the case from the client and becomes residual claimant. We have ruled out this possibility because of the *champerty doctrine* and the forbidden *pactum cuota litis*. We consider thus a second-best world in which the first-best is attained if and only if the lawyer's reservation utility is so high that the contingency fee is 100%.

One implication of the paper is that in a regime where conditional fees are allowed but contingent fees are forbidden, we should expect inefficient contracting for high costs of lawyering. Conditional fees do not allow for the sharing of the risk of a high or a low judgement. Compared to fixed wages they do, however, share the risk of winning and losing the case.

A second implication of the paper is the choice of lawyer fees as a response to the tension between plaintiff and lawyer concerning the litigation strategy. Therefore, an important aspect is how much control plaintiffs have over the choice of litigation strategy. Corporate clients usually keep a significant control over litigation, in part due to in-house legal counselling. For them the tension we analyze seems to be less of a problem. Individual clients usually lack the expertise to exert any significant control over their cases. For these clients conditional fees can be a useful means to induce a safe litigation strategy. To put it in terms of our example: a client can be assured that under conditional fees the lawyer behaves less aggressively than under contingent fees.

One argument against contingency fees is that they induce lawyers to settle cases too quickly. The attorney's return per hour invested in the case is higher if the case is settled rather than taken to court; see, e.g., Kritzer (2004). If we interpret the safe litigation strategy as going for a quick settlement, then this criticism applies even more to conditional fees.

F. Conclusions

We have seen that no contractual form dominates the other. When, for example, the client is concerned that the attorney might not work hard, she is better off with contingent rather than conditional fees. By contrast, if the client wants her lawyer to choose a safe litigation strategy, she should opt for a conditional fee contract.

Although in this survey we did not deal with hourly fees (task-based remuneration) the same result continues to hold when we add this contractual form to the picture: in certain situations hourly fees are better than contingent fees (Emons 2001); in other situations the reverse is true (Dana and Spier 1993).

The message we draw from these results is that there should be freedom of contract between the client and her lawyer: let them choose the contractual form that best suits their relationship. Attempts by the European Association of Lawyers to forbid conditional and contingent fees (*pactum cuota litis*) seem thus not motivated to protect the interests of the clients but seem to serve only the purpose of protecting the fiefs of attorneys.

References

Dana, J. and Spier, K. (1993) Expertise and Contingent Fees: the Role of Asymmetric Information in Attorney Compensation, *Journal of Law, Economics, and Organization*, 9, 349-67

Danzon, P. (1983) Contingent Fees for Personal Injury Litigation, *Bell Journal of Economics*, 14, 213-24

De Meza, D. and Webb, D. (1987) Too much Investment: A Problem of Asymmetric Information, *Quarterly Journal of Economics*, 102, 281-92

Emons, W. (2000) Expertise, Contingent Fees, and Insufficient Attorney Effort, *International Review of Law and Economics*, 20, 21-33

Emons, W. (2006) Playing It Safe with Low Conditional Fees versus Being Insured by High Contingent Fees, *American Law and Economics Review*, 8, 20-32

Emons, W. and Garoupa, N. (2006) The Economics of US-style Contingent Fees and UK-style Conditional Fees, *Managerial and Decision Economics*, 27, 379-385

Emons, W. (2007) Conditional versus Contingent Fees, *Oxford Economic Papers*, 59, 89-101

Fenn, P. (2002) The Impact of Conditional Fees on the Outcome of Personal Injury Cases, *Journal of Insurance Research and Practice*, 17, 43-48

Garoupa, N. and Gomez, F. (2008) Cashing by the Hour: Why Large Law Firms Prefer Hourly Fees over Contingent Fees, *Journal of Law, Economics, and Organization*, 24, forthcoming

Gray, A., Rickman N., and Fenn, P. (1999) Professional Autonomy and the Cost of Legal Aid, *Oxford Economic Papers*, 51, 545-58

Gravelle, H. and Waterson, M. (1993) No Win, No Fee: Some Economics of Contingent Legal Fees, *Economic Journal*, 420, 1205-220

Halpern, P. J. and Turnbull, S. (1983) Legal Fees Contracts and Alternative Cost Rules: An Economic Analysis, *International Review of Law and Economics*, 3, 3-26

Klement, A. and Neeman, Z. (2004) Incentive Structures for Class Action Lawyers, *Journal of Law, Economics, and Organization*, 20, 102-24

Kirstein, R. and Rickman, N. (2004) Third Party Contingency Contracts in Settlements and Litigation, *Journal of Institutional and Theoretical Economics*, 160, 555-75

Kritzer, H. (1990) The Justice Broker: Lawyers and Ordinary Litigation, *Oxford University Press*, Oxford

Kritzer, H. (2004) Risks, Reputations, and Rewards, *Stanford University Press*, Palo Alto

Lynk, W. J. (1990) The Courts and the Market: An Economic Analysis of Contingent Fees in Class-Action Litigation, *Journal of Legal Studies*, 19, 247-60

Maclean, M. and Rickman, N. (1999) No House, No Fee: Conditional Fees in Family Cases, *Family Law*, 29, 245-48

Polinsky, A. M. and Rubinfeld, D. (2003) Aligning the Interests of Lawyers and Clients, *American Law and Economics Review*, 5, 165-88

Posner, R. (1986) *Economic Analysis of Law*, Little Brown, Boston

Rickman, N. (1994) The Economics of Contingency Fees in Personal Injury Litigation, *Oxford Review of Economic Policy*, 10, 34-50

Rickman, N., Fenn, P., and Gray, A. (1999) The Reform of Legal Aid in England and Wales, *Fiscal Studies*, 20, 261-86

Rubinfeld, D. and Scotchmer, S. (1993) Contingent Fees for Attorneys: An Economic Analysis, *Rand Journal of Economics*, 24, 343-56

Stiglitz, J. and Weiss, A. (1981) Credit Rationing in Markets with Imperfect Information, *American Economic Review*, 71, 393-410

Yarrow, S. (2001) Conditional Fees, *Hume Papers on Public Policy*, 8, 1-10

V.
Harmonisierung des Europäischen Rechts/Harmonization of European Law

BARGAINING FOR LEGAL HARMONIZATION: JURISDICTIONAL COMPETITION AND LEGAL OBSOLESCENCE

Emanuela Carbonara[*] and Francesco Parisi[**]

Abstract

The optimal scope of legal harmonization and the desirable patterns of lawmaking vary according to current legal, social and economic conditions. This essay considers the legal landscape in Europe, characterized both by multijuralism and by the presence of a supranational entity. This dichotomy is important given the global trend toward increased legal harmonization and legal competition, which presents a marked departure for legal systems that for centuries have relied on a complex and unitary body of rules. The essay also considers the optimal choice of legislative instruments given the problems of legal obsolescence and the complexity of the regulation environment.

A. Introduction

European lawmakers and member states are undertaking important steps towards harmonizing, unifying, and codifying European private law. In Europe, the rise of a sovereign supranational entity is accompanied by important changes in the legal regimes of the member states. The ongoing process of political and legal transformation is characterized by greater degrees of freedom than much of its historical antecedents. On the one hand, notions of subsidiarity, devolution, and regionalism are used to legitimize the existence and autonomy of local units within a larger confederation. On the other, instruments of legal harmonization and unification have emerged to promote the convergence of legal systems across politically distinct geographical entities.

* University of Bologna, Department of Economics.
** University of Minnesota, School of Law and University of Bologna, Department of Economics.

In this essay, we consider three different issues of legal harmonization with respect to contract law and tort law. In Part 1, we consider the costs and benefits of legal diversity within the European context. In Part 2, we consider the two main tools by which harmonization takes place in the European Union, namely bargaining among member states and unilateral transplantation. We show the relevance of choice-of-law rules and rule competition in the selection of efficient rules in the final, harmonized legal system. Finally, in Part 3 we consider the issue of the optimal techniques of codification, as suggested by the draft European Civil Code. We pose special attention to the problem of legal obsolescence and to the important influence of codification style, judges' specialization, and complexity of the regulated environment on the optimal choice of legislative instrument.

The essay builds on recent findings in the law and economics literature to shed some light on the historical patterns of legislation in various areas of the law. The conclusions provide policy recommendations for the ongoing process of legal harmonization in the European context.

B. The Costs and Benefits of Legal Diversity

The ongoing process of harmonization and unification of European private law is likely to affect the degree of legal diversity in the European Union. In Europe, different legal traditions coexist within a unified legal and institutional framework. Presently, the European continent is a multijural system and it is very likely that it will remain so, at least in the foreseeable future.

Multijural systems differ from both traditional monolithic legal systems and from systems based on competitive federalism. Compared to monolithic systems, multijuralism and legal diversity generate both benefits and costs. Unlike competitive federalism, multijuralism allows a choice among multiple legal solutions within the same jurisdiction.

The main cost of multijuralism is the reduction in foreign trade in countries characterized by different legal systems. The literature on international trade extensively analyzes this issue. The traditional view was that national borders matter in determining the volume of trade only to the extent to which there are discriminatory policies, geographical distance, or different consumer tastes. Recent empirical literature has shown instead that national borders have a substantial negative impact on trade even between countries like Canada and the US, which have almost completely liberalized trade and are culturally homogeneous.

There are other costs due to multijuralism.[1] First, coordination problems arise when parties from different legal regimes are unsure which rules will govern their legal relationship. Even when the applicable law is clearly determined ex ante, the presence of multiple legal traditions in a given territory poses information problems, given differences in the legal meaning of terms and the rules of contract interpretation.

---

1 See Ribstein and Kobayashi (1996).

Conflict of law rules govern coordination problems of this type.[2] Technically, conflict of law rules apply whenever a legal dispute involves parties, property, or events that have a relevant connection with more than one legal system. The main problem with these rules is that they are of national origin, a product of the national courts and legislators. As a result, the rules themselves will occasionally conflict between jurisdictions, leading to substantial coordination failures. Even when parties are successful in coordinating their conflict of law regimes, they are able to capture the benefits generated by the reduction of coordination failures only partially, whereas they bear the whole cost of their effort. There have been attempts to unify the conflict of law rules through international treaties but this area of the law remains mostly fragmented.

Multijuralism also presents several types of negative externalities. First, differences among the national legal systems themselves pose externality problems. State laws may, for example, favor domestic consumers and investors, while hurting foreign producers and issuers rather than taking interstate social welfare into account. Second, there are serious externalities stemming from the application of conflict-of-law and choice-of-law rules. We postpone the discussion of this type of externalities to the next section.

Finally, multijuralist systems present differences in accounting standards and bankruptcy laws, in the regulations for foreign investments, and in disclosure requirements. Such differences can seriously hinder trade and financial flows and can affect growth prospects heavily. The magnitude of the costs described above depends on the type of law involved. For example, contracting parties may include choice-of-law and choice-of-forum clauses that solve, at least partially, coordination problems. Parties resolving a torts-related dispute, however, can rarely bargain ex ante to reduce such coordination costs, as discussed below.

In tort law, jurisdictions can easily impose negative externalities on others. For example, products liability rules determined by the place of production or place of sale could give an advantage to producers located within the jurisdiction at the expense of foreign victims of torts. Likewise, a tort conflicts regime turning on the victim's residency or place of injury could impose burdensome strict liability standards to the detriment of producers or tortfeasors outside the jurisdiction and to the advantage of local residents.[3]

There are, however, potential benefits to legal diversity and multijuralism, stemming from the possibility of legislative competition brought about by choice-of-law rules. In an ideal world of frictionless legal competition, individuals could choose among alternative legal regimes, just like consumers choose among competing products and services in the marketplace. The competitive supply of legal rules coupled with institutional meta-rules of mutual recognition and freedom of choice might lead to a competitive legal equilibrium, thus

---

2 Conflict of law rules are also known as rules of private international law according to the terminology of the civil law tradition.

3 The opportunity to create such regulatory externalities would distort legislative incentives and produce interjurisdictional competition. Without a unified legislation leading to the internalization of such externalities, the likely outcome would be "soft harmonization" (see Ott and Schäfer, 2004).

maximizing the total wellbeing of those affected by the law. Freedom of choice of law narrows the lawmakers' unwarranted discretion, implying that rules that do not conform to the consumers' preferences will not be chosen in equilibrium.[4]

Two remarks are due on this point. First, as it was with costs, the magnitude of the benefits of legal diversity turns on the type of law involved. In the case of contracts, the freedom of choice of law is rather diffused. To reduce the high transaction costs due to lack of harmonization, private entities often try to cope with the slow process of legal harmonization carried out by national legislative bodies by formulating uniform standards and drafting model codes that could be chosen to regulate transnational transactions (*lex mercatoria*). When stipulating a contract, the parties may in fact negotiate and either introduce a choice-of-law clause in their contract or use the above-mentioned *lex mercatoria*. As we shall see below, this is certainly not the case in other areas of law, like property and, especially, tort. Moreover, even in contract law, the adoption of *lex mercatoria* is a viable option mainly for professional traders. This is due to the very high transaction and information costs that characterize the use of these sources of "soft law".

The freedom of choice typically characterizing contract law is rarely applicable to tort law. Tortfeasors and victims have no opportunity to meet and negotiate prior to an accident. A contractual clause reciting that "Any potential accident between the undersigned parties shall be governed by, and adjudicated in accordance with, the law of the State of ..." is therefore implausible under most tort contexts, with the possible exceptions of professional malpractice and products liability.

It is also evident that unilateral choice of law cannot be considered a viable option in tort law (as it is not in contracts, apart from special categories like contracts of adhesion). If parties were allowed unilaterally to select the law of a particular jurisdiction for the regulation of the consequences of their illicit behavior, potential tortfeasors would be attracted by legal regimes that minimize the legal and financial consequences of their illicit acts without taking into account the lowered protection afforded to victims. Even if the same rules were then applied to tortfeasors when suffering a loss created by others, a bias in the selection of legal regimes would take place if the choosing individual faces a higher probability of being an injurer than a victim.

Second, the existence of benefits from multijuralism depends on the validity of an "efficiency hypothesis." According to this theory, a market for legal rules characterized by freedom of choice and competition in the supply of law should favor the evolution and spread of efficient rules. Multijuralism should produce a virtuous process by which countries compete in the creation of rules that are increasingly efficient. As soon as one succeeds in the creation of an efficient rule, all agents and therefore all countries converge toward that rule. The efficiency hypothesis eventually predicts legal harmonization. A virtuous mechanism facilitating

---

[4] See Kobayashi, B. and L. Ribstein (1997), Mattei (1997), Ogus (1999, 2002), Romano (2005).

harmonization is thus built into a multijural system, which implies that its main benefit is the capacity to become a monolithic legal system always evolving to remain efficient.

It is then crucial to assess the validity of the efficiency hypothesis. It is necessary to characterize the instruments that countries in general and member states of the European Union in particular can adopt to reduce legal differences. It is also necessary to examine the role played by choice-of-law rules that determine the extent of the freedom of choice, and hence the capacity of the system to converge to efficient rules.

C. Bargaining and Rule Competition in the Creation of a European Legal System

Member states of the European Union can utilize a variety of instruments to reduce differences among legal systems. First, legal systems can bilaterally or multilaterally coordinate their efforts by (1) harmonizing or (2) unifying their national systems. With "legal harmonization", nations agree on a set of objectives and targets and let each nation amend their internal law to fulfill the chosen objectives. Through "legal unification" nations agree to replace national rules and adopt a unified set of rules chosen at the interstate level. Although legal harmonization and legal unification are often pursued with different legal instruments, they both result from cooperative efforts of the countries involved.[5]

Second, countries can unilaterally change their legal system by importing rules from other legal systems or customs whose acceptance is widespread. This is what the comparative law literature defines "legal transplantation." Legal transplantation reduces or potentially eliminates differences between legal systems through the unilateral non-cooperative effort of one system.[6]

D. The Paradoxes of Legal Harmonization

As pointed out in the previous Section, member countries of the European Union seem to lag behind in the process of legal harmonization and unification. Countries are attached to their legal traditions because these are perceived to reflect the norms and accepted usages of their citizens, guaranteeing a stable environment where economic agents produce and trade with other national partners. In that which follows we will try to provide an explanation for this lack of harmonization that persists notwithstanding the costs and the repeated attempts to reduce legal differences at the European Union level.

When reducing their legal differences with one another, countries face conflicting incentives. Although it is widely recognized that there is an increasing need to harmonize laws

---

5 Directives and Regulations are common instruments utilized by EU member states to pursue goals of harmonization and unification.

6 Examples of legal transplantation include the adoption of the 1804 French Civil Code by Louisiana and the subsequent adoption of the French Code by several European nations. The wholesale transplantation of the1900 German Civil Code (BGB) in Japan is another example. Likewise, post-socialist countries relied heavily on European and US models to draft their new legal systems.

for the uniform regulation of transnational trading flows and relationships, there are also substantial switching and adaptation costs that may induce countries to preserve their local laws.

Switching and adaptation costs can manifest as social, financial, and political impediments to legal change. Several scholars argue that the social and political components are the most substantial. They claim that such costs may be so high as to make harmonization and unification impossible. Each country's legal tradition is embedded in the social norms that are internalized by the majority of the citizens. The legal system of another country may differ so much that society would simply resist a proposed legal change.[7]

Among the direct (financial) costs of legal change, there are the costs of drafting the new law and the cost of adapting pre-existing legal rules and institutions. Furthermore, a change in a primary source of law will often lead to a change in secondary sources. A legislative change, for example, will often occasion the obsolescence of pre-existing case law, necessitating the creation of new case law and revision of legal treaties and commentaries.[8] Unavoidably, the enactment of a new law brings about information and learning costs for judges, lawyers, and legal academics. In the short term, until the apparatus of secondary sources is comprehensively updated, legal change can bring about uncertainty, with a resulting surge of litigation due to a lack of legal precedents and doubts on the interpretation of the new law by courts. Moreover, large rents are earned by legal practitioners, who might oppose harmonization and unification because that would weaken their local monopoly on the "supply of legal skills".[9]

In a recent paper, Garoupa and Ogus (2006) argue that the incongruence among legal systems may be due to countries free riding on each other's effort to harmonize. If one country transplants, it alone bears all the costs while other countries gain from reduced legal asymmetry. Each country prefers harmonization by way of exportation of their own legal rules, rather than importation of others' legal rules. The process of harmonization and transplantation is thus a coordination game, and a suboptimal level of harmonization results.

A solution to this coordination problem is a central authority to which countries delegate the power to harmonize legal rules. By acting cooperatively to maximize their joint surplus, countries can internalize the positive externality generated by the harmonization effort. Accordingly, European countries routinely entrust a central coordination authority to capture these externalities, such as the European Parliament or the European Commission.

The result obtained by Carbonara and Parisi (2007a) questions whether this coordination can achieve the goal of full harmonization and unification of legal systems. Countries might free ride even when harmonizing through joint cooperative effort. It is even possible that countries engaging in cooperative harmonization (e.g. by treaties) end up with less harmonization than countries proceeding through unilateral, non-cooperative transplants. This is

---

7 See Legrand (1997).

8 We will discuss these issues extensively in Part 3.

9 Ogus (2002).

a paradoxical result given that coordination problems ought to be solved when countries cooperate. Carbonara and Parisi consider the case where countries have the capacity to manipulate their switching costs, both to decrease and to increase them. They show that in the presence of political and social switching costs, institutional or legal differences may be created as a hands-tying strategy to resist legal change. Taken to its extreme consequences, this implies that in some circumstances, a country might even decide to incur a cost to raise its own political or social switching costs. For example, lawmakers can confer constitutional status to some rules. Alternatively, they can recognize specific rules as fundamental principles of the system, creating a strong presumption against their amendment. These procedures increase prospective switching costs. Another example is the use of a referendum to approve changes (like those called in several EU countries to approve the new European Constitution). If voters reject the proposed change, political switching costs would become prohibitive and the status quo would be preserved.

This result turns on the strategic nature of efforts to reduce the differences among respective legal systems. Country A has the incentive to raise its switching costs, because by doing so, it can credibly commit itself to a low effort harmonization strategy. Country A's strategy will induce Country B to increase its own efforts in order to achieve the harmonization goal. In short, Country B's efforts can act as a strategic substitute for Country A's lack thereof, such that A has the incentive to decrease its own efforts when B increases its own. The incentive to increase switching costs is greatest when the other country is expected to exert high levels of harmonization efforts. Countries that can control their own switching costs can thus put themselves in a condition to free ride on other countries' legal harmonization.

Given that coordination problems are usually solved when countries cooperate, this is a paradoxical result. Cooperation usually demands higher effort by countries, as they are required to internalize the positive effects their effort will have on other countries' welfare. A country might thus have stronger incentives to increase its switching costs when it expects to enter into a cooperative harmonization plan in a subsequent stage. It is then possible that there may be less harmonization when countries engage in cooperative efforts than when they proceed non-cooperatively with independent transplantation. Our result may help explain why the European Union has not succeeded so far in the goal of harmonizing the legal systems of its member states.

E. Multijuralism and the Market for Legal Rules

The second major issue is how choice of law promotes competition and efficient economic outcomes. As pointed out above, multijuralism has its own benefits when parties have the opportunity and information to choose among alternatives. Choice-of-law clauses allow parties to select the law of a particular jurisdiction for the interpretation and enforcement of their rights and obligations under the contract. More generally, the term "choice of law" refers to the express, tacit or implied choice of applicable law, and to the rules that determine the extent to which people can effectively contract to apply the law of a particular jurisdiction to their relationship. Choice of law may be motivated by the greater familiarity of the parties with the chosen law vis-à-vis the otherwise applicable forum law. Further, contractual choice of law may reduce bargaining costs by supplying default contract terms, avoiding the need for parties to customize their contracts. Finally, parties may exercise a choice of foreign law in order to opt out of some undesirable provisions of the otherwise applicable legal system.

Whenever the contractual surplus exceeds the cost of the transaction, parties are expected to enter into welfare-enhancing contractual arrangements. A similar Coasean logic would suggest that whenever the benefits that can be drawn from the choice of a foreign body of law exceed the necessary transaction costs, parties are expected to select the most efficient legal regime. Simply stated, parties having an opportunity to select more efficient rules to govern their contractual relationship through choice of law should do so. If this were always true, liberal rules for the enforcement of choice-of-law provisions could be seen as instruments for reducing transaction costs. A normative corollary would then call for a clear and unambiguous enforcement of choice-of-law agreements.

Carbonara and Parisi (2007b) study how choice-of-law rules affect the evolution of substantive law. They assess the "efficiency hypothesis", considering the effectiveness of alternative choice-of-law regimes in promoting the evolution of efficient law. The analysis reveals that inefficient substantive law may persist under some choice-of-law regimes. This "inefficiency result" depends on the specific choice-of-law rules adopted by countries. Interestingly, some permissive choice-of-law regimes may delay the evolution of efficient substantive law. Carbonara and Parisi define an efficient regime as one maximizing the joint payoffs of the parties to a transaction. According to the "efficiency hypothesis", legal competition should lead welfare-maximizing governments to replace inefficient legal regimes with efficient ones, even if this necessitates the transplantation of rules from different jurisdictions.

Carbonara and Parisi assume that the selection of rules takes place in a dynamic framework, where economic agents choose the rules to apply to their contracts and countries choose the rule to transplant in their legal systems after observing what the majority of other agents and countries do. The selection of rules is the result of an evolutionary process. Preferred rules (i.e. those yielding highest joint payoffs) for the majority of commercial partners are more likely to be selected, thus becoming universally adopted and diffused. Evolutionary processes are typically characterized by a high degree of history and path dependence, so that in rule competition "victory" is often unrelated to strict "efficiency". Thus, the key observation in Carbonara and Parisi (2007b) is that even legal regimes that are not efficient per se can become so if they are used in a sufficiently high number of transactions and if a sufficiently high percentage of countries adopt it in their legal systems. A legal regime may be introduced in a national legal system simply because it is widely adopted elsewhere, even if it is not necessarily the most efficient. Similarly, if a critical mass of countries adopting an efficient regime is not reached, such regime may fail to spread and might even disappear.

In this process, choice-of-law regimes play a crucial role in the diffusion of efficient legal regimes. Contrary to what has been suggested in the literature,[10] choice-of-law regimes that allow free choice to the partners to a transaction, may not be sufficient to lead to the universal adoption of efficient rules. This might be true even if economic agents continue to opt out of the legal regime, adopting alternative, more efficient rules in their private transactions. Taking these results to extreme consequences, it might be that sufficiently permissive choice-of-law rules lead countries to keep inefficient legal rules while partners to a transaction opt out of such rules. There could then be a sharp distinction between the law written in the books and hardly applied and that utilized in legal relationships.

The intuition for this result is that in choice-of-law regimes that allow free choice, partners to a transaction can correct legal inefficiencies due to the lack of legal harmonization or to the inefficient rule adopted in their countries by selecting the efficient law for the interpretation and enforcement of their contract. This reduces the incentives by countries to transplant efficient rules, given that the freedom of choice left to economic agents limits the costs from the inefficient rule and allows them to save on the switching costs. Countries should then carefully fine tune the degree of freedom of choice of law allowed to economic agents.

However, the importance of allowing some freedom of choice to economic actors should by no means be underestimated. Restrictive choice-of-law regimes are desirable only under fairly restrictive conditions. More liberal choice-of-law rules help overcome the obstacles to harmonization posed by switching costs. In fact, although they may not be enough to guarantee that all countries adopt efficient rules, the model shows that some freedom of choice can foster legal unification. Even if states keep their original rules, firms may choose a rule that, given intrinsic efficiency and network effects, yields the highest expected payoff. This behavior increases the benefit from harmonization *vis-à-vis* switching costs, thus inducing states to change their legal rule.

The last issue regarding choice-of-law rules is related to the externalities they may produce. The first type of externality is due to the tension between the private interest of the contracting parties and the interest of the state and third parties in the application of forum law. A common basis for the restrictions on freedom of choice of law is that the unconstrained freedom of the parties may circumvent state policy and infringe upon the interest of non-contracting parties.

A second class of externalities created through contractual choice of law is those imposed on the judicial system.[11] Such externalities often arise when courts are forced to apply a foreign system of rules. In that case courts may be unfamiliar with the chosen foreign law, thus having to bear substantial information and decision-making costs that were never

---

10 See, among others, Guzman (2002).
11 See F. Parisi and L. Ribstein (1997).

considered by the parties in their choice-of-law decision. That is why some legal systems create an exception to the *ius novit curia* rule for the case of foreign law. In such a case foreign law is treated as a fact, and subjected to the burden of pleading and proof of the parties. As a consequence, private parties are forced to internalize the increased cost of the adjudicatory process.

F. Codification and the Problem of Legal Obsolescence

In Europe, the main tool utilized by legislators for making statutory law is codification. However, when crafting new laws, it is almost impossible to foresee all the specific instances to which the law will have to be applied. This has led scholars to state that legislation is necessarily incomplete.[12] This issue is acquiring more relevance as European lawmakers draft the Civil Code. The question is the optimal level of detail that should characterize codified law.

The answer is related to the old debate of rules versus standards.[13] Rules and standards represent the two extremes in the specification of the precision of the law. By definition, a standard is a legal or social benchmark used to judge actions under particular circumstances. It therefore allows fact-specific determination. On the contrary, rules are formulated with a high degree of specificity.

To minimize the costs of legal revision, the normative literature has often prescribed the use of standards where the regulated environment is subject to frequent changes. In fact, an important cost linked to the use of rules is the cost of altering them to keep pace with social, economic or technological change. Standards, in contrast, are less susceptible to obsolescence. We should then expect more specific rules when there is a stable environment and general standards when there is a fast rate of change. The existing literature points out that detailed rules are more sensitive to exogenous, unforeseen changes in the regulated environment and thus are more prone to obsolescence.[14]

Parisi, Fon and Ghei (2004) concentrate on the effects induced by changes in the frequency of application and in the rate of obsolescence on the optimal specificity of legal rules. They consider how the methodological approach used by legal systems, the existence of specialized courts, and the complexity of the regulated environment affect the optimal level of detail in the formulation of law.

With respect to methodology, their results provide important insights regarding the peculiar conception of "codification" in Civil law systems. Codifications provide a comprehensive and coherent set of principles and rules capable of application through deductive techniques of interpretation.[15] The law is organized in an inflexible and rigorous scheme of principles and rules, arranged in a pyramid-like fashion, from broad to specific, from general

---

12 That laws were unavoidably incomplete had been stated already by Aristotle (*Nicomachean Ethics*).
13 See, for instance, Kaplow (1992).
14 See, Ehrlich and Posner (1974).
15 See, Merryman (1969).

rules to particular exception. Seventeenth and eighteenth century French legal tradition and the rational jurisprudence that followed were the inspiration for modern European codifications. The change of any specific provision in a Civil law codification is therefore problematic. The amendment of a provision often requires coordination and harmonization with other rules and principles of the code, with complex chain effects on yet other code provisions. Switching and adaptation costs are thus highest in the case of laws and statutes belonging to codes. Given these system-specific methodological constraints, the cost of legislative revisions is higher for Civil law codifications than for other forms of legislation or codification. As we have argued above, when it is more difficult to codify and amend a legal rule, a lower level of specificity is desirable.

Parisi, Fon and Ghei (2004) also show that the optimal level of specificity increases for laws that are applied and interpreted by specialized courts. Some legal rules affect only specific areas of the law that fall under the jurisdiction of a specialized panel of judges. For instance, a tax rule will most frequently be applied by a tax judge and will have only limited occasion to become relevant in a dispute pending before a different court. The optimal level of specificity of these rules of narrow application can thus be evaluated with respect to the specialized court. On the other hand, when legal rules affect matters that fall under the jurisdiction of a large number of different courts (like laws concerning legal capacity or duress), their optimal level of specificity would have to be considered with respect to the entire judicial system.

Anecdotal historical evidence is consistent with the theory outlined in this Section. Unlike ordinary legislative enactments, European national codes have been surprisingly durable and stable overtime. The 1804 (Napoleonic) Code Civil still stands as the central body of private law in France. In celebrating the bicentennial of its Code Civil, French jurists did not envision much need for modification of this important legal document. The same holds for many other national codifications of the nineteenth and twentieth century. The German Civil Code that came into force in the year 1900 has maintained much of its structure and content throughout the years.

European national lawmakers probably realized that volatility of the external environment creates an increased opportunity for obsolescence of legal rules. This in turn led them to prefer standards over specific rules, alleviating the need for costly legislative amendments when external developments would have caused obsolescence in existing rules. European codes have adopted different levels of specificity in different areas of the law, choosing greater specificity in areas characterized by stability (e.g. contract and property law during the nineteenth century) and lesser specificity in areas that were undergoing rapid change (e.g. tort law after the industrial revolution). Specificity also appears to be affected by the number of cases likely to be adjudicated in each area of the law. In the historical context of nineteenth-century codifications, greater specificity was thus warranted for the laws of successions than, for example, for laws governing unjust enrichment or quasi-contracts. Finally, the existence of specialized jurisdictions influenced the level of specificity of rules. Bankruptcy and tax codes as well as labor laws were amended with greater level of detail when specialized courts were instituted for their interpretation and application. However, now that the process of codification has taken place, repeating it through rule competition or a coordinated effort at the European Union level might be prohibitively costly, given the aforementioned highest switching costs.

This is certainly one of the reason why European national codes and, more generally, legal systems have been fairly resilient in the course of the centuries. This would prove that switching costs that are "financial" in nature might be larger in size than those stemming from cultural differences among countries. It also explains why switching costs are particularly high for European countries and why they seem to resist more to the harmonization wave that is shaking the entire world nowadays, thus risking staying behind in the process of globalization that is characterizing all markets and many legal systems.

G. Conclusions: Legal Harmonization in European Law

The economic approach to legal harmonization generates several implications concerning the optimal scope of legal harmonization and the desirable patterns of lawmaking under different legal, social and economic conditions. These implications are relevant for both positive and normative analyses. From a positive standpoint, these results can be used for formulating a testable hypothesis according to which legal systems respond to exogenous changes in the external environment by adopting varying patterns of lawmaking, thus maximizing the value of legal intervention. In this respect, we have provided empirical evidence on the pattern of lawmaking and codification in nineteenth and twentieth century in Europe.

These results might also provide some normative guidance for contemporary European lawmakers. The current process of harmonization and unification of European law is taking place not only at the level of single member states, but also at the European Union level, with the drafting of a European Civil Code.

Following theory and related empirical evidence, the optimal patterns of codification should be determined in light of the current circumstances. Since the adoption of the nineteenth-century European codes, for example, accident law is now much more stable than during the industrial revolution. The law of contracts, on the other hand, is in rapid flux due to the advent of electronic commerce. Likewise, new information technologies have given much greater relevance to the law of privacy. The approach to codification in these areas of the law should not follow the drafting styles characterizing the traditional national codifications of Europe. Instead, lawmakers should instead be attentive to how environmental changes affect the optimal choice of legal instrument. Lawmakers should also consider how single member states face switching and adaptation costs that induce them to strategically resist coordinated, cooperative legal changes more than non-cooperative, unilateral ones. When acting at the coordinated level, piecemeal legislative change should then be preferred to rapid transition to the desired norms.

For that part of the legal harmonization process that takes place through transplantation, special attention should be devoted to choice-of-law rules. Legal convergence does not necessarily tend towards more efficient legal systems. When the initial diffusion of the efficient legal rule is low, we might observe convergence towards an inefficient rule. Countries minimize harmonization costs by adopting the legal system most common worldwide.

In liberal choice-of-law regimes, private parties have the opportunity to correct legal inefficiencies in their domestic legal system. There could then be convergence toward a situation where all private parties choose the efficient rule even in the face of the countries' uniform adoption of inefficient legal rules. This evolutionarily stable equilibrium is only second-best efficient, since it imposes high transaction costs on firms. A coordinated move from this equilibrium to a situation where all countries adopt the efficient rule could enhance the welfare of all countries. This solution, however, would involve the negotiation and signing of international treaties with the likely emergence of the strategic implementation problems considered in this essay.

References

Aristotle, Nicomachean Ethics, bk. V. §10, in R. Crisp (ed. and trans.) (2000), *Nicomachean Ethics,* Cambridge University Press

Carbonara E. and F. Parisi (2007a), The Economics of Legal Harmonization, *Public Choice*, 132: 367 – 400

Carbonara E. and F. Parisi (2007b), Choice of Law and Legal Evolution: Rethinking the Market for Legal Rules, *Minnesota Legal Studies Research Paper* No. 07-38

Ehrlich I. and R. Posner (1974), An Economic Analysis of Legal Rulemaking, *Journal of Legal Studies* 3, 257-286

Garoupa, N. and A. Ogus (2006), A strategic interpretation of legal transplants, *Journal of Legal Studies*, Vol. 35, 339 - 363

Guzman, A. (2002), Choice of law: New foundations, *Georgetown Law Journal*, 90: 883-940

Legrand, P. (1997). The impossibility of legal transplants, *Maastricht Journal of European and Comparative Law*, 4: 111 - 124

Kaplow L. (1992), Rules Versus Standards: An Economic Analysis, *Duke Law Journal*, 42: 557-629

Kobayashi B. and L. Ribstein (1997), *Federalism, Efficiency and Competition*, Mimeo

Mattei, U. (1997), *Comparative Law and Economics*, University of Michigan Press

Merryman H. (1969), *The Civil Law Tradition: An Introduction to the Legal Systems of Western Europe and Latin America*, Stanford University Press

Claus Ott and Hans-Bernd Schäfer (2004), A Unified Civil Code for Europe? Working Paper

Ogus, A. (1999), Competition Between National Legal Systems: A Contribution of Economic Analysis to Comparative Law, *48 International and Comparative Law Quarterly,* 405

Ogus, A. (2002), The Economic Basis of Legal Culture: Networks and Monopolisation, *Oxford Journal of Legal Studies*

Parisi F., V. Fon and N. Ghei, (2004) The Value of Waiting in Lawmaking, *European Journal of Law and Economics*, 18: 131 - 148

Parisi F. and L. Ribstein (1997), Conflict of Laws, in P. Newman (ed.) *Palgrave Dictionary of Economics and the Law,* Palgrave Macmillan

Ribstein, L. E. and B. H. Kobayashi (1996), An economic analysis of uniform state law, *Journal of Legal Studies*, 25, 131 - 199

Romano, R. (2005), Is regulatory competition a problem or irrelevant for corporate governance?, *Oxford Review of Economics and Policy*, 21(2): 212-231

Schäfer H.-B. (2001), Rules Versus Standards in Developing Countries: Should Poor Countries Have a More Rule Based Legal System? Unpublished manuscript, University of California at Berkeley

EUROPÄISCHE VERTRAGSRECHTSVEREINHEITLICHUNG AUS RECHTSÖKONOMISCHER SICHT

Eva-Maria Kieninger

A. Einleitung

Hans-Bernd Schäfer hat sich wie kaum ein anderer um den Gedankenaustausch zwischen Ökonomen und Juristen verdient gemacht. Das von ihm gemeinsam mit *Claus Ott* (bis 2004) und *Thomas Eger* (2006) alle zwei Jahre veranstaltete Travemünder Symposium zur ökonomischen Analyse des Rechts zieht zahlreiche Wissenschaftler aus Deutschland und Europa an, um über Grundfragen des Privat- und Wirtschaftsrechts zu diskutieren. Das VIII. und das X. Symposium (2002 und 2006) standen ganz im Zeichen der europäischen und internationalen Rechtsvereinheitlichung.[1] Ist sie für die Unternehmen und Verbraucher notwendig oder auch nur vorteilhaft? Wird sie die Transaktionskosten im grenzüberschreitenden Wirtschaftsverkehr sinken lassen? Oder verdankt sie ihre Existenz vor allem den Zentralisierungstendenzen der europäischen Institutionen gepaart mit dem Streben der beteiligten Rechtsvergleicher nach Bedeutungszuwachs für ihr Fach?[2]

Der folgende Beitrag will sich mit einigen zentralen Argumenten, die aus rechtsökonomischer Sicht gegen die europäische Vertragsrechtsharmonisierung und -vereinheitlichung vorgebracht werden, auseinandersetzen, ganz im Sinne des von dem Jubilar unermüdlich praktizierten und geförderten Dialogs zwischen Juristen und Ökonomen. Er greift dazu insbesondere auf die 2002 und 2006 beim Travemünder Symposium gehaltenen Referate zurück.

Zwei Bemerkungen zum Gegenstand mögen vorweg angebracht sein:
Erstens: Wenn im Folgenden von Vertragsrecht die Rede sein wird, ist damit nur das Schuldvertragsrecht gemeint; nicht gemeint sind dagegen andere Rechtsmaterien, die gleichfalls die

---

1 *Ott/Schäfer* (2002a); *Eger/Schäfer* (2007).

2 Vgl. *Ott/Schäfer* (2002b, 230 ff.).

Durchführung von Transaktionen bestimmen, wie etwa das Personenrecht (Geschäftsfähigkeit, Vertretung, Haftungsverfassung von Gesellschaften), das Sachenrecht, das Prozess-, Zwangsvollstreckungs- und Insolvenzrecht.[3] Selbstverständlich sind alle diese Materien bei der Betrachtung grenzüberschreitender Geschäftstätigkeit in den Blick zu nehmen. Dennoch empfiehlt es sich, jede einzelne Disziplin zunächst getrennt zu analysieren, denn die Faktoren für die Beurteilung des Für und Wider einer Harmonisierung unterscheiden sich erheblich. Das betrifft unter anderem das Kollisionsrecht, die Kompetenzgrundlagen im EGV und die Existenz internationalen Einheitsrechts oder einheitlicher privat gesetzter Regelwerke. *Lex mercatoria* in Bezug auf die Vertretung von Unternehmen oder die Zwangsvollstreckung gibt es beispielsweise schlicht nicht (und lässt sich auch nicht schaffen[4]), so dass die Aussage, die *lex mercatoria* sei dem staatlich gesetzten Recht überlegen,[5] für Transaktionen im Sinne eines weiten Begriffs keinen Sinn ergibt. Auch die internationalprivatrechtlichen Regeln unterscheiden sich je nach Rechtsgebiet erheblich. Beispielsweise gilt im Vertragsrecht Rechtswahlfreiheit, im Sachen-, Zwangsvollstreckungs- und Insolvenzrecht dagegen nicht. Somit divergieren auch die Voraussetzungen eines Regulierungswettbewerbs,[6] dessen Aufrechterhaltung ein wichtiges ökonomisches Argument gegen die Vereinheitlichung ist,[7] so dass es wenig sinnvoll erscheint, Regulierungswettbewerb als Gegenmodell zur Vereinheitlichung in Bezug auf Transaktionen im Allgemeinen zu untersuchen.

Zweitens: Harmonisierung meint Angleichung der nationalen Rechtsordnungen, Vereinheitlichung die Schaffung von Einheitsrecht. Mittel der Angleichung ist die Richtlinie, Vereinheitlichung geschieht dagegen durch Verordnungen (vgl. Art. 249 EGV). Einheitsrecht kann nationales Recht verdrängen oder als zusätzlich wählbare Ordnung hinzutreten. Im Folgenden wird abweichend vom Sprachgebrauch des EG-Vertrages und in Anlehnung an rechtsökonomische Literatur[8] der Begriff der „Vereinheitlichung" für alle Formen von Harmonisierung und Vereinheitlichung i.e.S. als Oberbegriff verwendet.

B. Mangelnde Notwendigkeit der Vereinheitlichung

Das vielleicht gewichtigste Argument gegen die Vereinheitlichung des Vertragsrechts ist die mangelnde Notwendigkeit. Da dezentrale Entscheidungen prinzipiell besser sind als zentrale[9] und die Schaffung eines einheitlichen Rechtssystems sowie die Umstellung auf das neue Recht ohne Frage Kosten verursachen würden,[10] bedarf es des Nachweises, dass der gegenwärtige, zersplitterte Rechtszustand für Unternehmen und Verbraucher Wohlfahrtseinbußen

3 Kritisch zum Transaktionsbegriff auch *Basedow* (2006a, 232 f.); *ders.* (2006b, 59 f.).

4 Zu den Gründen *Basedow* (2006a, 232 f.); *ders.* (2006b, 59 f.).

5 *Schmidtchen* (2002); *Streit/Mangels* (1996). Dazu näher unten, I.3.

6 Zur Rechtswahlfreiheit als Mobilität im Sinne des Regulierungswettbewerbs *Kieninger* (2002a, 57 ff., 75 ff., 106 ff. und 284 ff.).

7 Vgl. *Kerber/Heine* (2002, 184 ff.); *Schmidtchen* (2007, 25 f.); a.A. aus ökonomischer Sicht *Demougin/Witt* (2002, 40). Siehe zum Ganzen *Kieninger* (2002a, 2 ff.; *dies.* (2002b, 72).

8 Vgl. *Ott/Schäfer* (2002b) sowie *Schmidtchen* (2007).

9 Apodiktisch *Van den Bergh* (2007, 113).

mit sich bringt, die zumindest auf lange Sicht höher zu veranschlagen sind als die durch Ausarbeitung und Einführung des Einheitsrechts verursachten Kosten.[11]

Wohlfahrtseinbußen durch Diversität des Zivilrechts können eine Folge unnötig hoher Transaktionskosten (Kosten für den Abschluss und die Durchführung eines Vertrags) sein. Im Extremfall führen sie dazu, dass ein grenzüberschreitendes Geschäft ganz unterbleibt und damit komparative Kostenvorteile in der Bereitstellung von Produkten nicht genutzt werden können. Das wäre genau das Gegenteil eines Binnenmarkts. Allerdings sind die Ansichten darüber, ob die Unterschiedlichkeit nationaler Rechtssysteme tatsächlich zu signifikant höheren Transaktionskosten für grenzüberschreitende Verträge im Vergleich zum Binnenhandel führt, in der rechtsökonomischen Literatur geteilt. Die Ursache für die Unterschiede in der Einschätzung ist leicht auszumachen: Es hat noch kein Wissenschaftler konkret die Kostenunterschiede ausgerechnet.[12] Daher greifen die Autoren auf Stellungnahmen der Wirtschaftsverbände,[13] auf spieltheoretische Überlegungen[14] oder auf den empirischen Befund zurück, dass grenzüberschreitender Handel offensichtlich auch unter der gegenwärtigen Bedingung der Diversität stattfindet, und erklären das Phänomen mit stabilisierenden Faktoren außerhalb des staatlich gesetzten Rechts.[15] Keiner dieser drei Ansätze vermag jedoch restlos zu überzeugen, wie im Folgenden darzulegen sein wird.

I. Stellungnahmen der betroffenen Wirtschaftskreise

Ott und *Schäfer* versuchen, der Frage nach der Notwendigkeit eines Europäischen Vertragsrechts durch Analyse der Stellungnahmen der Wirtschafts- und Verbraucherverbände zur Mitteilung der Kommission vom 11. Juli 2001 nachzugehen.[16] Daraus, dass die Verbände zwar teilweise höhere Transaktionskosten im Außenhandel beklagen, dennoch aber mit großer Mehrheit eine weitere Europäische Vertragsrechtsvereinheitlichung (Option IV der Kommissionsmitteilung) ablehnen, folgern die Autoren, dass die Transaktionskostenunterschiede nicht erheblich sein können. Offensichtlich seien die Unternehmen ohne nennenswerten Aufwand in der Lage, die bestehenden Unterschiede durch die Wahl eines geeigneten Vertragsstatuts und/oder privatautonome Gestaltung des Vertragsinhalts und Rückgriff auf existierende Standardverträge zu bewältigen.

---

10 Dazu unten IV.

11 Vgl. *Schmidtchen* (2007, 22).

12 *Ott/Schäfer* (2002b, 223) schlagen als Rechenmodell vor, die Anwalts- und Rechtsberatungskosten von exportorientierten KMU in Beziehung zu je einer Einheit von inländischen und ausländischen Lieferungen zusetzen. Damit könne man die zusätzlichen Rechtskosten pro Exporteinheit ermitteln. Eine solche Rechnung haben *Ott/Schäfer* jedoch nicht durchgeführt, obwohl sie den Aufwand für „nicht übermäßig" halten. Die Autoren konzedieren außerdem, dass eine solche Größe nur einen Anhaltspunkt für die mögliche Kostener-sparnis durch Einführung eines Europäischen Vertragsrechts liefern könnte.

13 *Ott/Schäfer* (2002b, 230 ff.).

14 *Schmidtchen* (2007, 11 ff.).

15 *Streit/Mangels* (1996); *Schmidtchen* (2002).

16 Mitteilung an den Rat und das Europäische Parlament zum Europäischen Vertragsrecht, KOM (2001) 398 endgültig. Siehe dazu *von Bar* (2001); *ders./Lando/Swann* (2002); *Staudenmayer* (2001); *ders.* (2002).

Ein ganz anderes Bild zeichnet eine drei Jahre später von *Clifford Chance*, einer der weltweit größten Anwaltskanzleien, initiierte empirische Studie, die sich auf die Befragung von 175 repräsentativ nach Herkunft, Größe und Wirtschaftszweig ausgewählten europäischen Unternehmen stützt (im Folgenden CC-Studie).[17] Anders als in den Stellungnahmen zur Kommissionsmitteilung wurden in der CC-Studie spezifische Hindernisse für den Handel im Binnenmarkt identifiziert und bewertet. Dabei stellte sich heraus, dass die Unterschiede zwischen den Rechtssystemen und die Kosten für ausländische Rechtsberatung sehr wohl als Hemmnisse im innergemeinschaftlichen Handel empfunden werden.[18] Auf einer Skala von 1 bis 10 (kein Einfluss - starker Einfluss) rangierten die Rechtsunterschiede mit einem Wert von 5,35 als zweitstärkstes Hemmnis nach den Steuern (5,64), dicht gefolgt von den Kosten der Beratung über ausländisches Recht (5,16) und vor Bürokratie/Korruption (4,53), kulturellen Unterschieden (4,37) und Sprachenvielfalt (4,05). Gefragt wurden die Unternehmen sodann nach ihrer Einstellung zu einem Europäischen Vertragsrecht. Ingesamt, und das ist das Überraschende, wenn man die CC-Studie mit den Stellungnahmen zur Kommissionsmitteilung vergleicht, standen im Durchschnitt mehr als 80 % (!) der Befragten dem Konzept eines einheitlichen europäischen Vertragsrechts zumindest positiv gegenüber, 38 % sogar sehr positiv.[19] Markante Unterschiede innerhalb der Stichprobe gibt es sowohl in Abhängigkeit von der Branche (Handel und Fabrikation zwischen 80 und 90 %, Dienstleistungssektor 67 %) als auch vom Herkunftsstaat (Ungarn 100 %, UK 64 %).[20] Gefragt nach den verschiedenen Modellen für ein Europäisches Vertragsrecht befürworten 38 % eine größere Einheitlichkeit in der Umsetzung und Auslegung der europäischen Harmonisierungsrichtlinien (das entspricht etwa Option III der Kommissionsmitteilung), überraschende 30 % (38 % der KMU) würden ein Europäisches Vertragsrecht vorziehen, das die nationalen Vertragsrechtsordnungen verdrängt, und 28 % wünschen sich ein zusätzlich wählbares Europäisches Vertragsrecht.[21]

Zwei Fragen drängen sich auf, wenn man die deutlichen Unterschiede in den Ergebnissen betrachtet: Erstens: Wie lassen sich diese Unterschiede erklären? Zweitens: Welche Untersuchung hat die größere Richtigkeitsgewähr für sich?

Die Stellungnahmen zur Kommissionsmitteilung waren – anders als die CC-Studie – keine wissenschaftlich ausgearbeitete und begleitete Umfrage. Die Kommission richtet sich in ihren Konsultationsdokumenten regelmäßig an alle interessierten Kreise und veröffentlicht alle eingehenden Äußerungen, sofern die Autoren der Veröffentlichung zustimmen. Naturgemäß gibt es bei diesem Verfahren keine Auswahl nach Repräsentanz. Die bei *Ott/Schäfer* (2002b, 229) abgedruckte Liste der Verbände weist fast ausschließlich europäische, deutsche, österreichische und britische Verbände als Beteiligte an dem Konsultationsprozess aus;

---

17 The Clifford Chance Survey European Contract Law, April 2005, abrufbar unter http://www.cliffordchance.com/expertise/Publications/details.aspx?contentitemid=8354. Vgl. dazu *Vogenauer/Weatherill* (2005); *dies.* (2006, 117 ff.).

18 Fn. 17 Table A11.

19 Fn. 17 Table A13.

20 Fn. 17 Table A13 und A14.

21 Fn. 17 Table A25.

Stellungnahmen aus den süd-, ost- und mitteleuropäischen Mitgliedstaaten fehlen völlig. Unternehmen aus diesen Staaten stehen aber, wie die CC-Studie zeigt, einem Europäischen Vertragsrecht besonders positiv gegenüber. Zudem gibt es bei den Stellungnahmen ein Übergewicht des Dienstleistungssektors, der sich auch in der CC-Studie vergleichsweise skeptisch gegenüber dem Europäischen Vertragsrecht verhält. Ein zweiter wichtiger Unterschied liegt in der Person der Befragten. In der CC-Studie wurden die Unternehmen selbst, d.h. Mitarbeiter der Rechtsabteilungen und Geschäftsleitungen, befragt, die im Beitrag von *Ott/Schäfer* ausgewerteten Stellungnahmen zur Kommissionsmitteilung stammen dagegen ausschließlich von Verbänden. Möglicherweise tritt hier ein bisher wenig beachtetes *principal-agent* Problem zutage. Man sollte zwar vermuten, dass Verbände die Interessen ihrer Mitglieder vertreten, aber möglicherweise ist der Informationsaustausch zwischen denjenigen, die tagtäglich grenzüberschreitende Vertragsverhandlungen führen, und den Verfassern von Verbandsstellungnahmen nicht intensiv genug.

Insgesamt hat die CC-Studie aufgrund der repräsentativen Auswahl der Unternehmen, der spezifischeren Fragestellungen und der Vermeidung des zuletzt angedeuteten *principal-agent* Problems eine größere Richtigkeitswahrscheinlichkeit. Man kann daher jedenfalls nicht daraus, dass die Stellungnahmen zur Kommissionsmitteilung mehrheitlich eine stärkere Vereinheitlichung des Vertragsrechts ablehnen, darauf schließen, dass die Mehrkosten, die im grenzüberschreitenden Wirtschaftsverkehr durch die Divergenz der Rechtsordnungen entstehen, insignifikant sind.[22] Es gibt auch andere plausible Erklärungen für diese Ablehnung, etwa das Unbehagen an der Qualität der Brüsseler Gesetzgebung und eine generelle Furcht vor dem Unbekannten.[23]

II. Spieltheoretische Überlegungen

In seinem auf der Travemünder Tagung 2006 gehaltenen Vortrag untersucht *Schmidtchen* die möglichen Vorteile der europäischen Rechtsvereinheitlichung anhand eines einfachen Tauschspiels (2007, 12 ff.). Seine Grundannahme ist, dass sich die Parteien eines Vertrags, dessen Durchführung für beide Pareto-effizient wäre, möglicherweise vertragsbrüchig verhalten. Dieser Ausgang kann dadurch verhindert werden, dass jede Partei befürchten muss, dass sie wegen des Vertragsbruchs erfolgreich verklagt wird. *Schmidtchen* untersucht nun, welche Anforderungen im internationalen Handel an ein Rechtssystem zu stellen sind, das bilaterale Vertragstreue gewährleisten soll. Drei Faktoren spielen in seinem Modell eine Rolle: Die Wahrscheinlichkeit (p), dass eine der Parteien vor Gericht obsiegt, die Wahrscheinlichkeit (q), dass das Urteil in Ausland anerkannt und vollstreckt wird, und die Höhe der Gerichtskosten (C). Die Wahrscheinlichkeiten p und q sind im Modell davon abhängig, ob sich das erkennende bzw. anerkennende und vollstreckende Gericht im Heimatland des Klägers oder des Beklagten oder in einem dritten Staat befindet. Aus diesen Faktoren entwickelt *Schmidtchen*

22 So aber *Ott/Schäfer* (2002b, 230).
23 Vgl. *Kieninger* (2004, 505).

eine Vertragstreuebedingung, die erfüllt sein müsse, damit internationaler Handel stattfinden könne (2007, 18 „Bedingung [5a]"). Im weiteren Verlauf der Untersuchung konstatiert er, dass Einheitsrecht nicht garantiere, dass diese Vertragstreuebedingung erfüllt würde. Sie könne im Gegenteil sogar verletzt werden, wenn nämlich die Parteien unter Aufwendung von Informationskosten ein geeignetes Recht gefunden hätten, das diese Bedingung erfüllt, ihnen genau diese Rechtsordnung aber durch „Einheitsbrei" wieder genommen würde (2007, 23). Im Übrigen sei nicht ersichtlich, wie durch Rechtsvereinheitlichung die Gewinnwahrscheinlichkeit (p) des Klägers erhöht werden solle. Selbst im Binnenhandel sei die Wahrscheinlichkeit, vor Gericht zu obsiegen, eine unsichere Größe. Nur die Vollstreckungswahrscheinlichkeit im Ausland könne durch Rechtsvereinheitlichung auf dieselbe Größe gebracht werden, die im Binnenhandel herrsche.

Das Problem der vorstehend skizzierten Überlegungen liegt darin, dass sie den Gegenstand, den sie untersuchen wollen, nämlich das Vertragsrecht und die Auswirkungen seiner Vereinheitlichung, nur am Rande, und dort m.E. unzutreffend in den Blick nehmen. Die von *Schmidtchen* aufgestellte Vertragstreuebedingung besteht aus Faktoren, die überwiegend mit dem anwendbaren Vertragsrecht nichts zu tun haben.

Die Anerkennungs- und Vollstreckungswahrscheinlichkeit (q) wird von den Regelungen des materiellen Rechts nicht berührt, da Anerkennung und Vollstreckung nicht davon abhängen, welches materielle Recht das erkennende Gericht angewendet oder ob es bei der Rechtsanwendung Fehler gemacht hat (vgl. zu den Anerkennungshindernissen Art. 34 EuGVVO bzw. § 328 ZPO).[24] Anerkennung und Vollstreckung werden nur durch Vereinheitlichung des internationalen Zivilverfahrensrechts, insbesondere der internationalen Zuständigkeit gefördert. Ein einheitliches Europäisches Vertragsrecht vermag hier tatsächlich nichts auszurichten.

In *Schmidtchens* Modell bezeichnet die Wahrscheinlichkeit des Obsiegens vor Gericht (p) zugleich die Wahrscheinlichkeit der richtigen Entscheidung, denn es klagt stets die vertragstreue gegen die vertragsbrüchige Partei. Der Wert von (p) variiert danach, ob der Kläger im eigenen Land oder im Ausland (Staat des Beklagten oder Drittstaat) vor Gericht zieht. Als mögliche Gründe für unterschiedliche Obsiegenswahrscheinlichkeiten nennt *Schmidtchen* Diskriminierungsneigung, Differenzen im anwendbaren Recht oder im Prozessrecht (2007, 21). Diskriminierungsneigung oder Unterschiede des Prozessrechts können wiederum durch Europäische Vertragsrechtsvereinheitlichung nicht beeinflusst werden. Mit „Differenzen im anwendbaren Recht" meint *Schmidtchen*, dass, je nach internationaler Zuständigkeit und anwendbarem IPR, Gerichte unterschiedliche Sachrechtsordnungen anwenden. Das ist zwar prinzipiell richtig,[25] trifft aber gerade im Bereich des Vertragsrechts wegen des Europäischen Schuldvertragsübereinkommens (EVÜ)[26] auf die Gerichte der EU-Mitgliedstaaten nicht mehr

[24] Näher *Kieninger* (1999, 374).
[25] Näher *Kieninger* (1999).
[26] Europäisches Übereinkommen über das auf vertragliche Schuldverhältnisse anzuwendende Recht vom 19. Juni 1980, ABl. EG 1980 Nr. L 266/1 ff. Das Übereinkommen wird demnächst ersetzt durch die sog. Rom I

zu. Durch die Vereinheitlichung des IPR wendet jedes mitgliedstaatliche Gericht dasselbe materielle Recht an.

Freilich ist damit noch nicht gesagt, dass jedes Gericht als Folge der Anwendung desselben Rechts zum selben Ergebnis gelangt. Lässt man unterschiedliches Prozessrecht und unsachliche Einflüsse wie Ausländerdiskriminierung, die nichts mit unserem Thema zu tun haben, beiseite, so können solche unterschiedlichen Ergebnisse auch darauf zurückzuführen sein, dass das anwendbare Recht im einen Fall die *lex fori* ist, im anderen aber eine fremde Rechtsordnung, mit der der erkennende Richter nicht vertraut ist. Es spricht viel dafür, dass ein Gericht, welches das eigene Recht anwendet, eher zu einer nach dieser Rechtsordnung richtigen Entscheidung kommen wird, als ein Gericht, das nach fremdem Recht entscheiden muss. Daher könnte ein einheitliches europäisches Vertragsrecht sehr wohl einen positiven Einfluss auf die Vertragstreuebedingung haben, indem nämlich alle Gerichte ein Recht anwenden, mit dem sie – nach einer längeren Phase der Einarbeitung – vertraut sind. Rechtsvereinheitlichung könnte also durchaus die Gewinnwahrscheinlichkeit des Klägers gegenüber der Situation steigern, dass ein Gericht fremdes Recht anwenden muss.[27] Ein überzeugendes Argument gegen ein Europäisches Vertragsrecht lässt sich also auch aus den spieltheoretischen Überlegungen *Schmidtchens* nicht ableiten.

III. Alternativen: Rechtswahl, lex mercatoria

Soweit die rechtsökonomische Literatur anerkennt, dass Unterschiede im anzuwendenden Zivil- und Handelsrecht einen Einfluss auf den Abschluss und die Durchführung internationaler Handelsverträge haben, wird meist festgestellt, dass Außenhandel aber offensichtlich doch stattfindet und zwar in beachtlichem Umfang. Zwei Erklärungen werden hierfür angeboten:

Erstens: Der grenzüberschreitende Wirtschaftsverkehr habe sich privatautonom sein eigenes Recht einschließlich der Schiedsgerichtsbarkeit geschaffen; auf diese *lex mercatoria* stützten sich die Partner internationaler Transaktionen, so dass sie auf staatlich gesetztes Recht und staatliche Durchsetzungsmechanismen verzichten könnten.[28] Eine Vereinheitlichung des staatlichen Rechts wäre auf dieser Basis in der Tat wenig sinnvoll. Jedoch stimmt die Grundannahme, dass die *lex mercatoria* ein vollständiges Parallelsystem privaten Ursprungs sei, mit dem Vertragstreue ohne Rückgriff auf staatliches Recht gewährleistet werden kann, nicht. Zum einen ist die *lex mercatoria* kein lückenloses Vertragsrecht, zum anderen bedürfen auch Schiedssprüche, wenn sie zwangsweise durchgesetzt werden sollen, der Inanspruchnahme der staatlichen Gerichtsbarkeit. Privat geschaffenes und staatliches Recht müssen sich ergänzen, damit insgesamt ein Set von Institutionen entsteht, das die Erwartungen der am Außenhandel Beteiligten stabilisiert.[29] Daher ist es auch verfehlt, die *lex mercatoria* gegen

---

Verordnung über das auf vertragliche Schuldverhältnisse anwendbare Recht, die am 29.11.2007 vom Europäischen Parlament angenommen worden ist.

27 A.A. *Schmidtchen* (2007, 24).

28 *Streit/Mangels* (1996); *Schmidtchen* (1995); *ders.* (2007).

29 *Basedow* (2006a, 238); *Behrens* (2002, 34 f.).

„das IPR" in Stellung bringen zu wollen. Es geht nicht um eine Überlegenheit des einen Systems über das andere, sondern um ein sinnvolles Ineinandergreifen, und darum, den Parteien eines grenzüberschreitenden Vertrages die Wahl zu überlassen, welches Systems (insbesondere welches Gerichtssystems) sie sich bedienen wollen.

Die zweite Erklärung dafür, dass Außenhandel trotz unterschiedlichen Privatrechts offensichtlich stattfindet, ist die Existenz von Rechtswahlfreiheit. Weil die Parteien das ihnen passende, nationale Recht wählen können, sei ein Europäisches Einheitsrecht überflüssig, oder sogar, falls das Einheitsrecht das nationale Recht verdrängen sollte, schädlich.[30]

Unzweifelhaft ist die Rechtswahlfreiheit im Schuldvertragsrecht für den internationalen Handel förderlich. Die Freiheit, das anwendbare Vertragsrecht selbst wählen zu können, bietet den Parteien ein höheres Maß an ex-ante Sicherheit bezüglich des anwendbaren Rechts als die objektive Anknüpfung, beispielsweise nach Art. 4 EVÜ an den Sitz des Erbringers der vertragscharakteristischen Leistung.[31] Außerdem setzt sich das gewählte Recht bei internationalen Verträgen gegenüber den einfach zwingenden Bestimmungen des objektiven Vertragstatuts durch (vgl. Art. 3 Abs. 3 EVÜ). Auf diese Weise lassen sich unliebsame intern zwingende Regeln des ohne Rechtswahl anwendbaren Rechts ausschalten. Es überrascht daher nicht, dass 83 % der in der CC-Studie befragten Unternehmen angaben, für sie sei die Möglichkeit, das anwendbare Recht zu wählen, wichtig.[32]

Für die Frage, ob die Freiheit der Wahl unter nationalen Rechten dem Konzept eines Europäischen Vertragsrechts überlegen ist, gibt diese Feststellung allein allerdings noch wenig her. Zunächst einmal muss man unterscheiden zwischen einem verbindlichen und einem nur optionalen, zu den nationalen Rechtsordnungen hinzutretenden Europäischen Vertragsrecht.[33] Es ist nicht ersichtlich, wie ein lediglich optionales Einheitsrecht die Vorteile der Rechtswahlfreiheit verringern könnte, fügt es doch dem Kreis der wählbaren Rechtsordnungen lediglich eine weitere hinzu. Eine andere Frage ist, ob ein solches Projekt der Mühe wert ist. Würden die Unternehmen auf ein solches Recht zurückgreifen? Erfahrungswerte fehlen, da die *Unidroit Principles* und die *Principles of European Contract Law* jedenfalls vor staatlichen Gerichten nicht als „Recht" im Sinne von Art. 3 EVÜ gewählt werden können.[34] Auch an dieser Stelle ist daher die CC-Studie aufschlussreich: Insgesamt gaben 82 % der befragten Unternehmen an, dass sie ein optionales Europäisches Vertragsrecht wahrscheinlich für

---

30 Vgl. *Schmidtchen* (2007, 23). Positiver zum Modell eines optionalen Europäischen Vertragsrechts *Eidenmüller* (2002, 240 ff.).

31 Vgl. *Mankowski* (2002, 124 f.) m.w.N.

32 Fn. 17, Table A19.

33 Vgl. *Eidenmüller* (2002, 240 ff.).

34 Herrschende Meinung, vgl. *Berger* (1996, 75); *Canaris* (2000, 19 f.); *Michaels* (1998, 595 ff.) m.w.N. Das wird sich auch durch die Rom I Verordnung trotz des anders lautenden Vorschlags der EU-Kommission (Vorschlag der Kommission für eine Verordnung des Europäischen Parlaments und des Rates über das auf vertragliche Schuldverhältnisse anzuwendende Recht v. 15.12.2005, KOM [2005] 650 endgültig) nicht ändern.

grenzüberschreitende Verträge nutzen würden, davon bezeichneten 34 % eine solche Wahl sogar als „sehr wahrscheinlich".[35]

Fraglich ist auch, ob sich aus der Möglichkeit, das anwendbare Recht frei zu wählen, und aus der Tatsache, dass Rechtswahl stattfindet, bereits schließen lässt, dass die Parteien eine Wahl treffen, die für die Transaktion insgesamt effizient ist.[36] Möglich ist auch, dass die Rechtswahlentscheidung von anderen Kriterien bestimmt wird, insbesondere von der Vertrautheit mit der zu wählenden Rechtsordnung. Anhand der Auswertung von Formularhandbüchern lässt sich vermuten, dass in der Praxis ganz überwiegend versucht wird, das jeweils eigene Recht durchzusetzen, ohne Rücksicht auf seine Geeignetheit für den jeweiligen Vertrag.[37] Diese Annahme wird durch die Ergebnisse der CC-Studie bestätigt. Im Schnitt wählen 66 % der befragten Unternehmen vorzugsweise das eigene Recht. Nur 21 % bevorzugen fremdes Recht. Auch auf die Frage, welches Recht nach Auffassung der Interviewpartner insgesamt am häufigsten für internationale Verträge gewählt würde, nannte ein hoher Prozentsatz das jeweils eigene Recht.[38] So hielten 60 % der befragten Leiter französischer Unternehmen das französische Recht für das am häufigsten gewählte, 71 % der Ungarn das ungarische Recht, 60 % der Polen das polnische Recht und 50 % der Italiener das italienische Recht. Das englische Recht, dem oft eine besonders wichtige Rolle im internationalen Handel zugesprochen wird,[39] hielten zwar 83 % der Briten für das am häufigsten gewählte Vertragsrecht, aber nur 5 % der Italiener und 17 % der Franzosen (im Durchschnitt aber immerhin doch 26 % der Befragten). Schloss der Interviewer die Nennung des eigenen Rechts aus, wussten 46 % nicht mehr, was sie zur Frage des am häufigsten gewählten Rechts sagen sollten.[40] Aufschlussreich sind auch die Antworten auf die Frage, ob ein fremdes Recht gewählt würde, falls das eigene für den Vertrag nicht passe.[41] Nur 17 % gaben an, in einem solchen Fall häufig fremdes Recht zu wählen, 26 % würden das gelegentlich tun, 29 % fast nie und 21 % nie. Diese Ergebnisse lassen die These, die Rechtswahlfreiheit werde in der Praxis dazu genutzt, das für die Transaktion passende Recht aus dem Angebot der verschiedenen mitgliedstaatlichen Vertragsrechte herauszusuchen, in einem äußerst fragwürdigen Licht erscheinen. Wesentlich wahrscheinlicher ist die Annahme, dass eine Partei gegenüber der anderen ihr Heimatrecht durchzusetzen versucht, gleichgültig, ob es geeignet ist oder nicht. Daraus lässt sich schließen, dass das wichtigste Effizienzkriterium die Kenntnis der Rechtsordnung und die Möglichkeit, einfach und schnell Auskunft zu Rechtsfragen zu erhalten, ist,[42] und dass trotz eines gewissen Erfahrungswissens im Umgang mit ausländischem Recht das eigene

[35] Fn. 17, Table A15. Dagegen erscheinen die Antworten auf die Frage, ob das Europäische Vertragsrecht optional im Sinne eines opt-in oder opt-out sein solle, nicht signifikant für die eine oder andere Lösung zu sprechen (Table A27).

[36] So die Annahme von *Schäfer/Lantermann* (2006, 92).

[37] Vgl. *Kieninger* (2002a, 286 ff).

[38] Vgl. Fn. 17, Table A32.

[39] Vgl. (kritisch) *Kieninger* (2002a, 300 ff.); *Beale*, (2007, 359).

[40] Fn. 17, Table A33.

[41] Fn. 17, Table A34.

[42] Ebenso *Schäfer/Lantermann* (2006, 96).

Recht für die meisten das bekannteste ist. Bei dieser Ausgangssituation kann jedoch die Rechtswahl in grenzüberschreitenden Verträgen immer nur für eine Partei effizient sein. Als Lösung der „konstitutionellen Unsicherheit"[43] im Außenhandel ist sie unter dieser Voraussetzung einem einheitlichen Vertragsrecht unterlegen, selbstverständlich aber erst ab dem Zeitpunkt, in dem sich Beratungs- und Gerichtspraxis auf das neue Recht umgestellt haben und das Einheitsrecht beiden Parteien vertraut ist. Unter dem letzten Gesichtspunkt (Kenntnis, Geschwindigkeit der Umstellung) müsste man sogar einem Einheitsrecht, das die nationalen Rechtsordnungen verdrängt, das Wort reden, da dieses von der Praxis wesentlich schneller zur Kenntnis genommen werden wird und eine umfangreiche Gerichtspraxis rascher entstehen würde. Andererseits aber könnte ein optionales Instrument einen allmählicheren Übergang schaffen.[44]

Zusammengefasst lässt sich sagen, dass der grenzüberschreitende Handel sicherlich durch die Existenz nicht-staatlicher Regelwerke (*lex mercatoria*) und Durchsetzungsmechanismen (Schiedsgerichtsbarkeit) sowie durch die Freiheit der Rechtswahl gegenüber einem Zustand ohne diese Elemente erleichtert wird. Damit ist aber noch nichts darüber ausgesagt, ob einheitliches, supranational gesetztes Sachrecht nicht zu noch effizienteren Lösungen führen könnte. Die vorstehenden Überlegungen und die Ergebnisse der CC-Studie legen dies nahe. Einheitsrecht ist also nicht überflüssig. Ist es gegenüber dem Ist-Zustand schädlich? Einheitsrecht würde weder die *lex mercatoria*, noch die kollisionsrechtliche Rechtswahlfreiheit beseitigen. Nur im Falle eines die nationalen Rechte verdrängenden Einheitsrechts würde der Kreis der wählbaren Rechtsordnungen auf die drittstaatlichen Rechte beschränkt werden. Angesichts der durch die CC-Studie bestätigten Feststellung, dass die Rechtswahl von den Parteien meist nur dazu benutzt wird, das eigene, bekannte Recht durchzusetzen, ist der Verlust aber möglicherweise als nicht sehr gravierend einzustufen, denn bekannt wäre unter diesem Modell ja das europäische Einheitsrecht.

B. Vielfalt als Ausdruck unterschiedlicher nationaler Präferenzen?

Allgemein geht die rechtsökonomische Literatur davon aus, dass unterschiedliche Regulierungen ein Ergebnis der Anpassung des Rechtssystems an örtlich unterschiedliche Präferenzen und Bedingungen ist.[45] Im Bereich des Vertragsrechts wird das insbesondere von *Van den Bergh* betont.[46] Längere Widerrufs- oder Gewährleistungsfristen korrelieren beispielsweise mit einem höheren Preis, so dass angenommen wird, die Bevölkerung in Mitgliedstaaten mit einem geringeren Pro-Kopf-Einkommen werde ein niedrigeres Verbraucherschutzniveau bevorzugen als diejenige in Staaten mit höherem Durchschnittseinkommen. Rechtsvielfalt sei also effizient, weil sie unterschiedlichen nationalen Präferenzen entspreche.

---

43 *Schmidtchen* (2007, 8).

44 Vgl. *Eidenmüller* (2002, 240 ff.).

45 Vgl. *Eidenmüller* (2002, 240); *Kerber/Heine* (2002, 179 f).

46 *Van den Bergh* (2007, 114); ausführlicher *ders.* (1998).

Was jedoch unter einer „nationalen Präferenz" zu verstehen ist, erläutert *Van den Bergh* nicht; ihre Existenz wird allein aus der Existenz national unterschiedlicher Regelungen gefolgert. Indes muss sowohl das Vorhandensein nationaler Präferenzen als auch deren Herleitung aus der Existenz national unterschiedlicher Regelungen bezweifelt werden, denn der Grundsatz der Präferenzautonomie bezieht sich allein auf das Individuum.[47] Nur der einzelne Mensch kann für sich entscheiden, welche Wünsche er hat und welche Ziele er verfolgen will. Eine Gruppenpräferenz ist daher nur als Summe individueller Präferenzen denkbar.[48] Sie kann es also nur dann geben, wenn sich die Gruppe auf der Grundlage einer gemeinsamen Präferenzstruktur gebildet hat. Dass diese Voraussetzung auf Staaten nicht zutrifft,[49] ist offensichtlich. Man könnte aber möglicherweise auch dann von einer Gruppenpräferenz oder einer nationalen Präferenz sprechen, wenn zumindest die Mehrheit der Bürger eines Staates eine gemeinsame Präferenzstruktur aufwiese. An dieser Stelle bleibt *Van den Bergh* allerdings den Nachweis schuldig, dass die von ihm festgestellten Rechtsunterschiede, etwa hinsichtlich des Verbrauchervertragsrechts, den Präferenzen der Mehrheit der Bürger in den jeweiligen Mitgliedstaaten entsprechen. Der Schluss von der Existenz unterschiedlicher Schutzniveaus auf unterschiedliche Präferenzstrukturen wäre nur dann zulässig, wenn das politische System so funktionieren würde, dass seine Resultate – wohlgemerkt in Bezug auf Details privatrechtlicher Gesetzgebung wie etwa Widerrufs- und Gewährleistungsfristen (!) – tatsächlich dem Willen der Mehrheit des Wahlvolks entsprechen. Dies ist jedoch offensichtlich nicht der Fall. *Van den Bergh* selbst verweist an anderer Stelle auf die Erkenntnisse der Neuen Politischen Ökonomik:[50] *"Public choice analysis starts from the important insight that politicians pursue their own goals, which may deviate from the preferences of the citizens"*. Daher kann man, selbst wenn man grundsätzlich davon ausgeht, dass unterschiedliche historische, gesellschaftliche, wirtschaftliche und kulturelle Faktoren das jeweilige Privatrechtssystem prägen können,[51] nicht umgekehrt aus der Unterschiedlichkeit privatrechtlicher Regelungen auf eine mehrheitliche oder gar „nationale" Präferenz für die jeweiligen Eigenarten schließen.

C. Aufrechterhaltung von *yardstick*-Wettbewerb und Regulierungswettbewerb

Ein weiteres zentrales Argument in der Debatte um ein einheitliches europäisches Privatrecht ist die Aufrechterhaltung des Systemwettbewerbs als Entdeckungsverfahren im *Hayek*'schen Sinne. „*Yardstick*-Wettbewerb"[52] hat als einzige Voraussetzung die Existenz unterschiedlicher Rechtssysteme, die von außen in ihrer Verschiedenheit, ihren Vor- und Nachteilen

---

47 Vgl. *Behrens* (1986, 34 ff.); *Eidenmüller* (1998, 326 ff.) m.w.N.

48 *Behrens* (1986, 35).

49 Anders wäre es bei dem von *Frey* und *Eichenberger* entwickelten Konzept der *„functional, overlapping, competing jurisdictions (FOCJ)"*, die sich gerade dadurch auszeichnen, dass ihre Mitglieder hinsichtlich der von der Körperschaft zu erfüllenden Funktionen dieselbe Präferenzstruktur haben, siehe dazu *Frey/Eichenberger* (1995); *Frey* (1997).

50 *Van den Bergh*, (1998, 148). Zu den Defiziten des politischen Systems auch *Monopolkommission*, Systemwettbewerb, Sondergutachten 27 (1998) S. 12 f.; *Bratton/McCahery*, (1997, 213 ff.).

51 So insbesondere *Großfeld* (1984, 80 ff.); *Collins* (1995); *Legrand* (1996, 56 ff.).

wahrgenommen und miteinander verglichen werden können. Institutioneller Wettbewerb ist wesentlich voraussetzungsvoller und setzt außer Mobilität z.B. in Form von Rechtswahlfreiheit auch ein wettbewerbliches Nachfrager- und Anbieterverhalten voraus.[53] Wenn aber Nachfrager ihre Arbitragehandlungen überwiegend nicht daran ausrichten, ob die Eigenschaften des gewählten Rechts ihren Präferenzen entspricht, sondern, wie die CC-Studie nahe legt, im wesentlichen nur das eigene Recht durchsetzen wollen; wenn außerdem die Staaten als Anbieter keine Anreize haben, das Nachfragerverhalten wahrzunehmen und ihre Institutionen daran auszurichten,[54] kann institutioneller Wettbewerb schwerlich stattfinden. Ich habe an anderer Stelle versucht, diese Zusammenhänge darzulegen.[55] Die Existenz von *Yardstick*- oder Ideenwettbewerb ist dagegen nicht zu bestreiten; jedoch findet er im Bereich des Vertragsrechts in den Kreisen der Rechtsvergleicher statt, nicht in der Öffentlichkeit oder der Politik. Es muss schon um leicht fassliche und unmittelbar in Geldbeträgen ausdrückbare Unterschiede wie etwas die Mindeststammkapitalziffer im GmbH-Recht gehen, damit eine Diskussion über die Vor- und Nachteile des eigenen Rechts im Verhältnis zum ausländischen in Gang kommt, die die Grenzen der Fachwissenschaft überschreitet.

D. Kosten der Vereinheitlichung

In seinem Kommentar zum Beitrag von *Ott* und *Schäfer* bei dem VIII. Travemünder Symposium notiert *Eidenmüller*, dass die direkten und indirekten Transformationskosten, welche die Einführung eines obligatorischen Europäischen Vertragsrechts mit sich brächte, wohl die mit Abstand größte Bedeutung in einem Effizienzkalkül hätten (2002, 240). Diese Vermutung ist in Ermangelung irgendwelcher Zahlen kaum zu bestreiten, aber es gibt Möglichkeiten, die Kosten zu minimieren. *Eidenmüller* schlägt vor, das Einheitsrecht nur als optionales Instrument einzuführen, so dass sich die Rechtsanwender allmählich daran gewöhnen könnten. Das Beispiel der Einführung des neuen Zivilgesetzbuchs in den Niederlanden 1992 zeigt, wie Juristen über einen längeren Zeitraum bereits an dem neuen, noch nicht in Kraft befindlichen Text geschult werden können.[56] Abschreckend sind dagegen die Erfahrungen mit der völlig überstürzten deutschen Schuldrechtsreform.[57] Neben Möglichkeiten der Kostensenkung sollte man allerdings auch bedenken, dass die Umstellungskosten nur einmalig anfallen, die Effizienzverluste, die aus der Diversität entstehen, dagegen laufend.

---

52 Vgl. *Apolte* (2007, 223). In *Kieninger* (2002a, 18 ff.) als „Ideenwettbewerb" bezeichnet.
53 Vgl. *Demougin/Witt* (2002, 41); *Kieninger* (2002a, 56 ff.) m.w.N.
54 Vgl. zu den Grenzen eines institutionellen Wettbewerbs im Vertragsrecht ausführlich *Kieninger* (2002a, 284 ff.
55 Vgl. *Kieninger* (2002a, 75 ff.); *dies.*(2002b).
56 Vgl. *Ranieri* (2007, 47).
57 *Ranieri* (2007, 48).

E. Versuch eines Fazits

Gestützt auf neuere empirische Daten hat dieser Beitrag versucht, das Argument der mangelnden wirtschaftlichen Notwendigkeit eines einheitlichen Europäischen Vertragsrechts zu entkräften und hinter die weiteren Gegengründe (nationale Präferenzunterschiede, Systemwettbewerb, unverhältnismäßig hohe Kosten des Wechsels) deutliche Fragezeichen zu setzen. In der Tendenz folgt er also nicht der ökonomischen Literatur, die dem Projekt eines Europäischen Vertragsrechts mit Skepsis (*Ott/Schäfer*), teils auch mit vehementer Ablehnung (*Van den Bergh, Schmidtchen*) begegnet.

Liegt die unterschiedliche Einschätzung jenseits allen Austauschs von Argumenten wirklich daran, dass die Rechtsvergleicher in der europäischen Zivilrechtsvereinheitlichung eine Chance sehen, ihre Disziplin aus dem Schatten eines Orchideenfachs in das Zentrum von Forschung und Lehre zu holen, so die Vermutung von *Ott* und *Schäfer* (2002b, 230 ff.)? Wenn das zuträfe, so wären die beteiligten Wissenschaftler recht kurzsichtige Menschen. Ein großer Teil der rechtsvergleichenden Forschung und Lehre konzentriert sich auf die europäischen Rechtsordnungen, denn hier besteht aufgrund der engen wirtschaftlichen Beziehungen das größte praktische Interesse. Sollte ein Europäisches Zivilgesetzbuch einmal Wirklichkeit werden, so wäre dieser Ausschnitt der Rechtsvergleichung bald nur noch von historischem Interesse. Nach einigen Jahrzehnten würde die Frage, aus welcher Rechtsordnung welche Regel stammt oder auf welche Kompromisse sie zurückzuführen ist, hinter den dann aktuellen, am Einheitstext orientierten Auslegungsfragen verblassen.

Andererseits ist aber in der Tat nicht zu übersehen, dass das Projekt der Zivilrechtsvereinheitlichung vor allem von der rechtsvergleichenden Zunft vorangetrieben wird. Das könnte aber auch andere Ursachen haben: Vielleicht haben Wissenschaftler, die häufig Gerichtsgutachten zu Einzelfragen ausländischen Rechts erstellen und in Forschergruppen über die Unterschiede ihrer Rechtsordnungen reflektieren, eine bessere Vorstellung davon, welche Mühe es macht, selbst einfache Fragen zum ausländischen Recht richtig zu beantworten. Wer noch nie versucht hat, einen scheinbar unproblematischen Fall nach ausländischem Recht zu lösen, weiß nicht, wie viel Zeit es kostet, die einschlägigen Gesetzestexte, Gerichtsurteile und Literaturstellen überhaupt zu finden, ganz abgesehen von Unterschieden in Sprache, Rechtsterminologie, Systematik, Auslegungsmethoden etc. Vielleicht sind es diese ganz praktischen Erfahrungen der Rechtsvergleicher, die den Sinn dafür schärfen, wie schwierig es für Mitarbeiter in der Rechtsabteilung eines Unternehmens, den Geschäftsleiter eines KMU, das gar keine Rechtsabteilung hat, oder einen Anwalt sein mag, Verträge auf der Basis ausländischen Rechts zu schließen und durchzuführen.[58] Die von der CC-Studie aufgedeckten Schwierigkeiten, die viele Unternehmen im Umgang mit ausländischem Vertragsrecht haben, decken sich jedenfalls mit dieser Annahme.

[58] Vgl. auch *Beale* (2007, 358 f).

Ökonomen sind, wie *Schmidtchen* schreibt, Spezialisten „auf dem Gebiet gesellschaftlicher Rechtsfolgenabschätzung“;[59] auf ihre Meinung sollte man daher hören, bevor man daran geht, das Rechtssystem grundlegend zu ändern. Rechtsvergleicher wissen um die Unterschiedlichkeit der Rechtsordnungen und die praktischen Schwierigkeiten im Umgang damit. Allein die enge Zusammenarbeit beider Disziplinen kann somit zu einigermaßen zutreffenden Schlussfolgerungen führen. Der weiteren Entwicklung des Europäischen Privatrechts ist daher zu wünschen, dass der Jubilar sein Wirken für eine immer bessere Kommunikation zwischen Ökonomik und Rechtswissenschaft noch lange fortsetzen wird!

Literaturverzeichnis

Apolte, T., Wettbewerb versus Harmonisierung im Verbraucherschutz, in: Eger, T./Schäfer, H.-B. (Hrsg.), Ökonomische Analyse der europäischen Zivilrechtsentwicklung, 2007, 215 ff.

Bar, C. v., Die Mitteilung der Europäischen Kommission zum Europäischen Vertragsrecht, ZEuP 2001, 799 ff.

ders./Lando, O./Swann, S., Communication on European Contract Law: Joint Response of the Commission on European Contract Law and the Study Group on a European Civil Code, ERPL 2002, 183 ff.

Basedow J., Lex Mercatoria und Internationales Schuldvertragsrecht, in: Berger, K. P./Borges, G./Herrmann, H./Schlüter, A./Wackerbarth, U. (Hrsg.), Zivil- und Wirtschaftsrecht im Europäischen und Globalen Kontext, Festschrift für Norbert Horn zum 70. Geburtstag, 2006a, 229 ff.

ders., Lex Mercatoria and the Private International Law of Contracts, in: Basedow, J./Kono, T. (Hrsg.), An Economic Analysis of Private International Law, 2006b, 57 ff.

Beale, H., The Common Frame of Reference in general – a resumé of the current status, in: Schulze, R. (Hrsg.), New Features in Contract Law, 2007, 343 ff.

Behrens, P., Die ökonomischen Grundlagen des Rechts, 1986.

ders., Kommentar zu Schmidtchen – Lex Mercatoria und die Evolution des Rechts, in: Ott, C./Schäfer, H.-B. (Hrsg.), Vereinheitlichung und Diversität des Zivilrechts in transnationalen Wirtschaftsräumen, 2002, 32 ff.

Berger, K. P., Formalisierte oder „schleichende“ Kodifizierung des transnationalen Wirtschaftsrechts, 1996

Bratton, W. W./McCahery, J. A., The New Economics of Jurisdictional Competition: Devolutionary Federalism in a Second-Best World, 86 Geo.L.J. (1997), 201 ff.

Canaris, C.-W., Die Stellung der „UNIDROIT Principles“ und der „Principles of European Contract Law“ im System der Rechtsquellen, in: Basedow, J. (Hrsg.), Europäische Vertragsrechtsvereinheitlichung und deutsches Recht, 2000, 5 ff.

Collins, H., European Private Law and the Cultural Identity of States, ERPL 1995, 353 ff.

Demougin, D./Witt, P., Harmonisierung und Systemwettbewerb – Wettbewerb der Systeme versus Wettbewerb der Ideen, in: Ott, C./Schäfer, H.-B. (Hrsg.), Vereinheitlichung und Diversität des Zivilrechts in transnationalen Wirtschaftsräumen, 2002, 40 ff.

Eidenmüller, H., Effizienz als Rechtsprinzip, 2. Aufl. 1998.

59 *Schmidtchen* (2007, 5).

ders., Obligatorisches versus optionales europäisches Vertragsgesetzbuch – Kommentar zu Ott/Schäfer, Die Vereinheitlichung des europäischen Vertragsrechts – Ökonomische Notwendigkeit oder akademisches Interesse?, in: Ott, C./Schäfer, H.-B. (Hrsg), Vereinheitlichung und Diversität des Zivilrechts in transnationalen Wirtschaftsräumen, 2002, 237 ff.

Eger, T./Schäfer, H.-B. (Hrsg.), Ökonomische Analyse der europäischen Zivilrechtsentwicklung – Beiträge zum X. Travemünder Symposium zur ökonomischen Analyse des Rechts, 2007

Frey, B. S., Ein neuer Föderalismus für Europa: Die Idee der FOCJ, 1997

ders./Eichenberger R., Competition among Jurisdictions: The Idea of FOCJ, in: Gerken, L. (Hrsg.), Competition among Institutions, 1995, 209 ff.

Großfeld, B., Macht und Ohnmacht der Rechtsvergleichung, 1984

Kerber, W./Heine, K., Zur Gestaltung von Mehr-Ebene-Rechtssystemen aus ökonomischer Sicht, in: Ott, C./Schäfer, H.-B. (Hrsg.), Vereinheitlichung und Diversität des Zivilrechts in transnationalen Wirtschaftsräumen, 2002, 167 ff.

Kieninger, E.-M., Internationale Zuständigkeit von Gerichten und die Anerkennung ausländischer Urteile, Kommentar zu Kirstein, R./Neunzig. A. R., in: Schenk, K. E./Schmidtchen, D./Streit, M. E./Vanberg, V. (Hrsg.), Globalisierung und Rechtsordnung 1999 (JNPÖ 18), 372 ff.

dies., Koordination, Angleichung und Vereinheitlichung des Europäischen Vertragsrechts, Schweizerische Zeitschrift für Internationales Recht, 2004, 483 ff.

dies., Wettbewerb der Privatrechtsordnungen im Europäischen Binnenmarkt, 2002a

dies., Rechtsentwicklung im Wettbewerb der Rechtsordnungen, in: Ott, C./Schäfer, H.-B. (Hrsg.), Vereinheitlichung und Diversität des Zivilrechts in transnationalen Wirtschaftsräumen, 2002b, 72 ff.

Legrand, P., European Legal Systems are not Converging, ICLQ 45 (1996), 52 ff.

Mankowski, P., Europäisches Internationales Privat- und Prozessrecht im Lichte der ökonomischen Analyse, in: Ott, C./Schäfer, H.-B. (Hrsg.), Vereinheitlichung und Diversität des Zivilrechts in transnationalen Wirtschaftsräumen, 2002, 118 ff.

Michaels, R., Privatautonomie und Privatkodifikation, RabelsZ 62 (1998), 580 ff.

Ott, C./Schäfer, H.-B. (Hrsg.), Vereinheitlichung und Diversität des Zivilrechts in transnationalen Wirtschaftsräumen – Beiträge zum VIII. Travemünder Symposium zur ökonomischen Analyse des Rechts, 2002a

ders./ders., Die Vereinheitlichung des europäischen Vertragsrechts – Ökonomische Notwendigkeit oder akademisches Interesse?, in: Ott, C./Schäfer, H.-B. (Hrsg.), Vereinheitlichung und Diversität des Zivilrechts in transnationalen Wirtschaftsräumen, 2002b, 203 ff.

Ranieri, F., Korreferat zu Schmidtchen – Vereinheitlichung des Vertragsrechts in Europa, in: Eger, T./Schäfer, H.-B. (Hrsg.), Ökonomische Analyse der europäischen Zivilrechtsentwicklung, 2007, 46 ff.

Schäfer, H.-B./Lantermann, K., Choice of Law from an Economic Perspective, in: Basedow, J./Kono, T. (Hrsg.), An Economic Analysis of Private International Law, 2006, 87 ff.

Schmidtchen, D., Lex Mercatoria und die Evolution des Rechts, in: Ott, C./Schäfer, H.-B. (Hrsg.), Vereinheitlichung und Diversität des Zivilrechts in transnationalen Wirtschaftsräumen, 2002, 1 ff.

ders., Territorialität des Rechts, Internationales Privatrecht und die privatautonome Regelung internationaler Sachverhalte, *RabelsZ* 59 (1995), 56 ff.

ders., Vereinheitlichung des Vertragsrechts in Europa – eine Lösung auf der Suche nach einem Problem?, in: Eger, T./Schäfer, H.-B. (Hrsg.), Ökonomische Analyse der europäischen Zivilrechtsentwicklung, 2007, 1 ff.

Staudenmayer, D., Die Mitteilung der Kommission zum Europäischen Vertragsrecht, EuZW 2001, 485 ff.

ders., The Commission Communication on European Contract Law: What Future for European Contract Law?, ERPL 2002, 249 ff.

Streit, M. E./Mangels, A., Privatautonomes Recht und grenzüberschreitende Transaktionen, ORDO 47 (1996), 73 ff.

Van den Bergh, R., Korreferat zu Nils Jansen – Der Gemeinsame Referenzrahmen: Abschied von der Harmonisierung des Vertragsrechts?, in: Eger, T./Schäfer, H.-B. (Hrsg.), Ökonomische Analyse der europäischen Zivilrechtsentwicklung, 2007, 111 ff.

ders., Subsidiarity as an Economic Demarcation Principle and the Emergence of European Private Law, *Maastricht Journal of European and Comparative Law* 5 (1998), 129 ff.

Vogenauer, S./Weatherill, S., Eine empirische Untersuchung zur Angleichung des Vertragsrechts *in der EG*, JZ 2005, 870 ff.

ders./ders., The European Community's Competence to Pursue the Harmonisation of Contract Law – an Empirical Contribution to the Debate, in: Vogenauer, S./Weatherill, S., Harmonisation of European Contract Law: Implications for European Private Laws, *Business and Legal Practice*, 2006, 105 ff.

RECHTSWAHL UND GERICHTSSTANDSVEREINBARUNG IM LICHTE DER SPIELTHEORIE

Peter Mankowski

A. Rechtswahl- und Gerichtsstandsklauseln: die Gestaltungsinstrumente im grenzüberschreitenden Rechtsverkehr

Der Jubilar interessiert sich eigentlich für alles und kennt keine Berührungsängste. Dies gilt selbst für Rechtsgebiete, vor denen sich viele Juristen fürchten. So hat sich der Jubilar in den letzten Jahren das Internationale Privatrecht (IPR) und das Internationale Zivilprozessrecht (IZPR) erobert.[1] IPR und IZPR schüren angeblich Unsicherheit. Hier sei dahingestellt, wie viel dieser gefühlten Unsicherheit nur auf Unkenntnis seitens des beratenden Rechtsstabes beruht. Vielmehr soll es hier um die Mittel und Instrumente gehen, wie Parteien gestalten können. Denn jede privatautonome Gestaltung reduziert Unsicherheit. Eigene Gestaltung schafft Sicherheit durch Verlässlichkeit. *Die* Gestaltungsmittel im internationalen Rechtsverkehr sind[2] Gerichtsstandsvereinbarung und Rechtswahl. Die Gerichtsstandsvereinbarung bestimmt das zuständige Gericht, und die Rechtswahl legt das in der Sache anzuwendende materielle Recht fest. Prozessuale wie kollisionsrechtliche Parteiautonomie haben sich inzwischen im internationalen Handelsverkehr weltweit durchgesetzt.[3] Unsicherheit wird beseitigt,[4] und mittelbar werden die

---

1 Schäfer, H.-B./Lantermann, K. S. 87.

2 Neben der hier ausgeblendeten Schiedsvereinbarung oder anderen Vereinbarung über Alternative Dispute Resolution (ADR).

3 Siehe nur McClean, D. S. 137 f.; Gaudemet-Tallon, H. S. 282-285.

4 Siehe nur McConnaughay, P.J. S. 610.

Bindungen verbindlicher.[5] Parteiautonomie erlaubt vorausschauende Planung und Kostenkalkulation, steigert also insoweit die Allokations- wie die Transaktionskosteneffizienz.[6] Parteiautonomie ist für Parteien wie Gerichte eine Möglichkeit, die Gesamtkosten zu reduzieren.[7] Gerichtsstandsvereinbarungen haben eine verfahrenskostensparende Funktion, indem sie das langwierige Prüfen möglicher Gerichtsstände abschneiden.[8] Außerdem sollen sie erpresserische Klagen, um Vergleichsdruck aufbauen zu können, versperren.[9] Parteiautonomie verspricht theoretisch eine effiziente Lösung der Frage nach berufenem Gericht oder anwendbarem Recht, wenn man die REM-Hypothese anlegt.[10] Sie führt vorderhand zu Pareto-Effizienz und zu Kaldor-Hicks-Effizienz, jedenfalls wenn sie die Wohlfahrt Dritter nicht mehr mindert, als die Wohlfahrt der Parteien erhöht wird.[11] Ein grenzüberschreitender Vertrag zwischen Unternehmen ohne Rechtswahl *und* ohne Gerichtsstandsvereinbarung ist eine Seltenheit. Es liegt nahe, sich Rechtswahl- und Gerichtsstandsvereinbarungen auf der Grundlage der Spieltheorie zu nähern,[12] denn jede Vereinbarung zwischen Privaten kann man als Ergebnis eines Spiels deuten.

B. Interessen und Spielsituationen bei der Rechtswahlvereinbarung

I. Interessen der einzelnen Vertragspartei bei einer Rechtswahl

1. Wahl eines vertrauten Rechts

Die typische Präferenz jeder Partei geht zur Wahl eines Rechts, mit dem sie selber vertraut ist. Auf den verschiedenen Märkten vorfindbare Standard-AGB tendieren ebenso deutlich dahin[13] wie die Empfehlungen in Handbüchern.[14] Dahinter können auch principal-agent-Aspekte im Verhältnis zwischen Unternehmen und deren Rechtsberatern stehen. Denn üblicherweise entwerfen die Rechtsberater die AGB. Die Rechtsberater aber haben ein Interesse an der Wahl jenes Rechts, in dem sie heimisch sind und in dem sie einen Beratungsvorsprung haben.[15] Sie haben kein Interesse daran, in ausländischem Recht zu beraten oder die Beratung mit einem ausländischen Kollegen teilen oder gar an einen ausländischen Kollegen abgeben zu müssen.[16] Standard-AGB wiederum werden gemeinhin von nationalen Verbänden entworfen. Hier haben die Verbände ein Interesse an der Anwendung ihres heimischen Rechts. So

---

5 O'Hara, E.A. S. 1569.
6 McConnaughay, P.J. S. 610 f.
7 Prebble, J. S. 495; O'Hara, E.A. S. 1569; Whincop, M.J./Keyes, M. S. 18.
8 Ingenhoven, T. S. 307; Rauscher, T./Mankowski, P., Vor Art. 2 Brüssel I-VO Rn. 20h.
9 Althammer, P./Löhnig, M. S. 30; Rauscher, T./Mankowski, P., Vor Art. 2 Brüssel I-VO Rn. 20h.
10 Rühl, G., Party Autonomy sub III 1.
11 O'Hara, E.A./Ribstein, L. Politics S. 1186 f.; Ribstein, L., Chosing S. 247-255; Ribstein, L., Efficiency S. 390-412;Guzman, A. S. 913-915; Rühl, G., Party Autonomy sub III 1.
12 So immerhin im Ansatz Kagami, K. S. 27.
13 Kieninger, E.M., S. 287 f.; MPI S. 6 f.; Basedow, J., Lex mercatoria S. 67.
14 Siehe z.B. Münchener Vertragshandbuch; Wiener Vertragshandbuch.
15 Basedow, J., Lex mercatoria S. 67.
16 Basedow, J., Lex mercatoria S. 67.

verstärken sie die Bindung an sich.[17] Das Verbandsinteresse ist dann besonders bedeutsam, wenn der Verband gleichzeitig eine Schiedsinstitution oder sonstige ADR-Instanz unterhält und sich darüber zu wesentlichen Teilen finanziert. Insoweit kann ein Konflikt zwischen den Interessen des einzelnen Unternehmens im Einzelfall und jenen des Verbandes bestehen.

Generell aber liegt die Wahl eines ihr vertrauten Rechts im Interesse der einzelnen Partei. Sie realisiert so ein materiellrechtliches Heimspiel. Sie kann rationalisieren und Rationalisierungsgewinne erzielen, indem sie alle ihre Verträge auf der Basis desselben Rechts abschließt. Sie muss einen Rechtsstab nur für Beratung in diesem einen Recht unterhalten. Sie muss im Prinzip nur einmal Suchkosten für einen qualifizierten Rechtsstab aufwenden und erspart sich mehrmalige Suchkosten für Beratung in ihr fremden Rechten. Sie muss gemeinhin keine Sprachbarriere überwinden (präziser: sie kann selber bestimmen, wie viel sie an sprachbedingten Kosten aufwenden möchte). Entscheidet sich ein Unternehmen dafür, seinen gleichlaufenden Verträgen als Standard ein bestimmtes Recht zugrunde zu legen, so muss es also nur ein einziges Mal know-how aufbauen.[18] Es bleibt danach aber repeat player. Als repeat player kann es seine Ausgangsinvestitionen, die aufgewendet wurden, um sich hinreichende Kenntnis zu verschaffen und aus einem Kreis untersuchter Rechtsordnungen die für es relativ beste auszuwählen, amortisieren. Der repeat player kann auch im Auslandsrecht einen spezialisierten Rechtsstab aufbauen. Positive Skaleneffekte ergeben sich schon daraus, dass es sich für diese Partei um ein Wiederholungsspiel handelt.

2. Wahl eines für die betreffende Vertragsposition vorteilhaften Rechts

Ein anderer Ansatz der Selbstbegünstigung durch Rechtswahl schaut auf das materielle Endergebnis: Der Spieler will ein Recht, das seiner Position im Vertrag stärker entgegenkommt. Die einzelne Partei will hier also nicht das absolut beste, sondern das relativ für sie beste Recht. Z.B. will ein Verkäufer ein Recht, das nur eine liberale Kontrolle von AGB kennt und Haftungsfreizeichnungen daher weitgehend ungeschoren lässt. Deutsche Unternehmen sollen in jüngerer Zeit verstärkt das Schweizer Recht attraktiv finden, um so der strengen AGB-Kontrolle unter deutschem Recht zu entkommen.[19] Zudem ist Schweizer Recht in deutscher Sprache erreichbar. Dies ist ein weiterer Pluspunkt, denn so kann man komparative Rechtsermittlungsvorteile gewinnen, weil man als deutsches Unternehmen und deutscher Anwalt keine Sprachbarriere überwinden muss.[20] Wiederum steht für die betreffende Partei ein komparativer Vorteil durch Rationalisierung, Wiederholung und Skaleneffekte in Rede.

---

17 Vgl. Mankowski, P. S. 8.

18 Außerdem muss es im Wege des Monitoring die Veränderungen im gewählten Recht verfolgen. Dies bleibt aber im Folgenden als bloße Nuance außer Betracht.

19 Siehe nur Brachert, S./Dietzel, A.; Lischek, J/Mahnken, V. S. 163.

20 Vgl. Schröder, J./Wenner, C. Rn. 79.

II. Strategien und deren Präferenzabfolge

1. Dominante Strategie

Die Rechtsgestaltung durch Vereinbarung vermag (wenn auch in Grenzen wegen der typischerweise kollidierenden Rechtsanwendungsinteressen der Parteien) das subjektive Präferenzsystem der Vertragsparteien widerzuspiegeln.[21] Jede Vertragspartei hat eine dominante Strategie: Sie hat eine klare Präferenz für ein bestimmtes Recht, das sie allen ihren gleich gelagerten Verträgen zugrunde legen will. Entweder handelt es sich dabei um das eigene Heimatrecht oder um ein für die betreffende Vertragsposition günstiges Recht. Jedenfalls möchte die Partei Standardisierung und komparative Vorteile kraft relativ größerer eigener Vertrautheit mit jenem Recht. Die Gegenpartei hat spiegelbildlich dieselbe dominante Strategie. Bloß wird sie sich auf ein anderes Recht beziehen. Diese Strategie ist jeweils dominant, denn mit ihr kann man in der ersten Runde nicht verlieren: Entweder setzt man die präferierte Rechtswahl durch und gewinnt damit, schon in der ersten Runde. Oder man kann seine Präferenz nicht durchsetzen. Dann beginnt eine neue Runde im Spiel, ohne dass man etwas Signifikantes verloren hätte. Die einzelne Partei befindet sich in einer win - no loss - Situation. Die einzigen Verluste bei Nichteinigung in der ersten Runde bestehen in den aufgewandten Transaktionskosten sowie einem Zeitverlust, ausnahmsweise auch im Verlust an Chancen für Geschäfte mit Dritten, die nur innerhalb jenes Zeitrahmens und mit jenen Kapazitäten möglich wären, welche jetzt durch die Verhandlungen blockiert sind. In der Abwägung von Chancen, Risiken und Kosten erweist sich die dominante Strategie als effizient.

2. Erkennbarkeit, Bewertung und Glaubwürdigkeit von Strategien

In der Realität bildet sich die bevorzugte Präferenz in den Rechtswahlklauseln ab, welche die AGB der einzelnen Partei enthalten. Dort hat sie ihre erste Präferenz rein und vorab festgelegt. Dort kann man ablesen, welches Ergebnis der AGB-Verwender als das für sich optimale einschätzt. Er liefert der Gegenpartei dort die Information über die eigene Spielstrategie, wenn die Gegenpartei sich die Mühe machen sollte, die AGB der ersten Partei zu analysieren. Grundsätzlich kann jede Partei die gegnerische Strategie ohne weiteres erkennen, auch wenn die Gegenpartei keine Rechtswahlklauseln in AGB verwenden sollte. Jene Strategie ist einfach. Sie liegt auf der Hand. Zudem entspricht sie spiegelbildlich der eigenen Strategie. Schlägt eine Partei ihr eigenes Heimatrecht vor, so ist dies ein starkes Signal für deren Strategie. Diese dominante Strategie ist außerdem glaubwürdig. Erstens wäre ein Bluff aufwändig. Und zweitens möchte niemand die Gefahr eingehen, mit einem Bluff beim Wort genommen zu werden. Der gewonnene Bluff wäre ein eigener Verlust. Drittens sind die pay-offs der dominanten Strategie klar ersichtlich: entweder komparative Vorteile bei den Rechtsermittlungskosten oder eine gute Position im Vertrag. Insgesamt ist die Berechenbarkeit der dominanten Strategie hoch, und dementsprechend kann die Gegenpartei ihre eigene Reaktion, den

---

[21] Czernich, D./Heiss, H.(-Heiss, H.) Art. 3 EVÜ Rn. 3.

eigenen Antwortzug, gut im Voraus planen, wenn sie denn darauf Wert legt. Verfolgen beide Seiten ihre jeweilige dominante Strategie und schlagen in der ersten Runde ihr jeweiliges Heimatrecht vor, so kommt es in der ersten Runde regelmäßig zu keiner Einigung, und man muss zu den zweitbesten Strategien übergehen. Besondere Vorsicht ist für die Gegenpartei angezeigt, wenn ihr in der ersten Runde die Wahl eines Rechts angesonnen wird, welches nicht das Heimatrecht der vorschlagenden Partei ist. Dahinter darf die Gegenpartei mit einiger Berechtigung eine für den Vorschlagenden besonders günstige sachrechtliche Ausgestaltung erwarten.

Jedwede Strategie bei der Rechtswahl weist im Übrigen eine Besonderheit auf: Sie zielt auf die Wahl eines bestimmten Rechts, und der Inhalt jenes Rechts ist im Prinzip eine öffentliche Information. Die Gegenpartei kann sich Informationen über das vorgeschlagene Recht besorgen und diese bewerten lassen. Es mag zwar privates Wissen des Vorschlagenden bestehen, aber es besteht die Möglichkeit, den Wissensvorsprung auszugleichen. Das private Wissen ist kein Arkanwissen. Der Rechtswahlvorschlag lässt sich objektiv überprüfen. Nur ist der Gegenstand der Informationen komplex. Die Informationsbeschaffung ist teuer. Die Bewertung ist noch aufwändiger. Man braucht im Zweifel qualifizierten Rechtsrat. Dies bedingt mehrere Folgen: Man hat bereits Suchkosten für geeignete Berater. Man kann in einen principal-agent-Konflikt und in ein Lemons-Problem hineingeraten, weil man im Verhältnis zu neuen Beratern nur Einmalspieler ist und kein Wiederholungsgeschäft verspricht. Die Bewertungskosten sind hoch und können umso schneller prohibitiv hoch sein, je kleiner die Vertragssumme und der im Vertrag zu verteilende Gewinn sind. Sie versprechen zudem in der Regel keine Amortisation, sofern das angesonnene Recht die Gegenpartei nicht dergestalt überzeugt, dass sie es ihrerseits bei späteren Geschäften (sei es auch mit anderen Partnern) zugrunde legt. Ergibt eine durchgeführte Prüfung, dass das angesonnene Recht aus der Sicht der Gegenpartei keine angemessene Lösung bietet, so erzeugen die Investitionen nur einen negativen, aber keine positiven Effekt. Sie führen dann nur zu einer Ablehnung des vorgebrachten Rechtswahlvorschlags, bringen aber keine abschließende Antwort auf die Frage nach dem passenden anwendbaren Recht. Insoweit drohen Investitionen partiell frustriert zu werden.

3. Zweitbeste Strategie

Beide Parteien haben häufig eine bestimmte zweitbeste Strategie: Wenn man schon den eigenen Wunsch nach einem bestimmten Recht nicht durchsetzen kann, so möchte man wenigstens die entsprechenden Wünsche der Gegenpartei gleichermaßen ablehnen. Wenn man selber keine komparativen Vorteile haben kann, so soll auch die Gegenpartei keine komparativen Vorteile haben. Keine Partei möchte in der Rechtsanwendungsfrage von der Gegenpartei dominiert werden und insoweit Nachteile erleiden. Wenn eine Partei ein „Heimspiel“, die andere aber ein „Auswärtsspiel“ hat, verschiebt dies die Gewichte, sei es auch nur graduell. Zudem hat es Einfluss auf die jeweiligen, zu internalisierenden Vertragskosten der Parteien. Wer schon sein eigenes Recht nicht durchsetzen kann, möchte daher wenigstens der Gegenpartei nicht zugestehen, dass diese ihr Recht durchsetzt.[22] Wenigstens im Negativen möchte man einen Teilerfolg erzielen und eigene Nachteile vermeiden.[23] Darin kann man ein Nash-Gleichgewicht erkennen, wenn und soweit beide Parteien diese jeweils subjektiv zweitbeste Strategie verfolgen.

III. Wahl eines sogenannten „neutralen" Rechts

Aus dieser zweitbesten Strategie erwächst ein häufig zu beobachtendes Phänomen: die Wahl eines so genannten neutralen Rechts.[24] „Neutral" ist ein Recht hier, wenn es nicht das Heimatrecht einer der beiden Vertragsparteien ist.[25] Im Kern geht es bei der Wahl eines neutralen Rechts eben darum, komparative Vorteile einer Vertragspartei bei den Rechtsermittlungskosten zu vermeiden.[26] Man trifft sich auf dem Boden einer dritten Rechtsordnung, in der keine Partei heimisch ist. Dadurch vermeidet, zumindest verringert man die Ungleichgewichte zwischen den Parteien. Man erzielt sozusagen Waffengleichheit.[27] Dies kann ein Ausweg aus einer Pattsituation,[28] also deal breaker für den gesamten Vertrag sein, der ohne diesen Kompromiss nicht zustande käme.[29]

In der Summe der Rechtsermittlungskosten ist dies aber natürlich eine teure Lösung. Denn nun müssen beide Parteien grundsätzlich in die Ermittlung eines Rechts investieren, das jeder von ihnen fremd ist. Man hat nicht Heimatrecht und Nicht-Heimatrecht, sondern Nicht-Heimatrecht und Nicht-Heimatrecht. Die Transaktionskosten steigen durch eine annähernde Verdopplung, jedenfalls eine spürbare Erhöhung der Rechtsermittlungskosten insgesamt.[30] Hinzu kommen noch die Unsicherheitskosten und die Irrtumskosten, wenn man ein nicht vertrautes Recht wählt. Unliebsame Überraschungen sind dabei fast vorprogrammiert.[31] Denn es wird schwer fallen, ein Recht zu finden, das wirklich Äquidistanz zu den Heimatrechtsordnungen aller Parteien wahrt und nicht mit einer von diesen eine größere Verwandtschaft als

---

22 ICC Award No. 7710/1995, Clunet 128 (2001), 1147, 1151 m. Anm. Derains, C.; vgl. Sandrock, O./Steinschulte, P., in: Sandrock, O. Rn. A 28.

23 Vgl. nur Official Commentary sec. 109 Uniform Computer Information Transaction Act (UCITA) no. 2 a; Diedrich, F., in: Lejeune, M. (Hrsg.), Der E-Commerce-Vertrag nach amerikanischem Recht (2001) C Rdnr. 3.

24 Die Wahl eines „neutralen" Rechts birgt übrigens die Gefahr einer „hinkenden", also nicht allseitig anerkannten Rechtswahl, wenn eines der beteiligten Kollisionsrechte verlangt, dass ein vernünftiges Interesse an der Wahl eines bestimmten Rechts oder eine reasonable relationship zu dem gewählten Recht bestehen müsse; Schröder, J./Wenner, C. Rn. 70; Wenner, C. S. 45; Mankowski, P. S. 6.

25 Mankowski, P. S. 4. Anders Hölters, W., in: Hölters, W. Rn. I 211: Neutralität, wenn überhaupt keine objektive Beziehung zu dem gewählten Recht bestehe. Offen Wenner, C. S. 44.

26 So ansatzweise ebenfalls Kieninger, E.M., Kommentar S. 343.

27 Siehe nur Sandrock, F. S. 51.

28 Siehe nur Schröder, J./Wenner, C. Rn. 66.

29 Siehe nur Borchers, P. S. 438; Hölters, W., in: Hölters, W. Rdnr. I 211.

30 Garcimartín Alférez, F. S. 21; v. Bar, C./Lando, O. S. 217 no. 53; Mankowski, P. S. 5; Wenner, C. S. 45; Basedow, J., Lex mercatoria S. 67 (dort Fn. 46 allerdings auch der Hinweis, dass die eigentlichen Verhandlungskosten sinken können, weil die Verhandlungen kürzer ausfallen können).

31 Ein schönes Beispiel: Die Wahl schweizerischen Rechts zieht die zwingende Anwendung der zehnjährigen Verjährungsfrist aus Art. 127 OR nach sich; Kondring, J. S. 244.

mit den anderen aufweist.[32] Dadurch besteht aber eine hohe Wahrscheinlichkeit, dass man das angestrebte Ziel der Äquidistanz verfehlt. Die Wahl des Rechts eines sicherheitspolitisch neutralen[33] Staates z.B. muss nämlich keineswegs Äquidistanz zwischen Käufer und Verkäufer[34] wahren. Vielmehr kann es eine dieser Parteirollen bevorzugen, aus welchen Gründen auch immer (z.B. weil die in seinem Geltungsbereich angesiedelten Unternehmen überwiegend in dieser Parteirolle agieren).[35]

Eine Partei kann sich dies sogar zunutze machen, indem sie vorher ein ihrer Parteirolle zuneigendes „neutrales" Recht aussucht, ihren diesbezüglichen Informationsvorsprung aber verhehlt. Eine Rechtswahl kann allgemein als trojanisches Pferd dienen, um für die Gegenpartei ungünstige Bestimmungen in den Vertrag zu importieren und bestimmte Schutzelemente auszuschalten.[36] Das kann natürlich auch der vordergründig harmlos erscheinende Vorschlag eines angeblich neutralen Rechts verwirklichen. Die Partei kann sich darauf vorbereiten, weil sie die dominierende Strategie ihrer Gegenpartei ebenso gut erkennen kann wie dessen zweitbeste Strategie. Sie kann sich darauf einstellen, dass die Gegenpartei sich auf die Wahl eines neutralen Rechts einlassen könnte, wenn sie ihre dominierende Strategie, die Wahl des von ihr gewünschten Rechts, nicht durchsetzen kann. Sie kann den nächsten Zug der Gegenpartei im Voraus berechnen und selber einen verdeckten vorbereitenden Zug machen. Natürlich kann die Gegenpartei ihrerseits einen Strich durch die Rechnung machen, indem sie in Informationen über das vorgeschlagene, angeblich „neutrale" Recht investiert und bei negativem Ausgang der Neutralitätsprüfung den Vorschlag ablehnt. Sie kann sogar einen eigenen Zug in petto haben, indem sie ihrerseits ein „neutrales" Recht vorschlägt. Freilich mag sie alternativ kalkulieren, dass die Partei, die ihrerseits versucht hat, Vorteile für sich herauszuschlagen, den Trick erkennen wird.

IV. Reziproke Rechtswahlklauseln

Eine andere zweitbeste Strategie besteht in einem Kompromiss. Man setzt zwar das eigene Recht jetzt nicht durch, bewahrt sich aber eine Chance, dass es im Streitfall zur Anwendung kommt, und verhindert gleichzeitig jedenfalls, dass die Gegenpartei jetzt ihr eigenes Recht durchsetzt. Beide Parteien geben theoretisch in gleichem Umfang nach. Das Resultat einer solchen Strategie sind so genannte reziproke Rechtswahlklauseln, im englischen Sprachraum als floating choice of law clauses[37] bekannt. Sie begegnen in zwei Varianten:[38] In der ersten

---

[32] v. Bar, C./Lando, O. S. 217 no. 53.

[33] Zur Verwechslung oder Vermengung von rechtsanwendungsrechtlicher und politischer Neutralität Schröder, J./Wenner, C. Rn. 71; Mankowski, P. S. 5 f.; Wenner, C. S. 44.

[34] Käufer und Verkäufer stehen hier als herausgegriffene Beispiele partes pro toto, also als entgeltpflichtiger Nachfrager und als Anbieter von Leistungen (Sach- oder Dienstleistungen).

[35] Mankowski, P. S. 5.

[36] O'Hara, E.A./Ribstein, L.E., Politics S. 1186; Mankowski, P. S. 6.

[37] Z.B. Howard, M.N., S. 21.

[38] Eingehend dazu z.B. Rasmussen-Bonne, H.-E. S. 167-173; Jaspers, M.B. S. 192-195.

Variante wird das Recht am Sitz[39] des jeweiligen Klägers gewählt,[40] in der zweiten Variante das Recht am Sitz des jeweiligen Beklagten. Welchen Preis zahlen die Parteien für diesen Kompromiss? Erstens greift die Rechtswahl erst, sobald es einen Streit gibt und die Rollen der Beteiligten im Verfahren festliegen.[41] Zuvor bestimmt sich das anwendbare Recht mangels einer Rechtswahl im Wege der objektiven Anknüpfung. Zweitens müssen die Parteien immer zwei Optionen durchrechnen und entsprechende Investitionen in Informationen über Recht tätigen. Dies erhöht den Aufwand für eine gut vorbereitete Partei. Drittens vermittelt die erste Variante (Sitz des jeweiligen Klägers) einen eigentlich unerwünschten Anreiz, schnell, vielleicht vorschnell zu klagen, um so den Vorteil eines materiellrechtlichen „Heimspiels" für sich zu haben.[42] Sie provoziert, insbesondere im Zusammenspiel mit einer gleichlaufenden reziproken Gerichtsstandsvereinbarung, ein race to the courthouse.[43] Außerdem ergeben sich im Fall einer Widerklage Auslegungsprobleme, ob hinsichtlich des Widerklaganspruchs die formelle Klägerrolle für den Gesamtprozess oder die konkrete Widerklägerrolle gemeint ist.

Versteckt kann indes selbst in dem vorderhand so kompromissbereit scheinenden Angebot einer reziproken Rechtswahl der Versuch stecken, eine selbstbegünstigende Strategie durchzusetzen. Dies kann dann der Fall sein, wenn die Wahrscheinlichkeiten, mit denen sich die einzelnen Beteiligten in einer bestimmten Rolle in einem Klagverfahren als Kläger oder Beklagter wiederfinden, sehr unterschiedlich sind. Der einzelne Beteiligte hat ein Interesse daran, das Recht durchzusetzen, dass seiner Parteirolle entgegenkommt und ihm ein materiellrechtliches „Heimspiel" verschafft. Der Einfluss von Wahrscheinlichkeitskalkulationen auf die Sympathie für eine reziproke Rechtswahl mag auf den ersten Blick nicht sofort einleuchten. Kaufverträge sehen hier zunächst unverdächtig aus. Dies ändert sich aber schlagartig, wenn der Verkäufer Akkreditiv oder Bankgarantie als unabhängige Mittel der Zahlungssicherung durchgesetzt hat. Dann ist er nämlich nicht mehr darauf angewiesen, einen unwilligen Käufer auf Zahlung zu verklagen, sondern kann sich an den Drittsicherheitengeber halten.[44] Unter dem Kaufvertrag bleiben dann nur Mangel-, Ausführungs- oder Rückzahlungsstreitigkeiten. Bei diesen ist der Käufer in der natürlichen Klägerrolle. Ein Verkäufer, der Zahlungssicherung hat durchsetzen können, hat daher ein Interesse an einer reziproken Rechtswahlvereinbarung zu Gunsten des Rechts am Sitz des jeweiligen Beklagten. Was zunächst defensiv aussieht, nämlich Angriffe beidseitig zu kontrollieren und für jeden Beteiligten weniger attraktiv zu machen (denn der Angreifer hat immer ein rechtliches „Auswärtsspiel"), ist in Wahrheit eine geschickte und subversive Durchsetzung eigener Interessen.

---

39 Oder an der jeweils führenden Niederlassung. Diese Variante wird im Folgenden nicht mehr gesondert erwähnt.

40 Ungenau und unklar ist dagegen, wenn „das Recht des Klägers" (bzw. „des Beklagten") gewählt wird, weil dann der Anknüpfungspunkt nicht benannt ist; Wenner, C. S. 44.

41 Siehe nur Schröder, J./Wenner, C. Rn. 150-153; Wenner, C. S. 44.

42 Schneider, C. S. 348; Mankowski, P. S. 6 Fn. 63.

43 Rasmussen-Bonne, H.-E. S. 172, 233 f.; Jaspers, M.B. S. 194 f.

44 Graf v. Bernstorff, C. S. 91 f.

V. Gespaltene Rechtswahlklauseln

Reziproken Rechtswahlklauseln benachbart liegt eine weitere in der Praxis begegnende Ausgestaltung von Rechtswahlklauseln, die so genannten gespaltenen Rechtswahlklauseln:[45] Gewählt wird für jede Verpflichtung das Recht des jeweiligen Schuldners oder des jeweiligen Gläubigers. Bei einem Kaufvertrag heißt dies, wenn das Recht des jeweiligen Schuldners vereinbart ist: Die Verpflichtung zur Übereignung und Übergabe der Ware unterliegt dem Recht am Sitz des Käufers, die Zahlungsverpflichtung dagegen dem Recht am Sitz des Verkäufers. Hier hat jede Partei sich insoweit durchsetzen können, dass für ihre jeweilige Verpflichtung ihr eigenes Recht gilt, und hat der Gegenpartei die gleiche Position zugestanden. Auch dies trägt deutlich die Züge eines Kompromisses. Jede Partei hat das Spiel teilweise gewonnen und teilweise verloren. Jede Partei hat ein partielles Erfolgserlebnis. Wieder kann man von einem Nash-Gleichgewicht sprechen. Rechtlich sind gespaltene oder geteilte Rechtswahl- und Gerichtsstandsvereinbarung nach europäischem IPR und IZPR wirksam und zu beachten.[46]

Der Preis dafür kann freilich hoch sein.[47] Denn bei gegenseitigen Verträgen stehen die einzelnen Verpflichtungen miteinander im Synallagma. Sie berühren sich und sind miteinander verknüpft. Die Aufspaltung in einzelne Verpflichtungen vereinzelt, was zusammengehört. Die IPRler haben dies schon lange erkannt und bei der Ausgestaltung der Regeln für die objektive Anknüpfung beachtet. Früher gab es eine Anknüpfung an den Erfüllungsort.[48] Diese ist z.B. im europäischen und deutschen IPR in Artt. 28 EGBGB; 4 EVÜ längst zu Gunsten einer einheitlichen Anknüpfung für den gesamten Vertrag abgelöst.[49] Die Aufspaltung in die einzelnen Verpflichtungen ist als so genannte „große Vertragsspaltung" negativ stigmatisiert. Aus ihr erwachsen massive Nachteile. Insbesondere wird das Synallagma aufgespalten. Der Nexus zwischen wechselseitigen Verpflichtungen wird aufgelöst. Leistung und Gegenleistung könnten unterschiedlichen Rechten unterfallen. Namentlich für Zurückbehaltungsrechte würde dies vor kaum befriedigend lösbare Probleme stellen.

VI. Ineffiziente Ergebnisse auf Grund übertriebenen Prestigedenkens

Prestigedenken kann Verhandlungen dominieren.[50] Prestigewahrung sollte zwar nur ein sekundärer Faktor sein, wird aber bei auf die Spitze getriebenen Verhandlungen häufig wichtiger sein. Im Extremfall kann überzogenes Prestigedenken zu ineffizienten Ergebnissen führen. Dies kann sich insbesondere ergeben, wenn auf beiden Seiten des Vertrages Staatsunternehmen oder nationale Champions stehen. Die wechselseitige Blockade kann dann im Ergebnis zu unbrauchbaren Rechtswahlklauseln führen. Berühmtestes (und berüchtigtstes) Beispiel

45 Siehe nur Schröder, J./Wenner, C. Rn. 137; Staudinger, J. v./Magnus, U. Art. 27 EGBGB Rn. 94.

46 Siehe nur Hof Gent TBH 2006, 984, 986; Lorenz, W. S. 272; Münchener Kommentar/Martiny, D. Art. 27 EGBGB Rn. 70; Pertegás Sender, M. S. 988 f.

47 Siehe nur Schröder, J./Wenner, C. Rn. 141 f.; Münchener Kommentar/Martiny, D. Art. 27 EGBGB Rn. 70.

48 Siehe nur BGHZ 52, 239; BGHZ 73, 391; BGH RIW 1987, 148.

49 Siehe nur Staudinger, J. v./Magnus, U. Art. 28 EGBGB Rn. 42.

50 Siehe nur Sandrock, F., S. 60; Münchener Kommentar/Martiny, D. Art. 27 EGBGB Rn. 22.

dafür war die Rechtswahlklausel im Konsortialvertrag für den Bau des Kanaltunnels. Sie wählte als anwendbares Recht: „principles common to both English and French law, and in the absence of such common principles, such principles of international trade law as have been applied by national and international tribunals". Mit Recht wurde diese Klausel für perplex und ohne arbeitsfähige Aussage erachtet.[51]

VII. Einfluss von default rules

1. Ergebnis der Anknüpfung ohne Rechtswahl als bargaining chip

Von Einfluss auf das Spiel können natürlich die Regeln sein, welche das anwendbare Recht qua objektiver Anknüpfung festlegen, wenn keine Rechtswahlvereinbarung zustande kommen sollte. Die default rules bestimmen die jeweiligen Spielstrategien der Vertragsparteien mit. Wer mit ihrer Hilfe dasselbe Ergebnis erzielen würde wie bei Durchsetzung seiner ersten Präferenz und dominierenden Strategie, kann sich zurücklehnen. Er hat einen bargaining chip. Damit er das von ihm gewünschte Ergebnis aufgibt, muss die Gegenpartei ihm etwas bieten. Bestes Beispiel dafür sind Artt. 28 Abs. 2 S. 2 EGBGB; 4 Abs. 2 S. 2 EVÜ: Sie berufen das Recht der vertragsbetreuenden Niederlassung jener Vertragspartei, welche die für den Vertrag charakteristische Leistung erbringt. Die für den Vertrag charakteristische Leistung ist bei einem Austauschvertrag im Zweifel die Nicht-Geldleistung, bei einem Kaufvertrag also jene des Verkäufers, bei einem Dienstleistungsvertrag diejenige des Dienstleisters usw. Erklärtes Ziel ist es, alle gleich laufenden Verträge dieser Partei demselben Recht zu unterstellen und dieser Partei dadurch Rationalisierungs- und Skaleneffekte zugute kommen zu lassen.[52] Aus der Sicht des europäischen und deutschen IPR braucht der Verkäufer, Dienstleister usw. daher gar nicht mit Nachdruck auf die Wahl „seines" Rechtes zu drängen. Ihm reicht es, wenn er eine Wahl des Rechts des Käufers, Dienstnehmers usw. verhindern kann. Er kann über eine Veto-Option das von ihm bevorzugte Ergebnis erzielen. Er ist für dieses Ergebnis nicht darauf angewiesen, dass eine Rechtswahlvereinbarung zustande kommt und das Spiel in diesem Punkt kooperativ endet.[53]

2. Unsicherheit über die (im Streitfall) anwendbare default rule

Allerdings kommt hier ein Unsicherheitsmoment ins Spiel. Denn die Anknüpfungsregeln für die objektive Anknüpfung können je nach angewendetem IPR divergieren. Es gibt nicht ein weltweit geltendes IPR. Vielmehr hat jeder Staat sein eigenes IPR. Dieses IPR mag auf einem

---

[51] Channel Tunnel Group Ltd. v. Balfour Beatty Construction Ltd. [1993] A.C. 334 (H.L.).

[52] Siehe nur Leible, S., in: Anwaltkommentar Art. 28 EGBGB Rn. 36; Schäfer, H,-B./Lantermann, K. S. 98 f.; Rühl, G. S. 834.

[53] Spezifisch für Verkäufer ändert sich die Lage übrigens dramatisch, wenn das in vielen Branchen als käufer freundlich eingestufte UN-Kaufrecht kraft seiner Artt. 1-4 CISG anwendbar ist: Dann erhält der Verkäufer einen Anreiz zur derogierenden Vereinbarung, und der Käufer kann sich zurücklehnen. Ob die Einschätzung der CISG als käuferfreundlich zutreffend ist, sei hier – insbesondere angesichts des Rechts des Verkäufers zur zweiten Andienung – dahingestellt.

Staatsvertrag beruhen oder wie in der EU regional vereinheitlicht sein. Trotzdem bleibt IPR zutiefst nationales Recht. Man hat es also möglicherweise mit mehreren sets von default rules zu tun. In Betracht kommen die Internationalprivatrechte aller Staaten, in denen Gerichtsstände für eine spätere Streitentscheidung bestehen. Theoretisch müsste man zunächst das Bestehen von Gerichtsständen nach dem IZPR aller möglicherweise berührten Staaten prüfen, und dann die Internationalprivatrechte jedes einzelnen Staaten, der nach seinem IPR die internationale Zuständigkeit seiner Gerichte bejahen würde, durchprüfen. Dies würde die Transaktionskosten explodieren lassen. Selbst eine sehr vorsichtige Partei wird bei aus ihrer Sicht optimaler Vorbereitung und entsprechend erhöhter Bereitschaft, in Rechtsermittlungskosten zu investieren, den Kreis der untersuchten Internationalprivatrechte auf die Heimatstaaten der Parteien und die vom Leistungaustausch berührten Staaten beschränken. In der Praxis geschieht dies aber kaum je.

Zudem ist ein zweites Unsicherheitsmoment denkbar, nämlich Unsicherheit in der Methode und im Ergebnis einer objektiven Anknüpfung, selbst wenn das IPR, von dem man auszugehen hat, feststeht. Dies kann sich z.B. ergeben, wenn ein Schiedsgericht vereinbart ist und als IPR-Regel in der Schiedsordnung festgelegt ist, dass das Schiedsgericht das ihm am Besten dünkende Recht anwenden soll.[54] Dies lässt sich übrigens noch eine Stufe weiter treiben, wenn nach der betreffenden Schiedsordnung das Schiedsgericht dasjenige IPR auswählen soll, von dem auszugehen es für am Besten hält.[55] Große Unsicherheit über die objektive Anknüpfung besteht im Übrigen, sobald die USA berührt sind. Seit der American Conflicts Revolution[56] in den 1960ern lässt sich kaum mehr sicher prognostizieren,[57] welches Recht ein Gericht in einem US-Bundesstaat einem Vertrag zugrunde legen wird. Die Ergebnisse divergieren jedenfalls von Bundesstaat zu Bundesstaat.[58]

VIII. Wahl eines (angeblich) besonders elaborierten Rechts

Eine Fallgruppe mit besonderen Wertungen blieb bisher ausgespart: die Wahl eines (angeblich) besonders elaborierten Rechts. Erstaunlicherweise ist ein solches Recht typischerweise englisches oder New Yorker Recht und wird von Londoner oder New Yorker Anwälten besonders angepriesen. Gern wird es gleichsam als das Recht des betreffenden Produktmarktes annonciert. Seine Wahl hat besondere Effekte. Erstens kann man so, sofern es sich tatsächlich um das auf dem betreffenden Markt vorherrschend gewählte Recht handelt, dafür Sorge tragen, dass back-to-back-Geschäfte demselben Recht unterliegen und dass die Partei „in der

---

54 So z.B. Art. 17 Abs. 1 S. 2 der ICC Rules of Arbitration (1998) – Schiedsgerichtsordnung der Internationalen Handelskammer (ICC), Paris.

55 So z.B. Art. 33 Abs. 1 S. 2 der UNCITRAL-Schiedsordnung (1976).

56 Zu ihr Symeonides, S., Conflicts Revolution (2006).Die beste Darstellung bietet im Prinzip immer noch der schärfste Kritiker: Kegel, G., Crisis.

57 Den völlig zersplitterten Stand der Lehre und Dogmatik kann man am besten den etwa dreißig Beiträgen zum Symposium „Preparing for the Next Century – A New Restatement of Conflicts?“ in 75 Ind. L.J. issue 2 (2000) entnehmen.

58 Siehe dazu die jährlichen Übersichten von Symeonides, S., zuletzt Symeonides, S., Choice of Law. Für einen einzelnen Bundesstaat siehe etwa McKeown, E.J. S. 523.

Mitte" sich nicht mit zwei Rechten auseinandersetzen muss. Zweitens glauben die Parteien, sich Suchkosten sparen zu können. Das neutrale Recht scheint ihnen der Markt von vornherein anzubieten. Dieses Recht scheint erprobt, und es scheint hinreichend viele Präjudizien aufzuweisen. Zu Gunsten des Erfahrungsgutes Recht sprechen Signale aus dem Markt. Scheinbar ist die abstrakte Erfahrung der Marktteilnehmer in der Lage, eigene konkrete Erfahrungen aus der Vergangenheit zu substituieren. Jedenfalls scheut man sich, eigene Kontrollinvestitionen vorab zu tätigen. Drittens besteht psychologisch ein Herdenphänomen. „Es machen doch alle so" entwickelt magnetische Anziehungskräfte. Viertens aber besteht die massive Gefahr eines besonders großen principal-agent-Konflikts. Angloamerikanische Rechtsberater sind geschickt und marketingstark. Vor allem aber sind ihre Stundensätze hoch. Sie werden dazu tendieren, ihr natürliches Beratungsmonopol auszuspielen. Eine Kontrolle müssen sie nicht befürchten, wenn auf der Gegenseite gleichermaßen angloamerikanische Anwälte agieren. Dann haben die Berater beider Seiten gleichlaufende Interessen.

Den Mythos vom angeblich besonders elaborierten Status angloamerikanischer Rechte erschüttert schon die Länge und Ausführlichkeit von Verträgen und Vertragsmustern aus dem angloamerikanischen Raum. Diese rührt nämlich im Wesentlichen daher, dass Prozessieren im angloamerikanischen Raum umständlicher, meist langwieriger und jedenfalls erheblich teurer ist (namentlich wegen contingency fees in den USA, hoher Anwaltshonorare und fehlender Kostenerstattung). Die langen Verträge sind nichts anderes als die Reaktion darauf: Risikovorbeugung durch detaillierte Regelung mit entsprechenden Transaktionskosten.[59] Eine alternative Erklärung spricht noch weniger für einen besonders elaborierten Stand angloamerikanischer Rechtsordnungen: Sie rekurriert schlicht darauf, dass Rechtsanwender dort am Wortlaut einer Vereinbarung kleben und nicht nach dem Sinn hinter den Formulierungen suchen würden.[60]

C. Zusammenfassung

1. Rechtswahl- und Gerichtsstandsvereinbarungen sind die mit Abstand wichtigsten Gestaltungsinstrumente der Vertragsparteien im internationalen Wirtschaftsverkehr.

2. In typischen Erscheinungsformen von Rechtswahlklauseln spiegeln sich Prinzipien der Spieltheorie wieder.

3. Jede Partei eines Vertrages hat grundsätzlich die dominante Strategie, entweder ihr eigenes Heimatrecht oder ein ihr besonders günstiges Recht vorzuschlagen. Typischerweise kollidieren in der ersten Runde zwei dominante Strategien desselben Zuschnitts. Dies ist für beide Parteien erkennbar.

---

[59] Siehe nur Langbein, J.; Löber, H. S. 279.
[60] Kötz, H. S. 776.

4. Jede Partei hat die zweitbeste Strategie, sich in der Rechtswahlfrage wenigstens nicht von der Gegenpartei dominieren zu lassen, sofern sie (die Partei) sich nicht selber durchzusetzen vermag.

5. Wahl eines „neutralen" Rechts oder reziproke oder gespaltene Rechtswahlklauseln sind Kompromisse, um dem Patt aus der Kollision derselben dominanten Strategien zu entgehen. Sie bergen jeweils ihre eigenen Schwächen. Dazu zählen principal-agent-Probleme mit dem eigenen Rechtsstab und insbesondere erhöhte Transaktionskosten. Man kann sich auf solche Vorschläge von vornherein einstellen und sich auf die zweite oder spätere Verhandlungsrunde entsprechend vorbereiten.

Literaturverzeichnis

Althammer, P./Löhnig, M., Zwischen Realität und Utopie: Der Vertrauensgrundsatz in der Rechtsprechung des EuGH zum europäischen Zivilprozessrecht, ZZP Int. 9 (2004), 23

Anwaltkommentar BGB, Bd. I: Allgemeiner Teil und EGBGB, Bonn 2005

von Bar, C./Lando, O. (mit Swann, S.), Communication on European Contract Law: Joint Response of the Commission on European Contract Law and the Study Group on a European Civil Code, ERPL 2002, 183

Basedow, J., Das Internationale Privatrecht in den Zeiten der Globalisierung, in: Hohloch, G./Frank, R./Schlechtriem, P. (Hrsg.), FS Hans Stoll, Tübingen 2001, S. 405 (Basedow, J., Globalisierung)

Basedow, J., Lex Mercatoria and the Private International Law of Contracts in Economic Perspective, in: Basedow, J./Kono, T. S. 57 (Basedow, J., Lex mercatoria)

Basedow, J./Kono, T. (eds.), An Economic Analysis of Private International Law, Tübingen 2006

Graf v. Bernstorff, C., Mahnverfahren, Forderungsdurchsetzung und Kontenpfändung in der EU, *RIW* 2007, 88

Borchers, P., The Internationalization of Contractual Conflicts Law, 28 Vand. J. Trans. L. 421 (1995)

Brachert, S./Dietzel, A., Deutsche AGB-Rechtsprechung und Flucht ins Schweizer Recht: ZGS 2005, 441

Czernich, D./Heiss, H., EVÜ, Wien 1999

Garcimartín Alférez, F.J., El régimen normativo de las transacciones privadas internacionales, REDI 1995, 2, 11

Gaudemet-Tallon, H., Le pluralisme en droit international privé: richesses et faiblesses, Rec. des Cours 312 (2005), 9

Guzman, A., Choice of Law: New Foundations, 90 Geo. L.J. 883 (2002)

Hölters, W. (Hrsg.), Handbuch des Unternehmens- und Beteiligungskaufs, 6. Aufl. Köln 2005

Howard, M.N., Floating Choice of Law Clauses, [1995] LMCLQ 1

Ingenhoven, T., Grenzüberschreitender Rechtsschutz durch englische Gerichte, Frankfurt/M. usw. 2001

Jaspers, M.B., Nachträgliche Rechtswahl im internationalen Schuldvertragsrecht, Frankfurt/M. usw. 2002

Kagami, K., The Systematic Choice of Legal Rules for Private International Law: An Economic Approach, in: Basedow, J./Kono, T. S. 15

Kegel, G., The Crisis of Conflict of Laws, Rec. des Cours 112 (1964 II), 91

Kieninger, E. M., Kommentar, JNPÖ 17 (1998), 338 (Kieninger, E. M., Kommentar)

Kieninger, E. M., Wettbewerb der Privatrechtsordnungen im europäischen Binnenmarkt, Tübingen 2002 (Kieninger, E. M.)

Kötz, H., Der Einfluss des Common Law auf die internationale Vertragspraxis, in: Festschrift für Andreas Heldrich, München 2005, S. 771

Kondring, J., Nichtstaatliches Recht als Vertragsstatut vor staatlichen Gerichten – oder: Privatkodifikationen in der Abseitsfalle?, *IPRax* 2007, 241

Langbein, J., Comparative Civil Procedure and the Style of Complex Contracts, 35 Am. J. Comp. L. 381 (1987)

Lischek, J./Mahnken, V., Vertragsverhandlungen zwischen Unternehmen und AGB – Anmerkungen aus der Sicht der Praxis, *ZIP* 2007, 158

Löber, H.H., Internationale Praxis des Unternehmenserwerbs, in: Festschrift für Nikolaus Machalek zum 65. Geburtstag, Wien 2005, S. 275

Lorenz, W., Vom alten zum neuen internationalen Schuldvertragsrecht, *IPRax* 1987, 269

Mankowski, P., Überlegungen zur sach- und interessengerechten Rechtswahl für Verträge im internationalen Wirtschaftsverkehr, *RIW* 2003, 2

Max Planck Institute for Foreign and Private International Law, Comments on the European Commission's Green Paper on the Conversion of the Rome Convention of 1980 on the Law Applicable to Contractual Obligations into a Community Instrument and Its Modernisation, *RabelsZ* 68 (2004), 1 (MPI)

McClean, D., De conflictu legum – Perspective on Private International Law at the Turn of the Century, Rec. des Cours 282 (2000), 41

McConnaughay, P.J., The Scope of Autonomy in International Contracts and Its Relation to Economic Regulation and Development, 39 Col. J. Trans. L. 595 (2001)

McKeown, E.J., Simon Says: Time for a New Approach to Choice-of-Law Questions in Indiana, 82 Ind. L.J. 523 (2007)

Münchener Kommentar zum BGB, Bd. 10: Internationales Privatrecht, 4. Aufl. München 2006

Münchener Vertragshandbuch, Bd. 3/2: Internationales Wirtschaftsrecht, 4. Aufl. München 1997

O'Hara, E.A., Opting Out of Regulation: A Public Choice Analysis of Contractual Choice of Law, 53 Vand. L. Rev. 1551 (2000) (O'Hara, E.A.)

O'Hara, E.A./Ribstein, L.E., From Politics to Efficiency in Conflicts of Law, 67 U. Chi. L. Rev. 1151 (2000) (O'Hara, E.A./Ribstein, L.E., Politics)

Parisi, F./Ribstein. L.E., Choice of Law, in: Newman, P. (ed.), The New Palgrave Dictionary of Law and Economics, vol. I, London 1998, 236

Pertegás Sender, M., De risico's van een ingewikkeld forumbeding, TBH 2006, 987

Prebble, J., Choice of Law to Determine the Validity and Effects of Contract, 58 Cornell L. Rev. 433 (1973)

Rasmussen-Bonne, H.-E., Alternative Rechts- und Forumwahlklauseln, Frankfurt/M. usw. 1999

Rauscher, T., Europäisches Zivilprozessrecht, 2. Aufl. München 2006

Ribstein, L.E., Chosing Law by Contract, 18 J. Corp. L. 245 (1993) (Ribstein, L., Chosing)

Ribstein, L.E., From Efficiency to Politics in Contractual Choice of Law, 37 Ga. L. Rev. 363 (2003) (Ribstein, L., Efficiency)

Rühl, G., Methods and Approaches in Choice of Law: An Economic Perspective, 24 Berkeley J. Int'l. L. 801 (2006) (Rühl, G., Methods)

Rühl, G., Party Autonomy in the Private International Law of Contracts: Transatlantic Convergence and Economic Efficiency, in: Gottschalk, E./v. Hein, J./Michaels, R./Rühl, G. (eds.), Conflict of Laws in a Globalized World (Cambridge, Mass. 2007) (Rühl, G., Party Autonomy)

Sandrock, F., Die Vereinbarung eines „neutralen" internationalen Gerichtsstands, Heidelberg 1997
Sandrock, O. (Hrsg.), Handbuch der internationalen Vertragsgestaltung, Bd. I, Heidelberg 1980
Schäfer, H.-B./Lantermann, K., Jurisdiction and Choice of Law in Economic Perspective, in: Basedow, J./Kono, T. S. 87
Schneider, C., Anmerkung, BGH-Report 2002, 347
Schröder, J./Wenner, C., Internationales Vertragsrecht, 2. Aufl. Köln 1998
Stadler, M., Allgemeine Geschäftsbedingungen im internationalen Handel, München 2003
Staudinger, J. v. (Begr.), Kommentar zum BGB, Artt. 27-37 EGBGB, 13. Bearb. Berlin 2002
Symeonides, S., The American Choice-of-Law Revolution in the Courts: Today and Tomorrow, Rec. des Cours 298 (2002), 9
Symeonides, S., The American Conflicts Revolution – Past, Presence and Future, The Hague 2006
Symeonides, S., Choice of Law in the American Courts in 2006: Twentieth Annual Survey, 54 *Am. J. Comp. L.* 697 (2006)
Wenner, C., Rechtswahlblüten, in: Siegburg, F. (Hrsg.), Festschrift für Ulrich Werner zum 65. Geburtstag, München 2005, S. 39
Whincop, M.J., Conflicts in the Cathedral: Towards a Theory of Property Rights in Private International Law, (2000) 50 U. Toronto L.J. 41
Whincop, M.J./Keyes, M., Policy and Pragmatism in the Conflict of Laws, Aldershot/Burlington, Va./Singapore/Sydney 2001
Wiener Vertragshandbuch, Wien 2006

VI.
Öffentliche Regulierung/Public Regulation

TOWARDS BENEFICIAL COMPETITION IN THE LEGAL PROFESSIONS: LESSONS FROM ENGLAND/WALES AND THE NETHERLANDS

Roger Van den Bergh

A. Introduction

Entry into the legal professions is restricted by qualitative and quantitative entry barriers, as well as exclusive rights for providing certain services (e.g., legal representation in courts and transfer of real estate property with full effect vis-à-vis third parties). Other restrictions concern different modes of professional conduct, including regulated prices, prohibitions of advertising and partnerships and restraints on particular forms of business organisation. These anti-competitive rules are contained in both statutory law and self-regulatory rules issued by professional bodies enjoying public law status (Orders or Chambers). In recent years, the existing restrictions on competition have been increasingly challenged by competition authorities. As a consequence, several EU Member States have removed restrictions on prices and advertising and farther reaching deregulatory measures relating to entry into the legal professions are equally considered. This paper reports on the regulatory reforms of the legal professions that have occurred in two different EU jurisdictions: England/Wales and the Netherlands. Both jurisdictions have a long lasting experience in the field of deregulation measures in several sectors of industry, including the legal services markets.

The structure of this paper is as follows. The second section describes the most important changes of the regulatory framework for the legal professions. In England/Wales, these are the abolition of the solicitors' monopoly for conveyancing services and the proposal to establish a new independent Regulatory Authority for the legal services market. In the Netherlands, the most important reform is the deregulation of the Latin notary profession. After a summary of these reform measures and an overview of the main results of the empirical work on the effects of the deregulation measures, the third section undertakes a comparative analysis. The experiences with different types of reform measures will be critically assessed. On the basis of this comparative analysis policy recommendations will be formulated. Finally, the most important conclusions will be summarised.

B. The reform of the legal professions in two selected jurisdictions

I. England and Wales

Since 1804 solicitors held a monopoly right for conveyancing services, i.e. services related to a legally valid transfer of landed property. In 1985, the Administration of Justice Act was passed which created a para-profession called 'licensed conveyancers', the members of which have been allowed to offer conveyancing services in competition with solicitors. Actual entry of these licensed conveyancers took place as of 1st May 1987. The abolition of the solicitors' monopoly for conveyancing services in the 1980ies was driven by public opinion that the services provided are basic and should be offered at lower prices and without undue delays.

This liberalisation has been the focus of a number of empirical studies of the market changes between 1985 and 1992. A first study by Farmer, Love, Paterson and Stephen (1988) focused on the market for conveyancing services towards the end of 1986, after the decision on abolishing the solicitors' monopoly was taken, but before the first licensed conveyancers actually entered the market. The authors found that at that time solicitors' fees showed a downward tendency. This could be explained by the fact that solicitors may already have been lowering their fees in anticipation of the entry of the licensed conveyancers. A later survey by Gillanders, Love, Paterson and Stephen (1992) focused (among others) on fees charged by a representative sample of solicitors for a routine conveyancing transaction in November and December of 1989, i.e. after the entry of the licensed conveyancers. They found lower conveyancing fees in areas where licensed conveyancers had been most active. This seems to confirm the assumption that a monopoly right causes fees to be higher and thus works to the disadvantage of clients. In 1992, Stephen, Love and Paterson undertook a similar research covering the same locations as the earlier 1989 survey and using similar data, i.e. quoted fees for conveyancing transactions (Love, Paterson and Stephen 1994). The researchers found that the fees quoted by solicitors were on average higher than those quoted by licensed conveyancers. However, a striking result of the research was that licensed conveyancers' fees also had risen between 1989 and 1992. Furthermore, the fees of licensed conveyancers had risen faster than those of solicitors in markets where both professions were active. The latter result seems to contradict the assumption that abolishing monopoly rights will lead to lower fees being charged to the benefit of consumers.

The recent Legal Services Bill proposing a new regulatory infrastructure for the legal professions has been inspired by the publicly held belief that leaving quality issues solely to self-regulatory bodies will not guarantee full consumer satisfaction. The reform envisages a new regulatory infrastructure which subjects the existing professional bodies to regulatory oversight by a new independent Regulatory Authority for all markets for legal services. The proposals contained in the Legal Services Bill, which has been submitted to Parliament, are based on the findings of the Clementi report (Review of the Review of the Regulatory Framework for Legal Services in England and Wales 2004). The Legal Services Bill proposes the creation of a single external oversight body for all legal professions in England and Wales (solicitors, barristers, trademark attorneys, patent agents, conveyancers, ...) The newly created Legal Services Board will be composed of a majority of members who may not be practicing members of the legal professions. Also the head of the new authority will be a non-lawyer. The Legal Services Board may enact new regulations relating to the provision of legal services, in particular the establishment of minimum quality requirements. In addition, the new authority may delegate regulatory functions to already existing self-regulatory bodies. Regulatory functions may also be vested in newly created self-regulatory bodies when new providers of legal services (eventually in the form of alternative business organisations) enter the market. These self- regulatory bodies are called 'front line regulators'. These regulators that sit underneath the Legal Services Board are not permitted to exercise representative functions, next to their regulatory functions. The Legal Services Board has the power to issue regulatory guidance to the front line regulators, to direct them to take a specific regulatory action, to amend or to veto rules of front line regulators and to remove the authorisation of one of the latter bodies in a particular area or areas of regulation. A final key point is that also a separate body for handling consumer complaints will be established. The Office for Single Complaints should handle cases with adequate speed and efficacy. The most interesting feature of the proposed reform is that existing professional bodies retain their regulatory role but that the self-regulatory rules will be subject to the oversight of an independent external authority composed of a majority of non-lawyers.

II. The Netherlands

Within the European Union the 1999 Dutch Notary Act has been the most ambitious deregulation initiative in the sector of the notary profession. Its objectives are to increase competition and improve the quality of the notarial services. Whereas there was a numerus clausus under the old Act, in the new regime the total number of notaries in the Netherlands is no longer capped. However, entry into the Dutch notary profession is not fully liberalised. Even though quantitative entry barriers based on demographic criteria have been abolished, entry into the notary profession remains regulated. Junior notaries must submit a business plan to a supervisory committee of the public notarial oversight body for approval. Compared to the pre-liberalisation period, the mandatory work placement for junior notaries also has doubled from three to six years. The most innovative element of the new Notary Act is the change from fixed to unregulated notary fees. The fees for family services and corporate services became free immediately after the entry into force of the new Notary Act, whereas the fees for real property services were gradually liberalised. As of July 2003, all notary fees in the Netherlands are free.

The deregulation of the Dutch notary profession is regularly evaluated in order to check whether the new law reaches its goals. The number of Latin notaries did not increase, as was expected, and there is a continuing concentration of notaries' offices. There are different possible explanations why the entry is slower than expected. First, the requirement of a detailed business plan may deter junior notaries who find it risky to start a new practice and prefer to join existing notary offices. Even if very few business plans are turned down, the effort of constructing one remains a burden that is not necessarily proportionate to the goal of guaranteeing professional quality (in particular validity of legal acts). Second, the so-called 'ministering duty', according to which notaries must offer a full range of services (real estate transactions, legal documents in family matters and services relating to incorporation of enterprises) has been kept intact. This implies that there is no room for specialisation and it may inhibit entry into particular segments of the markets of notarial services.

On the basis of the private interest theory of regulation, one could have expected that tariffs would decrease. Strikingly, however, the liberalisation caused a substantial increase in fees for services relating to wills while the consumers' perception on the quality of services remained basically the same. Empirical data show that the price of a will almost doubled (increase of 97%) whereas the prices of a marriage contract and a partnership agreement increased by 60% and 39%, respectively (Commissie Evaluatie Wet op het notarisambt 2005). According to Aalbers and Dykstra (2002), the increased tariffs were nothing more than the reflection of the normal cost-based price level. This explanation implies that the previously fixed tariffs did not cover the cost of services in the family practice and that notaries had been cross-subsidizing. The prices for real estate transactions (conveyancing services) were fully liberalised in 2003. A report by the Netherlands Bureau for Economic Policy Analysis (CPB) shows that average fees for real estate services have gone down. In the period between 2002-2004 notary fees decreased proportionate to the transaction value: for a property value of 113.500 € fees went down by 7%; more substantial price reductions were observed for transfers of more valuable real estate: 13% for a property value of 245.000 €, and 21 % for a property value of 363.000 € (Nahuis and Noailly 2005).

Assessments of the Dutch deregulation also try to incorporate an analysis of the effects on quality including aspects of integrity and accuracy of the notarial services. In this respect, it is interesting to contrast the Report of the Commission on Evaluation of the 1999 Notary Act (Hammerstein Commission) and the Report of the Netherlands Bureau for Economic Policy Analysis (CPB), both published in September 2005. The Hammerstein Commission did not find hard evidence to support the claim that competition has led to a substantial loss of quality and reduction of professional integrity, but nevertheless admits that there is a reduced offer of information and advice to clients in the family practice. To investigate whether the fear that price competition lowers quality is justified, information on the number of corrections in the Land Register for the year 2004 was collected. It was found that errors (lack of registration or mistakes requiring corrections) were made in 1.2 percent of all acts authenticating transfer of property and creating mortgages. Differences appeared to be great across notary offices and regions, but price fighters did not perform worse than other notaries. Interviews with large commercial clients (real estate agents, mortgage agents and real estate project managers) also revealed that customer satisfaction had increased. The Report by the Netherlands Bureau for Economic Policy Analysis is more critical (Nahuis and Noailly 2005). This study casts serious doubts about the effectiveness and desirability of the reform. The authors found support for the fear that competition may deteriorate quality. Two different aspects of quality were investigated: service satisfaction as measured in consumer surveys and quality aspects that are not observable by consumers. Consumer surveys indicated that competition has a negative effect on quality, notably on the friendliness and the time spent to carry on the transaction. A comparison of the number of corrections in notarial acts at the Land Register for the years 1995 and 2003 showed that in the former year notaries in more competitive areas had a lower rate of corrections compared to notaries in concentrated areas. This was no longer the case in 2003 and it suggests that competition leads to a deterioration of quality.

C. Comparative analysis and assessment

I. Abolishing exclusive rights

On a theoretical level, arguments may be advanced both against and in favour of exclusive rights. If reserved tasks are coupled with numerical restrictions on entry, as it is the case in the Latin notary profession, service providers may restrict output and achieve higher profits to the disadvantage of consumers. Welfare losses may be substantial if exclusive rights are granted for standardised services which can be provided at a lower cost by non-regulated providers (para-professionals). The Latin notary system severely restricts freedom of choice of consumers and the (cumulative) effect of existing restrictions of competition (exclusive rights, eventually coupled with price regulation and advertising restrictions) may go further than necessary to avoid consumer harm. Conversely, it may be argued that the Latin notary profession provides a greater degree of legal certainty than a non regulated transfer of real estate property. The Latin notary system also allows cheaper enforcement of property rights since 'authentic acts' have imperative evidential value and can be enforced without judicial intervention, with the consequence that litigation costs are reduced. In this way, substantial negative externalities for third parties, which are due to invalid transactions, are avoided and enforcement costs are minimised. Benefits also flow to society at large since legal certainty may be considered as a public good. Moreover, the Latin notary system may lead to efficiency gains in terms of standardisation, economies of scope (since the Latin notary performs many functions which in a deregulated market would need to be done by several service providers) and high quality of Land Registers thanks to the professional input of Latin notaries.

The empirical studies on the reform of the English conveyancing market show that the admittance of a second group of providers of professional services (licensed conveyancers next to solicitors) does not guarantee a continuous downward pressure on prices. Even though solicitors decreased their fees in anticipation of the entry of licensed conveyancers, there has been an accommodation between both professional groups after some time. Stephen and Love (1996) believe that positive effects may be realised when other multi-services providers (such as banks and building societies) would be allowed to enter the conveyancing market.

The Dutch policy maker opted in favour of a different kind of reform. Instead of abolishing the exclusive rights of Latin notaries by allowing one or more other professional groups to provide services for a legally valid transfer of real estate, numerical limits on entry into the profession were abolished and fees were liberalised. As discussed above, the expected beneficial effects on entry and prices did not materialise or were limited to particular market segments. On the positive side, competition has led to cost-based prices and innovation. Since cross-subsidisation of the unprofitable family practice by high fees for real estate transactions has come to an end, market transparency has increased. On the negative side, competition tends to benefit above all larger clients since prices decreased most notably for high-value real estate closings. Ideally, liberalisation should lead to flat fees for standardised transactions. Currently, small consumers suffering from information asymmetries in the market for notarial services may be worse off: their financial benefit is lower and may be outweighed by the decreased provision of information.

II. Regulation of fees

Economic theory advances arguments both in favour and against regulation of fees. On the one hand, minimum tariffs can be a useful tool to prevent the problem of adverse selection and enable the survival of high quality suppliers. Maximum fees may be helpful in dealing with the problem of moral hazard and protect consumers against excessive charges. On the other hand, minimum fees threaten to deprive consumers of the benefit of lower prices in a competitive market. In any case, even though fee restrictions may be theoretically justified, they remain a very far-reaching regulatory intervention. Quality may be guaranteed by less restrictive means and, from this perspective, regulation of fees may be disproportionate. The problem is exacerbated when fee regulation co-exists with other restrictions, such as reserved tasks and quantitative entry limitations.

Against this theoretical economic background, the deregulation of the Dutch notary profession is particularly illuminating. The risk of adverse selection is documented by concerns about decreasing quality. The results of the assessments of the deregulation show that survival in the competitive struggle may jeopardise the quality of the notarial services and gives some support to the adverse selection argument. The Dutch case also shows that maximum fees might be supported by the need to guarantee accessibility to notarial services. In a regulated market, less profitable services may be cross-subsidised by gains in more lucrative market segments. Deregulation will cause prices to sink in the profitable market segments (cream skimming) but lead to price increases for the previously cross-subsidised services. The deregulation of the market for notarial services in the Netherlands corroborates this outcome. The liberalisation led to a substantial increase of fees in the family practice, in particular wills. To guarantee the accessibility of notarial services, the Dutch Act provides for price ceilings for low income households and also gives the possibility to the Minister to intervene in cases of very high fees. It may be questioned whether these measures are sufficient to guarantee an optimal provision of the public good 'legal certainty'. If there is a significant lower output of notarial wills, absent cross-subsidies, the losses caused by a lower level of legal certainty in the family practice might exceed the benefits of the price reductions in the real property practice.

III. Optimal institutional framework

In the Law and Economics literature, both advantages and disadvantages of self-regulation have been extensively discussed (Miller 1985, Ogus 1995, Van den Bergh 2006). On the one hand, self-regulation carries a number of benefits. Due to their information advantage, the professions themselves are better able to set quality standards than public authorities. Enforcement costs of self-regulation are also lower than in the case of public regulation. Self-regulation may also be more flexible and has as an ultimate advantage that its costs are largely borne by the regulated professions. On the other hand, the potential for anti-competitive restrictions may outweigh any of the advantages indicated above. Self-regulation may lead to cartel-like prices, if politically powerful professional groups succeed in securing economic rents. Moreover, self-regulation may lack democratic legitimacy, in particular when there is no significant consumer input in the decision processes. Given those benefits and costs, the major challenge for policy makers is to design a structure that maximises the information advantages (and other benefits) of self-regulation while at the same time the risk of anti-competitive effects is contained.

Against this background, the advantages of the new regulatory framework proposed in England/Wales (Clementi model) seem considerable. Day-to-day regulation is left in the hands of the front line regulators, such as the existing self-regulatory bodies, which can fully profit from their information advantages in formulating rules which should guarantee an optimal quality of legal services. At the same time, the risk of anti-competitive practices is reduced since the front line regulators remain subject to constant oversight by the Legal Services Board, which has the power to veto rules, ask to enact new rules and even withdraw the authorisation to regulate a specific legal services market. Moreover, democratic legitimacy is guaranteed by creating an independent, transparent and accountable oversight body which is composed of a majority of non-lawyers. In this way, the net benefits of self-regulation may be maximised.

A major advantage of the Clementi model is that it allows competitive self-regulation, i.e. competition between different groups of qualified legal professionals which each decide their own rules of conduct. Competitive self-regulation is in essence no different from competition between national public regulatory regimes. In spite of the important benefits such a competition may bring about in terms of more efficient and innovative legal rules, it is heavily debated whether regulatory competition will lead to a 'race to the bottom' rather than a 'race to the top'. However, the proposed Regulatory Authority may counter the potential risk of quality deterioration in the markets for legal services by making the delegation of regulatory powers dependent on the respect for certain minimum quality standards. Under traditional forms of co-regulation, a central regulator (usually the competent Minister) approves the rules, practices and procedures of the professional bodies ex post. Under competitive self-regulation, the role for the state is to organise the competition between the different professional self-regulatory bodies and, if necessary, subject this competition to a set of minimum quality standards (ex ante control). The Clementi model of competing self-regulatory bodies, which are subject to oversight by an independent Regulatory Authority, combines traditional co-regulation with modern competitive-self-regulation.

Policy makers should fully investigate the potential advantages of competitive self-regulation for overcoming harmful restrictions on competition. Existing self-regulatory bodies may decide diverging rules on fees: some may retain the traditional method of calculating fees based on hours spent, whereas others may opt in favour of flat fees (in particular for standardised transactions) and different types of contingent-fee contracts ('no cure no pay', pars quota litis, mark-up if the case is won). Regulatory competition may also emerge in other areas of self-regulation, such as rules on business organisation (companies with limited liability) and legal or interdisciplinary partnerships. Moreover, the Clementi model allows delegation of regulatory powers to new entrants in the legal services markets, who can establish their own self-regulatory bodies. New self-regulatory bodies may enhance competition by adopting innovative ways of doing business: for example, new forms of multi-disciplinary partnerships or hiring non-lawyers as managers of the law firm. The advantages of competitive self-regulation will be the more significant the more competing self-regulatory bodies will become active in the different segments of the broad legal services markets. Different self-regulatory bodies may compete in the markets for legal advice in different areas of law, representation in courts (again further divided based on the field of law), and conveyancing services. For example, business lawyers, legal employees of insurance companies, and trade union lawyers may all be granted the right to conduct litigation, subject to the 'accreditation' of their self-regulatory bodies by the oversight Regulatory Authority. In civil law jurisdictions, the number of competing self-regulatory bodies may be further increased by breaking-up existing monopolist 'Orders of Advocates'. One should acknowledge that the current group of advocates is very diverse, ranging from one-person enterprises active in many areas of law to mid-size firms and large international law firms specialised in particular fields of law. It is by no means evident that this large and diverse group of lawyers should be regulated by a single regulatory body. By allowing both inter-professional competition (between different legal and para-legal professions) and intra-professional competition (within a single profession, such as advocates) a large number of competing self-regulatory bodies each deciding their own rules of conduct may be established.

D. Conclusions

This paper was written at the occasion of the 65th birthday of Hans-Bernd Schaefer, to honour him as one of the most distinguished scholars of the European Law and Economics movement from its early days in the 1980ies onwards. The topic chosen covers the entire period during which Hans-Bernd Schaefer has been active in this enticing domain of scientific research. The purpose of the paper has been to illustrate what Hans-Bernd Schaefer has always deemed to be the major advantages of economic analysis of law, compared to an either purely legal or economic approach. For economists, the interdisciplinary approach transforms economic analysis from a merely theoretical and academic endeavour into a reality exercise with great societal relevance. For lawyers, the theoretical insights supported by, if available, empirical evidence allow a better understanding of the real-life effects of legal rules. Law and Economics thus provides a highly valuable input in the policy discussion, particularly when legal reforms are envisaged.

With respect to the regulation of the legal professions in England/Wales and the Netherlands, many of the theoretical insights of the Law and Economics literature have been empirically tested. The results are ambiguous: whereas there is some evidence to confirm the private interest theory of regulation, there is also some support for the public interest theory. On the one hand, the threat of new entry lowers fees of incumbent professionals, which indicates that super-competitive profits were earned by the regulated profession. The English experience also shows that effective price competition for standardised legal services (such as conveyancing) requires a large number of suppliers, including both legal and non-legal service providers. On the other hand, the concern about decreasing quality after the deregulation of the Dutch notary profession indicates that the risk of adverse selection may support regulation. Price competition brings an end to cross-subsidisation and may incite professionals to decrease costs by lowering the level of information provided. Reforms that do not take full account of Law and Economics may be counterproductive. Competition authorities attach great priority to abolishing restrictions on fees and advertising. Even though this may be an important way forward more important issues remain. Removing control over entry and conduct from monopolist regulatory bodies and creating scope for competitive self-regulation may allow maximising the net advantages of self-regulation in the legal professions. In this respect, the new English regulatory infrastructure may become a blueprint for other European jurisdictions.

References

Aalbers, R.and Dijkstra, M. (2002), Kruissubsidiëring in de familiepraktijk. Een empirische studie naar de kosten en opbrengsten in de familiepraktijk van het notariaat, Rotterdam: SEOR-OCFEB.

Commissie Evaluatie Wet op het notarisambt (2005), Het beste van twee werelden, Den Haag: Ministerie van Justitie.

Farmer, L., Love, J., Paterson, A. and Stephen, F. (1988) Competition and the Market for Legal Services, *Journal of Law and Society*, 15, pp. 361-373.

Gillanders, D., Love, J., Paterson, A. and Stephen, F. (1992), Spatial Aspects of Deregulation in the Market for Legal Services, *Regional Studies*, 26, pp. 137-147

Love, J. Paterson, A. and Stephen, F. (1994), Deregulation of Conveyancing Markets in England and Wales, *Fiscal Studies*, 15, pp. 102-118

Miller, J. (1985), The FTC and Voluntary Standards: Maximizing the Net Benefits of Self-Regulation, *The Cato Journal*, 4, pp. 897-903.

Nahuis, R. and Noailly, J. (2005), Competition and Quality in the Notary Profession, CPB Document No 94, Den Haag: CPB.

Ogus, A. (1995), Rethinking Self-regulation, *Oxford Journal of Legal Studies*, 15, pp. 97-108.

Review of the Review of the Regulatory Framework for Legal Services in England and Wales (2004), available at www.legal-services-review.org.uk/content/report.

Stephen, F. and Love, J. (1996), Deregulation of Legal Services in the UK: Evidence from Conveyancing, *Hume Papers on Public Policy*, 4, pp. 53-66.

Van den Bergh, R. (2006), Towards Efficient Self-Regulation in Markets for Professional Services, in: Ehlermann, C. and Atanasiu, A. European Competition Law Annual 2004: The Relationship Between Competition Law and the (Liberal) Professions, Oxford: Hart, pp. 155-176.

CHALLENGING CONTEMPORARY TRENDS IN THE (DE-) REGULATION OF THE PROFESSIONS

Wolfgang Weigel

This paper contains the warning that the intended deregulation of the professions, which is vigorously pursued by the European Union, might go too far given the nature of many services at stake. Building upon an objective function which focuses on the minimization of social cost of regulation it is argued that advocates of deregulation do not take sufficient account of the 'credence good' problem contained in the said services. Being written to honor Hans-Bernd Schäfer, this paper hopefully resumes a particular virtue of the work of Professor Schäfer, which is the combination of high standard analysis with an orientation toward application.

A. Deregulation: Why and how?

'Utilities have successfully lobbied the Federal Energy Regulatory Commission and several state legislatures to permit them to recover stranded costs in the process of utility deregulation. But they have been rationally silent about the converse problem of stranded benefits, which benefits them and their investors at the expense of electricity consumers, who have had little voice in deregulation negotiations'.[1]

Similarly, a summary of policy recommendations from the White Book on 'More Employment through Growth Based on Innovation and Qualification' by the Austrian Institute of Economic Research hardly contains any hint at consumer interests. It appears as if, implicitly, whatever increase in competitiveness of notaries, lawyers, architects or accountants will serve consumers.

'The deregulation of the professions ought to be pursued forcefully: Territorial protection, recommended prices barriers to entry and advertising bans ought to be abolished.

1 From the Abstract of 'Stranded Benefits Versus Stranded Costs in Utility Deregulation', by Reed W. Cearly and Daniel H.Cole, http://papers.ssrn.com/sol3/papers.cfm?abstract_id=391460; September 3rd, 2007.

Moreover the system of self-regulation by the professions is questionable, since it creates the wrong incentives for competition-prone access to markets'.[2]

The Directorate General for competition is definitely more explicit on the issue at hand and more cautious when it states, referring to two reports which were written by the order of the Directorate, that:

'The reports explain that the Commission is not opposed to all regulation as it is recognized that there are legitimate arguments in favor of certain regulations in the professions. But restrictive regulations should only exist where they provide an effective and proportionate means of protecting consumers. The reports urge all interest groups to make a joint effort to reform or eliminate those rules which are unjustified. Regulatory authorities in the Member States and professional bodies are invited to voluntarily review existing rules taking into consideration whether those rules are necessary for the public interest, whether they are proportionate and justified, and necessary for the good practice of the profession.[3]

Despite these alleged moderate tones the Commission is criticized for not being sufficiently prepared to take steps towards policy. The Chair of the Council of Bars and Law Societies Competition Committee, Giuseppe Scassellati Sforzolini, stated in Brussels on December 13, 2006 that:

- the Commission's initiatives regarding competition in the legal professions does not rest on a sound factual and legal basis, and
- deregulation might generate externalities and market failures, since it is agreed among economic scholars that competition should be introduced with caution in a market characterized by asymmetric information if there are no effective tools to ensure the quality of the services.

So the professions – lawyers, notaries, accountants, real-estate agents – are under pressure from advocates of competitiveness. But there are casual warnings concerning the interests of clients, in which it is claimed that at least part of the prevailing regulation might be justified. While there are no peculiarities which can be discovered in those claims, economists are aware of the notion of 'credence goods', which might apply here. In picking this notion for the purpose of finding reasons as to why the warnings concerning consumers may be justified, one learns that the debate on deregulation is biased in favour of the supply side. More specifically, one will hardly find an analysis of consumer behavior. Thus, little can be said about the reasons of clients for seeking professional advice and the evolving patterns of behavior.

In this paper a theory of demand will be outlined, followed by the presentation of supply conditions in the presence of a credence good.

---

2 http://www.wifo.ac.at/wwa/servlet/wwa.upload.DownloadServlet/bdoc/P_2006_11_17_2$_show.html, September 3rd, 2007 .

3 http://ec.europa.eu/comm/competition/sectors/professional_services/overview_en.html, September 3rd, 2007.

The findings will then be cast in an objective function, which is typical for the handling of a legal problem in economic terms. From this some observations are derived concerning the likely need for 'optimization' of prevailing regulations, thus partly objecting to the demands by adherents of pure competitiveness. Since an all-encompassing treatment of the topic definitely would exceed the conceded space for this contribution the ideas will be laid down for one example: the role of notaries in the assignment of property. Of course this does not hamper generalizations.

In order to shed some light on the strong claims of advocates of deregulation, the next section will briefly summarize the situation of notaries with emphasis on the situation in Austria.

Notaries are public office bearers who are nominated by the government for a certain location.[4] They handle deeds and officially authenticate certain contracts. Moreover they act upon request of courts, typically in cases of descendant's estates. Finally they are allowed to act as trustees, advisors and in several other businesses, which require proven legal training.[5] A notary must hold a degree from an approved law school, pass a special examination and have at least seven years of experience with some further qualifications. For official acts there is an in-depth tariff, which nowadays is meant to fix upper bounds for pricing services. Regulations are handled by the influential chamber of notaries, which also is in charge of disciplinary measures to the extent that they are not handled by the judiciary.

These are just a few highlights which should sufficiently illustrate the profession for the moment.

As far as authentications and deeds are concerned there are regulations which require the compulsory engagement of a notary,[6] one example being the appointment of a notary as trustee according to the 'Developer Contracting Act', Federal Law Gazette I no 7 of 1997, § 12. Notaries are typically engaged not only by developers, but also by private parties in case of the purchase of real estate. This is the example I want to trace a little further.

From what has been said so far about notaries it should have become clear that there is severe regulation concerning market entry, territory protection and pricing – to mention just the most important issues. So I will now turn to:

B. Outline of a theory of demand and supply

Imagine someone who wants to acquire real estate. Such a person will be very much concerned about the property rights she might assume. Thus she would like to know whether the land appears correctly in the land register, is not encumbered with a mortgage, etc. Of course she could not care about all this but instead trust the seller, and be incredulous when learning

---

4 While they cannot move without permission, they are allowed to serve clients from other districts who prefer the notary at hand to one from the place of residence.

5 Particularly in this respect they compete with other legal professions, especially lawyers.

6 This can – in an ever increasing number of cases – be substituted by a lawyer.

ex post what was amiss. But she may be risk-averse[7] in a certain sense and therefore ensure the correctness of the deal ex ante. She is informed that authentication of the contract by a notary will even be regarded as official testimony in case the deal goes to court for some reason later on.

Now let the service which our buyer demands be the authentication that the probability of the correctness of transferred property rights is as high as possible. She might like a certain threshold to be exceeded, for which she is willing to pay a reservation price. But she would also be happy if the deal could be even safer than the threshold. Applying the law of demand we could then observe that the willingness to pay would decrease with the increase of the degree of authentication, given by the probability that nothing is amiss. So there is a demand schedule with the usual shape, with the probability achieved being related to the willingness to pay.[8]

Note that the level of the demand schedule can be made dependent on the expected qualifications of a trusted third party, typically a lawyer or notary.[9] Clients who attach great importance on the trustworthiness of the agent will thus be willing to pay a higher price overall. This shifts the demand schedule upward.

A client's request is met by the lawyer or notary. However, there is a slight difficulty in shaping the supply schedule. While one might expect that increasing security is associated with an increasing marginal cost of servicing, this is not necessarily so. It actually depends on the case: even authentication on a high level could be a case of routine under certain circumstances. In this case the marginal cost of increasing the probability may even be constant, thus resulting in a horizontal supply curve. In order to keep the expository model simple I will take refuge in the assumption, without loss of generality, that the marginal cost and thus the supply schedule slightly increases as the probability becomes very high. Note, however, that a probability of one is hardly achievable, so that the supply schedule is defined in an interval only.

The level of supply in a partially aggregated model will of course depend on likely barriers to entry. That is to say, when there is territorial protection or a system of licensing, supply will be lower than in a case of free entry and competition.

From this heuristic model of demand and supply we may infer two conjectures: With barriers to entry into the profession there will ceteris paribus be a lower demand for authentication (given by the certainty that the transfer of property rights is correct); but if clients are concerned about the proven qualification of their agent, they may have a higher reservation price and willingness to pay, which will shift the equilibrium to the right despite prevailing regulation. But how can there be regulation (barriers to entry) at all? The answer to this is that

7 Risk aversion here means that someone strictly prefers to pay a certain amount of money for the authentication of her property rights ex ante, rather than facing litigation costs and other expenses with a certain probability ex post.

8 Note that this demand is a derived demand, since it is tied to the demand for real estate. Real estate and authentication are thus complementary commodities.

9 It could also be the case that this trusted third party is a real-estate agent or, as is frequently the case in the US, an insurance company.

clients at the outset cannot observe the 'quality' of the service they demand. The service they seek – authentication – is in other words a 'credence good'. So I will have a closer look at the peculiarities stemming from this fact.

C. How do 'credence goods' influence supply and demand for authentication?

The notion of 'credence good' refers to the well-known distinction of commodities according to the accessibility of their properties by a consumer. 'Inspection goods' can be examined before the purchase (consider the tasting of wine at the winegrower). 'Experience goods' in turn, which are typically durables, will only reveal their properties after use (brands of automobiles, refrigerators etc.), thus giving rise to 'brand loyalty' or a search for substitutes. With credence goods there is no such possibility,[10] so that ultimately the consumer can only trust in purchasing the right thing or rely on the reputation of the provider. Examples range from surgery to old age pension schemes and of course legal advice.

The supplier of such advice, or authentication, has insights which are hidden to the customer. Therefore she could offer her service at a suboptimally high price or offer inappropriate quality. In other words, it is very likely that there will be moral hazard and adverse selection (hidden action).

In a recent survey[11] Kerschbamer and Dulleck provide an explanation for the specific circumstances which will facilitate the provision of credence goods under market conditions. However, stating the conditions implies that markets fail when they are violated, which makes interventions into the market indispensable.

For provision of credence goods via the market the following three conditions ought to be met:

i) The suppliers face clients who are homogenous with respect to socio-economic characteristics and preferences;
ii) Once they have started to perform, suppliers face such economies of scope that the best thing they can do is to conform to the business at hand;
iii) For the clients the performance of suppliers must be verifiable, or, if this is not the case, they must rely on an effective liability rule, which in turn requires that the court can assess the appropriate level of care on behalf of the supplier.

Note that market failure emerges even if just one of the conditions is violated. And, of course, there is at least one condition which is not met in the market under consideration, which is condition i) (notwithstanding problems with condition iii) either). To see this we must be aware of the large variance of socio-economic characteristics among people who are potential

---

10 To be accurate, the transaction cost for the gathering of information will be prohibitively high.
11 See *Journal of Economic Literature,* March 2006, pp 10 passim.

buyers of real estates and, moreover, the fact that they can be separated into at least three distinct groups:

- commercial clients who seldom purchase real estate, such as craftsmen buying a garage;
- commercial clients who frequently trade in real estate, such as property developers;
- private clients who seldom purchase real estate, such as a family buying a home.

Obviously these three groups will have different experience and therefore different attitudes toward the consultation for legal advice (lawyer, notary). So at least the condition of homogeneity is violated, and therefore steps become necessary to overcome the emerging market failure.

There are several ways in which this can be accomplished. One common feature of these measures is that they aim at making the service trustworthy for clients. This in turn is meant to lower risks and transaction costs. Note that where these tasks are met, they create benefits in excess of the consumer surplus, as large or little as it might be. Additional social benefits are dealt with in more detail later on, when the emerging overall objective function is at stake.

Making services trustworthy is almost exclusively maintained by putting restrictions on the professions. Notwithstanding 'private interests' of the latter, the following restrictions are in use:

1. The creation of a monopoly for legal experts with definite academic education, where
   1.1 the monopoly encompasses qualification only, or
   1.2 it is extended to territory protection.

   The rationale behind this kind of regulation for the benefit of clients is obvious: it secures a clear number of providers with (more or less) uniform qualifications. This is reinforced if the services are provided within definite districts.[12]

2. The creation of barriers to entry into the market for legal services by
   2.1 appointment of a finite number of notaries and lawyers for each district (with just one as an extreme case), or
   2.2 the (additional) requirement to meet certain standards of education and professional training, as well as

12 While in systems with a high level of regulation notaries in particular are appointed to a district, the clients are allowed to exit the district by drawing on the service from a notary in another district than that of residence.

2.3 price-fixing for services rendered in such a way that only such providers which can prove that they can perform certain standards at a cost below or at least equal to prefixed prices are given access to the market.

These measures are meant to secure both quality and availability of services.

3. Regulation of tariffs.
This measure aims at making transparent for clients a priori what services at which level of quality are available to them at what cost; thus, not only asymmetries in information are overcome, but also comparisons are facilitated.[13]

4. Bans on advertising.
Bans on advertising were originally meant to prevent some 'race to the bottom'. It was feared that such a 'race to the bottom' could result from claims of alleged superiority in the price-performance ratio – claims which clients could hardly verify. By now, many of the previously existing bans have been substantially dismantled (if not abolished at all).

5. Inasmuch as the measures listed above are implemented by way of self-regulation, professional associations are part of the bulk of regulatory provisions. Once more referring to the example of Austria there is a 'Chamber of Notaries' as well as a 'Chamber of Lawyers', which are in charge of enforcement, although some competences are left to government authorities.[14]

The regulations as outlined above are in use in various combinations and intensities. Van den Bergh thoroughly discusses whether they are reasonable.[15] Unfortunately there is literally no empirical evidence on the effectiveness of overcoming the problems of credence goods yet. On the contrary, there is an abundance of investigations into the inefficiency caused by regulation. In simplistic models of demand and supply regulation frequently appears as cutting consumer surplus.

Moreover, it is a general allegation that regulation is in the (private) interest of suppliers, since it allows for the redistribution of wealth from the public to the professions. Inasmuch as the professions are well organized in associations such as 'chambers', they have a substantial advantage over the public in maintaining 'rent-seeking'.

---

13 As a matter of fact, and for notaries in Austria at least, tariffs are no longer binding, but serve as upper bounds of prices.

14 Associations called 'chambers' are established by law for Industry and Trade ('Chamber of Commerce') or blue collar and white collar employees ('Federal Chamber of Blue and White Collar Workers'), whereas they are allowed for in the legal framework for the profession, such as the 8th main section of the Austrian '*Notariatsordnung*', Imperial Law Gazette No 75 of 1871 (!), with an abundance of amendments.

15 See Van den Bergh, Roger, Y. Montangie, Theory and Evidence on the Regulation of the Latin Notary Profession, SEOR, ECRI, A Law and Economics Approach, Dec. 2005

To these general allegations Arrunada (1996) adds that

- barriers to entry cause a shortage of supply
- lacking competition pushes prices, and
- compulsory usage of legal services causes an artificial demand.

To these unquestionable shortcomings or regulation one has to add the cost of implementation and enforcement.

More specifically, the cost of regulation can be summarized as follows: total direct cost of federal regulation consists of resources employed by government agencies as well as by private sector enterprises (non-budget costs imposed on individuals and businesses to comply with regulations, that is to say: resource costs over and above those that show up in the federal budget and agency personnel charts).[16] Efficiency costs have to be added: they reflect the value of the resources foregone in direct response to restrictions on firm entry, output and pricing decisions, or cost-minimizing production techniques. In other words, what is the value of the product or service that is lost as a result of economic regulation?

Finally there are transfer costs: this refers to the redistribution of income or wealth in direct response to a regulation (in brief, the central argument for counting transfers as a cost is that it approximates the real resources that will be devoted to acquiring, maintaining, opposing or eliminating the responsible regulation. The real resource used in activities to acquire and maintain, or to prevent and eliminate economic regulations are diverted from other, productive economic activities).

Given these facts it comes as little surprise that nowadays there is a general tendency to reduce regulatory burdens all over the world. However, such a tendency must not be followed without bearing in mind the original rationale for the introduction of regulation.

From such comprehension two avenues can be traced to get to the much needed balance between the benefits and the costs of regulation in the presence of credence goods. Definitely one option would be to seek alternatives to regulation. However these options will only be briefly touched upon in section 5 below. The reason is that accomplishing these much more comprehensive tasks would call for a comparative institutional analysis and a much more general framework.

So the remainder of the present paper is dedicated to an outline on the optimality of regulation in the presence of regulatory benefits and costs, the claim being that a level of regulation is sought where the marginal social benefits and marginal social costs are balanced.

So the next step is to put all the elements together in an adequate objective function and to draw some tentative conclusions.

---

16 See W. Mark Crain 'The impact of regulatory costs on small firms' Small Business Administration – Office of Advocacy, Washington D.C., September 2005.

D. Toward optimal regulation in the presence of credence goods

The emerging puzzle will be solved by first setting up the objective function and then giving it a graphical interpretation. Recall that the parts of the puzzle are the following:

- Consumer surplus enjoyed by the clients, expressed as k.
- Producer surplus, expressed by n.
- The transaction cost as well as later risks of litigation and other troubles clients get around if regulations maintain a high level of trustworthiness of legal professions, summarized by the symbol TR.
- The cost of regulation, summarized by the symbol KR.

Now, TR and KR both depend on the level of regulation, which in this heuristic model are assumed to be measured by some appropriate index-number R, thus TR(R), and KR(R) with

$$\partial\, TR(R)/ \partial R < 0 \text{ and } \partial\, KR(R)/ \partial R > 0.$$

The emerging objective function, which is assumed to be the minimization of social cost, SK, will then be

$$SK = -TR(R)R + KR(R)R - k - n.$$

The interaction of the elements of these functions can comfortably be illustrated by Figure 1. It shows how the market conditions for legal authentication affect the cost of regulation and the cost savings of clients.

To this end the interaction between demand and supply concerning authentication is depicted in the first quadrant on the right side. On the horizontal axis authentication is expressed as the probability with which the transfer of the property rights at hand can be deemed correct. The vertical axis relates to the willingness to pay and marginal costs of providing the service respectively. In this quadrant the willingness-to-pay schedule of clients and two supply schedules appear, N_1 being the schedule at the initial state of regulation, and N_2 a new schedule when entry is facilitated after regulations have been eased.

In the second quadrant on the left side the cost of regulation is plotted against the supposed index of regulation. The marginal cost of regulation goes up as the level of regulation increases.

Finally, in the third quadrant the benefits from regulation are depicted, where on the vertical axis they are measured in €. According to the discussion earlier in the paper they are assumed to be the smaller the higher the level of regulation is.

Figure 1: The objective function illustrated

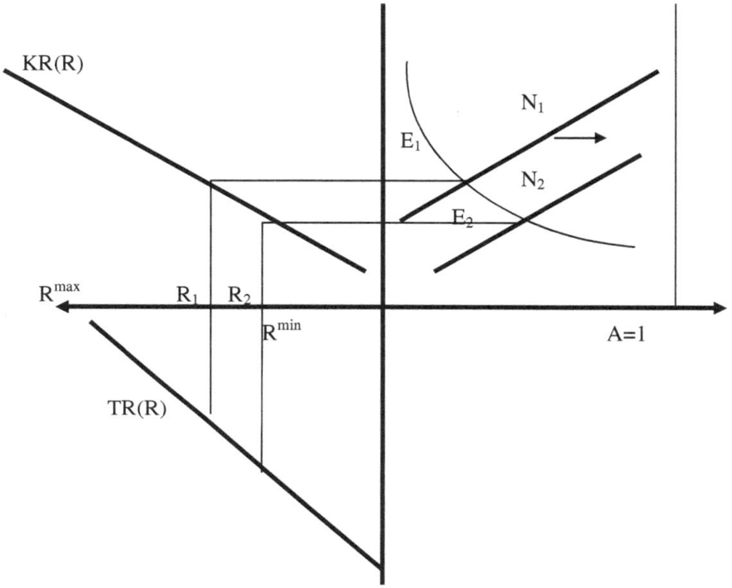

Although admittedly this is a very crude model, it nevertheless nicely shows the contradictory effects which deregulation in the presence of a credence good can bring about.

What the figure illustrates essentially is what happens if the debated policies concerning the deregulation of the professions, notaries and lawyers in particular, would be submitted to a regulatory impact analysis. It is true that the contradictory effects come out quite nicely due to the simplifying assumptions of linearity of the TR and KR schemes respectively. Definitely more complex functions could be considered for both TR and KR to see how robust the effects are, which are pinpointed in figure 1. However, this is also an empirical question.

E. A tentative conclusion

At the outset it must be stressed that the ideas developed in this paper hinge on the assumption concerning clients' attitudes toward risk. If buyers for real estate would be indifferent between authentication ex ante and enforcement ex post they would definitely care less for the reliability of lawyers and notaries. Hence the level of the willingness to pay for the provision of high quality service should be fairly low and therefore most likely attenuating the positive effects in the objective function substantially.

Secondly, to some readers it might appear strange to use a measure such as an index of regulation as what essentially is a policy variable. However, (not only) from the Annex to

'Stocktaking Exercise on Regulation of Professional Services'[17] one can see that the envisaged measures are approached by a regulation index. So in order to relate the topic to the ongoing debate the approach of the present paper is definitely worthwhile.

This leads back to the main tasks of the paper. As is apparent even from the selected quotations in the introduction, deregulation of the professions is a somewhat controversial issue. It is true that welfare losses are likely to emerge for consumers where both entry to and acting in the markets by professions are regulated. And where above all this is reinforced by well-organized professional associations such as the 'Chamber of Notaries' and the 'Chamber of Lawyers', for instance in Austria, who are not only capable of handling most of the regulatory devices by means of self-regulation, but are also held to be a stronghold when it comes to rent-seeking activities.

Nevertheless, the essential message here is simple: Even deregulation might only be possible at an opportunity cost. Clearly this will not necessarily always be the case. While it can nicely been demonstrated under the assumptions concerning the schedules of KR(R) and TR(R) in figure 1, a change of the slope of TR for instance would lead to a different result. Imagine a step toward deregulation (easing market entry) with KR remaining the same but with a flat TR. In this case there would be a net gain of overall cost, since the reduction of regulatory costs exceeds the losses in transaction costs.

The implication of variations in the schedules contained in the objective function is that only careful regulatory impact assessments of alternative policies can make their net effect identifiable. Deregulation alone can neither be a necessary nor a sufficient condition for welfare gains.

Table 1 – Alternative institutional arrangements

	ex ante	ex post
public domain	- authentication by notary - authentication by court - authentication by authority	- trial
private domain	- insurance, with insurance agent checking risks of purchase - competitive market for trustworthy brokers	- arbitration - mediation

This is exactly the claim of impartial participants in the ongoing discussion, as can be inferred from the introductory quotations.

However, this is not the end to the story. First of all, there are alternative institutional arrangements to the authentication which was used as an example here. Table 1 gives an idea of the options. Moreover, innovations, such as the electronic signature, might by and by replace the services at hand, although the problem of trustworthiness will not automatically be

17 See:http://ec.europa.eu/comm/competition/sectors/professional_services/studies/overview_of_regulation_in_the_eu_professions.pdf .

resolved by progress in the technology of information processing. But obviously such considerations make it even more apparent that straightforward policies, such as those pursued on the level of OECD and the European Union and their Member States, are related to much more general issues. Since the literature in this field is not yet as rich and elaborate as one might presume, this paper might also be just one window into a wide area for further investigations.

References

Arrunada, Benito (1996) "The Economics of Notaries" *European Journal of Law and Economics* 3, 5-37

Arrunada, Benito (2003) "Property Enforcement as Organized Consent" *The Journal of Law, Economics & Organization* 19(2)

Bennett, Robert J. and Paul J.A. Robson (2004) "The role of trust and contract in the supply of business advice" *Cambridge Journal of Economics* 28(4), 471-488

Commission of the European Communities (2004) *Communication from the Commission to the Council, the European Parliament, the European Economic and Social Committee and the Committee of the Regions* COM (2004) 83

Crain, W. Mark (2005) "The Impact of Regulatory Costs on Small Firms", prepared for the Small Business Administration – Office of Advocacy, Washington D.C.

Domberger, Simon and Avrom Sherr (1989) "The Impact of Competition on Pricing and Quality of Legal Services" *International Review of Law an Economics* 9, 41-56

Dulleck Uwe and Rolf Kerschbamer (2006) "On Doctors, Mechanics, and Computer Specialists: The Economics of Credence Goods" *Journal of Economic Literature* 44, 5-42

Fink, Marcel, Iain Paterson, Bernhard Felderer, and Christian Helmenstein (2001) „Notariat 2005 - Entwicklungsperspektiven eines Freien Berufs", Institut für höhere Studien (IHS), Wien

Frankel, Tamar (1999) "Trusting and Non-Trusting: Comparing Benefits, Cost and Risk", Boston University School of Law Working Paper No 99-12

Greene Frederick D., Alfonse R. Petrocine, and Richard C. FitzPatrick (2003) "Holding Accountants Accountable: The Liability of Accountants to Third Parties" *Employee Responsibilities and Rights Journal* 15(1)

Hartmann, Frank (2006) „Freiheit und Bindung im Notarrecht - Der Notar im Spannungsfeld von Amtsführung und marktwirtschaftlicher Dienstleistung", in: Jenkis, Helmut (ed.) *Freiheit und Bindung der Wirtschaft,* Duncker & Humblot: Berlin

Hoel, Michael (2006) "Cost-Effectiveness Analysis in the Health Sector When There Is a Private Alternative to Public Treatment" *CESifo Economic Studies* 52(3), 500-512

Humbeeck, Peter van (2006) "Data Collection for Cost Estimation in Regulatory Impact Analysis", Center for Applied Studies in Law and Economics, Ghent University

Lee, Gabriel S. (2006), "Case Study for Germany: Entry and Competition for Bavarian Notary Profession", COMP/2006/D3/003 Conveyancing Services Market

Lee, Gabriel S. (2006), "Conveyancing Services Market, Suggested Empirical Methodology" OMP/2006/D3/003

Lupton, Sylvie (2005) "Shared quality uncertainty and the introduction of indeterminate goods" *Cambridge Journal of Economics* 29(3), 399-421

Mixon, Franklin G. (1999) "Customer return policies for experience goods: the impact of product price and consumer search costs on seller-provided informational cues" *Applied Economics* 31, 331-336

Nadel, Mark S. (2006) "A Critical Assessment of the Standard, Traditional, Residential Real Estate Broker Commission Rate Structure" Joint Center, Related Publication 06-28

OECD (2003) Regulatory Indicators Questionnaire, Regulatory Structures and Policies in OECD Countries, Eco/Cpe/Wp1, 11

Paterson, Iain, Marcel Fink, and Anthony Ogus (2003) "Economic impact of regulation in the field of liberal professions in different Member States" *Study for the European Commission*, DG Competition, Final Report-Part 1

Reisch, Lucia (2005) „Verbraucherpolitik auf Vertrauensgütermärkten" in: Held, Martin, Gisela Kubon-Gilke, and Richard Sturn (eds.) *Reputation und Vertrauen – Jahrbuch Normative und institutionelle Grundfragen der Ökonomik* Metropolis-Verlag

Saad-Lessler, Joelle (2005) "Do Local Relative Factor Supplies Affect Local Relative Factor Prices?" *The B.E. Journal of Economic Analysis & Policy* 5(1)

Scassellati Sforzolini, Giuseppe (2006) "The Economic Case for Professional Services Reform", paper presented at the occasion of the Conference on 'The Economic Case for Professional Services Reform', Brussels

Schmid Christoph, Gabriel Lee, Sebastian Steffen, Marcel Fink, and Iain Paterson (2006) "Preliminary Findings from the ongoing Study on 'Conveyancing Services Regulation in Europe'", prepared for 'the Economic Case for Professional Services Reform'

Sell, Friedrich (2005) „Vertrauen und Vertrauenserosion – Ökonomische Funktionen und Effekte" in: Held, Martin, Gisela Kubon-Gilke, and Richard Sturn (eds.) *Reputation und Vertrauen – Jahrbuch Normative und institutionelle Grundfragen der Ökonomik* Metropolis-Verlag

Shaw, Gisela (2003) "The German notariat and the European challenge" *International Journal of the Legal Profession* 10(1)

Straub Torsten Tristan (2005), „Vertrauen in Rechtssysteme und seine Bedeutung für Transaktionen" in: Held, Martin, Gisela Kubon-Gilke, and Richard Sturn (eds.) *Reputation und Vertrauen – Jahrbuch Normative und institutionelle Grundfragen der Ökonomik* Metropolis-Verlag

Van den Bergh, Roger and Yves Montangie (2005) "Theory and Evidence on the Regulation of the Latin Notary Profession: A Law and Economics Approach" study commissioned by the notary federations of France, Belgium, and the Netherlands

White, Lawrence J. (2006) "The Residential Real Estate Brokerage Industry: What would more Vigorous Competition look like?" Joint Center, Related Publication 06-09

World Bank (2006) *Doing Business 2007 – How to reform*, Washington

LABOR MARKET INSTITUTIONS AND EFFICIENCY

Dominique Demougin

A. Introduction

Labor market institutions play an essential role in determining the distribution of bargaining power between employers and employees. In turn, the allocation of bargaining power affects, among other things, the success of labor negotiations and thereby the level of unemployment, the power of incentive schemes in labor contracts and the associated efficiency of the latter. Different institutions may shape these outcomes differently. For example, social security laws directly influence the threat point of workers. In contrast, employment laws (regulating dismissal procedures and employment conditions) and collective relation laws (co-determination and conflict resolution mechanisms) may directly affect the worker's ability to extract a fraction of the quasi-rent. This paper attempts to compare the efficiency effect of different institutional arrangements.

In order to analyze the consequences of different institutional setups, we consider an environment in which perfect competition yields an inefficient outcome. Specifically, we examine a situation in which labor relationships are plagued by a moral hazard problem in the presence of risk neutral, but financially constrained individuals. The imperfection in the labor market implies that under perfect competition workers extract rent. As has been amply discussed in the literature, from the point of view of the firm the workers' rent is a cost factor, whereas from the perspective of society it is a transfer. Altogether, this induces the firm to design labor contracts that only insufficiently motivate workers.

In such an environment, increasing the workers' outside options, for example through high unemployment benefits in case negotiations fail, may prove useful. Intuitively, raising the outside option of the worker forces the firm to increase wage payments. Given that it is forced to do so, the firm finds it useful to exploit these higher wage payments efficiently, thereby raising the power of the contract and inducing more effort. A disadvantage of the higher outside option is that it raises the probability that the negotiation between a potential employee and an employer altogether fails. From the point of view of society, this introduces a trade-off between higher effort efficiency of those in work and unemployment.

Alternatively, society could raise the workers' bargaining power without directly changing the threat point. For instance, in the German reform package *Agenda 2010* the law has increased the possibility for firms to lend workers (the key issue is that it undermines wage agreements between a firm and a union, thereby decreasing the bargaining power of workers without affecting unemployment benefits). Other examples include the propensity of courts to directly allocate a fraction of the rent resulting from specific investments in case of a layoff, et cetera. To analyze these cases, I will use the Nash-bargaining concept, whereby I will assume that the legal and institutional framework of labor markets can be captured by a parameter α[1] Naturally, to subsume all legal and institutional factors into one variable measuring a representative worker's bargaining power in wage negotiations could appear quite optimistic.[2] However, the problem here is not to precisely describe legal rules governing labor relationships. Rather, the aim is to capture the influence of these rules on the power of wage contracts.

Demougin and Helm (2006) analyze the foregoing problem in a similar environment. They find that variations in the bargaining power and the reservation utility of workers could be made to have exactly the same impact on efficiency. Nevertheless, they point out that their conclusion should be understood as a "knife-edge" result and that small changes in the model would likely overturn the conclusion. In this paper, I introduce one such possible variation. Specifically, I consider the possibility that the productivity of employer-employee matchings differ for alternate pairs. As a result, an optimal institutional framework must not only induce the firm to "ignore" the agent's marginal rent in order to bring about efficient effort, but it must also be able to adapt to different productivity situations.

In that respect, I find that social security laws are less prone to generate efficiency. Intuitively, using the worker's threat point defined by the level of unemployment benefits does not allow adjusting the bargaining situation smoothly to changes in the employer-employee matching. In contrast, an institutional setup in the labor market that guarantees workers a fraction of the surplus generated by the employer-employee matching endogenously adjusts to productivity changes. In the environment that I will analyze, the latter allows to design an institutional setup yielding first-best labor contracts. In the other case – with an institutional setup that applies unemployment benefits to improve efficiency – we obtain unemployment and second-best effort for some employer-employee matches.

The conclusion remains preliminary. Firstly, a significant number of labor laws which provide unions with bargaining power also hinder adjustments in the firm's structure to technological changes, variations in price et cetera. In the current analysis, I cannot address this

---

1 See Nash (1953) and Muthoo (1999) for a recent presentation. Demougin and Helm (2006) verified that the logic of alternating offer games à la Rubinstein (see Rubinstein 1982) which provides a natural foundation of Nash bargaining in a framework without asymmetric information (see Binmore, Rubinstein and Wolinsky 1986) also extends to environments with moral hazard.

2 In that respect though, numerous authors are doing the same. In particular in the labor literature we find numerous search models using a similar approach (see Pissarides 2000 and the literature therein). More-

issue because I am using a static environment. Secondly, the model ignores issues associated with investment in capital. Including the latter in the analysis should weaken the foregoing conclusions. and perhaps reverse them. Intuitively, a legal structure which allows workers to extract a fraction of the quasi-rent generated by the employer-employee matching means that the marginal return to capital is smaller than optimal, leading to a reduction in investment. In contrast, social security laws fully leave the marginal return to capital with the investor, which provides optimal investment incentives. In either case, there would be some feedback effects on the labor market. Altogether, it would introduce a trade-off between efficiency in the labor market and misallocation in capital.

Nevertheless, the present analysis provides some hints on the current discussion regarding institutional reforms of the labor market. On the one hand, we find proponents of the Scandinavian solution with high unemployment payments and a weak protection of labor, which I would interpret as a low α. Alternatively, others favor the current reforms of the German labor market which have strongly reduced the outside option of workers. The present analysis suggests that in the long term the German reforms should be effective in reducing unemployment and yield high effort efficiency for a given level of investment in capital.

The remainder of the paper is structured as follows. The next section describes the matching environment underlying the labor market. Section 3 introduces a strictly positive threat point for labor while setting $\alpha = 0$. Optimal labor contracts are derived and their impact on unemployment and labor productivity analyzed. Finally, the optimal level of unemployment benefits is derived. Section 4 repeats the analysis for $\alpha > 0$, but nil outside option for workers in case negotiation fails. Section 5 offers some concluding remarks and discussion.

B. The Model

Consider a single-good economy populated by a continuum of initially identical risk neutral individuals and firms. The representative firm owns a production technology that requires one unit of labor. Labor productivity depends on the worker's effort whereby the latter is assumed not contractible, leading to a moral hazard problem. Denote production with $\gamma v(a)$ where $a \in [0,1]$ measures the worker's effort and $\gamma \sim f(\gamma)$ the productivity of the respective worker-firm match with density $f(\gamma)$. For simplicity of analysis, I impose the following functional forms: $v(a) = 2a^{1/2}$ and costs of effort $C(a) = a$. Finally, I denote the worker's outside opportunity with u.

I further assume that output is also not contractible. Instead, the firm costlessly observes a contractible measure of the worker's effort, $s \in \{0,1\}$, where $s = 1$ is a favourable signal.[3] The probability of observing the favourable signal depends on the worker's effort and

over, there have been a significant number of empirical papers attempting to capture the strictness of labor institutions (see e.g. OECD (1999)).

[3] See Milgrom (1981).

the precision of an underlying monitoring technology that detects the measure.[4] We assume that the probability of detecting the favourable signal is

$$\Pr[s = 1 \mid a, \theta] = a^{\theta} \tag{1}$$

where $\theta \in [1/2,1]$ is a variable capturing the precision of monitoring. To see this, notice that θ measures the elasticity of the probability of observing the favourable signal with respect to effort. Thus a higher θ means that the worker better controls the probability of $s = 1$.[5] Intuitively, effort is measured in terms of the probability of observing a favorable signal under perfect monitoring ($\theta = 1$).[6] In this kind of environment the optimal contract consists of a fixed payment F and a bonus B paid only if the favourable signal, $s = 1$, is detected. Accordingly, the expected compensation to a worker exerting effort a is $F + Ba^{\theta}$. Finally, we impose a financial constraint on the workers, specifically requiring that payments be non-negative in all states, i.e. F, $F + B \geq 0$. The second requirement will be irrelevant, provided that $F \geq 0$. Indeed, B must be strictly positive to provide effort incentives to the worker. Clearly, the zero-boundary for the financial constraint is arbitrary. Other conditions would work just as well as long as the constraint prevents the outright sale of the production technology to the worker.

The timing of the game is as follows. The state defines the institutional environment which will be described in detail in sections 3 and 4. Next, firms and workers are matched and negotiation takes place whereby the rules guiding negotiation and the respective threat points depend on the institutional environment. Here we assume that each individual is matched with one single firm.[7] Finally, either negotiations fail and the parties receive their respective threat points or the contract is executed. In the latter case, workers undertake effort, signals s are realized, and payments are made.

C. Unemployment Benefits

In this section, I consider a situation where the institutional environment guiding the negotiation of a firm-worker match is characterized by the firm's ability to make the worker a take-or-leave-it offer. On the other hand, in case the negotiation fails the worker is assumed to

---

4 To fix ideas, suppose that the firm observes many signals about the worker's effort. Given the risk neutrality of the parties, it has been shown (e.g. Kim (1997)) that the signals will be aggregated into a binary measure.

5 To simplify, we do not model the firm's choice of precision (see Bental and Demougin (2006) for an analysis where this choice plays a crucial role).

6 The requirement $\theta < 1$ is not just a mathematical convenience. Demougin and Fluet (2001) provide a complete example where s is the result of an optimization problem. In that example, the agent can make mistakes while working. Under risk neutrality, the optimal incentive scheme pays a bonus only when the principal detects no mistakes, i.e. the principal aggregates the entire information vector into a binary variable. In such a framework θ measures the fraction of time the principal observes the agent's work. Obviously, the case $\theta = 1$ means that the principal fully verifies the agent's output. The second requirement $\theta > ½$ is discussed in footnote 8.

7 An interesting alternative would be to introduce a matching function as is common in search models of unemployment (see Pissarides 2000 and the literature therein). In particular, this would allow us to introduce unemployment in all different institutional setups.

receive an unemployment benefit $u > 0$. In such an environment, let $C^P(a, \theta, u)$ denote the principal's expected cost of implementing effort a given the monitoring technology θ and the unemployment benefit u. Thus, we have:

$$C^P(a,\theta,u) = \min_{F,B} \; F + Ba^\theta \qquad \text{(I)}$$

(IC) $a = \arg\max_{\tilde{a}} \; F + B\tilde{a}^\theta - \tilde{a}$

(PC) $F + Ba^\theta - a \geq u$

(NC) $F, F + B \geq 0$

Taking the first-order condition from the worker's incentive compatibility condition (IC) and rearranging terms implies that in order to induce effort a the firm must pay an expected bonus

$$Ba^\theta = \frac{a}{\theta} \qquad (2)$$

Thus, the firm's cost minimization problem simplifies to selecting the smallest fixed payment F that satisfies (PC) and (NC) given (2). Obviously, there are two cases depending on which of the two constraints becomes binding first. Suppose that the participation constraint becomes binding first. In that situation, the worker's fixed payment satisfies

$$F = u - a\left(\frac{1}{\theta} - 1\right) \geq 0 \qquad (3)$$

Altogether, it implies that $C^P(a, \theta, u) = a + u$. Thus, the firm pays exactly the worker's effort costs plus his outside opportunity. The case occurs for all effort levels $a \leq a^c$ where a^c is defined by setting (3) equal to zero.

For $a > a^c$ the worker's non-negativity constraint becomes binding first. Thus, the firm sets $F = 0$. In that case, the worker extracts rent, but the firm cannot extract it; the bonus is given to generate the appropriate incentives and the fixed payment cannot be further reduced because of the non-negativity requirement. Altogether, the firm's expected costs to implement effort a becomes $C^P(a, \theta, u) = a/\theta$.

The two cases can be summarized geometrically. Observe that for $a = a^c$ we have by definition the equality $a^c + u = a^c/\theta$. As a result, $C^P(a, \theta, u)$ is given by the upper envelope of the two cost curves, thus, $C^P(a; \theta, u) = \max\{a + u, a/\theta\}$. In conclusion, from the perspective of the firm setting $u > 0$ always raises costs.

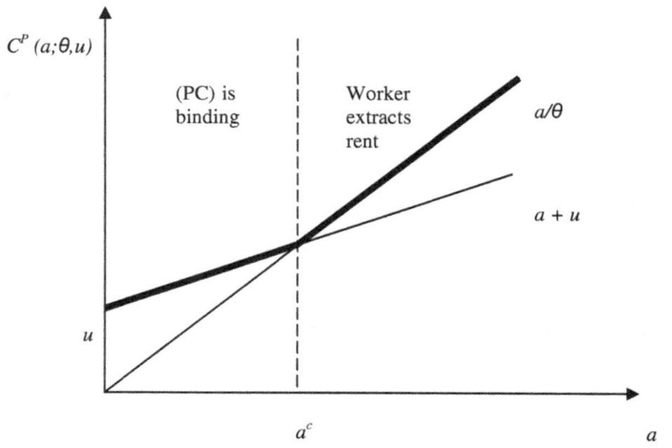

Figure 1: The firm's costs of implementing *a*

However, from the point of view of society raising u may nevertheless be useful. The intuition easily follows from figure 1. Indeed, for the first portion of the C^P-curve, the firm faces the true social marginal cost of effort thereby "ignoring" the worker's positive marginal rent. This effect guarantees for some firm-worker combinations that the parties will negotiate an incentive contract inducing first-best effort. The positive effect comes at a cost, however. Specifically, because u raises the firm's costs of inducing effort, it may make worker-firm's matching with a low productivity (i.e. with a small γ) unprofitable. In such cases, negotiations would fail and the worker would become unemployed.

To verify the above intuition, consider the firm's decision if the matching yields production $2\gamma a^{1/2}$ and $C^P(a,\theta,u) = a + u$. In that case, it is easily verified that the firm would induce first-best effort $a^* = \gamma^2$, thereby generating a profit $\pi(\gamma,\theta,u) = \gamma^2 - u$. As a result, for $\gamma < u^{1/2}$ negotiations between the firm and its worker must fail and the worker becomes unemployed. As productivity increases, the firm initially raises effort along its first-best path.

This effect will only go on until effort becomes equal to a^c. At this point the productivity parameter $\gamma^c = u^{1/2}(\theta^{-1} - 1)^{-1/2}$ will be obtained.[8] Afterwards, due to the kink in the C^P–curve an increase in productivity leaves effort initially unchanged. This holds until the marginal product of additional effort at a^c becomes smaller than the marginal costs of inducing additional effort to the right of the kink, $1/\theta$. To solve for this second critical productivity level, observe that with $C^P(a,\theta,u) = a/\theta$ the firm would want to induce the second-best effort level $a^{**} = \gamma^2\theta$. Finally, setting $a^{**} = a^c$ yields the second critical productivity level, $\gamma^{cc} = u^{1/2}(\theta - \theta^2)^{-1/2}$.

8 In the model description, I restricted the value of $\theta > ½$. As can be verified from the above, this ensures that the kink is always to the right of the effort levels inducing unemployment. In other words, the critical productivity level satisfies $\gamma^c > u^{1/2}$.

We summarize these findings in figure 2. The γ^2-curve gives the first-best effort levels as a function of productivity, while the $\gamma^2\theta$-curve stands for the second-best effort levels. Since $\theta < 1$, the latter is clearly below the first.[9]

Figure 2 reflects very well the trade-off faced by society. Increasing u raises the critical productivity level where a negotiation between a firm and its worker would fail, thereby leading to a higher unemployment level. However, it also shifts the critical productivity parameters γ^c and γ^{cc} to the right. This in turn weakly increases the effort efficiency of all the employed workers. More precisely, suppose unemployment benefits were raised from u_0 to u_1. Consider a firm-worker combination characterized by the productivity parameter γ with $\gamma^c(u_0) < \gamma < \gamma^{cc}(u_1)$. The firm would find it optimal to adjust its take-or-leave-it contract offer in such a way as to strictly increase the induced effort level. For all other productivity levels, firms would not adjust the bonus offer, thereby keeping the induced effort level constant despite the increase in unemployment benefits.

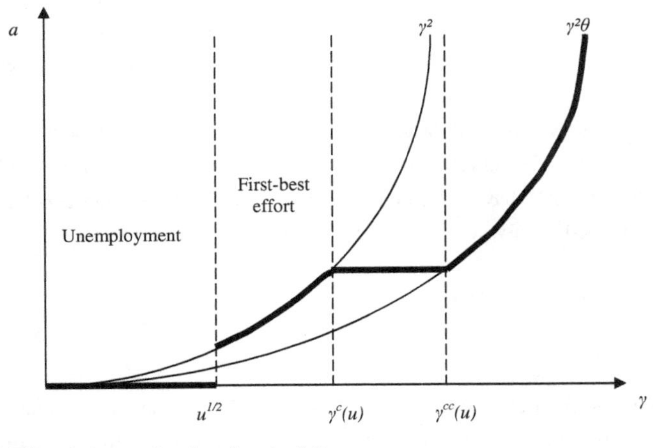

Figure 2: Effort choice as a function of productivity

A benevolent social planner maximizing total surplus would trade off the above costs and benefits against societal costs of financing unemployment payments. Unemployment benefits include a transfer between individuals, which from an efficiency perspective generates no costs, except perhaps an excess burden of public funding. For the purpose of the current analysis, I will ignore these costs and carry on as if unemployment payments were fully financed by a head tax.

9 The case $\theta > 1$ was ruled out by assumption. Note, however, that though mathematically feasible the alte native is practically irrelevant. It would describe situations where, despite the moral hazard problem and for any worker-firm combination, the firm can always perfectly align incentives at zero costs, i.e. $C^P(a,\theta,0) = a$ for all effort levels.

Altogether, I will proceed under the assumption that the objective of the social planner is to maximize welfare

$$\max_u \int_{u^{1/2}}^{\infty} \{\gamma \cdot v(a(\gamma,\theta,u)) - a(\gamma,\theta,u)\} f(\gamma) d\gamma \qquad \text{(II)}$$

where $a(\gamma, \theta, u)$ denotes the level of effort induced by a worker-firm combination characterized by the productivity level γ. Observe that for productivity parameters smaller than $u^{1/2}$ negotiations fail. In that case the negotiating firm receives its outside opportunity of zero while the worker obtains unemployment benefits financed by a head tax. In either case, neither party contributes to welfare. The first-order condition of the planner's problem guarantees that the optimal level of unemployment benefits must be positive. Specifically, we have:

$$-\left[u^{1/2} v\left(a\left(u^{1/2},\theta,u\right)\right) - a\left(u^{1/2},\theta,u\right)\right] f\left(u^{1/2}\right) + \int_{u^{1/2}}^{\infty} \{\gamma v' - 1\} a_u f(\gamma) d\gamma = 0 \qquad (4)$$

In particular note that due to the definition of the critical productivity parameter defining unemployment, the term in the square bracket is equal to u. Moreover, all the terms under the integral are non-negative and some strictly positive.[10] Thus, setting unemployment benefits at zero cannot be optimal.

To conclude this section, I will briefly discuss the impact of an exogenous variation in the monitoring technology. The question is particularly interesting because one would expect that improvements in the ICT have increased the performance of monitoring denoted as θ in the current model. Directly applying the implicit function theorem to (4) yields

$$\frac{\partial u^*}{\partial \theta} = -\frac{\int_{u^{1/2}}^{\infty} \left(\gamma v'' a_u a_\theta + \{\gamma v' - 1\} a_{u\theta}\right) f(\gamma) d\gamma}{\text{s.o.c.}} < 0 \qquad (5)$$

The denominator is a second-order condition of a maximization problem and is thus negative at the optimum. The integral is negative because the round bracket is negative. The first terms in that bracket are negative because v is concave while both a_u and a_θ are positive. The second term is negative due to $a_{u\theta}$. This term measures how the benefit of increasing u is affected by raising the quality of monitoring. Obviously, in the extreme if $\theta \rightarrow 1$ second-best effort converges to the first-best level and variations in unemployment benefits have no effect, which means $a_u = 0$. Thus, $a_{u\theta}$ must be negative somewhere. Looking at figure 2, it is easy to see why this is true everywhere. Increasing θ shifts the second-best curve upward. Now a variation in u has the same effect as described above, except the flat portion of the curve is now smaller, i.e. $a_{u\theta} < 0$.

---

[10] Observe $\gamma v' = 1$ for first-best effort, but $\gamma v' > 1$ otherwise. Moreover, a_u and $f(\gamma)$ are also non-negative. Finally for γ close to γ^{cc} and to the left of it all the terms are strictly positive.

From the point of view of the labor force, the current analysis suggests that an improvement in the quality of monitoring may be "bad news". Firstly, it should bring about an adjustment of the unemployment scheme. Specifically, a benevolent social planner should reduce the level of unemployment benefits. Secondly, the adjustment of the unemployment scheme should decrease the level of unemployment. However, in that respect low-skilled workers (in the current model: firm-worker matches characterized by a small productivity parameter γ) will find themselves to be worse off than before; the unemployed because they receive less benefits, but even some of the low-skilled workers who took a job might be losing out. Thirdly, the improvement in monitoring means that the rent extracted by employees will also decrease. Altogether, many persons in the labor force may find themselves worse off than before the improvement in monitoring.[11]

D. Labor Regulation

In this section, I will assume that the institutional environment guiding labor negotiations is characterized by $u = 0$, thus the worker's outside option is zero. However, I will also assume that there are other legal provisions which ensure that the factor labor can extract part of the rent. From a modelling perspective, I will represent the impact of the institutional setup on the firm-worker negotiations by assuming that it determines the variable α in a Nash-bargaining game.

Specifically, I will assume that the firm-worker combination characterized by the productivity parameter γ negotiates a labor contract, for example through an alternative offer game, and that the outcome thereof can maximize the Nash product:

$$\max_{a,F,B} \left(\gamma \cdot v(a) - F - Ba^{\theta}\right)^{1-\alpha}\left(F + Ba^{\theta} - a\right)^{\alpha} \qquad \text{(III)}$$

(IC) $a = \arg\max_{\tilde{a}} F + B\tilde{a}^{\theta} - \tilde{a}$

(NC) $F, F + B \geq 0$

Observe that the contract must still satisfy the worker's incentive and non-negativity constraints. On the other hand, the participation constraint is irrelevant as long as the total surplus $\gamma v(a) - a > 0$. Intuitively, the Nash-bargaining solution simply splits this surplus. As long as it is positive the worker will obtain a share of it, making him better off than being unemployed and receiving zero.

This already points to an advantage of labor regulations over an unemployment scheme. Regulations that guarantee workers a share of the surplus are more apt to adjust to variations in productivity across firm-worker combinations. As in the foregoing section, the expected bonus is given by (2). Substituting the expected bonus and taking the logarithm of

---

[11] For a similar result see Bental and Demougin (2007).

the Nash product allows for rewriting the optimization problem as a Lagrange function where λ is the multiplicator of the non-negativity constraint.

$$\max_{a,F}\ L=(1-\alpha)\ln\left(\gamma\cdot v(a)-F-\frac{a}{\theta}\right)+\alpha\ln\left(F+\frac{a}{\theta}-a\right)+\lambda F \tag{IV}$$

(IV) yields two first-order conditions and a complementary slackness requirement. Specifically, this leads to

$$(1-\alpha)\frac{\gamma\cdot v'-\frac{1}{\theta}}{\gamma\cdot v-F-\frac{a}{\theta}}+\alpha\frac{\frac{1}{\theta}-1}{F+\frac{a}{\theta}-a}=0 \tag{6}$$

$$(1-\alpha)\frac{-1}{\gamma\cdot v-F-\frac{a}{\theta}}+\alpha\frac{\frac{1}{\theta}-1}{F+\frac{a}{\theta}-a}+\lambda=0 \tag{7}$$

$$\lambda F=0 \tag{8}$$

From equation (8) two cases can be distinguished: $F = 0$ or $\lambda = 0$. Consider first the case where the non-negativity constraint is not binding, thereby requiring $\lambda = 0$. Using (7) to simplify equation (6) yields $\gamma v'(a) = 1$. Thus effort is first-best. The intuition is as follows: if the parties use the fixed payment to provide a share of the surplus to the worker, it must mean that increasing incentives thereby further raising expected bonus above costs is not advantageous. But this can only happen once effort is first-best!

Consider the second case, where $F = 0$. The remaining equations are recursive; optimal effort follows from (6) and λ is determined to satisfy (7). From (6), we obtain after a few transformations

$$a=(1+\alpha)^2\theta^2\cdot\gamma^2 \tag{9}$$

Interestingly, this means that by implementing an institutional environment which satisfies $\theta\cdot(1+\alpha)=1$ via the choice of α the state may ensure that parties always negotiate first-best effort independently of the specific productivity parameter of the respective firm-worker combination. Compared with the unemployment benefit regime, the current institutional setup is definitely better. It generates no unemployment and induces first-best effort.

Just as in the foregoing section, I conclude the analysis of the labor regulation regime by examining the impact of an improvement in monitoring. The requirement $\theta\cdot(1+\alpha)=1$ implies that an increase in θ necessitates an appropriate reduction in α. As a result, the share of output extracted by the labor force should also decrease. Thus, we find a similar conclusion to the situation under the unemployment benefit scheme; the labor force is the big loser of an improvement in the monitoring technology. In contrast, the improvement and the optimal institutional response imply that the per-worker profit should increase.

E. Discussion and Concluding Remarks

In recent years, a number of countries have undergone substantial reforms of their labor market institutions. Often, this involved reductions in the level or duration of unemployment benefits. For example, in Germany unemployment benefits used to amount to 67% of the last net income and were paid up to 32 months. Thereafter, the unemployed would receive an unlimited assistance of 57% of their last net income. In 2005 this was substantially changed with the so-called Hartz IV legislation. Now, unemployment benefits are paid only for up to 12 months. Thereafter, the unemployed receive a fixed payment that does not depend on the previous wage and equals the payment to those people that have never worked. Other countries have implemented similar reforms that have reduced unemployment benefits. In addition many other laws and regulations governing the labor market have changed. In a number of countries dismissal procedures have been loosened, the probation periods have been lengthened and/or conflict resolution mechanisms have evolved.

During the same period and contrary to conventional wisdom, labor shares in most of the OECD countries have been decreasing for the last two decades (see e.g. Blanchard 1997 and 2006). Both of these facts, the institutional changes and the empirical development of the last years, have been at the heart of many political discussions. In most cases, vox populi sees in globalization the main culprit of this evolution. And indeed, the reform pressures coming from e.g. the possibility of delocalization are enormous and may even induce a race to the bottom.[12] Notwithstanding such explanations, this paper suggests an alternative answer. Specifically, the paper suggests an explanation where institutions mitigate inefficiencies resulting from asymmetric information in labor relations in an environment where the productivity of firm-worker combinations varies. In such an environment, we find that increasing the bargaining power of labor – either by raising the outside option of workers or directly through changes in labor regulations – is efficiency-enhancing. Intuitively, increasing the bargaining power of the factor labor forces firms to augment payments to workers, thereby inducing them to ignore rents. In turn, this increases labor efficiency.

Nevertheless, there is an important distinction between a regime that increases bargaining power through raising the outside option and a regime that increases the labor's share of total surplus in an employee-employer relationship. In particular, the paper argues that the latter is more flexible. In the environment described in the paper, a policy that directly increases the labor share can in fact attain first-best efficiency, whereas a policy based on variations of the unemployment benefits always generates unemployment.

These results are only a first step towards understanding the complex relationship between the institutional environment in the labor market and labor efficiency in a moral hazard framework. Two extensions are absolutely necessary before any realistic conclusions can be made. Firstly, the model must include capital and investment decisions on the part of firms.

[12] See e.g. Sinn (2003).

Heuristically, I think it would favor a regime based on unemployment benefits because at the margin firms extract the entire marginal return to capital. In contrast, under an institutional arrangement that guarantees workers a fraction of the surplus, an investor's return is smaller than optimal. As a result, I would expect that firms underinvest. Secondly, the model would need to include a dynamic consideration, in particular, because many labor regulations hinder efficient adjustments of the labor force. Both extensions go beyond this simple note and are left for future research.

References

Bental, B.; Demougin D. (2006): Incentive Contracts and Total Factor Productivity, *International Economic Review* 47(3), pp. 1021-1043.

Binmore, K.; Rubinstein, A.; Wolinsky A. (1986): The Nash bargaining solution in economic modelling, *RAND Journal of Economics* 17 (2), pp. 176-188.

Blanchard, O. (1997): The Medium Run, *Brookings Papers on Economic Activity*, 2, pp. 89-141

Blanchard, O. (2006): European Unemployment: The Evolution of Facts and Ideas, *Economic Policy* 21, pp. 5-59

Demougin, D.; Fluet, C. (2001): Monitoring versus incentives, *European Economic Review 45*, pp. 1741-1764

Demougin, D.; Helm, C. (2006): Moral Hazard and Bargaining Power, *German Economic Review* 7(4), pp. 463-470

Kim, S.K. (1997): Limited Liability and Bonus Contracts, *Journal of Economics and Management Strategy* 6, pp. 899-913

Milgrom, P. (1981): Good News and Bad News: Representation Theorems and Applications, *Bell Journal of Economics 12*, pp. 380-391

Muthoo, A. (1999): Bargaining Theory with Application, Cambridge, Cambridge University Press

Nash, F. (1953): Two Person Cooperative Games, *Econometrica*, 21, pp. 128-140

OECD (1999): Employment Outlook 1999, Paris, OECD

Pissarides, C. A. (2000): Equilibrium Unemployment Theory, The MIT press, 2nd edition

Rubinstein, A. (1982): Perfect equilibrium in a bargaining model, *Econometrica* 50, pp. 97-109

Sinn, H.-W. (2003): The New legal competition, Blackwell Publishing

BARGAINING WITH THE STATE: OFFSETS AND MITIGATION IN DEVELOPING LAND

*Robert Cooter**

A. Introduction

According to the economic theory of bargaining, each party to a voluntary agreement must receive at least the amount that he can get on his own ("threat value"), plus a share of the surplus from the bargain. Courts frequently monitor bargains between citizens and the state. To protect citizens, the courts should focus on the fairness and efficiency of the threat points of the citizens. Unfortunately, courts often focus on the terms of the agreement, not the threat points. The wrong focus leads courts to impose rules that block bargains that would benefit both parties.

I analyze an example where the U.S. Supreme Court precluded the possibility of a beneficial bargain between a private property owner and a land-use planning authority. The private property owner wanted a permit to develop land. The state required the private owner to offset the harm by giving something to the public in exchange for the development permit. By focusing on the outcome and not the threat points, the Supreme Court misconceived the problem. Specifically, the Supreme Court misconceived the requirement of a "causal nexus" between the harm that private development will cause to the public and the bargain with the state to offset this harm.

B. Nollan v. California Coastal Commission

Viewed from an ecological perspective, adjacent parcels of land are so interdependent that anything one owner does affects the others. When the "transformative economy" (Sax 1992 fall) meets ecology,[1] almost any restriction can be justified as controlling an externality. In such cases, property owners often bargain with the state over permits. Sometimes the state grants a permit conditional on the owner mitigating the harm to the public. Sometimes the state grants a permit in exchange for the owner donating something valuable to offset the

---

* Robert Cooter is Herman Selvin Professor of Law, University of California at Berkeley. This article is based on Chapter 12 of my book, *The Strategic Constitution* (Princeton University Press, 2000).

1 Sax, J. L. (1993).

harm to the public. Mitigation and offset are quite different in their economic consequences for bargaining with the state. I will explain how an imperfect understanding of the difference resulted in an inferior court decision in a landmark case decided in the U.S. Supreme Court, *Nollan v. California Coastal Commission.*[2]

North of Los Angeles, the magnificent coastline of California remains largely unspoiled by development and the California Coastal Commission is responsible for keeping it that way. This case arose when a property owner sought a permit from the Commission to enlarge a small coastal dwelling into a house. The property was located between the beach and a public highway, as depicted in Figure 1. The house would have diminished and degraded the view of the coast from the highway.

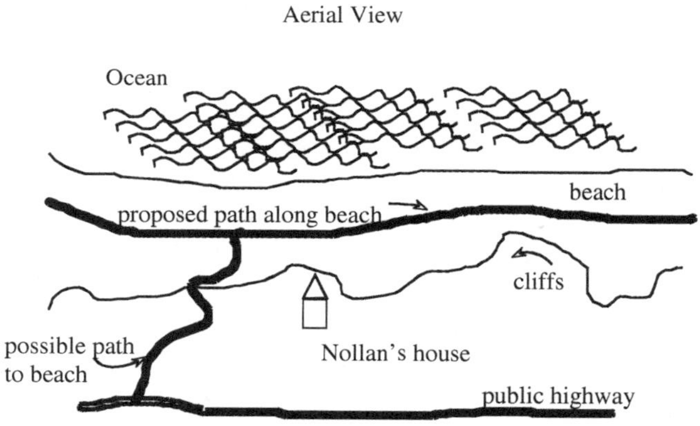

Figure 1: ***Nollan***

The Commission wanted to protect the view from the road, but that was not its only purpose. In addition, the Commission wanted to obtain a walking path along the beach so the public could stroll there at high tide. The Commission did not refuse permission to build the house, which the Supreme Court suggests that the Commission could have done legally. Instead, the Commission required the owner to donate a public path along the beach in exchange for permission to build the house. The owner sued and the case was eventually appealed all the way to the U.S. Supreme Court.

The state can regulate property to protect the public against harm, but the supply of public goods must be financed from general taxes, not by expropriating selected property owners. Was the Coastal Commission protecting the public or forcing a private person to pay

[2] 107 S.Ct. 3141 (1987). For a discussion of it, see Michelman, F. (1988).

for a public easement? The US Supreme court reached the latter conclusion in a complex opinion written by Justice Scalia. Although the principles governing the protection of a scenic view are not so well developed in U.S. law, the opinion remarked that the Commission could require the property owner to draw up new plans for the house in order to reduce its intrusiveness. Another form of mitigation, which is problematic but probably constitutional, would require the property owner to donate a path from the road *to* the beach, so the public could walk around the object obstructing its view.

Instead of requiring the owner to redesign the house or donate a path from the road to the beach, however, the Commission required him to donate a path *along* the beach, which would not mitigate the harm suffered by users of the road. The court looked for a "nexus" between the harm caused by the owner (obstructing the public view from the road) and the remedy demanded by the Commission (donating a public path along the beach), but could not find it. The court reasoned that without such a nexus, the regulation was an illegal taking.

A legal principle can be abstracted from this conclusion. In order for a regulation to count as a legitimate exercise of the police power of the state, not as a taking, the regulation must mitigate the harm that justifies it. Whereas mitigation reduces harm, offsets compensate for the harm by providing a valuable substitute. *Nollan* can be interpreted as standing for the principle that government cannot present property owners who want to use their property in a particular way with the choice of offsetting the harm caused by the use or not using it.

C. Mitigate or Offset?

I will explain the economic difference between mitigation and offset abstractly and by example. Perfect mitigation completely eliminates the harm in question, thus leaving victims indifferent between no harm or harm-and-mitigation. In reality, mitigation is usually imperfect. When mitigation of the public harm from a private act is imperfect, the public would prefer to forbid the act rather than allowing it conditional upon mitigation. So when the state faces only two alternatives, it will often choose no-permit rather than permit-plus-imperfect-mitigation.

Blocking any development in these cases, however, can be wasteful. If the act's private value exceeds the public harm, then the owner could pay for an offset that makes the public and the owner better off than if the act were forbidden. In so far as *Nollan* is interpreted to prohibit offsets, the law will create inefficiencies.

The impulse to prevent offsets has a sound motive that goes wrong from inadequate analysis. The constitution gives government many more powers of regulation than it chooses to exercise against property owners. If building permits could be conditioned on offsets, government might choose to cash in on much more of its potential power. To cash in, government would regulate, or threaten to regulate, solely in order to obtain valuable offsets. Allowing regulation to become a source of government revenue creates an incentive for over-regulation and the opportunity for government to victimize politically disfavored property owners. For example, a mayor elected by tenants might avoid raising taxes by demanding offsets whenever landlords apply for building permits.

Allowing governments too much scope for bargaining with private owners invites another abuse as well. To speak of mitigating more than 100% makes no sense, so the upper limit on mitigation is the full extent of the harm. In contrast, the upper limit on an offset is the value of the building permit to the owner, which often exceeds the cost of the harm. Hence, allowing government to require offsets as a condition for permitting private actions empowers it to extract most of their surplus value.

This analysis of *Nollan* illustrates an important principle in game theory: a restriction on the freedom of one party to compromise can strengthen its bargaining position. When constitutional restrictions on bargaining prevent one party from compromising, the other party may have to make the concession. Thus the restriction can benefit the restricted party.

The US doctrine of "unconstitutional conditions" sometimes has this effect. According to one commentator, this doctrine asserts that a state with absolute discretion to grant or deny a privilege cannot grant the privilege subject to conditions that pressure the waiver of constitutional rights.[3] To illustrate, state governments in America can decide whether or not to provide benefits to unemployed workers, but if the states adopt an unemployment program, it cannot exclude striking workers from receiving the benefits. This constitutional requirement strengthens the bargaining position of unions against their employers. Similarly, an American state can decide whether or not to permit foreign banks to operate in the state, but the states cannot require a foreign bank to waive its legal rights as a condition for doing business in the state. This constitutional requirement strengthens the bargaining position of foreign banks against the states.

Perhaps *Nollan* forbids offsets in order to strengthen the bargaining position of citizens against the state. This is one way to reduce the state's power to extract surplus value from property owners. A better solution, however, is to prohibit offsets unless the property owner also has the opportunity to mitigate. According to this rule, the state can only offer the property owner the opportunity to offset as a substitute for mitigation. Giving the property owner this additional opportunity cannot make him worse off than simply requiring mitigation, and the additional option may make both parties better off. Given that the owner has the right to develop and mitigate, there may be scope for a mutually beneficial bargain. If the private owner and the public both prefer offset to mitigation, the law should not prevent them from striking this bargain. So *Nollan* should be interpreted as standing for the principle that *government cannot require an offset as a condition for granting a building permit unless government also gives the applicant the alternative of mitigating.*

---

[3] See Epstein, R. (1988).

D. Hypothetical Example: Stylizing Nollan

The significance of this principle can be demonstrated by reading some hypothetical numbers into the facts of *Nollan*. The owner will either act (build house) or not act (don't build house). The consequences of this decision for the owner and the public are given in Figure 2. Thus the permit to build the house is worth 1,000 to the property owner, whereas the cost to the public from loss of view is 300 as estimated by the Commission.

	act (build house)	don't act (don't build house)
property owner	+1,000	0
public commission	–300	0

Figure 2: Value of Alternative Acts in *Nollan*

In addition, the Commission may require the owner who acts to mitigate (redesign the house) or offset (build a path along the beach). According to Figure 3, redesigning the house would cost the property owner 300, resulting in a net benefit from the building project of 700 for the property owner (1000 – 300 = 700). Redesigning the house would convey benefits of 250 upon the public, resulting in a net loss of 50 to the public (–300 + 250 = –50). Alternatively, donating a path along the beach will cost the owner 250, for net private benefits of 750 for the property owner (1,000 – 250 = 750), and convey benefits of 400 upon the public, resulting in a net gain of 100 for the public (–300 + 400 = 100).

	Private Property Owner	
	redesign house (mitigate)	path along beach (offset)
property owner	–300	–250
public commission	+250	+400

Figure 3: Cost of Mitigation and Offset in *Nollan*

The net values of the alternatives are summarized in Figure 4. Consider the most efficient course of action. By definition the efficient solution maximizes the sum of the net benefits to the property owner and the public. Thus the efficient cell in Figure 4 requires the house to be built and the public to obtain the easement along the beach (act & offset). The result is net benefits of 750 to the owner (1,000 – 250 = 750) and 100 to the public (-300 + 400 = 100). Given these numbers, acting and offsetting, which yields 850 in total net benefits (750 + 100 = 850), is most efficient. Both parties also prefer it, so it is "Pareto superior" to the alternatives.

	don't act	act & mitigate	act & offset
property owner	0	700	750
public commission	0	–50	100
Total	0	650	850

Figure 4: Net Values in *Nollan*

Unfortunately, this result will not be achieved if law forbids offsets. Given this legal constraint, the Commission must either refuse to issue a building permit or issue a permit conditioned upon mitigation. If the Commission refuses to issue a building permit, the public will suffer no harm. In contrast, if the Commission issues a building permit and requires mitigation, the public will lose 50. So a public-minded commission will refuse to issue a building permit, even though both the owner and the public would prefer the issuing of a permit conditional upon an offset.

Prohibiting an offset, however, strengthens the bargaining position of owners. To speak of mitigating more than 100% makes no sense, so the upper limit on mitigation is the full extent of the harm. In contrast, the upper limit on an offset is the value of the building permit to the owner, which often exceeds the cost of the harm. To illustrate by the preceding example, the largest amount of money that the Commission could extract from the owner in exchange for the building permit would be the value of the latter to him, which is 1,000, whereas the cost of the (unmitigated) harm to the public is 300. If money offsets are allowed, the Commission could extract up to 1,000 for the building permit, even though the building only causes harm of 300 to the public. Thus allowing government to require offsets as a condition for permitting private actions empowers it to extract most of their surplus value.

On one interpretation, *Nollan* solves this problem by forbidding offsets. A better solution is to prohibit offsets except when the property owner is also given the opportunity to mitigate. By this rule, the owner has the option to act and mitigate, yielding a payoff of 700 to the owner and –50 to the public. By cooperating with each other, the owner can act and offset, which yields 750 to the owner and 100 to the public. Both parties benefit from cooperation, which shows that the rule of "offsets-permitted, mitigation-by-right" is Pareto superior to the rule "offsets-forbidden."

E. Conclusion

The courts must monitor bargains between citizens and the state partly to protect the rights of citizens. Instead of focusing on outcomes, courts should focus on threat points. The property owners should have the power to preserve the value of their property without agreeing to a bargain with the state. Starting from this threat position, the property owner and the state may bargain to an agreement that benefits the private party and the public, in which case the courts should enforce the agreement. Specifically, courts should enforce agreements by property owners to donate resources in exchange for development permits, provided the private owners have the right to develop property with full mitigation of the resulting harm to the public.

References

Epstein, R. (1988). "Foreward: Unconstitutional Conditions, State Power, and the Limits of Consent. (The Supreme Court, 1987 Term)", *Harvard Law Review* 102: 4-104

Michelman, F. (1988). "Takings", *Columbia Law Review* 88: 1600-1629

Sax, J. L. (1993). "Property Rights and the Economy of Nature: Understanding Lucas v. South Carolina Coastal Commission", *Stanford Law Review* 45: 1433

THE USE OF STANDARDS AND PRICES IN ENVIRONMENTAL LAW: A DYNAMIC PERSPECTIVE

Alfred Endres[*]

A. Internalization vs. Standard Orientation: Statics and Dynamics

Traditionally, the economic theory of environmental law has followed the *Leitbild* of internalizing externalities: external effects destroy the social optimality property of a competitive market system. By applying strategies of internalization (e.g. Pigouvian taxes) the policy maker may restore the social optimality of private equilibria.

In their seminal 1971 contribution W.J. Baumol and W.E. Oates propose a somewhat more modest approach: due to the obvious difficulties in assessing marginal damage full internalization may be impossible. Instead of aiming to achieve the socially optimal allocation the architect of environmental law may have to be content with achieving 'somewhat arbitrary standards for an acceptable environment' (Baumol/Oates, 1971, p. 44) which are not Pareto optimal, in general.

It is crucial to note that going from internalization to standard orientation is not the end of the economic approach to environmental issues. The economic *impetus* is just narrowed down from optimality to cost-effectiveness: environmental law has to be designed in a manner that the predetermined environmental standard is met at minimum abatement cost.

The forms of environmental law which are used within this framework are called 'standard oriented environmental law' (as opposed to internalization strategies) in this paper. We use the term 'standard oriented environmental policy instruments' as a synonym. Obvious candidates are effluent charges, transferable discharge permits as well as command and control policy.

Consider the literature in the two strands of environmental economics, the internalization approach and the standard oriented approach (e.g., Endres, 2007, Faure/Skogh, 2003). Both original approaches are static and so is the most part of the subsequent discussion. The

* University of Hagen, Department of Economics, Profilstr. 8, D-58084 Hagen and University of Witten/Herdecke, Germany, e-mail: Alfred.Endres@FernUni-Hagen.de.

static approaches have dealt with the question: how do alternative variants of environmental law perform regarding their ability to make polluters apply a given control technology to the 'right' extent? However, over the past decade, the incentives of environmental policy instruments to introduce progress in abatement technology have grown to become a major topic in environmental law and economics. The more recent dynamic approaches supplement the original static analysis by asking the question: how do alternative designs of environmental law perform regarding their ability to make polluters develop the 'right' abatement technologies? Of course, a comprehensive treatment has to answer both questions simultaneously.

A review of these dynamic approaches allowing for induced technical change shows that most contributions follow the internalization approach. In this context, the 'right' technology is defined by the socially optimal allocation. Only a minority of contributions analyzes induced technical progress in a standard oriented framework defining 'the right' technology by the cost-effective allocation.[1]

There is a fundamental divergence between the dynamic internalization approaches and the dynamic standard oriented approaches in the literature. With the exception of some older papers, in the internalization literature a clear cut intertemporal norm of social optimality is defined, against which the intertemporal equilibria of alternative internalization strategies are measured. Socially optimal activity levels are compared to instrument-specific equilibrium activity levels, regarding emission abatement quantities in different periods and regarding investments into technical progress.[2]

Surprisingly, a convincing analogous measuring rod serving to evaluate alternative designs of environmental law within the standard oriented framework has not yet been presented in the literature. A concept of achieving pre-determined environmental standards at minimum cost to society needs still to be developed in a setting allowing for induced technical progress. What kind of cost? In the static model the relevant concept of cost is pollution abatement cost. In the dynamic model this understanding of 'cost' has to be adjusted in two respects: first, pollution abatement cost has to be observed in different periods of time. Second, the cost of investing into better future abatement technology has to be acknowledged as an element of the cost to society.

Instead of creating this kind of normative concept, most of the literature on standard oriented environmental law and induced technical change has ranked the alternative instruments according to how strong an incentive they provide to polluters to invest into better abatement technology.[3] However, this criterion is not necessarily in accordance with the

---

1 Requate (2005), Tables 1 and 2, compares 28 papers on induced environmental technical progress according to a variety of criteria. 23 of those use a damage function, which is a prerequisite for internalization. Only 5 do without, as is warranted within the standard oriented approach.

2 See, e.g., Endres/Bertram (2006), Endres/Bertram/Rundshagen (2007a), Fischer et al. (2003), Hoel/Karp (2002), Parry (1998), Requate/Unold (2001), (2003).

3 See, e.g., Montero (2002). This criterion is also part of the folklore in environmental economics textbooks, see, e.g., Russell (2001), pp. 202/3. This author observes 'that the relevant published research avoids the ef-

requirements of standard oriented environmental law striving to achieve a pre-determined environmental goal at minimum cost.

Another criterion used in the literature on the dynamics of standard oriented environmental law is that the regulator's aim is 'simply to implement a target, $\hat{E}$, irrespective of damage or abatement cost' (Requate/Unold, 2001, p. 543). Obviously, this is also at odds with the idea of cost-effectiveness.

The first motivation for the paper at hand is to develop the missing measuring rod for the evaluation of standard oriented environmental law in a dynamic framework allowing for induced technical change. Then we will analyze conditions under which effluent charges, transferable discharge permits and command and control meet this norm. It turns out that the results crucially depend upon the quality of information the economic agents (the regulator and the polluters) have. The second motivation of this paper is to design alternative information scenarios and to show how the relative performances of the alternative forms of standard oriented environmental law change with changing information.

Emphasis on information is in line with a fundamental result of the earlier (i.e. static) discussion on standard oriented environmental law. In their 1971 paper Baumol and Oates already pointed to the following fact: the task of the policy maker to achieve the specified reduction in aggregate pollution (the 'standard') at a minimum cost to the society can, in principle, be achieved by using command and control in the same way as it can be achieved using effluent charges. The fundamental difference between the two policy instruments is that the information requirements to fulfil the task are much higher when command and control is used instead of charges. Indeed, 'how the least-cost set of relative quotas could be arrived at in practice by the regulator is not clear, since this obviously would require… extensive information on each polluter's marginal cost function' (Baumol/Oates, 1971, p. 46).

Of course the informational aspects of policy-making are even more complicated in the dynamic setting with induced technical change than in the initial static model. In the former, knowledge about the productivity of investments into better abatement technology is an issue which is by definition absent in the static analysis.

The paper is organized as follows: in the next section we briefly review the traditional static model of standard oriented environmental policy. Then (section 3) we introduce our intertemporal model, which allows for technical change, and derive the conditions for cost-effective levels of abatement and investment into technical progress. In section 4 we examine alternative types of standard oriented environmental law, i.e., command and control, pollution taxes, as well as tradable permit regimes under different information scenarios. In section 5 we conclude and point to questions for future research.

---

ficiency question and explores instead the simpler question of which instrument provides the *largest* incentive for seeking and adopting technical change …' (p. 202).

B. The Traditional Economic Model of Standard Oriented Environmental Policy

Consider pollution generated by n emitters. The goal of environmental policy is to reduce the aggregate amount of emissions of these polluters by $\overline{v}$ units. *Economics* comes into this picture by the requirement that the aggregate emission load is supposed to be allocated among the n polluters in a manner minimizing aggregate abatement cost. Thus, policy makers strive to realize their ecological goal cost-effectively. Formally, the solution to the problem of designing a cost-effective environmental policy is to find the individual emission reduction quantities $v_1^{**},\ldots, v_n^{**}$, minimizing the total abatement cost function $TAC = \sum_{i=1}^{n} AC_i(v_i)$ under the constraint of $\sum_{i=1}^{n} v_i = \overline{v}$, where AC_i is the abatement cost function of polluter i.

The solution to this problem of constrained cost minimization is well-known from environmental economics textbooks: Emission reduction loads (adding up to the aggregate emission reduction goal of $\overline{v}$) have to be allocated among the individual polluters in a way that the marginal abatement cost of any two polluters (say, i and j) are equal to each other. More formally spoken, the necessary condition for the constrained cost minimum is $MAC_i = MAC_j$.

C. Cost-effectiveness in Abatement and Innovation

Having defined cost-effectiveness in the traditional static model, above, we can now extend this idea to a model allowing for progress in abatement technology. We do that in a very simple way:

The static model of the last section is extended to a model with two consecutive periods, 0 and 1, with period-specific individual and aggregate abatement cost functions. The 'trick' of the exposition is the link between the two periods: it is assumed that the firms make investments into environmentally-friendly technical progress in period 0. The effect of this investment is that abatement costs in the next period (1) are reduced. To keep matters as simple as possible, the relationship between the amount invested into technical change and the extent of technical change gained by this investment is assumed to be deterministic. A 'technology production function' is assumed to exist and to be known by the decision-maker. Of course, investment into technical change is costly.

In this extended setting, the constrained cost minimization problem is somewhat more complicated than in the static case. Now, a two period aggregate cost function is to be minimized, consisting of the abatement cost in both periods and investment in period 0. A constraint indicating the ecological goal of environmental policy is to be observed in each of the two periods. Moreover, the technology constraints embedded in the production function for technical progress have to be observed.

More formally, the constrained cost minimization problem is

$$TAC=\sum_{i=1}^{n} AC_i^{(0)}+\sum_{i=1}^{n} I_i^{(0)}+\sum_{i=1}^{n} AC_i^{(1)}=\min!$$

with $\sum_{i=1}^{n} v_i^{(t)}=\overline{v}^{(t)}$, where t=0 and t=1 as well as

$AC_i^{(1)}=\dfrac{AC_i^{(0)}(v_i^{(1)})}{f_i(I_i^{(0)})}$ for all values of i between 1 and n, including these values. The notation is analogous to the one chosen for the static case, with the addition of the indices 0 and 1 indicating the two periods, respectively. The effect of investment into technical change by firm i, I_i^0, is to decrease abatement cost of i in period 1 compared to these cost in period 0. (We do not deal with technology spillovers or discounting.) More specifically, we have assumed that abatement costs in period 1 are a certain fraction (1/f) of the abatement cost in period 0. The magnitude of this fraction depends upon the sum invested into technical change.[4] The first order optimality conditions are

$$\partial AC_i^{(0)}/\partial v_i^{(0)}=\partial AC_j^{(0)}/\partial v_j^{(0)}$$

$$\partial AC_i^{(1)}/\partial v_i^{(1)}=\partial AC_j^{(1)}/\partial v_j^{(1)}$$

$$1=\frac{AC_i^{(0)}\partial f_i/\partial I_i^{(0)}}{f_i^2}$$

The values of the three decision variables of polluter i which meet these conditions are $v_i^{(0)**}, v_i^{(1)**}, I_i^{(0)**}$.

The two first lines of the necessary conditions are just the equivalent to the static condition $MAC_i=MAC_j$, written in a form specific to each of the two periods under consideration. The third line says that in the cost minimum marginal investment cost outlaid in period 0 is equal to the savings in abatement cost in period 1 induced by the investment.[5]

D. Abatement and Innovation Equilibria under Alternative Environmental Regimes

Below, the performance of three alternative environmental policies – command and control, transferable discharge permits and effluent charges – are assessed. The cost-effective allocation described above is used as the measuring rod. The question is whether the equilibrium abatement and investment levels holding under alternative environmental laws, $v_i^{(0)*}$, $v_i^{(1)*}$, $I_i^{(0)*}$ are equal to the cost-effective values $v_i^{(0)**}$, $v_i^{(1)**}$, $I_i^{(0)**}$.

Extensive formal modelling (performed in Endres/Bertram/Rundshagen, 2007b) reveals that the performance of standard oriented environmental law crucially depends upon the quality of the information that the economic agents analyzed in the model have. These agents are the individual polluters deciding on abatement and investment into technical change as

4 Endres/Bertram/Rundshagen (2007b) use a more general model of induced technical change.

5 It should be noted that the marginal cost of investment is normalized to 1. In the total cost function, investment is noted in monetary (not: physical) units.

well as the policy maker designing environmental law. We distinguish three different information scenarios.

The full information scenario

In this scenario individual and aggregate abatement cost functions are common knowledge. Under these assumptions all standard oriented instruments are cost-effective.

Command and Control: Since the policy maker knows the relevant cost functions he can solve the constrained cost minimization problem and is thereby aware of the cost-effective values of the decision variables $v_i^{(0)**}$, $v_i^{(1)**}$, $I_i^{(0)**}$ (for any i). Therefore it is no problem to write the cost-effective command and control program, urging each firm to reduce emissions by the cost-effective amount. Given the very generous endowment with information in this scenario the policy maker could even command the firms to spend the optimal amount of investment into technical change. However, this is not necessary. Each firm can be assumed (and is generally assumed) to be interested in cost minimization. Therefore, the firm will voluntarily decide to invest cost-effectively, given that individual emission reduction quotas are allocated cost-effectively.

Effluent Charges: Life for the policy maker is just as simple when the standard oriented policy instrument is an effluent charge. Since the policy maker knows the relevant cost functions he also knows the level of marginal abatement cost in the cost-effective situation, for both periods. All he has to do is to set the charge rate at this very level. According to traditional environmental economic wisdom each firm adjusts its abatement level, so that the charge rate equals its marginal abatement cost. Thereby the marginal abatement costs are identical to each other across firms, meeting the requirement for cost-effectiveness. Then optimal investment will result 'automatically', just as it does in the case of command and control, since firms are interested in cost minimization.

Transferable Discharge Permits: With this environmental policy instrument the policy maker does not fix individual abatement quantities (as he does under command and control) nor does he fix 'prices' for pollution (as he does under the effluent charge policy). Prices for pollution are the equilibrium prices in the permit market. However, given that all the firms know all the relevant abatement cost functions, the firms correctly anticipate the equilibrium permit prices in the two periods. They are thereby able to adjust to these prices with regard to abatement and investment just as they do to the charge rate under the aforementioned policy.

The 'Textbook Information Scenario'

Now we somewhat reduce the information endowment that the economic agents are assumed to possess in our model. We keep the assumption that each polluter knows his own marginal abatement cost curve. Contrary to the former scenario, however, we assume that no firm knows the marginal abatement cost curve of any other firm and that the policy maker does not know any individual marginal abatement cost function. However, we keep the assumption that aggregate abatement cost functions are common knowledge. This set of informational assumptions is the one used in standard environmental economic analysis when environmental policy instruments are assessed in the traditional static setting.

Command and Control: The consequences of the deterioration of the informational endowment in the second compared to the first information scenario are disastrous as regards the allocative performance of the command and control policy. Using this instrument the policy maker must specify individual emission reduction quantities cost-effectively. However, the information he is supposed to have in the textbook scenario is not sufficient for doing that. This problem is completely analogous to the one in the static framework within which command and control policy is assessed in environmental economic textbooks. The policy maker must resort to pragmatic schemes to allocate emission reductions among the polluters (e.g. equal percentage reduction for everyone), thereby missing the cost-effective allocation.

Effluent Charges: Opposed to the problems of command and control, as sketched above, the cost-effectiveness of effluent charge policies are not affected by going from the first to the second scenario. In order to set the charge rates cost-effectively all the policy maker needs to know is the aggregate marginal abatement cost function in each of the two periods. Since knowledge of individual marginal abatement cost functions is not needed for the optimal effluent charge policy, the loss of this information which occurs when we go from Scenario 1 to Scenario 2 is irrelevant in the context of effluent charges.

Transferable Discharge Permits: For this policy we can argue in an analogous way to what has been said above about effluent charges. Each individual polluter only needs to know his own marginal abatement cost curve in each of the two periods and the respective aggregate marginal abatement functions. This is sufficient for assessing the equilibrium permit price in the two periods and for the cost-minimizing adjustment to this equilibrium price. Thus the transferable discharge permit policy does not suffer from the reduction in the informational endowment, which occurs when we change from Scenario 1 to Scenario 2.

The Weak Information Scenario

Now we will further decrease the information endowment the agents in the model are able to use. Specifically, we assume that each polluter knows his own marginal abatement cost function in the two periods and the aggregate abatement cost function in period 0. The policy maker is assumed to know the aggregate abatement cost function in period 0 but not the one in period 1. No one is assumed to know the aggregate marginal abatement cost function in period 1. All in all, in the third scenario the information the decision makers have is the same as in the second scenario as regards period 0. However, regarding period 1, knowledge is dramatically reduced. The reason for this particular change in the assumptions is that knowledge of the aggregate marginal cost function in period 1 presupposes that the technology production function of the firms is common knowledge. This is highly restrictive. Therefore, it is interesting to find out what happens to the results of the model if this assumption is forsaken.

Command and Control: The performance of this standard oriented instrument is not affected by the change from Scenario 2 to Scenario 3 at all. However, this is not much of a consolation because command and control has already been shown to be cost ineffective in Scenario 2.

Effluent Charges: Since the policy maker does not know the aggregate marginal abatement cost function in period 1 he is unable to set the charge rate correctly in this period. This has two negative consequences on the performance of this policy: first, given the firms adjust to a charge rate which is incorrectly specified, the equilibrium aggregate emission reduction will be different from the 'target emission reduction', i.e. the amount of decrease in pollution the policy maker has been striving for. If the incorrectly specified charge rate is higher (lower) then the correct rate, equilibrium emission reduction will be too high (low). Secondly, an incorrectly specified charge rate for period 1 distorts the incentive to invest into environmentally friendly technical progress in period 0. This is so because the amount of savings which the firms gain in period 1 due to a certain investment in period 0 differs from the amount of savings which induce optimal investment into technical change. If the tax rate is set too high (low) overinvestment (underinvestment) will result.

Transferable Discharge Permits: Analysing the effluent charge policy above, it has been plausible to assume that the policy maker incorrectly specifies the charge rate in period 1 if he does not know the marginal abatement cost functions of this period. Analogously, considering the transferable discharge permit policy, it is plausible to assume that the individual polluters do not correctly anticipate the equilibrium permit price in period 1, given that they do not know the aggregate marginal abatement cost function in this period. Therefore the incentive to invest into environmentally-friendly technical change in period 0 is distorted, just as it has been argued for the case of effluent charges. However, opposed to what has been said for charges, erroneous expectations about the equilibrium permit price in period 1 do not lead to a violation of the environmental goal in this period if transferable discharge permits are used. The reason is that aggregate emissions are fixed by the amount of permits issued by a policy maker. The effect of mistaken expectations will be completely absorbed in the level of the equilibrium *price* of emissions and not in the quantity of emissions.

The only possibility to arrive at a cost-effective allocation of emission reductions in the weak information scenario is to design a different system of transferable discharge permits. This is a system which provides (perfect) future markets for permits. In this framework binding private contracts on permit demand and supply for period 1 can already be agreed upon in period 0. This is sufficient for cost-effectiveness since in the third information scenario each individual polluter is still assumed to have information on his own marginal abatement cost function and his own technology production function. Thus individual permit demand functions contain no error in either period. In this case, aggregate permit demand and permit supply (predetermined by the goal of environmental policy) lead to the correct equilibrium permit price in both periods. Adjusting to these prices, the firms exercise cost-effective abatement as well as investment.

E. Conclusions and Questions for Future Research

The ability of alternative standard oriented designs of environmental law to provide for a cost-effective allocation has been analyzed. The framework has been chosen to allow for induced technical change. It has been shown that the results of the model strongly depend on the assumptions regarding the quality of information that is supposed to be in the system. Hence there is no general answer to the question of 'dynamic cost-effectiveness' of alternative instruments. Still it can be said that the market-oriented instruments (effluent charges and transferable discharge permits) are superior to command and control in that they are less sensitive to a 'withdrawal of information'. The policy variant which is most robust against deteriorations of the informational endowment is a transferable discharge permit system including perfect future markets.

Obviously, the pessimistic assumptions about the availability of information on future abatement technology applied in the 'weak information scenario' are suggestive for many real world applications. Therefore, even within the limits of the highly stylized model presented above the findings under the weak information scenario have some policy implications. These relate to the choice of environmental policy instruments in general, and to the design of transferable discharge permit systems in particular. For example, consider the carbon emission trading system, as recently introduced by the European Union. The purpose of this policy has been to enable the Member States to carry the emission reduction loads they accepted within the EU-burden sharing agreement under the Kyoto Protocol 'in a cost-effective and economically efficient manner'.[6] The system is doomed to miss this goal since there is no provision

[6] EU-Directive 2003/87/EC, Article 1. See Faure/Gupta/Nentjes (2003) on the law and economics of the environmental policy options under the Kyoto-Protocol.

for trading in longer term future markets. To the contrary, it is not even clear how many permits will be allocated in future periods. Moreover, firms must make investment decisions with long time horizons (particularly in the energy sector) in a situation where it is unclear whether the system will be extended beyond the year 2012, and if so what the future design of the system will be. Under these circumstances there is no reason to assume that firms will be able to anticipate future permit prices and thereby intertemporarily make cost-effective decisions on abatement and investment.[7] The results presented above produce *prima facie* evidence that cost-effectiveness of the system can be improved by establishing markets in which permits for future periods may be traded.

It is an obvious task for future research to investigate whether the results presented in this paper carry over to a framework which is more general than the one used above. For example, the analysis might be extended, allowing for non-competitive firms, imperfect research and/or permit markets, uncertainty with respect to the success of research, and knowledge spillovers between firms. In addition, technical progress might be modelled as a process of learning by doing. Finally, a longer time horizon should be modelled since not only cost-effective and equilibrium levels of investment are important issues but also cost-effective and equilibrium *timing* of investment. For this question the analysis must be extended beyond the simple 2-period-world, to which this paper has been confined. A longer time horizon would also allow for the modelling of the process of expectation formation regarding the prices in future permit markets. The model sketched above may serve as a starting point for these and other extensions.

References

Baumol, W.J., W.E. Oates (1971), The Use of Standards and Prices for Protection of the Environment, *Swedish Journal of Economics* 73, 42-54

Endres, A. (2007), Umweltökonomie, Stuttgart

Endres, A., R. Bertram (2006), The Development of Care Technology under Liability Law, *International Review of Law and Economics* 26, 503-518

Endres, A., R. Bertram, B. Rundshagen (2007a), Environmental Liability Law and Induced Technical Change – The Role of Discounting, *Environmental & Resource Economics* 36, 341-366

Endres, A., R. Bertram, B. Rundshagen (2007b), Inducing Technical Change by Standard Oriented Environmental Policy: The Role of Information, Discussion Paper No. 417, Fakultät für Wirtschaftswissenschaft, FernUniversität in Hagen

Endres, A., C. Ohl (2005), Kyoto Europe? – An Economic Evaluation of the European Emission Trading Directive, *European Journal of Law and Economics* 19, 17-39

Faure, M., J. Gupta, A. Nentjes (2003), Climate Change and the Kyoto-Protocol, Cheltenham

Faure, M., G. Skogh (2003), *The Economic Analysis of Environmental Law and Policy*, Cheltenham

[7] There are some (rather restrictively designed) possibilities for banking and borrowing of permits. However, these provisions are not allocatively equivalent to future markets for permits. An economic assessment of EU-emissions trading is given in Endres/Ohl (2005).

Fischer, C, I.W.H. Parry, W.A. Pizer (2003), Instrument Choice for Environmental Protection When Technological Innovation is Endogenous, *Journal of Environmental Economics and Management* 45, 523–545

Hoel, M., L. Karp (2002), Taxes versus Quotas for a Stock Pollutant, *Resource and Energy Economics* 24, 367-384

Montero, J-P. (2002), Permits, Standards, and Technology Innovation, *Journal of Environmental Economics and Management* 44, 23-44

Parry, I.W.H. (1998), Pollution Regulation and the Efficiency Gains from Technological Innovation, *Journal of Regulatory Economics* 14, 229-54

Requate, T. (2005), Commitment and Timing of Environmental Policy, Adoption of New Technology, and Repercussions on R&D, *Environmental & Resource Economics* 31, 175-199

Requate, T., W. Unold (2001), On the Incentives of Environmental Policy Instruments to Adopt Advanced Abatement Technology if Firms are Asymmetric, *Journal of Institutional and Theoretical Economics* 157, 536-554

Requate, T., W. Unold (2003), Environmental Policy Incentives to Adopt Advanced Abatement Technology: Will the True Ranking Please Stand up?, *European Economic Review* 47, 125-146

Russell, C.S. (2001), Applying Economics to the Environment, New York, Oxford

INTERNATIONALER MÜLLHANDEL AUS SICHT DER ÖKONOMISCHEN ANALYSE DES RECHTS

Roland Kirstein

A. Einleitung

„Müllexporte“ gelten in der Umweltpolitik als Übel. Insbesondere werden Müllexporte aus hoch industrialisierten Ländern in Entwicklungsländer kritisch gesehen. Viele Industrieländer verbieten solche Geschäfte. Müll soll möglichst nah am Ort seiner Entstehung vermieden, verwertet, vernichtet oder deponiert werden, schreibt die europäische Richtlinie 75/442/EWG bereits seit dem Jahr 1975 vor. Darüber hinaus gilt das „Inlandsprinzip“: Im Inland anfallende Abfälle sollen grundsätzlich im Inland entsorgt werden.[1]

Dieser Beitrag stellt zunächst einige Argumente der rechtswissenschaftlichen und der neoklassischen ökonomischen Theorie zu diesem Thema vor. Dann wird das Problem mit Hilfe der ökonomischen Analyse des Rechts beleuchtet. Als leistungsfähiges Instrument erweist sich die U-förmige Gesamtkostenkurve, entstanden aus der Vertikaladdition von Schadens- und Vermeidungskosten. Der Bedeutung dieser Grafik für die ökonomische Analyse des Rechts ist es angemessen, dass sie das Titelbild des Lehrbuchs von Schäfer und Ott ziert.[2] Angewandt auf den Fall zweier heterogener Länder, liefert diese Kurve Hinweise zur Beantwortung der folgenden Fragen:

1. Sollten Umweltstandards in Industrie- und Entwicklungsländern international harmonisiert werden?
2. Gibt es institutionenökonomische Gründe gegen Müllentsorgung in dem Land mit niedrigen Entsorgungskosten?
3. Kann insbesondere imperfekte internationale Rechtsdurchsetzung Gründe für Exportverbote liefern?

---

[1] Vgl. Bender/Sparwasser/Engel (2000, 615).
[2] Schäfer/Ott (2005).

4. Welche Konsequenzen lassen sich aus dieser Analyse für den innergemeinschaftlichen Müllhandel ableiten?

B. Juristische Aspekte

In der EU bedürfen Handelsbeschränkungen einer sorgfältigen Begründung, da innerhalb der EU der Grundsatz das freien Waren- und Dienstleistungsverkehrs gilt. Art. 28 EG-Vertrag verbietet Einfuhrbeschränkungen, Art. 29 EGV untersagt Ausfuhrbeschränkungen, so dass es irrelevant ist, ob Müllverbringung ins Ausland als Exportgeschäft (gegen negative Bezahlung)[3] oder als Import von Deponiekapazität (gegen positive Bezahlung) angesehen wird.

Seit 1993 ist es in der EU weitgehend untersagt, Abfälle in Länder außerhalb der EU zu exportieren (Richtlinie 91/156/EWG). Die Mitgliedsstaaten der EU haben das Baseler Übereinkommen ratifiziert, wonach Müllexporte in Nichtunterzeichnerstaaten grundsätzlich verboten sind.[4] Diese „Basel Convention" stellte eine Reaktion auf die Giftmüllskandale der achtziger Jahre dar. Die beiden dramatischsten dieser Skandale waren das Auftauchen radioaktiver Giftmüllfässer aus Italien in Nigeria[5] und die Irrfahrt verschwundener Giftmüllfässer aus Seveso durch Europa.[6] Das Europaparlament (EP) hat im Dezember 2003 nochmals ausdrücklich eingefordert, dass Abfälle privater Haushalte nicht mehr als unbedingt nötig transportiert werden, und dass die Mitgliedsstaaten ihre Abfallprobleme eigenständig lösen sollen.[7] Müllentsorgung soll in Europa nach der Richtlinie 75/442/EWG den Grundsätzen der „Autarkie" und „Nähe" folgen.[8]

Das deutsche Abfallrecht kodifiziert gleichfalls den Grundsatz der „Inlandsentsorgung" in § 10 III 1 KrW/AbfG:[9] Abfälle sollen grundsätzlich möglichst am oder nahe beim Entstehungsort entsorgt werden.[10] Zusammen mit dem „Näheprinzip" konkretisiert diese

---

3 Frenz (2000, 211) bemüht sich um eine ausführliche Begründung, warum auch Müllexport als Export-Handelsgeschäft angesehen werden kann.

4 Das Baseler Übereinkommen vom 22.3.1989 wurde in Deutschland mit dem *Gesetz über die Überwachung und Kontrolle der grenzüberschreitenden Verbringung von Abfällen* (AbfVerbrG) vom 30.9.1994 (BGBl. I 2771) umgesetzt. Die EU und alle ihre Mitgliedsstaaten sind – wie über 120 Staaten – diesem Übereinkommen beigetreten.

5 Lipman (2002). Diese Fässer enthielten radiaktiv verseuchten Müll und standen ungeschützt auf einem Hinterhof in Nigeria, wo sie verrotteten. Ein Umkreis von 500 Metern wurde nachhaltig verseucht, zahlreiche Arbeiter sind schwer erkrankt. Italien mußte diese Fässer auf internationalen Druck hin zurücktransportieren.

6 Krämer (1998, 346). In den Jahren 1982/83 sind 41 Dioxinfässer, die aus dem Industrieunfall in Seveso stammten, heimlich von Italien nach Frankreich gebracht und dort von französischen Spediteuren versteckt worden. In zahlreichen Staaten Europas wurde wochenlang nach diesen Fässern gesucht.

7 Europäisches Parlament (2003a, 15). Grenzüberschreitende Zusammenarbeit mit Nachbarregionen solle dadurch jedoch nicht vollständig ausgeschlossen werden, siehe Europäisches Parlament (2003a, 28 und 31).

8 Europäisches Parlament (2003b, 6).

9 *Gesetz zur Förderung der Kreislaufwirtschaft und Sicherung der umweltverträglichen Beseitigung von Abfällen* (Kreislaufwirtschafts- und Abfallgesetz) vom 27.9.1994, Bundesgesetzblatt I 2705. Darüber hinaus ist das *Gesetz über die Überwachung und Kontrolle der grenzüberschreitenden Verbringung von Abfällen* (Abf-VerbrG) vom 30.9.1994 (BGBl. I 2771) einschlägig, mit dem das Baseler Übereinkommen vom 22.3.1989 in Deutschland umgesetzt wurde.

10 Bender/Sparwasser/Engel (2000, 676 f.).

Vorschrift das so genannte „Verursacherprinzip“, wonach die Kosten einer Umweltbeeinträchtigung von ihrem „Verursacher“ getragen werden sollen.[11]

Das europäische und deutsche Recht unterscheidet fein zwischen „Beseitigung“ und „Verwertung“ von Abfällen.[12] Grenzüberschreitender Müllhandel zum Zwecke der Beseitigung ist weitgehend verboten. Zum Zwecke der Verwertung darf Abfall jedoch exportiert werden; hier sind lediglich Notifizierungsverfahren zu beachten, die einer Erlaubnisfiktion unterliegen: Wenn die beteiligten Ländern nicht innerhalb einer kurzen Frist verbieten, dann ist der Transport erlaubt. Das Europäische Parlament hat sich in seinem Beschluss vom Dezember 2003 das Ziel gesetzt, dieses Verfahren bürokratisch zu verkomplizieren, um hierdurch „ein Instrument zur Überwachung und möglichst weitgehenden Einschränkung von Abfallverbringung“ zu schaffen (Europäisches Parlament 2003a, 16). Die juristische Unterscheidung zwischen Beseitigung und Verwertung lässt sich an zwei Urteilen des Europäischen Gerichtshofs illustrieren. Gegenstand der Verfahren waren Versuche von Mitgliedsstaaten, grenzüberschreitenden Müllhandel einzuschränken:[13]

- C-228/00 (*Belgische Zementindustrie*): Der Export von Sonderabfällen aus Deutschland zur Verbrennung in belgischen Zementwerken ist erlaubt. Hierbei handelt es sich um eine Verwertung, weil die Zementwerke beim Ausbleiben des Mülls Primärenergieträger einsetzten müssten, um ihren Betrieb aufrechtzuerhalten.
- C-458/00 (*Luxemburg/MVA Straßburg*): Der Export von Haushaltsabfällen aus Luxemburg in eine Müllverbrennungsanlage in Straßburg ist nicht erlaubt. Es handelt sich um eine Beseitigung, weil die MVA nicht verpflichtet sei, bei Ausbleiben des Mülls weiterhin Strom zu produzieren.

Offenbar ist diese Unterscheidung von einem sehr eng gefassten Begriff der Verwertung getragen: Nur eine Substitution innerhalb derselben Anlage wird angerechnet. Wenn aufgrund der Stromerzeugung in der MVA die Leistung des benachbarten Kernkraftwerks Cattenom reduziert werden kann, gilt dies nicht als Substitution von Primärenergie und damit als Müllverwertung.[14]

Daneben kann es eine Rolle spielen, ob Herstellung von Wärme Haupt- oder Nebenzweck der Anlage ist und ob die Abfälle bei dem Verfahren „verbraucht“ werden.[15] Der

---

11 Bender/Sparwasser/Engel (2000, 33). In der ökonomischen Theorie gilt das „Verursacherprinzip“ jedoch als Leerformel, siehe Coase (1960) und Adams (1989).

12 Vgl. Werres (2003), Winter (1994).

13 Vgl. auch die Diskussion dieser Urteile in Schink (2003) und Klöck (2003).

14 Vgl. die harsche Kritik von Kotulla (die Straßburger Entscheidungen seien „unübersichtlich bis konfus“) in Klöck (2003).

15 Schink (2003).

Bundesverband der Entsorgungswirtschaft hat dagegen gefordert, jede Verbrennung in MVAen als Verwertung anzuerkennen, wenn ein Energieüberschuss erzeugt wird.[16]

Schon in der Rechtssache C-209/98 (*FFAD/Copenhagen*) hatte der EuGH sich bemüht, Klarheit über grenzüberschreitende Verbringung von Abfällen geschaffen:[17] Hiernach darf ein Mitgliedsstaat einschränkende Maßnahmen bezüglich der Beförderungen von Abfällen erlassen, wenn diese nicht mit seinem Abfallwirtschaftsplan übereinstimmen.[18] Allerdings müsse dieser Plan mit der Richtlinie 75/442/EWG vereinbar sein. Die Mitgliedsstaaten sind nach dieser Richtlinie verpflichtet, solche Pläne zu erstellen, kamen dieser Verpflichtung bislang aber nur schleppend nach.[19]

C. Müllexporte in der ökonomischen Theorie

Sowohl die neoklassische Außenhandelstheorie, als auch die Theorie der optimalen Nutzung erschöpflicher Ressourcen steht Handelsregulierungen oder gar -verboten skeptisch gegenüber. Ein Beispiel: In den USA wird zwischenstaatlicher Müllhandel durch einzelstaatliche Regulierungen eingeschränkt. Anlass hierfür war der „Hausmüllkrieg" zwischen New York City und umliegenden Staaten (New Jersey, Virginia, Pennsylvania).[20] In dessen Folge gab es Kongressinitiativen zur Regulierung des innerstaatlichen Handels. Ley/Macauley/Salant (2000) haben diese Initiativen mit einem Simulationsmodell evaluiert und geschätzt, dass der Barwert des erzeugten Wohlfahrtsverlusts ungefähr dem Wert des jährlichen Müllhandelsvolumen entspricht.[21]

Mit Berücksichtigung imperfekter Märkte kann sich jedoch ein differenzierteres Bild ergeben:[22] Berger (1998) hat den Export gebrauchter Batterien zu Recyclingzwecken untersucht. Die Baseler Konvention verbietet solche Geschäfte global. Berücksichtigt man die hierbei entstehenden negativen Externalitäten, so kommt Berger zu dem Ergebnis, dass die Herkunftsländer durch das Verbot einen Wohlfahrtsverlust erleiden. Der Wohlfahrtsverlust der Empfängerländer ist dagegen unklar, daher ist auch der Nettoeffekt auf die Weltwohlfahrt nicht eindeutig. Cassing/Kuhn (2003) modellieren internationalen Müllhandel als Oligopol und zeigen, dass in den Herkunftsländern Pigou-Steuern ineffizient niedrig, in den Empfängerländern dagegen ineffizient hoch festgesetzt werden.

D. Müllhandel, Haftungsregeln und Vorsorge

Die ökonomische Analyse des Rechts (ÖAR) befasst sich mit den Verhaltenswirkungen von Rechtsnormen und Durchsetzungsinstitutionen. Solche positiven Erkenntnisse über die

---

16 Klöck (2003).
17 Europäisches Parlament (2003a, 14).
18 Außerdem müssen das Diskriminierungsverbot und der Verhältnismäßigkeitsgrundsatz gewahrt bleiben, vgl. Frenz (2000).
19 Europäisches Parlament (2003b, 6).
20 Ley/Macauley/Salant (2000), siehe auch Belenky (1999) und Clapp (1994).
21 Ca. 1.35 Milliarden US$, vgl. Ley/Macauley/Salant (2000, 245).
22 Vgl. auch Rauscher (2001).

Wirkungen von Institutionen sind notwendige Voraussetzung für die normative Institutionenanalyse. Zur Einschätzung der Effizienzwirkung einer Institution sind verschiedene Kriterien denkbar. Eine Fragestellung könnte lauten, wie eine weltweit gegebene Müllmenge zu möglichst niedrigen Kosten international entsorgt werden kann.[23] Zu den dabei anfallenden Entsorgungskosten zählen nicht nur die Opportunitätskosten der Entsorgungskapazität sowie die erwarteten Schäden, die durch Entsorgung verursacht werden, sondern auch die Vorsorgekosten, die zur Vermeidung solcher Schäden aufgewandt werden.

Aus Sicht der Institutionenökonomik entspricht ein Exportverbot für Müll einer Ausdünnung von Verfügungsrechten. Genauer: Zwar behält der ausländische Betreiber der Entsorgungseinrichtung das Verfügungsrecht an seiner Anlage, aber er darf ihre Dienste nicht in dem Land anbieten, die das Müllexportverbot verhängt. Calabresi/Melamed (1972) haben darauf hingewiesen, dass eine Rechtsordnung Verfügungsrechte nicht nur zuteilen, sondern auch durch eine Schutzregel konkretisieren muss. Es gibt drei Typen von Schutzregeln: Eigentum („property rule"), Haftung („liability rule") und Unveräußerlichkeit („inalienability rule"). Verbietet ein Land Müllhandel, so gesteht es Deponiebetreibern zwar die Verfügungsrechte an der Entsorgungskapazität zu, erlegt ihnen aber gleichzeitig ein partielles Transaktionsverbot auf. Die Verfügungsrechte werden mit einer Unveräußerlichkeitsregel konkretisiert, ähnlich wie Verfügungsrechte für Nieren oder menschliches Leben.

Unter der „property rule" ist die Effizienz der Allokation von Verfügungsrechten davon abhängig, dass individuelle Verhandlungen zwischen Rechteinhabern und -interessenten möglich sind. In einer Welt mit vernachlässigbaren Transaktionskosten werden externe Schäden, die durch Müllentsorgung zu entstehen drohen, dann mühelos durch Verhandlungen internalisiert. Das ist die Grundaussage des Coase-Theorems (das nur die Zuteilung von Verfügungsrechten adressierte, nicht aber ihre Konkretisierung). In einer Welt mit hohen Transaktionskosten können Externalitäten nicht durch Verhandlungen zwischen Deponiebetreiber und potentiellen Geschädigten internalisiert werden. In diesem Fall sollte ein Rechtssystem Verfügungsrechte durch eine Haftungsregel schützen.[24] Diese Haftungsregel sollte so ausgestaltet sein, dass sie Anreize für den Betreiber einer Entsorgungsanlage setzt, effiziente Vorsorge zu treiben, also „primäre Kosten" minimieren.[25]

Für Fälle, in denen nur der Betreiber Vorsorge treffen kann, jedoch nicht die Geschädigten, lautet ein Standardresultat der ÖAR: Unter einer verschuldensunabhängigen Gefährdungshaftung hat der Betreiber effiziente Anreize zu Vorsorgeaufwendungen; unter Verschuldenshaftung sind seine Anreize effizient, wenn der Fahrlässigkeitsstandard dem effizienten Vorsorgeniveau entspricht.[26] Allerdings sind diese beiden Haftungsregeln nur dann wirksam, wenn die aus ihnen entspringenden Ansprüche sicher durchgesetzt werden können.

---

[23] Um das Modell einfach zu halten, wird der Unterschied zwischen „Verwertung" und „Beseitigung" hier nicht thematisiert.

[24] Pigou-Steuern oder (transaktionskostensenkende) Lizenzauktionen stellen institutionelle Alternativen der Internalisierung externer Effekte dar.

[25] Siehe Calabresi (1970).

[26] Siehe Schäfer/Ott (2005), Kapitel 5; dem Kundigen genügt jedoch ein Blick aufs Titelbild.

Ohne gerichtliche Durchsetzbarkeit läuft eine Haftungsregel ins Leere. Arbeiten Gerichte nur imperfekt, dann ist die Wahrscheinlichkeit der Durchsetzung eines berechtigten Anspruchs kleiner als eins.[27] Ist sie größer als Null, so könnte die Imperfektion der Rechtsdurchsetzung durch Aufschläge auf die Haftung („punitive damages", „Multiplikatorprinzip")[28] kompensiert werden, sofern keine Vermögensschranken im Wege stehen („limited liability"). Ein Deponiebetreiber wird jedoch vielleicht gar nicht in der Lage sein, das zehn- oder zwanzigfache eines Schadens als „punitive damages" zu zahlen. "Limited liability" verschärft also das Problem der imperfekten Rechtsdurchsetzung.

Wenn die Transaktionskosten sowohl der Verhandlungen über Verfügungsrechte wie auch der Durchsetzung von Ansprüchen prohibitiv hoch sind, könnte dies Gründe dafür liefern, die Verfügungsrechte an Deponien mit Hilfe der Unveräußerlichkeitsregel („inalienability rule") zu konkretisieren. Hohe Transaktionskosten können insbesondere dann auftreten, wenn Transaktionen die Grenzen von Rechtssystemen überschreiten. Bei internationalen Transaktionen ist es möglich, dass in den beteiligten Staaten unterschiedliche Haftungsregeln gelten. Im Extremfall gilt in dem einen Staat Gefährdungshaftung („strict liability"), im anderen Staat sind die technischen Verursacher einer Schädigung dagegen von Haftung befreit („no liability"). Eine faktische „no liability"-Regel gilt auch dann, wenn in dem betreffenden Land dem Betreiber zwar nominell Haftung aufgebürdet wird, aber kein funktionsfähiges Gerichtssystem existiert. Darüber hinaus kann es (im Falle grenzüberschreitender Emissionen) für Geschädigte aus einem anderen Land schwierig sein, Ansprüche aus Haftung international durchzusetzen. Dies ist bei Schadensersatzansprüchen anders als bei der internationalen Durchsetzung von Ansprüchen aus Verträgen, für die ja „private ordering" unterstützend wirken kann.[29]

E. Rechtsökonomische Analyse von Müllexporten

Das folgende Modell thematisiert die Anreize, schadensvermindernde Vorsorgemaßnahmen zu treffen, die von den Haftungsregeln in zwei Ländern beeinflusst werden. Mit diesem einfachen Standard-Haftungsmodell lassen sich die ersten beiden der eingangs angesprochenen Fragen beantworten. Hier sind die Annahmen des Modells:

1. Es gibt zwei Länder, das Herkunftsland H und das Empfängerland E. In H ist eine bestimmte Müllmenge angefallen, die in H oder in E entsorgt werden könnte. Entsorgung wirft Kosten auf, zu einen für die Deponierung: hier entstehen (fixe) Opportunitätskosten der Deponienutzung und (variable) erwartete Schadenskosten. Die Summe ergibt die erwarteten Deponiekosten D_i in Land i = E, H.

---

[27] Vgl. Kirstein (1999) für umfassende Analysen.

[28] Sei p_E die Wahrscheinlichkeit, mit der ein Kläger in Land E einen berechtigten Anspruch durchsetzen kann; dann müsste der zugesprochene Schadensersatz mit dem Faktor $1/p_E$ multipliziert werden.

[29] Vgl. Kirstein/Neunzig (1999) m. w. Nachweisen.

2. Mittels kostenträchtiger Vorsorge (z.B. Abdichtung einer Deponie) können die erwarteten Schadenskosten verringert werden. Vorsorge sei (vereinfachend angenommen) in beiden Staaten gleich teuer; die Vorsorgekosten in Land i werden mit v_i bezeichnet (steigende Gerade in Abbildung 1). Die erwarteten Deponiekosten sinken in beiden Ländern mit steigender Vorsorge (fallende Kurven in Abbildung 1). Z.B. für H: $D_H=D_H(v_H)$ mit $dD_H/dv_H < 0$ und $d^2D_H/dv_H^2 > 0$.
3. Die erwarteten Deponiekosten seien für identische Vorsorgeniveaus v in Land E geringer als in Land H (fallende Kurven in Abbildung 1, gestrichelt für E, durchgezogen für H); es gilt also $\forall v : D_E(v) < D_H(v)$.
4. Gesamtkosten der Deponierung sind die Summe aus Vorsorge- und erwarteten Schadenskosten. (U-förmige Kurven in Abbildung 1, gestrichelt für E, durchgezogen für H).
5. Gesamtkosten bei Null-Vorsorge in E seien höher als das Gesamtkostenminimum in H: $D_E(0) > D_H(v_H*)$.

Abbildung 1: Vorsorge- und Deponierkosten in Ländern H und E

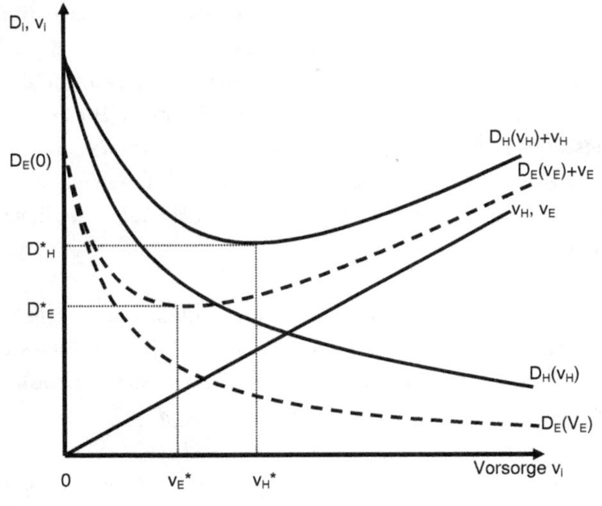

Wenn in beiden Ländern dasselbe Vorsorgeniveau gewählt wird und mit derselben positiven Wahrscheinlichkeit Recht durchgesetzt werden kann, dann ist es effizient, in E zu deponieren. Allerdings ist es nicht selbstverständlich, dass in beiden Staaten dasselbe Vorsorgeniveau gewählt wird. Zum einen wäre dies nicht effizient, zum anderen hängt das gewählte Vorsorgeniveau von den Anreizen ab, die durch die in dem Land geltende Haftungsregel gesetzt werden.

Bei Gefährdungshaftung (mit perfekter Rechtsdurchsetzung) oder bei Verschuldenshaftung, wenn der Fahrlässigkeitsstandard auf das effiziente Vorsorgeniveau festgelegt wurde, wählt der Deponiebetreiber im betreffenden Land das jeweils optimale Vorsorgeniveau (also v_i*).[30] Aus der Abbildung 1 ist unmittelbar das erste Ergebnis ablesbar:

Resultat 1: *Der volkswirtschaftlich optimale Vorsorgestandard in E ist kleiner als in H. Eine internationale Harmonisierung der Umweltstandards wäre also ineffizient.*

Dass der optimale Standard in E kleiner ist als in H, stellt nicht etwa einen umweltpolitischen Skandal dar, wie offenbar in Frenz (2000) unterstellt wird, sondern ist Ergebnis eines ökonomischen Optimalkalküls. Ein niedrigerer Standard in E ist effizient, weil der erwartete Schaden dort niedriger verläuft als in H.[31]

Internationaler Handel sorgt dann für Entsorgungseffizienz, wenn sichergestellt ist, dass der Abfall zu geringstmöglichen Kosten entsorgt wird. Arbeiten die Rechtsdurchsetzungsinstitutionen jedoch in E lediglich imperfekt, so dass Ansprüche nicht (vollständig) durchgesetzt werden könnten, so würde suboptimal niedrige Vorsorge $v_E < v_E^*$ implementiert werden (dasselbe Ergebnis tritt ein, wenn in E Verschuldenshaftung gilt, aber der Fahrlässigkeitsstandard niedriger als das effiziente Vorsorgeniveau festgelegt wurde). Gilt in E (im Extremfall) „no liability", entweder in Ermangelung einer Haftungsregel, oder weil Ansprüche aus Haftungsregeln in Land E überhaupt nicht durchgesetzt werden können, so wird der Deponiebetreiber in E gar keine Vorsorge betreiben ($v_E = 0$). Gilt gleichzeitig in H eine perfekt durchsetzbare Gefährdungshaftung, so lässt sich in Abbildung 1 ein Fall ablesen, in dem die Deponierung in Land H weltwirtschaftlich effizient wäre, obwohl die Entsorgungskosten in H systematisch oberhalb der Entsorgungskosten in E verlaufen (die Annahme $D_E(0)>D_H(v_H^*)$ ist maßgeblich für dieses Ergebnis):

Resultat 2: *Wenn die Haftungsregel in Ländern mit kostengünstigen Entsorgungsmöglichkeiten „imperfekter" ist als in Ländern, die teurere Entsorgungsmöglichkeiten aufweisen, dann kann dieser institutionelle Unterschied den Entsorgungskostenvorteil überkompensieren. In so einem Fall wäre internationaler Müllhandel nicht effizienzfördernd.*

Die Alternative zum Exportverbot wäre eine internationale Vereinbarung über die Durchsetzung von Ansprüchen, der Aufbau eines funktionierenden Gerichtssystems, sowie die Einführung effizienter Haftungsregeln in E-Land. Wenn diese Möglichkeiten jedoch versperrt sind, dann stellt die Deponierung in H-Land angesichts der imperfekten Haftung in E eine „second-best"-Lösung dar.

---

[30] Beide Ergebnisse gelten nur, wenn nur der Deponiebetreiber Vorsorge betreiben kann, nicht aber die potentiellen Geschädigten.

[31] Vgl. Kapitel 9.2 in Feess (1995) zur optimalen internationalen Differenzierung von Umweltstandards bei vollständiger Konkurrenz.

F. Exportverbot und „institutionelle Arbitrage“

Die Erörterung im obigen Kapitel zeigt, dass ein Verzicht auf Müllexport von H nach E weltwirtschaftlich effizient sein kann. Maßgeblich für dieses Ergebnis sind die Annahmen, dass Rechtsdurchsetzung in H hinreichend perfekt funktioniert, also über eine Haftungsregel dem H-ländischen Deponiebetreiber Externalitäten belastet werden können, während in E-Land Rechtsdurchsetzung nur imperfekt funktioniert. Dieses normative Resultat impliziert allerdings nicht, dass kein Müll nach E exportiert wird. Auch wenn es ineffizient ist, könnten die H-ländischen Exporteure und die E-ländischen Importeure individuelle Anreize haben, Müll zu handeln. Dann könnte ein Exportverbot effizienzfördernd wirken.

Damit die H-ländische Regierung ein Exportverbot als begründet ansieht, müssen also zwei Voraussetzungen vorliegen: Zum einen legen die individuellen Anreize der H-ländischen Müllproduzenten und -entsorger den Export nahe. Zum anderen verstößt der Export gegen die Interessen von H-Land. Dies kann aus zwei Gründen der Fall sein: Entweder macht sich die H-ländische Regierung verantwortungsvoll die Maximierung der Weltwohlfahrt zum Ziel. Oder es gibt eine Rückwirkung der Müllexporte auf die H-ländische Wohlfahrt. Diese Rückwirkung bedeutet, dass ein nicht vernachlässigbarer Teil des in E entstehenden erwarteten Gesamtschadens von H getragen werden muss. Solche Traglasten können durch technologische externe Effekte entstehen, oder aber durch politische Externalitäten. Diese können durch eine Pflicht zur humanitären Hilfe nach Umweltkatastrophen oder durch Rückholpflichten entstehen – dabei ist es unerheblich, ob eine juristische Grundlage besteht, oder lediglich politischer Druck verspürt wird. In jedem Fall würde diese Rückwirkung auf das Herkunftsland das Interesse der H-ländischen Regierung verstärken, Müllexporte gar nicht erst geschehen zu lassen. Wenn nach dem Müllexport auch der Bevölkerung des Herkunftsstaates solche indirekten negativen Externalitäten drohen, dann wird sie den H-ländischen Exporteur hierfür nicht zur Verantwortung ziehen können. Dieser muss nicht haften, wenn der Export nicht rechtswidrig ist. Das Haftungsrisiko wird auch nicht über den Preis für den Müllexport überwälzt; genauso wenig kann der Importeur in E zur Haftung herangezogen werden, weil das E-ländische Haftungsrecht imperfekt ist.

In so einer Situation stellt der Export aus Staat H (mit Gefährdungshaftung für Deponiebetreiber) nach E eine Umgehungsmöglichkeit der H-ländischen Haftungsregel dar. Der Exporteur aus Land H „leiht“ sich die Rechtsordnung von Land E aus, nutzt also „institutionelle Arbitrage“. Der Export erlaubt es dem H-ländischen Produzenten, die perfekte und strikte Haftung im Inland zu umgehen und die imperfekte Rechtsordnung des E-Landes zu nutzen. Der E-ländische Importeur ist jedoch nicht im Gegenzug dazu gezwungen, sein inländisches Haftungsrisiko an den H-ländischen Exporteur weiterzubelasten. Exporteur und Importeur können also wegen der imperfekten Haftung in E einen Teil des Schadensrisikos externalisieren. Hieraus folgt

Resultat 3: *Bei Existenz negativer Externalitäten (von E nach H), seien sie technologischer oder politischer Natur, und imperfekter internationaler Rechtsdurchsetzung kann es selbst dann im Interesse des Staates H liegen, seinen Bürgern Müllexport nach E zu verbieten, wenn Deponierung in E kostenminimierend wäre.*

G. Folgerungen für innergemeinschaftlichen Handel

Ein Exportverbot kann nach den obigen Ausführungen im Interesse des Herkunftslandes sein, wenn Müllexport negative Externalitäten erzeugen kann, die auf das Herkunftsland zurückschlagen und (wegen imperfekter internationaler Haftung) nicht internalisierbar sind. Dieses Argument greift jedoch nicht im Hinblick auf innergemeinschaftlichen Handel, weil in einem gut funktionierenden Föderalsystem Haftung zwischenstaatlich genauso gut wie innerstaatlich durchgesetzt werden kann. Es gibt also innerhalb eines solchen Föderalsystems keinen Grund, grenzüberschreitende Kooperation bei der Müllentsorgung juristisch anders zu bewerten als die inländische Kooperation. Soweit Mülltransporte in Deutschland erlaubt sind, sollten sie es auch zwischen Deutschland und z.B. Frankreich sein. Aus diesen Erwägungen folgt das

Resultat 4: *Innerhalb einer föderalen Rechtsordnung mit relativ einheitlichen Umweltstandards und homogenen Rechtsdurchsetzungsmöglichkeiten ist ein Verbot des Binnenhandels aus den oben genannten Gründen (internationale Externalitäten, asymmetrische Information) nicht zu rechtfertigen.*

Allerdings kodifiziert das EU-Recht ein derartiges Verbot auch nicht streng, denn es gestattet ausdrücklich (als Konkretisierung des Grundsatzes der Wohnortnähe) grenzüberschreitende Zusammenarbeit in Grenzregionen. Jedoch widerspricht das EuGH-Urteil „MVA Straßburg" dieser ökonomisch vernünftigen Interpretation des EU-Rechts. Obwohl Straßburg nahe an Luxemburg liegt, ist der Export von Hausmüll verboten worden; dies nicht mit Hinweis auf näher gelegene Entsorgungsmöglichkeiten, sondern weil in der MVA „Beseitigung" statt „Verwertung" stattfinde.

Literaturverzeichnis

Adams, Michael (1989) Leerformel Verursacherprinzip. In: *Juristenzeitung*, 787

Belenky, Lisa (1999) Cradle to Border: U.S. Hazardous Waste Export Regulations and International Law. In: *Berkeley Journal of International Law 14*, 95-137

Berger, Nicholas (1998) North-South-Trade in Recyclable Waste: Economic Consequences of Basle. Centre for International Economic Studies, Seminar Paper 98-03, University of Adelaide, Australia

Calabresi, Guido (1970) The Cost of Accidents. Yale University Press, New Haven und London.

Calabresi, Guido / Melamed, A. Douglas (1972) Property Rules, Liability Rules and Inalienability. One View of the Cathedral. In: *Harvard Law Review, 85*, 1089-1128

Cassing, James / Kuhn, Thomas (2003) Strategic Environment Policies when Waste Products are Tradable. In: *Review of International Economics* 11, 495-511

Clapp, Jennifer (1994) The Toxic Waste Trade With Less-Industrialized Countries: Economic Linkages and Political Alliances. In: *Third World Quarterly* 15(3), 505-518

Coase, R.H. (1960) The Problem of Social Cost. In: *Journal of Law and Economics, 3*, 1-44

Europäisches Parlament (2003a) Bericht über den Vorschlag für eine Verordnung des Europäischen Parlaments und des Rates über die Verbringung von Abfällen, KOM(2003)379-C5-0365/2003-2003/0139(COD), Ausschuß für Umweltfragen, Volksgesundheit und Verbraucherpolitik, (endgültig A5-0391/2003)

Europäisches Parlament (2003b) Bericht über den Bericht der Kommission über die Umsetzung der Richtlinie des Rates 75/442/EWG (Abfallrahmentrichtlinie), KOM(2003)250-2003/2124(INI), Ausschuß für Umweltfragen, Volksgesundheit und Verbraucherpolitik, (endgültig A5-0394/2003)

Feess, Eberhard (1995) Umweltökonomie und Umweltpolitik. Franz Vahlen, München

Frenz, Walter (2000) Grenzüberschreitende Abfallverbringung und gemeinschaftliche Warenverkehrsfreiheit. In: Umwelt- und Planungsrecht 6, 210-215

Kirstein, R. (1999); Imperfekte Gerichte und Vertragstreue. Eine ökonomische Theorie richterlicher Entscheidungen; Gabler Edition Wissenschaft, Deutscher Universitäts-Verlag, Reihe "Ökonomische Analyse des Rechts"; hrsg. von Schäfer, H.-B. / Behrens, P. / Holler, M. / Ott, C. / Walz, R., Wiesbaden

Kirstein, Roland / Neunzig, Alexander R. (1999) Internationale Zuständigkeit von Gerichten und die Anerkennung ausländischer Gerichtsurteile. In: Schenk, Karl-Ernst / Schmidtchen, Dieter / Streit, Manfred / Vanberg, Viktor (Eds.): Jahrbuch für Neue Politische Ökonomie, Vol. 18, Mohr/Siebeck, Tübingen, 345-368

Klöck, Oliver (2003) Wie verändert der EuGH die Abfallwirtschaft in Deutschland? Bericht über die 12. Kölner Abfalltage. In: Umwelt- und Planungsrecht 11-12, 426-427

Krämer, Ludwig (1998) Die Europäische Union und der Export von Abfällen in die Dritte Welt. In: *Kritische Justiz*, 345-357

Ley, Eduardo / Macauley, Molly / Salant, Stephen W. (2000) Restricting Trash Trade; In: The American Economic Review, AEA Papers and Proceedings, Bd. 90, S. 243-246

Lipman, Zada (2002) A Dirty Dilemma. The Hazardous Waste Trade. In: *Harvard International Review*, 67-71

Rauscher, M. (2001) International Trade in Hazardous Waste, in: G.G. Schulze, H.W. Ursprung, eds, International Environmental Economics: A Survey of the Issues, Oxford University Press, Oxford, 148-165

Schäfer, Hans-Bernd / Ott, Claus (2005): Lehrbuch der ökonomischen Analyse des Zivilrechts; Springer, 4. Auflage, Berlin et. al.

Schink, Alexander (2003) Auswirkungen der Entscheidungen des EuGH vom 13. Februar 2003 auf das deutsche Abfallrecht. In: Umwelt- und Planungsrecht 4, 121-126

Smith, V. Kerry / Desvousges, William H. (1986a) The Value of Avoiding a LULU: Hazardous Waste Disposal Sites. In: *The Review of Economics and Statistics 68(2)*, 293-299

Werres, Stefan (2003) Der Vorlagebeschluss des OVG Rheinland-Pfalz zur grenzüberschreitenden Verbringung von Abfällen zur Verwertung: Eine gemeinschaftsrechtliche Analyse. In: Umwelt- und Planungsrecht 11-12, 424-426

Winter, Stephan (1994) Die neue Abfallverbringungs-Verordnung der EG. In: Umwelt- und Planungsrecht 5, 161-167

VII.
Wettbewerb/Competition

THEORETISCHE UND PRAKTISCHE PROBLEME EINER ÖKONOMISIERUNG DER KARTELLRECHTSANWENDUNG

Peter Behrens

A. Einleitung

Die Kommission der EG betreibt seit einigen Jahren eine Modernisierung des europäischen Wettbewerbsrechts. Sie besteht im Wesentlichen aus zwei Elementen: zum einen aus der Dezentralisierung und Privatisierung der Rechtsanwendung, zum anderen aus einem „*more economic approach*". Die Dezentralisierung der Rechtsanwendung kommt darin zum Ausdruck, dass es nach der Kartellverordnung 1/2003[1] künftig primär den mitgliedstaatlichen Kartellbehörden obliegt, Wettbewerbsverstöße gegen Art. 81 und 82 EG-Vertrag zu verfolgen. Die Privatisierung kommt in dem Bestreben der Kommission zum Ausdruck, die private Durchsetzung (das *private enforcement*) der Wettbewerbsregeln zu fördern. In ihrem Grünbuch von 2005 über „Schadensersatzklagen wegen Verletzung des EU-Wettbewerbsrechts"[2] verspricht sich die Kommission davon eine Verbesserung der Rechtsdurchsetzung, zumal die Kartellbehörden aufgrund ihrer begrenzten Kapazitäten nicht alle Wettbewerbsverstöße ermitteln und verfolgen können. Im Ergebnis bedeutet dies, dass künftig die Zivilgerichte aufgrund von Privatklagen verstärkt mit der wettbewerblichen Beurteilung von Verträgen und anderen unternehmerischen Verhaltensweisen befasst werden sollen, und zwar gerade auch dann, wenn nicht bereits vorher eine Kartellbehörde dasselbe Verhalten beurteilt hat.

Mit dem „*more economic appoach*", also durch die stärkere Ökonomisierung der Kartellrechtsanwendung, soll nach dem früheren Chefökonomen bei der Generaldirektion Wettbewerb Röller „die Anwendung ökonomischer Modelle und ökonometrischer Methoden besser und zeitgemäßer, der Austausch zwischen modernen ökonomischen Erkenntnissen und Kommissionspraxis enger und die Verständlichkeit von einer robusten ökonomischen

---

1 VO (EG) 1/2003 des Rates durch Durchführung der in den Artikeln 81 und 82 des Vertrags niedergelegten Wettbewerbsregeln vom 16.12.2002, ABl. 2003 L 1/1.

2 Kommissionsdokument KOM (2005) 672 endg. Vom 19.12.2005.

Analyse erhöht werden".[3] Die bisherige Rechtsanwendungspraxis wird als zu formalistisch und legalistisch kritisiert, weil sie weitgehend mit *per se*-Regeln gearbeitet hat, die bestimmte Verhaltenstypen als wettbewerbswidrig definierten, ohne dass es einer detaillierten ökonomischen Wirkungsanalyse im Einzelfall bedurfte. Solche *per se*-Regeln basierten selbstverständlich ebenfalls auf der Einsicht in ökonomische Wirkungszusammenhänge. Nur wurden diese typisiert und in abstrakt generelle Regeln übersetzt, deren Durchsetzung in der Form der Rechtsanwendung erfolgte, d.h. durch eine vergleichsweise weniger aufwendige Subsumtion von Sachverhalten unter die jeweiligen Regeln. Mit ihrem „*more economic appoach*" beschränkt die Kommission diesen traditionellen Ansatz auf die sogenannten *hard core* Kartelle (Preisabsprachen, Produktionsbeschränkungen, Marktaufteilungen), verlangt aber im übrigen eine detaillierte und vergleichsweise aufwändigere ökonomische Wirkungsanalyse im Einzelfall. Damit wird ein weitest gehender Übergang zu *rules of reason* propagiert.[4] Einen normativen Anstoß für diesen Ansatz hat die erwähnte neue Kartellverordnung 1/2003 gegeben, der zufolge das Kartellverbot des Art. 81(1) EG-Vertrag und die Freistellung vom Kartellverbot gemäß Art. 81(3) EG-Vertrag nunmehr „integral" anzuwenden sind, d.h. Wettbewerbsbeschränkungen sind nur verboten, wenn sie nicht die ökonomischen Freistellungsvoraussetzungen erfüllen. Das frühere Freistellungsmonopol der Kommission ist damit abgeschafft. Alle Rechtsanwender haben sich künftig selbst mit Art. 81(3) EG-Vertrag auseinanderzusetzen.

Beide Aspekte der Modernisierung des europäischen Wettbewerbsrechts, der Aspekt der Dezentralisierung und Privatisierung sowie der Aspekt der Ökonomisierung der Rechtsanwendung, stehen in einer Wechselwirkung miteinander. Die Sinnhaftigkeit des „*more economic appoach*" kann nicht isoliert – gewissermaßen allein materiellrechtlich – beurteilt werden. Sie muss vielmehr vor dem Hintergrund der Neuordnung des Kartellverfahrens nach der VO 1/2003 und der beabsichtigten Stärkung der privaten Durchsetzung der Wettbewerbsregeln vor den mitgliedstaatlichen Zivilgerichten kritisch betrachtet werden.[5] Es stellt sich die Frage, ob die Wettbewerbsregeln bei einer stärkeren Ökonomisierung noch mit vertretbarem Aufwand durchgesetzt werden können und ob für die Unternehmen als Normadressaten bzw. als potentielle Kartellopfer und Kläger die Rechtssicherheit noch hinreichend gewährleistet ist, von der sowohl die Planung des Marktverhaltens als auch die Bereitschaft vor Gericht zu klagen abhängig ist.

B. Der "*more economic approach*" und seine Probleme

Den „*more economic appoach*" hat die Kommission bisher nirgends als ein schlüssiges und in sich stimmiges Gesamtkonzept vorgestellt. Er kommt vielmehr nur bruchstückhaft und in

3 *Röller*, Der ökonomische Ansatz in der europäischen Wettbewerbspolitik, in: Monopolkommission (Hrsg.), Zukunftsperspektiven der Wettbewerbspolitik (2005) 37.

4 Siehe dazu *Schmidtchen*, Der „more economic approach" in der Wettbewerbspolitik, WuW 2006, 6 ff.; *ders.*, Fehlurteile über den „more economic approach" in der Wettbewerbspolitik, WuW 2006, 707; *Immenga*, Ökonomie und Recht in der europäischen Wettbewerbspolitik, ZweR 2006, 346.

5 Siehe dazu *Basedow*, Das Kartelldeliktsrecht und der "More Economic Approach", EuZW 2006, 97.

unterschiedlichen Ausprägungen in den diversen Verlautbarungen der Kommission zum Ausdruck, die jeweils unterschiedliche wettbewerbsrechtliche Regelungsgegenstände betreffen. Aufschlussreich sind die Erwägungsgründe zu einigen der relevanten Verordnungen, vor allem aber die Leitlinien der Kommission zur Anwendung der europäischen Wettbewerbsregeln. Darin lassen sich im Wesentlichen drei Ausprägungen dessen ausmachen, was die Kommission unter einer stärkeren Ökonomisierung der Rechtsanwendung versteht. Angedeutet hat sich diese Entwicklung zunächst bereits in der Einführung von *Marktmachtkriterien* in die Beurteilung von Kartellvereinbarungen (1.). Im Zusammenhang mit der Neufassung der Fusionskontrollverordnung hat dann das *Effizienzkriterium* besondere Bedeutung für die wettbewerbliche Beurteilung gewonnen (2.). Inzwischen propagiert die Kommission eine Neuorientierung der Kartellrechtsanwendung an der Konsumentenwohlfahrt (*consumer welfare*) (3.).

Im Folgenden soll auf diese drei Aspekte der Ökonomisierung näher eingegangen werden. Dabei geht es sowohl um ihre inhaltliche materiellrechtliche Bedeutung, als auch um die damit verbundenen theoretischen und praktischen verfahrensrechtlichen Probleme.

I. Das Marktmachtkriterium

Eine erste Korrektur des traditionellen an *per se*-Regeln orientierten Ansatzes für die Kartellrechtsanwendung hat die Kommission dadurch vorgenommen, dass sie die wettbewerbswidrige Wirkung von Verhaltensabstimmungen im Rahmen von Art. 81 EG-Vertrag vom Erreichen bestimmter Marktanteilsschwellen abhängig gemacht hat. So wird die Spürbarkeit einer Wettbewerbsbeschränkung verlangt und diese wird in Form von Marktanteilen der betreffenden Unternehmen in Höhe von 10% (bei Horizontalbeschränkungen) bzw. 15% (bei Vertikalbeschränkungen) definiert.[6] Ferner werden in den Gruppenfreistellungsverordnungen gemäß Art. 81 Abs. 3 EG-Vertrag wettbewerbsbeschränkende Vereinbarungen – ausgenommen die sog. *hard core* Kartelle (Preisabsprachen, Produktionsbeschränkungen, Marktaufteilungen) – vom Kartellverbot freigestellt, wenn die beteiligten Unternehmen unterhalb bestimmter Marktanteilsschwellen von 20% (bei Spezialisierungsvereinbarungen),[7] 25% (bei Forschungs- und Entwicklungskooperationen)[8] bzw. 30% (generell bei Vertikalvereinbarungen)[9] bleiben. In ihren Leitlinien zur Anwendung von Art. 81 EG-Vertrag auf Vereinbarungen über horizontale Zusammenarbeit hat die Kommission darüber hinaus gehend erklärt, dass es für die Beurteilung der Auswirkung einer Vereinbarung auf den Wettbewerb nunmehr ganz allgemein auf die Marktstellung der beteiligten Unternehmen ankomme. Entscheidend sei, ob

---

6 Siehe Bekanntmachung der Kommission über Vereinbarungen von geringer Bedeutung, die den Wettbewerb gemäß Artikel 81 Absatz 1 des Vertrags zur Gründung der Europäischen Gemeinschaft nicht spürbar-beschränken (de minimis) vom 22.12.2001, ABl. 2001 C 368/13.

7 Art. 4 der VO (EG) 2658/2000 der Kommission über die Anwendung von Artikel 81 Absatz 3 des Vertrages auf Gruppen von Spezialisierungsvereinbarungen vom 29.11.2000, ABl. 2000 L 304/3.

8 Art. 4 der VO (EG) Nr. 2659/2000 der Kommission über die Anwendung von Artikel 81 Absatz 3 des Vertrages auf Gruppen von Vereinbarungen über Forschung und Entwicklung vom 29.11.2000, ABl. 2000 L 304/7.

9 Art. 3 der VO (EG) 2790/1999 der Kommission über die Anwendung von Artikel 81 Absatz 3 EG auf Gruppen von vertikalen Vereinbarungen und aufeinander abgestimmten Verhaltensweisen vom 22.12.1999.

die Partner durch die Zusammenarbeit *Marktmacht* behalten, erlangen oder ausbauen können.[10] Damit wird ein Beurteilungskriterium, das bisher nur im Rahmen von Art. 82 EG-Vertrag sowie der Fusionskontrolle relevant war, auf das Kartellverbot übertragen.

Marktmacht definiert die Kommission als die Möglichkeit, den Markt hinsichtlich Preisen, Produktion, Innovation oder Vielfalt sowie Qualität der Waren und Dienstleistungen negativ zu beeinflussen.[11] Soweit die Kommission im Rahmen des Spürbarkeitskriteriums bzw. der Gruppenfreistellungen die erwähnten Marktanteilsschwellen definiert hat, geht sie offensichtlich davon aus, dass unterhalb dieser Schwellen regelmäßig keine solche Möglichkeit besteht. Oberhalb dieser Schwellen soll also die Möglichkeit einer negativen Beeinflussung von Preisen, Mengen, Innovation, Vielfalt und Qualität der Waren oder Dienstleitungen durch das jeweils zu beurteilende wettbewerbsbeschränkende Verhalten von Unternehmen *im Einzelfall* festgestellt werden.

Künftig muss somit auch bei der Anwendung von Art. 81 EG-Vertrag in jedem Einzelfall die Marktstellung der an einer wettbewerbsbeschränkenden Vereinbarung beteiligten Unternehmen festgestellt werden, um deren Wettbewerbswidrigkeit beurteilen zu können. Das setzt die Abgrenzung des relevanten Marktes nach den dafür von der Kommission vorgegebenen Kriterien voraus. Ein wesentlicher Gesichtspunkt für die sachliche Abgrenzung des Produktmarktes ist die Nachfragesubstituierbarkeit. In ihrer Bekanntmachung zur Definition des relevanten Marktes[12] hat die Kommission dafür den sog. hypothetischen Monopoltest empfohlen. Dieser Test fragt, ob ein gewinnmaximierender hypothetischer Monopolist den Preis für die fraglichen Produkte nicht nur vorübergehend (d.h. für mindestens ein Jahr) um einen kleinen, aber signifikanten Betrag (d.h. 5-10%) profitabel erhöhen wird. Man bezeichnet diesen Test daher auch als SSNIP-Test, weil er mit *„small but significant non-transitory increases in price"* operiert. Sofern die genannte Frage zu verneinen ist, weil es andere Produkte gibt, auf welche die Konsumenten im Falle der Preiserhöhung ausweichen und dadurch den Umsatz des hypothetischen Monopolisten reduzieren würden, ist der Markt noch nicht vollständig definiert. Erst wenn schrittweise mögliche Ausweichprodukte solange in die Betrachtung einbezogen worden sind, bis die gestellte Frage bejaht werden kann, d.h. ein hypothetischer Monopolist eine Preiserhöhung vornehmen würde, ist der Produktmarkt vollständig definiert. Die denkbaren Ausweichprodukte (Substitutionsprodukte) können auf unterschiedliche Weise identifiziert werden, etwa durch die Feststellung von Kreuzpreiselastizitäten oder durch empirische Verfahren.[13] Diese Hinweise mögen hier genügen, um die Komplexität der Marktabgrenzung zu belegen.

Die Einbeziehung von Marktmachtkriterien in die Beurteilung wettbewerbsbeschränkender Vereinbarungen ist aus mehreren Gründen nicht ganz unproblematisch. Ein

---

10 Bekanntmachung der Kommission: Leitlinien zur Anwendbarkeit von Art. 81 EG-Vertrag auf Vereinbarungen über horizontale Zusammenarbeit, ABl. 2001, C 3/2, Rn. 20, 27.

11 Ebendort, Rn. 27.

12 Bekanntmachung der Kommission zur Definition des relevanten Marktes im Wettbewerbsrecht der Gemeinschaft vom 9.12.1997, ABl. 1997 C 372/5.

13 Siehe hierzu im Einzelnen *Schwalbe/Zimmer*, Kartellrecht und Ökonomie (2006) 62 ff.

prinzipielles *rechtliches* Problem besteht darin, dass die zivilrechtliche Wirksamkeit oder Nichtigkeit von Verträgen nicht mehr von verhaltensbezogenen Regeln abhängig gemacht wird, die definieren, was verboten und was erlaubt ist. Sie hängt vielmehr von der Marktstellung der beteiligten Unternehmen ab, die naturgemäß ständigen Schwankungen unterworfen ist. Darin liegt ein Paradigmenwechsel: Nicht mehr die Beschränkung der unternehmerischen Selbständigkeit als Grundlage des Wettbewerbsprozesses ist Gegenstand des Kartellverbots gemäß Art. 81 Abs. 1 EG-Vertrag, sondern die Begründung oder Verstärkung von Marktmacht. Und weil sich die Marktstellung im Zeitverlauf verändert, kann konsequenterweise auch die wettbewerbsrechtliche Beurteilung von Verträgen entsprechenden Veränderungen unterliegen. Das ist aus der Sicht des Privatrechts im Grunde systemwidrig: Die Wirksamkeit oder Unwirksamkeit eines Vertrages sollte nicht von Umständen abhängen, die sich ständig ändern; ein Vertragsverhältnis kann nicht wechselnde Phasen durchlaufen, in denen seine Wirksamkeit unterschiedlich beurteilt wird.

Damit ist zugleich auch die Rechtssicherheit gefährdet. Die unternehmerische Planung, die sich im Wesentlichen des Instruments des zivilrechtlichen Vertrages bedient, wird in dem Maße unkalkulierbar, wie die Feststellung der Marktposition der Vertragsparteien mit Unsicherheiten behaftet ist. Für eine Kartellbehörde mag die Erhebung und die Verarbeitung der relevanten Daten ohne weiteres möglich sein. Die Neuordnung (insbesondere die Privatisierung) des Kartellverfahrens durch die VO 1/2003 führt aber gerade dazu, dass Unternehmen ihre Verträge nicht zunächst einer Kartellbehörde zur Beurteilung vorlegen können. Sie müssen selbst die relevanten Marktdaten erheben und Tests anwenden, um ihre Marktstellung zu bestimmen. Und das muss im Grunde laufend geschehen, d.h. die Unternehmen müssen ständig die Märkte und ihre Marktanteile beobachten. Denn sie selbst tragen das Risiko von Fehleinschätzungen, wenn es *ex post* zu einem kartellbehördlichen Verfahren kommt.

Aus denselben Gründen wird die Einführung des Marktmachtkriteriums in das Kartellverbot die Neigung von Unternehmen reduzieren, Wettbewerbsverstöße unabhängig von Kartellbehörden vor den Zivilgerichten zu verfolgen. Mit zunehmender Ökonomisierung erhöht sich das Prozessrisiko dramatisch. Es wird daher kaum zu erwarten sein, dass Privatklagen in nennenswertem Umfang erhoben werden, wenn nicht vorher eine Kartellbehörde das fragliche Marktverhalten bereits als wettbewerbswidrig qualifiziert hat.

II. Das Effizienzkriterium

1. Bedeutung

Ökonomische Effizienz im Sinne der bestmöglichen Nutzung unserer knappen Ressourcen ist bisher als das erwünschte Ergebnis des Wettbewerbs angesehen worden. Es besteht allgemeine Übereinstimmung darüber, dass Wettbewerbsmärkte – abgesehen von bestimmten Formen des Marktversagens – am besten geeignet sind, das Effizienzziel zu erreichen. Der traditionelle Ansatz in der europäischen Rechtsanwendung basierte allerdings auf der Überzeugung, dass die erwünschten Effizienzwirkungen eine Folge des Wettbewerbsprozesses insgesamt sind und nicht einzelnen unternehmerischen Handlungen zugeordnet werden können. Als Schutzgegenstand wurde daher der Wettbewerbsprozess als solcher angesehen. In der vieljährigen Entscheidungspraxis der Kommission und des EuGH sind im Laufe der Zeit Verhaltensweisen identifiziert worden, die in diesem Sinne typischerweise den Wettbewerb beschränken und daher den entsprechenden Verboten des Gemeinschaftsrechts unterfallen.

Von diesem Ansatz rückt die Kommission nunmehr ab. Statt die Marktstruktur zu schützen, um einen möglichst unverfälschten Wettbewerbsprozess im Sinne des Rivalisierens von Konkurrenten zu gewährleisten, soll der Wettbewerbsschutz künftig unmittelbar auf den Schutz der ökonomischen Effizienz umgestellt werden. Im Prinzip soll das sowohl für das Kartellverbot gemäß Art. 81 EG-Vertrag und das Verbot des Missbrauchs marktbeherrschender Stellungen gemäß Art. 82 EG-Vertrag wie auch für die Fusionskontrolle nach der FKVO gelten.[14]

Kartellverbot (Art. 81 EG-Vertrag)

Im Rahmen des Kartellverbots bietet Art. 81 Abs. 3 EG-Vertrag in der Tat einen normativen Ansatzpunkt für die Einbeziehung von Effizienzerwägungen in die wettbewerbliche Beurteilung von Vereinbarungen oder anderen Koordinierungsstrategien von Unternehmen. Solche Verhaltensweisen sind vom Kartellverbot freigestellt, wenn sie die Produktion oder Distribution von Gütern verbessern bzw. wenn sie den technischen oder wirtschaftlichen Fortschritt fördern. Die Kommission hat im Laufe der Zeit eine Vielzahl von Vorteilen wie etwa die Entstehung von Produktionskostenvorteilen (*economies of scale*) oder die Entwicklung neuer Produkte als in diesem Sinne relevante Vorteile gelten lassen, die man auch als Effizienzgewinne interpretieren kann. Sie spielen vor allem bei solchen horizontalen oder vertikalen Vereinbarungen eine Rolle, die nicht – wie die sog. *hard core cartels* (insbesondere Preisabsprachen und Marktaufteilungen) – eine Wettbewerbsbeschränkung beabsichtigen, sondern lediglich bewirken. Dies gilt insbesondere für horizontale Kooperationsvereinbarungen[15] sowie für die meisten Vertikalbeschränkungen.[16] Noch einen Schritt weiter geht die Kommission in ihren Leitlinien zur Anwendung von Art. 81 Abs. 3 EG-Vertrag.[17] Dort wird die Einbeziehung von Effizienzerwägungen bereits in die Anwendung des Kartellverbots des Art. 81 Abs. 1 EG-Vertrag selbst nahegelegt.[18]

---

[14] Siehe dazu den ausgezeichneten Überblick von *Geradin*, Efficiency claims in EC competition law and sector-specific regulation, in: Ullrich (ed.), The Evolution of European Competition Law (2006), 313 ff.

[15] Vgl. Bekanntmachung der Kommission: Leitlinien zur Anwendbarkeit von Art. 81 EG-Vertrag auf Vereinbarungen über horizontale Zusammenarbeit, ABl. 2001, C 3/2, Rn. 20, 32.

[16] Siehe VO 2790/1999 der Kommission über die Anwendung von Artikel 81(3) EG auf Gruppen von vertikalen Vereinbarungen und aufeinander abgestimmten Verhaltensweisen vom 22.12.1999, ABl. 1999, L 336/21, Erwägungsgrund 6, sowie Mitteilung der Kommission, Leitlinien für vertikale Beschränkungen, ABl. 2000 C 191/1, Rn. 116.

[17] Bekanntmachung der Kommission, Leitlinien zur Anwendung von Artikel 81 Absatz 3 EG-Vertrag, ABl. 2004 C 101/97.

[18] Ebendort, Rn. 24 und 33.

Missbrauchsverbot (Art. 82 EG-Vertrag)

Auch in ihrem Diskussionspapier über die Anwendung von Art. 82 EG-Vertrag[19] definiert die Kommission nunmehr insbesondere die ökonomische Effizienz als Schutzzweck des Wettbewerbsrechts.[20] Daher will die Kommission nun auch im Rahmen von Art. 82 EG-Vertrag marktbeherrschenden Unternehmen die Möglichkeit eröffnen, sich analog Art. 81 Abs. 3 EG-Vertrag auf Effizienzgewinne zu berufen.[21] Das wird u.a. mit der konsistenten Anwendung der Wettbewerbsregeln begründet.

Fusionskontrolle

Die Änderung des in Art. 2 Abs. 2 und 3 FKVO formulierten Maßstabs für die wettbewerbliche Beurteilung von Unternehmenszusammenschlüssen durch die VO 139/2004 hat das ursprüngliche marktstrukturelle Kriterium der Begründung oder Verstärkung einer beherrschenden Stellung ergänzt durch das Kriterium der erheblichen Behinderung wirksamen Wettbewerbs. Damit sollte aus Sicht der Kommission auch die Fusionskontrolle gegenüber Effizienzerwägungen geöffnet werden. In den Erwägungsgründungen zur VO 139/2004 kommt dies deutlich zum Ausdruck.[22] Die Leitlinien der Kommission zur Bewertung horizontaler Zusammenschlüsse[23] zeigen, dass die Feststellung von Effizienzgewinnen hier ganz ähnlichen Kriterien folgt wie bei der Beurteilung horizontaler Vereinbarungen im Rahmen von Art. 81 Abs. 3 EG-Vertrag.

Allerdings muss der Stellenwert der Effizienzeinrede in der Fusionskontrolle relativiert werden. Die Kommission misst dem Kriterium der Marktbeherrschung und damit dem nach der Fusion verbleibenden Restwettbewerb nach wie vor große Bedeutung zu. In ihren Leitlinien zur Bewertung horizontaler Zusammenschlüsse heisst es ausdrücklich, es sei höchst unwahrscheinlich, dass ein Zusammenschluss, der zu einer Marktstellung führt, die einem Monopol nahe kommt oder ein ähnliches Maß an Marktmacht erbringt, mit der Begründung für mit dem Gemeinsamen Markt vereinbar erklärt werden könnte, dass Effizienzvorteile ausreichen würden, den möglichen wettbewerbwidrigen Wirkungen entgegenzuwirken.[24] Dass ein Marktanteil von 75% den Wettbewerb praktisch lahm legt, hat die Kommission auch in ihrem Diskussionspapier zur Anwendung von Art. 82 EG-Vertrag gewissermaßen als *per se*-Regel festgehalten.[25]

---

19 DG Competition discussion paper on the application of Article 82 of the Treaty to exclusionary abuses, December 2005.

20 Ebendort, Rn. 4:"T]he objective of Article 82 is the protection of competition on the market as a means of enhancing consumer welfare and of ensuring an efficient allocation of resources."

21 Ebendort, Rn. 8.

22 VO 139/2004 des Rates über die Kontrolle von Unternehmenszusammenschlüssen vom 20.1.2004, ABl. L 24/1, Erwägungsgrund 29.

23 Leitlinien zur Bewertung horizontaler Zusammenschlüsse gemäß der Ratsverordnung über die Kontrolle von Unternehmenszusammenschlüssen, ABl. 2004 C 31/3.

24 Ebendort, Rn. 84.

25 DG Competition discussion paper (oben Fn. 19), Rn. 92.

2. Probleme

Die Einführung des Effizienzkriteriums in die wettbewerbliche Beurteilung von Unternehmensstrategien ist nicht ohne Probleme. Sie sind teils theoretischer, teils praktischer Natur.

a. Theoretische Probleme

Das europäische Wettbewerbsrecht einschließlich der vielen Verlautbarungen der Kommission bietet keine präzise Definition dessen, was unter Effizienz zu verstehen ist. Der Begriff ist keineswegs eindeutig. Zu unterscheiden sind bekanntlich drei verschiedene Dimensionen des Effizienzbegriffs: die „allokative", die „produktive" und die „dynamische" Effizienz.[26] Entscheidend ist die Erkenntnis, dass diese drei Effizienzbegriffe durchaus miteinander in Konflikt geraten können: Produktionskosteneffizienz aufgrund von Größenvorteilen kann voraussetzen, dass marktbeherrschende oder sogar monopolistische Marktpositionen akzeptiert werden; damit wird aber gleichzeitig das Ziel der Allokationseffizienz vereitelt. Umgekehrt kann das Ziel der Allokationseffizienz, das möglichst offene Marktstrukturen verlangt, die Senkung von Produktionskosten verhindern. Auch zwischen allokativer und dynamischer Effizienz kann ein Konflikt bestehen. Innovation kann zu Monopolstellungen führen, die nur mittelfristig durch konkurrierende Innovationen wieder abgebaut werden können. Die Verhinderung solcher Monopolstellungen im Interesse der allokativen Effizienz kann also den Anreiz zur Innovation beseitigen und damit die dynamische Effizienz vermindern.

Bei der wettbewerblichen Bewertung von Unternehmensstrategien kann es also auf eine Abwägung zwischen den verschiedenen Effizienzzielen ankommen. *Richard Posner* hat im Übrigen darauf aufmerksam gemacht, dass bei der Bestimmung der Effizienzwirkungen bestimmter Unternehmensstrategien sowohl die Transaktionskosten berücksichtigt werden müssen, die mit der Implementierung von Wettbewerbsbeschränkungen verbunden sind, als auch etwaige externe Kosten zu Lasten Dritter. Die Kosten des Monopols oder der Marktbeherrschung bestehen nicht nur aus dem Verlust an allokativer Effizienz, sondern auch in der Verschwendung der Ressourcen, die eingesetzt werden, um die wettbewerbswidrige Monopolstellung zu erlangen und zu verteidigen.[27]

b. Praktische Probleme

Um die praktischen Probleme einschätzen zu können, die bei der Anwendung des Effizienzkriteriums entstehen, muss man sich einerseits die Beweisanforderungen vor Augen halten, die die Kommission für den Nachweis von Effizienzgewinnen und deren Abwägung gegen die wettbewerblichen Nachteile aufgestellt hat. Andererseits muss man aber gerade auch hier berücksichtigen, in welchem institutionellen Rahmen das Effizienzkriterium angewendet wird, d.h. wer im Licht der verfahrensrechtlichen Gegebenheiten im Einzelfall diese

[26] Siehe dazu *Schwalbe/Zimmer* (oben Fn. 13) 3 ff.
[27] *Posner*, Antitrust Law, 2nd ed. (2001) 13 ff.

Abwägung vorzunehmen hat. Es ist ein erheblicher Unterschied, ob es um eine Kartellbehörde, ein Zivilgericht, oder die Unternehmen selbst geht.

Zunächst zu diesem letzteren Gesichtspunkt: Seit dem Inkrafttreten der VO 1/2003 ist es im Bereich der Art. 81 und 82 EG-Vertrag nicht mehr primär die Kommission, die im Einzelfall eine Wettbewerbsbeeinträchtigung und ihre Effizienzgewinne gegeneinander abzuwägen hat. Vielmehr sind es die mitgliedstaatlichen Kartellbehörden, soweit sie von sich aus tätig werden. Sie beurteilen wettbewerblich relevante Verhaltensweisen teils aufgrund von Prognosen *ex ante*, häufig aber auch erst *ex post* zur Feststellung von Wettbewerbsverstößen, die von Unternehmen in der Vergangenheit begangen worden sind. Für die unternehmerische Planung ist aber zur Vermeidung von Wettbewerbsverstößen zwingend eine *ex ante*-Beurteilung erforderlich, und die wird – vor allem nach der Abschaffung des früher üblichen Anmeldeverfahrens durch die VO 1/2003 – gerade bei der Vertragsgestaltung nunmehr ganz den Unternehmen selbst überlassen. Die Absicht der Kommission, künftig auch die gerichtliche Kontrolle von Wettbewerbsbeschränkungen in die Hände der Unternehmen zu legen (Stichwort: *private enforcement*), baut ebenfalls auf die Bereitschaft und die Fähigkeit von Unternehmen, die Beurteilung von wettbewerblich relevanten Verhaltensweisen selbst zu übernehmen. Sofern diese Bereitschaft und Fähigkeit nicht vorhanden ist, werden private Klagen von Unternehmen allenfalls als Folge einer vorangegangenen kartellbehördlichen Beurteilung zu erwarten sein. Hieraus folgt, dass es zum geringeren Teil die Kommission selbst betrifft, wenn sie nunmehr die Berücksichtigung von Effizienzgewinnen in der Kartellrechtsanwendung verlangt. Abgesehen von der Fusionskontrolle sind davon vor allem die Unternehmen betroffen, die künftig auf eine wettbewerbliche Selbsteinschätzung ihres eigenen Marktverhaltens, aber auch des Marktverhaltens ihrer Konkurrenten angewiesen sind.

Im Folgenden sollen die praktischen Probleme einer stärkeren Ökonomisierung der Rechtsanwendung jeweils gesondert für das Kartellverbot, das Verbot des Marktmachtmissbrauchs und die Fusionskontrolle beleuchtet werden.

Art. 81 EG-Vertrag

Zunächst stellt sich im Rahmen des Kartellverbots gemäß Art. 81 EG-Vertrag die Frage, was genau nachgewiesen werden muss, damit eine Wettbewerbsbeschränkung durch Effizienzgewinne wettgemacht werden kann. Die Kommission nennt in ihren Leitlinien zur Anwendung von Art. 81 Abs. 3 EG-Vertrag insoweit vor allem: die Senkung von Produktionskosten (Produktkosteneffizienz), die Verbesserung der Produktqualität (qualitative Effizienzgewinne) sowie die Entwicklung neuer Produkte (dynamische Effizienz).[28] Die Kommission verlangt im übrigen,[29] dass die Effizienzgewinne substantiiert, d.h. eindeutig aufgrund objektiver wirtschaftlicher Daten bewiesen werden und nicht nur auf bloßen subjektiven Spekulationen beruhen; dass ein direkter Kausalzusammenhang zwischen der Beschränkung des Wettbewerbs

[28] Siehe in den Leitlinien zur Anwendung von Art. 81 Abs. 3 EG-Vertrag (oben Fn. 17) etwa Rn. 56 f.
[29] Ebendort, Rn. 48 ff.

und den Effizienzgewinnen besteht; und schließlich dass der positive Wert der Effizienzgewinne den negativen Wert der Wettbewerbsbeeinträchtigung überwiegt (der Nettoeffekt muss positiv sein). Dass im übrigen die in Art. 81 Abs. 3 EG-Vertrag niedergelegten Kriterien der Unerlässlichkeit, der Erhaltung von Restwettbewerb und der Verbraucherbeteiligung erfüllt sein müssen, versteht sich von selbst.

Die wesentliche praktische Schwierigkeit, mit der vor allem Unternehmen konfrontiert sind, dürfte in der Quantifizierung der Effizienzgewinne liegen. Die mit horizontalen Kooperationsvereinbarungen verbundenen Kostenersparnisse mögen noch verhältnismäßig gut berechenbar sein; die mit vertikalen Vereinbarungen verbundenen Korrekturen von Marktversagen entziehen sich einer direkten Messung. Dasselbe gilt aber im Grunde auch für die Bewertung einer Wettbewerbsbeschränkung, mit der die Effizienzgewinne verglichen werden sollen. Schließlich geht es stets um Prognosen, die schon von Natur aus mit Unsicherheiten behaftet sind und die ein zukunftsbezogene Wissen voraussetzen, das in aller Regel erst der Wettbewerbsprozess selbst hervorbringen kann.

Ein weiteres praktisches Problem aus Sicht der Unternehmen besteht darin, dass sich die Bewertung der Effizienzgewinne im Zeitverlauf aufgrund veränderter wirtschaftlicher Umstände ändern kann. Die Kommission hat klar herausgestellt, dass die Ausnahmeregelung des Art. 81 Abs. 3 EG-Vertrag nur so lange gilt, wie die genannten Voraussetzungen erfüllt sind; sobald dies nicht mehr der Fall ist, findet sie keine Anwendung mehr.[30] Die wettbewerbliche Beurteilung einer bestimmten Unternehmensstrategie kann sich also im Zeitverlauf mehrfach ändern. Das ist aus rechtlicher Sicher höchst problematisch.

Art. 82 EG-Vertrag

Bei der Effizienzanalyse missbräuchlicher Verhaltensweisen wird die Verdrängung von Wettbewebern etwaigen allokativen, produktiven oder dynamischen Effizienzvorteilen gegenübergestellt. Das sind im Grunde genommen inkommensurable Größen. Die Verstärkung der Marktposition des Marktbeherrschers durch Verdrängung von Wettbewerbern und die dadurch verursachte Verengung der Marktstruktur schädigt den Wettbewerb, entzieht sich aber als solche der Quantifizierung. Es ist auch in aller Regel fraglich, warum ein effizientes Unternehmen Konkurrenten durch missbräuchliche Verhaltensweisen vom Markt verdrängen muss, bevor es Preissenkungen, Produktverbesserungen oder Innovationen vornehmen kann, welche die Effizienz erhöhen. In jedem Fall handelt es sich um hypothetische Verläufe, die nur unzuverlässig zu prognostizieren und zu quantifizieren sind.

Die gewichtigsten Bedenken gegen eine zu weitgehende Ökonomisierung des Verbots des Missbrauchs marktbeherrschender Unternehmen sind wiederum verfahrensrechtlicher Natur: Kartellbehörden mögen in der Lage sein, sich die erforderlichen Daten und den ökonomischen Sachverstand zu verschaffen, um Effizienzbewertungen vorzunehmen. Die Opfer von Verdrängungsstrategien und die Zivilgerichte, die über etwaige Klagen zu entscheiden

[30] Ebendort, Rn. 44.

haben, sind dazu nur sehr begrenzt in der Lage. Jedenfalls würden gründliche Effizienzanalysen die Verfahrensdauer enorm verlängern. Allein damit könnte im Einzelfall der Zweck des Art. 82 EG-Vertrag vereitelt werden. Was nützt es einem Missbrauchsopfer, das einen Marktbeherrscher verklagt, ein Urteil zu erhalten, wenn es bereits aus dem Markt ausgeschieden ist.

Die Kommission selbst erkennt das Bedürfnis der Unternehmen nach Rechtssicherheit dadurch an, dass sie in ihrem Diskussionspapier zur Anwendung von Art. 82 EG-Vertrag im Hinblick auf die Verdrängungseffekte bestimmter Verhaltensweisen eines Marktbeherrschers Vermutungsregeln aufstellt. Sie beruhen auf ökonomischen Erfahrungen, verlangen aber im Einzelfall keine weitergehende Wirkungsanalyse. Es genügt, dass eine bestimmte Unternehmensstrategie dem in einer solchen Vermutungsregel erfassten Verhalten entspricht, um die Wettbewerbswidrigkeit festzustellen. Das entspricht im Wesentlichen der bisherigen Praxis und reduziert die angedeuteten Probleme auf eine letztlich wohl überschaubare Zahl derjenigen Fälle, in denen versucht wird, eine Vermutung zu widerlegen.

Fusionskontrolle

Auch im Rahmen der Fusionskontrolle ist das Effizienzkriterium nicht ohne praktische Probleme. Damit Effizienzvorteile eines Unternehmenszusammenschlusses berücksichtigt werden können, müssen zahlreiche Voraussetzungen gleichzeitig erfüllt sein, deren Verifizierung sich in der Praxis im Allgemeinen als schwierig erweisen wird.[31] Viele der erforderlichen Informationen benötigt man zwar ohnehin, um die Begründung oder Verstärkung einer marktbeherrschenden Stellung der Unternehmen festzustellen. Effizienzwirkungen zu prognostizieren geht aber weit darüber hinaus. Ob und in welcher Höhe sie auftreten, lässt sich bei Zusammenschlüssen deshalb kaum mit letzter Sicherheit feststellen. Zahlreiche Vorteile, die eine Fusion mit sich bringen mag, lassen sich gar nicht quantifizieren. Mehr als die Hälfte aller Zusammenschlüsse scheitern in der Praxis, weil die Schwierigkeiten (d.h. die Transaktionskosten) der Integration unterschiedlicher Unternehmenskulturen unterschätzt worden sind. All diese Faktoren müssten in eine Gesamtbewertung der Effizienzwirkungen mit einbezogen werden. Das übersteigt jedes verfahrensrechtlich vertretbare Maß.

III. Das Kriterium der Konsumentenwohlfahrt

1. Bedeutung

Neben der Effizienz erwähnt die Kommission in verschiedenen Zusammenhängen auch die Förderung der Konsumentenwohlfahrt (= Wohlstand der Verbraucher) als ein wesentliches Ziel des europäischen Wettbewerbsrechts. Hinzuweisen ist insbesondere auf die Leitlinien zur Anwendung von Art. 81(3) EG-Vertrag[32] und das Diskussionspapier zur Anwendung von Art. 82 EG-Vertrag.[33] Nun besteht durchaus Einigkeit darüber, dass das System

[31] *Schwalbe/Zimmer* (oben Fn. 13) 399; *Schmidtchen* (oben Fn. 4) 6 ff., 13.

[32] Siehe oben bei Fn. 17.

[33] DG Competition discussion paper (oben Fn. 23), Rn. 88.

unverfälschten Wettbewerbs als solches im Kontext des EG-Vertrags der Förderung des Lebensstandards der Unionsbürger dienen soll (Art. 2 EG-Vertrag). Im hier erörterten Zusammenhang hat es mit dem Konzept der Konsumentenwohlfahrt aber seine besondere Bewandtnis. Es geht nämlich darum, dass die wohlfahrtsfördernde Wirkung nicht nur dem System unverfälschten Wettbewerbs insgesamt, sondern einzelnen wettbewerblich zu beurteilenden unternehmerischen Verhaltensweisen zugeschrieben werden soll.

2. Probleme

a. Theoretische Probleme

Theoretische Probleme ergeben sich aus dem Umstand, dass auch das Konzept der Konsumentwohlfahrt nicht ohne weiteres eindeutig ist. Es ist in den USA als *consumer welfare model* propagiert worden. Dabei hat man in der Regel keineswegs an die Konsumentenrente gedacht, sondern an die aggregierte Gesamtwohlfahrt (*total welfare*) einschließlich der Produzentenrente. Eine an der Gesamtwohlfahrt orientierte Wettbewerbspolitik kann Wettbewerbsbeschränkungen schon dann dulden, wenn sie nur die Produzentenrente erhöhen. Wenn im Falle einer horizontalen Fusion von Wettbewerbern, die an sich zur Entstehung oder Verstärkung einer marktbeherrschenden Stellung führt, Synergieeffekte und Skalenerträge entstehen, so genügt nach dieser Auffassung die bloße Feststellung einer Senkung der Produktionskosten (also produktive Effizienz), um dem Verbot des Zusammenschlusses zu entgehen. Nimmt man hingegen den Begriff „Konsumentenwohlfahrt" ernst, dann kann dies nicht genügen, sondern die Produktionskostenvorteile müssen in Form von Preissenkungen an die Verbraucher weitergegeben werden.

Auf der theoretischen Ebene lässt sich nicht entscheiden, welches das richtige Kriterium ist. Dafür bedarf es einer normativen Entscheidung. Und die findet sich nun in der Tat im Gemeinschaftsrecht. Indem Art. 81 Abs. 3 EG-Vertrag verlangt, dass die Verbraucher an etwaigen Effizienzgewinnen beteiligt werden müssen, hat sich das Gemeinschaftsrecht gegen das Konzept der Gesamtwohlfahrt und für das Konzept der Konsumentenwohlfahrt im wahren Sinne des Wortes entschieden. Dieses Konzept der Konsumentenwohlfahrt deckt sich mit der allokativen Effizienz und allenfalls mit der dynamischen Effizienz, nicht hingegen mit der bloß produktiven Effizienz. Daran zeigt sich, dass das Effizienzkriterium durch das Konzept der Konsumentenwohlfahrt genau genommen eingeschränkt wird.

Im Übrigen ist aber auch die Bestimmung des Stellenwerts der Konsumentenwohlfahrt im geltenden System der Wettbewerbsregeln keine Frage der Erkenntnis, sondern der normativen Entscheidung. So eindeutig Art. 81 Abs. 3 EG-Vertrag die Konsumentenwohlfahrt im genannten Sinne bei der Rechtfertigung von Wettbewerbsbeschränkungen berücksichtigt, so wenig kann die Frage nach dem Vorliegen einer Wettbewerbsbeschränkung selbst allein von den direkten Auswirkungen eines bestimmten unternehmerischen Verhaltens auf die Konsumentenwohlfahrt abhängig gemacht werden. So hat denn auch jüngst der EuGH im Fall *British Airways* im Hinblick auf die Beurteilung bestimmter gegenüber den Reisebüros praktizierter Prämienregelungen als Missbrauch einer marktbeherrschenden Stellung erneut ausgeführt:[34]

„Art. 82 EG [bezieht sich] ... nicht nur auf Verhaltensweisen, durch die den Verbrauchern ein unmittelbarer Schaden erwachsen kann, sondern auch auf solche, die ihnen durch einen *Eingriff in die Struktur des tatsächlichen Wettbewerbs*, von dem in Art. 3 Abs. 1 Buchst. g EG die Rede ist, Schaden zufügen."

Demgemäß hat auch das Gericht Erster Instanz im Fall *Microsoft*[35] daran erinnert, dass „[I]t is settled case-law that Article 82 EC covers not only practices which may prejudice consumers directly but also those which indirectly prejudice them by impairing an *effective competitive structure*."

b. Praktische Probleme

Für die praktische Rechtsanwendung bedeutet das Konzept der Konsumentenwohlfahrt, dass eine Wettbewerbsbeschränkung nicht schon dann gegeben ist, wenn etwa die Marktstruktur verengt und die Wahlfreiheit der Verbraucher eingeschränkt wird. Vielmehr ist nach Auffassung der Kommission erforderlich, "dass negative Auswirkungen hinsichtlich Preisen, Produktion, Innovation oder Vielfalt und Qualität der Waren und Dienstleistungen zu erwarten sind".[36] Dagegen sind Verhaltensweisen unbedenklich, wenn sich nachweisen lässt, dass sie etwa Preis- oder Qualitätsvorteile für die Verbraucher mit sich bringen.

Bei der Verifizierung der Wohlfahrtswirkungen bestimmter wettbewerbsbeschränkender Unternehmensstrategien treten nun dieselben Informationsprobleme auf wie bei der Anwendung des Effizienzkriteriums. Denn die Konsumentenwohlfahrt ist im Grunde nur die – allerdings durch das Kriterium der Verbraucherbeteiligung eingeschränkte – Kehrseite des Effizienzkriteriums. Es stellt sich daher auch insoweit die Frage nach der Quantifizierbarkeit und der Prognostizierbarkeit im Einzelfall. Die Rechtsanwendung kann nur in Grenzen mit diesen Problemen belastet werden. Die Kosten der Rechtsdurchsetzung könnten anderenfalls schnell eine prohibitive Höhe erreichen. Daher empfehlen sich auch in diesem Zusammenhang ökonomisch begründete Vermutungsregeln auf der Grundlage der allgemein akzeptierten Annahme, dass die Konsumentenwohlfahrt in der Regel am besten durch offene Wettbewerbsmärkte gefördert wird.[37]

Ein schlagendes Beispiel für die Schwierigkeiten der Verwendung der Konsumentenwohlfahrt als Kriterium für die Feststellung einer Wettbewerbsbeschränkung bietet die Gegenüberstellung zweier Fälle, die jüngst die europäischen Gerichte beschäftigt haben und in

---

34 EuGH 15.3.2007, Rs. C-95/04 P (*British Airways/Kommission u.a.*), EuZW 2007, 306, Rn. 106 [Hervorhebung vom Verfasser].

35 CFI 17.9.2007, Rs. T-201/04 (*Microsoft/Commission*), Rn. 664, noch nicht in Slg. veröffentlicht [Hervorhebung vom Verfasser].

36 Leitlinien zur Anwendbarkeit von Art. 81 EG-Vertrag auf Vereinbarungen über horizontale Zusammenarbeit (oben Fn. 15), Rn. 19.

37 Vgl. dazu auch *Basedow*, Konsumentenwohlfahrt und Effizienz – Neue Leitbilder der Wettbewerbspolitik?, WuW 2007, 712.

denen es um die Wettbewerbswidrigkeit der Unterbindung des Parallelhandels mit Arzneimitteln durch den Hersteller *GlaxoSmithKline* ging. Im ersten – vom EuGH wegen Unzulässigkeit des Vorabentscheidungsersuchens der griechischen Wettbewerbskommission letztlich nicht entschiedenen – Fall[38] hat der Generalanwalt in seinen Schlussanträgen die Wettbewerbswidrigkeit dieses Verhaltens mit dem Argument verneint, die aufgrund des Parallelhandels erzielten Gewinne würden von den Händlern abgeschöpft und kämen den Konsumenten ohnehin nicht zugute. Im zweiten Fall,[39] in dem es um den Händlern auferlegte vertragliche Reexportverbote ging, hat das EuG hingegen festgestellt, dass der Parallelhandel den Konsumenten durchaus in Form von Preis- und Kostensenkungen zugute käme, so dass seine Unterbindung sehr wohl wettbewerbswidrig sei.[40]

C. Schlussbemerkung

Es steht außer Frage, dass die moderne Ökonomie erhebliche Erkenntnisfortschritte bezüglich der Wirkungsweise des Wettbewerbs und seiner Beschränkungen gemacht hat. Dies gilt beispielsweise hinsichtlich der Abgrenzung von Märkten oder des Verhaltens von Oligopolisten. Es gilt auch für die jeweils begrenzten Wirkungen bestimmter unternehmerischer Verhaltensweisen – etwa vertikaler Beschränkungen – auf dem jeweils relevanten Markt. Solche Erkenntnisse können die Rechtsanwendung verbessern und müssen selbstverständlich berücksichtigt werden. Dies alles rechtfertigt aber keinen grundlegenden Wechsel des wettbewerbsrechtlichen Paradigmas vom Schutz des Wettbewerbs als *System* zum Schutz der Effizienz oder der Konsumentenwohlfahrt als Folge *einzelner* unternehmerischer Handlungen. Diese Wirkungen mit hinreichender Sicherheit und mit vertretbarem Aufwand bestimmen zu wollen, ist kein aussichtsreiches Unterfangen. Der vermeintliche Gewinn an ökonomischer Qualität der Rechtsanwendung läuft Gefahr mit einer ernormen Erhöhung der Rechtsdurchsetzungskosten erkauft zu werden. Insbesondere die private Durchsetzung des Kartellrechts und die Selbsteinschätzung der Unternehmen bezüglich der Rechtmäßigkeit ihres Marktverhaltens erfordern größtmögliche Rechtssicherheit. Die Grenzkosten einer Effizienzanalyse in jedem Einzelfall dürften in der Regel den Grenznutzen einer im Sinne des Effizienzkriteriums besseren Entscheidung übersteigen.

Es erscheint daher immer noch vorzugswürdig, die Institution zu schützen, die effiziente Ergebnisse garantiert, nämlich den Wettbewerb, anstatt konkrete Verhaltensweisen einer Effizienzkontrolle zu unterwerfen. Selbst einer der Protagonisten der Ökonomisierung der Kartellrechtsanwendung, *Richard Posner*, hat – offenbar aufgrund seiner langjährigen praktischen Erfahrungen als Richter – festgestellt:[41]

---

38 EuGH 31.5.2005, C-53/03 (*Syfait/Glaxosmithkline*), Slg. 2005, I-4609, 4611.

39 EuGH 27.9.2006, T-168/01 (*Glaxosmithkline/Kommission*), noch nicht in Slg. veröffentlicht.

40 Vgl. *Behrens*, Parallelhandel und Konsumentenwohlfahrt im Lichte des „more economic approach", EuZW 2007, 97.

41 *Posner*, Antitrust Law (2nd ed. 2001), 29.

„[E]fficiency is the ultimate goal of antitrust, but competition a mediate goal that will often be close enough to the ultimate goal to allow the courts to look no further.“

Bei Unzuverlässigkeit der für die wettbewerbliche Beurteilung bestimmter Verhaltensweisen zur Verfügung stehenden Informationen ist die Bindung der Marktteilnehmer an Regeln der einzig überzeugende Ausweg. Die bisherige Praxis der Typisierung wettbewerbswidriger Verhaltensweisen sollte daher nicht aufgegeben, sondern vor dem Hintergrund neuer ökonomischer Erkenntnisse fortentwickelt und verfeinert werden. Es lässt sich bereits voraussehen, dass vor allem die Gerichte den *more economic approach* in diesem Sinne mit den Eigengesetzlichkeiten des Rechts versöhnen werden.

DER „MORE ECONOMIC APPROACH" IN DER EUROPÄISCHEN WETTBEWERBSPOLITIK – EIN KONZEPT MIT ZUKUNFT

Dieter Schmidtchen[*]

A. Einleitung

Die europäische Wettbewerbspolitik beruht auf vier Pfeilern: Kontrolle restriktiver Vereinbarungen, Kontrolle des Missbrauchs marktbeherrschender Stellungen, Fusionskontrolle und die Kontrolle staatlicher Beihilfen.

Unter Kommissar Monti wurde ein Reformprozeß auf diesen Gebieten in Gang gesetzt, der bis heute andauert. Leitgedanke dieses Reformprozesses war und ist eine Stärkung des ökonomischen Fundaments in der Anwendung des Wettbewerbsrechts. (siehe Schmidtchen 2007a).

In seiner letzten offiziellen Rede als Wettbewerbskommissar machte Monti deutlich, was er als größten Erfolg seiner 5-jährigen Amtszeit ansah: „…a major trend of this mandate has been to ensure that competition policy is fully compatible with economic learning. Furthermore, competition policy is an instrument to foster economic growth, promote a good allocation of resources and to strengthen the competitiveness of European industry for the benefit of the citizens" (Monti 2004).

Der Versuch, Wettbewerbspolitik mit den Einsichten der modernen Ökonomie zu versöhnen, fand seinen Ausdruck nicht nur in Verfahrensänderungen (siehe etwa den Übergang von einem Anmeldesystem vertraglicher Vereinbarungen zu einem System der Legalausnahmen), sondern auch in der Veröffentlichung der „horizontal merger guidelines" und der

* Prof. Dr. Dieter Schmidtchen, Center for the Study of Law and Economics, Universität des Saarlandes, Bldg. C3.1, PO Box 151 150, 66041 Saarbrücken, Germany. Email: csle@rz.uni-saarland.de, phone ++681/302-2132, http://www.uni-saarland.de/csle

„guidelines" bezüglich horizontaler und vertikaler Vereinbarungen. Die Nachfolgerin von Monti, Kommissarin Neelie Kroes, hat deutlich gemacht, dass eine Wettbewerbspolitik, die auf ökonomischen Prinzipien beruht, an der Spitze ihrer Agenda steht. So hat die Diskussion um die Ökonomisierung der Wettbewerbspolitik auch bereits den Bereich Missbrauch marktbeherrschender Stellungen (Art. 82 EG-Vertrag) und die Kontrolle von Staatsbeihilfen (Art. 87 EG-Vertrag) erreicht.

Der durch Monti ausgelöste Reformprozeß beruht auf einem neuen wettbewerbspolitischen Leitbild, für das der Begriff „more economic approach" geprägt wurde (siehe dazu Schmidtchen 2005 a, b; 2006 a, b). Dabei handelt es sich um eine Wettbewerbspolitik, die unternehmerische und staatliche Verhaltensweisen hinsichtlich ihres Potentials, den Wettbewerb zu beeinträchtigen, nicht „formalistisch" unter Rückgriff auf abstrakt-generalisierende Regeln oder im Wege von Begriffsauslegungen beurteilt, sondern aufgrund einer Untersuchung der Wirkungen im Einzelfall.[1] Wie an anderer Stelle betont (siehe Schmidtchen 2005 a, b; 2006 a, c), sollte aber ein „fine tuning" vermieden werden, weil dadurch die Administrationskosten und die Irrtumskosten (Fehler vom Typ I und II), einschließlich der langfristigen Kosten ineffizienter Präzedenzien, unangemessen in die Höhe getrieben würden (siehe Abschnitt C und D sowie Carlton 2007, S. 168 f.). In zahlreichen Fällen ist es Ausdruck von Klugheit, „safe harbours" für erlaubte Handlungen und Per-se-Regeln für verbotene Handlungen zu definieren („second-best" Optimalität).

Dieser Beitrag beschäftigt sich mit der Kritik am „more economic approach", die seine Funktionsfähigkeit oder Justitiabilität in Frage stellt. Insbesondere soll auf jene Kritik eingegangen werden, die sich an der Abkehr von einer angeblich auf Per-se-Regeln gestützten Wettbewerbspolitik und der Hinwendung zu einem Rule-of-Reason-Standard entzündet hat.

Eine wirkungsbasierte Anwendung von Wettbewerbsrecht verlangt nach einem diesem Ansatz gemäßen Kriterium zur Beantwortung der Frage, ob ein bestimmtes Verhalten von Unternehmen wettbewerblich ist oder nicht. Im „more economic approach" ist dies ein Effizienzkriterium. Umstritten ist, ob die Konsumentenwohlfahrt oder die aggregierte, die Gesamt-, Wohlfahrt als Maßstab gewählt werden soll.

In diesem Beitrag wird vorgeschlagen, die Veränderung der Gesamtwohlfahrt als Kriterium zur Beantwortung der Frage zu benutzen, ob das Verhalten von Unternehmen wettbewerblich ist oder nicht (siehe auch Carlton 2007; Heyer 2006).[2] Wettbewerb wird in diesem Beitrag als ein Spiel begriffen, in dem es um die Schaffung von Werten und deren Aneignung

---

[1] Eine ausführliche Beschreibung der „form-based" und „effect-based" Wettbewerbspolitik findet man im Gutachten der Beratergruppe der Generaldirektion Wettbewerb (EAGCP: Economic Advisory Group for Competition Policy) vom Juli 2005 „An economic approach to Article 82". Das Gutachten behandelt zwar Fälle des MarktmachtMissbrauchs (Art. 82), aber die Unterscheidung in „form-based" und „effect-based" Wettbewerbspolitik lässt sich auf die anderen Pfeiler der europäischen Wettbewerbspolitik übertragen.

[2] Dass auch eine freiheitsorientierte Wettbewerbspolitik auf dieser Grundlage möglich ist, wird in Kapitel IV gezeigt. Grundsätzlich gibt es zwei Wege, den Effizienzgedanken im Wettbewerbsrecht zu verankern: 1. Man lässt eine Effizienzeinrede seitens der Unternehmen zu. 2. Die Kartellbehörden verfolgen einen sogenannten integrativen Ansatz, bei dem sie von sich aus durch geeignete Interpretation der Begriffe und Auslegung der Sachverhalte Effizienzüberlegungen (mehr?) Raum geben.

geht (siehe Makowsky/Ostroy 2001; Schmidtchen 2005 a, b; 2006 b; 2008). Er heißt dynamischer perfekter Wettbewerb, wenn der maximal mögliche soziale Überschuss verwirklicht wird. Wird das Maximum des sozialen Überschusses verfehlt, dann heißt er dynamischer imperfekter Wettbewerb. (Siehe dazu Makowski/Ostroy, 2001, S. 479 – 535; Schmidtchen, 2005 a, b; 2006 b; 2008.) Wettbewerbsbeschränkungen sind Maßnahmen oder Zustände, die zur Folge haben, dass die Wertschöpfung kleiner ist als sie sein könnte (siehe Schmidtchen 2005 a; b; 2006 b; 2008; von Weizsäcker 1980, S. 13; siehe auch McAfee, Mialon, Williams 2004, S. 461 ff.)

Der Beitrag ist wie folgt aufgebaut: In Kapitel B wird dargelegt, warum die Wettbewerbspolitik in den Dienst der Gesamtwohlfahrt statt der Konsumentenwohlfahrt gestellt werden sollte. In Kapitel C wird der Grundgedanke von Per-se-Regeln und Rule-of-Reason-Standard erläutert und es werden deren Vor- und Nachteile diskutiert. In Kapitel D wird mit Hilfe von Ron Heiners Konzept der Kompetenz-Schwierigkeitslücke (Theorie eingeschränkt rationalen Verhaltens) untersucht, wann Per-se-Regeln und wann ein Rule-of-Reason-Standard wohlfahrtsfördernd sind. Kapitel E schließt den Beitrag mit einer Betrachtung der Funktionsfähigkeit des „more economic approach“ ab.[3]

B. Förderung der Gesamtwohlfahrt, statt der Konsumentenwohlfahrt als Ziel

Umstritten ist, ob sich die Wettbewerbspolitik am Ziel der Förderung der Konsumentenwohlfahrt oder der gesamten Wohlfahrt orientieren soll. Die gesamte Wohlfahrt, also der soziale Überschuss, ist das Standardkonzept, das in der Ökonomik benutzt wird. (Siehe auch Motta 2004, S. 18.) Der soziale Überschuss – und nicht die Konsumentenrente – sollte auch das Entscheidungskriterium in der Wettbewerbspolitik sein (siehe auch Carlton 2007; Heyer 2006).

Die Begründung ist einfach und jedem Ökonomen vertraut: Es ist besser, die Wertschöpfung (gemessen durch den sozialen Überschuss) zu maximieren und dann über die Verteilung nachzudenken, als eine ineffiziente Politik zu betreiben (Carlton 2007; Kaplow/Shavell 2002).

Aus Sicht eines demokratischen Rechtsstaates muss jedes Maß für das gesellschaftliche Wohl zwei Bedingungen genügen:

1. Alle Gesellschaftsmitglieder müssen erfasst, keines darf diskriminiert werden. Zur Gesellschaft zählen deshalb nicht nur die Konsumenten, sondern auch die Anbieter von produktiven Leistungen (Arbeitskraft, Kapital und Boden) sowie die Unternehmen als Organisatoren der Produktionsprozesse.
2. Das Maß muss Präferenzautonomie und Vertragsfreiheit implizieren.

Ein beide Bedingungen erfüllendes Maß stellt die Ökonomie mit dem Konzept des sozialen Überschusses (Summe aller Kooperationsrenten) zur Verfügung.

---

[3] Der Beitrag basiert in Teilen auf *Schmidtchen* 2005 a, b und 2006 a, b, c.

Artikel 81 (3) des EG-Vertrages hebt dagegen auf die Konsumentenwohlfahrt ab. Artikel 2.1 der Fusionskontrollverordnung akzeptiert im Prinzip eine Effizienzeinrede, vorausgesetzt die Konsumenten haben einen Nutzen davon. Vermutlich wird in beiden Fällen an die Konsumentenrente im relevanten Markt gedacht (enger Begriff der Vorteile für den Verbraucher). Aber der Kreis der Verbraucher, die Vorteile erhalten müssen, könnte auch weiter gezogen werden. Es gehörten dann auch solche Verbraucher dazu, die ein im relevanten Markt angebotenes Gut nicht nachfragen. Wenn man in der Tradition der Ökonomie argumentiert, für die die Konsumenten die Eigentümer von Unternehmen und Monopolen sind, dann sind „consumer welfare“ und „total welfare“ identisch. Denn die Produzentenrente fließt den Eigentümern der Unternehmen zu. Auch wenn die in einem Markt erzielten Gewinne nicht ausgeschüttet, sondern investiert werden, profitieren letztendlich die Konsumenten. Dafür ist nicht erforderlich, dass die Gewinne in dem Markt investiert werden, in dem sie entstanden sind. Der Rekurs auf „consumer welfare” ist vermutlich ein Relikt aus der Zeit, als die Harvard-Schule die theoretischen Grundlagen des Antitrusts lieferte. (Siehe dazu Schmidtchen 1994, S. 143 ff.)

Dass die Konsumentenwohlfahrt nicht uneingeschränkt als alleiniger Maßstab in der praktischen Wettbewerbspolitik dient, zeigt z. B. der Robinson-Patman Act. Durch das Verbot der Gewährung von nicht durch Kostenersparnisse gerechtfertigten Rabatten an Großunternehmen wurden die Konsumenteninteressen durch höhere Preise geschädigt und kleine Wettbewerber geschützt (siehe Carlton 2007, S. 156). Auch kann durch einen Unternehmenszusammenschluss eine Gruppe von Konsumenten zu Lasten einer anderen Gruppe gefördert werden, weshalb ein Konsumentenstandard bei der Entscheidung, ob der Unternehmenszusammenschluss zugelassen werden sollte oder nicht, wenig hilfreich ist (siehe Carlton 2007, S. 156 f.).

In vielen, wenn auch nicht in allen Fällen, reduzieren Praktiken, die den sozialen Überschuss verringern, zugleich auch die Konsumentenrente und umgekehrt. (Siehe auch Motta 2004, S. 19.)

In Fällen nackter Wettbewerbsbeschränkungen z. B. führt der Rekurs auf „consumer welfare“ zu dem gleichen Ergebnis, wie wenn die Veränderung der „aggregate welfare” als Kriterium benutzt wird. Aber spätestens seit Williamsons Artikel von 1968 sollte klar sein, dass ein dichotomisches Schwarz-Weiß Denken die ökonomische Realität verfehlt, weshalb eine Orientierung an „consumer welfare“ das Gemeinwohl schädigen kann (nämlich in jenen Fällen, wo traditionell als Wettbewerbsbeschränkungen begriffene und deshalb unterbundene Verhaltensweisen den sozialen Überschuss vergrößern). Im übrigen könnte man an der „total welfare“ festhalten und den Tauschgewinnen der Konsumenten ein größeres Gewicht als denen der Produzenten einräumen.

Wer für einen „consumer welfare“ Standard im engeren Sinne plädiert oder den Tauschgewinnen der Konsumenten ein größeres Gewicht im Vergleich zu denen der Produzenten einräumt, sollte bedenken, dass er sich für die Installation einer

Wertschöpfungsbremse einsetzt. Denn Effizienzen können sich nur dann positiv auf eine behördliche Entscheidung z. B. über einen Unternehmenszusammenschluss auswirken, wenn man mit hinreichender Wahrscheinlichkeit erwarten kann, dass durch die Effizienzgewinne die Rivalität im Markt gestärkt wird. Dies lässt sich sehr schön am Williamson-Trade-Off verdeutlichen. Hier würde ein Unternehmenszusammenschluss nur dann genehmigt werden, wenn damit kein Preisanstieg verbunden wäre.[4] Damit würde die zusätzliche Wertschöpfung nur bei außerordentlich hohen Kostensenkungen verwirklicht werden.

Ein Konsumentenstandard führt zu einer Überbetonung von kurzfristigen Preissenkungen gegenüber langfristigen Effizienzgewinnen. Wenn z. B. ein Unternehmenszusammenschluss sowohl die fixen Kosten als auch die Grenzkosten senkt, dann wird von einer dem Konsumentenstandard verpflichteten Wettbewerbspolitik nur die Senkung der Grenzkosten beachtet, weil diese zu Preissenkungen führen mag (typischerweise für einen Zeithorizont von zwei Jahren). Aber in „High-tech" Industrien finden sich sowohl hohe Fixkosten als auch niedrige Grenzkosten, und Fixkostensenkungen sind häufig die Quelle von neuen Produkten und Innovationen, die allerdings erst jenseits der Zwei-Jahresperiode auftreten. Wie Carlton bemerkt: „To put it another way, the fixed-cost savings of today are the variable-cost savings in the future for new products" (Carlton 2007, S. 157). Es existiert also ein Trade-off zwischen den kurzfristigen und den langfristigen Konsumenteninteressen.

Man könnte zwar einen Barwert der zukünftigen Konsumentenvorteile zu berechnen versuchen, aber das scheitert an zahlreichen Schwierigkeiten, so dass Ersparnisse bei Fixkosten ein besserer „Predictor" für zukünftige Konsumentenvorteile darstellen (siehe Carlton 2007, S. 158). Im Übrigen findet ein Großteil von Transaktionen zwischen Unternehmen statt, die zugleich Käufer und Verkäufer sind (siehe Carlton 2007, S. 158).

Schließlich müsste man, wenn man einem reinen Konsumentenstandard folgt, Käuferkartelle legalisieren, wenn diese zu Senkungen bei den Weiterverkaufspreisen führen sollten. Da man diese Schlussfolgerung ablehnt, werden Ausnahmen vom Konsumentenstandard formuliert, die aber nur belegen, dass der Konsumentenstandard keine konsistente Logik aufweist (siehe Carlton 2007, S. 158).

Für einen Konsumentenstandard werden folgende Argumente angeführt: Die Ergebnisse sind im Grunde ähnlich wie die bei der Verwendung des sozialen Überschusses; Kartellbehörden sind wirksamer zu kontrollieren; Konsumenteninteressen in den Vordergrund zu stellen sei eine politische Notwendigkeit. (Zu einer Behandlung dieser Argumente siehe Carlton 2007, S. 158 f.)

Gesetzt den Fall, das erste Argument treffe zu – warum spricht das für einen Konsumentenstandard und gegen die Verwendung des Kriteriums „sozialer Überschuss"?

---

[4] Ein solcher Standard bedeutet, den Konsumenten ein „property right" an der Differenz zwischen ihrem Reservationspreis und dem Wettbewerbspreis einzuräumen. Eine Umverteilung des sozialen Überschusses zu ihren Lasten wäre verboten. Solche Fragen sind in Deutschland im Zusammenhang mit dem sogenannten Preishöhen Missbrauch diskutiert worden. Zu einer „property-rights"-theoretischen Analyse siehe *Schmidtchen* 1983, S. 32 ff.; *Schmidtchen* 1982, S. 13 – 43.

Selbst wenn eine Aktivität den sozialen Überschuss steigert, aber die Konsumentenrente senkt, müssten die Gewinner die Verluste der Konsumenten kompensieren können. Verhandlungen dieser Art gibt es bereits (siehe Carlton 2007, S. 158). Welcher Schaden sollte der Gesellschaft dann dadurch entstehen, wenn die Wettbewerbspolitik von vornherein einem Konsumentenstandard folgt? Ein Verhandlungsversagen würde anzeigen, dass der Effizienzgewinn nicht vorhanden ist. Aber diese Schlussfolgerung negiert die Probleme, die aus der Existenz von Transaktionskosten bei Verhandlungen auftreten.

Das Monitoring-Argument besitzt ein gewisses Gewicht. Schäden von Konsumenten über steigende Preise können schnell identifiziert werden, während Effizienzgewinne schwieriger zu messen sind. Eine Beweislastregel derart, dass Unternehmen die Effizienzgewinne überzeugend belegen müssen, wäre ein Ausweg (siehe Schmidtchen 2005 a, b; 2006 a, c).

Gewiss, das Problem der politischen Beeinflussung von Kartellbehörden durch die Unternehmen (analog zur „capture theory" in der Regulierung) wird durch eine Beweislastumkehr nicht gelöst. Aber wie gravierend ist dieses Problem bei Kartellbehörden in Wirklichkeit, die ein Gesetz anzuwenden haben und richterlicher Kontrolle unterliegen? Was das letztere, eher auf Populismus setzende Argument anlangt, dass in einer Demokratie die Konsumenteninteressen das A und O der Politik darstellen, so müsste die Öffentlichkeit davon überzeugt werden, dass „(a) short-run total welfare standard is more likely to maximize long-run consumer surplus than a short-run consumer surplus standard" (Carlton 2007, S. 159). Insbesondere in einer evolutorischen Ökonomie. Auch ist zu bedenken, dass die Wahl der Art und des Umfangs von z. B. Unternehmenszusammenschlüssen dadurch beeinflusst wird, ob ein Konsumentenstandard oder ein Wertschöpfungsstandard von Kartellbehörden praktiziert wird (siehe Lyons 2003; Farrell/Katz 2006).

C. Per-se-Regeln und Rule-of-Reason

I. Begriff

Rechtsregeln als Per-se-Regeln formulieren Kriterien, die es erlauben, eine Handlung in genau eine von zwei Klassen einzuordnen: Sie ist entweder rechtmäßig oder rechtswidrig. Das Entweder-Oder besagt, dass eine Handlung unter allen Umständen entweder rechtmäßig oder rechtswidrig ist.[5] Dieser Umstand wird im Wettbewerbsrecht durch den Ausdruck „per se" erfasst. Ein Per-se-Verbot einer Handlung impliziert, dass sie unter allen Umständen verboten ist; d. h. dass die Rechtsordnung keine Rechtfertigung dieser Handlung zulässt, indem sie sie entweder aus der Klasse der rechtswidrigen Handlungen herausfallen lässt oder mildere Sanktionen erlaubt als ohne die Rechtfertigung.

[5] Regeln sind Normen, „die stets nur entweder erfüllt oder nicht erfüllt werden können. Wenn eine Regel gilt, dann ist es geboten, genau das zu tun, was sie verlangt, nicht mehr und nicht weniger" (*Alexy* 1986, S. 76). Auch Normen, die Handlungen vorschreiben, die in verschiedenen Graden ausgeführt werden können, haben die Regel-Eigenschaft, wenn ein „*bestimmter* Grad der Handlung oder Verhaltensweise geboten (verboten, erlaubt) ist" (*Alexy* 1986, S.76, Fn. 25.)

Geschäftspraktiken, die nicht aufgrund einer unwiderleglichen Vermutung entweder rechtmäßig oder rechtswidrig sind, werden nach der sogenannten „rule of reason“ beurteilt. Aufschlussreich ist hier die US-Praxis:

„Under the rule of reason, business practices are neither generally lawful nor generally unlawful. After establishing that the defendant engaged in the challenged practice, the court in *each* rule-of-reason case weighs the practice's effect upon the intensity of competition ... Under US antitrust law, only if the court finds that the particular instance of the challenged practice is likely to stifle more competition than it promotes is the practice declared unlawful. Otherwise, the practice in the particular case escapes antitrust liability” (Boudreaux 1998, S. 31).

Ein Blick auf die Entstehungsgeschichte der „rule of reason“ zeigt, „dass wir es mit einem Auslegungsprinzip für Normen mit kollidierenden Schutzzwecken zu tun haben. Eine wichtige Funktion besteht darin, Verbotsnormen nach dem Prinzip der Verhältnismäßigkeit auszulegen“ (Mestmäcker 1974, S.23). Ähnliche Auslegungsfragen tauchen dort auf, wo für grundsätzlich verbotene Wettbewerbsbeschränkungen besondere Ausnahmetatbestände vorgesehen sind (Mestmäcker 1974, S. 26 ff.). Es sei betont, dass ein „rule of reason“-Standard nicht im Widerspruch stehen muss zu einer regelgeleiteten Wettbewerbspolitik oder zur Rule of Law. Regeln können unterschiedliche Komplexitätsgrade aufweisen: Einfache Regeln verlangen die Prüfung weniger und klar erkennbarer Sachverhalte. Bei komplexeren Regeln sind viele und/oder verwickelte Sachverhalte zu prüfen. Deshalb haben wir es in Wahrheit mit einem Kontinuum zwischen einfachen und komplexeren Regeln zu tun, aus dem nach sachlichen Gesichtspunkten eine Regel auszuwählen ist (Christiansen/Kerber 2005).

II. Vor- und Nachteile von Per-se-Verboten

In der Literatur sind die Vor- und Nachteile von Per-se-Regeln ausführlich diskutiert worden. Vorteile beruhen auf ihrer Operationalität, Justitiabilität und der Rechtssicherheit. Areeda stellt dazu fest:

„The utility of bright line rules is well understood. Their clarity guides conduct, simplifies planning, minimizes conflict, reduces resort to courts, simplifies the conduct of litigation, allows juries and judges to reach confident and consistent results, and promotes justice in the sense of similar treatment for those similar situated” (Areeda 1992, S. 42). Allerdings stehen den Vorteilen schwerwiegende Kosten gegenüber:

„Clear rules carry the cost of depriving courts of the discretion to incorporate elements excluded by the rule but serving its policy” (Areeda 1992, S. 43). Eine mechanische Anwendung kann zu Ergebnissen führen, die Areeda als „bizarr“ oder „truly silly“ beschreibt (Areeda 1992, S. 42 f.).

Auf dem Papier galten in den USA die folgenden fünf Geschäftspraktiken als per se verboten: Horizontale und vertikale Preisvereinbarungen, Koppelung, horizontale Marktaufteilung und Boykott. Die Gerichte behandelten dieses Verhalten anfänglich als per se rechtswidrig, sahen dies aber bald als unverhältnismäßig an und urteilten auf der Grundlage einer de facto „rule of reason“ (siehe zu den Gründen im einzelnen Boudreaux 1998, S. 31 ff.; Areeda 1992, S. 42 f.).

Überblickt man die Geschichte von Per-se-Regeln in den USA, so ist das Urteil über sie eher ernüchternd:

„To think seriously about *per se* rules in antitrust law is to encounter frustration at the limitations and exceptions that attend such rules. After all, if *per se* rules are justified by their ability to reduce judicial decision-making costs and to provide a clearer legal road-map to business, then the myriad qualifications and exceptions layered atop *per se* rules are at loggerheads with the underlying rationale of these rules. The fact is that there is no class of business activities that is literally *per se* illegal” (Boudreaux 1998, S. 32 f.).

D. Per-se-Regeln, Rule of Reason und die Kompetenz-Schwierigkeitslücke

I. Die Kompetenz-Schwierigkeitslücke

Auch wenn Akteure – seien es Individuen, Organisationen, Gesetzgeber oder Behörden – wohfahrtsmaximierende Entscheidungen treffen wollen, so sind sie manchmal dazu nur eingeschränkt in der Lage. Herbert Simon hat dafür den Ausdruck "eingeschränkt rationales Verhalten" geprägt (was nicht mit irrationalem Verhalten verwechselt werden sollte). Hier wird vorgeschlagen, das Verhalten eines Entscheidungsträgers eingeschränkt rational zu nennen, wenn dieser Entscheidungsfehler begeht. Davon gibt es zwei Arten:

Der Akteur wählt eine Handlung, obwohl die Umstände für den Erfolg nicht günstig sind (Entscheidungsfehler vom Typ I); andererseits kann er eine Handlung verwerfen, obwohl sie angesichts der Umstände die beste gewesen wäre (Entscheidungsfehler vom Typ II). Der uneingeschränkt rationale homo oeconomicus kennt solche Entscheidungsfehler nicht. Er wählt stets die beste Handlungsalternative (bei Vorliegen von Risiko die, die den Erwartungsnutzen maximiert).

Einer der häufigsten Gründe für eingeschränkt rationales Verhalten liegt darin, dass die Schwierigkeit eines zu lösenden Problems die geistigen Kapazitäten eines Akteurs übersteigt. Aus diesem Umstand resultiert eine spezifische Form von Entscheidungsunsicherheit (U). Zwei Klassen von Variablen können als deren Ursachen identifiziert werden: Variablen der Entscheidungsumwelt (e), "including the complexity of the environmental situations potentially encountered; the relative likelihood of these situations; and the stability of the relationship that determine possible situations and their relative likelihood." (Heiner 1983, S. 564.)

Die zweite Klasse von die Entscheidungsunsicherheit (U) determinierenden Variablen (k) sind kognitiver Natur. Sie stehen für die Kompetenz eines Akteurs, die Beziehungen zwischen seinem Verhalten und seiner Umgebung zu entziffern. Unvollkommene Kompetenz zeigt sich in „mistaken perceptions about what is more preferred, information processing errors, unreliable probability information, etc.". (Heiner 1983, S. 564.)[6]

Die Struktur zwischen e und k, von denen die Entscheidungsunsicherheit abhängt, lässt sich formal als Funktion schreiben: U = U(k,e). (Heiner 1983, S. 565.)[7] Die Variablen e und k determinieren die Lücke zwischen Kompetenz und Schwierigkeitsgrad einer Aufgabe. Heiner nennt eine Lücke dieser Art "C-D gap" – "competence-difficulty gap". (Heiner 1983.) Mit zunehmender Entscheidungsunsicherheit nimmt die Fehleranfälligkeit einer Entscheidung zu.

II. Diagnosefähigkeit und ROC-Kurve

Wir betrachten eine Kartellbehörde, die entscheiden muss, ob ein Unternehmenszusammenschluss rechtlich zulässig ist oder nicht. Als rechtlich zulässig möge ein Unternehmenszusammenschluss gelten, wenn er pro-wettbewerbliche Wirkungen erzeugt. Rechtlich unzulässig ist ein Unternehmenszusammenschluss, wenn er anti-wettbewerbliche Wirkungen entfaltet. Pro-wettbewerbliche Wirkungen seien solche, die die gesellschaftliche Wohlfahrt steigern (der Wohlfahrtsgewinn sei mit $g > 0$ bezeichnet). Hat der Zusammenschluss anti-wettbewerbliche Wirkungen, dann senkt er die gesellschaftliche Wohlfahrt (der Wohlfahrtsverlust sei mit $l < 0$ bezeichnet). Wird ein pro-wettbewerblicher oder ein anti-wettbewerblicher Zusammenschluss nicht vollzogen, dann sei die Wohlfahrtsänderung Null. Ein pro-wettbewerblicher Zustand sei mit z_1 und ein anti-wettbewerblicher Zustand mit z_2 bezeichnet.

Die Aktionenmenge der Behörde enthält die zwei Aktionen „a“ und „¬ a“; „a“ steht für Erlaubnis des Unternehmenszusammenschlusses und „¬ a“ für dessen Untersagung. Die Diagnosefähigkeit der Behörde sei mit vier bedingten Wahrscheinlichkeiten beschrieben:

$$r := \text{prob}(a \mid z_1) \text{ und } (1-r) := \text{prob}(\neg a \mid z_1)$$
$$w := \text{prob}(a \mid z_2) \text{ und } (1-w) := \text{prob}(\neg a \mid z_2)$$

Mit Wahrscheinlichkeit w begeht die Behörde den Fehler vom Typ I (false positive); sie erlaubt einen anti-wettbewerblichen Zusammenschluss (Zustand z_2); mit Wahrscheinlichkeit $(1-r)$ begeht die Behörde den Fehler vom Typ II (false negative); sie untersagt einen pro-wettbewerblichen Zusammenschluss (Zustand z_1). Für eine Behörde mit perfekter Diagnosefähigkeit gilt $r = 1$ und $w = 0$. Eine Behörde mit $r = w$ entscheidet nicht besser als zufällig. Eine Behörde mit $1 > r > w > 0$ besitzt imperfekte, aber positive Diagnosefähigkeit. Aus unzähligen Signalerkennungsexperimenten und der statistischen Entscheidungstheorie wissen wir, dass zwischen den Parametern r und w ein Zusammenhang existiert (siehe Swets 1996;

6 Die Entscheidungsunsicherheit stellt einen Fall Knightscher Unsicherheit dar.

7 Dabei sind k und e Vektoren, und es gilt, dass die Unsicherheit mit steigendem k ab- und mit steigendem e zunimmt.

Heiner 1986), der sich als ROC-Kurve (ROC steht für „receiver operating characteristic") in einem Einheitsquadranten darstellen lässt.

An der Ordinate wird *r* abgetragen und an der Abszisse *w*. Die Kurve verläuft von (*r*, *w*) = (0, 0) bis (*r*, *w*) = (1, 1). Die Hauptdiagonale (*r* = *w*) beschreibt den Fall, in dem ein Entscheider nicht besser als zufällig entscheiden kann. Hier ist die Kompetenz-Schwierigkeitslücke, beschrieben durch den Wert von U(e, k), am größten. Kleineren Kompetenz-Schwierigkeitslücken sind ROC-Kurven mit positiver, aber abnehmender Steigung zugeordnet. Je stärker gekrümmt eine solche Kurve verläuft, desto kleiner ist die Kompetenz-Schwierigkeitslücke U(e, k). Der Grenzfall eines perfekten Entscheiders mit einer Kompetenz-Schwierigkeitslücke von Null wird durch eine ROC-Kurve erfasst, auf der der Punkt (r, w) = (1, 0) liegt.

Aus dem Verlauf einer ROC-Kurve einer Behörde mit imperfekter Diagnosefähigkeit folgt, dass eine Erhöhung des Wertes von *r* zwingend mit einer Vergrößerung des Wertes von *w* einhergeht. Man kann die Wahrscheinlichkeit, den Fehler vom Typ I zu begehen, nur verringern, indem sich die Wahrscheinlichkeit, den Fehler vom Typ II zu begehen, erhöht. Beide Fehlerwahrscheinlichkeiten lassen sich nur durch eine Verschiebung der ROC-Kurve verringern, und zwar derart, dass sie weiter nach links oben ausgebeult verläuft.

III. Optimale Reaktionsstrategien: Per-se-Regel oder Rule of Reason?

Der Gesetzgeber überlegt, ob er der Kartellbehörde eine Per-se-Regel oder eine „rule of reason" als Verhaltensmaxime vorgibt. Beide Regeln stellen entscheidungstheoretisch gesehen Reaktionsstrategien dar. Eine Reaktionsstrategie ordnet Untersuchungsergebnissen einer Behörde eine bestimmte Aktion aus der Menge der verfügbaren Aktionen zu (siehe zu diesem Begriff Heiner/Schmidtchen 1995, S. 5).

Man unterscheidet zwei Arten von Reaktionsstrategien: unbedingte und bedingte. Eine unbedingte Reaktionsstrategie lässt der Behörde keinen Ermessensspielraum. Sie hat lediglich zu prüfen, ob ein Unternehmenszusammenschluss vorliegt. Wenn ein Unternehmenszusammenschluss vorliegt, dann muss die Behörde – je nach Ausprägung der unbedingten Reaktionsstrategie – diesen entweder genehmigen oder untersagen. Es wird hier also von der Form unternehmerischen Verhaltens auf die Pro- oder Antiwettbewerblichkeit geschlossen (formbasierte Wettbewerbspolitik).

Bei einer bedingten Reaktionsstrategie hängt die Entscheidung der Behörde vom Ergebnis der Untersuchungen der Wirkungen des Unternehmenszusammenschlusses ab. Er mag pro- und anti-wettbewerbliche Wirkungen aufweisen, die gegeneinander abgewogen werden müssen. Man kann sich das in der Praxis so vorstellen, dass die Behörde eine Liste von Kriterien daraufhin zu prüfen hat, ob sie erfüllt sind oder nicht. Es dürfte einleuchten, dass die Kompetenz-Schwierigkeitslücke bei einer bedingten Reaktionsstrategie größer ist als bei einer unbedingten und dass die Lücke zunimmt, je größer die Zahl und/oder Komplexität der Kriterien auf der Prüfliste ist.

Bei der Wahl der optimalen Reaktionsstrategie muss der Gesetzgeber die folgenden vier Parameter berücksichtigen:

- die objektive Wahrscheinlichkeit (a priori Wahrscheinlichkeit), dass der Unternehmenszusammenschluss pro-wettbewerblich oder anti-wettbewerblich ist. Es sei $\pi > 0$ die (a priori) Wahrscheinlichkeit, dass der Zusammenschluss pro-wettbewerblich ist; dann ist $1 - \pi$ die Wahrscheinlichkeit, dass er anti-wettbewerblich ist;
- die Diagnosefähigkeit der Behörde, wie sie in deren ROC-Kurve zum Ausdruck kommt;
- die Höhe des Wohlfahrtsgewinns (*g*) und des Wohlfahrtsverlustes (*l*);
- die Administrationskosten der Reaktionsstrategien bei Behörde und Unternehmen.

Es lassen sich nun die Wohlfahrtswirkungen der Reaktionsstrategien rechnerisch bestimmen: Die unbedingte Reaktionsstrategie „immer genehmigen“ (sie sei Reaktionsstrategie A genannt) hat folgenden Wohlfahrtswert:

$$(1) \quad \begin{aligned} A &= \pi \cdot r \cdot g + (1-\pi) \cdot w \cdot l, \\ &= \pi \cdot g + (1-\pi) \cdot l, \text{ weil } r, w = 1 \end{aligned}$$

Die Wahrscheinlichkeit, den Fehler vom Typ II (false negative) zu begehen $(1 - r)$, ist Null und damit die aus diesem Fehler resultierenden erwarteten Kosten. Allerdings ist die Wahrscheinlichkeit des Fehlers vom Typ I (false positive) maximal, $w = 1$. Der Wohlfahrtswert A kann in Abhängigkeit von den Parameterwerten π größer, kleiner oder gleich Null sein.

Die andere unbedingte Reaktionsstrategie „immer untersagen“ (sie sei Reaktionsstrategie B genannt) hat folgenden Wohlfahrtswert:

$$(2) \quad B = \pi \cdot r \cdot g + (1-\pi) \cdot w \cdot l = 0, \text{ weil } r, w = 0.$$

Ohne Kenntnis der Parameterwerte π, g und l kann nicht entschieden werden, welche unbedingte Strategie den höheren Wohlfahrtswert aufweist. Je größer $(1-\pi)$ und l, desto eher dürfte der Wohlfahrtswert von A unter dem von B liegen.

Eine bedingte Reaktionsstrategie (sie sei Strategie C genannt) hat den Wohlfahrtswert:

$$(3) \quad C = \pi \cdot r \cdot g + (1-\pi) \cdot w \cdot l, \text{ mit } 1 > r \geq w > 0.$$

Strategie C ist besser als Strategie A, wenn Folgendes gilt:

(4) $\pi \cdot r \cdot g + (1-\pi) \cdot w \cdot l > \pi \cdot g + (1-\pi) \cdot l$. Umformen führt zu

(4a) $[-(1-\pi) \cdot l + (1-\pi) \cdot w \cdot l] - [\pi \cdot g - r \cdot \pi \cdot g] > 0$.

Ungleichung (4a) erlaubt eine einfache Interpretation: Der erste Ausdruck in eckigen Klammern mißt die erwarteten vermiedenen Wohlfahrtsverluste (im Vergleich zur Situation A). Wegen $l < 0$ ist dieser Term immer positiv. Der zweite Ausdruck in eckigen Klammern mißt die durch den Übergang von A nach C entstehenden erwarteten Kosten; denn im Gegensatz zu A (mit $r = 1$) gilt bei C ein $r < 1$. Man kann den zweiten Term in eckigen Klammern umformen zu $(1-r) \cdot \pi \cdot g$ und erkennt sofort, dass dies erwartete Fehlerkosten sind, die bei der unbedingten Strategie A nicht auftreten.

Eine exakte Kalkulation würde an dieser Stelle zu weit führen (zum Grundsätzlichen siehe Kirstein 1999; Bier 2002; Hafner 2000), aber es dürfte deutlich sein, dass z. B. die Frage, ob die Kartellbehörde anstelle der unbedingten Reaktionsstrategie A die bedingte Reaktionsstrategie C verfolgen soll, durch einen Vergleich von erwarteten vermiedenen Fehlerkosten und erwarteten zusätzlichen Fehlerkosten entschieden werden muss.

Sollte die Behörde ein perfekter Entscheider sein, also $r = 1$ und $w = 0$, dann ist Bedingung (4a) immer erfüllt und die bedingte Reaktionsstrategie ist wohlfahrtsmaximierend.

Allerdings formuliert Ungleichung (4a) nur eine notwendige, nicht aber auch hinreichende Bedingung für die Wahl der bedingten Reaktionsstrategie, weil zu vermuten ist, dass zusätzliche Administrationskosten anfallen. Notwendig und hinreichend für eine Wohlfahrtssteigerung durch Übergang von der unbedingten Reaktionsstrategie A zur bedingten Reaktionsstrategie C ist, dass der Wert auf der linken Seite von (4a) größer ist als die zusätzlichen Administrationskosten.

Es leuchtet ein, dass ähnliche Überlegungen bezüglich eines Vergleichs von Strategie B und C angestellt werden können.

Als Fazit ergibt sich: Eine größere Differenziertheit von Regeln (mehr Prüfkriterien und/oder komplexere Prüfkriterien) verbessert nicht zwingend die Qualität einer Entscheidung. Auf den ersten Blick scheint größere Differenziertheit mit größerer Einzelfallgerechtigkeit einherzugehen, aber größere Differenziertheit kann auch die Kompetenz-Schwierigkeitslücke erhöhen und einen flacheren Verlauf von ROC-Kurven bewirken. Die Wahrscheinlichkeit, den Fehler vom Typ I und/oder den Fehler vom Typ II zu begehen, nimmt dann zwingend zu. Damit steigen die erwarteten Irrtumskosten[8] und der Wohlfahrtswert einer

[8] Anders *Christiansen/Kerber* (2005, S. 8): „Since additional assessment criteria through more differentiated rules can lead to a better identification of pro- and anticompetitive behaviour, a higher degreee of differentiation will usually imply a reduction of error costs".

ausdifferenzierteren „rule of reason“ nimmt im Vergleich zu einer weniger differenzierten (im Extrem: einer Per-se-Regel) ab.[9]

E. Die Funktionsfähigkeit des „more economic approach“ in der Wettbewerbspolitik

Die wettbewerbspolitische Beurteilung unternehmerischen und staatlichen Handelns anhand einer einzelfallbezogenen Wirkungsanalyse hat nach Ansicht der Befürworter eines solchen Vorgehens mehrere Vorteile (siehe dazu EAGCP 2005: 2):

- Sie vermeidet eine Verwechslung von Schutz des Wettbewerbs mit dem Schutz von Wettbewerbern.
- Das letztendliche Ziel des Wettbewerbs, nämlich die Ausrichtung der Produktion an den Wünschen der Nachfrager, wird gefördert.
- Sie unterstützt eine konsistente Wettbewerbspolitik, weil zwei Praktiken, die die gleichen Wirkungen erzeugen, gleich behandelt werden. Damit wird verhindert, dass verbotene Praktiken (formal) umgangen werden und gleichwohl deren unerwünschte Wirkungen eintreten.
- Sie vermeidet, dass gesetzliche Regelungen unangemessen pro-wettbewerbliches Verhalten unterdrücken.

Praktische Wettbewerbspolitik besteht in der Formulierung und Durchsetzung von Rechtsnormen. Geschützt werden soll die Freiheit des Wettbewerbs. Dabei arbeitet der Gesetzgeber hauptsächlich mit Verbotsnormen. Konkurrierende Normenzwecke machen es aber erforderlich, für grundsätzlich verbotene Wettbewerbsbeschränkungen beondere Ausnahmetatbestände vorzusehen oder Verbotsnormen nach dem Prinzip der Verhältnismäßigkeit auszulegen. Es ist deshalb nicht übertrieben zu behaupten, dass Antitrust von einer impliziten und expliziten „rule of reason“ beherrscht wird (siehe Schmidtchen 2006 b). Viele Verhaltensweisen haben unterschiedliche Wirkungen unter unterschiedlichen Umständen: Sie behindern den Wettbewerb an einer Stelle, aber fördern Effizienz und Innovation an anderer Stelle (siehe Schmidtchen 2007b). Als Konsequenz ergibt sich: Die pro- und antiwettbewerblichen Wirkungen von unternehmerischen und staatlichen Verhaltensweisen sollten gegeneinander abgewogen werden. Zu fragen ist, ob die negativen wettbewerblichen Effekte durch Effizienzgewinne ausgeglichen werden. In solchen Fällen sollte die Wettbewerbspolitik nicht Per-se-Regeln, sondern einem „rule-of-reason“-Standard folgen; wobei allerdings dirigistischer Aktivismus und ein „fine-tuning“ vermieden werden sollten.

---

9 Politökonomische Überlegungen sollten bei der Wahl zwischen Per-se-Regeln und einem „rule of reason“-Standard ebenfalls eine Rolle spielen. Auch hier wäre aber der vergleichende Institutionenansatz zu verfolgen: Wie sieht es unter den alternativen Anreizen aus, über rent-seeking Recht zu bekommen? Welche gesellschaftlichen Kosten sind damit verbunden? Eine Behandlung solcher Fragen findet sich in *Neven, Röller* (2005).

Wettbewerbspolitik besteht in der Anwendung von Wettbewerbsrecht, deshalb muss sie justitiabel sein. Justitiabilität verlangt nach konsistenten, transparenten und praktikablen Regeln. Ist ein „more economic approach" in der Wettbewerbspolitik überhaupt justitiabel? So wird etwa behauptet, der „more economic approach" werfe Meßprobleme auf und seine zentralen Begriffe seien nicht operationabel; eine Einzelfallbewertung vertrage sich nicht mit der „Rule-of-Law"; ein „rule-of-reason"-Standard liefere keine kalkulierbare Rechtssicherheit; die Genauigkeit einer ökonomischen Einzelfallbetrachtung sei nur eine scheinbare; ein solcher Ansatz könne nicht funktionieren, weil die Beweisanforderungen zu hoch seien; man erzeuge die bekannten Probleme, die mit einer Missbrauchsaufsicht im Gegensatz zu einem Verbotsprinzip erzeugt werden.

Da das Problem der mit einem „more economic approach" verbundenen Rechtsunsicherheit eine prominente Stellung auf der Agenda der Kritiker dieses Ansatzes einnimmt, seien hierzu einige Bemerkungen angefügt:

1. Rechtssicherheit ist ein wertvolles Gut, aber seine Bereitstellung ist kostspielig. Es existiert ein Optimum an Rechtssicherheit, bei dem die marginalen Kosten einer Erhöhung den marginalen Vorteilen entsprechen. Dieses Optimum an Rechtssicherheit impliziert ein Optimum an Rechtsunsicherheit. Zu zeigen wäre, dass der „more economic approach" dieses Optimum verfehlt und eine form-basierte Wettbewerbspolitik es besser erreicht (comparative institutions approach).
2. Welchen Nutzen hat die Gesellschaft aus der sicheren Anwendung von Regeln, die ineffiziente Ergebnisse liefern?
3. Rechtsunsicherheit kann selektiv wirken und die Wahrscheinlichkeit wettbewerbsbeschränkenden Verhaltens reduzieren.
4. Die Reduktion einer Quelle von Unsicherheit muss nicht zwingend die Marktergebnisse verbessern, wenn gleichzeitig andere Quellen von Unsicherheit existieren.
5. Unternehmen mögen eine erhöhte Rechtsunsicherheit in Kauf nehmen, wenn dadurch die Einzelfallgerechtigkeit einer wettbewerbsrechtlichen Entscheidung verbessert wird.

In einem wirkungsbasierten Ansatz der Wettbewerbspolitik müssen die wettbewerbspolitischen Entscheidungen explizit auf Prognosen über Wirkungen, letztlich auf Kosten-Nutzen-Analysen, gestützt werden (Performance-Test).

Was ist, wenn man sich irrt? Dies ist zweifellos eine sehr berechtigte Frage, die man aber auch an die traditionelle Wettbewerbspolitik richten muss. Auch sie ist auf Prognosen angewiesen. Birgit E. Will hat kürzlich das auf VO 17/62 gestützte Genehmigungssystem für Kartelle mit dem Legalausnahmesystem (VO 1/2003) unter diesem Gesichtspunkt verglichen (siehe Will 2008). Es zeigt sich, dass das Legalausnahmesystem dem Genehmigungssystem hinsichtlich Fehleranfälligkeit und Rechtsgehorsam der Unternehmen nicht unterlegen ist.

Performance-Tests sind gewiss nicht einfach, und es ist aus verschiedenerlei Gründen verständlich, dass Kartellbehörden und Gerichte Struktur- und Verhaltenstests bevorzugen. Doch wäre es eine Illusion zu glauben, dass man mit Struktur- und Verhaltenstests die Probleme von Performance-Tests vermeiden könne. Während bei Performance-Tests im Einzelfall Nutzen und Kosten unternehmerischen Verhaltens und von Marktstrukturen prognostiziert und verglichen werden müssen, ist ein solcher Nutzen- und Kostenvergleich bereits angestellt worden, um die Struktur- und Verhaltensnormen eines Tests zu bestimmen. Struktur- und Verhaltenstests basieren also auf generalisierenden Nutzen-Kosten-Vermutungen. Abgesehen von „nackten“ Preiskartellen finden diese Generalisierungen aber keine Unterstützung mehr in der modernen Ökonomie: One size does not fit all.

Literaturverzeichnis

Alexy, Robert (1986), Theorie der Grundrechte, Frankfurt/M.

Areeda, Phillip (1992), Antitrust Law as Industrial Policy: Should Judges and Juries Make it?, in: Jorde, Th., D. Teece (eds.): Antitrust, Innovation, and Competitiveness, New York, Oxford, S. 29 – 46 [Oxford University Press]

Bier, Christoph (2002), Regulierter oder verhandelter Zugang zum Stromnetz? Eine ökonomische Analyse unter Berücksichtigung imperfekter Aufsichtsbehörden, Hamburg

Boudreaux, Donald (1998), „per se rules“, The New Palgrave Dictionary of Economics and the Law, vol. 3, S. 31 – 33

Carlton, D. W. (2007), Does Antitrust Need to be Modernized?, in: *Journal of Economic Perspectives*, vol. 21, Number 3, S. 155 – 176

Christiansen, Arndt, Wolfgang Kerber (2005), Competition Policy with Optimally Differentiated Rules Instead of "Per se Rules" vs. Rule of Reason, Philipps-University Marburg, Germany

EAGCP: Report: An economic approach to Article 82, available at http://europa.eu.int/comm/competition/publications)studies/eagcp_juli_21_05.pdf

Farrell, J., M. Katz (2006), The Economics of Welfare Standards in Antitrust, in: *Competition Policy International,* 2 (2), S. 3 – 28

Hafner, Mathias (2000), Behördliche Diagnosefehler im Genehmigungsverfahren, Wiesbaden

Hammer, P. (2001), Antitrust Beyond Competition: Market Failures, Total Welfare, and the Challenge of Intramarket Second-best Tradeoffs, in: *Michigan Law Review,* 98: 849 – 925

Heiner, Ronald (1983), The Origin of Predictable Behavior, *American Economic Review 73(4)*, S. 560 – 595.

Heiner, Ronald, Dieter Schmidtchen (1995), Rational Cooperation in One-Shot Simultaneous PD-Situations, Center for the Study of Law and Economics, Saarbrücken, Discussion paper 9503

Heyer, K. (2006), Welfare Standards and Merger Analysis: Why Not the Best?, in: *Competition Policy International, 2 (2)*, S. 29 – 54

Kaplow, L., St. Shavell (2002), Fairness versus Welfare, Cambridge, Mass. [Harvard University Press]

Kirstein, Roland (1999), Imperfekte Gerichte und Vertragstreue, Wiesbaden

Lyons, B. (2003), Could Politicians Be More Right Than Economists? A Theory of Merger Standards, European University Institute Working Paper 2003/14

Makowski, L., J. Ostroy (2001), Perfect Competition and Creativity of the Market, in: *Journal of Economic Literature*, June, Vol. XXXIX, No. 2, S. 479 - 535

McAfee, P., H. Mialon, M. Williams (2004), When Are Sunk Costs Barriers to Entry? Entry Barriers in Economic and Antitrust Analysis, in: *The American Economic Review*, Papers and Proceedings, May, S. 461 – 465

Mestmäcker, Ernst-Joachim (1974), Das Prinzip der Rule of Reason und ähnliche Ausnahmemechanismen im Recht der Wettbewerbsbeschränkungen, in: Hoppmann, E., E.-J. Mestmäcker: Normenzwecke und Systemfunktionen im Recht der Wettbewerbsbeschränkungen, Tübingen, S. 21 – 58

Motta, G. (2004), Competition Policy. Theory and Practice, Cambridge

Neven, Damien, Lars-Hendrik Röller (2005), Consumer Surplus vs. welfare standard in a political economy model of merger control, *International Journal of Industrial Organization*, S. 829 – 848

Schmidtchen, Dieter (1982), Property rights, Freiheitsschutz und die Logik staatlicher Preisinterventionen: Kritische Analyse der theoretischen Grundlagen einer freiheitsgefährdenden Wettbewerbspolitik, in: Röper, B. (Hrsg.), Die Missbrauchsaufsicht vor dem Hintergrund der Entwicklungen der neueren Wettbewerbstheorie, Berlin, S. 13 – 43

Schmidtchen, Dieter (1983), Property rights, Freiheit und Wettbewerbspolitik, Tübingen

Schmidtchen, Dieter (1991), The Goals of Antitrust Revisited. Comment, in: *Journal of Institutional and Theoretical Economics* (JITE), 147. Jg, Nr. 1, S. 31 - 37

Schmidtchen, Dieter (1994), Antitrust zwischen Marktmachtphobie und Effizienzeuphorie: Alte Themen – neue Ansätze, in: Möschel, W. u. a. (Hrsg.): Marktwirtschaft und Rechtsordnung. Festschrift zum 70. Geburtstag von Erich Hoppmann, Baden-Baden

Schmidtchen, Dieter (2004), Recht, Eigentum und Effizienz: Zu F. A. v. Hayeks Verfassung der Freiheit, Discussion Paper, Center for the Study of Law and Economics, Universität des Saarlandes, Saarbrücken

Schmidtchen, Dieter (2005 a), Effizienz als Leitbild der Wettbewerbspolitik: Für einen ‚more economic approach', in: P. Oberender (Hrsg.), Effizienz und Wettbewerb, Berlin, S. 9 – 41

Schmidtchen, Dieter (2005 b), Abschlussreferat: Die Neue Wettbewerbspolitik auf dem Prüfstand, in: P. Oberender (Hrsg.): Effizienz und Wettbewerb, Berlin, S. 173 – 179

Schmidtchen, Dieter (2006 a), Der „more economic approach" in der Wettbewerbspolitik, Wirtschaft und Wettbewerb, Heft 1, S. 6 – 17

Schmidtchen, Dieter (2006 b), Wettbewerbsschutz durch regelgeleitete Wettbewerbspolitik – Anmerkungen zu einem institutionenökonomisch-evolutionären Wettbewerbsleitbild, in: ORDO, Bd. 57, S. 165 – 189

Schmidtchen, Dieter (2006 c), Kommentar: Fehlurteile über den „more economic approach" in der Wettbewerbspolitik, in: *Wirtschaft und Wettbewerb*, Heft 7/8, S. 707

Schmidtchen, Dieter et al. (2007a), The More Economic Approach to European Competition Law, *Conferences on New Political Economy*, 24, Tübingen.

Schmidtchen, Dieter (2007 b), Die Beziehung zwischen dem Wettbewerbsrecht und dem Recht geistigen Eigentums – Konflikt, Harmonie oder Arbeitsteilung?, in: Oberender, P. (Hrsg.): *Wettbewerb und geistiges Eigentum*, Berlin

Schmidtchen, Dieter (2008), Marktmacht und Wettbewerb – Zu einer wertschöpfungsbasierten Re-Formulierung beider Konzepte, in: Held, Martin et al. (Hrsg.): Macht in der Ökonomie, Marburg 2008

von Weizsäcker, C. C. (1980), Barriers to Entry. A Theoretical Treatment, Berlin u. a.

Will, Birgit E. (2008), Die Modernisierung des europäischen Kartellrechts: von der Genehmigung zur Legalausnahme – ein ökonomischer Institutionenvergleich, Marburg: *Metropolis* (zugl. Diss. rer. pol. Universität des Saarlandes), im Erscheinen

'RULES VS. STANDARDS' OR STANDARDS AS DELEGATION OF AUTHORITY FOR MAKING (OPTIMALLY DIFFERENTIATED) RULES

Wolfgang Kerber

A. Optimally Differentiated Rules instead of 'Per se Rules vs. Rule of Reason' in Competition Law

On June 28, 2007, the US Supreme Court decided in the 'Leegin' case[1] that resale price maintenance should no longer be per se prohibited in US antitrust law. Beginning with GTE Sylvania (1977) the court has reversed former per se prohibitions of vertical restraints and replaced them step by step through a rule of reason approach, as now for resale price maintenance. This development follows a more positive and differentiated assessment of vertical restraints by economists. Since it can be demonstrated that under certain conditions resale price maintenance might also be welfare-enhancing, many economists think that a per se prohibition is no longer appropriate (Motta 2004, 377). The general debate about 'per se rules vs. rule of reason' in US antitrust law is nearly as old as the law itself. Whereas a per se prohibition means that a business behavior is forbidden per se, i.e. without considering the specific circumstances in a case, a rule of reason approach allows for a much more differentiated analysis of the circumstances and effects in that particular case. In the last two decades – not only in the US, but also in Europe – a growing tendency to more rule of reason instead of per se rules can be observed. The main reason for this development is the insight of modern industrial economics that many business behaviors do not have generally positive or negative effects on competition or welfare. Often a greater differentiation and a deeper analysis of the circumstances and effects seem necessary for distinguishing between pro- and anti-competitive behaviors (Kerber and Schwalbe 2008, 230-235). A rule of reason analysis appears to be more appropriate. These developments also are the basis of the 'more economic approach' in European competition policy (Röller 2005). In combination with new theoretical

1 Leegin Creative Leather Products Inc vs. PSKS Inc., 551 U.S. (2007), Sup Ct (USA).

and empirical methods for the quantitative analysis of the welfare effects this has led to a tendency for a greater case-by-case approach.

Industrial economists have not analyzed the comparative advantages and problems of per se rules and the rule of reason as two alternative institutional devices on how to apply and enforce competition law. However, there is a small literature in antitrust law which recommends the 'error cost approach' to decide whether per se rules or the rule of reason should be applied (Easterbrook 1992; Joskow 2002; Heyer 2005). The basic idea is that competition authorities as well as courts can fail to distinguish properly between anti-competitive and pro-competitive business behaviors. These wrong decisions, either that harmful conduct can escape prosecution ("underinclusiveness") or that welfare-enhancing behavior is prohibited ("overinclusiveness"), reduce welfare (through error costs). Therefore the transition from per se rules to the rule of reason might reduce error costs, because the latter allows for a finer differentiation of cases through the consideration of more circumstances and a deeper analysis of the particular effects. However, this comes with additional costs: Direct regulation and compliance costs of the agencies, courts and firms, and indirect costs through less legal certainty, new errors etc. Therefore Easterbrook (1992, 121) concluded: "We wish to hold to a minimum the sum of (a) the welfare losses from inefficient business arrangements; (b) the welfare losses from efficient business arrangements condemned or discouraged by legal rules; and (c) the costs of operating the legal system". Therefore we should not make the "'never' fallacy" (ibid., 129), i.e. that a per se prohibition can only be defended if this behavior is never welfare-enhancing. Rather: "These [per se] rules are based on probabilities over the run of the cases, on the belief that a category of practices is so likely to be undesirable that it is not worth the costs (litigation, uncertainty, and error) of sifting through instances to separate beneficent from baleful" (ibid.).

The debate about per se rules vs. rule of reason does not reflect sufficiently that there is in fact a continuum between a simple per se rule and a full-scale market analysis of all effects in a specific case. Both in US antitrust law and European competition law, a number of intermediate solutions between these both extremes have emerged, e.g., safe harbor rules, prohibitions with exceptions under certain conditions, 'structured rule of reason' and 'quick look rules'. These intermediate solutions are characterized by taking into account more criteria and information than a simple per se rule, but also limit the extent of case analysis in comparison to a full-scale market analysis. If we define the degree of differentiation of a rule as the number of criteria and the amount of information that is used by applying the rule to a case, then a per se rule is the least differentiated, because only the behavior itself must be ascertained, whereas a full-scale market analysis can be viewed as the most differentiated, because all kinds of criteria and effects can be taken into account (Christiansen and Kerber 2006, 220-222). This approach of defining a continuum of differentiation of rules by the number of criteria and the amount of information that are taken into account for the assessment of the legality of a behavior corresponds to Kaplow's definition of the complexity of legal rules (Kaplow 1992, 1995).

If we take this continuum of intermediate solutions instead of the too crude dichotomy 'per se rule vs. rule of reason' in account, then we can ask what the optimal degree of differentiation of competition rules is, in order to minimize the sum of error costs and regulation costs. Since it can be assumed that the sum of error costs will decrease and the regulation costs will increase with a higher degree of differentiation, the existence of an optimal degree of differentiation for a competition rule can be suggested. A deeper analysis shows that the curves for the error costs and the regulation costs will depend on a number of determinants, e.g. the frequency of pro- and anti-competitive effects, different types of direct and indirect costs, and our knowledge about the effects of these business behaviors (Christiansen and Kerber 2006). As a consequence, the optimal differentiation will be different for different kinds of business behaviors: In some cases, simple per se rules might be appropriate, in many cases more differentiated rules can be recommended, and in a few extreme cases even a full-scale market analysis might be the optimal solution. An important conclusion is that the need for more differentiation in competition law does not lead to the necessity of a case-by-case analysis of the effects of business behavior. A rule-based application of competition law might still be appropriate, but perhaps the development of new differentiated competition rules might be necessary. How does this debate in competition law relate to the much broader discussion about 'rules vs. standards' in law and economics?

B. 'Rules vs. Standards' in Law and Economics

Should the legislators promulgate legal commands as rules which only have to be applied mechanically to specific cases by agencies or courts or as standards? "A 'standard' is a general legal or social criterion that adjudicators use to judge actions under particular circumstances. In that sense, standards are circumstantial; they are open-ended, allowing the adjudicator to make a fact-specific determination such as whether a driver used 'reasonable care' in given situation. Standards such as reasonableness are largely intuitive, which makes them easy to understand for the general public" (Parisi 2004, 510). "Standards allow the decision maker to take into account all relevant factors or the totality of the circumstances" (Sullivan 1992, 59), whereas a rule "binds a decision maker to respond in a determinate way to the presence of delimited triggering facts" (ibid.). Although the legal discussion about 'rules vs. standards' is considerably broader (Sullivan 1992), the law and economics discussion is focused very much on the distinction between the ex ante and ex post determination of the content of the law, i.e. "the extent to which efforts to give content to the law are undertaken before or after individuals act" (Kaplow 1992, 560). Therefore a rule entails an advance determination of what conduct is permissible, whereas a standard leaves this specification to the adjudicator (ibid.).

The law and economics literature on rules versus standards has analyzed a number of advantages and disadvantages of both rules and standards, leading to recommendations as to under which conditions rules or standards might be the more appropriate solution. The most important are the following findings (Ehrlich and Posner 1974; Diver 1983; Kaplow 1992; Parisi 2004): Rules are more costly to enact than standards, because they require more fixed set-up costs in finding and formulating them. However, the adjudication and enforcement costs under standards are deemed as higher than under rules. Therefore rules might be more appropriate if the frequency of the behavior is high, whereas standards might otherwise cause less costs. Since it is assumed that rules convey more clearly what the content of the law is and that legal advice about the application of rules is less costly than about the application of a standard, the individuals tend to be better informed about the law under rules than under standards. Therefore it can be expected that also their compliance with the law is higher under rules (Kaplow 1992). If the effects of a behavior vary widely, a standard might be more appropriate; otherwise rules might be preferable. This is connected with the advantages of a standard for solving the problems of over- and underinclusiveness, because a standard might be better able to differentiate between the beneficial and harmful behavior. Another important dimension is the extent of flexibility. If the law is promulgated in the form of standards, then it is much easier to adapt the content of the law to new circumstances and problems, leading to a higher degree of flexibility than under rules (Schäfer 2006; Fon and Parisi 2007). These issues will be discussed more deeply below. Beyond that there are a number of additional important determinants. For example, if it cannot be assumed that enough competent lawyers and judges are available (as in developing countries) then the enactment of rules might be preferable to standards, because the latter require more legally competent adjudicators (Schäfer 2006).

There can be no doubt that the discussions about 'per se rules vs. rule of reason' and 'rules vs. standards' have many similarities and parallels, especially with regard to the openness and flexibility by using a standard or a rule of reason approach on one hand, and the clarity but also rigidness of (per se) rules on the other hand. However, the 'per se rules vs. rule of reason' debate in competition law focuses less on the problem of ex ante vs. ex post determination of the content of the law but more on the question concerning the recommended extent of the consideration of specific criteria and circumstances. For example, should the 'more economic approach' in European competition policy lead to more case-by-case analyses of the effects of agreements, mergers, and other business behaviors, or only to more differentiated (complex) rules? In many articles about 'rules vs. standards', the question of the optimal complexity (specificity, precision) of legal rules is treated as part of the ex ante vs. ex post problem. Therefore rules as the result of an ex ante determination of the content of the law are viewed as necessarily less complex than the result of an ex post application of a standard (Parisi 2004; Schäfer 2006). However, it might be better to follow Kaplow, who views the optimal complexity of legal rules as an independent dimension from the question of ex ante vs. ex post determination of the content of the law.

In his contributions to the 'rules vs. standards' debate Kaplow (1992, 1995, 2000) very much insists that the question of the optimal complexity of legal rules should be conceptually distinguished from the question of choosing between rules and standards. For Kaplow it is analytically no problem to define a "rule equivalent" to a particular 'de facto' standard, i.e. a (complex) rule that produces the same outcomes for all possible cases as this standard (Kaplow 1992, 586). There can be simple and complex rules as well as simple and complex standards. As an example of an extremely complex rule Kaplow mentions US federal income tax law, and with regard to standards he claims that often only very few criteria are de facto used in their application. Therefore de facto standards need not be more complex than rules. Instead, the main difference is that "rules limit the range of permissible considerations whereas standards do not" (ibid., 589). This differentiation allows the comparison of simple rules with simple standards, complex rules with complex standards or even complex rules with simple standards. Although Kaplow does not deny that there are synergies between complexity and the choice of rules vs. standards (ibid., 595, fn. 101), he emphasizes vehemently that the benefits of complexity (e.g., helping to solve the under- and overinclusion problem) should not be subsumed under the banner of standards and those of simplicity under the banner of rules (ibid., 596).

The distinction between these two dimensions also enables a better understanding of the relation between standards and rules, especially the role of precedent in jurisprudence: "To the extent laws are promulgated as standards, predictability will be enhanced by precedent to the extent precedent transforms standards into rules" (Kaplow 1992, 611). This quotation emphasizes that the repeated application of a standard can lead to a step-wise development of explicit or implicit rules as to how the standard is applied, i.e. how many and which criteria are used in what category of cases. Precedents in jurisprudence can be interpreted as implicit rules that give more or less clear guidance as to what the courts view as relevant criteria for the application of a standard. Also, in the case of the application of a legal standard by government agencies, the latter often issue explicit rules in form of guidelines as to how they will apply the standard to specific cases. For example, in the last reform of the EU Merger Regulation in 2004 the EU legislator changed the standard for the assessment of mergers to the criterion whether the merger will "significantly impede effective competition" (SIEC-test). For increasing transparency and legal certainty, the EU Commission issued guidelines with specific rules as to what kind of criteria will be used for the assessment of horizontal mergers. Both precedents and guidelines are very important for increasing the predictability of how a standard is applied. Since a standard can only influence behavior if its application is fairly predictable, this de facto conversion of a standard to a set of explicit or implicit rules is important for its effectiveness in preventing harmful behavior. Therefore standards might not primarily be an alternative to rules; rather they might be interpreted as the delegation of rule-making power to other bodies.

C. Standards as Delegation of Authority for Making and Changing Rules

One of the widely acknowledged advantages of standards is that they allow for a larger flexibility compared to rules. However, flexibility can be meant in two ways: (1) Since the law-makers cannot foresee all the particular cases for which the law could apply, the flexibility of a standard allows for a larger discretion as to what the specific content of the law should be in particular (groups of) cases. Therefore standards enable more flexibility as to what extent and how the particular circumstances of a case can be taken into account. (2) Flexibility can also mean a larger adaptability of the content of the law to new developments, e.g. new types of harmful behavior, new technologies, new scientific knowledge about the effects of behavior and/or legal rules, or even the change of normative values in society. Economic, social, and technological evolution always leads to the necessity of the adaptation and evolution of the law, at least in the long run (obsolescence of laws: Fon and Parisi 2007). Whereas the first case refers to the making of the specific content of the law, the second case refers to its change. With regard to legitimacy, it should be clear that changing the content of the law is more critical than only its step-by-step refinement to particular (groups of) cases. However, in any case the enactment of a standard by a lawmaker can be interpreted as the delegation of the authority for making and changing the specific content of the law to other levels of the judicial or administrative system, such as courts or administrative agencies (as, e.g., competition authorities).[2]

If a standard is viewed as a delegation of authority, then many more questions turn up than those that are usually discussed in the law and economics debate about rules vs. standards. Most important is to what kind of institution the power to make or change rules should be delegated. Even if we agree that the lawmakers might not be capable of designing the proper specific rules or of adapting them quickly to new circumstances, it is still an open question as to what institution under which procedural rules might be best capable of fulfilling this task. There are a lot of necessary capabilities, such as knowledge, resources, lack of danger of rent-seeking, cost effectiveness etc. Obvious candidates are courts, government agencies, independent private or public agencies or committees (e.g. for technical standards). The advantages and disadvantages of these institutions depend on the kind of legal rules (with their specific objectives) and on many conditions, e.g., their specific institutional design, political influence, and the procedural rules. In competition law, for example, the question might turn up as to whether the competition authority should be politically independent or whether and how private litigation should be part of the enforcement system. All of these questions require in-depth theoretical and empirical studies for a thorough comparative

2 "A law consisting of imprecise standards delegates the refinement of the standard to the judiciary and the bureaucracy." (Schäfer 2006, 118).

institutional analysis.[3] Another question refers to the delimitation of the scope of the delegation of rule-making powers. Often lawmakers have enacted standards only for a certain class of cases, which is delimited by rules. Therefore the rules in this combination of rules and standards define the limits of the scope of the delegation of the powers to other institutions. Closely related is the problem of monitoring whether the delegated power is not abused (principal-agent problem). Consequently, the discussion about 'rules vs. standards' leads to the question as to how the power of making and changing legal rules should be allocated in a highly complex (and hierarchically organized) legal system with a number of legislative, administrative and judicial institutions. There can even be a hierarchy of delegation of power.[4]

Kaplow's insistence on viewing the optimal complexity of the law and the optimal timing for deciding on the content of the law as two different problems is also relevant for this perspective of standards as delegation of rule-making power. It still must be decided how many assessment criteria and specific circumstances should be taken into account, i.e. how differentiated the explicit or implicit rules for the application of the standard should be. Ex ante set-up costs for legal rules, ex post adjudication costs, error costs through over- and underinclusion problems, compliance costs, the frequency of the application, and the rate of obsolescence are some of the determinants, which are also relevant for the question of the optimal complexity (see, e.g., Fon and Parisi 2007). The main difference is that this decision about the optimal differentiation (complexity) of rules is now made by the institution to which the power for rule-making has been delegated (e.g. the courts or a government agency). My point here is that the question as to how far the legislators decide themselves on these rules or delegate this through enacting a standard, and the decision on the optimal differentiation of rules for applying the law are two different dimensions of the problem as to how a law should be promulgated and applied best.

From that perspective the notion of the determination of the content of the law *before* or *after* the actions of the individuals is also a bit misleading. It is true that courts can apply a standard only after a case comes up and therefore they decide ex post. However, from an economic perspective it is not the primary task of the court to decide on the precise content of the law in order to determine whether this past behavior was allowed or prohibited in this case. Rather the court should view this case as one of a class of similar (future) cases, and the decision in this case should be guided by the question as to how this class of cases should be treated properly. The court should not primarily look back to correct outcomes in the past but look forward into the future, i.e. what are the consequences of its decision in this case for future similar cases. This has always been the basic idea of precedent. After a number of decisions about the application of a new standard, some clarification should be achieved as to under what circumstances how many and what kind of criteria and what extent of information

3 For analyses of the appropriate institutional preconditions for competition law see Joskow (2002), Van den Bergh and Camesasca (2006, 300-348) and Kerber and Schwalbe (2008, 381-389).

4 "Hence, the practical effect of rules is to push ultimate decision-making up the legal hierarchy, and the effect of standards is to push ultimate decision-making down the legal hierarchy." (Crane 2007, 77).

should be taken into account, i.e. that a kind of (implicit) differentiated rule should emerge. Therefore we have to distinguish between case decisions which only apply an already existing differentiated rule on how to treat a class of cases, and case decisions which define the contents of the law more clearly (rule-making) or change them (by adapting them to new circumstances or new knowledge). Therefore the 'ex post' character of standards should not be interpreted as ex post to particular cases, but that the specific rules for applying the standards are only developed ex post in a step-by-step process of dealing with upcoming cases.[5]

D. Conclusions

Both in the legal and economic discussion the importance of the 'rule of law' has been emphasized. Especially in the discussion on economic policy, many economists have emphasized the importance that it is primarily the state that has the task of establishing and enforcing a framework of general legal rules for the market, but that it should refrain as much as possible from intervening in the market in order to achieve specific outcomes.[6] At first glance, the 'rules vs. standards' debate as well as the 'per se rules vs. rule of reason' discussion seems to suggest that there might also be well-founded economic arguments for deciding cases only on the specific merits of a behavior on a case-by-case basis instead of applying rules. However, a deeper analysis of standards has shown that an effective and fairly predictable implementation of standards needs the ex post development of explicit or implicit rules for their application. Therefore standards should be viewed more as the delegation of authority to administrative or judicial bodies for refining and changing the rule-like application of the law, and less as an alternative to the rule-character of the law. Although standards have advantages for allowing to find better solutions in particular cases, their most important virtue is their capacity for refining and adapting the implicit and explicit sets of rules, which define the content of the law for future behavior. The inherent limitations to legal certainty through this role of standards is the consequence of the inevitable trade-off between stable rules and the necessary flexibility to adapt the content of the law to the dynamic social, economic, and technological evolution.

What conclusions can be drawn for the more specific discussion about 'per se rules vs. rule of reason' in competition law? Both dimensions are relevant here also: At what time does who decide on the specific content of competition law (delegation problem)? How differentiated (complex) should the explicit or implicit rules for its application be? For both questions the rules vs. standards discussion can contribute a number of crucial insights. Using the approach of optimally differentiated rules instead of the wrong dichotomy per se rules vs. rule of

5 There is also a close connection to Parisi's insistence of the relevance of the timing of a new law, i.e. the question as to whether a new law should be enacted now or delayed (Parisi/Fon/Ghei 2004): "The dual optimization problem facing the lawmaker, then, is that of determining the optimal level of specificity and timing of intervention ..." (Parisi 2004, 515). However, the timing problem also turns up in the phase of specifying the rules for the application of a standard.

6 For the advantages of the 'rule of law' from an economic perspective, see Hayek (1973), the German Ordoliberals (Eucken 1952) and Constitutional Economics (Vanberg 2005).

reason is already an application of the concept of the optimal complexity of legal rules. It implies that a transition from a per se rule to a rule of reason approach does not imply a transition to a case-by-case analysis. It primarily means that a simple per se rule is no more the appropriate solution and a more differentiated rule should be chosen. The rules vs. standard debate also provides a number of useful criteria for the problem of who should decide on the specific content of competition law and adapt it to new circumstances and new knowledge. However, this problem of how to delegate the power of making and changing rules requires a much deeper analysis of the institutional details of the administrative and judicial system within which competition law is applied. For example, the large differences in the procedural rules and enforcement mechanisms between the US antitrust law and the EU competition law suggest that both the ex ante / ex post decision as well as the optimal degree of differentiation of rules might be decided differently in these two competition law regimes.

Consequently, the Leegin decision of the US Supreme Court to replace the per se prohibition of resale price maintenance through a rule of reason approach does not imply that now the legality of resale price maintenance should be decided on a case-by-case analysis, based upon the specific circumstances in the particular cases. Rather the lower-level courts now have the task of searching for another, more differentiated rule. The law and economics discussion about rules vs. standards and the optimal complexity of legal rules provide valuable guidance for the question as to what kind of determinants should be considered for searching this new, more differentiated rule (frequency of cases, heterogeneity of effects, costs of information and legal advice, error costs, compliance effects etc.). It is an interesting aspect of the Leegin decision that this law and economics perspective – whether it is worthwhile to change from a per se prohibition of resale price maintenance to the pathway of searching for more differentiated rules – can be found much more in the argumentation of Justice Breyer (in his dissenting opinion) than in the argumentation of the majority (which primarily relies on the arguments of industrial economists). Justice Breyer asks: "How often are harms and benefits [of resale price maintenance, W.K.] likely to occur?"[7] "How easily can courts identify instances in which the benefits are likely to outweigh the potential harms?" (ibid., 9). What additional errors are made through courts and juries by taking into account complex economic criteria (ibid, 10)? In contrast to the majority opinion it is Justice Breyer who asks some of the decisive questions for ascertaining whether an additional differentiation is worthwhile in comparison to the per se prohibition of resale price maintenance. We cannot discuss here whether his skepticism is justified, but his questions are entirely in line with this law and economics debate about rules vs. standards and the optimal complexity of law.

---

7 Leegin Creative Leather Products Inc vs. PSKS Inc., 551 U.S. 8 (2007), Sup Ct (USA) (dissenting opinion).

References

Christiansen, A., and W. Kerber (2006): Competition Policy with Optimally Differentiated Rules Instead of "Per se Rules vs. Rule of Reason", *Journal of Competition Law and Economics* 2 (2), 215-244

Crane, D.A. (2007): Rules versus Standards in Antitrust Adjudication, *Washington and Lee Law Review* 64, 49-110

Diver, C.S. (1983): The Optimal Precision of Administrative Rules, *The Yale Law Journal* 93 (1), 65-109

Easterbrook, F.H. (1992): Ignorance and Antitrust, in: Jorde, T.M. and D.J. Teece (eds.), Antitrust, Innovation, and Competitiveness, New York: Oxford University Press, 119-136

Ehrlich, I. and R.A. Posner (1974): An Economic Analysis of Legal Rulemaking, *Journal of Legal Studies* 3, 257-286

Eucken, W. (1952): Grundsätze der Wirtschaftspolitik, Tübingen: Mohr Siebeck

Fon, V., and F. Parisi (2007): On the Optimal Specificity of Legal Rules, *Journal of Institutional Economics* 3 (2), 147-164

Hayek, F.A. (1973): Law, Legislation, and Liberty, Vol. I: Rules and Order, Chicago: Chicago University Press

Heyer, K. (2005): A World of Uncertainty: Economics and the Globalization of Antitrust, *Antitrust Law Journal* 72 (2), 375-422

Joskow, P.L. (1992): Transaction Costs Economics, Antitrust Rules, and Remedies, *Journal of Law, Economics, and Organization* 18 (1), 95-116

Kaplow, L. (1992): Rules versus Standards: An Economic Analysis, *Duke Law Journal* 42, 557-629

Kaplow, L. (1995): A Model of the Optimal Complexity of Legal Rules, *Journal of Law, Economics, and Organization* 11 (1), 150-163

Kaplow, L. (2000): General Characteristics of Rules, Encyclopedia of Law and Economics, 502-528

Kerber, W., and U. Schwalbe (2008): Economic Principles of Competition Law, in: Säcker, F.-J., Hirsch, G., and F. Montag (eds.), Competition Law: European Community Practice and Procedure - Article-by-article Commentary of the EC Competition Law, Vol. 1, London: Sweet & Maxwell, 202-391

Motta, M. (2004): *Competition Policy*. Cambridge: Cambridge University Press

Parisi, F. (2004): Rules versus Standards, in: Rowley, C.K., and F. Schneider (eds.), Encyclopedia of Public Choice, Dordrecht: Kluwer Academic Publishers, 510-516

Parisi, F., Fon, V., and N. Ghei (2004): The Value of Waiting in Lawmaking, *European Journal of Law and Economics* 18, 131-148

Röller, L.-H. (2005): Economic Analysis and Competition Policy Enforcement in Europe, in: van Bergejik, P.A.G., and E. Kloosterhuis (eds.), Modelling European Mergers. Theory, Competition Policy and Case Studies, Cheltenham: Elgar, 11-24

Schäfer, H.-B. (2006): Rules versus Standards in Rich and Poor Countries: Precise Legal Norms as Substitutes for Human Capital in Low-Income Countries, *Supreme Court Economic Review* 14, 113-134

Sullivan, K.M. (1992): The Justices of Rules and Standards, *Harvard Law Review* 106, 22-123

Vanberg, V. (2005): Market and State: The Perspective of Constitutional Political Economy, *Journal of Institutional Economics* 1, 23-49

Van den Bergh, R.J., and P.D. Camesasca (2006): European Competition Law and Economics. A Comparative Perspective, London: Sweet & Maxwell

INCENTIVES AND DISINCENTIVES FOR THE PRIVATE ENFORCEMENT OF EC COMPETITION LAW

Jürgen Basedow

A. Introduction

In December 2005 the European Commission has published a Green Paper on "damages actions for breach of the EC-antitrust rules"[1] and a more detailed Commission Staff Working Paper as an annexe to it.[2] These documents are meant to open a public consultation on various issues relating to the so-called private enforcement of Articles 81 and 82 EC. In a rather unsystematic manner they list some major issues relating to private actions for compensation of losses resulting from a violation of European competition law. These issues are the plaintiff's access to evidence held by the defendant, the basis of liability, i.e. the fault requirement, the calculation of damages and the so-called passing-on defence which the defendant may raise if the plaintiff has succeeded to pass the higher input costs caused by a price-fixing cartel of his suppliers on to the downstream market; the need for special procedures, in particular for collective actions meant to defend consumer interests; the costs of such actions, the coordination of public and private enforcement; jurisdiction and choice of law; limitation periods, and the requirement of causation.

It follows from this list that the whole range of tort issues is covered. The Green Paper sets forth a great number of policy options which may be relevant for future Community legislation. While non-contractual liability so far has been almost exclusively in the competence of the Member States the Commission is now contemplating Community action in this field almost across the board. The success of legislation in this field obviously depends on a close

1 COM (2005) 672 of 19 December 2005, also published in *Jürgen Basedow* (ed.), Private Enforcement of EC Competition Law, Alphen aan den Rijn 2007, p. 257 seq.

2 SEC (2005) 1732, annex to COM (2005) 672 of 19 December 2005, also published in *Basedow*, above fn. 1, p. 269 seq.

investigation into its legal and economic implications. By its very nature the subject is a privileged candidate for an economic analysis of law, i.e. a method which owes so much to the academic contributions of *Hans-Bernd Schäfer* to whom this paper is dedicated in longstanding respect and friendship.

It goes without saying that my following remarks cannot exhaustively cover the problems arising in this area. Many of them have been discussed in depth at a conference that was held at the Max Planck Institute in Hamburg in April 2006; I must refer to the collected papers of that conference for a more comprehensive treatment.[3] My following observations will first outline the legal background of the present discussion (see below II.) and then focus on a central issue of private enforcement, i.e. the incentive of private parties to invoke a violation of competition law in legal proceedings, see below III. –VI. This incentive is of paramount importance if private damages claims are to increase the overall degree of enforcement of EC competition law as the Commission thinks they should do. For the German phrase „Wo kein Kläger, da kein Richter" (no plaintiff, no judge) applies here as it does in all civil proceedings.

B. Lex lata and lex ferenda

The recent Green Paper may appear as a completely new move in the legislative policy of the European Commission. In Europe, damages claims for the violation of Articles 81 and 82 have neither been explicitly recognized by Community law until recently, nor have they played a significant role in the national legal systems of Member States.[4] While national law would usually provide for a cause of action for damages resulting from anticompetitive acts,[5] no Member State is as generous to the plaintiff as US law where he is entitled to three times the amount of his loss.[6] However, a complete overhaul of Community law has been under way since 1999.

In view of the imminent enlargement of the European Community and the accession of a great number of new Member States the Commission feared in the late 1990s that it would be less and less able to ensure a satisfactory degree of enforcement of European competition law. It therefore started to conceive a complete overhaul of its competition policy and started its work by presenting a proposal for what later became Regulation 1/2003 in 1999.[7] At this stage already the Commission pointed out that the "proposal aims at promoting private

---

3 See *Basedow*, above fn. 1.

4 *Karsten Schmidt*, in *Ulrich Immenga/Ernst-Joachim Mestmäcker* (eds.), Wettbewerbsrecht Band 1. EG/Teil 2, 4th ed., München 2007, VO 1/2003 Anh. 2 Rn. 1.

5 For a comparative survey see the national reports in *Claus-Dieter Ehlermann/Isabela Atanasiu* (eds.), European Competition Law Annual 2001: Effective Private Enforcement of EC Antitrust Law, Oxford 2003, see in particular *Jeremy Lever* for the UK, p. 109, 111; *Antoine Winckler* for France, p. 119, 127 s.; *Jürgen Basedow* for Germany, p. 137, 139 and *Marina Tavassi* for Italy, p. 147, 153 s.

6 See sect. 4 Clayton Act, 38 Stat. 730 (1914), 15 U.S.C. § 15 as amended.

7 Council Regulation (EC) No. 1/2003 of 16 December 2002 on the implementation of the rules on competition laid down in Articles 81 and 82 of the Treaty, OJ 2003 L 1/1.

enforcement through national courts".[8] In fact, the direct applicability of Article 81 (3) allows national courts to give judgement on actions for compensation based upon the violation of Article 81 (1) EC. Contrary to the previous law based upon Regulation 17[9] national courts are no longer required to stay proceedings until the Commission has taken a decision on an application for an exemption under Article 81 (3). As long as the Commission had the exclusive right to grant such exemptions private parties would not sue for compensation of losses resulting from anti-competitive behaviour. The need to stay proceedings in national courts[10] would cause long delays, not warranted by the outcome in most cases; for the Commission would often send a comfort letter without taking a clear decision. Article 3 of Regulation 1/2003 now allows national courts to decide themselves whether overriding beneficial effects outweigh the violation of Article 81 (1). Regulation 1/2003 therefore has to be seen as an important step towards a more effective private enforcement of EC competition law.

Yet no cause of action for such damages claims has been recognized under Community law until the European Court of Justice handed down its opinion in *Courage v. Crehan* in September 2001.[11] The court pointed out that the practical effect of the prohibition of restrictive agreements in Article 81 (1) "would be put at risk if it were not open to any individual to claim damages for loss caused to him by a contract or by conduct liable to restrict or distort competition."[12] In the Court's view "actions for damages before the national courts can make a significant contribution to the maintenance of effective competition in the Community."[13] However, "in the absence of Community rules governing the matter" the Court held that "it is for the domestic legal system of each Member State to designate the courts and tribunals having jurisdiction and to lay down the detailed procedural rules" for such claims, "provided that such rules are not less favourable than those governing similar domestic actions (principle of equivalence) and that they do not render practically impossible or excessively difficult the exercise of rights conferred by Community law (principle of effectiveness)".[14]

The latter passage is ambiguous in two respects, but it opens the way towards a judge-made development of Community rules on the matter. It is unclear because it refers only to procedural issues and does not mention the details of substantive law which are relevant for the implementation of damages claims, e.g. the basis of liability, the standard of causation, calculation of damages, joint liability, set-off, the limitation of claims, the payment of interest etc. Did the Court intend to exclude these issues from its reference to national law, perhaps in view of the development of general principles of European tort law? Or was the reference to

---

8 COM (2000) 582, Explanatory Report, Part II C 1a, p. 7.

9 First Regulation No. 17 of the Council of 6 February 1962 implementing Articles 85 and 86 of the Treaty, OJ 1962 L 2004.

10 ECJ 28 February 1991, case C-234/89 (*Delimitis v. Henninger*), [1991] E.C.R. I-935 cons. 52 seq.

11 ECJ 20 September 2001, case C-453/99 (*Courage v. Crehan*), [2001] E.C.R. I-6297.

12 Cons. 26.

13 Cons. 27.

14 Cons. 29.

"the detailed procedural rules" of national law to be understood in a wide sense, comprising all details of implementation? And what would be the significance of the principle of effectiveness operating as a kind of barrier to national law?

In the *Manfredi* decision of July 2006, the Court of Justice grasped the opportunity to elaborate on these questions.[15] Customers of cartelized Italian companies offering civil liability auto insurance had sued their insurance companies for the restitution of excessive premiums paid in accordance with the cartel agreement. The Court of Justice reiterated upon its findings in the *Courage* decision and, in particular, upon the reference to national law. It does not leave any doubt that this reference also includes provisions of substantive law which govern the implementation of a claim. Thus, "the concept of causal relationship" and the beginning of the limitation period are explicitly subject to national law.[16] However, the Court does not address the choice-of-law issue. It therefore remains unclear which national law governs the said issues. On the other hand, the court uses the principle of effectiveness to infer "that injured persons must be able to seek compensation not only for actual loss (damnum emergens) but also for loss of profit (lucrum cessans) plus interest."[17] This step towards the recognition of common principles of a European law of civil liability is even more significant in the light of the Advocate General's opinion which does not deal with this issue.[18]

It follows from these decisions of the Court of Justice that the debate on damages claims for losses caused by anti-competitive acts is not only relevant for legislative policy. Rather, this debate takes place in the shadow of jurisprudential developments which are heading towards the elaboration of general principles of European antitrust tort law. The pace of that development will be influenced, to a large extent, by the incentives of private undertakings and consumers to sue for the compensation of claims flowing from the violation of Articles 81 and 82 EC. These incentives are influenced by various factors which I shall now proceed to analyse.

C. Incentives 1: The defensive and offensive invocation of competition law

When it comes to the incentives to invoke competition law, a first distinction must be drawn between defensive and offensive purposes. Private enforcement has always been contemplated as far as the function of Article 81 as a shield against private claims is concerned. In fact, claims arising from anti-competitive agreements have been countered by defendants invoking the nullity of the contract under Article 81(2)EC often and for long. This invocation is not connected to any additional risk for the defendant. Quite to the contrary: under the former Regulation 17, the invocation of Article 81(2) would usually help the defendant irrespective of the outcome of the antitrust analysis. As pointed out before, the court would have to stay

15 ECJ 13 July 2006, joined cases C-295/04 to C-298/04 (*Manfredi* v. *Lloyd Adriatico Assicurazioni et al.*), 2006 [E.C.R.] I-6619.

16 Cons. 64 and 78, but see also cons. 82.

17 Cons. 95.

18 See opinion of AG Geelhoed of 26 January 2006, particularly cons. 69: reference to national law.

proceedings if it found the contract to be in violation of Article 81(1) and if the plaintiff had applied for an exemption to be granted by the European Commission.[19] Due to the long delays caused by Commission proceedings, the defendant would at least gain time and perhaps also win the case. Even under the present regime the antitrust analysis will usually take some additional time and thereby grant provisional protection to the defendant.

The new debate focuses on the offensive use of Articles 81 and 82 as a "sword" in the hands of the victims of anti-competitive behaviour. For the plaintiff, the invocation of an infringement of antitrust law committed by the defendant is a rather risky endeavour. If he loses the case he will have to pay his own costs, the costs of the court and, depending upon the national cost rule, perhaps also the costs of the defendant. If he keeps on doing business in the market served by the cartelized firms he may face additional commercial sanctions. In view of these risks he may choose other options. Instead of fighting the cartel he may try to join it, in particular as long as it has not been discovered. As a customer of the cartelized companies he may seek to pass the higher input prices on to his own customers although it is not quite clear why he should not try to extract as much money from them irrespective of the cartel on the upstream market. These considerations may explain why the victims of cartels in Europe hardly ever initiate proceedings for the compensation of the losses they have suffered. In order to overcome this restraint of plaintiffs and thereby to foster private enforcement Community law would need to contain the plaintiff's risks and/or grant potential benefits whose expectation would encourage plaintiffs to go to court despite those risks.

D. Incentives 2: Calculation of damages

The loss suffered by the victims of a cartel or of abusive behaviour of a dominant firm depends very much on the type of anti-competitive act and the relation between the victim and the perpetrator of the anti-competitive acts. Thus, suppliers of cartelized customers will receive less and supply more than they would under competitive conditions, while customers of cartelized suppliers will pay excessive prices, and some may refrain from purchasing the cartelized goods which amounts to an additional welfare loss. The damage sustained by competitors who are foreclosed from doing business on a given market, and of their customers and suppliers are again of a different nature. As pointed out by the Court of Justice in its recent *Manfredi* opinion Community law mandates the compensation of damnum emergens and lucrum cessans.[20] Future discussions will therefore dwell upon the precise determination of the foregone profits for each of the above-mentioned constellations.

With respect to the customers of cartelized companies that have practised horizontal price-fixing *Martin Hellwig* has accurately pointed out that a distinction must be made

---

19 See above at fn. 10.

20 See above at fn. 17.

between distributive and allocative effects.[21] With regard to the single item delivered the distributive effect is calculated by deducing, from the price actually paid, the hypothetical price that would have been paid in the absence of the cartel. The balance has to be multiplied by the number of items which have been delivered. Given the judge's ability to estimate the damage which is explicitly recognized in some national laws,[22] this distributive effect of a cartel appears to be susceptible of being assessed in legal practice.

However, the calculation referred to above does not grasp the total welfare loss caused by the cartel. Depending on the price elasticity of demand, there will be customers who refrain from purchasing the goods or services at the cartelized price. Some of them will switch to a substitute product which meets their needs less than the cartelized product. Others will completely forego the purchase. Allocative effects of both types are extremely difficult to assess in civil proceedings. They depend upon the price elasticity of demand which in some cases may be determined on the basis of aggregate market data.[23] But the plaintiff, who would bear the burden of proof, would also have to meet objections which explain the drop of sales of the cartelized products by general business trends, by the attraction of rival products, by a change of consumer preferences etc. Even if the plaintiff succeeds in proving a certain price elasticity of demand on the relevant product market he would have to prove in addition that he himself would have purchased a product or a certain quantity of products of the cartelized type if it had been sold, in the absence of a cartel, at a price below the cartelized level. While such a purchase may be sufficiently plausible if he has bought a substitute product, he will have great difficulty to convince a court of such a hypothetical purchase if he has not bought anything. Plaintiffs will anticipate these difficulties and will hardly ever claim damages for the compensation of these allocative effects.

As a consequence, compensation claims will usually fall short of the actual welfare loss caused by the price-fixing cartel. Given the high risk of such compensation claims and the insufficient compensation awarded in case of success, many plaintiffs will be disincentivized to initiate legal proceedings. As a countervailing measure which re-establishes the plaintiff's incentive, one should contemplate the possibility of granting multiple damages. It is well known that US antitrust law grants treble damages,[24] but they have at least partially the function to replace the lack of prejudgment interests in US law. In many European jurisdictions such interests are awarded.[25] For European law one should therefore rather think of a

21 *Martin Hellwig*, Private Damage Claims and the Passing-on Defense in horizontal price-fixing cases – an economist's perspective, in: *Basedow*, above at fn. 1, p. 121, 124 s.; in a similar vein *Gerhard Wagner*, Schadensersatz bei Kartelldelikten, in: *Thomas Eger/Hans-Bernd Schäfer* (eds.), Ökonomische Analyse der europäischen Zivilrechtsentwicklung, Tübingen 2007, p. 60, 624 s.

22 See for Germany § 287 Zivilprozessordnung (Code of Civil Procedure).

23 See *Hellwig*, above at fn. 21, at p. 133 in N. 12; a generalization as suggested by *Wagner*, above at fn. 21, p. 628, is difficult to reconcile with the very wide range of elasticities on different markets and with the different elasticities of demand ascertained on a single market in a short-term and long-term perspective.

24 See above at fn. 6.

25 See a short comparative survey in *Jürgen Basedow/Axel Metzger*, Verzugsschaden in der Seeversicherung – Zugleich ein Beitrag zur angewandten Rechtsvergleichung in der AGB-Kontrolle, in: Recht und Risiko – Festschrift Kollhosser, vol. 1, Karlsruhe 2004, p. 3, 14 seq.

duplication of damages as suggested by the German Monopolies Commission[26] and contemplated by the European Commission.[27] As has been explained above, the duplication does not amount to a recognition of punitive damages but should rather be regarded as a lump sum pay-off for allocative effects which otherwise would remain uncompensated.

E. Incentives 3: The dissipation of losses in the chain of commerce and the pass-on defence

Under general tort law damages are to be assessed by a comparison of the plaintiff's assets as they result from the damaging event, and the hypothetical assets that he would own had the damaging event not occurred. As applied to losses resulting from anti-competitive acts and in particular from the purchase of products at cartelized prices this means that the hypothetical situation that would exist in the absence of the price cartel has to be figured out. As pointed out above, this is not an easy task. Plaintiffs and courts will usually limit their enquiry to the so-called distributive effects, i.e. to the determination of the hypothetical price in the absence of the cartel which, in order to simplify things, will be called the competitive price here. Defendants will object that the loss resulting from the difference between the cartelized and the competitive price will be reduced or even offset by price increases on the plaintiff's own downstream market. It has been a matter of fierce dispute for many years whether this so-called passing-on defence is justified or not.

From an accurate economic assessment of the losses caused by a price cartel at subsequent levels in the chain of commerce one might argue that the passing-on defence is irrelevant. For the economic analysis of these losses would include the allocative effects. Thus, while the successful pass-on of the increased input prices would reduce the distributive effects relating to the products actually purchased to zero, the same pass-on has the effect of reducing the plaintiff's sales to his customers thereby causing damage in the form of loss of business, i.e. the allocative effect. Consequently, there appear to be two options from an economic viewpoint: either the pass-on defence is rejected, in which case the plaintiff must be treated as if his sales had not gone down, i.e. as if he had purchased the same quantity of the cartelized products as in the absence of the cartel; or the pass-on defence is accepted: in that case his own loss of sales, i.e. the allocative effects would have to be compensated, while the distributive effect would be reduced or even offset. The effects might be identical for both options.

The reality of civil procedure is more complicated. As pointed out above, the second option, i.e. the claim for compensation of allocative effects is not realistic because plaintiffs will feel unable to assess and prove the allocative effects in a sufficiently precise manner. Plaintiffs will usually calculate their damages on the basis of the number of actual sales of the cartelized product and multiply this number with the difference between cartelized and

---

26 *Monopolkommission*, Das Allgemeine Wettbewerbsrecht in der 7. GWB-Novelle, Baden-Baden 2004, no. 83; *Wagner*, above at fn. 21, p. 649 s. is surprisingly hesitant; talking about a „multiplication factor" he leaves open whether it will be 2 or 3 (or perhaps 1).

27 Commission Staff Working Paper, above at fn. 2, no. 150.

competitive input price. This information is available to them and to the defendants. Its disclosure in the statement of claim does not involve any business secrets. What plaintiffs will not want to disclose is any information relating to their downstream market including data which would allow inferences on the price elasticity of demand on downstream markets. If under such conditions the passing-on defence is allowed this would amount to under-compensation because distributive effects would be excluded from the calculation of losses and compensation for allocative effects has not been claimed.

If however the passing-on defence is rejected, compensation would still fall short of the plaintiff's true loss. The rejection of the passing-on defence means that the plaintiff's hypothetical assets have to be assessed as if he had not raised his own price on the downstream market. In that case he would have sold the same quantity of products as in the absence of the cartel, and he would have purchased this quantity from defendant. Without the passing-on defence the damage would therefore result from a multiplication of the difference between cartelized and competitive price with the number of goods purchased by the plaintiff in the absence of a cartel. Since his actual claim will, however, in most cases be limited to the "lower" actual sales numbers resulting from the cartelization of his input prices he will be under-compensated in this case, too. Thus, in the real world compensation will invariably fall short of the losses caused on the downstream market by the cartel. Whereas the rejection of the passing-on defence would at least allow compensation to come close to the actual loss, the recognition of the defence would reduce compensation to naught in many cases.

Tort law pursues the objective to internalize external effects of unlawful behaviour, in our context of anti-competitive acts. It would appear that the rejection of the passing-on defence is more in accordance with this objective than its recognition. The rejection of the defence will at least provide some compensation to the victims of the cartel. As pointed out by the US Supreme Court in *Hanover Shoe*[28] there are two additional policy arguments which militate against the passing-on defence. In the first place its recognition would force the plaintiff to disclose much information about its own business, and antitrust proceedings would be burdened with additional litigation relating to evidence and the underlying economic theory. Second, the recognition of the defence would shift standing for damages claims to subsequent purchasers in the chain of commerce. There, losses are usually dissipated among a much greater number of persons who have a lower incentive to initiate proceedings. The rejection of the pass-on defence therefore is also required for the sake of effectiveness of antitrust enforcement, i.e. for the plaintiffs' incentives to go to court. The particular stress laid by the European Court of Justice on the principle of effectiveness[29] thus militates against the passing-on defence.

---

28 *Hanover Shoe* v. *United Shoe Machinery Corp.* 392 U.S. 481 (1968).

29 ECJ 20 September 2001, above at fn. 11, cons. 26; ECJ 13 July 2006, above at fn. 15, cons. 95.

F. Incentives 4: Consumers and collective actions

As the higher input prices are being passed on to downstream markets the losses suffered by indirect purchasers and finally by consumers are getting smaller and smaller while the number of purchasers is growing on subsequent market levels. This observation led the US Supreme Court to reject the passing-on defence and, some years later in *Illinois Brick*, to refuse standing to indirect purchasers.[30] Given the under-compensation at the level of the direct purchasers this refusal is by no means an unavoidable consequence of *Hanover Shoe*. The Supreme Court's fear of multiple liability of cartel members would hardly ever result in an overcompensation of cartel victims. About a half of all US jurisdictions have adopted so-called Illinois Brick repealer statutes which grant standing to indirect purchasers under the antitrust statutes of the respective states;[31] yet the risk of multiple liability of cartel members as against direct and indirect purchasers has not materialized in a single case so far.[32]

Indirect purchasers may have standing but they have only small incentives to initiate complex antitrust litigation since their stake in such proceedings is fairly small. It may therefore very well occur that direct purchasers do not sue the cartel members for commercial considerations, and because they believe that by passing on their higher input prices they do not lose much business and that indirect purchasers do not go to court because their incentives are too small. In view of such situations the European Commission has raised the question as to whether some kind of collective action is needed.[33] It is significant that the Commission has not referred to the opt-out type class action of US law[34] as a possible option; this would indeed meet many objections. But it appears likely that some kind of bundling of claims will be needed in order to make private antitrust enforcement more effective at the level of indirect purchasers and consumers. Options which appear to be more in line with structures of civil justice in Europe could be the extension of standing for consumer associations to damages claims or the opt-in type group action which has been introduced in Scandinavian countries.[35]

G. Summary

Private enforcement of antitrust law may be viewed in different ways. From a purely private law perspective it would appear that the traditional focus of competition authorities on market structures is insufficient and that the time has come to help the victims of anti-competitive

---

30 *Illinois Brick Co.* v. *Illinois*, 431 US 720 (1977).

31 For a survey, see *Friedrich Wenzel Bulst*, Schadensersatzansprüche der Marktgegenseite im Kartellrecht, Baden-Baden 2006, p. 98 seq.

32 Cf. *Bulst*, above at fn. 31, p. 329 s.

33 See the Green Paper, above at fn. 1, Options 25 and 26; this question is answered in the affirmative by *Wagner*, above at fn. 21, p. 641 s. who advocates a "supplementary collective action" next to actions brought by direct purchasers.

34 See the Commission Staff Working Paper, above at fn. 2, nos. 195-197.

35 See for Sweden the Lag om grupprättegång of 30 May 2002, Svensk Författningssamling (SFS) 2002 : 599; dazu näher *Andreas Mom*, in: *Hans-W. Micklitz/Astrid Stadler* (Hrsg.), Das Verbandsklagerecht in der Informations- und Dienstleistungsgesellschaft, Münster 2005, S. 497, 549 ff.; *Ulrich Stengel/Pär Hakemann*, Gruppenklage – Ein neues Institut im schwedischen Zivilverfahrensrecht, Recht der Internationalen Wirtschaft (RIW) 2004, 221-228.

behaviour. However, as shown by the US example, there is also another possible view on private enforcement. It can indeed be seen as a supplement of public enforcement, the plaintiff acting as a private attorney general. In this perspective the expectation of damages claims is meant to deter the perpetrators of anti-competitive acts. The Commission's Green Paper pursues both paths of thought. It should however be clear that private parties will only act for the benefit of competition if they have sufficient incentives to initiate civil proceedings in court. This paper has pointed out that there are various issues of civil antitrust liability which have an impact on the plaintiff's incentives. Unless Community institutions take decisions in favour of such incentives, a future instrument on damages claims may be rather ineffective. It is up to economic and legal scholars to deliberate solutions which improve incentives while being reconcilable with the structures of civil procedure in the member states of the European Union.

GRENZEN EINER PRIVATEN DURCHSETZUNG DES VERBOTS VON PREISKARTELLEN

Thomas Eger (Hamburg) und Peter Weise (Kassel) *

A. Einleitung

Bis heute wurden Verstöße gegen die Artikel 81 (Kartellverbot) und 82 EG (Verbot der missbräuchlichen Ausnutzung einer marktbeherrschenden Stellung) fast ausschließlich seitens der jeweiligen Wettbewerbsbehörden, wie der EU-Kommission und (seit 2004) den nationalen Wettbewerbsbehörden der Mitgliedstaaten, durchgesetzt.

Diese Wettbewerbsbehörden verfolgen – selbstständig oder aufgrund von privaten Beschwerden – verdächtige Geschäftspraktiken, um Verstöße gegen die europäischen Wettbewerbsregeln zu sanktionieren und vor zukünftigem wettbewerbsfeindlichen Verhalten abzuschrecken.

Schon im Jahr 1974 entschied der Europäische Gerichtshof (EuGH), dass die in Artikel 81 und 82 EG enthaltenen Verbote ihrer Natur nach geeignet sind, in den Beziehungen zwischen Einzelnen unmittelbare Wirkungen zu erzeugen und unmittelbar in deren Person Rechte entstehen zu lassen, welche die Gerichte der Mitgliedstaaten zu wahren haben.[1] Allerdings hat der EuGH erst durch das *Courage* Urteil aus dem Jahr 2001 entschieden, dass das

---

* Wir danken Jürgen Backhaus, Sönke Häseler, Benjamin Knorr, Katerina Mountricha, Hans-Bernd Schäfer, Dieter Schmidtchen, Urs Schweizer und Katherine Walker für wertvolle Kommentare zum ersten Entwurf dieses Beitrags.

1 Rechtssache 127/73, *BRT v SABAM*, 30. Januar 1974.

Gemeinschaftsrecht die Möglichkeit einer Schadensersatzklage in Kartellrechtsfällen eröffnet: "Die volle Wirksamkeit des Artikels 81 EG-Vertrag und insbesondere die praktische Wirksamkeit des in Artikel 81 Absatz 1 ausgesprochenen Verbots wären beeinträchtigt, wenn nicht jedermann Ersatz des Schadens verlangen könnte, der ihm durch einen Vertrag, der den Wettbewerb beschränken oder verfälschen kann, oder durch ein entsprechendes Verhalten entstanden ist."[2]

Die Verordnung 1/2003, die am 1. Mai 2004 in Kraft getreten ist, hat die Verordnung 17/1962 ersetzt und damit einen Paradigmenwechsel in der Durchsetzung der europäischen Wettbewerbsregelungen eingeleitet. Das alte zentralisierte System einer Ex-ante-Kontrolle durch Erlaubnisvorbehalt wurde durch ein System der Legalausnahme ersetzt, welches der dezentralisierten Durchsetzung durch nationale Wettbewerbsbehörden und Gerichte mehr Bedeutung bemisst.[3] Die Aufgabe der einzelstaatlichen Gerichte, die sich aus dem Gemeinschaftsrecht ergebenden subjektiven Rechte zu schützen, indem etwa bei Zuwiderhandlungen den Geschädigten Schadensersatz zuerkannt wird, wurde ausdrücklich erwähnt. Allerdings fällt die Entscheidung über angemessene Rechtsbehelfe und Verfahrensmodalitäten bei Schadensersatzklagen immer noch in die Zuständigkeit der einzelnen Mitgliedstaaten. Folglich werden die Mitgliedstaaten in ihrem Ermessen nur durch den Äquivalenzgrundsatz (die Regelungen sind nicht weniger günstig ausgestaltet als diejenigen entsprechender innerstaatlicher Klagen) und den Effektivitätsgrundsatz (die Ausübung der durch die Gemeinschaftsrechtsordnung verliehenen Rechte wird nicht praktisch unmöglich gemacht oder übermäßig erschwert) beschränkt.[4]

Verglichen mit den USA, wo etwa 90 Prozent aller kartellrechtlichen Fälle Privatklagen sind (Wils 2003, S. 476ff.; Salop/White 1986, S. 1001ff.), ist die privatrechtliche Durchsetzung des europäischen Kartellrechts in den 25 Mitgliedstaaten immer noch unterentwickelt.[5] Aus diesem Grund stellte die Europäische Kommission im Dezember 2005 das Grünbuch „Schadensersatzklagen wegen Verletzung des EU-Wettbewerbsrechts" vor, um die „Haupthindernisse für ein effizienteres System der Schadenersatzklagen festzustellen und verschiedene Optionen für weitere Überlegungen und mögliche Maßnahmen zur Optimierung von Schadenersatzklagen" (S. 4) zu evaluieren.[6]

Wir wollen nun kurz die Kernpunkte des Grünbuchs (Abschnitt II) darstellen. Danach werden wir mögliche Vor- und Nachteile der staatlichen und privaten Wettbewerbsrechtsdurchsetzung diskutieren (Abschnitt III). In Abschnitt IV werden wir uns der Frage widmen,

---

2 Rechtssache C-453/99, *Courage Ltd v Bernard Crehan, 22 März 2001, para. 26.*

3 Vertiefend: Van den Bergh/Camesasca, 2006, S. 333ff. Im Jahr 2005 wurde das *Gesetz gegen Wettbewerbsbeschränkungen (GWB)* entsprechend geändert; Wurmnest 2005, Buxbaum (2005, 114 ff.).

4 Rechtssache C-453/99, *Courage Ltd v Bernard Crehan, 22 März* 2001, para. 29, mit Verweis auf das *Palmisani* Urteil aus dem Jahr 1997.

5 Das EG Kartellrecht wurde im privatrechtlichen Bereich fast ausschließlich defensiv (oder als „Schild") geltend gemacht, besonders bei vertragrechtlichen Streitfragen. Dagegen wurden die Artikel 81 und 82 EG nur Sehr selten aktiv (als „Schwert") genutzt, um Klagen auf Schadensersatz oder Unterlassung zu bemühen (Wils 2003, S. 473).

6 Vgl. hierzu den grundlegenden Beitrag von Wagner (2007).

wer die typischen Geschädigten von Hardcore-Preiskartellen sind. Wir schließen unseren Beitrag dann mit einer mehr oder weniger skeptischen Beurteilung der privaten Wettbewerbsdurchsetzung ab.

B. Das Grünbuch „Schadenersatzklagen wegen Verletzung des EU-Wettbewerbsrechts"

Die Europäische Kommission stellt im Grünbuch mehrere Optionen dar, mit denen Schadensersatzklagen wegen Verletzung des Wettbewerbsrechts in den europäischen Mitgliedstaaten erleichtert werden sollen. Dabei sollte die Beseitigung von Hindernissen für diese Art von Schadensersatzklagen mehreren Zwecken dienen, „nämlich jene, die infolge wettbewerbswidrigen Verhaltens einen Verlust erlitten haben, zu entschädigen, sowie durch Unterbindung wettbewerbswidrigen Verhaltens die Wirksamkeit der Wettbewerbsvorschriften sicherzustellen und dergestalt zur Erhaltung eines wirksamen Wettbewerbs in der Gemeinschaft beizutragen (Abschreckung). Durch die Möglichkeit, eine Schadenersatzklage in wirksamer Weise zu erheben, werden einzelne Unternehmen oder Verbraucher in Europa näher an die Wettbewerbsregeln herangeführt und aktiv an ihrer Durchsetzung beteiligt" (S. 4).

Im Anschluss zählt das Grünbuch die größten Hürden der privaten Durchsetzung von Schadensersatzansprüchen auf und präsentiert einige Optionen, um die Bedingungen für wettbewerbsrechtliche Schadensersatzansprüche zu verbessern. In diesem Zusammenhang werden die folgenden Kernpunkte diskutiert:

1. *Offenlegung von Beweisen*, z.B. ob es besondere Regeln für die Offenlegung von Urkundsbeweisen geben sollte und ob die Beweislast des Klägers in Schadenersatzprozessen wegen Verletzung des Wettbewerbsrechts erleichtert werden sollte.
2. *Verschuldenserfordernis*, z.B. ob ein Verschulden vermutet werden sollte, wenn eine Handlung nach dem Wettbewerbsrecht unzulässig ist.
3. *Schadensersatz*, z.B. wie sollte Schadensersatz definiert werden und anhand von welcher Methode sollte die Höhe des Schadensersatzes berechnet werden.
4. *„Passing on defense" und Klagebefugnis des indirekten Abnehmers*, z.B. ob es dem Rechtsverletzer erlaubt sein sollte, sich auf die Weiterwälzung der überhöhten Preise durch die direkten Abnehmer auf die Folgeabnehmer zu berufen, und ob die indirekten Abnehmer Schadensersatzansprüche geltend machen können.
5. *Schutz der Verbraucherinteressen*, z.B. ob die Interessen der Verbraucher und Abnehmer mit geringen Schadenersatzforderungen durch eine kollektive Anspruchsdurchsetzung besser geschützt werden können.
6. *Prozesskosten*, z.B. wie Kostenregelungen den Zugang zu Gerichten bei Zivilklagen erleichtern können.

7. *Koordinierung der staatlichen und privaten Wettbewerbsrechtsdurchsetzung*, z.B. wie verhindert werden kann, dass die Anwendung der Kronzeugenregelung von privaten Schadensersatzregelungen untergraben wird.
8. *Gerichtliche Zuständigkeit und anwendbares Recht*, z.B. ob es bei kartellrechtlichen Schadenersatzklagen einer speziellen klarstellenden Kollisionsnorm bedarf.
9. *Sonstiges*, z.B. ob Sachverständige vom Gericht bestellt werden sollten, Verjährungsfristen ausgesetzt werden sollten und ob eine Klarstellung der gesetzlichen Verpflichtung, dass ein Kausalzusammenhang bestehen muss, erforderlich ist.

C. Private gegen staatliche Durchsetzung des Kartellrechts

Grundsätzlich stützt sich die *privatrechtliche Durchsetzung* auf eine dezentralisierte Nutzung von Informationen. Privatparteien geben vor Gericht ihre Informationen preis, um eine Abfindung für den erlittenen Schaden zu erhalten (*privates Motiv*). Ihre *soziale Funktion* ist es, Anreize zur Prävention zu setzen, indem potentielle Schädiger veranlasst werden, den verursachten Schaden zu internalisieren. Aus diesem Grund ist die privatrechtliche Durchsetzung auch für Ökonomen interessant, weil das Gerichtsverfahren zu einem gewissen Maße den Marktmechanismus imitiert. Allerdings gibt es, wie Shavell (1982) es formuliert hat, bei der Klageerhebung einen systematischen Unterschied zwischen sozialen und privaten Anreizen, der von der Art der Verletzung und den Verfahrensregeln bei Schadensersatzklagen abhängt.

Die *staatliche Durchsetzung* ist zwar effizienter, wenn überwiegend Expertenwissen benötigt wird und der soziale Schaden auf viele Geschädigte verteilt ist – vorausgesetzt, dass die öffentlichen Akteure die soziale Wohlfahrt steigern wollen und nicht ihrerseits durch die zu regulierenden Unternehmen vereinnahmt werden. Die Geschädigten erhalten bei der staatlichen Durchsetzung aber in der Regel keine Abfindung.

Für wettbewerbsrechtliche Fälle gibt es im Vergleich zu anderen Bereichen mehr Argumente für eine staatliche Durchsetzung.[7] Auf der einen Seite gibt es gute Gründe anzunehmen, dass eine privatrechtliche Durchsetzung in Wettbewerbsfällen vergleichsweise schlecht funktioniert:

- Wenn Geschädigte einer Wettbewerbsrechtsverletzung private Abnehmer sind, werden ihnen der Schaden und die Ursache in der Regel unklar sein.[8] Wie wir im folgenden Abschnitt zeigen werden, gilt dies besonders im Fall von Hardcore-Preiskartellen. Die Ermittlung solcher Verletzungen erfordert eine Untersuchung durch Experten, und

[7] So z.B. Wils (2003), Diemer (2006), Van den Bergh/Camesasca (2006, S. 324ff.). Aber man beachte auch die Kritik von Jones (2004) an Wils. Die ausführlichste Studie über die private Durchsetzung in den USA wird bereitgestellt von dem Georgetown Private Antitrust Litigation Project. Z.B. Salop/White (1986) und Kauper/Snyder (1986). Für eine gemischte Erfahrung mit der privaten Durchsetzung in den USA Ginsburg (2005).

[8] So auch ein interessanter Beitrag von Hellwig (2006).

öffentliche Behörden haben besseren Zugang zu gerichtsverwertbaren Informationen als private Kläger.

- In diesen Fällen ist eine typische Schadensersatzforderung eine Folgeklage, wenn z.B. eine Zivilklage erhoben wird, nachdem eine Wettbewerbsbehörde eine Verletzung festgestellt hat. Folglich kann die gleiche Abschreckung mit niedrigeren administrativen Kosten erreicht werden, indem die Strafe für eine Wettbewerbsrechtsverletzung erhöht wird.
- Weil der Gesamtschaden einer Verletzung des Wettbewerbsrechts häufig auf eine Vielzahl von Geschädigten verteilt ist, besteht selbst für gut informierte Geschädigte ein geringer Anreiz einer Klageerhebung.
- Wenn die Geschädigten einer Wettbewerbsrechtsverletzung Unternehmen sind, sind diese in der Regel besser informiert als die Wettbewerbsbehörden. Allerdings besteht für Geschädigte, die einen Vertrag mit dem Rechtsverletzenden haben, häufig nur ein geringer Anreiz, eine Klage zu erheben, weil sie im Zweifel daran interessiert sind, die Geschäftsbeziehungen auch in Zukunft fortzusetzen.
- Eine Zugangserleichterung zu Zivilgerichten in Wettbewerbsrechtsfällen erhöht zudem das Risiko, dass private Schadensersatzklagen von der Konkurrenz missbraucht werden.[9]

Auf der anderen Seite gibt es wenig Anhaltspunkte, dass die Wettbewerbsbehörden von den Rechtsverletzern des Wettbewerbsrechts vereinnahmt werden. Das Risiko von „regulatory capture" scheint für die Wettbewerbsbehörden jedenfalls bedeutend geringer zu sein als für die brachenorientierten Regulierer von Versorgungsbetrieben. Es mag zwar drei Arten von Verzerrungen bei der staatlichen Durchsetzung des Kartellrechts geben (Wils 2004): Die *Bestätigungsverzerrung*, z.B. wenn Wettbewerbsbehörden dazu neigen, nur nach Bestätigung statt nach Herausforderungen zu suchen; *Rückschaufehler*, z.B. wenn Wettbewerbsbehörden vergangene Aktivitäten rechtfertigen wollen; der *Wunsch nach einer Beförderung*, z.B. mag der Erfolg bei der Aufdeckung von Hardcore-Preiskartellen die Karriereaussichten positiv beeinflussen. Aber aus den oben genannten Gründen ist es fraglich, ob private Schadensersatzklagen in diesem Zusammenhang zu systematisch besseren Ergebnissen führen.

Wir wollen nun beispielhaft einige Probleme der privaten Durchsetzung des Kartellrechts darstellen, indem wir den Schaden, der durch Hardcore-Preiskartelle entsteht, im Detail untersuchen.

---

9 Konkurrenten sollten durch das Recht dazu angehalten werden, aus den richtigen Gründen zu klagen – "that is, because a practice is harmful to competition, not simply because it harms the competitor" (Ginsburg 2005, S. 430).

D. Schäden durch Hardcore-Preiskartelle: Einige kritische Anmerkungen zur jüngsten Diskussion

I. Schäden in Kartellrechtsfällen

Um die private Durchsetzung des Kartellrechts zu erleichtern, sollte jeder, der von einer Verletzung des Kartellrechts betroffen ist, berechtigt sein, eine Schadensersatzklage zu erheben. Daraus folgt, dass die existierenden prozessualen Beschränkungen einer solchen Klage beseitigt werden müssen. (Ashurst 2004, S. 9, 38). Betrachten wir Deutschland als Beispiel für Privatklagen in Kartellrechtsfällen etwas näher (Wurmnest 2005, 1179 ff.). Vor der Reform des GWB im Jahr 2005 war die Geltendmachung eines Schadens wegen Verletzung des europäischen oder des deutschen Wettbewerbsrechts nur für solche Anspruchsteller möglich, die in den Schutzbereich der verletzten Norm fielen (das so genannte *Schutzgesetzprinzip*). Nach dem neuen GWB kann nun jede betroffene Partei Schadensersatzklage erheben, wenn der Verletzende mit Vorsatz oder fahrlässig gehandelt hat. Um der EG Verordnung 1/2003 zu entsprechen, hat der deutsche Gesetzgeber die Voraussetzung für eine Partei, Schadensersatzklage zu erheben, vom Schutzbereich auf reine Betroffenheit erweitert. Aber wer ist eigentlich von Verletzungen des Wettbewerbsrechts betroffen?

Nach der Differenzmethode ist der Schaden definiert als die Differenz zwischen der Situation nach dem schädigenden Ereignis und der hypothetischen Situation, die ohne das Ereignis bestanden hätte. Folglich wird ein Schaden im Wettbewerbsrecht „die Differenz zwischen der gegenwärtigen Situation des Klägers und dem hypothetischen Szenario, bei der die strafbare Handlung nicht vorgekommen ist und alle anderen Bedingungen gleich sind" (Ashurst 2004, S. 10). Dieser Schadensmaßstab wirft ein paar Fragen auf: Da Wettbewerb als ein "Prozess kreativer Zerstörung" (Schumpeter) charakterisiert werden kann, verursachen alle wettbewerbsfördernden oder -beschränkenden Verhaltensweisen Verluste für einige Konkurrenten oder für einige Konsumenten/Lieferanten. Einige dieser Verluste sind notwendig, um den Wettbewerb zu fördern, andere sind das Ergebnis wettbewerbsschädigenden Verhaltens. Oft ist es schwierig, zwischen diesen beiden Arten von Verlusten zu unterscheiden und herauszufinden, ob ein Gewinnrückgang eines Konkurrenten oder der Verlust von Konsumentenrente – verursacht durch ein bestimmtes Unternehmensverhalten – als Schaden in Betracht kommt und ersetzt werden sollte.

Wir werden uns im Folgenden einem vergleichbar einfachen Fall widmen, bei dem es vollkommen klar ist, dass das Verhalten wettbewerbsschädigend und illegal ist – dem Fall des Hardcore-Preiskartells. Aber selbst in diesem einfachen Fall stellt einen die Bestimmung des Schadens vor Probleme. Wir werden anhand eines einfachen numerischen Beispiels zeigen, dass die jüngste Diskussion über von Preiskartellen verursachte Schäden systematisch einige wichtige Feedbackeffekte vernachlässigt und zu einer fehlerhaften Bewertung der Schäden für die verschiedenen Arten von Geschädigten führt. Wir nehmen an, dass die hypothetische Situation ohne ein Kartell durch einen oligopolistischen Wettbewerb vom Bertrand-Typ beschrieben werden kann, so dass der Gleichgewichtspreis den Grenzkosten entspricht.

II. Konsumenten als die einzigen Geschädigten von Preiskartellen: die traditionelle Sichtweise

Betrachten wir ein Preiskartell. Wir werden unser Argument anhand eines konkreten Beispiels darstellen, um die quantitativen Effekte direkt vergleichen zu können. Dabei nehmen wir eine Produktionsfunktion mit konstanten Skalenerträgen an,

$$x = 2v_1^{\frac{1}{4}} v_2^{\frac{3}{4}},$$

bei der x die Produktion darstellt und v_1 und v_2 Inputs oder Faktoren der Produktion sind. Das Preiskartell kauft Produktionsfaktoren in einem Wettbewerbsmarkt, so dass die Faktorpreise unabhängig von der Menge der Faktoren sind, die die jeweiligen Mitglieder des Preiskartells aufwenden. Die Preise von v_1 und v_2 seien $r_1 = 4$ und $r_2 = 12$. Die Kostenminimierung ergibt die Kostenfunktion

$$C = 8x.$$

Die Marktnachfragefunktion ist

$$p = -\frac{1}{2}x + 12.$$

Die Grenzerlösfunktion ist dann

$$MR = -x + 12.$$

Wenn wir Grenzerlös und Grenzkosten gleichsetzen, MC = 8, erhalten wir den Preiskartellpreis $p^m = 10$ (mit $x^m = 4$). Der Gesamterlös ist 40, die Gesamtkosten 32 und der Gewinn beläuft sich auf G = 8.

In einem Wettbewerbsmarkt setzen Unternehmen ihre Grenzkosten gleich dem Preis. Der Produktionspreis ist hier $p^c = 8$ und die entsprechende Menge beläuft sich auf $x^c = 8$. Der Gesamterlös und die Gesamtkosten sind gleich 64, so dass der Gewinn gleich Null ist.

Im Gegensatz zum Wettbewerbsmarkt ist bei einem Preiskartell die produzierte Menge geringer und der Preis höher, so dass sich die Konsumenten schlechter stehen (Abb. 1). Der Schaden der Konsumenten ist gleich der verlorenen Konsumentenrente, die der Summe aus Kartellgewinn und deadweight loss entspricht. Der Gewinn ergibt sich aus einer Umverteilung zwischen Angebots- und Nachfrageseite, der deadweight loss ist der Wohlfahrtsverlust, der durch die Ineffizienz des Preiskartells entsteht. In unserem Beispiel ist der Gewinn G = 8 und der deadweight loss L = 4, so dass sich die verlorene Konsumentenrente auf G + L = 12 beläuft.

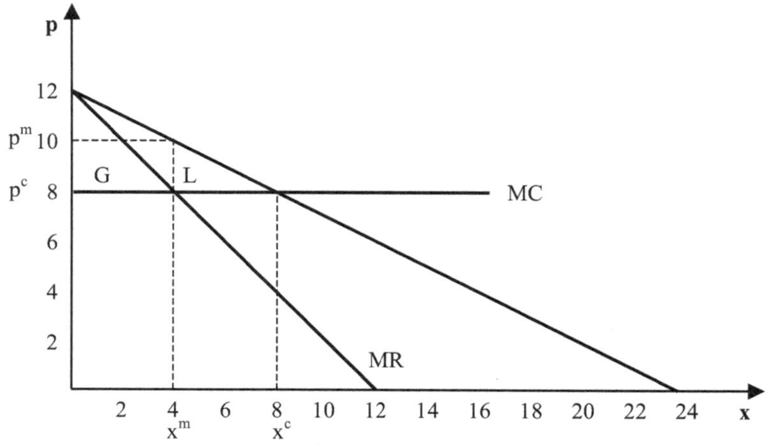

Abbildung 1

In diesem Fall werden die negativen Effekte ausschließlich von den Konsumenten getragen. Dies ist die traditionelle Sichtweise. Um dieser Ansicht nun mit ein paar kritischen Argumenten zu begegnen, werden wir uns nun auf die Konsequenzen von Preiskartellen für die Eigentümer der Produktionsfaktoren konzentrieren.

III. Geschädigte von Preiskartellen im Fall eines kompetitiven Faktormarktes

Das Preiskartell, das nur 4 Einheiten produziert, setzt nur $v_1 = 2$ und $v_2 = 2$ Inputeinheiten ein, während im Wettbewerbsmarkt $v_1 = v_2 = 4$ eingesetzt wird, um 8 Einheiten zu produzieren. Die Produktionsfaktoren, die in der Kartellsituation nicht genutzt werden, bleiben entweder ungenutzt oder üben, wenn sie verwendet werden, einen Druck auf die Faktorpreise aus.

Wenn die Produktionsfaktoren ungenutzt bleiben, fällt der Ertrag von 64 ($v_1 = v_2 = 4$ multipliziert mit $r_1 = 4$ und $r_2 = 12$) auf 32 ($v_1 = v_2 = 2$ multipliziert mit $r_1 = 4$ und $r_2 = 12$). Zusätzlich zur verlorenen Konsumentenrente entsteht durch ein Preiskartell also auch ein Schaden in Höhe von 32 durch das verlorene Faktoreinkommen.

Aber in flexiblen Faktormärkten neigen ungenutzte Produktionsfaktoren dazu, einen Druck auf die Faktorpreise auszuüben. Wenn alle Faktoren zu niedrigeren Preisen voll ausgenutzt werden, beläuft sich der zusätzliche Schaden, der durch das Kartell entsteht, auf den reduzierten Erlös der Faktoreigner.

Um analysieren zu können, welchen Effekt eine Reduzierung der Faktorpreise (verursacht durch das Preiskartell) auf den Schaden für Konsumenten und Faktoreigner hat, betrachten wir nun einen speziellen Fall (Abb. 2). Wir nehmen an, dass die Faktorpreise von $r_1 = 4$

auf $r_1 = 3$ und von $r_2 = 12$ auf $r_2 = 9$ fallen. Das ergibt dann die Kostenfunktion $C = 6x$.[10] Die Outputmenge eines kartellbildenden Marktes beläuft sich auf $x^{mn} = 6$ und wird für einen Preis von $p^{mn} = 9$ angeboten.

Der Gesamterlös ist 54, der Erlös der Produktionsfaktoren ist 36. Das Preiskartell verwendet $v_1 = 3$ und $v_2 = 3$ Produktionsfaktoren; $v_1 = 1$ und $v_2 = 1$ werden nicht durch das Kartell verwendet, sondern von anderen Unternehmen außerhalb des Kartells. Der Gewinn des Preiskartells ist $G = 18$. Er setzt sich zusammen aus dem Gewinn $G_i = 12$ (durch die Preisabnahme der Produktionsfaktoren) und dem Gewinn $G_o = 6$ (durch den höheren Preis der angebotenen Menge). Der deadweight loss beläuft sich auf 1; die verlorene Konsumentenrente ist 7.

Ohne die Reduzierung der Faktorpreise war der Gewinn 8 und der deadweight loss 4. Die verlorene Konsumentenrente war demnach 12. Folglich führen die niedrigeren Faktorpreise zu einem höheren Gewinn und zu einem geringeren deadweight loss, sowie einer Reduzierung der verlorenen Konsumentenrente.

Allerdings muss der Schaden für die Faktoreigner, der sich aus dem zusätzlichen Gewinn durch die Abnahme der Faktorpreise ergibt, in die Rechnung mit einbezogen werden. Dieser Schaden ist 12.[11] Folglich liegt der Gesamtschaden bei 19. Dieser Schaden ist höher als die verlorene Konsumentenrente in dem Fall, in dem die Faktorpreise unverändert sind (12). Wir sehen also, dass der Rückgang der Faktorpreise den Schaden der Konsumenten reduziert, gleichzeitig aber einen zusätzlichen Schaden für die Faktoreigner verursacht.

---

[10] Wir nehmen an, dass Kartellmitglieder Faktorpreise als einen durch die Faktormärkte gebildeten Parameter wahrnehmen. Sie wissen nicht, dass die Faktorpreise in einer hypothetischen Wettbewerbssituation höher wären. Folglich werden die Produzenten im Fall von Wettbewerb mit einer spezifischen horizontalen Grenzkostenkurve und einer anderen (niedrigeren) horizontalen Grenzkostenkurve im Fall einer Kartellbildung konfrontiert. Der Fall, bei dem das Kartell Monopsonmacht im Faktormarkt hat und deshalb eine nach oben steigende Grenzkostenkurve vorliegt, wird unten diskutiert (Abb. 4 und 5).

[11] Dies ist natürlich nur das Ergebnis der partiellen Analyse, die sich auf die von den Kartellmitgliedern genutzten Faktoren bezieht. Um den durch das Preiskartell verursachten Gesamtschaden für die Faktorproduzenten zu berechnen, müssten zwei weitere Effekte berücksichtigt werden: (1) Der geringere Faktoreinsatz der Kartellmitglieder wird in der Regel auch den Preis für die anderswo verwendeten Produktionsfaktoren senken. (2) Da sich die Nachfrage der Konsumenten auf Substitutionsgüter verschiebt, werden diese die Nachfrage nach Produktionsfaktoren erhöhen und damit auch die Faktorpreise steigen.

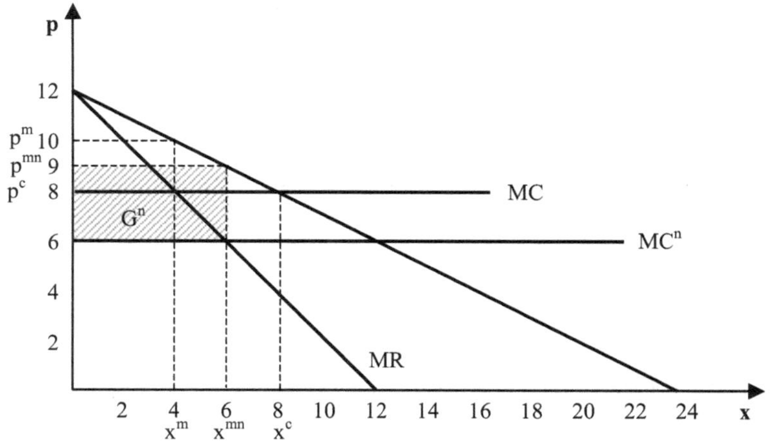

Abbildung 2

In extremen Fällen fallen die Faktorpreise, bis alle Faktoren durch das Preiskartell wieder eingesetzt werden (Abb. 3). In unserem Beispiel fallen die Preise von $r_1 = 4$ auf $r_1 = 2$ und von $r_2 = 12$ auf $r_2 = 6$. Die Kostenfunktion ändert sich zu $C^F = 4x$ (von $C = 8x$). Der Outputpreis des Kartells ist dann $p^m = 8$ und entspricht genau dem ehemaligen Preis im Wettbewerbsmarkt, $p^c = 8$. Die Outputmenge ist gleich $x^m = x^c = 8$. Der Gesamterlös ist 64. Das Preiskartell erhält einen Gewinn von 32. Der Erlös der Faktoreigner ergibt 32. Im Gegensatz zu den vorangegangenen Fällen sind hier die verlorene Konsumentenrente und der deadweight loss Null.

Die Benachteiligten des Preiskartells sind nun nicht mehr die Konsumenten; vielmehr erleiden jetzt die Faktoreigner einen Schaden. Das Kartell verursacht ausschließlich eine Umverteilung von 32 Einheiten von den Faktoreignern zu den Kartellmitgliedern.

Dieser extreme Fall tritt in einem Wettbewerbsmarkt nur auf, wenn in allen Wirtschaftszweigen Preiskartelle oder dominante Unternehmen mit dem gleichen Monopolgrad existieren (Lerner 1934, S. 172). Das ist natürlich nicht realistisch. Aber es ist noch unrealistischer anzunehmen, dass ein Preiskartell nur in einer Branche existiert. Die tatsächliche Anzahl von Preiskartellen (bzw. marktbeherrschenden Unternehmen) liegt zwischen diesen beiden Extremen. Demnach hat der durch die Preiskartelle verursachte Druck auf die Faktorpreise eine beachtliche Auswirkung.

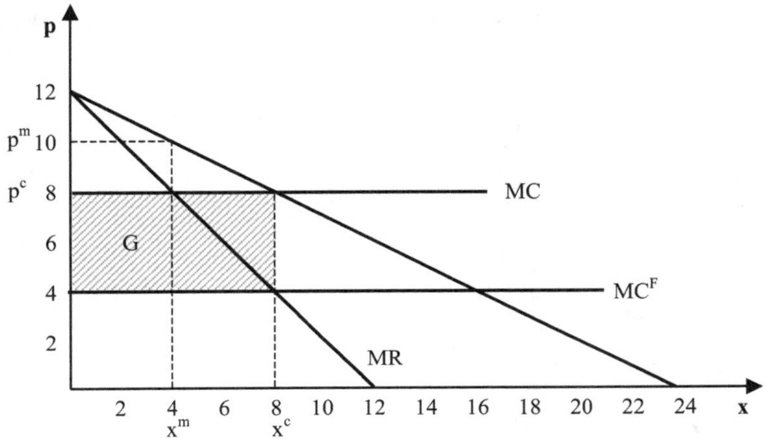

Abbildung 3

IV. Geschädigte von Preiskartellen mit Monopsonmacht

Wir lassen nun die Annahme eines kompetitiven Faktormarktes fallen. In der Realität unterscheiden sich die Faktormärkte in Bezug auf Qualität und Regionen. Wir nehmen deshalb an, dass die Preiskartelle in den Faktormärkten über Monopsonmacht verfügen. In einem Wettbewerbsmarkt sind die Faktorpreise gleich dem Grenzerlösprodukt. Dagegen wird den Faktoren bei einem Monopson weniger als das Grenzerlösprodukt bezahlt. Der Monopsonist kauft bis zu dem Punkt, an dem die Grenzausgaben gleich dem Grenzerlösprodukt sind, welches den Faktorpreis übersteigt. Wenn das Angebot sehr elastisch ist, ist die Monopsonmacht gering, so dass sich die Grenzausgaben und die Durchschnittsausgaben nicht sehr unterscheiden. Die Faktorpreise liegen dann nah an den Preisen in einem Wettbewerbsmarkt. Wenn die Nachfrage sehr unelastisch ist, ist die Monopsonmacht hoch, so dass sich Grenzausgaben und Durchschnittsausgaben stark voneinander unterscheiden. Daher weichen die Faktorpreise erheblich von denen auf einem Wettbewerbsmarkt ab.

Wir gehen nun von einem Kartell aus, das Monopolmacht im Produktmarkt und Monopsonmacht im Faktormarkt hat. Zur Gewinnmaximierung muss das Kartell folgendes Problem lösen

$$\max G = p(x(v_1, v_2)) \cdot x(v_1,v_2) - r_1(v_1) \cdot v_1 - r_2(v_2) \cdot v_2.$$

Die Funktionen $r_i(v_i)$ sind die Faktorangebotskurven ($i = 1,2$), die für das Kartell gelten. Welche Mengen an Faktoren von dem Kartell zu welchen Faktorpreisen verwendet werden, hängt von der Elastizität der Faktorangebotskurven ab. Nehmen wir zunächst eine vergleichbare unelastische Angebotskurve an, wie zum Beispiel

$$r_1 = v_1 \text{ and } r_2 = 3v_2.$$

Welche Faktormengen verwendet das Monopson? Die zu maximierende Gewinnfunktion ist jetzt

$$\max G = \left(-\frac{1}{2}2v_1^{\frac{1}{4}}v_2^{\frac{3}{4}} + 12\right)2v_1^{\frac{1}{4}}v_2^{\frac{3}{4}} - v_1^2 - 3v_2^2 .$$

Da bei einer Minimalkostenkombination $v_1 = v_2$ sein muss, erhalten wir

$v_1 = 2$ und $v_2 = 2$.

Die Faktorpreise sind

$r_1 = 2$ und $r_2 = 6$.

Die Kostenfunktion ist

$C^M = x^2$

und die Grenzkosten sind

$MC^M = 2x$.

Setzen wir nun Grenzkosten und Grenzerlös gleich, produziert das Kartell $x = 4$ und verkauft zu einem Preis von $p = 10$. Das ist die gleiche Menge und der gleiche Preis wie im vorgenannten Beispiel des Wettbewerbsfaktormarktes (s. Abb. 4).

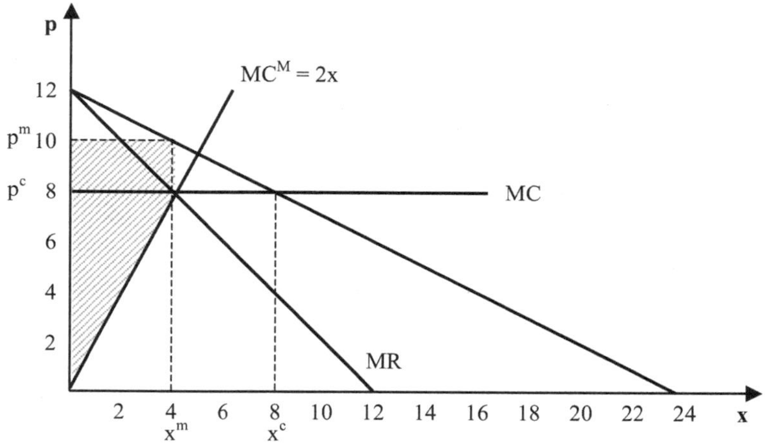

Abbildung 4

Jedoch haben Gewinn und Faktoreinkommen andere Werte. Der Gesamterlös ist 40, die Gesamtkosten sind 16. Der Gewinn beläuft sich auf 24 anstatt 8, und die Faktoreinkommen fallen von 32 auf 16. Das Monopson kauft weniger zu einem niedrigeren Preis. Das Kartell beschäftigt im Vergleich zum Wettbewerbsmarkt von beiden Faktoren zwei Einheiten weniger.

Um die gleiche Beschäftigung wie im Fall des Wettbewerbsmarktes zu erreichen ($v_1 = 4$, $v_2 = 4$), müssten die Faktorpreise noch weiter fallen. Die Angebotskurven der Produktionsfaktoren müssten elastischer sein, um deren Beschäftigung zu erhöhen, wie z.B.

$$r_1 = \frac{1}{4} v_1 \text{ und } r_2 = \frac{3}{4} v_2.$$

Gewinnmaximierung ergibt die Kostenfunktion

$$C^F = \frac{1}{4} x^2,$$

folglich sind die Grenzkosten

$$MC^F = \frac{1}{2} x.$$

Das Gleichsetzen von Grenzkosten und Grenzerlös ergibt $x = 8$ und $p = 8$. Die Preise der Produktionsfaktoren sind $r_1 = 1$ und $r_2 = 3$. Der Gewinn beläuft sich auf $G = 48$ anstatt von $G = 32$, das Faktoreinkommen ist 16 statt 32 (s. Abb. 5). Wenn das Kartell also zusätzlich Monopsonmacht in den Faktormärkten ausübt, erhöht sich der Schaden für die Faktoreigner noch weiter.

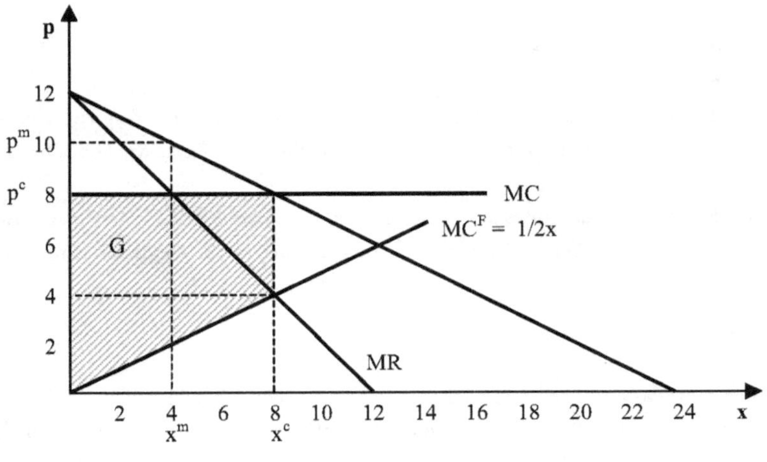

Abbildung 5

In diesem extremen Fall entfällt die Last des Preiskartells ausschließlich auf die Faktoreigner. Es gibt keinen Verlust an Konsumentenrente oder deadweight loss.

V. Geschädigte und Schaden

Der deadweight loss ist der Wohlfahrtsverlust, der durch die Ineffizienz von Preiskartellen entsteht. Wenn die Faktorpreise sinken, verkleinert sich der deadweight loss. Im Fall von Vollbeschäftigung ist er Null. Zusätzlicher Schaden entsteht für die Faktoreigner durch die Umverteilung als Gewinn der Preiskartelle. Wir haben gezeigt: Je kartellierter die Wirtschaft und je höher der Grad der Monopsonmacht, desto kleiner ist der Schaden für die Konsumenten und desto größer ist der Schaden für die Faktoreigner. Daraus ergeben sich einige wichtige Schlussfolgerungen:

1. Wenn nur der Schaden der Konsumenten berücksichtigt wird, wird der tatsächliche gesellschaftliche Gesamtschaden unterbewertet.
2. Es muss neben der verlorenen Konsumentenrente der Schaden der Faktoreigner einbezogen werden.
3. Private Schadensersatzklagen der Geschädigten von Verstößen gegen das Kartellrecht zu fördern und dabei nur die Konsumenten als Geschädigte zu berücksichtigen, ist alles andere als effizient.
4. Da der durch Preiskartelle verursachte Schaden sowohl Konsumenten als auch Faktoreigner betrifft, gibt es eine große Anzahl von Geschädigten mit unterschiedlichen Interessen und unterschiedlichen Aussichten, erfolgreich Schadensersatz einzuklagen, so dass der Wechsel von einer zentralisierten staatlichen Durchsetzung zu einer dezentralisierten privaten Durchsetzung des Artikel 81 EG mit Problemen verbunden ist.
5. Insbesondere beim Kartellverbot sollte das Schwergewicht auf einer öffentlichen Durchsetzung liegen.
6. Geldbußen für die Verletzung des Kartellrechts sollten dabei auf den Extragewinnen der Preiskartelle basieren und die Aufklärungswahrscheinlichkeit des Rechtsverstoßes berücksichtigen.
7. Die Geldbußen müssten als Erlöse der Regierung betrachtet werden und könnten zum Beispiel zur Reduzierung indirekter Steuern genutzt werden und so die Geschädigten indirekt kompensieren.

E. Fazit

Wir haben gezeigt, dass die jüngste Diskussion über die private Durchsetzung des Kartellrechts systematisch einen wichtigen Effekt von Preiskartellen vernachlässigt – den Schaden für die Faktoreigner. Wenn die Befürworter einer Erleichterung privater Schadensersatzklagen das Konzept des Schadens diskutieren, konzentrieren sie sich in der Regel auf die „passing-on defence", die Klagebefugnis des indirekten Abnehmers und ähnliche Belange. Die Berücksichtigung von Schäden für die Faktoreigner verändert die Ergebnisse jedoch dramatisch. Es ist zu erwarten, dass ein großer Teil der tatsächlich entstandenen Schäden stark und in einer im Einzelfall schwer nachvollziehbaren Weise streut, so dass viele Geschädigte aus rationalem Desinteresse oder aufgrund der Schwierigkeit des Kausalitätsnachweises den Ersatz des Schadens nicht geltend machen werden oder nicht durchsetzen können. Dies hat zwei wesentliche Konsequenzen: Zum einen wird dem *Ausgleichsziel* nur sehr unvollkommen Rechnung getragen, wenn die erfolgreich geltend gemachten Schadensersatzansprüche nur lose mit den tatsächlich erlittenen Schäden der Opfer von Kartellrechtsverstößen zusammenhängen. Zum anderen ist fraglich, ob unter diesen Bedingungen eine Ergänzung der öffentlichen Durchsetzung des Kartellrechts durch private Schadensersatzklagen tatsächlich die wirkungsvollste und kostengünstigste Methode einer Verbesserung der *Abschreckung* vor Kartellrechtsverstößen ist. Private Schadensersatzklagen werden die Abschreckung insbesondere dann verbessern, wenn die privaten Kläger zusätzliche gerichtsverwertbare Informationen bereitstellen, über welche die Kartellbehörden nicht verfügen, und damit die Wahrscheinlichkeit einer Sanktionsverhängung erhöhen. Dies ist gerade bei Preiskartellen äußerst zweifelhaft. Es ist sogar nicht auszuschließen, dass durch private Schadensersatzklagen die Kronzeugenregelung unterminiert und dadurch die Wahrscheinlichkeit einer Sanktionsverhängung vermindert wird. Wenn aber der einzige Effekt einer privaten Schadensersatzklage gegen Preiskartelle darin besteht, dass bei (im günstigsten Fall) gegebener Aufdeckungswahrscheinlichkeit die Sanktion erhöht wird (öffentlich-rechtliche Geldbuße plus privatrechtlicher Schadensersatz), dann muss die Frage erlaubt sein, ob dieser Effekt nicht zu geringeren volkswirtschaftlichen Kosten auch durch eine entsprechende Erhöhung der Geldbußen erreicht werden kann.

Literaturverzeichnis

Ashurst (2004), Study on the Conditions of Claims for Damages in Case of Infringement of EC Competition Rules. Analysis of Economic Models for the Calculation of Damages, prepared by E. Clark, M. Hughes and D. Wirth, Brussels

Buxbaum, H. L. (2005), German Legal Culture and the Globalization of Competition Law: A Historical Perspective on the Expansion of Private Antitrust Enforcement, in: *Berkeley Journal of International Law, Vol. 23: 2*, S. 101-122

Commission of the European Communities (2005), Green Paper on damages actions for breach of EC antitrust rules, Brussels, 19-12-2005

Diemer, C. (2006), The Green Paper on Damages Actions for Breach of the EC Antitrust Rules, in: *European Competition Law Review*, S. 309 – 316

Ginsburg, D. H. (2005), Comparing Antitrust Enforcement in the U.S. and Europe, in: *Journal of Competition Law and Economics*, 1, S. 427 - 436

Hellwig, M. (2006), Private Damage Claims and the Passing-On Defense in Horizontal Price-Fixing Cases: An Economist's Perspective. Reprints of the Max Planck Institute for Research on Collective Goods, Bonn 2006/22

Jones, C. A. (2004), Private Antitrust Enforcement in Europe: A Policy Analysis and Reality Check, in: *World Competition, 27*, S. 13 - 24

Kauper, Th. E. / Snyder, E. A. (1986), An Inquiry into the Efficiency of Private Antitrust Enforcement: Follow-on and Independently Initiated Cases Compared, in: *Georgetown Law Journal, 74*, S. 1163 - 1191

Lerner, A. P. (1937), The Concept of Monopoly and the Measurement of Monopoly Power, in: *The Review of Economic Studies*, 1, S. 157 - 175

Salop. S. C. / White, L. J. (1986), Economic Analysis of Private Antitrust Litigation, in: *Georgetown Law Journal, 74*, S. 1001 - 1064

Shavell, S. (1982), The Social versus the Private Incentive to Bring Suit in a Costly Legal System, in: *Journal of Legal Studies, 11*, S. 333 - 339

Van den Bergh, R. / Camesasca, P. (2006), European Competition Law and Economics: A Comparative Perspective, 2nd ed., London

Wagner, G. (2007), Schadensersatz bei Kartelldelikten, in: Th. Eger / H.-B. Schäfer (Hg.): Ökonomische Analyse der europäischen Zivilrechtsentwicklung, Tübingen, S. 605 - 664

Wils, W. P. J. (2004), The Combination of the Investigative and Prosecutorial Function and the Adjudicative Function in EC Antitrust Enforcement: A Legal and Economic Analysis, in: *World Competition*, 27 (2), S. 201 - 224

Wils, W. P. J. (2003), Should Private Antitrust Enforcement be Encouraged in Europe?, in: *World Competition*, 26 (3), S. 473 - 488

Wurmnest, W. (2005), A New Era for Private Antitrust Litigation in Germany? A Critical Appraisal of the Modernized Law against Restraints of Competition, in: *German Law Journal, 6*, S. 1173 - 1189

REFLECTION ON THE NATURE OF COMPETITION LAW[1]

Pierre Garello

A. Introduction

As soon as one understands competition as a discovery process rather than as a peculiar equilibrium of market forces, it becomes hard to lend unqualified endorsement to competition law[2]. Whoever adheres to a dynamic view of markets will indeed tend to consider those who claim to prevent or sanction market behaviors that allegedly "reduce the well-being of society at large" as overly ambitious. We shall consider below the reasons for passing such a judgment, keeping in mind that, as we all know, to highlight the drawbacks of an institution does not provide sufficient justificatory grounds for its abolition. Indeed, whoever wishes to question the desirability of competition law without falling in what Harold Demsetz dubbed the Nirvana, must be able to show that the world would be a better place without competition law; an admittedly much more arduous task.

It is, nonetheless, this precise task that I shall attempt to tackle here. I do not know how convincing I will be in buttressing my case, but it is useful to emphasize at the outset that if I do ultimately state that it might be worthy to renew the experience of markets that operate without competition law, the argument underlying this stance is, I believe, more subtle than is often conceded. Indeed, as we shall see further, if one claims that recourse to competition law – or, more generally, to the intervention of public authorities in exchange processes – is *never* justified, this leads to the logical conclusion that recourse to expropriation never is neither.

---

[1] A version of this paper close to this one was published in French in *L'Homme Libre – Mélanges en Hommage à Pascal Salin*, edited by Mathieu Laine and Guido Hülsmann, pp. 183-194, Les Belles Lettres, Paris (2006). A rereading of Israel M. Kirzner's *Competition and Enrepreneurship*, University of Chicago Press (1973), greatly inspired those reflections. Readers interested in the themes addressed here are invited to consult this book in which they shall find numerous bibliographical references. Yet, this rereading has led me to conclusions to which Israel Kirzner does not necessarily adhere to, and I thus bear alone the responsibility of these conclusions.

[2] It is to be recalled that competition law is relatively new in the multi-secular history of law, as it was initiated by Senator Sherman's Act passed by the American Congress in 1890, just over a century ago. Prior to the Sherman Act there have been, of course, some attempts to regulate markets, but nothing of the scope of modern competition law.

Yet, many scholars – even among proponents of liberal thought – concede this recourse to expropriation with compensation in some cases. Advocates of the abolition of competition law will thus have to advance solid arguments in order to be convincing. In other words, the reflection conducted here on the nature of competition law leads us to the conclusion that whoever is for the abolition of competition law should also oppose any kind of expropriation. At the same time, and reversely, this reflection will highlight an inconsistency among most economists' (and probably, legal practitioners') reasoning: how is it that expropriation is deemed to be a dangerous tool – and thus, one to be handled with care - while the regulation of monopolies, though of the same nature as expropriation, does not elicit as much passion by contrast?

The argument will be presented as follows. After having recalled in a first step the different ways of grasping the functioning of markets, we shall proceed to the economic analysis of monopolies. We shall see that the effects of monopolies are assessed differently, depending on whether one holds a more or less dynamic view of markets. The recognition of the necessity of government intervention under the banner of competition law will thus vary likewise according to the degree of dynamics built in the analysis. Finally, we shall draw a parallel between the regulation of property rights and the regulation of market behaviors.

B. The roots of skepticism towards competition law

If economists stand in disagreement about the merits of competition law, it is either because they disagree about the very effects of competition (some view competition as a mere constraint while others consider competition as an engine of progress), or else because, though adamant about the benign nature of competition, their grasp of the mechanisms inherent to competition is conflicting. This nuance seems to me to be current, for it captures the often-encountered fact of two economists holding conflicting assessments of competition law while simultaneously sharing the view of competition as a driving force of progress. We shall here focus on this divergence "of second order."

This divergence of views as regards the best way of fostering competition is rooted in theoretical disagreements. In our attempt to render these disagreements explicit, we can make use of the dichotomy often introduced by economists of Austrian allegiance – this tradition brings together a great part of economists who are both advocates of competition and skeptical towards competition law. Austrian economists usually classify economists into two categories: on the one hand, those, like the Austrian economists themselves, who properly acknowledge the limited nature of the knowledge held by economic players (whether these players be mere traders, producers, consumers, or lawmakers, or even experts) as well as the implications of this limited knowledge, and, on the other, so-called neoclassical economists who have not grasped the problem and regard economic activity as a mere problem of static allocation of scarce resources. While this dichotomous presentation encloses many truths and already allows us to catch a glimpse of the reasons why economists can disagree about competition law, we consider it as too simple, however, and this oversimplification could prevent us from grasping the genuine nature of the disagreement.

The oversimplification lies in the Austrian depiction of the neoclassical analysis of competition. If one cannot but agree with the assertion that economists of neoclassical allegiance – who, in their great majority, are in favor of competition law – conceive economic activity and competition essentially as a problem of allocation of scarce resources, and pay only occasional attention to more dynamic issues (when, for example, they address, albeit awkwardly for that matter, the issue of innovation in a monopoly setting), it is, however, an overstatement to say that these economists do not grasp at all the crucial role played by the price system in a world of imperfect knowledge. The idea following which prices convey valuable knowledge to economic actors; the idea following which, under a system of unimpeded competition, resources are allocated according to the use to which their owners can put them and according to the resulting subjective satisfaction of needs; the idea following which economic players are continually seeking profitable reallocation of resources; in brief, the idea that the bulk of economic activity aims at a better allocation of resources in a world of dispersed knowledge and subjective needs is a familiar idea to them. It is even in the name of this idea that they lend support to the implementation of competition law.

The question that arises is thus: how come economists who share a common recognition of the limited knowledge held by economic players can disagree about the benign nature of competition law which allegedly seeks to protect the process of resource reallocation towards more satisfactory uses? The answer is probably that the divide between the two visions, between the two approaches to the market, is more subtle than implied by the dichotomy mentioned above.

It seems to me that the difference between the Austrian and the neoclassical approaches to competition is better expressed in terms of learning or acquisition of knowledge. The neoclassical approach does not snub learning, discovery, or even complexity; it underplays their richness. The modes of acquisition of knowledge encountered in the real world are much more diverse than assumed by the neoclassical approach, discoveries are more surprising than what it envisages, and the economic world is much more complex than it is conceived to be, especially when this complexity is gauged in light of the degree of dispersion of knowledge. I am inclined to say that, in their endeavor to refine the analysis of market mechanisms which elicited the wonder of their forebears (something for which they are not to be blamed, of course), neoclassical economists are no longer struck with wonder. Yet if wonder is in many cases only a pre-scientific stage of thought which we must seek to transcend, we must be wary of a strategy that purports to explain what laypersons find amazing by eclipsing (or denying) just that segment of reality which arouses wonder, and which stands in need of explanation. According to me, however, it is this strategy that has been more or less consciously adopted by those who contributed to the development of neoclassical analysis: in their models of reality, the scope for discovery has been scaled down, learning is quasi-mechanical, and the complexity of the economic world has been circumscribed to such a degree that neoclassical economists have lost touch with essential aspects of reality. In contrast, the Austrian tradition seeks to preserve the richness of learning processes, the very engines of progress.

C. Two analyses of monopolies

It is now timely to provide an illustration of these divergences and their consequences. To this end, I would like to re-examine a well-known issue that lies at the heart of the concerns of competition law, namely, the economic consequences of monopolies. But, as a prerequisite to the analysis of the consequences of monopoly positions, we need to specify what we mean by "market", and it is precisely at this juncture that the views held by neoclassical and Austrian economists, respectively, part from one another.

In neoclassical price theory, a market is defined as the interaction (not necessarily a concomitant one) between all suppliers and demanders of a given good. This simplified model of reality is not without value: it allows us to explain the effects of a rise in supply or demand on the prices and quantities traded. It also allows us to illustrate some predictable effects of a tax, of a regulated minimum wage, of a change in wages, and so on. It allows us further still to explain how a firm which is the sole supplier of a good, will try to seize advantage of this situation by making the best possible use of the knowledge it holds about consumers' disposal to pay. Besides, let us note that, after having forwarded his analysis of market mechanisms, the conscientious economist will not fail to specify the conditions under which his conclusions are valid. The famous *ceteris paribus* clause enters the picture here. All this seems fairly acceptable. Nevertheless, this depiction of the market as the place where demand and supply interact can prove to be too static – precisely because it ignores some modes of learning – when conducting an analysis of phenomena like monopolies.

Let us see first of all what economists of both traditions share in common. Whether one sticks to one vision of the market or the other, one can agree, at least for the sake of discussion, on the definition of a monopoly as the sole supplier of a good.[3] One can also agree on saying that, in the overwhelming majority of cases, the monopolist will try to seize advantage of his position. To this end, he will resort to all kinds of strategies: higher prices (if ever there were many suppliers of the same good in the past), discrimination among demanders of the good, alteration in services or in the goods which are complementary to his product, temporary withdrawal of his product from the market, creation of a trade mark, and so on. But, while traditional neoclassical analysis concludes unmistakably that monopoly positions are detrimental to consumers, and sometimes harmful to society at large (the famous "deadweight loss"), the Austrian economist is much less emphatic, the reason being that he holds a different understanding of the nature of the markets.

---

3 It is nonetheless interesting to recall that in the writings of classical economists – such as Smith – the term "monopoly" had a different meaning. It was used to describe any situation where there was no free entry.

Are the dynamics, the vital force of markets, not underplayed by an analysis that is based upon the interaction between a supplier and many demanders? To use Bastiat's words, does this interpretation not prompt us to emphasize the immediate consequences of a market behavior (what we see) and overlook more remote consequences (those which precisely are harder to perceive)? Because it analyzes the dynamics which might have led to a monopoly position as well as the dynamics likely to be triggered by this state of affairs (both dynamics being very probably linked, as we shall see), the Austrian approach pays heed to Bastiat's advice.

If a firm were to extract huge profits because of its monopoly position, we all know – Austrian as well as neoclassical economists – that this will attract competitors. Besides, this is the traditional story we relate to students when we explain the mechanisms of competition to them. There is thus no cause for concern as long as there is room for competition. In a competitive setting, all economic actors strive for greater market power and the fact that some succeed at times in their endeavor cannot be more natural. Monopoly situations constitute, therefore, a "danger" only on markets characterized by the existence of barriers to entry. As we know, these barriers can be of two types: they can build upon legal protection (regulation, property rights) or not.

Let us consider first of all the case of "non-legal" barriers. It is undeniably "economically" hard sometimes to come and compete with a supplier who enjoys a monopoly position, for example, because of the substantial fixed costs attached to the production of the good, especially when these fixed costs are "sunk costs." However, this stumbling block will tend to be even less important as the firm enjoying the monopoly position preys on the situation. In other words, and as the theory of contestable markets explains pretty well, the threat of a potential entrant is enough to tone down the monopolist's zeal. We thus have little to fear from such a monopoly position. But, let us go further and let us assume that the economic barrier, *in the present state of technology*, is genuinely difficult to overcome. For the Austrian economist, the competitive process which gives life to markets will not stop for all that. The "despair" of consumers, assuming there is despair, will act as a stimulus to the entrepreneurial spirit of thousands of individuals. This spirit might manifest itself through the search of alternative techniques (production techniques, commercial techniques) that reduce fixed costs; it can manifest itself through the search of foreign producers (in other countries, other continents), or simply through the reduction of transport costs. It can further manifest itself through the discovery of substitutes of the product that is currently subject to an exclusive supply. These are as many modes of learning that we cannot neglect, especially as they are an integral part of the daily operation of markets.

To tone things down a bit, however, the economist's knowledge does not allow him to predict which discovery will be made, what modes of learning will emerge, or how long these will take. Must we ignore them for all that? Should they even be a cause of concern to us? It is in fact interesting to observe that economists are not better equipped to predict how long it will take in an "ordinary" neoclassical market for supply to respond to an increase in demand. Yet, in both cases, the incentive character of the mechanism is equally strong. In reality, it is identical.

If we thus take into account these effects of the longer-term, it is hard to see on what grounds competition law can assert in such a peremptory manner that it "improves matters" since the expert who will try to assess the global impact of a given monopoly *does not, and cannot, know* what the cost to be borne by society is (he can neither foresee the modes of learning that this state of affairs will induce nor when these modes will emerge), just as he cannot know the "costs" of adjusting supply to demand. Furthermore, the expert cannot overlook the fact that this monopoly position was acquired, and is maintained, thanks to the services the monopoly has rendered, and continues to render, to consumers. Thus, when we no longer conceive "the market" as the place where demand and supply interact, but view it as a process through which individuals strive to satisfy their needs by satisfying other people's needs, the mere fact that at a given instant *t*, a firm which does not benefit from any legal protection is nevertheless alone able to supply a good or a service cannot in and of itself justify the intervention of public authorities. What public authorities must do instead is to make sure that the competition is not hampered by legal privileges.

Let us now come to the case of legal barriers and let us try to conceive, for want of seeing, what the dynamics of markets would look like in such cases. In some sense, legal barriers place an infinitely higher cost on the supply of a given good or service. Thus, if some response mechanisms at work in the case of non-legal barriers are still effectual here (the search for substitutes, for example), others vanish (it is, for example, impossible to offer an identical product whatever the amount of capital you command). Is it nevertheless necessary to interfere with the market, and, if yes, how are we to proceed? To answer these questions, it is useful to distinguish in the first instance between two categories of legal barriers. A first category regroups regulations that grant a privilege to a supplier (territorial exclusiveness, customs barriers, and so on). It is obvious that what is required in such cases is not competition *law*, but rather regulation, for it is the behavior of government authorities and legislators, not that of market players, which is called into question.

It is much trickier to tackle the case of legal barriers such as property rights. The case of intellectual property rights is well known. Another case arises when a firm holds all the property rights over a resource essential to the production of a good (trade secrets or the use of codes also fall into this category). A legal barrier does exist (property law or contract law deny us the right to extort a secret under physical constraint) that prevents competitors from offering the same product, and competition will then operate only in an indirect way, through substitute products. The question that arises here is: what are we to do when, without a single violation of rights which govern exchange processes (respect of properties and persons), a player has succeeded in securing a monopoly position that is likely to endure because of the protection conferred by these rights? Are we not here facing a situation in which the intervention of public authorities through competition law would be legitimate? We believe that such is not necessarily the case and our view rests upon two types of arguments.

The first argument proceeds directly from a (dynamic) economic analysis. First of all, we must note that a producer who wants his monopoly to be profitable will very certainly be sensitive to the needs of consumers. The picture is thus not so dramatic and the intervention of public authorities not so urgent (owners of Bordeaux have not uprooted their vines, owners of Van Goghs have not torn their paintings, landowners on the Riviera have not sold their concessions to garbage firms; they have, on the contrary, scrupulously taken care of their patrimony).

In a more subtle fashion, it could be that the source of the "extraordinary" profits reaped by the monopolist is an "extraordinary" service rendered to consumers. Let us assume indeed that the firm finds itself to be the unique producer of a good after having shrewdly acquired the totality of rights over one of the resources necessary for the production of that good. This monopoly will have value only if consumers feel the need for the product *and if the entrepreneur has acquired the resource for an amount that still leaves room for extraordinary profits*. However, the price paid by this entrepreneur for the resource corresponds more or less to the actualized value which its former owners tied to it. Consequently, if the entrepreneur is in a position to reap "extraordinary" profits once he becomes the exclusive owner of the resource, this can only be because *he perceived a potential use of this resource which others had not perceived*. In the opposite case, he would have paid a price that would have left room for "ordinary profits" only. Cases in which our monopoly might look "offending" are thus also cases in which the entrepreneur who enjoys a monopoly situation has been the first one to discover an original way of satisfying consumers' needs.

It may be tempting in such situations to resort to "competition law" in order to coerce the monopoly to give away his secret or give in part of his property rights over the resource. Such an intervention will assuredly make the extraordinary profits evaporate to the benefit of consumers of the good. Yet, as our analysis of the process having led to the state of monopoly shows, by acting in this way we face the risk of weakening one of the motivating forces behind discovery processes, for it is undoubtedly the lure of profit which kept the entrepreneur alert to potential uses to which existing resources could be put. In the absence of such a perspective, creators might be less alert. And if we adopt the standpoint of the consumer, assuming that he realizes an immediate gain thanks to the disintegration of the monopoly, will this gain not come at the price of a smaller share of discoveries in the future?

Thus, by considering only purely economic arguments, and by opting for a more dynamic perspective over markets – in which we are careful not to limit the analysis to the immediate effects of a given market behavior – government intervention seems to rest upon an inordinate presumption of knowledge. Consequently, this intervention runs the risk of being arbitrary in nature.

D. The contrast between competition law and the regulation of property rights

But the intervention of public authorities in order to break up or drag down a monopoly that rests upon legal barriers can be assessed from still another perspective. Can we not indeed advocate competition law on grounds that the regulation of competition is, in some sense, to contract law what the possibility of expropriation is to property law?

The necessity of defining and protecting private property over goods is unanimously acknowledged among economists, even if the basis of this necessity can differ from one economist to another. For some economists, this necessity is grounded in the respect of the human person: one cannot consider an individual as free and fully human unless he bears the positive as well as negative consequences of his acts. Individual property is then the inescapable prerequisite that puts concrete flesh on this responsibility. Following this line of reasoning, property rights and the possibility of voluntarily transferring them through contracts do not allow for exceptions. In particular, the mere fact of knowing that an individual does not make "good use" of his property cannot justify state intervention (through physical coercion) insofar as the individual has not physically obtruded other people's property.

For other economists, private ownership of goods is necessary because it yields benign consequences for society at large. This approach, which is dubbed the consequentialist approach, is favored by a great majority of economists. The emphasis is then laid on the fact that each owner has a personal stake in imparting the greatest possible value to goods in his possession, or on the fact that, through voluntary exchange processes, goods will end in the hands of those who can make the best use of it from the standpoint of society. For example, if a landowner does not perceive the use to which he can put his parcel of land while his neighbor does, the latter can acquire the said parcel of land and impart greater value to it. Another merit attached to a system of property rights is the sizeable one of minimizing conflicts among individuals by defining as clearly as possible a sphere of autonomy for everyone – a sphere of autonomy that allows everyone to contemplate actions in the long-term.

This second – consequentialist – line of defense can often be viewed as complementary to the first approach that can be characterized as the "natural rights" approach. Together, these two approaches provide solid arguments in favor of property rights. However, the consequentialist approach leaves the door open to government intervention in the system of allocation of rights. In order to intervene, it is indeed enough to highlight the positive consequences of this intervention. Thus, several economists (and legal practitioners) who adopt this approach are inclined to acknowledge that, in some cases, limits can be placed on the use to which an individual puts his property. Even the expropriation (with fair compensation) of the individual is conceivable. Yet while the consequentialist stance is fairly widespread, we can observe, albeit with curiosity, that this possibility of "regulating" the use and the allocation of property rights elicits much less enthusiasm among economists than the possibility of regulating exchange processes through competition law. Economists probably bear in mind the second merit of property rights mentioned above: by defining them as clearly as possible and by protecting individuals' spheres of autonomy, the sources of conflict are minimized and investment is fostered. This explains economists' hesitation to expropriate owners on the mere ground that a more "interesting" use of resources seems possible. Everyone senses that a dreadful feeling of insecurity will emerge if a "commission of property" were to decide on the basis of a cost-benefit analysis on the aptness of a given use of property.

How can we then explain that these very economists do not rise up against competition law which, according to me, does nothing else than interfere with voluntary exchanges of property rights on grounds that a given act of exchange, while in perfect harmony with the rules of contract law, seems to lead to inefficient results according to them? Intervention in this case seems even more problematical since the firm which is under the threat of competition law can be a firm which has elaborated a product that is appreciated by consumers owing to its acumen.

I figure among those who, while being staunch advocates of property rights, do not deem as entirely unconceivable an expropriation followed by compensation. For example, we can conceive situations where the refusal to assent to an exchange of property rights, at very advantageous conditions, harms third parties. However, I share with many the idea that this possibility must be "circumscribed" by law, and it would be absurd, and even dangerous, to pretend to regulate property rights. As Hayek has so beautifully explained, a law cannot be regulated. Law is the result of a spontaneous order and it nurtures the development of such a complex trade network than no regulation, in other words, no created order, can pretend to circumscribe it.

To be sure, it can happen that we enrage upon seeing, for example, a landowner's refusal to sell his parcel of land which would enable vital social achievements such as the extension of a school building or housing construction. In similar fashion, we can be appalled upon seeing a person who "abuses" of his negotiating power in order to obtain a good at a low price. When one owns a property, one enjoys a monopoly position with regard to one's property by definition, and this monopoly situation can sometimes be frustrating to third parties. However, wisdom teaches us not to act upon the basis of this frustration.

The same wisdom should prevail inside assemblies and commissions in charge of analyzing market behaviors, for their interventions are in fact of the same nature. Unfortunately, because it underplays the importance of learning and discovery, the neoclassical vision of competition leads authorities to believe that it is possible to regulate in a zealous manner.

E. Conclusion

In this limited space, we have addressed, albeit too briefly, the issue of monopoly regulation. Our conclusion is that regulation – understood as an attempt to control the outcome of market processes via a cost benefit analysis of each monopoly situation and, where necessary, sanctions against the monopoly – is undoubtedly unjustified. But monopolies are not the only targets of competition law. There are many other market behaviors – such as collusion, in particular – which provoke angry responses on the part of commissions. Is the intervention of public authorities justified in these other areas? A detailed dynamic analysis would be necessary to answer this question, but we do have doubts about the benign nature of these interventions, for what is ultimately at stake once again is interference with voluntary transactions without complete knowledge of the consequences of this interference.

Beyond this critique of competition law, I think that there is a pressing need to lend greater consistency to the logics that underlies the defense of common law and competition law respectively. Greater consistency can be lent through two ways. The first one calls for more wisdom in government (coercive) intervention in markets. The second calls for greater recklessness in the area of regulation of the use of private property. Let us hope that legal practitioners, economists and legislators will not harbor illusions as to their power to regulate the social order and that they will adopt the convenient route, the first one: the one that respects individual property and freedom to accept or refuse an act of exchange, a respect which is essential to the progress of society.

VIII.
Unternehmen/Enterprises

INVITATIO AD OFFERENDUM UND OVERALLOTMENT OPTION UND GREENSHOE OPTION IN DEUTSCHLAND

Stefano Lombardo

A. Einleitung

In der juristischen Literatur Deutschlands zum Thema IPO geht man typischerweise davon aus, dass die greenshoe option mit dem Hauptzweck der Stabilisierung des Aktienkurses nach einem Börsengang (Initial Public Offering, IPO) benutzt wird.[1] In diesem Beitrag wird rechtsökonomisch und rechtsvergleichend der Grund für die Einführung der overallotment- und greenshoe options in den USA erläutert. Vor diesem rechtsökonomischen Hintergrund soll die Nutzung dieser Finanzinstrumente in Deutschland erklärt werden.

Die rechtökonomische Analyse zur Risikoallokation einer US-IPO führt zu einer anderen Perspektive für die Erklärung der Benutzung der overallotment- und greenshoe options als die, die im deutschen Schrifttum verbreitet ist. Rechtsvergleichend unterstützt sie vermutlich auch die Auslegung der inzwischen in Europa eingeführten einheitlichen Gesetzgebung.[2]

Der Beitrag analysiert in Abschnitt 2 die Funktionsweise der overallotment option und greenshoe option in den USA. In Abschnitt 3 wird die Kurspflege in den USA kurz dargestellt. In Abschnitt 4 wird die invitatio ad offerendum (die Einladung zum Kaufangebot) in Deutschland und die Frage des genauen Zeitpunkts des Vertragsabschlusses zwischen den Konsortialbanken und Anlegern erläutert. In Abschnitt 5 werden ausgehend von der rechtsökonomischen und rechtsvergleichenden Analyse einige Schlussfolgerungen zur Anwendung der overallotment und greenshoe option in Deutschland gezogen.

---

1 Vgl. z.B. T. Hein, 1996, *Rechtliche Fragen des Bookbuilding nach deutschem Recht*, in *WM*, 50:1-7, S. 6; T. Busch, 2002, *Aktuelle Rechtsfragen des Bezugsrechts und Bezugrechtsausschlusses beim Greenshoe im Rahmen von Aktienemissionen*, in *AG*, 47:230-235, "Der Greenshoe ist Stabilisierungsinstrument und beinhaltet eine Kombination aus Wertpapierleihe und Kaufoption" S. 231.

2 Verordnung (EG) Nr. 2273/2003 der Kommission vom 22. Dezember 2003 zur Durchführung der Richtlinie 2003/6/G des Europäischen Parlaments und des Rates – Ausnahmeregelungen für Rückkaufprogramme und Kursstabilisierungsmaßnahmen, ABl. 23.12.2003, L336/33.

B. Zur Funktionsweise der overallotment/greenshoe options in den USA

Erstmals Anfang der sechziger Jahre wurde in den USA bei Börseneinführung der Green Shoe Manufacturing Company die greenshoe option benutzt.[3] Damals war ein typisches IPO mit einer Übernahmeverpflichtung (firm commitment) der Konsortialbanken zu einem festen Preis (fixed price offering) ausgestaltet. Die Option sicherte den Konsortialbanken (üblicherweise dem lead manager) die Möglichkeit, zum Emissionspreis weitere als die im Prospekt angebotene Aktien[4] zu erwerben, um ein so genanntes overallotment (Mehrzuteilung) zu decken. Zum besseren Verständnis der Funktionsweise der greenshoe option dient also zunächst die Klärung der overallotment option.[5]

Die overallotment option gewährt den Konsortialbanken das Recht, mehr Aktien als im Prospekt vorgesehen (registered shares) platzieren und verkaufen zu können.

Die für die Konsortialbanken bestehende Notwendigkeit, mehr Aktien als die registered shares zu platzieren und zu verkaufen, resultiert aus der besonderen Vorschrift der „Section 5 des Securities Act“. „Section 5“ sieht drei Schritte (Gun Jumping[6]) für das öffentliche Angebotsverfahren vor: a) the pre-filing period, in welcher das Angebot zum Verkauf oder zum Kauf von Wertpapieren verboten ist, bis ein registration statement bei der SEC erworben worden ist; b) die Wartezeit nach der Registrierung, in welcher zwar Verkaufsbemühungen mit einem preliminary prospectus – jedoch noch keine eigentliche Verkäufe – erlaubt sind; c) die post-effective period, nachdem das registration statement seine Wirkung entfaltet und mit dem von der SEC bewilligten final prospectus endlich die Aktien verkauft werden können.

Die Verkaufsanstrengungen in der Wartezeit waren durch das Risiko des Widerrufes der Kaufverträge in der post-effective period durch manche Investoren gekennzeichnet. Wenn Kaufverträge in der post-effective period abgelehnt bzw. widerrufen wurden, entstand für das Konsortium das Risiko, auf den abgelehnten Aktien sitzenbleiben zu müssen (bzw. zu einem niedrigeren Preis als den Emissionspreis nach dem Börsengang am Sekundärmarkt verkaufen zu müssen). Dieses Risiko verursachte Kosten für das Konsortium. Um diese reneging costs zu minimieren wurden die overallotment/greenshoe options entwickelt.

---

3 S. J. F. Cotter und R. S. Thomas, 1998, *Firm Commitment Underwriting Risk and the Over-Allotment Option:Do We Need Further Legal Regulation?*, in *Securities Regulation Law Journal*, 26:245-268, S. 246, Fn. 2.

4 Die angebotenen Aktien stammen entweder vom Emittenten, etwa neue Aktien im Wege einer Kapitaler Erhöhung, oder aber von verkaufenden Altaktionären („Alt“-Aktien).

5 Zur Mechanik der overallotment/greenshoe options s. R. S. Hansen, B. R. Fuller, und V. Janjigian, 1987, *The Over-Allotment Option and Equity Financing Flotation Costs: An Empirical Investigation*, in *Financial Management*, 16:24-32; C. Muscarella, J. W. Peavy III, und M. R. Vetsuypens, 1992, *Optimal Exercise of the Over-allotment Option in IPOs*, in *Financial Analyst Journal*, 48:76-81; R. B. Charter und F. H. Dark, 1990, *The Use of the Over-allotment Option in Initial Public Offerings of Equity: Risks and Underwriter Prestige*, in *Financial Management*, 19:55-64.

6 Vgl. z.B. J. D. Cox, R. W. Hillman, und D. C. Langevoort, 2006, *Securities Regulation. Cases and Materials*, Aspen, New York, S. 168 ff.

Mit der overalloment option platzierte das Konsortium in der waiting period mehr Aktien als im Prospekt angemeldet.[7] Damit entstand für das Konsortium eine potentielle Short-Position, sobald es in der post-effective period zu einer Bestätigung der mehr platzierten Aktien durch die Anleger kam (d.h. volle Bestätigung der Kaufanträge). Weil nach dem IPO nur zwei Preissituationen vorliegen können (underpricing oder overpricing[8]), kaufte das Konsortium bei overpricing nach dem IPO die Aktien, um die Short-Position zu decken (short cover-ing). Dieses short covering nach dem IPO hatte damit neben der unmittelbaren, primären Wirkung zur Deckung der Short-Position gleichzeitig auch eine sekundäre, stabilisierende[9] Wirkung auf den sinkenden Preis.[10] Das short-covering wurde aber hauptsächlich benutzt, um das Problem der reneged shares zu lösen. In einer underpricing-Situation riskiert das Konsortium, teuere Aktien nach dem Börsengang kaufen zu müssen, um die Short-Position zu decken. Genau um dieses Risiko zu minimieren, wurde die greenshoe option entwickelt. Dem Konsortium wurde das Recht zugestanden, Aktien von der Gesellschaft oder von verkaufenden Altaktionären zum Emissionspreis kaufen zu können, um damit die Short-Position abzudecken. Nach den Regeln der NASD war bis in das Jahr 1983 hinein eine overallotment/greenshoe option bis zu 10 % des Emissionsvolumens möglich, danach wurde der Wert auf 15 % erhöht.[11] Diese Option durfte üblicherweise innerhalb von 30 Tagen nach dem Börsengang ausgeübt werden.

Die Auswirkung der overallotment/greenshoe options verschiebt das Risiko der reneged shares vom Konsortium zu dem Emittenten. Das Risikoniveau (und damit die Höhe der Option bezüglich der potentiellen reneging costs) hängt in erster Linie von dem Risikoniveau des einzelnen Emittenten ab. Das Niveau der Risikoverschiebung hängt demgegenüber von verschiedenen Faktoren ab (z.B. vom Ausmaß des underpricing).[12]

Als die overallotment/greenshoe options Anfang der sechziger Jahre eingeführt wurden, war in den USA das typische IPO ein fixed price offering. Das Verhältnis bei der Zuteilung der Aktien zwischen retail und institutional investors lag bei 70% zu 30 %.[13] Seit den neunziger Jahren finden die IPO im open price offering system statt, in dem die Preisfindung durch das Bookbuildingverfahren erfolgt. Dabei erfolgt die Zuteilung zugunsten der

---

7 Wenn z.B. das Angebot 70 Aktien erfasste, hatte das Konsortium z.B. 75 Aktien in der *waiting period* platziert. D.h., einige Aktien (im Beispiel 5) wurden zweimal platziert.

8 Der Schlusspreis des ersten Tages liegt über bzw. unter dem Emissionspreis.

9 Im Sinne einer Verspätung bzw. Milderung der Preissenkung.

10 Da Aktien nach dem Börsengang von Konsortium gekauft wurden, stieg ihr Preis.

11 S. R. S. Hansen, B. R. Fuller, and V. Janjigian, 1987, *The Over-Allotment Option and Equity Financing Flotation Costs: An Empirical Investigation*, in *Financial Management*, 16:24-32, S. 25. S. heute NASD Manual Rule 2710(f) (2)(J) frei abrufbar unter www.finra.org (FINRA - Financial Industry Regulatory Authority). Die 15%-Grenze wird üblicherweise durch eine *naked short position* überschritten. Zur Ökonomie der naked short position s. T. Jenkinson und H. Jones, 2007, *The economics of IPO stabilization, syndicate and naked short*, in *European Financial Management*, 13:616-642.

12 Siehe die empirischen Analysen der Studien der vorherigen Fußnote.

13 S. M.P. Dooley, 1972, *The Effects of Civil Liability on Investment Banking and the New Issues Market*, in *Virginia Law Review*, 58: 776-843, S. 781, Fn. 27.

institutional investors in Höhe von 70 %.[14] Im Zusammenspiel zwischen Konsortium, Emittent, retail und institutional investors gibt es nach der vorherrschenden Theorie einen Informationsvorsprung der institutionellen Anleger bezüglich des tatsächlichen Werts des Emittenten.[15] Im Bookbuildingverfahren teilen die Investoren dem Konsortium den tatsächlichen Wert des Emittenten mit und werden mit einem angemessenen underpricing kompensiert (information revelation theory).[16]

Das Problem des Risikomanagement der „Section 5" besteht bis in die heutige Zeit und die greenshoe option wird bei fast allen IPO angewendet. Das Bookbuildingverfahren verschiebt aber die Bestimmung des Preises im final statutory prospectus fast an das Ende der Angebotsperiode. Die Investoren haben die Möglichkeit, bis zur Übergabe des statutory prospectus (mit Emissionspreis) den Kaufantrag zurückzuziehen.[17]

Unter ökonomischen Gesichtspunkten ist das Gleichgewicht zwischen Preis und Angebotsmenge, welches im statutory prospectus vom Konsortium bestimmt worden ist und vom SEC als „effective" qualifiziert worden ist,[18] vom Standpunkt der Nachfrageseite kein stabiles Gleichgewicht. Der Grund ist, dass manche Anleger ihre orders zurücknehmen können und damit die Nachfrage nachträglich reduzieren können. Damit dienen die overallotment/greenshoe-Optionen heute noch hauptsächlich der Minimierung der reneging costs.

Theoretisch kann natürlich der Umlauf der registrierten Aktien in der Warteperiode auch zu einer Überzeichnung (i.S. von indication of interest) führen.[19] In einem solchen Fall wäre ein overallotment nicht notwendig, weil vermutlich die vorhandenen Kaufanträge ausreichen würden, um eine gewisse Sicherheit für den Vertragsabschluss bezüglich der registrierten Aktien in der post-effective period zu erzielen.[20] Das Konsortium kennt aber im Voraus nicht die Wahrscheinlichkeit einer Überzeichnung. Deswegen schützt es sich stets im Prospekt mittels der overalloment/greenshoe-Option. Im Falle einer Überzeichnung werden

---

14 S. R. Aggarwal, N. Prabhala und M. Puri, 2002, *Institutional Allocation in Initial Public Offerings: Empirical Evidence*, in *Journal of Finance*, 57:1421-1442; K. W. Hanley und W.J. Wilhelm Jr., 1995, *Evidence on the strategic allocation of initial public offerings*, in *Journal of Financial Economics*, 37:239-257.

15 S. A. Ljungsqvist, 2007, *IPO Underpricing*, in B. E. Eckbo (ed.), *Handbook of Corporate Finance: Empirical Corporate Finance*, Vol. 1, Amsterdam, 375-422.

16 Zum Bookbuildingverfahren s. z.B. L. M. Benveniste und W. J. Wilhelm, 1997, *Initial Public Offerings: Going by the Book*, in *Journal of Applied Corporate Finance*, 10:98-108. Über die optimale Ausgestaltung zwischen underpricing und bookbuilding s. L.M. Benveniste und W.J. Wilhelm, 1990, *A comparative analysis of IPO proceeds under alternative regulatory environments*, in *Journal of Financial Economics* 28:173-207; s. auch A. Sherman, 2000, *IPOs and Long-term Relationship: An Advantage of Book Building*, in *Review of Financial Studies*, 13:697-714; A. Sherman und S. Titman, 2002, *Building the IPO order book: underpricing and participation limits with costly information*, in *Journal of Financial Economics* 65:3-29.

17 Der Kaufantrag ist als einfache *expression of interest* zu verstehen. S. hierzu J. D. Cox, R. W. Hillman, und D.C. Langevoort, 2006, *Securities Regulation. Cases and Materials*, Aspen, New York, S. 188.

18 Vgl. J. D. Cox, R. W. Hillman, D. C. Langevoort, 2006, *Securities Regulation. Cases and Materials*, Aspen, New York, S. 192.

19 Z.B. mit einer Offerte von 100 Aktien werden 1.000 Aktien nachgefragt (i.S. einer *indication of interest*).

20 Abhängig von Niveau fungiert die Überzeichnung als eine Art overallotment.

aber möglicherweise die Aktien des overallotment platziert und damit das Angebot tatsächlich erhöht.[21]

C. Zur Stabilisierung in den USA

Die Kurspflege nach dem Börsengang erfolgt in den USA nach der „Regulation M Rule 104" (stabilizing and other activities in connection with an offering). „Die Regulation M" wurde 1997 eingeführt und dient der Regulierung der trading and aftermarket practices of primary and secondary offerings. Die „Rule 104" regelt drei Formen der Kurspflege als spezielle Ausnahme zum allgemeinen Verbot der Marktmanipulation: Stabilizing transaction (oder pure stabilisation[22]), syndicate covering transaction (oder short covering[23]) und penalty bids[24].

Abgesehen von den penalty bids[25], wie oben erläutert, dient das short covering hauptsächlich der Deckung der overallotment option im Falle eines overpricing, also erstens wegen des Problems des „Section 5"-Risikomanagements und nur zweitens wegen der Kurspflege. Es ist aber heutzutage die meistbenutzte Form der Kurspflege.[26] Pure stabilisation, d.h. die Kurspflege im eigentlichen Sinn,[27] die ebenfalls reguliert wird,[28] wird heute nicht mehr benutzt, da sie sehr teuer sein kann. Sie erhöht das Risiko für das Konsortium, auf nach dem Börsengang gekauften Aktien sitzen zu bleiben. Als Instrument der Kurspflege ist sie im informationseffizienten US-Kapitalmarkt kaum noch zu rechtfertigen. Der Preis, der in den ersten Stunden des listingstages vom Markt eruiert wird und der sich entweder im underpricing oder im overpricing ausdrückt, ist ein Marktgleichgewichtspreis. Er beinhaltet die gesamten mit dem Prospekt veröffentlichten Informationen[29] und kann vom Konsortium zum Stabilisierungszweck kaum beeinflusst werden.[30] Bei einem guten Verlauf endet das typische IPO mit einem underpricing. Im ungünstigen Falle des overpricing überschreitet das Konsortium beim

---

21 Das Konsortium erhöht damit natürlich seine Gewinne.

22 Rule 100 definiert *stabilize or stabilizing* (*pure stabilisation*) als "*the placing of any bid, or the effecting of any purchase, for the purpose of pegging, fixing, or maintaining the price of a security*".

23 Eine *syndicate covering transaction* (*short covering*) vom Konsortium wird durch Rule 100 als "*the placing of any bid or the effecting of any purchase on behalf of the sole distributor or the underwriting syndicate or group to reduce a short position created in connection with an offering*" definiert.

24 Rule 100 definiert ein *penalty bid* als "*an arrangement that permits the managing underwriter to reclaim a selling concession from a syndicate member in connection with an offering when the securities originally-sold by the syndicate member are purchased in syndicate covering transactions*".

25 Penalty bids haben das Ziel, die *flipping activity* zu minimieren und zielen wie *lock-up*-Klauseln darauf ab, die neu erworbenen Aktien mittelfristig nicht verkaufen zu können.

26 Siehe R. Aggarwal, 2000, *Stabilization Activities by Underwriters after Initial Public Offerings*, in *Journal of Finance*, 55:1075-1103.

27 Abgesehen von manchen Versuchen in den vierziger Jahren, wurde die erste Regulierung der Kurspflege im Jahr 1957 verabschiedet. Dazu s. W. W. Foshay, 1959, *Market Activities of Participants in Securities Distributions*, in *Virginia Law Review*, 45:907-947.

28 Die Regulierung der *pure stabilisation* ist materiell- wie auch publizitätsrechtlich sehr viel detaillierter und anspruchvoller als die Regulierung der *short coverig* und *penalty bids*.

29 Zur Schnelligkeit der Preisfindung kurz nach dem Börsengang s. C.B. Barry und R.H. Jennings, 1993, *The Opening Price Performance of Initial Public Offerings of Common Stock*, in *Financial Management*, 22:54.; R. Aggarwal und P. Conroy, 2000, *Price Discovery in Initial Public Offerings and the Role of the Lead Underwriter*, in *Journal of Finance*, 55:2903-2922.

30 Ziel der reinen Kurspflege nach Rule 104(b) ist es, einem Kursverfall vorzubeugen.

Aktienrückkauf die Grenze des short covering nicht (um die overallotment option zu decken) und muss deshalb keine Kursstabilisierung betreiben.

D. Zur invitatio ad offerendum und overallotment/greenshoe options in Deutschland

Das „Angebot" der Konsortialbanken im IPO wird in der deutschen Lehre als invitatio ad offerendum und nicht als Angebot i.S. des § 145 BGB beschrieben.[31] Entscheidend dafür ist die Tatsache, dass das Konsortium lediglich eine Aufforderung zur Abgabe von Kaufangeboten an die Anleger abgibt. Schuldrechtlich betrachtet, kommt das nach § 145 BGB gemachte Angebot von den interessierten Anlegern.[32] Kapitalmarktrechtlich argumentiert, stellt aber gleichzeitig das invitatio ad offerendum ein Angebot i.S. des § 1 VerkProspG und jetzt der §§ 1 und 3 WpPG dar.[33]

Die deutsche Lehre argumentiert weiter, dass die Aufforderung zur Abgabe von Kaufanträgen für beide Seiten keine rechtliche Bindung entfalte. Weiterhin stelle die Annahme dieser Kaufanträge keine Verpflichtung für die Konsortialbanken dar. Damit entstehe auch kein Anspruch auf eine feste Zuteilung seitens der Anleger.[34]

Aus der Sicht der Anleger ist das typische Merkmal des Bookbuildingverfahren als Preisfindungsmechanismus so ausgestaltet,[35] dass ihnen die Möglichkeit eingeräumt wird, ihre Kaufanträge innerhalb einer Preisspanne oder bis zu einem bestimmten Preis (sog. Preislimit) abzugeben und diese eventuell noch anzupassen.[36] In diesem Zusammenhang ist die Bestimmung des Zeitpunkts wichtig, bis zu welchem den Anlegern die Möglichkeit gegeben wird, diese Kaufanträge zurückzuziehen oder zu ändern. Hier scheint die Lehre die zeitliche Problematik bezüglich der Mechanik der overallotment/greenshoe option etwas unterschätzt zu haben.

Es gibt zwei Alternativen, die zur Auslegung der Funktionsweise der overallotment/greenshoe options sehr wichtig sind.

Die Anleger haben die Möglichkeit, ihre Kaufanträge bis zum Ende der Angebotsperiode (Ende der Angebotsfrist) zurückzunehmen, d.h., wenn das endgültige Preis-Menge-Gleichgewicht noch nicht entschieden worden ist (Fall 1). Im Gegensatz hierzu können die Anleger die Möglichkeit haben, ihre Kaufanträge nach dem Ende der Angebotsperiode zurückzunehmen, d.h. wenn die Bestimmung des Preis-Menge Gleichgewichts schon stattgefunden hat (Fall 2).

---

31 S. T. Hein, 1996, *Rechtliche Fragen des Bookbuildings nach deutschem Recht*, in *WM*, 50:1-7, S. 4; W. Groß, Bookbuilding, in *ZHR*, 162:318-339, S. 323.

32 S. W. Groß, 1998, *Bookbuilding*, in *ZHR*, 162:318-339, S. 329.

33 S. W. Groß, 1998, *Bookbuilding*, in *ZHR*, 162:318-339, S. 323.

34 Siehe T. Hein, *Rechtliche Fragen des Bookbuildings nach deutschem Recht*, in WM, 50:1-7, S. 4; W. Groß, *Bookbuilding*, in *ZHR*, 162:318-339, S. 329.

35 Zum deutschen Schrifttum zum Bookbuilding s. stellvertretend M. Willamowski, 2000, *Bookbuilding*, Köln.

36 S. W. Groß, *Bookbuilding*, in *ZHR*, 162:318-339, S. 330.

Im ersten Fall dient die overallotment option nicht zur Minimierung der reneging costs, da das Konsortium die Sicherheit über die Nachfragemenge hat. Das Konsortium bringt in diesem Fall die festgelegte Menge (Nachfrage) mit der Angebotsmenge bis zu einem gewissen Preis ins Gleichgewicht, und maximiert damit die Angebotserlöse.

Im zweiten Fall dient die overallotment option zur Minimierung der möglichen reneging costs. Das Konsortium fixiert auf der Basis der Nachfrage- und der Angebotsmenge das Preis-Menge-Gleichgewicht. Dabei hat es aber nicht die Sicherheit der Nachfrage, weil die Anleger noch das Recht haben, ihre Kaufanträge zu modifizieren oder zu widerrufen.

Da ein rechtlich bindender Vertrag nur entsteht, wenn das Konsortium die Anlegerkaufangebote durch die Zuteilung annimmt, ohne dass die Anleger dieser Zuteilung wieder zustimmen müssen, ist es entscheidend, den Zeitpunkt zu ermitteln, wann diese Annahme stattfindet bzw. für die Anleger wirksam wird.[37] Das erfolgt in Deutschland anscheinend schon mit der Aktienzuteilung, die wiederum bei der Menge-Preis-Gleichgewichtbestimmung erfolgt. Gleichgewichtsbestimmung und Zuteilung erfolgen damit also im gleichen Zeitpunkt und dienen als Annahme der Konsortialbanken. (Zusammenfassend ausgedrückt ist es also in Deutschland den Anlegern erlaubt, ihre Kaufanträge grundsätzlich nur bis zum Ende der Angebotsfrist zu widerrufen oder zu modifizieren. Diese Erklärung muss aber damit vor der Menge-Preis-Gleichgewichtbestimmung erfolgen).[38]

Rechtsvergleichend lässt sich somit der folgende, entscheidende Unterschied zum US-amerikanischen System feststellen. Während in den USA nach der Bestimmung des endgültigen Preis-Menge-Gleichgewichts (im statutory prospectus) die Anleger noch die Möglichkeit haben, ihre Kaufanträge zu widerrufen oder zu ändern und damit kein aus Nachfragesicht stabiles Gleichgewicht resultiert, können die Anleger in Deutschland nur bis zum Ende der Zeichnungsperiode ihre Kaufanträge widerrufen oder ändern. Bis zum Ende der Zeichnungsperiode hat das Konsortium aber in Deutschland das endgültige Preis-Menge-Gleichgewicht noch nicht bestimmt. Nachdem dies entschieden ist (eben nach dem Angebotsschluss), müssen die Anleger ihre zugeteilten Aktien annehmen. Im Gegensatz zu den USA ist also in Deutschland das endgültige Preis-Menge-Gleichgewicht aus Nachfragesicht stabil.

E. Zur overallotment-Option und greenshoe-Option in Deutschland

Die Tatsache, dass in Deutschland, anders als in den USA, die Anleger verpflichtet sind, ihre zugeteilten Aktien nach der Bestimmung des endgültigen Preis-Menge-Gleichgewichts

---

[37] S. T. Hein, *Rechtliche Fragen des Bookbuildings nach deutschem Recht*, in WM, 50:1-7, S. 4; W. Groß, *Book building*, in *ZHR*, 162:318-339, S. 329.

[38] Die Konsortialbanken, vertreten durch den Global Koordinator, nehmen das Angebot konkludent ganz oder teilweise durch die Zuteilung der angebotenen Aktien an. Hiernach ist eine Änderung des Angebotes nicht zulässig. Der Investor ist ab diesem Zeitpunkt fest gebunden" T. Hein, *Rechtliche Fragen des Bookbuildings nach deutschem Recht*, in *WM*, 50:1-7, S. 4; s. auch W. Groß, *Bookbuilding*, in *ZHR*, 162:318-339, S. 329.

anzunehmen, lässt die Frage entstehen, warum sich die overallotment/greeenshoe-Option entwickelt und durchgesetzt hat.[39]

Als Stabilisierungsmaßnahme scheint das Instrument kaum wirksam zu sein. Der Effekt der Preissteigerung, der durch den Aktienkauf vom Konsortium getätigt wird, um die short position im Fall von overpricing zu decken, scheint nicht in der Lage zu sein, die durch den freien Markt resultierende Preissenkung ernsthaft zu verzögern oder gar zu blockieren.[40]

Auch in Deutschland erhalten institutionelle Anleger bei einem IPO durchschnittlich 70-80% der zugeteilten Aktien und Privatanleger 20-30%.[41] Das Bookbuildingverfahren als Preisfindungsmechanismus dient dazu, dem Konsortium durch die Aufträge der institutionellen Investoren Informationen über den wahren Emittentenwert zu geben, um damit zur Preisbestimmung zu kommen.

Es sei hier die These aufgestellt, dass auch bei einem deutschen IPO für institutionelle Anleger die Möglichkeit besteht, ihre Kaufanträge auch nach der Bestimmung des Preis-Menge-Gleichgewichtes zu widerrufen oder zu ändern.[42] Der Widerruf basiert auf der Voraussetzung, dass ein internationales Angebot nach der „Regulation S" und eventuell nach der „Rule 144A" erfolgt.[43] In diesem Fall dient die overallotment/greenshoe option dem gleichen Zweck wie in den USA. Es folgt aber eine ungleiche Behandlung zwischen den deutschen Privatanlegern auf der einen Seite und den deutschen und internationalen institutionellen Anlegern auf der anderen Seite.

Wenn es sich um ein reines deutsches IPO handelt, bei dem sowohl Privatanleger als auch institutionelle Anleger nach der Bestimmung des Preis-Menge-Gleichgewichts ihre Kaufanträge nicht mehr widerrufen oder ändern dürfen, dient die Verwendung der overallotment/greenshoe-Options nur der Möglichkeit, die Angebotsmenge im Fall der Überzeichnung zu erhöhen. Dabei werden die Angebotserlöse erhöht.[44] Diese Auswirkungen haben aber mit einem Risikomanagement nichts mehr zu tun. Da im Falle der Überzeichnung nicht sicher ein

---

39 Zu den statistischen Angaben zur Entwicklung der overallotment/greenshoe option in Deutschland siehe S. A. Franke und C. Schlag, 2002, Over-Allotment Options in IPOs on Germany's Neuer Markt – An Empirical Investigation, Working paper No. 16, Center for Financial Studies, Johann Wolfgang Goethe Universität Frankfurt am Main; A. Oehler, M. Rummer und P. N. Smith, 2006, Does Stabilisation by Means of Initial Short Covering Help IPOs to Perform Well During the First Days of Trading?, working paper, www.ssrn.com.

40 S. A. Oehler, M. Rummer und P. N. Smith, 2006, Does Stabilisation by Means of Initial Short Covering Help IPOs to Perform Well During the First Days of Trading?, working paper, www.ssrn.com.

41 Das Verhältnis wurde grob unter Berücksichtigung einiger Angebotsergebnisse berechnet. Seit 2000 wird die Zuteilung an Privatanleger auf der Basis der "Grundsätze für die Zuteilung von Aktienemissionen an Privatanleger" gemacht.

42 Dazu s. auch M. Willamowski, *Bookbuilding*, Köln, S. 171, Fn. 839.

43 Dazu s. K. Schanz, 2000, *Börseneinführung*, München, 2002, S. 295 ff. Zur Regulation S Rule 144A s. M. I. Steinberg und D. L. Lansdale Jr., 1995, *Regulation S and Rule 144A: Creating a Workable Fiction in an Expanding Global Securities Market*, in *International Law*, 29:43-62.

44 Nach Art. 11(a) der Verordnung der Kommission Nr. 2273/2003 ist eine Überzeichnung relevanter Wertapiere nur innerhalb der Zeichnungsfrist und zum Emissionskurs zulässig. D.h., die Konsortialbanken haben die Möglichkeit, ex ante bis zu 115% (+5% ex Art. 11(b)) zu platzieren (durch unverbindliche Kaufanträge), und wenn es tatsächlich zur Überzeichnung kommt, auch den überzeichneten Prozentsatz ex post durch Zuteilung anzunehmen. Damit erhöhen sie praktisch ex post die Angebotsmenge.

underpricing[45] besteht, dient die ausgeübte overallotment option (nicht gedeckt durch eine ausgeübte greenshoe option, sondern nur durch short covering[46]), nur der Kurspflege. Dieses Vorgehen scheint aber, wie oben bereits dargestellt aus der Perspektive der Kurspflege nicht wirkungsvoll zu sein.[47]

---

45 D.h. trotz (oder genau wegen der) Überzeichnung könnte das Konsortium den Emissionspreis zu hoch ansetzen.

46 Im Gegensatz zu Regulation M Rule 104 unterscheidet leider die Verordnung der Kommission 2273/2003 nicht deutlich zwischen Kurspflege durch *stabilizing transactions* (*pure stabilisation*) und Kurspflege durch *syndicate covering transactions* (*short covering*). Die *overallotment*-Option und die *greenshoe*-Option werden als ergänzende Stabilisierungsmaßnahmen bezeichnet, es fehlt aber die deutliche und bewusste Betrachtung des *short covering* als Alternative zur reinen Kursstabilisierung.

47 S. A. Oehler, M. Rummer und P. N. Smith, 2006, Does Stabilisation by Means of Initial Short Covering Help IPOs to Perform Well During the First Days of Trading?, working paper, www.ssrn.com.

DIE ÖKONOMIE DER SEELENWANDERUNG

Alexander Schall[*]

A. Einleitung

Was ein Unternehmen ist, fällt Juristen wie Ökonomen gleichermaßen schwer zu begreifen. Davon zeugen die zahlreichen Unternehmensbegriffe der verschiedenen Rechtsgebiete ebenso wie die wenig befriedigende *theory of the firm*, die im Unternehmen nicht mehr sieht als einen *nexus of contracts*, die man auch *at arm's length* hätte abschließen können, wenn nicht eine engere Verbindung effizienter gewesen wäre.[1] Den schwierigen Fragen um das Wesen des Unternehmens an sich ist hier aber nicht grundsätzlich nachzugehen. Das bleibt nicht zuletzt dem Jubilar selbst vorbehalten, der in Zusammenarbeit mit *Robert Cooter* einen überzeugenderen Vorschlag zur *theory of the firm* als eines *nexus of information* entwickelt hat. Der vorliegende Beitrag befasst sich vielmehr mit einem wichtigen Teilaspekt des Unternehmens, der allerdings gar nicht weit vom *nexus of information* Gedanken entfernt ist: mit seiner Seele. Sie ist der Schlüssel zum Verständnis der Problemstellungen, die sich im Zusammenhang mit *small business bankruptcies* stellen, denen hier nachgegangen wird.

Ausgangspunkt ist die Einsicht, dass kleine Unternehmen in aller Regel stark von der Person der Betreiber abhängen. Von ihren Geschäftsideen, ihren intellektuellen und / oder handwerklichen Fähigkeiten, ihren Kontakten, ihrer sozialen Kompetenz, ihrem

---

* Dr., M.Jur. (Oxon), Privatdozent an der Universität Marburg. Der Beitrag geht zurück auf einen Vortrag vor dem Graduiertenkolleg für Recht und Ökonomik im Mai 2007. Für die dort erhaltenen wertvollen Anregungen sei allen Kollegiaten herzlich gedankt, insbesondere aber Jun. Prof. Dr. Patrick C. Leyens, Dr. Arkadiusz Radwan und Herrn Jan-Peter Sasse.

1 Zu den teleologischen Unternehmensbegriffen der Juristen Karsten Schmidt, Gesellschaftsrecht, 4. Aufl. 2002, § 17 I 2 c; zu einem Überblick über die verschiedenen ökonomischen und juristischen Ansätze im Zusammenhang mit dem Unternehmensverbund des Konzernrechts Windbichler in Großkommentar AktG Vor § 15 Rn. 20 ff.; zu einer „juristischen" theory of the firm Engert, FS Heldrich, 2005, S. 87 ff.

Verhandlungsgeschick und sogar von ihren Charaktereigenschaften[2] lebt die kleine *cash generating unit*, die sie ins Leben gerufen haben, und die die erstaunliche Fähigkeit hat, Umsätze und Gewinne zu generieren und dadurch das Auskommen für ihren Inhaber und möglicherweise noch einige Mitarbeiter zu sichern. Wenn die Chefin der kleinen Werbeagentur oder des hochspezialisierten Softwareentwicklers eines Morgens warum auch immer nicht mehr im Büro erscheint, nutzen das eingerichtete Büro, das besetzte Sekretariat und die topdesignte Homepage nichts mehr. Das Unternehmen wird sterben. Daran könnte auch ein professioneller Verwalter nichts ändern.

B. Die Problematik von Insolvenz und Seelenwanderung

I. Der Grundsatzkonflikt

Die starke Personalisierung des Unternehmens kollidiert mit der Grundidee des kapitalgesellschaftsrechtlichen Trennungsprinzips, wonach das Vermögen der Gesellschaft strikt von dem der Gesellschafter getrennt ist. Denn zum Vermögen rechnen an sich auch die Geschäftschancen (*corporate opportunities*)[3] und der Good Will des eingerichteten und ausgeübten Unternehmens der Gesellschaft einschließlich der Kontakte, Kundenlisten etc.[4] Jedoch sind diese immateriellen Vermögenswerte wie gesehen bei kleinen Unternehmen in hohem Maße personalisiert und nicht oder nur sehr eingeschränkt an Dritte übertragbar oder durch Dritte ausübbar. Es handelt sich großteils um *embedded knowledge* bzw. *capabilities*.

Die Kollision zwischen Vermögenszugehörigkeit und Personenbindung tritt offen in der Insolvenz zu Tage, in der das Gesellschaftsvermögen vorrangig den Gesellschaftsgläubigern zuzuteilen ist. In einer großen Publikumsgesellschaft stellen Krise und Insolvenz keine besonderen Probleme dar. Denn dort ist das Trennungsprinzip strikt durchgesetzt. Die Leitung ist in den Händen der Verwaltung und damit getrennt vom wirtschaftlichen Eigentum der Investoren.[5] Dies bedingt, dass die Publikumsgesellschaft nicht einfach mit ihren Aktionären

---

2 Dazu gehören in jedem Fall Risikobereitschaft und Überoptimismus, des Weiteren häufig auch eine gewisse Sturheit und Querköpfigkeit, vgl. näher Schall, Habilitationsschrift Gläubigerschutz im Umbruch, Hamburg 2007, S. 431 unter Verweis auf die Studien etwa von Glücksforscher Daniel Kahnemann, vgl. Der Spiegel 15/2006 v. 10.4.2006, S. 166.

3 Zur dem Common Law Rechtskreis entstammenden Geschäftschancenlehre eingehend Fleischer in Spindler/Stilz, Kommentar zum Aktiengesetz, Band 1, 2007, § 93 Rn. 124 ff. Der Übergang von der bloßen Chance, deren Wahrnehmung durch Wettbewerbsverbote und Treuepflichten verhindert wird, hin zur Manifestation als Gesellschaftsvermögenswert ist fließend und unterscheidet sich vor allem durch die Genehmigungsfähigkeit, an der es beim Kapitalabzug in Deutschland wie in England fehlt. Paradigmatisch sind die beiden englischen Leitfälle *Regal (Hastings) Ltd v Gulliver* [1942] 1 All ER 378 (zur genehmigungsfähigen Aneignung) und *Cook v Deeks* [1916] 1 AC 554 (keine Genehmigungsfähigkeit), dazu Schall, DStR 2006, 1229, 1236; ferner zur Manifestation bei abgeschlossenen Verträgen Fleischer ibid, Rn. 128 f.

4 Statt aller Hirte in Uhlenbruck, 12. Aufl. 2001, § 36, Rn. 34, (erscheint 2008); Lwowski/Peters in MünchKomm InsO, 2. Aufl. 2007, § 35 Rn. 464. Die Massezugehörigkeit des Good will soll hier nicht grundsätzlich bestritten werden, etwa wegen möglicher Höchstpersönlichkeit, da ansonsten eine Verwaltung oder gar Veräußerung von Unternehmen in der Insolvenz praktisch unmöglich würde. Richtiger ist es, die Ausnahmen zu bestimmen, unter denen die Betreiber im Ergebnis selbst den Zugriff behalten dürfen.

5 Daran ändert auch das Vorhandensein von starken Mehrheitsaktionären nichts, solange wie in Deutschland die rechtlichen Regelungen eine strikte Trennung implementieren (vgl. §§ 76, 117, 119, 291 ff.,

oder gar deren Können und Wissen identifiziert werden kann. Es handelt sich vielmehr um einen Verband mit kollektiver Willensbildung und Geschäftsleitung. Die Geschäftsideen und –geheimnisse liegen nicht in der Hand einzelner Personen, sondern werden über die Führungsstrukturen des Unternehmens im Kollektiv entwickelt und verwaltet. Das ermöglicht in der Krise den Eintritt spezieller Sanierungsexperten wie der Insolvenzverwalter, die sich um die finanzielle Gesundung kümmern, ohne dafür zum Bauunternehmer, Softwaredesigner oder Anlagenbauer werden zu müssen, da der Betrieb insoweit einfach weiterlaufen kann – nicht anders als im ordentlichen Geschäftsbetrieb, in dem der Rat externer Experten bei Unternehmen einer gewissen Größenordung heutzutage geradezu unentbehrlich ist.

Bei personalisierten Kleinunternehmen ist dieser Eintritt des Insolvenzverwalters in der Krise quasi unmöglich – so wie sie auch nicht zur Klientel von Boston Consulting oder KPMG gehören. Der Insolvenzverwalter wird jedenfalls in Deutschland mit seiner negativen Insolvenzkultur nicht als „Freund und Helfer" wahrgenommen, sondern als Dieb und Totengräber. Das betriebene Unternehmen mit seinem Good Will und seinem Know How will man ihm um keinen Preis überlassen. Und das aus verständlichem Grund. Denn es stellt in aller Regel die einzige Existenzgrundlage des Betreibers dar. Er ist darauf angewiesen, seine Arbeitskraft auch künftig in ähnlicher Weise zum Erwerb des Lebensunterhalts einzusetzen. Daher sind die Betreiber kleiner Unternehmen in aller Regel *serial entrepreneurs*, die sich nach einer Pleite nicht zurückziehen können oder wollen, sondern einen Neustart (meist im gleichen oder einem ähnlichen Geschäftsfeld) versuchen.[6]

II. Die tückisch einfache Lösung: Neustart per Seelenwanderung

Der Neigung der Betreiber personalisierter Unternehmen zum Neustart kommt das Institut der Kapitalgesellschaft in wunderbarer Weise zu pass. Denn es ermöglicht das Abstreifen der Schulden und die Schaffung von Scheingewinnen. Man nehme ein großes Unternehmen etwa der Chemie oder Pharmabranche, das einen milliardenschweren Haftungsfall ausgelöst hat. Die Schulden sind nicht zu bewältigen. Es kommt zur Insolvenz. In diesem Insolvenzverfahren ist es für die bisherigen Inhaber möglich, das laufende Unternehmen als Going Concern mit allen seinen Aktiva zu einem Spottpreis zu erwerben und danach mit einer neuen Gesellschaft fortzuführen, vorausgesetzt nur, sie liegen mit ihrem Gebot (knapp) über dem Erlös, den die Aktiva bei Zerschlagung und Einzelverwertung erbracht hätten.[7] Das vormals profitable Unternehmen kann lastenfrei weiterwirtschaften, die Milliardenschulden sind „versenkt".

Am gleichen, vollkommen legal erzielbaren Effekt sind auch die Betreiber kleiner Kapitalgesellschaften interessiert. Ihnen erscheint der Weg über die ordentliche Insolvenz aber

311 ff. AktG). In England und den USA sorgt bereits der breite Streubesitz für die strikte Trennung von Eigentum und Herrschaft.

6 Baird/Morrison, „Serial Entrepreneurs and Small Business Bankruptcies" (2004) Paper 8, L&E Workshop (University of California, Berkeley), http://repositories.cdlib.org/berkely_law_econ/Fall2004/8.

7 Vgl. § 162 InsO; Görg in MünchKomm InsO, § 162 Rn. 3; Schall, Gläubigerschutz im Umbruch, S. 326.

aus mehreren Gründen unattraktiv. Zum einen sind sie oftmals schon mit ihrem gesamten Vermögen engagiert und haben nicht mehr die Mittel für den Rückerwerb des Unternehmens aus der Masse und die Mindestkapitalisierung eines neuen Unternehmensträgers.[8] Außerdem würden die ohnehin knappen Ressourcen durch die Einschaltung eines Insolenzverwalters weiter verkürzt, ohne dass dies dem Unternehmen spürbar zugute käme. Die knappen Mittel sind auch der Grund, warum Kleinunternehmer in weit höherem Maß als Großunternehmen auf Selektion bei der Behandlung von Gläubigern angewiesen sind. Die (ohnehin weitgehend gesicherte) Hausbank und die wichtigsten Lieferanten und Kunden dürfen keinesfalls verprellt werden, wenn es mit dem Geschäft weitergehen soll. Andere Gläubiger wie gelegentliche *service provider* oder auch Fiskus und Sozialkassen erscheinen unnütz und lästig. Aus Sicht des Betreibers sollten sie den Ausfall möglichst alleine tragen, was freilich mit dem *pari passu* Prinzip des ordentlichen Liquidationsverfahrens nicht vereinbar ist. Zu allem kommt schließlich die Befürchtung einer „Enteignung" durch den Insolvenzverwalter, da die Eigenverwaltung (*debtor in possession*) nach §§ 270 ff. InsO bei kleinen Unternehmen in Deutschland kaum Fuß fasst, weil die Gläubiger nachvollziehbare Vorbehalte gegen den Verbleib der Betreiber an der Macht haben.

Aus diesem Grund wählen Kleinunternehmer lieber die Alternative der „kalten Liquidation". Das heißt, sie führen den gesamten Geschäftsbetrieb wie er liegt und steht mit einer neuen Gesellschaft fort und lassen den alten Unternehmensträger „entseelt" mit den Schulden zurück. Die Seelenwanderung mündet in der Wiedergeburt.

C. Die ökonomische Analyse der Seelenwanderung

I. Rechtliche Zulässigkeit und Grenzen der Seelenwanderung im Allgemeinen

Die vorbeschriebene Art der Seelenwanderung von Kleinunternehmen findet sich in allen entwickelten Gesellschaftsrechten, die kleine Privatgesellschaften bis hin zur Einpersonengesellschaft anerkennen. Die Verlockung, auf diese Weise die Schulden einfach abzustreifen und von Scheingewinnen zu profitieren, ist einfach zu groß. Schon das zeigt die ökonomische Dimension der Seelenwanderung, die hier demnächst zu erörtern ist. Es macht klar, warum die kalte Liquidation in keinem entwickelten Rechtssystem unbegrenzt zulässig ist. Andererseits kann sie auch nicht generell unzulässig sein. Das zeigt der Blick auf das folgende Beispiel:

> Disc-Jockey X ist ein „cooler Typ", der in der „Szene" seiner Heimatstadt gut verankert ist. Seine A-GmbH betreibt dort eine angesagte Musik-Bar in der Innenstadt, die von seinen zahlreichen Bekannten und Partygängern gut besucht wird. Nach einigen Jahren ist die Luft gleichwohl raus. Die A-GmbH meldet Insolvenz an. Mittlerweile

---

[8] Dieser Problematik wird durch die Verfügbarkeit der Limited nach Inspire Art sowie die geplante mindestkapitallose Gründer-GmbH nach § 5a GmbHG-E des Gesetzentwurfs zur Modernisierung des GmbH-Rechts und zur Bekämpfung von Missbräuchen allerdings ein Teil der Schärfe genommen.

hat X mit seiner B-GmbH eine Diskothek mit Erlebnisgastronomie im Gewerbegebiet eröffnet, wo er auch sein bewährtes Team aus der ehemaligen Bar beschäftigt und wohin jetzt seine Anhänger in Scharen pilgern.

Obwohl man hier durchaus eine Seelenwanderung der vorbeschriebenen Art erkennen kann, da der Erfolg beider Unternehmungen zentral mit der Anziehungskraft der Figur des X verbunden ist und sogar das Team gleich geblieben ist, käme wohl niemand darauf, an sein Tun Haftungsdrohungen zu knüpfen. Das mag sich allerdings schon ändern, wenn man annimmt, dass die neue Unternehmung in den gleichen Räumlichkeiten betrieben werden sollte. Dann scheint es sich um den Fortbetrieb des gleichen Unternehmens zu handeln. Und damit ist in vielen Rechtsordnungen die Vorstellung verbunden, dass dann grundsätzlich auch die Schulden mit übernommen werden müssten.

II. Internationaler Überblick über Zulässigkeit und Grenzen der Seelenwanderung

Der faktische Fortbetrieb von Unternehmen mit einem neuen Rechtsträger unterliegt im internationalen Vergleich den verschiedensten Begrenzungen. Neben diesen Hürden finden sich aber auch immer wieder gesetzliche *facilitator*, die es im Ergebnis doch möglich machen.

1. Die klare Lösung der USA

So gilt in den USA unter den *bulk sales laws* bzw. den *laws on fraudulent transfers* die klare Ansage, dass die Übertragung des Geschäftsbetriebs allen bisherigen Gläubigern anzuzeigen und von ihnen zu genehmigen ist. Ansonsten haftet der neue Betreiber automatisch für die bisherigen Schulden. Jedoch stehen dieser strengen Beschränkung großzügige Ausnahmen gegenüber. Die Schlüsselrolle haben dabei die gesicherten Gläubiger, also vor allem die Hausbank. Sie können im Wege der *friendly foreclosure* (Verfallspfand) oder auch eines *assignments for the benefit of the creditors* (ABC) das Unternehmen übernehmen, ohne für die Schulden zu haften, und anschließend mehr oder weniger freihändig (die Ausgestaltung des Verfahrens variiert von Staat zu Staat) an den Betreiber zurückveräußern.[9] Damit ist ein legaler und billiger Weg zur kalten Liquidation außerhalb des Insolvenzverfahrens eröffnet. Er steht nicht dem Betreiber allein zur Verfügung, sondern unterliegt der Kontrolle der gesicherten Gläubiger (Vier-Augen-Prinzip). Diese Institute machen im Übrigen die Schuldnerfreundlichkeit des Chapter 11 erst richtig verständlich. Wenn es so leicht ist, die Schulden abzustreifen und mit einer neuen Gesellschaft weiter zu wirtschaften, kann man auch gleich den Schuldner im Besitz belassen und die alte Gesellschaft sanieren.

---

9 Zum Ganzen detailliert und mit zahlreichen Nachweisen Morrison, Beitrag zur ECFR Konferenz vom 12.10.2007, erscheint ECFR 2/2008.

2. Der „Eiertanz“ in Deutschland und England

In Deutschland und England liegen die anfänglichen Hürden für die Seelenwanderung demgegenüber niedriger. In Deutschland wurde spätestens mit der Abschaffung des § 419 BGB (Übergang der Schulden bei Vermögensübernahme) die Vorstellung der Zusammengehörigkeit von Vermögen und Schulden überwunden. Auch ein Junktim von Unternehmen und Schulden wird nicht generell statuiert. Das Handelsrecht enthält zwar eine Forthaftungsnorm in § 25 HGB. Diese knüpft aber an die Fortführung der Firma, nicht des Unternehmens an.[10] Außerdem steht die Norm zur Disposition der Beteiligten, die sie ausschließen können (§ 25 Abs. 2 HGB).[11] Das ermöglicht hinreichend Gestaltungsspielraum für haftungsfreie Unternehmensfortführungen.

Auch in England existiert keine allgemeine Mithaftungsnorm des Unternehmenserwerbers. Stattdessen wird in ähnlicher Weise wie in Deutschland die Fortführung der Firma mit Haftung bedroht. Die Vorschriften der sec.s 216, 217 Insolvency Act 1986 gelten allerdings nur bei Fortführung der Firma (*company's name*) einer Gesellschaft, die bereits insolvent geworden ist. Und die Durchgriffshaftung gegen die Beteiligten gilt nur für die Schulden der Zweitgesellschaft, nicht für diejenigen der Erstgesellschaft. Zudem gibt es verschiedene Ausnahmetatbestände und nicht zuletzt die Möglichkeit einer richterlichen Ausnahmegenehmigung, um Konzernsachverhalten oder Sanierungsbemühungen gerecht zu werden.[12]

Ansonsten wären kalte Liquidationen in Deutschland wie in England an sich nur an einer Grenze zu messen: den Vorschriften der Kapitalerhaltung. Diese verbieten den Gesellschaftern den eigennützigen Entzug von Gesellschaftsvermögen, das zur Haftung der Gläubiger zur Verfügung stehen muss. Danach ist zum Beispiel vollkommen klar und unstreitig, dass die Betreiber das Kapital für den Neustart nicht aus der Kasse der bisherigen Gesellschaft entwenden dürfen. Problematisch und daher näher zu betrachten sind andere Fälle der Seelenwanderung: die faktische Verlagerung des Geschäftsbetriebs auf einen neuen Rechtsträger durch Umleitung des – im Betreiber personifizierten – Geschäftsbetriebs samt der Aufträge, ggf. der Mitarbeiter, der Büroeinrichtung einschließlich der Computersysteme, natürlich ohne jegliche Ablösezahlung an den alten Rechtsträger. Hier sind die Werte der einzelnen Vermögensgegenstände (Computer, Büromöbel) in aller Regel zu vernachlässigen. Bei vertraglichen Bindungen fehlt es entweder an jeglichem isoliertem Vermögenswert (z.B. beim Mietvertrag über die Büroräume oder den Arbeitsverträgen)[13] oder er ist äußerst volatil. Sofern man etwa künftigen Aufträgen Vermögenswert in Form der Gewinnspanne beimisst, ist nicht zu übersehen, dass solche Verträge in der Krise regelmäßig gekündigt werden können und sich ihr Wert dann vaporisiert. Nichts anderes gilt aber auch, wenn man auf den

---

10 A.A. Karsten Schmidt, Handelsrecht, 5. Aufl. 1999, § 8 II 1 c gegen die ganz h.M., z.B. Baumbach/Hopt, 33. Aufl. 2008, § 25 Rn. 1, 7; Canaris, Handelsrecht, 24. Aufl. 2006, § 7.

11 Kritisch freilich Karsten Schmidt, ibid, § 8 I 5 b.

12 Zu den Einzelheiten siehe nur Schall, DStR 2006, 1229, 1232 f.; ders. EWiR 2005, 709 ff.

13 Anders nur, wenn sie zu besonders günstigen Konditionen abgeschlossen worden sind.

Gesamtwert des eingerichteten und ausgeübten Unternehmens abstellt. Die Krise ist des Good Wills Ende.

Die Kapitalerhaltungsvorschriften können diesen Effekten bekanntlich nicht gerecht werden.[14] Sie verlangen nur die Erhaltung des gebundenen Kapitals und die Rückführung bei Entzug. Wenn das entzogene Vermögen als solches wenig oder nichts wert ist, laufen sie leer. Erst recht erfassen sie nicht den Zerschlagungsverlust,[15] also die Schäden, die der Gesellschaft bzw. ihren Gläubigern dadurch zugefügt werden, dass dem Unternehmen die Existenzgrundlagen geraubt worden sind, etwa durch Abzug des lebenswichtigen Vertriebshändler- oder Franchisevertrags.

Diese Lücke in den Kapitalerhaltungsvorschriften ist an sich als *facilitator* der Seelenwanderung zu begreifen. Denn soweit die Haftungsdrohung leer läuft, steht der kalten Liquidation nichts im Wege. Gleichwohl regte sich nacheinander in England wie in Deutschland Widerstand. Die Seelenwanderung wurde mit einer Durchgriffshaftung gegen die Betreiber bzw. den neuen Rechtsträger belegt. In England war dies die Anwendung der *fraud exception* im Fall *Creasey v Breachwood Motors*,[16] in Deutschland acht Jahre später die Entwicklung der Existenzvernichtungshaftung in Bremer Vulkan.[17] Beides stützte sich zentral auf das Argument, dass das Vermögen der Gesellschaft infolge seiner vorrangigen Bindung zu Gunsten der Gläubiger nicht auf kaltem Wege hätte abgezogen werden dürfen, sondern die Gesellschaft in einem ordnungsgemäßen Verfahren hätte liquidiert werden müssen. Die Missachtung dieses Gebots sollte die persönliche Haftung für die Gesellschaftsschulden begründen.[18]

Dieses Richterrecht führte aber zu dem paradoxen Ergebnis, dass die Seelenwanderung in Deutschland und England im Ergebnis stärker eingeschränkt wurde als in den USA, obwohl sie im Ausgangspunkt in weiterem Umfang zulässig war. Denn es fehlte an den notwendigen Ausnahmetatbeständen. Die Durchführung eines Insolvenzverfahrens erschien als Selbstzweck, seine Umgehung wurde per se sanktioniert. Damit wurde vor allem der Sowieso-Verlust der Gläubiger einer todgeweihten Gesellschaft übersehen. Ihnen wurde ein haftungsrechtlicher *windfall* zuteil. Daher verwundert nicht, dass heute sowohl der englische als auch der deutsche Ansatz überholt sind.[19] An ihrer Stelle sind schadensabhängige

[14] Grundlegend und lehrreich Röhricht in FS BGH, 2000, S. 83, 92 ff.; ferner Schön, ZHR 168 (2004), 268, 286; Paefgen, DB 2007, 1907.

[15] Sinnbild hierfür: Die millionenschwere Fabrik mutiert nach Produktionseinstellung zur Altlast mit Abbruchkosten.

[16] [1993] BCLC 480. Dort hatten die Betreiber einer haftungsbedrohten Gesellschaft deren Geschäftsbetrieb (eine Autohandlung mit Vertriebshändlervertrag) auf die Schwestergesellschaft, die ebenfalls ein Autohaus unterhielt, verlagert.

[17] BGHZ 149, 10; später vor allem BGHZ 150, 61; 151, 181; zum Ganzen eingehend Liebscher in GmbH-Konzernrecht, 2006, Rn. 437 ff., 471 ff.; Wagner, FS Canaris, Band II, 2007, S. 473 ff.; Weller, Europäische Rechtsformwahlfreiheit und Gesellschafterhaftung, 2004; Schall, Habilschrift, S Gläubigerschutz im Umbruch, S. 296 ff.

[18] Nach der englischen Auffassung haftete der neue Unternehmensträger für die Altschulden, während nach der BGH-Rechtsprechung die Betreiber selbst haftbar wurden, weil sie infolge des Missbrauchs ihres Haftungsprivilegs ach § 13 Abs. 2 GmbHG verlustig gingen.

[19] Zu England siehe *Ord V Belhaven Pubs Ltd* [1998] 2 BCLC 447. Dort wurde bei der – verkehrsüblichen – Stilllegung einer Gesellschaft durch Übertragung aller Aktiva und Passiva im Rahmen einer post-merger

Haftungsinstitute getreten, in Deutschland die vorsätzliche sittenwidrige Schädigung aus § 826 BGB (als Innenhaftung gegenüber der Gesellschaft[20]), in England *wrongful trading* und *duty for creditors*. Diese erlauben eine Feinjustierung entlang der Frage, wie viel der übertragene Betrieb überhaupt noch Wert war und wie sich das Ergebnis für die Gläubiger in einem hypothetischen Insolvenzverfahren verändert hätte. Wenn – wie häufig – das Unternehmen durch keinen Dritten hätte geführt werden können und wenn der Betreiber keine Mittel mehr zum Erwerb aus der Masse gehabt hätte, so dass am Ende nur die verlustreiche Zerschlagung gestanden wäre, wird man mit der kalten Liquidation im Ergebnis keinen Schädigungsvorwurf verbinden können.

III. Die ökonomisch richtige Grenzziehung

Zum Abschluss sind diese rechtlichen Grenzen der Seelenwanderung auf ihre ökonomische Effizienz hin zu überprüfen. Ausgangspunkt ist die Grunderkenntnis, dass eine Rechtsordnung dafür Sorge zu tragen hat, dass überlebensfähige Unternehmungen fortgeführt, zum Scheitern verurteilte dagegen zügig eingestellt werden. Dieses Prinzip liegt der allgemeinen Insolvenzgrenze zugrunde, mit deren optimaler Durchsetzung sich der Beitrag von Hirte in diesem Band eingehend beschäftigt.[21] Es wirkt aber auch auf die Seelewanderung fort, da es keinen Sinn macht, gescheiterte Unternehmensträger vom Markt zu zwingen, wenn man ohne weiteres mit dem nächsten Vehikel weiterfahren kann.

Man könnte nun bei Betrachtung der Seelenwanderungsproblematik geneigt sein, das Grundprinzip in Frage zu stellen. Denn offenkundig handelt es sich auch bei vielen defizitären und hoffnungslosen Unternehmen immer noch um *cash generating units* mit einer gewissen Ertragskraft, die zum gesamtwirtschaftlichen Erfolg beitragen, Arbeitnehmer beschäftigen, Steuern und Abgaben entrichten usf. Durch regelmäßiges Schuldenabstreifen lassen sich diese Erträge über geraume Zeit hin erhalten, während die Einstellung nicht nur den ärgerlichen Zerschlagungsverlust, sondern den dauerhaften Ausfall eines Arbeitgebers und Steuerzahlers bedingt. Diese Erwägungen führen aber auf die – aus Sicht dieses Beitrags – Abwege der ökonomischen Diskussion um die Sinnhaftigkeit von Subventionen. In der Tat lassen sich

---

Restrukturierung versehentlich eine Verbindlichkeit übersehen. Der Court of Appeal musste Creasey aufgeben, um nicht schon wegen der Umgehung des Insolvenzverfahrens zum Durchgriff zu gelangen. In Deutschland setzte der Abschied von der Durchgriffshaftung mit der Reduktion der Durchgriffshaftung auf den „Mehr-Schaden" durch das unrechtmäßige Verhalten ein (BGH ZIP 2005, 250, 252) und fand jetzt in Trihotel seinen Abschluss, BGH DStR 2007, 1586 mit Anm. Goette = NZG 2007, 667 = DB 2007, 1802 = DK 2007, 607; dazu etwa Altmeppen, NJW 2007, 2657; Schanze, NZG 2007, 681; Paefgen, DB 2007, 1907; eingehend Schall, Gläubigerschutz im Umbruch, S. 296 ff.

[20] Damit i.E. weitgehend den Vorstellungen einer starken Literaturströmung (jüngst Grigoleit, Gesellschafterhaftung für interne Einflussnahme im Recht der GmbH, 2006, insbes. S. 432 ff.) folgend; kritisch zur Begründung der Innenhaftung über § 826 BGB Schanze NZG 2007, 681, 685; gleichsinnig Schall, Gläubigerschutz im Umbruch, S. 304 ff., stattdessen von einem „§ 117 GmbHG" ausgehend.

[21] Außerdem etwa Armour, The Law and Economics of Corporate Insolvency, (2001) Working Paper 197, ESRC Centre for Business Research, University of Cambridge, S. 8 ff.; Eidenmüller, EBOR 2006, 239 ff; Denozza, EBOR 2006, 409, 411.

insbesondere extrem sanierungsfreundlich ausgelegte, auf Fortführung um jeden Preis gerichtete Insolvenzverfahren als Subventionsmechanismen verwenden, wie das etwa beim oft jahrelangen Dauerbetrieb amerikanischer Airlines unter Chapter 11 nach dem Elften September der Fall war.[22] Aus Gesichtpunkten der Markteffizienz wird man solche Subventionen jedenfalls im Regelfall nicht begrüßen können. Ganz sicher aber kann man sagen, dass sich Unternehmen durch Bewältigung ihrer Strukturprobleme sanieren sollen, nicht durch Finanztricks zu Lasten der Gläubiger. Auch der Fiskus und die Sozialkassen würden auf Dauer nicht davon profitieren, wenn defizitäre Unternehmen den Wettbewerb am Markt verderben, auch wenn es aus ihrer Sicht auf den ersten Blick so scheint, dass eine Seelenwanderung wegen der künftigen zu erwartenden Steuereinahmen und Beitragszahlungen regelmäßig mehr Gewinn verspricht als eine Liquidation.

Hält man also daran fest, dass die Grundsatzentscheidung auch im Bereich der Seelenwanderung lauten muss, überlebensfähige Unternehmen zu erhalten und aussichtslose abzubrechen, fragt sich, inwieweit die betrachteten Regelungsinstrumente diesem Prinzip genügen. Vorausgeschickt sei dabei, dass eine Seelenwanderung in allen drei betrachteten Rechtsordnungen faktisch kaum gegen die Hausbank möglich sein wird. Hieraus lässt sich schon auf eine gewisse Objektivierung schließen, die dem Komplex etwas an Brisanz nimmt.

Das amerikanische Recht verlässt sich auch *legaliter* voll und ganz auf den gesicherten Gläubiger als *residual claimant*.[23] Das hat den Vorteil, ohne große Verfahrensaufwand dessen rationales Urteil entscheiden lassen zu können. Der Nachteil sind allerdings gewisse Missbrauchspotentiale.[24]

Diesen Missbrauchspotentialen wirken Deutschland und England entgegen, indem ihre Haftungsnormen (§ 826 BGB, *wrongful trading*) auch gegen gesicherte Gläubiger in Ansatz gebracht werden kann. Leitfall in Deutschland ist die sittenwidrige Kreditgewährung zur Konkursverschleppung.[25] Daneben bestehen gut ausjudizierte Anfechtungsmöglichkeiten bei Kreditgewähr in der Krise.[26] In England kommt die Einstufung von Banken als *shadow director* in Betracht.[27] Damit ist grundsätzlich haftungsrechtlich abgesichert, dass in der Krise auf

22 Vgl. http://www.cbsnews.com/stories/2005/09/14/national/main846524.sh.

23 Vgl. Morrison, ECFR 2/2008. Diese starke Stellung der Sicherungsgeber wird im Insolvenzverfahren teilweise gespiegelt, etwa durch das Privileg der *superpriority* für neue Kredite.

24 Vgl. Morrison, erscheint ECFR 2/2008. Zum Missbrauch durch Banken in England gab es einige Studien im Zuge der Company Law Reform, siehe Franks/Sussman in Getzler/Payne, S. 253 ff.; dies., Financial Distress and Bank Restructuring of Small to Medium Size UK Companies (2005) 9 Review of Finance 65, 85 f.; Armour in Getzler/Payne, S. 189, 199 f.; Goode, Principles of Corporate Insolvency, 3. Aufl. 2005, Rn. 9-04. Sie zeigen, dass Banken zwar mehr Heil als Schaden in der Krise bringen, aber dass das Missbrauchspotential zu Lasten der ungesicherten Gläubiger doch nicht unbeträchtlich ist.

25 So schon RGZ 136, 247, 253; ferner etwa BGH WM 1958, 845; WM 1970, 399; eingehend zum Ganzen Engert, Die Haftung für drittschädigende Kreditgewährung, 2005, S. 51 ff. Zur sittenwidrigen Konkursverschleppung durch die Geschäftsleitung selbst zuletzt etwa OLG Koblenz v. 26.10.2006 – 6 U 175/06 (n. rechtskr.), DB 2007, 219; OLG Saarbrücken v. 21.11.2006 – 4 U 49/06 (n. rechtskr.), DB 2007, 216 (dort Haftung i.E. abgelehnt wegen Einwand rechtmäßigen Alternativverhaltens).

26 Vor allem die Vorsatzanfechtung nach § 133 InsO, vgl. BGH NJW 1984, 1893, 1899 (insoweit nicht in BGHZ 90, 381); ZIP 1999, 406, 408; Kirchhof in MünchKomm InsO, 1.Aufl. 2002, § 133 Rn. 37.

27 Re a Company (N° 005009 of 1987) (1988) BCC 424; Goode, Principles of Corporate Insolvency, 3. Aufl. 2005, Rn. 12-30.

reelle Sanierungsbemühungen und nicht auf den eigenen Nutzen zu Lasten der Gläubiger hingewirkt wird.[28]

Allerdings liegt der Fall der Seelenwanderung insoweit besonders, als es dort nicht um den allgemeinen Vorwurf der Insolvenzverschleppung geht, sondern um den grundsätzlich verbotenen Abzug von Gesellschaftsvermögen. Es wäre zu einfach, eine solche bewusste und gewollte, verbotene Schädigung der Gläubiger der Altgesellschaft mit dem ernsthaften Willen zur Erhaltung des Unternehmensbetriebs zu rechtfertigen. Der eigentliche Filter ist vielmehr, wie bereits gesehen, die Frage, ob denn überhaupt noch ein Schaden durch den Abzug verifizierbar ist. Wenn der Totalausfall der Altgläubiger ohnehin feststand, sind sie durch die Seelenwanderung nicht geschädigt.

Dieser Filter ist nun zwar einsichtig, geht aber an der ökonomischen Prämisse vorbei, nur den tatsächlich überlebensfähigen Gesellschaften das Weiterwirtschaften zu erlauben. Was ist zu tun? Eine Rückkehr zum absoluten Verbot der kalten Liquidation geht sicher zu weit, weil dann auch in sinnvollen Fällen keine Möglichkeit mehr bestünde. Besser wäre dann schon die Adaption des amerikanischen Modells mit umfassendem Verbot und klaren Erlaubnistatbeständen, die nur die „bankgeprüften" Fälle durchkommen lassen. Die Einräumung der Rechtsmacht an die Banken erscheint nicht weiter gefährlich, da ja die allgemeinen Haftungstatbestände in Deutschland wie in England bereits entwickelt sind und auch Missbrauch in diesem Bereich wirksam begegnen könnten. Überhaupt zeigen die Erfahrungen aus England, wo die Zurückschneidung der floating charge zur Begrenzung des Bankeneinflusses keine Effizienzgewinne brachte,[29] dass man auf Missbrauchspotentiale besser zielgerichtet reagiert und nicht durch die Abschaffung oder Nichtschaffung ganzer Rechtsinstitute. Möglicherweise wird sich durch die europarechtlich unterlegte Zulassung des Verfallspfandes im kommerziellen Verkehr (§ 1229 BGB) auf Sicht eine sukzessive Annäherung an die amerikanische Rechtslage ergeben, auch wenn hierzulande das Spezialitätsprinzip einem Pfandrecht am Unternehmen als solches weiterhin im Wege steht.

Solange es aber bei der gegenwärtigen Rechtslage bleibt, ist die Grenzziehung für die Seelenwanderung in Deutschland wie in England ökonomisch imperfekt. Denn am Schaden für die Gläubigergesamtheit kann es auch fehlen, wenn die faktisch übertragende Unternehmung aussichtslos ist und beispielsweise nur durch beständiges „*under-prizing*" am Laufen erhalten wird. Erforderlich ist daher in diesen Fällen eine nicht-zivilrechtliche Ergänzung der Grenzen für die Seelenwanderung. Diese findet sich in den englischen Disqualifikationstatbeständen nach dem Companies Directors Disqualification Act 1986 (CDDA) bzw. in den deutschen Vorschriften zur Gewerbeuntersagung (§ 35 GewO).[30] Diese Vorschriften können die

[28] Zum Fortfall des Sittenwidrigkeitsvorwurfs bei echten Sanierungsbemühungen etwa OLG Koblenz, DB 2007, 219, 220; OLG Saarbrücken, DB 2007, 216, 217.

[29] Eingehend Armour/Hsu/Walters, ECFR 2/2008.

[30] Dazu eingehend im Vergleich Hirte/Lanzius/Mock, in: Lutter, Das Kapital der Aktiengesellschaft in Europa, ZGR-Sonderheft 17, 2006, 301 ff., 311 ff. (zu den Vorzügen des englischen Designs). Zum CDDA auch – freilich kritischer – Bachner, in: Lutter, Das Kapital der Aktiengesellschaft in Europa, ZGR-Sonderheft 17, 2006, 526, 551 ff.

Problematik des Gläubigerschutzes im Allgemeinen und der Seelenwanderung im Besonderen nicht umfassend und abschließend regeln, da sie immer erst beim zweiten Mal eingreifen und im Übrigen von den zivilrechtlichen Wertungen dessen, was als gläubigerschädigendes Verhalten gerade noch erlaubt oder bereits verboten ist, abhängen.[31] Im Fall der Seelenwanderung, wo das Verhalten (Vermögensabzug) aber an sich klar rechtswidrig ist und es im Grunde nur um die Frage geht, ob die Unternehmung an sich ökonomisch „wertvoll" ist oder nicht, bieten sie einen geradezu idealen Filter. Ein Freiversuch wird geduldet. Dann aber ist es mit kalten Liquidationen auf eigene Faust vorbei und es drohen Gewerbeuntersagung bzw. temporäres Berufsverbot.

Damit ergibt sich in der Zusammenschau aller Faktoren, dass auch in England und Deutschland Zulässigkeit und Grenzen der Seelewanderung einem ökonomisch sinnvollen Reglement unterliegen. Dies sorgt dafür, dass die Seelen von Unternehmen, denen auf Erden keine Freuden mehr beschieden sind, zu guter Letzt Eingang ins Nirwana finden.

[31] Dazu Schall, Gläubigerschutz im Umbruch, S. 5 f; Kritisch wegen der bloßen Vergangenheitsbezogenheit und des Eingreifens erst im Wiederholungsfall Bachner, in: Lutter, Das Kapital der Aktiengesellschaft in Europa, ZGR-Sonderheft 17, 2006, 526, 568 ff., der freilich das Zusammenspiel mit den anderen Verbots- und Haftungsnormen im Gesamtsystem unterschätzt.

Zurechnung von Wissen beim Unternehmenskauf

Heike Schweitzer

A. Einleitung

Der lange Zeit unterentwickelte deutsche „Markt für Unternehmen“ erlebt derzeit einen Boom. Damit gehen Herausforderungen an das Recht des Unternehmenskaufs einher, das einen der wirtschaftlichen Entwicklung angemessenen rechtlichen Rahmen bereitstellen muss. Zu den bislang ungeklärten Fragen zählen die Grundsätze, nach denen beim Unternehmenskauf eine Wissenszurechnung erfolgt. So ist im deutschen Recht bislang umstritten, ob bzw. unter welchen Voraussetzungen eine Muttergesellschaft, die eine Tochtergesellschaft veräußern will und den potentiellen Käufer für Informationen über das Unternehmen und die Durchführung der Due Diligence an die Tochtergesellschaft verweist, für Fehlinformationen oder unvollständige Informationen einstehen muss, die diese dem Käufer ohne positive Kenntnis des Verkäufers übermittelt. Eine kenntnisunabhängige Einstandspflicht kann aus den vertraglich ausgehandelten „representations and warranties“ folgen (soweit diese keine ausdrückliche Beschränkung auf dem Verkäufer bekannte Umstände vorsehen). Die Haftung des Verkäufers wird jedoch in der Vertragspraxis regelmäßig sachlich und der Höhe nach begrenzt. Auch schließt der Vertrag typischerweise das Rücktrittsrecht des Käufers aus. Für den durch Fehlinformationen oder unvollständige Informationen getäuschten Käufer kann sich daher die Frage ergeben, ob er sich gegenüber dem Verkäufer auf die Unwirksamkeit eines Haftungsausschlusses aus § 444 BGB berufen, ihn aus culpa in contrahendo in Anspruch nehmen oder den Vertrag wegen arglistiger Täuschung anfechten kann, auch wenn er dem Verkäufer keine eigene positive Kenntnis der Täuschung nachweisen kann – ob sich also der Verkäufer das in der Zielgesellschaft vorhandene Wissen zurechnen lassen muss.

Die Problematik der Wissenszurechnung wurde zunächst in ganz anderen Sachverhaltskonstellationen und allein mit Blick auf die Frage erörtert, ob bzw. unter welchen Voraussetzungen eine juristische Person sich das Wissen von Mitarbeitern oder Organmitgliedern zurechnen lassen muss.[1] Unter dem Stichwort der „Wissenszurechnung im Konzern" wurde die Diskussion alsbald auf die Frage erstreckt, wann sich eine juristische Person das Wissen der Mitarbeiter oder Organe einer anderen juristischen Person zurechnen lassen muss, wenn verschiedene, rechtlich selbständige juristische Personen Teil einer wirtschaftlich einheitlichen Organisation sind.[2] Darüber, was aus dieser Debatte für die Wissenszurechnung beim Unternehmenskauf folgt, besteht Unsicherheit.[3]

Der Rechtsgrund einer Wissenszurechnung kraft Organisationszusammenhang wird heute von der Rspr. und der h.M. im Schrifttum im Gedanken des Verkehrsschutzes und einer daran anknüpfenden Pflicht zu einer dem konkreten Tätigkeitsfeld angemessenen Organisation der verbandsinternen Kommunikation gesehen.[4] Diese Pflicht, und die Wissenszurechnung als ihr Korrelat, werden mit dem Gedanken begründet, dass, wer seinen Handlungskreis durch eine arbeitsteilige Organisation ausweitet, die damit verbundenen, insbesondere aus der Wissenszersplitterung erwachsenden Risiken internalisieren muss und sie nicht seinen Vertragspartnern aufbürden darf;[5] und dass die Wissenszersplitterung in einer arbeitsteilig organisierten Handlungseinheit nicht dazu führen darf, dass sich eine Organisation besser steht als eine natürliche Person (sog. „Gleichstellungsargument").[6] Die verbleibende Unschärfe der Doktrin wird vom BGH anerkannt, wenn er feststellt, dass über die Wissenszurechnung „nicht

---

1 Siehe dazu die drei Grundsatzentscheidungen des BGH: BGHZ 109, 327 (sog. „Schlachthof-Entscheidung"); BGHZ 117, 104 (sog. „Knollenmergel-Entscheidung"); und BGHZ 132, 30 (sog. „Sägewerk-Entscheidung"); BGH NJW-RR 2006, 326 ff.; sowie die sich an diese Urteile anschließende Diskussion im Schrifttum – s. dazu *Adler,* Wissen und Wissenszurechnung, insbesondere bei arbeitsteilig aufgebauten Organisationen, 1997; *Baum,* Die Wissenszurechnung, 1999; *Buck,* Wissen und juristische Person, 2001; *Faßbender/Neuhaus,* Zum aktuellen Stand der Diskussion in der Frage der Wissenszurechnung, WM 2002, 1253 ff.; *Medicus,* Probleme der Wissenszurechnung, Karlsruher Forum 1994, Beilage zum Versicherungsrecht, S. 4 ff.; *Nobbe,* Die Wissenszurechnung in der Rechtsprechung des Bundesgerichtshofs, in: Bankrechtstag 2002, 2003, S. 121 ff.; *Taupitz,* Wissenszurechnung nach englischem und deutschem Recht, Karlsruher Form 1994, S. 16 ff. et. al.

2 Siehe dazu u.a. *Bork,* Zurechnung im Konzern, ZGR 1994, 237 ff.; *Drexl,* Wissenszurechnung im Konzern, ZHR 161 (1997), 491 ff.; *Spindler,* Unternehmensorganisationspflichten, 2001, S. 963 ff.; *Schüler,* Die Wissenszurechnung im Konzern, 2000. Zur Möglichkeit der Wissenszurechnung im Konzern siehe auch BGH NJW 2001, 359, 360.

3 Siehe hierzu insbes. *Rasner,* Die Bedeutung von Parteiwissen für die Gestaltung von Unternehmenskaufverträgen, WM 2006, 1425 ff.; *Hartung,* Wissenszurechnung beim Unternehmenskauf, NZG 1999, 524 ff.; *Altmeppen,* Verbandshaftung kraft Wissenszurechnung am Beispiel des Unternehmenskaufs, BB 1999, 749 ff.; *Jacques,* Haftung des Verkäufers für arglistiges Verhalten beim Unternehmenskauf – Zugleich eine Stellungnahme zu § 444 BGB n.F., BB 2002, 417 ff.

4 BGHZ 132, 30, 37. Aus dem Schrifttum siehe u.a. *Taupitz,* Karlsruher Form 1994, S. 16 ff., 28 ff.; *Medicus,* Karlsruher Forum 1994, Beilage zum Versicherungsrecht, S. 4, 10; *Schramm,* in: MüKo, BGB-Kom., 5. Aufl. 2006, § 166 Rdnr. 20; *Buck,* Wissen und juristische Person, 2001, S. 316 ff.; *Grunewald,* Wissenszurechnung bei juristischen Personen, in: Beisse / Lutter / Märger (Hrsg.), FS Beusch, Berlin/NY 1993, S. 301 ff. Kritisch mit Blick auf die Tragweite des Verkehrsschutzarguments: *Koller,* Wissenszurechnung, Kosten und Risiken, JZ 1998, 75, 80.

5 Dazu BGHZ 132, 30, 37, unter Berufung auf *Taupitz,* Karlsruher Form 1994, S. 16, 25 f.; und *Medicus,* Karlsruher Forum 1994, Beilage zum Versicherungsrecht, S. 4, 10.

6 Siehe für dieses sog. „Gleichstellungsargument" BGHZ 132, 30, 35 ff. Es hat im Schrifttum verbreitet Zustimmung gefunden – siehe insbes. *Medicus,* Karlsruher Forum 1994, Beilage zum Versicherungsrecht, S. 4, 12; *Taupitz,* Karlsruher Form 1994, S. 16, 28 ff. Für kritische Stellungnahmen zum „Gleichstellungsargument" siehe u.a. *Koller,* JZ 1998, 75, 77 ff.; *Baum,* Die Wissenszurechnung, 1999, S. 176 ff. Im Ergebnis ablehnend auch *Buck,* Wissen und juristische Person, 2001, S. 323. Nach *Schramm,* in: MüKo, BGB-Kom., 5. Aufl. 2006, § 166 Rdnr. 25 soll das „Gleichstellungsargument" die Haftung vor allem begrenzen, nicht so sehr begründen.

mit logisch-begrifflicher Stringenz, sondern nur in wertender Beurteilung“ entschieden werden kann.[7]

Die ökonomische Analyse des Rechts hat sich, soweit ersichtlich, mit der Problematik der Wissenszurechnung als solcher noch nicht ausdrücklich befasst. Sie hat jedoch ausgiebig erörtert, wann das Recht durch zwingende Haftungsregelungen und dadurch vermittelte Anreize zur Informationsbeschaffung und -übermittlung die Ausgangsvermutung der Rechtsordnung modifizieren soll, derzufolge es jeder Vertragspartei selbst obliegt, die für die eigene Vertragsentscheidung relevanten Informationen zu ermitteln. Unter Heranziehung von Erkenntnissen der Informationsökonomik ist hierzu vor allem im Zusammenhang mit der ökonomischen Rechtfertigung von Vertrauensschutz und von vorvertraglichen Aufklärungspflichten Stellung genommen worden.[8]

Diese Abhandlung zu Ehren von Hans-Bernd Schäfer soll sich mit der Frage beschäftigen, wie die informationsökonomischen Erkenntnisse der ökonomischen Analyse für die Wissenszurechnung beim Unternehmenskauf fruchtbar zu machen sind. Ausgangspunkt ist ein 2006 vom Delaware Court of Chancery entschiedener Fall, der sich mit der Frage befasst, in welchem Umfang der Verkäufer eines Unternehmens für vorsätzliche Fehlinformationen einzustehen hat, welche die Zielgesellschaft im Rahmen der vorvertraglichen Due Diligence dem Käufer übermittelt hat. (II.). Sodann folgt eine Erörterung, welche Grundsätze das deutsche Recht in vergleichbaren Situationen zugrundelegt und welchen Beitrag die ökonomische Analyse zur Lösung des Problems leisten kann (III.). Der Aufsatz schließt mit einigen rechtsvergleichenden Bemerkungen zur Bedeutung der ökonomischen Analyse des Rechts (IV.).

B. *Abry Partners* – Grundsätze der Informationsverantwortlichkeit beim Unternehmenskauf im US-amerikanischen Recht

Abry Partners v. F&W Acquisitions[9] hatte einen in vielerlei Hinsicht prototypischen Unternehmenskauf zum Gegenstand: Die Kläger – im „private equity“-Geschäft tätige „limited partnerships“ – hatten auf der Grundlage einer Unternehmensauktion vom Beklagten – ebenfalls einer „private equity“-Gesellschaft – im Wege eines „share deal“ die Verlagsgesellschaft F&W Publications erworben. Binnen dreier Monate nach dem Closing stellten die Käufer fest, dass die Verlagsgesellschaft in erheblichen finanziellen Problemen steckte und auch das operationelle Geschäft schlecht lief. Mit ihrer auf Rückabwicklung des Vertrages gerichteten Klage machten sie unter anderem geltend, dass das Management der Verlagsgesellschaft beim Vertragsschluss und beim Closing falsche bzw. unvollständige Angaben gemacht bzw. wichtige Umstände verschwiegen habe. Die Buchführung der Zielgesellschaft habe für die Monate kurz vor den Vertragsverhandlungen und kurz vor dem Closing falsche bzw. irreführende oder unvollständige Zahlen ausgewiesen. Mit verschiedenen Mitteln habe das Management

7 Siehe BGHZ 109, 327, 331; BGHZ 132, 30, 35.

8 Zu den Voraussetzungen eines wohlfahrtstheoretisch gerechtfertigten Vertrauensschutzes s. *Schäfer/Ott*, Lehrbuch der ökonomischen Analyse des Zivilrechts, 4. Aufl. 2005, 16. Kapital, S. 517 ff. Für eine ökonomische Analyse vorvertraglicher Aufklärungspflichten s. *Schäfer,* Ökonomische Analyse von Aufklärungspflichten, in: Ott/Schäfer (Hrsg.), Ökonomische Probleme des Zivilrechts, 1991, S. 117 ff.

9 891 A.2d 1032 (2006).

der Zielgesellschaft die Ertragszahlen kurzfristig künstlich in die Höhe getrieben. Auch habe die Zielgesellschaft die Kläger über die Funktionsfähigkeit eines neuen elektronischen Bestellsystems getäuscht. Aufgrund der mangelnden Funktionsfähigkeit des Systems hätten sich nach Übergabe des Unternehmens wichtige Kunden abgewandt. Der Verkäufer – so das implizite Argument – müsse sich die vorsätzliche Täuschung durch die Zielgesellschaft wie eigenes Verhalten zurechnen lassen. Er könne sich daher nicht darauf berufen, dass seine Gewährleistungshaftung laut Vertrag auf $ 20 Mio beschränkt sei. Eine vertragliche Beschränkung der Haftung des Unternehmensverkäufers für vorsätzliche Falschangaben der Zielgesellschaft sei ebenso unwirksam wie eine entsprechende Haftungsbeschränkung für vorsätzliche Falschangaben des Verkäufers selbst. Der beklagte Verkäufer beantragte demgegenüber Klagabweisung und berief sich auf den vertraglichen Ausschluss des Rücktrittsrechts und die vertraglich vereinbarten Beschränkung der Gewährleistungshaftung des Verkäufers.

Vice Chancellor Strine wies die Klage ab, soweit die Kläger ihr Rücktrittsrecht auf Falschangaben durch die Zielgesellschaft stützten, ohne zugleich ein positives Wissen des Verkäufers selbst darzutun. Einen Grundsatz, demzufolge das Wissen der Zielgesellschaft dem Verkäufer kraft Gesetzes wie eigenes zuzurechnen ist, erkannte er nicht an. Stattdessen betrachtete er das Einstehenmüssen des Verkäufers für Falschangaben der Zielgesellschaft als einen zulässigen Gegenstand vertraglicher Regelung. Im konkreten Fall sah der Vertrag getrennte „representations and warranties“ des Verkäufers und der Zielgesellschaft vor. Die „representations and warranties“ des Verkäufers waren eng gefasst. Der Verkäufer erklärte allerdings mit dem Closing, für die Richtigkeit der „representations and warranties“ der Zielgesellschaft bis zu einer Haftungssumme von $ 20 Mio. einzustehen. Eine danebenstehende Haftung wegen „misrepresentation“ schloss der Vertrag – ebenso wie ein Rücktrittsrecht des Käufers – aus. Ein derart ausgestalteter Vertrag, so Vice Chancellor Strine, zeuge vom Willen der Parteien, die Rechte des Käufers mit Blick auf alle denkbaren Ansprüche im Zusammenhang mit Falschangaben, ob vertraglicher oder deliktischer Natur, eng zu begrenzen – auch soweit es um vorsätzliche Falschangaben durch die Zielgesellschaft geht. Dies sei auch zulässig. Zwar könne angesichts eines öffentlichen Interesses an der Bekämpfung von Betrug und angesichts einer zu vermutenden Ineffizienz derart zustande gekommener Verträge das Rücktrittsrecht des Käufers nicht für den Fall ausgeschlossen werden, dass eine Lüge oder Täuschung des Verkäufers selbst für den Vertragsschluss kausal gewesen ist. Auch eine höhenmäßige Begrenzung der Haftung sei in einem solchen Fall unwirksam. Dieser Grundsatz erstrecke sich aber nicht auf den Fall, dass vorsätzliche Falschangaben der vom Verkäufer verschiedenen Zielgesellschaft für den Vertragsschluss erheblich geworden sind. Dies folge aus dem Grundsatz der Vertragsfreiheit, der im Verhältnis zwischen geschäftlich erfahrenen Parteien seine volle Bedeutung entfalte und besser als gerichtliche Intervention geeignet sei, effiziente Ergebnisse zu gewährleisten. Das gelte auch mit Blick auf die vertragliche Vereinbarung darüber, von welcher Partei das Risiko vorsätzlicher Falschangaben durch die Zielgesellschaft zu tragen sei. Solange der Verkäufer keine positive Kenntnis von der Unrichtigkeit der vertraglichen Beschaffenheitsangaben und Eigenschaftszusicherungen habe, sei es weder moralisch noch ökonomisch noch daher rechtlich zu beanstanden, wenn dieses Risiko dem Käufer zugewiesen ist. Zu berücksichtigen sei dabei, dass Verkäufer und Zielgesellschaft keineswegs gleichzusetzen sind. Der Verkäufer verfüge nicht notwendig über dieselben Informationen wie das Management der Zielgesellschaft. Die Zielgesellschaft könne eigene Interessen an der Weitergabe von Falschangaben haben. Der Käufer seinerseits könne sich, wenn er das Risiko für vorsätzliche Falschangaben der Zielgesellschaft übernehme, mithilfe besonderer Vorsichtsmaßnahmen schützen, etwa indem er eine intensivere „Due Diligence" vornimmt.

Während *Abry Partners* vordergründig allein die Zulässigkeit vertraglicher Rücktrittsausschluss- und Haftungsbeschränkungsklauseln mit Blick auf vorsätzliche Falschangaben der Zielgesellschaft betrifft, lehnt es implizit zugleich die Wissenszurechnung zwischen Zielgesellschaft und Verkäufer beim Unternehmenskauf ab. Soweit sich der Verkäufer die Aussagen der Zielgesellschaft nicht ausdrücklich zueigen macht, sich bereit erklärt, für deren Richtigkeit uneingeschränkt einzustehen und damit das Risiko der Unrichtigkeit eindeutig übernimmt, trägt der Käufer das Richtigkeitsrisiko. Der Umstand, dass die Zielgesellschaft der Sphäre des Verkäufers zugehört, rechtfertigt nicht, dass der Käufer gegenüber Aussagen der Zielgesellschaft denselben Schutz genießt wie gegenüber Aussagen des Verkäufers.

C. Die Diskussion über die Zurechnung von Wissen beim Unternehmenskauf im deutschen Recht

I. Rechtsprechung: Unternehmensveräußerung durch die Treuhandanstalt

Im deutschen Recht ist die Frage der Wissenszurechnung beim Unternehmenskauf bislang weitgehend ungeklärt. Der soweit ersichtlich einzige Fall, der dieses Problem ausdrücklich behandelt, betraf die besondere Situation der Unternehmensveräußerung durch die Treuhandanstalt.[10]

Der Kläger hatte von der Treuhandanstalt sämtliche Geschäftsanteile an der B GmbH erworben. Für Informationen über die Gesellschaft hatte die Treuhandanstalt den Kläger vor Vertragsschluss an deren Mitarbeiter, insbesondere deren damalige Geschäftsführer G und F, verwiesen. Nach Abschluss des Vertrages mit der Treuhandanstalt und Übertragung der Geschäftsanteile focht der Kläger, gestützt auf § 123 BGB, den Vertrag mit der Begründung an, G habe ihn über die wirtschaftliche Situation des bereits bei Vertragsschluss konkursreifen Unternehmens arglistig getäuscht. Das KG fragte zunächst, ob der Treuhandanstalt eine etwaige arglistige Täuschung durch G zuzurechnen sei oder ob G als „Dritter" i.S.d. § 123 Abs. 2 S. 1 anzusehen war. Nach st. Rspr. hat eine Vertragspartei im Rahmen des § 123 grds. für alle Verhandlungsgehilfen einzustehen. Jedoch sah das KG den Geschäftsführer G der Zielgesellschaft nicht als Verhandlungsbeauftragten der Treuhandanstalt an: diese hatte G weder ein Mandat zur Vorbereitung noch zum Aushandeln des Vertrags erteilt. Der Verweis des potentiellen Käufers an G zu Zwecken der Information über die Zielgesellschaft habe den G nicht zum Verhandlungsgehilfen der Treuhandanstalt gemacht. Eine etwaige Arglist des G sei der Treuhandanstalt überdies deswegen nicht zuzurechnen, weil diese dem Kläger im Vertrag klar

[10] KG, Urteil v. 2.2.1995, 2 U 7876/93 (LG Berlin), abgedruckt in VIZ 1995, 476 ff.

vor Augen geführt habe, dass sie für ein etwaiges Fehlverhalten der von ihr bei den Verhandlungen eingeschalteten Personen in keinem Fall einstehen wolle. Die Treuhandanstalt habe offenkundig keine Gewähr für die Richtigkeit der Auskünfte der Zielgesellschaft übernehmen wollen. Vielmehr habe sie klargestellt, dass der Käufer deren Angaben eigenverantwortlich auf ihre Richtigkeit hin überprüfen müsse. Die Gewährleistungen der Treuhandanstalt im Kaufvertrag seien bewusst eng formuliert. Ansprüche aus culpa in contrahendo und positiver Vertragsverletzung sowie das Recht des Käufers auf Wandelung, Rücktritt oder Irrtumsanfechtung seien – unter dem einzigen Vorbehalt der Arglist des Verkäufers selbst – ausdrücklich ausgeschlossen. Ausdrücklich ausgeschlossen sei auch die Haftung der Treuhandanstalt für Erfüllungsgehilfen nach § 278. An diesem weit reichenden Haftungsausschluss habe die Treuhandanstalt auch ein berechtigtes Interesse gehabt. Anders als andere Geschäftsherrn habe die Treuhandanstalt nicht die Möglichkeit gehabt, ihre Erfüllungsgehilfen auszuwählen. Sie sei durch ihren gesetzlichen Auftrag gezwungen gewesen, den Geschäftsleitungen der von ihr übernommenen Betriebe zu vertrauen, die allein über die für die potentiellen Käufer notwendigen Kenntnisse über das Unternehmen verfügten. Da die Treuhandanstalt in gleicher Weise wie die Erwerber auf die Informationen der Geschäftsleitungen angewiesen gewesen sei, habe sie von den Käufern verlangen dürfen, dass diese die rechtliche und wirtschaftliche Situation des jeweiligen Zielunternehmens selbst prüfen. Bei einer solchen Interessenlage sei die Geschäftsleitung der Zielgesellschaft gegenüber der Treuhandanstalt als „Dritter" i.S.d. § 123 Abs. 2 anzusehen. Auch könne der Treuhandanstalt die Kenntnis oder das Verschweigen einer lediglich bei den Vorverhandlungen eingeschalteten Hilfsperson unter diesen Umständen weder nach § 166 direkt noch analog zugerechnet werden.

Das KG gelangt damit zum selben Ergebnis wie das Delaware Court of Chancery. Zur Begründung beruft es sich allerdings nicht nur auf die konkrete Vertragsgestaltung und den Grundsatz der Vertragsfreiheit, sondern auch und vor allem auf die besondere Situation der Treuhandanstalt, die eine Wissenszurechnung kraft Organisation ausschloss. Anhand objektiver Umstände – und insbes. unter Hinweis auf das Fehlen der ansonsten typischen Informationsasymmetrien im konkreten Fall – wird geprüft, ob der Verkäufer ein legitimes Interesse an der Beschränkung der Arglistzurechnung hat. Das Urteil lässt damit offen, ob der Verkäufer auch in einem „normalen" Unternehmenskaufvertrag zwischen Privaten das Anfechtungsrecht des Käufers nach § 123 BGB auf Fälle der eigenen vorsätzlichen Täuschung beschränken kann, indem er sich von den Angaben der Zielgesellschaft distanziert. In Spannung geraten hier der Grundsatz der Vertragsfreiheit, der sich gem. § 278 S. 2 BGB grds. auch auf das Einstehenmüssen für Erfüllungsgehilfen erstreckt und sich insoweit auch in § 123 BGB hineintragen lässt, und der Gedanke eines Verkehrsschutzes, der sich an Verantwortungssphären orientiert, die durch objektive Merkmale wie die größere Informationsnähe einer Partei vorgeben sind.

II. Diskussion im Schrifttum

Im deutschen Schrifttum wird die Frage der Wissenszurechnung beim Unternehmenskauf kontrovers diskutiert.[11] Sie wird in unterschiedlichen Konstellationen relevant: wird dem Verkäufer das bei der Zielgesellschaft verfügbare Wissen über negative Unternehmenseigenschaften und -entwicklungen zugerechnet, so kann dies u.U. zu dem Vorwurf führen, der Verkäufer habe eine vorvertragliche Aufklärungspflicht verletzt. Nimmt man an, das für eine Haftung aus culpa in contrahendo[12] erforderliche Verschulden sei in diesem Fall in der (regelmäßig fahrlässigen) Verletzung einer Organisationspflicht zur Informationsbeschaffung und -weitergabe zu sehen,[13] wäre die praktische Relevanz der Wissenszurechnung beim Unternehmenskauf begrenzt,[14] da insoweit das vertragliche Gewährleistungsregime die Haftung aus fahrlässiger culpa in contrahendo weitgehend verdrängt, und überdies die Haftung für eine fahrlässige Verletzung vorvertraglicher Pflichten typischerweise ausgeschlossen wird. Auf der Grundlage des Gedankens, dass arbeitsteilig organisierte Einheiten aus einer pflichtwidrigen Organisation der Wissensvermittlung gegenüber natürlichen Personen keine Vorteile ziehen sollen, nimmt die Rspr. allerdings an, dass aus der Wissenszurechnung keine bloße Fahrlässigkeitshaftung, sondern eine verbindliche Wissensfiktion, und auf dieser Grundlage eine vertraglich ex ante nicht abdingbare[15] Vorsatz- und ggfs. Arglisthaftung folgt,[16] die als Haftungsgrundlage neben dem Gewährleistungsregime bestehen bleibt. Die Wissenszurechnung kann überdies für die Haftung aus den „representations and warranties" entscheidend sein, soweit diese auf ein Wissen des Verkäufers abstellen. Schließlich wird die Wissenszurechnung, zusammen mit der nach der Rspr. daran anknüpfenden Arglisthaftung, im Rahmen des § 444 BGB relevant, demzufolge sich der Verkäufer auf eine Vereinbarung, durch welche die Rechte des Käufers wegen eines Mangels ausgeschlossen oder beschränkt werden, nicht berufen kann, wenn er den Mangel arglistig verschwiegen hat; und sie kann zur Anfechtbarkeit des Vertrages wegen arglistiger Täuschung (§ 123 BGB) führen.[17]

Anknüpfungspunkt für die Wissenszurechnung im kodifizierten Recht ist § 166 Abs. 1 BGB, demzufolge dem Vertretenen die Kenntnis und das Kennenmüssen eines Vertreters wie eigenes Wissen zugerechnet wird. Über die Fälle der Stellvertretung hinaus wendet der BGH § 166 Abs. 1 BGB im Dienste des Verkehrsschutzes entsprechend an, wenn sich eine Vertragspartei eines Dritten als eines sog. „Wissensvertreters" bedient. Als Wissensvertreter wird angesehen, wer nach der Arbeitsorganisation des Geschäftsherrn dazu berufen ist, im Rechtsverkehr als dessen Repräsentant bestimmte Aufgaben in eigener Verantwortung zu erledigen

[11] Für Nachweise zum Schrifttum s.o., Fn. 4.

[12] §§ 280 Abs. 1, 241 Abs. 1, 311 Abs. 2 BGB.

[13] So *Flume*, Die Haftung für Fehler kraft Wissenszurechnung bei Kauf und Werkvertrag, AcP 197 (1997), 441, 451: Die Haftung des Verkäufers kraft Wissenszurechnung sei eine Haftung für Fahrlässigkeit.

[14] So auch *Altmeppen*, BB 1999, 749, 750.

[15] Siehe § 276 Abs. 3 BGB.

[16] Siehe BGHZ 109, 327. Kritisch: *Flume*, AcP 197 (1997), 441 ff. mit dem Hinweis, dass die Rspr. damit den Arglisttatbestand ignoriere. Ebenso *Schilken,* in: Staudinger, BGB-Kom., 2004, § 166 Rdnr. 9; *Altmeppen*, BB 1999, 749, 750 und 752; *Jaques,* BB 2002, 417, 421.

[17] Siehe allerdings *Odersky,* „Aktenwissen" – Kenntnis – Arglist – Analogie, in: FS Geiß, 2000, S. 135, 141 f.: die Rspr. zur Wissenszurechnung mit Arglistfolge im Bereich des Kaufrechts sollte nicht unbesehen auf § 123 übertragen werden.

und die dabei angefallenen Informationen zur Kenntnis zu nehmen.[18] § 278 BGB begründet keine Wissenszurechnung, wohl aber Verantwortlichkeit des Schuldners für die Hilfspersonen, die er bei der Erfüllung seiner Verbindlichkeiten eingeschaltet hat: für eine arglistige Täuschung, die der Erfüllungsgehilfe in Erfüllung der Verbindlichkeiten des Schuldners begeht, hat letzterer wie für eine eigene arglistige Täuschung einzustehen – eine Haftung, die allerdings vertraglich ausgeschlossen werden kann (§ 278 S. 2 BGB). Für die Anfechtung wegen arglistiger Täuschung nach § 123 BGB ist in den hier relevanten Konstellationen maßgeblich, ob der Täuschende als „Dritter" i.S.d. § 123 Abs. 2 BGB zu qualifizieren ist. Dies wird grds. sowohl für Vertreter wie auch für Erfüllungsgehilfen abgelehnt, wobei allerdings offen ist, ob das Anfechtungsrecht wegen arglistiger Täuschung durch einen Erfüllungsgehilfen vertraglich ausgeschlossen werden kann.

Was aus diesen Zurechnungsprinzipien für den Unternehmenskauf folgt, wenn die Zielgesellschaft dem Käufer ohne Wissen der veräußernden Muttergesellschaft falsche oder unvollständige Informationen erteilt, ist ungewiss. Mangels Vertretungsmacht ist die Zielgesellschaft in dieser Situation nicht als Vertreter der Muttergesellschaft i.S.d. §§ 164, 166 Abs. 1 BGB anzusehen. § 166 Abs. 1 wird jedoch analog angewandt, wenn der Geschäftsherr Hilfspersonen ähnlich wie Vertreter bei der Vorbereitung der Vertragsverhandlungen für sich in Erscheinung treten lässt und sich die Ergebnisse dieser Vorbereitungshandlungen später zunutze macht.[19] Über den auch für die analoge Anwendung des § 166 Abs. 1 vorauszusetzenden Grad an Selbständigkeit[20] wird die Zielgesellschaft bei der Durchführung der Due Diligence regelmäßig verfügen. Zweifelhaft kann demgegenüber sein, ob die Zielgesellschaft bei der Gewährung der Due Diligence tatsächlich die Interessen der Muttergesellschaft vertritt bzw. vertreten soll, oder ob sie sich nicht bereits aus rechtlichen Gründen an den eigenen Gesellschaftsinteressen zu orientieren hat. Z.T. wird daher vorgeschlagen, bzgl. der Wissenszurechnung nach der Rechtsform der Zielgesellschaft zu differenzieren: handele es sich um eine GmbH, liege angesichts des Weisungsrechts des veräußernden Mehrheitsgesellschafters eine Wissenszurechnung nahe; anders sei es bei der AG, da hier kein Weisungsrecht bestehe, der Vorstand der Zielgesellschaft gem. § 93 Abs. 1 S. 2 AktG einer Verschwiegenheitspflicht unterliegt und das Informationsrecht auch des Mehrheitsaktionärs stark eingeschränkt sei.[21] Insgesamt besteht über die analoge Anwendung des § 166 Abs. 1 BGB in dieser Situation keine Einigkeit.[22] Dasselbe gilt für die Anwendung von § 278 BGB.[23] Zwar liegt es grds. nahe, die

---

18 BGHZ 132, 30, 35. S. auch *Schilken,* in: Staudinger, BGB-Kom., 2004, § 166 Rdnr. 4.

19 S. BGHZ 132, 30, 35; BGHZ 106, 163, 167 f.; *Schramm,* in: MüKo, BGB-Kom., § 166 Rdnr. 40.

20 *Schramm,* in: MüKo, BGB-Kom., § 166 Rdnr. 40.

21 *Jaques,* BB 2002, 417, 422.

22 Gegen die Anwendbarkeit des § 166 Abs. 1 BGB analog siehe *Sieger/Hasselbach*, GmbHR 1998, 957, 958. Für die Qualifikation der Zielgesellschaft / ihrer Auskunftspersonen als Wissensvertreter des Verkäufers *Hartung,* NZG 1999, 524, 527.

23 Gegen die Anwendung von § 278 BGB *G. Müller*, ZIP 2000, 817, 823. Anders *Jaques*: der Geschäftsführer der Zielgesellschaft sowie alle sonstigen Mitarbeiter der Zielgesellschaft, die den Verkäufer beim Verkauf unterstützen, seien dessen Erfüllungsgehilfen – s. BB 2002, 417, 420. In der Sache setzt die Qualifikation der Zielgesellschaft als Erfüllungsgehilfin i.S.d. § 278 BGB voraus, dass diese, wenn sie dem Käufer Auskunft erteilt bzw. die Due Diligence ermöglicht, in Erfüllung einer Verbindlichkeit des Verkäufers tätig wird (s. BGHZ 13, 111; BGHZ 50, 32, 35). Es ist unklar, ob die Due Diligence als Schuldnerpflicht des Verkäufers qualifiziert werden kann. *Jaques* Argument, dass die Mitarbeiter der Zielgesellschaft als

Zielgesellschaft, die dem Käufer eine Due Diligence gewährt, als Erfüllungsgehilfe des Verkäufers anzusehen, zumal diesem in den darauf folgenden Vertragsverhandlungen die positiven Informationen über das Unternehmen zugute kommen. Auch kommt es für die Erfüllungsgehilfeneigenschaft auf die Weisungsgebundenheit der Zielgesellschaft nicht an. Auf der anderen Seite ist die Gewährung einer Due Diligence nicht notwendig eine Verbindlichkeit, welche dem Verkäufer gegenüber dem Käufer obliegt. Dies enthebt den Verkäufer nicht von der Verpflichtung, dem Käufer nur richtige und hinreichend vollständige Auskünfte zu erteilen bzw. erteilen zu lassen, sofern er sich bereit erklärt, Informationen bereitzustellen. Ob die Auskünfte der Zielgesellschaft als solche des Verkäufers anzusehen sind und ihre Richtigkeit damit in seine Risikosphäre fällt, kann jedoch von den Umständen des Einzelfalls abhängig sein – insbes. davon, welche Partei die Informationsbeschaffungverantwortung übernimmt. In diese Richtung zielt auch das Urteil des KG im oben erörterten Treuhand-Fall.

Jenseits der Zweifel betreffend die Subsumtion der hier erörterten Sachverhaltskonstellation unter die gesetzlichen Vorschriften stellt sich die Frage, ob die veräußernde Muttergesellschaft für die Täuschung des Käufers durch die Zielgesellschaft auf der Grundlage der neueren Rspr. und Lehre von der Wissensverantwortung in Organisationen einstehen muss, wenn sie die Fehlerhaftigkeit der dem Käufer übermittelten Information oder das Verschweigen wichtiger Information beim Vertragsschluss hätte erkennen können. Die Lehre von der Wissensverantwortung in Organisationen baut auf dem Grundgedanken auf, dass Organisationen, in denen die Arbeitsteilung auch zu einer Aufspaltung des Wissens auf verschiedene Personen oder Abteilungen führt, aus Gründen des Verkehrsschutzes verpflichtet sein müssen, die verbandsinterne Kommunikation so zu organisieren, dass das für bestimmte Geschäftsabläufe vorhersehbar relevante Wissen im maßgeblichen Zeitpunkt bei der zuständigen Person bzw. Abteilung verfügbar ist. Anders als § 166 Abs. 1 oder § 278 BGB zielt sie nicht auf die Zurechnung des Wissens oder Verschuldens einer für den Schuldner bei der Vorbereitung oder dem Abschluss eines Rechtsgeschäfts tätigen Hilfsperson ab, sondern will auf der Grundlage einer Organisationsverantwortung gerade auch das Wissen der nicht tätig gewordenen Personen einbeziehen.[24] Voraussetzung für eine informationelle Verkehrssicherungspflicht und die damit einhergehende Wissenszurechnung ist, dass objektiv hinreichender Anlass sowohl zur Speicherung als auch zur Abfrage des Wissens bestand.[25] Dies soll nicht nur innerhalb einer juristischen Person gelten, sondern grds. auch im Konzern, d.h. zwischen rechtlich selbständigen juristischen Personen.[26] Im Konzernzusammenhang hat die Rspr. eine Wissenszurechnung bislang in solchen Fällen bejaht, in denen die Art der Geschäfte des als wirtschaftliche Einheit operierenden Konzerns eine routinemäßige Zusammenführung

Erfüllungsgehilfen bzgl. der Erfüllung der Aufklärungspflicht des Verkäufers anzusehen seien, setzt voraus, dass diese Aufklärungspflicht eine Informationsbeschaffungspflicht umfasst – was jedoch nicht selbstverständlich ist.

24 S. *Odersky,* in: FS Geiß, 2000, S. 135, 136.

25 BGHZ 132, 30.

26 S. OLG München, Urt. v. 27.7.2006 – 23 U 5590/05, Der Konzern 2007, 54, 55, unter Verweis auf BGHZ 132, 30. S. auch *Odersky,* in: FS Geiß, 2000, S. 135, 145. Zu den insoweit maßgeblichen Kriterien v.a. *Drexl,* ZHR 161 (1997), 491 ff.; *ders.,* Wissenszurechnung in unabhängigen und Konzernunternehmen, in: Bankrechtstag 2002, S. 85 ff.; *Nobbe,* in: Bankrechtstag 2002, S. 121, 158 ff.

bestimmter Informationen sachlich gebietet, und in denen die Wissensaufspaltung vorhersehbare Risiken für Vertragspartner schafft.[27] In solchen Situationen verhindert die Wissenszurechnung, dass der Konzern durch Organisationsentscheidungen im laufenden Geschäftsbetrieb das Risiko unrichtiger oder fehlender Information einer Konzerngesellschaft auf die Vertragspartner überwälzt und begründet starke Anreize zur Einführung und Beachtung funktional angemessener Regeln konzerninterner Kommunikation.

Es ist bislang ungeklärt, ob die Lehre von der Wissensverantwortung in Organisationen beim Unternehmenskauf eine Ausdehnung der Haftung des Verkäufers für Fehlinformationen der Zielgesellschaft über den Anwendungsbereich der § 166 Abs. 1 und § 278 BGB hinaus bewirkt. Auf ihrer Grundlage würde – unabhängig vom Verhalten der Hilfspersonen und der Frage einer Täuschung des Käufers durch diese – ein positives Wissen des Verkäufers über alle ihm bei pflichtgemäßer Wissensorganisation bekannten Umstände fingiert. Welche dies wären, hinge davon ab, ob eine spezielle Pflicht zur Informationsabfrage im Kontext eines Unternehmensverkaufs angenommen wird, oder ob auf das Wissen abgestellt werden soll, das der Muttergesellschaft auf der Grundlage der konkreten Funktionsweise des Konzerns normalerweise zugänglich sein müsste. Dabei wäre maßgeblich darauf abzustellen, mit welcher Intensität sie in der Vergangenheit ihre Leitungsmacht ausgeübt hat.[28] Wäre die Lehre von der Wissensverantwortung im Kontext des Unternehmenskaufes anwendbar, könnte sie zu dem problematischen Ergebnis einer unabdingbaren Vorsatz- bzw. Arglisthaftung des Verkäufers aufgrund falscher, jedoch gutgläubig abgegebener Garantien führen, obwohl dem Verkäufer der Sache nach lediglich ein fahrlässiger Verstoß gegen eine Informationsübermittlungs- bzw. Informationsabfragepflicht zur Last gelegt werden kann.

Die Grundsätze, nach denen die veräußernde Muttergesellschaft für positives Wissen der Zielgesellschaft über negative Eigenschaften oder Entwicklungen des Unternehmens bzw. für falsche Angaben der Zielgesellschaft gegenüber dem Käufer einstehen muss, sind daher in jeder Hinsicht ungeklärt.[29] Maßgeblich für die Wissenszurechnung ist, wie der BGH sowohl mit Blick auf § 166 Abs. 1 BGB als auch mit Blick auf die weitergehende Lehre von der Wissensverantwortung in Organisationen festgestellt hat, eine „wertende Beurteilung",[30] die insbes. auf Gesichtspunkte des Verkehrs- und Vertrauensschutzes abstellt. Dies gilt auch mit Blick auf die Auslegung von § 278 und § 123 BGB. Was dies im Kontext des Unternehmenskaufes bedeutet, ist bislang jedoch nicht konkretisiert. Unbeantwortet ist auch die Frage, in welchem Umfang bei der Wissenszurechnung Spielraum für eine privatautonome Regelung der Vertragsparteien verbleibt.

---

[27] In OLG München, Urt. v. 27.7.2006 – 23 U 5590/05, Der Konzern 2007, 54, 55 wurden der Tochtergesellschaft als Franchisegeber die Kenntnisse der Muttergesellschaft mit Blick auf die Einkaufskonditionen zugerechnet, da die Tochtergesellschaft der Muttergesellschaft das Aushandeln der Einkaufskonditionen überließ. Näher zur Rspr. siehe *Nobbe,* in: Bankrechtstag 2002, S. 121, 156 ff.

[28] Siehe insbes. *Drexl*, ZHR 161 (1997), 491 f.; *Schramm,* in: MüKo, BGB-Kom., 5. Aufl. 2006, § 166 Rdnr. 22; *Nobbe*, Bankrechtstag 2002, 121, 159 und 106.

[29] Für unterschiedliche Ansätze s. z.B. *Altmeppen*, BB 1999, 749, 752 ff. (für ein Abstellen auf die Grundwertungen des § 166 Abs. 2; und *Jaques,* BB 2002, 417, 421.

[30] Siehe BGHZ 109, 327, 331; BGHZ 132, 30, 35.

D. Hilfestellungen der ökonomischen Analyse des Rechts

Nähert man sich der Frage der Wissenszurechnung beim Unternehmenskauf mit dem Standardinstrumentarium der ökonomischen Analyse, so ist zunächst die Fragestellung umzuformulieren. In der Sache geht es bei der Wissenszurechnung um eine Entscheidung darüber, welcher Vertragspartei ein bestimmtes Informationsrisiko zugewiesen werden soll. Zur Bestimmung einer effizienten Risikozuweisung greift die ökonomische Analyse grds. auf einen Vergleich der Informationskosten der Vertragsparteien – der Informationsbeschaffungs-, Informationsübermittlungs- und Informationsverifizierungskosten – zurück. Diejenige Partei soll das Risiko tragen, welche sich die relevanten Informationen am kostengünstigsten beschaffen bzw. welche die ihr übermittelten Informationen mit dem geringsten Aufwand verifizieren kann. Hilfsweise ist zu ermitteln, welche Partei sich gegen das Risiko der Fehlinformation besser versichern oder es besser absorbieren kann.[31]

Geht man zunächst von einem typischen Sachverhalt aus, in welchem die Muttergesellschaft einen Betriebsteil veräußert, der kurz zuvor ausgegliedert worden ist, oder eine Tochtergesellschaft, auf welche die Muttergesellschaft über längere Zeit intensiv unternehmerisch eingewirkt hat, so liegt der Informationsvorteil der Muttergesellschaft auf der Hand. Während der Käufer im Wesentlichen auf die Richtigkeit der ihm zur Verfügung gestellten Informationen vertrauen muss, kann sich die Muttergesellschaft mit vergleichsweise geringen Kosten die notwendigen Informationen von der Tochtergesellschaft beschaffen und ihre Richtigkeit und Vollständigkeit verifizieren. Für beide Parteien scheint es unter diesen Bedingungen vorteilhaft, wenn der Verkäufer das Informationsrisiko trägt: er wird hierfür durch einen geringeren Risikoabschlags des Käufers und damit einen höheren Kaufpreis kompensiert.

Jedoch sind dies keineswegs die einzig denkbaren Sachverhaltskonstellationen. Hat etwa die Muttergesellschaft die Tochtergesellschaft erst kürzlich als Teil einer Unternehmensgruppe erworben und will sie mangels eigener strategischer Interessen im relevanten Sektor unmittelbar weiterverkaufen, oder ist die Muttergesellschaft ein reiner Finanzinvestor und hat die Tochtergesellschaft über längere Zeit in großer wirtschaftlicher Selbständigkeit operiert, so schwindet der Informationsvorteil der Muttergesellschaft dahin. Zwar hat die Muttergesellschaft als Gesellschafterin rechtlich weitergehende Möglichkeiten der Informationsbeschaffung; der Käufer – insbes. ein informierter Käufer mit Erfahrung im einschlägigen Wirtschaftssektor – kann aber u.U. besser als der Verkäufer in der Lage sein, die Richtigkeit und Vollständigkeit der ihm übermittelten Informationen zu verifizieren. Aus Sicht beider Vertragsparteien kann es in solchen Fällen vorteilhaft sein, wenn das Informationsrisiko dem Käufer zugewiesen wird, der in dem Wissen um das erhöhte Risiko eine besonders gründliche Due Diligence durchführen und einen niedrigeren Kaufpreis durchsetzen kann. Die Situationsabhängigkeit der Informationslage spricht gegen eine zwingende Wissenszurechnung beim Unternehmenskauf. Es entspricht der ökonomischen Ratio der Vertragsfreiheit, auf die grds. besseren Informationen der Vertragsparteien über die effizientere Risikozuweisung im Einzelfall zu vertrauen. Gegen eine zwingende Wissenszurechnung spricht auch, dass beim

[31] S. *Schäfer,* in: Schäfer/Ott (Hrsg.), Ökonomische Probleme des Zivilrechts, S. 117, 128 ff.

Unternehmenskauf – anders als in anderen Konzernsachverhalten, in denen eine Wissenszurechnung kraft Organisation bislang Anwendung gefunden hat – das Interesse von Muttergesellschaft und Zielgesellschaft bei der Informationsübermittlung keinesfalls zwangsläufig gleichgerichtet ist. Mit Blick auf ihre absehbare wirtschaftliche Loslösung von der Muttergesellschaft können Mitarbeiter der Zielgesellschaft bei der Informationsübermittlung bereits eigene Interessen verfolgen. Für eine mit den wirtschaftlichen Gegebenheiten der Tochtergesellschaft nicht im Einzelnen vertraute Konzernmutter kann der Kontrollaufwand, der bei einer unabdingbaren Wissenszurechung erforderlich würde, in einem solchen Fall erheblich sein. Der Käufer mag auch insoweit besser in der Lage sein, die Richtigkeit der Informationen zu verifizieren. Sofern ein Unternehmenskaufvertrag das Risiko von durch die Zielgesellschaft verbreiteten Fehlinformationen oder verschwiegener Information klar und ausdrücklich dem Käufer zuweist, spricht daher viel dafür, dies als grds. zulässiges Ergebnis eines „bargaining" zwischen den Vertragsparteien anzusehen.[32] Dies gilt umso mehr, als an der Geschäftserfahrenheit der Vertragsparteien und ihrer Fähigkeit, Risiken einzupreisen, regelmäßig kein Zweifel besteht.

Dies besagt noch nichts darüber, wie ein Vertrag auszulegen ist, der keine klare Risikozuweisung enthält. Der Delaware Court of Chancery hat im Ergebnis ein System von „representations and warranties", welches zwischen den Garantiezusagen der Zielgesellschaft und denen des Verkäufers differenziert, ausreichen lassen, um einen gemeinsamen Willen der Vertragsparteien zu unterstellen, dass der Käufer das Risiko von Fehlinformationen tragen soll. Dies kommt einer Vermutung gleich, dass im Zweifel der Käufer das Informationsrisiko zu tragen hat.

Angesichts des Umstandes, dass erhebliche Informationsasymmetrien zulasten des Käufers eher die Regel als die Ausnahme sind, versteht sich eine solche Ausgangsverteilung des Informationsrisikos nicht von selbst. Zwei Gesichtspunkte sind für die effiziente Ausgangsverteilung des Risikos relevant: zum einen die Transaktionskosten, die anfallen, wenn eine Änderung der Ausgangsverteilung erforderlich wird; zum anderen die klare Erkennbarkeit der Ausgangsverteilung, die gewährleistet, dass die Parteien tatsächlich in Verhandlungen eintreten, wenn eine abweichende Risikozuweisung vorteilhaft ist. Die mit einer Änderung der Risikozuweisung verbundenen Transaktionskosten streiten für eine Ausgangsverteilung, die der typischen Interessenlage Rechnung trägt. Zu berücksichtigen ist allerdings, dass ein Unternehmenskauf ohnehin mit umfangreichen Verhandlungen verbunden ist. Verhandlungen über die Risikozuweisung fallen daher im Zweifelsfall nicht übermäßig ins Gewicht. Von zentraler Bedeutung ist dagegen, dass hinreichende Klarheit über die „ursprüngliche" Risikoverteilung besteht. Dies scheint im US-amerikanischen Rechtskreis gewährleistet: vorbehaltlich einer abweichenden vertraglichen Regelung trägt der Käufer das Informationsrisiko. Dies

[32] Siehe ähnlich auch *Schramm,* in: MüKo, BGB-Kom., 5. Aufl. 2006, § 166 Rdnr. 40, unter Hinweis auf BGH NJW 1995, 2550: „Die Wissenszurechnung entfällt ..., wenn eine Partei unzweideutig erklärt, dass sie nur für eigenes Wissen und Tun einstehen will". Aus US-amerikanischer Sicht siehe *Kevin Davis,* Licensing Lies: Merger Clauses, the Parol Evidence Rule and Pre-Contractual Misrepresentations, 33 Val. U. L. Rev. 485, 530.

stimmt mit dem alten „common law"-Grundsatz des „caveat emptor" überein,[33] der bis heute das anglo-amerikanische Recht des Unternehmenskaufs und die entsprechenden Verkehrserwartungen prägt.

Dem deutschen Kaufvertragsrecht ist der „caveat emptor"-Grundsatz demgegenüber fremd. In wesentlich höherem Maße als das anglo-amerikanische Recht ist es von Grundsätzen des Vertrauens- und Verkehrsschutzes geprägt. Die jüngere Rspr. des BGH zu Aufklärungspflichten beim Unternehmenskauf[34] zeigt, dass dies nicht nur im Rechtsverkehr mit Verbrauchern gilt. Die unter Gesichtspunkten des Verkehrsschutzes weite analoge Anwendung des § 166 Abs. 1 BGB, der potentiell weite Anwendungsbereich des § 278 BGB und die Rspr. zu § 123 Abs. 1 BGB zeugen von der Verwurzelung einer „Sphärentheorie", welche die legitimen Erwartungen des Rechtsverkehrs prägt. Jede Partei ist danach im Ausgangspunkt verpflichtet, die seiner Herrschaftssphäre entspringenden besonderen Risiken zu kontrollieren. Für die Wissenszurechung beim Unternehmenskauf würde dies einer Vermutung entsprechen, dass das Risiko von Fehl- und pflichtwidriger Nichtinformation des Käufers durch die Zielgesellschaft vorbehaltlich abweichender vertraglicher Regelung dem Verkäufer zugewiesen ist. Dafür spricht auch, dass der BGH in seiner jüngeren Rspr. zu Aufklärungspflichten beim Unternehmenskauf die ausgeprägten Informationsasymmetrien zulasten des Käufers und seine Abhängigkeit von der Richtigkeit und Vollständigkeit ihm erteilter Information betont. Eine abweichende Zuweisung des Informationsrisikos ist möglich, muss jedoch im Vertrag hinreichend klar zum Ausdruck kommen. Angesichts einer entgegenstehenden Verkehrserwartung bedarf der Käufer eines klaren Signals, wenn das Informationsrisiko auf ihn überlagert werden soll. Der Verkäufer muss unmissverständlich erklären, dass er nur für eigenes Wissen und Tun einstehen will. Dies gilt sowohl für das Einstehenmüssen nach § 166 und § 278 BGB als auch für die Würdigung, ob die Zielgesellschaft als „Dritter" i.S.d. § 123 Abs. 2 BGB anzusehen ist.[35] Die Anforderungen an die Klarheit der Regelung sind umso höher, je stärker die Sachverhaltskonstellation angesichts einer leichten Verfügbarkeit der Information ein Einstehenmüssen des Verkäufers nahe legt.

E. Schlussfolgerungen

Die vorausgegangenen Ausführungen bestätigen einige allgemeine Einsichten, welche für die ökonomische Analyse des Rechts von jeher grundlegend sind.

Sie zeigen zum einen, dass in unterschiedlichen Rechtsordnungen unterschiedliche Rechtsregeln effizient sein können. Eine erhebliche Rolle spielen dabei die im Markt

---

[33] Näher: *Fleischer,* Informationsasymmetrie im Vertragsrecht, 2001, S. 821 ff.

[34] Siehe BGH v. 4.4.2001, ZIP 2001, 918: den Verkäufer von GmbH-Anteilen treffe – u.a. wegen der Informationsasymmetrien zwischen Verkäufer und Käufer, der Schwierigkeiten der Unternehmensbewertung durch den Käufer und dessen Abhängigkeit von der Vollständigkeit und Richtigkeit der ihm erteilten Information – eine gesteigerte Aufklärungspflicht.

[35] Dies steht mit der grds. zwingenden Natur des § 123 BGB nicht in Konflikt. Siehe dazu *Kramer,* in: MüKo, BGB-Kom., 5. Aufl. 2006, § 123 Rdnr. 28: Die Täuschungsanfechtung ist abdingbar, wenn der Vertragspartner von der Täuschung durch Dritte lediglich wissen musste. Wenn die Einbeziehung von Erfüllungsgehilfen in die Sphäre eines Vertragspartners dem Gedanken des § 278 BGB entspricht, liegt esnahe, dass entsprechend § 278 S. 2 die Folgewirkungen auch mit Blick auf das Anfechtungsrecht vertraglich abdingbar sind.

etablierten, von der Rechtsordnung anerkannten „berechtigten Erwartungen", an denen sich die Akteure im Markt orientieren.[36] Für die Effizienz von Regeln kann der Umstand, dass klare allgemeine Erwartungen im Rechtsverkehr bestehen, wichtiger sein als ihr Inhalt. Solange uneingeschränkte Vertragsfreiheit besteht, können die Marktakteure auf dieser Grundlage die im Einzelfall optimale Lösung aushandeln. Dies stimmt mit dem Coase-Theorem überein.[37] In Vertragssituationen wie der des Unternehmenskaufs ist davon auszugehen, dass dies auch praktisch geschieht und nicht durch übermäßige Transaktionskosten verhindert wird.

Sie zeigen zum anderen, dass der Bildung und Durchsetzung „berechtigter Erwartungen" neben einem starken tatsächlichen Element – der allgemein üblichen Vertragspraxis – ein normatives Element innewohnt. In *Abry Partners* wird der für die Entscheidung des Falles maßgebliche normative Rahmen anders formuliert als im Urteil des KG zur Unternehmensveräußerung durch die Treuhandanstalt.

Vice Chancellor Strine nimmt zur Begründung seiner Weigerung, die „natürliche" Ausgangsverteilung des Informationsrisikos zu verändern und den Schutz gegen betrügerisches Verhalten auf Fehlinformationen durch die Zielgesellschaft auszudehnen, ausdrücklich auf das Kriterium der Effizienz und die Bedeutung der Vertragsfreiheit hierfür Bezug.[38] Es ist danach primär Sache des Geschäftsverkehrs, effiziente Regeln zu entwickeln; Gerichte halten sich soweit wie möglich heraus:

> „[…] Delaware is […] sensitive to the need for commerce to proceed in a rational and certain way. We also respect the ability of sophisticated businesses, such as the Buyer and Seller, to make their own judgments about the risk they should bear and the due diligence they undertake, recognizing that such parties are able to price factors such as limits on liability. Contributing to that respect is our knowledge that judicial decisions are not the only way that commercial norms of fair play are instilled. […]".[39]

Das überlegene Wissen der Vertragsparteien über die Besonderheiten der Interessenlage spricht Strine zufolge gegen den Versuch, Informationsasymmetrien durch zwingende oder abdingbare Regeln gerichtlich zu korrigieren.

Das deutsche Recht ist demgegenüber wesentlich bereitwilliger, das Informationsrisiko vom Käufer auf den Verkäufer zu verlagern, wenn der Verkäufer typischerweise und aus strukturellen Gründen über den weitaus überlegenen Informationszugang verfügt.[40] Die Ver-antwortungs- und Risikosphären der Vertragsparteien werden weniger nach Maßgabe der „natürlichen" Ausgangsverteilung, sondern nach Maßgabe von Herrschaftssphären und daran anknüpfenden Gesichtspunkten des Verkehrs- und Vertrauensschutzes bestimmt. Dahinter steht ein Interesse der Rechtsordnung, Transaktionskosten, einschließlich der Aufwendungen

[36] *Hayek,* Recht, Gesetz und Freiheit, Tübingen 2003, S. 89 f.

[37] Dazu *Schäfer/Ott,* Lehrbuch der ökonomischen Analyse des Zivilrechts, 4. Aufl., S. 100 f. und S. 487.

[38] 891 A.2d 1032, at 1060: „… there is also a strong American tradition of freedom of contract, and that tradition is especially strong in our State, which prides itself on having commercial laws that are efficient".

[39] 891 A.2d 1032, at 1061

[40] Zum Gebot informationeller Chancengleichheit s. *Fleischer,* Informationsasymmetrie im Vertragsrecht, 2001, S. 1003 f.

der Verhandlungspartner für den Selbstschutz, zu minimieren. Mit diesem Anliegen geht eine stärkere Pflichtenbindung der Marktakteure einher.

Eine der wesentlichen Herausforderungen an das Zivilrecht ist es, dass derartigen Pflichtenbindungen die für die Funktionsfähigkeit von Märkten unabdingbare Privatautonomie nicht übermäßig relativieren. Hierfür ist es erforderlich, Pflichtenbindungen auf rationale Gesichtspunkte zurückzuführen, die mit der Funktionsweise von Märkten vereinbar sind. Rechtsökonomische Überlegungen haben hier eine zentrale Bedeutung. Ökonomische und normative Argumente stehen mithin keineswegs notwendig im Widerspruch. Diese Sichtweise hat Hans-Bernd Schäfer in seinem Werk frühzeitig zugrunde gelegt, und damit als wichtiger Mittler zwischen Ökonomie und Privatrecht gewirkt.

IX.
Finanzierung, Banken, Insolvenz/Financing, Banking, Insolvency

HÖHE, EINFLUSSFAKTOREN UND KONSEQUENZEN VON INSOLVENZKOSTEN

*Jochen Bigus und Lisa Schachner**

A. Einleitung

Der (drohende) Ausfall von Gläubigeransprüchen verursacht direkte und indirekte Kosten, welche das Unternehmensvermögen und damit die vorhandenen finanziellen Mittel zur Begleichung dieser Ansprüche weiter verringern. Dieser Aufsatz geht drei Fragen nach: Wie hoch sind die Kosten, wenn ein Unternehmen in den Konkurs geht oder zu gehen droht und welche Faktoren beeinflussen die Höhe der Insolvenzkosten? Die dritte Frage lautet: Was sind die Konsequenzen niedriger oder hoher Insolvenzkosten für Finanzierungs- und Investitionsentscheidungen des Managements?

Die ersten beiden Fragen werden in Kapitel 2 anhand der empirischen Befunde beantwortet, die fast ausschließlich für die USA und dort vornehmlich für Insolvenzverfahren nach Chapter 11 (Reorganisation) vorliegen. Wir zeigen auch Daten zu den Kosten von Chapter 7 (Liquidation) des US-amerikanischen Insolvenzrechts und zum schwedischen Insolvenzverfahren. Für den deutschen Markt haben wir keine vergleichbaren Daten gefunden. Kapitel 2 unterscheidet Kosten, die im Insolvenzverfahren direkt anfallen und indirekte Kosten, die das Unternehmen im Vorfeld der Insolvenz zu tragen hat, etwa weil Kunden wegen nicht verlässlicher Garantiezusagen weniger Produkte kaufen oder weil die besten Mitarbeiter alternative Beschäftigungsmöglichkeiten suchen. Kapitel 3 untersucht in modelltheoretischer Weise, ob

* Adresse: Institut für Unternehmensrechnung und Controlling, Lehrstuhl Financial Accounting, Engehaldenstr. 4, 3012 Bern, Schweiz, bigus@iuc.unibe.ch; schachner@iuc.unibe.ch.

und wie Insolvenzkosten den Risikograd der Investitionspolitik ex-ante oder die Finanzierungspolitik beeinflussen können. Kapitel 4 fasst die wesentlichen Ergebnisse zusammen.

B. Empirische Befunde zu Höhe und Einflussfaktoren der Insolvenzkosten

I. Die Höhe und Determinanten der direkten Insolvenzkosten

Direkte Kosten der Insolvenz umfassen die Kosten der technischen Insolvenzverfahrensabwicklung und fallen daher nur bei einem tatsächlichen Ausfall an. Sie beinhalten im Wesentlichen die Kosten aus der Vergütung der am Insolvenzverfahren beteiligten Rechtsberater, Gutachter und Wirtschaftsprüfer sowie die Kosten für das Insolvenzgericht und den Insolvenzverwalter.[1]

In den vergangenen Jahrzehnten wurden zahlreiche empirische Studien veröffentlicht, die sich eine Quantifizierung dieser Kosten zum Ziel gesetzt haben. Eine Auswahl der bedeutendsten Untersuchungen ist der folgenden tabellarischen Übersicht zu entnehmen (aufgrund der einfacheren Beschaffbarkeit insolvenzspezifischer Daten in den USA konzentrieren sich die aufgeführten Studien vorrangig auf die Betrachtung der direkten Insolvenzkosten unter Chapter 11 (Reorganisation) des amerikanischen Bankruptcy Codes):

Studie	Datenbasis	direkte Insolvenzkosten (Durchschnittsangabe)	
Warner (1977)[2]	Betrachtungszeitraum: 1933-1955 11 Eisenbahngesellschaften (USA) Insolvenzen unter Section 77 des Bankruptcy Acts durchschnittl. Verfahrenslänge 150 Monate	**absolut:** **relativ:** **Spanne:**	1,88 Mio. $ 5,3% vom Marktwert des Unternehmens im Jahr des Insolvenzeintritts 1,7% (Unternehmen mit höchstem Marktwert)- 9,1% (Unternehmen mit geringstem Marktwert)
Weiss (1990)[3]	Betrachtungszeitraum: 1979-1986 37 an der NYSE oder ASE gelistete Unternehmen (USA) 35 (2) Insolvenzverfahren unter Chapter 11 (Chapter 7) durchschnittl. Verfahrenslänge 30 Monate	**absolut:** **relativ:** **Spanne:**	k. A. 3,1% des Eigenkapitalmarktwertes zzgl. des Fremdkapitalbuchwertes zum Ende des Geschäftsjahres vor dem tatsächlichen Insolvenzeintritt 1,0% - 6,6%

1 Vgl. Drukarczyk, J. (1995), S. 40.

2 Vgl. Warner, J. (1977), S. 337-347. Als zentrale Probleme der Untersuchung gelten die Betrachtung einer sehr speziellen Branche sowie der sehr kleine Stichprobenumfang.

3 Vgl. Weiss, L. (1990), S. 285-314. Die Kosten werden nicht hinsichtlich der Insolvenzverfahrensarten unterschieden.

Studie	Datenbasis	direkte Insolvenzkosten (Durchschnittsangabe)
Betker (1997)[4]	Betrachtungszeitraum: 1986-1993 75 (hauptsächlich) börsennotierte Unternehmen (USA) Insolvenzen unter Chapter 11	**absolut:** k. A. **relativ:** 3,9% der Aktiva am Ende des Geschäftsjahres vor dem Jahr des Insolvenzeintritts **Spanne:** 0,5% - 14,1%
Lubben (2000)[5]	Betrachtungszeitraum: 1994 22 private und börsennotierte Großunternehmen (USA) Insolvenzen unter Chapter 11	**absolut:** k. A. **relativ:** 1,8% der Aktiva der insolventen Unternehmen **Spanne:** 0% - 12%
Thorburn (2000)[6]	Betrachtungszeitraum: 1988-1991 210 kleine, nicht börsennotierte Unternehmen (Schweden) Insolvenzen unter dem Swedish Auction Bankruptcy System durchschnittl. Verfahrenslänge 2,4 Monate	**absolut:** k. A. **relativ:** 6,4% der Aktiva am Ende des Geschäftsjahres vor dem Jahr des Insolvenzeintritts **Spanne:** k. A.
LoPucki/ Doherty (2004)[7]	Betrachtungszeitraum: 1998-2002 48 Großunternehmen (USA) Insolvenzen unter Chapter 11	**absolut:** k. A. **relativ:** 1,4% der Aktiva der insolventen Unternehmen **Spanne:** k. A.
Bris/ Welch/ Zhu (2006)[8]	Betrachtungszeitraum: 1995-2001 286 insolvente Unternehmen unterschiedlicher Größe (USA) 225 (61) Insolvenzverfahren unter Chapter 11 (Chapter 7) durchschn. Verfahrenslänge unter Chapter 11 (Ch. 7) 28 (22) Monate	**absolut:** 166.627$ (Chapter 11), 21.417$ (Chapter 7) **relativ:** 16,9% (8,1%) der Aktiva am Ende des Geschäftsjahres vor dem Jahr des Insolvenzeintritts unter Chapter 11 (Chapter 7) **Spanne:** 0%- 885,3% (Chapter 11), 0%- 47,5% (Chapter 7)

Aus der Übersicht wird deutlich, dass kein einheitliches Bild über die Höhe der direkten Kosten besteht. Die in den aufgeführten Studien durchschnittlich zu entrichtenden relativen Kosten variieren zwischen 1,4% und 16,9%. Die Abweichungen resultieren vermutlich überwiegend aus Unterschieden in den zu Grunde gelegten Zeitreihen, Branchen,

---

4 Vgl. Betker, B. (1997), S. 56-68.

5 Vgl. Lubben, S. (2000), S. 509-540. Lubben betrachtet in seiner Studie lediglich die Beratungskosten als wesentlichsten Bestandteil der gesamten direkten Insolvenzkosten.

6 Vgl. Thorburn, K. (2000), S. 337- 368. Die relativen Kosten belaufen sich auf 19,1%, sofern als Bezugsgröße der bei der Auktion erzielte Unternehmenswert gewählt wird.

7 Vgl. LoPucki, J./Doherty, J. (2004), S. 111-141.

8 Vgl. Bris, A./ Welch, I./ Zhu, N. (2006), S. 1253-1303. Die höheren Kosten unter Chapter 11 sind im Wesentlichen durch Ausreisser bedingt.

Stichprobenumfängen sowie Bezugsgrößen.[9] Neben diesen rein untersuchungsspezifischen Unterschieden werden in der Literatur weitere Einflussfaktoren auf die Höhe der direkten Insolvenzkosten diskutiert.

LoPucki/Doherty (2004) identifizieren in ihrer Studie im Wesentlichen drei Faktoren, die die Höhe der direkten Insolvenzkosten determinieren.[10] Neben der Unternehmensgröße und der Länge des Insolvenzverfahrens führen die Autoren die Anzahl der zur Insolvenzbewältigung herangezogenen Gutachter und Berater als Bestimmungsgrund für das Ausmaß der Kosten an.[11] Die von den Autoren aufgeführten Determinanten wurden in der Vergangenheit wiederholt empirisch bestätigt.

So stellt Warner (1977) bereits Ende der 70er Jahre die Unternehmensgröße (gemessen am Marktwert des Unternehmens) als wichtige Determinante der Insolvenzkostenhöhe heraus. Der prozentuale Anteil direkter Kosten schwankt innerhalb seiner Stichprobe zwischen 1,7 % und 9,1% (beim Unternehmen mit dem größten bzw. kleinsten Marktwert). Begründet wird die negative Korrelation zwischen den Parametern durch eine in den direkten Kosten enthaltene Fixkostenkomponente.[12] Auch Bris/Welch/Zhu (2006), Gilson/John/Lang (1990) und Betker (1997) bestätigen in ihren Untersuchungen eine negative Korrelation zwischen der Unternehmensgröße und der Höhe der direkten Insolvenzkosten.[13] Altman/Hotchkiss (2006) weisen darauf hin, dass der zu beobachtende Skaleneffekt die besondere Gefahr einer Insolvenz für kleinere Unternehmen begründet. Die aus der Insolvenz resultierenden Kosten zehren den verbliebenen Unternehmenswert auf und können hierdurch eine zuvor eventuell noch bestehende Möglichkeit der Reorganisation vernichten.[14] Keinen Hinweis auf einen Zusammenhang zwischen der Unternehmensgröße und den direkten Insolvenzkosten finden hingegen Weiss (1990) und Lubben (2000).[15]

Neben der Unternehmensgröße wurde in der Vergangenheit insbesondere der Einfluss der Insolvenzverfahrenslänge auf die Höhe der direkten Insolvenzkosten empirisch untersucht. So kann die Verfahrenslänge bei Betrachtung verschiedener Unternehmungen stark divergieren. Franks/Torous (1989) analysieren die Zeitspanne des Insolvenzverfahrens von 30 börsennotierten Unternehmungen, die zwischen den Jahren 1970 und 1984 unter Chapter 11 des Bankruptcy Codes reorganisiert wurden. Die beobachtete Zeitspanne, innerhalb derer die Unternehmen den Regelungen des Verfahrens unterliegen, reicht von 37 Tagen bis zu 13,3 Jahren.[16] Weiss (1990) sowie Gilson/John/Lang (1990) beziffern die durchschnittliche

9 Vgl. Bris, A./Welch, I./Zhu, N. (2006), S. 1254.
10 Die Autoren begrenzen ihre Betrachtung auf die Beratungskosten in der Insolvenz.
11 Vgl. LoPucki, J./Doherty, J. (2004), S. 113 ff.
12 Vgl. Warner, J. (1977), S. 343ff.
13 Vgl. Bris, A./Welch, I./Zhu, N. (2006), S. 1282; Betker, B. (1997), S. 59; Gilson, S./Kose, J./Lang, L. (1990), S. 338.
14 Vgl. Altman, E./Hotchkiss, E. (2006), S. 97, 101.
15 Vgl. Weiss, L. (1990), S. 289; Lubben, S. (2000); S. 534 f.
16 Vgl. Franks, J./Torous, W. (1989), S. 753: Durchschnittlich dauerte das Insolvenzverfahren ca. 4 Jahre an.

Verfahrenslänge auf ca. zwei bis drei Jahre.[17] Während Warner (1977) in seiner Studie keinen Hinweis auf einen signifikanten Zusammenhang zwischen den direkten Insolvenzkosten und der Insolvenzverfahrenslänge findet,[18] bestätigen Tashjian/Lease/McConnell (1996) und Thorburn (2000) die positive Korrelation zwischen der Verfahrenslänge und den von den Unternehmen zu tragenden Kosten.[19]

Als weitere bedeutende Determinante der direkten Insolvenzkosten wird in der Literatur die Art des Insolvenzregimes diskutiert.[20] Obgleich diese Frage von enormer ökonomischer Relevanz ist, haben nur Thorburn (2000) und Bris/Welch/Zhu (2006) Kosten verschiedener Insolvenzverfahren verglichen. Thorburn stellt die direkten Kosten unter dem schwedischen Auktions-Insolvenz-verfahren denjenigen unter Chapter 11 des US-amerikanischen Bankruptcy Code gegenüber. Gemäß ihrer Analyse ist das schwedische Insolvenzverfahren deutlich kürzer sowie wesentlich kostengünstiger als das US-amerikanische Insolvenzverfahren nach Chapter 11.[21] Bris/Welch/Zhu (2006) vergleichen die Insolvenzkosten unter Chapter 11 mit jenen unter Chapter 7 und stellen fest, dass die Höhe der direkten Insolvenzkosten eher unabhängig vom Insolvenzregime ist.[22]

Zusammenfassend lässt sich festhalten, dass in der Vergangenheit eine breite Spanne beobachteter direkter Kosten festgestellt wurde. Es gilt jedoch zu berücksichtigen, dass direkte Kosten eher vernachlässigbar im Vergleich zu den indirekten Kosten einer Insolvenz sind.[23]

II. Die Höhe und Determinanten der indirekten Insolvenzkosten

Im Gegensatz zu den direkten Insolvenzkosten fallen die indirekten Kosten bereits im Vorfeld der Insolvenz an.[24] Sie umfassen verschiedene durch den drohenden Ausfall bedingte Opportunitätskosten[25], welche zu einem beschleunigten Wertverfall des Unternehmens noch vor dem tatsächlichen Insolvenzeintritt führen.[26] Unter die indirekten Kosten fallen z.B. Umsatzeinbußen, da Kunden wegen unsicherer Service- und Garantieleistungen Kaufhemmungen haben. Zudem steigen die Finanzierungskosten an, etwa da vermehrt Vorauszahlungen gefordert werden oder sich Lieferantenkredite verteuern. Letztlich hat das insolvenzgefährdete Unternehmen oft Effizienzeinbußen zu tragen, da qualifizierte Mitarbeiter kündigen und/oder Managementkapazitäten teilweise blockiert sind, um die drohende Insolvenz abzuwenden.[27]

---

17 Vgl. Weiss, L. (1990), S. 288; Gilson, S./Kose, J./Lang, L. (1990), S. 336.
18 Vgl. Warner, J. B. (1977), S. 340, 345.
19 Vgl. Tashjian, E./Lease, R./McConnell, J. (1996), S. 141-143; Thorburn, K. (2000), S. 357.
20 Vgl. LoPucki, J./Doherty, J. (2004), S. 130 ff.
21 Vgl. Thorburn, K. (2000), S. 355-360.
22 Vgl. Bris, A./Welch, I./Zhu, N. (2006), S. 1253-1303.
23 Vgl. Kalay, A./Singhal, R./Tashjian, E. (2007), S. 773; Warner, J. B. (1977), S. 345.
24 Vgl. Altman, E. I. (1984), S. 1071.
25 Vgl. Lange, I. (2005), S. 43; Warner, J (1977), S. 339.
26 Vgl. Weckbach, S. (2004), S. 28.
27 Vgl. Brealey, R./Myers, S. (2003), S. 501; Lange, I. (2005), S. 43; Warner, J. (1977), S. 338; Weiss, L. (1990), S.289; Weston, J. (1994), S. 414.

Eine Quantifizierung dieser Kosten ist aufgrund ihres Opportunitätskostencharakters schwer,[28] wenn nicht gar unmöglich.[29]

Einen ersten Versuch zur Bestimmung der indirekten Insolvenzkosten unternimmt Altman (1984) in seiner Studie aus dem Jahr 1984. Er stellt erwartete und eingetretene Gewinne von 19 Industrie-Unternehmungen einander gegenüber, und interpretiert unerwartete Gewinnrückgänge als Proxy für die indirekten Kosten der Insolvenz. Grundlage für die Quantifizierung der erwarteten Gewinne bilden hierbei sowohl Analystenprognosen als auch der Vergleich der unternehmensindividuellen Gewinnspannen mit jenen des Branchendurchschnitts. Die Summe aus indirekten und direkten Kosten einer Insolvenz unter Chapter 11 beziffert sich gemäß der Studie auf ca. 17 % des Unternehmensmarktwerts im Jahr der Insolvenz.[30] Kritisiert wird diese Vorgehensweise der Kostenquantifizierung insbesondere, da keine Aussagen darüber getroffen werden können, inwieweit die Gewinnrückgänge tatsächlich aus den finanziellen Schwierigkeiten resultieren bzw. welcher Anteil des Gewinnverlustes durch dieselben Faktoren bestimmt wird, die Ursache für die eigentliche Unternehmenskrise waren.[31]

Andrade/Kaplan (1998) kommen zu dem Ergebnis, dass sich die gesamten Kosten der Insolvenz auf bis zu 23 % des Unternehmensmarktwerts belaufen können. Die Autoren untersuchen für den Betrachtungszeitraum 1980 bis 1989 die Insolvenzkosten von 31 Unternehmungen, die im Anschluss an einen Management Buy-Out oder eine Kapitalumschichtung in finanzielle Schwierigkeiten geraten waren. Als Indikator für die Höhe der indirekten Insolvenzkosten wählen Andrade/Kaplan die Veränderung des Unternehmenswertes zwischen dem Eintreten der finanziellen Krise und dem Beginn des Insolvenzverfahrens.[32]

Mittels einer Stichprobe bestehend aus 2.381 amerikanischen, britischen und deutschen Unternehmungen untersuchen Pindado/Rodrigues (2005) die Determinanten der indirekten Insolvenzkosten. Ähnlich zu Altman vergleichen Pindado/Rodrigues hierzu die firmenspezifischen Umsatzwachstumsraten mit jenen der Branche als Proxy für die nicht beobachtbaren Opportunitätskosten. Gemäß ihrer Analyse werden die Kosten von der Wahrscheinlichkeit des Ausfalls, der Verschuldung, der Verfügbarkeit über liquide Mittel sowie von der Investitions- und Beschäftigungspolitik der Unternehmungen determiniert.[33]
Das Ausmaß der Unternehmensverschuldung führen auch Opler/Titman(1994) und Chen/Merville (1999) als wesentlichen Einflussfaktor auf die Höhe der indirekten Insolvenzkosten in ihren empirischen Studien an. Die Autoren zeigen auf, dass die Umsatzeinbußen der

---

28 Vgl. Wruck, K. (1990), S. 438.
29 Vgl. Brealey, R./Myers, S. (2003), S. 501.
30 Vgl. Altman, E. (1984), S. 1078f.
31 Vgl. Andrade, G./Kaplan, S. (1998), S. 1444; Wruck, K. (1990), S. 438.
32 Vgl. Andrade, G./Kaplan, S. (1998), S. 1443-1493. Als Zeichen für eine eingetretene finanzielle Krise wählen die Autoren einerseits die Nichterfüllung von Kreditverpflichtungen und andererseits die Umstrukturierung des Fremdkapitals aufgrund von Schwierigkeiten bei der Befriedigung von Gläubigeransprüchen.
33 Vgl. Pindado, J./Rodrigues, L. (2005), S. 343-359.

Unternehmungen positiv mit dem Verschuldungsumfang korrelieren.[34] Der Zusammenhang zwischen der Verschuldung und der Unternehmensperformance ist jedoch nicht eindeutig. So bewirkt Fremdkapital neben fremdfinanzierungsbedingten Steuervorteilen auch Vorteile in Folge von reduzierten Agency-Kosten.[35]

Unschlüssigkeit besteht zudem über die Korrelation zwischen dem Bestand an flüssigen Mitteln und den indirekten Kosten der Insolvenz. Während bei ausreichender Liquidität auf einen Verkauf von Vermögensgegenständen bei relativ hoher Auflösungsgeschwindigkeit verzichtet werden kann, bedingt das Bereithalten liquider Mittel unter Umständen einen Verzicht auf eine profitablere Ressourcenallokation.[36]

III. Die Vorteile der finanziellen Krise

Entgegen den Ergebnissen der bisher aufgeführten Studien konstatieren Autoren in jüngster Zeit vermehrt, dass der Insolvenzverfahrenseintritt neben den erläuterten Kosten auch finanzielle Vorteile für die Unternehmungen mit sich bringt.

So zeigt Wruck (1990) auf, dass die drohende Unternehmensauflösung infolge finanzieller Schwierigkeiten oftmals eine Neuausrichtung des Unternehmens begründet. Neben dem Management- und Führungswechsel nennt Wruck insbesondere die besonderen Kreditinanspruchnahmemöglichkeiten unter Chapter 11 als Ursprung von Unternehmenswertsteigerungen liquidationsgefährdeter Unternehmen.[37]

John/Lang/Netter (1992) begründen den Anstieg des operativen Ergebnisses in Restrukturierungsphasen von Großunternehmungen insbesondere durch die stärkere Fokussierung auf das operative Kerngeschäft der Unternehmen. Sie stellen bei der Untersuchung von 46 im Jahr 1980 restrukturierenden Unternehmen in besonderem Masse eine Reduktion der Arbeitnehmerzahlen und der Aufwendungen für Forschung und Entwicklung sowie einen Anstieg der Investitionen fest.[38]

In ihrer erst kürzlich erschienenen Studie weisen auch Kalay/Singhal/Tashjian (2007) auf einen Anstieg der Einkünfte aus operativer Geschäftstätigkeit im Rahmen des Insolvenzverfahrens hin. Grundlage ihrer Analyse bilden die Jahresabschlüsse von 495 US-amerikanischer Unternehmen unterschiedlicher Branchen, die zwischen den Jahren 1991 und 1998 ein Verfahren gemäß Chapter 11 des Bankruptcy Codes anmelden mussten. Um zwischen den Folgen der Unternehmenskrise und jenen der finanziellen Schwierigkeiten zu differenzieren, konzentrieren die Autoren ihre Betrachtung auf den Zeitraum des Insolvenzverfahrens.[39]

---

[34] Vgl. Opler, T./Titman, S. (1994), S. 1015-1040; Chen, G./Merville, L. (1999), S. 288.

[35] Vgl. Jensen (1989), S. 41 ff.; Wruck, K. (1990), S. 430 ff.

[36] Vgl. Pindado, J./Rodrigues, L. (2005), S. 346 f.

[37] Vgl. Wruck, K. (1990), S. 433-436.

[38] Vgl. John, K./Lang, L./Netter, J. (1992), S. 903-910. Die Untersuchung befasst sich mit Restrukturierungen, die in Folge von Ergebnisrückgängen veranlasst wurden.

[39] In Übereinstimmung mit Altman (1984) stellen die Autoren im Zeitraum vor dem eigentlichen Insolvenzeintritt eine Reduktion des operativen Ergebnisses fest: Vgl. Kalay, A./Singhal, R./Tashjian, E. (2007), S. 780-782.

Kalay/Singhal/Tashjian kommen zu dem Ergebnis, dass die in der Insolvenz zu beobachtende Konzentration auf das Kerngeschäft der Unternehmung – verbunden mit dem Verkauf von Vermögensgegenständen sowie dem Abbau von Arbeitsplätzen – einen Anstieg der operativen Einkünfte begründet. Der Anstieg überkompensiert offenbar sogar die indirekten Kosten der Insolvenz. Anhand der von den Autoren vorgenommenen Regression identifizieren Kalay/Singhal/Tashjian zwei wesentliche Faktoren, die den Grad des Anstiegs der operativen Einkünfte während des Insolvenzverfahrens determinieren. Zum einen führt eine zunehmende Komplexität des Verfahrens – gemessen durch die Anzahl der zu befriedigenden Gläubigergruppen – zu einer Reduktion der Ergebnisverbesserung. Zum anderen wird in der Studie eine positive Korrelation zwischen der Ergebnisverbesserung und dem Verschuldungsgrad der untersuchten Unternehmungen verzeichnet. Letzteres begründen die Autoren durch die Tatsache, dass während des Verfahrens keine Zinsen an die Gläubiger geleistet werden müssen. Der Vorteil hieraus steigt mit zunehmendem Fremdkapitalbestand.[40]

C. Konsequenzen der Insolvenzkosten aus finanztheoretischer Sicht

I. Insolvenzkosten in einer Welt ohne Anreizprobleme

In der Theorie der Kapitalstruktur wird bereits in einer Welt ohne Informations- oder Anreizprobleme eine optimale Kapitalstruktur, d.h. eine optimale Gewichtung von Eigen- und Fremdkapital, aus der Existenz von Insolvenzkosten und Gewinnsteuern abgeleitet.[41] Da zahlreiche beobachtbare Steuerregime erlauben, Zinszahlungen von der Bemessungsgrundlage für die Gewinnsteuer abzuziehen (während dies für Dividenden nicht zulässig ist), gibt es einerseits Anreize, den Verschuldungsgrad zu maximieren. Andererseits dämpft die Existenz von Insolvenzkosten aber die Anreize zur Kreditfinanzierung. Je höher der Verschuldungsgrad ist, desto wahrscheinlicher wird der Insolvenzeintritt und desto höher sind c.p. die erwarteten Insolvenzkosten. Es ergibt sich somit ein Trade-off, der durch die nachfolgende Abbildung dargestellt wird.

---

40 Vgl. Kalay, A./Singhal, R./Tashjian, E. (2007), S. 772-796. In der Studie bleiben langfristige Reputationsverluste aus der Insolvenzgefahr jedoch unberücksichtigt.

41 Vgl. einführend Brealey, R. /Myers, S. (2003), S.497 ff. und die dort angegebene Literatur.

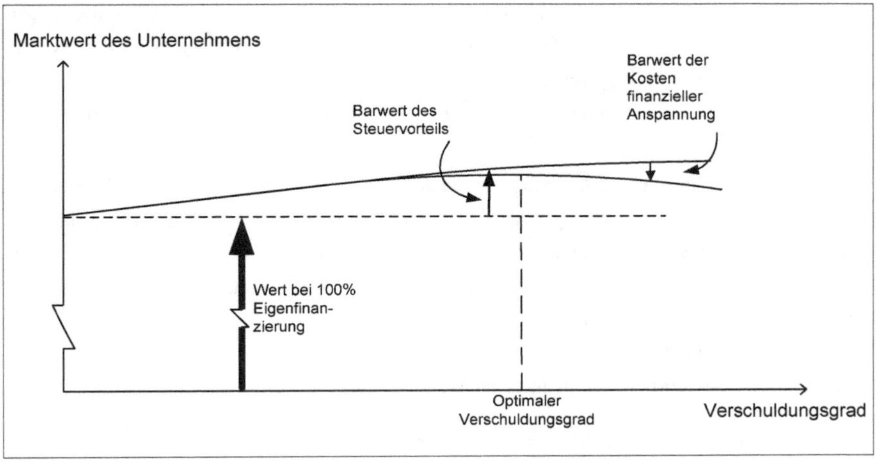

Abb. 1: Optimale Kapitalstruktur bei Existenz von Gewinnsteuern und Insolvenzkosten (in Anlehnung an Brealey/Myers, 2003)

Die Graphik zeigt, dass der Steuervorteil der Fremdfinanzierung mit zunehmendem Verschuldungsgrad anwächst, jedoch bei einem hinreichenden Verschuldungsgrad die erwarteten Kosten finanzieller Anspannung kontinuierlich anwachsen. Die Differenz aus beiden Effekten ist maximal beim optimalen Verschuldungsgrad.

Abbildung 1 berücksichtigt weder die in Abschnitt 2.3 gezeigten positiven Effekte finanzieller Anspannung noch die Wertverluste aus Anreizproblemen. Im Folgenden möchten wir die Rolle der Insolvenzkosten im Kontext bestimmter Anreizprobleme der Kreditfinanzierung ausleuchten und anschließend die seit 1999 veränderte Kostenverteilung der geltenden Insolvenzordnung bewerten.

II. Insolvenzkosten und Risikoanreizproblem

Im Vorfeld der Insolvenz haben Anteilseigner einer Kapitalgesellschaft bei Kreditfinanzierung oftmals einen genuinen Anreiz, das Geschäftsrisiko zu erhöhen, überspitzt formuliert „alles auf eine Karte zu setzen“.[42] Führt die Strategie eines hohen Risikos zum Erfolg, kann die Insolvenz abgewendet werden und die Anteilseigner können weiterhin Überschüsse vereinnahmen. Höheres Risiko bedeutet aber auch höhere Verlustgefahren. Misslingt die risikoreiche Strategie, kann die Insolvenz beschleunigt eintreten. Allerdings sind haftungsbeschränkte Anteilseigner hiervon nicht monetär betroffen, sofern sie ihre Einlage vollständig erbracht haben. Daher können sie bei einem höheren Geschäftsrisiko nur gewinnen, nicht aber verlieren.

---

42 Siehe zum Risikoanreizproblem Kürsten, W. (1994) und Bigus, J. (1999).

In Modellsprache formuliert, betrachten wir eine haftungsbeschränkte Kapitalgesellschaft, in der die Manager im Interesse der Eigner handeln. In t=0 bestehen Gläubigerforderungen, die in t=1 in Höhe von D fällig werden (inklusive Zinsen). Anteilseigner und Gläubiger seien risikoneutrale Endvermögensmaximierer, der Periodenzinssatz für risikolose Anlagen betrage 0%.[43]

Der Cash Flow in t=1, $\tilde{C}_j$ hängt davon ab, ob eine riskante oder weniger riskante Variante des Investitionsprogramms gewählt wird. Die riskante Variante (Index r) führt mit einer Wahrscheinlichkeit von p_r zu einem Cash Flow von C_r und im Misserfolgsfall, d.h. in der Insolvenz, zu einem Cash Flow von $\underline{C}$, welcher nicht ausreicht, um die Gläubigerforderungen vollständig zu bedienen ($\underline{C}<D$). Bei der weniger riskanten Variante (Index s für „sicher") wird im Misserfolgsfall ebenfalls $\underline{C}$ erzielt. Die Erfolgswahrscheinlichkeit (p_s) ist höher, allerdings ist der Cash Flow C_s dann auch niedriger. Es gilt:

$$(1) \quad 0 < p_r < p_s < 1 ; C_r > C_s > D > \underline{C} > 0 ; \; p_r C_r + (1-p_r)\underline{C} < p_s C_s + (1-p_s)\underline{C} .$$

Man erkennt, dass die weniger riskante Variante den höheren Kapitalwert aufweist. Im Insolvenzfall reicht der Rückfluss nicht aus, um die Gläubigerforderungen zu bedienen. Die Gläubiger können die Investitionspolitik nicht beobachten, geschweige denn vertraglich festschreiben.[44] Die folgende Abbildung veranschaulicht das beschriebene Basisszenario.

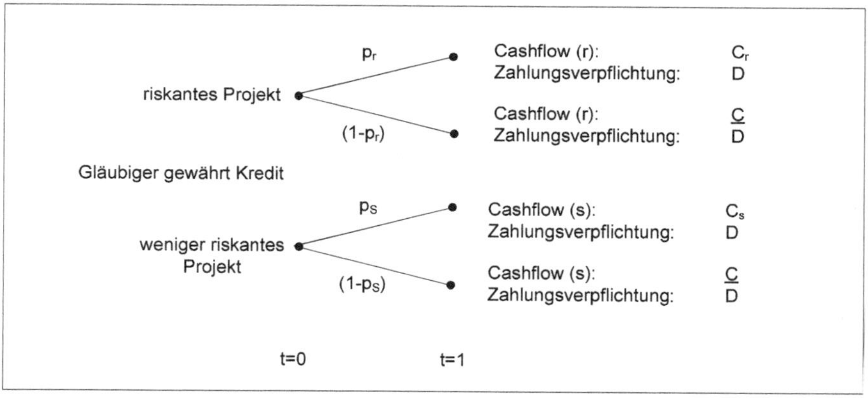

Abb. 2: Cash Flows bei riskanter und sicherer Investitionspolitik (Indizes: r bzw. s)

43 Die Annahmen zum Diskontierungssatz und zur Risikoeinstellung sind nicht restriktiv, bei Risikoaversion oder positven Zinssätzen ergeben sich sehr ähnliche qualitative Ergebnisse.

44 Dieses Szenario erscheint plausibel, wenn die genaue Beschreibung der Investitionspolitik ex ante prohibitiv hohe Kosten verursacht oder Gerichte im Nachhinein die gewählte Investitionspolitik nicht genau beobachten können.

Zudem sei angenommen, dass im Falle einer Insolvenz Kosten anfallen, die wir durch den Parameter K ausdrücken ($0 < K \leq \underline{C}$). Ist die Höhe der Insolvenzkosten nun relevant für das Risikoanreizproblem? Diese Frage ist aus Sicht des Unternehmers und der Gläubiger zu beantworten.

Der Unternehmer wählt in t=0 die riskante Variante des Investitionsprogramms, wenn sein Rückfluss (Y^U) dann höher ist, d.h. wenn die Gläubigerforderungen hinreichend hoch sind:

$$(2) \quad Y_r^U = p_r(C_r - D) \geq Y_s^U = p_s(C_s - D) \Leftrightarrow \quad D \geq D^* = \frac{p_s C_s - p_r C_r}{p_s - p_r}.$$

Ist der Forderungsbetrag hoch genug, hat der Unternehmer einen Anreiz, die riskante Geschäftspolitik umzusetzen. Der Risikoanreiz ist hier unabhängig von den Insolvenzkosten K. Diese tragen letztendlich die Gläubiger, wie ein Vergleich ihrer erwarteten Überschüsse für die weniger riskante und riskante Investitionspolitik zeigt.

$$(3) \quad Y_r^G = p_r D + (1 - p_r)(\underline{C} - K) \quad < Y_s^G = p_s D + (1 - p_s)(\underline{C} - K).$$

Nun sei der Fall betrachtet, der Unternehmer firmiert als **Personengesellschaft** und es bestehe Privatvermögen, das bei Verwertung einen sicheren Liquidationserlös in Höhe von S erbringt (mit $0 < S \leq D$). Das Kalkül des Unternehmers ändert sich nun. Vereinfachenderweise nehmen wir an, dass der Unternehmer den Anteil α ($0 < \alpha \leq 1$) an den Insolvenzkosten tragen muss. Zwei Fälle sind zu unterscheiden. Im Fall 1 kann die Haftungsmasse im Insolvenzfall zusammen mit der Kreditsicherheit aus dem Privatvermögen ausreichen, um die Gläubigerforderungen, aber auch die Insolvenzkosten des Unternehmers zu decken ($S + \underline{C} \geq D + \alpha K$). Im Fall 2, in dem $S + \underline{C} < D + \alpha K$ gilt, ist dies nicht möglich. Kosten des Insolvenzverfahrens (Massekosten) werden nach §53 InsO vorrangig vor (unbesicherten) Gläubigerforderungen bedient. Der Unternehmer wählt nun die riskante Investitionspolitik, wenn gilt:

$$(4) \, Y_r^U = \begin{cases} p_r(C_r - D) - (1 - p_r)(D + \alpha K - \underline{C}) \\ p_r(C_r - D) - (1 - p_r)S \end{cases} > Y_s^U = \begin{cases} p_s(C_s - D) - (1 - p_s)(D + \alpha K - \underline{C}) & , S + \underline{C} \geq D + \alpha K \\ p_s(C_s - D) - (1 - p_s)S & , S + \underline{C} < D + \alpha K \end{cases}$$

$$(5) \quad \Leftrightarrow \quad \begin{cases} K \leq K^* = \dfrac{(p_s - p_r)\underline{C} - (p_s C_s - p_r C_r)}{\alpha(p_s - p_r)} & , S + \underline{C} \geq D + \alpha K \\ D \geq D_S^* = \dfrac{p_s C_s - p_r C_r}{p_s - p_r} + S & , S + \underline{C} < D + \alpha K. \end{cases}$$

Ist das Privatvermögen nicht ausreichend ($S + \underline{C} < D + \alpha K$), so verändern die Insolvenzkosten nicht den Risikoanreiz. Je höher jedoch das Privatvermögen ist (S), desto eher wird der Anreiz gedämpft (siehe (5)). Im Falle ausreichenden Privatvermögens ($S + \underline{C} \geq D + \alpha K$) ist der Risikoanreiz nicht mehr abhängig von der Höhe des Privatvermögens, sondern von der Höhe der Insolvenzkosten, die der Unternehmer zu tragen hat. Je höher die Insolvenzkosten K

sind und je höher der Anteil ist, den der Unternehmer zu übernehmen hat (α), desto eher wird der Grenzwert K^* überschritten und desto eher wird das Risikoanreizproblem gedämpft. Dies ist intuitiv auch nachvollziehbar. Der Unternehmer trägt nun die Konsequenzen einer erhöhten Insolvenzwahrscheinlichkeit, die mit einer riskanteren Geschäftspolitik einhergeht. In diesem Kontext können hinreichend hohe Insolvenzkosten somit sogar wohlfahrtssteigernd wirken, da sie ex-ante bestehende Anreizprobleme entschärfen.

Die Analyse führt zu anderen Ergebnissen, wenn wir eine **Kapitalgesellschaft** betrachten, wobei die Gläubiger eine Sicherheit am Privatvermögen halten, die einen sicheren Liquidationserlös von S erbringt. Zunächst werden besicherte Forderungen vorrangig vor den Masseforderungen bedient. Die Insolvenzkosten werden alleine aus dem Unternehmensvermögen bezahlt, nicht aber aus dem Privatvermögen des Unternehmers, wenn seine Einlage voll erbracht wurde. Das Vorteilhaftigkeitskalkül ist daher nun unabhängig von der Höhe der Insolvenzkosten, sofern wir die Annahme $0 < S \leq D$ beibehalten, d.h. der Liquidationserlös aus der Sicherheit deckt nicht vollumfänglich die Gläubigerforderungen:

$$(6) \quad p_r(C_r - D) - (1-p_r)S > p_s(C_s - D) - (1-p_s)S \;\Leftrightarrow\; D \geq D_S^* = \frac{p_s C_s - p_r C_r}{p_s - p_r} + S.$$

Gilt hingegen $S > D$ und kann zumindest ein Teil der Verfahrenskosten dem Schuldner angelastet werden, etwa die Verwertungskosten der Kreditsicherheit, so gelangen wir zu einem ähnlichen Ergebnis wie im Falle der Personengesellschaft: Die Existenz von Insolvenzkosten schafft Anreize für den Schuldner, die Insolvenzwahrscheinlichkeit zu reduzieren und somit weniger riskante Investitionsprogramme zu realisieren.

Die Insolvenzrechtsreform führte dazu, dass die Verwertungskosten für Kreditsicherheiten ex-post zu großen Teilen vom Schuldner auf die Gläubiger verschoben wurden. Im Lichte unserer Analyse ist dies eher kritisch zu beurteilen, da sich das Risikoanreizproblem verschärfen kann.

Analog zum Risikoanreizproblem wirken Insolvenzkosten beim Unterinvestitionsproblem,[45] wonach der Unternehmer mitunter keinen Anreiz hat, lohnenswerte Investitionsprojekte mit zusätzlichem Eigenkapital zu finanzieren, weil die Gläubiger im Insolvenzzustand hiervon profitieren würden und damit der erwartete Grenzertrag für den Unternehmer zu sehr geschmälert wird. Muss der Unternehmer jedoch einen Teil der Insolvenzkosten aus seinem Privatvermögen bezahlen, hat er verbesserte Anreize, den Insolvenzstatus zu verhindern. Der erwartete Grenzertrag des Unternehmers aus dem Projekt erhöht sich und damit kann der Fall eintreten, dass das Projekt auch aus individueller Sicht vorteilhaft wird und das Unterinvestitionsproblem verschwindet. Jedoch ist auch hier die positive Wirkung der Insolvenzkosten auf die Unternehmeranreize an die Existenz hinreichenden Privatvermögens gebunden, aus dem direkt oder indirekt die Insolvenzkosten bezahlt werden.

---

[45] Siehe Myers, S. (1977).

III. Insolvenzkosten und Anreize zur vorfälligen Befriedigung

Wir modifizieren das Modell und gehen von zwei risikoneutralen Gläubigern aus, die jeweils die Hälfte der gesamten ungesicherten Ansprüche halten, d.h. jeweils *D*/2. Es wird eine Kapitalgesellschaft unterstellt, es bestehen keine Kreditsicherheiten. Das Risikoanreizproblem sei nicht weiter betrachtet. Im Erfolgsfall wird in t=1 ein Cash Flow von *C* erzielt, im Misserfolgsfall $\underline{C}$, wobei die Eintrittswahrscheinlichkeiten *p* bzw. $1-p$ betragen ($0 < p < 1$). Im Insolvenzfall fallen wiederum Insolvenzkosten in Höhe von *K* an, wobei der Unternehmer den Anteil α diesmal nicht trägt, da er nicht mit seinem privaten Vermögen haften muss.

Nun sei angenommen, Gläubiger A sei in t=0,5 über den in t=1 eintretenden Umweltzustand informiert, etwa weil er Zugang zu unternehmensinternen Informationen hat.[46] Gläubiger B hat diese Information nicht. Man kann sich vorstellen, dass Gläubiger A eine Hausbank und Gläubiger B einen Lieferanten darstellt. Zudem sei angenommen, dass Gläubiger A in t=0,5 den Kredit mit Hinweis auf die drohende Insolvenz kündigen und die Forderung sofort fällig stellen kann. Dies setzt den Unternehmer unter Druck, Vermögenswerte zügig und möglicherweise zu „Schleuderpreisen" zu verkaufen. Die Gefahr von Mindererlösen ist besonders bei nicht marktgängigen Vermögenswerten gegeben, im speziellen bei solchen mit einem hohen Spezifitätsgrad (Spezialmaschinen etc.). Zudem können Kosten dadurch entstehen, dass die zu veräußernden Anlagen oder Maschinen wichtig für den Produktionsprozess sind und somit Reibungsverluste zu erwarten sind. Die verminderten Verkaufserlöse und die Reibungsverluste im Unternehmen bezeichnen wir als Verwertungsverluste und kennzeichnen sie mit dem Parameter K_V. Der Netto Cash Flow in t=0,5 betrage dann $\underline{C}-K_V$ und soll nichtnegativ sein.

Verwertungsverluste würden in einem geordneten Insolvenzverfahren ebenfalls anfallen, es sei aber angenommen, dass diese im Vorfeld der Insolvenz um den Parameter K_V höher liegen. In *K* spiegeln sich dann sämtliche andere Kosten des Insolvenzverfahrens wider, etwa Kosten für Gerichte, Insolvenzverwalter, Anwälte etc. Gläubiger A wird den Kredit in t=0,5 nur kündigen, wenn er den Insolvenzfall voraussieht und zudem einen höheren Rückfluss (*Y*) gegenüber dem Nichtkündigungsfall erzielt, d.h. wenn gilt (Index für Kündigung: *Kdg*):

$$(7)\quad Y_A^{Kdg}=\begin{cases}\underline{C}-K_V & ,\underline{C}-K_V\le D/2\\ D/2 & ,\underline{C}-K_V>D/2\end{cases}\ge Y_A=\frac{\underline{C}-K}{2}.$$

$$\Leftrightarrow\quad K\ge 2K_V-\underline{C}.$$

Sofern die Verwertungsverluste vor der Insolvenz nicht zu groß sind und $K_V\le\underline{C}/2$ gilt, hat Gläubiger A (die Hausbank) *stets* einen Anreiz, vorfällig zu kündigen. Aber selbst wenn die

[46] Siehe zum Anreiz der vorfälligen Gläubigerbefriedigung Bigus, J. (2007).

Verwertungsverluste vor der Insolvenz relativ hoch sind ($K_V > \underline{C}/2$), kann der Anreiz zur vorfälligen Kündigung immer noch bestehen. Die Bank hat hierfür zwei Motive. Zum ersten wandelt sich der an sich gleichrangige in einen vorrangigen Anspruch. Zudem spart die Bank die Insolvenzkosten ein, die sie im geordneten Verfahren zu tragen hätte. Stattdessen schmälern die zusätzlichen Verwertungskosten vor der Insolvenz das Unternehmensvermögen, wovon die Bank nicht zwingend betroffen sein muss. Je eher die Bank Kosten im Insolvenzverfahren zu tragen hat, desto eher ist sie versucht, vorfällig zu kündigen und desto eher besteht die Gefahr hoher Verwertungsverluste.

Die mit der Insolvenzrechtsreform vorgenommene Verschiebung der Insolvenzkosten auf die Gläubiger kann somit einen weiteren Fehlanreiz verschärfen. Informierte Gläubiger haben stärkere Anreize, ihre Kredite vorfällig zu kündigen, obwohl dies Wohlfahrtsverluste in Höhe der Verwertungskosten induziert.

D. Zusammenfassung

Obgleich zahlreiche Studien zur Quantifizierung insolvenzspezifischer Kosten vorliegen, existiert kein einheitliches Ergebnis über das Ausmaß der Kosten einer Insolvenz. Bris/Welch/Zhu (2006) zeigen auf, dass die Höhe der Insolvenzkosten primär in Abhängigkeit von der ausgewählten Messmethode variiert. Insbesondere die gewählte Bezugsgröße hat einen erheblichen Einfluss auf den prozentualen Insolvenzkostenanteil. Die Autoren weisen zudem darauf hin, dass die Kosten unternehmensspezifisch sind und insbesondere die Quantifizierung indirekter Insolvenzkosten schwierig ist.[47] Eine finanzielle Krise kann auch positive Effekte haben, da es leichter fällt, unliebsame, aber lohnenswerte Änderungen der Geschäftspolitik umzusetzen.

Weiterhin gilt anzumerken, dass sich die aufgeführten empirischen Befunde fast ausschließlich auf die Kostenquantifizierung US-amerikanischer Insolvenzen begrenzen. Inwieweit sich die Ergebnisse in Folge divergierenden Insolvenzrechte auf den deutschen Markt übertragen lassen, ist fraglich. Leider liegen keine Daten für Deutschland vor – ebenso wenig für andere europäische Länder.

Die Existenz von Insolvenzkosten hat Konsequenzen für die Finanzierungspolitik eines Unternehmens. Je höher die Insolvenzkosten sind, desto geringer ist der optimale Verschuldungsgrad. Insolvenzkosten können den Anreiz des Unternehmers dämpfen, riskante Geschäfte zu tätigen, sofern er die Kosten zumindest teilweise tragen muss.

---

47 Vgl. Bris, A./Welch, I./Zhu, N. (2006), S. 1253-1302. Für die Problematik der Bezugsgrößenabhängigkeit vgl. auch Lubben, S. (2000), S. 533 ff. und Weiss, L. (1990), S. 289.

Literaturverzeichnis

Altman, E. (1984): A Further Empirical Investigation of the Bankruptcy Cost Question, in: *The Journal of Finance, Vol. 39* (1984), S. 1067-1089

Altman, E./Hotchkiss, E. (2006): Corporate Financial Distress and Bankruptcy – Predict and Avoid Bankruptcy, *Analyze and Invest in Distressed Debt, Third Edition*, New Jersey

Andrade, G./Kaplan S. (1998): How Costly Is Financial (not Economic) Distress? Evidence from Highly Leveraged Transactions that Became Distressed, in: *The Journal of Finance, Vol. 53*, S. 1443-1493

Betker, B. (1997): The Administrative Costs of Debt Restructurings: Some Recent Evidence, in: *Financial Management, Vol. 26*, S. 56-68

Bigus, J. (1999): Risikoanreizproblem und nicht gleichrangige Gläubigeransprüche, Wiesbaden, *zugleich Diss. FernUniversität Hagen* 1998

Bigus, J. (2007): Das Vorsichtsprinzip bei Informationsasymmetrien zwischen Gläubigern, in: *Zeitschrift für betriebswirtschaftliche Forschung, 59. Jg.*, S. 567-587

Brealey, R./Myers, S. (2003): *Principles of Corporate Finance*, 7. Aufl., New York et al.

Bris, A./Welch, I./Zhu, N. (2006): The Costs of Bankruptcy: Chapter 7 Liquidation versus Chapter 11 Reorganization, in: *The Journal of Finance, Vol. 61*, S. 1253-1303

Chen, G./Merville, L. (1999): An Analysis of the Underreported Magnitude of the Total Indirect Costs of Financial Distress, in: *Review of Quantitative Finance and Accounting, Vol. 13*, S. 277-293

Drukarczyk, J. (1995): Verwertungsformen und Kosten der Insolvenz, in: *Betriebswirtschaftliche Forschung und Praxis, Jg. 47*, S. 40-58

Fisher, T./Martel, J. (2001): On Direct Bankruptcy Costs and the Firm's Bankruptcy Decision, *unveröffentlichtes Working paper*, Université de Cergy-Pontoise

Franks, J./Torous, W. (1989): An Empirical Investigation of U.S. Firms in Reorganization, in: *The Journal of Finance, Vol. 44*, S. 747-769

Gilson, S./Kose, J./Lang, L. (1990): Troubled Debt Restructuring: An Empirical Study of Private Reorganization of Firms in Default, in: *Journal of Financial Economics, Vol. 27*, S. 315-353

Jensen, M. (1989): Active Investors, LBOs, and the Privatization of Bankruptcy, in: *Journal of Applied Corporate Finance, Vol. 2*, S. 35-44

John, K./Lang, L./Netter, J. (1992): The Voluntary Restructuring of Large Firms in Response to Performance Decline, in: *The Journal of Finance, Vol. 47*, S. 891-917

Kalay, A./Singhal, R./Tashjian, E. (2007): Is Chapter 11 Costly?, in: *Journal of Financial Economics, Vol. 84*, S. 772-796

Kürsten, W. (1994): Finanzkontrakte und Risikoanreizproblem – Missverständnisse im informationsökonomischen Ansatz der Finanztheorie, Wiesbaden, *zugl. Habilitation Uni Passau*, 1993

LoPucki, L./Doherty, J. (2004): The Determinants of Professional Fees in Large Bankruptcy Reorganization Cases, in: *Journal of Empirical Legal Studies, Vol. 1*, S. 111-141

Lubben, S. (2000): The Direct Costs of Corporate Reorganization: An Empirical Examination of Professional Fees in Large Chapter 11 Cases, in: *The American Bankruptcy Law Journal, Vol. 74*, S. 509-551

Myers, S.C. (1977): Determinants of Corporate Borrowing, in: *Journal of Financial Economics, Vol. 3*, S. 147-175

Opler, T./Titman, S. (1994): Financial Distress and Corporate Performance, in: *The Journal of Finance, Vol. 49*, S. 1015-1040

Pindado, J./Rodrigues, L. (2005): Determinants of Financial Distress Costs, in: *Swiss Society for Financial Market Research, Vol. 19*, S. 343-359

Tashjian, E./Lease, R./McConnell, J. (1996): Prepacks: An Empirical Analysis of Prepackaged Bankruptcies, in: *Journal of Financial Economics, Vol. 40*, S. 135-162

Thorburn, K. (2000): Bankruptcy Auctions: Costs, Debt Recovery, and Firm Survival, in: *Journal of Financial Economics, Vol. 58*, S. 337-368

Warner, J. (1977): Bankruptcy costs: Some Evidence, in: *The Journal of Finance, Vol. 32*, S. 337-347

Weckbach, S. (2004): Corporate financial distress: Unternehmensbewertung bei finanzieller Enge, *Dissertation Universität St. Gallen 2004*, Bamberg

Weiss, L. (1990): Bankruptcy Resolution: Direct Costs and Violation of Priority of Claims, in: *Journal of Financial Economics, Vol. 27*, S. 285-314

Weston, F. (1994): Financial Distress, in: Greenwald, D. [Hrsg.]: *The McGraw-Hill Encyclopedia of Economics*, 2. Auflage, New York et al., S. 411-416

Wruck, K. (1990): Financial Distress, Reorganization, and Organizational Efficiency, in: *Journal of Financial Economics, Vol. 27*, S. 419-444

ÖKONOMISCHE ANALYSE DES INSOLVENZANFECHTUNGSRECHTS

Reinhard Bork

A. Einleitung

„Ein Insolvenzgesetz ist umso besser, je mehr es dazu beiträgt, *ex post* (in der Krise) den Wert des haftenden Schuldnervermögens zu maximieren (…), ohne dadurch *ex ante* unerwünschte Anreize zu einer nachlässigen Wirtschaftstätigkeit des Schuldners zu setzen.“ [1] Dieser Satz gilt in besonderem Maße für die Insolvenzanfechtung. Der Bundesgerichtshof hat sich schon früh auf den Standpunkt gestellt, dass der Zweck der Insolvenzanfechtung eine Betrachtung der zugrunde liegenden Umstände „mehr unter wirtschaftlichen als formalrechtlichen Gesichtspunkten“ erfordere.[2] Auch der Gesetzgeber hat sich im Zuge der jahrzehntelangen Diskussion über eine Reform des Insolvenzrechts dieser Perspektive geöffnet.[3] Rechtsetzung bedarf der Folgenprognose und Folgenbewertung, wozu sich die ökonomische Analyse als Instrument in besonderer Weise anbietet.[4] Dementsprechend hat sich die ökonomische Analyse schon sehr früh des Insolvenzrechts angenommen und den Gesetzgebungsprozess der Insolvenzordnung begleitet.[5] Ökonomische Gesichtspunkte haben bei der Neugestaltung des

---

1 Münchener Kommentar zur InsO (= MünchKomm.InsO)-*Eidenmüller*, Bd. 2, 2002, vor § 217 Rn. 21.
2 BGHZ 72, 39, 41 f. ; WM 1955, 407, 409.
3 Vgl. RegE InsO, BT-Drucks. 12/2443, S. 75 ff.
4 *Eidenmüller*, Effizienz als Rechtsprinzip, 1995, S. 3.
5 Vgl. etwa *Drukarczyk*, Unternehmen und Insolvenz, 1987; *Rausch*, Gläubigerschutz im Insolvenzverfahren, 1985; *R. Schmidt*, Ökonomische Analyse des Insolvenzrechts, 1980, insbes. S. 133 ff.

Insolvenzrechts eine tragende Rolle gespielt.[6] Ihre besondere Berechtigung findet die ökonomische Analyse des Insolvenzrechts in der Steuerungs- und Ordnungsfunktion des Insolvenzrechts für einen stark wirtschaftlich geprägten Lebensbereich.[7]

Ein Eckpfeiler des Insolvenzrechts ist das Recht der Insolvenzanfechtung. Angesichts des gesetzgeberischen Ziels wirtschaftlich effizienter Ergebnisse des Insolvenzverfahrens stellt sich auch für die Insolvenzanfechtung die Frage nach ihrer Effizienz. Effizient im wohlfahrtsökonomischen Sinne ist dabei ein Zustand, in dem die volkswirtschaftlich knappen Ressourcen so eingesetzt werden, dass sie den größten gesamtgesellschaftlichen Nutzen stiften.[8] Effizienz ist damit selbstständiges Ziel und nicht nur Maßstab für die Wirtschaftlichkeit, welche den Aufwand zur Erreichung eines politisch angestrebten, vorgegebenen Ziels beschreibt.[9]

B. Allgemeine Funktion der Insolvenzanfechtung

Die Frage nach der Effizienz des Anfechtungsrechts stellt sich zunächst hinsichtlich seiner allgemeinen Funktion. Aufgabe der Insolvenzanfechtung ist es, „den Bestand des den Gläubigern haftenden Schuldnervermögens dadurch wiederherzustellen, dass Vermögensverschiebungen rückgängig gemacht werden, die insbesondere in der Zeit der Krise vor Verfahrenseröffnung zum Nachteil der Gläubiger vorgenommen worden sind.“[10] Ähnlich wie die Einzelanfechtung nach dem Anfechtungsgesetz dient die Insolvenzanfechtung demnach dem Schutz der Gläubiger. Sie ist jedoch ein Institut des Insolvenzverfahrens.[11] Deshalb lassen sich die (auch ökonomischen) Folgen der Insolvenzanfechtung nicht losgelöst von den Zielen des Insolvenzverfahrens beschreiben. § 1 S. 1 InsO nennt als Zweck des Insolvenzverfahrens die gemeinschaftliche Befriedigung der Gläubiger des Insolvenzschuldners (*par condicio creditorum*). Zugleich sieht der Gesetzgeber als Hauptziel des Insolvenzverfahrens die bestmögliche Befriedigung der Gläubiger an.[12] Von Bedeutung ist die Insolvenzanfechtung in beiderlei Hinsicht.

---

6 MünchKomm.InsO-*Eidenmüller* (Fn. 1), vor § 217 Rn. 21 ff.; RegE (Fn. 3), S. 76, 78. - Zu der Frage, ob der InsO-Gesetzgeber seine Ziele erreicht hat, vgl. etwa *Schäfer/Ott*, Lehrbuch der ökonomischen Analyse des Zivilrechts, 4. Aufl. 2005, S. 588 ff.

7 Vgl. RegE (Fn. 3), S. 75.

8 Vgl. *Kreutz*, NZA 2001, 472, 473. Zu den verschiedenen Effizienzkriterien vgl. nur *Schäfer/Ott* (Fn. 6), S. 24 ff.

9 *Eidenmüller* (Fn. 4), S. 55 f.

10 RegE (Fn. 3), S. 156; *Drukarczyk* (Fn. 2), S. 45, 61.

11 *Koss*, Zur Wirkung der Insolvenzanfechtung nach der Insolvenzrechtsreform, 2001, S. 131.

12 RegE (Fn. 3), S. 77, 108; MünchKomm.InsO-*Ganter*, Band 1, 2001, § 1 Rn. 20.

I. Vorverlegung des Gleichbehandlungsgrundsatzes

Die Funktion vor allem der §§ 130 – 132 InsO[13] besteht zunächst darin, dem Grundsatz der Gläubigergleichbehandlung schon im Vorfeld der Insolvenzeröffnung Geltung zu verschaffen und damit Verteilungskonflikte unter Gläubigern aufzulösen.[14] Der Masse vor Verfahrenseröffnung entzogene Vermögensgegenstände werden durch die Anfechtung unter bestimmten Voraussetzungen dem Grundsatz der *par condicio creditorum* unterworfen.

1. Effizienz des Gleichbehandlungsgrundsatzes

Reicht das Schuldnervermögen zur Befriedigung aller Gläubiger nicht aus, liegt also ein Insolvenzgrund vor, sieht die Insolvenzordnung den Übergang von der Einzelzwangsvollstreckung zur Gesamtvollstreckung und vom Prioritätsprinzip zum Grundsatz der Gleichbehandlung vor.[15] Begründet wird dies in erster Linie mit Aspekten der Billigkeit und Gerechtigkeit.[16] Die Effizienz der Insolvenzanfechtung hängt jedoch davon ab, inwieweit die *par condicio creditorum*-Regel gegenüber dem Prioritätsprinzip zu effizienteren Ergebnissen führt und demnach auch wohlfahrtsökonomisch begründet werden kann.[17] Ohne hier auf die Frage der Effizienz der *par condicio creditorum*-Regel im Einzelnen einzugehen zu können,[18] besteht die an den Gleichbehandlungsgrundsatz gestellte Erwartung hauptsächlich darin, den nach dem Prioritätsprinzip vorgezeichneten Wettlauf der Gläubiger[19] um das Schuldnervermögen zu verhindern. In einem von keinem Gleichbehandlungsgebot geregelten „Windhundrennen“[20] hat der einzelne Gläubiger den Anreiz, sich durch Aufwendung von (Informations- und Vollstreckungs-)Kosten einen zeitlichen Vorteil bei der Durchsetzung seiner Forderungen zu sichern.[21] Zugleich begünstigt das Prioritätsprinzip im Falle der Insolvenz des Schuldners die Zerschlagung des schuldnerischen Unternehmens.[22] Da das zur Verteilung anstehende Schuldnervermögen für die Gläubiger insgesamt jedoch konstant bleibt, führen

---

13 Diese Vorschriften der sog. „Besonderen Insolvenzanfechtung“ sind gegenüber denen der „Allgemeinen Insolvenzanfechtung“ nach §§ 133 – 136 InsO anders motiviert; vgl. nur *Bork*, Handbuch der Insolvenzanfechtung, 2006, Kap. 1 Rn. 1 ff. mit Fn. 2, Kap. 5 Rn. 2, Kap. 6 Rn. 2.

14 *BGH* ZIP 2007, 136; *Bork* (Fn. 13), Kap. 1 Rn. 1 ff.; *Henckel*, in: Kölner Schrift zur Insolvenzordnung, 2. Aufl. 2000, S. 813, 815; *Rausch* (Fn. 5), S. 230; *Drukarczyk* (Fn. 5), S. 45; *Koss*, Zur Wirkung der Insolvenzanfechtung nach der Insolvenzrechtsreform, 2001, S. 137 m. w. N.; Frankfurter Kommentar zur InsO (=FK.InsO)-*Dauernheim*, 4. Aufl. 2006, § 129 Rn. 1; *Zeuner*, Die Anfechtung in der Insolvenz, 2. Aufl. 2007, Rn. 1; *Schäfer/Ott* (Fn. 6), S. 592.

15 *BGH* ZIP 2007, 136; *Bork*, Einführung in das Insolvenzrecht, 4. Aufl. 2005, Rn. 1; MünchKomm.InsO-*Gante* (Fn. 12), § 1 Rn. 51 f.

16 *Bork* (Fn. 15), Rn. 1; Jaeger-*Henckel*, KO, 9. Aufl. 1997, § 30 Rn. 232; *Koss* (Fn. 11), S. 136, 139; MünchKomm.InsO-*Ganter* (Fn. 12), § 1 Rn. 51; *Schmidt* (Fn. 5), S. 41; vgl. *Häsemeyer*, KTS 1982, 507, 515 ff.

17 Die größere Effizienz des Gleichheitsgrundsatzes bejahen *Balz*, in: Kölner Schrift zur Insolvenzordnung, 2. Aufl. 2000, S. 3, 6; *Schmidt* (Fn. 5), S. 42 ff., 52 im Grundsatz verneinend *Drukarczyk* (Fn. 5), S. 137 ff., 140, 160 f.; *Schäfer/Ott* (Fn. 6), S. 589 ff., 594.

18 Vergleiche hierzu etwa *Drukarczyk* (Fn. 5), S. 137 ff.; *Schäfer/Ott* (Fn. 6), S. 589 ff.; *Schmidt* (Fn. 5), S. 42 ff.

19 *Bork* (Fn. 15), Rn. 1; Jaeger-*Henckel* (Fn. 16), § 30 Rn. 232; MünchKomm.InsO-*Ganter* (Fn. 12), § 1 Rn. 51; *Stürner* ZZP 99 (1986), 291, 326.

20 *Balz* (Fn. 17), S. 3, 6.

21 *Schäfer/Ott* (Fn. 6), S. 592; *Schmidt* (Fn. 5), S. 45.

22 *Drukarczyk* (Fn. 5), S. 229; *Koss* (Fn. 11), S. 157 f.

die für den einzelnen Gläubiger sinnvoll erscheinenden Aufwendungen für die Gläubigergesamtheit bestenfalls zu einem „unproduktiven Nullsummenspiel“[23]. Gegenüber diesem Marktversagen[24] bei Anwendung des Prioritätsprinzips in der Insolvenz des Schuldners soll die Gläubigergleichbehandlung das gemeinsame Interesse der Gläubiger vor allem auf eine möglichst vorteilhafte Verwertung des Schuldnervermögens richten.[25]

2. Funktion der Insolvenzanfechtung im Hinblick auf den Gleichbehandlungsgrundsatz

Die Schwäche des Gleichbehandlungsgrundsatzes besteht darin, dass sein Erfolg grundsätzlich von der Einbeziehung aller Gläubiger abhängt.[26] Die den Gleich-behandlungsgrundsatz realisierenden Regelungen der §§ 80 ff. InsO gelten erst ab Eröffnung des Insolvenzverfahrens bzw. – über die Anordnung von Sicherungsmaßnahmen gemäß § 21 InsO – für die Zeit ab Stellung des Eröffnungsantrages.[27] Die Schwächen des Prioritätsprinzips machen sich jedoch bereits im Zeitpunkt der materiellen Insolvenz des Schuldners bemerkbar. Der Schuldner schmälert bereits zu diesem Zeitpunkt die den Gläubigern zur Verfügung stehende Haftungsmasse.[28] Auf der anderen Seite haben die einzelnen Insolvenzgläubiger gerade in der Krise des schuldnerischen Unternehmens ein Interesse daran, sich mittels besonders enger Beziehungen zum Schuldner, überlegener Kenntnis von dessen wirtschaftlicher Situation oder besonders rigider Durchsetzungsmaßnahmen auf Kosten der übrigen Gläubiger noch Befriedigung zu verschaffen.[29] Ihr Interesse ist es also nicht, bei Erkennen der Krise frühzeitig einen Eröffnungsantrag zu stellen, sondern frühzeitig auf die Masse zuzugreifen.[30] Der Grundsatz der Gleichbehandlung würde daher ohne Vorverlagerung regelmäßig leerlaufen.

Der *par condicio creditorum*-Grundsatz führt demnach nur dann zu effizienten Ergebnissen, wenn wirkungsvoll verhindert wird, dass sich Gläubiger diesem Grundsatz entziehen und ihre Forderungen im Vorfeld der formellen Insolvenz endgültig durchsetzen.[31] Die mit den Anfechtungstatbeständen bezweckte Unbeständigkeit gläubigerschädigender Vermögensverschiebungen in der Krise des schuldnerischen Unternehmens ist demnach von grundlegender Bedeutung für die Effizienz des Gleichbehandlungsgrundsatzes.

---

23 *Schäfer/Ott* (Fn. 6), S. 592; *Schmidt* (Fn. 5), S. 45 f. Die strategische Interaktion der Gläubiger führt bei Anwendung des Prioritätsprinzips zu einer dem Gefangenendilemma der Spieltheorie entsprechenden Situation, vgl. *Schmidt* (Fn. 5), S. 54; vgl. allgemein zur strategischen Interaktion und zum Gefangenendilemma *Schäfer/Ott* (Fn. 6), S. 90 ff.

24 *Balz* (Fn. 17), S. 3, 6.

25 *Schmidt* (Fn. 5), S. 48 ff., 52. Vgl. im Übrigen unten unter 0.

26 Vgl. *Drukarczyk* (Fn. 5), S. 139 f.

27 MünchKomm.InsO-*Kirchhof* (Fn. 1), vor § 129 Rn. 1.

28 Vgl. RegE (Fn. 2), S. 82; *Zeuner* (Fn. 14), Rn. 1.

29 MünchKomm.InsO-*Kirchhof* (Fn. 1), vor § 129 Rn. 2.

30 Vgl. *McCoid II*, Virginia Law Review, Bd. 67 (1981), S. 249, 264.

31 *Drukarczyk* (Fn. 5), S. 140.

II. Ermöglichung der bestmöglichen Gläubigerbefriedigung

Wie soeben dargelegt, fördert die Insolvenzanfechtung[32] durch die Vorverlegung des *par condicio creditorum*-Grundsatzes und die damit verbundene Interessenangleichung der Insolvenzgläubiger im Idealfall die Wahl der bestmöglichen Verwertungsform und damit eine verbesserte Gläubigerbefriedigung. Zugleich gibt die Möglichkeit der Insolvenzanfechtung den Gläubigern einen Anreiz, frühzeitig Insolvenzantrag zu stellen[33], da taktisches Hinauszögern des Antrags und Zurückhalten von Informationen nicht mehr zu einem rechtsbeständigen Zugriff auf die Masse genutzt werden können. Auch ein frühzeitiger Insolvenzantrag führt regelmäßig zu einer besseren Gläubigerbefriedigung, da eine weitere Aufzehrung der Masse vermieden wird.[34]

1. Präventive Wirkung der Insolvenzanfechtung

Beide Aspekte – die Verhinderung der Zerschlagung und die frühzeitige Stellung des Insolvenzantrages – setzen allerdings voraus, dass es nicht nur zu einer Rückabwicklung anfechtbarer Rechtshandlungen kommt, sondern diese Rechtshandlungen von vornherein unterbleiben, die Anfechtungsregeln somit verhaltenssteuernd wirken.[35]

Theoretisch senkt die Möglichkeit der Anfechtung den Anreiz für den einzelnen Gläubiger, in anfechtbarer Weise auf das Schuldnervermögen zuzugreifen.[36] Die verhaltenssteuernde, d. h. präventive Wirkung der Anfechtungstatbestände auf den rational eigennützig handelnden Anfechtungsgegner dürfte jedoch im Ergebnis vergleichsweise gering sein.[37] Der Grund dafür ist hauptsächlich, dass die meisten Gläubiger hoffen, dass der Insolvenzantrag erst nach Ablauf des Anfechtungszeitraums gestellt wird oder dass die Anfechtbarkeit nicht bemerkt wird. Außerdem besteht das finanzielle Risiko des Insolvenzgläubigers in aller Regel lediglich in der Rückgewähr und Verzinsung des anfechtbar Erworbenen (§ 143 Abs. 1 InsO)[38] sowie den Kosten der anfechtbaren Rechtshandlung und ggf. des Anfechtungsrechtsstreits.[39] Hinzu kommen die aus der anfechtbaren Rechtshandlung möglicherweise resultierenden Einbußen bei der Verwertung der Masse, die allerdings auf sämtliche Gläubiger verteilt werden.[40] Schadensersatzansprüche der übrigen Gläubiger aus § 823 Abs. 2 BGB

---

32 Vgl. nochmals Fn. 13.

33 Vgl. RegE (Fn. 3), S. 80, 84.

34 *Schmidt* (Fn. 5), S. 50.

35 Zur verhaltenssteuernden Wirkung RegE (Fn. 3), S. 84; *McCoid II* (Fn. 30), S. 249, 263; *Pilgram*, Ökonomische Analyse der bundesdeutschen Insolvenzordnung, 1999, S. 151; *Schmidt* (Fn. 5), S. 46.

36 *Drukarczyk* (Fn. 5), S. 229; *McCoid II* (Fn. 30), S. 249, 263; *Schmidt* (Fn. 5), S. 46 f.

37 *McCoid II* (Fn. 30), S. 249, 263; *Pilgram* (Fn. 35), S. 153; *Steffek*, ZRP 2007, 228 ff.; *ders.*, KTS 2007, 451, 480 ff.

38 Vgl. *Drukarczyk* (Fn. 5), S. 140 sowie zur Verzinsung *BGH* ZIP 2007, 488. - Aus diesem Grund erwägt *McCoid II* (Fn. 30), S. 249, 270, die begünstigten Gläubiger zusätzlich mit einer Strafe zu belegen. Vgl. zu weiteren flankierenden Sanktionen – auch de lege ferenda – *Steffek*, KTS 2007, 451, 480 ff. und ZRP 2007, 228, 229 f. Die verhaltenssteuernde Wirkung der Anfechtungsregeln betont hingegen *Schmidt* (Fn. 5), S. 46 f.

39 *McCoid II* (Fn. 5), S. 249, 263 f.

40 *McCoid II* (Fn. 5), S. 249, 265.

kommen nicht in Betracht, da es sich bei den Anfechtungstatbeständen nicht um Schutzgesetze handelt. Damit aber ist das Risiko des Insolvenzgläubigers in aller Regel deutlich geringer als der mögliche Nutzen der anfechtbaren Rechtshandlung.[41] Legt man rational eigennütziges Verhalten des Insolvenzgläubigers zugrunde, erfüllt das Anfechtungsrecht die verhaltenssteuernde Wirkung demnach nicht. Damit ist auch der Schutz vor Zerschlagung und das Ziel des möglichst frühzeitigen Insolvenzantrages in Frage gestellt.

2. Fehlende Einbeziehung absonderungsberechtigter Gläubiger

Eine weitere Schwäche des Anfechtungsrechts in Hinblick auf das Ziel, die Fortführungschancen des schuldnerischen Unternehmens zu bewahren und damit eine möglichst günstige Verwertung zu ermöglichen, besteht darin, dass sich die Deckungsanfechtung nur gegen Insolvenzgläubiger und damit nicht gegen absonderungsberechtigte Gläubiger richtet, wenn diese nicht zugleich auch Insolvenzgläubiger sind, weil Schuldner der gesicherten Forderung ein Dritter ist.[42] Hinzu kommt, dass Gläubiger mit unanfechtbaren Sicherheiten für Forderungen gegen den Insolvenzschuldner bei Verwertung der Sicherheit mangels Gläubigerbenachteiligung von §§ 129 ff. InsO nicht erfasst werden.[43] Absonderungsberechtigte Gläubiger können daher das Sicherungsgut dem Schuldnervermögen zum Zwecke der Verwertung auch noch unmittelbar vor Verfahrenseröffnung bzw. im Falle des § 21 Abs. 2 Nr. 5 InsO vor dem Eröffnungsantrag entziehen. Zwar ist der für einen gesicherten Gläubiger bestehende Anreiz zum vorzeitigen Zugriff auf das Sicherungsgut im Vergleich mit einem ungesicherten Insolvenzgläubiger geringer, da ihm im Falle der Einbeziehung in das Insolvenzverfahren die abgesonderte Befriedigung aus dem Verwertungserlös zusteht. Gleichwohl kann ihm deshalb daran gelegen sein, weil er sich bei Verwertung nach Eröffnung gemäß § 171 InsO die Kosten der Feststellung und Verwertung vom Erlös abziehen lassen muss.[44] Eine frühzeitige Verwertung durch den Absonderungsberechtigten führt aber zu einer eigentlich zu verhindernden Zerschlagung des Unternehmens im Vorfeld des gerichtlichen Verfahrens.[45] Darüber hinaus fehlt es dem absonderungsberechtigten Gläubiger an einem Anreiz zur frühzeitigen Stellung eines Eröffnungsantrages.[46]

3. Zwischenergebnis

Die Effizienz der Insolvenzanfechtung ist also im Hinblick auf die Ermöglichung der bestmöglichen Gläubigerbefriedigung im Ergebnis zweifelhaft.

---

41 Vgl. *McCoid II* (Fn. 5), S. 249, 264.
42 Vgl. zu diesen Fragen *BGH* ZIP 2007, 1126, 1128. Hier bleibt allerdings die Anfechtung nach §§ 133, 134 InsO möglich; vgl. dazu *Bork* (Fn. 13), Kap. 15 Rn. 37 ff., 43 ff.
43 Vgl. dazu nur *Bork* (Fn. 13), Kap. 15 Rn. 48 ff.
44 *Pilgram* (Fn. 35), S. 147.
45 *Pilgram* (Fn. 35), S. 148.
46 *Pilgram* (Fn. 35), S. 148.

III. Sonstige Funktionen der Insolvenzanfechtung

Im Hinblick auf die Effizienz der Insolvenzanfechtung sind schließlich auch die übrigen Funktionen der Insolvenzanfechtung anzusprechen.

1. Masseanreicherung

Von besonderer Bedeutung ist in diesem Zusammenhang die durch die Insolvenzanfechtung bezweckte und bewirkte Anreicherung der Insolvenzmasse[47], die insbesondere dazu dient, die Durchführung des Insolvenzverfahrens selbst zu ermöglichen.[48] Mittelbar soll die Insolvenzanfechtung den Rechtsverkehr durch die Ermöglichung des Insolvenzverfahrens vor vermögenslosen juristischen Personen schützen, indem diese im Rahmen eines Insolvenzverfahrens liquidiert werden und damit deren Marktaustritt erzwungen wird.[49] Insoweit kommt dem Anfechtungsrecht eine unter Effizienzgesichtspunkten grundlegende präventive Funktion zu.

2. Rückgängigmachung und Sanktion unredlichen Verhaltens

Anders als bei §§ 130-132 InsO[50] wird der Zweck der Anfechtung wegen vorsätzlicher Benachteiligung (§ 133 InsO) vor allem in der Rückgängigmachung und Sanktion unredlichen Verhaltens, sog. „fraudulöser Transaktionen“[51] des Schuldners gesehen.[52] Der Aspekt der Rückgängigmachung unredlichen Verhaltens geht auf die historischen Ursprünge der Anfechtung zurück[53] und verdeutlicht die Vollstreckungsfunktion (exekutorische Funktion)[54] des Insolvenzverfahrens. Handlungen des Schuldners, die den Gläubigern vorsätzlich Haftungsmasse entziehen und damit die Haftungszuordnung des schuldnerischen Vermögens verletzen, sollen durch die Insolvenzanfechtung rückgängig gemacht werden. Die Insolvenzanfechtung dient insoweit wie die Einzelanfechtung nach dem Anfechtungsgesetz vor allem der Haftungsverwirklichung.[55]

C. Konkrete Ausgestaltung der Anfechtungsregeln

Wie oben bereits dargestellt, erfordert der Übergang vom Prioritätsprinzip zum *par condicio*-Grundsatz ein Anfechtungsrecht, das mit seinem Grundtatbestand (§§ 130 – 132 InsO) in der Zeit der Krise, d. h. spätestens ab Eintritt der materiellen Insolvenz des Schuldners, den eigennützigen Zugriff von Insolvenzgläubigern auf das Schuldnervermögen möglichst

---

[47] RegE (Fn. 3), S. 82, 85; *Drukarczyk* (Fn. 5), S. 229; *Henckel*, ZIP 1982, 391, 393; *Pfefferle*, ZIP 1984, 147, 148 ff.

[48] RegE (Fn. 3), S. 82, 85.

[49] Vgl. RegE (Fn. 3), S. 72 f., 75 f., 82.

[50] Dazu oben II. 1.

[51] *Rausch* (Fn. 5), S. 241.

[52] *Bork* (Fn. 13), Kap. 5 Rn. 2; MünchKomm.InsO-*Kirchhof* (Fn. 1), vor § 129 Rn. 2; *Rausch* (Fn. 5), S. 241, 301 ff.; vgl. RegE (Fn. 3), S. 82; *Koss* (Fn. 11), S. 136 f.

[53] *Bork* (Fn. 13), Kap. 1 Rn. 33 ff., Kap. 5 Rn. 2; *Koss* (Fn. 11), S. 136.

[54] *Koss* (Fn. 11), S. 131 ff.

[55] Vgl. *Koss* (Fn. 11), S. 136 f.

wirkungsvoll ausschließt. Zugleich müssen die Anfechtungstatbestände jedoch nicht nur dem Interesse der Gläubigergemeinschaft an der Durchsetzung des Gleichbehandlungsgrundsatzes und der Haftungsverwirklichung Rechnung tragen, sondern auch dem Vertrauensschutzinteresse des Anfechtungsgegners.[56] Dieses deckt sich mit dem allgemeinen Verkehrsinteresse an Rechtssicherheit.[57] Die Beeinträchtigung der Rechtssicherheit besteht hier darin, dass die Anfechtungsregelungen auf einen Zeitraum zurückwirken, in dem der Schuldner in seiner Verfügungsmacht grundsätzlich noch völlig frei war.[58] Anfechtungstatbestände lassen sich mithin als Ausdruck einer Abwägung zwischen Gleichbehandlung und Vertrauensschutz auffassen.

Der Abwägung zwischen Vertrauensschutz und Gleichbehandlung kommt unmittelbar wirtschaftliche Bedeutung zu. Ließe man das schutzwürdige Vertrauen des Anfechtungsgegners unberücksichtigt, etwa durch rein objektiv anknüpfende Anfechtungstatbestände, so wäre es für Marktteilnehmer angezeigt, zur Vermeidung von Anfechtungsansprüchen schon beim Anschein einer Krise des potentiellen Geschäftspartners von Geschäften mit diesem Abstand zu nehmen oder jedenfalls kostenträchtige Informationen über das Vorliegen der materiellen Insolvenz einzuholen. Für die Effizienz des Anfechtungsrechts sind folglich sowohl Vertrauensschutz als auch Gleichbehandlungsgrundsatz von Relevanz. Dementsprechend knüpfen die Anfechtungsregelungen nicht etwa nur an das objektive Vorliegen eines Insolvenzgrundes an, sondern setzen im Einzelnen unterschiedliche Tatbestandsmerkmale voraus. Die darin zum Ausdruck kommenden Kriterien sind

- die Gläubigerbenachteiligung,
- der Zeitpunkt der Rechtshandlung,
- die Person des Anfechtungsgegners,
- die Art der Rechtshandlung,
- die Kenntnis des Anfechtungsgegners.[59]

Von maßgeblicher Bedeutung für die Effizienz der Anfechtungstatbestände sind zudem das Ausmaß und die Verteilung der Beweislast.[60] Die Schwierigkeit bei der Untersuchung der einzelnen Anfechtungsvoraussetzungen liegt nun allerdings darin, dass sich deren Auswirkungen tatsächlich kaum quantifizieren lassen. Aus diesem Grunde soll im Folgenden lediglich auf die Funktion der einzelnen Kriterien eingegangen werden.

I. Gläubigerbenachteiligung

Allgemeine Voraussetzung der Insolvenzanfechtung ist gemäß § 129 InsO die Benachteiligung der Insolvenzgläubiger durch die anfechtbare Rechtshandlung. Da dazu eine mittelbare Gläubigerbenachteiligung genügt, hat diese Voraussetzung nur geringen Selektionswert.

---

56 *Rausch* (Fn. 5), S. 242 f.; vgl. RegE (Fn. 3), S. 157 f.; *Schmidt* (Fn. 5), S. 47 f.
57 *Rausch* (Fn. 5), S. 231.
58 *Rausch* (Fn. 5), S. 230.
59 Vgl. *Rausch* (Fn. 5), S. 239.
60 *Rausch* (Fn. 5), S. 241 ff.

Insbesondere werden dadurch unter Marktbedingungen erfolgte und damit in der Regel effiziente Rechtshandlungen nur in den Grenzen des § 142 InsO aus dem Anwendungsbereich der Anfechtung ausgenommen. Soweit einzelne Anfechtungstatbestände, wie etwa §§ 132 Abs. 1, 133 Abs. 2 InsO, eine unmittelbare Gläubigerbenachteiligung voraussetzen, kommt darin zum Ausdruck, dass der Gegner der Anfechtung gerade wegen der unmittelbaren Benachteiligung ausgesetzt wird.

II. Zeitpunkt der Rechtshandlung

Ein besonders wichtiges Tatbestandsmerkmal der einzelnen Anfechtungstatbestände ist der Anfechtungszeitraum. Dieser knüpft jeweils an den Insolvenzantrag an. Begründet wurde diese einheitliche Anknüpfung mit ihrer einfachen Feststellbarkeit.[61] Gegenüber anderen möglichen Anknüpfungspunkten wie der Zahlungsunfähigkeit oder dem Eröffnungsbeschluss hat die Anknüpfung an den Eröffnungsantrag zudem den Vorteil, dass jeder betroffene Insolvenzgläubiger dieses Merkmal unmittelbar und unabhängig vom Insolvenzgrund selbst herbeiführen kann.[62]

Die weite Spanne der jeweiligen Anfechtungszeiträume – zwischen einem Monat und zehn Jahren – spiegelt die jeweilige Schutzwürdigkeit des Anfechtungsgegners wieder und variiert je nach dessen Person und Kenntnis sowie nach Art der Rechtshandlung. Auch hier kommt die Abwägung zwischen Gläubigergleichbehandlung und Rechtssicherheit zum Ausdruck.

III. Person des Anfechtungsgegners

Was die Person des Anfechtungsgegners angeht, so wird zwischen dem Schuldner nahestehenden und sonstigen Personen differenziert.[63] Diese schärfere Behandlung der „Insider" wird entweder an die wirtschaftliche Beteiligung am schuldnerischen Vermögen angeknüpft (§§ 135 f. InsO) oder an eine besondere, aus einer persönliche Nähebeziehung zum Schuldner resultierende Informationsmöglichkeit (§ 138 InsO). Die Verschärfungen für die von § 138 InsO erfassten Personen betreffen vor allem die Beweislast im Hinblick auf die Kenntnis der Zahlungsunfähigkeit, des Eröffnungsantrages (§§ 130 Abs. 3, 131 Abs. 2 S. 2 InsO) oder des Benachteiligungsvorsatzes bzw. den Zeitpunkt der Rechtshandlung (§ 133 Abs. 2 InsO). Hintergrund ist die größere Manipulationsgefahr bei Rechtshandlungen zwischen Schuldner und nahestehenden Personen.[64] Die Umkehrung der Beweislast verringert diese Manipulationsgefahr und damit die Gefahr, dass der Schuldner mit Hilfe dieser Personen seinen Gläubigern Gegenstände aus seinem Vermögen entzieht. Zugleich wird im Interesse der Einzelfallgerechtigkeit die Widerlegung der Vermutung ermöglicht.

---

61 RegE (Fn. 3), S. 156.
62 Vgl. *Rausch* (Fn. 5), S. 244 ff., 250 ff.
63 *Rausch* (Fn. 5), S. 253 ff.
64 RegE (Fn. 3), S. 160.

Unstimmigkeiten hinsichtlich der möglichen Anfechtungsgegner ergeben sich bei der oben bereits angesprochenen[65] Beschränkung der Anfechtung wegen kongruenter Deckung auf Insolvenzgläubiger. Sowohl die Insolvenzanfechtung als auch die Einbeziehung der absonderungsberechtigten Gläubiger in das Insolvenzverfahren gemäß §§ 166 ff. InsO haben zum Ziel, die Fortführungschancen des schuldnerischen Unternehmens zu bewahren und damit eine möglichst günstige Verwertung zu ermöglichen. Durch die Nichtberücksichtigung der absonderungsberechtigten Gläubiger in § 130 InsO wird dieses Ziel jedoch insoweit gefährdet, als Absonderungsberechtigte, deren persönliche Forderung sich gegen einen Dritten richtet, das Sicherungsgut auch noch unmittelbar vor Verfahrenseröffnung bzw. im Falle des § 21 Abs. 2 Nr. 5 InsO vor dem Eröffnungsantrag dem Schuldnervermögen entziehen können. Auf der anderen Seite ist diese Beschränkung aber systemkonform, denn wer nicht Gläubiger des Insolvenzschuldners ist, unterliegt auch nicht dem Gläubigergleichbehandlungsgrundsatz.

IV. Art der Rechtshandlung

Das charakteristischste Kriterium für den jeweiligen Anfechtungstatbestand ist die Art der Rechtshandlung. Auch sie ist Ausdruck der Abwägung zwischen dem *par condicio creditorum*-Grundsatz und Verkehrsschutzgesichtspunkten. Im Ausgangspunkt ist der Begriff der Rechtshandlung umfassend zu verstehen. Ihre Bedeutung erhält sie in erster Linie aufgrund ihres „Indizierungsgrades“.[66] Gemeint ist die Deutlichkeit, mit der die Art der Rechtshandlung auf die Insolvenz des Schuldners hindeutet. Von besonderem Gewicht ist dieser Aspekt für die sog. Rückschlagsperre nach § 88 InsO. Die Erlangung einer Sicherung durch Einzelzwangsvollstreckung beinhaltet ein starkes Indiz für die (Kenntnis der) Zahlungsunfähigkeit des Schuldners.[67] Das Gesetz vermutet dabei den Verstoß gegen den Gläubigergleichbehandlungsgrundsatz unwiderleglich.[68] Die unmittelbare Unwirksamkeit der Sicherung im Falle des § 88 InsO führt dabei gegenüber den Anfechtungstatbeständen zu einer Verfahrensbeschleunigung.[69] Keinen Schutz genießen zudem unentgeltliche Leistungen des Schuldners (§ 134 InsO), ohne dass es allerdings wie bei der Rückschlagsperre zu einer Unwirksamkeit *ipso iure* kommt.

Auf der anderen Seite kommt bei einer Rechtshandlung, die auch unter regulären Umständen vorgenommen worden wäre, weil ein durchsetzbarer Anspruch auf diese Rechtshandlung bestand (kongruente Deckung, § 130 InsO), dem Vertrauensschutz besonderes Gewicht zu.[70] Sie ist nur dann anfechtbar, wenn die generell bei solchen Rechtshandlungen vermutete Schutzwürdigkeit des Anfechtungsgegners durch die Kenntnis von der Zahlungsunfähigkeit

---

[65] Siehe oben unter II. 2. b.

[66] *Rausch* (Fn. 5), S. 295.

[67] *Pilgram* (Fn. 35), S. 146; *Rausch* (Fn. 5), S. 296.

[68] Vgl. *BFH* ZIP 2005, 1182.

[69] RegE (Fn. 3), S. 137; *Pilgram* (Fn. 35), S. 147.

[70] Vgl. *Pilgram* (Fn. 35), S. 146.

widerlegt werden kann. Abstufungen hierzu sind die inkongruente Deckung (§ 131 InsO) sowie die unmittelbar gläubigerbenachteiligende Rechtshandlung (§ 132 InsO).

V. Kenntnis des Anfechtungsgegners

Im Hinblick auf die Effizienz der Anfechtungstatbestände stellt die Kenntnis des Anfechtungsgegners von bestimmten anfechtungsrelevanten Umständen das schwierigste Kriterium dar. Die subjektive Anknüpfung der meisten Anfechtungstatbestände könnte darauf hindeuten, dass die wirtschaftliche Wirkung der Tatbestände in der Prävention gegen gläubigerschädigendes Verhalten besteht, indem dieses durch Anfechtung „bestraft" wird.[71] Tatsächlich bestehen jedoch an der präventiven Wirkung der Anfechtungstatbestände große Zweifel.[72] Die subjektiven Tatbestandsmerkmale bringen vielmehr vor allem das Vertrauensschutzinteresse des Anfechtungsgegners zur Geltung.[73] Kennt der Anfechtungsgegner die maßgeblichen Umstände, so müssen Vertrauensschutzgesichtspunkte zurücktreten. Die Anfechtungstatbestände tragen dem durch eine Abstufung der Voraussetzungen Rechnung. Demnach wird insbesondere die Beweislast bei dem Schuldner nahestehenden Personen umgekehrt. Eine weitere Verschärfung der Anfechtungstatbestände besteht darin, dass der Kenntnis der Zahlungsunfähigkeit, des Eröffnungsantrages oder der Gläubigerbenachteiligung die Kenntnis solcher Umstände gleichsteht, die zwingend auf die Zahlungsunfähigkeit, den Eröffnungsantrag oder die Gläubigerbenachteiligung schließen lassen (§§ 130 Abs. 2, 131 Abs. 2 S. 1 InsO).

D. Fazit

Der Insolvenzanfechtung kommt aus Effizienzgründen große Bedeutung zu.[74] Insbesondere ist die Insolvenzanfechtung entscheidend für die Effizienz des Gleichbehandlungsgrundsatzes insgesamt. Sie steht dabei jedoch in einem Spannungsverhältnis zum Vertrauensschutz für den Anfechtungsgegner. Die wesentliche Schwäche der Anfechtungstatbestände liegt unter Effizienzgesichtspunkten darin, dass ihnen im Hinblick auf den Schutz des schuldnerischen Unternehmens vor vorzeitiger Zerschlagung und auf das Bedürfnis nach einem frühzeitigen Insolvenzantrag die präventive Wirkung fehlt.

---

[71] *Drukarczyk* (Fn. 5), S. 229; *Koss* (Fn. 11), S. 157 f.; *Pfefferle*, ZIP 1984, S. 147, 155; *Schmidt* (Fn. 5), 46 f.
[72] Vgl. oben unter II. 2. a.
[73] Vgl. RegE (Fn. 3), S. 157 f.
[74] *Pilgram* (Fn. 35), S. 144.

ÖKONOMISCHE ÜBERLEGUNGEN ZUR ZWINGENDEN INSOLVENZANTRAGSPFLICHT DES DEUTSCHEN RECHTS

Heribert Hirte

A. Insolvenzantragspflicht als Teil der „Exit"-Haftung

Die Insolvenzantragspflicht stellt zusammen mit der daran geknüpften Insolvenzver-schleppungshaftung eine besondere – deutsche – Ausprägung der „Exit"-Haftung dar, die die Verantwortung der Geschäftsleitung in der Krise regelt.[1] Andere Formen von Exit-Haftung sind in Deutschland das Verbot, Zahlungen aus dem Gesellschaftsvermögen zu leisten, das bisher bei Aktiengesellschaften und GmbH bei Zahlungsunfähigkeit oder Überschuldung eingreift (§ 64 Abs. 2 GmbHG, §§ 92 Abs. 3, 93 Abs. 3 Nr. 6 AktG) und das jetzt (zunächst nur) für die GmbH auf insolvenzverursachende Zahlungen an die Gesellschafter ausgedehnt werden

[1] Siehe dazu rechtsvergleichend *Haas*, Verhandlungen des 66. Deutschen Juristentages (2006), Gutachten, S. E 25 ff.; *Kalss/Adensamer/Oelkers*, in: Lutter (Hrsg.), ZGR-Sonderheft 17 „Das Kapital der Aktiengesellschaft in Europa" (2006), S. 134 ff.

soll,[2] wrongful trading und duty for creditors in England[3] oder die action en comblement du passif[4] und die neue obligation aux dettes sociales[5] in Frankreich.

B. Exit-Haftung als Weg zur Durchsetzung der Insolvenzgrenze und ihre Bedeutung für die corporate insolvency

Alle diese Instrumente zielen darauf, die Geschäftsleitung durch Haftungsdrohungen zu korrektem Verhalten in der Krise anzuhalten und Wirtschaften auf Kosten der Gläubiger zu verhindern. Dieses Ziel lässt sich als Durchsetzung der materiellen Insolvenzgrenze verstehen.[6] Sie beschreibt das Ende des freien Wirtschaftens bei Zahlungsunfähigkeit und ist von besonderer Bedeutung bei haftungsbeschränkten Verbänden, die den Betreibern per definitionem die Möglichkeit eröffnen, das Risiko ihrer Geschäfte auf die Gläubiger zu verlagern.

Darin liegt die Besonderheit der „corporate insolvency". Während sich die normale Insolvenz im Ziel der gleichrangigen Gläubigerbefriedigung erschöpft,[7] geht es hier auch um Fortbestand oder Auflösung von Unternehmen, die in Schwierigkeiten geraten sind. Neben der umfangmäßig gleichen Befriedigung der Gläubiger spielt daher die Ermöglichung der Sanierung eine entscheidende Rolle. Im deutschen Recht steht dieses Ziel gleichrangig neben der Gläubigerbefriedigung (§ 1 Satz 1 InsO). In anderen Rechtsordnungen (England, USA) kommt der Sanierung sogar der Vorrang zu.[8] So hat der administrator, der nach dem Enterprise Act 2002 vom Inhaber einer floating charge anstelle des früheren receiver[9] bestellt werden

---

2 § 64 Satz 3 GmbHG-E nach dem RegE des Gesetzes zur Modernisierung des GmbH-Rechts und zur Bekämpfung von Missbräuchen (MoMiG).

3 Dazu nur *Schall/Kasolowsky*, in: Hirte/Bücker (Hrsg.), Grenzüberschreitende Gesellschaften. Ein Praxishandbuch für ausländische Kapitalgesellschaften mit Sitz im Inland (2. Aufl. Köln 2006), § 4 Rdn. 34, 40 ff.; *Schall*, DStR 2006, 1229 ff.

4 Dazu nur *Urbain-Parleani*, in: ZGR-Sonderheft 17 (Fn. 1), S. 575, 598 ff.

5 Art. L. 652-1 Code de Commerce, anstelle der früheren Sanktion der Erstreckung des Insolvenzverfahrens der Gesellschaft auf die Direktoren und faktischen Direktoren mit der Folge einer Mithaftung für die Gesellschaftsschulden (Art. 624-5 Code de Commerce a.F.).

6 Dazu eingehend *Schall*, Gläubigerschutz im Umbruch (Habilitationsschrift Universität Hamburg 2007) S. 461 ff. Zur besonderen Bedeutung der Insolvenz für Kapitalgesellschaften in gleichem Sinne *Karsten Schmidt*, in: ZGR-Sonderheft 17 (Fn. 1), S. 188, 205 (These 3).

7 Zur ökonomischen Rechtfertigung des *Pari-passu*-Prinzips des Insolvenzrechts im Allgemeinen wegen des „*prisoners' dilemma*" beim „*race to collect*" siehe *Armour*, The Law and Economics of Corporate Insolvency: A Review, (1999) ESRC Centre for Business Research, University of Cambridge, Working Paper N° 197, http://www.cbr.cam.ac.uk/pdf/wp197.pdf, S. 17 ff.; *Jackson*, Bankruptcy, Non-Bankruptcy Entitlements and Creditor Bargain, 91 Yale L. J. 857 ff. (1982); *Picker*, Security Interests, Misbehaviour and Common Pools, 59 U. Chi. L. R. 645 ff. (1992). - Zur Rechtfertigung der „*priority rules*", um die Investitionsentscheidungen der Schuldnergesellschaft zu beschränken und die „*agency costs of debt*" zu minimieren, vgl. wiederum *Baird*, Bankruptcy's Uncontested Axioms, 108 Yale L.J. 573, 580 ff. (1998).

8 Zu dieser *rescue culture* etwa *Goode*, Principles of Corporate Insolvency (3. Aufl. 2005), Rdn. 1-21; *Schall* (Fn. 6), S. 363 ff.

9 Der *receiver* übernahm die Führung der Gesellschaft mit dem einzigen Ziel, aus ihrem Vermögen den gesicherten Gläubiger zu befriedigen; zur Kritik *Goode* (Fn. 8), Rdn. 9-04. Zur Ineffizienz des neuen Regimes, in dem die erhöhten Erlöse durch erhöhte Kosten aufgezehrt werden, eingehend die Studie von *Armour/Hsu/Walters*, The Costs and Benefits of Secured Creditor Control in Bankruptcy: Evidence from the UK, (2006) ESRC Centre for Business Research, University of Cambridge, Working Paper N° 332, http://papers.ssrn.com/sol3/papers.cfm?abstract_id=912302, für das Department of Enterprise, Trade and

kann, nach Schedule B 1 zum Companies Act 1986, para. 3.1. die folgenden Ziele in absteigender Priorität zu verfolgen:

> "(a) rescuing the company as a going concern, or
> (b) achieving a better result for the company's creditors as a whole than would be likely if the company were wound up (without being in administration), or
> (c) realising property in order to make a distribution to one or more secured or preferential creditors."

Auswirken kann sich diese unterschiedliche Akzentuierung bei der Lösung von Zweifelsfällen. In dubio pro salvatione lässt sich eher bei einem Vorrang der Sanierung vertreten.[10] Mit der Auswirkung auf den laufenden Geschäftsbetrieb ist die besondere Rolle der Insolvenzgrenze für Kapitalgesellschaften umschrieben. Typisch insolvenzrechtliche Institute wie der automatic stay (§ 89 InsO) gewinnen dadurch eine andere Bedeutung. Sie dienen nicht mehr nur der gleichrangigen Gläubigerbefriedigung, sondern auch der Rettung des Unternehmens durch Verhinderung seiner Zerstückelung durch die Gläubiger. Damit ist eine wesentliche, wenngleich nicht die einzige ökonomische Dimension der Insolvenzantragspflicht beschrieben, die es anschließend zu analysieren gilt.

Die Insolvenzgrenze lässt sich aber auch mit anderen Mitteln als durch Haftungsdrohungen durchsetzen. Ein Beispiel hierfür sind stringente Gläubigerantragsrechte, wie sie etwa in England zu finden sind, wo Verzug mit einer unstreitigen Forderung oberhalb einer Minimalgrenze von £ 750 grundsätzlich zum Nachweis der Zahlungsunfähigkeit ausreicht.[11] Ein weiteres sind Disqualifikationsverfahren wie nach dem englischen Companies Directors Disqualifications Act 1986 (CDDA), der in mancher Hinsicht weiter geht und auch effizienter wirkt als die deutschen Gewerbeuntersagungen nach § 35 GewO.[12] Last but not least sind betreiberfreundliche Insolvenzverfahren nach dem Vorbild des amerikanischen Chapter 11 zu nennen, die in die Krise geratene Kapitalgesellschaften frühzeitig in das staatlich überwachte Sanierungsverfahren bringen wollen. Zu diesem Zweck locken sie die Betreiber mit

Investment bzw. DETI (früher: Department of Trade and Industry/DTI), vorgestellt voraussichtlich auch in ECFR 2/2008.

10 Allerdings ist nicht zu übersehen, dass auch unter Chapter 11 grundsätzlich das Prinzip der *absolute priority* gilt, nach dem die Gläubiger keine Schlechterstellung durch den Fortbetrieb erleiden dürfen (vgl. *Barry Adler*, Bankruptcy Primitives, 12 ABI Law Review 219 (2004), der allerdings auch die erstaunlicherweise abweichende Praxis erläutert, nach der gesicherte Gläubiger typischerweise auf einen Teil der ihnen zustehenden Erlöse zugunsten der *junior debts* verzichten).

11 Siehe im Einzelnen die ausdrückliche Regelung in sec. 123 (1) (a) Insolvency Act 1986 sowie zum Fallrecht *Cornhill Insurance Plc v Improvement Services Ltd* [1986] 1 W.L.R. 114; *Re Globe New Patent Iron & Steel Co* (1975) L.R. 20 Eq. 337; *Goode* (Fn. 8), Rdn. 4-23; *Hirte*, in: Hirte/Bücker (Fn. 3), § 1 Rdn. 73; ausführlich *Hirte/Mock*, ZIP 2005, 474, 477; *Schall*, ZIP 2005, 965 f.; siehe auch *Meyer-Löwy/Poertzgen/de Vries*, ZInsO 2005, 293, 295.

12 Dazu eingehend *Hirte/Lanzius/Mock*, in: ZGR-Sonderheft 17 (Fn. 1), S. 301, 311 ff.

attraktiven Privilegien wie z.B. dem debtor in possession oder dem debt release, die aber nur dem Redlichen offen stehen.[13]

C. Ökonomische Analyse der Insolvenzantragspflicht

Eine ökonomische Analyse der Insolvenzantragspflicht hat zunächst die verschiedenen Dimensionen herauszuarbeiten, auf denen Kosten-Nutzen-Erwägungen angestellt werden können. Als erstes fällt dabei natürlich der bereits erläuterte makroökonomische Aspekt ins Auge, nach dem die Insolvenzgrenze über Fortbetrieb (nach Sanierung) oder Beendigung defizitärer Unternehmungen entscheidet (dazu unter 1). Daneben spielen aber auch die Kosten der Durchsetzung, die mit den verschiedenen Wegen ihrer Implementierung verbunden sind, eine wichtige und nicht zu unterschätzende Rolle (unter 2.). Ein dritter Aspekt, der in diesem Beitrag nicht behandelt werden kann,[14] berührt die Möglichkeiten und Grenzen zur Fortführung des Geschäftsbetriebs durch neue Rechtsträger, wenn man so will, die „Seelenwanderung“ von Unternehmen. Die diesbezüglichen Regelungen stehen in engem Zusammenhang mit der Durchsetzung der Insolvenzgrenze. Es macht beispielsweise wenig Sinn, einen Unternehmensträger in der Krise rasch vom Markt zu zwingen, wenn die Betreiber unproblematisch mit der nächsten Gesellschaft weiterwirtschaften können („GmbH-Stafette“). Das ist deshalb einer der Gründe, warum das englische („öffentlich-rechtliche“) System der directors‘ disqualification gerade in diesen Fällen besonders streng durchgreift.[15] Auch fällt einer Rechtsordnung, die der Seelenwanderung allgemein freundlich gegenüber steht, die schuldnerfreundliche Ausgestaltung der corporate insolvency wesentlich leichter als einem restriktiveren System.

I. Ökonomische Analyse der Insolvenzantragspflicht mit Blick auf die Unternehmenssanierung

Der ökonomische Ausgangspunkt der corporate insolvency ist unstreitig und erscheint geradezu trivial. Überlebensfähige Unternehmen sollen erhalten, todgeweihte dagegen rechtzeitig vom Markt genommen werden.[16] Denn die Zerschlagung lebensfähiger Unternehmen verursacht ebenso unerwünschte Effizienzverluste wie der Fortbetrieb defizitärer

---

13 Vgl. § 1 Satz 2 InsO. Jüngstes Beispiel eines sanierungsfreundlichen Verfahrens im internationalen Vergleich ist die französische *procédure de sauvegarde* (dazu *Bauerreis*, ZGR 2006, 294, 320 ff.).

14 Dazu näher der Beitrag von *Schall*, in dieser Festschrift, S. 547 ff.

15 *Hirte/Lanzius/Mock*, in: ZGR-Sonderheft 17 (Fn. 1), S. 301, 315 Fn. 60.

16 Z.B. *Armour*, The Law and Economics of Corporate Insolvency, (2001) Working Paper 197, ESRC Centre for Business Research, University of Cambridge, S. 8 ff.; *Eidenmüller*, EBOR 7 (2006), 239 ff.; *Denozza*, EBOR 2006, 409 ff., 415, der die Frage aus der Perspektive “*rules v standards*” angeht. Seiner Schlussfolgerung (*ibid*, 415: “It is well known that rules by their very nature produce false positives [companies that could recover are expelled from the market] and false negatives [the continuation of hopeless activities]”) ist allerdings nicht beizutreten. Die Studien von *Bachner*, EBOR 2004, 300 ff. und *Habersack/Verse*, ZHR 168 (2004) 174, 184 ff. haben gezeigt, dass ein flexibler Standard wie *wrongful trading* mehr Raum für “*false negatives*” lässt, während die Frage der “*false positives*” nicht an der Formulierung einer strikten Insolvenzantragspflicht als “*rule*” hängt, sondern am Zeitpunkt ihres Eingreifens (Überlebenspognose).

Unternehmen, die sich nicht mehr aus eigener Kraft am freien Markt behaupten können. In diesem Lichte betrachtet erscheint die deutsche Insolvenzantragspflicht ökonomisch in hohem Maß verfehlt. Denn seit der Einführung des neuen Überschuldungsbegriffs in § 19 der Insolvenzordnung von 1998 gilt, dass überschuldete Unternehmen in Deutschland auch bei positiver Überlebensprognose einen Insolvenzantrag stellen müssen. Der Bundesgerichtshof hat dies unlängst bestätigt, indem er seinen noch unter der Konkursordnung entwickelten „zweistufigen Überschuldungsbegriff"[17] ausdrücklich aufgegeben hat.[18] Das führt angesichts der negativen Insolvenzkultur in Deutschland bei kleinen und mittleren Unternehmen zu einem Zerschlagungsautomatismus, der das Ende überlebensfähiger Unternehmen verursacht und damit die ökonomisch gebotene Grenzziehung missachtet.

Doch so schnell sollte man nicht urteilen, denn der Teufel steckt wie immer im Detail. Das Hauptproblem der Krise ist ja gerade, dass niemand sicher weiß, wie sich das Schicksal des Unternehmens entwickeln wird. Und so kommt es zum Konflikt zweier ökonomischer Grundweisheiten, dass nämlich zwar Sanierung besser ist als Insolvenz, dass andererseits aber frühe Insolvenz besser ist als späte. Das deutsche Recht hält sich vor diesem Hintergrund bislang mehr an die zweite Prämisse, weil es – keineswegs zu Unrecht – die Überschuldung bereits für einen sehr gefährlichen Zustand hält. Dabei will es nicht etwa die schwierige Entscheidung über die Fortführung vom Markt auf den weniger qualifizierten Richter verlagern. Es will sich bloß nicht auf die subjektiv gefärbten Überlebensprognosen der Betreiber verlassen – anders als (früher) das englische Recht, zu dem Lord Justice Buckley im Jahre 1960 in Re White & Osmond (Parkstone) Ltd auf unnachahmliche Weise statuierte:[19]

"There is nothing to say that the directors who genuinely believe that the clouds will roll away and the sunshine of prosperity will shine upon them again and disperse the fog of their depression are not entitled to incur credit to help them over the bad time."

Der deutsche Ansatz ist demgegenüber geprägt von der Erfahrung massenhafter Insolvenzverschleppung und möchte dieser ein legales Einfallstor in Form der Überlebensprognose verschließen. Dieses Ziel ist auch unter Effizienzerwägungen legitim, da es der Förderung ernsthafter Sanierungen (anstelle bloßer Insolvenzverschleppung auf Kosten der Gläubiger) dient. Auch sollte das Erfordernis, zunächst die Überschuldung zu beseitigen, zumindest bei kleineren Unternehmen mit übersichtlicher Kapitalstruktur über einen private workout zu bewerkstelligen sein.

Trotz dieser grundsätzlichen ökonomischen Rechtfertigung ist allerdings nicht zu übersehen, dass mit der Insolvenzantragspflicht bei Überschuldung binnen der äußerst knappen (und zwingenden!) Dreiwochenfrist auch ernsthafte Sanierungsbemühungen behindert

---

17 BGHZ 119, 201, 214 = ZIP 1992, 1382 = NJW 1992, 2891 = EWiR § 32a GmbHG 6/92, 1093 *(Hunecke)* (Dornier).

18 BGH 171,46 = ZIP 2007, 676.

19 Unveröffentlicht, aber zitiert in *R. v. Grantham* [1984] 2 All ER 166, wo diese *sunshine doctrine* zugunsten objektiverer Maßstäbe zur Feststellung des Gläubigerbetrugs (*fraudulent trading*) aufgegeben wurde; siehe auch *Goode* (Fn. 8), Rdn. 12-19.

werden.[20] Dies war etwa ein wesentlicher Grund für den viel beachteten, erfolgreichen „Umzug" des Mittelständlers Schefenacker in das englische Insolvenzrecht.[21] Stellt man zudem in Rechnung, dass die von der Insolvenzordnung bei der seinerzeitigen Verschärfung vorausgesetzte positive Insolvenzkultur (Stichwort: Eigenverwaltung) noch nicht entwickelt ist, während die Insolvenzverschleppung verbreitet geblieben ist, bleibt die ökonomische Rechtfertigung der Insolvenzantragspflicht in dieser Hinsicht zweifelhaft.[22]

Die Frage des (zu frühen) Zeitpunkts der Insolvenzantragspflicht lässt sich freilich nicht von der Frage isolieren, ob man stattdessen eine allgemeine Pflicht zur Wahrung der Gläubigerinteressen statuiert. Zwar gilt in Österreich die Insolvenzantragspflicht bei Überschuldung im Sinn des § 67 KO (wie früher in Deutschland) nur bei negativer Überlebensprognose.[23] Damit schien die Kritik entschärft und die Antragspflicht mit dem ökonomischen Grundziel der Erhaltung überlebensfähiger Unternehmen versöhnt.[24] Dennoch: dem Problem des richtigen Zeitpunkts lässt sich nicht gerecht werden, indem man nur den Zeitpunkt der Insolvenzantragspflicht auf dem Zeitstrahl hin- und herschiebt. Das zeigt der Blick auf das zweistufige Modell, das in Frankreich und letztlich auch in England gilt und auch bei uns einmal galt. In Frankreich findet sich eine explizite Insolvenzantragspflicht zu einem sehr späten Zeitpunkt, nämlich binnen 45 Tagen ab Zahlungsunfähigkeit (also nicht schon ab dem typischerweise früheren Zeitpunkt der Überschuldung). In England gilt Ähnliches unter dem Tatbestand des wrongful trading nach sec. 214 IA 1986, der bei unvermeidbarer Zahlungsunfähigkeit eingreift (no reasonable prospects to avoid insolvent liquidation) und mit seinen dann strengen Vorgaben, jeden Schritt im besten Gläubigerinteresse zu unternehmen (vgl. sec. 214 (3) IA 1986: to take every step with a view to minimising the potential loss to the company's creditors), wenig Raum für etwas anderes als die umgehende Einleitung des Insolvenzverfahrens lässt.

In beiden Ländern finden sich aber vorher bereits Pflichtenbindungen, die Fehlverhalten in der Krise unterbinden, in Frankreich die action en comblement du passif nach Art. L. 651-2 Code de Commerce, mit der in der Insolvenz grundsätzlich jede vorherige faute de gestion gerügt werden kann,[25] in England die duty for creditors, die spätestens ab Überschuldung der Gesellschaft, möglicherweise sogar schon vorher, eingreift.[26] Mit diesem

---

20 Die fehlende Dispositivität der Frist selbst bei ernsthaften und erfolgversprechenden Sanierungsbemühungen wurde erneut bestätigt durch BGH ZIP 2007, 674 (für den Vorstand einer Genossenschaft).

21 Zur Motivlage in diesem Fall siehe etwa *Andres/Grund*, NZI 2007, 137,138; *Vallender*, NZI 2007, 129, 131; siehe auch *Stephen Taylor*, Arbeitspapier des vom Bundesministerium der Justiz einberufenen Expertenkreises zum „Insolvenzstandort Deutschland" (unv. Manuskript).

22 Kritisch daher auch *Schall* (Fn. 6), S. 475 ff., der die Insolvenzantragspflicht *de lege lata* daher bei von dritter Seite objektiv bestätigter Überlebensprognose teleologisch reduzieren möchte.

23 Vgl. OGH SZ 59/216; *Kalss/Adensamer/Oelkers*, in: ZGR-Sonderheft 17 (Fn. 1), S. 134, 165 m.w.N.

24 Für einen prognostischen Auslösetatbestand grundsätzlich auch *Karsten Schmidt*, in: ZGR-Sonderheft 17 (Fn.1), S. 188, 206.

25 *Merkt/Spindler*, in: ZGR-Sonderheft 17 (Fn. 1), S. 207, 227, einschränkend aber *Schall* (Fn. 6), S. 399.

26 *Bachner*, in: ZGR-Sonderheft 17 (Fn. 1), S. 526, 546 ff.; *Davies*, EBOR 7 (2006), 311, 328 f. („*vicinity of insolvency*", also in etwa drohende Zahlungsunfähigkeit).

zweistufigen Ansatz lassen sich die kollidierenden Prämissen von Vorrang der Sanierung und Vorzugswürdigkeit der frühen Insolvenz besser harmonisieren. Zum Insolvenzverfahren kommt es zwingend erst zu dem ökonomisch zutreffenden Zeitpunkt, in dem keine reguläre Fortführungschance auf dem freien Markt mehr besteht und eine staatlich geordnete Sanierung oder Abwicklung erforderlich ist. Das ist der Zeitpunkt der Zahlungsunfähigkeit, in dem die fälligen Schulden nicht mehr beglichen werden können. Findet sich dagegen ein Fremdkapitalgeber, der der Gesellschaft weiterhilft, mag diese zwar überschuldet und in einem „gefährlichen" Zustand sein, kann sie aber weiterwirtschaften und muss daher nicht notwendig „unter Kuratel" gestellt werden. Es reicht aus, wenn zu dieser Zeit die Hände der Betreiber nicht mehr frei, sondern haftungsrechtlich gebunden sind.

Auch in Deutschland besteht mit dem eingangs erwähnten Zahlungsverbot ein derartiges Instrument, das die Pflichten der Verwaltung in der Krise verschärft, ohne zur (vorzeitigen) Liquidation zu zwingen. Es hat gegenüber duty for creditors und action en comblement du passif sogar den Vorteil eines exakt umrissenen Verbotstatbestandes und lässt dem vagen Gläubigerinteresse nur auf der Rechtfertigungsebene Raum. Dieses Schwert ließe sich de lege ferenda sogar noch weiter schärfen und etwa in das Stadium der drohenden Zahlungsunfähigkeit hinein vorverlagern, was der im Regierungsentwurf des „MoMiG" (= Gesetz zur Modernisierung des GmbH-Rechts und zur Bekämpfung von Missbräuchen)[27] vorgeschlagene § 64 Satz 3 GmbHG letztlich auch tut (freilich zunächst nur mit Blick auf Zahlungen an die Betreiber, nicht auf Transaktionen mit Dritten im gewöhnlichen Geschäftsgang).[28]

II. Kosten der Durchsetzung

Mit den zuletzt angestellten Betrachtungen zur zweistufigen Exit-Haftung lässt sich in den zweiten Teil der Analyse überleiten. Denn dieses System beruht nur zum Teil auf dem Versuch, die richtige Wahl des Zeitpunkts zu treffen, wann das Unternehmen vom freien Markt zu nehmen ist. Ein weiterer wichtiger Aspekt sind die Kosten der Durchsetzung der Haftungsdrohung. Und hier schneidet die Insolvenzantragspflicht noch wesentlich schlechter ab als bei der Frage nach dem richtigen Zeitpunkt.

In der Praxis gilt die Haftung wegen Insolvenzverschleppung nach § 64 Abs. 1 GmbHG und seinen Parallelnormen als totes Recht.[29] Das liegt daran, dass es für die Anknüpfung einer solchen Haftung der exakten Bestimmung des Eintritts von Zahlungsunfähigkeit oder Überschuldung bedarf – und die ist bei dem üblichen gleitenden Prozess in die

---

[27] RegE des „Gesetzes zur Modernisierung des GmbH-Rechts und zur Bekämpfung von Missbräuchen (MoMiG)" 23. Mai 2007.

[28] Zu früheren Vorschlägen in diese Richtung *Hirte*, ZInsO 2003, 833, 842.

[29] *Röhricht*, ZIP 2005, 505, 508 (toter Buchstabe); ebenso z.B. *Altmeppen*, NJW 2005, 1911, 1912; *Fastrich*, DStR 2006, 656, 661; *Hirte*, in: Festschrift für Lüer (erscheint 2008); *Karsten Schmidt*, ZGR-Sonderheft 17 (Fn. 1), S. 188, 192.

Insolvenz („a process rather than an event")[30] praktisch unmöglich, schon weil sie entscheidend an subjektiven und ex post kaum rekonstruierbaren Prognosen und Bewertungen der Geschäftsleitung hängt (z.B. Ansatz zu going concern, Kreditmöglichkeiten bei Zahlungsengpässen). Der deutsche Gesetzgeber hat sich auch nicht dazu entschließen können, diesen Zeitpunkt – in Anlehnung an ausländische Vorbilder – jedenfalls einheitlich gerichtlich feststellen zu lassen,[31] und die Rechtsprechung hat durch den Ausschluss des Insolvenzverwalters von der (kollektiven) Durchsetzung der Ansprüche von „Neugläubigern" (das sind solche, die nach dem Soll-Zeitpunkt der Insolvenzantragstellung noch mit der Gesellschaft kontrahiert haben), die mögliche Sanktionswirkung der Norm auch nicht gerade befördert.[32] Hinsichtlich der Haftung gegenüber Altgläubigern bzw. zugunsten der Masse konterkariert demgegenüber der auf den Quotenschaden begrenzte geringe Umfang der möglichen Haftung die Effizienz der Sanktion. Diesen Defiziten ist auch über die Konstruktion von Krisenbeobachtungspflichten letztlich nicht beizukommen. Dazu kommt, dass in Deutschland (noch) keine Durchgriffshaftung bei Verletzung von Buchführungspflichten existiert:[33] eine Einladung zur Dokumentenvernichtung.

Die Regelungen in Frankreich und England, wo gesetzliche Rechtsfolge der Exit-Haftung Massebeiträge nach richterlichem Ermessen sind, gehen diesen Berechnungsschwierigkeiten von vornherein aus dem Weg. Das entlastet die Rechtspraxis in erheblichem Maß. Es belastet sie aber mit den üblichen Unsicherheiten vager Haftungskonzepte wie faute de gestion oder breach of fiduciary duties und muss im Übrigen eine eher späte Kaltstellung aussichtloser Gesellschaften hinnehmen.

Diesen Problemen lässt sich auf zweierlei Weise entgegen wirken. Einmal durch frühzeitige freiwillige Insolvenzverfahren, auf welche sich die Betreiber freilich nur einlassen

---

30 *Hirte*, Verhandlungen des 66. Deutschen Juristentages, 2006, Sitzungsberichte – Referate und Beschlüsse (2006), S. P 11, P 37 im Anschluss an *Bachner*, Creditor Protection in Private Companies - Anglo-German Perspectives after Centros, Ph.D. Thesis Cambridge (2006), S. 168 (von dem das wörtliche Zitat stammt).

31 Zur durch § 157 RegE InsO ursprünglich geplanten gemeinschaftlichen Feststellung des *„moment of truth"Hirte*, in: *Uhlenbruck*, Insolvenzordnung. Kommentar (12. Aufl. 2003), § 92 InsO Rdn. 13 mit § 139 Rdn. 7; zur Kritik zuletzt *Hirte* (Fn. 30), S. P 11, P 35.

32 BGHZ 138, 211 = ZIP 1998, 776 = NJW 1998, 2667 = BB 1998, 1277 (Ls.) *(Wellensiek)* = DStR 1998, 651 *(Goette)* = LM H. 8/1998 § 823 (Bf) BGB Nr. 110 *(Wilhelm)*; OLG Karlsruhe ZIP 2002, 2001, 2002; abw. zur Befugnis des Insolvenzverwalters, auch Neugläubigerschäden geltend zu machen, *Hirte*, in: Uhlenbruck (Fn. 31), § 92 InsO Rdn. 13; *ders.*, Abschied vom Quotenschaden (1994), Einleitung, S. 6; *ders.*, NJW 1995, 1202 f.; *Karsten Schmidt*, NZI 1998, 9, 11 ff. (für den Quotenschaden der Neugläubiger); *ders.*, ZGR 1998, 633, 662 ff.

33 Anders bis vor kurzem in *Frankreich*, wo unter Art. L. 624-5 Code de Commerce Nr. 5 und 7 a.F. bei schweren Verletzungen der Buchführungspflichten (z.B. die Unterdrückung von Unterlagen) das Insolvenzverfahren über eine Gesellschaft auf die Direktoren und faktischen Direktoren erstreckt werden konnte. Der neue Art. 652-1 Code de Commerce greift dies nicht mehr ausdrücklich auf, was freilich nicht ausschließt, darin künftig eine *faute de gestion* unter der *action en comblement du passif* zu erblicken. Zur Exklusivität dieser Sanktionen siehe Art. 652-1 letzter Absatz Code de Commerce. In *England* können Verletzungen der Publizitätspflichten zwar zur Löschung der Gesellschaft im Register, nicht aber zu zivilrechtlicher Haftung für die Gesellschaftsschulden *ex tunc* führen (dazu *Schall*, ZVI 2007, 236 ff.). Für eine Intransparenzhaftung in *Deutschland* jetzt BR-Drucks. 354/1/07 (B) v. 6.7.2007, S. 18 f. In diese Richtung bereits *Haas* (Fn. 1), S. E 107 f.; *ders.*, GmbHR 2006, 729, 730 ff. (für § 41 GmbHG als Schutzgesetz); *Hirte* (Fn. 30), S. P 11, P 24.

werden, wenn man ihnen dafür hinreichende Privilegien einräumt und wenn sich – wie in den USA – insgesamt eine positive Insolvenzkultur entwickelt hat, m.a.W. das Insolvenzverfahren nicht mehr zu einem Zerschlagungsautomatismus führt. Wenn man diese Voraussetzungen nicht schaffen will oder kann, bleibt der englische Weg eines einfachen Gläubigerantragsrechts, das im Endeffekt ein besonderes Mahnverfahren darstellt, an dessen Ende aber nicht der Titel, sondern sogleich die Insolvenzeröffnung steht. Damit ließen sich nicht nur unsinnige Gerichtskosten (Mahnverfahren, Versäumnisurteile) im Bereich rein durch Zahlungsschwierigkeiten motivierter Rechtsstreitigkeiten ersparen, sondern auch die Kontrollkosten für die Durchsetzung der Insolvenzgrenze minimieren. Die Nichtzahlung einer unstreitigen Schuld ist ein deutliches Warnsignal nach außen, an das man mit Recht die Vermutung der Zahlungsunfähigkeit knüpfen darf. Gegen verfrühte Verfahren, etwa bei bloßen Zahlungsstockungen, kann sich der Schuldner verteidigen, ebenso gegen missbräuchliche Druckverfahren zur Durchsetzung streitiger Ansprüche. Der Missbrauch des Insolvenzverfahrens zur Einzelzwangsvollstreckung wird damit hinreichend verhindert. Im Übrigen darf man mit diesem Argument nicht den Gläubigerschutz gegen zahlungsunwillige Schuldner verweigern. Ein letztes Gegenargument, nämlich das der Anfechtbarkeit von Leistungen nach Druckanträgen würde in Zukunft schließlich auch entkräftet, wenn dem § 14 Abs. 1 InsO – wie geplant[34] – ein neuer Satz 2 angefügt werden würde, wonach Insolvenzanträge von Gläubigern auch nach Zahlung aufrechterhalten werden können.

Alles in allem erscheint das einfache Gläubigerantragsrecht, in Verbindung mit dem Zahlungsverbot, damit als effizientere Methode zur Durchsetzung der Insolvenzgrenze als eine Insolvenzantragspflicht.[35]

D. Folgerungen für die Diskussion um die internationalprivatrechtliche Qualifikation der Insolvenzantragspflicht

Dieser ökonomische Befund bildet den – nicht immer offen ausgesprochenen – Hintergrund einer Debatte, die in den letzten Monaten die Rechtswissenschaft immer wieder beschäftigt hat.

Gemeint ist die Frage, ob die Insolvenzantragspflicht auch bei den „Schein-Auslandsgesellschaften“ greift, also den Gesellschaften mit ausländischem Satzungs-, aber inländischem Verwaltungssitz, die im Gefolge der Judikatur des Europäischen Gerichtshofs (Urteile in den Rechtssachen Centros[36], Überseering[37] und – vor allem – Inspire Art[38]) inzwischen

[34] Vgl. Entwurf der Bundesregierung eines Gesetzes zur Entschuldung mittelloser Personen, zur Stärkung der Gläubigerrechte sowie zur Regelung der Insolvenzfestigkeit von Lizenzen vom 22. 8. 2007.

[35] Für die Stärkung des Antragsrechts der Gläubiger bereits *Hirte* (Fn. 30), S. P 11, P 36; ebenso *Davies*, EBOR 7 (2006), 301, 314; *Mülbert*, EBOR 7 (2006), 357, 382; 400 ff.; ansatzweise auch *Eidenmüller*, EBOR 7 (2006), 239, 256 ff.; in dieselbe Richtung offenbar für die von ihnen vorgeschlagene UGG *Gehb/Drange/Heckelmann*, NZG 2006, 88, 96.

[36] EuGH, Urt. v. 9.3.1999 - Rs. C-212/97, Slg. 1999, I-1459 = ZIP 1999, 438 = NJW 1999, 2027 = DB 1999, 625 *(Meilicke)* = BB 1999, 809 *(Sedemund)* = NZG 1999, 298 *(Leible)* = IStR 1999, 253 = EWiR Art. 52 EGV 1/99, 259 *(Neye)*.

auch im Inland anzuerkennen sind. Denn ginge es wirklich bei der scheinbar hochdogmatischen Diskussion nur darum, immer gleiche verwerfliche Verhaltensweisen unter verschiedene nationale Haftungsnormen zu subsumieren, müsste man weder um die Qualifikation der Gläubigerschutzinstrumente so erbittert streiten noch wäre – als Folgefrage – ein Verstoß gegen die Niederlassungsfreiheit allein dadurch, dass die Norm dem Aufenthaltsrecht und nicht dem Herkunftsrecht entstammt, zu begründen.[39] Das Problem ist aber, dass die Anwendbarkeit des Gläubigerschutzregimes zugleich etwas darüber aussagt, welche Verhaltensweisen überhaupt verwerflich sind. Und dafür ist ganz entscheidend, ob eine Rechtsordnung ungeachtet der Sanierungsaussichten bereits die Verzögerung der Insolvenzantragstellung als solche sanktioniert. Das kann nämlich zu einem Konflikt mit Rechtsordnungen wie der englischen führen, die lediglich ein Handeln im Gläubigerinteresse als Verhaltensstandard verlangen und etwa eine duty to trade (im Gegensatz zur deutschen duty to stop) begründen können.[40]

Die Debatte wurde dadurch angeheizt, dass die Insolvenzantragspflicht in Form eines neuen § 15a InsO Eingang in den Regierungsentwurf des MoMiG gefunden hat; die neue Vorschrift will die Insolvenzantragspflicht aus den gesellschaftsrechtlichen Gesetzen (§ 64 Abs. 1 GmbHG, § 92 Abs. 2 AktG) lösen und rechtsformneutral auf alle juristischen Personen und die Gesellschaften ohne Rechtspersönlichkeit, soweit bei ihnen keine natürliche Person unbeschränkt haftet, erstrecken. Damit sollen insbesondere auch die „Schein-Auslandsgesellschaften" erfasst werden.

Dahinter steht freilich exakt der vorstehend beschriebene „Streit der Kulturen", genauer die unterschiedliche Einschätzung darüber, ob die zwingend und formal anknüpfende deutsche Insolvenzantragspflicht besser als die flexiblen Vorgaben des englischen Rechts geeignet ist, den besten Zeitpunkt für ein Ende des Geschäftsbetriebs zu markieren. Die insoweit bestehenden Zweifel haben auch die Beteiligten im schon erwähnten, spiegelbildlich gelagerten Fall Schefenacker (dazu oben III.1.) veranlasst, dem deutschen Recht den Rücken zu kehren.

I. Anwendung der Insolvenzantragspflicht auf Scheinauslandsgesellschaften nach der lex lata

Ausgangsfrage der Überlegungen ist dabei die internationalprivatrechtliche Qualifikation der Verpflichtung zur Insolvenzantragstellung (nicht des Insolvenzantragsrechts) und der aus ihrer

---

37 EuGH, Urt. v. 5.11.2002 - Rs. C-208/00, Slg. 2002, I-9919 = ZIP 2002, 2037 = NJW 2002, 3614 = NZG 2002, 1164 = EWiR Art. 43 EG 1/02, 1003 *(Neye)* = EWS 2002, 573 *(Hirte)*.

38 EuGH, Urt. v. 30.9.2003 - Rs. C-167/01, Slg. 2003, I-10155 = ZIP 2003, 1885 = NJW 2003, 3331 = NZG 2003, 1064 = DB 2003, 2219 = EWS 2003, 513 *(Hirte)*.

39 Insoweit zutreffend *Altmeppen*, in: Festschrift für Röhricht (2005), S. 3, 17.

40 Dazu insbesondere *Schall*, ZIP 2005, 965, 974 f.

Verletzung über § 823 Abs. 2 BGB unter Umständen resultierenden Schadenersatzansprüche.[41] Hier spricht nach Ansicht des Verfassers mehr dafür, diese Frage wegen der engen Verbindung mit dem Kapitalaufbringungssystem nach dem auf die Gesellschaft anwendbaren Recht zu beurteilen, Pflicht und Anspruch also gesellschaftsrechtlich zu qualifizieren.[42] Besonders deutlich wird dieser Zusammenhang mit dem Gesellschaftsrecht daran, dass das deutsche Recht die Insolvenzantragspflicht bislang gerade nicht rechtsformunabhängig, sondern rechtsformspezifisch anknüpft und insbesondere dann auf sie verzichtet, wenn – wie bei den Personengesellschaften – das Insolvenzrisiko durch persönliche Haftung aufgefangen wird.[43] Die Qualifikation der Insolvenzantragspflicht nach dem Gesellschaftsstatut gilt wegen des engen Zusammenhangs mit einer etwaigen Antragspflicht auch für die Frage, ob deren Verletzung über § 823 Abs. 2 BGB Ersatzansprüche begründet.[44] Zudem dürfte – selbst wenn man eine solche Verpflichtung bejaht – diese wegen des strafrechtlichen Analogieverbots (Art. 103 Abs. 2 GG) nach bislang geltendem Recht kaum strafbewehrt sein.[45]

Als Zwischenergebnis lässt sich damit festhalten, dass die Insolvenzantragspflicht in ihrer Ausgestaltung durch das geltende Recht eine gesellschaftsrechtlich zu qualifizierende

---

41 Dazu bereits *Hirte*, in: Hirte/Bücker (Fn. 3), § 1 Rdn. und 74A; *ders.*, in: VGR (Gesellschaftsrechtliche Vereinigung), Gesellschaftsrecht in der Diskussion 2006. Jahrestagung der Gesellschaftsrechtlichen Vereinigung, Bd. 12 (2007), S. 147, 183 ff.

42 Ebenso AG Bad Segeberg, ZInsO 2005, 558, 560 = ZIP 2005, 812 = GmbHR 2005, 884 *(Dichtl)*; *Just* Anm. zu LG Kiel, ZIP 2006, 1251, 1252 ; *Mock/Schildt*, ZInsO 2003, 396, 399 f. (zugleich mit dem Hinweis, dass ein abweichender Ansatz an der Niederlassungsfreiheit zu messen wäre; zu dessen Rechtfertigung *Borges*, ZIP 2004, 733, 740); *Paefgen*, ZIP 2005, 2253, 2261; *Ringe/Willemer*, EuZW 2006, 621, 624; *Sandrock*, in: Sandrock/Wetzler (Hrsg.), Deutsches Gesellschaftsrecht im Wettbewerb der Rechtsordnungen nach Centros, Überseering und Inspire Art (2004), S. 33, 50 ff.; *Schall*, ZIP 2005, 965, 974 f. (unter Hinweis auf den Konflikt von englischer Fortführungs- und deutscher Antragspflicht bei positiver Fortführungsprognose); *Trunk*, Internationales Insolvenzrecht (1998), S. 103 f.; *Ulmer*, NJW 2004, 1201, 1207; *ders.*, KTS 2004, 291, 300 f.; abw. LG Kiel (Berufungsentscheidung zu AG Bad Segeberg), ZIP 2006, 1248, 1249 *(Just)*; *Altmeppen*, NJW 2004, 97, 100 f.; *ders.*, NJW 2005, 1911, 1913; *Altmeppen/Wilhelm*, DB 2004, 1083, 1088; *Behrens*, in: Ulmer, GroßKomm. GmbHG, Einl. Rdn. B. 105 (2005); *Borges*, ZIP 2004, 733, 737 ff.; *Eidenmüller*, in: Eidenmüller (Hrsg.), Ausländische Kapitalgesellschaften im deutschen Recht (2004), § 9 Rdn. 26; *ders.*, NJW 2005, 1618, 1620; *ders.*, RabelsZ 70 (2006), 474, 494 f.; *Goette*, DStR 2005, 197, 200; *Huber*, in: Festschrift für Gerhardt (2004), S. 397, 424 ff.; *ders.*, in: Lutter, Europäische Auslandsgesellschaften in Deutschland (2005), S. 307, 328 ff.; *Kindler*, in: Münchener Kommentar zum BGB (4. Aufl. 2005), Internationales Gesellschaftsrecht, Rdn. 638 ff.; *Spahlinger/Wegen*, in: Spahlinger/Wegen (Hrsg.), Internationales Gesellschaftsrecht in der Praxis (2005), Rdn. C 346, 754; *Zimmer*, NJW 2003, 3585, 3589; *Zöllner*, GmbHR 2006, 1, 7, 10.

43 Siehe *Hirte*, in: Uhlenbruck (Fn. 31), § 11 InsO Rdn. 349, § 15 InsO Rdn. 1 ff.; dazu auch *Schumann*, DB 2004, 743, 746; zu Reformüberlegungen jetzt *Hirte/Mock*, ZIP 2005, 474 ff.

44 AG Bad Segeberg, ZInsO 2005, 558, 560 = ZIP 2005, 812 = GmbHR 2005, 884 *(Dichtl)*; *Mock/Schildt*, ZInsO 2003, 396, 400; *Paefgen*, ZIP 2005, 2253, 2261; i.E. ebenso *Schall*, EBLR (2005), 1534, 1553 f.; *Spindler/Berner*, RIW 2004, 7, 11 f.; abw. LG Kiel (Berufungsentscheidung zu AG Bad Segeberg), ZIP 2006, 1248, 1249 *(Just)*; *Eidenmüller* (Fn. 42), § 9 Rdn. 31 ff.; *ders.*, RabelsZ 70 (2006), 474, 497 f.; *Kuntz*, NZI 2005, 424, 427 ff. (der für diese Argumentation zu Unrecht auf die Gourdain-Nadler-Rechtsprechung des EuGH [Urt. v. 22.2.1979 - Rs. 133/78, Slg. 1979, 733, 744 ff.] abstellt, deren Parallele im deutschen Recht aber die Haftung nach § 64 *Abs. 2* GmbHG, nicht diejenige nach § 823 Abs. 2 BGB i.V.m. § 64 *Abs. 1* GmbHG ist).

45 Zutreffend *Eidenmüller* (Fn. 42), § 9 Rdn. 34; *M. Fischer*, ZIP 2004, 1477, 1481 f.; *Huber*, in: Lutter (Fn. 42), S. 307, 343; *Just*, Anm. zu LG Kiel, ZIP 2006, 1251, 1252 f.; *Spahlinger/Wegen* (Fn. 42), Rdn. C 760; *Spindler/Berner*, RIW 2004, 7, 15; *Wachter*, GmbHR 2004, 88, 101; *Weller*, IPrax 2003, 207, 208 f.; *ders.*, Europäische Rechtsformwahlfreiheit und Gesellschafterhaftung (2004), S. 118; *Zimmer*, NJW 2003, 3585, 3590; dazu auch *Horn*, NJW 2003, 893, 899; abw. nur *Gross/Schork*, NZI 2006, 10, 12 f. (der aber andererseits das Vorliegen einer Insolvenzantragspflicht verneint).

Pflicht ist; sie ist damit auf eine Gesellschaft, die einem anderen als dem deutschen Gesellschaftsrecht unterliegt, insbesondere auch sog. Schein-Auslandsgesellschaften, nicht anwendbar.

II. Einfluss des MoMiG auf diese Beurteilung

Das wirft die Frage auf, ob eine gesetzliche Verlagerung der Vorschriften über die Insolvenzantragspflichten in das Insolvenzrecht – wie jetzt im Regierungsentwurf des MoMiG vorgesehen[46] – an dieser Beurteilung etwas ändert.

Das erscheint aus mehreren Gründen zweifelhaft. Zunächst lässt allein der Standort einer Bestimmung – das ist internationalprivatrechtlich anerkannt – keine verbindliche Aussage über die Qualifikation der Pflicht als gesellschafts- oder insolvenzrechtlich zu. Bei der aktuell vorgeschlagenen Norm kommt insoweit hinzu, dass sie nach wie vor in ihrem Anwendungsbereich auf „juristische Personen" (und die ihnen vergleichbaren GmbH & Co. KG's und ähnliche Gestaltungen) beschränkt ist. Sie ist also gerade nicht – wie insolvenz(verfahrens)-rechtliche Normen sonst – wirklich rechtsformneutral ausgestaltet und lässt damit umgekehrt ihr eigentliches „Angriffsziel" – die „Schein-Auslandsgesellschaften" – deutlich erkennen; denn das ist der einzige Bereich, um den sich durch die Neufassung der Anwendungsbereich der Insolvenzantragspflicht erweitern würde. Zum Zweiten dürfte der Gläubigerschutz gegenüber im Inland tätigen Auslandsgesellschaften durchaus ausreichend sein, was die europarechtliche Legitimation einer Erstreckung der Insolvenzantragspflicht auf Schein-Auslandsgesellschaften als Eingriff in die Niederlassungsfreiheit zweifelhaft werden lässt.[47]

Letztlich ändert sich damit allein durch eine Verlagerung der Insolvenzantragspflichten vom Gesellschafts- in das Insolvenzrecht nichts; jedenfalls in der vom Regierungsentwurf des MoMiG vorgeschlagenen Ausgestaltung haben sie ihren gesellschaftsrechtlichen Charakter nicht verloren, und ihre Erstreckung auf Schein-Auslandsgesellschaften dürfte europarechtlich kaum zu rechtfertigen sein. Anders gewendet kann daher das ökonomische vorzugswürdige Ergebnis auch unter dem künftigen Recht noch Anwendung finden.

III. Abschaffung der zwingenden Insolvenzantragspflicht

Auf der Grundlage dieser Überlegungen hat sich der Verfasser auf dem Deutschen Juristentag im September 2006 dezidiert dafür ausgesprochen, die zwingende Insolvenzantragspflicht zu streichen und dafür im Gegenzug die Antragsrechte der Gläubiger zu erweitern.[48] Mit einem solchen Schritt würden exakt die Konsequenzen aus dem oben (III.2. a.E.) herausgearbeiteten Befund gezogen, dass eine differenziertere Entscheidung über den optimalen Zeitpunkt der

---

46 Zuvor dafür etwa *M. Fischer*, ZIP 2004, 1477, 1481 f.; *Karsten Schmidt*, ZHR 168 (2004), 493, 499.

47 Ausführlich *Hirte* (Fn. 29); *Hirte/Mock*, ZIP 2005, 474 ff.; *Schall*, ZIP 2005, 965, 974 f.; dazu jetzt auch *Westermann*, ZIP 2005, 1849, 1853 f.

Insolvenzantragstellung den Gläubigerinteressen mehr dienen würde als die rein formal anknüpfende Insolvenzantragspflicht des geltenden Rechts. Dass dies unter Umständen durch zusätzliche „weiche Pflichten" der Geschäftsleiter zugunsten der Gläubiger abgefedert werden müsste, wurde bereits an anderer Stelle (III.1.) betont.[49] Wichtiger ist daher, an die Stelle der Pflicht zur Einleitung eines staatlich kontrollierten Insolvenzverfahrens eine allgemeinere Handlungspflicht treten zu lassen, die auch, aber nicht nur zur Einleitung eines Insolvenzverfahrens führen muss. Dabei wird man sicher über die Frage nachzudenken haben, welche Handlungen hierfür ausreichen und wie diese ggfls. nachzuweisen sind;[50] auch die Pflicht zur Einberufung der Gesellschafterversammlung nach Loslösung von der Bindung an den Kapitalverlust gehört hierher.[51]

Inwieweit der Gesetzgeber diese Überlegungen im weiteren Gesetzgebungsverfahren noch aufgreift, lässt sich zum Zeitpunkt des Abschlusses dieses Manuskripts noch nicht beurteilen. Es wird daher nicht nur für den Jubilar, sondern auch für den Verfasser dieser Zeilen eine spannende Frage sein, die weitere Entwicklung zu beobachten – und die Frage beantwortet zu erhalten, ob ökonomische Erwägungen Entscheidungen des Gesetzgebers beeinflussen konnten.

E. Zusammenfassung

Die Insolvenzantragspflicht des deutschen Rechts bildet ein Element der „Exit"-Haftung im Recht der Kapitalgesellschaften. Sie steht vor allem neben dem Zahlungsverbot, das bislang in § 64 Abs. 2 GmbHG, §§ 92 Abs. 3, 93 Abs. 3 Nr. 6 AktG geregelt ist.

Das von ihr verfolgte Ziel, „kranke" Gesellschaften zum richtigen Zeitpunkt aus dem Markt zu ziehen, ist ökonomisch zutreffend gewählt, kann aber wegen der Starrheit der Norm nur begrenzt erreicht werden. Bedenklich ist vor allem die zwingende Insolvenzantragspflicht bei positiver Überlebensprognose, weil sie aussichtsreiche Sanierungen behindern und Zerschlagungsmechanismen auslösen kann. Außerdem verursacht ihre Durchsetzung gegenüber den Betreibern der Schuldnergesellschaft hohe Kosten. Vorzugswürdig sind eine Rücknahme der strikten Insolvenzantragspflicht bei gleichzeitigem Ausbau des Zahlungsverbots (wie im MoMiG bereits vorgesehen) sowie eine Vereinfachung der Gläubigerantragsrechte.

Rüstet man die strikte Insolvenzantragspflicht bei positiver Prognose entsprechend diesen Vorschlägen ab, wird nicht nur der ökonomischen Effizienz genügt, sondern auch die Konvergenz der europäischen Exit-Haftungen in einem wichtigen Bereich (wieder)

---

48 *Hirte* (Fn. 30), S. P 11, P 36; ebenso *Davies*, EBOR 7 (2006), 301, 314; *Mülbert*, EBOR 7 (2006), 357, 382; 400 ff.; ansatzweise auch *Eidenmüller*, EBOR 7 (2006), 239, 256 ff.; in dieselbe Richtung offenbar für die von ihnen vorgeschlagene UGG *Gehb/Drange/Heckelmann*, NZG 2006, 88, 96.

49 Ebenso bereits *Hirte* (Fn. 29). Zum unterschiedlichen konzeptionellen Ansatz der englischen Geschäftsführerpflichten *Schall*, EBLR 2005, 1534, 1547; zu den mit der Übernahme des englischen Ansatzes verbundenen Risiken (Abstellen auf das Wohl- oder Fehlverhalten im Einzelfall anstelle des bislang in Deutschland vorherrschenden generalisierenden Ansatzes) *Röhricht*, ZIP 2005, 505 ff.

50 Zu neueren italienischen Ansätzen jetzt *Costa*, ZInsO 2006, 1071, 1075 f.

51 *Haas*, DStR 2006, 993, 997; *Hirte* (Fn. 30), S. P 11, P 18; ebenso *Veil*, ZGR 2006, 374, 376 ff., 386 ff.

hergestellt. Das würde die europa- und IPR-rechtlichen Probleme um die Anwendbarkeit der deutschen Exit-Haftung aus Auslandsgesellschaften weitgehend entschärfen und die Weichen für eine europaweit vereinheitlichte Exit-Haftung stellen. So zeigt sich, dass die Herausarbeitung und Befolgung ökonomischer Prinzipien einen wichtigen Beitrag zur Bewältigung internationaler Rechtsprobleme leisten kann.

JUDICIAL SYSTEM AND FINANCIAL INTERMEDIATION

Bruno Deffains

Abstract: This paper analyzes the effects of legal rules on the performance of financial systems. The central question is how both content and enforcement of legal rules may contribute to the shaping of contractual relations, especially the emergence of intermediation. The original fact is that incompleteness of law may explain why banks exist. The general idea we suggest is that in common law countries, the judge completes the law whereas in civil law countries this activity could be delegated to intermediaries like banks.

A. Introduction

In this paper, we argue that recent developments in "law and finance" shed new light on three series of questions laid down by Bolton (2002):

1. The reason why banks exist: how can the existence of banks be explained? What is special about them compared to other financial institutions?
2. The determinants of financial architecture: How can the diversity of national financial systems be explained? Why are some of them dominated by banks (Germany and Japan) whereas others are dominated by the markets (USA and Great Britain)?
3. The role of the financial system in economic growth: an ever-widening consensus concerning the role of the financial system in economic growth: How can a valid financial system capable of promoting and sustaining long term economic growth be developed (what are the conditions necessary for a good financial system to develop)?

First of all, the traditional theories on financial intermediation justify the existence of banks through the use of informational asymmetries. Contractual incompleteness has often been presented in a "deliberate" manner (completing contracts would not improve economic performance) or "internal" (designing a complete contract is not possible). Compared to this view, the law and finance theory focuses on the "external" role of legal institutions to explain international differences in financial development. This prompts the search for a theory of the development of financial intermediation based on the incompleteness of the law: certain countries have good legal institutions whilst others have none, and good legal institutions are crucial to financial development and economic growth.

As Posner asserts "at the heart of economic analysis of law is a mystery that is also an embarrassment: how to explain judicial behaviour in economic terms" (Posner 1993, p. 2). Law and economics has dealt with this puzzle by drawing on two main research programs. The first one, focused on selective mechanisms, attempts to think about justice without the judges. Within this framework, litigants drive the evolution of law through their choice to bring actions or not. Yet this representation of justice cannot be completely relevant since it does not take into account the judges' behaviour. On the contrary, the second main field of research considers the judge as a utility maximizer. Judges are treated as any other agents, seeking their own interests when they decide cases or interpret laws. Implicitly, these models suppose that judges are free to decide cases as they want. The only constraints they face are the behaviour of others judges (and notably superior courts). Even if these two frameworks are fruitful, they appear unable to provide a comprehensive view of justice. The Judge is still a black box. Opening this black box is the main task of contemporary law and economics.

One of the major claims of law and economics literature was that common law – that is to say courts' lawmaking – is efficient. When Posner started testing it on different legal fields in the middle of the 1970s, he was concerned overall with the opposition between statute law and common law. In a sense, the same opposition nowadays still works in recent Doing business reports published by the World Bank: "Although the importance of macroeconomic policies cannot be denied, there is an ever-widening consensus today concerning the determining role of the quality of the laws and rules governing business and that of the institutions responsible for applying them" (2004, p. iv). Yet, how does economics of law represent efficient lawmaking process?

The first element to consider is the difficulty of testing such a representation. In Posner's works, for example, tests consist of examining some particular fields of law and estimating rules efficiency. But such a method strongly depends on the evaluation of costs – such as transaction costs for example – which is a difficult task. Similarly, the recent studies made by the World Bank concerning the economics outcomes in statute law countries and in common law countries may be due to other factors correlated with judicial systems without any causality between the judicial system and efficiency.

Therefore, within theoretical and empirical law and economics literature, the important point has been to explain how such a result of common law does – or does not – occur. In other words, which mechanisms could explain efficient lawmaking? The heart of the answer is to explain how judges make their decisions, solve cases and also create law by reversing old precedents or old interpretation.

The first set of researches has been the attempts to represent justice as a selective mechanism of precedents. In common law systems, litigated cases may lead to legal change, and judges are the main source of legal change through new precedents. Evolutionary models like those of Rubin (1977), Priest (1978) or Goodman (1978) rely on the idea that inefficient rules are more litigated than efficient ones. In case of inefficient rules, the expected loss by one party is greater than the expected gain for the other because of the deadweight loss caused precisely by inefficiency. Applying traditional models of litigation, it can be said that there is no range of settlement in that case: going to court is inevitable and rational.

Therefore litigants have incentives to litigate inefficient rules. And as inefficient rules are more litigated than efficient ones, they are more likely to be overturned than efficient ones. The key point is to be aware that it is not necessary for these models to assume that judges consciously aim for efficiency. The process can operate without any courts' preferences on efficiency – at least, judges must not disfavour too much efficiency (Cooter and Rubinfeld, 1989). Within these frameworks the lawmaking process has some similarity with market process since efficient outcome spontaneously and unconsciously emerges only due to rational litigants' behaviours. We may just notice that selective thesis faces the same problem as the basic model. Firstly, as litigation is represented as a game dividing a surplus, litigants may have interest in litigating efficient rules in order to obtain a larger share of the surplus. Secondly, interest pressure groups may act on litigation in their own interests, which is not necessarily efficient (Hirschleifer, 1982). As such, these models have contributed more to understanding the condition under which efficient evolution may occur than they have succeeded in demonstrating that such an evolution mechanism towards efficiency actually exists.

At the opposite side of these models of "justice without judges" a second representation of the lawmaking process has been developed by law and economics focused on judges' behaviour. This second research program treats judges like anyone else in economics – that is to say, as a utility maximizer. According to this representation, solving litigation and/or creating a precedent is a choice for a judge. Constraints and preferences being given, it is possible for economics to treat this choice like a rational choice. For example, for a judge to reverse precedents may influence his promotion and thus his utility. Some tests of this hypothesis have been made in the United States without being completely convincing and no true evidence has been given to validate the influence of judges' individual utility on their decisions (Cohen, 1991; Ashenfleter, Eisenbert and Schwab, 1995). But representing judges' decisions as choices leads to more interesting results. Indeed, judicial choice may result from different opinions. This is the case when more than one judge is involved in the decision. The voting paradox – and notably the Condorcet theorem about jury – may apply. This theorem shows that irrational collective decisions may occur when aggregating individual preferences. Such results are useful to explain votes when there are more than three voters. But these researches are always specific and may not be considered as a general economic theory of adjudication.

To conclude, these two perspectives may not be considered as comprehensive theory of adjudication. Even if they help to explain some aspects of adjudication and lawmaking process, they are not able to build a general and comprehensive theory of conflict resolution and a lot of work has yet to be done. This is the case because they do not take seriously the fact that lawmaking is above all an interpretative task, namely the application of a general rule to a particular case or the attribution of a meaning to a law, a statute or a precedent. They tend to consider adjudication either as a mechanical outcome of the litigation process itself or as a mechanical outcome of a process of optimisation by judges themselves.

Legal conflict arises notably from the different expectations of agents on the meaning of the law. As law is always unclear, it is possible for the agents to misperceive its true meaning (at least, the meaning that the judge will attribute to the norm and the manner by which the judge will apply the law to a particular case). From a law and economics point of view, the cognitive mechanisms by which people make judgments about the meaning of law and so assess the probabilities of winning or losing the case. To analyze this question in the specific field of financial relationships, we have to precisely investigate the respective role of the courts and banks to complete contracts and solve legal conflicts.

B. The emergence and development of (financial) intermediation

If the theories of financial intermediation emphasize that market imperfections (asymmetry of information and duplication of agency costs) explain the emergence of banks, it seems possible to add a "legal" justification to the traditional arguments.

We support the idea that the characteristics of legal systems will encourage the parties (creditors and debtors) to structure debt contracts in a manner that will minimize the cost of conflict resolution when the debtor fraudulently chooses not to respect his commitments. If the cost of recovering debt via the legal system is included in the cost of external finance, it emerges that it is in the interest of the parties to alter the terms of the contracts and even to change the form of their financial relationships.

First of all, an essential distinction must be made regarding the situations of conflict that may arise between creditors and debtors. The literature often points to "new legal problems", meaning that a debtor has managed to find an ingenious way of getting out of his obligations. Out of this emanates the basic question of how the courts will deal with this situation, as the legal system has not foreseen it. This problem is at the heart of the analysis by Beck and Levine (2004). They emphasize the "adaptability" of common law institutions: legal systems differ in their abilities to adapt to changing financial conditions. Legal systems that embrace jurisprudence and do not rely excessively on changes in statutory law will tend to evolve more efficiently to changing conditions than legal systems that reject jurisprudence or require strict adherence to statutes. The argument is different than the classical thesis of the "efficiency of the common law" developed by Posner, because it focuses on the dynamic of the legal system rather than on a static definition of efficiency. However, it captures a quite similar idea about the comparative performance of legal systems.

In the same vein, Ergungor (2004) underlines the "effectiveness" of common law in the sense that the courts are equipped to deal with legal conflicts they have not previously encountered.[1] One major, though not always clearly stated consequence is the advantage of resorting to financial intermediaries in a system of codified civil law. However, it may come as surprising that the analysis makes no reference to the most common forms of conflict, such as the recovery of debts in the conditions to which the courts are accustomed. A large part of the activities of the courts concerns these types of conflict to such an extent that a legal approach to the emergence of banks requires that it be examined first and foremost.

The approach mentioned above emphasizes the importance of legal factors in the organization and development of financial systems. However, it appears that transmission channels are not always clearly defined, especially when it comes to studying the role of financial intermediaries. The problem consists of identifying the characteristics of the legal systems which influence the organization of financial systems and the architecture of financial relationships. From this point of view, the law cannot simply be reduced to the content of legal rules. For instance, the fact that it is possible for shareholders to vote by proxy or that a minimum requirement for an extraordinary general meeting to be convened has been defined is not sufficient to define a legal system.

It is also important to look into the conditions under which these rules are produced and implemented. Certain systems, for example, favour a decentralized process of production whereas others give preference to a decentralized production of rules. Common law grants the judge the power to create new rules whereas civil law places him more in the role to "say" the law due to the supremacy assigned to the legislation.

This difference must be taken into account in any analysis of the effects of the law on the conditions of corporate finance. A legal tradition is not only characterized by the content of the rules but also by the manner in which the law is implemented. A closer look at the traditions of common law and codified civil law will reveal that investors in the USA and in Europe enjoy satisfactory legal protection. However, the conditions for settling litigation between creditors and debtors appear more significant. The common law judge in particular will solve problems with greater ease than the judge from a civilist tradition (Ergungor speaks of effectivity and flexibility).

The argument rests on the ability of the common law judge to deal with new situations by creating a precedent (stare decisis). In such instances, the civil law judge would be incapable of finding a solution as the written law has not shed any light on the problem encountered.

The courts of civil law countries are required to apply the codified rules and the judges are unable to create new rules as their role is at best limited to the interpretation of texts. This situation would explain why their ability to punish defaulting borrowers is limited when conflict arises. For example, should a borrower find a fraudulent means of transfering capital to the detriment of the lender via the use of a technique undefined in the code, the judge of Romano-Germanic tradition may well be at a loss to repare the damage suffered by the

[1] This work reminds one of the influential, though not unanimous thesis which holds that common law tends to evolve efficiently (Posner). It focuses on the process of law-making: "the life of law has not been logic: it has been experience".

creditor. It should be noted that this interpretation is similar in part (but only in part) to the analysis of LaPorta Lopez de Silanes Slheifer and Vishny (1998) where the authors evoke the "weakness" of the Romano-Germanic courts with regard to financial conflicts, particularly those opposing majority and minority shareholders. They consider that these courts allow a substantial expropriation of minority shareholders when majority blocks transfer a part of the capital and the profits out of the company.

Focussing on the ways in which law is implemented by the courts, one can consider that borrowers cannot credibly commit themselves to not exploiting lenders and this will inevitably limit their ability to access the capital market. Only banks are able to provide a service that individual investors cannot offer: "because civil law courts are not sufficiently effective in settling disputes between credit-market participants, banks will emerge in civil law countries as institutions able to resolve conflicts and enforce contracts without court intervention". This proposition is based on the fact that banks have a bargaining power which enables them to control the level of risk presented by the borrower. In other words, banks have a decisive role to play, enabling contracts to be fulfilled in Romano-Germanic economies in which the courts are not always able to settle conflicts between creditors and debtors.

On the contrary, in common law countries the level of legal incompleteness is seen as lower, because the judges are able to enforce the respect of contractual obligations, especially the commitments of debtors. It is thus normal to observe that financial relationships have developed because the markets have been given a central role. This offers a plausible explananation to why banks emerge as institutions which will pacify the relationships between creditors and debtors. This analysis will thus help to explain the financial structure of a country depending on its legal origin but without refering to the contents of investors' rights, as LLSV do.

Further, the differences observed in the rights of shareholders and creditors may reflect the diversity of legal traditions. For example, in countries of Romano-Germanic tradition where banks are able to solve conflicts without resorting to the courts, the accuracy of the laws relating to creditors will be more acute than in common law countries where the courts are responsible for enforcing financial commitments. Indeed, as the courts require indicators in order to pronounce their decisions, it is to be expected that the definition of creditors' rights will be more exact in common law countries. It may be noted that LLSV check on superior protection of creditor rights in common law countries. The difference with Ergungor is that the completeness of these laws is not seen as playing a significant role in the development of banks because the rules in fact appear to be the final product rather than the determinant factors of the financial system. The current literature argues that improved legal rights lead to a well-developed financial system. This is not necessarily so. The legal tradition, defined by the way the laws are made and applied, determines the structure of the financial system. Legal rights and regulations arise from the necessities of this structure. Therefore, financial system design will persist even in the absence of regulations and are the final product rather than the determinant of a financial system.

Hence, it would appear that common law is a driving force behind the development of financial markets whereas the system of civil law invites agents to turn to the banking institutions, in order to enforce the contractual commitments between creditors and debtors. This is an attractive interpretation, to the extent that the influence of the rule of law is not limited to its contents, but is extended to the conditions under which it is implemented. In this way, it offers an original explanation of financial intermediation: banks find their "raison d'être" in the incompleteness of the law (i.e. in the inability of the legal system to anticipate and solve certain problems).

This approach does raise one problem, however, in the sense that the civil law judge appears to be disadvantaged facing conflict between creditors and debtors. It must not be forgotten that the inability of the French or German judge to create law does not mean that he is always unable to solve the problems with which he is confronted. As noted before, he has to interpret the law. Therefore we have to compare the role of the courts in systems where the sources of law are partly different. Where common law systems give pride of place to jurisprudence, civil law systems give priority to the law.

Therefore it is in the code that the judge must seek for solutions, and it is unlikely that the code is such a poor source for the judge. The problem derives from the fact that his analysis prefers situations for which the law has not foreseen explicit solutions. In practice, the majority of conflicts that come before the courts is in no way original. If there is a difference between common and civil law, the accent should first of all be laid on the most frequent situations, such as routines (i.e. cases that do not impose selection and complex interpretation by courts). Indeed, a legal theory of financial intermediation must not limit itself to exceptional situations, but should deal with the everyday implementation of the law.

In that respect, several arguments have been put forward to highlight the drawbacks of the civil law system. First of all, the code is seen as restrictive, limiting the judges' freedom of movement (Glaeser and Shleifer, 2002). Secondly, the nature of the code is often seen as static (Beck and Levine's thesis of adaptability). This work pays little or no attention to the fact that the codified system of law is in constant evolution and that the judges enjoy the power to interpret the texts.

Moreover, from a comparative point of view, it is quite justified to question the respective efficiency of the common law and codified civil law systems when it comes to managing the incompleteness inherent in law. If, when faced with a new problem, civil law requires new and costly legislative texts to be produced, this does not mean that adjudication is not always the least costly. Indeed, it would appear that it generates other difficulties, beginning with the risk of a high rate of litigation with regard to the decision of the courts. Each system manages the insufficiencies according to the ways in which the resources of the community are used. No clear conclusion exists on this point.

However, there is another characteristic of the law that is worth examining, namely its level of formalism. Djankov, La Porta, Lopez de Silanez and Shleifer (2003) have examined the influence of formalism on the functioning of the legal system in particular. Formalism mainly reflects the number and duration of procedures required to settle a common dispute, such as recovering unpaid rent etc. They show that civil law countries generally enjoy a higher level of formalism than common law countries. They also consider that companies prefer less formalist legal systems because time is a strategic variable in business. As a consequence, formalist countries are those in which it will cost the most to ensure the implementation of even the simplest of contracts. It is not the quality of the legal system that is in question here but simply one of the ways in which it is implemented. The interest of concentrating on this characteristic is that new situations of conflict do not have to be given pride of place in order to distinguish between legal systems and to justify the role of banks in civilist systems. Of course, the arguments are not contradictory in the sense that legal formalism can be seen as a constraint forcing the texts to be interpreted literally so as to apply them to a particular type of case in such a way that this "grammatical" analysis imposes an extra cost on the judicial system. The absence of a law regarding a precise point may be considered as a particular case, as the cost of legal formalism would be unlimited. In any case, the cost of resorting to legal institutions will explain the role of banking institutions. The logic of the reasoning is "functional": if the legal institutions are not able to efficiently ensure the implementation of the contracts between creditors and debtors, other institutions will appear in order to fulfil this role. Again, the quality of the rules is not in question (level of detail, level of creditor protection or the nature of the santions when commitments are not respected), but rather the fact that the action of resorting to the courts appears too costly regarding the resources involved for creditors or companies.

Indeed, the legal approach requires adding a costly function of conflict resolution in addition to the traditional financial functions studied in finance (selecting borrowers, risk management). However, despite the financial functions being sufficiently well provided by the different financial institutions (banks and markets) the same cannot be said for these costly functions.

The legal system enables the incompleteness of contracts to be settled. It acts upon the creditor-debtor relationship by creating transfers ex-post between the two parties in the case of a conflict. From this point of view, each system exhibits specific characteristics, above all a degree of formalism. Obviously, the fact that it is costly for lenders to recover their loans from borrowers via the courts will encourage them to alter the nature of their contractual relationships. One rational solution is to favour external finance by banks to limit the effets of legal formalism. Given the advantages of financial intermediation in terms of controlling transaction costs (Boot, Thakor and Udell, 1991; Rajan, 1997; Pagano and Volpin, 2002), it can be considered that civil law contributes to the development of the banks financing economic activity. In the same way, when it is difficult for lenders to recover the loans they have granted, it may be useful to design contracts including reputation mechanisms (Ellickson, 1991;

Greif, 1993). Out of this may come the idea that civil law favours the emergence of long term credit relationships between banks and firms.

Generally speaking, the argument of the superiority of common law in terms of adaptability, developed by Beck and Levine (common law follows economic realities of the moment better), is far from being proven. The argument developed here prefers to lay the foundations of a legal theory of financial intermediation based upon the idea that creditors and debtors take into account the legal system when structuring their contracts. Hence, resorting to financial intermediation will be all the more necessary as the cost of recovering debt via the judicial system is increasingly high.

This analysis deals with a global characteristic of the legal system. Moreover, it does not enable any conclusion to be drawn as to the superiority of one system over another as it explains the nature of financial relations and not the level of financial development. Legal procedures affect the relationships between lenders and firms. When the legal system has restrictive procedures, it is in the interest of the parties to opt for informal arrangements (long term relationships and reputation) and/or favour bank finance. Hence, when the system exhibits a high degree of formalism, it can be expected that finance through bank debt will be greater than direct market finance because contracts of debt will cost less to implement in the case of conflict between the parties.[2] It is to be noted that this proposition does not imply that legal formalism has a significant impact on financial development or on long term growth (Acemoglu, 2004).

In fact, it would appear that it is due to the characteristics of law that increased recourse to banks exists. Two arguments can be put forward, one of which favours the degree of completeness of the law, whilst the other favours the degree of formalism in the procedures. First of all, it is possible to argue that legal systems are more or less centralized or more or less based upon the intervention of the judge as a creator (or interpreter) of law. But these elements are merely a reflection of a more profound difference related to the degree of completeness of the law (i.e. the ability of the system to anticipate a solution to new problems). Complete legal systems do not exist, so the problem of economic agents consists in developing mechanisms able to cope with this incompleteness. In the case of civil law, it seems that this means resorting to financial intermediation because the courts are not sufficiently flexible regarding the settlement of all the disputes likely to arise between creditors and debtors.

This analysis is insufficient in the sense that it focuses on new and hence extreme situations. The other argument favours legal formalism and explains how the contracting party resorts to banks in order to avoid the high cost of having contracts enforced by the

---

2 This analysis is similar to modern theories on financial intermediation which regard it as a credible commitment mechanism (Mayer, 1999). According to this approach, banks have information advantages, enabling them to commit companies. This commitment conditions the will of banks to provide the necessary capital for investment or to help firms in difficulty. Moreover, the exclusive nature of intermediary finance is optimal when it avoids duplicating the cost of surveillance.

courts. It is easy to understand why credit relationships are not the same (long term or short term), depending on the type of system.

Moreover, one can observe that due to increased recourse to the courts, the relationships are rather characterized as "short term" ones in the American system and "long term" ones in Continental Europe. This directs the debate towards the role of trust in the different legal systems.

C. Financial architecture and economic development

The most famous approach in law and finance is to be found in the work of LLSV on the law-finance relationship and in that of Beck, Demirgüç-Kunt and Levine (2001) on the law-finance-growth connection.

Concerning the law-finance relationship, the theory of legal origins holds that legal systems help to protect the rights of investors to a greater or lesser extent depending on their origin (common law or civil law). The different qualities of these laws and institutions responsible for implementing them explain the differences in financial development of these countries. Hence, common law countries are seen to provide the best environment with regard to company management thanks, in particular, to the increased level of protection they offer to outside investors (creditors and minority shareholders): "For both shareholders and creditors, protection includes not only the rights written into the laws and regulations but also the effectiveness of their enforcement" (LLSV, 2000).

Hence, the protection of investors not only depends on the rules defined within the framework of company law or bankrupcy law (without mentioning securities laws, accounting standards, etc.), but also on the existence of institutions able to enforce these laws. In other words, the manner in which the rules of law are applied is at least as important as their content. Let us take the Russian financial markets as an illustration. The latter valued a typical Russian company at only one twentieth of the value it would probably attain in a mature market economy. This low valuation prevents companies from gathering capital by issuing shares. Moreover, due to the imperfections in company law, there is no control over company managers and little protection for shareholders, especially minority shareholders (World Bank, 2003). In the same way, numerous examples of legislation concerning insolvency show that it is important to be aware not of how favourable the rules are for creditors, but to what extent the powerful institutions are able to enforce them. At the extreme, "legislation favouring debtors and applied coherently appears more trustworthy to the financial markets than unpredictable legislation favouring creditors" (IMF, 2000). Moreover, it would seem that capital markets (shares and debt) are most developed in common law countries.

Table 1[3]

Size of capital markets				
	Common law tradition	Civil law tradition		
	English origin	French origin	German origin	Scandinavian origin
Market capitalisation / GDP ratio				
Group average	60 %	21 %	46 %	30 %
Debt/GDP ratio				
Group average	68 %	45 %	97 %	57 %

It can be seen in this table that the share of market capitalisation relative to GDP is 60% on average in common law countries. This percentage is far higher than in civil law countries. In other words, the relationship between shareholder protection and the development of share markets has been empirically established. It is in common law countries (the most protective to minority shareholders) that the share markets are the most developed.

Following this, further research has attempted to bring to light the importance of the legal factor in the organisation and development of financial systems. The study of Demirguç-Kunt and Levine (2001) deals with the financial systems of 150 countries and comes to the following conclusions:

- Common law countries have financial systems dominated by the market.
- The financial systems of civil law countries are based more on bank credit.
- Financial systems are less developed in civil law countries.
- One would therefore be greatly tempted to consider that the common law is proof of efficiency from the point of view of systems of finance.

This empirical research is valuable because it quantifies differences in performance across the legal institutions sustaining modern economies. This motivates further discussion and allows it to proceed in a more systematic fashion. However, it suffers from substantial problems, related to selection bias, measurement difficulties and questionable causation.

Besides methodogical problems, the argument also raises an analytical discussion on the relevance of a traditional classification of financial systems. Regarding the law-finance-development relationship, LLSV (2000) indeed observe that bank-versus-market centeredness is not an especially useful way for distinguishing financial systems. The traditional classification of financial systems, depending on whether they are bank-based or market-based, is thus irrelevant.

Recent econometric reasearch (Levine, 2003; Beck and Levine, 2002) clearly shows that the level of financial development (the quality and quantity of financial services provided by the banking and market institutions as a whole) is critical for the economic growth of a country and not its financial architecture (no matter whether the system is bank-based or

3 Source: SV (1997)

market-based). At the same time, the "exogenous" component of financial development (the part of financial development explained by the origin of the legal system) is positively and significantly linked to economic growth.

The consequences are numerous. The first is the confirmation of the crucial role of law in creating the necessary conditions for the development of an efficient financial system capable of promoting long term economic growth. What is important for economic growth is the quantity and quality of financial services provided and not whether it is the banks or the markets that provide these services.[4]

This leads to a "functional" approach to the financial system.[5] The same financial function can be performed by different institutions or according to different rules. It is therefore important to concentrate on the functions rather than on the financial institutions.

Hence, banks are not special. They are one financial institution in the same way as the others. In passing it is worth noting that it is Bolton's third question (the conditions required for the development of a "good" financial system) that is given priority in the dominant theory of law and finance. The demonstration is in two stages. First of all, the legal system is the factor determining the differences in financial development between countries. It is then the level of financial development that influences the allocation of resources and economic growth. Altogether, it appears that financial architecture is neutral.

The two first questions about the determining factors of financial architecture appear irrelevant: the financial system must be viewed in its entirety (bank and market) rather than be assimilated to its dominant feature (bank or market).

Rajan and Zingales (1998) offer an alternative approach to that of LLSV. Bank-based systems (at least those in which the banks have a certain power over the companies they finance, i.e. "relationship-based systems") have a comparative advantage compared to market-based systems in economies in which legal systems are of bad quality (the absence of rules and appropriate institutions to enforce contracts). This situation has been brought about by the fact that in market-based systems the creditor is protected against the debtor's opportunism by a contract. In other words, the (explicit) contract is the coordinating element in these economies. It is the contract that precisely defines the rights and obligations of the parties as it carefully defines the sanctions and procedures to go to trial. Market-based systems need laws, rules and enforcement institutions to function correctly.

In bank-based systems, however, relationships of power take the place of contracts. This power that the banks have can take on different forms: participating in the capital of

---

4 A wider definition of the financial system is required here. This could be the markets and intermediairies as a whole which affect the financial decisions of economic agents. In other words, the financial system must be taken in its entirety (bank *and* market) rather than assimilating it to its dominant component (bank *or* market).

5 Bodie and Merton (2004) also develop a functional analysis based on two simple principles: (i) financial functions are more stable than institutions (i.e. functions change less over time and vary less from one country to another) (ii) the form of the institution adapts to the function (i.e. innovation and competition between financial institutions finally lead to the functions of the financial system being increasingly efficient).

client companies, the use of the voting rights in general meetings, the presence of bank representatives on the board of directors. This power can also be the result of an information advantage that the bank involved in the relationship may have (power of monopoly, information created during the relationship).[6] In other words, the banks can contain debtors' opportunistic behavior with no legal assistance (i.e. in a "weak legal environment") thanks to the power relationships that guarantee them a monopoly.

In the extension of this analysis, financial architecture can be seen as a source of value for a country or an economy. A good match between the financial architecture of a country and its legal system (laws, rules and institutions responsible for enforcing them) can contribute to economic development. But the contrary may also be true: a market-based type of financial architecture in a country where there is a lack of contractual discipline may well impede economic development. In a "weak legal environment" a bank-based type of architecture seems more suitable (Tadesse, 2002).[7]

Certain authors claim that financial architecture is of no consequence to the real sector of the economy. Banks and markets are seen as complementary regarding the provision of financial services. Neither the banks nor the financial markets have natural advantages in the provision of these services. Only the quantity and quality of financial services in the economy would count, rather than knowing whether it is the banks or the markets that provide these services. From this point on, the determining legal factors regarding financial relation-ships would have no impact on economic development. This argument is nevertheless debatable to the extent that the banks and markets can have a comparative advantage in the supply of certain services, especially those affecting the execution of contracts and the settling of conflicts. From this point of view, the institutional and, particulary, the legal environment must be taken into account. The differences between the services provided by banks and markets are more important than the similarities. One essential function of financial markets sets them apart from the banks: they form a dynamic process of information discovery. Theoretically, the intensity of transactions enables opinions to rapidly converge.

The markets help to bring opinions together and to spread information. In return, investment decisions are facilitated. In reality, the superiority of the market-based structure over the bank-based structure depends on how efficiently the market fulfils this function and how valuable this information is for companies. Put another way, the smooth running of the markets depends on the existence of legal institutions ensuring the signing and execution of contracts.

---

6 Here we find the link with modern theories on financial intermediation (Mayer, 1999).

7 See also Berglof and Bolton (2003). The bank (the market) may have a comparative advantage over the market the bank) for the supply of certain financial services in a weak (strong) legal environment. Each of these institutions offers both similar and contrasted solutions to the different needs of the economic agents. On certain aspects, the financial markets (banks) provide better solutions than banks (markets).

Weak legal systems and poor institutional infrastructure impede the functioning of markets, reducing the supply of information feedback as a market function. However, banks may use their power to assert their rights in the absence of a good legal system.

In fact, with regard to Bolton's first two questions, banks have a comparative advantage over the financial market in a weak legal environment, a comparative advantage that they obtain in the provision of certain services and, because of this, with regard to the third question, the financial architecture is not neutral from the point of view of economic development.

Therefore, such an analysis is all the more needed since the role of judges is now considered by legal theory as the heart of legal phenomena. Economics cannot ignore the key role of judges in the application, interpretation and creation of laws. Legal scholarship is nowadays particularly concerned with how the practices controlling adjudication affect the creation of law by courts. Law and economics theory may give elements to provide such a theory of legal conflicts resolution.

References

Acemoglu D. and Johnson S. (2003), Unbundling Institutions, MIT Working Paper

Arrunada B and Andonova V. (2004), "Market Institutions and Judicial Rulemaking," forthcoming in C. Menard and M. M. Shirley, eds., Handbook of New Institutional Economics, Norwell MA, Kluwer

Beck T., Demirgüc-Kunt A.and Levine R. (2001), "The Financial Structure Database", chapter 2 in Financial Structure and Economic Growth, edited by A. Demirgüç Kunt and R. Levine, MIT Press, Cambridge MA, 17-80

Beck T. and Levine R. (2002), "Industry Growth and Capital Allocation: Does Having a Market Based or Bank Based System Matter?", *Journal of Financial Economics*, 54, 147-180

Beck T. and Levine R. (2004), Legal Institutions and Financial Development, NBER Working Paper, n° 10417

Berglof E. and Bolton P. (2003), The Great Divide and Beyond - Financial Architecture in Transition, CEPR Discussion Paper No. 347

Bodie Z. and Merton R. (2004), The Design of Financial Systems: Towards a Synthesis of Function and Structure, Harvard Business School Working Paper, n° 02-074

Boot A., Thakor A. and Udell G.F. (1991), "Credible Commitments, Contract Enforcement Problems and Banks: Intermediation as Credibility Assurance", *Journal of Banking and Finance*

Bolton P. (2002), Banking in Emerging Markets, *Journal of Financial Intermediation,* 11, 362-365

Deffains B. and Guigou J.D. (2002), "Droit, gouvernement d'entreprises et marchés de capitaux", *Revue d'Economie Politique*

Djankov S., La Porta R., Lopez-de-Silanes F. and Shleifer A. (2003), "Courts", *Quarterly Journal of Economics, 118*, 453-517

Ellickson R. (1991), Order Without Law: How Neighbors Settle Disputes, Harvard University Press, Cambridge MA

Ergungor (2004), "Market- vs. Bank-Based Financial Systems: Do Rights and Regulations Really Matter?", *Journal of Banking and Finance*

Glaeser E. and Shleifer A. (2002), "Legal Origins", *Quarterly Journal of Economics, 117*, 1193-1230

Greif A. (1993), "Reputation and Coalitions in Medieval Trade: Evidence from the Maghribi Traders", *Journal of Economic History*, 857-882

La Porta R., Lopez-de-Silanes F., Shleifer A. and Vishny R. (1997), "Legal Determinants of External Finance", *Journal of Finance, 52*, 1131-1150

La Porta R., Lopez-de-Silanes F., Shleifer A. and Vishny R. (1998), "Law and Finance", *Journal of Political Economy, 106*, 1113-1155

La Porta R., Lopez-de-Silanes F., Shleifer A. and Vishny R. (2000), "Investor Protection and Corporate Governance", *Journal of Financial Economics, 58*, 3-27

Levine R. (2003), "Bank Based or Market Based Financial Systems: Which is the Better?", *Journal of Financial Intermediation, 8*, 36-67

Mayer C. (1999), "Firm Control", OFRC Working Papers Series 1999fe07, Oxford Financial Research Centre

North D. (1981), Structure and Change in Economic History, Cambridge MA, W.W. Norton and Company

Pagano M. and Volpin P. (2002), "The Political Economy of Finance", Oxford Review of Economic Policy, 17

Posner R.A. (2003), Economic Analysis of Law, 6th edition, Boston MA

Rajan R. and Zingales L. (1998), "Power in a Theory of the Firm." *Quarterly Journal of Economics, 113*, 387-432

Roe M. (2002), "Corporate Law's Limits", *Journal of Legal Studies*, 31, 233-71

Tadesse (2002), "Financial Architecture and Economic Performance: International Evidence", *Journal of Financial Intermediation*, 11, 429-454

World Bank (2003), Doing Business in 2004

WHAT A MEZZ! FUNKTIONEN UND ERSCHEINUNGSFORMEN VON MEZZANINE-FINANZIERUNGEN

Kai-Michael Hingst

A. Einleitung

Im Rahmen von Akquisitions-, Projekt- und strukturierten Finanzierungen begegnet in den letzten Jahren mit wachsender Häufigkeit der Ausdruck „*Mezzanine*-Finanzierung".[1] Die hierfür eingebürgerte Abkürzung „*Mezz*" verweist ungewollt auf eine begriffliche Verwirrung, die mit dieser Finanzierungsform, durch die sich ein Unternehmen sog. Mezzanine-Kapital beschafft, nicht selten einhergeht. Als „Mezzanine" werden Finanzierungsinstrumente recht unterschiedlichen Charakters bezeichnet. Es erscheint lohnend, dem Terminus begriffliche Kontur zu geben. Der Ausdruck „Mezzanine" ist für sich selbst schon sprechend. Er geht zurück auf das italienische Substantiv *mezzo* (Hälfte, Mitte) und den hiervon abgeleiteten deutschen Ausdruck „Mezzanin" als architektonischen Terminus technicus, der seit der Renaissance ein niedriges Halb- oder Zwischengeschoss („Mezzaningeschoss") unterhalb des Daches oder oberhalb des Erdgeschosses von Bauwerken bezeichnet.[2] Dem architektonischen

---

1 Grundwerke: *Bösl/Sommer* (Hrsg.), Mezzanine Finanzierung, 2006; *Häger/Elkemann-Reusch*, Mezzanine Finanzierungsinstrumente, 2. Aufl. 2007; *Werner,* Mezzanine-Kapital, 2. Aufl. 2007. Aus der Aufsatzliteratur: *Schrell/Kirchner*, Mezzanine Finanzierungsstrategien, BKR 2003, 13; *Golland/Gehlhaar/Grossmann/ Eickhoff-Kley/Jänisch*, Im Blickpunkt: Mezzanine-Kapital, BB-Special 4/2005, Seite 1 ff.; *Hofert/Arends*, Intelligente rechtliche Gestaltung von Mezzanine-Finanzierungen, ZIP 2005, 1297; *dies.*, Mezzanine-Finanzierung der GmbH, GmbHR 2005, 1381; *Breuninger/Prinz*, Ausgewählte Bilanz- und Steuerrechtsfragen von Mezzaninefinanzierungen, DStR 2006, 1345. Aus der Praxis: Unternehmer Edition, Ausgabe 2/2007: Mezzanine 2007. Anbieter und Modelle im Vergleich.

2 Vgl. z. B. *Koch,* Baustilkunde, 24. Aufl. 2003, Seite 469, 225; *Binding,* Architektonische Formenlehre, 2. Aufl. 1987, Seite 243, 125, 204, 205.

Wortursprung entsprechend, wird Mezzanine-Kapital in Wirtschaftspresse[3] und juristischer Fachliteratur[4] heute verbreitet und durchaus zutreffend als Zwischenform (auch: „Mischform“) zwischen Eigenkapital und Fremdkapital verstanden. Allerdings gehen die Meinungen darüber auseinander, ob es sich bei „Mezzanine“ um eine „völlig neue Form der Unternehmensfinanzierung“ oder doch nur um „alten Wein in neuen Schläuchen“ handelt.[5] Um hier Klarheit zu schaffen, werden im Folgenden die Erscheinungsformen von Mezzanine-Kapital näher betrachtet. Richtigerweise muss die Begriffsbildung bei der Wirkungsweise, also der Funktion des Finanzierungsinstruments ansetzen.[6] Daher wird nach einem Überblick über die wirtschaftlichen Grundlagen von Mezzanine-Finanzierungen (B.) zunächst die Funktion von Mezzanine-Kapital aufgezeigt (C.). Sodann werden die wichtigsten Mezzanine-Finanzierungsinstrumente im Einzelnen erörtert und in ein begriffliches System gestellt (D.). Ein kurzes Fazit schließt die Abhandlung ab (E.).

B. Wirtschaftliche Grundlagen von Mezzanine-Finanzierungen

Die Finanzierung des Mittelstands, zu dem nach Berechnungen des Bonner Instituts für Mittelstandsforschung 99,7 % aller Unternehmen in Deutschland zählen[7], erfolgt üblicherweise innerhalb des Hausbankensystems (*relationship-based lending*) durch Bankdarlehen, also Fremdkapital. Die traditionell starke Fokussierung auf die Finanzierung durch Fremdkapital hat freilich insoweit ihren guten Grund, als sie steuerlich bevorzugt wird, indem auf das Fremdkapital gezahlte Zinsen (Fremdkapitalzinsen) steuerlich als Betriebsausgaben geltend gemacht werden können (vgl. § 4 Abs. 4 EStG) – jedenfalls bislang.[8] Zudem hat auf dem deutschen Markt der starke Wettbewerb von Sparkassen und Genossenschaftsbanken mit den privaten Geschäftsbanken dazu geführt, dass Kredite gegenüber Gesellschafter-Eigenkapital relativ günstig zu erhalten waren. Eine Folge hiervon ist jedoch, dass deutsche Mittelstandsunternehmen mit durchschnittlich 10 % eine im internationalen Vergleich niedrige Eigenkapitalquote aufweisen.[9] Letzteres – und dies ist der Grund für die wachsende Attraktivität von

---

3 Z. B. Handelsblatt vom 14. November 2006, Seite 26, „Wie Mezzanine-Kapital die Bonität verbessert“; Frankfurter Allgemeine Zeitung vom 5. März 2007, Seite 20, „Mezzanine-Kapital hilft bei Umstrukturierungen“; Financial Times Deutschland vom 11. Mai 2007, Seite SA3, „Kreative kopieren – Leasinganbieter werben jetzt auch mit Mezzanine-Varianten“, und vom 31. Mai 2007, Seite SB3, „Genussrechte für mehr Eigenkapital“.

4 Vgl. nur *Kiethe,* DStR 2006, 1763; *Gerdes*, BC 2006, 57; *Hofert/Arends*, ZIP 2005, 1297.

5 Vgl. nur *Hofert/Arends,* ZIP 2005, 1297 und kürzlich Financial Times Deutschland vom 4. Juni 2007: „Ein Wort wie ein Werbeslogan. [...] Dank des Hingucker-Schlagworts ‚Mezzanine' sollen sich besonders viele Kunden für das neue Produkt interessieren. Auch wenn sich das Konzept nur wenig vom länger bekannten Sale-and-Leaseback unterscheidet.“

6 Zu den Grundlagen eines solchen pragmatistischen Begriffsverständnisses *Hingst,* Perspektivismus und Pragmatismus. Ein Vergleich auf der Grundlage der Wahrheitsbegriffe und der Religionsphilosophien von Nietzsche und James, 1998, Seite 187–223; *Hingst,* James' Transformation der Pragmatischen Maxime von Peirce, in: Oehler (Hrsg.), William James, Pragmatismus. Ein neuer Name für einige alte Wege des Denkens, 2000, Seite 33–67.

7 „Schlüsselzahlen des Mittelstands in Deutschland“, abrufbar unter www.ifm-bonn.org.

8 Die im Rahmen der Unternehmenssteuerreform 2008 eingeführte sog. Zinsschranke wird hier zu Einschränkungen führen (vgl. zuletzt etwa *Reiche/Kroschewski,* DStR 2007, 1330).

9 *Gerdes,* BC 2006, 57.

Mezzanine-Finanzierungen – erweist sich als Wettbewerbsnachteil im Lichte von „Basel II". Die unter diesem Stichwort vom Basler Ausschuss für Bankenaufsicht, einem Gremium aus Vertretern der Zentralbanken und der Bankenaufsichtsbehörden der G 10-Staaten, im Jahr 2004 entwickelten Eigenkapitalregeln[10] haben die Vorgaben für die Risikogewichtung von Krediten gegenüber dem ursprünglichen „Basler Akkord" (Basel I) aus dem Jahr 1988 verschärft. Die insoweit relevante erste der „drei Säulen" von Basel II definiert die Mindesteigenkapitalanforderungen an Kreditinstitute und sieht vor, dass diese ihre Kredite zu mindestens 8 % mit Eigenkapital unterlegen müssen. Näherhin sollen die neuen Eigenkapitalregeln das *Ausfallrisiko,* dem sich eine Bank bei der Kreditvergabe an ein Unternehmen aussetzt, bei der Bemessung der bankseitigen Eigenkapitalunterlegung eines Kredits genauer und angemessener als bislang berücksichtigen. Das Ausfallrisiko bestimmt entscheidend die *Bonität* des jeweiligen Schuldners – und je höher die Bonität des Schuldners, mit desto weniger Eigenkapital muss eine Bank ihren Kredit an diesen Schuldner unterlegen. Die Bonität wird ihrerseits im Wege eines (internen oder externen[11]) *Ratings* des Unternehmens ermittelt. Das Rating bestimmt dann unmittelbar die *Marge* der Bank (sog. bonitätsbezogene Kreditrisikobepreisung) und somit die *Kreditkosten* des Unternehmens. Da nun die *Eigenkapitalquote* eines Unternehmens Auskunft über seine Finanzkraft gibt, ist sie zugleich eine wichtige Determinante der Bonität.[12] Der geschilderte Zusammenhang[13] lässt sich wie folgt darstellen:

Eigenkapitalquote → Ausfallrisiko → Bonität → Rating → Marge → Kreditkosten

Wenn also die Eigenkapitalquote von mittelständischen Unternehmen vergleichsweise niedrig ist, kann dies ihre Finanzierung nach Basel II erschweren und die Kreditkosten in die Höhe treiben – eine *Finanzierungslücke* entsteht. An dieser Stelle kommt das Mezzanine-Kapital ins Spiel. Zwar ist grundsätzlich auch an eigenkapitalgestützte Finanzierungsformen wie die Emission von Aktien oder die gesellschaftsrechtliche Beteiligung von *Private-Equity*-Firmen zu denken. Diese Finanzierungswege lösen jedoch nicht nur einen erheblichen Dokumentationsaufwand und entsprechende Kosten aus, sondern stehen vor allem dem Wunsch des typischen deutschen Mittelständlers entgegen, „Herr im eigenen Hause" zu bleiben.[14] Mezzanine-Finanzierungen können diesem Wunsch Rechnung tragen.

---

[10] Die Basler Eigenkapitalregeln sind durch die Überarbeitung der Bankenrichtlinie (2006/48/EG) und der Kapitaladäquanzrichtlinie (2006/49/EG) zu europäischem Recht geworden. Diese Richtlinien wurden in Deutschland durch Änderungen im KWG und in der Groß- und Millionenkreditverordnung (GroMiKV) sowie durch die Ablösung des bisherigen, die Eigenmittelausstattung von Kreditinstituten regelnden Grundsatzes I durch die Solvabilitätsverordnung (SolvV) umgesetzt.

[11] Die bekanntesten Rating-Agenturen sind Standard & Poor's, Moody's und Fitch.

[12] *Werner,* a. a. O., Seite 17.

[13] Vgl. insgesamt *Werner,* a. a. O., Seite 16–18.

[14] *Werner,* a. a. O., Seite 20.

C. Funktion von Mezzanine-Kapital

Die wesentliche Funktion von Mezzanine-Kapital besteht darin, die soeben dargestellte Finanzierungslücke zu schließen. Mezzanine- Kapital ist hierfür besonders gut geeignet, weil es eigenkapital- und fremdkapitaltypische Elemente weitgehend flexibel kombinieren kann.

I. Typische Merkmale von Mezzanine-Kapital

Der Charakter des Mezzanine-Kapitals als Finanzierungsform zwischen Eigen- und Fremdkapital tritt hervor, wenn man es vom „reinen" Eigenkapital einerseits und vom „reinen" Fremdkapital andererseits abgrenzt. Hierfür bieten sich vier Kriterien an: die Rangigkeit, die Dauer der Kapitalüberlassung, die Partizipation des Kapitalgebers am Erfolg des finanzierten Unternehmens und die Verlustbeteiligung.

1. Was die *Rangigkeit* betrifft, so werden Fremdkapitalgeber im Falle der Insolvenz des finanzierten Unternehmens vorrangig vor Eigenkapitalgebern befriedigt. Diese Nachrangigkeit des Eigenkapitals kennzeichnet seine typische Haftungsfunktion.[15] Mezzanine-Kapital steht rangmäßig genau in der Mitte zwischen Eigen- und Fremdkapital, weil es im Insolvenzfall zwar nachrangig gegenüber dem Fremdkapital, aber vorrangig gegenüber dem Eigenkapital bedient wird. Dies ist ein strukturprägendes Merkmal von Mezzanine-Kapital. Die Nachrangigkeit des Mezzanine-Kapitals gegenüber „echtem" Fremdkapital wird rechtlich durch Rangrücktrittsvereinbarungen erreicht, die im einzelnen sehr unterschiedlich ausgestaltet sein können.[16]

2. Was die *Dauer der Kapitalüberlassung* angeht, so wird Fremdkapital dem Unternehmen üblicherweise befristet überlassen, während ihm Eigenkapital üblicherweise dauerhaft zur Verfügung steht. Mezzanine-Kapital nun wird – wie Fremdkapital – befristet überlassen. In der Regel wird ein Zeitraum von fünf bis zehn Jahren vereinbart,[17] damit das Mezzanine-Kapital in der Handelsbilanz als Eigenkapital ausgewiesen werden kann.[18] Hinsichtlich der Dauer der Kapitalüberlassung steht Mezzanine-Kapital somit dem Fremdkapital nah.

3. Fremdkapitalgeber werden zumeist nicht *am Unternehmenserfolg beteiligt,* sondern erhalten eine regelmäßige Vergütung in Form von Zinsen. Eigenkapitalgeber partizipieren demgegenüber durch Gewinnanteile resp. Dividenden am Unternehmenserfolg. Im Vergleich hierzu zeichnen sich Mezzanine-Finanzierungen durch eine besondere Flexibilität und Vielseitigkeit hinsichtlich der Vergütungsstruktur aus. Häufig findet sich eine Kombination aus laufender Verzinsung, auflaufender, endfälliger Verzinsung und einem sog. *Equity Kicker* (im Sinne einer Option auf Eigenkapital)[19]: Durch die Aufsplittung der Zinskomponente in eine

---

15 *Werner,* a. a. O., Seite 24.

16 So kann eine Rangrücktrittsvereinbarung auch über den Insolvenzfall hinaus vorsehen, dass das Mezzanine-Kapital erst nach vollständiger Tilgung sämtlicher Fremdkapitalforderungen zurückgeführt werden darf (vgl. *Werner,* a. a. O., Seite 25). – Siehe auch unten D. II. 1. zum Nachrangdarlehen.

17 *Werner,* a. a. O., Seite 26.

18 Dazu unten D. I.

19 Hierzu ausführlich *Häger/Elkemann-Reusch,* a. a. O., Rdnr. 63 ff.

relativ niedrige laufende Verzinsung und eine relativ hohe endfällige Verzinsung wird erreicht, dass die Liquiditätsabflüsse beim Unternehmen zu Beginn der Laufzeit verhältnismäßig niedrig sind. Zu höheren Liquiditätsabflüssen kommt es idealiter erst, wenn die durch das Mezzanine-Kapital finanzierten Maßnahmen bereits erste Früchte tragen.[20] Der *Equity Kicker* am Ende der Laufzeit wird zumeist als Optionsrecht auf Gesellschaftsanteile an dem finanzierten Unternehmen ausgestaltet. Auf diese Weise partizipiert der Kapitalgeber, obwohl zunächst nicht gesellschaftsrechtlich beteiligt, zum Ende seines Engagements am Unternehmenserfolg. Beim Kriterium der Beteiligung am Unternehmenserfolg stehen Mezzanine-Finanzierungen im Ergebnis also eher dem Eigenkapital nah.

4. Während eine *Verlustbeteiligung* bei der Fremdkapitalfinanzierung ausgeschlossen ist, gehört sie – bei Kapitalgesellschaften (AG, GmbH) auf die Höhe der Einlage beschränkt – zu den konstitutiven Merkmalen der Eigenkapitalfinanzierung. Ob es bei einer Mezzanine-Finanzierung zu einer Verlustbeteiligung kommt, hängt von dem jeweiligen Mezzanine-Finanzierungsinstrument ab.[21] Jedenfalls ist die Verlustbeteiligung – die streng zu unterscheiden ist von der durch die Nachrangigkeit des Mezzanine-Kapitals bedingten Verlustbeteiligung bei Liquidation resp. Insolvenz – für Mezzanine-Kapital nicht konstitutiv.[22] Sie ist jedoch *conditio sine qua non* dafür, dass das Mezzanine-Kapital in der Handelsbilanz als Eigenkapital ausgewiesen werden kann.[23] Wird ein Finanzierungsinstrument eingesetzt, das eine Verlustbeteiligung des Kapitalgebers mit sich bringt, ist das Mezzanine-Kapital eigenkapitalnah.[24] Wird hingegen eine Ausgestaltung ohne Verlustbeteiligung gewählt, ist das Mezzanine-Kapital fremdkapitalnah.[25]

II. Hauptvorteile von Mezzanine-Kapital

Aufgrund der geschilderten Kombination von eigenkapital- und fremdkapitalspezifischen Merkmalen stellen Mezzanine-Finanzierungen eine optimale Ergänzung zu reinen Eigenkapital- resp. reinen Fremdkapitalfinanzierungen dar.

1. So hat eine Mezzanine-Finanzierung gegenüber einer reinen Eigenkapitalfinanzierung den wesentlichen Vorteil, dass es – mangels gesellschaftsrechtlicher Beteiligung des Mezzanine-Gebers – *nicht* zu einer *Kapitalverwässerung (Capital Dilution)* kommt. Dem Mezzanine-Geber werden zwar in der Regel Zustimmungs- und Kontrollrechte, aber keine Mitspracherechte eingeräumt – der Unternehmer bleibt, wie gewünscht, „Herr im eigenen Haus“.

2. Gegenüber einer reinen Fremdkapitalfinanzierung weist Mezzanine-Kapital den Vorzug auf, dass es – eine entsprechende vertragliche Gestaltung vorausgesetzt – die für das

---

[20] *Golland/Gehlhaar/Grossmann/Eickhoff-Kley/Jänisch,* BB-Special 4/2005, Seite 3.
[21] Hierzu im Einzelnen unten D.
[22] *Werner,* a. a. O., Seite 27.
[23] *Werner,* a. a. O., Seite 27; *Föcking,* in: Bösl/Sommer, a. a. O., Seite 33; *Breuninger/Prinz,* DStR 2006, 1346.
[24] Dazu unten D. I.
[25] Dazu unten D. II.

Rating wichtige Eigenkapitalquote des zu finanzierenden Unternehmens zu stärken und somit dessen Bonität zu verbessern vermag.[26] Der Hauptfachausschuss des Instituts der Wirtschaftsprüfer e. V. (IDW) hat in seiner Stellungnahme 1/1994 vier Kriterien dazu aufgestellt, wann eine Behandlung von *Genussrechtskapital* als *handelsbilanzielles* Eigenkapital zulässig ist.[27] Diese Kriterien sind in der Literatur auf breite Zustimmung gestoßen[28] und werden gemeinhin auf die Bilanzierung der stillen Gesellschaft sowie anderer Finanzierungsinstrumente übertragen.[29] Bei den Kriterien handelt es sich – entsprechend den vorgenannten vier Merkmalen des Mezzanine-Kapitals – um die Erfolgsabhängigkeit der Vergütung, die Teilnahme am Verlust bis zur vollen Höhe des Kapitals, die Langfristigkeit der Kapitalüberlassung (mindestens fünf Jahre) und die Nachrangabrede. Für die Frage, ob Mezzanine-Kapital die im Wege des Ratings ermittelte Bonität verbessert, ist die Klassifizierung als *handelsbilanzielles* Eigenkapital indes nicht einmal zwingend erforderlich.[30] Zwar soll es einige Banken geben, die sich diesbezüglich an den vom IDW entwickelten Kriterien orientieren.[31] Als „herrschend" muss aber insoweit der vom Arbeitskreis „Mittelstandsfinanzierung" der Initiative Finanzstandort Deutschland (IFD)[32] entwickelte Kriterienkatalog gelten.[33] Danach ist für die bonitätsstärkende Wirkung von Mezzanine-Kapital entscheidend, dass das Mezzanine-Kapital dem Unternehmen für mindestens fünf bis sieben Jahre überlassen wird, im Mezzanine-Vertrag keine ordentlichen Kündigungsrechte vereinbart werden und das Mezzanine-Kapital zumindest im Falle der Insolvenz nur nachrangig bedient wird.[34] Allerdings stellen einige Banken noch höhere Anforderungen.[35] Eine allgemeingültige Aussage darüber, wann Mezzanine-Kapital eine bonitätsstärkende Wirkung entfaltet, kann somit letztlich nicht getroffen werden. Die vom Arbeitskreis „Mittelstandsfinanzierung" der IFD aufgestellten Kriterien bieten insoweit aber allemal eine gute Orientierung.

3. Weitere Vorteile von Mezzanine-Kapital[36] sind die Senkung der laufenden Finanzierungskosten und eine hohe Flexibilität, was eine „maßgeschneiderte" Finanzierung ermöglicht. Nicht zuletzt dient Mezzanine-Kapital der *steuerlichen Optimierung*: Denn auch diejenigen Mezzanine-Produkte, die *handelsbilanziell* als Eigenkapital ausgewiesen werden, sind aus *steuerbilanzieller* Sicht häufig Fremdkapital.[37] Dies hat die angenehme Folge, dass

---

26 Siehe oben B.; zu den Auswirkungen von Mezzanine-Kapital auf das Rating in einem Praxisfall *Gerdes,* BC 2006, 57.

27 Abgedruckt in: Die Wirtschaftsprüfung 1994, 419 ff.

28 *Werner,* a. a. O., Seite 87.

29 Vgl. nur *Häger/Elkemann-Reusch,* Rdnr. 422 ff. m. w. N.

30 *Häger/Elkemann-Reusch,* a. a. O, Rdnr. 50.

31 *Häger/Elkemann-Reusch,* a. a. O, Rdnr. 44.

32 Mitglieder dieses Arbeitskreises sind u. a. die großen Geschäftsbanken, die Finanzgruppe Deutscher Sparkassen- und Giroverband, der Bundesverband deutscher Banken e. V. und das Bundesministerium der Finanzen.

33 Abgedruckt in: Die Bank 2007, 55 ff.

34 Vgl. im Einzelnen: Arbeitskreis „Mittelstandsfinanzierung" der IFD, Entwicklung des Mezzanine-Marktes, Die Bank 2007, 55 ff. sowie *Häger/Elkemann-Reusch,* a. a. O, Rdnr. 45 ff.

35 Näher *Häger/Elkemann-Reusch,* a. a. O, Rdnr. 49.

36 Vgl. nur *Häger/Elkemann-Reusch,* a. a. O., Rdnr. 75.

37 *Werner,* a. a. O., Seite 25.

- bei entsprechender Ausgestaltung – die Finanzierungskosten als Betriebsausgaben abgezogen werden können und so den steuerlichen Gewinn mindern.[38] Künftig ist freilich die mit der Unternehmenssteuerreform 2008 eingeführte „Zinsschranke" zu beachten.[39]

III. Einsatzbereiche von Mezzanine-Kapital

Mezzanine-Kapital kann in verschiedenen Situationen dazu dienen, Finanzierungslücken zu schließen.[40]

1. Größtenteils dient Mezzanine-Kapital der *Wachstumsfinanzierung*[41], sei es durch Investition in Produktionsstätten, Forschung und Vertrieb[42], sei es durch Übernahme eines Wettbewerbers (sog. Akquisitionsfinanzierung). Es eignet sich in besonderer Weise, eine Finanzierungslücke zu schließen, die entsteht, weil Banken (als Fremdkapitalgeber) nur eingeschränkt bereit sein werden, die mit einer Wachstumsfinanzierung verbundenen Risiken zu tragen, weil signifikante Kapitalerhöhungen aus dem bestehenden Gesellschafterkreis (Eigenkapital) gerade für mittelständische Unternehmen häufig ausscheiden und weil Investoren (als Eigenkapitalgeber) verlangen, dass ihnen – mit der Folge der Verwässerung – Mitsprache- und sonstige Gesellschafterrechte eingeräumt werden. Mezzanine-Kapital kann diese Lücke dank seiner flexiblen Ausgestaltung schließen: Dem Unternehmen kommt zugute, dass zu Beginn der Laufzeit Liquiditätsabflüsse vermieden werden und der Cash-flow geschont wird, und der Kapitalgeber wird für seine Risikobereitschaft belohnt, indem er zum Ende der Laufzeit vom *Equity Kicker* Gebrauch machen kann.[43]

2. Eines der ersten und bis heute wichtigsten Einsatzfelder von Mezzanine-Kapital ist die Finanzierung von *Management-Buy-Outs* (MBOs)[44], durch die ein Unternehmen von seinem bisherigen Management übernommen wird. Da das Management in der Regel nicht über ausreichende Eigenmittel verfügt und die Aufnahme externer Investoren wegen des damit einhergehenden Verwässerungseffekts nicht gewünscht ist, bietet sich die Finanzierung durch Mezzanine-Kapital zur Schließung der Finanzierungslücke an. Mezzanine-Kapital hat bei MBO-Transaktionen zugleich die Funktion, den sog. *Leverage*-Effekt (Hebel-Effekt) dadurch zu verstärken, dass weniger echtes Eigenkapital in die Finanzierung eingebracht werden

---

38 *Föcking,* in: Bösl/Sommer, a. a. O., Seite 27; *Werner,* a. a. O., Seite 25; *Häger/Elkemann-Reusch,* a. a. O., Rdnr. 75; *Breuninger/Prinz,* DStR 2006, 1346, 1347 f.

39 Siehe bereits oben Anm. 8. Die Zinsschranke wird durch § 4h Abs. 1 Satz 1 EStG n. F. errichtet: Demnach sind Zinsaufwendungen nur noch bis zur Höhe von 30 % des steuerlichen EBITDA desselben Wirtschaftsjahres abziehbar.

40 Zu den hier ausgesparten Sonderfällen, z. B. dem sog. PIPE-Mezzanine (Mezzanine zwecks *Private Investments in Public Enterprises*) siehe *Golland,* in: Bösl/Sommer, a. a. O., Seite 84 ff.; *Werner,* a. a. O., Seite 70 ff.; *Häger/Elkemann-Reusch,* a. a. O., Rdnr. 86 ff.

41 *Golland,* in: Bösl/Sommer, a. a. O., Seite 79 f.; *Werner,* a. a. O., Seite 66 f.; *Häger/Elkemann-Reusch,* a. a. O., Rdnr. 81.

42 Für ein Fallbeispiel siehe *Golland/Gehlhaar/Grossmann/Eickhoff-Kley/Jänisch,* BB-Special 4/2005, Seite 30 f.

43 Siehe oben C. I. 3.

44 *Golland,* in: Bösl/Sommer, a. a. O., Seite 80 ff.; *Werner,* a. a. O., Seite 67 ff.; *Häger/Elkemann-Reusch,* a. O., Rdnr. 78 f.; für ein Fallbeispiel siehe *Golland/Gehlhaar/Grossmann/Eickhoff-Kley/Jänisch,* BB-Special 4/2005, Seite 29 f.

muss.[45] Gegenüber einer Kapitalmarktfinanzierung (Aktien- oder Anleiheemission) hat eine Mezzanine-Finanzierung zudem den Vorteil, dass sie in wesentlich kleineren Tranchen zu haben ist.[46]

3. Auch bei *Rekapitalisierungen* kann Mezzanine-Kapital zum Einsatz kommen. Rekapitalisierung bedeutet zumeist die Ersetzung von Eigenkapital durch Zufuhr von Fremdkapital und Mezzanine-Kapital.[47] Ein typischer Anwendungsfall – gerade bei Familienunternehmen – ist die Auszahlung eines Gesellschafters, der die Gesellschaft aus Altersgründen verlässt. Bei der Finanzierung der Auszahlung entstehen nicht selten Finanzierungslücken, weil die verbleibenden Gesellschafter nicht über ausreichende Liquiditätsreserven verfügen und auch die Fremdkapitalaufnahme an ihre Grenzen stößt.[48] Zur Abwendung einer drohenden Zerschlagung oder des Verkaufs des Unternehmens wird hier nicht selten auf Mezzanine-Kapital zurückgegriffen.

D. Systematisierung von Mezzanine-Finanzierungsinstrumenten

Im Hinblick auf die soeben dargestellten Funktionen von Mezzanine-Kapital, das funktionell weder „reines" Eigenkapital *(Equity)* noch „reines" Fremdkapital *(Debt)* ist, lassen sich die verschiedenen Mezzanine-Finanzierungsinstrumente in Gruppen mit ähnlicher Funktion zusammenfassen. Zu den wichtigsten Instrumenten der Finanzierungspraxis zählen die (typische oder atypische) stille Gesellschaft, Genussrechte, nachrangige und partiarische Darlehen, Nachranganleihen sowie Wandel- und Optionsanleihen. Die genannten Instrumente können funktionell danach unterschieden werden, ob sie eigenkapitalnahes Mezzanine-Kapital (sog. *Equity Mezzanine)* oder fremdkapitalnahes Mezzanine-Kapital (sog. *Debt Mezzanine)* gewähren oder sich in bilanzieller Hinsicht gar in einen Eigenkapitalanteil und einen Fremdkapitalanteil aufspalten lassen (sog. *Hybrid Mezzanine*).[49]

I. Eigenkapitalnahe Ausgestaltung *(Equity Mezzanine)*

Stille Gesellschaft und Genussrechtskapital sind eigenkapitalnahe Finanzierungsinstrumente. Sie können, wie dargestellt[50], dazu dienen, die im Wege des Ratings ermittelte Bonität eines Unternehmens zu verbessern.

---

45 Näher *Golland/Gehlhaar/Grossmann/Eickhoff-Kley/Jänisch,* BB-Special 4/2005, Seite 29.

46 Neuerdings kommen sog. Micro-Mezzanine-Produkte in (lediglich) sechsstelliger Höhe auf den Markt (vgl. Börsen-Zeitung vom 21. September 2007, Seite 20, „Innovative Instrumente für kleinere und mittlere Unternehmen").

47 *Golland,* in: Bösl/Sommer, a. a. O., Seite 82 ff.; *Werner,* a. a. O., Seite 69 f.

48 *Werner,* a. a. O., Seite 69 f.

49 *Werner,* a. a. O., Seite 61 ff. unterscheidet darüber hinaus „Mezzanine-Kapital im weiteren Sinne" (partiarisches Darlehen, Gewinnschuldverschreibungen) und „Sonderformen des Mezzanine-Kapitals" (Verkäuferdarlehen, Schuldscheindarlehen, eigenkapitalersetzendes Gesellschafterdarlehen). Hierauf kann an dieser Stelle nicht eingegangen. Zum partiarischen Darlehen siehe aber kurz unten D. II. 1.

50 Siehe oben C. II. 2.

1. Die *stille Gesellschaft*[51] ist gesetzlich nicht definiert. Nach dem Leitbild der §§ 230 ff. HGB ist sie vor allem durch folgende Merkmale gekennzeichnet: Der Stille beteiligt sich am Handelsgewerbe eines anderen durch eine Vermögenseinlage, die in das Vermögen des Inhabers des Handelsgeschäfts übergeht (§ 230 Abs. 1 HGB). Der Stille muss am Gewinn[52] und kann – bis zur Höhe seiner Einlage – am Verlust beteiligt werden (§ 231 Abs. 2 HGB). Die stille Gesellschaft ist eine reine Innengesellschaft, d. h. der Stille tritt nach außen nicht in Erscheinung (§ 230 Abs. 2 HGB). Im übrigen kann die stille Gesellschaft frei ausgestaltet werden. Je nachdem, inwieweit dabei vom gesetzlichen Leitbild abgewichen wird, spricht man von einer typischen oder atypischen stillen Gesellschaft:[53] Bei der atypischen stillen Gesellschaft werden dem Stillen Informations- und Kontrollrechte zugewiesen, die über die in § 233 HGB gesetzlich vorgesehenen hinausgehen. Außerdem wird der atypisch stille Gesellschafter auf schuldrechtlichem Wege am Unternehmensvermögen, d. h. insbesondere auch an den stillen Reserven beteiligt. Die Stellung des Stillen wird so derjenigen eines Gesellschafters angenähert. Dementsprechend ist die atypische stille Gesellschaft tendenziell eigenkapitalnah ausgestaltet, während die typische stille Gesellschaft tendenziell fremdkapitalnah ausgestaltet ist. Für die Bilanzierung der Vermögenseinlage des Stillen in der Handelsbilanz ist die Einordnung der Gesellschaft als „typisch" oder „atypisch" jedoch nicht ausschlaggebend.[54] Im Rahmen von Mezzanine-Finanzierungen spielt die stille Gesellschaft seit jeher eine herausragende Rolle. Bei entsprechender vertraglicher Ausgestaltung lassen sich die Hauptvorteile von Mezzanine-Kapital[55] mittels einer stillen Gesellschaft erreichen: Obwohl es sich um eine gesellschaftsrechtliche Beteiligung handelt, kommt es nicht zu einer Kapitalverwässerung, solange sich der Kapitalgeber auf die in § 233 HGB vorgesehenen Informations- und Kontrollrechte beschränkt (typische stille Gesellschaft) oder jedenfalls keine weit darüber hinausgehenden Rechte verlangt. Außerdem kann durch eine stille Gesellschaft die Eigenkapitalquote des zu finanzierenden Unternehmens gestärkt und so die Bonität im Rahmen des Ratings verbessert werden. Welche Voraussetzungen erfüllt sein müssen, damit das Kapital des Stillen handelsbilanziell als Eigenkapital ausgewiesen werden kann, ist gesetzlich nicht geregelt. In der Praxis gelten insoweit die Kriterien des IDW.[56] Da eine erfolgsabhängige Vergütungskomponente ohnehin konstitutives Merkmal der stillen Gesellschaft ist (§ 232 Abs. 1 HGB), kommt es entscheidend auf die Verlustteilnahme, die Langfristigkeit der

---

51 Hierzu *Rauch,* in Bösl/Sommer, a. a. O., Seite 119 ff.; *Häger/Elkemann-Reusch,* a. a. O., Rdnr. 104 ff.; *Wener,* a. a. O., Seite 94 ff.

52 Andernfalls liegt eine sog. societas leonina (Löwengesellschaft) vor, so dass eine stille Gesellschaft nicht zustande kommt (hierzu *Hingst,* Die societas leonina in der europäischen Privatrechtsgeschichte. Der Weg vom Typenzwang zur Vertragsfreiheit am Beispiel der Geschichte der Löwengesellschaft vom römischen Recht bis in die Gegenwart, 2003, Seite 395 f.).

53 *Blaurock,* Handbuch der Stillen Gesellschaft, 6. Aufl. 2003, Rdnr. 1.27 ff.; *Hofert/Arends,* GmbHR 2005, 1381, 1384.

54 *Häger/Elkemann-Reusch,* a. a. O., Rdnr. 422.

55 Siehe oben C. II.

56 Siehe oben C. II. 2.

Kapitalüberlassung und die Nachrangklausel an. Sind diese Kriterien erfüllt, kann der Geschäftsinhaber das Kapital des Stillen in der Handelsbilanz als Eigenkapital ausweisen.

2. Das *Genussrecht*[57] wird z. B. in § 221 Abs. 3 AktG als Rechtsinstitut zwar vorausgesetzt, ist aber gesetzlich nicht näher definiert. Rechtsprechung und Literatur verstehen unter einem Genussrechtsvertrag zwischen einer Gesellschaft und dem Genussrechtsinhaber übereinstimmend einen Vertrag, mit dem schuldrechtliche Ansprüche vermögensrechtlicher Art gegen die Gesellschaft begründet werden, die den Vermögensrechten der Gesellschafter angenährt oder gleichgestellt sein können.[58] Typischerweise wird eine Beteiligung am Gewinn eingeräumt. Infolge des schuldrechtlichen Charakters des Vertrages vermittelt das Genussrecht allerdings keine gesellschaftsrechtlichen Mitgliedschaftsrechte.[59] In verbriefter Form können Genussrechte als sog. Genussscheine ausgegeben werden.[60] Im Hinblick auf die Hauptvorteile des Mezzanine-Kapitals (keine Kapitalverwässerung und Stärkung der Eigenkapitalquote) gilt für Genusskapital im Prinzip dasselbe wie bei der stillen Gesellschaft. Für die Qualifizierung als handelsbilanzielles Eigenkapital gelten die Kriterien des IDW unmittelbar.[61] Entscheidend ist also auch hier, dass das Genussrechtskapital nachrangig ist, dem Unternehmen langfristig überlassen wird und am Verlust teilnimmt und dass eine erfolgsabhängige Vergütungskomponente besteht.[62]

II. Fremdkapitalnahe Ausgestaltung *(Debt Mezzanine)*

Die fremdkapitalnah ausgestalteten mezzaninen Finanzierungsinstrumente sind das Nachrangdarlehen und die Nachranganleihe. Auch diese Instrumente können, wenn sie die von der Hausbank insoweit angewandten Kriterien erfüllen[63], die Bonität verbessern. Ein Ausweis als *handelsbilanzielles* Eigenkapital kommt bei diesen Finanzierungsinstrumenten mangels Verlustbeteiligung zwar nicht in Betracht, doch können sie als sog. *wirtschaftliches Eigenkapital* fungieren[64] und als solches die Eigenkapitalquote stärken.

1. Das *Nachrangdarlehen*[65] (auch *Subordinated Debt* oder *Junior Debt* genannt)[66] beruht auf einem Darlehensvertrag im Sinne von §§ 488 ff. BGB. Es unterscheidet sich vom

---

57 Hierzu *Heinemann/Kraus,* in: Bösl/Sommer, a. a. O., Seite 171 ff.; *Häger/Elkemann-Reusch,* a. a. O., Rdnr. 605 ff.; *Werner,* a. a. O., Seite 78 ff.

58 BGH NJW 1993, 400, 401; *Häger/Elkemann-Reusch,* a. a. O., Rdnr. 607.

59 BGH NJW 1993, 400, 401.

60 *Werner,* a. a. O., Seite 81.

61 Siehe oben C. II. 2.

62 Für die steuerrechtliche Behandlung von Vergütungen, die für Genussrechtskapital gezahlt werden, ist zu beachten, dass gemäß § 8 Abs. 3 Satz 2 KStG „Ausschüttungen jeder Art auf Genussrechte, mit denen das Recht auf Beteiligung am Gewinn und am Liquidationserlös der Kapitalgesellschaft verbunden ist", das Einkommen nicht mindern (sog. beteiligungsähnliches Genussrecht). Die Finanzverwaltung folgert hieraus im Wege eines Umkehrschlusses (argumentum e contrario), dass die Vergütungen als Betriebsausgaben abziehbar sind, wenn eines der in § 8 Abs. 3 Satz 2 KStG genannten Kriterien nicht erfüllt ist (BMF vom 27. Dezember 1995, BStBl. I 1996, 49).

63 Siehe oben C. II. 2.

64 Vgl. *Werner,* a. a. O., Seite 29 ff.; *Häger/Elkemann-Reusch,* a. a. O., Rdnr. 44 ff.

65 Hierzu *Wagner,* in: Bösl/Sommer, a. a. O., Seite 249 ff.; *Häger/Elkemann-Reusch,* a. a. O., Rdnr. 493 ff.; *Werner,* a. a. O., Seite 116 ff.

normalen Darlehen *(Senior Debt)* durch die Vereinbarung eines Rangrücktritts.[67] Die Rangrücktrittsvereinbarung verleiht dem Nachrangdarlehen seinen „mezzaninen" Charakter. Sie sieht insbesondere vor[68], dass der Nachrang-Darlehensgeber im Fall der Insolvenz zwar zur Anmeldung seiner Forderung berechtigt ist, die Forderung aber gegenüber bestimmten Senior-Darlehensgebern nachrangig ist. Parteien der Rangrücktrittsvereinbarung sind üblicherweise nicht nur der Darlehensgeber und die zu finanzierende Gesellschaft, sondern auch der oder die Senior-Darlehensgeber[69], da der Rangrücktritt zu ihren Gunsten erklärt wird.[70] Besichert wird das Nachrangdarlehen in der Regel gar nicht oder nur zweitrangig. Die Kündigungsgründe gehen mehr oder weniger weit je nachdem, ob der Fremd- oder der Eigenkapitalcharakter des Nachrangdarlehens im Vordergrund steht.[71] Wegen des Rangrücktritts und der fehlenden Besicherung ist eine höhere Vergütung als bei einem normalen Darlehen zu zahlen. Die Vergütung setzt sich – wie bei mezzaninen Finanzierungen üblich – häufig aus einer laufenden und einer endfälligen Zinskomponente sowie einer *Kicker*-Komponente zusammen.[72] Soweit eine Vergütung vereinbart wird, die ausschließlich oder im Wesentlichen erfolgsabhängig ist, spricht man von einem *partiarischen Darlehen.*[73] Zwar stellt das Nachrangdarlehen *handelsbilanziell* reines Fremdkapital dar.[74] Wenn das Nachrangdarlehen aber die Kriterien des IFD[75] resp. die individuellen Kriterien der Hausbank erfüllt, kann es gleichwohl als *wirtschaftliches* Eigenkapital angesehen werden, als solches die Eigenkapitalquote verbessern und somit bonitäts- und ratingstärkend wirken. Im übrigen liegt seine wirtschaftliche Bedeutung darin, dass es aufgrund seiner Nachrangigkeit eine eventuell bestehende Finanzierungslücke zwischen einer Eigenkapitalfinanzierung und einer Finanzierung durch Senior-Darlehen zu schließen vermag.

2. Die *Nachranganleihe*[76] ist eine spezielle Form der Anleihe *(Bond).* Unter der Begebung einer Anleihe versteht man die Aufnahme von Fremdkapital am Kapitalmarkt durch die Emission von Inhaberschuldverschreibungen im Sinne von §§ 793 ff. BGB. Nachranganleihen (auch *Junior Bonds* oder *Subordinated Bonds* genannt) sind Anleihen, bei denen die Ansprüche der Gläubiger im Fall der Insolvenz oder Liquidation des Emittenten im Rang hinter bestimmte vorrangige Gläubiger (z. B. die Gläubiger einer vorrangigen Anleihe, sog. *Senior Bonds)* zurücktreten.[77] Diesen Nachrang und weitere Einzelheiten regeln die Anleihebedingungen. Im Übrigen gilt für die Rangrücktrittsvereinbarung dasselbe wie beim

---

66 *Wagner,* in: Bösl/Sommer, a. a. O., Seite 245 ff.
67 Vgl. nur *Häger/Elkemann-Reusch,* a. a. O., Rdnr. 493.
68 Siehe im Einzelnen *Häger/Elkemann-Reusch,* a. a. O., Rdnr. 500 ff.
69 *Werner,* a. a. O., Seite 118.
70 Ein „tieferer" Rangrücktritt hinter die Forderungen sämtlicher Gläubiger wird meist nur dann vereinbart, wenn dies zur Vermeidung einer Überschuldung erforderlich ist *(Häger/Elkemann-Reusch,* a. a. O., Rdnr. 499).
71 *Häger/Elkemann-Reusch,* a. a. O., Rdnr. 503.
72 Siehe oben C. I. 3.
73 Hierzu *Wagner,* in: Bösl/Sommer, a. a. O., Seite 271 ff.; *Werner,* a. a. O., Seite 138 ff.
74 Vgl. *Werner,* a. a. O., Seite 121 f.
75 Siehe oben C. II. 2.
76 Hierzu *Werner,* a. a. O., Seite 125 ff.

Nachrangdarlehen. Da eine Nachranganleihe wirtschaftlich betrachtet dem Nachrangdarlehen gleicht[78], fungiert sie als mezzanines Finanzierungsinstrument wie ein Nachrangdarlehen: *Handelsbilanziell* Fremdkapital, kann sie als *wirtschaftliches* Eigenkapital Bonität und Rating des Unternehmens stärken und außerdem eine Finanzierungslücke zwischen einer Eigenkapitalfinanzierung und einer Fremdkapitalfinanzierung (durch Senior-Darlehen oder *Senior Bonds)* schließen.

III. Hybride Ausgestaltung *(Hybrid Mezzanine)*

Schließlich gibt es noch Finanzierungsinstrumente, die in bilanzieller Hinsicht sowohl einen Eigenkapitalanteil als auch einen Fremdkapitalanteil enthalten. Hierzu zählen vor allem die *Wandelschuldverschreibungen,* also Wandel- und Optionsanleihen.[79] Dabei handelt es sich um Schuldverschreibungen im Sinne von §§ 793 ff. BGB, die einen in der Regel verzinslichen Zahlungsanspruch verbriefen und die Anleihegläubiger berechtigen, eine bestimmte Anzahl von Aktien resp. Gesellschaftsanteilen des finanzierten Unternehmens zu erwerben (Eigenkapitaloption). Die beiden Formen der Wandelschuldverschreibung sind ansatzweise in § 221 Abs. 1 Satz 1 AktG geregelt: Die *Wandelanleihe* berechtigt den Anleihegläubiger einer Aktiengesellschaft, seinen Anspruch auf Rückzahlung des Nennbetrages gegen eine bestimmte Zahl Aktien einzutauschen (Umtauschrecht)[80], also umzuwandeln. Dagegen berechtigt ihn die *Optionsanleihe,* innerhalb eines bestimmten Zeitraums zu einem festgelegten Entgelt eine bestimmte Zahl von Aktien zu erwerben (Bezugsrecht); der Anspruch auf Rückzahlung des Nennbetrages (die Anleihe) bleibt daneben bestehen.[81] Bei der Wandelanleihe verhalten sich Anleihe und Eigenkapitaloption also alternativ, bei der Optionsanleihe kumulativ. Der Nominalbetrag der Anleihe ist als *Fremdkapital* zu bilanzieren.[82] Das Aufgeld, das der Anleihegläubiger dem Unternehmen für die Einräumung des Wandlungs- resp. Optionsrechts zahlt, ist in die Kapitalrücklage einzustellen (§ 272 Abs. 2 Nr. 2 HGB) und jährlich abzuschreiben. Wird das Wandlungs- oder Optionsrecht später ausgeübt, sind die aufgrund dessen ausgegebenen Gesellschaftsanteile *Eigenkapital.* Insofern haben die Wandelschuldverschreibungen die Funktion eines *Equity Kicker.* Die geschilderte Eigenkapitaloption macht den hybriden Charakter der Wandelschuldverschreibungen aus. Sie können zusätzlich mit einer Nachrangklausel ausgestattet sein. Als Mezzanine-Instrumente vermögen sie wiederum etwaige Finanzierungslücken zwischen Eigen- und Fremdkapital zu schließen.

Das begriffliche System der wichtigsten Mezzanine-Instrumente ist in folgendem Schaubild dargestellt:

---

77 Vgl. nur *Werner,* a. a. O., Seite 127 f.

78 *Werner,* a. a. O., Seite 130.

79 Hierzu *Beauvais/Fischer/Traichel,* in: Bösl/Sommer, a. a. O., Seite 197 ff.; *Häger/Elkemann-Reusch,* a. a. O., Rdnr. 883 ff.; *Werner,* a. a. O., Seite 131 ff.

80 *Hüffer,* AktG, 7. Aufl. 2006, § 221, Rdnr. 4.

81 *Hüffer,* a. a. O., § 221, Rdnr. 6.

82 *Hüffer,* a. a. O., § 221, Rdnr. 77.

<table>
<tr><th colspan="2" rowspan="2">Finanzierungsform</th><th rowspan="2">Finanzierungsinstrument</th><th rowspan="2">Ratingverbesserung?</th><th colspan="2">Bilanzierung</th></tr>
<tr><th>Handelsbilanz</th><th>Steuerbilanz</th></tr>
<tr><td colspan="2">Equity</td><td>Gesellschaftsrechtliche Beteiligung</td><td>Ja</td><td>Eigenkapital</td><td rowspan="2">Eigenkapital</td></tr>
<tr><td rowspan="7">Mezzanine</td><td rowspan="3">Equity Mezzanine</td><td>Atypische stille Gesellschaft[83]</td><td rowspan="7">Ja, sofern wirtschaftliches Eigenkapital[84]</td><td rowspan="3">Eigenkapital, wenn bestimmte Kriterien erfüllt sind,[85] sonst Fremdkapital</td></tr>
<tr><td>Genussrechte</td><td>Eigenkapital, wenn beteiligungsähnliches Genussrecht,[86] sonst Fremdkapital</td></tr>
<tr><td>Typische stille Gesellschaft</td><td rowspan="6">Fremdkapital</td></tr>
<tr><td rowspan="2">Hybrid Mezzanine[87]</td><td>Wandelanleihe</td><td rowspan="5">Fremdkapital</td></tr>
<tr><td>Optionsanleihe</td></tr>
<tr><td rowspan="2">Debt Mezzanine</td><td>(Partiarisches) Nachrangdarlehen</td></tr>
<tr><td>Nachranganleihe</td></tr>
<tr><td colspan="2">Debt</td><td>Senior-Darlehen/ Senior Bond</td><td>Nein</td></tr>
</table>

E. Fazit

Mezzanine-Finanzierungen, die ins Gebäude der Unternehmensfinanzierung wie ein Zwischengeschoss zwischen Eigenkapital und Fremdkapital eingezogen werden können, stellen für den tendenziell eigenkapitalschwachen deutschen Mittelstand eine berücksichtigenswerte Finanzierungskomponente dar. Während ihre Erscheinungsformen vielfältig sind[88] und bleiben werden, kommt ihnen – bei entsprechender Ausgestaltung – durchweg die Funktion zu, das Rating des finanzierten Unternehmens zu verbessern und auf diese Weise den finanziellen Handlungsspielraum zu erweitern. Auswahl und Ausgestaltung des für den Einzelfall passenden Mezzanine-Instruments erfordern die Verbindung rechtlichen und wirtschaftlichen Sachverstands – so wie sie *Hans-Bernd Schäfer,* dessen disziplinenübergreifende Arbeiten im Feld von *Law and Economics*[89] in Deutschland bahnbrechend gewirkt haben, als Wissenschaftler in vorbildlicher Weise verkörpert.

---

83 Zur Abgrenzung zwischen typischer und atypischer stiller Gesellschaft wird im Steuerrecht danach gefragt, ob eine sog. „Mitunternehmerschaft" vorliegt. Näher hierzu *Häger/Elkemann-Reusch,* a. a. O., Rdnr. 340 ff.

84 Zu den vom Arbeitskreis „Mittelstandsfinanzierung" der IFD aufgestellten Kriterien siehe oben C. II. 2.

85 Zu den vom IDW aufgestellten Kriterien siehe oben C. II. 2.

86 Vgl. § 8 Abs. 3 Satz 2 KStG; siehe oben Anm. 62.

87 Zur unterschiedlichen bilanziellen Behandlung von Anleihebetrag und Aufgeld siehe oben D. III. sowie *Werner,* a. a. O., Seite 134 f. Kommt es zur Ausübung des Wandlungs- resp. Optionsrechts, sind die aufgrund dessen ausgegebenen Gesellschaftsanteile Eigenkapital.

88 Vgl. *Fleischhauer/Sauter,* Mezzanine-Finanzierungen in Deutschland – ein Milliardenmarkt, in: Unternehmer Edition, a. a. O., Seite 20 ff.

89 Siehe nur *Schäfer/Ott,* Lehrbuch der ökonomischen Analyse des Zivilrechts, 4. Aufl. 2005.

X.
Verfassung/Constitution

HOW TO DO CONSTITUTIONAL LAW AND ECONOMICS: A METHODOLOGICAL PROPOSAL

Anne van Aaken[*]

A. Introduction

The Law and Economics movement has not been as well received and influential in European legal scholarship as in the United States.[1] On the contrary, many European Scholars explicitly eschew that approach or declare it incompatible with a Kantian-based deontological approach to law, fearing the neglect of "justice" and stressing doctrinal work as the foremost task of a lawyer.[2] The reception of economic analysis of law, including its development as Behavioural Law and Economics, has thus been rather cautious and slow. Whereas in areas such as economic analysis of competition or private law areas, Law and Economics has been more successful in Europe, Hans-Bernd Schäfer being one of the leading figures,[3] public law such as constitutional or public international law has been almost entirely neglected.[4] The above-mentioned reservations seem to apply more forcefully here than in private law areas. Two main characteristics of Law and Economics raise objections by European scholars and prevent a more successful reception of Law and Economics in Europe: one is the normative relevance of the efficiency criterion and the other is the positive rational choice approach.

---

* Max Schmidheiny Tenure Track Professor of Law and Economics, Public Law, International and European Law at the University of St. Gallen, Switzerland, Guisanstrasse 36, CH-9010 St. Gallen, Email: anne.vanaaken@unisg.ch. I would like to thank Rekha Oleschak and Stefan Voigt for their helpful comments. The usual caveat applies. The paper draws heavily on my doctoral thesis, (Aaken 2003b), where all parts of this article are further elaborated.

1 See for an explanation as well as an empirical examination on the relevance of Law and Economics at European Law Schools (Gazal-Ayal 2007).

2 See e.g. (Ernst 2007) and (Jestaedt 2007). Different though and in tune with the position taken here, (Engel 2007), (Lübbe-Wolff 2007), (Hoffmann-Riem 2005).

3 Most prominently (Schäfer/Ott 2005), which is now in its 4th edition and has very been formative for many German speaking lawyers interested in Law and Economics, especially as it applies economic analysis to their own legal order and not to the US legal order as does most of the literature.

4 There is, of course, much work done by economists on questions of public law in a broader sense, mainly dealing with the effects of certain constitutional arrangements, see e.g. (Persson/Tabellini 2003), (Blume/Müller/Voigt/Wolf 2007). For a discussion from the legal side mainly, see (Engel/Morlok 1998) and (Aaken/Schmid-Lübbert 2003) as well as (Möllers 2000).

The debate about the possible reception of Law and Economics in jurisprudence is fierce concerning the normative, legal philosophical part on the question of what goals a legal order should pursue. Efficiency as a (highest) legal principle of a legal order has been much discussed and is still neither accepted nor rejected.[5] The debate is not as equally fierce on the integration of social science in jurisprudence, but there still exists a twofold debate: the first discussion concerns the relationship of social science and the law in general: *if and where* social science approaches may be relevant to legal analysis. The second discussion is concerned with the question, *which* social science paradigm is best suited to answer questions related to the application of the law.

The methodological position of social science in law, especially constitutional and administrative law is a long-debated and re-iterated theme. And though the importance of the "real world" for legislation is well accepted, European public lawyers generally have found no common ground on the dominance of law over reality or vice versa in the question of legal application.[6] This contribution seeks to provide Law and Economics scholars with a (legal) methodological framework on how to do economic analysis in constitutional legal application (i.e., it is also on the question of how to evaluate sub-constitutional law in the light of the constitution), but it might as well be applied to European or Public International Law where appropriate. It seeks to clarify some methodological misunderstandings on the potential and limits of Constitutional Law and Economics and how it fits methodologically in the more legal positivist thinking of constitutional law scholarship.

The paper proceeds as follows: the first part makes use of an old classification of epistemic approaches to law, thereby trying to clarify methodologically where social science, and more precisely rational choice analysis, has its place in the realm of legal methodology (and constitutional interpretation) on the one hand, and the place of efficiency on the other hand. The second part deals with the question of what efficiency can mean in the realm of constitutional law. A third part proposes a methodological framework for analysis, drawing primarily on the legal theory of balancing.

B. Methodological Clarifications

If economic analysis of law has a place in constitutional legal application (and not only in legal policy), it is appropriate to clarify where and how it can be integrated. Traditionally, three categorical statements are possible in law, which in turn means that lawyers may take three different perspectives or roles. The first to introduce that kind of distinction was Hermann Kantorowicz,[7] followed by Max Weber and Hans Albert[8] as well as some of the legal sociologists in the German speaking countries.[9] Of course, classifications are never right or

5 Cf. (Behrens 1986; Eidenmüller 1995) and (Aaken 2003b), ch. 3 with further references.
6 Cf. recently (Hillgruber 2008).
7 (Kantorowicz 1962 (first 1911)).
8 (Albert 1972).
9 E.g. (Rehbinder 2000); (Rottleuthner 1981).

wrong but only more or less useful for a given purpose. Kantorowicz composed an epistemological trilogy[10] consisting of the normative or ethical perspective (Wertwissenschaft),[11] the sociological perspective (Realwissenschaft), and the dogmatic perspective (Normwissenschaft). He also distinguished between the general level and the specific level within those three columns.[12]

The normative perspective includes questions as to how law ought to be. On a general knowledge level this is meant to be legal philosophy: what kind of goals the law ought to pursue. The discussion on which goals are to be pursued and how they are to be *justified* (e.g. peace, basic rights, preservation of public goods) thus belong to the normative, legal philosophical perspective and also deals with the problem of legal validity. Legal philosophers distinguish between a discourse of justification and a discourse of application[13] or between concepts and conceptions.[14] Justifying efficiency as a legal or constitutional principle also belongs to the former realm of justifications of concepts, thus the level of discussion, also within the Law and Economics movement, is the philosophical level of justification of values or principles. The specific level includes legal policy questions, e.g. how to design institutions (*de lege ferenda*) with a view to achieving certain goals, including the effectiveness of the law. The question as to how the already justified principles enter discourse of application belongs to legal policy, just as is the question of how best to pursue them. The latter, though, necessarily includes social science knowledge; norm idealism without reality check is at best naïve, at worst untruthful. Whereas the normative criterion of efficiency was especially criticized in Europe (but also in the US[15]), it is not of the same importance and more rarely used in Constitutional or International Law and Economics.

The second column entails the sociological perspective or positive explanation in the social science sense. Here, descriptive, explanatory and prognostic questions can be asked. Usually one proceeds by developing a hypothesis which may be (should be) empirically tested. Here, the causes and effects of law come to the fore, depending on whether law is used as *explanans* (independent variable) or *explanandum* (dependent variable).[16] Here again, one may distinguish the general from the specific level. Whereas on the general level discussions on the merits of different social science theories and their respective hypotheses take place (e.g. rationalist vs. constructivist or postmodern views), on the specific level, a scholar may work empirically on a specific issue and try to validate a (preliminary) hypothesis. It is

---

10 (Kantorowicz 1962 (first 1911)), at 69: „erkenntnistheoretischer Trialismus".

11 (Bodansky 2006), p. 285 calls this the ethical perspective.

12 (Kantorowicz 1962 (first 1911)), at 92 (generalisierende und individualisierende Erkenntnis).

13 (Günther 1988), p. 25, (Brugger 2007), p. 210 et seq.; for a critical response to Günther, see (Alexy 1995a).

14 This distinction can be found in philosophy, originally developed by (Gallie 1956) and taken up by (Dworkin 1972), (Dworkin 1978), p. 132 et seqq. and (Hart 1961). Concepts are vague, fundamental principles; the abstract, ideal notions themselves, such as fairness, whereas conceptions are the particular instantiations, or realizations of those ideal and abstract notions. Usually there is consensus on a concept, but different views on the realization, the conception.

15 See instead many of the articles in 8 Hofstra L. Rev. (1980), (symposium on efficiency as a legal concern).

16 Law as a dependent variable is not of importance for legal application and will not be dealt with here.

submitted here that also constitutional lawyers should use rational choice analysis as a basis and a starting point which may be enriched by behavioral economics as a basic social science theory for the analysis of consequences and alternative interpretations in constitutional law.

Last, but not least, there is the third column which is the genuine domain of lawyers, namely the doctrinal perspective, which Kantorowicz called "Normwissenschaft" or in legal theory would be called "Rechtsanwendungswissenschaft" (science of law application). European lawyers tend to concentrate on that column. Here again, two levels may be distinguished: the level of methods of interpretation on the general level as well as the doctrinal analysis on the specific level. Legal methodology is the opening window for social science in law (unless the norm itself specifically provides for the integration of economic arguments or consequentialist reasoning, which is rather the exception), therefore I will concentrate on that.

These columns or perspectives do not stand unconnected to each other. Positive explanation can be used to derive normative critique; positive explanation is indispensable for the pursuit of certain goals.[17] This shows again how closely interconnected the three columns are, though they should be distinguished conceptually. On questions of legal policy and institutional design, there exists broad consensus that social science should be taken into account, e.g. through regulatory impact assessment (RIA) which is ever more widely required by law.[18] There thus is more space for the integration of social science insights with regard to institutional design *de lege ferenda* than with regard to law application. Nevertheless, the difference of reception of social science insights between law-making and law application is a matter of degree, not principle. But the differences in view arise more forcefully with respect to the question of law application, that is the extent and the way by which the normative and the sociological perspective may enter the doctrinal perspective.[19] Here, the difference between European and American International Law Scholars may be the greatest; the latter being generally more open to the normative as well as the sociological perspective than the former, although the wording of the text is well accepted as a limit (with all its own known problems). Having said that, legal science as practised in Europe and Germany lacks social science competence; the doctrinal perspective is strong as a hermeneutical science only. Once it is accepted that reality (and theories on it) enters (even) law application, lawyers are forced to

---

17 (Farber 1995). Cf. early (Lübbe-Wolff 1981).

18 E.g. on the European Level, Communication from the Commission on Impact Assessment COM (2002) 276 of June 5, 2002 where the European Commission commits itsself to RIA for all major norms. In Germany, the rules for the federal ministries contain norms of RIA, § 44 Gemeinsame Geschäftsordnung der Bundesministerien (GGO). The Swiss Constitution contains equally the obligation to make RIAs in Article 170 of the Swiss Constitution. All of them contain a request for analysis on certain goals (e.g. budget and inflation but also gender equality) as well as undesired consequences. See instead (Böhret/Konzendorf 2001) and Italian, Irish and Dutch Presidencies of Council of the European Union: A Comparative Analysis of Regulatory Impact Assessment in Ten EU countries, A Report prepared for the EU Directors of Better Regulation Group, Dublin, May 2004. OECD, Regulatory Impact Analysis (RIA) Inventory, 2005, www.oecd.org/dataoecd/22/9/35258430.pdf; (Karpen 1999; Karpen 2002; Karpen/Hof 2003).

19 See the old-new theoretical reflections on what constitutes "legal science" in Germany in (Engel/Schön 2007) as well as in (Jestaedt/Lepsius 2007), forthcoming.

look at their neighbouring disciplines. All this probably sounds familiar to US scholars but is still debated within German and European scholarship.[20]

Some interpretative methods not only leave open a window for social science knowledge but even demand it. Conventionally, legal methodology distinguishes between subsumption and balancing or weighing. Whereas the first is used if one deals with rules, the latter is used if one deals with principles.[21] Rules may or may not be applicable but principles are more or less fulfilled and command optimization under consideration of the factual and legal possibilities, thus giving even more space to social science considerations.[22]

An example for the discussion of methods of subsumption would be whether a legal comparative or a consequentialist argument (Folgenargument) is permissible as an interpretative method.[23] Certainly, an open consequentialist argumentation is the most obvious methodogical window for social science (including rational choice). Nevertheless, in spite of its practice in law application, it does not enter the well-established canon of interpretational methods of wording, systematic interpretation, teleology and historical interpretation.[24] But even if one objects to openly consequentialist reasoning in legal application, "objective" teleological interpretation[25] is well accepted and interpretation in conformity with the constitution is even requested. Both are inherently instrumental as they are goal – or principle – orientated in their logic and thus require implicit consequentialist reasoning (instrumental rationality). This, in turn, opens those methods of subsumption for social science approaches. The method of balancing is mostly used in constitutional law and finds its most prominent form in the principle of proportionality. As balancing is especially prominent in constitutional law, this will be dealt with in more detail in Part III.

Thus, rational choice, if accepted as social science paradigm, may enter the interpretation of (Constitutional) Law through various interpretative methods, and already does so,[26] though often in Europe, elements of social science enter the interpretation by everyday intuition of the respective law applier,[27] sometimes smuggling in either her own social science

---

[20] See e.g. the critique of (Weiler 1997) for European Law.

[21] (Alexy 1996), Ch. 3, esp. p. 98. Principles can apply to rights as well as to collective goods or goals formulated in the constitution (Staatszielbestimmungen).

[22] See (Alexy 1996), p. 72 et seq. and (Alexy 1995b).

[23] See (Kirchner 2008). The critique of Kirchner of the teleological argument and the (unintended) delegation of discretion to the judiciary through that argument and the problem of unintended consequences is well taken. Nevertheless, the problems discussed apply to all instrumentalist reasoning: in law or economics. Being aware of the problem is important, but we cannot do without instrumentalist reasoning, neither in legal policy nor in legal application. See for an early, impressive warning on the limits of value free instrumentalist reasoning by an economist, (Myrdal 1933), p. 305 „naiv naturrechtliche Betrachtungsweise", from a legal point of view, see (Aaken 2003b), p. 291 et seqq., and (Weinberger 1988), p. 264.

[24] See only (Larenz 1979), and (Zippelius 2006).

[25] As used by (Larenz 1979), p. 322 et seqq.

[26] (Hermes 2004; Sambuc 1977; Rottleuthner 1980; Wälde 1979; Deckert 1995; Coles 1991).

[27] (Cooter 1992), p. 292: „For two millennia lawyers and legal theorists in the West used the same reasoning as the man in the street to predict how people will respond to laws. Legal scholarship knew no behavioral theory beyond common sense." The same criticism can be found in Europe, e.g. (Noll 1973), p. 27: „Wo empirische Überlegungen bei gesetzgeberischen und richterlichen Entscheidungen selbst beim Rückzug auf normenidealistische Positionen unvermeidlich sind, werden selten mehr als *vulgärsoziologische oder vul-*

intuition (sociological perspective) or hidden value judgements (thus a category from the normative/ethical perspective) without making the epistemological status of the argument clear and without thus enabling open critique and discussion.[28] Furthermore, in the US sometimes pure value judgements are hidden under the cover of positive science in the economic analysis of law – which does not contribute to the acceptance of Law and Economics in Europe. Epistemological obscurities thus contribute to misunderstandings, especially concerning the use of Law and Economics; an epistemologically clear discussion could mitigate those misunderstandings. This paper aims at contributing to this clarification.

C. Which Values for a Legal Order?

The question of what values or principles a legal order should pursue is basically a philosophical question; a question of justification. Thus, if efficiency is postulated as *the* principle a legal order should pursue, the discussion is a philosophical one. Economic analysis of law using efficiency thus competes with other philosophical approaches.[29] In the background, the long and fierce debate about consequentialism (or utilitarianism) vs. deontological approaches lurks.[30] Efficiency is a concept derived from welfare economics (and thus ultimately utilitarianism), searching for criteria for the welfare of society (and the individuals constituting it respectively). The broad discussion on welfare economics or the principle of economic efficiency cannot be taken up here;[31] it suffices to state that welfare may be derived from individual utilities and preferences (according to the classical school as well as Kaplow/Shavell[32]) or might be constituted by individual capabilities and rights through an objective justification (following Sen[33]). The former, as all purely consequentialist approaches, have been heavily criticized on methodological[34] and deontological grounds, namely that all they allow for is the overriding of individual rights.[35] The protection of individual fundamental rights within such a framework has to be justified by preferences of the citizens for enjoying the protection of fundamental rights, instead of giving them autonomous weight. Without being able to

---

gärpsychologische Erkenntnisse bemüht." (Hervorhebung im Original). Though this still holds largely true, the German Constitutional Court last year reasoned for the first time openly with a law and economic approach, see BVerfGE, 1 BvR 2576/04 of 12th December 2006 (at para. 67 et seqq.).

28 The latter was one of Hans Kelsen´s main critique of his colleagues, see (Kelsen 1994), preface. See also recently (Somek 2007) for international law.

29 This becomes very clear if Richard Posner views his theory of wealth maximization as as well-grounded as Kantian theory. See (Posner 1979) and Posner (Posner 1980a; Posner 1980b). For a critique see, (Zamir/Medina 2007), p. 58: „economists do not have the philosophical expertise necessary to engage in the moral deliberation necessary for setting deontological constraints."

30 Taking up this discussion lately are (Zamir/Medina 2007).

31 I have elaborated the arguments made in this part of the article extensively in (Aaken 2003b).

32 (Kaplow/Shavell 2001), for a review see (Aaken 2004).

33 (Sen 1999). (Sen 1997b), p. 40 defines traditional welfare economics („welfarism") as a view that holds that „the only things of intrinsic value for ethical calculations and evaluations of state of affairs are individual utilities."

34 Cf. (Aaken 2003a) with further references.

35 See only (Sen 1970).

elaborate on that question further here,[36] it is submitted that welfare economics and the efficiency criterion as used in Law and Economics ultimately seeks to maximize human well-being – a largely uncontroversial goal. It is just the way in which this is done that is problematic. If we ask for rules that might maximize human well-being, no philosophical theory can justify more than what is usually written in constitutions; rights being a necessary condition for well-being. This becomes clearer if one looks at the Rawlsian Theory of Justice:[37] The rights he justifies are those which are commonly found in national constitutions as well as in international law. The same applies to the theory of Sen: ultimately he justifies individual rights found in constitutions and international human rights law.[38] The contractual, consensus-based approach pursued by the constitutional political economy is also not able to justify more than what is usually to be found in constitutions.[39] The two predominant normative approaches in economic analysis can neither justify nor guarantee the existence of fundamental rights. Nevertheless, it can be assumed that at least in Western countries there is a preference by citizens for their constitutional rights, though this is an empirical question and does not necessarily have philosophical implications.[40] Nevertheless, it justifies taking the principles of the constitution of the respective country as the relevant decisive criteria.

It is submitted that the allocative principle of Pareto efficiency, understood as social surplus of the parties affected, might make sense when analyzing certain private law rules, such as negligence rules. It is then a partial welfare analysis and should be labeled as such. It is much more problematic in a constitutional context for several reasons: the aggregation problem of individual preferences is well known and need not be repeated here. Where the concept of equality plays an important role, the exclusion of distributional or equality concerns equally poses a problem for legal analysis. Taking economic efficiency as a legal principle which might override individual rights and other constitutional principles (such as federalism or the democratic principle) seems highly problematic to lawyers (and deontological philosophers) and renders the analysis largely irrelevant for policy discussion.

I propose therefore a middle-level theory,[41] separating the justification of principles and values from their application, focusing just on the application. Not efficiency is taken as the benchmark against which laws are evaluated but constitutional principles as a proxy for

---

36 See for the discussion on the background and different notions of efficiency and welfare in economic analysis (Aaken 2003b), part 3.

37 (Rawls 1990), p. 82.

38 (Sen 1997b; Sen 1999; Sen 1997a). See also (Mestmäcker 2007), p. 22 on the question of freedom in Hayek´s theory and Posnerian pragmatism: "A different approach to law and economics views the economic system as a system of liberty based on a legal order that provides for and guarantees the constituent economic liberties as individual rights."

39 This applies to (Buchanan/Tullock 1962; Buchanan 1991) as well as to the German version as e.g. in (Homann/Kirchner 1995); see (Aaken 2003b), p. 235 et seqq. The Freiburger School (Eucken) sometimes relies on natural law arguments, see (Voigt 1996), p. 372 et seq.

40 See e.g. (Grimm 1991), p. 300. The Constitution is viewed as backed up by implicit consensus (hence the proximity in fact to economic contract theory). It contains those principles (or concepts) we all can agree on, though there will be disagreement on the specific conceptions.

41 See for this notion (Coleman 1992), p. 1 et seq. and (Rawls 1990), § 31.

those principles a society may agree on and has indeed agreed on. Economic efficiency may then be one principle amongst others (if it is to be accepted as a constitutional principle, which might be well argued[42]). This approach has the further advantage of taking a transparent and disaggregated approach to principles a society may pursue. Trade-offs are (all) pervasive phenomena: hiding competing principles in one overarching and in its content disputed principle such as welfare, efficiency or justice renders analysis intransparent and unhelpful for law application.

Constitutional law is characterized by the balancing of different principles or rights, thus falling outside of the Pareto field as, *per definitionem*, one principle is negatively affected in a balancing procedure. Furthermore, in public law, usually there are third party effects and public goods at stake. Rather, the Kaldor-Hicks criterion[43] and cost-benefit analysis (CBA) may be used as being structurally akin to the process of balancing. Here, everything then depends on the categories of utilities or costs and benefits used. Or, according to Sen: „(T)he concept of „efficiency" is as much open to plural interpretations as is equality, since the non-existence of another feasible state more advantageous for all is ... dependent on the chosen concept of advantage. When, for example advantage is equated with utility, efficiency coincides with Pareto optimality. As the notion of advantage is altered, so is the content of efficiency."[44] I thus suggest to use and accept constitutional principles; that is, fundamental rights, constitutional goals (such as environmental protection) as well as organizational principles (such as federalism; "Staatsstrukturprinzipien") as the relevant categories of costs and benefits in the economic analysis of constitutional law application. They are the positivized *topoi* of justice. Incentive-based economic analysis can find its way through the proportionality principle and may also be incorporated as a separate principle of economic efficiency. The way that may be pursued will be elaborated next, drawing on the legal methodology of balancing as developed by Robert Alexy.

D. Economic Analysis of Constitutional Law

Laws, and other state measures, are evaluated and validated by their constitutionality. As mentioned before, economic analysis still makes sense when constitutional principles are accepted as the goals to be pursued or principles to be adhered to instead of taking economic efficiency as the only goal. When, e.g. the constitutionality of abortion[45] or Air-Transport Security Act (*Luftsicherheitsgesetz*)[46] is challenged before a constitutional court, usually a weighing or balancing of competing rights by means of applying the proportionality principle takes place. Sometimes it has been argued that balancing is not a rational procedure,

42 See e.g. (Arnim 1988).

43 Under the Kaldor-Hicks criterion, situation A is more efficient than situation B if those that are made better off could *in theory* compensate those that are made worse off. Compensation is not required (that would lead back to Pareto). Originally: (Kaldor 1939) and (Hicks 1939).

44 (Sen 1997b), p. 48.

45 BVerfGE 39, 1 and 88, 203.

46 BVerfG 1 BvR 357/05 (First Senat) – Decision of Feb. 15, 2006. See also (Lepsius 2006).

especially if proportionality is considered in a narrow sense.[47] Instead, I will argue here, in conformity with Alexy, that constitutional balancing is a rational procedure in its main part and very close to the economic reasoning of optimization (or cost-benefit analysis). Formulated in normative decision theory terms,[48] a formal concept of efficiency means the optimality of measures generally and regulations, laws and legal acts specifically with a view to a defined system of goals (the constitution) and under consideration of (legal) constraints. The constitution is viewed as a multicriterial or multidimensional decision system. Thus, different decision-alternatives can be compared with regard to their contribution to the constitutional objectives. The "efficient" decision is the alternative that maximizes the net surplus of society, defined as benefits minus the cost of a law. Benefits and costs are defined in constitutional terms and include the positive effects of the law on all relevant constitutional principles as benefits and the negative effects as costs. Economic efficiency may enter the calculation, but need not, depending on the principles in question in a given case. In order to evaluate different decision-alternatives, the proportionality principle of balancing is used. Though it may be named differently, it is widely applied in all countries with constitutional review as well as in international law (e.g. by the European Court of Human Rights as well as in Appellate Body Decisions in the WTO).[49] The arguments used here may thus be extended to the interpretation of international law.

As alluded to before, interpreting constitutional principles is an optimization problem. Rules are applicable or not, but principles have to be realized relatively to real and legal constraints. They are thus applicable even if they are not "fully" satisfied: they are norms which can be more or less realized, e.g. the democratic principle or the right to freedom of opinion.[50] One may also call them concepts which have to be concretized in the discourse of legal application to find (common) conceptions. The realization of this imperative is the proportionality principle. It comprises three sub-principles: the principle of suitability, the principle of necessity and the principle of proportionality in a narrow sense. The first two sub-principles lend themselves easily to consequentialist and instrumental reasoning as they require comparative institutional analysis regarding the impact on the constitutional principle in question. The principle of suitability covers the question whether the measure or the law is in principle suitable for achieving its goal. A law, e.g., which requires that one may not drive a car alone in order to reduce accidents might be considered unsuitable. The principle of necessity covers the question of whether there are other, less intrusive means with regard to the constitutional principle in question which is equally able to achieve the stated goal of the measure. Consider a hard case, relevant to constitutional debates in many countries: abortion. At stake are the right to life of the embryo on the one hand and the personal right of the woman on the other

47 See (Schlink 2001), p. 460 and critical (Alexy 2003).

48 See extensively (Aaken 2003b), p. 288 et seqq.

49 See (Stone Sweet 2008).

50 For the difference between rules and principle as applied here, see (Alexy 1995b), discussing also Dworkin´s way of understanding this distinction.

hand. Certainly, the assessment of whether there are other, equally suitable means to reduce abortions than just a prohibition lends itself to theoretical and empirical social science analysis. Assume there are two options: prohibition and allowance. Empirical studies find that the prohibition of abortion does not contribute to a decline in the number of abortions. Countries with a prohibition do not exhibit lower levels of abortion and do not save more unborn lives (which is the stated intention). On the contrary,[51] it leads to unwelcome side-effects, namely severe impairments of women's health through unsafe abortions. This would call for an allowance of abortion (which may of course be combined with side measures, such as education in school or counselling in case of unwanted pregnancies). In fact, any other legal interpretation of the principle of necessity would be difficult to justify.[52] In decision theory terms: an option that is inferior to another equally available one would be chosen. In many cases though, there is no thorough empirical evidence on the consequences and impacts of decision alternatives available. Nevertheless, it is submitted that if behavioural consequences are in question (as usual), then the preferable social science theory used for prediction of consequences of decision alternatives should be an incentive-oriented rational choice analysis (enriched by behavioural law and economics).[53] The hypotheses on the relationship between the measure in question and the realization of constitutional principles should be transparently argued and founded on sound theory (even if not yet tested empirically). The third principle, proportionality *strictu sensu* is more open to value judgements and does not lend itself easily to social science approaches but rather to rational justification in law application. Alexy develops a complicated formula, developing scales on the intensity of interference with rights ("light", "moderate", "serious") and the importance of the right (e.g. right to life has a more abstract weight than freedom of expression, though the concrete weight has to be elaborated on a case-by-case basis). These scales are not arbitrary but to be justified by giving reasons in order to be contestable.[54] It is unnecessary to introduce higher criteria for decision-making, e.g. efficiency,[55] but it is necessary to use decision rules and make those transparent. Normative decision theory has developed many of these, e.g. the rules on the desired level of satisfaction ("Theorie des erwünschten Niveaus"; in legal speak: the essential content of a principle which may not be violated; "Wesensgehalt"). A decision rule like that provides for a

51 See (Sedgh/Henshaw/Singh/Åhman/Shah 2007; Grimes/Benson/Singh/Romero/Ganatra/Okonofua/Shah 2006). From an empirical legal studies perspective, see (Donohue/Levitt 2001).

52 Hillgruber 2008) calls the decision of the German Constitutional Court allowing abortion a „constitutional accident". This rests on an unfortunate misunderstanding of the normative distance (and thus critical potential of norms to reality). He criticizes the constitutional court decision on the grounds that the court has given in to reality. But another reading is possible: the court wanted to realize the rights of the unborn and the women at the highest degree possible, thus fulfilling the constitutional requirements.

53 See extensively (Aaken 2003b), Ch. 2.

54 (Alexy 2003).

55 As proposed by (Schmidtchen 2004), p. 142 who views the distribution of rights and the delineation of „protected domains" (i.e. rights) as a zero sum game: „Vermutlich kommt man nicht ohne ein Kriterium aus, das sich auf die Wirkungen von Rechtsnormen bezieht" (p. 148).

setting of a required level of satisfaction.[56] The decision of the German Federal Constitutional Court on the Air-Transport Security Act, e.g. set the required level of satisfaction for human dignity so high that any balancing is excluded (following the traditional doctrine in German constitutional law).

It suffices to say that economic analysis in constitutional law gains relevance in policy if the goals and principles of a given society are accepted as the relevant criteria for judging laws. The incorporation of reality relations through rational-choice hypotheses and empirical studies, while simultaneously accepting legal principles, is pictured by normative decision theory in combination with the legal theory of Robert Alexy. Optimization of the highest principles of a society, incorporated in the constitution becomes possible through consequentialist reasoning. Constitutional balancing under consideration of intended and unintended consequences with regard to constitutional principles promises gains of rationality by limiting the area of true value judgments.

E. Outlook

The mutual understanding of lawyers and economists is usually hampered by the normative, philosophical claims of economists on the one hand and the neglect of social science insights, especially rational choice (or bounded rationality approaches) by lawyers. For a fruitful collaboration, modesty is required on both sides. Using constitutional principles as objectives and economics as predictive science combines deontological thinking and consequentialist thinking. These two modes of thinking do not have to be mutually exclusive or contradictor; rather, they are the every day bread and butter of legal thinking as expressed either explicitly in some legal methodology approaches or implicitly pursued by high(er) courts.

An acceptance of legal values as expressed in constitutions allows for middle-level theories to incorporate the strength of economic analysis of law: incentive-oriented studies based on a sound behavioral theory: rational choice. This paradigm may be enriched by the concept of bounded rationality, drawing on experimental economics, where appropriate. That would greatly enhance the reality check for lawyers. Economics is often called the "queen of social science."[57] This is no mean feat and the contribution of lawyer-economists can greatly enhance the rationality of constitutional legal application by delivering the consequentialist insights necessary while respecting given goals and principles of a society. That would also contribute the relevance of law and economics in legal policy debates.

---

56 Graphically, one may clarify that by drawing a utility curve in a coordinate plane which allows weighing *strictu sensu* only in a range above a certain ordinal number. See also (Alexy 1996), p. 147 et seq. In substance, that is similar to the proposal by (Zamir/Medina 2007).

57 E.g. by (Wilson 1998), p. 195.

References

Aaken, Anne van (2003a): Normative Grundlagen der ökonomischen Theorie im öffentlichen Recht, in: Aaken, Anne van/Stefanie Schmid-Lübbert (Hrsg.), Beiträge zur ökonomischen Theorie im öffentlichen Recht, Wiesbaden, p. 89-118

Aaken, Anne van (2003b): Rational-Choice in der Rechtswissenschaft. Zum Stellenwert der ökonomischen Theorie im Recht, Baden-Baden

Aaken, Anne van (2004): Book Review: Steven Shavell/Louis Kaplow: Fairness versus Welfare, in: EBOR: p. 419-427

Aaken, Anne van/Stefanie Schmid-Lübbert, Hrsg. (2003): Beiträge zur ökonomischen Theorie im Öffentlichen Recht, Wiesbaden

Albert, Hans (1972): Erkenntnis und Recht. Die Jurisprudenz im Lichte des Kritizismus, in: Albert, H./N. Luhmann/W. Maihofer/O. Weinberger (Hrsg.), Rechtstheorie als Grundlagenwissenschaft der Rechtswissenschaft, Düsseldorf, p. 80-96

Alexy, Robert (1995a): Normenbegründung und Normanwendung, in: Alexy, Robert (Hrsg.), Recht, Vernunft, Diskurs, Frankfurt a.M., p. 52-70

Alexy, Robert (1995b): Zum Begriff des Rechtsprinzips, in: Alexy, R. (Hrsg.), Recht, Vernunft, Diskurs : Studien zur Rechtsphilosophie, Frankfurt a.M., p. 177-212

Alexy, Robert (1996): Theorie der Grundrechte, Frankfurt a.M.

Alexy, Robert (2003): On Balancing and Subsumption. A Structural Comparison, in: *Ratio Juris* 16: p. 433-449

Arnim, Hans Herbert v. (1988): Wirtschaftlichkeit als Rechtsprinzip, Berlin

Behrens, Peter (1986): Die ökonomischen Grundlagen des Rechts. Politische Ökonomie als rationale Jurisprudenz, Tübingen

Blume, Lorenz/Jens Müller/Stefan Voigt/Carsten Wolf (2007): The Economic Effects of Constitutions: Replicating - and Extending - Persson and Tabellini, in: CESifo Working Paper Series No. 2017. Available at SSRN: http://ssrn.com/abstract=985682 (2007)

Bodansky, Daniel (2006): International Law in Black and White, in: Georgia Journal *of International and Comparative Law 34*: p. 285

Böhret, Carl/Götz Konzendorf (2001): Handbuch Gesetzesfolgenabschätzung (GFA), Baden-Baden

Brugger, Winfried (2007): Gerechtigkeit, streitige Rechtsfälle und unstreitige Unrechtsfälle, in: Gornig, Gilbert H./Urs Kramer/Uwe Volkmann (Hrsg.), Staat - Wirtschaft - Gemeinde, Berlin, p. 205-235

Buchanan, James M. (1991): The Economics and the Ethics of Constitutional Order, Ann Arbor

Buchanan, James M./Gordon Tullock (1962): The Calculus of Consent, Ann Harbor

Coleman, Jules L. (1992): Risks and Wrongs, Cambridge

Coles, Christina (1991): Folgenorientierung im richterlichen Entscheidungsprozeß: ein interdisziplinärer Ansatz, Frankfurt a.M.

Cooter, Robert D. (1992): The Minimax Constitution as Democracy, in: *International Review of Law and Economics* 12: p. 292-294

Deckert, Martina (1995): Folgenorientierung in der Rechtsanwendung, München

Donohue, John J./Steven D. Levitt (2001): The Impact of Legalized Abortion on Crime, in: *Quarterly Journal of Economics* 116: p. 379-420

Dworkin, Ronald (1972): The Jurisprudence of Richard Nixon, in: *The New York Review of Books* 18: p. 27-35

Dworkin, Ronald (1978): Taking Rights Seriously, Cambridge (Mass.)

Eidenmüller, Horst (1995): Effizienz als Rechtsprinzip, Tübingen

Engel, Christoph (2007): Herrschaftsausübung bei offener Wirklichkeitsdefinition. Das Proprium des Rechts aus der Perspektive des öffentlichen Rechts, in: Engel, Christoph/Wolfgang Schön (Hrsg.), Das Proprium der Rechtswissenschaft, Tübingen

Engel, Christoph/Martin Morlok, Hrsg. (1998): Öffentliches Recht als Gegenstand ökonomischer Forschung, Tübingen

Engel, Christoph/Wolfgang Schön, Hrsg. (2007): Das Proprium der Rechtswissenschaft, Tübingen, forthcoming

Ernst, Wolfgang (2007): Gelehrtes Recht. Jurisprudenz aus der Sicht des Zivilrechtslehrers, in: Engel, Christoph/Wolfgang Schön (Hrsg.), Das Proprium der Rechtswissenschaft, Tübingen, forthcoming

Farber, Daniel A. (1995): Positive Theory as Normative Critique, in: *Southern California Law Review* 68: p. 1565-1593

Gallie, Walter B. (1956): Essentially Contested Concepts, in: *Proceedings of the Aristotelian Society* 56: p. 167-198

Gazal-Ayal, Oren (2007): Economic Analysis of Law and Economics, in: *Capital University Law Review* 35: p. 3

Grimes, David A./Janie Benson/Susheela Singh/Mariana Romero/Bela Ganatra/Friday E. Okonofua/Iqbal H Shah (2006): Unsafe Abortion: The Preventable Pandemic, in: *The Lancet* 368: p. 1908-1919

Grimm, Dieter (1991): Die Zukunft der Verfassung, Frankfurt a.M.

Günther, Klaus (1988): Der Sinn für Angemessenheit: Anwendungsdiskurse in Moral und Recht, Frankfurt a.M.

Hart, Herbert L.A. (1961): The Concept of Law, Oxford

Hermes, Georg (2004): Folgenberücksichtigung in der Verwaltungspraxis und in einer wirkungsorientierten Verwaltungsrechtswissenschaft, in: Schmidt-Aßmann, Eberhard/ Wolfgang Hoffmann-Riem (Hrsg.), Methoden der Verwaltungsrechtswissenschaft, Baden-Baden, p. 359-386

Hicks, John Richard (1939): The Foundations of Welfare Economics, in: *Economic Journal* 49: p. 696-712

Hillgruber, Christian (2008): Das Verfassungsrecht zwischen normativem Anspruch und politischer Wirklichkeit, in: VVDStRL 67: forthcoming

Hoffmann-Riem, Wolfgang (2005): Sozialwissenschaftlich belebte Rechtsanwendung, in: Veil, Rüdiger/Reinhard Damm/Peter W. Heermann (Hrsg.), Festschrift für Thomas Raiser zum 70. Geburtstag, Berlin et al., p. 515-538

Homann, Karl/Christian Kirchner (1995): Ordnungsethik, in: Herder-Dorneich, Ph./K.-E. Schenk/D. Schmidtchen (Hrsg.), Jahrbuch für Neue Politische Ökonomie, Tübingen, p. 189-211

Jestaedt, Matthias (2007): "Öffentliches Recht" als wissenschaftliche Disziplin, in: Engel, Christoph/Wolfgang Schön (Hrsg.), Das Proprium der Rechtswissenschaft, Tübingen, forthcoming

Jestaedt, Matthias/Oliver Lepsius, Hrsg. (2007): Was ist und wozu eine Rechtswissenschaftstheorie?, Tübingen

Kaldor, Nicholas (1939): Welfare Propositions of Economics and Interpersonal Comparisons of Utility, in: *Economic Journal* 49: p. 549 - 552

Kantorowicz, Hermann (1962 (first 1911)): Rechtswissenschaft und Soziologie, Karlsruhe.

Kaplow, Louis/Steven Shavell (2001): Fairness Versus Welfare, in: *Harvard Law Review* 114: p. 961-1388

Karpen, Ulrich (1999): Gesetzesfolgenabschätzung in der Europäischen Union, in: *Archiv des öffentlichen Rechts* 124: p. 400-422

Karpen, Ulrich (2002): Gesetzesfolgenabschätzung, in: *Zeitschrift für Rechtspolitik*: p. 443-446

Karpen, Ulrich/Hagen Hof, Hrsg. (2003): Wirkungsforschung zum Recht IV. Möglichkeiten einer Institutionalisierung der Wirkungskontrolle von Gesetzen, Baden-Baden

Kelsen, Hans (1994): Reine Rechtslehre (Pure Theory of Law), Darmstadt

Kirchner, Christian (2008): Zur konsequentialistischen Interpretationsmethode. Der Beitrag der Rechtswissenschaft zur reziproken methodischen Annäherung von Ökonomik und Rechtswissenschaft, in: Eger, Thomas/Jochen Bigus/Georg von Wangenheim (Hrsg.), Festschrift für Hans-Bernd Schäfer, dieser Band

Larenz, Karl (1979): Methodenlehre der Rechtswissenschaft, Berlin et al.

Lepsius, Oliver (2006): Human Dignity and the Downing of Aircraft: The German Federal Constitutional Court Strikes Down a Prominent Anti-terrorism Provision in the New Air-Transport Security Act, in: *German Law Journal 7*: online journal

Lübbe-Wolff, Gertrude (1981): Rechtsfolgen und Realfolgen, Freiburg et al.

Lübbe-Wolff, Gertrude (2007): Expropriation der Jurisprudenz?, in: Engel, Christoph/ Wolfgang Schön (Hrsg.), Das Proprium der Rechtswissenschaft, Tübingen, forthcoming

Mestmäcker, Ernst-Joachim (2007): A Legal Theory without Law, Tübingen

Möllers, Christoph (2000): Kooperationsgewinne im Verwaltungsrecht, in: *Die Öffentliche Verwaltung* 16: p. 667-675

Myrdal, Gunnar (1933): Das Zweck-Mittel-Denken in der Nationalökonomie, in: *Zeitschrift für Nationalökonomie* IV: p. 305-329

Noll, Peter (1973): Gesetzgebungslehre, Reinbek bei Hamburg

Persson, Torsten/Guido Tabellini (2003): The Economic Effects of Constitutions, Cambridge/Mass.

Posner, Richard A. (1979): Utilitarianism, Economics, and Legal Theory, in: *Journal of Legal Studies* 8: p. 103-140

Posner, Richard A. (1980a): The Ethical and Political Basis of the Efficiency Norm in Common Law Adjudication, in: *Hofstra Law Review* 8: p. 487-508

Posner, Richard A. (1980b): The Value of Wealth: A Comment on Dworkin and Kronman, in: *Journal of Legal Studies* 9: p. 243-252

Rawls, John (1990): Eine Theorie der Gerechtigkeit, Frankfurt a.M.

Rehbinder, Manfred (2000): Rechtssoziologie, Berlin et al.

Rottleuthner, Hubert (1980): Zur Methode einer folgenorientierten Rechtsanwendung, in: Rotter, F. et al. (Hrsg.), Wissenschaften und Philosophie als Basis der Jurisprudenz, Wiesbaden, p. 97-118

Rottleuthner, Hubert (1981): Rechtstheorie und Rechtsoziologie, Freiburg i.B. et al.

Sambuc, Thomas (1977): Folgenerwägungen im Richterrecht: Die Berücksichtigung von Entscheidungsfolgen bei der Rechtsgewinnung, erörtert am Beispiel des § 1 UWG, Berlin

Schäfer, Hans-Bernd/Claus Ott (2005): Lehrbuch der ökonomischen Analyse des Zivilrechts, Berlin et al.

Schlink, Bernhard (2001): Der Grundsatz der Verhältnismäßigkeit, in: Badura, Peter/Horst Dreier (Hrsg.), Festschrift 50 Jahre Bundesverfassungsgericht, Tübingen, p. 445-465

Schmidtchen, Dieter (2004): Recht, Eigentum und Effizienz, in: ORDO 55 (2004): p. 127-151

Sedgh, Gilda/Stanley Henshaw/Susheela Singh/Elisabeth Åhman/Iqbal H Shah (2007): Induced Abortion: Estimated Rates and Trends Worldwide, in: *The Lancet* 370: p. 1338-1345

Sen, Amartya K. (1970): The Impossibility of a Paretian Liberal, in: *Journal of Political Economy* 78: p. 152-157

Sen, Amartya K. (1997a): Liberty, Unanimity and Rights, in: Sen, A. K. (Hrsg.), Choice, Welfare and Measurement, Cambridge (Mass.), p. 291-326 (zuerst 1976)

Sen, Amartya K. (1997b): On Ethics and Economics, Oxford et al.

Sen, Amartya K. (1999): Commodities and Capabilities, Delhi

Somek, Alexander (2007): Kelsen Lives, in: *European Journal of International Law* 18: p. 409-451

Stone Sweet, Alec (2008): Proportionality, Balancing and Global Constitutionalism, Paper presented at the Conference “Global Constitutionalism: Process and Substance”, 17-20 January 2008, Kandersteg, Switzerland

Voigt, Stefan (1996): Die konstitutionelle Ökonomik als Herausforderung für die Theorie der Wirtschaftspolitik - zugleich eine Skizze zur Weiterentwicklung einer ökonomischen Theorie der Verfassung, in: Pies, Ingo/Martin Leschke (Hrsg.), *James Buchanans konstitutionelle Ökonomik*, Tübingen, p. 157-83

Wälde, Thomas W. (1979): Juristische Folgenorientierung. "Policy Analysis" und Sozial-kybernetik: Methodische und organisatorische Überlegungen zur Bewältigung der Folgenorientierung im Rechtssystem, Königstein

Weiler, Joseph H.H. (1997): The Reformation of European Constitutionalism, in: *Journal of Common Market Studies* 35: p. 97-131

Weinberger, Ota (1988): Rechtspolitische Institutionenanalyse, in: Grimm, D./W. Maihofer (Hrsg.), Gesetzgebungstheorie und Rechtspolitik, Opladen, p. 246-289

Wilson, Edward O. (1998): Consilience: The Unity of Knowledge, New York

Zamir, Eyal/Barak Medina (2007): Law, Morality, and Economics: Integrating Moral Constraints with Economic Analysis of Law, Paper presented at the Annual Conference of the European Association of Law and Economics, Copenhagen

Zippelius, Reinhold (2006): Juristische Methodenlehre, München

DETERMINANTEN KONSTITUTIONELLER GESCHWÄTZIGKEIT[1]

Stefan Voigt

A. Einleitung

Die Verfassungsväter einiger Staaten haben sich sehr kurz gefasst: So haben Tunesien, Island und die USA Verfassungen, die kürzer als 5000 Worte sind. Dagegen nehmen sich die Verfassungen Indiens und Kenyas geschwätzig aus: Beide sind mehr als 70 000 Worte lang. Die Verfassung Indiens ist etwa 20-mal so lang wie die Tunesiens.

Wie kann man diese dramatischen Längenunterschiede erklären, schließlich dienen Verfassungen überall sehr ähnlichen Zwecken?[2] Einige Vermutungen drängen sich förmlich auf: Ist der implizite Konsens zwischen den Gesellschaftsmitgliedern hoch, dann muss man vieles nicht explizit niederschreiben; sind die Präferenzen der Gesellschaftsmitglieder sehr heterogen, so werden sie versuchen, ihre eigene Position mit Hilfe der Verfassung zu sichern, was zu längeren Verfassungen führt. Vermutlich fallen jedem Leser spontan weitere Hypothesen ein.

Aber lohnt es sich überhaupt, mögliche Determinanten für Verfassungslängen zu analysieren? Wir vermuten, dass konstitutionelle Geschwätzigkeit eine Reihe von Konsequenzen haben kann: (1) Die erwartete Lebensdauer einer Verfassung könnte von ihr beeinflusst werden genauso wie (2) der Grad der faktischen Umsetzung einer Verfassung. Hier aber werden diese Vermutungen nicht getestet. Stattdessen ist die Länge von Verfassungen unsere abhängige Variable und es wird versucht, mögliche Determinanten zu identifizieren.

Die empirische Analyse zeigt, dass die Verfassungen ehemals britischer Kolonien (bzw. von Ländern, die zur *common law* Familie gehören) *c.p.* um etwa 20 000 Worte länger sind als Verfassungen von Ländern, die nicht zu dieser Gruppe gehören. Andererseits zeigt sich, dass muslimisch geprägte Länder (bzw. Länder im Mittleren Osten und Nordafrika)

---

[1] Die englische Version dieses Beitrags ist ungleich geschwätziger: Sie enthält einen ausführlichen Literaturüberblick genauso wie eine größere Zahl von Hypothesen und kann unter www.ssrn.com gefunden werden.

[2] Von Hans-Bernd Schäfer stammt der Hinweis, daß diese Annahme nicht immer zutreffend ist. So hat etwa die Goldene Bulle von 1356 vorwiegend eine Frage geklärt, nämlich nach welchem Verfahren der König des Heiligen Römischen Reiches zu wählen war. Mit mehr als 15.000 Worten würden wir sie heute geschwätzig nennen.

Verfassungen haben, die zwischen 4000 und 11000 Worte kürzer sind als Länder, die nicht zu dieser Gruppe gehören. Weiter zeigt sich, dass auch ehemals spanische Kolonien zu längeren Verfassungen neigen, während protestantisch geprägte Staaten zu kürzeren Verfassungen neigen.

B. Einige Hypothesen

Verfassungen werden häufig als Gesellschaftsverträge interpretiert. Vertreter der Neuen Institutionenökonomik (z.B. Kreps 1990) haben gezeigt, dass Verträge aufgrund unvollständiger Information immer unvollständig bleiben müssen. Die Frage dieses Beitrags kann also auch formuliert werden als die Frage, welche Gesellschaften die notwendige Unvollständigkeit von Verträgen eher zu akzeptieren bereit sind – und aus welchen Gründen. In diesem Abschnitt werden einige Hypothesen kurz präsentiert.

Hypothese 1: Verfassungen früherer Kolonien sind länger als Verfassungen von Staaten, die nie Kolonien waren.

Von ihrem Kolonialstatus befreit, nutzen frühere Kolonien die Verfassung auch, um sich als Gesellschaft einerseits von den früheren Kolonialherren zu distanzieren und sich eine eigene Identität zuzuschreiben. Symbole und Mythen könnten Aufnahme in die Verfassung finden. Dies führt zu längeren Dokumenten. Es könnte jetzt zweckmäßig sein, nach verschiedenen Kolonialmächten zu differenzieren:

Hypothese 2: Verfassungen von Staaten mit britischer Kolonialvergangenheit sind kürzer als die anderer Kolonialherrscher.

Die Briten haben die indigenen Rechtssysteme in ihren Kolonien häufig zumindest teilweise intakt gelassen (Zweigert und Kötz 1996). Dagegen haben die Franzosen häufig versucht, die Setzung französischen Rechts mit Hilfe einer französischen Verwaltung sowie mit Gerichten durchzusetzen, die nach französischem Vorbild strukturiert waren. Es erscheint also plausibel, davon auszugehen, dass in ehemals britischen Kolonien weniger Bedarf an fundamental neuen Regeln besteht als in anderen Kolonien.

Hypothese 3: Verfassungen von Staaten mit Gewohnheitsrecht (common law) sind länger als Verfassungen der Zivilrechts-Familie.

Richter in Ländern mit Gewohnheitsrecht haben mehr Möglichkeiten, Recht selbständig fort zu entwickeln. Verfassungsgeber antizipieren das und versuchen deshalb, Richtern durch eine größere Zahl von Verfassungsbestimmungen einige zusätzliche Restriktionen einzuziehen.

Hypothesen 2 und 3 konkurrieren miteinander. Ob eine sich als richtig erweist, kann nur ein empirischer Test zeigen. Neben der Kolonialvergangenheit eines Landes ist auch die religiöse Orientierung der Gesellschaftsmitglieder ein relativ exogener Faktor. Ihm wenden wir uns jetzt zu.

Hypothese 4: Muslimisch geprägte Länder haben kürzere Verfassungen als Staaten, deren Mitglieder anderen Bekenntnissen folgen.

Die Heiligen Schriften verschiedener Religionen bzw. Denominationen enthalten unterschiedlich konkrete Vorschriften über die wünschenswerte Organisation irdischen Lebens. Muslime glauben, dass der Koran dem Propheten Mohammed direkt von Gott offenbart wurde. Direkt von Gott gegebene Regeln sind einer Änderung durch die Menschen nicht zugänglich. Sie befinden sich im Heiligen Buch und eine Wiederholung in irdischen Verfassungen ist überflüssig.

Hypothese 5: Je ausgeprägter das Ausmaß von Individualismus in einer Gesellschaft, desto kürzer die Verfassung.

Hofstede (1997) beschreibt Gesellschaften mit einem hohen Grad von Individualismus als Gesellschaften, in denen die Beziehungen zwischen den Individuen eher lockerer Art sind. Vom Individuum wird erwartet, dass es sich um sich selbst kümmert – und um enge Familienangehörige. Er beobachtet, dass (privatrechtliche) Verträge in Gesellschaften mit einem hohen Grad an Individualismus eher länger sind. Ob – und wie – diese Beobachtung für die Länge von Verfassungen relevant ist, erscheint *prima facie* unklar: Wenn Verträge länger sind, weil Individualisten ihre Privatsphäre schützen wollen, dann müssten auch Verfassungen länger sein. Andererseits könnten die längeren privatrechtlichen Verträge auch eine Folge von geringeren Regulierungsniveaus – und möglicherweise kürzeren Verfassungen – sein. Wiederum erlauben uns die theoretischen Überlegungen nicht, eine eindeutige Prognose abzugeben.

Hypothese 6: Große Vermögensunterschiede führen zu längeren Verfassungen.

Große Vermögensunterschiede induzieren Begehrlichkeiten bei den weniger Vermögenden nach umfassender Umverteilung. Dies wird von den Vermögenden antizipiert, die deshalb versuchen, sich mit einer Vielzahl von Regeln gegen bestimmte Formen der Umverteilung abzusichern, was zu längeren Verfassungsdokumenten führt.

Hypothese 7: Autokratische Regierungen verabschieden kurze Verfassungen.

Nicht alle Verfassungen werden von Versammlungen verabschiedet, die große Teile einer Gesellschaft repräsentieren. Viele Verfassungen werden auch verabschiedet, nachdem ein Autokrat sich an die Macht geputscht hat. Auch Diktatoren sind auf die Unterstützung einiger Gruppen angewiesen. Insgesamt erwarten wir jedoch, dass eine geringere Anzahl von Kompromissen erforderlich ist, die zu einem kürzeren Verfassungsdokument führen dürfte.

C. Datenbeschreibung und Schätzansatz

Wir beginnen mit der Beschreibung der abhängigen Variablen, also der Verfassungslänge. Länder ohne geschriebene Verfassung (Vereinigtes Königreich, Neuseeland, Israel) werden nicht berücksichtigt. Für alle anderen Länder haben wir nach dem Dokument gesucht, das im Land selbst als „Verfassung" bezeichnet wird. Die Verfassung aller hier berücksichtigten Länder ist auf englisch, französisch oder spanisch im Netz verfügbar. Für diese Länder haben wir die Zahl der Wörter gezählt.[3] Falls mehrere Fassungen verfügbar waren, wurde jeweils die „offiziellste" Version genutzt. Verfassungen früherer britischer Kolonien enthalten häufig sehr umfangreiche Anhänge *(„schedules")*, die hier nicht mitgezählt wurden.

Verfassungen werden in den allermeisten Ländern von den obersten Gerichten durch Grundsatzurteile weiterentwickelt. Die Zahl – und die Länge - solcher Urteile könnte zwischen Ländern stark variieren. Ein möglicher Nachteil des hier genutzten Zählansatzes könnte sein, dass die Unterschiede in der Rechtsprechung nicht berücksichtigt werden.

Geschätzt werden soll das folgende Modell:

$$\text{VERFLÄNGE}_i = \alpha + \beta\, M_i + \gamma\, N_i + \delta Z_i + \varepsilon_i. \qquad (1)$$

VERFLÄNGE ist die Länge der Verfassung in Worten im Land i, M ist ein Vektor aus „Standarderklärern" für Verfassungslängen, N_i ein Vektor aus den gerade präsentierten Hypothesen, Z_i ist ein Vektor mit Kontrollvariablen und ε_i ist ein Störterm.

Die Kolonialvergangenheit eines Landes wird hier durch eine Dreiteilung berücksichtigt, nämlich frühere britische Kolonien, frühere spanische Kolonien und anderen Kolonien. Als Benchmark dienen folglich die Länder, die nie eine Kolonie waren. Da die Kolonialerfahrung über die Zeit weniger relevant werden könnte, wird sie diskontiert mit der Zahl der Jahre, die seit der Unabhängigwerdung vergangen sind (einer Anregung von Persson und Tabellini 2003 folgend).

3 Die Vermutung, daß die Verfassungslänge von der genutzten Sprache abhängig sei und somit Korrekturfaktoren erforderlich sein könnten, erwies sich als falsch. Längendifferenzen zwischen den Verfassungen, die auf Französisch (bzw. Spanisch) und Englisch vorhanden sind, erwiesen sich als minimal, sodass wir auf einen Sprachkorrekturfaktor verzichtet haben.

Die Zugehörigkeit eines Landes zu einer Rechtsfamilie wird hier mit Hilfe von Dummyvariablen berücksichtigt. Kodiert wurden Dummies für Common Law, deutsches Zivilrecht, französisches Zivilrecht und sozialistisches Recht. Als Benchmark dienen hier die Länder mit skandinavischem Zivilrecht.

Bei der Relevanz von Religionszugehörigkeiten haben wir zwei Ansätze genutzt: Muslimische Staaten werden mit Hilfe einer Dummy-Variablen erfasst; die Relevanz des Protestantismus wird approximiert durch den protestantischen Bevölkerungsanteil.

Zur Messung des Ausmaßes von Individualismus in einer Gesellschaft wurde auf die entsprechende Variable von Hofstede (1997) zurückgegriffen.

Weiter ist eine Variable erforderlich, die das Ausmaß von Ungleichheit in Gesellschaften reflektiert. Ökonomen greifen dafür meistens auf den Gini-Koeffizienten zurück, der auch hier genutzt wird. Die von Deininger und Squire (1996) bereitgestellte Datenbank enthält Gini-Koeffizienten, die teilweise sehr weit zurückreichen; für Japan etwa bis 1890. Für uns wäre ja der Koeffizient des Jahres der Verfassungsverabschiedung optimal. Er ist nicht in jedem Fall verfügbar. Genutzt wird der nächst-verfügbare Gini-Wert.

Letztens schließlich benötigen wir eine Variable, die uns den Autokratie-/Demokratiegrad eines Landes anzeigt. Hier wird das Maß des PolityIV Datensatzes genutzt, das den Vorteil hat, bis ins Jahr 1800 zurück zur Verfügung zu stehen. Genutzt wird jeweils die erste verfügbare Kodierung nach Verabschiedung der Verfassung.

Ein kurzer Blick auf die bivariaten Korrelationen ist interessant: Die höchsten Korrelationen zeigen sich zwischen ehemals britischen Kolonien und Verfassungslänge (.594) sowie zwischen Gewohnheitsrecht und Verfassungslänge (.455). Der Individualismus-Indikator ist negativ mit Verfassungslänge korreliert (.248), während der Gini-Koeffizient positiv korreliert ist (.342). Mit anderen Worten: Eine ungleichere Verteilung ist mit längeren Verfassungen korreliert. Aber bivariate Korrelationen können immer nur einen Eindruck vermitteln. Die Determinanten von Verfassungslängen sind nur mit Hilfe von multivariaten Analysen zu ermitteln. Dies geschieht im nächsten Abschnitt.

D. Schätzergebnisse und Interpretation

Die Schätzungen werden mit Hilfe der Methode der kleinsten Quadrate (OLS) durchgeführt, die Standardfehler sind für Heteroskedastizität unter Nutzung des Verfahrens von White korrigiert. Die Umsetzung der empirischen Strategie ist zunächst mit der Schwierigkeit konfrontiert, dass es bisher noch gar keine „Standarderklärer" gab. Bei der Analyse der bivariaten Korrelationen zeigte sich jedoch, dass Länder der *common law*-Tradition systematisch längere Verfassungen haben, während Länder aus dem Mittleren Osten und Nordafrika zu kürzeren Verfassungen neigen. Diese beiden Variablen werden deshalb als M-Vektor genutzt. Sie allein erklären etwa die Hälfte der gesamten Streuung der Länge von 84 Verfassungen.

Diese beiden Standarderklärer werden jeweils um weitere Variable ergänzt, als Kontrollvariablen dienen Kontinentdummies.

Der Jarque Bera Test zeigte häufig, dass die Residuen nicht normalverteilt sind. Meistens wurde darauf verzichtet, für die Ausreißer zusätzliche Dummies zu nutzen. Oft wurden Indien, Kenia, Nigeria und Papua Neuguinea als Ausreißer identifiziert, alles frühere britische Kolonien, deren Verfassungen „zu lang" sind. Sobald die abhängige Variable in logarithmierter Form genutzt wurde, waren die Jarque Bera Testwerte nicht mehr signifikant. Der einfacheren Interpretation halber wurde hier dennoch mit den absoluten Verfassungslängen gearbeitet.

Zunächst ein Wort zu den beiden „Standarderklärern": Die Dummy für Gewohnheitsrecht ist hochsignifikant (und robust). Länder mit Gewohnheitsrecht haben signifikant längere Verfassungen als Länder anderer Rechtskreise. Wir interpretieren dies als eine vorläufige Bestätigung von Hypothese 3, wonach Verfassungsgeber in diesen Ländern versuchen, die Richter an eine höhere Zahl expliziter Regeln zu binden.

Die Länder im mittleren Osten und in Nordafrika sind überwiegend muslimisch. Hypothese 4 besagt, dass muslimische Gesellschaften kürzere Verfassungen schreiben, weil sie über eine noch grundlegendere Verfassung (den Koran) verfügen. Auch diese Hypothese kann anhand der verfügbaren Evidenz nicht widerlegt werden. Dieser Effekt ist allerdings weniger ausgeprägt, sobald wir die geographische Dummy durch die Muslim-Dummy ersetzen, weil einige der nicht in der Region beheimateten muslimischen Gesellschaften wie Nigeria (54.149), Malaysia (46.558) und Pakistan (43.953) sehr lange Verfassungen haben.

Es wurde vermutet, dass eine Kolonialvergangenheit zu längeren Verfassungen führen könnte. Weiter war vermutet worden, dass innerhalb der früheren Kolonien Länder mit britischer Kolonialerfahrung eher kürzere Verfassungen verabschieden würden. Diese Hypothese muss als widerlegt gelten: Im Vergleich zu Ländern, die nie Kolonien waren, haben frühere britische Kolonien Verfassungen, die etwa 24.000 Worte länger sind (in dieser Schätzung wurde aufgrund der fast perfekten Kollinearität auf die Gewohnheitsrechts-Dummy verzichtet). Länder mit „anderer Kolonialerfahrung" (weder britisch noch spanisch, in erster Linie also französisch, portugiesisch und niederländisch) haben im Vergleich zur Gruppe ohne Kolonialerfahrung signifikant *kürzere* Verfassungen. Folglich sind beide Hypothesen zur Kolonialerfahrung widerlegt: Die Kolonialerfahrung an sich führt nicht zu längeren Verfassungen (Hypothese 1) und Länder mit britischer Kolonialerfahrung neigen dazu, längere Verfassungen zu haben (Hypothese 2).

Da es nicht die Kolonialerfahrung an sich ist, sondern die Identität des Kolonialherren, liegt es nahe, auch die Art des von den Kolonialherren implementierten Rechts als mögliche Determinante zu testen (Hypothese 3). Gewohnheitsrecht ist, wie bereits beschrieben, mit signifikant längeren Verfassungen verbunden. Es darf also vermutet werden, dass die Ergebnisse von der exportierten Rechtsfamilie – und nicht so sehr durch die Identität des Kolonialherren – getrieben werden. Allerdings ist neben dem Gewohnheitsrecht nur das französische

Zivilrecht signifikant: Verfassungen in Ländern dieser Rechtsfamilie sind 9.439 Worte länger als Verfassungen in der als Vergleichsgruppe genutzten skandinavischen Länder.[4]

Dass Verfassungen in überwiegend muslimischen Ländern *c.p.* kürzer sind, wurde bereits geschildert. Eine modifizierte Hypothese könnte danach fragen, ob bestimmte Denominationen ihren Heiligen Schriften eine hohe Bindungswirkung zurechnen – und die Verfassungen dann kürzer sind. Hier zeigt sich, dass eine hohe Zahl von Protestanten tatsächlich mit kürzeren Verfassungen korreliert ist. Jede Erhöhung des Anteils der Protestanten um einen Prozentpunkt geht nach unseren Schätzungen mit einer 157 Worte kürzeren Verfassung einher. Die Spalten 6 und 7 in beiden Tabellen zeigen, dass dieses Ergebnis robust ist.

Die fünfte Hypothese lautet, dass ein ausgeprägter Individualismus mit kürzeren Verfassungen korreliert ist. Sie wird in Spalte 4 getestet. Leider liegen Werte für die Variable nur für eine kleinere Zahl von Ländern vor. Es ist dennoch bemerkenswert, dass die Variable sowohl statistisch als auch substantiell hoch signifikant ist: Jede Erhöhung des Individualismusgrades um einen Punkt (auf einer Skala von 0 bis 100) ist mit einer um 273 Worte kürzeren Verfassung verbunden.

Die Schätzergebnisse zum Zusammenhang zwischen Ungleichheit und Verfassungslänge finden sich in Spalte 3. Wir haben es erneut mit einem hoch signifikanten Zusammenhang zu tun, der sich in den Spalten 6 und 7 zudem als robust erweist. Substantiell führt jeder zusätzliche Punkt Ungleichheit zu einer Verlängerung der Verfassung um 293 Worte.

In der letzten Hypothese wurde vermutet, dass autokratischere Regime kürzere Verfassungen hervorbringen. Die Spalten sechs bis acht beider Tabellen scheinen diese Hypothese zu stützen: Auf einer Skala von -10 („perfekte Autokratie“) bis +10 („perfekte Demokratie“) ist eine um einen Punkt stärkere Demokratie mit jeweils 300 zusätzlichen Worten in der Verfassung verbunden.

E. Zusammenfassung und Ausblick

In diesem Beitrag wird versucht, die Determinanten der Länge von Verfassungen zu identifizieren. Es zeigt sich, dass die Verfassungen von Ländern, die der Gewohnheitsrechtstradition angehören, etwa 20.000 Worte länger sind als Verfassungen anderer Länder. Es zeigt sich weiterhin, dass überwiegend muslimische Länder signifikant kürzere Verfassungen haben (zwischen 6.000 und 11.000 Worte, abhängig von der konkreten Spezifikation).

Eine ganze Zahl weiterer Hypothesen konnte hier nicht getestet werden. Dazu gehört z.B. die Vermutung, dass externe Faktoren einen Einfluss auf die Länge des Verfas-sungsdokuments haben könnten (Geberorganisationen etwa). Auch die Frage, ob es einen Zusammenhang zwischen der Länge von Verfassungen einerseits und der Länge (und Zahl) von Gesetzen gibt, ist hier nicht thematisiert worden.

4 Die hier beschriebenen Ergebnisse scheinen sich zum Teil zu widersprechen: Länder der französischen Rechtsfamilie haben längere Verfassungen während frühere Kolonien, die weder britisch noch spanisch waren (in anderen Worten: häufig französisch), signifikant kürzere Verfassungen haben. Wenn beide Variablen gleichzeitig genutzt werden, überlebt das hier beschriebene Ergebnis jedoch.

Literaturverzeichnis

Deininger, K. and L. Squire (1996), A New Data Set Measuring Income Inequality. *World Bank Economic Review* 10(3):565-91

Hofstede, G. (1997), Cultures and Organizations – *Intercultural Cooperation and Its Importance for Survival*, London: Profile Books

Kreps, D. (1990), *A Course in Microeconomic Theory*, Princeton: Princeton University Press

Persson, T. and G. Tabellini (2003), *The Economic Effects of Constitutions*. Cambridge, MA: The MIT Press

Zweigert, K. und H. Kötz (1996), Einführung in die Rechtsvergleichung, Tübingen: Mohr (Siebeck). English as: *Introduction to Comparative Law*. Translated from German by Toni Weir. Oxford: Clarendon Press

Tabelle 1: OLS Schätzungen mit Verfassungslänge (in Worten) als abhängiger Variable

Variables	(1)	(2)	(3)	(4)	(5)	(6)	(7)	(8)#
Common Law	23.173**	21.588**	25.009**	21.765**		22.497**	22.195**	19.327**
Legal Origin	(7.3)	(6.45)	(7.64)	(3.14)		(6.99)	(6.54)	(6.65)
Middle East /	-8.880**	-8.226**				-6.310**	-6.204**	-6.312*
Northern Africa	(5.70)	(5.68)				(3.95)	(4.36)	(4.42)
Gini Coefficient		293**					318*	280*
		(2.33)					(2.55)	(2.58)
Muslim			-6.023*	-3.203	2.818			
			(2.06)	(0.44)	(0.77)			
Protestant			-157**				-166**	-139**
Pop.share			(3.04)				(3.09)	(3.19)
Individualism				-217*				
				(2.64)				
British Colony					24.366**			
					(6.03)			
Spanish Colony					16.329*			
					(2.59)			
Other Colony					-7.423**			
					(2.88)			
Degree of Democ-						300(*)	390*	361*
racy						(1.80)	(2.42)	(2.42)
Intercept	16.387	4.406	18.302	28.852	18.937	15.522	3.639	5.040
$\overline{R}^2$	0.499	0.531	0.524	0.366	0.499	0.506	0.570	0.698
SER	11.003	10.649	10.720	12.407	9.951	10.927	10.191	8.542
F-statistic	42.33***	32.29***	31.51***	6.39***	16.427***	29.321***	23.02***	28.409***
Observations	84	84	84	29	63	84	84	84

The numbers in parentheses are the absolute values of the estimated t-statistics, based on the White heteroscedasticity-consistent standard errors. '**', '*' or '(*)' show that the estimated parameter is significantly different from zero on the 1, 5, or 10 percent level, respectively. SER is the standard error of the regression. # indicates that country dummies were used for India and Kenya.

Tabelle 2: OLS Schätzungen mit Verfassungslänge (in Worten) als abhängiger Variabler und zusätzlichen Kontrollvariablen.

Variables	*(1)*	*(2)*	*(3)*	*(4)*	*(5)*	*(6)*	*(7)*	*(8)#*
Common Law Legal Origin	23.828**	22.814**	25.390**	23.480**		22.447**	23.950**	21.472**
	(6.82)	(6.73)	(7.13)	(3.61)		(6.26)	(6.88)	(6.98)
Middle East / Northern Africa	-7.508**	-9.820**				-4.200(*)	-8.973**	-8.623**
	(4.05)	(4.38)				(1.87)	(2.84)	(2.91)
Gini Coefficient		403**					394*	318(*)
		(2.21)					(2.08)	(1.82)
Muslim			-4.509	-4.880	-573			
			(1.41)	(0.57)	(0.14)			
Protestant Pop.share			-146**				-160**	-137**
			(3.12)				(3.50)	(3.50)
Individualism				-323(*)				
				(1.74)				
British Colony					22.077**			
					(5.67)			
Spanish Colony					11.168			
					(1.12)			
Other Colony					-8.744(**)			
					(2.77)			
Degree of Democracy						295(*)	237	215
						(1.76)	(1.28)	(1.27)
Asia	997	1.022	446	-9.453	10.135(*)	2.381	-2.404	-3.149
	(0.24)	(0.26)	(0.11)	(0.85)	(1.82)	(0.56)	(0.59)	(0.99)
Latin America	5.624(*)	-270	5.210(*)	-7.560	405	6.322*	-336	1.243
	(1.92)	(0.06)	(1.76)	(0.84)	(0.11)	(2.13)	(0.08)	(0.30)
Sub Saharan Africa	-1.072	-7.077(*)	-6.822	-11.425	-2.846	918	-5.804	-5.142
	(0.39)	(1.97)	(0.00)	(1.33)	(0.95)	(0.32)	(1.40)	(1.24)
Intercept	15.015	1.743	16.549	37.425	19.209	13.380	2.594	5.056
$\bar{R}^2$	0.508	0.546	0.525	0.314	0.565	0.512	0.571	0.708
SER	10.907	10.471	10.712	12.9ß7	9.274	10.858	10.185	8.395
F-statistic	18.12***	17.66***	16.29***	3.13*	12.490***	15.522***	14.79***	21.159***
Observations	84	84	84	29	63	84	84	84

DAS RECHT AUF WEITERBILDUNG FÜR ÄLTERE

Bernhard Nagel

A. Das Problem

Deutschland ist im Bereich der Bildung im Allgemeinen und der Weiterbildung im Besonderen ein Nachzügler. 2004 verließen 82.212 Schülerinnen und Schüler eine allgemeinbildende oder berufliche Schule ohne Schulabschluss. Das entsprach 8,5% aller Schulabgänger. Unter den deutschen Schülern brachen 9,5%, unter den deutschen Schülerinnen 5,6% vorzeitig ab, unter den ausländischen Schülern waren es 19,7%, unter den ausländischen Schülerinnen 12,9%.[1] Der Schulabbruch führt oft zur Arbeitslosigkeit, weil der Abschluss nicht nachgeholt wird. Hinzu kommt, dass etwa jeder fünfte neu abgeschlossene betriebliche Berufsausbildungsvertrag wieder gelöst wird. Im Jahre 2004 betraf dies 126.556 Ausbildungsverträge, eine Vertragsauflösungsrate von 22,1%.[2] Kritisiert wird die Dreiteilung des Schulsystems. Der UN-Sonderberichterstatter Munos hält sie zu Recht für extrem selektiv. In Deutschland herrsche verglichen mit anderen Industrieländern die stärkste Korrelation zwischen sozialem Hintergrund und Bildungsleistungen (vgl. Prenzel/Baumert u.a. 2006). Die Selektion in der schulischen Erstausbildung führt auch dazu, dass Deutschland im internationalen Vergleich immer noch zu wenige Studierende besitzt (vgl. Nagel 2003, S. 19 ff.).

Weniger beachtet wird die Situation in der Weiterbildung. Es gibt, kein systematisches Angebot zur Finanzierung des Nachholens von Schulabschlüssen. Die öffentlichen Aufwendungen für die politische und die allgemeine Weiterbildung an den Volkshochschulen gehen zurück (Kuhlenkamp 2006), ebenso die Aufwendungen der Unternehmen für die berufliche Weiterbildung. Die berufliche Weiterbildung konzentriert sich auf die bereits Qualifizierten. Die Weiterbildungsquote (Teilnahmequote) ist von über 30% im Jahre 1997 auf etwa 25% im Jahre 2003 gesunken.[3] In Deutschland kann man zwischen dem 25. und dem 64. Lebensjahr

---

1 Vgl. Konsortium Bildungsberichterstattung, Bildung in Deutschland, Bielefeld 2006 S. 254.
2 Vgl. Bildung in Deutschland 2006 S. 264.
3 Vgl. Berichtssystem Weiterbildung IX, 2004, S. 16 und 22, zitiert aus Bildung in Deutschland 2006 S. 124.

lediglich mit 398 Stunden beruflicher Weiterbildung rechnen, während es in Dänemark 934, in Finnland 669 und in Schweden 622 Stunden sind.[4] Deutschland hält 2003 bei der Teilnahmequote Platz 12 unter 15 EU-Mitgliedstaaten.[5] Der erste Anschein spricht insofern für eine Benachteiligung der Älteren, als nur 34% der unter 25-Jährigen und nur 27% der über 54-Jährigen, aber 41% der 25-54-Jährigen teilnehmen (Zahlen von 2005).[6]

Die Benachteiligung der Älteren bei der beruflichen Weiterbildung ist seit dem Inkrafttreten des Allgemeinen Gleichbehandlungsgesetzes (AGG) justiziabel. Nach § 1 ist es u. a. Ziel des Gesetzes, Benachteiligungen aus Gründen des Alters abzubauen. In § 10 werden zwar Ausnahmen vom Verbot der Altersdiskriminierung festgehalten, aber bei den älteren Beschäftigten nur, um ihre berufliche Eingliederung sicherzustellen. Das bedeutet für sie unter Umständen Abschläge beim Lohn, wenn sie lange arbeitslos waren, aber nicht einen Ausschluss von beruflicher Weiterbildung. Im Hintergrund steht das Urteil des Europäischen Gerichtshofs vom 22. 11. 2005 (Rs. C-144/04, NZA 2005 S. 1345) im Fall Mangold, wonach die Absenkung der Grenze, ab der Arbeitsverträge ohne Sachgrund befristet werden dürfen, von 58 auf 52 Jahre für unzulässig erklärt wurde, weil dies gegen die EU-Richtlinie 2000/78 verstoße (ABlEG L 303/16).

Das AGG wird in der Praxis beachtet. Diese Feststellung gilt auch, wenn man berücksichtigt, dass erst wenige Rechtsfälle vor die Gerichte gelangt sind. So hat das Arbeitsgericht Frankfurt/M. am 25.6.2007[7] zu Recht die Ablehnung der Bewerbung einer befristet eingestellten 49-jährigen Stewardess auf eine unbefristete Stelle für schadensersatzpflichtig erklärt, weil zur Begründung angegeben worden war, es gebe bei ihr ein höheres Risiko der Entgeltfortzahlungskosten wegen Krankheit. Die Klägerin erhielt € 4000. In gleicher Weise dürfte eine Ablehnung des Arbeitgebers, eine 49-Jährige an einer betrieblichen Weiterbildungsmaßnahme teilnehmen zu lassen, zu beurteilen sein, wenn er als Begründung angeben würde, die Amortisierung der Weiterbildungsaufwendungen sei wegen des fortgeschrittenen Alters der Arbeitnehmerin nicht mehr gewährleistet. Das AGG entfaltet seine Wirkung durch seine bloße Existenz, die von den Beteiligten in Rechnung gestellt wird. Es ist zu erwarten, dass die meisten Arbeitgeber derartige juristische Fallen in Zukunft vermeiden werden. Damit ist die allgemein unbefriedigende Situation in der Weiterbildung - zu niedrigen Ausgaben - aber nicht beseitigt.

B. Effizienz und Gerechtigkeit der Weiterbildung

Eine Gesellschaft mit einer guten Berufsausbildung und beruflichen Weiterbildung verhält sich solidarisch mit der Generation der noch nicht oder gegenwärtig nicht Erwerbstätigen. Das ist aus moralischer Sicht gerecht. Auf die Befähigung der Menschen, in einer demokratischen Gesellschaft zu leben und zu wirken, zielt die politische und allgemeine Weiterbildung.

4 Interview Gerhard Bosch, FR 31.8.2007.
5 Vgl. Bildung in Deutschland 2006 S. 126.
6 Vgl. Pressemitteilung des Statistischen Bundesamtes vom 6.8.2007.

Auch sie fördert die gesellschaftliche Gerechtigkeit, wenn man mehr Demokratie als mehr Gerechtigkeit versteht. Die unter anderem von dem Philosophen John Rawls erhobene Forderung nach Chancengleichheit (vgl. Rawls 1975) bedeutet konsequent zu Ende gedacht, dass diese ihren Niederschlag in einer verbesserten Bildung findet. Andernfalls können die Defizite und Diskriminierungen aus der Erstausbildung nicht abgebaut werden. In Art. 14 der Europäischen Grundrechtscharta von 2000 heißt es: „Jede Person hat das Recht auf Bildung sowie auf Zugang zur beruflichen Ausbildung und Weiterbildung." Hinzu kommt in Art. 21 ein weitreichendes Diskriminierungsverbot. Derzeit ist die Charta allerdings nur eine Deklaration, kein unmittelbar in den EU-Mitgliedstaaten geltendes Recht.

Bei einer historischen Betrachtung kann Bildung als meritorisches Gut[8] betrachtet werden. Als meritorisch werden Güter bezeichnet, die von überragendem gesellschaftlichem Interesse sind und von denen der Staat annimmt, dass die einzelnen Individuen ihre wahren Präferenzen für diese Güter nicht kennen. Deshalb kann eine Förderung der Entwicklung dieser Güter durch den Staat per se legitimiert werden. Man muss jedoch beachten, dass mit dem gleichen ökonomischen Argument auch Ressourcen zur Verwirklichung alternativer Grundrechte beansprucht werden, wie z. B. Alterssicherung und medizinische Versorgung oder Kulturförderung für Museen und Theater.

Bildung ist hierzulande in der Religion verwurzelt. Meister Eckhart, ein Mystiker des 13. und 14. Jahrhunderts, bezeichnete die Wiedergeburt des Menschen als Ein-Bildung in das Bild Christi.[9] Die mystische Literatur, fortgeführt im Pietismus, hat im deutschen Sprachgebrauch alle anderen Auffassungen, auch die platonische und die der Aufklärung, von der Menschwerdung des Menschen gleich Bildung verdrängt. Der deutsche Begriff „Bildung" lässt sich nicht ins Englische übersetzen, das Wort „education" trifft den Inhalt nicht.

Derzeit wird die Bewertung der Bildung als meritorisches Gut zugunsten einer Effizienzargumentation zwar nicht aufgegeben, aber doch zurückgedrängt. Deshalb muss sich der Wunsch nach höheren Bildungsausgaben ökonomisch rechtfertigen. Diese ökonomische Argumentation erscheint in Zeiten knapper öffentlicher Haushaltsmittel geeignet, Argumente gegen den Sparkurs der Kabinette im Bildungsbereich durchzusetzen. Methodisch erscheint hierbei das Konzept der Rechtsökonomik,[10] eines Forschungszweigs der Institutionenökonomik, erfolgversprechend. Im Grundsatz wird vom methodologischen Individualismus ausgegangen. Das Systemverhalten wird auf die Einzelhandlungen von Individuen reduziert. Den Individuen werden bestimmte Charakteristika (Präferenzen) zuerkannt, die auch bei der Interaktion mit anderen Individuen nicht verloren gehen oder verändert werden. Diesem Ansatz liegt häufig ein Gleichgewichtskonzept zugrunde. Ein Gleichgewicht ist aus ökonomischer Perspektive „eine Figuration von interdependenten Handlungen bzw. Verhaltensmustern

---

7 ArbG Frankfurt/M., Az. 11 Ca 8952/06.

8 Der Begriff „meritorisches Gut" geht auf den Finanzökonomen Richard A. Musgrave zurück. Vgl. Im Folgen den auch Nagel/Jaich, Bildungsfinanzierung in Deutschland, 2. Aufl. 2004, S. 20-22.

9 Vgl. Lichtenstein 1966.

10 Vgl. zu diesem Konzept Schäfer/Ott 2000.

derart, dass bei gegebener Alternativkostenstruktur kein Individuum einen Anreiz für eine Verhaltensänderung bei gegebener Handlungswahl der anderen besitzt".[11] Unter bestimmten Annahmen führt der Wettbewerb zu einem Gleichgewicht, das ein gesamtgesellschaftliches Optimum darstellt. Hierzu gehören z. B. vollständige Information, rationales Handeln, Exklusivität des Eigentums sowie Abwesenheit von externen Effekten, Transaktionskosten und öffentlichen Gütern. In der Realität sind diese Annahmen nicht oder nur teilweise erfüllt. Die Konsequenz hieraus ist, dass der Marktmechanismus nicht zum gesellschaftlich besten Ergebnis führt. Pfadabhängigkeiten können z. B. dazu führen, dass durch den Wettbewerb ineffiziente Strukturen stabilisiert werden. Zu verwenden ist daher eine evolutorische Perspektive. Sie übernimmt vom individualistischen Ansatz, dass für das Systemverhalten die Entscheidungen der Individuen ausschlaggebend sind, berücksichtigt aber beschränkte Rationalität, positive Informationsbeschaffungskosten und andere Marktunvollkommenheiten.

Bei der Bildung ist zu berücksichtigen, dass sie nicht als abgeschlossenes Gut zu betrachten ist. Der Erfolg einer Bildungsmaßnahme ist nicht unmittelbar erkennbar und hängt von vielen Faktoren ab, unter anderem vom Engagement des Bildungsteilnehmers und seiner Umwelt. Damit weist Bildung die typische Eigenschaft eines Vertrauensgutes auf,[12] d.h. auch durch die Nutzung bzw. die Teilnahme an einer Bildungsmaßnahme bekommt der Nachfrager keine Klarheit über die Bildungsqualität. Eine marktmäßige Ausgestaltung des Bildungsbereiches führt damit nicht zu einem effizienten Ergebnis.

Schließlich wird argumentiert, Bildung verursache positive externe Effekte. Als externe Effekte werden die Auswirkungen von Handlungen eines Individuums auf andere Individuen bezeichnet, die nicht kompensiert werden. Führt die Handlung eines Individuums dazu, dass der Nutzen von anderen Individuen steigt, so entstehen positive externe Effekte, wenn keine Kompensation stattfindet. Durch externe Effekte entstehen „falsche" Güterpreise, die nicht die wirklichen Knappheiten widerspiegeln. Positive externe Effekte führen dazu, dass Güter zu teuer angeboten werden. Besonders naheliegend als positiver externer Effekt ist der Zusammenhang zwischen dem Bildungsstand einer Gesellschaft und ihrer wirtschaftlichen Leistungskraft. Verwendet man wie Hanushek und Kimko (2000, S. 1184-1208) zur Erklärung internationaler Unterschiede in den Wachstumsraten zwischen 1960 und 1990 einen Indikator der Qualifikation der Arbeitskräfte, der aus mittleren Fachleistungen der Länder in Mathematik und Naturwissenschaften gebildet wird, kann die so gemessene Qualität des Humankapitals einen beachtlichen Teil der Unterschiede in den Wachstumsraten erklären. Gundlach u. a. (2002, S. 1359-1369) können unter Verwendung desselben Qualitätsindikators anhand einer Stichprobe von 113 Staaten für das Jahr 1990 zeigen, dass der Beitrag des Humankapitals zur Erklärung der Unterschiede im Sozialprodukt je Arbeitnehmer von 22% auf 46% steigt. Der Bericht „Bildung in Deutschland" nimmt 2006 darüber hinaus an, dass die gesamtgesellschaftlichen Erträge von Bildungsinvestitionen die individuellen auch deshalb

---

11 Weise et al. 2002, S. 394.
12 Vgl. zum Begriff Vertrauensgut Eger 1997, S. 145.

übersteigen, weil die Verfügbarkeit qualifizierter Arbeitskräfte die Übernahme neuer Technologien und die Anpassung daran erleichtert, wovon wiederum zusätzliche Wachstumsimpulse ausgehen.[13] Dies gilt nicht nur für jüngere Menschen, sondern auch für die Älteren, da diese ihre Erfahrung ins Feld führen können und meistens auch eine zumindest ebenso hohe Bildungsmotivation wie die Jüngeren haben. Mehr Bildung – und dies auch für Ältere – erscheint demnach nicht nur für die Anhänger der Position von Bildung als meritorischem Gut, sondern auch für die Verfechter ökonomischer Effizienzargumente geboten zu sein. Ein Hinweis darauf, dass die Rückständigkeit Deutschlands bei der Weiterbildungsbeteiligung als ökonomisches Problem erkannt wird, ist das jüngste Herbstgutachten des DIW[14] für 2007, in dem der Mangel an qualifizierten Arbeitskräften als Wachstumshemmnis für Deutschland in Rechnung gestellt wird.

Zu fragen ist, ob in Deutschland zu wenig Weiterbildung für Ältere ab dem 45. Lebensjahr angeboten wird. Hierbei wird nicht die jeweilige Kohorte der Altersjahrgänge insgesamt betrachtet, sondern auf bestimmte Problemgruppen eingegangen, die in der Weiterbildung unterrepräsentiert sind. Es gibt vor allem einen „Grundstock" von „Nie-Teilnehmern", deren Eingangsvoraussetzungen und Berufsperspektiven. Nahezu jede achte Person im erwerbsfähigen Alter hat nie an einer Weiterbildungsmaßnahme teilgenommen (vgl. Schröder/Schiel/Aust 2004, S. 84). Bestimmte Personengruppen wie befristet Beschäftigte, Leiharbeitnehmer, Teilzeitarbeitnehmer, Zuwanderer, Ältere, Frauen mit Kindern und Personen mit geringem Sparvermögen sind in der Weiterbildung unterrepräsentiert (vgl. Expertenkommission 2004, S. 128 ff.; Nagel 2005). Der Anteil der Älteren am Potenzial der Erwerbspersonen wird sich in Zukunft erhöhen. Gerade bei den Älteren wäre es wichtig, ihre Beschäftigungsfähigkeit zu erhöhen, wenn man ihnen andererseits erst im Alter von 67 Jahren Rentenansprüche einräumen will. Zu fragen ist auch, ob es unter den Älteren besonders viele Nie-Teilnehmer, Frauen mit Kindern und Zuwanderer gibt, ob also die Kombination der Merkmale zu einer besonderen Unterrepräsentanz führt.

Was effizient oder gerecht erscheint, braucht in der politischen Auseinandersetzung noch nicht durchsetzungsfähig zu sein. In der Vergangenheit haben jedenfalls in Deutschland bildungspolitische Forderungen im Verteilungskampf um die Finanzen meist den Kürzeren zogen. Das gilt für die öffentlichen Haushalte ebenso wie für die Budgets der meisten Unternehmen. Es fragt sich im Zusammenhang mit dem Zustand der Erstausbildung, ob und inwieweit der unbefriedigende Zustand der Weiterbildung auch rechtlich fassbar ist, d. h. ob es über die politische Wünschbarkeit und die ökonomische Zweckmäßigkeit eines Mehrs an Weiterbildung hinaus Rechtspositionen gibt, in die der gegenwärtige Zustand unzulässig eingreift. Kurz: Gibt es ein Recht auf Weiterbildung?

---

13 Bildung in Deutschland, 2006, S. 192 m. w. N.

14 DIW, zitiert aus FTD vom 17.10.2007.

C. Das Recht auf Weiterbildung[15]

Zuerst ist zu prüfen, ob es Prinzipien des objektiven Rechts gibt, die eine bessere und besser finanzierte Weiterbildung rechtfertigen. Dann ist zu fragen, ob es darüber hinaus ein subjektives Recht auf Weiterbildung gibt, das im Einzelfall gegen andere faktische oder rechtliche Positionen durchgesetzt werden kann.

I. Rechtsstaats und Sozialstaatsprinzip

In Artikel 20 Abs. 1 des Grundgesetzes (GG) steht: Die Bundesrepublik Deutschland ist ein demokratischer und sozialer Bundesstaat. Artikel 20 Abs. 3 GG ergänzt: Die Gesetzgebung ist an die verfassungsmäßige Ordnung, die vollziehende Gewalt und die Rechtsprechung sind an Gesetz und Recht gebunden. In diesen beiden Absätzen sind das Sozialstaatsprinzip und das Rechtsstaatsprinzip verankert. Als Teil des Rechtsstaatsprinzips werden die Rechtssicherheit und die materielle Gerechtigkeit betrachtet. Als Kern des Sozialstaatsprinzips wird anerkannt, dass der Staat sich um eine solidarische Bewältigung von Lebensrisiken der Menschen kümmern muss. Das Rechtsstaatsprinzip und das Sozialstaatsprinzip beinhalten aber keine subjektiven Rechte, d. h. aus ihnen folgt kein Recht auf Bildung oder auf Weiterbildung. Allerdings folgt, wie zu zeigen sein wird, aus dem Sozialstaatsprinzip im Zusammenhang mit der Berufs- und Ausbildungsfreiheit aus Art. 12 Abs. 1 und dem Gleichheitssatz aus Art. 3 Abs. 1 des Grundgesetzes (GG) ein Teilhabrecht auf Bildung.

Aus dem Sozialstaatsprinzip folgen die landesrechtlichen Bestimmungen, wonach der Staat zur Förderung der Weiterbildung bzw. der Erwachsenenbildung verpflichtet ist. In den Verfassungen von Baden-Württemberg (Art. 22), Bayern (Art. 139), Rheinland-Pfalz (Art. 37), dem Saarland (Art. 32), Sachsen (Art. 108 Abs. 1) und Sachsen-Anhalt (Art. 30 Abs. 2) folgen staatliche Pflichten zur Förderung der Erwachsenenbildung. Brandenburg konstatiert in Art. 33 Abs. 1 seiner Verfassung eine Pflicht zur Förderung der Weiterbildung. Nach Art. 35 der bremischen Verfassung ist die Möglichkeit zur Weiterbildung zu geben. Art. 2 Abs. 1 Nr. 3 spricht davon, dass Ungleichheiten zu beseitigen und besondere biographische Umbruchsituationen zu bewältigen seien. Für sich genommen ergeben sich daraus keine subjektiven Rechte. Mehr Weiterbildung ist nicht einklagbar.

Vor dem Hintergrund dieser Rechtsposition entwickelten sich in den Siebziger und Achtziger Jahren des vorigen Jahrhunderts Positionen, die nach einem staatlichen Regelungsauftrag in Richtung auf mehr und bessere Weiterbildung fragten. Auf dem fünften Rechtspolitischen Kongress der SPD im Jahre 1980 fragten Richter und Schlink, ob und wie ein Grundrecht auf Bildung kodifiziert werden könne (vgl. Richter und Schlink in Böckenförde u.a. 1981). Bubenzer (1983) untersuchte, ob Staatspflichten, Staatsaufgaben und Individualpflichten in der Weiterbildung möglich seien. Richter (1993) stellte aber mit einer gewissen Resignation fest, dass es kein Recht auf Weiterbildung im Sinne eines einklagbaren Anspruchs

15 Vgl. im Folgenden Nagel, Report, Zeitschrift für Weiterbildung, 3/2007, S. 13-18.

gebe. Vor dem Hintergrund der neueren ökonomischen und sozialen Entwicklungen ist zu fragen, ob die Argumentation nicht weiterentwickelt werden muss.

II. Die Landesweiterbildungsgesetze und Art. 12 Abs. 1 GG

Ein Recht auf Bildung ist in den Weiterbildungsgesetzen von Brandenburg (§ 2 Abs. 1), Rheinland-Pfalz § 2), Saarland (§ 1 Abs. 1), Schleswig-Holstein (§ 4 S. 2 des Bildungsfreistellungs- und Qualifizierungsgesetzes von 1990) und Thüringen (§ 2 Abs. 1 des Erwachsenenbildungsgesetzes von 2005) ausdrücklich als individuelles Recht anerkannt. In Schleswig-Holstein heißt es z. B. (§ 4 S. 2):

Jeder Mensch hat das Recht, die zur freien Entfaltung der Persönlichkeit, zur Mitgestaltung von Gesellschaft und Politik und zur Wahl und Ausübung des Berufs erforderlichen Kenntnisse und Qualifikationen zu erwerben. Das Recht auf Weiterbildung steht jedem Menschen unabhängig von Geschlecht, Alter, Bildung, gesellschaftlicher oder beruflicher Stellung, politischer oder weltanschaulicher Orientierung und Nationalität zu.

Diese Vorschrift benennt in vorbildlicher Weise die Älteren als eine Gruppe, für die das Recht der Weiterbildung besonders wichtig ist.

Man könnte nun meinen, dass Deutschland unter dem Gesichtspunkt des Rechts auf Weiterbildung ein Flickenteppich sei, in einigen Ländern sei dieses Recht anerkannt, in anderen nicht. Dem ist aber nicht so. Die in den verschiedenen Landesverfassungen und Landesweiterbildungsgesetzen verankerten Rechtspositionen und staatlichen Handlungspflichten sind lediglich die unterschiedliche Ausprägung eines allgemeinen Rechts, das sich aus dem Grundgesetz ergibt. Dieses Recht soll im Folgenden abgeleitet werden. Da es Rechtsprechung zu dieser Problematik vor allem auf dem Gebiet der Erstausbildung gibt, ist mit ihr zu beginnen.

Basis der verfassungsrechtlichen Diskussion nach dem Grundgesetz ist die Frage nach einem allgemeinen Grundrecht auf Bildung, das sich für den Bereich der Schule und Hochschule sowie der beruflichen Aus- und Weiterbildung aus Art. 12 Abs. 1 GG im Zusammenhang mit dem Sozialstaatsprinzip ableiten lässt (vgl. Nagel 2000, S. 35–42). Dieses Recht hat das Bundesverfassungsgericht in einer Reihe von Entscheidungen entwickelt (vgl. schon BVerfGE 33, 303 ff.). Unter die Freiheit der Berufswahl fällt auch die freie Wahl der Ausbildungsstätte. Dies bedeutet nicht, dass sich die Schulkinder ihr Schulhaus aussuchen könnten. Es heißt aber, dass sie wie alle Staatsbürger beim Zugang zu Bildungs- und Ausbildungseinrichtungen lediglich den Schranken der vom Bundesverfassungsgericht zur Interpretation der Berufsfreiheit nach Art. 12 Abs. GG entwickelten Drei-Stufen-Theorie unterworfen sind. Demnach sind bloße berufliche Ausübungsregelungen mit vernünftigen Erwägungen des Gemeinwohls zu rechtfertigen, während an subjektive Zulassungsbeschränkungen (z. B. Prüfungen) im Rahmen des Grundsatzes der Verhältnismäßigkeit schärfere Voraussetzungen zu knüpfen sind und objektive Zulassungsbeschränkungen (z. B. Bedürfnisprüfungen) nur zulässig sind, wenn sie zur Abwehr schwerer Gefahren für ein überragend wichtiges Gemeinschaftsgut erforderlich sind. Diese für die Berufsfreiheit entwickelten Kriterien gelten auch für die Ausbildungsfreiheit. Man kann also Schüler auf die lokal zuständige Grundschule verweisen (Ausübungsregelung), man kann ihnen aber nicht den Übertritt in die höhere Schule verbieten (subjektive oder objektive Zulassungsbeschränkung).

Virulent wurde die Drei-Stufen-Theorie in den 1970er und 1980er Jahren bei der Numerus-clausus-Praxis an den Hochschulen in der Bundesrepublik. In einer grundlegenden Entscheidung aus dem Jahre 1972 hat das Bundesverfassungsgericht (vgl. BVerfGE 33, 303 ff.) den praktizierten Numerus clausus als „am Rande des verfassungsrechtlich Hinnehmbaren" bezeichnet. Zulassungsbeschränkungen sind erst möglich, wenn der Staat im Rahmen des finanziell Möglichen alles zur Erweiterung der Ausbildungskapazitäten getan hat.

Obwohl die Ausbildungsfreiheiten im Bereich der Hochschule besonders intensiv diskutiert werden, sind anderswo die Ausbildungsmöglichkeiten sehr viel stärker beschränkt. Im Bereich der beruflichen Ausbildung besteht nach wie vor die dominante Stellung der Industrie- und Handelskammern bzw. Handwerkskammern und des ausbildenden Unternehmens, das über den Abschluss des Ausbildungsvertrags zu entscheiden hat. Die Zahl der zur Verfügung gestellten Ausbildungsplätze reicht vor allem in Ostdeutschland nicht aus, geht aber auch in den westlichen Bundesländern kontinuierlich zurück. Deshalb muss der Staat mit Sonderprogrammen einspringen, d. h. die Finanzierung der betrieblichen Berufsausbildung übernehmen oder z. T. sogar selbst ausbilden. Diese neue Staatsaufgabe ist gerade deshalb so brisant, weil im Zuge der Globalisierung und Privatisierung weiter gesellschaftlicher Bereiche der klassischen Daseinsvorsorge (Alterssicherung, Krankenversorgung, Arbeitslosenversicherung, Energieversorgung, Verkehrsbetriebe, Post und Telekommunikation) Staatsaufgaben ganz oder teilweise von der Durchführungsverantwortung in eine Gewährleistungsverantwortung zurückgenommen werden. Dies gilt auch für den Bereich der Arbeitslosenversicherung. Vor allem hier wird das Recht auf Bildung relevant: Je geringer die Qualifikation der Menschen ist, desto größer ist die Gefahr, dass sie in die Arbeitslosigkeit abgleiten. Je mehr die staatlichen Leistungen an Arbeitslose abgebaut werden, desto wichtiger wird lebenslanges Lernen, d. h. die Beibehaltung und Verbesserung der beruflichen Qualifikation.

Betroffen ist vor allem das Recht der beruflichen Bildung. Wenn der Staat sich auf den Bereich der Berufsschule beschränkt und den Unternehmen die praxisbezogene Berufsausbildung überlässt, so muss er, wie das Bundesverfassungsgericht zu Recht festhält (vgl. BVerfGE 55, 274, 312 ff.), erwarten, dass sie diese Aufgabe nach ihren objektiven Möglichkeiten und damit so erfüllen, dass alle ausbildungswilligen Jugendlichen die Chance auf einen Ausbildungsplatz erhalten. Das Grundrecht auf freie Wahl der Ausbildungsstätte läuft leer, wenn die tatsächlichen Voraussetzungen, es in Anspruch zu nehmen, nicht gegeben sind. Eine solche Situation ist gegeben. Die Unternehmen schaffen es nicht, eine angemessene Zahl von beruflichen Ausbildungsplätzen bereitzustellen. Den Staat trifft angesichts einer solchen

Situation der fehlgeschlagenen Erwartungen eine Schutzpflicht (vgl. BVerfGE 81, 242; 84, 133 unter Bezugnahme auf Art. 12 Abs. 1 GG) zugunsten der benachteiligten, an sich zugangsberechtigten Bewerberinnen und Bewerber.

Derartige Schutzpflichten beschränken sich nicht auf das Gebiet der beruflichen Erstausbildung, sondern können auch die Weiterbildung erfassen. Berufliche Weiterbildung ist ohnehin jedenfalls zum Teil mit dem Nachholen von bislang versäumter Erstausbildung verbunden. Aber auch im engeren Bereich der beruflichen Weiterbildung ist zu fragen, ob die staatlichen Schutzpflichten sich darauf erstrecken, einen Mindeststandard an realen Weiterbildungsmöglichkeiten bereitzustellen.

Das in Art. 12 GG garantierte Recht auf Bildung ist berufsbezogen. Das ergibt sich aus dem Begriff „Ausbildungsstätte“ in Art. 12 GG (vgl. BVerfGE 58, 257, 273). Ein allgemeines, schrankenloses Recht auf Bildung gibt es nach Art. 12 Abs. 1 GG nicht. Wohl aber folgen aus Art. 12 GG staatliche Schutzpflichten, aus deren Erfüllung sich eine realistische Chance der Bürger auf eine berufsvorbereitende Allgemeinbildung (vgl. BVerfGE 58, 257), eine Berufsausbildung (vgl. BVerfGE 55, 274, 312 ff.). und eine berufliche Weiterbildung ergibt. Der Begriff „Ausbildungsstätte“ in Art. 12 Abs. 1 GG beschränkt sich also nicht auf die Erstausbildung. Das Bundesverfassungsgericht (BVerfGE 77, 308, 333 f.) erkennt den Zusammenhang zwischen Erstausbildung und Weiterbildung in der Entscheidung zum Bildungsurlaub in Hessen und Nordrhein-Westfalen aus dem Jahre 1987 an:

„Unter den Bedingungen fortwährenden und sich beschleunigenden technischen und sozialen Wandels wird lebenslanges Lernen zur Voraussetzung individueller Selbstbehauptung und gesellschaftlicher Anpassungsfähigkeit im Wechsel der Verhältnisse. Dem Einzelnen hilft Weiterbildung, die Folgen des Wandels beruflich und sozial besser zu bewältigen. Wirtschaft und Gesellschaft erhält sie die erforderliche Flexibilität, sich auf veränderte Lagen einzustellen.“

Dies bedeutet nicht, dass der Staat in allen Bildungsbereichen Maßnahmen selbst finanzieren oder durchführen muss, wohl aber, dass er durch Gesetze, Verordnungen oder sonstige Maßnahmen ein System schaffen und aufrecht erhalten muss, in dem den Bürgern angemessene Weiterbildungsmöglichkeiten eröffnet werden.

Zur Vermeidung von Missverständnissen ist das Recht auf Bildung, wie es vom Bundesverfassungsgericht entwickelt wurde, einzugrenzen. Es steht unter dem „Vorbehalt des Möglichen“, d. h. dessen, was der Einzelne vernünftigerweise vom Staat verlangen kann. Der Staat muss nicht die Hochschulen „bewerbergerecht“ ausbauen, er muss aber z. B. Engpässe und Flaschenhälse beseitigen, u. U. gegenfinanziert mit Kürzungen in Bereichen der Fülle. Auch das Recht auf berufliche Weiterbildung ist keineswegs im Sinne eines Anspruchs zu verstehen, den Zugang zu einer bestimmten Weiterbildungsstätte notfalls durch Klage vor den staatlichen Gerichten durchsetzen zu können. Das Bundesverfassungsgericht spricht im Zusammenhang mit Art. 12 Abs. 1 GG lediglich von einem „Teilhaberecht“. Dies bedeutet: Das aus Art. 12 GG (freie Wahl der Ausbildungsstätte und des Berufs) und Art. 3 Abs. 1 GG (Gleichheitssatz) abzuleitende Recht auf Bildung (vgl. oben) umfasst auch ein Recht auf Weiterbildung, aber nur „unter dem Vorbehalt des Möglichen". Jeder hat ein Recht auf Sicherung, auf die Erfüllung staatlicher Schutzpflichten, aus deren Erfüllung sich eine realistische Chance nicht nur auf eine berufsvorbereitende Allgemeinbildung (vgl. BVerfGE 58, 257) und eine Berufsausbildung (vgl. BVerfGE 55, 274, 312 ff.), sondern auch auf eine berufliche Weiterbildung ergibt. Dies bedeutet nicht, dass der Staat derartige Bildungsmaßnahmen selbst finanzieren oder durchführen muss, wohl aber, dass er durch Gesetze, Verordnungen oder sonstige Maßnahmen ein System schaffen und aufrechterhalten muss, in dem den Bürgern angemessene Bildungsmöglichkeiten eröffnet werden.

Bei der Ausgestaltung dieses Systems hat der Staat einen weiten Ermessensspielraum (vgl. kritisch zur Position eines bereits bestehenden Grundrechts auf Weiterbildung Füssel 2002, S. 41 m. w. N.). Er könnte theoretisch, wenn er seine Schutzpflichten beachtet, die Weiterbildung auch ausdrücklich auf private Träger beschränken. Er kann seine Durchführungsverantwortung weit zurücknehmen, eine Gewährleistungsverantwortung für ein Mindestangebot an beruflicher Weiterbildung ergibt sich aber aus seiner Schutzpflicht im Rahmen von Art. 12 Abs. 1 GG. Er kann das öffentliche Angebot an Weiterbildungsmaßnahmen auch verstärken. In den zitierten Landesgesetzen ist die öffentliche Förderung der Weiterbildung als staatliche Aufgabe festgehalten. Die staatlichen Schutzpflichten konkretisieren sich in Form von öffentlichen Aufgaben. Diese Festlegungen sind keine bloßen Programmsätze. Im Ergebnis kommt es aus der Sicht der Betroffenen darauf an, ob der Staat seine Schutzpflichten erfüllt hat.

D. Die Situation der Älteren in der Weiterbildung

Das Sprichwort „Was Hänschen nicht lernt, lernt Hans nimmermehr" reproduziert Vorurteile, die durch wissenschaftliche Untersuchungen widerlegt werden. Die neuere Forschung geht nicht mehr von der grundsätzlichen Beschränkung der Lernfähigkeit Älterer aus, sondern bilanziert Entwicklungsverluste und Entwicklungsgewinne im Alter (Expertenkommission 2004). Entwicklungsgewinne sind vor allem dergestalt möglich, dass Erfahrungen genutzt und komplexe individuelle „Wissenssysteme" aufgebaut werden. Veränderte Lernstrategien ermöglichen auch im Alter zufriedenstellende Lern- und Gedächtnisleistungen. Professorinnen und Professoren, die in Deutschland bereits pensioniert sind, werden deshalb auch in den USA und in Kanada dankbar als Visiting Professors angenommen und erzielen offenbar noch Erfolge in Forschung und Lehre. Für andere Berufsgruppen könnte dasselbe gelten, wenn sie die Chance dazu hätten.

Hier liegt der Missstand. Bis vor wenigen Jahren wurde infolge der in Deutschland verfolgten Vorruhestandspolitik das Beschäftigungspotenzial der über 55-Jährigen immer weniger genutzt. Besonders niedrig war die Beschäftigungsquote der über 55 jährigen Frauen, insbesondere auch der Frauen mit Kindern. Die Vereinbarkeit von Beruf und Familie war für viele von ihnen nicht gegeben. Erst in allerjüngster Zeit gab und gibt es Bestrebungen, diesen Zustand zu ändern. Ein weiterer bildungspolitischer Schwachpunkt sind die Migranten. Gerade die Älteren unter ihnen leiden unter einer fehlenden oder unzureichenden Erstausbildung. Sie erhalten kaum Chancen zur Weiterbildung. Insgesamt ist festzustellen, dass unter den Älteren der Anteil der Nie-Teilnehmer an beruflicher Weiterbildung besonders hoch ist. Fast drei Viertel der über 45-Jährigen ohne beruflichen Abschluss hat noch nie an einer beruflichen Weiterbildung teilgenommen (Kommission Finanzierung lebenslangen Lernens 2004). Frauen mit Kindern sind nicht nur deshalb benachteiligt, weil nicht genügend Kindergartenplätze zur Verfügung stehen, sondern auch, weil ihnen keine adäquaten, auf ihre Situation abgestellten Weiterbildungsmöglichkeiten offen stehen. Die Benachteiligung setzt sich im Alter fort. Auch unter den Migranten – häufig deutsche Staatsbürger – ist der Anteil derer, die keinen beruflichen Abschluss haben, besonders hoch. Sie haben wenige Weiterbildungsmöglichkeiten. Viele von ihnen sind im Alter arbeitslos. Nie-Teilnehmer an beruflicher Weiterbildung, unter den Älteren besonders stark vertreten, besitzen oft nicht einmal einen schulischen Abschluss, geschweige denn eine abgeschlossene Berufsausbildung. Dies widerspricht nicht nur dem Grundsatz der Chancengleichheit, auch die Ausführungen zur Effizienz im Bildungswesen weisen darauf hin, dass dies gesamtgesellschaftlich nicht optimal sein kann. Nicht nur die Älteren allgemein, sondern in besonderen Maße die Migranten, Frauen mit Kindern und „Nie-Teilnehmer" unter ihnen, werden mangelhaft weitergebildet. Hier entsteht eine Pflicht zum staatlichen Handeln.

Der Handlungsdruck ist insbesondere auch deshalb so groß, weil der Anteil der Älteren am Erwerbspersonenpotenzial in den nächsten zehn Jahren stark ansteigen wird. Die über 50-Jährigen an diesem Potenzial dürften von 22% (2000) auf 36% (2020) zunehmen (vgl. Kommission Finanzierung lebenslangen Lernens 2004). Der Staat wird die vollen Rentenansprüche in Zukunft erst im Alter von 67 Jahren gewähren. Wenn er die Weiterbildungschancen der Älteren nicht erhöht, wird das auf eine faktische Rentenkürzung hinauslaufen. Will man diese Folge vermeiden, muss er bei den benachteiligten Gruppen, zu denen die Älteren gehören, Verbesserungen einführen.

Handlungsdruck besteht bei Bund und Ländern. Auf Grund einer Förderung der Bundesanstalt bzw. Bundesagentur für Arbeit traten 2002 noch 454.699 Personen in berufliche Weiterbildungsmaßnahmen ein, 2005 waren es nur noch 66.417 Personen (minus 85,4%).[16] Zwischen 1996 und 2005 sank der Anteil der Länderzuschüsse an den öffentlichen Weiterbildungsausgaben um 9,8%, an der öffentlichen Finanzierung der Volkshochschulen um 18,0% und an der Gesamtfinanzierung der Volkshochschulen um 22,9%.[17]

16 Vgl. http://www.arbeitsagentur.de/nn_164936/zentraler-Content/A05-Berufl-Qualifizierung/A052.

17 Vgl. DIE, Trends in der Weiterbildung, 2007, S. 115.

E. Schlussfolgerungen und Perspektiven

Betrachtet man die Älteren und dort insbesondere Frauen mit Kindern, Migranten und sogenannte Nie-Teilnehmer an beruflicher Weiterbildung, so fragt sich, wie lange die gegenwärtige Situation der staatlichen Untätigkeit vor dem Hintergrund der Rechtsprechung des Bundesverfassungsgerichts zu Art. 12 Abs. 1 GG, Art. 3 Abs. 1 GG und zum Sozialstaatsprinzip (Art. 20 GG) noch hinnehmbar ist. Der Staat trägt hier eine Verantwortung, deren Nichterfüllung justiziabel ist. Der Tag wird kommen, an dem Benachteiligte ihr Teilhaberecht auf berufliche Weiterbildung unter Berufung auf die Berufsfreiheit aus Art. 12 GG, den Gleichbehandlungsgrundsatz des Art. 3 Abs. 1 GG und des Sozialstaatsprinzip des Art. 20 Abs. 1 GG einfordern werden. Das Bundesverfassungsgericht dürfte, wenn es seine Numerus-clausus-Rechtsprechung beibehält, derartigen Klagen stattgeben, indem es eine Korrektur der bestehenden staatlichen Maßnahmen „nach oben" fordern wird.

Die Rechtsprechung des Bundesverfassungsgerichts zum Teilhaberecht auf Bildung und zu den staatlichen Schutzpflichten ist noch nicht gebührend aufgearbeitet. Auch sind die sogenannten Rechtstatsachen, welche unter anderem auch die Rechtsökonomik aufarbeitet, noch nicht genügend berücksichtigt. Die Verfassungen und Gesetze der Bundesländer haben bisher im Verhältnis zum Grundgesetz ein Schattendasein geführt. Die Föderalismusreform I von 2006 hat aber eine Konzentration der Bildungszuständigkeiten bei den Bundesländern verwirklicht. Die Gesetzgebungskompetenzen des Bundes ist weit zurückgenommen worden. Die Länder haben jetzt das Wort, stehen aber auch in der Pflicht, das Recht auf Weiterbildung anzuerkennen und zu verwirklichen, und zwar vor dem Hintergrund des durch das Bundesverfassungsgericht anerkannten Rechts auf Bildung aus Art. 12 Abs. 1, Art. 3 Abs. 1 und Art. 20 Abs. 1 GG.

Literaturverzeichnis

Bellmann, L. (2002): Datenlage und Interpretation der Weiterbildung in Deutschland, Gutachten für die Expertenkommission Finanzierung lebenslangen Lernens (Hg.), Bielefeld

Böckenförde, E.-W./Jekewitz, J./Ramm, Th. (Hrsg.) (1981): Soziale Grundrechte. Heidelberg-Karlsruhe

Bosch, G. (2003): Bericht zu älteren Arbeitnehmern in Deutschland, in: Europäisches Beschäftigungsobservatorium, Bericht vom Frühjahr 2003, Luxemburg, S. 89-101

Bubenzer, R. (1983): Grundlagen für Staatspflichten auf dem Gebiet der Weiterbildung. Frankfurt/M.

Deutsches Institut für Wirtschaftsforschung (DIW) (2007): Jahresgutachten, Berlin

Eger, T. (2003): Ökonomische Analyse des Rechts in: Nagel, B./Eger, T.: Wirtschaftsrecht II, Eigentum, Delikt und Vertrag, 4. Aufl. München

Expertenkommission Finanzierung lebenslangen Lernens (2004): Der Weg in die Zukunft, Schlussbericht vom 28. 7. 2004, Bielefeld

Füssel, H.-P. (2002): Recht der Weiterbildung – Recht auf Weiterbildung. In: Faulstich, P. (Hrsg.): Lernzeiten – Für ein Recht auf Weiterbildung. Hamburg, S. 31–46

Heidel, K/Posern, T. (2005): Jahrbuch Gerechtigkeit I. Frankfurt/M.

Munoz, V. (2007): Vereinte Nationen, Rat für Menschenrechte, 4. Sitzung 9. 4. 2007

Konsortium Bildungsberichterstattung (2006): Bildung in Deutschland, Bielefeld

Kuhlenkamp, D. (2006): Finanzielle Ressourcen zur Teilhabe der Weiterbildung. In: Wiesner, G./Zeuner, Ch./Forneck, H. J. (Hrsg.): Teilhabe an der Erwachsenenbildung und gesellschaftliche Modernisierung. Baltmannsweiler, S. 5–35

Lichtenstein, E. (1962): Bildungsgeschichtliche Perspektiven: Glaube und Bildung, Bildung als geschichtliche Begegnung, Ratingen

Lichtenstein, E. (1966): Zur Entwicklung des Bildungsbegriffs von Meister Eckhart bis Hegel, Heidelberg

Nagel, B. (2000): Wirtschaftsrecht I, 4. Aufl. München und Wien, S. 35-42

Nagel, B. (2003): Studiengebühren und ihre sozialen Auswirkungen, Baden-Baden, insbes. S. 19 ff.

Nagel, B. (2005): Weiterbildung als Zukunftsinvestition, in: Faulstich/Bayer (Hg.): Lerngelder, Hamburg, S. 144-171

Nagel, B. (2004): Das Rechtssystem in der Weiterbildung, in: Krug/Nuissl (Hg.): Praxishandbuch Weiterbildungsrecht, Köln (Loseblatt)

Nagel, B. (2007): Gerechtigkeit und Recht auf Weiterbildung, in: Report, *Zeitschrift für Weiterbildungsforschung*, Bonn 3/2007. S. 9-18

Nagel B./Jaich, R.: Bildungsfinanzierung in Deutschland, 2. Aufl. Baden-Baden 2004

Prenzel. R./Baumert, J., et al. (2006): PISA 2003, Ergebnisse des zweiten Ländervergleichs, Zusammenfassung, Kiel

Reuter, L. R. (1975): Das Recht auf chancengleiche Bildung, Ratingen Düsseldorf

Richter, I. (1993): Recht der Weiterbildung, Baden-Baden

Richter, I. (2006): Recht im Bildungssystem, Stuttgart

Rawls, J. (1975): Eine Theorie der Gerechtigkeit, Frankfurt/M., S. 29, 336-337

Schäfer, H.-B./Ott, C. (2000): Lehrbuch der ökonomischen Analyse des Zivilrechts, Berlin/Heidelberg/New York, 3. Aufl.

Schröder, H./Schiel, S./Aust, F. (2004): Nichtteilnahme an beruflicher Weiterbildung, Gutachten für die Expertenkommission Finanzierung lebenslangen Lernens, Bielefeld

Weise, P./Brandes, W./Eger, T./Kraft, M. (2002): Neue Mikroökonomie, Heidelberg, 4. Aufl.

CENTRAL STABILITY OR UNSTABLE DECENTRALIZATION? WHY ENFORCEMENT IS UNSTABLE IN DECENTRALIZED GOVERNMENTS

Georg von Wangenheim

A. Introduction

In his wide range of research on, and teaching of, the economic analysis of law, Hans-Bernd Schäfer has also come across questions of constitutional law, in particular with respect to the European Union (e.g. Schmid-Lübbert and Schäfer, 2003; Schäfer and Van den Bergh, 1998, 2000). Perhaps the most important topic in this field is subsidiarity and federalism, centralization and decentralization. As other jurisdictions with a federal structure, the European Union faces the problem of having to weigh democratic legitimization against economic efficiency (Inman and Rubinfeld, 1998, 2000), local differentiation of public goods against internalization of inter-jurisdictional external effects (Oates, 1972) and mutual insurance against local responsibility (Bucovetsky, 1997; Perrson and Tabellini, 1996a). While most authors concentrate on geographical federalism[1], Frey and Eichenberger (1996) extended the geographical subsidiarity principle to the functional dimension: there seems to be little reason, why one low-level jurisdiction should decide on a multiplicity of subjects. Rather, *prima-facie* arguments would support the approach followed effectively in so many countries to split competences not only along the lines of federal subordination but also along functional distinctions.

This chapter offers an additional argument that so far has been ignored in the literature against splitting competences too much. Similar to the argument suggested by, e.g., Persson and Tabellini (1996a and 1996b), Bucovetsky (1997) and Lockwood (1999) that centralization may also serve as an insurance of the local jurisdictions, the argument presented in this chapter relies on the idea that societies dislike extreme fluctuations. However, in this chapter I do not treat the source of fluctuations as exogenous random shocks, but as endogenously produced deterministic cycles occuring in small, but not in large jurisdictions.

[1] For a nice overview see Oates (2005).

The central point of the argument is that in prisoners' dilemma (PD) situations enforcement of cooperation by government imposed fines may suffer from an instability problem similar to the well known instability problem of the standard enforcement game, but more extreme. This instability may be overcome by allowing the government to redeploy some task force of enforcers to into enforcement of cooperation in the specific PD-game. Obviously, this redeployment requires that the enforcers are available. They will typically not be idle at other times, but work on the enforcement of desired behavior in other fields, possibly PDs of a slightly different structure. Hence, extending the power of a jurisdiction to more fields may be justified solely by the need to combine inherently unstable enforcement problems with more stable ones even if there is no other substantive reason that these enforcement problems be dealt with by the same jurisdiction.

This is not to say that the subsidiarity principle looses all its power. All I proffer in this chapter is a new argument which has to be considered in applying the very subsidiarity principle. The argument is of a new quality as it makes the appropriate level of the jurisdiction not only depend on the properties of each specific policy field, but calls for combinations of policy fields in one jurisdiction only in order to overcome instability problems inherent to *some* of the policy fields. In other words: it may be necessary to place some policy fields into the power of a specific jurisdiction *only* in order to overcome problems which are inherent to the other policy fields already within the power of the particular jurisdiction.

The rest of this chapter is organized as follows. In the Section B, I will develop the model which shows the inherent instability of enforcement of cooperation in certain PD situations. Section C will contain the extension of the model to enforcement of cooperation in two PD situations by enforcers of only one jurisdiction, when one of the PD situations implies inherent instability and the other does not. It will turn out that the combined enforcement with sufficiently fast (re)deployment of enforcement agents to one or the other PD situation results in a stable enforcement equilibrium for both PDs. The fourth and final section discusses the results and concludes.

B. Unstable Enforcement of Cooperation in PDs

In this section I will develop the model which is at the heart of the argument of this chapter. The model is based on the well known insight that enforcement of cooperation in PD games in large societies requires enforcement by third parties, i.e. by some government agents, call them policemen for simplicity. The crucial twist in the model is that these policemen are themselves incompletely controlled agents of the government as principle and thus behave in the opportunistic way which has so often been described in publications relying on the enforcement game (e.g. Holler (1990, 1993), Tsebelis (1989, 1993), Andreozzi (2002), von Wangenheim (2004)). The PD game will thus be embedded into the enforcement game. As a consequence, the dynamics of enforcement and compliance will not be characterized by the concentric cyclical phases of the standard enforcement game, but by imploding or exploding

(a)

R \ C	c	d
c	N,N	S,T
d	T,S	L,L

(b)

R \ C	c	d
c	N,N	$S,T-P$
d	$T-P,S$	$L-P,L-P$

Figure 1: Prisoners' Dilemma. a) without and b) with sanction on any defection. Restrictions on payoffs: $T > N > L > S$, $T + S < 2N$, $P > \text{Max}(T-N, L-S)$

spirals around the equilibrium – depending solely on the exact structure of the PD game and not on the payoffs of the enforcers.

I. The Model

The starting point of the argument is a simple standard Prisoners' Dilemma (PD) with payoffs as given in Figure 1a. Obviously, defection (d) is the dominant strategy while mutual cooperation Pareto-dominates the Nash equilibrium of mutual defection. For large societies in which randomly matched individuals frequently play such PDs but repeated interaction is rare and reputation effects are minute, punishment of defection imposed by the government is the only way to overcome the dilemma. If the punishment P is large enough and imposed on any defection (Figure 1b), cooperation becomes the dominant strategy and thus all individuals always cooperate. The alternatives to the if-clause, i.e. punishments that only satisfy $P > \text{Min}(T-N, L-S)$ or punishments that are only imposed in case the other player has cooperated, will be neglected in what follows as they complicate the analysis without contributing additional insights relevant for the argument proffered in this chapter.

However, the punishment cannot be imposed by "the government" but only by individuals working for the government, the "policemen". This implies an agency problem: without incentives and supervision, the government agents will not take the hassle to detect defections and enforce the sanction. In order to include this problem into the analysis, assume a simple incentive structure for the police: Let every policeman be responsible for a certain set of pairs of other individuals (randomly) matched to play the PD. Further, let every policeman who detects defecting behavior within his responsibility and enforces the appropriate punishment receive some (expected) reward of size ρ and let every policeman who fails to detect an act of defection within his responsibility or enforce the appropriate punishment face some (expected) sanction of size σ.[2] Finally, let the policeman's success in detecting an act of defection and imposing the punishment only depend on whether he spends the costs of η to investigate the actions of a pair of individuals or not. Obviously, with too small rewards and sanctions, no policeman will ever investigate. Therefore it makes sense to assume that $\rho + \sigma > \eta/2$.

[2] Both the policeman's reward and his sanction may be subject to some random effects and thus may need the qualification "expected".

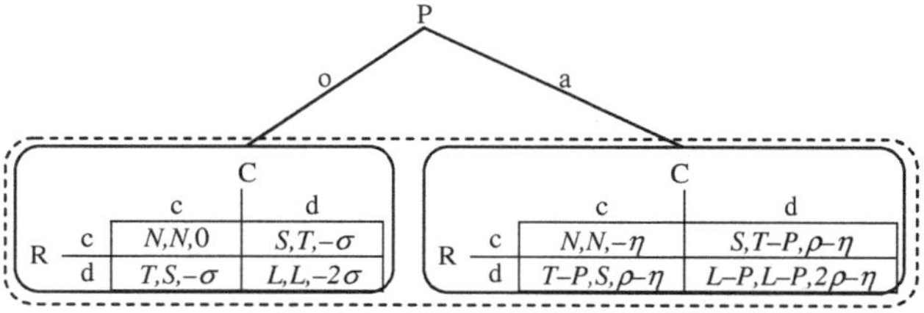

Figure 2: Game 2: Prisoners' Dilemma with policeman and his incentives

Including the role of the policeman, the situation may thus be described as the frequent interaction of randomly matched triples of individuals, two of which come from the population of "citizens" and play the PD with punishment of defection enforced by the third player, coming from the population of "policemen", if he is active. In other words, the two randomly matched "citizens" choose from their action set {c,d} and the policeman chooses form the action set {a,o}, where "a" stands for active, and "o" for inactive. The structure of the game is as given in Figure 2, where the first two payoffs in each cell are those of the row and the column player, respectively, and the third payoff is the policeman's payoff. When the "citizens" select their action, they are unaware of the policeman's choice to be active or inactive, which is reflected by the dashed line around the two possible games in which the citizens may find themselves.

Let π_x denote the expected payoff of an individual choosing action x. Further let p be the frequency with which citizens cooperate and q the frequency with which policemen actively investigate the citizens' actions. Then the unique Nash equilibrium in mixed strategies is given by the joint solution to the equations

$$\pi_{\mathrm{c}} \equiv p \cdot N + (1-p) \cdot S = p \cdot T + (1-p) \cdot L - q \cdot P \equiv \pi_{\mathrm{d}} \qquad (1)$$

and

$$\pi_{\mathrm{a}} \equiv \rho \cdot (2 \cdot (1-p) \cdot p + 2 \cdot (1-p)^2) - \eta = -\sigma \cdot (2 \cdot (1-p) \cdot p + 2 \cdot (1-p)^2) \equiv \pi_{\mathrm{o}}\,. \qquad (2)$$

This solution is

$$p^* = 1 - \frac{\eta}{2(\rho+\sigma)} \quad \text{and} \quad q^* = \frac{T-N}{P} - \frac{\eta}{2(\rho+\sigma)} \frac{(T-N)-(L-S)}{P}\,. \qquad (3)$$

One may easily see that a Nash equilibrium in pure strategies fails to exist, due to the assumptions stated in the caption to Figure 1 and the assumption $\rho + \sigma > \eta/2$.

The Nash equilibrium in mixed strategies has static properties which are similar to those of the standard enforcement game: the equilibrium amount of citizens' cooperation is independent of the citizens' payoff structure and the policemen's frequency of investigation is independent of the policemen's payoff structure, *if* the temptation to defect is equally large independently of whether the partner cooperates or defects (i.e. if $T - N = L - S$). In contrast to the standard enforcement game, however, the equilibrium frequency of policemen's active investigation grows in the size of the policemen's rewards and sanctions, if the citizen's temptation to defect is particularly large when the other citizen cooperates (i.e. if $T - N > L - S$). Conversely, if the citizen's temptation to defect is particularly large when the other citizen defects (i.e. if $T - N < L - S$), the equilibrium frequency of policemen's active investigation declines in the size of the policemen's rewards and sanctions.

These static properties of the current game need not be seen as a major problem to a society facing a situation well described by this game. If the society wants to increase the amount of cooperation, they simply have to increase the *policemen's* incentives to investigate the citizen's behavior and punish defection. However, as for the standard enforcement game, the lack of dynamic stability of the Nash equilibrium may turn out to be a far more severe problem. The next section therefore studies the dynamic properties of the PD-and-enforcement game.

II. Dynamic Properties of the Nash equilibrium

It is a well-established result for the standard enforcement game[3] that the replicator dynamics induces stability of the Nash equilibrium, but not asymptotic stability. In other words, the society will not tend to move ever further away from the equilibrium, but it will not get closer to it either. Rather, it will cycle around the equilibrium at a constant average distance. For other gradual regular and payoff monotonic dynamics (the replicator dynamics is but one special case of this class of dynamics) dynamic stability of the enforcement game is ambiguous: depending on the exact structure of the dynamics, society may spiral into the Nash equilibrium or away from it.[4] As will be shown in this section, dynamic stability of the equilibrium of the PD-and-enforcement game depends crucially on the payoff structure of the embedded PD game.

To begin with, it is helpful to briefly review the class of gradual regular and payoff monotonic dynamics in order to see the relevance of this class of dynamics. The central point is payoff monotonicity. This is nothing but the assumption that the growth rate of the proportions of alternative behavioral traits in a population strictly grow in the expected payoffs of the respective action. For only two alternative actions, as we have it both for citizens and for policemen in the game studied here, this is tantamount to saying that the action with the higher expected payoff becomes more frequent, while the frequency of the other action declines.[5] Such a relationship between payoffs and the change in actions over time is but plausible. The other properties of this class of dynamics, graduality and regularity, simply ensure continuity of the dynamics and, respectively, that the relative frequencies of all actions remain

3 See for example Weibull (1995: 174 – 9).
4 See von Wangenheim (2004: 42–8) for more details.
5 The careful reader may notice that payoff monotonicity is thus equivalent to payoff positivity for the dynamics of only two alternative actions.

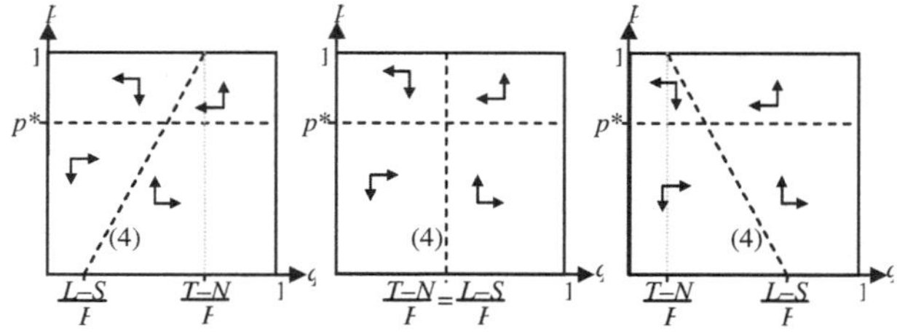

Figure 3: Direction of change of variables in enforcement game with embedded PD.

inside the unit interval.[6] To summarize one may say that for as simple games as we discuss them in this chapter, the class of gradual regular and payoff monotonic dynamics includes all sufficiently continuous dynamics confined to the definition range of relative frequencies. Given this extreme width of the class of gradual regular and payoff monotonic dynamics, the restriction to this class, which will underlie the subsequent analysis, induces only a minor loss of generality.

Payoff monotonicity and graduality imply that the frequency of policemen's active investigation of citizen's behavior grows whenever $p < p^*$, declines whenever $p > p^*$, and remains unchanged when $p = p^*$, because these conditions are equivalent to $\pi_a > \pi_o$, $\pi_a < \pi_o$, and $\pi_a = \pi_o$, respectively. The frequency of cooperation among citizens who play the PD remains constant whenever $\pi_c = \pi_d$, which is equivalent to

$$q = [p \cdot (T - N) + (1 - p) \cdot (L - S)] \cdot 1/P\,, \tag{4}$$

as neither cooperation nor defection have an advantage in payoffs. When the equality sign in (4) is replaced by a "less than", $\pi_c < \pi_d$ holds true and thus the frequency of cooperation among citizens declines. When the equality sign in (4) is replaced by a "less than", the reverse is true ($\pi_c > \pi_d$) and thus the frequency of cooperation among citizens grows. Figure 3 shows the direction in which the frequencies p of cooperation and q of active investigation changes in the four fields separated by the lines given by $p = p^*$ and equation (4) for three different cases: $T - N > L - S$, $T - N = L - S$, and $T - N < L - S$. From the figure, it is obvious, that the society will move around the Nash equilibrium in a counter-clockwise way. An easy way to see whether this movement is spiraling towards the equilibrium, away from it, or around it in a cyclical way is to look at the linearized version of the dynamics around the equilibrium. Such linearization is possible, since the graduality assumption implies that the time derivatives of the two variables describing the behavior of the society with respect to the game may be written as continuous and differentiable functions of these very two variables:

6 For more details on the class of gradual, regular and payoff monotonic dynamics see von Wangenheim (2004: 42–4).

$$\dot{p}(t) \equiv \frac{dp(t)}{dt} = f(p(t), q(t)) \text{ and } \dot{q}(t) \equiv \frac{dq(t)}{dt} = g(p(t), q(t)) \qquad (5)$$

As discussed before, payoff monotonicity implies $\dot{p}(t) = 0$ when (4) is satisfied as an equality and $\dot{q}(t) = 0$ when $p = p^*$. In addition, $g(p(t), q(t); \cdot)$ grows in p in the vicinity of p^*, and $f(p(t), q(t); \cdot)$ grows in q in the vicinity of the line defined by equation (4). Finally, for $p = p^*$, $g(p(t), q(t))$ is equal to zero for all q, and $f(p(t), q(t))$ grows or declines in p around the line defined by equation (4), depending on the slope of this line. If the slope is positive, i.e. if $T - N > L - S$, moving from the area below this line to the area above it is equivalent to moving from the area to the right of it to the area to the left of it. Hence, increasing p is like decreasing q, which implies that $f(p(t), q(t))$ declines in p. If, however the slope of the line defined by equation (4) is negative, i.e. if $T - N < L - S$, the reverse is true: moving from below the line to the area above it is the same as moving from left to right and thus increasing p is like increasing q, which implies that $f(p(t), q(t))$ grows in p.

At the equilibrium, where both $p = p^*$ and equation (4) are satisfied, we hence have:

$$\frac{\partial \dot{q}(t)}{\partial q(t)} = 0, \ \frac{\partial \dot{q}(t)}{\partial p(t)} < 0, \ \frac{\partial \dot{p}(t)}{\partial q(t)} > 0, \text{ and } \frac{\partial \dot{p}(t)}{\partial p(t)} \begin{cases} < 0 & \text{if } T - N > L - S \\ = 0 & \text{if } T - N = L - S \\ > 0 & \text{if } T - N < L - S \end{cases}$$

Inserting this into the characteristic matrix of the linearized dynamic system, we can determine its eigenvalues by solving

$$\begin{aligned} 0 &= \lambda^2 - \lambda \left(\frac{\partial \dot{q}(t)}{\partial q(t)} + \frac{\partial \dot{p}(t)}{\partial p(t)} \right) + \left[\frac{\partial \dot{q}(t)}{\partial q(t)} \frac{\partial \dot{p}(t)}{\partial p(t)} - \frac{\partial \dot{q}(t)}{\partial p(t)} \frac{\partial \dot{p}(t)}{\partial q(t)} \right] \\ &= \lambda^2 - \lambda \frac{\partial \dot{p}(t)}{\partial p(t)} - \frac{\partial \dot{q}(t)}{\partial p(t)} \frac{\partial \dot{p}(t)}{\partial q(t)} \end{aligned}$$

for λ, which yields:

$$\lambda_{1,2} = \frac{1}{2} \frac{\partial \dot{p}(t)}{\partial p(t)} \pm \sqrt{\frac{1}{4} \left(\frac{\partial \dot{p}(t)}{\partial p(t)} \right)^2 + \frac{\partial \dot{q}(t)}{\partial p(t)} \frac{\partial \dot{p}(t)}{\partial q(t)}}.$$

As the second term under the root is negative, the root term is either non-real or smaller than the absolute value of the first term of the right-hand side of the equation. Hence, the real parts of both eigenvalues have the same sign as this first term. As a consequence, the equilibrium is dynamically stable[7] if $T - N > L - S$, and dynamically unstable if $T - N < L - S$. Stability thus only depends on payoff structure of the embedded PD, but not on the payoffs of the policemen.

The intuition behind these results is straight forward: if $T - N > L - S$, the temptation to defect is largest, when the probability that the partner also defects is smallest. Hence, given

---

7 For the correspondence of the stability of an equilibrium of a dynamic system and the signs of the real parts of the eigenvalues of the characteristic matrix of the linearized version of the system see e.g. Zhang (1991: 23).

a behavior of the policemen, the citizens tend to defect more, if few others defect and less if many others defect. This negative feedback loop induces stability. If, on the other hand, $T - N < L - S$, then the reverse is true: the temptation to defect and thus the number of defectors grows when more citizens defect. This positive (i.e. self-reinforcing) feedback loop induces instability. As there is no such feedback loop for the policemen, stability is independent of their payoff structure. One should note that stability is ambiguous, if $T - N = L - S$,[8] since then no such feedback loop exists, neither for the policemen nor for the citizens. From this intuition, it also seems plausible that the argument may be extended to other dilemma situations, like, for example, public good games, as well. Now consider a society, in which each police department is competent for only one dilemma situation and nothing else, in other words: a society in which geographic and functional decentralization is driven to its extreme. As it is true in other societies, this society will face dilemma situations of both types: some with more temptation to defect when many others cooperate, others with more temptation to defect when many others defect. If this society will try to curb defection for these latter dilemmas by government sanctions, it will experience severe cycles of defection, enforcement of the sanction, cooperation and inactivity of enforcers. These extreme fluctuations will usually be seen as a setback to social welfare.

To overcome the fluctuations, one could think of increasing the number of enforcers, whenever the amount of defection increases and reduce it, when the amount of defection declines. However, with extreme geographic and functional decentralization this will hardly be possible, given that law enforcement usually requires some specific investment of the enforcer and therefore is organized in long term contracts. The following section will study whether less extreme decentralization may solve the instability problem by allowing jurisdictions to re-deploy their policemen from one legal or geographic field to another, whenever defection is (relatively) too frequent in the latter field.

C. Extension to Enforcement in Two PDs

In this section, we study whether larger jurisdictions may overcome the instability problem of enforcing cooperation in PDs by quickly shifting enforcers from one mission to another. Intuitively, it is not clear, whether this would be possible or any instability of the type discussed in the previous section would spread over the jurisdiction. To answer this question, we will extend the model of the previous section to a society of two PDs with enforcement of cooperation, one inducing stability and the other instability, and policemen quickly re-deployed from one of these enforcement tasks to the other.

Suppose that the two PD-and-enforcement games symmetric in the sense that they are identical except for the difference $(T - N) - (L - S)$, which is negative for the first game and positive for the second. In addition, let the total number of policemen be fixed and let the proportion of policemen currently deployed to the first PD-and-enforcement game be given by

8 One should note that the real parts of both Eigenvalues are then zero.

$r(t)$. Of course, the proportion of policemen currently deployed to the second PD-and-enforcement game is $1-r(t)$. Assume that as before, each policeman is responsible for a certain and given number of citizens' interactions, and that the probability that a defector in each PD game gets caught is proportional to the product of the number of policemen currently deployed to this PD game and their current level of activity. Then Figure 2 still describes the two PD-and-enforcement games if the parameters *T*, *N*, *L*, and *S* are replaced by the corresponding parameters for the two games[9] and *P* is replaced by r^*P for the first and $(1-r^*)P$ for the second PD-and-enforcement game. Obviously, the two PD-and-enforcement games are then interrelated only by the current distribution of the police force and strictly separated apart from this distribution.

If an interior equilibrium exists, its values are given by equation (3) with the appropriate replacements of the parameters *T*, *N*, *L*, and *S* for the two different games and *P* being replaced by r^*P for the first and $(1-r^*)P$ for the second PD-and-enforcement game. The equilibrium value r^* of r is not yet defined and depends on the exact formulation of how the distribution of policemen reacts to different current values of defection in the two PD-and-enforcement games. For simplicity, assume that this reaction may be described by the following differential equation, when $p_1(t)$ and $p_2(t)$ denote the proportions of cooperation in PD-and-enforcement games 1 and 2, respectively:

$$\dot{r}(t) = h(p_1(t) - p_2(t), r(t)) \tag{6}$$

with the first derivatives of $h(\cdot)$ with respect to both arguments being strictly negative. This assumption implies that the police force is gradually re-deployed to that PD-and-enforcement game where defection is more frequent, provided that the proportion of policemen is not yet too large in that PD-and-enforcement game. There are good reasons to include such a self-stabilizing effect in this assumption: policemen may be more or less effective in one or the other situation and therefore re-deploying ever more policemen to one PD-and-enforcement game implies decreasing marginal effectiveness of the police force. Given the equilibrium values of p_1 and p_2, equation (6) uniquely defines an equilibrium value of r. In the following, we assume that the parameters are such that this equilibrium value is interior, as all other equilibrium values are, too.[10] Assuming the dynamics describing behavior in the two PD-and-enforcement games remains gradual, regular and payoff monotonic, we can rewrite equations (4) for the PD-and-enforcement games

$$\dot{p}_i(t) = f(p_i(t), q_i(t), r(t)) \text{ and } \dot{q}_i(t) = g(p_i(t), q_i(t)) \tag{7}$$

with $i \in \{1,2\}$ denoting the label of the PD-and-enforcement game. With these assumptions and definitions, we can then state the following:

---

9 One would typically write T_i, N_i, L_i, and S_i for game $i \in \{1,2\}$.

10 Allowing for corner equilibria would not add substantially new insights.

Proposition: If one government allocates its police force to two PD-and-enforcement games which are symmetric in the sense described before, and re-deploys its police force according to equation (6), then an interior equilibrium is stable, if

1. the negative feedback loop in the stable PD-and-enforcement game is larger then the positive feedback loop in the unstable PD-and-enforcement game at the equilibrium, i.e. if $-\frac{\partial \dot{p}_2(t)}{\partial p_2(t)} > \frac{\partial \dot{p}_1(t)}{\partial p_1(t)} > 0$ at the equilibrium, and
2. re-deployment reacts quickly to changes in the difference of defection frequencies, i.e. $\frac{\partial \dot{r}(t)}{\partial \left(p_1(t) - p_2(t)\right)}$ is large enough.

The equilibrium is unstable if the positive and the negative feedback loops offset each other, i.e. if $-\frac{\partial \dot{p}_2(t)}{\partial p_2(t)} = \frac{\partial \dot{p}_1(t)}{\partial p_1(t)} > 0$

A proof of the proposition is given in the appendix. One should note that the proposition claims instability only for equality of the negative and the positive feedback loops, i.e. for $-\frac{\partial \dot{p}_2(t)}{\partial p_2(t)} = \frac{\partial \dot{p}_1(t)}{\partial p_1(t)}$. Instability for a stronger positive feedback loop, i.e. for $-\frac{\partial \dot{p}_2(t)}{\partial p_2(t)} < \frac{\partial \dot{p}_1(t)}{\partial p_1(t)}$ then suggests itself.[11]

The proposition implies that combining a stable and an unstable PD-and-enforcement game in one jurisdiction may induce stability for the entire jurisdiction or instability. Simulations, which are not reproduced here but are available from the author as an MS-Excel worksheet, show that the instability – if it exists – covers both PD-and-enforcement games. In other words, if instability emerges, then there will be cycles of defection, enforcement of the sanction, cooperation and inactivity of enforcers both in the inherently unstable PD-and-enforcement game and in the PD-and-enforcement game which would be stable in a separate jurisdiction.

D. Discussion

The proposition stated in the previous section has several implications for the optimal degree of decentralization in a society, provided that the society dislikes fluctuations of cooperation and defection and of active and inactive enforcement. Such societies should not decentralize down to a level at which agencies enforcing cooperation are only competent for very narrowly defined fields of possible defection. If they were, the risk of having inherently unstable PD-and-enforcement games in this society would be too high. All it would take to have such inherently unstable PD-and-enforcement games would be a payoff structure making defection

11 We refrain from including this idea in the Proposition, since we would not be able to prove it in the appendix within a reasonable amount of space.

more tempting when others may be expected to defect as well. This problem may be avoided only when enforcement of cooperation is centralized at least to a level where every inherently unstable PD-and-enforcement game is paired with a sufficiently stable PD-and-enforcement game so that enforcers of cooperation may quickly be reallocated to the PD-and-enforcement game where defection is currently most severe.

The argument may be extended in two directions. First, the instability resulting from one PD-and-enforcement game need not be overcome by the stabilizing effects of only one other PD-and-enforcement game. In particular, if the reallocation of enforcement agents is too slow, adding further (stable) PD-and-enforcement games to the competence of the enforcement agency may also solve the problem. Looking at the other side of the same coin, one can also argue that less speedy reallocation of enforcement agents is required to avoid instability the more stabilizing PDs are brought into one jurisdiction.

Second, the argument is not restricted to the PD in its original form. Structurally similar games, such as public good games embedded in enforcement games or other types of enforcement games with inherent stability or instability produce the same problem – waves of defection and enforcement – and have the same solution: quick re-deployment of enforcers from areas with little defection to areas with little compliance with the rule to be enforced.

This brings us to a generalized conclusion from the proposition: The possibility of stabilizing unstable enforcement game situations by stable enforcement game situations may serve as an argument against decentralization. The less decentralized a jurisdiction is, the easier it is to quickly re-deploy enforcement agents to where they are needed most. Of course, this argument is but one within the gamut of arguments in the centralization-decentralization discussion. However, it is an argument which used to be neglected so far. Taking it into account will weaken the arguments for decentralization stressed so much by the adherents of the subsidiarity principle (e.g. Bernholz et al, 2004, Van den Bergh, 1997, Frey and Eichenberger, 1996).

The argument is further strengthened if fast reallocation of enforcers is easier when they are drawn from many other fields, for example because then only few enforcers have to be withdrawn from any specific other field. On the other hand, small jurisdictions could "borrow" enforcers from each other, i.e. they could reallocate enforcers across the borders. We actually observe such borrowing of policemen for example among the German *Länder* when large demonstrations occur in one *Land*. However, this policy tends to reduce the speed by which enforcers may be reallocated to their new tasks. Hence, even if the possibility of borrowing enforcers across borders exists, the central point of this paper remains valid: larger jurisdictions are better able to reduce the risk of instability due to enforcement games, which is a new argument to be considered when discussing the optimal size of jurisdictions.

Appendix: Proof of the Proposition

To prove the stability results claimed in the Proposition, one should consider the linearized version of the dynamic system given by equations (7) and (6). Due to the symmetry assumption, the characteristic matrix of the dynamics defined by equations (6) and (7) is given by

$$CM = \begin{pmatrix} a & b & 0 & 0 & c \\ -d & 0 & 0 & 0 & 0 \\ 0 & 0 & -e & b & -c \\ 0 & 0 & -d & 0 & 0 \\ -\nu & 0 & \nu & 0 & -\mu \end{pmatrix}$$

where $a = \frac{\partial \dot{p}_1(t)}{\partial p_1(t)} > 0$, $b = \frac{\partial \dot{p}_1(t)}{\partial q_1(t)} = \frac{\partial \dot{p}_2(t)}{\partial q_2(t)} > 0$, $c = \frac{\partial \dot{p}_1(t)}{\partial r(t)} = -\frac{\partial \dot{p}_2(t)}{\partial r(t)} > 0$, $-d = \frac{\partial \dot{q}_1(t)}{\partial p_1(t)} = \frac{\partial \dot{q}_2(t)}{\partial p_2(t)} < 0$, $-e = \frac{\partial \dot{p}_2(t)}{\partial p_2(t)} < 0$, $\nu = -\frac{\partial \dot{r}(t)}{\partial p_1(t)} = \frac{\partial \dot{r}(t)}{\partial p_2(t)} > 0$ and $-\mu = \frac{\partial \dot{r}(t)}{\partial r(t)} < 0$.

The system is stable if all eigenvalues of CM have negative real parts. It is unstable if at least one eigenvalue has a positive real part. With I being the identity matrix the eigenvalues are given by the λ solving $|\lambda I - CM| = 0$ which may be rewritten as

$$\lambda^5 + b_1\lambda^4 + b_2\lambda^3 + b_3\lambda^2 + b_4\lambda + b_5 = 0 \tag{A1}$$

with

$$\left.\begin{aligned} b_1 &= e - a + \mu \\ b_2 &= 2db + 2\nu c + \mu(e-a) - ae \\ b_3 &= (db + \nu c)(e-a) + 2\mu dp - \mu ae \\ b_4 &= \mu db(e-a) + d^2b^2 + 2\nu cdb \\ b_5 &= \mu d^2 b^2 \end{aligned}\right\} \tag{A2}$$

as cofactors. Following the Routh-Hurwicz rule, all eigenvalues are negative if and only if the following expressions are strictly positive:

$$\left.\begin{aligned} \Delta_1 &= b_1 \\ \Delta_2 &= b_1 b_2 - b_3 \\ \Delta_3 &= b_3\Delta_2 + b_1(b_5 - b_1 b_4) \\ \Delta_4 &= b_4\Delta_3 - b_5(b_2\Delta_2 + b_5 - b_1 b_4) \\ \Delta_5 &= b_5\Delta_4 \end{aligned}\right\} \tag{A3}$$

In the following, we show that the conditions stated in the proposition are sufficient to induce positive signs of all $\Delta_k, k \in \{1,2,3,4,5\}$. We first restate these two conditions as C_1: $e > a > 0$ and C_2: ν is sufficiently large. C_1 directly implies $\Delta_1 = b_1 > 0$. For Δ_2 it is easy to see that Δ_2 is a sum of which one term is ν multiplied by $c(e - a + 2\mu) > 0$ and no other term contains ν; hence Δ_2 is positive, if ν is large enough. Similarly, Δ_3 is a sum of $\nu^2c^2(e-a)^2$ and other terms which contain ν only to the power of one or zero; hence, if ν is sufficiently large, the term $\nu^2c^2(e-a)^2$, which is positive, outweighs all other terms, so that Δ_3 is positive.

Again, a similar argument extends to Δ_4: the term $b_4\Delta_3$ may be written as a sum of ν^3 with cofactor $2c^3(e-a)^2 db > 0$ and further terms containing only lower powers of ν. Since the term $b_5(b_2\Delta_2 + b_5 - b_1 b_4)$ contains ν only to the power of two or one, Δ_4 is also positive, if ν is large enough. Finally, if $\Delta_4 > 0$ then $\Delta_5 = b_5\Delta_4 > 0$ follows immediately from the assumption $-\mu = \frac{\partial \dot{r}(t)}{\partial r(t)} < 0$. This completes the proof of the stability claim in the proposition.

Instability for $e = a$ follows from the fact that Δ_4 then reduces to $-4\mu^2 db\nu^2 c^2 a^2 < 0$.

References

Andreozzi, Luciano (2002), "Oscillations in the Enforcement of Law: An Evolutionary Analysis", *Homo Oeconomicus*, 18, 403–28

Bernholz, Peter; Schneider, Friedrich; Vaubel, Roland and Vibert, Frank (2004) "An alternative constitutional treaty for the European Union", *Public Choice*, 118, 451–468

Bucovetsky, S. (1997), "Insurance and Incentive Effects of Transfers Among Regions: Equity and Efficiency", *International Tax and Public Finance*, 4, 463–483

Frey, Bruno S. and Eichenberger, Reiner (1996), FOCJ: Competitive Governments for Europe, *International Review of Law and Economics*, 16, 315-27

Holler, Manfred (1990), "The Unprofitability of Mixed-Strategy Equilibria in Two-Person Games: A Second Folk Theorem", *Economics Letters*, 32, 319–23

Holler, Manfred (1993), "Fighting Pollution when Decisions are Strategic", *Public Choice*, 76, 347–56

Inman, Robert P. and Rubinfeld, Daniel L. (1998), Subsidiarity and the European Union. In: P. Newman (ed.), The New Palgrave Dictionary of Economics and the Law, London: pp. 545-551

Inman, Robert P. and Rubinfeld, Daniel L. (2000), Federalism. In: Boudewijn Bouckaert and Gerrit De Geest (eds.): Encyclopedia of Law and Economics. Aldershot: Edward Elgar, 661-691

Lockwood, B. (1999), "Inter-Regional Insurance", *Journal of Public Economics*, 72, 1–37

Oates, Wallace E. (1972), Fiscal Federalism. New York: Harcourt Brace Jovanovich

Oates, Wallace E. (2005), "Toward A Second-Generation Theory of Fiscal Federalism" *International Tax and Public Finance*, 12, 349–373

Perrson, T. and Tabellini, G. (1996a). "Federal Fiscal Constitutions: Risk Sharing and Moral Hazard", *Econometrica*, 64, 623–646

Perrson, T. and Tabellini, G. (1996b), "Federal Fiscal Constitutions: Risk Sharing and Redistribution", *Journal of Political Economy*, 104, 979–1009

Schmid-Lübbert, Stephanie and Schäfer, Hans-Bernd (2003), "The Constitution of the European Union" in: Charles K. Rowley (ed.): Encyclopedia of Public Choice, New York: Springer, 106-112

Schäfer, Hans-Bernd and Van den Bergh, Roger (1998), "State Liability for Infringement of the E.C. Treaty, Economic Arguments in Support of a Rule of 'Obvious Negligence'", *European Law Review*, 23, 552-571

Schäfer, Hans-Bernd and Van den Bergh, Roger (2000), "Member States' Liability for Infringement of the Free Movement of Goods in the EC: An Economic Analysis", *Journal of Institutional and Theoretical Economics*, 156, 381-403

Tsebelis, George (1989), "The Abuse of Probability in Political Analysis: The Robinson Crusoe Fallacy", *American Political Science Review*, 83, 77–91

Tsebelis, George (1993), "Penalty and Crime: Further Theoretical Considerations and Empirical Evidence", *Journal of Theoretical Politics*, 5, 349–74

Van den Bergh, Roger (1997), "The Subsidiarity Principle and the EC Competition Rules: The Costs and Benefits of Decentralisation". in: Dieter Schmidtchen and Robert D. Cooter (eds.): Constitutional law and economics of the European Union, Cheltenham, U.K. and Lyme, N.H.: Edward Elgar, 142-83

von Wangenheim, Georg (2004), Games and Public Administration – The Law and Economics of Regulation and Licensing, Cheltenham: Edward Elgar

Zhang, Wei Bin (1991), Synergetic Economics. Berlin et al.: Springer

XI.
Recht und wirtschaftliche Entwicklung/Law and Economic Development

ANARCHY, STATE AND SOMALIA

-

REFLECTIONS ON THE VIABILITY OF ANARCHY AND THE CONSEQUENCES OF PRIVATIZED JUSTICE

Boudewijn R. A. Bouckaert

A. Introduction

Would life be better, would wealth be higher, would society be more just without a state? These questions about the desirability of anarchism have been one of the most fascinating topics in political philosophy. Anarchism, either in its classical leftist variant or in its libertarian variant, is the most radical answer to the evils of state authority such as war, massacres, genocides, tyranny, oppression and class exploitation. The lecture of Rummels' book 'Death by Government' may make the quest for a society without a state quite relevant, as is pointed out that government was the most lethal factor during the twentieth century (Rummel,1996).

Professor Hans-Bernd Schäfer hardly qualifies as an anarchist sympathizer. In his writings and research he emphasizes relentlessly that stable, transparent, efficient and non-predatory public institutions are a prerequisite for free and wealthy societies. His life-long commitment to development economics and his support for law and economics research that may foster the efficiency of public institutions in less developed countries bear witness to this deep intellectual conviction.

Discussing anarchism is however not in opposition to Hans-Bernd Schäfer's intellectual quest. The analysis of anarchic scenarios may shed some light on the right- or wrongness of the several justifications of state power. In short, the study of anarchy may teach us why 'archy' might be better and, if so, which 'archy' is better. These questions fit entirely with the endeavours of our celebrated colleague.

B. Anarchy and law and economics

A flew over game theoretical and institutional economic analysis of anarchy brings the following robust, yet falsifiable conclusions to light: 1) ordered anarchy is possible and anarchy does not lead inevitably to Hobbesian war; 2) very probably, however, ordered anarchy is not stable and will fatally move towards a new state system.

Game theoretical outcomes do not side with Hobbes on several levels. In simple one shot confrontation games parties will not opt for mutual confrontation but rather for an asymmetrical outcome in which one party dominates and the other submits. This outcome is always better than an exhausting and endless conflict. The asymmetrical outcomes may be inefficient and unjust; they do however not fit the picture of an everlasting war of all against all. (Tyler Cowen and Sutter, 2005)

With repeated games the submitting party can punish the other party by not playing submission in the next game, by which the confronting party in the initial game faces the outcome of submission or mutual confrontation. So it is likely that the parties will end up in the efficient outcome of peace through mutual submission (de Jasay, 1997, 192-212; Rutten, 1999).

Under anarchy it is likely that private justice agencies will order their relationship further by resorting to arbitration. Instead of solving each interagency conflict by a confrontation game, the parties can delegate the resolution of such conflicts to an arbitration agency (Cowen, 1992; Cowen and Sutter, 2005). Such an arbitration agency is only acceptable by a private justice agency when it is free from systematic bias towards its customers. The best way to avoid such a bias is to adopt open-ended criteria to solve conflicts between customers from different private justice agencies. Traditional examples of open-ended criteria are: the Lockean 'first come, first served'- rule for property conflicts, the negligence rule for conflicts on damages, and the good faith rule concerning the execution of contracts. It is virtually impossible for a private justice agency to predict whether its customers will be squatters rather than Lockean first comers, negligent agents rather than caretakers, mala fide rather than bona fide parties. As it is likely that the private justice agencies will recruit a very mixed public with regard to these criteria, they will accept arbitration under these conditions. It saves them costly confrontation situations, while systematic bias against their clients will be avoided.

The discussion about the viability of ordered anarchy took an interesting turn since Tyler Cowen advanced his so-called impossibility theorem. (Cowen and Sutter, 1999) This theorem signals a paradox in libertarian thinking concerning collective good provision.

Concerning the provision of 'good' collective goods libertarians argue that state involvement is unnecessary, even harmful, because production of these goods will be more efficient through voluntary action. Libertarian literature refers here to the potential of moral capital, repeat playing and procedures such as money-back-guarantees. (de Jasay, 1989)

Concerning the problem of collusion leading towards price-fixing cartels, libertarians however point to their inherent instability due to the free-riding attitudes of the colluding members. For the colluders the stability of the cartel is a collective good. From a social point of view such a price cartel has to be considered as a 'bad' collective good. Mainstream economic thought agrees unisono that this 'bad' requires vigorous repression through anti-trust law. Libertarians, however, disagree. Cartels, they say, are unstable because members of the cartel will be tempted to sell under the fixed price in order to increase their market share. Often they will use all kinds of cheating devices, such as hidden price reductions or quality increase. Because cartels are inherently unstable anti-trust law is redundant. (Armentano, 1990)

Applied to the problem of privatization of justice the impossibility theorem entails the following dilemma. Either you are sceptical about cooperative potential in societies, which makes Hobbesian anarchy likely the result of privatisation of justice. Or you suppose strong cooperative potential within societies, making it unlikely that privatisation of justice will produce Hobbesian anarchy; but in this case the strong cooperative potential will likely produce collusion between the private justice agencies, bringing the state in through the backdoor.

Tyler Cowen agrees that Hobbesian anarchy will be unlikely but points to crucial destabilizing features of ordered anarchy. Private justice provisions combine the characteristics of a network industry with huge economics of scale (Cowen, 1994).

It is clear that the more clients a private justice agency has, the more attractive a subscription to a private justice agency will be. The more clients there are, the lesser the likelihood that difficult interagency conflicts will occur. As a consequence the number of private justice agencies will tend to be rather small. Moreover, the private justice agencies will set up a network of arbitration in order to avoid one shot interagency conflicts. Stand alones, staying out of this all encompassing network, will face grave difficulties. When their clients are involved in conflicts with clients of a network firm, either a costly negotiation or a violent clash has to be expected. (Cowen and Sutter, 2005)

In addition, economies of scale may be considerable, as private justice agencies may have to invest in big weaponry in order to threaten off possible pirate firms in violent clashes. This big weaponry can not be rented from another specialized firm as this firm would by this acquire a dominant threat position.

As a consequence we may expect that the privatisation of justice will bring about a strong network of a small number of strong private justice agencies, tending to collude and limit competition by fixing the prices. The network will gradually acquire the basic characteristics of a state in the Weberian sense, i.e. an organisation exerting the monopoly of violence in a given territory. In a more specific sense the state coming out of a privatisation process of justice will show the characteristics of a 'shareholders' state'. The major shareholders of the firms within the network will indeed rule the country. (Cowen, 1992)

Caplan and Stringham however challenge Tyler Cowen's profound doubts on the stability of ordered anarchy by stressing the game theoretical difference between networking, which is essentially a coordination game, and colluding, which is essentially a prisoners' dilemma (Caplan and Stringham, 2003). Networking between private justice agencies will be particularly easy, as there is no necessity for these agencies to choose between a standard of one or another firm.

The stability of collusion, Stringham and Caplan argue, is a more difficult horse to ride as the cartel will be under constant pressure from free-riders, abating their prices in surreptitious ways. Stringham and Caplan rely on some interesting historical examples, such as the present credit card industry and the clearing houses in the nineteenth banking sector. Both are examples of successful and very encompassing networks, yet still, however, maintaining high competitive levels.

In response to these arguments Tyler Cowen points to the specificity of a market of privatized justice. (Cowen and Sutter, 2005) Competition by outsiders who are not integrated into the arbitration network may involve violent clashes, an eventuality clients will be eager to avoid. Stand alones in the private market for justice face much higher costs than stand alones in, for instance, the software market, where programs such as Mac Os X Leopard are able to survive in a world dominated by the Windows Network. Their users value the inherent quality of the programme higher than the costs of non-compatibility. Customers of justice agencies face a much harder choice: sticking with their stand alone and risking violent clashes with the dominant network or swapping to a network firm and enjoying the benefits of peaceful settling of interagency conflicts through arbitration. As the dominant firms know that the network as such is relatively free from competitive pressure, and as it is very likely that the firms within the dominant are not very numerous, a stable cartel will likely prevail. Cheating will of course occur, but probably not endanger the stability of the cartel.

C. A glance at anarchy in action: the case of Somalia

Somalia offers us the first real world example of anarchy since the world map has been fully covered by the territories of nation states. The full coverage was accomplished at the Conference of Berlin in 1884-85, when the last non-state-governed spots on the world map were carved up by the European colonial super-powers. Since then the whole world is brought under 'state-archy'. The evolution in Somalia has put an anarchic spot on the state-archic blanket of the world.

The Somali Democratic Republic gained independence on 1 July 1960. Its territory was a merger of British Somaliland and the Italian Somalian colony. Through a coup d'état in 1969 the country fell under the dictatorship of Siad Barre. Until the Ogaden war with Ethiopia, Somalia was a staunch ally of the Soviet Union. Domestic policies were tainted by Soviet recipes, such as government control on land, a state-planned economy, politics monopolized by one party, etc.. The support of Ethiopia by the Soviet Union in the Ogaden war tilted Somalia towards the Western camp. This however did not push the country towards more liberalism and democracy.

In 1991 the regime of Siad Barre collapsed, but no political faction was able to gain control over the whole of the country. The country fell apart into three parts. The northwestern part, in fact the former British part, became an independent state called Somaliland, although not recognized by the international community. The northern part in the horn of

Africa became a separate political entity, called Puntland, not aiming however for the status of an independent state. In Somalia, the southern part, no governmental organisation was able to establish itself in a stable way. In fact, between 1991 and 2007, Somalia could be called a genuine anarchy. The transitional federal government, considering itself as the ruler of whole former Somalia and strongly backed by Ethiopia and the US, was never able to gain any effective control and collect taxes. In 2006 the so-called Islamic Courts wiped the warlords out of Mogadishu. From there they took control over the largest part of Somalia and threatened even Baidoa, the last stronghold of the transitional federal government at the Ethiopian border. Between 21 December 2006 and 9 January 2007, a regular war was fought between the Islamic Courts and the Ethiopian army, backed in this by the US. This led to the defeat of the Islamic courts and the occupation of Somalia by the Ethiopian army. The Islamic Courts continue the fight by guerrilla warfare.

To relate this historical case with the theory of anarchy we will check whether Somalia fitted the Hobbesian war picture, whether its economy was plunged in autarchy and whether Somalian anarchy showed endogenous tendencies towards a new state order.

Press reports and television programmes left the impression that Somalia was in the grip of constant and ubiquitous fighting between warlords and Islamic militias. Somalia is seemingly Hobbesland. This impression is however false. Although Somalia is not a look-alike Switzerland, the situation between 1991 and 2006 does not fit the Hobbesian picture of the war of all against all.

To be fair, one should discount from the total level of violence that which is due to foreign intervention. This violence is not at the account of internal anarchy but has to be blamed on exogenous efforts to re-establish state control. Such interventions were often vigorous and led to a lot of bloodshed. Among others we mention the famous US-operation Restore Hope in 1992, which triggered a long series of anti-American ambushes, killing many Somalis and several American soldiers. In 1993 the warlord Aidid launched a raid on the capital of Mogadishu to wipe out the Americans. Finally the Americans withdrew. In 1995 the UN launched its operation United Shield. Again this was a failure, but with a lot of bloodshed. In 2006 the Ethiopian army invaded the country, transforming the loosely connected Islamic courts into a more organised fighting force. Again the ensuing war took many lives, from soldiers as from civilians. The pictures of these fights are prominent in press reports and leave the impression this all is due to the internal situation of anarchy.

The so-called warlords of Mogadishu and surroundings are to blame for most genuine internal violence. They are mostly related to a clan, controlling parts of the city and exacting taxes from the by-passers for the use of roads, for 'protection', for the use of other public utilities such as water. Internal violence was fierce shortly after the collapse of Siad Barre in 1991, but declined steeply during the following years. The number of people killed by violence is high in comparison with Western nations but not in comparison with other African countries under government rule. The number of people killed by violence amounts for up to

4 % of total deaths. This is not higher than the deaths due to childbirth. In Mexico the number of violent deaths amounts for up to 3.6% of total deaths, a figure not much different from that of Somalia. (Leeson, 2006, 10)

The anarchic rule by the warlords and later by the Islamic courts did not lead to a predatory race among these independent taxing authorities. The level of exaction, to be paid to warlord-militias or Islamic courts is estimated at 5 %, while the fees for protection are set at another 5 %. This figure is a lot lower than the taxation under government, domestic as foreign as well. (Leeson, 2006, 24)

Security was provided by the secular militias of the so-called warlords or by the militias connected to Islamic courts in exchange for fees. Such fee–charging security firms are also common in Western nations. In fact the difference with state government in this respect seems to be rather gradual and not discretionary.

The judicial authorities continued to solve conflicts mainly on the base of customary law. The Xeer-customs rather regulated marriage-relationships, the use of collective resources and the social contracts between clans. The Diya-law dealt with serious criminal offences. Adjudication was done by Shari'a courts, almost exclusively related to a clan. The courts were financed partially by donations from businessmen and the fees of litigants. (Leeson, 2006, 26; Van Notten, 2005; Nenova and Harford, 2004, 3)

Considering the continuous operation of these institutions and the limited amount of violence, one can hardly depict the Somalian anarchic era as a Hobbesian war-situation.

Neither does the picture of autarchy apply. We assume state institutions such as a court system and police to be vital for sustaining the broad network of cooperation a viable market economy requires. The absence of such institutions will make cooperation unstable, markets will fade out and producers will relapse into autarchy. Also this dark picture does not fit the Somalian anarchic era. In general, one can say that the economic situation improved considerably since the downfall of Siad Barre.

Leeson compares key indicators of human development in the last years of the Barre-regime (1985-1990) and during five years of anarchy (2000-2005). (Table 1, Leeson, 2006, 12) As Leeson states: 'The data depict a country with severe problems, but one which is clearly doing better under statelessness than it was under government. Of the 18 development indicators, 14 show unambiguous improvement under anarchy.'(Leeson, 2006, 13) The decline for the first indicator (GDP), a key indicator, is explained by Leeson by the inflated figures firm managers of the planned economy under Barre were providing, by the important output of military hardware and by the huge influx of foreign aid during the Barre period.

Table 1. Key development Indicators before and after Statelessness

	1985-1990	2000-2005	Welfare change
GDP (PPP constant $)	836	600	?
Life expectancy (years)	46.0	48.47	Improved
One year olds fully immunized against measles (%)	30	40	Improved
One year olds fully immunized against TB (%)	31	50	Improved
Physicians (per 100,000)	3.4	4	Improved
Infants with low birth weight (%)	16	0.3	Improved
Infant mortality rate (per 1,000)	152	114.89	Improved
Maternal mortality rate per (100,000)	1,600	1,100	Improved
Pop. With access to water (%)	29	29	Same
Pop. With access to sanitation (%)	18	26	Improved
Pop. With access to at least one health facility (%)	28	54.8	Improved
Extreme Poverty (%< $1 per day)	60	43.2	Improved
Radios (per 1,000)	4.0	98.5	Improved
Telephones (per 1,000)	1.92	14.9	Improved
TVs (per 1,000)	1.2	3.7	Improved
Fatality due to measles	8,000	5,598	Improved
Adult Literacy rate (%)	24	19.2	Worse
Combined school enrolment (%)	12.9	7.5	Worse

Leeson also compares anarchic Somalia with the situation in neighbouring states. (Leeson, 2006, 16)

Table 2. Somalia vs. its neighbours

% Improvement or Decline in Development Indicators between 1990 and 2005

	Djibouti	Ethiopia	Kenya	Somalia
GDP per capita (PPP)	----	+15.5	-4.1	+?
Life expectancy (years)	-15.4	+9	-15.6	+ 5.4
Adult Literacy (%)	----	----	+3.7	-20
Infant Mortality rate (per 1,000)	+16	+28.5	+7.4	+24.4
Pop. With access to improved water (%)	+1.4	-4.3	+35.6	0
Pop. with access to improved sanitation (%)	+3.8	+333.3	+7.5	+44.4
Telephone mainlines (per 1,000)	+40	----	+28.6	+1,150

According to Leeson this comparison rejects the hypothesis that Somalia would have improved equally whether it had remained under (its) government or not. Except for adult literacy Somalia performs better than its 'statist' neighbours.

One of the main sources of Somalia's economic progress is the explosive growth of its large-scale livestock trade. During the years 1991-1999 the Somali-Kenya cross-border trade more than doubled. After the severe drought of 2000 it declined, but soared again after the drought. The cross-border cattle trade is facilitated by brokers ('dilaal') who certify for buyers that the sold cattle are not stolen. If this certifying proves to be wrong the brokers are liable. Dilaal-fees did not rise during the period of anarchy, which suggests that crime, especially theft of cattle, did not rise during the anarchic period. This of course was a crucial factor in the growth of this wealth-component. (Leeson, 2006, 20)

Also monetary institutions did not collapse under anarchy. As money is the medium of exchange par excellence, an overall accepted currency remains vital for the continuation of the market process under anarchy. With the state also the central bank of Somalia disappeared. Nevertheless, exchange remained to be based on the Somalian shilling (Sosh), the former currency. Old notes continued to circulate. On some occasions political actors printed notes in order to fund their activities. In 1996 Aideed, a Mogadishu warlord, imported new shillings. In 1999 the Transitional National Government (the predecessor of the Federal Transitional Government) brought 30 billion shilling into circulation. This of course led to a considerable depreciation against the dollar. Nevertheless, depreciation rates of the shilling were less important than those under the Siad Barre regime. In 1986 the rate was 110 Sosh against one US dollar. At the end of the Barre regime the rate was 5700 Sosh. During anarchy the shilling eroded further, but to a lesser extent: from 5700 in 1991 to 10 000 in 2000. One can hardly call this an optimal monetary arrangement. The example shows, however, that a situation without an official monetary constitution may be better than one with such a one. (Leeson, 2006, 21)

Finally, anarchy seemed to be compatible with the rise of a flourishing financial sector. Numerous remittance firms, called 'hawilaad', funnelled enormous amounts of money from the Somalian diaspora to the country. Access to the financial sector is much greater than under the time of the Barre regime (Leeson, 2006, 23; Nenova and Harford, 2004, 3).

Relieved from numerous governmental predatory obstacles, many businesses flourish better than they did under the Barre regime. All business, facing relatively low levels of transaction costs, such as for instance mobile telephones, was boosted under anarchy. Business and public services, facing high transaction costs, such as water supply, were however trailing and suffered from the fragmentation of public authority. Nevertheless, also services, for the provision of which government support is generally thought necessary, popped up in the anarchic hotbed of Somalia. This is the case for education, a sector gaining momentum by the steady increase of formal schools, Koranic schools and universities (Leeson, 2006, 26).

A last question concerns the stability of the more or less ordered anarchy in Somalia. Was it subject to an irresistible tendency towards the formation of a new state system, as Tyler Cowen would predict, or was it endogenously stable?

A first assessment of the evolution of institutions in anarchic Somalia seems to confirm the prediction of Tyler Cowen.

In June 2006 the Union of Islamic Courts defeated the US-backed 'warlords', united in the so-called Alliance for Restoration of Peace and Counterterrorism. Islamic courts are not merely courts, but religiously inspired organisations, providing not only adjudication, but also police functions, such as patrolling in the city quarters, apprehension of suspects, and execution of court sentences. In fact they are all-encompassing justice and security firms. The Islamic courts originated in Mogadishu but spread out gradually over the largest part of Somalia. Before June 2006 the courts were only loosely connected and ideologically quite diverse. Some were Salafite, some Qutubi, some liberal, and some eclectic (Wikipedia, Islamic Courts Union). The Islamic courts gained quick and massive support of the population as they restored law and order, reopened the Mogadishu port and restored property to the numerous refugees.

After June 2006 central institutions were set up to coordinate and regulate the action of the Islamic Courts. On the one hand an Executive Committee was set up under the presidency of the liberal sheikh Sharif, on the other hand an Advisory Committee (the 'shura') under the presidency of hardliner Aweys. These bodies started to act as real legislative bodies by ordering a ban on 'quat', a popular drug, and by imposing the requirement that women, when walking outside, should be accompanied by a male family member (Marchal, 2007, 6).

To what extent the setting-up of these institutions heralded the incubation of a new state organisation is, however, doubtful. Neither the Executive Committee nor the 'shura' were able to build up sufficient authority towards the different Islamic Courts on the field and to exert control at the grassroots of the movement. On the contrary, it seems that many decisions were taken during actions on the field and accepted as a 'fait accompli' by the central institutions. (Marchal, 2007, 6) This 'de facto' powerlessness of the central institutions rather feeds the libertarian contention about the possibility of a stable and ordered anarchy.

As a consequence, the train of events does not allow us to decide which of the two outcomes would have prevailed if Somalian anarchy would have had its free course. Moreover, two additional elements, ideology and clan allegiance, have to be taken into account in order to determine as to how far the Somalian experiment comes to the support of the possibility or impossibility of a stable and ordered anarchy.

First, the weight of the ideological factor within the Somalian evolution should be accounted for. In the discussion about the stability of ordered anarchy the ideological factor is completely exogenised. The actors in Tyler Cowens' scenario are driven neither by anarchist beliefs nor by any state doctrine. They act in their proper interest and through an invisible hand-type evolution they end up in a state system the participants did not in fact envisage. This was not the case in Somalia. The leaders of the courts shared the idea of a strong and united Somalia (Marchal, 2007, 11). The setting-up of the mentioned central institutions was less the outcome of colluding efforts to establish a price cartel. It was as much driven by the idea of rebuilding state authority. In addition many militants of the Islamic courts, especially the Youth Leagues, were driven by religious fervour and their dreams to live once in a 'Talibanized' Somalia. (Marchal, 2007, 7) Although this element has been grossly over-estimated by US foreign policy, it was certainly a factor for pushing for a strong central authority able to implement strict religious precepts. When we discount the ideological factor from the Somalian evolution, the anarchist cause is somewhat strengthened, for without this ideological factor, centralisation would have been still weaker.

Clan allegiance, on the other hand, has remained strong throughout the whole Somalian saga.

As in many African societies the clan organisation provides mutual help to its members and protects its members, while the members owe respect to the clan-elderly and have to contribute to clan-solidarity. The Islamic courts were for a large part based on these clan allegiances. Only a few, the religiously most radical, had a 'trans-clan' dimension. These clan structures contributed a lot to the failure of the centralising institutions of the Islamic Courts. Decisions of these institutions were mostly explained, whether it was true or not, as clan-biased decisions. The parties that did not prevail before these institutions always blamed it on their wrong clan allegiance and never on their eventual own misconduct (Marchal, 2007, 7). These persistent clan allegiances undermine considerably the relevance of the Somalian case for testing the modern theories on anarchism. Although its members run around with mobile telephones, receive money from American bank accounts, take the plane to Mekka and drive around in technological advanced vehicles, social life in Somalia is still largely structured along premodern lines. It is, as anthropologists like to call it, a prismatic society: a strange mixture of hypermodern and archaic lifestyles and social structures. (Little, 2003) In this sense Somalia barely serves as a testing ground for modern theories on anarchism. The cohesion of non-state protection agencies in Somalia relied largely on strong blood-relationship and age-old allegiances to nomadic clans. They do not prove whether such protection agencies would be as cohesive in a modern, individualistic and utilitarian society. They even prove less whether such agencies would give in to the drive towards networking and collusion, as supposed in the economic scepticism on ordered anarchy.

D. Conclusion

Thoughts with anarchist leanings were probably produced in the intellectual traditions from all over the world. The writings of the Chinese philosopher Lao-Tsé for instance are tainted by mild anarchist ideas. Only in the Western intellectual tradition however did anarchism develop as a full-fledged political philosophy. Starting with the writings of Etienne de la Boétie in 1576, anarchist thought has inspired a lot of intellectual production and vigorous political action. The relative success of anarchism in Western culture cannot be explained without referring to other backgrounds. In the first place we should refer to the idea of a legal order centred on individual rights. It makes sense to argue for the abolishment of state institutions when society can fall back on an internalised legal order, based on respect for individual rights, freedom of contract and the obligation to compensate for harm done. Anarchy will then resemble a 'kritarchy', in which judges solve most social conflicts. (Van Dun, 2005) It makes also sense to argue for the abolishment of state institutions when supposing a universal feeling of solidarity urging most members of society to cooperate and to share voluntarily with others. This is the Kropotkin-Proudhon picture of anarchism. Both ideas, individual rights and universal solidarity, are deeply intertwined with the classical Greco-Roman and Christian roots of Western civilisation.

Against this background, discussing anarchism remains a sound challenge to authority. It invites the constant effort to provide a firm intellectual justification for authority and it reflects the attitude to accept only that level of authority for which reasonable arguments can be invoked.

The Somalian anarchy however was not the result of a deliberate reformist or revolutionary movement inspired by anarchist ideas. The withering away of the state in Somalia was not preceded by a thorough public debate on the legitimacy of state institutions. Anarchy resulted from an accident: the collapse of a totalitarian regime and the inability of political factions to reintroduce state authority. Somalia was anarchy without anarchism and anarchists. Somalia also misses the background against which Western anarchist thought was able to develop, i.e. legal universalism and/or universal solidarity. Its background is still largely determined by premodern clan-thinking and religious fervour. In this sense it is difficult to evaluate the merits of anarchism by the Somalian experience.

Nevertheless, the analysis of the Somalian anarchist era is not pointless. It shows that markets and civil society will continue to function without state institutions on a level generally higher than expected. It also shows that the existence of a state is not always better than anarchy. The Somalian anarchy is in many respects better than the totalitarian 'archy' that preceded it and performs in many respects better than its neighbouring states. 'I just want a government, any government will do', answered a Somali citizen to a BBC reporter, covering the turmoil in 2004. The analysis of the Somalian situation shows that this man is wrong. Some governments can do a lot worse than no government. But this is not a proof of the opposite statement, that no government is always better than any government. More than providing us with definite answers on the viability of anarchism, the Somalian case shows us that society does not depend on government, but that a limited government can improve society in a substantial, though not in an unlimited way.

References

Armentano, Dominick T., Antitrust and Monopoly. *Anatomy of a Political Failure*, Oakland, 1990

Benson, Bruce L., The Enterprise of Law. *Justice without The State*, San Francisco, 1990

Caplan, Bryan and Edward Stringham,'Networks, Law and the Paradox of Cooperation', 16 *The Review of Austrian Economics,* 2003, 309-326

Cowen, Tyler, 'Law as a public good: The Economics of Anarchy' 8, *Economics and Philosophy*, 1992, 249-267

Cowen, Tyler, 'Rejoinder to David Friedman on the economics of Anarchy', *10 Economics and Philosophy*, 1994, 329-332

Cowen, Tyler and Daniel Sutter, 'The Costs of Cooperation', *12 Review of Austrian Economics*, 1999, 161-173

Cowen, Tyler and Daniel Sutter' Conflict, Cooperation and Competition in Anarchy', *18 Review of Austrian Economics*, 2005, 109-115

de Jasay, Anthony, Social Contract, Free ride. *A Study of the Public Goods Problem*, Oxford, 1989

de Jasay, Anthony, 'Against Politics: On government, anarchy and order', *Lectures Max-Planck Institute for Research into Economic Systems*, Jena, 1995

Lal, Deepak, In Praise of Empires-Globalization and Order, New York, 2004

Leeson, Peter T., 'Better off Stateless: Somalia Before and After Government Collapse',Department of Economics, West Virginia University, 2006

Little, Peter D., Economy without State, Bloomington and Indianapolis, 2003

Marchal, Roland, 'Somalia: A New Front Against Terrorism', Working Paper 5 February 2007

Nenova, Tatiana and Tim Harford, 'Anarchy and Invention. How does Somalia's Private Sector Cope without Government?', Public Policy for the Private Sector, *The World Bank Group, Note nr. 280,* November 2004

Rummel, R.J., Death by Government, 1996, New Brunswick and London

Rutten, Andrew, 'Can Anarchy save us from Leviathan?', *The Independent Review*, III, Spring 1999, 581-593

Van Dun, Frank, 'What is Kritarchy', Appendix to Michael Van Notten, The Law of the Somalis. *A Stable Foundation for Economic Development in the Horn of Africa*, Trenton NJ, 2005

Van Notten, Michael, The Law of the Somalis. *A Stable Foundation for Economic Development in the Horn of Africa*, Trenton NJ, 2005

Wikipedia, 'Islamic Courts Union', Paper last modified 19 October 2007

REGULATORY ARRANGEMENTS IN DEVELOPING COUNTRIES

Anthony Ogus

A. Introduction

Hans-Bernd Schäfer has made such a major contribution to the development of law and economics in Europe, and in so many different respects, that it is difficult to single out specific achievements. However, what has struck me more than anything else has been his capacity, as an economist, to enter into, and appreciate the nuances of, *Rechtskultur*. This is evident not only in such important studies as that of liability for pure economic loss and the relationship between tortious and contractual liability (Schäfer, 2002a and Dari-Mattiacci and Schäfer, 2007), but also in his highly insightful work on law and development. In "Legal Rules and Standards" (Schäfer, 2002b), he sheds new light on a familiar legal topic, showing how the special features of human capital resources in less developed countries (LDCs) may render less efficient the solutions to the dilemma between generality and specificity typically offered in Western legal scholarship.

This use of economic reasoning and its focus on key variables which impact differentially in the industrialised and less developed worlds respectively run counter to some of the "advice" on effective regulatory arrangements which is given to LDCs by such organisations as the World Bank and the International Monetary Fund (Shah and Andrews, 2005; Boeri, 2005) and which become all too easily pleas for the transplant of institutional models to environments in which they cannot be easily accommodated. The main theme of this paper is, then, to examine how conditions prevailing in LDCs may impact on the institutional arrangements for regulation, and how these might be taken into account in designing regulatory regimes.

In section B, I examine institutional structures relevant to regulatory systems and explain how they may affect general strategies for regulatory reform. In sections C and D, I focus on two specific and important topics, licensing which paradoxically, as a regulatory instrument, proliferates in LDCs and regulatory enforcement, still a neglected issue in the law and development literature. Finally, in section E, I address the familiar topic of corruption, but from a somewhat unusual perspective.

B. Institutional structures generally

In exploring the characteristics of regulatory systems and identifying those which render such systems efficient, it makes sense to begin with broader institutional aspects. Clearly the quality of the general legal infrastructure in a given jurisdiction has a major role to play as it has shown to be strongly correlated with economic growth (Djankov et al, 2002; Glaeser et al, 2004). Understandably attention has been focused on the "rule of law", a concept embracing: a relatively stable body of rules, known in advance and enforced by independent adjudicators; basic systems of property and contract rights; and compliance by, and accountability of, the government and its officials in relation to relevant rules (World Bank 1997; Daniels and Trebilcock, 2004). Equally understandably, the failure in many LDCs to meet the conditions implicit in the discussions has been considered as a significant hindrance to economic growth (Mattei, 1997).

There are two major shortcomings to this traditional focus on the rule of law and the explanations for the failure of reform. Most importantly, they fail to take sufficient account of the cultural gap. Even if appropriate institutional structures are put in place, and with adequate resources, it is rash to assume that the individuals involved will behave in the same way as their Western counterparts (Seidman and Seidman, 1994). And the very notion of considering the legal implications of an activity or a transaction, let alone invoking the law in some practical way, might be alien to all but a small proportion of the population. More than this, in many LDCs and to a greater or lesser extent, the Western model of rule-making and adjudication is alien to some traditional cultures which, in the words of Mattei, involve "a reduced role played by lawyers …[compared to that of] mediators, wise men, religious authority; … high legal value of penitence; the importance of the homogeneity of population as a means of preserving a particular social structure; family groups rather than individuals as the building blocks of society; a high level of discretion left to decision makers; a high rate of survival of very diversified local customs; extensive use of judicial coercion; a strongly hierarchical view of society" (Mattei, 1997, 39).

The other neglected dimension is that of resources. The key question, as recognised in an important but less well-known paper of Judge Richard Posner (1998), is how legal systems should be designed where the resources available for investment in them are more limited than in developed countries. As he observes, the quality of the legal institutions may be a consequence of, rather than a reason for, economic growth – richer countries may simply be able to invest more in the legal system.

As an example of how the resource issue might affect the legal system, Posner contrasts rule-formulation with legal institutional arrangements. The marginal costs of the former are negligible; the latter require relatively heavy investment in terms of labour costs.

In consequence, he argues for a policy of selecting rules which reduce the institutional costs. Such a policy may affect the content of specific rules, for example, that contracts have to be in writing to be legally enforceable; and that certain types of disputes must be submitted to binding arbitration. It may also guide the general character of the rules which ought to be relatively straightforward to apply, and not requiring a significant exercise of discretion (see also Schäfer, 2002b). Nor should "resources" in this context be construed narrowly. Not only is there the manpower needed to monitor conduct and to process and enforce rules and sanction systems, as well as investment in information technology to facilitate communication and therefore also the effectiveness of decision-making. There is also the question of human capital, lower educational attainment affecting both the quality of decision-making by officials (Schäfer, 2002b) and the ability of ordinary citizens to initiate or contribute to the enforcement process.

One possible set of responses to the cultural and resource constraints outlined above is essentially negative. The limitations are recognised but are not such as to lead to a change of strategy; rather the reform ambitions remain in place with exhortations to do the best within the circumstances prevailing. I believe, in contrast, that a more creative response is possible, using the constraints to explain and justify divergence from, rather than partial adherence to, the Western models.

Take, first, systems of traditional or customary law which in some LDCs may be particularly strong. These, as we have seen, tend to be deeply rooted in social structures and are often marked by a high level of discretion in decision-makers, rather than rules (Mattei, 1997; Read, 2000). At the same time, in many societies, indigenous law has not been static, clinging inexorably to tradition, but rather flexible and, in particular, adaptable to the changing political and economic circumstances of the colonial presence (Chanock, 1985). The relationship between such law and modern, often western-inspired, regulatory regimes may be problematic, giving rise to a complex combination of different normative systems, formal and informal, but for those regimes to be effective the relationship is important (Benda-Beckmann, 1992). If the regulatory regimes can in some way be identified with, or internalized by, the community, either within or outside traditional law, this will much facilitate monitoring and enforcement (Fafchamps and Moser, 2003), both of which are heavily resource-intensive. This suggests, in turn, that regulatory goals may be more effectively pursued if they coincide, or are compatible, with community norms (Cooter, 1994).

Then there is the question of rules versus discretion. An important development in recent years in Western models of regulation (and deregulation) has been the tendency to replace heavily rule-based regimes by more general principles, thus conferring more discretion on regulatory agencies and enforcers to take account of specific and localised circumstances (Ogus, 2000). In an LDC context this would seem to have the advantage that it accords with the culture of traditional or customary law which, as we have seen, typically applies a high level of discretion. However, in relation to regulatory regimes which are not integrated with that law, the consequences may be problematic. That is, first, because the exercise of discretion requires greater knowledge and expertise than the simple application of rules, and therefore is (relatively) more in societies with lower standards of educational attainment (Schäfer, 2002b). And secondly, that is because, as we shall see in section E, discretion can, more easily than rules, be exploited for the purposes of corruption.

C. Licensing as a regulatory instrument

Governments have available a wide range of legal instruments which they can use to achieve regulatory goals and the choice of appropriate instruments for particular regulatory environments has been the subject of much law and economic analysis (Ogus, 2004). Licensing is a particularly interesting example of regulatory arrangements because it constitutes an example where LDCs have tended not to follow the patterns existing in developed countries. It involves a highly interventionist and heavy-handed approach because it controls entry to the market: traders must obtain an authorisation from a public agency before they are allowed to supply products or services in the market and since the process involves decisions to be made on the suitability of applicants and/or their circumstances as suitable suppliers, such systems are expensive to administer. The striking fact is that LDCs, with more limited resources, tend to use licensing much more than developed countries (Djankov et al, 2002). For equivalent regulatory purposes such as the safety of products or services, or for consumer protection more generally, the developed countries tend to prefer what can be called *ex post* regimes: all businesses and operations in the market must comply with on-going standards but do not have to demonstrate compliance prior to commencing business activities or operations. Monitoring and enforcement thus takes place during the currency of operations, and often on the basis of risk assessment and sampling; in consequence administrative costs are significantly lower.

How is this major paradox to be explained? Let us, first, examine some public interest arguments for using licensing as a regulatory instrument (Ogus and Zhang, 2005). The first has regard to the information asymmetry between trader and purchaser in relation to those goods the quality of which cannot be ascertained immediately on purchase. One typical way of addressing this problem is, particularly in relation to products, to have some sort of system of mandatory disclosure. This will not, however, always prove to be adequate. We may note, in the first place, that governments may not always trust individuals, with appropriate information to make decisions which are in their own best interests. They may then attempt to justify the exclusion from the market of those failing to satisfy minimum standards on a paternalist basis (Ogus, 2005). Of course, the ability to acquire and process relevant information is related to educational levels. It may therefore be that this form of market failure will be more pronounced in LDCs and therefore the stronger will be the case for interventionist, or paternalist, policies; hence a greater use of licensing. However it is doubtful whether the very high additional costs of licensing regimes can be justified in LDCs on this basis alone.

A second set of arguments concerns enforcement. The critical difference between licensing and *ex post* regimes is that under a licensing regime all suppliers must have their application scrutinised to ensure that they satisfy, or in some cases are deemed capable of satisfying, the entry standards; on-going standards can be enforced only *ex post* entry and then in practice only in response to suspicions, complaints from victims and third parties, or some policy of sample monitoring. For compliance with on-going standards, the sanctions imposed *ex post* must serve to deter the socially undesired behaviour; under a licensing regime, it is more a case of preventing such behaviour. The main argument for the latter operating in LDCs would seem to be that the administration in such countries typically does not have the capacity to operate effective deterrence under *ex post* regimes. In general, the resources made available for systematic and widespread monitoring are very limited. Low educational attainment and poor informational channels may also significantly reduce victim and third party involvement in the enforcement process. Finally, and for a variety of reasons, there may be difficulties in securing condemnation from courts or other enforcement institutions.

Further consideration throws some doubt on these apparently persuasive arguments. They presuppose that the concentration of resources at the *ex ante* stage is more effective than if the same resources were deployed in *ex post* monitoring and enforcement. This is a proposition requiring empirical validation, but intuition suggests that the assumption may be unwarranted. While the system of *ex ante* scrutiny may be sufficient to exclude from the market some traders likely to generate significant losses, other traders may prefer to operate unlawfully without a licence (Johnson et al, 1998); and there is evidence of large numbers of unlicensed traders operating in the informal economy in some countries (Suhir and Kovach, 2003). To constrain the losses from such activity, resources must be made available for policing and monitoring, because citizens whose preferences are met by unlicensed suppliers have no motivation to report the illegal activity.

Further, when *ex ante* scrutiny does take place, some *ex post* monitoring is necessary to ensure that a firm does not subsequently default on its licence conditions. This may, to some extent, be alleviated if licences have to be periodically renewed but that, of course, adds significantly to the costs of the system. Also renewal can only be refused if there is evidence that the licence-holder no longer complies with conditions. Without monitoring or some third party complaints, such evidence may be difficult to obtain.

The public interest case for the proliferation of licensing regimes in LDCs is, therefore, not very persuasive, and the paradox has to be explained on other grounds which are not difficult to identify. First, since the fees payable to obtain a licence can be set at a level above that necessary to cover the costs of administering the system, the licensing requirement can be used as a method for government revenue-raising and one that is simpler than a conventional business taxation regime (Devas and Kelly, 2001). The problem with this is that the higher the fee levied for registration or a licence, the larger the number who will avoid complying with the requirement and rather participate in the informal economy. If the entry control is imposed only as a fiscal device, that is simply equivalent to tax evasion, but if it has other, public interest, purposes then those purposes will be jeopardised. Secondly, and even less attractively, the licensing regime can be used as an engine for corrupt transactions, particularly where the granting of a licence requires some discretion on the part of an official, and/or where an application must be made in person. I return to the question of corruption in section 5.

D. Regulatory enforcement

There is a large and significant law and economics literature on regulatory enforcement (surveyed in Polinsky and Shavell, 2000). Derived from the basic model that Gary Becker formulated for the criminal law (Becker, 1968), this is predicated on the assumption that individuals and firms will comply with the law if the costs incurred by them from contravening it (including any sanctions imposed) will exceed the benefits they derive from the contravention. More formally, the condition of compliance with regulatory obligations is:

$$\boldsymbol{U < qE + pD}$$

where $\boldsymbol{U}$ is the gain to the offender from the regulatory contravention, $\boldsymbol{qE}$ represents the probability and the associated costs of the relevant act being detected and $\boldsymbol{pD}$ the probability of a formal condemnation or conviction and its associated costs, notably the prescribed sanction.

Much of the literature is concerned to identify the optimal enforcement policy for particular regulatory regimes and for different types of offender. This involves selecting appropriate values for $\boldsymbol{q}$ and $\boldsymbol{p}$, in the light particularly of monitoring costs and for $\boldsymbol{E}$ and $\boldsymbol{D}$, ***having regard notably to*** the costs (including error costs) of determining liability and imposing sanctions. Oversimplifying, two general conclusions emerge from the efficiency analysis in the literature: first, that the sanction should be financial and within the wealth constraints of the offender (Polinsky and Shavell, 1992); secondly, that administrative financial penalties are in most cases likely to be more cost effective than criminal financial penalties (Ogus and Abbot, 2002).

I do not wish here to describe or elaborate on the reasoning as it applies to the circumstances existing in most Western jurisdictions. My concern is rather to investigate how the LDC environment may impact on the analysis and what implications that has for regulatory arrangements. An important starting point is the fact, as already noted, that there are reduced resources available for legal and administrative organisations, in particular the manpower needed to monitor conduct and to process and enforce rules and sanction systems. The implication of this is a relatively low value to $\boldsymbol{q}$ and if, which may well be the case, the existence of corruption reduces the number of cases prosecuted in court, then $\boldsymbol{p}$ will be even smaller. Both considerations suggest that, to achieve adequate deterrence, a larger value must be attributed to $\boldsymbol{E}$ and $\boldsymbol{D}$ (Cooter and Garoupa, 2000). Yet, as regards $\boldsymbol{D}$, poverty will impose severe constraints on what can be levied by way of fines, leading to a heavy reliance on imprisonment which is, of course very costly and likely to be a disproportionately severe penalty for many regulatory contraventions. It is true that in some, but not all, countries significant informal costs, resulting primarily from the stigma of being involved in regulatory enforcement processes may enhance ***E***, but the effect is likely to be insufficiently high to compensate for the low values of ***q*** and ***pD***.

This would appear, then, to be the central predicament for regulatory enforcement policy in many LDCs. Nevertheless a consideration of how to address cultural variables and resource constraints may enable us to hypothesise on some possible solutions. First, as indicated in section B, it may be possible to render regulatory regimes compatible with traditional or customary law, or else to ensure that they are internalised within the community. In either case, it seems likely that involvement of the local community will considerably facilitate enforcement.

There is another potential solution to the problem which does not seem to have been sufficiently explored in the law and development literature (for its application more generally see Kraakman, 1986). Legal and regulatory systems can focus their enforcement efforts not so much on those who actually contravene the rules and who have insufficient wealth to be able to pay penalties, but rather on third-parties who can control the offenders' conduct and who do have sufficient assets for financial penalties to be effective in relation to them. This is the economic justification for the familiar legal concept of vicarious liability (Sykes, 1984). Employers normally have the assets to pay damages or a fine and in a competitive market context will be motivated to take the necessary actions to avoid such liability, if the cost of doing so will be less than the damages or fine, discounted by the probability of such liability being imposed. Although employees will typically not have the assets to pay damages and perhaps even a substantial fine – for that reason personal liability will be ineffective as a deterrent – they can be subjected to other sanctions by employers and these are likely to be more effective, because they are less dependent on the employees' wealth. Such sanctions include dismissal, reductions in pay and/or promotion prospects, and in other respects making the employment less attractive to the individual concerned.

In industrialised countries the vicarious liability of firms and employers for regulatory contraventions already plays a significant role (Wells, 2001). In an LDC context, it may be possible to apply the concept to render the extended family of an individual or perhaps even the community responsible for ensuring that there is compliance with some types of regulatory obligations. In fact, there is a long tradition of "kinship liability" or "communal liability", particularly in ancient law (Parisi and Mattiacci, 2004). Of course, these concepts can be used only with great sensitivity to the circumstances as, without it, many innocent members of the groups may suffer (Miceli and Segerson, 2007). For example, they may be more apposite for regulatory obligations which, to some extent at least, implicate the wider group, such as those concerned with land use planning, or the supply of water, rather than for regimes which are highly orientated towards specific individuals, such as financial controls. Hence also traditional criminal penalties for contraventions, such as fines and imprisonment, may be less appropriate than more generalised sanctions, such as reductions in grants and other forms of centralised aid.

E. Corruption

Corruption is recognised as being a major problem in LDCs (Transparency International, 2007) and studies in particular countries (e.g. World Bank, 2003) indicate how regulatory decision-making is an activity particularly prone to corruption. It is not difficult to see why. Regulation confers power on institutions, but also officials, to make decisions on the use of resources which can generate very significant gains or losses for individuals affected by the regulatory instrument (Goudie and Stasavage, 1998). Most obviously this applies to public procurements and grants and (as we have seen) to licences. It applies also to standards and other controls imposed by regulatory authorities in two different respects: the requirements may be interpreted by officials so as to benefit, or conversely to prejudice, particular individuals; and those apprehended for non-compliance may, or may not, be subjected to enforcement procedures and sanctions. Some forms of regulatory decisions, for example, negotiating the terms of a grant or scrutinising behaviour for compliance, necessarily involve personal contact between official and regulatee, thus enhancing the opportunities for corrupt transactions. In other cases, the opportunities may be deliberately created by requiring communications, such as applications for licences, to be made in person.

The importance of corruption for economic development, the large externalities associated with it and the vicious circle to which it typically gives rise, all suggest that a "macro" assault to destabilise it by a variety of policies and instruments is desirable. And, indeed, there are jurisdictions where this approach has been taken, apparently with considerable success: Singapore and Hong Kong are regarded as two prominent examples (Quah, 2001). But what these examples, and others, also reveal is that there must be the political will to adopt such an all-embracing approach, often through a combination of domestic interests and pressure from foreign institutions (Lindsey, 2002). In its absence, a virtuous circle will not emerge and it then becomes a matter more for aiming at the optimal level of corruption (Klitgaard, 1988), recognising that the phenomenon is inevitable to some degree but encouraging strategies which reduce the net costs. Such strategies require sensitivity to differences in the political and cultural environment of individual developing countries, but more importantly between those countries and industrialised countries, from where the traditional anti-corruption policies mainly originate.

Take, for example, policies directed towards reforming bureaucracies by reference to traditional, Weberian administrative and process values. These might include: depoliticising the civil service; removing conflicts of interests; raising the quality of public officials recruited; increasing transparency by insisting on clear procedural steps and articulated reasons for decisions; improving internal auditing and monitoring systems; and extending external powers of appeal and review (Rose-Ackerman, 1999, chap. 5; World Bank, 2003). Insofar as these developments require a strong and impartial judiciary, a proactive citizenry, adequate resources for auditing and monitoring behaviour, and effective procedures for implementing as well as formulating the principles of administrative law, they will in many countries have to overcome deeply embedded cultural attitudes and the cost will be simply too large.

Similar considerations apply to the use of the criminal justice system, a point which seems insufficiently to have been grasped in some of the deterrence literature which treats corruption like any other illegal activity (Bowles, 2000). This literature adopts variants of the standard Becker economic model of crime (see above) which, when applied to the corruption situation, suggests that the size of the penalty should, after discounting for the probability of escaping detection, be related to the amount of the bribe (Rose-Ackerman, 1978). By itself that might not be problematic. However, account must also be taken of the level of detection and conviction. In many countries this will be very low as a consequence of insufficient resources being available for monitoring and/or the fact that corruption may have seriously infiltrated the law enforcement and criminal justice processes themselves. If, under such conditions, deterrence is to be adequate, the formal sanctions consequent on conviction must be of such a draconian severity that few courts will be willing to impose them (Cooter and Garoupa, 2000; Polinsky and Shavell, 2001).

What emerges from the above analysis is that conventional strategies to constrain corruption are likely to be less effective in jurisdictions where corruption significantly infiltrates the criminal justice and law enforcement systems, where the resources available for monitoring the conduct of officials are relatively modest, or where the political will to adopt a "macro" approach to the corruption problem does not exist. An alternative strategy explores how institutional arrangements may be designed so as to limit the opportunities for corruption, or to render such opportunities less profitable.

Some of the possible reforms to regulatory structures correlate well with developments and tendencies occurring in industrialised countries (Vogel, 1996); others point in the opposite direction. Some remain ambiguous. For a good example of the latter, take the much debated, though largely unresolved, question of whether a policy of decentralisation, associated with Western regulatory thinking, facilitates or hinders corruption. On the one hand, it is argued that decentralised decision-making must by its nature be more transparent than when carried out at a distance from the subjects affected – local information flows being more rapid – and therefore corruption is, in such circumstances, more difficult to conceal (Lederman et al, 2001). On the other hand, if law enforcement is largely in the hands of a centralised authority, the very distance of the formal audit systems from the subject of investigation may limit its effectiveness: in remoter areas the authority of the law may simply not be recognised (Green, 1997, 67). Moreover, the "once-for-all" payment necessary to secure the cooperation of the central official may distort the economy less than the variety of payments at other levels: the bribee can control deviations from agreed patterns of corruption and render its effects less uncertain (Shleifer and Vishny, 1993).

Related to the question of decentralisation is that of competition between regulatory offices and officials. Promoting some such form of competition would seem to offer a plausible, and not too costly, means of combating corruption or at least reducing the levels of bribes to be paid (Rose-Ackerman, 1978). However care must be taken as to how competition is introduced: a series of alternative individuals or offices providing the same service, or perhaps overlapping services, would meet the objective (Bowles, 2000) but adding further layers of bureaucratic decision-making would simply exacerbate the problem (Lederman et al, 2001). Also a lack of clarity in the demarcation of public services can increase bureaucratic discretion, leading to more corruption (Wescott, 2003, 261). Suggestions linked to the competition argument include using committees instead of single decision-makers; and regularly moving bureaucrats between various offices (Klitgaard, 1988, chap.3).

In other respects, the need to constrain corruption suggests regulatory strategies which are incompatible with reforms taking place in industrialised countries. Regulatory discretion creates more opportunities for corruption than where regulatory requirements are the subject of clear and precise rules (Seidman and Seidman 1994: 178) and we have already suggested that, contrary to prevailing Western thinking, in many LDCs rules may be preferable to discretion. A similar argument applies to the choice between formal and informal rules. In industrialised countries, there has been a perception that the traditional command-and-control sets of formal rules are often too prescriptive and too rigid, firms often knowing better than regulators what can best meet the regulatory goal at lowest cost. There has therefore been a movement to replace formal rules by guidelines (Baldwin 1995). The experience with informal rules in LDCs (e.g. Zimbabwe: Goredema 2000) has not been a happy one. Individuals have often been faced with a multitude of highly specific regulatory rules and procedures, knowing that in practice these may not be adhered to, and that informal rules, built into informal relationships with those who are to be favoured, will prevail. Those unwilling to submit to the conditions of the informal rules, and their financial implications, can still be subjected to the, often unreasonable, exigencies of the formal rules. The policy implication seems to be fewer and simpler formal rules, but not informal rules.

Finally, and perhaps more controversially, there is the question of consultation processes. Within the Western tradition there has been an increasing emphasis on regulatees and third parties contributing to, and participating in, regulatory policy- and rule-making. The potential benefits, in terms of improved information flows, better transparency and greater accountability are substantial, but direct access to regulatory officials does of course increase the opportunity for corrupt transactions. In the USA, efforts to maximise consultation and, at the same time, to limit the opportunities of private manipulation of the policy-making processes have led to principles that private meetings and private communications between officials and third parties are to be placed on the official record. However, such robust administrative law principles will not in practice be achievable in many jurisdictions. If that is the case, then some compromising on the ideals of consultation may be the price to be paid for reducing corruption.

F. Conclusions

In this paper, I have explored some major issues relating to the design of regulatory institutions in LDCs. My principal conclusion is that too much effort has been spent on attempting to transplant Western models and that insufficient attention has been given to the conditions under which such transplants may be more or less successful. I have identified culture and resources as two key conditions which inhibit acceptance of Western models. Even though these conditions are widely acknowledged as difficulties, the typical response has been to press ahead with the reforms and "do the best that can be done in the circumstances".

In my judgement, recognition of the conditions which inhibit the ready acceptance of transplants should lead to more creative policy-making in relation to regulatory arrangements. So, for example, as a general strategy, I suggest the exploration in relevant LDCs of the extent to which regulatory regimes can be integrated, or at least rendered more compatible with traditional, customary law and its institutions. Analogously regulatory goals and principles will be more effective if they can be internalised as social norms, not the least because community disapproval can be better at inducing compliance than conventional penal or administrative sanctions. Other general ideas include extending vicarious liability beyond its usual (Western) parameters and aiming at rule-based, rather than a discretionary approach, to regulatory administration.

That last suggestion contradicts much of the received Western "wisdom" on contemporary regulatory systems and, in my discussion of corruption, I take this theme further by focusing on the undesirability in many LDCs of facilitating "in person" contacts between officials and regulatees, and also enlarging consultation processes, since these can generate greater opportunities for corrupt transactions.

My conclusions on licensing are different. I am sceptical of the argument that conditions in LDCs justify the much greater use of this regulatory instrument, compared with industrialised countries, but reference to those conditions, particularly the opportunities which the systems create for private exploitation and corruption, helps to explain why licensing proliferates in LDCs and why reform in this area might be difficult to achieve.

References

Baldwin, R. (1995), Rules and Government, Oxford: Clarendon Press

Becker, G.S. (1968), "Crime and Punishment: An Economic Approach," *Journal of Political Economy* 76: 169-217

Benda-Beckmann, F. Von, (1992), "Symbiosis of indegenous and Western Law in Africa and Asia: An Essay in Legal Pluralism", in W.J. Mommsen and J.A. De Moor, (eds.), European Expansion and Law: The Encounter of European and Indigenous Law in 19th- and 20th-Century Africa and Asia, Oxford: Beck, chap.14

Boeri, T. (2005), "Reforming Labor and Product Markets:Some Lessons from Two Decades of Experiments in Europe" *International Monetary Fund Working Paper* 05/97

Bowles, R. (2000), "Corruption", in B. Bouckaert, and G. De Geest (eds), Encyclopedia of Law and Economics, Cheltenham: Edward Elgar, Vol. V, 460-491

Chanock, M. (1985), Law, Custom and Social Order - The Colonial Experience in Malawi and Zambia. Cambridge: Cambridge University Press

Cooter, R.D. (1994), "Structural Adjudication and the New Law Merchant: A Model of Decentralized Law", *International Review of Law and Economics,* 14: 215-231

Cooter, R.D. and N. Garoupa (2000) "The Virtuous Circle of Distrust: A Mechanism to Deter Bribes and Other Cooperative Crimes," *Berkeley Olin Program in Law and Economics*, Working Paper 32

Daniels, R.J. and M.J. Trebilcock (2004) "The Political Economy of Rule of Law Reform in Developing Countries", *Michigan Journal of International Law*, 26: 99-140

Dari-Mattiacci, G. and H.B. Schäfer (2007), "The Core of Pure Economic Loss", *International Review of Law and Economics,* 27: 8-28

Devas, N. and R. Kelly, (2001), "Regulation or Revenue? Implementing Local Government Business Licence Reform in Kenya", *Public Administration and Development,* 21: 381-391

Djankov, S., R. La Porta, F. Lopez-de-Silanes and A. Shleifer (2002), "Appropriate Institutions", World Bank, available at: http://rru.worldbank.org/Documents/DoingBusiness/Overview.doc

Fafchamps, M. and C. Moser (2003), "Crime, Isolation, and Law Enforcement", *Journal of African Economies,* 12: 625-671

Glaeser E., R. La Porta, F. López de Silanes and A. Shleifer (2004), "Do Institutions Cause Growth", *Journal of Economic Growth*, 9: 271-303

Goredema, C. T. (2000), "Policy Reforms Needed to Combat Corruption in Zimbabwe" available at: http://www.kubatana.net/tiz/docs/reform000229.pdf

Goudie, A.W and D. Stasavage (1998) "A Framework for the Analysis of Corruption," *Crime Law and Social Change* 29: 113-159

Green, R.H. (1997), "Bureaucracy and Law and Order" in Faundez, J. (ed), Good Government and Law: Legal and Institutional Reform in Developing Countries, London: Macmillan, chap.3

Johnson, S., D. Kaufmann and P. Zoido-Lobaton (1998), "Regulatory Discretion and the Unofficial Economy" *American Economic Review (Papers & Procs),* 88: 387-392

Klitgaard, R. (1988), Controlling Corruption. Berkeley: University of California Press

Kraakman, R.H. (1986), "Gatekeepers: The Anatomy of a Third-Party Enforcement Strategy", *Journal of Law, Economics, and Organization*, 2: 53-104

Lederman, D., N. Loayza and R.R. Soares (2001), "Accountability and Corruption: Political Institutions Matter," *World Bank Working Paper* 2708

Lindsey, T. (2002), "History Always Repeats? Corruption, Culture and 'Asian Values'" in T. Lindsey, and H. Dick (eds), Corruption in Asia: Rethinking the Governance Paradigm, Sydney: Federation Press

Mattei, U. (1997), "Three Patterns of Law: Taxonomy and Change in the World's Legal Systems", *American Journal of Comparative Law, 45*: 5-44

Miceli, T.J. and K. Segerson (2007), "Punishing the Innocent along with the Guilty: The Economics of Individual versus Group Punishment", *Journal of Legal Studies*, 36: 81-106

Ogus, A. (2000), 'New Techniques for Social Regulation: Decentralisation and Diversity', in H. Collins, P. Davies and R. Rideout (eds), Legal Regulation of the Employment Relation, Dordrecht: Kluwer, 83-98

Ogus, A. (2004), Regulation: Legal Form and Economic Theory, Oxford: Hart Publishing

Ogus, A. (2005), "Regulatory Paternalism: When Is It Justified?"in K.J. Hopt, E. Wyrmeesch, H. Kanda and H. Baum (eds.), Corporate Governance in Context: Corporations, States, and Market in :Europe, Japan and the United States, Oxford: Oxford University Press, 303-320

Ogus, A. and C. Abbot (2002), "Pollution and Penalties," *Research in Law and Economics* 20: 493-512

Ogus A. and Q. Zhang, (2005), "Licensing East and West" *International Review of Law and Economics,* 25: 124-142

Parisi, F. and G. Mattiacci (2004), "The Rise and Fall of Communal Liability in Aincent Law", *International Review of Law and Economics, 24*: 489-505

Polinsky, A.M. and S. Shavell, (1992), "Enforcement Costs and the Optimal Magntiude and Probability of Fines", *Journal of Law and Economics,* 35: 133-148

Polinsky, A.M., and S. Shavell (2000), "Public Enforcement of Law" in B. Bouckaert, and G. De Geest (eds.), Encyclopedia of Law and Economics, Cheltenham: Elgar, Vol 5, 307-344

Polinsky, A.M. and S. Shavell (2001), "Corruption and Optimal Law Enforcement," *Journal of Public Economics*, 81: 1-24

Posner, R.A. (1998), "Creating a Legal Framework for Economic Development", *World Bank Research Observer*, 13: 1-11

Quah, J.S.T. (2001), "Combating Corruption in Singapore: What Can Be Learned," *Journal of Contingencies and Crisis Management*, 9: 29-35

Read, J.S. (2000), "Law in Africa: Back to the Future" in I. Edge (ed.), Comparative Law in Global Perspective, Ardsley: Transnational, chap.7

Rose-Ackerman, S. (1978), Corruption: A Study in Political Economy, New York: Academic Press

Rose-Ackerman, S. (1999), Corruption and Government: Causes, Consequences and Reform, Cambridge: Cambridge University Press

Schäfer, H.B. (2002a) "Liability of Experts and the Boundary between Tort and Contract," *Theoretical Inquiries in Law*, 3(2): Article 5

Schäfer, H.B. (2002b), "Legal Rules and Standards", German Working Papers in Law and Economics Paper 2

Seidman, A. and R. Seidman, (1994), State and Law in the Development Process: Problem-solving and Institutional Change in the Third World, Basingstoke: Macmillan

Shah, A. and M. Andrews (2005), "Citizen-Centered Governance: A New Approach to Public Sector Reform" in A. Shah (ed.), Public Expenditure Analysis for Citizen-Centered Governance. Bringing Civility in Governance. Washington DC: World Bank, 153-182

Shleifer, A. and R.W. Vishny (1993), "Corruption," *Quarterly Journal of Economics* 108: 599-617

Suhir, E. and Z. Kovach (2003), Administrative Barriers to Entrepreneurship in Central Asia, Center for International Private Enterprise, available at: http://www.cipe.org/pdf/publications/fs/suhirkovach.pdf

Sykes, A.O. (1984), "The Economics of Vicarious Liability", *Yale Law Journal*, 93: 1231-1280

Transparency International (2007), Global Corruption Report 2007: Corruption in Judicial Systems, Cambridge, Cambridge University Press

Wells, C. (2001), Corporations and Criminal Responsibility (2nd edition), Oxford: Oxford University Press

Wescott, C. (2003), "Combating Corruption in SouthEast Asia" in J.B. Kidd and F.J. Richter (eds.,), Fighting Corruption in Asia: Causes, Effects and Remedies, Singapore: World Scientific Press

World Bank (1997), World Development Report 1997: The State in a Changing World, New York: Oxford University Press

World Bank (2003) Combating Corruption in Indonesia: Enhancing Accountability for Development, available at: http://wbln0018.worldbank.org/

ENVIRONMENTAL RULES VERSUS STANDARDS FOR DEVELOPING COUNTRIES; LEARNING FROM SCHÄFER

Michael Faure[*]

A. Introduction

Many efforts have been made in the past years to develop an effective environmental law, also for developing countries. Nevertheless, it is not difficult to point at serious problems with environmental law in those developing countries. Problems that have been described in the literature relate both to weaknesses at the normative level (ineffectiveness of regulation) as well as to the well-known enforcement deficits. Implementation problems in environmental law in developing countries have also been studied for many years and many point in this respect at corruption problems as one important source of an enforcement deficit.[1] It is to some extent striking that in some developing countries environmental law seems to be promulgated of which it can be predicted *ex ante* that the material contents will give rise to enforcement problems. In this respect, one can equally often notice that legislation comes into being that seems less fit for the specific situation of developing countries.

The goal of my contribution to this commemorative volume for Hans-Bernd Schäfer is to use some of the work of Schäfer who suggested a few causes for this problem and formulated a few highly interesting suggestions as a remedy. Schäfer followed a tradition in law and economics scholarship concerning the question under which circumstances precise rules set by a legislative authority are preferable to rather vague standards formulated by the judiciary[2] in order to examine whether developing countries would be better suited with a

---

* I am grateful to Morag Goodwin for useful comments on an earlier version of this paper.

1 See in that respect for instance Rose-Ackerman, S., *Corruption: A Study in Political Economy*, New York, Academic Press, 1978, Rose-Ackerman, S., *Corruption and the Government: Causes, Consequences and Reform*, Cambridge, Cambridge University Press, 1999 and Kidd, J.B. and Richter, F.J. (eds.), *Fighting Corruption in Asia: Causes, Effects and Remedies*, Singapore, World Scientific Press, 2003.

2 See for example Kaplow, L., 'Rules versus Standards. An Economic Analysis', *Duke Law Journal*, 1992, 557-629 and Ehrlich, I. and Posner, R.A., 'An Economic Analysis of Legal Rulemaking', *Journal of Legal*

standard-based system (heavily relying on the judiciary) or with a rule-based system (concentrating more power at the level of government). Schäfer developed his ideas in a few interesting studies published in German[3] and in English.[4] I had the pleasure of hearing Hans-Bernd Schäfer presenting his ideas in this respect during a keynote lecture he gave at the Second Annual Meeting of the Asian Law and Economics Association (AsLEA) in Bangalore on 8 December 2006 which inspired this contribution to his honor. Indeed, Schäfer formulates a few highly interesting observations concerning the choice between rules and standards for developing countries, which may also have important implications for environmental law. Schäfer's main claim is that a rule-based system may be preferable in developing countries since the concentration of decisions at the center of the state may be an economic answer to the lack of human capital. One should, moreover, stress that Schäfer's claims concerning the superiority of rules versus standards for developing countries have also recently received support from Kenneth Dam.[5] Dam shows that the claim of some scholars that the common law, which rather relies on vague notions and a strong involvement of the judiciary, is not necessarily superior to statutory law. Dam equally claims that rule of law ideas suggesting independence of the judiciary, separation of powers and strong regulation in particular areas are crucial to economic development. To some extent this gives support to the thesis defended by Hans-Bernd Schäfer.

The goal of this contribution to honor Hans-Bernd Schäfer is to examine the precise consequences of these and other findings of Schäfer's research for the area of environmental law. Of course, one always has to be careful when referring to environmental law in developing countries since the situation of one developing country is not necessarily the same as in the other. Generalizations are therefore always dangerous. However, I believe that using the economic framework provided by Schäfer, a few indications can be provided, more particularly with respect to the question as to how to shape efficient environmental law and policy within the specific context of developing countries.

This contribution will be structured as follows: First, some sources of the weaknesses of environmental law in some developing countries will briefly be sketched and, using the framework provided by Schäfer, a few starting points towards a potential improvement will be indicated (2). In that respect, it is argued that policy design should take into account well-known problems in developing countries linked to a limited administrative capacity and lacking human capital (3) as well as corruption problems (4). Taking these problems into account, also has consequences for the level at which environmental instruments have to be designed

Studies, 1974, vol. 3, 257-268 and Diver, C.S., 'The Optimal Precision of Administrative Rules', *Yale Law Journal*, 1983, vol. 93, 65-109.

3 Schäfer, H.B., 'Direktiven oder Standards? Zur Vorzugswürdigkeit präziser Rechtsregeln für Entwicklungsländer, eine Ökonomische Analyse', in: *Festschrift für Vincenz Timmermann*, Berlin, 2000, 315-329.

4 Schäfer, H.B., 'Rules versus Standards in Rich and Poor Countries: Precise Legal Norms as Substitutes for Human Capital in Low-Income Countries', *Supreme Court Economic Review*, 2006, vol. 14, 113-135.

5 Dam, K.W., *The Law-Growth Nexus. The Rule of Law and Economic Development*, Washington, Brookings Institution Press, 2006.

and provides support for Schäfer's claim in favor of centralized environmental policy in developing countries (5). Some consequences can be formulated for the question when environmental rules or standards may be better suited for developing countries (6) and a few concluding remarks will be formulated (7).

B. Some sources of the problem

A first possible cause (even though there can of course be many more) of a regulatory failure in developing countries can, according to the law and development literature, be found in the traditional problem that some developing countries still apply the law of the old colonial powers. In some cases old colonial regulation is still applicable and is indeed still applied today. Many examples could be provided in that respect. For instance Indonesia copied the Dutch criminal code and, to an important extent, it is still applicable today. Also the Dutch Act on economic crimes from 1950[6] was translated into Bahassa (Indonesian) in 1955; the result is an almost identical Indonesian Act on economic crimes.[7] Moreover, even today, as far as the interpretation of this (partially Dutch) law is concerned, lawyers in Indonesia often call on decisions of the Netherlands Supreme Court (Hoge Raad). In some cases they even refer to case law dating from before 1945.[8]

Also Schäfer indicated that many developing countries have adopted legal systems from their former colonies.[9] The influence of Western legal systems in the development of legislation in developing countries does of course not only have disadvantages.[10] Given lacking capacities (for instance because academic research and universities may be weakly developed) an input from the north in the legislative process can as such be very much welcomed by developing countries. Therefore it would be too simple to qualify the copying of legislation from foreign countries merely as neo-imperialism from the old colonial powers. In many cases it is the developing countries themselves which ask for a strong input from lawyers from the north, sometimes as a reaction to capacity problems in the developing countries themselves. In the words of Schäfer the legal transplants applied by developing countries thus are considered an answer to the lacking human capital. The aforementioned system of copying legislation from colonial powers has of course played a role in environmental law as well. This is for instance the case as far as the choice of optimal instruments in environmental law is concerned. In Western legal systems traditional environmental law has been developed

6 Wet Economische Delicten of 22 June 1950, Official Journal K258.

7 Act nr. 7 of 1955 with respect to economic crimes. For a comment see Hamzah, A., *Hukum pidana ekonomi*, second edition, 1986.

8 Nicole, ook hier zou het aardig zijn als we wat voorbeelden hebben.

9 Schäfer, H.B., *Supreme Court Economic Review*, p. 20.

10 See in general on this issue the contributions in Seidman, A., Seidman, R.B. and Wälde, T. (eds.), *Making Development Work: Legislative Reform for Institutional Transformation and Good Governance*, The Hague, Kluwer Law International, 1999.

through the permit system.[11] The way in which environmental law in most Western legal systems developed is well-known: separate permit systems were incorporated in sectoral environmental statutes. Subsequently, at the end of the last century a trend towards an integration of environmental law (both as far as the contents as well as far as the form is concerned) could be observed in many legal systems.[12] Also, as far as the permitting procedure is concerned, one could notice a further refinement in many systems. One of these refinements is related to providing more openness and transparency in the permitting procedure; another is related to granting third parties who may be affected by specific decisions more rights to be involved in the permitting procedure. Moreover, one can refer to the practice of conditioning the granting of a permit on a previous environmental impact assessment (EIA).

To an important extent these tendencies have also been copied in developing countries. For instance, as far as Indonesia is concerned, one can notice that after a first period where environmental protection was merely provided through sectoral statutes, a general environmental management act was first created in 1982[13] and later refined in 1997.[14] Many of the modern western-type environmental instruments, such as environmental impact assessment, can be found in that particular act. Western examples, including the Netherlands environmental management act, but also Canadian environmental legislation, influenced the Indonesian act.[15]

C. Lacking administrative capacity

A general problem is that environmental legislation that comes into being in developing countries (whether on initiative of the particular developing country or initiated by international organizations) seems to take the local situation insufficiently into account, especially as far as the lacking administrative capacity is concerned. Refined environmental instruments, such as public participation, integration of environmental permits, decentralization and environmental impact assessment are, from a Western theoretical model, undoubtedly effective and useful instruments for a solid environmental policy. However, in order to be effective these

---

11 For a comparative overview see Seerden, R. and Heldeweg, M. (eds.), *Comparative Environmental Law in Europe, An Introduction to Public Environmental Law in the EU Member States*, Antwerp, Intersentia, 1996 and Seerden, R. and Stroink, F. (eds.), *Administrative Law of the European Union, Its Member States and the United States*, Antwerp, Intersentia, 2002.

12 See Faure, M.G., 'The Harmonization, Codification and Integration of Environmental Law: A Search for Definition', *European Environmental Law Review*, 2000, p. 174-182 and Peeters, M., 'Elaborating on Integration of Environmental Legislation: The Case of Indonesia', in: Faure, M.G. and Niessen, N. (eds.), *Environmental Law and Development. Lessons from the Indonesian Experience*, Edward Elgar, Cheltenham, Northampton, 2006, p. 92-127.

13 Act nr. 4 of 1982 concerning basic provisions for the management of the living environment.

14 Act nr. 23 of 1997 regarding environmental management. Also this act is today subject of a new reform.

15 See in that respect Otto, J.M., 'Incoherence in Environmental Law and the Solution of Co-ordination, Harmonization, and Integration', in: Bedner, A. and Niessen, N. (eds.), *Towards Integrated Environmental Law in Indonesia?*, CNWS Publication, CNWS Series 127, 2003, 13 and Otto, J.M., 'Implementation of Environmental Law: Harmonization, Environmental Management and Enforcement by the Courts, With References to Indonesia and the Netherlands', *Indonesian Journal of Environmental Law*, Edition II, August 1997, p. 21-62.

instruments presuppose the existence of a solid administrative structure that can guarantee the implementation of those refined instruments. It is not only the lacking capacity that may be a problem in that respect. Many instruments, such as environmental impact assessment, but also the delegation of powers to the executive (such as in the Indonesian environmental management act) are based on a cooperation with administrative authorities. This cooperation may work well in Western models which assume that all public authorities cooperate in the execution and implementation of regulation in the public interest. Even though this assumption may be far-fetched in some Western legal systems as well it can generally be considered relatively realistic. Many checks and balances guarantee that civil servants and public authorities are accountable to the public at large. However, in countries where corruption is an institutionalized system, legislation which relies heavily on a cooperation with (decentralized) public authorities (e.g. through a permit systems) runs a large risk of remaining a dead letter. From this it follows that in addition to the lacking capacity also the corruption problem can lead to a lacking implementation of environmental law in developing countries. It is, more particularly, the combination of insufficient capacity and corruption problems that can be disastrous for the implementation of environmental law.

The examples provided above make clear that often environmental legislation was developed on the basis of Western examples, which appear to be ineffective in practice. The sources of this ineffectiveness have been studied at length.[16] Some have pointed at problems of enforcement and implementation. However, one lesson from the writings of Schäfer seems to be that especially where administrative capacity (or in economic terms: human capital) is lacking a solution may be found at the normative level in a shift from standards towards rules. In the Schäfer framework, one source of the problem most likely lies in the fact that the standard-based system which has been used successfully in the West may not be fit for developing countries where a rule-based system might be better suited. To some extent, one should therefore not be surprised about the ineffectiveness of environmental law in developing countries, especially when standard-based Western environmental laws are copied by developing countries. Legal instruments that may work well in Western legal systems can work in those systems because some fundamental conditions (such as the absence of corruption and the presence of a solid administrative infrastructure) are present to guarantee the effectiveness of the particular legal instruments. If those basic conditions are not met *ex ante*, one can argue that the ineffectiveness of environmental law is already incorporated in a way in which the environmental legislation is shaped. In that sense it is not so much the enforcement problems that are the source of the ineffectiveness, but it is rather the inadequate shape of the legislation that contributes to the enforcement problem.

The analyses by Schäfer and, recently, Dam may suggest some solutions which seem equally relevant for the area of environmental law. The key of an alternative approach is of

16 See for example for the case of China the interesting recent dissertation by Van Rooy, B., *Regulating Land and Pollution in China. Law Making, Compliance, and Enforcement; Theory and Cases*, Leiden, Leiden University Press, 2006.

course that it should take into account the specific problems, requirements, shortcomings, but in some cases also strong points of the particular country in which the environmental instrument has to be implemented. Rather than imposing western-type standard-based environmental laws that suppose that sufficient independent administrative capacity is available to guarantee an effective implementation of modern environmental instruments we suggest it may be more suited to take into account the particular problems of the developing country concerned and to shape material environmental law by taking these problems into account.

D. Corruption?

When it appears that (as is unfortunately often the case in developing countries) the effectiveness of environmental law has to suffer from corruption problems, theoretically two solutions are possible. The first and theoretically best solution is probably to fight the corruption problem in developing countries itself. Thereby one will hope that by remedying the corruption an effective environmental law based on a Western model with an independent public authority that acts in the public interest can be put into place. This is the first best and ideal solution and of course an ideal that should as such not be given up.[17] Many international organizations have spent lots of time and effort to fight the corruption within the administrative structures in developing countries.[18] However, it may take a very long time before this first best and ideal solution is implemented. During the past thirty years – that is to say since the start of the development of environmental law in developing countries until today - there has been (of course always with a few positive exceptions) not an enormous amount of progress in that respect.

An alternative, second best, approach would therefore be to accept the existence of corruption problems but to attempt to create an environmental law that is less 'corruptible'. This is an approach that has generally been advanced as a solution to corruption problems by yet another well-known law and economics scholar, Anthony Ogus.[19] Ogus deals with the problems of corruption generally and not only with respect to developing countries or with respect to environmental problems. However, his findings are quite important for the development of environmental law in developing countries. Starting point for his analysis is that the phenomenon of corruption will as such be difficult to remedy.[20] Therefore, he argues that an attempt could be made to develop legislation that is less sensitive to corruption problems. This is also precisely the suggestion made by Schäfer: the use of imprecise standards, so

17 Van den Heuvel, G., 'Corporate Crimes in East and West: In Search of Collusion', in: Strang, H. and Vernon, J. (eds.), *International Trends in Crime, East meets West*, 1982, Canberra, AIC, 121-136.

18 See Huther, J. and Anwar, S., 'Anti-Corruption Policies and Programs: A Framework for Evaluation', World Bank Working Paper 2501, 2001.

19 Ogus, A.I., 'Corruption and Regulatory Structures', *Law and Policy*, vol. 26, 2004, p. 229-246.

20 The result is that also in countries like Indonesia programmes aiming at the redistribution of subsidized rice to poor households are likely to fail. Recently Olken showed that on average 18% of the rice disappeared as a result of which the welfare losses from corruption were larger than the potential welfare gains from the redistributive intent of the programme (Olken, B.A., 'Corruption and the Costs of Redistribution: Micro Evidence from Indonesia', *Journal of Public Economics*, vol. 90, 2006, 853-870).

Schäfer holds, which give ample space for discretionary decisions, create possibilities for corruption. Precise and per se rules can reduce the potential for opportunistic behavior by bureaucrats.[21]

These general insights can also be applied to the domain of environmental law. Many examples where this is relevant can be imagined. Ogus himself provides the example of the difference between general norms whereby the legislator leaves a large room of discretion to the executive and provides very precise rules in the legislation itself.[22] It may be clear that when there is, because of corruption problems, distrust with respect to the public authorities that would have to execute the legislation, the optimal solution is probably not to grant executive powers to these public authorities. In the field of environmental law this can play a role as far as the standard-setting problem is concerned. Corruption problems may play a role when public authorities receive delegated competences, e.g. to fix emission limit values in permits. When corruption problems exist, it can be feared that the standard that will be incorporated will be inefficiently low.[23] If one would wish to avoid this danger of suboptimal standard setting *ex ante*, an obvious remedy may be to lay down relatively strict standards in the legislation itself (or in general rules) by which administrative authorities have to abide. Above, we have already indicated that it may be important to create legislation that minimizes the scope of discretion for administrative authorities, given the limited administrative capacity. This proposal can hence also be supported as a remedy in order to cope with corruption problems. Very precise and clear rules at the legislative level from which the public authorities cannot deviate seem to be a better remedy for corruption problems than using very vague and open norms that would precisely grant a large scope of discretion to public authorities.

From the same perspective one should, when corruption problems exist, also be careful with 'modern' environmental legal techniques like environmental agreements or so-called covenants whereby governments and (groups of) enterprises make agreements with respect to the reduction of environmental pollution.[24] When it cannot be expected that in the drafting of these environmental agreements the public authorities will act in the public interest, but, to the contrary, one has to fear that there is a great danger of 'capturing' of the authorities by the industry involved, it is not very likely that the use of these agreements will generate optimal outcomes.

Corruption problems can also be a reason to introduce a very open and transparent decision making process. If developing countries would still use permitting systems (which to

---

21 Schäfer, H.B., *Supreme Court Economic Review*, 2006, p. 6.

22 See Ogus, A.I., 'Regulatory Arrangements and Incentives for Opportunistic Behaviour', in Eger, Th., Faure, M. and Zhang, N. (eds.), *Economic Analysis o f Law in China*, Cheltenham, Edward Elgar, 2007, forthcoming.

23 In this respect we refer to a level which is lower than would be required when the operator would use the best available techniques not entailing excessive costs or other standards based on cost benefit analysis.

24 See on these environmental agreements generally ELNI, *Environmental Agreements. The Role and Effects of Environmental Agreements In Environmental Policies*, Cameron May, 1998 and Orts, E. and Deketelaere, K. (eds.), *Environmental Contracts. Comparative Approaches to Regulatory Innovation in the United States and Europe*, The Hague, Kluwer Law International, 2001.

some extent will be unavoidable) it may be warranted to deal with those permit requests in an open and transparent procedure. During this procedure rights should be granted to all interests involved, including non-governmental organizations and affected citizens, to have access to information and a right to intervene in the decision making process. Public participation could thus remedy corruption problems. Effective public participation may make it more difficult to e.g. fix environmental standards merely in the interests of industry. The countervailing power constituted by public participation can thus increase the costs of lobbying. Generally transparency of the decision making process has been considered as an important remedy against attempts towards lobbying by industrial interest groups.

The existence of potential corruption problems may also have an effect on the choice of environmental instruments. Instruments that have large financial interests at stake and that grant a large scope of discretion to corrupt civil servants should of course be avoided. Preference should be given to clear and precise rules in legislation from which individual civil servants cannot deviate. From this perspective one should also point at the importance of a complementary role of liability rules. This means that following the conditions of a permit should in principle not have any justifying effect as far as liability is concerned. There should in other words certainly not be a so-called 'regulatory compliance defense'. This would have as an effect that even if an operator would have received a very favorable permit as a result of corruption, there would still be the possibility for victims to hold the enterprise liable for the environmental damage caused. The literature has often held that liability rules can thus play an important complementary role to backup regulatory failure. Allowing liability, notwithstanding compliance with regulation, can thus be an important instrument to prevent successful lobbying by industrial pressure groups with corrupt civil servants. Of course, this supplementary role of liability rules can only be effective when citizens are capable of bringing their claim with an independent judiciary that has the possibility to condemn the liable enterprise to paying compensation to the victims. Given the fact that in some developing countries corruption problems do not only exist with civil servants, but also with the judiciary, one should in those circumstances not expect too much of a remedy from this supplementary role of liability rules.

Finally, one could also doubt whether the instrument often praised by economists, environmental taxation, is very suited in a context of corruption. If corrupt civil servants would be the ones that fix the tax and subsequently collect it as well, one has to fear that taxation will amount to nothing else than a financing of the civil servant. Even though that may have some incentive effects as well, it is to be feared that the well-known environmental taxes will in those circumstances not lead to optimal results and may even be counterproductive. In a legal system where it is not possible to rely on independent civil servants working in the public interest, it may therefore be more suited to still use the traditional command and control instrument of environmental law, instead of using environmental taxes that may be much more sensitive to corruption problems.

E. Consequences for (de-) centralization of environmental policy

The previous analysis clearly also has consequences for the important question as to whether environmental standards should be developed at a central or rather at a decentralized level. Firstly, building upon Schäfer's distinction between rules and standards, it can be stressed that rules allow for the concentration of human capital precisely in cases where, as in developing countries, human capital is much lower than in developed countries.[25] Secondly, building upon what was mentioned in the previous section one can easily argue that a level of decision-making has to be chosen where it is most likely that standards will be set in the public interest. Of course, it is impossible to argue in a general way whether this will be the case at the central or at the decentralized level. Corruption is indeed possible at all levels of government. However, as far as the specific area of creating environmental standards is concerned, one could argue that it may be more likely that environmental standards will be created in the public interest after a reasonably transparent decision-making process when this takes place at the central level, far away from the lobbying efforts of local lobby groups. A well-known problem with decentralization to, for instance, local governments is that these can be very sensitive to lobbying by more particularly industrial interest groups. The latter can point at the socio-economic interests represented by the particular industry for the local community. Moreover, local governments are sometimes too strongly influenced by the financially strong local industry.[26] This will make it quite difficult for (sometimes corrupt) local governments to set environmental standards in the public interest.[27] If this were a generalized fear it might be justified to centralize rather than to decentralize competences for environmental standard setting. This runs counter to the tendency in some developing countries, like again Indonesia, where, also as a result of the support given by international organizations, governments have increasingly moved towards decentralization.[28] However, one has to stress again that in this respect no generalizations can be made. In every particular case it will have to be examined at which level in that particular legal system it can be expected that environmental standards will be set in the public interest. It is indeed well possible that in specific cases the reverse may be true. That may be the case where local governments are able to set efficient environmental standards after a balanced and transparent decision-making process, whereas, to the contrary, at central level well-organized industrial lobby groups will be capable of obtaining inefficient

---

25 Schäfer, H.B., *Supreme Court Economic Review*, 2006, p. 7.

26 Van Rooy recently formulated this as follows with respect to the situation in China: 'Most of the studies looking at the external context find fault with the decentralized environmental governance structure that has enabled local governments to choose short-term economic concerns over pollution control' (Van Rooy, B., *Regulating Land and Pollution in China*, 2006, 112).

27 In the literature especially Dan Esty warned for that reason for public choice distortions at state level and argued therefore in favour of standard setting at the centralized federal level. See Esty, D.C., 'Revitalizing Environmental Federalism', *Michigan Law Review*, vol. 95, 1996, p. 597-598 and see Esty, D.C. and Geradin, D., 'Environmental Protection and International Competitiveness: A Conceptual Framework', *Journal of World Trade*, vol. 32, 1998, p. 32.

28 See Niessen, N., 'Decentralized Environmental Management', in Faure, M. and Niessen, N. (eds.), *Environmental Law in Development: Lessons from the Indonesian Experience*, Cheltenham, Edward Elgar, 2006, 143-181.

environmental standards from corrupt politicians. To some extent (although not related to the corruption issue) this is according to the literature one of the problems with the decision making process in the European Union. Given the lack of transparency in Brussels (the capital of Europe where environmental standards are set) it is sometimes held that industry would prefer an environmental standard setting at central level precisely because of the lack of transparency and the lack of a countervailing power by NGOs makes it easier for them to have a large influence in the decision making process at the central level. Within the European context some NGOs may be very strong precisely where the environmental problems are felt the most, being at the local level. That is why some argue that industrial lobbying will in Europe experience more countervailing power from NGOs at local level than at the non-transparent bureaucratic level in Brussels.

In sum, depending upon the amount of corruption in the different levels of government and the influence of industrial lobbying, a decision concerning the optimal level of standard setting will have to be made. Given the fact that in many developing countries (differently than in Europe) corruption problems may be at least as serious at the local level than at the central level, this seems to create a benefit for the central level. Moving the decision-making competencies to the central level only makes sense if the corruption risk is lower at central level and/or if transparent decision-making at central level can better guarantee that environmental standards will be set in the public interest.

F. Rules, standards and some consequences for environmental policy

Building upon the framework provided by Hans-Bernd Schäfer, Anthony Ogus and Kenneth Dam, the previous analysis leads to a few remarkable conclusions. It seems that when the particular situation of some developing countries and, more particularly, the lack of human capital and corruption problems are taken into account, different suggestions are formulated for an optimal environmental policy than what is suggested by traditional literature with respect to optimal instrument design in environmental policy.

That literature, for instance, advises policy makers to use flexible market-oriented instruments and to use more consensualism, for instance, via environmental agreements.[29] Also, an adaptation of environmental standards to location-specific circumstances, to be implemented by a strong decentralized authority, is often considered as optimal policy design.[30] However, this literature, which is mostly created by Western scholars interested in environmental policy (lawyers, economists and other social scientists), always formulates these suggestions on the basis of a few assumptions, such as the presence of decent administrative

[29] See *inter alia* ELNI, *Environmental Agreements. The Role and Effects of Environmental Agreements In Environmental Policies,* Cameron May, 1998 and Orts, E. and Deketelaere, K. (eds.), *Environmental Contracts. Comparative Approaches to Regulatory Innovation in the United States and Europe*, The Hague, Kluwer Law International, 2001.

[30] For an excellent summary of this literature see Gunningham, N. and Grabosky, P., *Smart Regulation. Designing Environmental Policy*, Oxford, Clarendon Press, 1998.

authority acting in the public interest and the absence of corruption. In developing countries these conditions are, as we argued above, often not fulfilled. We argued that it seems in those cases more appropriate to create environmental law and policy that is realistic in the sense that it recognizes these problems and therefore attempts to formulate environmental legislation which is less sensitive to problems of corruption or lacking administrative capacity. This does not mean that corruption problems or a lacking administrative capacity should simply be accepted as a fact of life. Of course, valuable attempts to remedy these problems should be continued as well. However, we argue that as long as these problems have not been fundamentally tackled it would be naïve to introduce environmental legal instruments that simply suppose that problems like a lacking administrative capacity and corruption will at some moment be remedied. Our conclusion is that although remedies against those problems will remain important, as long as these problems continue to exist it seems wiser to develop environmental law that takes into account these problems instead of simply assuming that the law will anyway be able to remedy them.

This approach leads to a few policy conclusions which seem contrary to the suggestions made in Western legal doctrine, as far as the development of a modern, flexible and market-oriented environmental law is concerned.[31] One consequence is that approaches based on consensualism seem dangerous, because they are very sensitive to corruption problems. Also, the introduction of market-oriented instruments, like tradable emission rights and environmental taxes, may be less suited for particular developing countries since these instruments presuppose the existence of a strong administrative infrastructure (tradable emission rights), or because they may be quite sensitive to corruption problems (environmental taxes). Also the traditional policy advice of flexibility and adaptation of standards to location-specific circumstances via a decentralized standard setting seem less adapted to the situation of developing countries, both from the perspective of a lacking administrative capacity as well as from the perspective of corruption. The message seems to be that if one takes into account these problems the legislator should create clear and strict norms either in the environmental statute itself or via general rules. In any event the scope of discretion for administrative authorities should be as limited as possible. This will make the environmental standard setting less sensitive to corruption problems and will also avoid that instruments are used which rely heavily on administrative capacity whereas this basically is lacking.

It therefore seems that if one takes specific problems of some developing countries seriously, one comes to reverse conclusions, as far as the efficient structure of environmental law is concerned, as opposed to what is sometimes proposed in modern environmental policy literature in Europe and in the US. We argue that it seems better to take into account the specific problems of developing environmental law in developing countries and therefore to

---

31 However, some have also been critical of so-called market based instruments as they are used in modern environmental policy arguing that it may undermine environmental morality. See Frey, B., *Not Just for the Money. An Economic Theory of Personal Motivations*, Cheltenham, Edward Elgar, 1997 and Frey, B., 'Morality and Rationality in Environmental Policy', *Journal of Consumer Policy*, 1999, vol. 22, 395-417.

adapt the material contents of environmental law to these problems. Again, we have to stress that although we mostly focused on environmental standard setting an effective environmental law also requires an effective enforcement to backup and guarantee the standards. However, in this contribution to honor Hans-Bernd Schäfer we have argued that it seems less useful to focus merely on the improvement of the implementation of legislation when the material norms themselves are not adapted to the situation of the particular developing country.

G. A few concluding remarks

Taking as a starting point a few interesting studies by Hans-Bernd Schäfer on the importance of the rules versus standards distinction for developing countries, I attempted to relate the importance of this work to the area of environmental policy in developing countries. Using this theoretical framework, some suggestions can be formulated especially to western missionaries who sometimes enthusiastically promote the export of their own domestic (often standard based) legislation to developing countries. Precisely since many developing countries are in the stage of improving environmental legislation or are considering (often under pressure by international organizations) to introduce new environmental policy instruments we like to formulate a plea for carefulness. New, modern and very trendy environmental policy instruments like environmental agreements, environmental taxes or tradable emission rights may be effective within the context of a European or American environmental law. In these legal systems it may be guaranteed that these instruments are applied by well structured and well financed administrative authorities that will apply and execute environmental legislation in the general interest. However, within a context where corruption is common practice and administrative capacity of authorities is lacking, it does not seem realistic to expect that the introduction of new, very refined and complex policy instruments will lead to an improvement of environmental quality. There is a serious danger that these new instruments can anyway not be applied by administrative authorities in the particular developing countries. It is even possible that the introduction of these instruments may lead to the adverse effect of an increased environmental pollution, for instance as a result of using instruments that give more freeway to administrative authorities and therefore invite corruption problems. Therefore, we argue to structure environmental law and to choose environmental policy instruments in such a way that account is taken of the specific legal cultural background in the developing country concerned. Following Schäfer's work, this will often lead to a superiority of centralized rule-based environmental law which provides precise information to industry and limits discretion of bureaucrats. This shows once more that the law and economics methodology, to which Hans-Bernd Schäfer has contributed in an important way, can provide valuable insights for those interested in increasing the effectiveness of environmental law in developing countries.

DEMOCRACY AND CONSTITUTIONAL AMENDMENTS: ECONOMIC REFORMS IN INDIA

*A.V. Raja**

A. Introduction

This essay puts forward a tentative theory explaining the factors that ought to be taken into con-sideration before embarking upon reforms. The arguments are based on three postulates: the first is that the constitution of a nation delimits the rules of the game that allow for institutions that promote growth and development to be established. The success or failure of other institutions that support wealth creating activities would depend upon whether the fundamental bedrock of Property Rights and Contract and Freedom of Enterprise are provided for in the constitution or not. If not, then a fundamental pre-requirement would be to change the constitutional provisions to allow for wealth creating institutions. Secondly, it is postulated that ideology can play an important role in establishing the foundations upon which other institutions would be built. Thirdly, it is postulated that the freedom of the State to change the fundamental rules of the game in a democracy arises from particular voting systems and the extent to which a society is fractionalized. This framework is applied to the Indian situation and some conclusions are drawn.

The analysis clearly shows that the Constitution, as first formulated, contained all the necessary ingredients for a capitalistic mode of development. However, the State adopted a socialistic ideology which came into direct confrontation with two of the features that were enshrined in the constitution: the Right to Private Property, and the Freedom of Enterprise. The judiciary played the role of a watchdog and repeatedly upheld the provisions of the

* I wish to thank Mr.Bharatee Bhusana Dash for his help in preparing this essay. However I take full responsibility for any errors that remain.

Constitution whenever the State tried to change the rules with legislation. This was nullified by constitutional amendments that were passed regularly by the State which kept legislation outside the purview of judicial review. The result is that the institutions that were conducive to a market oriented model of development were greatly weakened in the Constitution. At the same time the coercive power of the State was greatly enhanced. Given that the liberalization process is now more oriented towards the development of a market economy, there is, once again, a fundamental contradiction to state policy and constitutional provisions in India. However, the coercive power of the State today has been tempered by the fact that the governments in power do not enjoy a majority in Parliament and thus have limited powers to re-amend the Constitution. The arguments are used to explain why the *present day* creation of special economic zones has run into problems.

Section I reviews some of the fundamental amendments to the Indian Constitution. Section II discusses the factors that determine the government's ability to amend the constitution. Section III concentrates on one aspect of the present day reforms: the creation of special economic zones. It offers a constitutional explanation as to why this process has run into problems and points to a more mature and cautious approach in advocating such measures. Section IV concludes with a comment on a possible theory of economic reform.

B. The Indian Constitution and the Amendments

The Constitution declares India to be a sovereign socialist democratic republic, assuring its citizens justice, equality, and liberty. It was passed by the Constituent Assembly of India on November 26, 1949 and came into effect on January 26, 1950. It is the longest written constitution of any independent nation in the world[1]. The statesmen who drafted the constitution based their decisions on assumptions which were almost exactly the same that mainstream economic theory had made in the not too distant past, namely, politicians will impartially represent the interest of their respective constituencies and the Nation, and they will be accountable to the represented voters. In other words, governments in a democracy were assumed to act in the "public interest". Given this assumption, it was decided not to make the constitutional provisions too rigid and therefore it prescribed an easier mode for changing the provisions of the constitution to serve in favor of the national interests[2], whilst keeping the basic structure of the constitution undisturbed[3]. The Constitution mentioned three major

---

1 It contains 395 articles and 12 schedules, with a total of 117,369 words in the English language version.

2 The ability to amend a constitutional provision depends upon the degree of flexibility that is built into the system. The issue of flexibility and rigidity of constitutional amendment of various nations has been a subject of research. Donald Lutz (1994) shows that that there is a negative and significant relationship between the degree of difficulty and the number of amendments per year across countries. The greater is the degree of difficulty, the less were the number of amendments per year that were carried out. The Indian constitution ranks 14 on a scale of most flexible to most difficult to amend. The most difficult to amend are the constitutions of the United States, Switzerland and Australia.

3 Whether the constitution, as it was originally written, really and truly reflected the nature of the society that it was meant to protect is an important question. One can take a political economy perspective and argue that the impediments to the "social revolution" that was initiated in the coming years and its subsequent

components of the State, i.e. parliament, the executive and the judiciary. In an idealistic form of State, the role of parliament is to make laws for the country, the department of the executive will implement the laws and the crucial role of the judiciary is to interpret the laws as an unbiased actor. Article 19 of the Constitution guaranteed the fundamental right of citizens to acquire, own, hold, and dispose of property, subject to "reasonable restrictions in the interests of the general public".

I. The Issue of Property Rights and Freedom of Enterprise

Three important aspects relating to property rights and property rights related issues were the cause of a protracted confrontation of the government with the Judiciary. The basic issue was that of the constitutionality of the legislation that was passed and the Supreme Court's power of judicial review. These aspects related to:

(a) "Takings" of Land from private citizens under police power.
(b) Abolition of the Zamindari[4] system
(c) Nationalization of Trade and Business.

The economic arguments for the payment or non-payment of compensation are varied. Models on 'takings' are based on the effects that paying out compensation has on the investors of capital on land and on the land owners. Basically there are three views on this, as expounded in Blume, L., Rubinfeld, D. and Shapiro, P. (1984):

(a) No compensation is justifiable because it would cause land owners to over-invest in land which is likely to be taken by government.
(b) When private firms purchase land in efficient competitive markets, they pay market value. If efficiency is to be achieved when the government takes land for public investment, it ought to pay market value as well. According to this logic, therefore, compensation at current market value is *necessary* for efficiency.
(c) Since private insurance against the risk of a taking is not generally available, compensation in the case of a taking can increase efficiency in a world of risk-averse investors.

---

failure was the result of the Constitution being drafted by an elite who were in power and whose interests were not those of the large majority of the Indian population. This essay takes the constitution as a GIVEN and proceeds with the analysis. In this sense it could be criticized as being "ahistorical".

4 Zamindari system was an institution wherein the "Zamindars" were tax agents who collected taxes for the empire from the tillers of the land. A percentage of the tax revenue was retained by them as a commission. They did not hold any titles to the land from which they collected the tax. It was during the British period that they were awarded the titles to the land from which they collected the taxes. This was through the "Permanent Settlements Act" (1793). Thereupon they became "landlords" and paid a fixed revenue to the government and extracted rents from the tillers of the soil.

(d) Public investment project choices are often made subject to a form of budgetary fiscal illusion in which only dollar outlays are included as costs in its benefit-cost calculation. Compensation will force the government to make correct project choices.

In the case of takings in India, the judiciary struck down as unconstitutional any such taking of private land by the State, even if it was intended for the "public interest", if compensation did not amount to a "just equivalent" of the market value of the land[5]. In other instances relating to abolishing the rights to land by the Zamindars, the courts struck down as unconstitutional any takings if they were in contradiction to the Article 19 in conjunction with Article 31 of the constitution[6]. In both the cases the main issue was that of compensation. In one case the taking was declared invalid because the compensation paid was not uniform and the *principles of paying out compensation* differed among different categories of Zamindars[7]. Since the Act also made no provision for raising the money to pay compensation, the courts interpreted this as "the intention not to pay compensation" by the State[8]. It is worth noting that the Indian courts were very close to the second argument given by economic theory (compensation at market value) in insisting on "just compensation" at the time of taking. Some of the Zamindars who fought against the Zamindari abolition act did so only on the basis of just compensation[9].

II. The First Amendment

Instead of working out the economic principles that would be acceptable when the State takes over land, the government went on to amend the constitution *so as to keep the issue of compensation for property takings outside the purview of judicial review.* The basic arguments were that Zamindaris were only "intermediaries" between the tiller of the soil and the State, and as such can be removed since the land belonged to the State. Although the word compensation was mentioned, the word "just" was left out so as to avoid any court interpretation. The Amendment essentially was aimed at removing the question of land reform and the abolition of the Zamindari system from the purview of courts[10]. The Ninth Schedule explicitly provided a place to put in all those legislations that were to be outside the purview of the courts. The Amendment was in essence an abridging of fundamental rights. Thus the first amendment

---

5 The West Bengal Settlement Kanungoe Cooerative Society vs Mrs. Bela Banerjee. The "public interest" in this case was to use the land to house refugees from erstwhile East Pakistan.

6 Article 19 relates to the freedom that citizens enjoy and Article 31 related to the Right to Property.

7 The Patna High Court, in striking down the Bihar Land Reforms Act 1950 cited this as a reason.

8 When it was asserted that compensation would mean cash paid at the time of the taking, the then-prime minister, Pt.Nehru, stated that this would mean no compensation since *"no government in the wide world can make payment in cash in such circumstances"* and that *"large loans to finance compensation were unlikely as the government had limited capacity to help"* Quoted in Austin (2003) page 75.

9 The biggest Zamindar, the Maharaja of Darbhanga, was known to have said to the President of India that they did not oppose abolition but only wanted it done in a "fair way". Ibid. p.75.

10 The details of the process, by which this amendment was carried out, cannot be reproduced here. See Austin (2003) pp. 85-92.

excluded from judicial scrutiny legislation for the acquisition of, and compensation for, "estates" which were in the hands of "intermediaries" (the Zamindars) by the State, for the purposes of re-distribution to the landless.

However, in spite of this the Courts ruled that "compensation" meant "a just equivalent of what the owner has been deprived of" in all cases of police power takings of land, and asserted the courts authority to consider the rightness of compensation.

Legislation to the nationalization of trade and business also ran into problems under judicial review. The United Provinces government in 1947 began to run public transport services in competition with private transport services; however, this was done by according special privileges to its operations which were not available to the private parties. One such provision was to deny private transport the right to run their buses on which the State transport plied. The courts struck down as unconstitutional any State takeover of business by asserting that the State may own and manage a business "so long as such activity does not encroach upon the rights of the others and is not contrary to Law"[11]. Nationalization of any enterprise or industry needed to be justified under the fundamental rights Article 19(6) and could not be done without proper legislation. Any business that the State carried on with *exclusive* powers "must be deemed to be an infringement on the rights of the citizen"[12]. In other words, the State should not interfere in private business activity by according to itself special rights. A second important case was that of a spinning and weaving mill which the owners of the mill closed down as unviable. The Bombay government took over the mill but did not pay compensation, suggesting that "taking over the management is not taking over property". While the court upheld this position at first when challenged by the mill owners, it overturned the decision a few years later, stating that placing the company under a different government-appointed management (where the shareholders of the company had no say) constitutes a deprivation of property for which compensation under Article 31 was due but was not paid. Both these cases were to lay the foundation for further constitutional amendments by the State. By this time the Government of India declared that it would adopt a "Socialistic pattern" of Society as a national goal: "…a particular type of society where there will be an approach to equality and where the State owns and controls the means of production….not everything.... but….all the strategic points"[13].

III. The Fourth Amendment

The fourth amendment was far-reaching and forever changed the property rights regimes in India. The amendment to Article 31 of the fundamental rights, proposed to protect the State from "judicial challenge, as contravening fundamental rights, the taking over of any property, or company, and the extinguishing or modification of the rights of managing agents

11 Chief Justice B.Malik, in his judgement in *Moti Lal and others v the State of UP and others* AIR Allahabad.quoted in Austin (2003)

12 Ibid.

13 Pt.Nehru in a speech, quoted by Austin (2003).

and directors. A change in the article 305 made it clear that the government could have a monopoly in trade *despite the provision that Trade and Commerce in the country should be free.*"[14] The Bill was put to debate and was critically received by the media. A former Chief Justice of India said that the government was mistaken if it believed that social welfare was incompatible with private property[15]. Other articles that appeared on the Bill expressed concern over the fact that there would be no incentives in creating wealth and that this would be detrimental to economic progress if private property rights were subject to State takeovers which cannot be questioned in a court of law. The government's position was that in matters of "social engineering" compensation for the loss of property rights cannot be given, for then the rich who own property will "remain rich". The single concession made was to allow the State to take over land that was in excess of a "ceiling" which the land owners were allowed to retain under the name of "personal cultivation". Clearly, the issue at hand was the question of re-distribution of wealth and not the question of fostering economic efficiency. In furthering this cause, the fundamental institution of property rights protection was sacrificed. The bill was passed by the majority government on 20 April 1955 and received the president's assent a week later.

IV. The Consequences of Land Reform Legislation

Whenever there is regulation or intervention in existing production relations, there will always be opposition from entrenched interest groups. At one level, the abolition of the Zamindari system was needed if there was to be a level playing field. The State seemed to succeed with the abolition; however, the Land Ceiling legislation had unintended consequences: owners of large tracts of land evicted their tenants and separated their holdings into smaller proprietary units among family members as a means of avoiding expropriation {Chattopadhyay [1994]}. The word "personal cultivation" allowed owners of large tracts of land to retain possession. With many of the legislators at the state level being members of the landlord class, reforms were blocked at the state levels and/or were not implemented. As a result of these problems, "implementation of both tenancy reform and land ceiling legislation tended to lag well behind the targets set in the Five Year Plans. Land consolidation legislation was enacted less than the other reforms and, owing partly to the sparseness of land records, implementation has been considered to be both sporadic and patchy only affecting a few states in any significant way"[16].

Regarding the redistribution of surplus land, the data shows that about 4.89 million acres of land were distributed over the last *60* years[17]. An estimate from an alternative data source shows that working with a land ceiling of 25 acres, if the policy had been

[14] Austin (2003) p: 107. (Italics, mine)

[15] Speech given by Justice Patanjali Shastri, reported in *Hindu*, 30 December, 1954, quoted in Austin (2003) p. 108.

[16] Quoted from Besley, T and Burgess, R. (2000).

[17] Annual report of the Ministry of Rural Development (2006-07)

implemented, around 63 million acres of land would have been available for redistribution in the mid 1950 and early 1960s[18].

Thus, while the constitution was amended with the fundamental right to property diminished and the judiciary severely restricted, the land reforms had produced no significant transformation of the agrarian scene even two decades after the passing of the legislation. Amending the constitution to restrict the judiciary's reach over legislation affecting property rights produced the unintended consequences of not being able to use judicial powers to enforce implementation. As far as trade and business is concerned, the amendments resulted in a large public sector that managed and controlled the greater portion of economic resources of the country with the private sector being allowed limited maneuverability[19].

V. The Twenty-Fourth, Twenty-Fifth Amendment and After

The nationalization of banks was in keeping with the "Social engineering" that was sought to be carried out and was "inspired by a larger social purpose". In the subsequent Supreme Court rulings on the takeover of banks by the State, ten out of the eleven judges who sat on the judgement struck down the banking nationalization act, stating that the *principles of compensation that a legislature could lay down for the taking of property were not beyond the judicial scrutiny,* for this could result in arbitrary parliamentary action. Both the twenty-fourth and the twenty-fifth amendments came in the wake of this Supreme Court ruling. The twenty-fourth amendment was to ensure that the Parliament had unquestioned authority to amend the fundamental rights of the constitution, and that this would be above judicial review. The twenty-fifth amendment was related to property rights again. This time the amendment sought to remove the word "compensation" and replace it with the word "amount" and that the courts were barred from questioning the "amount" on the grounds that it was not adequate or paid other than in cash.

The above history was alluded in order to make a fundamental point: by the mid-seventies, fundamental amendments to the Constitution of India had been made by the State, by which the Constitution no longer was in a position to support the fundamental right to property, nor the right to just compensation in the event of a takeover by the State. Business and industry also were subject to State takeovers, which were in turn protected from bankruptcy laws that were applied to private enterprises. Compensation by the State in the event of a takeover was not obligatory and an amount paid by the state to private citizens could not be

---

18 Estimate from official data by a member of the All India Kisan Sabha quoted by V.K.Ramachandran in the Hindu, August 15,2007

19 As far back as in 1954, T T Krishnamachri had expressed his dismay in restricting the private industrial entrepreneurship. The Federation of Indian Chambers of Commerce Industry had asked the government to drop the proposed amendment which affected the freedom of enterprise and restrictions on trade and business (Granville 1999). By 1978-79 estimates show that the State owned more than 60% of all productive capital in the industrial sector, and directly employed two thirds of all workers in the organized sector, as well as holding more than 25% of paid up capital of joint stock companies in the private sector (Bardhan, 1994).

questioned in a court of law. In the next section a brief argument is made suggesting that the fundamental factor which enabled the government to amend the fundamental rights of citizens was the particular voting pattern that India adopted for running the democracy. Imposed upon a society that was largely fragmented, with participatory democracy still at its infancy, it produced a State, driven by a socialist ideology, that changed fundamental principles governing the constitution and went beyond its limits in acquiring coercive power which was used by it to stay in power.

C. Fractionalization, Voting Models, Amendment Rates and Economic Performance

A simple curve fitting exercise between the extent of fractionalization of a society in a country and the *length* of the constitution shows a remarkable correlation – those countries that are more diverse in terms of the languages are also the ones that have longer constitutions; And those countries with lengthier constitutions are also the ones which have carried out a greater number of amendments. Finally, low income countries are also the ones with longer constitutions. The upshot of this analysis is that low income countries are also the ones which have longer constitutions and higher rates of amendments. While ethnic diversity was weakly significant, diversity of language did prove to influence the length of constitutions. These relationships are shown in the Appendix to this essay. India is one such example.

The proportional voting model in a democracy assigns the number of seats in the parliament in proportion to the number of votes that a government obtains. In other words, there is a correspondence between the vote shares and the seat shares. In such a system, the government would adopt policies that maximize its vote shares. Under the plurality rule only the winners of the highest vote shares will get seats in a given district. The literature that compares the two systems and draws conclusions about policy outcomes is extensive[20]. However, under a pluralistic voting system in which legislators are often elected in many individual districts, each using majority rule, the propensity is to cater to the pivotal group of voters. This is in contrast to a proportional voting system where the national votes become the decisive factor. It is postulated that more fractionalized societies which adopt majoritarian voting rules would have governments catering to pivotal interest groups to secure majority rule. These governments would then also have the necessary power to amend the constitutional provisions to suit their own ideologies and/or private interests.

India follows the pluralistic or majoritarian voting model and this *allowed for the Congress to rule as a majority government from 1951 to 1977* – a period of 26 years. During these years the Congress never had more than 48% of the total votes in the country. The important point to note is that *a two thirds majority is necessary in order to amend the fundamental rights chapter of the Indian constitution and this the Congress had.* This was also the period that coincided with the largest number of constitutional amendments to the

---

20 See Persson, T and Tabellini, G (2003).

fundamental rights to property, business and trade (See figure 1) and were clearly driven by ideology. The subsequent constitutional amendments that followed were done with a private interest to stay in power[21]. The period after reforms were initiated[22] saw the rise of coalition politics with the number of parties rising steadily from 9 in 1996 to the present number of 18. (See table 1)

Figure 1

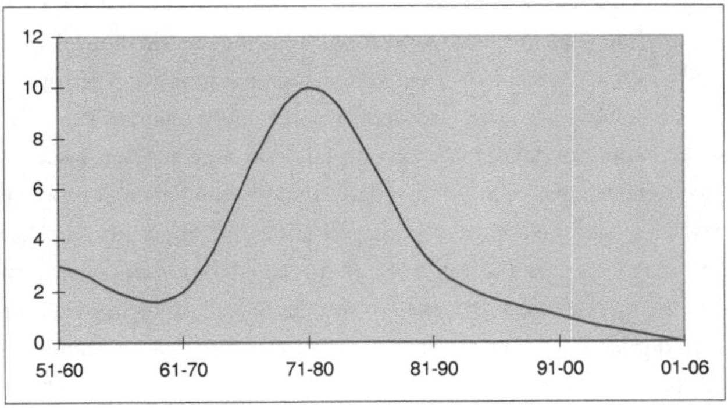

Table 1

Snap-shot Picture of Indian Election Results since Independence

Years Election	Government	No. of Parties	Percentage of Votes	Seats	Turnout
2004	UPA	18	52.7	331	56
1999	NDA	17	38.67	279	59
1998	NDA	14	42.31	286	61.97
1996	United Front	9	56.31	305	57.94
1991	Congress and co.	1+	39.66	273+	55.71
1989	Janata Dal & Co.	4	38.27	273+	61.95
1984	Congress	1	49.01	404	63.56
1980	Congress	1	42.69	353	59.62
1977	Bharatiya Lok Dal	1	41.32	295	60.49
1971	Congress	1	43.68	352	55.27
1967	Congress	1	40.78	283	61.04
1962	Congress	1	44.72	361	55.42
1957	Congress	1	47.78	371	55.42
1951	Congress	1	44.99	364	44.87

Source: http://www.eci.gov.in/SR_KeyHighLights/key_highlights.asp

21 These were before the now infamous "emergency" was declared by the then prime minister Indira Gandhi which extinguished democracy for a temporary period. It was a last attempt to stay in power.

22 Ironically by Congress (due to the fact that the country faced a financial crises and had no choice).

This change in the political scenario became the fundamental stumbling block to further reforms that were aimed at being more deep-rooted and far-reaching than the mere dismantling of the regulatory mechanism. This is discussed in the next section.

D. Economic Reforms Today

One of the most contentious issues which forms a part of the reforms process in India is the creation of Special Economic Zones. The earlier reforms were mostly concerned with the dismantling of the regulatory regime. The "second generation" reforms are aimed at deeper changes whose principal aim is to foster a market-oriented development process. The formation of Special Economic Zones in India triggered widespread unrest and violence. The issue is, not surprisingly, the State takings of land from private land owners and the issue of compensation. A group of economists have rightly pointed out that the fundamental problem revolves around three issues[23]: (a) size and form of Compensation, (b) eligibility, and (c) credible commitment. They make the plea for the State to carry out the process of acquisition and not leave it to the market, since the well-known "hold-up" problem would be encountered, bidding up the land price to a point where the initial investment may be rendered unviable. This could also discourage future investments. However, they would like the State to follow up on the three principal issues. There are several problems with this idea that are fundamental to the analysis and that have not been taken into account:

Firstly, the creation of SEZs itself suggests that, apart from disinvestment in the public sector and freeing private enterprise from regulatory devices, the State did not have the wherewithal to change fundamental rules of the game, for example, labor laws, tax structures, and property rights under a coalition government. Thus the creation of SEZs to attract investments from abroad was to create islands of "free enterprise" in a sea that is still largely embedded in past policies.

Secondly, given the actions of the State in the past, the constitution no longer provides for any form of *legal* protection in matters of State takings and compensation schemes, since they have been placed outside the purview of judicial review. Thus there is no mechanism to ensure that the size of the compensation is correct or "just", and that it is enforced.

Thirdly, to bring about this would mean to bring the issue of compensation back into the purview of judicial review and allow the State to justify its takings and the amount of compensation paid. In other words, a citizen must be given back his right to question the compensation that is being paid out to him. In turn, the State has to show that the takings are justified "in the public interest". There are two hurdles in the way:

---

23 Abhijit V.Banerjee, Pranab Bardhan, Kaushik Basu, Mrinal Dutta Chaudhury, Maitreesh Ghatak, Ashok Sanjay Guha, Mukul Majumdar, Dilip Mookherjee, Debraj Ray (2007).

(a) The constitutional amendments have placed the issue of takings by the State of land and property outside the purview of judicial review and there is a need to re-amend the constitution, to bring back and strengthen property rights.
(b) The emergence of coalition governments in the post-liberalization period has made it difficult or rather impossible to carry out fundamental changes, since no party has the required two thirds majority to do so.

Together, this means that State's role as a "benevolent" taker of property, and the paying-out of just compensation, cannot be ensured. The result is that very often that State governments have backtracked on takings and have asked private enterprise to make their own deals with land owners. Apart from bringing up the problems of "hold-up", this also makes the industry feel that they have to pay an unfairly larger price than they would have, had the State done the job for them. The correct policy would have been to bring back the issue of compensation within the purview of judicial review and *regulate the market to prevent the hold-up problem.* A law could be passed, for instance, which would regulate the remaining pieces of land to be sold at prices that were based on the price of all other land that was sold. Instead, the whole issue has gotten mired in a situation where the State finds itself with the requisite coercive power to take land but, with fundamental *legal* protection lacking for those whose lands are taken, also faced with a backlash of unrest, agitations and violence. By its own doing the judiciary could not be used.

E. Conclusion: Towards a Theory of Economic Reforms

The constitution of a nation forms the fundamental institution, into which other institutions are embedded. The content of these overarching institutions is not merely driven by the societal needs and/or as a result of competing interests, but also by ideology. Whether institutions that promote growth and development can be established by governments depends upon whether the foundations for such institutions are spelt out in the constitutional provisions or not. The ability of governments in power to change the fundamental rules to suit the needs of growth depends upon the ideology adopted – the degree of fractionalization of the vote bank – and on the particular voting model that is adopted. Governments in democracies like India have used the majoritarian system to cater to pivotal interest groups to gain majority rule. Fractionalized vote banks along with the pluralistic system allow for an easier access to the majority rule. Governments with a majority in parliaments also have the power to carry out fundamental changes to constitutions driven by ideology or private interests. Any policy prescription must take cognizance of these many features and points to a more mature and cautious approach in advocating reforms. Whether this hypothesis can be applied to the reform process in other low income countries which have similar features remains an agenda for future research.

References

Annual Report of Ministry of Rural Development (2006-07), Government of India

Austin, G. (2003), 'Working a Democratic Constitution: A History of the Indian Experience', Oxford University Press, New Delhi

Bardhan, P. (1994), 'Political Economy of Development in India', Oxford University Press, New Delhi

Banerjee, A. V., Bardhan, P., Basu, K., Dutta Chaudhury M., Ghatak, M., Guha, A. S., Majumdar, M., Mookherjee, D., and Ray, D. (2007), 'Beyond Nandigram: Industrialisation in West Bengal', *Economic and Political Weekly*, April 28, 1487-1489

Besley, T. and Burgess, R. (2000), 'Land Reform, Poverty Reduction, and Growth: Evidence from India', *The Quarterly Journal of Economics, Vol. 115*, 389-430

Blume, L., Rubinfeld, D., and Shapiro, P. (1984), 'The Taking of Land: When Should Compensation be Paid?', *The Quarterly Journal of Economics, Vol. 99*, 71-92

Chattopadhyay, S. N., (1992), 'Historical Context of Political Change in West Bengal: A Study of Seven Villages in Bardhaman', *Economic and Political Weekly,* March 28, 647-658

Lutz, D. S. (1994), 'Toward a Theory of Constitutional Amendment', *The American Political Science Review*, Vol. 88, 355-370

Persson, T., and Tabellini, G. (2003), 'The Economic effects of Constitutions', MIT Press

APPENDIX

1. Fractionalization and the Length of Constitutions:

Independent: FRAC_LAN (Length of Constitution)

Dependent	Mth	Rsq	d.f.	F	Sigf	b0	b1	b2
LENGTH	LIN	.173	28	5.84	.022	15059.2	38909.3	
LENGTH	QUA	.190	27	3.17	.058	18690.0	-1599.9	52551.9

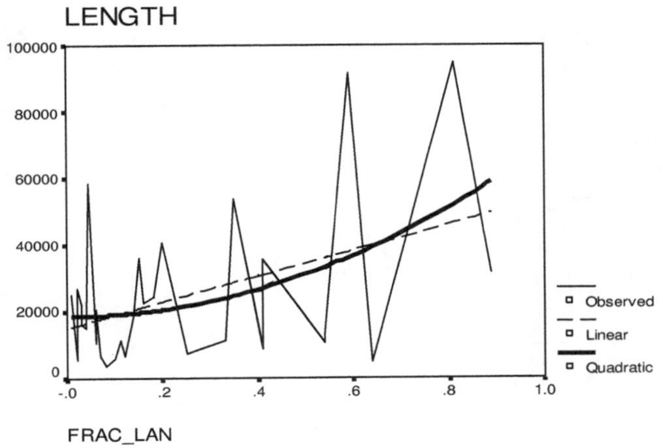

2. Length of Constitutions and the rate of Amendments:

Independent: AMEN_RAT (Amendment Rate)

Dependent	Mth	Rsq	d.f.	F	Sigf	b0	b1	b2
LENGTH	LIN	.648	28	51.45	.000	7310.7	7777.9	
LENGTH	QUA	.649	27	24.94	.000	8214.2	6426.1	198.74

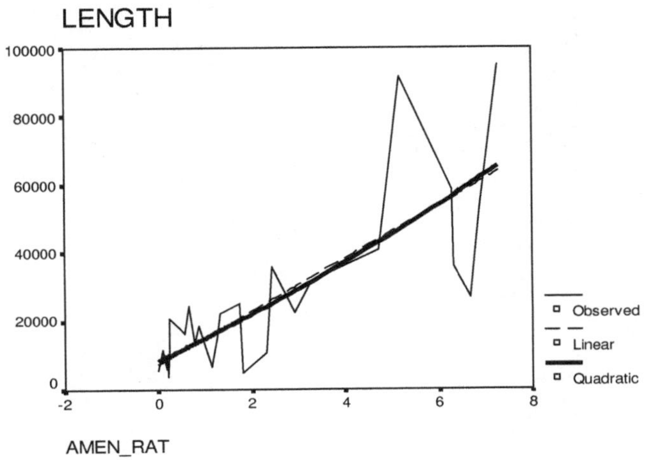

3. Amendment rates and Per-Capita Incomes:

Independent: AMEN_RAT (Amendment Rate)

Dependent	Mth	Rsq	d.f.	F	Sigf	b0	b1	b2
PER_INCO	LIN	.20	28	7.00	.013	10226.6	-883.06	
PER_INCO	QUAD	.201	27	3.40	.048	10415.9	-1166.2	41.6336

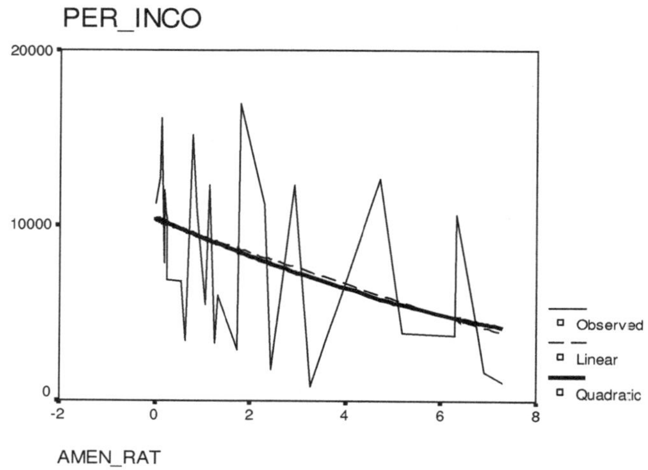

4. Per-Capita Incomes and Length of Constitutions:

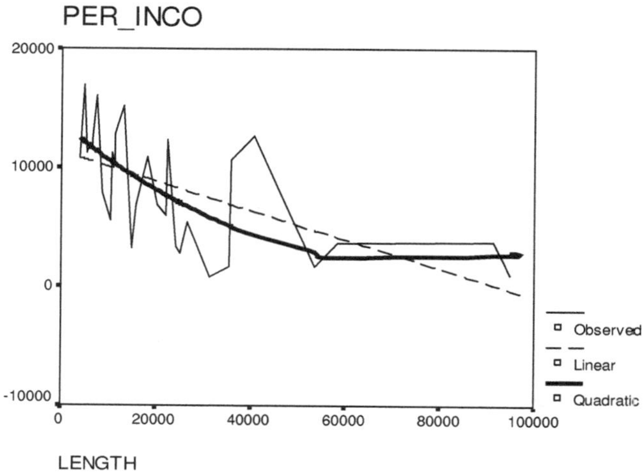

Autorenverzeichnis/List of Contributors

Prof. Dr. Anne van Aaken
Universität St. Gallen, Rechtswissenschaftliche Abteilung
anne.vanaaken@unisg.ch

Prof. Dr. Dr. h.c. Jürgen Basedow LL.M. (Harvard)
Max-Planck-Instituts für Ausländisches und Internationales Privatrecht, Hamburg,
Vorsitzender der Monopolkommission
basedow@mpipriv.de

Prof. Dr. (emer.) Peter Behrens
Universität Hamburg, Fakultät für Rechtswissenschaft, Europa-Kolleg Hamburg
peter.behrens@uni-hamburg.de

Prof. Dr. Jochen Bigus
Universität Bern, Wirtschafts- und Sozialwissenschaftliche Fakultät, Institut für Unternehmensrechnung und Controlling, Lehrstuhl Financial Accounting,
jochen.bigus@iuc.unibe.ch

Prof. Dr. Reinhard Bork
Universität Hamburg, Fakultät für Rechtswissenschaft, Seminar für Zivilprozess- und Allgemeines Prozessrecht
bork@uni-hamburg.de

Prof. Dr. Boudewijn Bouckaert
University of Ghent, Faculteit Rechtsgeleerdheid, Centre for Applied Studies in Law and Economics
boudewijn.bouckaert@ugent.be

Prof. Dr. Francisco Cabrillo
Universidad Complutense de Madrid, Facultad de Derecho
paco22@terra.es

Ass. Prof. Dr. Emanuela Carbonara
University of Bologna, Department of Economics
emanuela.carbonara@unibo.it

Prof. Robert Cooter, PhD
University of California at Berkeley, School of Law
rcooter@law.berkeley.edu

Prof. Bruno Deffains
University Paris 10, Associate Professor Sciences Po Paris
bdeffains@u-paris10.fr

Prof. Dominique Demougin, PhD
European Business School International University Schloss Reichartshausen, Oestrich-Winkel, Department Law, Governance and Economics
dominique.demougin@ebs.edu

Prof. Anthony Dnes PhD
University of Hull, Centre for Economic Policy
a.dnes@hull.ac.uk

Prof. Dr. Thomas Eger
Universität Hamburg, Fakultät für Rechtswissenschaft/Fakultät Wirtschafts- und Sozialwissenschaften, Institut für Recht und Ökonomik
thomas.eger@uni-hamburg.de

Prof. Dr. Winand Emons
Universität Bern, Wirtschafts- und Sozialwissenschaftliche Fakultät
winand.emons@vwi.unibe.ch

Prof. Dr. Alfred Endres
FernUniversität Hagen, Fachbereich Wirtschaftswissenschaft, Lehrstuhl für Volkswirtschaftslehre, insb. Wirtschaftstheorie, und Universität Witten/Herdecke
alfred.endres@fernuni-hagen.de

Prof. Dr. Michael Faure LL.M. (Chicago)
Maastricht University, Law Faculty, and Rotterdam Institute of Law and Economics, Erasmus University of Rotterdam
michael.faure@facburfdr.unimaas.nl

Prof. Dr. Eberhard Feess
RWTH Aachen, Lehrstuhl für Volkswirtschaftslehre (Mikroökonomie)
feess@rwth-aachen.de

Prof. Dr. Holger Fleischer, LL.M. (Ann Arbor),
Rheinische Friedrich-Wilhelms-Universität Bonn, Fachbereich Rechtswissenschaft, Institut für Handels- und Wirtschaftsrecht
fleischer@jura.uni-bonn.de

Prof. Dr. Luigi Alberto Franzoni
University of Bologna, Department of Economics
luigi.franzoni@unibo.it

Prof. Dr. Pierre Garello
Université Paul-Cézanne Aix-Marseille III, Faculty of Economics
pierre.garello@univ-cezanne.fr

Prof. Nuno Garoupa PhD, LL.M. (London)
University of Illinois College of Law
ngaroupa@law.uiuc.edu

Prof. Dr. Fernando Gomez
Universitat Pompeu Fabra, Barcelona, Departament de Dret
fernando.gomez@upf.edu

Prof. Mark F. Grady
University of California, Los Angeles, School of Law, Center for Law and Economics
grady@law.ucla.edu

Andrew Griffiths, MA (Oxon)
University of Manchester, School of Law
Andrew.Griffiths@manchester.ac.uk

Dr. Dr. Kai-Michael Hingst, M. A.
White & Case LLP, Hamburg
kmhingst@whitecase.com

Bernhard Hirsch, Dipl.-Volksw.
Universität Hamburg, Fakultät für Wirtschafts- und Sozialwissenschaften, Institut für Versicherungsbetriebslehre
hirschb@econ.uni-hamburg.de

Prof. Dr. Heribert Hirte, LL.M. (Berkeley)
Universität Hamburg, Fakultät für Rechtswissenschaft, Seminar für Handels-, Schifffahrts- und Wirtschaftsrecht
heribert.hirte@jura.uni-hamburg.de

Prof. Dr. Manfred J. Holler
Universität Hamburg, Fakultät für Wirtschafts- und Sozialwissenschaften, Institute of SocioEconomics
holler@econ.uni-hamburg.de

Prof. Dr. Wolfgang Kerber
Philipps-Universität Marburg, Fachbereich Wirtschaftswissenschaften, Lehrstuhl für Wirtschaftspolitik
kerber@wiwi.uni-marburg.de

Prof. Dr. Eva-Maria Kieninger
Universität Würzburg, Lehrstuhl für Deutsches und Europäisches Privatrecht sowie Internationales Privatrecht
kieninger@jura.uni-wuerzburg.de

Prof. Dr. Dr. Christian Kirchner LL.M. (Harvard)
Humboldt-Universität zu Berlin, Juristische Fakultät/Wirtschaftswissenschaftliche Fakultät
christian.kirchner@rewi.hu-berlin.de

Prof. Dr. Roland Kirstein
Otto-v.-Guericke Universität Magdeburg, Fakultät für Wirtschaftswissenschaft, Lehrstuhl für Betriebswirtschaftslehre, insbes. Economics of Business and Law
roland.kirstein@ovgu.de

Prof. Dr. Johannes Köndgen
Rheinische Friedrich-Wilhelms-Universität Bonn, Fachbereich Rechtswissenschaft, Institut für Internationales Privatrecht und Rechtsvergleichung
sekretariat.koendgen@jura.uni-bonn.de

Prof. Henrik Lando
Copenhagen Business School, Department of Innovation and Organizational Economics
hl.ino@cbs.dk

Jun.-Prof. Dr. Patrick C. Leyens, LL.M. (London)
Universität Hamburg, Fakultät für Rechtswissenschaft, Institut für Recht und Ökonomik
patrick.leyens@uni-hamburg.de

Ass. Prof. Dr. Stefano Lombardo
Free University of Bolzano, School of Economics and Management
stefano.lombardo@unibz.it

Prof. Dr. Peter Mankowski
Universität Hamburg, Fakultät für Rechtswissenschaft, Seminar für Ausländisches und Internationales Privat- und Prozessrecht
peter.mankowski@uni-hamburg.de

Prof. Dr. (emer.) Bernhard Nagel
Universität Kassel, Fachbereich Wirtschaftswissenschaften, Institut für Wirtschaftsrecht
nagel@uni-kassel.de

Prof. Dr. Martin Nell
Universität Hamburg, Fakultät für Wirtschafts- und Sozialwissenschaften, Institut für Versicherungsbetriebslehre
martin.nell@rrz.uni-hamburg.de

Prof. Anthony Ogus
University of Manchester, School of Law
anthony.ogus@manchester.ac.uk

Prof. Dr. (emer.) Claus Ott
Universität Hamburg, Fakultät für Rechtswissenschaft, Institut für Recht und Ökonomik
c-ott@uni-hamburg.de

Prof. Francesco Parisi PhD, JSD (Berkeley)
University of Minnesota, School of Law, und University of Bologna, Department of Economics
parisi@umn.edu

Ass. Prof. José Penalva PhD (UCLA)
Universidad Carlos III de Madrid, Departamento de Economia de la Empresa
jpenalva@emp.uc3m.es

Dr. A.V. Raja
University of Hyderabad, School of Social Sciences, Department of Economics
raja_angara2003@yahoo.com

Prof. Eli Salzberger, D. Phil.
Dean, Faculty of Law, University of Haifa
salzberg@law.haifa.ac.il

Lisa Schachner, Dipl. Kffr.
Universität Bern, Wirtschafts- und Sozialwissenschaftliche Fakultät, Institut für Unternehmensrechnung und Controlling, Lehrstuhl Financial Accounting
schachner@iuc.unibe.ch

PD Dr. Alexander Schall
Lehrstuhlvertretung an der Philipps-Universität Marburg, Fachbereich Rechtswissenschaften, Lehrstuhl für bürgerliches Recht, Rechtsvergleichung und Gesellschaftsrecht
dekan01@staff.uni-marburg.de

Prof. Dr. Dieter Schmidtchen
Universität des Saarlandes, Lehrstuhl für Nationalökonomie, insbes. Wirtschaftspolitik, Managerial Economics
csle@rz.uni-saarland.de

Prof. Dr. Heike Schweitzer, LL.M. (Yale)
European University Institute, Florenz, Faculty of Law & Robert Schuman Centre for Advanced Studies
heike.schweitzer@eui.eu

Prof. Dr. Urs Schweizer
Rheinische Friedrich-Wilhelms-Universität Bonn, Wirtschaftswissenschaftlicher Fachbereich, Wirtschaftspolitische Abteilung
schweizer@uni-bonn.de

Prof. Göran Skogh
Linköping University, Department of Management And Economics
goran.skogh@liu.se

Prof. Dr. Gerald Spindler
Georg-August-Universität Göttingen, Juristische Fakultät, Lehrstuhl für Bürgerliches Recht, Handels- und Wirtschaftsrecht und Multimedia- und Telekommunikationsrecht
lehrstuhl.spindler@jura.uni-goettingen.de

Prof. Thomas Ulen, PhD
University of Illinois, College of Law, Illinois Program in Law and Economics
tulen@law.uiuc.edu

Prof. Dr. Roger Van den Bergh
Erasmus University Rotterdam, Faculty of Law, Director Rotterdam Institute of Law and Economics
r.vandenbergh@frg.eur.nl

Prof. Dr. Stefan Voigt
Philipps-Universität Marburg, Fachbereich Wirtschaftswissenschaften, Lehrstuhl für Ordnungsökonomik und Internationale Wirtschaftsbeziehungen
voigt@wiwi.uni-marburg.de

Prof. Dr. Gerhard Wagner, LL.M. (Chicago)
Rheinische Friedrich-Wilhelms-Universität Bonn, Fachbereich Rechtswissenschaft, Lehrstuhl für Deutsches und Europäisches Privat- und Prozessrecht, Internationales Privatrecht und Rechtsvergleichung
wagner@jura.uni-bonn.de

Prof. Dr. Georg von Wangenheim
Universität Kassel, Fachbereich Wirtschaftswissenschaften, Fachgebiet Grundlagen des Rechts, Privatrecht und Ökonomik des Zivilrechts
g.wangenheim@uni-kassel.de

Prof. Dr. Wolfgang Weigel
Universität Wien, Fakultät Wirtschaftswissenschaften, Institut für Volkswirtschaftslehre und Joseph von Sonnenfels Center for the Study of Public Law and Economics
wolfgang.weigel@univie.ac.at; sonnenfels.economics@univie.ac.at

Prof. Dr. (emer.) Peter Weise
Universität Kassel, Fachbereich Wirtschaftswissenschaften
weise@wirtschaft.uni-kassel.de

SPRINGER NATURE

GPSR Compliance

The European Union's (EU) General Product Safety Regulation (GPSR) is a set of rules that requires consumer products to be safe and our obligations to ensure this.

If you have any concerns about our products, you can contact us on ProductSafety@springernature.com

In case Publisher is established outside the EU, the EU authorized representative is:

Springer Nature Customer Service Center GmbH
Europaplatz 3
69115 Heidelberg, Germany

FSC
www.fsc.org
MIX
Papier | Fördert gute Waldnutzung
FSC® C083411

Kolibri 360 GmbH
Ferdinand-Jühlke-Straße 7
99095 Erfurt, Deutschland
produktsicherheit@kolibri360.de